АНГЛО-РУССКИЙ СЛОВАРЬ
ПО
ВЫЧИСЛИТЕЛЬНОЙ ТЕХНИКЕ

ENGLISH-RUSSIAN DICTIONARY
OF
COMPUTER SCIENCE

V. K. ZEJDENBERG,
A. N. ZIMAREV,
A. M. STEPANOV,
E. K. MASLOVSKY

ENGLISH-RUSSIAN DICTIONARY OF COMPUTER SCIENCE

Approx. 42 000 terms

Edited by E. K. MASLOVSKY,
Cand. Sc. (Tech.)

Fifth edition,
revised and expanded

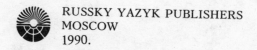 RUSSKY YAZYK PUBLISHERS
MOSCOW
1990.

В. К. ЗЕЙДЕНБЕРГ,
А. Н. ЗИМАРЕВ,
А. М. СТЕПАНОВ,
Е. К. МАСЛОВСКИЙ

АНГЛО-РУССКИЙ СЛОВАРЬ ПО ВЫЧИСЛИТЕЛЬНОЙ ТЕХНИКЕ

Около 42 000 терминов

Под редакцией канд. техн. наук
Е. К. МАСЛОВСКОГО

Издание пятое, исправленное
и дополненное

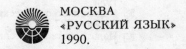

МОСКВА
«РУССКИЙ ЯЗЫК»
1990.

ББК 32.97
З 47

В. К. Зейденберг и др.

З 47   Англо-русский словарь по вычислительной технике: Ок. 42 000 терминов / Под редакцией Е. К. Масловского.— М.: Рус. яз., 1990. — 800 с.
ISBN-5-200-00653-8

Словарь содержит около 42 000 терминов по следующим разделам: вычислительные системы и сети; архитектура и элементы вычислительных машин, операционные системы, программное обеспечение, базы данных, обработка данных, цифровая обработка сигналов, конвейерные и потоковые вычисления, эксплуатация и диагностика вычислительных машин, моделирование систем, методы системного анализа и исследования операций, АСУ, персональные ЭВМ, микропроцессорные системы, системы искусственного интеллекта.

В конце словаря дан указатель русских терминов.

А $\dfrac{2405000000-337}{015(01)-90}$ без объявления

ББК 32.97 + 81.2 АНГЛ

ISBN-5-200-00653-8

ПРЕДИСЛОВИЕ

Пятое издание Англо-русского словаря по вычислительной технике выпускается сразу вслед за четвертым его изданием, вышедшим в 1987 году, в связи со все возрастающим интересом к информации по вычислительной технике. Интерес этот стимулируется быстрым расширением масштабов применения ЭВМ и проникновением их буквально во все сферы человеческой деятельности.

Современный этап развития средств вычислительной техники характеризуется крупными достижениями по всем ее направлениям, что связано прежде всего со значительными успехами технологии изготовления больших и сверхбольших интегральных схем. В результате изменилась архитектура вычислительных машин и систем, нашли всеобщее признание потоковый и конвейерный принципы организации вычислений. Достигнут существенный прогресс в технике программного обеспечения и в расширении на его основе фундаментальных возможностей вычислительных средств.

Столь бурное развитие вычислительной техники вызывает к жизни буквально лавину подчас не устоявшихся новых терминов, как английских, так и русских. В этих случаях при работе над словарем авторы старались в максимальной степени сохранить смысловые оттенки терминов-оригиналов с помощью наиболее близких русских терминов-аналогов или описательного перевода, не исключающего в дальнейшем появление «узаконенной» терминологии. Что же касается прямых транслитераций, то для словаря были отобраны лишь получившие повсеместное распространение общепринятые термины, такие как «дисплей», «файл», «листинг», «интерфейс», «курсор», «стек», «дамп» и др., проникновение которых в русский язык не имеет своей причиной леность мысли «переводчиков-первопроходцев», спешно осваивающих новую техническую документацию, или кустарное ведомственное словотворчество типа «хост-машина», «бутстрэп», «софтвер», «хардвер», «таймшеринг» и т. п.

Словарь охватывает терминологию по следующим разделам: цифровые и аналоговые вычислительные машины и системы, вычислительная математика и булева алгебра, теория информации и кибернетика, системный анализ, архитектура вычислительных машин и систем, устройства, элементы и схемы вычислительных машин, методы их проектирования и изготовления; эксплуатация, контроль и диагностика вычислительных машин, программирование и его автоматизация, программное обеспечение, операционные системы, методы и системы автоматической обработки данных, персональные ЭВМ, вычислительные сети, микропроцессорные системы, машинное моделирование, базы данных, системы искусственного интеллекта, применение вычислительных машин, автоматизированные системы управления.

Серьезная трудность отбора терминов для словаря состояла в том, что русская и английская терминология в области вычислительной техники по разным причинам развиваются далеко не синхронно. Поэтому в русском профессиональном лексиконе, а подчас и в периодике, бытует технический жаргон либо термины-кальки типа «реентерабельный», «аугментальный», «альтернирующий» и т. п., не несущие никакой смысловой нагрузки. Технический жаргон такого рода включался в словарь лишь при условии обретения им статуса профессиональной узкоспециальной терминологии (что всюду обозначено пометой *проф.*), но при этом, как правило, основному переводу жаргонного термина сопутствует его второй эквивалент, более понятный «неискушенному» пользователю словаря. Своего рода исключением из общего правила являются внесенные редактором словаря основные элементы жаргона «хэкеров» — системных программистов-фанатиков, оказывающих существенное влияние на развитие программного обеспечения передовых вычислительных систем. При пуристском подходе к составлению технического словаря это может показаться не вполне оправданным, если вообще допустимым. Следует, однако, иметь в виду, что выразительный жаргон «хэкеров» постепенно «перекочевывает» в техническую документацию создаваемых в США систем и в книги, касающиеся техники программного обеспечения, а также употребляется в устной речи специалистов по вычислительной технике и имеет обычно не менее выразительные русские аналоги. Именно от «хэкеров» пришли в свое время в техническую литературу термины kludge (клудж), deadly embrace («смертельное объятие») и ряд других. На страницах словаря такие «хэкерские» термины всюду сопровождаются пометой *sl.*

В пятом издании словаря осуществлено слияние Дополнений четвертого издания с его корпусом, добавлено свыше 4000 новых терминов, устранены замеченные опечатки, исправлены выявленные ошибки и сделаны необходимые уточнения.

Однако, работая над словарем, авторы ни в коей мере не ставили перед собой задачу создания своеобразного универсального пособия по вычислительной технике, которое позволило бы читать соответствующую англоязычную литературу без помощи других технических словарей. Это была бы недостижимая цель, поскольку современная вычислительная техника опирается и на радиоэлектронику, и на теорию автоматического управления, и на микроэлектронику, и на теорию информации, и на целый ряд других дисциплин, по которым существуют или, по крайней мере, должны существовать самостоятельные словари. Поэтому главная цель авторов состояла в том, чтобы сделать словарь по вычислительной технике основным в охватываемой им области знаний при условии разумного компромисса между полнотой представления основных разделов современной вычислительной техники и степенью углубления в сопутствующую тематику.

Поскольку в ходе работы над словарем было использовано несколько сотен источников (американские, английские и отечественные монографии, технические журналы, глоссарии, руководства, стандарты, инструкции, справочники, рекламные и фирменные материалы), авторы надеются, что случаи, когда специалисту, имеющему дело с литературой по вычислительной технике, не удастся найти в словаре нужный термин, будут крайне редки. Они станут еще реже, если помимо Англо-русского словаря по вычислительной технике переводчик будет иметь под рукой Англо-русский словарь по микроэлектронике, Англо-русский словарь по радиоэлектронике, Англо-русский словарь по надежности и контролю качества.

Авторский коллектив выражает искреннюю признательность всем специалистам и рецензентам, способствовавшим совершенствованию словаря, в особенности, д. т. н. И. М. Шенброту и к. т. н. К. Д. Дугар-Жабону.

Специалисты, которые сочтут необходимым высказать свои замечания и предложения по дальнейшему улучшению словаря, могут направлять их по адресу: 103012, Москва, Старопанский пер., 1/5, издательство «Русский язык».

Авторы

О ПОЛЬЗОВАНИИ СЛОВАРЕМ

Ведущие термины расположены в словаре в алфавитном порядке, при этом термины, состоящие из слов, пишущихся через дефис, следует рассматривать как слитно написанные слова.

Для составных терминов принята алфавитно-гнездовая система. По этой системе термины, состоящие из определяемых слов и определений, следует искать по определяемым (ведущим) словам. Например: **hardware module** следует искать в гнезде **module**.

Ведущий термин в гнезде заменяется тильдой (∼). Устойчивые терминологические сочетания даются в подбор к ведущему термину и отделяются знаком ромба (◇). В русском переводе различные части речи с одинаковым семантическим содержанием разделены параллельками (‖). Например:

> **call 1.** вызов; обращение ‖ вызывать; обращаться **2.** запрос ‖ запрашивать **3.** переход к подпрограмме **4.** заявка ◇ ∼ **by name** вызов по имени; ∼ **by number 1.** вызов по номеру **2.** вызов по коду, кодовый вызов; ∼ **by reference** вызов по ссылке; ∼ **by value** вызов по значению; **to** ∼ **in** вызывать; ∼ **to subroutine** вызов подпрограммы; обращение к подпрограмме
> **authorized** ∼ санкционированный [разрешённый] вызов; санкционированное [разрешённое] обращение

Если ведущий термин по своим значениям не относится к тематике словаря, то он даётся без перевода и после него ставится двоеточие.

Пояснения к русским переводам набраны курсивом и заключены в круглые скобки. Например: **bebugging** псевдоотладка (*метод оценки степени безошибочности программы на основе выявления искусственно введённых ошибок*).

Факультативная часть как английского термина, так и русского перевода даётся в круглых скобках. Например: **surface (at-a-time) printer** постранично-печатающее устройство. Термин следует читать: **surface printer, surface at-a-time printer; memory print** распечатка (содержимого) памяти. Перевод следует читать: распечатка памяти, распечатка содержимого памяти.

Синонимичные определения ведущих английских терминов, следующих в алфавитном порядке непосредственно друг за другом, а также синонимичные варианты переводов помещены в квадратных скобках ([ ]). Например: **storage [storing] device** запоминающее устройство, ЗУ. Английский термин следует читать: **storage device, storing device; scratch data** промежуточные [черновые] данные. Перевод следует читать: промежуточные данные, черновые данные.

Принятое в словаре пояснение *см. тж* означает, что при отсутствии нужного термина в гнезде его поиск может быть продолжен в том гнезде, на которое даётся отсылка. Например: **program** программа (*см. тж* **routine**).

В переводах принята следующая система разделительных знаков: близкие значения отделены запятой, более далёкие — точкой с запятой, различные значения — цифрами.

СПИСОК ПОМЕТ И СОКРАЩЕНИЙ

АЦП — аналого-цифровой преобразователь

БИС — большая интегральная схема

ЗУ — запоминающее устройство

ИС — интегральная схема

ИПС — информационно-поисковая система

киберн. — кибернетика

лат. — латинский термин

лингв. — математическая лингвистика

лог. — математическая логика

магн. — магнитные элементы

матем. — математика

ОЗУ — оперативное запоминающее устройство

опт. упр. — оптимальное управление

ПЗС — прибор с зарядовой связью

ПЗУ — постоянное запоминающее устройство

ПЛМ — программируемая логическая матрица

пп — полупроводники

ППЗУ — программируемое постоянное запоминающее устройство

проф. — профессиональное выражение

редк. — редкий термин

САПР — система автоматизированного проектирования

СБИС — сверхбольшая интегральная схема

свпр — сверхпроводимость

СВЧ — сверхвысокие частоты

СИИ — система искусственного интеллекта

сист. — системный анализ и исследование операций

см. — смотри

СМО — система массового обслуживания

стат. — математическая статистика

СТЗ — система технического зрения

СУБД — система управления базой данных

т. граф. — теория графов

тж — также

т. игр — теория игр

т. инф. — теория информации

ТМО — теория массового обслуживания

т. над. — теория надёжности

усл. — условное обозначение

уст. — устаревший термин

фирм. — фирменное название

фр. — французский термин

ЦДА — цифровой дифференциальный анализатор

ЦМД — цилиндрический магнитный домен

ЭВМ — электронная вычислительная машина

эксп. — теория планирования экспериментов

ЭЛТ — электронно-лучевая трубка

pl — множественное число

sl — профессиональное выражение системных программистов

АНГЛИЙСКИЙ АЛФАВИТ

Aa	Ee	Ii	Mm	Qq	Uu	Yy
Bb	Ff	Jj	Nn	Rr	Vv	Zz
Cc	Gg	Kk	Oo	Ss	Ww	
Dd	Hh	Ll	Pp	Tt	Xx	

A

abac(us) 1. абак, счёты **2.** сетчатая номограмма **3.** координатная сетка
logical ~ логический абак
abbreviation сокращение; сокращённое наименование; аббревиатура
abend преждевременное [аварийное] завершение (*напр. задачи*); авост, аварийный останов
external ~ внешний авост, авост по внешним причинам
internal ~ внутренний авост, авост по внутренним причинам
recoverable ~ исправимый авост; авост с восстановлением (функционирования)
abide ◇ to ~ by the programming standards соблюдать стандарты программирования
ability:
conversational ~ способность (*системы*) к диалогу (*с человеком*)
problem solving ~ 1. способность к (самостоятельному) решению задач (*фактор оценки квалификации программиста*) **2.** способность к автоматическому решению задач (*СИИ*)
abnormal аварийный; *стат.* анормальный; непредусмотренный
abonent абонент, пользователь
net(work) ~ абонент связи
abort 1. (преждевременное) прекращение (*напр. выполнения программы*); выбрасывание задачи (*снятие с решения*)

2. аварийно заканчиваться; срываться; терпеть неудачу
abortive прерванный; неудачный
abridge 1. сокращать; укорачивать, проводить усечение **2.** замыкать, закорачивать **3.** ограничивать (*напр. разложение в ряд с определённым числом членов*)
abridgement 1. сокращение, сокращённый вид **2.** усечение **3.** замыкание, закорачивание
absence:
~ of aftereffects отсутствие последействия
~ of degeneracy невырожденность (*задачи математического программирования*)
~ of pattern бессистемность, отсутствие регулярности, отсутствие закономерности; неупорядоченность
abstract 1. реферат; резюме; конспект; аннотация (*часть комментария*) ‖ реферировать **2.** абстрактная конструкция, абстрактный объект (*в языках программирования*) **3.** абстрагироваться, рассматривать отвлечённо ‖ абстрактный, отвлечённый
automatic ~ автоматический [машинный] реферат; совокупность автоматически выбранных ключевых слов
computer ~ автоматический [машинный] реферат
abstracting 1. реферирование **2.** абстрагирование
automatic ~ автоматическое [машинное] реферирование
abstraction 1. абстракция **2.** выделение

11

control ~ абстракция управления

data ~ абстракция данных; абстрактные данные (*в языках Паскаль и Ада*)

functional ~ абстракция функций, функциональная абстракция

procedural [**procedure**] ~ процедурная абстракция

abuse 1. неправильное обращение (*напр. с терминалом*) ‖ неправильно обращаться (*напр. с терминалом*) **2.** эксплуатация с нарушением установленных режимов ‖ эксплуатировать с нарушением режимов

acceleration 1. разгон **2.** ускорение **3.** улучшение ◇ ~ **by powering** *стат.* улучшение сходимости (*к предельному закону*) путём возведения случайных величин в степень

convergence ~ улучшение сходимости; ускорение сходимости

accelerator акселератор, ускоритель (*устройство, ускоряющее выполнение операционной части машинных команд центральным процессором*)

graphics ~ ускоритель (выполнения) графических операций

hardware(-based) ~ аппаратный ускоритель

logic simulation ~ (аппаратный) ускоритель логического моделирования

vector ~ векторный (процессор-)ускоритель

accent 1. характерная особенность **2.** штрих (*в качестве индекса*); знак ударения

acceptance 1. принятие (*запроса*) **2.** приёмка (*системы*); одобрение (*проекта*)

impostor ~ (неправомерное) признание постороннего (лица) (*вид ошибки в системе распознавания человека по голосу*)

user ~ **1.** одобрение (*системы*) пользователем **2.** прием-

лемость (*системы*) для пользователя

accepted 1. принятый (*о запросе*) **2.** допущенный (*к испытаниям*)

accepting приём, приёмка

acceptor 1. *киберн.* акцептор **2.** получатель (*напр. сообщения*) ~ **of data** получатель данных

access 1. выборка (*из памяти*) **2.** доступ; обращение (*напр. к базе данных*) ◇ ~ **by key** доступ по ключу; **to obtain** ~ получать доступ; **to seek** ~ запрашивать доступ

ad hoc ~ эпизодический [незапланированный] доступ

algorithmic ~ алгоритмический доступ (*предполагающий вычисление адреса по некоторому алгоритму*)

arbitrary ~ произвольная выборка

authorized ~ санкционированный доступ

blocked ~ заблокированный доступ

carrier-sense multiple ~ коллективный доступ с опросом несущей (*в сетях*)

chained ~ цепной доступ (*в файл, имеющий списковую структуру*)

clustered ~ групповой доступ

conflict-free ~ бесконфликтная выборка (*при множественном доступе*)

contention-based ~ ассоциативный доступ

database block ~ поблочный доступ к базе данных (*на уровне физических блоков*)

delayed ~ задержанная выборка

diagnostic ~ доступ для диагностического контроля

dial-up ~ наборный доступ

direct ~ прямой доступ

direct memory ~ прямой [непосредственный] доступ к памяти

display ~ **1.** выборка изображения (*в оптических устрой-*

ствах вывода) **2.** обращение к дисплею *или* устройству отображения

distributed ~ распределённый доступ

exclusive ~ монопольный доступ (*к совместно используемой шине*)

failure ~ ошибочное обращение

fast ~ **1.** быстрая выборка **2.** быстрый доступ

fingertip ~ доступ с помощью клавиатуры

illegal ~ несанкционированный доступ; неразрешённый доступ

immediate ~ **1.** немедленная выборка **2.** немедленный доступ

incorrect ~ некорректное обращение (*напр. без предварительного запроса ресурса*)

indexed ~ индексный доступ

indexed-sequential ~ индексно-последовательный доступ

instantaneous ~ **1.** немедленная выборка **2.** немедленный доступ

interconnect ~ доступ с использованием единого адресного пространства (*процессора и внешних устройств*)

keyed ~ доступ по ключу

library ~ библиотечный доступ; обращение к библиотеке (*программ*)

line ~ **1.** доступ с помощью линий связи **2.** доступ к линии связи

magnetic drum ~ **1.** выборка (*данных*) с магнитного барабана **2.** обращение к магнитному барабану

magnetic tape ~ **1.** выборка (*данных*) с магнитной ленты **2.** обращение к магнитной ленте

memory ~ **1.** выборка из памяти [запоминающего устройства] **2.** обращение к памяти [запоминающему устройству]

menu-driven ~ доступ в режиме меню

movable random ~ произвольный доступ к устройству со сменным носителем

multidisciplinary ~ многопротокольный доступ

multiple ~ параллельный доступ; коллективный [множественный] доступ, мультидоступ

multiple module ~ параллельный доступ к модулю

multiple terminal ~ мультитерминальный доступ

mutually exclusive ~ взаимоисключающий доступ

nonprocedural data ~ непроцедурный доступ к данным

off-board ~ обращение к памяти *или* устройству вне платы

off-chip ~ обращение к внекристальной памяти; обращение к устройству вне кристалла

one-touch ~ доступ посредством единственного нажатия клавиши

overlapped ~ доступ с перекрытием

parallel ~ параллельная выборка

queued ~ доступ с организацией очереди

random ~ **1.** произвольная выборка **2.** произвольный доступ

random sequential ~ произвольно-последовательный доступ

rapid ~ **1.** быстрая выборка **2.** быстрый доступ

read-for-update ~ доступ для чтения и обновления (*элемента данных*)

real-time ~ доступ в реальном (масштабе) времени

relationship ~ доступ (*к информационному объекту*) по отношению (*в реляционных базах данных*)

remote ~ **1.** дистанционная выборка **2.** дистанционный доступ

remote batch ~ доступ в пакетном режиме

removable random ~ произвольный доступ к устройству со сменным носителем

restricted ~ ограниченный доступ

sequential [serial] ~ 1. последовательная выборка 2. последовательный доступ

session ~ доступ в сеансе связи

shared ~ коллективный [совместный] доступ

simultaneous ~ одновременная выборка (*напр. всех частей слова*); параллельная выборка

single-cycle ~ выборка в течение одного цикла

single user ~ доступ для одного пользователя

slow ~ медленная выборка

statistical ~ статистический доступ

storage ~ 1. выборка из запоминающего устройства 2. обращение к запоминающему устройству

token ~ эстафетный доступ

triple ~ 1. тройная выборка 2. тройное (одновременное) обращение

unauthorized ~ несанкционированный доступ

unintentional ~ непреднамеренный доступ

world ~ 1. доступ посторонних пользователей (*в файл*) 2. глобальный доступ

worldwide ~ глобальный доступ

zero ~ 1. немедленная выборка 2. немедленный доступ

accessibility 1. доступность, достижимость 2. *т. граф.* достижимость

operator ~ операторская доступность, доступность со стороны оператора (*к программному обеспечению*)

accessible:

program ~ с программным доступом

accessor аксессор (*узел кассетного ЗУ*)

account счёт; расчёт ‖ считать; рассчитывать ◊ **to** ~ **for** вычислять

accounting 1. (бухгалтерский) учёт 2. ведение учёта 3. учёт использования ресурсов (*вычислительной системы*)

automatic message ~ автоматическая система обработки счетов

business ~ коммерческие расчёты

job ~ учёт заданий

payroll [salary, wages] ~ расчёт [начисление] заработной платы

accumulate 1. накапливать; концентрировать 2. суммировать нарастающим итогом

accumulation накопление

accumulator аккумулятор; сумматор накапливающего типа, накапливающий сумматор (*см. тж* **adder**)

binary ~ двоичный накапливающий сумматор

fast access ~ накапливающий сумматор с быстрым доступом

floating point ~ накапливающий сумматор с плавающей запятой

imaginary ~ накапливающий сумматор для мнимых частей (*комплексных чисел*)

master-slave ~ накапливающий сумматор на МС-триггерах

parallel ~ накапливающий сумматор параллельного действия, параллельный накапливающий сумматор

product ~ накапливающий сумматор произведений

real ~ накапливающий сумматор для действительных частей (*комплексных чисел*)

ring ~ кольцевой накапливающий сумматор

roundoff ~ накапливающий сумматор с округлением

running ~ регистровое запоминающее устройство магазинного типа, аппаратный стек

accuracy 1. точность 2. безошибочность; правильность 3. чёткость (*изображения*) ◊ ~ **in the mean** средняя точность, точность в среднем

~ **of reading** точность отсчёта (*по шкале прибора*)

adequate ~ требуемая [достаточная, приемлемая] точность

attainable ~ достижимая точность

claimed ~ объявленная точность; обусловленная точность

computer-based ~ точность (достигаемая) за счёт применения вычислительной машины

design ~ расчётная точность

extra ~ повышенная точность

extreme ~ предельная точность

functional ~ функциональное соответствие, соответствие функциональным требованиям

inherent ~ присущая (методу) точность

intrinsic ~ внутренняя [собственная] точность; присущая (методу) точность

pinpoint ~ очень высокая точность

poor ~ 1. низкая точность 2. недостаточная точность

prescribed ~ заданная [предписанная] точность

split-hair ~ высочайшая точность

spurious ~ мнимая точность (*при вычислениях с неоправданно большим числом знаков*)

track ~ точность установки (*головки*) на дорожку

working ~ практическая точность

accurate ◊ ~ **to N decimal place** с точностью до N десятичных знаков; ~ **to Nth decimal place** с точностью до N-го десятичного знака

acknowledge подтверждать приём (*сообщения*), квитировать (*сообщение*)

acknowledgement подтверждение приёма (*сообщения*), квитирование (*сообщения*)

acceptance ~ подтверждение принятия (*запроса*)

bus ~ подтверждение приёма при работе с шиной

echo ~ эхоподтверждение

hop-by-hop ~ последовательное подтверждение (*приёма частей сообщения*)

negative ~ 1. отрицательное квитирование (*при обнаружении ошибки*) 2. переспрос (*в сетях с коммутацией пакетов*)

piggybacking ~ подтверждение, вложенное в блок данных обратного направления

unnumbered ~ ненумерованное подтверждение

acquisition 1. сбор, приобретение, получение 2. захват (*объектов роботом*)

blind ~ захват вслепую (*без использования СТЗ*)

consolidated ~ централизованный сбор данных

data ~ сбор данных

image ~ получение изображений (*в СТЗ*)

knowledge ~ приобретение знаний; пополнение знаний (*в экспертных системах*)

across 1. на концах (*о разности потенциалов*) 2. параллельно (*напр. резистору*)

action 1. действие; воздействие 2. операция 3. *киберн.* поведение, линия поведения

adaptive control ~ адаптивное управляющее воздействие

atomic ~ элементарное [атомарное] действие

avalanche ~ лавинное действие; лавинный процесс

control ~ управляющее воздействие; регулирующее воздействие

deflection ~ воздействие по отклонению

delayed ~ замедленное действие ‖ замедленного действия

derivative ~ воздействие по производной

deviation ~ воздействие по отклонению

direct ~ 1. *киберн.* прямое действие ‖ прямого действия 2. прямое [непосредственное] воздействие

external ~ внешнее воздействие

inhibitory ~ 1. запрещающее действие, запрещение, запрет 2. *киберн.* задерживающее действие

input ~ входное воздействие

integral ~ интегральное действие; воздействие по интегралу

internal ~ внутреннее воздействие

load ~ воздействие по нагрузке

logical ~ 1. логическое действие 2. логическая операция

nonprogrammable ~ непрограммируемое действие

on-off ~ действие по принципу «включено — выключено»

output ~ выходное воздействие

perturbation ~ возмущающее воздействие

programmable ~ программируемое действие

proportional ~ пропорциональное действие; линейная реакция; воздействие по отклонению

protective ~ мера защиты, защитная мера

random ~ случайное воздействие

rate ~ воздействие по производной

reflexive ~ *киберн.* рефлекторное действие, рефлекс; рефлексивное поведение

resultant ~ суммарное действие; результирующее воздействие

snap ~ быстрое срабатывание

snap-back ~ скачкообразный переход в запертое состояние

standard system ~ стандартная реакция системы

trial ~ пробное воздействие

type ~ типовое воздействие

activate активизировать; активировать; приводить в действие; инициировать (*процесс*)

activation активизация; активация

flag ~ выставление флага [флажка] (*при обработке данных*)

procedure ~ активизация процедуры

activator активизатор, модуль активизации

active 1. активный **2.** возбуждаемый, активизируемый

low ~ возбуждаемый низким уровнем сигнала (*соответствующим «единице»*)

active-high возбуждаемый высоким уровнем сигнала

active-low возбуждаемый низким уровнем сигнала (*соответствующим «единице»*)

activit/y 1. активность **2.** работа; действие; деятельность; функция

average region ~ средняя активность области памяти (*по частоте обращений к ней*)

business ~ies деловые операции

computer ~ies деятельность в области компьютеризации

concurrent ~ies параллельные [одновременно выполняемые] операции

critical path ~ работа, принадлежащая критическому пути (*в сетевом планировании*)

dummy ~ фиктивная операция (*в программе*); фиктивная работа (*в сетевом планировании*)

management ~ управленческая деятельность

overlapping ~ies совмещаемые операции; перекрывающиеся функции

run-time ~ операция, выполняемая в ходе прогона (*модели*)

transaction/database ~ воздействие транзакции *или* сообщения на базу данных

user oriented ~ies операции (*по разработке системы*), ориентированные на пользователя

zero-time ~ фиктивная работа (*в сетевом планировании*)

actor 1. действующий субъект (*модели ситуации в СИИ*) **2.** актор (*1. элементарный процесс в параллельных СИИ 2. узел-оператор в графе потоков данных*)

exchanger ~ обменный актор

relabeling ~ переименованный актор

actual 1. фактический, действительный **2.** абсолютный (*об адресе*)

actualization актуализация

actuate 1. воздействовать **2.** возбуждать **3.** активизировать; активировать, приводить в действие; инициировать (*процесс*)

adapt адаптировать, приспосабливать; настраивать (*напр. типовой программный модуль*)

adaptability адаптируемость, приспособляемость

adaptation адаптация, приспособление ◊ ~ **through identification** адаптация путём идентификации

direct ~ непосредственная адаптация

negative ~ отрицательная адаптация

adapter адаптер, переходное устройство; сопрягающее устройство

bus ~ шинный адаптер

channel ~ адаптер каналов

channel-to-channel ~ адаптер межканальной связи, адаптер «канал — канал»

communication ~ адаптер (каналов) связи, связной адаптер

communication line ~ адаптер каналов *или* линий связи

current loop ~ адаптер, работающий по принципу токовой петли, *проф.* адаптер «токовая петля»

data-interchange ~ адаптер обмена данными

dataphone ~ дейтафонный адаптер; адаптер телефонных каналов

disk ~ адаптер дискового запоминающего устройства

display ~ адаптер дисплея

graphics ~ графический адаптер, адаптер графических устройств

input-output ~ адаптер ввода-вывода

interface ~ адаптер (устройства) сопряжения; интерфейсный адаптер

I/O ~ *см.* input-output adapter

line ~ линейный адаптер, адаптер линии (связи)

peripheral ~ периферийный адаптер, адаптер периферийных устройств

peripheral interface ~ адаптер сопряжения с периферийными устройствами

signal ~ адаптер сигналов

slave ~ ведомый адаптер, адаптер ведомого устройства

transmission ~ адаптер (каналов) связи, связной адаптер

add сложение, суммирование (*см. тж* **addition**) ‖ складывать, суммировать; прибавлять ◊ **to** ~ **twice** удваивать

false ~ частичное сложение, сложение [суммирование] без переносов

addend второе слагаемое

adder сумматор, суммирующее устройство ◊ ~ **with stored addition table** сумматор с хранимой таблицей сложения

algebraic ~ алгебраический сумматор

amplitude ~ амплитудный сумматор

analog ~ аналоговый сумматор

anticipated carry ~ сумматор с ускоренным переносом

binary ~ двоичный сумматор

carry-look-ahead ~ сумматор с ускоренным переносом

coincidence-type ~ сумматор комбинационного типа, комбинационный сумматор

counter-type ~ сумматор накапливающего типа, накапливающий сумматор

decimal ~ десятичный сумматор

differential gear ~ сумматор с дифференциальной зубчатой передачей

digital ~ цифровой сумматор

exponent ~ сумматор порядков

fast ~ быстродействующий сумматор

fetch-ahead ~ сумматор с упреждающей выборкой (*в конвейерных ЭВМ*)

floating point ~ сумматор с плавающей запятой

full ~ (одноразрядный) сумматор с тремя входами, (полный) сумматор

half-~ (одноразрядный) сумматор с двумя входами, полусумматор, сумматор по модулю 2

hard ~ жёсткий сумматор (*в инкрементных ЭВМ*)

high-speed ~ быстродействующий сумматор

left-hand ~ сумматор левого разряда

look-ahead carry ~ сумматор с ускоренным переносом

matrix ~ матричный сумматор

modulo-two ~ сумматор по модулю 2

N-channel ~ N-канальный сумматор

nonalgebraic ~ арифметический сумматор (*без учёта знака*)

number ~ сумматор чисел

one-column [one-digit] ~ одноразрядный сумматор

parallel ~ сумматор параллельного действия, параллельный сумматор

pipeline ~ конвейерный сумматор

pulse-bucking ~ импульсно-компенсационный сумматор

right-hand ~ сумматор правого разряда

ripple-carry ~ сумматор со сквозным переносом

serial ~ сумматор последовательного действия, последовательный сумматор

serial-parallel ~ последовательно-параллельный сумматор

single-digit ~ одноразрядный сумматор

soft ~ нежёсткий сумматор (*в инкрементных ЭВМ*)

ternary ~ троичный сумматор

three-input ~ (одноразрядный) сумматор с тремя входами, (полный) сумматор

two-input ~ (одноразрядный) сумматор с двумя входами, полусумматор, сумматор по модулю 2

adder-accumulator сумматор накапливающего типа, накапливающий сумматор

adder-subtracter сумматор-вычитатель, суммирующе-вычитающее устройство

add-in встраиваемое дополнительное устройство

addition сложение, суммирование; прибавление; ◊ ~ **by subtraction** сложение вычитанием, сложение путём вычитания; ~ **without carry** сложение без переноса

abridged ~ сокращённое сложение

accumulative ~ сложение с накоплением

binary ~ двоичное сложение, сложение в двоичной системе (счисления)

Boolean ~ булево [логическое] сложение

chained ~ сложение по цепочке, последовательное сложение с накоплением, цепочечное сложение

complementary ~ сложение в дополнительном коде

cyclic ~ циклическое сложение

decimal ~ десятичное сложение, сложение в десятичной системе (счисления)

destructive ~ сложение с разрушением первого слагаемого

direct ~ прямое сложение

iterative ~ итеративное [многократное] сложение

logical ~ логическое сложение

modular ~s модульное наращивание (*напр. возможностей системы*)

modulo N [N] ~ сложение по модулю N

nondestructive ~ сложение без разрушения первого слагаемого

octal ~ восьмеричное сложение, сложение в восьмеричной системе (счисления)

parallel ~ параллельное сложение

serial ~ последовательное сложение

term-by-term ~ почленное сложение

ternary ~ троичное сложение, сложение в троичной системе (счисления)

vector(ial) ~ векторное сложение

zero access ~ сложение без обращения к (оперативной) памяти

additivity аддитивность

add-on 1. дополнение 2. добавляемый для расширения

(*напр. возможностей системы*)

reconfigurable ~ реконфигурируемое дополнение

address адрес ‖ адресовать

~ of address косвенный адрес

A ~ адрес первого числа, адрес первого операнда (*в команде*)

absolute ~ абсолютный [истинный] адрес

actual ~ действительный адрес; абсолютный [истинный] адрес

allophone ~ аллофонический адрес (*в распознавателе речи*)

arithmetic ~ арифметический адрес (*разновидность относительного адреса в языке ассемблера*)

auxiliary ~ дополнительный адрес; вспомогательный адрес

B ~ адрес второго числа, адрес второго операнда (*в команде*)

base ~ базовый адрес; адрес базы

binary-coded ~ двоично-кодированный адрес

blank ~ пустой адрес; незаполненное поле адреса

block ~ адрес блока

broadcast ~ широковещательный адрес (*в локальных сетях*)

broken ~ испорченный адрес

calculated ~ вычисленный адрес

call ~ 1. адрес вызова 2. адрес запроса

constant ~ базовый адрес

coordinate ~ 1. координатный адрес (*заданный координатами*) 2. адрес координаты

core memory ~ адрес в оперативной памяти; адрес в памяти на магнитных сердечниках

current ~ текущий адрес

data ~ адрес данных

destination ~ адрес назначения

direct ~ прямой адрес

dummy ~ фиктивный адрес, псевдоадрес

effective ~ исполнительный адрес

end ~ конечный адрес

entry-point ~ адрес точки входа

executive ~ исполнительный адрес

explicit ~ явный адрес

external (device) ~ 1. адрес во внешнем запоминающем устройстве, внешний адрес 2. адрес внешнего устройства

extra ~ дополнительный адрес

final ~ конечный адрес; окончательный адрес

first-level ~ адрес первого уровня; прямой адрес

fixed ~ фиксированный адрес

floating ~ 1. плавающий адрес 2. адрес с плавающей запятой

floating-point ~ адрес с плавающей запятой

generated ~ сформированный [вычисленный] адрес

global ~ глобальный адрес

hash ~ хэшированный адрес

home [house] ~ собственный адрес

immediate ~ непосредственный адрес, адрес-операнд

implicit ~ неявный адрес

indexed ~ индексируемый адрес; индексированный адрес; исполнительный адрес

indirect ~ косвенный адрес

initial ~ начальный адрес

instruction ~ адрес команды

interleaved ~es чередующиеся адреса

invalid ~ недействительный адрес; неправильный адрес

jump ~ адрес перехода

key ~ основной [ключевой] адрес

last field ~ последний адрес (*многоадресной команды*)

leading ~ 1. начальный адрес (*программы*) 2. первый

адрес (*многоадресной команды*)

link ~ адрес связи, связующий адрес

linkage ~ адрес связей

listener ~ адрес приёмника (*данных*); адрес приёмного устройства

load(-point) ~ (начальный) адрес точки загрузки

location ~ адрес ячейки (*памяти*); адрес местоположения

logical ~ логический адрес

machine ~ машинный [физический] адрес

memory ~ 1. адрес (ячейки) памяти [запоминающего устройства] 2. адрес (блока) памяти [запоминающего устройства]

multicast ~ групповой адрес (*в локальных сетях*)

multilevel ~ многоуровневый [косвенный] адрес

network ~ сетевой адрес

Nth-level ~ адрес N-го уровня (*косвенности*)

number ~ адрес числа

octal ~ восьмеричный адрес

offset ~ относительный адрес, адрес с указанием величины смещения (*напр. от начала сегмента*)

one-level ~ одноуровневый [прямой] адрес

operand ~ адрес операнда

out-of-range ~ адрес за пределами адресного пространства

overflow exit ~ адрес выхода по переполнению

page ~ адрес страницы

physical ~ физический адрес

pointer ~ 1. адрес-указатель 2. адрес указателя

preset ~ предварительно установленный адрес (*напр. в цикле*)

presumptive ~ 1. предварительный адрес; опорный адрес; исходный адрес 2. базовый адрес

program ~ 1. адрес в программе 2. адрес программы

real ~ реальный [действительный] адрес

reference ~ 1. адрес обращения 2. опорный адрес 3. адрес ссылки 4. базовый адрес

regional ~ региональный адрес, адрес участка памяти

relative ~ относительный адрес

relocatable ~ перемещаемый адрес; настраиваемый адрес

relocation ~ адрес перемещения

restart ~ адрес рестарта

result ~ 1. результирующий адрес 2. адрес результата (*выполнения операции*)

return ~ адрес возврата

second-level ~ адрес второго уровня; косвенный адрес

self-relative ~ самоопределяющийся относительный адрес (*базой которого служит адрес текущей команды*)

sense ~ адрес байтов уточнённого состояния (*IBM-360*)

single-level ~ одноуровневый [прямой] адрес

source ~ 1. адрес источника (*информации*) 2. исходный адрес

specific ~ абсолютный [истинный] адрес

start(ing) ~ начальный адрес

stop ~ адрес останова

storage ~ 1. адрес (ячейки) запоминающего устройства 2. адрес блока запоминающего устройства

store ~ адрес хранения

subroutine return ~ адрес возврата из подпрограммы

symbolic ~ символический адрес

synthetic ~ формируемый адрес

talk(er) ~ адрес передатчика (*данных*); адрес передающего устройства

transport ~ транспортный адрес

true ~ истинный [абсолютный] адрес

two-coordinate ~ двухкоординатный адрес

two-level ~ двухуровневый адрес; косвенный адрес

unique ~ однозначный [единственный] адрес

unload ~ адрес разгрузки

variable ~ переменный адрес

vector ~ векторный адрес

virtual ~ виртуальный адрес

windowed ~ адрес в адресном пространстве окна

word ~ адрес слова

zero ~ нулевой адрес

zero-level ~ адрес нулевого уровня

addressability адресуемость

screen ~ адресуемость (элементов) изображения на экране

addressable адресуемый; имеющий адрес

directly ~ прямоадресуемый; непосредственно адресуемый

addressee *фр.* адресат, получатель

addressing адресация

abbreviated ~ укороченная адресация

absolute ~ абсолютная [истинная] адресация

alphabetic ~ символическая адресация

autodecrement ~ автодекрементная адресация

autoincrement ~ автоинкрементная адресация

based indexed ~ относительная индексная адресация

base-displacement ~ относительная адресация

base-page ~ адресация по базовой странице

base register ~ адресация с использованием базового регистра

bit ~ побитовая адресация

bit-reversed ~ адресация с инвертированием разрядов адреса

broadcast ~ широковещательная адресация

built-in ~ встроенная адресация

built-up ~ сложная адресация

capability-based ~ мандатная адресация (обеспечивающая доступ к объекту по его описанию)

chained ~ цепная адресация

common data bus ~ адресация с использованием общей шины данных

constant offset indexed ~ индексная адресация со смещением на константу

current-page ~ адресация по текущей странице

cyclic ~ циклическая [круговая] адресация

deferred ~ косвенная адресация

direct ~ прямая адресация

double-register ~ адресация с использованием двух регистров (индексного и базового)

explicit ~ явная адресация

extended ~ расширенная адресация (за пределами ограничений, накладываемых разрядностью кода команды)

extensible ~ адресация с возможностью расширения адресного пространства, адресация с переменной длиной адреса

fixed-length ~ адресация с фиксированной длиной адреса

flat ~ прямая адресация

group ~ групповая адресация

hash(ing) ~ хэш-адресация, адресация с использованием хэширования или хэш-функции

hierarchical ~ иерархическая адресация

immediate ~ непосредственная адресация

implicit [implied] ~ неявная адресация

indexed ~ индексная адресация

index register ~ адресация с использованием индексного регистра, индексная адресация

indirect ~ косвенная адресация

inherent ~ адресация кодом команды

intrinsic ~ внутренняя адресация

literal ~ буквальная [литеральная] адресация

machine ~ машинная [физическая] адресация

matrix ~ матричная адресация

multidestination ~ многопунктовая адресация

multilevel ~ многоуровневая (косвенная) адресация

multiple ~ (много)кратная адресация

multiterminal ~ многотерминальная адресация

multiword ~ многословная адресация

one-ahead ~ адресация с повторением

PC-relative ~ относительная адресация по счётчику команд

physical ~ физическая адресация

postincrement ~ адресация с последующим приращением (адреса) (после выполнения команды)

postindexing ~ постиндексная адресация

predecrement ~ адресация с предварительным уменьшением (адреса) (до выполнения команды)

preindexing ~ предындексная адресация

program counter relative ~ относительная адресация по счётчику команд

real-time ~ непосредственная адресация

regional ~ региональная адресация

register ~ регистровая адресация

relative ~ относительная адресация

repetitive ~ адресация с повторением

self-relative ~ самоопределяющаяся относительная адресация (*базой которой служит адрес текущей команды*)

sequential ~ последовательная адресация

stepped ~ пошаговая адресация; адресация с повторением

symbolic ~ символическая адресация

two-coordinate ~ двухкоординатная адресация

vector ~ векторная адресация

virtual ~ виртуальная адресация

wrap-around ~ круговая [циклическая] адресация

zero-level ~ непосредственная адресация

zero offset indexed ~ индексная адресация с нулевым смещением

addressless безадресный

addressness адресность

adequacy 1. адекватность, соответствие **2.** достаточность; пригодность

data ~ достоверность данных

expressive ~ выразительная [экспрессивная] адекватность (*средств представления знаний*)

model ~ адекватность модели (*объекту*)

adherography адгезография (*метод получения графических документов с использованием красящего порошка, прилипающего к элементам скрытого изображения*)

ad hoc специальный, подходящий к данному случаю; специально подобранный к данному случаю

ad hockery решения *или* правила, предназначенные специально для данного случая

adjacency смежность; близость (*напр. распознаваемых образов*); соседство (*напр. элементов изображения*)

adjacent смежный; соседний

adjectivally *лингв.* в качестве прилагательного

adjust 1. регулировать; устанавливать **2.** настраивать; юстировать **3.** подгонять (*расчёт*); округлять **4.** выравнивать (*масштаб, формат печати*) ‖ выравнивание (*масштаба, формата печати*) **5.** корректировать, вносить поправки ‖ корректировка, внесение поправок ◇ **to ~ to scale** масштабировать

automatic margin ~ автоматическое выравнивание (правого) края текста (*в текстовом процессоре*)

automatic widow ~ автоматическое устранение изолированных строк (*в текстовом процессоре при настройке печатаемой страницы*)

decimal ~ «десятичная коррекция» (*коррекция результата арифметической операции над числами в двоично-десятичном представлении*)

adjustable 1. регулируемый **2.** настраиваемый

field ~ настраиваемый в эксплуатационных условиях, с эксплуатационной настройкой

adjusting (*см. тж* **adjustment**): **settings** ~ задание уставок

adjustment 1. регулировка, регулирование; установка **2.** настройка; юстировка **3.** упорядочение **4.** подгонка (*расчёта*); округление **5.** вычисление (*по методу наименьших квадратов*) **6.** выравнивание (*масштаба, формата печати*) **7.** корректировка, внесение поправок

~ **of data** *стат.* выравнивание значений данных, устранение выбросов (*значений*)

address ~ настройка адреса; корректировка адреса

balancing ~ балансировка; симметрирование (*схемы*)

chi-square ~ *стат.* проверка

(гипотезы) по критерию хи-квадрат

code ~ упорядочение кодов

fine ~ 1. плавная регулировка 2. точная настройка

line ~ установка интервалов *(в печатающем устройстве)*

setpoint [settings] ~ задание уставок

stack ~ подстройка стека *(при каждом обращении к нему)*

trial-and-error ~ регулирование методом проб и ошибок; уточнение решения методом проб и ошибок

zero ~ установка нуля; подстройка нуля [нулевого положения]

administration:

data ~ организация прохождения данных *(в распределённых системах)*

maintenance ~ административное управление сопровождением *(программных изделий)*

runtime storage ~ управление памятью при работе готовой [оттранслированной] программы

administrator администратор, распорядитель *(программа или ответственное лицо)*; организующая программа

channel ~ распорядитель каналов

data ~ администратор данных

database ~ администратор базы данных, АБД

enterprise ~ администратор предметной области *(в базах данных)*

file ~ распорядитель файлов

resource ~ распорядитель ресурсов

admissibility допустимость, возможность; степень допустимости, степень возможности

admittance полная проводимость

advance 1. опережение *(по фазе)* ‖ опережать *(по фазе)* 2.

продвижение ‖ продвигаться

carriage ~ перемещение [продвижение] каретки

item ~ поэлементное продвижение *(организация выполнения в памяти последовательных операций над различными записями)*

line ~ перевод строки, переход на следующую строку

advanced с улучшенными свойствами; улучшенный, усовершенствованный; перспективный, прогрессивный; развитый

advancing:

pulse ~ прохождение импульса

advice-giver советчик, консультант *(вид экспертной системы)*

adviser:

computer ~ 1. машина-советчик 2. машинный консультант *(вид экспертной системы)*

affix аффикс

affixment привязка

aftereffect последействие

afterglow послесвечение; световая инерция

afterpunching повторная перфорация

ageing *см.* **aging**

agenda 1. план решения *(задачи)* 2. список основных операторов *или* операций

agent 1. исполнительное устройство, «посредник» 2. субъект действия, агент *(в СИИ)*

cognitive ~ когнитивный агент *(обеспечивающий накопление знаний)*

reasoning ~ «мыслящее» исполнительное устройство

aggregate 1. множество 2. составное значение, агрегат *(данных)* ‖ агрегировать *(данные)* 3. группировать; укрупнять

~ **of simple events** множество элементарных событий

array ~ составное регулярное значение *(в языке Ада)*

data ~ агрегат данных

record ~ составное комбинированное значение (*в языке Ада*)

aging 1. старение **2.** тренировка (*аппаратуры*)

agree *лингв.* согласовываться

agreement 1. соглашение **2.** *лингв.* согласование

input ~ соглашение о вводе (*для обеспечения корректности выполнения транзакций в распределённой системе*)

unanimous ~ бесконфликтное [единогласное] соглашение

aids:

bug arresting ~ средства фиксирования [стопоры] ошибок

coding ~ (вспомогательные) средства кодирования

computer ~ средства вычислительной техники

computer design ~ средства автоматизированного проектирования

conversion ~ средства (обеспечения) освоения (*напр. программного изделия*)

debug(ging) ~ средства отладки

diagnostic ~ диагностические средства, средства диагностики

installation ~ средства (обеспечения) ввода в действие

modeling ~ средства моделирования

programming ~ средства программирования

program preparation ~ средства подготовки программ

testing ~ средства тестирования; испытательные средства

training ~ средства обучения

alarm 1. аварийный сигнал **2.** (аварийное) сигнальное устройство, устройство аварийной сигнализации

audible ~ звуковой аварийный сигнал

false ~ **1.** ложный аварийный сигнал **2.** ложно найденная неисправность (*в действительности отсутствующая*)

light ~ световая аварийная сигнализация

overflow ~ сигнал переполнения

stall ~ сторожевой стоп-сигнал (*генерируемый при задержке разрешения прерывания сверх установленного периода*)

aletheutics алетевтика (*область семиотики, исследующая проблемы истинности*)

algebra алгебра

~ **of logic** алгебра логики

~ **of residue classes** алгебра остаточных классов

Boolean ~ булева алгебра, алгебра логики

cardinal ~ кардинальная алгебра

circuit ~ алгебра схем, схемная алгебра

cubical ~ алгебра кубов, исчисление кубических комплексов

image ~ алгебра изображений

information ~ информационная алгебра

matrix ~ алгебра матриц, матричная алгебра

propositional ~ алгебра высказываний; пропозициональная алгебра

relational ~ реляционная алгебра, алгебра отношений

simple ~ простая алгебра

switching ~ алгебра переключательных схем

weakly distributive Boolean ~ слабодистрибутивная булева алгебра

algoristic строго определённый, детерминированный

algorithm алгоритм ◊ ~ **for path connections** алгоритм трассировки по сетке

abridgement ~ алгоритм сокращения (*длины идентификатора*)

adaptive ~ адаптивный алгоритм

ad hoc ~ специальный алгоритм

aim ~ алгоритм поиска цели

automatic assessment ~ алгоритм автоматической оценки (*напр. качества программного обеспечения*)

banker's ~ алгоритм банкира (*для разрешения конфликтных ситуаций в операционных системах*)

best-route ~ алгоритм выбора оптимального маршрута

bipartitioning ~ алгоритм последовательного деления на две части (*напр. пространства трассируемой платы*)

branch-bound ~ алгоритм метода ветвей и границ

branching ~ **1.** ветвящийся алгоритм, алгоритм с ветвлением **2.** алгоритм ветвления

chain ~ цепной алгоритм

channel router ~ алгоритм трассировки каналов, алгоритм канальной трассировки

column sweep ~ алгоритм вычерчивания столбцов

combinatorial ~ комбинаторный алгоритм

computational [computing] ~ вычислительный алгоритм

control ~ алгоритм управления

convergent ~ сходящийся алгоритм

curve-fitting ~ алгоритм подбора кривой

cutting-plane ~ алгоритм построения отсекающей плоскости

D- ~ D-алгоритм (*для генерирования тестов в комбинационных логических схемах*)

decision ~ алгоритм выбора решения

decoding ~ алгоритм декодирования, декодирующий алгоритм

deterministic ~ детерминированный алгоритм

digit-by-digit ~ подробный алгоритм, детальная программа (*действий*)

double-sweep ~ *т. граф.* алгоритм двойного поиска

dual ~ алгоритм решения двойственной задачи

durable ~ живучий алгоритм; устойчивый алгоритм

event-scheduling ~ алгоритм планирования событий

exchange ~ перестановочный алгоритм

fault-handling ~ алгоритм устранения неисправности

fixed-stealing ~ алгоритм ограниченного захвата (*резервных ячеек в отказоустойчивых СБИС*)

fixed-step-size ~ алгоритм с фиксированной величиной дискретного шага

flow-synthesis ~ алгоритм составления блок-схемы программы

forward-looking ~ алгоритм с упреждающей подкачкой информации (*в кэш*)

generalized ~ обобщённый алгоритм

Goto ~ алгоритм Гото (*для компоновки модулей ИС*)

graph ~ графовый алгоритм, алгоритм поиска на графе

graphics ~ графический алгоритм, алгоритм машинной графики

greedy ~ *т. граф.* поглощающий алгоритм, *проф.* «жадный» алгоритм

grid expansion ~ алгоритм распространения по сетке

hardware ~ аппаратно-реализованный алгоритм

heuristic ~ эвристический алгоритм

Hightower ~ алгоритм Хайтауэра (*для автоматической трассировки межсоединений при наличии множества препятствий*)

incorrect ~ неподходящий алгоритм

inference-based ~ алгоритм, основанный на логическом выводе

inferencing ~ алгоритм логического вывода

instruction issue ~ алгоритм подачи команд (*в конвейерной ЭВМ*)

integer ~ целочисленный алгоритм

integrated query optimization ~ интегрированный алгоритм оптимизации обработки запросов (*охватывающий этапы размещения данных, синхронизации параллельных операций, обеспечения целостности данных и их восстановления*)

iteration [iterative] ~ итеративный алгоритм

layout ~ алгоритм компоновки (*ИС*)

layout compaction ~ алгоритм уплотнения топологической схемы (*на основе символического описания топологии БИС*)

learning ~ *киберн.* алгоритм обучения

least frequently used ~ алгоритм замещения наименее активной *или* наименее часто используемой страницы

least recently used ~ алгоритм замещения наиболее давней по использованию страницы

Lee-expansion ~ алгоритм распространения Ли (*для автоматической трассировки межсоединений*)

Lee-type ~ алгоритм типа Ли (*для автоматической трассировки межсоединений*)

linear expansion ~ алгоритм линейного распространения

line-placing ~ алгоритм прокладки линий соединения, *проф.* алгоритм прокладки связей (*при трассировке соединений*)

line-probe ~ алгоритм пробных связей (*при трассировке соединений*)

logical ~ логический алгоритм, алгоритм решения логических задач

mathematically intensive ~ алгоритм с большим объёмом математических операций

maximum matching ~ *т. граф.* алгоритм нахождения максимального покрытия

min-cut placement ~ алгоритм минимизации числа пересечений (*при трассировке печатных плат или ИС*)

minimum path-length ~ алгоритм построения пути минимальной длины (*в печатных платах*)

modeling ~ моделирующий алгоритм

multikey ~ алгоритм поиска по многим ключам; алгоритм многомерного поиска

multipass ~ многопроходной алгоритм

nested ~ вложенный алгоритм

network ~ сетевой алгоритм, алгоритм решения задач на сети

normal ~ нормальный алгоритм

no-wait ~ алгоритм без ожидания, *проф.* «нетерпеливый» алгоритм (*устранения тупиков*)

operative ~ рабочий алгоритм

optimal assignment ~ алгоритм оптимальных назначений

optimal cutting ~ алгоритм оптимального раскроя

ordering ~ алгоритм упорядочения

page-replacement ~ алгоритм замещения страниц

paging ~ алгоритм замещения страниц; *проф.* алгоритм листания

parallel ~ параллельный алгоритм

partitioning ~ алгоритм разбиения

path-tracing ~ **1.** алгоритм выбора пути, селективный алгоритм (*моделирования логической схемы*) **2.** алгоритм прокладки маршрута [пути]; алгоритм трассировки

pitch ~ алгоритм расчёта длительности и высоты основного тона (*при синтезе речи*)

placement ~ алгоритм размещения, алгоритм компоновки (*напр. элементов*)

prediction ~ алгоритм прогнозирования, прогнозирующий алгоритм

primal-dual ~ алгоритм одновременного решения прямой и двойственной задач, прямодвойственный алгоритм

primary ~ элементарный алгоритм

problem ~ алгоритм задачи

procrastination ~ алгоритм отсроченного [отложенного] выбора (*в САПР логических схем*)

public-key ~ алгоритм шифрования открытым ключом (*доступным группе пользователей*)

random search ~ алгоритм случайного поиска

recognition ~ алгоритм распознавания

recursive ~ рекурсивный алгоритм

relaxation ~ релаксационный алгоритм

replicate ~ алгоритм копирования (*данных в распределённой системе*)

robust ~ живучий алгоритм; устойчивый алгоритм; *проф.* робастный алгоритм

round-robin ~ алгоритм кругового обслуживания

routing ~ алгоритм трассировки; алгоритм выбора маршрута

scanline ~ алгоритм построчного сканирования

scheduling ~ алгоритм планирования; алгоритм составления расписания *или* графика

sequential ~ последовательный алгоритм

shortest path ~ алгоритм поиска кратчайшего маршрута (*в сетевых задачах*)

shrinking ~ алгоритм сжатия (*изображений*)

simplex ~ симплексный алгоритм

simulated annealing ~ алгоритм модельной «закалки» (*улучшающий свойства модели*)

software ~ программно-реализованный алгоритм

speed-enhancing ~ алгоритм увеличения скорости (*выполнения программ*)

square rooting ~ алгоритм извлечения квадратного корня

steepest ascent ~ алгоритм крутого восхождения

systolic ~ систолический алгоритм

testing ~ алгоритм тестирования; алгоритм проверки

threshold decoding ~ алгоритм порогового декодирования

timetable scheduling ~ алгоритм составления расписания

trace back ~ алгоритм обратного прослеживания (*путей сигналов при моделировании логических устройств*)

translation ~ 1. *матем.* алгоритм преобразования 2. алгоритм (автоматического) перевода 3. алгоритм трансляции

transportation ~ алгоритм решения транспортной задачи

tree-search ~ алгоритм древовидного поиска, алгоритм поиска по дереву

two-dimensional placement ~ алгоритм двумерной компоновки (*напр. элементов*)

unconstrained minimization ~ алгоритм безусловной минимизации

universal ~ универсальный алгоритм

variable-stealing ~ алгоритм свободного захвата (*резервных ячеек в отказоустойчивых СБИС*)

Vintr ~ алгоритм Винтра (*для трассировки межсоединений БИС*)

VLSI ~ алгоритм, реализованный (аппаратно) в СБИС

algorithmic алгоритмический

alias 1. альтернативная точка входа (*в подпрограмму*); альтернативное имя; псевдоимя 2. псевдоним (*в базах данных*) 3. паразитный сигнал 4. результаты эксперимента, безразличные к проверяемым гипотезам

aliasing 1. эффект наложения (*появление помех при недостаточно высокой частоте дискретизации сигналов*) 2. неровность, ступенчатость (*контуров на экране дисплея*) 3. смешивание, смешение (*напр. идентификаторов*)

align 1. выравнивать, располагать по одной линии 2. налаживать

aligned выровненный

left ~ выровненный слева, выровненный по левым разрядам *или* знакам

right ~ выровненный справа, выровненный по правым разрядам *или* знакам

aligner согласователь (*элементов структуры данных*)

alignment 1. выравнивание, расположение по одной линии 2. *mm* ориентация

boundary ~ выравнивание границ; размещение в границах

decimal ~ выравнивание десятичных чисел, десятичное выравнивание

octet ~ синхронизация по октету

point ~ установка десятичной запятой; выравнивание по десятичной запятой

storage ~ упорядочение данных в памяти; выравнивание данных в памяти

all-digital (полностью) цифровой

alley:

blind ~ тупик (*АЛГОЛ 68*)

all-in-one функционально законченный

allocate 1. размещать, определять место 2. распределять, назначать

allocation 1. размещение, определение места 2. распределение, назначение

activity ~ распределение активности (*в потоковой машине*)

channel ~ распределение каналов

cooperative competitive ~ кооперативное состязательное распределение (*ресурсов*)

device ~ распределение устройств (*напр. между пользователями*)

direct ~ жёсткое [фиксированное] распределение (*для данной программы*); статическое распределение

dynamic ~ динамическое распределение

memory ~ распределение памяти

preplanned ~ выполненное заранее распределение

resource ~ распределение ресурсов; назначение ресурса

run-time ~ динамическое распределение

space ~ распределение места (*на носителе информации*)

static ~ статическое распределение

storage ~ распределение памяти

time ~ распределение времени

allocator 1. распределитель, блок распределения; программа распределения 2. генератор (*в языке Ада*)

activity ~ распределитель действий, распределитель активности (*узел потоковой машины*)

dynamic ~ динамический распределитель, блок динамического распределения

library ~ распределитель [блок распределения] с обращением к библиотеке (*программ*) resource ~ распределитель ресурсов

time sharing ~ распределитель [блок распределения] в системе разделения времени

allomorph *лингв.* алломорф

allophone *лингв.* аллофон

alloseme *лингв.* аллосема

allotment:

memory ~ распределение памяти; выделение памяти

allotting предварительный выбор

alpha 1. альфа, коэффициент усиления по току (*транзистора*) в схеме с общей базой **2.** буквенный **3.** алфавитный

alphabet алфавит

abstract ~ абстрактный алфавит

code ~ алфавит кода, кодовый алфавит

computer ~ машинный алфавит; алфавит вычислительной машины

input ~ входной алфавит

internal ~ внутренний алфавит

lowercase ~ алфавит нижнего регистра

machine ~ машинный алфавит

N-symbol ~ алфавит из N символов

output ~ выходной алфавит

parity-check ~ алфавит с контролем по чётности

Plotkin ~ алфавит Плоткина

Reed-Müller ~ алфавит Рида — Мюллера

Roman ~ латинский алфавит

uppercase ~ алфавит верхнего регистра

alphabetic(al) 1. буквенный **2.** алфавитный

alphabetic-numeric буквенно-цифровой

alphabetizing упорядочение (*напр. имён, списков*) по алфавиту

alphageometric буквенно-геометрический (*о формировании изображения*)

alphameric буквенно-цифровой

alphamerics буквенно-цифровой индикатор

alphamosaic буквенно-мозаичный (*о формировании изображения*)

alphanumeric буквенно-цифровой

alphanumerics буквенно-цифровой индикатор

alphaphotographic буквенно-фотографический

alteration 1. изменение; перестройка; преобразование **2.** операция включающее ИЛИ, логическое сложение

field ~ изменение поля (*в ассоциативном ЗУ*)

tape ~ работа с двумя (магнитными) лентами

altering изменение информации

alternate чередоваться; переставлять ‖ чередующийся; переменный

alternation 1. чередование **2.** *лог.* дизъюнкция

tape ~ попеременное обращение к нескольким (магнитным) лентам

alternative 1. альтернатива ‖ альтернативный **2.** вариант

open select ~ открытая выбираемая альтернатива (*в языке Ада*)

ambiguit/y 1. неоднозначность **2.** *лингв.* омонимия

lexical ~ лексическая омонимия

on/on ~ies неоднозначность распознавания, определяемая взаимным перекрытием (объектов)

ambiguous 1. неоднозначный **2.** *лингв.* омонимичный

amendment поправка; изменение

amount 1. количество **2.** сумма

~ of bet *т. игр* величина ставки, ставка

~ of feedback глубина обратной связи

~ of information количество информации

~ of inspection объём инспекции

~ of simulation объём моделирования

ampersand амперсанд (*знак* &)

amphibol(og)y неоднозначное предложение; неоднозначная команда

amplification усиление

   distributed ~ распределённое усиление

   functional ~ функциональное усиление

   linear ~ линейное усиление

   pin ~ размножение контактов

   pure ~ фактическое [результирующее] усиление

   small-signal ~ усиление при малых сигналах; усиление малых сигналов

amplifier усилитель

   ~ of intelligence *киберн.* усилитель умственных способностей

   broad-band ~ широкополосный усилитель

   buffer ~ буферный усилитель

   chopper ~ усилитель с модулятором и демодулятором; усилитель (*постоянного тока*) с прерывателем

   chopper stabilized ~ стабилизированный усилитель (*постоянного тока*) с прерывателем

   complementing ~ инвертирующий усилитель, инвертор

   computing ~ решающий усилитель

   DC ~ 1. усилитель постоянного тока 2. усилитель с непосредственной связью

   deflection ~ усилитель отклонения

   differential ~ дифференциальный усилитель

   differentiating ~ дифференцирующий усилитель

   direct-coupled ~ усилитель с непосредственной связью

   drift-corrected ~ бездрейфовый усилитель

   drift-stabilized operational ~ бездрейфовый операционный усилитель

driver ~ 1. усилитель записи, формирователь (*ЗУ*) 2. усилитель мощности

error ~ усилитель (сигнала) ошибки, усилитель рассогласования

feedback ~ усилитель с обратной связью

fluid ~ 1. гидравлический [жидкостный] усилитель 2. струйный усилитель

fluid-jet ~ струйный усилитель

gain-switching ~ усилитель с переключаемым коэффициентом усиления

gated ~ усилитель со схемой совпадения, стробированный усилитель

high-level ~ усилитель (для) больших сигналов

image ~ 1. усилитель изображения 2. усилитель канала изображения

integrating ~ интегрирующий усилитель

inverting ~ инвертирующий усилитель, инвертор

level ~ усилитель уровня напряжения

linear operational ~ линейный операционный усилитель

lock-in ~ синхронизирующий усилитель; синхронный усилитель

mixing ~ усилитель со схемой объединения на входе

noncomplementing [noninverting] ~ неинвертирующий усилитель

operational ~ операционный усилитель

optical ~ оптический усилитель

parallel-feedback operational ~ операционный усилитель с параллельной обратной связью

pip ~ импульсный усилитель

polarity-inverting ~ инвертирующий усилитель, инвертор

power ~ усилитель мощности

preliminary [prime] ~ предварительный усилитель, пред-усилитель

pulse ~ импульсный усилитель

read(ing) ~ усилитель считывания

reading-writing [read-write] ~ усилитель считывания и записи

recording ~ усилитель записи

reference ~ опорный усилитель, усилитель опорного сигнала

regulator ~ регулирующий усилитель

reversing ~ инвертирующий усилитель, инвертор

sample-and-hold ~ усилитель выборки и запоминания

see-saw ~ инвертирующий усилитель, инвертор

sense [sensing] ~ усилитель считывания

servo ~ усилитель следящей системы; сервоусилитель

shaping ~ формирующий усилитель, формирователь

sign-changing [sign-reversing] ~ инвертирующий усилитель, инвертор

single-ended ~ усилитель с несимметричным выходом

small-signal ~ усилитель (для) малых сигналов

square-law ~ квадратичный усилитель, усилитель с квадратичной характеристикой

squaring ~ усилитель-формирователь прямоугольных импульсов *или* колебаний

summing ~ суммирующий усилитель

wide-band ~ широкополосный усилитель

write [writing] ~ усилитель записи

amplitude амплитуда

pick-to-pick ~ двойная амплитуда

pulse-spike ~ амплитуда всплеска на импульсе

spectral ~s амплитудно-частотная характеристика, энер-гетический спектр (*речевого сигнала*)

amputate отсекать, выключать из работы

analog аналоговое [моделирующее] устройство, аналог, модель ‖ аналоговый, моделирующий

electric ~ электрическое аналоговое [моделирующее] устройство, электрическая модель

hydraulic ~ гидравлическое аналоговое [моделирующее] устройство, гидравлическая модель

hydrodynamic ~ гидродинамическое аналоговое [моделирующее] устройство, гидродинамическая модель

mechanical ~ механическое аналоговое [моделирующее] устройство, механическая модель

network ~ моделирующая (электрическая) сеть, моделирующая (электрическая) сетка

physical ~ физический аналог, физическая модель

pneumatic ~ пневматическое аналоговое [моделирующее] устройство, пневматическая модель

analogous аналоговый, моделирующий

analogue *см.* analog

analogy аналогия (*в моделировании*)

force-current ~ аналогия (механическая) сила — ток

force-voltage ~ аналогия (механическая) сила — напряжение

loop ~ контурная аналогия

membrane ~ мембранная аналогия

nodal ~ узловая аналогия

analyser *см.* analyzer

analysis анализ; изучение, исследование ◇ ~ **by synthesis** анализ через синтез

~ **of causes** причинный анализ

~ **of covariance** ковариационный анализ

~ **of variance** дисперсионный анализ

~ **of variance by ranks** дисперсионный анализ рангов

~ **of variance components** анализ составляющих дисперсии

ad hoc ~ анализ специального вида

algorithmic ~ алгоритмический анализ

approximate ~ приближённый анализ

automatic number ~ автоматический анализ кода абонента (*для выбора режима обслуживания*)

backward error ~ обратный анализ ошибок

behavioral ~ анализ на поведенческом уровне

benchmark ~ сравнительный анализ производительности (*напр. методом прогона контрольных задач*)

bus state ~ анализ состояния шины

circuit ~ 1. анализ схемы; схемный анализ 2. анализ на схемном уровне

computer ~ исследование с использованием ЭВМ

computerized ~ машинный анализ

contour ~ анализ контуров (*в распознавании образов*)

critical-path ~ 1. анализ критических путей (*в схеме*) 2. анализ с использованием метода критического пути (*в сетевом планировании*)

failure ~ анализ отказов *или* повреждений

feasibility ~ анализ осуществимости (*проектных решений*)

flow ~ анализ потоков (*напр. данных*)

forward error ~ прямой анализ ошибок

Fourier ~ анализ Фурье, Фурье-анализ, гармонический анализ

frequency-domain ~ анализ частотных характеристик

harmonic ~ гармонический анализ

immediate constituents ~ анализ по непосредственно составляющим

interconnect ~ анализ межсоединений (*при трассировке ИС*)

interval ~ интервальный анализ, интервальная арифметика

layout ~ анализ топологии (*при проектировании ИС*)

lexical ~ лексический анализ

linguistic ~ лингвистический анализ

logic ~ логический анализ, анализ на логическом уровне

mathematical ~ математический анализ

means-aids ~ анализ целей и средств (*при автоматическом решении задач*)

mixed-mode ~ смешанный анализ (*сочетающий различные уровни абстрагирования, напр. МОП-схем при их моделировании*)

model(-based) ~ анализ на основе использования модели; исследования на модели

morphological ~ морфологический анализ

network ~ 1. анализ схем; анализ с помощью сеток 2. сетевое планирование

nodal ~ анализ цепи методом узловых потенциалов

numerical ~ численный анализ

on-line ~ анализ в диалоговом режиме, анализ в режиме онлайн

parametric ~ параметрический анализ (*анализ влияния изменения параметров на поведение моделируемой системы*)

parasitic ~ анализ паразитных эффектов (*в ИС*)

peak hour ~ анализ пикового

периода (*работы вычислительной системы*)

predictive ~ упреждающий анализ

procedure ~ **1.** анализ процесса **2.** анализ алгоритма **3.** исследование процедур

protocol ~ анализ протоколов, протокольный анализ (*1. метод приобретения знаний для использования в экспертной системе 2. элемент диагностики сетей*)

queueing ~ анализ очередей

recursive ~ рекурсивный анализ

regression ~ регрессивный анализ

security ~ анализ надёжности

sentence-by-sentence syntactic ~ пофразовый синтаксический анализ

sequential ~ последовательный анализ

signature ~ сигнатурный анализ

state ~ анализ логических состояний (*в моделировании*)

statistic(al) ~ статистический анализ

stem ~ анализ разветвлений (*в логической схеме*)

structural [structured] ~ структурный анализ

surface ~ анализ (состояния) поверхности носителя (*информации*)

symbolic ~ *лог.* символический анализ

syntactic ~ синтаксический анализ

systems ~ системный анализ

time-and-frequency ~ частотно-временной анализ

timing ~ временной анализ

topological ~ топологический анализ

trace ~ **1.** анализ кривых **2.** трассировочный анализ

transient ~ анализ переходных процессов

variance ~ дисперсионный анализ

analyst аналитик

operations ~ специалист по исследованию операций, операционист, аналитик по операциям

systems ~ системный аналитик, специалист в области системного анализа; специалист по системам; системотехник, *проф.* системщик

analyst-programmer программист-аналитик; системный программист

analyzer анализатор

bus-state ~ анализатор состояний шины

character ~ анализатор знаков *или* символов

circuit ~ схемный анализатор

complex plane ~ векторный анализатор

continuous ~ анализатор непрерывного действия, непрерывный анализатор

curve ~ анализатор кривых

digital differential ~ цифровой дифференциальный анализатор, ЦДА

direct-reading ~ анализатор с непосредственным отсчётом, анализатор с непосредственным считыванием

dynamic path ~ динамический анализатор ветвей

fault ~ анализатор неисправностей *или* дефектов

Fourier ~ Фурье-анализатор, гармонический анализатор

frequency (response) ~ частотный анализатор

functional ~ функциональный анализатор

harmonic ~ гармонический анализатор

integrated circuit ~ **1.** устройство для испытания ИС **2.** анализатор на ИС

key words ~ анализатор ключевых слов (*программное средство контроля согласованности технических требований*)

lexical ~ лексический анализатор, блок лексического анализа, лексический блок (*транслятора*)

logic(-state) ~ логический анализатор, анализатор логических состояний

microprocessor ~ 1. (логический) анализатор для контроля микропроцессора 2. микропроцессорный анализатор

morphological ~ морфологический анализатор

network ~ схемный анализатор; расчётный стол (*для электрических сетей*)

parallel digital differential ~ цифровой дифференциальный анализатор [ЦДА] параллельного действия

program flow ~ анализатор хода выполнения программы

protocol ~ протокольный анализатор (*аппаратное устройство диагностики сети*)

pulse ~ импульсный анализатор, анализатор импульсов

query ~ анализатор запросов

semantic ~ семантический анализатор, блок семантического анализа, семантический блок (*транслятора*)

serial digital differential ~ цифровой дифференциальный анализатор [ЦДА] последовательного действия

signature ~ сигнатурный анализатор

syntactic ~ синтаксический анализатор, блок синтаксического анализа, синтаксический блок (*транслятора*)

timing ~ 1. анализатор времени выполнения 2. анализатор временны́х диаграмм

transient ~ анализатор переходных процессов

waveform ~ анализатор формы сигналов

ancestor предшественник, предшествующий элемент, *проф.* предок

~ **of the window** предшественник окна (*в графопостроителях*)

immediate ~ прямой предок

AND И (*логическая функция или операция*)

negative ~ НЕ—И

term ~ член [терм] И, конъюнктивный член

wired ~ монтажное И

and-fork И-разветвление (*в графе алгоритма*)

ANDing 1. осуществление операции И 2. пропускание (сигнала) через схему И

and-join И-слияние (*в графе алгоритма*)

angle 1. угол 2. знак «больше» или «меньше», *проф.* уголок (*название символа*)

~ **of lag** угол отставания; угол запаздывания

advance ~ угол опережения

deviation ~ угол отклонения

displacement ~ угол рассогласования, угол отклонения

left ~ знак «меньше», *проф.* левый уголок

right ~ знак «больше», *проф.* правый уголок

spanning ~ угол охвата (*в СТЗ*)

viewing ~ 1. угол визирования (*в СТЗ*) 2. угол обзора (*индикатора*)

anglicize формулировать на английском языке

animation «оживление» (*изображений на экране дисплея*)

computer ~ машинная мультипликация (*синтез на ЭВМ динамических изображений*)

suspended ~ оживление с приостановкой

anisochronous неравномерный (*о передаче данных*); асинхронный

annotate давать примечания; комментировать, снабжать комментарием; аннотировать

annotation:

computer program ~ комментарий к программе вычислительной машины

annunciator сигнализатор

anonimity:

processor ~ анонимность процессоров (*в мультипроцессор-ной системе*)

answer ответ; реакция

group-call ~ ответ на групповой вызов

inquiry ~ ответ на запрос; реакция на запрос

partial ~ частный ответ (*на распределённый запрос*)

voice ~ речевой ответ (*от ЭВМ после ввода задания*)

answerback подтверждение приёма (*сообщения*); ответ (*терминала на сигнал дистанционного управления*)

antecedent 1. первый операнд **2.** предыдущий член отношения; *лингв.* антецедент; предпосылка

antibug пользоваться защитным программированием

antibugging защитное программирование (*при котором легко локализуются ошибки*)

anticipate опережать, упреждать, предупреждать

anticoincidence антисовпадение

antimode антимода (*точка минимума плотности распределения*)

antinode антиузел

antinomy антиномия

antiphase противоположная фаза, противофаза

antisymmetric антисимметричный; кососимметричный

aos *sl* добавлять единицу, увеличивать на единицу

aperiodicities:

voicing ~ аномалии голоса (*существенные для его автоматического распознавания*)

apparatus 1. аппарат; прибор **2.** установка; устройство **3.** инструментальные средства, инструментарий

booking ~ бухгалтерская машина

calculating ~ счётное устройство

page printing ~ постранично печатающий аппарат; постранично печатающее устройство

printing ~ печатающий аппарат; печатающее устройство

receiving ~ приёмный аппарат, приёмник

start-stop ~ **1.** стартстопный аппарат **2.** стартстопный телеграфный аппарат

tape-printing ~ ленточный буквопечатающий аппарат

transmitting ~ передающий аппарат, передатчик

append 1. конкатенировать, добавлять, присоединять в конец **2.** дополнение, присоединённые записи

application 1. применение, использование **2.** прикладная задача **3.** (прикладная) система

batch ~ **1.** (прикладная) система пакетной обработки данных **2.** использование (*системы*) в пакетном режиме

business ~ коммерческое применение, применение вычислительных машин для (решения) экономических *или* коммерческих задач

computer ~ **1.** применение вычислительной машины **2.** прикладная вычислительная система

dedicated ~ специализированное [специальное] применение

direct access ~ (прикладная) система (работающая в режиме) прямого доступа

distributed ~ (прикладная) распределённая система

inquiry ~ **1.** решение прикладных задач в запросно-ответном режиме **2.** (прикладная) запросно-ответная система

interactive ~ **1.** решение прикладных задач в интерактивном режиме **2.** (прикладная) интерактивная система

managerial ~ применение вычислительных машин в управленческой деятельности

memo-post ~ (прикладная) система хранения и рассылки информации

multiuser ~ многопользовательская (прикладная) система

off-line ~ (прикладная) система (работающая) в автономном режиме

real-time ~ (прикладная) система реального времени

scientific ~ (прикладная) система для научных исследований

single-remote ~ (прикладная) автономная система

slave ~ (прикладная) подчинённая система; (прикладная) система (работающая) в подчинённом режиме

stand-alone ~ (прикладная) автономная система

standby ~ 1. (прикладная) резервированная система 2. (прикладная) резервная система; (прикладная) дублирующая система

time-sharing ~ 1. (прикладная) система, работающая в режиме разделения времени 2. использование (*системы*) в режиме разделения времени

application-dependent зависящий от (конкретного) применения [приложения]; связанный с (конкретным) применением [приложением]

application-oriented прикладной, ориентированный на (конкретное) применение

application-specific связанный с (конкретным) применением [приложением]; отражающий специфику (конкретного) применения [приложения], специализированный

approach 1. приближение 2. подход 3. принцип; метод

algorithm ~ 1. алгоритмический подход 2. алгоритмический метод

all-or-nothing ~ принцип «всё *или ничего*» (*в применении стандартов проектирования*)

axiomatic ~ аксиоматический подход

Bayesian ~ бейесовский подход (*к принятию решений*)

bilingual ~ двуязычный принцип (*построения системы машинного перевода*)

bottom-up ~ восходящий принцип

brute-force ~ метод решения «в лоб»

building-block ~ принцип компоновки из стандартных блоков

comprehensive ~ комплексный [многосторонний] подход

contingency ~ ситуационный подход

cross-impact ~ подход с учётом взаимовлияния событий

cut-and-try ~ метод проб и ошибок

database ~ подход (*к построению системы*), основанный на использовании базы данных

divide-and-conquer ~ метод разобщения (*напр. компонентов БИС для осуществления оптимальной трассировки межсоединений*)

engineering ~ 1. инженерный подход 2. инженерный метод

entity-relationship ~ модель «объект — отношение» (*в базах данных*)

entropy forward ~ метод внесения неупорядоченности (*с целью обеспечения её выявления при тестировании программы*)

fault-intolerance ~ подход (*к разработке системы*), не предусматривающий обеспечение отказоустойчивости

fault-tolerance ~ подход (*к разработке системы*), предусматривающий обеспечение отказоустойчивости

formal ~ формальный [формализованный] метод

fulcrum ~ циклический метод (*синтаксического анализа*)

game-model ~ модельно-игровой подход

game-theory ~ теоретико-игровой подход

graphic ~ графический метод

hardware-intensive ~ преимущественно аппаратный метод

heuristic ~ эвристический метод

hierarchical ~ иерархический подход

holistic ~ целостный подход (*к проектированию частей системы*)

integrated ~ интегрированный подход

interdisciplinary ~ междисциплинарный подход (*напр. в задачах исследования операций*)

iterative ~ итеративный метод

line-oriented ~ подход, основанный на анализе соединений (*при поиске дефектов в ИС*)

modular ~ модульный принцип (*построения системы*)

module-by-module ~ принцип последовательной разработки модулей (*программных средств*)

multilingual ~ многоязычный принцип (*построения системы машинного перевода*)

multiple incarnations ~ метод многократных копий (*процессов в отказоустойчивых системах*)

omnibus ~ обобщённый подход

pitch-synchronous ~ метод синхронизации частоты основного тона (*при синтезе речи*)

probabilistic ~ 1. вероятностный подход 2. вероятностный метод

scan path ~ метод сканирующего пути, метод сдвигового регистра (*для облегчения диагностики неисправностей*)

servomechanism ~ подход с позиций теории автоматического регулирования

set-theoretic(al) ~ теоретико-множественный подход

simulation ~ 1. подход, основанный на моделировании 2. имитационный принцип

single-task-machine ~ принцип специализации машин по отдельным задачам

software-intensive ~ преимущественно программный метод

standards ~ подход (*к созданию системы*), основанный на применении стандартов

state-machine ~ метод, основанный на теории конечных автоматов

step-by-step ~ 1. последовательное приближение (*к решению*) 2. поэтапный метод

systems ~ системный подход

systolic ~ систолический метод (*построения многопроцессорных систем*)

technically sound ~ технически обоснованный подход

top-down ~ нисходящий принцип

trial-and-error ~ метод проб и ошибок

turnkey ~ принцип (*сдачи системы*) под ключ

100 %-yield ~ метод обеспечения 100 % выхода (*напр. при изготовлении ИС*)

approval:

entry ~ подтверждение ввода

approximate аппроксимировать, приближать; приближённо равняться ‖ аппроксимативный; приблизительный, приближённый; аппроксимирующий, приближающий

approximating аппроксимирующий, приближающий

approximation аппроксимация, приближение ◊ ~ **in the mean** приближение в среднем

accurate ~ точное приближение

close ~ (достаточно) хорошее приближение

crude ~ грубое приближение

digital ~ цифровая аппроксимация, цифровое приближение

discrete ~ дискретная аппроксимация, дискретное приближение

final ~ окончательное приближение

finite-difference ~ конечно-разностная аппроксимация, конечно-разностное приближение

first ~ первое [начальное] приближение; грубая аппроксимация, грубое приближение

fractionally rational ~ дробно-рациональная аппроксимация

functional ~ аппроксимация [приближение] функциями

higher ~ приближение (более) высокого порядка

initial ~ начальное приближение

integral ~ **1.** интегральное приближение **2.** целочисленное приближение

linear ~ линейная аппроксимация, линейное приближение

local ~ локальное приближение

mathematical ~ **1.** математическое приближение **2.** приближённое математическое выражение

mean-square ~ среднеквадратическое приближение (*функции*)

minimax ~ минимаксная аппроксимация, минимаксное приближение

N-decimal ~ приближение с точностью до N десятичных знаков

nonlinear ~ нелинейная аппроксимация, нелинейное приближение

numerical ~ численная аппроксимация

piecewise-linear ~ кусочно-линейная аппроксимация

polynomial ~ полиномиальная аппроксимация, полиномиальное приближение

poor ~ плохая аппроксимация, неудовлетворительное приближение

progressive ~ последовательное приближение

rational ~ рациональная аппроксимация, рациональное приближение

rough ~ грубая аппроксимация, грубое приближение

segmented ~ сегментированная аппроксимация, сегментированное приближение

separable ~ сепарабельное приближение

simplicial ~ симплициальное приближение

step-by-step ~ **1.** пошаговое приближение **2.** последовательное приближение

strong ~ (достаточно) строгое приближение

successive ~ **1.** последовательное приближение **2.** последующее приближение

sufficient ~ (достаточно) точное приближение

uniform ~ равномерное приближение

weighted ~ *матем.* взвешенное приближение

working ~ рабочее [достаточное для практических целей] приближение

arbiter арбитр, арбитратор, схема разрешения конфликтов

arbitrary произвольный; произвольно выбранный

arbitrated с арбитражной логикой

arbitration арбитраж, разрешение конфликтных ситуаций, разрешение конфликтов

priority ~ разрешение конфликтов на основе приоритетов

arbitrator арбитр, арбитратор, схема разрешения конфликтов

arc дуга; ребро (*графа*)

architect:

computer ~ разработчик архитектуры вычислительной машины

software (system) ~ разработчик структуры программного обеспечения

architecture 1. архитектура, структура **2.** структура (*конфигурация*)

bit-map ~ архитектура (*дисплея*) с побитовым отображением элементов изображения (*в памяти*)

bit-serial ~ разрядно-последовательная [бит-последовательная] архитектура

capability ~ мандатная архитектура (*обеспечивающая доступ к объектам системы по их описаниям*)

cell-block ~ блочно-клеточная архитектура

chip ~ **1.** «кристальная» архитектура (*при которой отдельные узлы выполняются на ИС*) **2.** архитектура кристалла

coarse-grained ~ крупномодульная архитектура

collapsed ~ сжатая архитектура

completely pipelined ~ полностью конвейерная архитектура

computer ~ архитектура вычислительной машины

data flow ~ потоковая архитектура

distributed ~ распределённая архитектура

distributed function ~ архитектура (*многопроцессорной ЭВМ*) с распределёнными функциями (*между разнородными процессорами*)

divided word-line ~ архитектура с разделёнными числовыми линиями (*в больших ОЗУ*)

duplex ~ дублированная структура

dynamic ~ динамическая архитектура, динамическая структура

easy-to-test ~ контролепригодная [удоботестируемая] архитектура

evolutionary ~ развиваемая архитектура, архитектура, допускающая (эволюционное) развитие (*в процессе эксплуатации*)

expandable ~ расширяемая архитектура

fine-grained ~ мелкомодульная архитектура (*высокопараллельных ЭВМ*)

flat-address ~ архитектура со сплошной адресацией (*без разделения на сегменты*)

foundation ~ базовая архитектура

Harvard ~ гарвардская (двухшинная) архитектура (*с раздельной памятью программ и данных для конвейерной обработки*)

highly parallel ~ высокопараллельная архитектура

instruction set ~ структура системы команд

massively parallel ~ архитектура с массовым параллелизмом

microprogrammable ~ микропрограммируемая архитектура

modular ~ модульная архитектура, модульная структура

multibus ~ многошинная архитектура

multimicroprocessor ~ мультимикропроцессорная архитектура

multithread ~ многошинная архитектура

multiuser ~ многопользовательская архитектура; многоабонентская архитектура

N-bit ~ N-разрядная архитектура, N-разрядная структура

network ~ **1.** сетевая архитектура, сетевая структура **2.** архитектура *или* структура сети

office-document ~ архитектура, ориентированная на обработку учрежденческих документов

onion skin ~ слоистая [многослойная] архитектура

open ~ открытая архитектура (*с возможностью наращивания*)

parallel ~ параллельная архитектура

peer-to-peer ~ архитектура сети равноправных вычислительных машин

peripheral oriented ~ архитектура, ориентированная на подключение (большого количества) периферийных устройств

pipelined ~ конвейерная архитектура

real ~ реальная архитектура (*в отличие от виртуальной*)

reduction ~ редукционная архитектура (*реализующая методы функционального программирования*)

register-oriented ~ регистровая архитектура, регистровая структура

server-based ~ архитектура с обслуживающими узлами

single-address ~ одноадресная структура

slice ~ секционированная архитектура

software ~ архитектура системы программного обеспечения

stack ~ стековая архитектура

tagged-data ~ тегированная архитектура

tag(ged)-token ~ (потоковая) архитектура с помеченными [тегированными] фишками, *проф.* архитектура с подцвеченными фишками

tailored ~ специализированная [специфицированная, заказная] архитектура

tightly coupled ~ сильносвязанная архитектура; архитектура с непосредственными связями (*напр. процессоров в мультипроцессорной системе*)

tissue ~ тканевая структура (*систолической матрицы*)

token-ring ~ кольцевая архитектура с эстафетным доступом

tree-structured ~ древовидная архитектура

two-address ~ двухадресная структура

unified ~ архитектура на основе унифицированных модулей, унифицированная архитектура

unified-bus ~ архитектура с общей шиной

vertical ~ вертикальная архитектура, вертикальная структура

virtual ~ виртуальная архитектура

architecture-dependent архитектурно зависимый, определяемый архитектурой

archive архив; хранилище ‖ архивизировать

data set ~ архив наборов данных

magnetic tape ~ **1.** архив на магнитных лентах **2.** хранилище магнитных лент

archive-in загружать информацию с архивного диска

archiving архивное хранение; архивизация

area 1. область; участок **2.** площадь; поверхность **3.** контактная площадка; контактный участок

~ **of expertise** область знаний (*в экспертной системе*)

addressable ~ адресуемая область (*памяти*)

application ~ прикладная область

background program ~ фоновая область (*памяти*), область фоновых программ

basic fixed ~ базисная фиксированная [нераспределяемая] область (*памяти, предназначенная для размещения ядра операционной системы*)

bonding ~ контактная площадка; контактный участок

buffer ~ буферная область

clear ~ **1.** свободная область

(*памяти*) 2. чистый участок (*среды при распознавании знаков*)

code ~ участок (для записи поискового) кода (*напр. для идентификации микрофиши*)

common storage ~ общая область памяти (*для нескольких программ или нескольких сегментов одной программы*)

communication ~ область [зона] связи (*в супервизоре*)

constant ~ память [область для размещения] констант

control ~ 1. управляющее поле, управляющий блок (*напр. в описании задачи*) 2. площадь регулирования

dialog(ue) ~ диалоговая область (*на экране дисплея*)

distribution tail ~ *стат.* хвост распределения

dynamic ~ динамически распределяемая область, динамическая область (*памяти*)

fill ~ закрашенная область (*графический примитив*)

fixed ~ фиксированная область (*памяти*)

fixed logout ~ фиксированная область регистрации состояний (*ЭВМ в моменты прерываний*)

fixed-product ~ участок (*памяти*) (для) результатов (операции) умножения

front-face ~ лицевая поверхность (*носителя информации*)

holding ~ область (промежуточного) хранения

image ~ область (для записи) изображения (*напр. в кадре микрофильма*)

input ~ область ввода, участок (*памяти*) для приёма вводимой информации

instruction ~ область хранения команд

junction ~ площадь перехода

land ~ контактная площадка; контактный участок

link pack ~ область объединения связей (*в памяти*)

output ~ область вывода, участок (*памяти*) для хранения выводимой информации

overflow ~ область переполнения

pageable dynamic ~ динамическая область (*памяти*) с замещением страниц

paging ~ область страничного обмена (*в памяти*)

permanent storage ~ область постоянного хранения

prefix storage ~ префиксная область памяти

problem ~ проблемная область, область (*памяти*) для размещения проблемных программ

program status ~ область регистрации [фиксации] состояния программы

protected ~ защищённая область (*памяти*)

read-write ~ область считывания — записи

recording ~ область записи; участок записи

routing ~ область трассировки

save ~ область сохранения (*содержимого регистров*)

scratch ~ рабочая область (*памяти*)

seek ~ область поиска (*в памяти*)

specialist ~ специальная область (*знаний*), область (*знаний*) специалиста (*в экспертных системах*)

storage ~ область памяти; участок памяти

supervisor queue ~ область очередей супервизора

switchbox ~ область пересечения каналов (*трассируемых печатных плат или ИС*)

tail ~ 1. шлейф 2. *стат.* хвост (распределения)

transient ~ транзитная область (*памяти*)

untestable (fault) ~ область непроверяемых неисправностей

user ~ область пользователя

work(ing) ~ рабочая область

argument 1. аргумент, доказательство, суждение **2.** аргумент, независимая переменная; параметр

actual ~ фактический параметр

atomic ~ аргумент типа атома (*ЛИСП*)

dummy ~ **1.** фиктивный аргумент **2.** фиктивный параметр

empty ~ пустой аргумент

formal ~ формальный параметр

mathematical ~ математическое доказательство

null ~ пустой аргумент

numerical ~ численный аргумент

retarded ~ запаздывающий аргумент

search ~ аргумент [ключ] поиска

table ~ аргумент [ключ] для поиска в таблице

zero(th) ~ нулевое значение аргумента

arithlog с логарифмическим масштабом по одной из осей (*о графике*)

arithmetic 1. арифметика; арифметические операции; арифметические действия ‖ арифметический **2.** арифметическое устройство, АУ

address ~ адресная арифметика, вычисление адресов

binary ~ **1.** двоичная арифметика **2.** двоичное арифметическое устройство

binary-coded decimal ~ двоично-десятичная арифметика

complex ~ **1.** арифметика с комплексными числами; арифметические операции с комплексными числами **2.** арифметическое устройство для работы с комплексными числами

decimal ~ **1.** десятичная арифметика **2.** десятичное арифметическое устройство

double-precision ~ **1.** арифметические операции с удвоенной точностью **2.** арифметическое устройство для работы с удвоенной точностью

double word-length ~ **1.** арифметические операции со словами двойной длины; арифметические операции с удвоенной точностью **2.** арифметическое устройство для работы со словами двойной длины; арифметическое устройство для работы с удвоенной точностью

exponent ~ **1.** арифметика порядков (*чисел*); арифметические операции над порядками (*чисел*) **2.** арифметическое устройство порядков (*чисел*)

extended-precision ~ арифметические операции повышенной точности

external ~ внешняя арифметика (*арифметические вычисления, производимые на периферийном и вспомогательном оборудовании*)

fixed-point ~ **1.** арифметические операции с фиксированной запятой **2.** арифметическое устройство с фиксированной запятой

floating-decimal ~ **1.** десятичные арифметические операции с плавающей запятой **2.** десятичное арифметическое устройство с плавающей запятой

floating-point ~ **1.** арифметические операции с плавающей запятой **2.** арифметическое устройство с плавающей запятой

Hilbert ~ *лог.* арифметика Гильберта

integer ~ **1.** целочисленная арифметика **2.** арифметическое устройство для работы с целыми числами

internal ~ внутренняя арифметика (*арифметические вычисления в центральном процессоре*)

interval ~ интервальная арифметика (*набор операций для работы с интервалами*)

machine ~ машинная арифметика

memory-to-memory ~ арифметические операции над числами (находящимися) в памяти

modulo N ~ 1. арифметические операции по модулю N 2. арифметическое устройство для операций по модулю N

multilength ~ 1. арифметика повышенной точности; арифметические операции над словами многократной длины; арифметические операции с многократно увеличенной точностью 2. арифметическое устройство для работы со словами многократной длины; арифметическое устройство для работы с многократно увеличенной точностью

multiple precision [multiprecision] ~ 1. арифметические операции с многократно увеличенной точностью 2. арифметическое устройство для работы с многократно увеличенной точностью

parallel ~ 1. параллельная арифметика 2. арифметическое устройство параллельного действия

parallel-serial ~ арифметическое устройство параллельно-последовательного действия

pipelined ~ конвейерное арифметическое устройство

predicative ~ арифметика предикатов

register ~ арифметические операции (над данными) в регистрах, *проф.* регистровая арифметика

residue ~ арифметика остаточных классов

saturated ~ арифметика «с насыщением» (*имитация режима насыщения аналоговых схем*)

scaled ~ арифметика с разбиением чисел на целую и дробную части (*хранимые в разных регистрах*)

serial ~ 1. последовательная арифметика 2. арифметическое устройство последовательного действия

signed magnitude ~ 1. арифметические операции над числами со знаком 2. арифметическое устройство для работы с числами со знаком

significant digit ~ арифметика значащих цифр

stack ~ арифметические операции над числами (находящимися) в стеке

ternary ~ 1. троичная арифметика 2. троичное арифметическое устройство

two's complement ~ арифметика дополнительных кодов, арифметика кодов с дополнением до двух

arithmetical арифметический

arithmograph арифмограф

arithmometer арифмометр

arity арность (*количество, напр. аргументов отношения*)

arm:

access ~ рычаг выборки (*напр. в устройствах на магнитных дисках*)

taut tape ~ рычаг выключения (*трансмиттера*) при чрезмерном натяжении (перфо)ленты

tension ~ демпфирующий рычаг, рычаг регулировки натяжения

arrange 1. размещать, располагать; классифицировать 2. приспосабливать 3. монтировать; компоновать

arrangement 1. размещение, расположение; классификация 2. приспособление; средство, средства 3. монтаж; компоновка 4. схема; устройство; установка

console ~ конфигурация пульта

data access ~ средства доступа к данным

follower ~ следящее устройство; следящая система; средства слежения

functional ~ функциональная схема

array 1. матрица; решётка; сетка **2.** массив **3.** таблица; расположение в определённом порядке **4.** *стат.* размещение выборочных объектов в определённом порядке **5.** регулярный (*о типе данных*)

address ~ поле адреса; адресная сетка

addressing ~ адресная матрица

associative ~ ассоциативная матрица, матрица ассоциативных элементов

binary ~ двоичный массив

bit-level systolic ~ разрядная систолическая матрица

butted-gates ~ вентильная матрица с плотно состыкованными вентилями, вентильная матрица без соединительных каналов

capacitor ~ конденсаторная матрица (*электростатического ЗУ*)

cell ~ матрица элементов

cellular ~ матрица с регулярной структурой, регулярная матрица

channelless ~ (вентильная) матрица без соединительных каналов

circuit ~ матрица схем, схемная матрица

closed ~ **1.** замкнутый массив **2.** замкнутое множество

column-ragged ~ массив (записей), не выровненный по столбцам

configurable gate ~ реконфигурируемая вентильная матрица

core ~ ферритовая матрица

crosspoint ~ коммутационная матрица

2-D ~ **1.** двумерная [плоская] матрица **2.** двумерный массив

data ~ массив данных

detector ~ (фото)детекторная сетка

diode ~ диодная матрица

field programmable logic ~ логическая матрица с эксплуатационным программированием, логическая матрица, программируемая пользователем

fixed-OR,   programmable-AND ~ (вентильная) матрица с фиксированными элементами ИЛИ и программируемыми элементами И

fix-it ~ регистрационный массив

frequency ~ таблица частот (*событий в выборке*)

functional ~ функциональная матрица

gate ~ вентильная матрица

gray-level ~ яркостная матрица (*закодированного изображения*)

green ~ (индикаторная) матрица с зелёным свечением

IC ~ *см.* integrated circuit array

index ~ массив   индексов; массив индекс-регистров

instruction ~ **1.** массив команд **2.** поле команды; разряды команды

integrated ~ интегральная матрица

integrated circuit ~ матрица ИС, интегральная матрица

large-scale ~ **1.** большая интегральная схема, БИС **2.** массив большой размерности

lattice ~ решётчатая матрица (*в задачах оптимального управления*)

light-emitting ~ светоизлучающая матрица

logic ~ **1.** большая логическая ИС **2.** матрица логических схем

mask programmable logic ~ логическая матрица с масочным программированием, масочно-программируемая логическая матрица, МПЛМ

memory ~ **1.** матрица памяти [запоминающего устройства] **2.** массив в памяти

mesh-connected ~ сотовая матрица (*ИС*)

MOS ~ ИС на МОП-транзисторах *или* МОП-структурах; матрица МОП-транзисторов

mosaic ~ мозаичная матрица

multidimensional ~ **1.** многомерная матрица **2.** многомерный массив

multirate systolic ~ «многоскоростная» систолическая матрица (*с переменным быстродействием в зависимости от выполняемых операций*)

N-cell ~ N-элементная матрица

N-dimensional ~ **1.** N-мерная матрица **2.** N-мерный массив

packed ~ упакованный массив

parallel ~ параллельная матрица, матрица параллельных процессорных элементов

passive-element ~ сетка пассивных элементов (*для аналоговых вычислений*)

pipelined ~ (процессорная) матрица с конвейерной архитектурой

pixel ~ массив точек (*графический примитив*)

planar ~ планарная матрица

pointer ~ массив указателей

processor ~ матрица процессоров, процессорная матрица

programmable ~ программируемая матрица

programmable gate ~ программируемая вентильная матрица

programmable logic ~ программируемая логическая матрица, ПЛМ

ragged ~ массив записей разной длины, невыровненный массив

read ~ ИЛИ-матрица (*в программируемой логической матрице*)

red ~ (индикаторная) матрица с красным свечением

row-ragged ~ массив (записей), не выровненный по строкам

sea-of-gates ~ матрица с плотно состыкованными вентилями, *проф.* матрица с «морем» вентилей

search ~ И-матрица (*в программируемой логической матрице*)

smoothed ~ сглаженный массив, массив сглаженного соглашения (*между процессорами мультипроцессорной отказоустойчивой системы*)

statement label ~ массив [таблица] меток операторов

storage-logic ~ матрица логических и запоминающих элементов

systolic ~ систолическая матрица

transputer ~ матрица транспьютеров

twistor ~ твисторная матрица

two-dimensional ~ **1.** двумерная [плоская] матрица **2.** двумерный массив

two-way ~ двумерная классификация

wavefront ~ волновая матрица (*матрица процессорных элементов, производящих приём и обработку данных по принципу распространения волны*)

arresting:

bug ~ фиксирование ошибок

arrhythmia аритмическая операция (*нарушающая работу систолической структуры*)

arrival 1. поступление **2.** вход (*пользователя в систему*) **3.** время входа (*пользователя в систему*) **4.** т. граф. прибытие (*единицы потока в вершину*)

arrow:

up ~ стрелка вверх (*название символа*)

art:

computer ~ вычислительная техника

artifact артефакт, искусственный объект; искусственное средство идентификации, искусственный признак (*напр. магнитная карта, пароль, жетон и т. п.*)

artwork 1. оригинал фотошаблона (*для изготовления ИС*) 2. чертёж печатного монтажа 3. топологический чертёж

mask ~ 1. оригинал фотошаблона, трафарета *или* маски 2. топологический чертёж фотошаблона, трафарета *или* маски

askable запрашиваемый (*об элементе базы знаний*)

aspect аспект (*свойство, по которому группа данных объединяется в один блок в информационно-поисковой системе*)

assemblage 1. сборка, монтаж 2. *матем.* семейство (кривых)

assemble 1. собирать, монтировать 2. компоновать, ассемблировать, транслировать (*программу*) с помощью ассемблера

assemble-and-go ассемблировать (*программу*) с последующим прогоном (*название команды или клавиши*)

assembler ассемблер, компонующая программа, программа сборки

absolute ~ абсолютный ассемблер (*ассемблер, работающий с абсолютными адресами*)

chip ~ программа компоновки кристалла

cross ~ кросс-ассемблер

macro ~ макроассемблер

microcoded ~ микропрограммный ассемблер (*реализованный с помощью микропрограмм*)

mnemonic ~ ассемблер символического языка

one-line ~ построчный ассемблер

one-to-one ~ ассемблер «один к одному»

relocatable ~ 1. перемещаемый (*в памяти*) ассемблер 2. ассемблер, генерирующий перемещаемые программы

resident ~ резидентный ассемблер

reverse ~ обратный ассемблер

silicon ~ *проф.* кремниевый ассемблер (*программное средство автоматизации проектирования СБИС*)

single-pass ~ однопроходной ассемблер

stand-alone ~ автономный ассемблер

symbolic ~ символический ассемблер

two-pass ~ двухпроходной ассемблер

assembling 1. сборка, монтаж 2. компоновка, ассемблирование, трансляция (*программы*) с помощью ассемблера

assembly 1. компоновочный узел (*устройства*); скомпонованный блок 2. сборка, монтаж 3. компоновка, ассемблирование

carriage ~ узел каретки

conditional ~ условная компоновка программы (*зависящая от предшествующих результатов транслирования*)

connector ~ соединительный узел

control ~ узел управления; блок управления

functional ~ функциональный узел; функциональный блок

magazine ~ блок магазинов (*в памяти*)

magnetic-head ~ блок магнитных головок

modular ~ модульная конструкция

paragraph ~ компоновка текста из фрагментов (*в текстовом процессоре*)

plug-in ~ съёмная блочная конструкция; съёмный блок

print-wheel ~ блок печатающих колёс

resident ~ резидентная компоновка (*программы с помощью ОЗУ-резидентного ассемблера*)

response ~ компоновка ответа (*системы на запрос*)

terminal ~ контактное поле

assemulator ассемулятор, ассемблер-эмулятор

assertion утверждение

final ~ конечное утверждение

global ~ глобальное утверждение (*содержащееся среди описателей программы*)

initial ~ начальное утверждение

local ~ локальное утверждение (*содержащееся в теле программы*)

assessment оценка

assign назначать, присваивать

assignation назначение, присваивание

assignment 1. назначение, присваивание **2.** распределение

◊ ~(s) by module распределение (*программистов*) по программным модулям

address ~ присваивание адреса

channel ~ распределение каналов (*при компоновке ИС*)

default ~ присваивание (*значения переменной*) по умолчанию

demand ~ выделение по требованию (*напр. некоторого ресурса*)

facilities ~ распределение ресурсов (*ЭВМ или системы*)

gate ~ распределение вентилей (*при компоновке ИС*)

name-address ~ присваивание адресов именам (*в трансляторе*)

one-programmer-per-program ~ назначение одного программиста на программу

programming ~ распределение работы по программированию

race-free ~ бесконфликтное распределение (*сигналов*)

single ~ одноразовое присваивание

state ~ распределение состояний (*конечного автомата между процессорными узлами для параллельной обработки*)

track ~ распределение дорожек (*при компоновке ИС*)

unit ~ распределение устройств

value ~ присваивание значений

assistance:

microcode ~ микропрограммная поддержка

remote diagnostic ~ дистанционное диагностическое обслуживание

assistant:

intelligent ~ интеллектуальный помощник; интеллектуальный консультант (*тип экспертной системы*)

association 1. ассоциация **2.** связь, соединение, ассоциация (*в базах данных*)

~ **of attributes** *стат.* взаимосвязь качественных признаков

conditional ~ условная ассоциация

essential ~ существенная ассоциация

implied ~ неявная ассоциация

inverse ~ обратная ассоциация

multiple-machine ~ многомашинная ассоциация

multiple-meaning ~ многозначная ассоциация

parent-child ~ группа из родительской и дочерних записей

simple ~ простая ассоциация

users ~ ассоциация пользователей

associative ассоциативный; сочетательный

assurance:

software quality ~ обеспечение качества программных

48

средств; гарантии качества программного обеспечения

asterisk звёздочка *(символ)*

asyndetic асиндетический, бессоюзный

atom атом *(ЛИСП)*

atomic элементарный, атомарный

atomicity элементарный характер, элементарность, атомарность

attach 1. присоединять; подсоединять; прикреплять 2. образовывать *(задачу)*

attaching 1. присоединение; подсоединение; прикрепление 2. закрепление

attachment 1. приставка; приспособление 2. присоединение; подсоединение; прикрепление
taut tape ~ приспособление для натяжения ленты

attack попытка нарушения защиты

attention:
light pen ~ прерывание от светового пера

attenuate затухать

attenuation затухание *(сигнала)*
echo ~ затухание отражённого сигнала, затухание эха

attenuator аттенюатор; развязка
step ~ шаговый аттенюатор

attribute 1. определяющий признак; атрибут; описатель; характеристика; свойство 2. приписывать свойство, присваивать атрибуты
~ **of relation** атрибут отношения *(в реляционных базах данных)*
access file ~ атрибут доступа к файлу
address ~ адресный атрибут
alternative ~ альтернативный атрибут
avoidable ~ устранимый атрибут
biometric ~s биометрические свойства *(в отличие от артефактов)*
composite search ~ составной

поисковый атрибут *(в базах данных)*
data ~ атрибут данных
default ~ стандартный атрибут, атрибут по умолчанию
display ~ дисплейный атрибут *(элемента изображения: цвет, яркость и т. п.)*
file activity ~ атрибут активности файла
file description ~ атрибут описания файла
function file ~ функциональный атрибут файла
group ~ атрибут группы *(в базах данных)*
identifying ~ идентифицирующий атрибут
integer ~ 1. целочисленный атрибут 2. атрибут целого числа
joining ~ соединяющий атрибут, атрибут соединения *(фрагментов отношения)*
partitioning ~ атрибут фрагментации *(информационных объектов распределённой базы данных)*
prime ~ первичный атрибут
search ~ поисковый атрибут
security ~ атрибут секретности
semantic ~ семантический атрибут
target ~ целевой атрибут
video ~ видеоатрибут

attribution 1. присваивание атрибутов, *проф.* означивание *(представлений в базах данных)* 2. атрибуция, определение *(объекта отношения)*

audio звуковой; речевой

audit(ing) ревизия
access ~ контроль за доступом
database ~ ревизия базы данных
in-depth ~ детальная ревизия

auditor:
code ~ программный ревизор *(автоматическое средство контроля качества программы)*

code standards ~ ревизор стандартов программирования (*автоматическое средство контроля качества программы*)

augend первое слагаемое

augment прибавлять; пополнять; дополнять (*до некоторой величины*); увеличиваться

augmentability дополняемость; расширяемость

software ~ дополняемость [расширяемость] программных средств

augmenter прибавление; пополнение; дополнение (*до некоторой величины*); увеличение

augmenting:
flow ~ *т. граф.* увеличение потока (*в сети*)

authentication 1. подтверждение подлинности, опознавание; отождествление (*пользователя системы по идентификационному признаку*) 2. подтверждение права на доступ (*напр. к информации*)

password ~ идентификация пароля

talker ~ установление подлинности говорящего (*субъекта*)

voice ~ отождествление голоса, установление подлинности говорящего по голосу

authenticator удостоверение (*напр. кодовое число, защищающее сообщение от несанкционированного изменения*)

authority полномочия (*программы, пользователя и т. п.*)

authorization 1. разрешение; санкционирование; уполномочивание; предоставление права на доступ (*напр. к информации*) 2. проверка полномочий (*напр. на право доступа к информации*)

program ~ разрешение на использование программы

authorized санкционированный

autoabstract автоматический

[машинный] реферат; набор автоматически выбранных ключевых слов ‖ автоматически реферировать; автоматически выбирать ключевые слова

autoanswer автоматический ответ, автоответ

autocall автоматический вызов

autocode автокод
one-to-one ~ автокод «один к одному»

autocoder автокодер; устройство автоматического кодирования

autocontrol автоматическое управление; автоматическое регулирование

autocorrelation автокорреляция

autocorrelator автокоррелятор

autocorrelogram график автокорреляции

autocycler 1. автоматическое устройство (для) организации циклов 2. автоматический датчик циклов (*в аналоговых ЭВМ*)

autodecrement автоматически уменьшать (*содержимое счётчика*) на единицу, работать в автодекрементном режиме

autodiagnostics автодиагностика, самодиагностика

autodial автонабор ‖ с автонабором

autodialer устройство автоматического набора, *проф.* автонабор

autoequalization автокомпенсация (*характеристик каналов связи*)

autofax автофакс (*система автоматической факсимильной передачи*)

autoincrement автоматически увеличивать (*содержимое счётчика*) на единицу, работать в автоинкрементном режиме

autoindex 1. автоиндекс 2. составлять указатель автоматически

autoindexing автоматическое

составление указателя; автоматическое индексирование

automagical *sl* автомагический (*необъяснимый*)

automate 1. автоматизировать **2.** подвергать автоматической обработке

automatics автоматика

automation 1. автоматизация **2.** автоматика **3.** автоматическая обработка

  comprehensive ~ комплексная автоматизация

  digital ~ цифровая автоматика

  flexible ~ гибкая автоматизация

  hard ~ жёсткая автоматизация

  home ~ бытовая автоматика

  industrial ~ **1.** автоматизация промышленного производства **2.** промышленная автоматика

  office ~ автоматизация конторских работ; автоматизация учрежденческой деятельности

  pneumatic ~ пневмоавтоматика, пневмоника

  programmable ~ автоматизация с применением программируемых устройств

  soft ~ гибкая автоматизация

  source data ~ автоматическое формирование первичных данных

automaton автомат

  abstract ~ абстрактный автомат

  anthropomorphic ~ антропоморфный автомат

  canonical parsing ~ канонический анализирующий автомат, канонический автомат синтаксического анализа

  cellular ~ клеточный автомат

  completely specified ~ полностью определённый автомат

  deterministic ~ детерминированный автомат

  digital ~ цифровой автомат

  discrete ~ дискретный автомат

  finite ~ конечный автомат

  finite-memory ~ автомат с конечной памятью

  finite state ~ конечный автомат

  halting ~ незацикливающийся автомат

  infinite ~ бесконечный автомат

  linear-bounded ~ линейно-ограниченный автомат

  Mealy ~ автомат Мили

  Moore ~ автомат Мура

  nondeterministic ~ недетерминированный автомат

  parsing ~ анализирующий автомат, автомат синтаксического анализа

  partially specific ~ частично определённый автомат

  probabilistic ~ вероятностный автомат

  push-down ~ автомат с магазинной памятью, магазинный автомат

  reduced ~ приведённый автомат

  redundant ~ избыточный автомат

  self-adjusting ~ самонастраивающийся автомат

  self-reproducing ~ самовоспроизводящийся автомат

  semireduced parsing ~ полуприведённый анализирующий автомат, полуприведённый автомат синтаксического анализа

  split parsing ~ расщеплённый анализирующий автомат, расщеплённый автомат синтаксического анализа

  stochastic ~ стохастический автомат

  two-way ~ двусторонний автомат

automodel автомодельный

automonitor 1. автомонитор (*монитор с регистрацией хода собственного вычислительного процесса*) **2.** организовывать саморегистрацию (*операций в вычислительной системе*)

automorphism автоморфизм

autonomy:

site ~ автономность абонентов (*необходимое свойство распределённой базы данных*)

autopatch(ing) автоматическое внесение исправлений, автоматическая корректировка (*программы*)

autopiler автоматическая компилирующая программа, автоматический компилятор

autoplotter автоматический графопостроитель

autopoll автоопрос, автоматический (упорядоченный) опрос ‖ автоматически опрашивать (*в определённом порядке*)

autoprogrammable самопрограммирующийся

autoredial(ing) автоматический повторный набор (*номера*)

autoregression авторегрессия

autorestart авторестарт, автоматический повторный запуск

autoscaling автоматический выбор масштаба

autoscore автоматическое подчёркивание

autotest автотест, тест, запускаемый автоматически

autothread автоматическая заправка (*конца магнитной ленты в бобину*)

autovector вектор автоматического прерывания ‖ автоматически генерировать вектор прерывания

availability 1. готовность; работоспособность **2.** коэффициент готовности **3.** доступность **4.** наличие

constant ~ постоянная доступность

full ~ полная доступность

full route ~ полная доступность маршрута (*передачи данных*)

limited ~ ограниченная доступность

off-the-shelf ~ 1. коэффициент готовности при хранении **2.** наличие в готовом (*к применению*) виде; доступность для приобретения

available 1. доступный **2.** имеющийся в наличии, наличный ◇ **~ off-the-shelf** имеющийся в готовом (*к применению*) виде, имеющийся в наличии

commercially ~ серийно выпускаемый, доступный для приобретения

average среднее (значение) ‖ средний ◇ **above the ~** выше среднего; **at the ~** в среднем; **below the ~** ниже среднего; **on the ~** в среднем

assembly ~ среднее по множеству

ensemble ~ *стат.* среднее по ансамблю

moving ~ скользящее среднее

time ~ среднее по времени

weighted ~ среднее взвешенное

avoidance:

collision ~ исключение столкновений

fault ~ предотвращение неисправностей

awareness:

network ~ осведомлённость о состоянии сети

axiom аксиома

~ of assignment аксиома присваивания

~ of iteration аксиома цикла

~ of selection аксиома выбора

logical ~ логическая аксиома

reducibility ~ *лог.* аксиома сводимости

sequencing ~ аксиома следования

axiomatics аксиоматика

formal ~ формальная аксиоматика

informal ~ содержательная аксиоматика

axis ось

~ of easy magnetization ось лёгкого намагничивания, лёгкая ось

anisotropic ~ ось анизотропии

imaginary ~ мнимая ось (*комплексной плоскости*)

longitudinal ~ продольная ось

polarization ~ ось поляризации

preferred ~ of magnetization ось предпочтительного намагничивания

real ~ действительная ось (*комплексной плоскости*)

reference ~ опорная ось (*для автоматического распознавания знаков*)

transverse ~ поперечная ось

A/Z ◇ by ~ по алфавиту

B

babble совокупный (перекрёстный) шум (*из-за взаимовлияния большого числа каналов передачи данных*); сложные помехи

back:
card ~ оборотная сторона (перфо)карты

backboard 1. объединительная плата; панель 2. задняя панель

N-slot ~ *N*-гнездовая объединительная плата

printed-circuit ~ объединительная печатная плата

wire-wrapped ~ объединительная плата для монтажа накруткой

backbone стержневой, основной, базовый

backend 1. вычислительная машина базы данных 2. выходной буфер

background 1. фон; фоновая работа ‖ низкоприоритетный, фоновый 2. подготовка; предварительные знания; предпосылка

display ~ фоновое программное обеспечение дисплея (*не доступное воздействию пользователя*)

foreground-initiated ~ фоно-

вая работа, инициированная приоритетным заданием

backgrounding 1. фоновая обработка (*данных*); решение задач с низким приоритетом (*при отсутствии задач с более высоким приоритетом*) 2. организация фоновой обработки (*данных*)

backing-out изъятие неверных результатов (*процесса или транзакции*)

backing-up восстановление предшествующего состояния (*файла или базы данных*)

backlash мёртвый ход

backlog 1. незавершённая работа; невыполненная работа; незавершённые задания 2. журнал заказов 3. задел (*работы*)

backoff:
collision ~ выдержка времени в конфликтной ситуации

backout возврат (*в точку рестарта программы*)

backplane 1. объединительная плата; панель 2. задняя панель

backprojecting восстановление сцены по проекциям (*в СТЗ*)

backrolling обратная перемотка (*ленты*)

backslash, backslat *sl* обратная косая черта, *проф.* обратная косая (*название символа*)

backspace возвращаться; перемещать обратно, реверсировать; возвращать на одну позицию (*напр. курсор*) ◇ to ~ a file возвращаться на (один) файл (назад); to ~ a record возвращаться на (одну) запись (назад)

backspacing возврат; обратное перемещение, реверс; возврат на одну позицию (*напр. курсора*)

backspark *sl* закрывающая кавычка, *проф.* обратный апостроф (*название символа*)

backtracing обратное прослеживание (*от выхода цепи к её входу*)

backtracking 1. возврат к преды-

дущему состоянию (*напр. при неудаче во время перебора*); откат **2.** поиск с возвратом
dependency-directed ~ откат с учётом зависимостей (*механизм разрешения противоречий в экспертных системах*)
backup 1. поддержка, *проф.* подпор **2.** вспомогательные средства, средства резервирования **3.** резервное устройство, резервирующее устройство **4.** резервирование, дублирование, копирование ‖ вспомогательный, резервный, дублирующий
archive ~ архивная копия, архивный дубликат
battery ~ *проф.* батарейная поддержка
disaster ~ аварийный резерв
functional ~ функциональный резерв, средства функционального резервирования
incremental ~ инкрементное дублирование
manual ~ ручной резерв (*для перехода на ручное управление при отказе автоматической системы*)
backward:
    circuit board ~ монтажная сторона платы
backward-compatible совместимый назад (*не исключающий использования прежних версий или модификаций*)
bad дефектный; неисправный
bag множество с повторяющимися элементами
bail:
    punch ~ пробивная планка (*в ленточных перфораторах*)
bake:
    stabilization ~ стабилизирующий прогрев
balance 1. равновесие ‖ уравновешивать, балансировать; симметрировать **2.** итог; остаток
    negative ~ отрицательный итог; отрицательный остаток
    positive ~ положительный итог; положительный остаток

balancing 1. уравновешивание, балансировка; симметрирование; компенсация **2.** установка на нуль; настройка нуля
batch ~ обеспечение целостности пакетов (*на основе сопоставления контрольных сумм*)
ball:
    control [track(er), tracking] ~ шаровой манипулятор (*для управления движением курсора*)
band 1. полоса (частот) (*см. тж* **bandwidth**) **2.** диапазон **3.** зона; группа дорожек (*магнитного барабана*)
    clear ~ свободная площадь (*напр. на машиночитаемых документах*)
    control ~ диапазон регулирования
    dead ~ зона нечувствительности, мёртвая зона
    empty ~ свободное поле (*документа*)
    errating ~ поле ошибок
    fault ~ отказоопасная зона (*значений параметра*)
    filled ~ заполненное поле (*документа*)
    frequency ~ полоса частот
    locking ~ полоса синхронизации
    Möbius ~ (магнитная) лента Мёбиуса (*для многократного ввода данных*)
    pass ~ полоса пропускания
    print ~ лента для печатающего устройства
    proportional ~ относительный диапазон
    unoccupied ~ свободное поле (*документа*)
bandwidth 1. ширина полосы (частот) **2.** полоса (частот) (*см. тж* **band**) **3.** пропускная способность
    communication ~ полоса рабочих частот канала связи
    computational ~ диапазон вычислительных возможностей
    I/O ~ пропускная способ-

ность средств ввода-вывода

memory ~ 1. число каналов обращения к памяти 2. пропускная способность памяти

processing ~ производительность системы обработки данных

bang *sl* восклицательный знак (*название символа*)

bank 1. группа [ряд] устройств 2. банк данных, информационный банк, хранилище данных 3. куб (*ферритового ЗУ*)

channel ~ группа каналов

data ~ банк данных, информационный банк, хранилище данных

dossier data ~ анкетный банк данных (*требующий идентификации запрашиваемых объектов базы данных*)

memory ~ группа блоков памяти

register ~ блок регистров

statistical data ~ статистический банк данных (*не требующий идентификации запрашиваемых объектов базы данных*)

storage ~ система запоминающих устройств

bank-by-phone банковские сделки (совершаемые) с использованием телефонных каналов (*для связи с ЭВМ банковской системы*)

banking неправильное выравнивание (*первого знака по левому краю текста при оптическом распознавании символов*)

banner заголовок, «шапка»

bar 1. стержень 2. полоса; шина; ламель 3. *лог.* черта, «крышка» (*горизонтальная черта над символом*) 4. прямоугольник (*в блок-схемах*)

alpha(nu)meric type ~ буквенно-цифровая печатающая штанга

diagonal ~ *проф.* двойной слэш (*знак « // »*)

fraction ~ дробная черта

interchangeable ~ сменная печатающая штанга

menu ~ зона заголовков меню (*на экране дисплея*)

print ~ печатающая штанга

scanning ~ пункт сортировки (*в электронной почте*)

scroll ~ зона «прокрутки» (*на экране дисплея*)

test ~ испытательная шина

type ~ печатающая штанга

barf *sl* выражать недовольство (*действиями пользователя со стороны системы*)

barrel:

print ~ печатающая шарообразная головка

barrier 1. барьер 2. экран

absorbing ~ поглощающий экран

communication(al) ~ коммуникационный барьер

language ~ языковой барьер

psychological ~ психологический барьер

reflecting ~ отражающий экран

reliability ~ фактор, препятствующий обеспечению (требуемой) надёжности

base 1. база ‖ базировать(ся) 2. основание; подложка 3. база (*транзистора*) 4. пластина (*печатной схемы*) 5. панель 6. основание системы счисления (*см. тж* **radix**) 7. основа (*носителя записи*) 8. уровень отсчёта 9. цоколь (*лампы*) 10. базированная переменная 11. заносить (*информацию*) в базу данных

binary ~ двоичное основание

binary internal number ~ основание внутренней двоичной системы счисления

data ~ база данных (*см. тж* **database**)

decimal ~ десятичное основание

floating point ~ основание системы счисления с плавающей запятой

general knowledge ~ база общих знаний (*не зависящих от конкретной предметной области*)

installed ~ парк установленного оборудования

insulating ~ изолирующая подложка

knowledge ~ база знаний

mixed ~ основание смешанной системы счисления

negative ~ отрицательное основание системы счисления

procedure ~ база процедуры

rule ~ база правил (*в экспертных системах*)

tape ~ (несущая) основа ленты

time ~ 1. временна́я ось 2. масштаб по оси времени

baseline базовая строка

basic 1. базовый, основной; элементарный 2. стандартный (*об элементе*) 3. Бейсик (*язык программирования*)

basing 1. базирование (*напр. в индексной адресации*) 2. занесение (*информации*) в базу данных

basis 1. базис (*в математическом программировании*) 2. основа, базовый компонент

split-transaction ~ принцип разделения транзакций

batch группа; серия; партия; пакет ‖ групповой; пакетный

card ~ колода (перфо)карт

job ~ пакет заданий

out-of-balance ~ пакет (*данных*) с неверной контрольной суммой

remote ~ дистанционный пакет

batching 1. группирование 2. дозирование 3. пакетирование (*заданий*)

batch-produced изготовленный методом групповой технологии

baton маркер, жезл, эстафета (*в сетях передачи сообщений*)

battery 1. группа одинаковых элементов *или* устройств 2. совокупность (*нескольких критериев*) 3. батарея

test ~ комплект испытательной аппаратуры

battery-backed с аварийным батарейным питанием, с батарейной поддержкой

battery-run с батарейным питанием

baud бод (*единица скорости передачи информации*)

bay 1. панель 2. рама 3. отсек

patchcord ~ коммутационная панель

bead 1. цепочка (*ячеек*) 2. бусинка, слёзка; изоляционная втулка; колпачок 3. *pl* счёты

beam луч; пучок (лучей)

holding ~ поддерживающий [фиксирующий] луч

scanning ~ развёртывающий [сканирующий] луч

scan-off ~ 1. развёртывающий [сканирующий] луч 2. стирающий луч

shaped ~ сформированный луч (*имеющий в поперечном сечении форму, напр. символа*)

writing ~ записывающий [пишущий] луч

bearer однонаправленный канал (*передачи данных*)

standards ~ «блюститель стандартов» (*специалист в группе структурного контроля, следящий за соблюдением стандартов программирования*)

beat 1. такт 2. ритм 3. колебание; биение, пульсация

down ~ слабая доля (такта) (*в систолических структурах*)

up ~ сильная доля (такта) (*в систолических структурах*)

bebugging псевдоотладка (*метод оценки степени безошибочности программы на основе выявления искусственно введённых ошибок*)

bed:

~ **of nails** матричное контактное поле (*из подпружиненных контактных штырей в узлах координатной сетки*), проф.

контактрон, контактор типа «ложе гвоздей»

card ~ канал [тракт] транспортировки (перфо)карт

beep звуковой сигнал ‖ подавать звуковой сигнал

beep-beep:

audible ~ звуковой пробник (*для поиска неисправностей*)

beeper устройство звуковой сигнализации

beetle (координатный) манипулятор типа «жук», *проф.* жучок

behavio(u)r 1. *киберн.* поведение, линия поведения (*организма или машины*) **2.** характер изменения (*напр. функции*)

aberrant ~ аномальное поведение (*напр. программного модуля*)

adaptive ~ адаптивное поведение

asymptotic ~ асимптотическое поведение

autonomous ~ автономный режим

competitive ~ конкурентное [состязательное] поведение (*напр. заданий, запрашивающих вычислительные ресурсы*)

conditional ~ обусловленное поведение

cooperative ~ *т. игр* коллективное поведение

critical ~ критический режим

curve ~ поведение [характер изменения] кривой

erratic ~ неустойчивое поведение

execution ~ динамическое поведение (*программы*)

goal-seeking ~ целенаправленное поведение

knowledgeable ~ поведение, сформированное (*СИИ*) на основе знаний, осмысленное поведение (*СИИ*)

nonadaptive ~ неадаптивное поведение

non-sign-change ~ отсутствие изменения знака

probabilistic ~ вероятностное поведение

program ~ поведение программы, реакция программы (*на входные данные*)

purposeful ~ целенаправленное поведение

queue ~ поведение очереди

rational ~ целесообразное поведение

specified ~ предписанное поведение

stable ~ **1.** стабильный режим **2.** устойчивое поведение

threshold ~ пороговое поведение, пороговая реакция

time ~ характер изменений во времени

time-dependent ~ поведение, зависящее от времени

transient ~ переходный режим

unpredictable ~ непредсказуемое поведение

behavio(u)ral *киберн.* поведенческий

belief представление, убеждение (*в СИИ*)

~**s about beliefs** представления о представлениях, убеждения относительно убеждений

bottom-level ~**s** базисные убеждения

default ~ представление *или* убеждение (принимаемое) по умолчанию

prior ~**s** предпосылочные убеждения

bells and whistles *sl* ненужные свойства (*программы*); *проф.* украшения, «бантики»

belt лента ‖ ленточный

magnetic ~ петля магнитной ленты

bench место для размещения элемента ИС (*при компоновке*), посадочное место (*на плате*)

benchmark 1. точка отсчёта, начало отсчёта; контрольная точка (*для сравнения*) **2.** контрольная задача (*для определения сравнительных ха-*

рактеристик производительности системы) **3.** аттестация (*программного изделия*)

benchmarking установление контрольных точек; разметка

benchtop настольный

benefits:

    operating ~ эффективность функционирования; выгоды от эксплуатации (*системы*)

beta бета, коэффициент усиления по току (*транзистора*) в схеме с общим эмиттером

bezel:

    viewing ~ окно индикатора (*при цифровом выводе данных*)

bias 1. смещение ‖ смещать **2.** напряжение смещения; ток смещения ‖ подавать напряжение *или* ток смещения **3.** систематическая ошибка одного знака; систематическое отклонение

    back ~ обратное смещение

    clamp ~ фиксирующее напряжение смещения

    constant ~ систематическая ошибка

    fixed ~ постоянное [фиксированное] смещение

    fixed base current ~ смещение фиксированным током базы

    forward ~ прямое смещение

    human ~ систематическая ошибка, вносимая человеком

    magnetic ~ подмагничивание

    marking ~ смещение маркерных импульсов

    ordering ~ упорядочивающее смещение

    pulsed ~ импульсное смещение

    relocation ~ величина перемещения (*в памяти*)

    reverse(d) ~ обратное смещение

    spacing ~ смещение пробела

    turn-off ~ запирающее напряжение смещения

biasing 1. смещение **2.** подмагничивание

    AC magnetic ~ импульсное подмагничивание

substrate ~ (электрическое) смещение подложки (*ИС*)

biax *магн.* биакс

biconditional двусторонняя условная зависимость, двусторонняя импликация, равнозначность

bid 1. «захват» канала связи **2.** запрос линии (*некоторого маршрута передачи данных*)

bidirectional двунаправленный; реверсивный

bifurcation бифуркация, раздвоение, разветвление надвое

Big Blue *sl* Биг-Блю (*прозвище фирмы IBM*)

bignum *sl* **1.** сверхбольшое число, сверхчисло **2.** машинное представление сверхбольшого числа

    El Camino ~ сверхбольшое число двойной точности

bijection взаимно однозначное соответствие

bilogical билогический (*основанный на бинарной логике*)

bimodal бимодальный, двухвершинный

bin приёмник, карман, сборник, бункер

    card ~ приёмник [карман] для (перфо)карт

    tape ~ ленточный бункер, карман для ленты

binary 1. двоичный **2.** бинарный, двойной, двучленный, с двумя переменными **3.** *sl* двоичный код

    normal ~ чисто двоичный

    offset ~ двоичный код на выходе устройства *или* схемы (*при тестировании в целях контроля их работоспособности*)

    ordinary [pure, straight] ~ чисто двоичный

binary-compatible совместимый на уровне машинных кодов, кодосовместимый

binary-decimal двоично-десятичный

bind 1. связывать **2.** присваивать (*значение*)

B

binder редактор связей (*программа*)

binding 1. связь; связывание; привязка, увязка, **2.** связка

address ~ привязка (*программ*) по адресам

build-time ~ конструктивная привязка (*проектных решений к физической системе*)

coincidental ~ объединительная связь

communicational ~ связь по общим данным

data ~ привязка данных

dynamic ~ динамическое связывание (*программных модулей*)

execution time ~ связывание (*программных модулей*) в процессе исполнения

functional ~ функциональная связь

higher level ~ активная связь, последняя установленная связь (*ЛИСП*)

key ~ задание функции клавиши (*функциональной клавиатуры*), *проф.* «привязка» клавиши

language ~ привязка к языку

logical ~ связь по логическим функциям, логическая связь

module ~ увязка модулей; связывание модулей

name ~ связывание имён

program ~ связывание программ

sequential ~ последовательная связь, связь типа следования

shallow ~ слабая связанность (*в технике обработки изображений*)

temporal ~ связь по времени, временна́я связь

biochip биокристалл

biometrics биометрические характеристики (*в системах распознавания*)

bipartitioning последовательное деление пополам; последовательное разбиение на две части

biplexer биплексер (*высокоскоростной канал передачи данных*)

bipolar биполярный; двух знаков (*о напряжении*)

biquinary двоично-пятеричный

bird:

whirley ~ *sl* накопитель на дисках, *проф.* вертушка

bistable бистабильный, с двумя устойчивыми состояниями

bit 1. бит, (двоичный) разряд **2.** бит (*1. единица ёмкости памяти 2. двоичная единица информации*) **3.** *pl sl* сведения

◊ ~ **by bit** бит за битом, разряд за разрядом; побитно, поразрядно; **no** ~ отсутствие (двоичного) разряда; ~**s per second** бит в секунду

access control ~s (двоичные) разряды управления доступом

additional ~ дополнительный (двоичный) разряд

address ~ (двоичный) разряд адреса

binary ~ бит, двоичный разряд

bucky ~s маркёрные биты (*соответствующие нажатию управляющей клавиши, мета-, супер- или гипер-ключа*)

carry ~ (двоичный) разряд переноса

carry/link ~ (двоичный) разряд выходного переноса

change ~ (двоичный) разряд изменения (*напр. содержимого страницы*)

check ~ контрольный [проверочный] (двоичный) разряд

condition ~ (двоичный) разряд условия

control ~ управляющий (двоичный) разряд, управляющий бит

data ~ информационный (двоичный) разряд, информационный бит

data-direction ~ (двоичный) разряд (задания) направления передачи данных

decimal adjust ~ (двоичный) разряд десятичной коррекции

59

don't care ~ безразличный (двоичный) разряд (*не влияющий на выполнение данной операции*)

dropped ~ потерянный бит

effective ~ бит, несущий информацию

erroneous ~ бит с ошибкой

fetch protection ~ (двоичный) разряд защиты от выборки

fix-it ~ регистрационный бит

flag ~ флаговый (двоичный) разряд

framing ~ **1.** бит цикловой организации **2.** *pl* кадрирующие биты

go ~ стартовый бит

guard ~ «сторожевой» (двоичный) разряд

hidden ~ «скрытый» (двоичный) разряд (*программно-недоступный*)

high-order ~ старший (двоичный) разряд

ignore ~ пустой (двоичный) разряд

indicating ~ индикаторный (двоичный) разряд

information ~ информационный (двоичный) разряд, информационный бит

interest ~ бит интереса (*определяющий в мультисистемной среде запрос системы на установку блокировочных замков*)

least significant ~ самый младший (двоичный) разряд

leftmost ~ самый левый (двоичный) разряд

link ~ (двоичный) разряд выходного переноса

lockout ~ (двоичный) разряд блокировки

maintenance ~ служебный (двоичный) разряд

masked ~ маскированный (двоичный) разряд

mask set enable ~ бит разрешения установки маски (*прерываний*)

match ~ **1.** (двоичный) разряд совпадения (*признака и хранимого кадра в ассоциативном ЗУ*) **2.** (двоичный) разряд

для проверки на выполнение (некоторого) требования

most significant ~ самый старший (двоичный) разряд

negative ~ (двоичный) разряд знака отрицательного результата

occupancy ~ (двоичный) разряд занятости

opcode ~ (двоичный) разряд кода операции

overhead ~ дополнительный [служебный] (двоичный) разряд

overrun ~ бит *или* признак выхода за допустимые пределы

own ~ бит принадлежности (*данному пользователю*)

parity (check) ~ контрольный [проверочный] (двоичный) разряд чётности

presence ~ (двоичный) разряд присутствия (*напр. в дескрипторе*)

program-protect ~ (двоичный) разряд защиты программ

protection ~ (двоичный) разряд защиты

punctuation ~ (двоичный) разряд знака пунктуации (*напр. разделителя блоков данных*)

qualifying ~ указательный бит, указательный (двоичный) разряд

redundancy [redundant] ~ избыточный (двоичный) разряд

redundant check ~ избыточный контрольный [проверочный] (двоичный) разряд

reference ~ (двоичный) разряд [признак] обращения (*к странице памяти*)

repeat ~ бит повтора

security ~ бит защиты (*в ПЗУ*)

select ~ (двоичный) разряд селекции [выбора] (*устройства в команде ввода-вывода*)

service ~ служебный (двоичный) разряд

sign ~ знаковый (двоичный) разряд

slack ~s заполняющие биты (*в разрядах, не содержащих информации*)

space ~ разделительный (двоичный) разряд (*служащий для разделения кодов*)

start ~ стартовый бит

status ~ (двоичный) разряд индикации состояния (*программы или устройства*)

stencil ~ (двоичный) разряд задания формата операции

sticky ~ второй промежуточный бит округления (*для переноса из младших разрядов*)

stop ~ стоповый бит

storage ~ бит памяти

synch ~ бит цикловой синхронизации

tag ~ (двоичный) разряд тега, (двоичный) теговый разряд

trace ~ трассовый бит

uppermost ~ самый старший (двоичный) разряд

vacancy ~ (двоичный) разряд занятости

validity ~ (двоичный) разряд достоверности

zone ~ (двоичный) разряд зоны; *pl* код буквенно-цифрового знака (*на перфокарте*)

bit-addressable с побитовой адресацией

bitmap побитовое отображение

bit-mapped с побитовым отображением

bit-oriented ориентированный по (двоичным) разрядам, *проф.* бит-ориентированный

bitpad планшетный цифратор (*графических изображений*)

bit-parallel параллельный по битам

bit-serial последовательный по битам, последовательный по (двоичным) разрядам

bit-slice 1. секционированный (*по двоичным разрядам*), разрядно-модульный **2.** разрядно-модульный макроэлемент (*СБИС*)

bitwise поразрядный

black ◇ **to** ~ **out** запечатывать, забивать знаками

blackboard *проф.* доска объявлений (*область памяти, общедоступная для всех модулей системы*)

blank пробел, пропуск; пустое место

address ~ пустое адресное поле (*на программном бланке*)

horizontal ~ пробел по горизонтали

operation ~ пустое поле кода операции (*на программном бланке*)

switching ~ мёртвая зона

vertical ~ пробел по вертикали

blanking запирание; затемнение; бланкирование; гашение (*знаков на экране дисплея*)

ripple ~ последовательное гашение (*разрядов цифрового индикатора*)

blast 1. снятие занятости (*с блока памяти*) **2.** пережигать перемычку (*в кристалле*)

blaster:
PROM ~ устройство программирования ППЗУ

bleed:
ink ~ расплывание чернил или краски (*на границах графических знаков*)

bleeder делитель напряжения

bleep звуковой сигнал

bleeper источник звукового сигнала

bletcherous *sl* бездарный; бездарно выполненный (*о системе или программе*)

blind блокировать нежелательные данные

blinking мерцание, мигание (*знаков на экране дисплея*)

blip метка документа (*при микрофильмировании*)

block 1. блок, узел ‖ блокировать ‖ блочный **2.** группа, блок (*напр. слов, чисел, знаков*) ‖ разбивать на блоки, преобразовывать в блочную форму

◇ in ~s группами
~ of **code** блок программы
~ of **decomposition** блок разложения
~ of **punch pins** матрица пуансонов
~ of **words** 1. группа [блок] слов *или* чисел 2. кодовая группа
alternate ~ 1. чередующаяся группа 2. альтернативный блок
analysis ~ блок анализа (*1. часть программы 2. участок памяти для хранения информации о работе системы*)
basic ~ 1. базисный блок 2. стандартный (компоновочный) блок 3. линейный участок (*программы, имеющий один вход и один выход*); базовый элемент (*программы*)
building ~ стандартный блок (*по конструкции или функциональной схеме*); компоновочный блок
command control ~ блок управления выборкой команд
control ~ блок управления, управляющий блок
data ~ блок данных
dead ~ пассивный блок
decision ~ 1. (логический) блок ветвления (*в блок-схеме*) 2. узел принятия решения
distributed recovery ~ распределённый блок восстановления (*в отказоустойчивых системах*)
entry ~ входной блок
erroneous ~ блок (*данных*) с ошибкой *или* ошибками
fixed ~ фиксированный блок (*напр. знаков*)
fixed-length ~ блок (*данных*) фиксированной длины
forged ~ блок посторонних данных (*напр. ориентированных на проникновение в систему*)
functional ~ функциональный блок
input ~ 1. входное устройство; устройство ввода 2. входной блок

labeled ~ помеченный блок, блок с меткой
linked-list data ~ блок данных в виде связного списка
memory ~ 1. блок памяти [запоминающего устройства] 2. блок (*данных*) в памяти
message ~ блок сообщения; блок сообщений
multirecord ~ блок с несколькими записями, блок, содержащий несколько записей
output ~ 1. выходное устройство; устройство вывода 2. выходной блок 3. блок буферной памяти на выходе
page control ~ блок управления страницами
parameter ~ блок параметров
primitive ~ элементарный компонент, примитив
procedure ~ процедурный блок
processing ~ блок обработки; операторный блок (*в блок-схеме*)
program ~ программный блок
queue control ~ блок управления очередью *или* очередями
reassembly ~s блоки сборки (*в памяти связного процессора*)
record ~ блок записей (*в ЗУ*)
short ~ укороченный [усечённый] блок (*данных*)
spare [standby] ~ запасной [резервный] блок
storage [store] ~ 1. блок запоминающего устройства 2. блок (*данных*) в запоминающем устройстве
store-and-forward ~ блок (*данных*), передаваемый с промежуточным хранением (*в сети*)
supervisor request ~ блок вызова супервизора
table ~ табличный блок
unirecord ~ блок с одной записью, блок, содержащий одну запись
unit control ~ блок управления устройством
unlabeled ~ непомеченный блок, блок без метки
variable ~ блок переменных

variable-length ~ блок (*данных*) переменной длины

blockette 1. подгруппа, подблок (*напр. записей*) **2.** субблок (*аппаратный*)

blocking 1. блокирование, блокировка **2.** упаковка; объединение (*напр. слов, чисел или знаков*) в блоки **3.** затор (*в сети*)

~ **of pins** блокировка выводов (*возникновение соединений, препятствующих достижению тех или иных выводов из некоторых точек при трассировке БИС*)

data ~ упаковка данных; объединение данных в блоки

pulse ~ блокирование импульса

record ~ объединение записей в блоки, блокирование записей

blockmark маркер (окончания) блока

block-multiplexing блок-мультиплексный

block-oriented блочно-ориентированный

block-pipelined блочно-конвейерный

block-structured имеющий блочную структуру, блочный

blossom *т. граф.* букет

blow пережигать перемычку (*в кристалле*)

blowback просмотр с увеличением (*в микрографике*)

blowup *sl проф.* взрыв (*аварийный останов с выдачей сообщения об ошибке, блокирующий дальнейшую работу программы*)

blunder грубая ошибка

board 1. (коммутационная) доска; (коммутационная) панель; наборная панель (*см. тж* **panel**) **2.** пульт; стол; щит **3.** плата (*см. тж* **card**)

analog ~ аналоговая плата

bare (р-с) ~ несмонтированная (печатная) плата

channel ~ схемная плата канала, канальная плата

chip ~ *sl* плата с микросхемами

circuit ~ монтажная плата

development ~ макетная плата

DIP ~ плата (для микросхем) с корпусами типа DIP

distributing ~ распределительный щит

double-sided ~ двусторонняя плата

dual-height [dual-wide] ~ плата двойной ширины, плата с двухсекционным краевым разъёмом

evaluation ~ макет платы; оценочная плата

expansion ~ расширительная плата

extender ~ **1.** удлинитель, удлинительная плата (*для целей диагностики*) **2.** расширительная плата

fine-line ~ плата с узкими межсоединениями

fuse ~ панель с (плавкими) предохранителями; щиток с (плавкими) предохранителями

gage ~ приборная доска

hex-width ~ плата шестикратной ширины, плата с шестисекционным краевым разъёмом

host ~ основная плата (*с управляющим модулем*)

hybrid ~ гибридная плата (*содержащая и цифровые, и аналоговые микросхемы*)

integrated processor ~ объединительная процессорная плата

interconnect ~ соединительная плата

interface ~ интерфейсная плата

junction ~ коммутационная панель; (ручной) коммутатор

key ~ клавиатура

known-good ~ заведомо исправная плата; контрольная плата

memory ~ плата памяти, плата запоминающего устройства

module ~ плата для соединения модулей

mother ~ объединительная плата, плата второго уровня

multilayer ~ многослойная плата

multilayer printed circuit ~ многослойная печатная плата, МПП; плата с многослойным печатным монтажом; плата с многослойной печатной схемой

multiwire ~ плата с большим числом соединений

N-layer ~ N-слойная плата

panel ~ приборная доска

patch ~ коммутационная доска; коммутационная панель; наборное поле

p-c ~ *см.* **printed circuit board**

peg ~ коммутационная доска; штекерная панель

pin ~ коммутационная доска; коммутационная панель; штекерная панель; наборное поле

plotting ~ устройство для вычерчивания кривых; планшетный графопостроитель; планшет

plug ~ коммутационная доска; штекерная панель

plug-in ~ съёмная плата; сменная плата

populated ~ плата с интегральными схемами (*в отличие от пустой*)

power-ground ~ слой (*печатной платы*) питание — земля

printed circuit ~ печатная плата; плата с печатной схемой; плата с печатным монтажом

printed-wiring ~ плата с печатным монтажом

problem ~ коммутационная доска; коммутационная панель; наборное поле

prototyping ~ макетная плата

quard-height ~ плата учетверённой ширины, плата с четырёхсекционным краевым разъёмом

random logic ~ плата с произвольной логикой

signal ~ сигнальный слой (*печатной платы*)

single-sided ~ односторонняя плата

spare ~ запасная плата

speech ~ плата для речевого ввода (*данных*)

surface-mounted ~ плата с поверхностным монтажом, плата с монтажом на поверхности

system ~ системная плата; объединительная плата

terminal ~ выходной [выводной] щиток

two-sided ~ двусторонняя плата

wire ~ **1.** коммутационная доска; коммутационная панель **2.** монтажная панель; монтажная плата

wire-wrap ~ плата для монтажа накруткой

wiring ~ монтажная панель; монтажная плата

woven circuit ~ плата с тканой (ферритовой) матрицей

board-level на уровне плат (*напр. о диагностике ЭВМ*)

bobbin бобина, катушка

body тело (*внутренняя часть информационного объекта*)

~ **of coding sheet** поле программного бланка

loop ~ тело цикла

macro ~ макротело, тело макроопределения; тело макрокоманды

procedure ~ тело процедуры

program ~ тело программы

statement ~ тело оператора

bogotify *sl* дезорганизовывать (*систему или программу*)

boilerplate 1. библиотека стандартных текстов (*для вставления их в документ при обработке текстов*) **2.** стереотип (*фрагмент текста в памяти ЭВМ*)

bomb *sl проф.* бомба (*неверная команда, вызывающая порчу программы*)

bond соединение; связь; связка; сцепление

stitch ~ соединение наложением, соединение «внахлёст»

bonding 1. соединение, (при-)

крепление 2. соединение сваркой, сварка; соединение пайкой, пайка 3. соединение (короткой) перемычкой 4. металлизация

ball ~ (термокомпрессионная) сварка «шариком»

chip [die] ~ (при)крепление кристалла (*к подложке*)

face-down [flip-chip] ~ крепление методом перевёрнутого кристалла

laser ~ сварка лазерным лучом

light pulse ~ сварка световым импульсом

spider ~ паучковое крепление (*ИС*)

thermal ~ термическая сварка, термическое соединение

thermal compression [thermocompression] ~ термокомпрессионная сварка, термокомпрессионное соединение, соединение методом термокомпрессии

ultrasonic ~ ультразвуковая сварка

wire ~ проводное соединение

book 1. логическая единица (*в ИС*) 2. книга [том] документации

run ~ 1. (полная) документация по задаче (*решаемой на ЭВМ*) 2. книга регистрации вычислительных работ

booklet:

reference ~ справочный буклет (*справочник, содержащий сведения об основных характеристиках программного изделия*)

Boolean 1. булево выражение ‖ булев 2. логический

boot 1. самозагрузка (*системных программных средств*) 2. выполнять начальную загрузку

bootstrap 1. программа самозагрузки; *проф.* программа раскрутки 2. начальная загрузка 3. самонастройка; самозагрузка; самообеспечение; *проф.* раскрутка 4. инициализация (*путём самозагрузки*)

hardware ~ аппаратная самонастройка

bootstrapping самонастройка; самозагрузка; самообеспечение; *проф.* раскрутка

boot-up программа начального пуска (*ЭВМ*)

border обрамление, окантовка (*изображения на экране дисплея*)

borrow 1. заём (*единицы старшего разряда при вычитании*) ‖ занимать 2. сигнал заёма; импульс заёма

end-around ~ круговой заём (*в вычитающих устройствах*)

incoming ~ входной сигнал заёма; входной импульс заёма

output ~ выходной сигнал заёма; выходной импульс заёма

bothway двунаправленный

bottleneck критический элемент; критический параметр; узкое место (*аппаратные или программные элементы, параметры которых ограничивают повышение производительности системы*)

bottom 1. основание, *проф.* дно 2. насыщать, доводить до (глубокого) насыщения

~ **of stack** дно стека

effective ~ действующее основание дерева (*в словарных машинах*)

bottoming (глубокое) насыщение

bottom-up восходящий; снизу вверх (*напр. о процессе разработки*)

bounce срыв (*изображения на экране*); резкое изменение (*яркости изображения*)

bound граница; предел, предельное значение

coding ~s параметры кодирования (*в кодах с обнаружением и исправлением ошибок*)

compute ~ ограничение по скорости вычислений

confidence ~ доверительная граница

failure ~ отказоопасная граница (*значений параметров схемы*)

printer ~ ограничение по (скорости) печати

subscript ~ предельное значение индекса

boundary граница, предел

character ~ граница знака

error ~ граница ошибок

fault containment ~ граница распространения неисправности

integral ~ целочисленная граница

moving ~ подвижная граница

word ~ граница слова, словораздел

boundpair граничная пара (*задающая границы массива*)

box 1. стойка; шкаф **2.** блок **3.** прямоугольник (*на блок-схеме*)

assertion ~ вводящий блок (*на блок-схеме программы*)

B-~ индексный регистр, индекс-регистр; регистр переадресации, регистр индексации

black ~ чёрный ящик

condition ~ блок ветвления (по условию) (*на блок-схеме*)

connection [connexion] ~ соединительная коробка (*коммутационное устройство*)

decision ~ (логический) блок ветвления; блок принятия решения

function ~ функциональный блок

glass ~ *проф.* «прозрачный ящик» (*программа, работа которой строго детерминирована*)

in-out ~ блок ввода-вывода

junction ~ распределительная коробка

loop ~ блок реализации циклического режима

mail ~ почтовый ящик (*в системе электронной почты*)

Pandorra ~ «ящик Пандоры» (*программное обеспечение как источник множества неприятностей для программиста*)

stunt ~ вспомогательный блок (*терминала*)

substitution ~ блок подстановки

terminal ~ соединительная ко-

робка; распределительная коробка

text ~ текстовой блок (*на блок-схеме*)

tolerance ~ пространство допусков

type ~ шрифтовая каретка

universal button ~ универсальная клавиатура

boxcar серия [пачка] (одинаковых) импульсов (*с фиксированным периодом следования*)

boxing высечка (*в графопостроителях*)

bracelet правая фигурная скобка (*название символа*)

bracket скобка ‖ заключать в скобки

curly ~s *sl* фигурные скобки

label ~ меточная скобка (*в языке Ада*)

squiggle ~s *sl* фигурные скобки

statement ~ операторная скобка

string ~ строковая скобка (*в языке Ада*)

subscript ~ индексная скобка

bracketing заключение в скобки

brain 1. мозг **2.** *уст.* вычислительная машина; управляющая машина

artificial ~ «искусственный мозг»

electronic ~ «электронный мозг»

giant ~ большая вычислительная машина

robot ~ «мозг» робота, вычислительная машина, управляющая роботом

brainstorming мозговая атака (*групповой метод решения сложных проблем*)

brake:

reel ~ тормоз бобины (*в лентопротяжном механизме*)

branch 1. ветвление, (условный) переход **2.** ветвь ◇ ~ **on equality** (условный) переход по равенству; ~ **on false** (условный) переход по значению «ложь»; ~ **on higher than zero** (условный) переход по плюсу; ~ **on inquiry** переход [уход] по запросу; ~ **on less than zero** (условный) переход по минусу; ~ **on true** (условный) переход по значению «истина»; ~ **on unequality** (условный) переход по неравенству; ~ **on zero** (условный) переход по нулю

afferent ~ центростремительная ветвь (*часть блок-схемы программы, связанная с вводом и форматированием данных*)

calling ~ вызывающая последовательность

computed ~ вычисляемый переход (*в программе*)

conditional ~ условное ветвление, условный переход

delayed ~ **1.** отсроченное ветвление **2.** отложенная ветвь (*при выполнении параллельного алгоритма*)

efferent ~ центробежная ветвь (*часть блок-схемы программы, связанная с форматированием и распределением выдаваемых данных*)

fanout ~**es** расходящиеся ветви (*логической схемы*)

free ~ свободная ветвь (*не инцидентная ни одному внутреннему узлу цепи*)

functional ~ функциональный переход

fundamental ~ фундаментальная ветвь (*инцидентная хотя бы одному внутреннему узлу цепи*)

multiway ~ ветвление на несколько ветвей

N-way ~ N-альтернативное ветвление, ветвление на N (*напр. путей*)

oriented ~ ориентированная ветвь

phantom ~ фиктивное ветвление

unconditional ~ безусловный переход

branching 1. ветвление ‖ ветвящийся **2.** *т. граф.* лес

backward ~ ветвление (с переходом) назад (*по программе*)

delayed ~ задержанный (на один такт) условный переход (*в конвейерных ЭВМ*)

forward ~ ветвление (с переходом) вперед (*по программе*)

branchpoint точка ветвления

breadboard макет

breadboarding макетирование

break 1. разрыв ‖ разрывать **2.** прерывание, останов ‖ прерывать, останавливать

control ~ **1.** смена управления; смена операции **2.** скачок (*при окончании серии записей*)

loop ~ разрыв замкнутой (логической) цепи

sequence (sorting) ~ разрыв упорядоченности

transcription ~ разрыв линии (*на блок-схеме*) с надписью (*напр. с указанием межфайловой связи*)

breakaway:
edge ~ обрыв края (*плёнки*)

breakdown 1. пробой **2.** *стат.* схема (*последовательность действий*) ◊ ~ **after intrusion** прерывание текущего соединения (*напр. двух абонентов третьим*)

analysis-of-variance ~ схема дисперсионного анализа

avalanche ~ лавинный пробой

cumulative ~ кумулятивный пробой

impulse ~ импульсный пробой

oxide ~ пробой оксида (*в МОП-структурах*)

thermal ~ тепловой пробой

Zener ~ *пп* зенеровский пробой

breaker:
circuit [constant] ~ прерыватель цепи

breakeven безызбыточность ‖ безызбыточный

breakpoint 1. останов; прерывание **2.** точка останова; точка прерывания **3.** вводить контрольные точки

conditional ~ условный (контрольный) останов; условный (контрольный) переход

data ~ точка прерывания по данным (*для запуска процедуры-демона*)

error ~ прерывание по сигналу об ошибке

breakthrough разрыв линии (*в распознавании образов*)

breedle *sl* резкий звуковой фон (*работающего терминала*)

bridge:

long-distance ~ длинный мост (*средство объединения сетей передачи данных*)

bridgeware средства обеспечения совместимости

bridging 1. перемыкание, замыкание (*в схеме*); установка перемычки **2.** запараллеливание (*напр. линии передачи*) **3.** перенесение (*программ или данных некоторой ЭВМ*) на другую машину (*с возможным преобразованием форматов*)

bring ◊ to ~ **system to its knees** исчерпать возможности системы, *проф.* загнать систему в угол

brittleness уязвимость (*сети передачи данных*)

broadcast 1. ретрансляция, пересылка (*сигналов или сообщений*) || пересылать (*сигналы или сообщения*) **2.** транслирование || транслировать

update ~ транслирование запроса на обновление данных

broadcasting 1. транслирование (*передача ряда идентичных незапрашиваемых ответов на некоторые или на все терминалы в системе реального времени*) **2.** широкая рассылка (*идентичной информации многим абонентам электронной почты*), *проф.* широковещание

brocket *sl* знак «больше» или «меньше»; *проф.* уголок; угловая скобка (*название символа*)

left ~ знак «меньше», *проф.* левый уголок

right ~ знак «больше», *проф.* правый уголок

browse просматривать (*напр. файл*)

browser программа (ускоренного) просмотра (*напр. файла*)

browsing просмотр (*напр. файла*)

brush:

check ~ контрольная щётка

reading ~ считывающая щётка

bubble 1. цилиндрический магнитный домен, ЦМД **2.** кружок (*на блок-схеме или в обозначении логического элемента*) **3.** пузырьковый (*о методе сортировки*)

invert ~ кружок, обозначающий инвертор

magnetic ~ цилиндрический магнитный домен, ЦМД

buck 1. противодействовать **2.** компенсировать **3.** маркер (*в сетях передачи сообщений*)

bucket (функционально выделенная) область памяти; участок памяти (*адресуемый как единое целое*); участок записей

bit ~ *проф.* «битоприёмник» (*гипотетическая корзина, в которую сбрасываются «мусорные» записи базы данных*)

double ~ двухсекционное запоминающее устройство (*с двумя запоминающими элементами на каждый бит*)

overflow ~ область памяти для размещения переполняющих (*напр. файл*) данных

bucketing группирование (*данных с помещением их в одну область памяти*)

buck-passing передача маркера || с передачей маркера (*о способе доступа в сети*)

bucky:

quadruple ~ счетверённая маркировка (*при одновременном нажатии управляющей, мета-, гипер- и супер-клавиши*)

buddy соучастник разработки

program ~ *проф.* партнёр по программированию

budgets ресурсы

storage ~ ресурсы памяти

timing ~ ресурсы времени, временны́е ресурсы

buffer 1. буфер, буферная схема; буферное устройство 2. буфер, буферное запоминающее устройство ‖ заполнять буфер; буферизовать 3. буферный регистр

address ~ буфер адресов

cache ~ кэш-буфер

card-punch ~ 1. буфер перфоратора карт 2. буферные ячейки перфоратора карт

chained-segment ~ цепной буфер

circular ~ кольцевой буфер

communication ~ буфер связи, буфер (для хранения) сообщений (*передаваемых по линиям связи*)

core ~ 1. буфер в оперативной памяти 2. буферное запоминающее устройство на магнитных сердечниках

data ~ буфер данных

data-out ~ буфер выходных данных

deskewing ~ буферное устройство для устранения искажений из-за перекоса (*в дисковом ЗУ*)

double ~ двойной буфер

FIFO [first-in, first-out] ~ буфер обратного магазинного типа

frame ~ кадровый буфер (*в дисплее*)

full-word ~ 1. буфер [буферный регистр] на полноразрядное слово 2. полноразрядное буферное запоминающее устройство

half-word ~ 1. буфер [буферный регистр] на полуслово 2. буферное запоминающее устройство (для) полуслов

hidden ~ скрытый буфер

index ~ буферный индекс-регистр

input ~ 1. входной буфер 2. буферное запоминающее устройство на входе

input/output ~ 1. буфер ввода-вывода 2. буферное запоминающее устройство (для) ввода-вывода

inquiry ~ буфер запросов

instruction ~ 1. буфер команд 2. буферное запоминающее устройство (для хранения) команд

instruction-prefetch ~ буфер упреждающей выборки команд

internal ~ внутренний буфер, буферная память

interprocessor ~ межпроцессорный буфер

I/O ~ *см.* input/output buffer

look-ahead ~ буфер упреждающей выборки

look-aside ~ буфер предыстории (процесса)

mapped ~ буфер поэлементного отображения (*в дисплее*)

media conversion ~ буфер перезаписи информации с одного носителя на другой (*при разном быстродействии соответствующих устройств*)

output ~ 1. выходной буфер 2. буферное запоминающее устройство на выходе

peripheral ~ 1. буфер периферийных устройств 2. буферное запоминающее устройство (для) периферийных устройств

ping-pong ~s буферы [два буфера] с попеременным переключением (*в режим ввода*)

read ~ буфер считывания

read-enable ~ буфер разрешения считывания

real-time ~ 1. буфер для работы в реальном (масштабе) времени 2. буферное запоминающее устройство для работы в реальном (масштабе) времени

receive-data ~ буфер принимаемых данных

refresh ~ буфер регенерации (*изображения*)

result ~ буфер результатов

rotating ~ «циркулирующий» буфер (*с обращениями от различных устройств в циклическом режиме*)

row ~ **1.** буфер на (одну) строку **2.** буферное запоминающее устройство на (одну) строку

send ~ пересылочный буфер (*содержащий очередной пакет, подлежащий отправке*)

status ~ буфер (для хранения) информации о состоянии, буфер состояния

swinging ~ переключающийся буфер

terminal ~ буфер [буферная память] терминала

transmit-data ~ буфер передаваемых данных

two-set ~ сдвоенный буфер

write ~ буфер записи

write-enable ~ буфер разрешения записи

buffered буферизованный, буферированный

buffering 1. промежуточное преобразование **2.** буферизация, использование буферного запоминающего устройства

anticipatory ~ упреждающая буферизация

chained segment ~ сегментная буферизация

double ~ двойная буферизация (*выделение по два буфера на каждый внешний канал*)

dynamic ~ динамическая буферизация

exchange ~ буферизация обмена, обменная буферизация

input ~ буферизация на входе

in-transit ~ буферизация при передаче (*сообщений*)

locate-mode ~ буферизация без перемещения (*с изменением индексации, меток или виртуального адреса*)

memory ~ буферизация памяти, организация буферов в памяти

move-mode ~ буферизация с перемещением (*данных между буфером и рабочей областью памяти*)

output ~ буферизация на выходе

simple [single] ~ простая буферизация (*выделение по од-*

ному буферу на каждый внешний канал)

bug 1. ошибка (*см. тж* **error**); дефект **2.** помеха

arithmetic operation ~ ошибка в арифметической операции

array ~ ошибка при работе с массивом

character string ~ ошибка в цепочке символов

data ~ ошибка при работе с данными

evanescent ~ перемежающаяся ошибка

logic ~ логическая ошибка

logical operation ~ ошибка в логической операции

loop ~ ошибка в цикле

machine operation ~ ошибка при выполнении машинной операции

operation irregularity ~ ошибка из-за неверного понимания операции (*программистом*)

overload ~ ошибка из-за перегрузки системы

recovery ~ ошибка с восстановлением (*во избежание полного или частичного повреждения файлов*)

rolling ~ перемещающийся «жук» (*для отработки положения указателя на экране дисплея*)

semaphore ~ ошибка в расстановке семафоров

situation ~ ситуационная ошибка (*связанная с ошибками расстановки семафоров*)

special ~ ошибка специального вида

subroutine ~ ошибка в подпрограмме

terminator ~ ошибка в применении разделителя

timing ~ ошибка синхронизации

variable ~ ошибка в описании переменных

builder 1. разработчик **2.** (программа-)компоновщик, построитель

application ~ разработчик

прикладных систем *или* программ

program ~ разработчик программы

screen ~ контроллер экрана (*устройство, управляющее построением изображения на экране*)

building разработка; построение, создание, компоновка (*из модулей*)

model ~ разработка модели

built-in встроенный (*напр. о контроле*)

bulk:

data ~ большой массив данных

bulletin:

release ~ информационный листок выпуска (*руководство по вводу программного обеспечения в действие*); информационный листок версии (*программного изделия*)

bum *sl* 1. *проф.* «улучшать» (*напр. программу ценой потери её чёткости*) 2. *проф.* мелкое «улучшение» (*напр. программы, обычно лишнее*)

code ~ *sl* программист, «экономящий на спичках», *проф.* «крохобор»

bumming:

bit ~ *sl* «втискивание» программы в память (*при ограниченной ёмкости памяти*)

bundle 1. связка, пучок (*световодов*) 2. *матем.* пучок; связка

aligned [coherent] ~ когерентный пучок

bureau:

computer ~ 1. вычислительное бюро 2. вычислительный центр

computer service ~ центр по предоставлению вычислительных услуг; вычислительный центр

burden:

computational ~ затраты вычислительных ресурсов

buried 1. скрытый, внутренний 2. утопленный (*о проводнике*)

burn-in приработка, тренировка

(*аппаратуры*); *проф.* выжигание дефектов

in-house ~ тренировка на месте изготовления

burning пережигание (*перемычек ПЗУ*)

burrage «задир» (*перфокарты*)

burst 1. пакет 2. разбивка (на части) (*выводимого печатного материала*)

error ~ пакет ошибок

single ~ **of errors** одиночный [отдельный] пакет ошибок

burster устройство разбивки на части (*выводимого печатного материала*)

bursting пакетная передача

bus 1. шина 2. магистральная шина, магистраль 3. канал (*передачи информации*) 4. соединять с помощью шины, осуществлять шинное соединение ◊ ~ **in** входная шина; ~ **out** выходная шина

address ~ шина адреса, адресная шина

amputated ~ отсечённая шина (*неисправного процессора в отказоустойчивых многопроцессорных системах*)

asynchronous ~ 1. асинхронная шина 2. асинхронный канал

backbone ~ основная шина

backplane ~ монтажная шина, шина на объединительной плате

bidirectional ~ двунаправленная шина

branch ~ ответвление от основной шины; местная шина (*напр. в распределённой системе*)

broadcast ~ шина широковещательной рассылки

cable ~ кабельная линия; кабельная магистраль

check ~ контрольная шина

clock ~ шина синхроимпульсов, шина синхронизации

common ~ общая шина

communication ~ 1. коммуникационная шина 2. канал связи

control ~ управляющая шина

cycle-steal ~ шина (работающая на принципе) захвата цикла

D-~ D-шина (*в микроЭВМ*)

daisy-chain ~ шина с последовательным опросом

data ~ шина данных, информационная шина

demultiplexed ~ многоканальная шина

digit-transfer ~ шина цифровой передачи

DMA ~ шина прямого доступа к памяти

dual-redundant ~ дублированная шина

expansion ~ шина расширения

file ~ магистральная шина (*в дисковом ЗУ*)

full ~ полноразрядная шина

global ~ общий провод(ник)

graphics ~ шина (передачи) графических данных

ground ~ земляная шина, шина заземления

HF ~ высокочастотная шина

high-speed ~ высокоскоростная шина

host ~ шина главного процессора

IEC ~ шина данных, соответствующая стандарту Международной электротехнической комиссии

input ~ входная шина

input/output ~ шина ввода-вывода

instruction/data ~ шина команд и данных

instrumentation ~ инструментальная шина, шина для подключения контрольно-измерительных приборов

intercluster ~ межгрупповая шина

interface ~ шина интерфейса, интерфейсная шина

interprocessor ~ межпроцессорная шина

local ~ локальная шина

lower data ~ шина младших разрядов данных

map ~ шина отображения

mass ~ многоабонентская (общая) шина

memory ~ шина памяти, шина запоминающего устройства

multidrop ~ многоточечная шина

multimaster ~ многоабонентская шина

multiple-access ~ шина с множественным доступом

multiplexed ~ мультиплексная шина

N-bit wide ~ N-разрядная шина

number (transfer) ~ числовая шина, шина передачи чисел

output ~ выходная шина

peripheral ~ периферийная шина

pixel ~ шина передачи элементов изображения

polled ~ шина с последовательным опросом (*абонентов*)

processor ~ процессорная шина

program ~ шина (для передачи) команд (*в системах с программным управлением*)

pulse ~ импульсная шина

read ~ шина считывания

redundant ~ резервная шина

result ~ шина результатов

single timeshared ~ общая шина с временны́м разделением

storage-in ~ входная шина запоминающего устройства

synchronous ~ 1. синхронная шина 2. синхронный канал

system ~ системная шина

test ~ тестовая шина

three-state ~ шина с тремя состояниями

unidirectional ~ однонаправленная шина

unified ~ общая шина

upper data ~ шина старших разрядов данных

video ~ шина видеосигналов

write ~ шина записи

busback закольцовывание цепи, соединение цепи в кольцо (*с целью проверки*)

bus-based шинный, с шинной организацией

bus-compatible совместимый по шине *или* каналу

bus-oriented шинно-ориентированный (*об архитектуре ЭВМ*)

bussing соединительные линии; разводка соединительных линий

power ~ разводка питания

bus-structured магистральный, с шинной организацией (*об архитектуре ЭВМ*)

bust ошибка [промах] оператора ◇ ~ **this** «исключить это» (*фраза в конце ошибочного сообщения*)

bus-type шинный, с шинной организацией

busy **1.** состояние занятости **2.** сигнал занятости

busy-back (ответный) сигнал занятости

butler (программа-)«дворецкий» (*определяющая возможность доступа к данной ЭВМ при распределённой обработке*)

butting **1.** соединение встык **2.** стык (*разновидность сетевого интерфейса*)

button кнопка (*см. тж* **key**)

activate ~ пусковая кнопка, кнопка пуска

analog hold ~ кнопка временного останова аналоговой машины

control ~ кнопка управления

emergency ~ аварийная кнопка

function ~ функциональная кнопка

initiate ~ пусковая кнопка, кнопка пуска

intervention ~ аварийная кнопка

key ~ кнопка; кнопочный переключатель

light ~ световая кнопка (*на экране дисплея*)

load ~ кнопка ввода; кнопка загрузки

locate ~ кнопка местоположения (*напр. символа на координатной сетке*)

panic ~ аварийная кнопка

re-boost ~ кнопка перезапуска

request ~ кнопка запроса

reset ~ кнопка восстановления, кнопка возвращения в исходное положение *или* состояние

restart ~ кнопка рестарта

run [start] ~ пусковая кнопка, кнопка пуска

stop ~ кнопка останова

trigger ~ пусковая кнопка, кнопка пуска

virtual push ~ виртуальная кнопка (*на экране дисплея*)

buzz *sl* **1.** *проф.* «зависать» **2.** *проф.* «жужжать» (*об ЭВМ, работающей в коротком цикле, напр. ожидания*)

buzzer устройство звуковой сигнализации, зуммер

bypass 1. обход (*в алгоритме или программе*) ‖ обойти; блокировать **2.** шунт, параллельное соединение ‖ шунтировать, делать перемычку

byte 1. байт **2.** слог (*машинного слова*)

control ~ управляющий байт

data ~ байт данных; информационный байт

effective ~ рабочий байт (*к которому происходит обращение, напр. при обработке строки*)

eight-bit ~ восьмиразрядный байт, октет

error ~ **1.** ошибочный байт **2.** байт неисправностей (*содержащий информацию о неисправностях*)

five-bit ~ пятиразрядный байт, квинтет

four-bit ~ четырёхразрядный байт, квартет

hexadecimal ~ шестнадцатеричный байт

high ~ старший байт

identification ~ идентифицирующий байт, байт идентификации

low ~ младший байт

N-bit ~ N-разрядный байт

octet ~ восьмиразрядный байт, октет

sense ~ байт уточнённого состояния (*IBM 360*)

seven-bit ~ семиразрядный байт, септет

six-bit ~ шестиразрядный байт, секстет

status ~ байт состояния

three-bit ~ трёхразрядный байт, триплет

two-bit ~ двухразрядный байт, дублет

byte-addressable, byte-addressed с байтовой адресацией

byte-coded с байтовым представлением

byte-oriented байтовый; с байтовой организацией; с побайтовой обработкой

byte-slice байт-модульный; секционированный по байтам

byte-swap с перестановкой байтов

C

C Си (*язык программирования*)

cabinet:

card filing ~ ящик для хранения (картотеки) (перфо)карт

electronic file ~ электронная картотека

filing ~ картотечный блок (*базы данных*)

magnetic-card filing ~ ящик *или* шкаф для хранения (картотеки) магнитных карт

magnetic-tape filing ~ шкаф для хранения магнитных лент

memory ~ шкаф [стойка] запоминающего устройства

rack ~ 1. шкаф; стойка 2. гнездо шкафа; гнездо стойки 3. стеллаж; ячейка стеллажа

cable кабель

branch ~ отводной кабель

fiber (optic) ~ волоконно-оптический (световодный) кабель

flat ~ плоский кабель

input/output ~ кабель связи устройств ввода-вывода (*с центральным процессором*)

intercabinet ~ межстоечный кабель

lightguide [lightwave] ~ световодный кабель

multicore-fiber [multifiber] ~ многоволоконный (световодный) кабель

optical ~ оптический кабель

twin-axial ~ коаксиальный кабель

cabling прокладка кабеля; монтаж кабельной проводки

interframe ~ прокладка [разводка] кабелей между стойками (*ЭВМ*)

cache кэш (*быстродействующая буферная память большой ёмкости*) || помещать в кэш

forward-looking ~ кэш с упреждающей выборкой данных

interleaved ~ кэш с чередованием адресов (*выбираемых команд*)

multiple ~s система кэш-буферов, система кэшей

pixel ~ кэш элементов изображения

screen ~ экранный кэш

stack ~ стековый кэш

caching 1. использование кэша 2. работа с кэшем; подкачка (страницы) в кэш

cage кассета; каркас

card ~ каркас для (печатных) плат, *проф.* блок

calculate вычислять; рассчитывать; подсчитывать

calculating вычисление; расчёт; счёт; подсчёт || вычислительный; расчётный; счётный

calculation вычисление; расчёт; счёт; подсчёт

analog ~s аналоговые вычисления

arithmetic ~s арифметические расчёты

Boolean ~s логические вычисления

card-programmed ~ вычисление по программе (записанной) на (перфо)картах

checking ~ проверочный расчёт

computer ~s машинные вычисления

digital ~s цифровые вычисления (*в отличие от аналоговых*)

double ~ вычисление с двойным просчётом

fixed-point ~ вычисление с фиксированной запятой

floating-point ~ вычисление с плавающей запятой

integer ~s целочисленные вычисления

matrix ~ вычисление матрицы

nonnumerical ~s нечисленные [нечисловые] расчёты

real-time ~ вычисление в реальном (масштабе) времени

reverse ~ **1.** обратный счёт **2.** вычисление с повторными просчётами

spreadsheet ~s табличные вычисления (*с использованием крупноформатных электронных таблиц*)

step-by-step ~s пошаговые вычисления; пошаговые расчёты

calculator счётная машина; калькулятор; вычислительная машина; вычислительное устройство; вычислительный прибор; вычислитель (*см. тж* **computer, machine**)

analog ~ аналоговое вычислительное устройство

automatic ~ автоматическая счётная машина; автоматический вычислитель

card-programmed ~ вычислительная машина с программой на (перфо)картах; перфокарт(оч)ное вычислительное устройство

desk(top) ~ настольная счётная машина; настольный калькулятор

direct-reading ~ калькулятор с непосредственной индикацией (чисел)

duplex ~ сдвоенная вычислительная система

electronic ~ электронное вычислительное устройство; электронный вычислитель; электронный калькулятор

hand(-held) ~ карманный калькулятор

high-speed ~ быстродействующее вычислительное устройство

integrated-circuit ~ калькулятор на ИС

key-driven ~ клавишная вычислительная машина

lister ~ механическое вычислительное устройство гребенчатого типа

logarithmic ~ логарифмическое счётное устройство

mechanical ~ механическое вычислительное устройство; механический вычислительный прибор; механический вычислитель

network ~ схемный анализатор

pocket(-sized) ~ карманный калькулятор

printing ~ калькулятор с печатающим устройством

programmable ~ программируемый калькулятор

remote ~ дистанционное вычислительное устройство

slim ~ плоский калькулятор

solid-state ~ твердотельное вычислительное устройство; полупроводниковое вычислительное устройство

square-root ~ устройство для вычисления квадратных корней; вычислитель квадратных корней

tabular ~ табличное счётное устройство

talking ~ калькулятор с речевым выходом

vest-pocket ~ карманный калькулятор

calculus 1. исчисление **2.** вычисление; вычисления

~ **of approximations 1.** приближённые вычисления **2.** численные методы

~ **of residues** теория вычетов

~ **of variations** вариационное исчисление

Boolean ~ булево исчисление

extended ~ расширенное исчисление

functional ~ **1.** функциональное исчисление **2.** *лог.* исчисление предикатов

higher predicate ~ исчисление предикатов высших порядков

index ~ индексное исчисление

matrix ~ матричное исчисление

operational ~ операционное исчисление

predicate [predicative] ~ *лог.* исчисление предикатов

propositional ~ *лог.* пропозициональное исчисление, исчисление высказываний

relational ~ реляционное исчисление

restricted predicate ~ *лог.* узкое исчисление предикатов

sentential ~ исчисление высказываний

situation ~ ситуационное исчисление

calendar календарь

calibrate 1. калибровать; градуировать; тарировать **2.** поверять, проводить поверку

calibration 1. калибровка; градуировка; тарирование **2.** поверка

calibrator калибратор

call 1. вызов; обращение ‖ вызывать; обращаться **2.** запрос ‖ запрашивать **3.** переход к подпрограмме **4.** заявка ◇ ~ **by name** вызов по имени; ~ **by number 1.** вызов по номеру **2.** вызов по коду, кодовый вызов; ~ **by reference** вызов по ссылке; ~ **by value** вызов по значению; **to** ~ **in** вызывать; ~ **to subroutine** вызов подпрограммы; обращение к подпрограмме

authorized ~ санкционированный [разрешённый] вызов;

санкционированное [разрешённое] обращение

function ~ обращение к функции

implied ~ неявный вызов; неявное обращение

interrupt ~ вызов по прерыванию

invalid ~ неверное обращение

library ~ вызов из библиотеки; обращение к библиотеке

lost ~ безуспешный вызов; безуспешное обращение

macro ~ макровызов

name ~ вызов имени (*название команды*)

nested ~s вложенные вызовы

noninteractive ~ вызов для односторонней [неинтерактивной] связи

qualified ~ уточнённый вызов; ограниченное обращение

subroutine ~ вызов подпрограммы; обращение к подпрограмме

supervisor ~ вызов супервизора

system ~ системный вызов

unqualified ~ необусловленный вызов; свободное обращение

unsuccessful ~ безуспешный вызов; неудачное обращение

value ~ вызов значения (*название команды*)

virtual ~ **1.** виртуальный вызов **2.** виртуальное соединение (*виртуальный канал для абонента сети*)

caller вызывающий оператор; вызывающая программа

procedure ~ оператор, обратившийся к процедуре *или* вызвавший процедуру; программа, обратившаяся к процедуре *или* вызвавшая процедуру

call-in вызов

calling вызов

advanced ~ предварительный вызов (*тип учрежденческой связи*)

selective ~ селекторный вызов

cam:

  function ~ кулачок с функциональным профилем

  squaring ~ кулачок с квадратичным профилем

camera:

  masking ~ установка для изготовления фотошаблонов

camp-on задержка вызова (*занятой линии*)

cancel 1. отмена (*команды или сигнала*) ‖ отменять (*команду или сигнал*) 2. стирание (*информации или записи*) ‖ стирать (*информацию или запись*) 3. гашение (*луча*) ‖ гасить (*луч*) 4. *матем.* сокращение ‖ сокращать

cancellation 1. отмена (*команды или сигнала*) 2. стирание (*информации или записи*) 3. потеря значащих разрядов (*при вычитании*) 4. гашение (*луча*) 5. *матем.* сокращение

  noise ~ подавление помехи

canceller:

  adaptive noise ~ адаптивный подавитель шумов

  echo ~ эхокомпенсатор

cap (защитный) колпачок; наконечник ‖ устанавливать (защитные) колпачки

  test ~ тестовая головка (*часть испытательного прибора*)

capabilit/y 1. возможность; способность 2. производительность 3. характеристика 4. мандат (*для доступа к объекту системы*) 5. стойкость (*способность изделия успешно выполнять требуемые функции*)

  accommodation ~ способность к адаптации, адаптивная способность

  addressing ~ies возможности адресации

  animation ~ способность к воспроизведению динамических изображений (*свойство графического терминала*)

  color ~ способность к воспроизведению цветов (*свойство графического терминала*)

  computational ~ вычислительная мощность; *pl* вычислительные возможности

  diagnostic ~ies диагностические возможности

  error-correcting ~ возможность исправления ошибок; исправляющая способность (*напр. кода с исправлением ошибок*)

  explanation ~ способность к объяснению хода рассуждений (*в экспертных системах*)

  fan-out ~ нагрузочная способность по выходу

  functional ~ies функциональные возможности

  learning ~ способность (*системы*) к обучению, обучаемость

  logic ~ 1. нагрузочная способность логической схемы 2. *pl* логические возможности (*напр. вентильной матрицы*)

  machine-dependent ~ies возможности, зависящие от (используемой) машины

  networking ~ возможность организации сети

  output ~ нагрузочная способность (*напр. схемы*)

  performance ~ies 1. возможности (*напр. схемы*) 2. рабочие характеристики

  relational ~ возможность работы с реляционной моделью данных

  screen-oriented ~ies возможности использования экрана

  self-test ~ возможность самопроверки

  speech ~ способность (*системы*) к синтезу речи

capacitance 1. ёмкость (*см. тж* **capacity**) 2. ёмкостное сопротивление ◊ ~ **per unit length** ёмкость на единицу длины

  distributed ~ распределённая ёмкость

  input ~ входная ёмкость

  space charge ~ ёмкость пространственного [объёмного] заряда

  space-charge-layer ~ ёмкость

слоя с пространственным [объёмным] зарядом

spurious [stray] ~ паразитная ёмкость

capacitivity удельная ёмкость

capacitor конденсатор

bypass ~ блокировочный конденсатор

coupling ~ конденсатор связи, разделительный конденсатор

decoupling ~ развязывающий конденсатор

diffused ~ диффузный конденсатор (*изготовленный методом диффузии*)

holding ~ запоминающий конденсатор

integrated ~ интегральный конденсатор, конденсатор в интегральном исполнении

integrated circuit ~ конденсатор ИС

integrating ~ интегрирующий конденсатор

junction ~ конденсатор, образованный *p—n*-переходом

memory ~ конденсатор памяти, запоминающий конденсатор

ratioed ~ секционированный конденсатор, конденсаторный делитель

speed-up ~ ускоряющий [форсирующий] конденсатор

storage ~ запоминающий конденсатор

switched ~ управляемый конденсатор

thin-film ~ тонкоплёночный конденсатор

wafer ~ таблеточный конденсатор

capacity 1. ёмкость **2.** разрядность (*напр. сумматора*); допустимый диапазон чисел (*для данного устройства*) **3.** мощность; нагрузка; производительность **4.** пропускная способность **5.** возможность; способность ◊ ~ **per module** ёмкость, отнесённая к одному модулю, ёмкость на модуль

backup ~ резервная ёмкость

памяти; ёмкость резервной памяти

bit ~ ёмкость в битах

card ~ ёмкость (перфо)карты

carrying ~ пропускная способность

channel ~ **1.** пропускная способность канала (связи) **2.** ёмкость канала (связи)

circuit ~ нагрузочная способность схемы; логическая нагрузочная характеристика схемы (*коэффициенты объединения по входу и разветвления по выходу*)

classification ~ классификационная мощность

counter ~ ёмкость счётчика; коэффициент пересчёта счётчика

current carrying ~ допустимая нагрузка (*схемы*) по току

digit ~ разрядность; ёмкость (выраженная) в разрядах

exceed ~ избыточная ёмкость (*напр. памяти*)

formatted ~ форматная ёмкость (*носителя с разметкой, напр. магнитного диска*)

inference ~ мощность логического вывода

memory ~ ёмкость памяти, ёмкость запоминающего устройства

modal ~ условная ёмкость (*ЗУ*)

network ~ пропускная способность сети

output ~ нагрузочная способность (*схемы*); коэффициент разветвления по выходу, нагрузочный множитель по выходу, выходной нагрузочный множитель

over ~ избыточная ёмкость (*напр. памяти*)

processing ~ производительность (параллельной) обработки (*измеряемая максимальным числом параллельно обрабатываемых полноразрядных слов*); обрабатывающая способность

register ~ ёмкость [разрядность] регистра

resolving ~ разрешающая способность

stacker ~ ёмкость укладчика (*перфокарт*)

storage ~ ёмкость запоминающего устройства

unformatted ~ неформатная ёмкость (*носителя без разметки, напр. магнитного диска*)

visual ~ возможности зрительной системы (*робота*)

word ~ ёмкость (*выраженная*) в словах

zero error ~ пропускная способность (*канала*) при отсутствии ошибок

capstan:

drive ~ ведущая ось; тон-ось

capsulation 1. герметизация **2.** формирование (*напр. пакета или кадра*)

glass ~ герметизация стеклом

plastic ~ герметизация пластмассой

caption заголовок

capture 1. сбор (*данных*) ‖ собирать (*данные*) **2.** захват (*канала связи*) ‖ захватывать (*канал связи*) **3.** фиксировать (*изображение*)

sample ~ осуществление выборки, выборка

card 1. карта; перфорационная карта, (перфо)карта **2.** плата

account ~ учётная (перфо-) карта; (перфо)карта-счёт (*в счётно-бухгалтерских работах*)

active ~ активная [интеллектуальная] карточка (*пластмассовая плата, содержащая микропроцессор и рассчитанная на активное взаимодействие с терминалом, напр. кассовым аппаратом*)

adapter ~ адаптерная плата

add-in ~ плата для расширения (*напр. возможностей системы*)

agenda call ~ (перфо)карта

с (одним) пунктом плана решения (задачи)

aperture ~ апертурная карта (*с окном для микроплёнки*)

aspect ~ аспект-карта, (перфо)карта запроса (*в информационно-поисковых системах*)

binary ~ двоичная (перфо)карта

binder-hole ~ объединительная [связывающая] (перфо)карта (*для объединения отдельных модулей в общую программу*)

blank ~ пустая (перфо)карта

border-punched ~ (перфо-) карта с краевой перфорацией

breadboard ~ макетная плата

breakpoint ~ отладочная (перфо)карта (*с информацией, напр. о контрольном останове отлаживаемой программы*)

bus ~ плата с электронной схемой (интерфейсной) шины

check ~ **1.** контрольная (перфо)карта **2.** чековая карточка, чек

chip ~ плата (предназначенная) для установки ИС

circuit ~ монтажная плата

clock ~ плата синхронизации

coated ~ (перфо)карта с упрочнением

column-binary ~ (перфо)карта с расположением двоичной информации по столбцам (*вдоль узкой стороны*)

columniated ~ карта с колонками, карта с разбивкой на колонки

comments ~ (перфо)карта комментариев

continuation ~ (перфо)карта-продолжение

continuous-form ~s лента (перфо)карт

control ~ управляющая (перфо)карта

daughter ~ ячейка; плата более низкого уровня, дочерняя плата

delimiter ~ карта-разделитель, разделяющая (перфо-) карта

detail ~ (перфо)карта уточнения

discrete component ~ плата с дискретными элементами

disk-label ~ (перфо)карта дисковых меток

double ~ двойная (перфо-) карта

double-entry ~ (перфо)карта с данными двух различных документов (*напр. счетов или ведомостей*)

dual-purpose ~ карта двойного назначения (*с перфорацией и печатью*)

dual-wide ~ плата двойной ширины, плата с двухсекционным краевым разъёмом

ducol-punched ~ (перфо)карта с пробивками двухзначных десятичных чисел в каждой колонке

edge-coated ~ (перфо)карта с упрочнённым краем *или* упрочнёнными краями

edge-coded ~ (перфо)карта с краевым кодированием; (перфо)карта с краевой перфорацией

edge-notched ~ (перфо)карта с краевыми вырезами

edge-perforated [edge-punched] ~ (перфо)карта с краевой перфорацией

eighty-column ~ 80-колонная (перфо)карта

extender ~ расширительная плата

father ~ объединительная плата, плата более высокого уровня

feature ~ суперпозиционная (перфо)карта (*в ИПС*)

flash ~ кодирующая карта (*в технике микрофильмирования*)

gate/flip-flop ~ плата с последовательностной логикой

guide ~ главная (перфо)карта; ведущая (перфо)карта; паспортная (перфо)карта

head ~ первая [ведущая, го-

ловная] (перфо)карта (*в колоде*)

header ~ (перфо)карта заголовка, заглавная (перфо)карта; паспортная (перфо)карта

heading ~ первая [ведущая, головная] (перфо)карта (*в колоде*)

Hollerith (punched) ~ (перфо)карта Холлерита, 80-колонная (перфо)карта

identification ~ идентификационная (перфо)карта

input data ~ (перфо)карта с входными данными

interface ~ интерфейсная плата, интерфейсная карта

job control ~ (перфо)карта управления заданием; управляющая перфо(карта) задания

job information ~ информационная (перфо)карта задания

laced ~ (перфо)карта с избыточными пробивками

leader ~ первая [ведущая, головная] (перфо)карта (*в колоде*)

load ~s карты загрузки, загрузочная колода

logic ~ плата с логическими схемами

magnetic ~ магнитная карта

magnetic stripe ~ карта с магнитной полоской, карта с магнитным кодом

magnetolecture ~ (перфо-) карта с магнитными метками

margin-notched ~ (перфо-) карта с краевыми вырезами

margin-punched ~ (перфо-) карта с краевой перфорацией

mark-sense [mark-sensing] ~ маркированная (перфо)карта, (перфо)карта со считываемыми метками

master ~ главная (перфо)карта; ведущая (перфо)карта; паспортная (перфо)карта

memory ~ плата памяти, плата запоминающего устройства

metal ~ металлическая карта

microchip ~ карта с микропроцессором (*напр. кредитная*)

microfilm ~ микрокарта, карта с микрофильмом

micrologic ~ плата с ИС

midget ~ миниатюрная (перфо)карта (*для машин System 3 фирмы IBM*)

moisture-proof paper ~ влагостойкая (перфо)карта

mother ~ объединительная плата, плата более высокого уровня

multilayer ~ многослойная (печатная) плата

multiple ~ комбинированная перфо(карта); (перфо)карта с многократной пробивкой

N-column ~ N-колонная (перфо)карта

ninety-column ~ 90-колонная (перфо)карта

notched ~ (перфо)карта с краевыми вырезами

parameter ~ (управляющая) (перфо)карта с параметрами (программы)

patch ~ корректирующая (перфо)карта

peak-a-boo ~ суперпозиционная (перфо)карта (*в ИПС*)

pencil-marked ~ карта с карандашными пометками

personality ~ идентификационная карта

pilot ~ управляющая (перфо)карта

plastic ~ пластмассовая карта

plug-in ~ сменная плата

port-a-punch ~ (перфо)карта с отмеченными (*для пробивки вручную*) позициями

Powers (punched) ~ (перфо-)карта Пауэрса, 90-колонная (перфо)карта

printed circuit ~ печатная плата

probe ~ зондовая плата

processable scored ~ отрывная карта для машинной обработки

process interrupt ~ карта прерывания процесса

program ~ программная (перфо)карта, (перфо)карта программы

punch ~ перфокарта

punched ~ перфокарта; перфорированная карта

punched tape ~ (перфо)карта с краевой перфорацией

ready-read ~ (перфо)карта с краевой печатью

round-hole [round-punched] ~ (перфо)карта с круглыми отверстиями

row-binary ~ (перфо)карта с расположением двоичной информации по строкам (*вдоль широкой стороны*)

scored ~ карта с насечкой (*по линиям сгиба или отрыва*)

short ~ укороченная (перфо-) карта

slot-hole [slotted] ~ щелевая (перфо)карта, (перфо)карта с прямоугольными отверстиями

smart ~ интеллектуальная карточка (*пластмассовая плата, содержащая микропроцессор и рассчитанная на активное взаимодействие с терминалом, напр. кассовым аппаратом*)

son ~ ячейка; плата более низкого уровня, дочерняя плата

sorting control ~ (перфо)карта управления сортировкой

source data ~ (перфо)карта исходных данных

spare ~ 1. запасная (перфо-) карта 2. запасная плата

standard ~ стандартная (перфо)карта

stub ~ карта с отрывным ярлыком

tabulating ~ табуляторная (перфо)карта

test ~ контрольная (перфо-) карта; (перфо)карта тестовой задачи; тестовая (перфо)карта

trailer ~ (перфо)карта-продолжение

transfer (of control) ~ карта передачи управления

transition ~ 1. (перфо)карта окончания загрузки (*программы или данных*) 2. карта передачи управления

verge-perforated [**verge-punched**] ~ (перфо)карта с краевой перфорацией

wallet-sized magnetic ~ магнитная карта, размером с бумажник (*носитель программных пакетов для персональных ЭВМ*)

wire-wrap (cable) ~ плата для монтажа накруткой

wiring ~ монтажная карта, карта монтажных соединений

cardinality мощность (*множества*), кардинальное число; количество элементов (*множества*)

~ **of relation** количество элементов отношения

carditioner реперфоратор карт

card-programmed с перфокарт(оч)ным программным управлением

caret знак вставки [ʌ] (*для указания точного местоположения символа*)

carriage каретка

accounting ~ каретка бухгалтерской машины

accumulator ~ накопительная каретка

movable ~ подвижная каретка

pen ~ перьевая каретка (*в графопостроителях*)

pin ~ каретка с установочными штифтами

shuttle ~ челночная каретка

tape-controlled ~ (автоматическая) каретка с управлением от перфоленты

wide ~ широкая каретка

carrier 1. носитель 2. несущая (частота) 3. кристаллодержатель

chip ~ кристаллодержатель

common ~ 1. общественная [общедоступная] линия связи 2. коммерческая (частная) сеть связи 3. зарегистрированная частная компания-владелец сети связи

data ~ носитель информации

ferroelectric ~ сегнетоэлектрический носитель (*информации*)

fine-pitch (chip) ~ кристаллодержатель с очень малым шагом между выводами

information ~ носитель информации

leaded ~ кристаллодержатель с выводами

magnetic ~ (ферро)магнитный носитель (*информации*)

open-via (chip) ~ кристаллодержатель со сквозными металлизированными отверстиями

packet switching ~ владелец сети с коммутацией пакетов

record ~ линия передачи документальной информации

unleaded ~ кристаллодержатель без выводов

value-added ~ (арендуемая) линия связи с дополнительными услугами

carry 1. перенос ‖ переносить 2. цифра переноса; сигнал переноса; импульс переноса ◊ ~ **forward** переход к следующей странице (*при обработке текстов*); **to** ~ **over** переносить

accumulative ~ накопленный перенос

auxiliary ~ служебный перенос (*при выполнении операций десятичной арифметики над полубайтами*)

binary ~ двоичный перенос

cascade(d) ~ каскадный [поразрядный] перенос

complete ~ полный перенос

cyclic ~ циклический [круговой] перенос (*из самого старшего разряда в самый младший*)

decimal ~ десятичный перенос

delayed ~ задержанный перенос

double ~ двойной перенос

end-around ~ циклический [круговой] перенос (*из самого старшего разряда в самый младший*)

high-speed ~ быстрый перенос; ускоренный перенос

input ~ входной сигнал переноса

look-ahead ~ ускоренный перенос

negative ~ отрицательный перенос

output ~ выходной сигнал переноса

partial ~ частичный перенос

previous ~ перенос из предыдущего разряда

ripple (through) ~ сквозной перенос

self-instructed ~ автоматический перенос

sequential ~ последовательный перенос

simultaneous ~ одновременный [параллельный] перенос

single ~ одиночный перенос

standing-on-nines ~ сквозной перенос через девятки (*в десятичной системе счисления*)

standing-on-ones ~ сквозной перенос через единицы (*в двоичной системе счисления*)

step-by-step ~ поразрядный [каскадный] перенос

stored ~ запоминаемый перенос

successive ~ последовательный перенос

true ~ истинный перенос

carry-over перенос (*см. тж.* **carry**)

carter прижим механизма протяжки (бумаги)

cartogram картограмма

cartography:

computer ~ машинная картография

cartridge кассета

data ~ кассета с данными

disk ~ кассета (магнитного) диска

magnetic [tape] ~ кассета магнитной ленты

cascade 1. каскад ‖ каскадный, последовательный 2. каскадное включение ‖ каскадировать

cascading каскадирование, соединение в каскады; каскадное включение

case 1. корпус 2. регистр (*клавиатуры*) 3. блок, каркас 4. случай 5. чемоданчик (*переносного устройства*)

degenerated ~ вырожденный случай

exception ~ исключительная ситуация

extreme ~ предельный случай; экстремальная ситуация

lower ~ нижний регистр

N-slot ~ N-гнездовой блок; N-гнездовой каркас

null ~ пустой пример (*разновидность тестовых данных*)

test ~ совокупность тестовых данных; контрольный пример

upper ~ верхний регистр

cassette кассета

digital ~ кассета с цифровой информацией

tape ~ магнитофонная кассета; кассета магнитной ленты

video ~ видеокассета

cast ядро (*АЛГОЛ 68*) ◊ **to** ~ **out** отбрасывать (*напр. члены ряда*)

type ~ приведение типа (*название операции в языке СИ*)

casting-out отбрасывание (*напр. членов ряда*) ◊ ~ **nines** вычисление вычета по модулю 9 (*для контроля*)

casualty катастрофический сбой

cat сенсорный манипулятор типа «кошка» (*чувствительная к прикосновениям площадка для управления курсором графического дисплея*)

catalog каталог ‖ каталогизировать, заносить в каталог

cached ~ буферный каталог (*помещённый в кэш*)

data set ~ каталог набора данных

software ~ каталог программного обеспечения

split ~ разделённый каталог

(состоящий из нескольких разнородных указателей)
system ~ системный каталог
union ~ объединённый [слитый] каталог
cataloging:
  machine-readable ~ каталогизация с использованием машиночитаемых документов
catalogue *см.* **catalog**
catastrophe катастрофа, катастрофический исход
  commit ~ катастрофический конец *(транзакции при отказах механизмов координации операций в сети)*
catatonia *sl* состояние безжизненности системы
catcher:
  address ~ адресная ловушка *(для фиксации состояния процессора при обращении по данному адресу)*
categorial категориальный
categorization категоризация *(напр. языков)*; классификация *(напр. программных ошибок)*
category категория; класс
  grammatical ~ грамматическая категория
  role-defining ~ категория, определяющая роль *(объекта в отношении)*
  schema ~ категория схемы *(базы данных)*
  validation ~ категория достоверности
catena 1. (связная) цепочка; ряд **2.** катена *(неделимая последовательность кодов)*
catenate 1. связывать, соединять *(в цепочку или ряд)* **2.** каскадировать
catenation 1. связь, соединение; сочленение **2.** каскадное включение **3.** конкатенация, сцепление
ceiling ◊ ~ N наименьшее целое число больше N
cell 1. ячейка; элемент **2.** (фото-) элемент **3.** секция *(единый участок памяти, в котором хранится часть файла)* **4.**

клетка *(крупноформатной электронной таблицы)*
array ~ ячейка матрицы; элемент матрицы
barium-titanate ceramic ~ (запоминающая) ячейка на керамике из титаната бария
barrier-layer ~ фотоэлемент с запирающим слоем
bimorph memory ~ биморфная запоминающая ячейка
binary ~ двоичная ячейка; двоичный элемент
bipolar ~ биполярная ячейка
bit storage ~ двоичная запоминающая ячейка; двоичный запоминающий элемент
charge-coupled ~ элемент с зарядовой связью
charge-storage ~ ячейка с запоминанием [хранением] заряда
continuous film ~ (запоминающий) элемент на сплошной плёнке
counting ~ счётная ячейка
data ~ (минимальный *или* простейший) элемент данных
dedicated trap ~s (выделенные) ячейки (для) сохранения данных при прерывании
disturbed ~ ячейка с разрушенной информацией
feedthrough ~ проходная ячейка
ferroelectric ~ сегнетоэлектрический элемент
general ~ базовый элемент; базовая ячейка *(в технике трассировки)*
healthy ~ работоспособный элемент
hysteretic memory ~ гистерезисная запоминающая ячейка
Kerr ~ ячейка Керра
key ~ ключевая ячейка
layout-sensitive ~ элемент, чувствительный к изменению топологии *(БИС)*
leaf ~ **1.** ячейка сложной геометрической формы; створчатая ячейка *(СБИС)* **2.** базовая ячейка *(служащая для по-*

строения более сложных схем)

library ~ стандартная ячейка; стандартный элемент (*в библиотеке модулей*)

low-level ~ элементарная ячейка

master ~ базовая ячейка (*ИС*)

master-slice ~ базовая [стандартная] пластина (*без соединений микроэлементов*)

memory ~ ячейка памяти [запоминающего устройства]; запоминающая ячейка; запоминающий элемент

MOS storage ~ запоминающая ячейка на МОП-структурах

multiword (storage) ~ ячейка (памяти) ёмкостью в несколько слов

off-diagonal ~ ячейка вне главной диагонали (вентильной) матрицы

one-device [one-T] ~ однотранзисторная ячейка (*в ЗУ на МОП-схемах*)

optics Kerr ~ оптическая ячейка Керра

parametrized ~ параметризованная ячейка

partially selected ~ частично выбранная ячейка

peripheral ~ периферийный элемент (*ИС*)

photoconducting ~ фотоэлемент с внутренним фотоэффектом; фоторезистор

photoconductive ~ фоторезистор

photoelectric ~ фотоэлемент

photoemissive ~ фотоэлемент с внешним фотоэффектом; эмиссионный фотоэлемент

photovoltaic ~ фотогальванический элемент; *редк.* фотоэлемент с запирающим слоем

photox ~ меднозакисный вентильный фотоэлемент

reference ~ опорный элемент (*напр. в ПЗУ*)

resolution ~ клетка растра (*минимально различимый элемент изображения в СТЗ*)

selected ~ выбранная ячейка (*памяти ЗУ*)

single-ended ~ запоминающая ячейка с несимметричным выходом

static magnetic ~ магнитная ячейка; магнитный элемент

storage ~ ячейка запоминающего устройства; запоминающая ячейка; запоминающий элемент

super ~ суперэлемент; суперячейка (*с большим количеством элементов*)

unit ~ единичная [одиночная] ячейка (*элемент топологической схемы ИС*)

working ~ рабочая ячейка

cellar запоминающее устройство магазинного типа

center центр ‖ центрировать (*напр. знак, символ*)

campus-based computer ~ университетский вычислительный центр

card ~ машиносчётная станция

computation [computer, computing] ~ вычислительный центр

control ~ центр управления

copy ~ (ксеро)копировальное бюро

database processing ~ центр, предоставляющий доступ к базам данных

data processing ~ центр обработки данных

data switching ~ коммутационный центр, центр коммутации сообщений; коммутационная станция

design ~ номинальная [расчётная] величина

documentation ~ информационный центр; центр информационного обслуживания

input/output control ~ узел управления вводом-выводом

message switching ~ центр коммутации сообщений; коммутатор сообщений

preparation ~ центр подготовки (*данных*); центр предварительной обработки (*данных*)

processing ~ центр обработки (*данных*)

relay ~ коммутационный центр, центр коммутации сообщений; коммутационная станция

sectional ~ местная станция; кустовой центр

service ~ центр обслуживания; вычислительный центр

store-and-forward switching ~ 1. коммутационный центр с (промежуточным) буфером 2. коммутатор с буфером

switching ~ 1. коммутационный центр, центр коммутации сообщений; коммутационная станция 2. коммутатор, распределительное устройство

transaction ~ концентратор транзакций (*инициирующий соответствующие процессы на основе запросов пользователей*)

turn-tape switching ~ коммутационный центр с переводом информации на ленту

centering центрирование (*напр. знака в распознающем устройстве*)

centerline:

stroke ~ средняя линия (между границами) штриха (*при распознавании знаков*)

centre *см.* center

ceramics:

ferroelectric ~ сегнетоэлектрическая керамика

optical ~ оптическая керамика

certification 1. подтверждение права доступа (*в распределённых базах данных*) 2. аттестация

program ~ подтверждение правильности программы; аттестация программы

certifier 1. контрольное устройство 2. распорядитель-координатор (*узел распределённой базы данных, регулирующих право доступа*)

tape ~ устройство (для) обнаружения дефектов (магнитных) лент

chadless без образования конфетти (*о специальном виде перфорации*)

chads конфетти (*кусочки материала перфоленты или перфокарты, выбиваемые при перфорации отверстий*)

chain 1. цепь; цепочка 2. последовательность

binary ~ 1. цепочка двоичных элементов 2. двоичная последовательность

bit ~ последовательность двоичных знаков, цепочка бит

call ~ 1. цепочка вызовов 2. вызывающая последовательность

code ~ кодовая последовательность

daisy ~ гирляндная цепь (*определяющая, напр. приоритет устройства*)

deductive ~ дедуктивная цепочка

descriptor ~ дескрипторная цепочка

hash ~ цепочка хэширования (*соединяющая элементы хэш-таблицы с одним и тем же хэш-кодом*)

letter ~ последовательность букв

logic ~ 1. логическая цепь 2. цепочка логических схем

Markov ~ цепь Маркова, марковская цепь

owner-member ~ цепочка подчинения (*в базах данных*)

print ~ печатающая [литерная] цепь

reasoning ~ цепочка рассуждения (*в СИИ*)

shift ~ сдвигающая цепочка; сдвиговый регистр

skip ~ цепь переходов (*в дисплее*)

skip-searched ~ цепь [цепочка] (*напр. записей*), просматриваемая с пропусками

chaining связывание; формирование цепочки (*напр. опера-*

ций); сцепление (*программ*)

backward ~ обратное построение цепочки (*напр. рассуждений от целевой гипотезы к исходным посылкам*); обратный (логический) вывод (*в экспертных системах*)

data ~ формирование цепочки данных, сцепление данных (*напр. при выполнении канальной программы*)

forward ~ прямое построение цепочки (*напр. рассуждений от исходных посылок к целевой гипотезе*); прямой (логический) вывод (*в экспертных системах*)

chamber:
　deposition ~ камера для осаждения (*плёнок*)
　evaporation ~ камера для напыления (*плёнок в вакууме*)
　laser welding ~ камера для лазерной сварки

championship:
　computer chess ~ чемпионат шахматных программ

change изменение, перемена; смена; замена ‖ изменять; заменять ◇ **to** ~ **over** переключать
　address ~ изменение [модификация] адреса; переадресация
　comparing control ~ 1. смена управления по ключу 2. смена операции по ключу
　control ~ 1. смена режима управления 2. смена операции
　engineering ~ техническое изменение, техническое исправление, техническая доработка
　key ~ 1. изменение по ключу 2. изменение ключа
　major control ~ большая смена операции
　mid-course ~ промежуточная доработка, промежуточное изменение
　minor control ~ малая смена операции
　nice ~**es** вкусовые изменения; ненужные изменения

not-well-thought-out ~ плохо продуманное изменение
　postproduction ~ доработка на стадии серийного изготовления
　public ~ общедоступное изменение (*распространяемое на все копии данных*)
　step ~ ступенчатое изменение (*какой-л. величины*)

changeover переключение

changer преобразователь
　phase ~ фазовращатель
　sign ~ знакоинвертор

channel 1. канал 2. канал связи, информационный канал 3. дорожка
　adjacent ~ соседний канал
　audio ~ звуковой канал; речевой канал
　back(ward) ~ обратный канал
　band-limited ~ канал с ограниченной полосой
　block-multiplexed ~ блок-мультиплексный канал, мультиплексный канал с поблочной передачей данных
　buffered ~ канал с буферной памятью, буферизованный канал
　bypass ~ параллельный канал; обходной канал
　byte-at-a-time ~ канал с побайтовым обменом
　byte-multiplexed ~ байтмультиплексный канал, мультиплексный канал с побайтовой передачей данных
　check ~ контрольная дорожка (*на перфоленте*)
　clock ~ канал синхронизации
　coherent ~ когерентный канал
　communication ~ канал связи, информационный канал
　covert ~ плохо защищённый канал (*не предназначенный для передачи данных, но используемый для этой цели*)
　data ~ канал связи, информационный канал; канал (передачи) данных
　data link [data transfer, data

transmission] ~ канал передачи данных
dedicated ~ специализированный канал; выделенный канал
direct-memory-access ~ канал прямого доступа к памяти
duplex ~ дуплексный канал
fast-acting ~ быстродействующий канал
forward ~ канал прямой связи, прямой канал
four-wire ~ четырёхпроводной канал
frequency ~ частотный канал
Gauss(ian) ~ гауссов(ский) канал
half-duplex ~ полудуплексный канал
idle ~ незанятый канал
information (bearer) ~ канал связи, информационный канал; канал (передачи) информации
input ~ входной канал, канал ввода
input/output ~ канал ввода-вывода
interconnection ~ соединительный канал, соединительная связь (*в вентильной матрице*)
interface ~ канал сопряжения, канал интерфейса
interrupt ~ 1. канал с прерыванием, прерываемый канал 2. канал прерывания
leased ~ арендуемый [арендованный] канал
logical ~ логический канал
lossless ~ канал без потерь
lower-bit-rate ~ низкоскоростной канал, канал с малой скоростью передачи битов
memoryless ~ канал без запоминания (данных), канал без памяти
multiaccess broadcast ~ широковещательный канал с коллективным доступом
multiplex(er) ~ мультиплексный канал
noiseless ~ канал без помех
noisy ~ канал с помехами

n-(type) ~ *nn* канал *n*-типа, *n*-канал
one-way only ~ однонаправленный канал
optical communication ~ оптический канал связи, оптический информационный канал
output ~ выходной канал, канал вывода
paper tape ~ (информационная) дорожка на бумажной (перфо)ленте
peripheral interface ~ канал связи (процессора) с периферийными устройствами
pilot ~ испытательный канал
primary ~ основной канал
programmed ~ программируемый канал, канал с программным управлением
p-(type) ~ *nn* канал *p*-типа, *p*-канал
read/write ~ канал записи — считывания
recording ~ канал записи
reverse ~ обратный канал
secondary ~ дополнительный канал
selector ~ селекторный канал
semaphor ~ канал с семафором
simplex ~ симплексный канал
single-ended ~ несимметричный канал
sprocket ~ синхродорожка (*на перфоленте*), дорожка ведущей перфорации
storage ~ канал с запоминанием (данных), канал с памятью
symmetric ~ симметричный канал
tape ~ 1. канал ленты 2. дорожка ленты
temporary storage ~ канал с кратковременным запоминанием (данных), канал с кратковременной памятью
time-derived ~ (мультиплексный) канал с временны́м разделением
timing ~ канал синхронизации

transmission ~ канал передачи

two-wire ~ двухпроводной канал

unidirectional ~ однонаправленный канал

video ~ канал изображения, видеоканал

voice [voice-band, voice-grade] ~ речевой канал; телефонный канал

channelization, channelizing 1. разделение (*полосы частот*) на (отдельные) каналы **2.** формирование каналов (*в сетях с коммутацией пакетов*)

channel-limited ограниченный возможностями канала

chapter раздел, секция, сегмент (*программы*)

char *см.* **character**

character 1. знак; символ; цифра; буква **2.** литера **3.** признак

accuracy control ~ знак управления точностью (*напр. вычислений*)

acknowledge ~ знак подтверждения приёма; *проф.* квитанция

addressing ~ адресующий знак

admissible ~ допустимый [разрешённый] знак; допустимый [разрешённый] символ

affirmative ~ знак подтверждения приёма; *проф.* квитанция

alphabetic ~ **1.** буквенный [алфавитный] знак **2.** знак алфавита

alpha(nu)meric ~ буквенно-цифровой знак

backspace ~ знак возврата на одну позицию *или* один формат

bell ~ символ звонковой сигнализации (*для привлечения внимания оператора*)

binary-coded ~ двоично-кодированный знак

blank ~ знак *или* символ пробела

block cancel ~ знак *или* символ игнорирования блока

block check ~ знак *или* символ контроля блока

block ignore ~ знак *или* символ игнорирования блока

cancel ~ **1.** знак игнорирования **2.** знак аннулирования

carriage control ~ знак *или* символ управления кареткой

carriage return ~ знак *или* символ возврата каретки

change ~ знак *или* символ смены (*напр. регистра печатающего устройства*)

character-deletion ~ знак отмены символа

check ~ контрольный знак

code ~ кодовый знак, знак кода

coded ~ закодированный знак; закодированный символ

code directing ~ знак маршрута кодированного сообщения

code extension ~ знак расширения кода

command ~ управляющий символ

communication control ~ знак управления передачей

compressed ~ сжатый знак

concatenation ~ знак сцепления *или* соединения

control ~ управляющий символ

delete ~ знак *или* символ исключения

digital ~ цифровой знак

display ~ дисплейный символ (*графический или буквенно-цифровой*)

displayable ~ воспроизводимый знак, воспроизводимый символ (*в отличие от невидимого*)

don't care ~ безразличный символ

double-high ~ знак *или* символ удвоенной высоты

disturbed ~ знак с искажением, дефектный знак (*при передаче изображения*)

edge ~ граничный знак (*напр. конца строки*)

editing ~ (специальный) знак *или* символ редактирования

eight-bit ~ восьмиразрядный (двоичный) знак, восьмибитовый знак

end-of-medium ~ признак конца носителя

end-of-message ~ признак конца сообщения

end-of-text ~ признак конца текста

end-of-transmission ~ признак конца передачи

end-of-word ~ признак конца слова

enquiry ~ знак запроса

erase ~ знак *или* символ исключения

error ~ 1. ошибочный знак 2. знак (наличия) ошибки

escape ~ знак перехода (*напр. с одного регистра на другой*); знак переключения кода

extension ~ знак расширения кода

face-change ~ знак *или* символ смены типа шрифта

facsimile ~ факсимильный знак

field separation ~ знак разделения полей

fill(ing) ~ заполняющий символ

font-change ~ знак *или* символ смены типа шрифта

forbidden ~ запрещённый [неразрешённый] знак; запрещённый [неразрешённый] символ

format-control ~ знак *или* символ управления форматом

form-feed ~ знак подачи бланка, знак смещения бланка

functional ~ функциональный символ

gap ~ знак *или* символ пробела

graphic ~ графический знак; графический символ

hand-printed ~ 1. машинопис-

ный знак; машинописный символ 2. знак, написанный печатным шрифтом (*от руки*)

hand-written ~ рукописный знак; рукописный символ

heading ~ признак начала заголовка

horizontal tabulation ~ знак перемещения на следующую позицию вдоль строки, знак горизонтальной табуляции

identification ~ знак идентификации; идентифицирующий символ

idle ~ *проф.* холостой знак

ignore ~ 1. знак игнорирования 2. знак аннулирования

illegal [improper] ~ запрещённый [неразрешённый] знак; запрещённый [неразрешённый] символ

inadmissible ~ недопустимый знак; недопустимый символ

instruction ~ символ команды

layout ~ 1. знак *или* символ управления положением каретки и бумаги (*в печатающем устройстве*) 2. (управляющий) символ размещения (*напр. данных для печати*); знак спецификации формата

least significant ~ знак (самого) младшего разряда (числа)

leftmost ~ самый левый знак

line delete ~ знак *или* символ вычёркивания строки

line end ~ признак конца строки

line feed ~ знак *или* символ смещения (*напр. бумаги*) на одну строку; символ перевода строки

locking shift ~ знак *или* символ смены регистра с блокировкой

lower case ~ знак *или* символ нижнего регистра

machine readable ~ машиночитаемый знак; машиночитаемый символ

magnetic(-ink) ~ магнитный

CHARACTER — CHARACTER

CHARACTER

знак, знак, нанесённый магнитными чернилами
message-beginning ~ признак начала сообщения
message-ending ~ признак конца сообщения
monospaced ~ (распознаваемый) символ с единственной «пустой» областью (*напр. буква O*)
most significant ~ знак (самого) старшего разряда (числа)
N-bit ~ N-разрядный знак, N-битовый знак
negative acknowledge ~ знак отрицательного квитирования
new-line ~ признак новой строки
nonlocking shift ~ знак *или* символ смены регистра без блокировки
nonnumeric ~ нецифровой знак
nonprintable ~ непечатаемый знак (*отсутствующий в наборе литер печатающего устройства*)
N-segment ~ N-сегментный знак
null ~ знак *или* символ пробела
numeric ~ цифровой знак
operational ~ операционный символ
pad ~ заполняющий символ
paper throw ~ знак *или* символ прогона бумаги (*без печати, сразу на несколько строк*)
polling ~ знак опроса
printable ~ печатаемый знак (*имеющийся в наборе литер печатающего устройства*)
print control ~ знак *или* символ управления печатью
printed ~ печатный знак
protection ~ знак защиты
record separator ~ знак разделения [разделитель] записей
redundant ~ избыточный знак
relation ~ знак отношения (*напр.* <)

repetition ~ знак *или* символ повторения
replacement ~ знак *или* символ замены, знак *или* символ исправления
return ~ знак *или* символ возврата
rightmost ~ самый правый знак
rub-out ~ знак *или* символ исключения
separating ~ разделительный (графический) знак, знак разделения, разделитель
shift ~ знак *или* символ смены регистра
shift-in ~ 1. знак *или* символ возврата к прежней последовательности 2. знак *или* символ перехода на нижний регистр
shift-out ~ 1. знак *или* символ перехода к новой последовательности 2. знак *или* символ перехода на верхний регистр
silent ~ непроизносимый знак (*в тексте*)
space ~ знак *или* символ пробела
special ~ специальный знак; специальный символ
start-of-heading ~ признак начала заголовка
start-of-text ~ признак текста
stroked ~ штриховой знак
substitute ~ знак *или* символ замены
symbolic ~ символический знак
sync(hronous) ~ холостой знак синхронизации
tabulation ~ знак табуляции
tape-skip restore ~ знак *или* символ конца участка (магнитной) ленты, прогоняемого без считывания *или* записи
terminating ~ оконечный знак
throw-away ~ отбрасываемый знак
transmission control ~ символ управления передачей
unprintable ~ непечатаемый

знак (*отсутствующий в наборе литер печатающего устройства*)

upper case ~ знак *или* символ верхнего регистра

vertical tabulation ~ знак перемещения на новую строку, знак вертикальной табуляции

warning ~ предупреждающий знак; предупреждающий символ

who-are-you ~ символ «кто там», символ запроса автоответчика

wild card ~ безразличный символ, *проф.* джокер

character-coded в символьной записи

characteristic 1. характеристика ‖ характеристический **2.** порядок (нормализованного) числа

brightness-voltage ~ характеристика яркость — напряжение (*люминофора*)

current-voltage ~ вольтамперная характеристика

decibel-log frequency ~ логарифмическая частотная характеристика, выраженная в децибелах

dropping ~ падающая характеристика

forward ~ прямая характеристика

frequency ~ частотная характеристика

gain-frequency ~ амплитудно-частотная характеристика

gain-phase ~ амплитудно-фазовая характеристика

hysteresis ~ **1.** гистерезисная характеристика; гистерезисная кривая **2.** петля гистерезиса

load ~ нагрузочная характеристика

negative (resistance) ~ (вольтамперная) характеристика с отрицательным сопротивлением

noise ~ шумовая характеристика

operating ~ **1.** рабочая характеристика **2.** эксплуатационная характеристика

operational ~s рабочие параметры

performance ~ рабочая характеристика

phase ~ фазовая характеристика

primary core ~ первичная характеристика (магнитного) сердечника

recovery ~ характеристика переходного процесса; кривая восстановления

reverse ~ обратная характеристика

rising ~ возрастающая характеристика

saturation ~ характеристика насыщения

secondary core ~ вторичная характеристика (магнитного) сердечника

square-law ~ квадратичная характеристика (*изменяющаяся по квадратичному закону*)

static ~ статическая характеристика

steady-state ~ характеристика установившегося режима

steep-sided ~ характеристика с крутым фронтом; характеристика с крутым срезом

transfer ~ **1.** переходная характеристика **2.** характеристика передачи

unloaded ~ характеристика холостого хода, характеристика без нагрузки

voltage-current ~ вольтамперная характеристика

characterization снятие характеристик; составление спецификации; определение параметров

engineering ~ определение технических характеристик; составление спецификации

character-oriented с познаковым обращением; посимвольный

charactron характрон (*ЭЛТ для записи цифр и букв на экране*)

charge 1. заряд ‖ заряжать **2.** *pl* расходы **3.** загружать (*стековую память*)

machine ~s расходы на обслуживание (вычислительной) машины

maintenance ~s эксплуатационные расходы; расходы по (текущему) обслуживанию

picture ~ потенциальный рельеф

shift ~s расходы на (одну) смену (*работы системы или устройства*)

stored ~ **1.** накопленный заряд **2.** потенциальный рельеф

chart 1. диаграмма; график; таблица; схема; чертёж; номограмма **2.** карта

aggregate ~ составная (статистическая) таблица

alignment ~ номограмма

axonometric ~ стереограмма

band ~ ленточный график

bar ~ столбиковая диаграмма; гистограмма

bubble ~ схема (*процесса*), изображаемая кружками и стрелками

communication ~ таблица соединений; схема соединений

control ~ контрольная карта

control-flow ~ структурная схема управляющей логики

dot ~ точечная диаграмма

flow ~ блок-схема (*см. тж* **flowchart**)

Gantt ~ график Ганта

grid ~ сетчатая номограмма; координатная сетка

hierarchy ~ иерархическая схема

layout ~ **1.** схема расположения **2.** топологическая схема **3.** монтажная схема

load ~ диаграмма распределения нагрузки (*между ресурсами*)

logic ~ логическая (блок-) схема

multiple bar ~ многоаспектная столбиковая диаграмма

pie ~ круговая диаграмма; секторная диаграмма

plugboard [plugging] ~ схема коммутации

printer spacing ~ схема формата печати

procedure ~ (блок-)схема процедуры

process ~ **1.** диаграмма потоков данных **2.** (блок-)схема процесса

progression ~ диаграмма прохождения программы

recorder ~ **1.** запись на ленте самописца **2.** лента самописца

run ~ схема прогона (*программы*)

spacing ~ схема размещения (*напр. текста документа*); схема формата

structure ~ структурная схема

time [timing] ~ временна́я диаграмма

tree ~ дерево, древовидная схема

trouble ~ таблица неисправностей

Veitch ~ *лог.* диаграмма Вейча

chassis:

extension ~ расширительный блок

N-card ~ блок для N (печатных) плат

N-slot ~ N-гнездовой блок

slide-in ~ съёмный блок; вставной блок

check проверка, контроль (*см. тж* **test**); сличение ‖ проверять, контролировать; сличать ◇ ~ **by resubstitution** проверка (повторной) подстановкой; **to** ~ **on accuracy** проверять точность; проверять на точность; **to** ~ **the figures** проверять расчёты

accounting ~ бухгалтерский контроль

arithmetic(al) ~ арифметический контроль

automatic ~ **1.** автоматическая проверка, автоматический контроль **2.** аппаратный контроль

bias ~ **1.** контроль разладки;

контроль смещения (*значений параметров*) **2.** проверка [контроль] при граничных [предельных] условиях, граничная проверка; граничные испытания

block ~ проверка по блокам; контроль блоков

bounds ~ граничная проверка (*отсутствия нарушения границ*)

brush-compare ~ контроль (*работы перфоратора*) с использованием контактных щёток

built-in ~ встроенный контроль

bus-out ~ контроль выходной шины

card ~ контроль считывания с (перфо)карт

casting-out-nines ~ контроль по модулю 9

compile-time ~ статическая проверка, проверка (*программы*) в процессе компиляции

composition ~ проверка полноты (*сообщения*)

consistency ~ проверка на непротиворечивость

continuity ~ контроль непрерывности (*пути информации в сети*)

control totals ~ проверка с помощью контрольных сумм

copy ~ **1.** контроль дублированием **2.** проверка копии

cross ~ перекрёстная проверка, перекрёстный контроль

current ~ текущая проверка, текущий контроль

cycle ~ проверка цикла

cyclic ~ циклическая проверка, циклический контроль

cyclic redundancy ~ контроль при помощи циклического избыточного кода

data-type ~ контроль типов данных

desk ~ проверка (*программы*) за столом (*без запуска на машине*)

diagnostic ~ диагностическая

проверка, диагностический контроль

differencing ~ контроль по разностям

digit ~ поразрядная проверка

divide ~ контроль (на допустимость) деления

dump ~ контроль с использованием дампа; контроль по распечатке

duplicate-process ~ проверка дублированием (процесса)

duplication ~ двойной просчёт, двойная проверка, проверка дублированием; контроль «в две руки» (*методом повторного или двукратного вычисления*)

echo ~ эхопроверка, эхоконтроль

error ~ контроль ошибок, проверка на наличие ошибок

even-odd [even-parity] ~ контроль по чётности

exceed capacity ~ контроль переполнения (*напр. сумматора*)

false-code ~ контроль на наличие запрещённых комбинаций

flag ~ флаговый контроль, контроль по флаговым разрядам

forbidden-combination [forbidden-digit] ~ контроль на наличие запрещённых комбинаций

functional ~ функциональная проверка, функциональный контроль

hardware ~ аппаратный контроль

high-low bias ~ проверка [контроль] при граничных [предельных] условиях, граничная проверка; граничные испытания

hole count ~ контроль методом подсчёта отверстий (*напр. перфокарт*)

horizontal ~ горизонтальный контроль, контроль по словам

illegal-command ~ контроль

на наличие запрещённых команд

imparity ~ проверка на нечётность

improper-command ~ контроль на наличие запрещённых команд

inadmissible character ~ контроль на недопустимые знаки, контроль на отсутствие недопустимых знаков

in-line ~ оперативный контроль, контроль в процессе обработки данных

line-by-line ~ построчная проверка

logical ~ логическая проверка, логический контроль

longitudinal ~ продольный контроль, контроль вдоль дорожек (*напр. магнитной ленты*)

loop ~ контроль методом обратной передачи (*принимаемых данных в пункт передачи*)

machine ~ машинный контроль; автоматический контроль

marginal ~ проверка [контроль] при граничных [предельных] условиях, граничная проверка; граничные испытания

mod N ~ контроль по модулю N

module-parity ~ контроль по чётности блока данных

modulo N ~ контроль по модулю N

naught ~ проверка на нуль

negative ~ проверка на отрицательное значение

nondestructive ~ неразрушающий контроль

nonexistence code ~ контроль на наличие запрещённых комбинаций

odd-even ~ контроль по чётности

odd-parity ~ проверка на нечётность

overflow ~ контроль переполнения

page ~ групповой страничный контроль (*блока данных*)

parity ~ контроль по чётности

peek-a-boo ~ проверка на просвет, сличение на просвет (*напр. перфокарт*)

photocell light ~ оптический контроль

postmortem ~ постконтроль

privacy ~ проверка конфиденциальности, проверка степени секретности (*данных*)

program ~ **1.** проверка программы **2.** программный контроль (*в отличие от аппаратного*), программная проверка

programmed [programming] ~ программный контроль (*в отличие от аппаратного*), программная проверка

punch(ing) ~ контроль перфорации

range ~ контроль попадания в интервал

read-after-write ~ контроль считыванием после записи

read-back ~ эхопроверка, эхоконтроль

reasonability [reasonableness] ~ проверка на допустимость

redundancy (error) ~ контроль с помощью избыточных кодов; контроль с введением избыточности

redundant(-data) ~ контроль с помощью избыточных кодов; контроль с помощью избыточной информации

residue ~ контроль по остатку

reversal ~ реверсивная проверка

rights ~ проверка полномочий, *проф.* проверка прав (*напр. при обращении к памяти*)

routine ~ программный контроль (*в отличие от аппаратного*), программная проверка

running ~ текущий контроль

run-time ~ динамическая проверка (*программы*), проверка (*программы*) в процессе выполнения

selection ~ выборочная проверка, выборочный контроль

sequence ~ **1.** контроль порядка следования (*напр. блоков данных*) **2.** проверка упорядоченности

sight ~ проверка на просвет, сличение на просвет (*напр. перфокарт*); визуальный контроль

sign ~ контроль по знаку (числа)

spacing ~ контроль разделяющих промежутков (*напр. между элементами на кристалле*)

static ~ статический контроль

sum ~ проверка [контроль] по сумме; проверка [контроль] суммированием

summation ~ проверка [контроль] суммированием

system ~ системная проверка (*напр. связанных модулей*)

testability ~ проверка на контролепригодность

total ~ проверка [контроль] по сумме; проверка [контроль] суммированием

transfer ~ контроль (правильности) передачи

transverse ~ поперечный контроль, контроль поперёк дорожек (*напр. магнитной ленты*)

twin ~ двойной просчёт, двойная проверка, проверка дублированием; контроль «в две руки» (*методом повторного или двукратного вычисления*)

type ~ контроль соответствия типов (*напр. данных*)

unallowable code ~ контроль на наличие запрещённых комбинаций

validity ~ проверка достоверности, проверка на достоверность; контроль правильности

vertical ~ поперечный контроль, контроль по разрядам (*группы слов*)

wired-in ~ аппаратный контроль

checkability контролепригодность, проверяемость

checker 1. проверочное устройство, проверочный блок; средство *или* устройство контроля **2.** программа контроля, контролирующая программа

assertion ~ блок проверки утверждений, ревизор утверждений (*программная или аппаратная система*)

codeword ~ блок контроля кодовых слов

compatibility ~ программа контроля совместимости

consistency ~ **1.** программа проверки на непротиворечивость **2.** средство контроля согласованности (*напр. данных*)

design-rule ~ программа контроля проектных норм; программа нормоконтроля

duplication ~ устройство контроля дублированием

parity (prediction) ~ устройство контроля по чётности

spelling ~ блок орфографического контроля

style ~ программа оценки стиля (*программирования*)

syntactic [syntax] ~ **1.** блок синтаксического контроля **2.** программа синтаксического контроля

checkerboarding поклеточная разбивка; разбиение (*изображения*) на клетки (*при графическом вводе данных*)

checking проверка, контроль (*см. тж* **check**); сличение ◊ ~ **for redundancy** проверка на наличие избыточности

watchdog ~ контроль с помощью сторожевого устройства

checklist 1. контрольная таблица **2.** таблица контрольных проверок

check-out наладка, отладка; проверка

equipment ~ наладка [отладка] аппаратуры

functional ~ функциональная проверка

program ~ 1. (отладочная) проверка программы 2. выверка текста программы

checkpoint контрольная точка

checkpointing 1. (профилактическое) копирование (*памяти*) в контрольных точках 2. введение контрольных точек (*напр. в программу*)

checksum контрольная сумма

bad ~ неверная контрольная сумма

polynomial ~ полиномиальная контрольная сумма

checksumming контрольное суммирование, вычисление контрольной суммы

chess:

computer ~ 1. машинные шахматы 2. шахматные программы

child 1. потомок 2. дочерний [порождённый] элемент; дочерняя запись ‖ дочерний, порождённый

children дочерние записи

chime звуковая сигнализация

chip 1. кристалл 2. микрокадр (*на микрофише*) 3. *pl* конфетти (*кусочки материала перфоленты или перфокарты, выбиваемые при перфорации отверстий*) 4. элементарный сигнал, элементарная посылка 5. микросхема

bare ~ бескорпусный кристалл

bit-slice ~ разрядно-модульный кристалл

bond-out ~ кристалл с дополнительными контактными площадками

bubble ~ ЦМД-кристалл

clone ~ клонированный [полностью идентичный] кристалл

code ~ элемент кода, кодовый импульс

custom(-designed) ~ 1. заказной кристалл 2. заказная микросхема

flip ~ 1. перевёрнутый кристалл (*связываемый с металли-*

зированными межсоединениями подложки за одну операцию) 2. ИС с шариковыми выводами

gate-array ~ кристалл с вентильной матрицей

glue ~ связующий кристалл (*на плате*)

half-working ~ полуработоспособный кристалл (*неработоспособный кристалл ПЗУ ёмкостью, напр. 32К, который можно путём реконфигурации превратить в годный кристалл ПЗУ на 16К*)

I/O ~ кристалл ввода-вывода (*в микроЭВМ*)

large scale integration [LSI] ~ кристалл БИС

master ~ базовый кристалл

megabit ~ мегабитный кристалл (*с памятью ёмкостью один или более мегабит*)

memory ~ кристалл памяти

metal-oxide-semiconductor ~ кристалл со структурой металл — оксид — полупроводник, кристалл с МОП-структурой, кристалл с МОП-схемой, МОП-кристалл

microprocessor ~ кристалл микропроцессора, микропроцессорный кристалл

monolithic ~ монолитный кристалл

MOS ~ *см.* **metal-oxide-semiconductor chip**

multiproject ~ кристалл, проектируемый несколькими разработчиками

N-bit ~ N-разрядный кристалл

N-gate-equivalent ~ кристалл сложностью в N-эквивалентных вентилей

off-the-shelf ~ стандартная микросхема

partially good ~ частично годный кристалл (*используемый не по основному назначению после реконфигурации*)

peripheral ~ периферийный

кристалл (*со схемой управления периферийными устройствами*)

pipeline ~ кристалл конвейерного процессора

quarter-working ~ кристалл, работоспособный на одну четверть (*неработоспособный кристалл ПЗУ ёмкостью, напр. 32К, который можно путём реконфигурации превратить в годный кристалл ПЗУ на 8К*)

random logic ~ кристалл с произвольной логикой

restructurable ~ реструктурируемый кристалл, кристалл с изменяемой структурой

self-repairing ~ самовосстанавливающийся кристалл

self-testing ~ самотестирующийся кристалл

silicon ~ кремниевый кристалл

support ~ микросхема поддержки, микросхема обслуживания (*основных микросхем*)

systolic ~ кристалл систолической матрицы

tamper-proof ~ кристалл с защитой от копирования

unpackaged ~ бескорпусный кристалл

wafer-scale ~ кристалл размером с пластину (*не требующую скрайбирования*)

wordwide ~ полноразрядный кристалл

chip-erasable с полным стиранием информации (*во всём кристалле*)

chipping (раз)деление (*полупроводниковой пластины*) на кристаллы

flip ~ обращённая сборка, сборка с перевёрнутыми кристаллами

chipspeech «речевой» кристалл (*закодированный фрагмент звучащей речи, хранящийся в кристалле*)

choice выбор; вариант (*в языке Ада*)

logical ~ логический выбор

chomp *sl* брать кусок не по зубам (*напр. слишком большую программу, с разработкой которой не справиться*)

chopper прерыватель

chore:
　input/output ~s рутинные операции ввода-вывода

chunk *sl* порция, кусок, *проф.* кусок программы

　~ **of data** порция данных

chunking *sl* 1. *проф.* разделение (программы) на куски (*с целью выделения модулей*) 2. формирование фрагментов (*знаний в СИИ*); образование блоков (*информации*)

cipher 1. код; шифр ‖ кодировать; шифровать 2. нуль (*число*) 3. символ; цифра

　product ~ продукционный шифр (*в котором одновременно используются и замещения, и перестановки*)

　substitution ~ подстановочный шифр

　transposition ~ перестановочный шифр

cipherer кодирующее устройство, шифратор

ciphertext зашифрованный текст

circuit 1. схема; цепь; контур (*см. тж* **gate**, **network**) 2. *т. граф.* простая цепь, контур

　absolute-value ~ схема определения [вычисления] абсолютной величины

　active ~ активная схема; активная цепь

　acyclic ~ схема без обратных связей

　add(ing) ~ 1. схема сложения 2. суммирующая схема; суммирующая цепь

　addressing ~ схема выборки адреса

　advancing ~ продвигающая схема

　alarm ~ цепь аварийной сигнализации

　amplifying ~ усилительная схема

analog(ous) ~ 1. аналоговая схема 2. эквивалентная схема; моделирующая схема

AND-to-OR ~ схема И — ИЛИ

antialiasing ~ схема компенсации спектральных наложений

anticoincidence ~ схема антисовпадения; схема несовпадения

antihunt(ing) ~ противоколебательная схема, схема стабилизации

aperiodic ~ апериодическая схема; апериодический контур

arithmetic(al) ~ арифметическая схема

astable ~ 1. неустойчивая схема 2. автоколебательная цепь (*с двумя квазиустойчивыми состояниями*)

averaging ~ усредняющая схема

balanced ~ согласованная схема (*нагруженная на сопротивление, равное выходному*)

basis ~ основная схема

beam-lead integrated ~ ИС с балочными [лучевыми] выводами

bipolar ~ биполярная схема, схема на биполярных транзисторах

bistable ~ схема с двумя устойчивыми состояниями

blanking ~ схема гашения

bleeder ~ цепь делителя напряжения

bridge ~ мостовая [мостиковая] схема

buffer ~ буферная схема; схема разделения, разделительная схема; буферная цепь; цепь разделения, разделительная цепь

carry ~ схема переноса; цепь переноса

character selection ~ схема выборки знака

check(ing) ~ контрольная [проверочная] схема; цепь контроля, цепь проверки

clamping ~ фиксирующая схема, фиксатор

clocked ~ тактируемая схема; синхронизируемая схема

closed ~ замкнутая цепь; замкнутый контур

code disjoint ~ схема, развязанная по кодам (*комбинационная схема, в которой при исправном её состоянии неверное кодовое слово на входе даёт неверное кодовое слово на выходе*)

coincidence ~ схема совпадения

combinational [combinatorial] ~ комбинационная схема

communication ~ цепь [цепочка] связи

comparator [compare, comparison] ~ схема сравнения, компаратор

complementary ~ комплементарная схема, схема на комплементарных [дополняющих] транзисторах *или* структурах

complementary integrated ~ ИС на комплементарных [дополняющих] структурах

complementary transistor logic ~ логическая схема на комплементарных [дополняющих] транзисторах

complex function ~ сложная функциональная схема (*напр. многоразрядный сумматор или сдвиговый регистр*)

computer ~ схема вычислительной машины

computer test ~ схема контроля вычислительной машины

computing ~ 1. вычислительная схема 2. счётная схема

control ~ 1. схема управления 2. цепь управления; цепь регулирования

core-diode ~ феррит-диодная схема

core-transistor ~ феррит-транзисторная схема

correcting ~ корректирующая схема; корректирующая цепь; корректирующий контур

correction ~ 1. корректирую-

щая схема; схема коррекции
2. схема исправления ошибок
counter ~ **1.** счётная схема **2.**
схема счётчика

counting ~ счётная схема; пересчётная схема

coupling ~ цепь [цепочка]
связи

current-limit ~ схема ограничения тока

current-operated ~ токовая
схема (*управляемая током*)

current-summation ~ схема
с суммированием токов; схема суммирования токов

custom (product) integrated ~
заказная ИС (*разрабатываемая и изготавливаемая в
соответствии с техническими
требованиями заказчика*)

custom-wired integrated ~ ИС
с заказной разводкой

cutoff ~ запертая схема

cycle ~ схема «пробуксовки»

cyclic ~ схема с обратными
связями; колебательная схема

dead-on-arrival integrated ~
ИС, отбракованная на входном контроле

decode [decoding] ~ декодирующая схема; дешифрирую-
щая схема; схема декодирования; схема дешифрирования,
дешифратор

deenergizing ~ цепь снятия
возбуждения; цепь отключения

deflection ~ схема отклонения (*луча*)

delay ~ схема задержки; цепь
задержки

densely packed ~ плотноупа-
кованная схема

differentiating ~ дифферен-
цирующая схема; дифферен-
цирующая цепь

digital computing ~ цифровая
вычислительная схема

diode ~ **1.** диодная схема **2.**
(эквивалентная) схема диода

diode-coupled ~ схема с диод-
ной связью

diode-transistor logic ~ диод-

но-транзисторная логическая
схема, ДТЛ-схема

direct-coupled ~ схема с непосредственными связями

direct-coupled transistor logic
~ транзисторная логическая
схема с непосредственными
связями

direct-current ~ потенциальная схема, схема с гальвани-
ческой связью

discrete component ~ схема на
дискретных компонентах

discrete wired ~ схема с навес-
ным монтажом

display ~ схема индикации

divide-by-two ~ схема деления на два

dividing ~ схема деления

double-sided printed ~ двусторонняя печатная плата (*с двусторонним печатным монта-
жом*)

doubling ~ схема удвоения,
схема умножения на два

drive ~ возбуждающая схема;
возбуждающий контур; фор-
мирователь; задающая схе-
ма

dry ~ *проф.* «сухая» схема
(*с очень малыми протекающи-
ми токами*)

dual ~ спаренная схема; ду-
альная схема

duplex ~ дуплексная схема;
дуплексная цепь

Eccles-Jordan ~ триггер, триггерная схема

edge-activated ~ схема, запускаемая фронтами сигналов

emitter-coupled ~ схема с
эмиттерными связями

emitter-coupled logic ~ логическая схема с эмиттерными
связями

emitter-emitter-coupled logic ~
логическая схема с двойными
эмиттерными связями

equality ~ схема равенства

equivalent ~ эквивалентная
схема; эквивалентная цепь

etched ~ печатная схема, изготовленная методом травле-
ния

Euler ~ *т. граф.* эйлеров контур

except ~ схема запрета (*по некоторым входам*)

fanout-free ~ схема без разветвления по выходу

fast-switching ~ быстродействующая переключающая [переключательная] схема

fault detection ~ схема обнаружения неисправностей

fault-free ~ исправная схема

fault-secure ~ отказобезопасная схема

faulty ~ неисправная схема

feedback ~ схема обратной связи; цепь обратной связи

ferrite-diode ~ феррит-диодная схема

ferrite-transistor ~ феррит-транзисторная схема

ferroresonant computing ~ феррорезонансная счётная схема

film integrated ~ плёночная ИС

flag-testing ~ схема проверки состояния флага [флажка]

flat-pack integrated ~ ИС в плоском корпусе

flexible (printed) ~ гибкая (печатная) плата

flip-chip integrated ~ ИС, смонтированная методом перевёрнутых кристаллов

flip-flop ~ триггер, триггерная схема

frame-grounding ~ цепь заземления стойки *или* корпуса

frequency-halving ~ схема деления частоты на два

function ~ функциональная схема

gate ~ **1.** вентильная схема; схема совпадения **2.** стробирующая цепь

Goto-pair ~ схема со спаренными туннельными диодами, твин, схема Гото

half-duplex ~ полудуплексная схема

halving ~ схема деления на два

Hamilton ~ *т. граф.* гамильтонов контур

hand-designed ~ схема, спроектированная вручную

hardwired ~ жёстко смонтированная [постоянно замонтированная] схема

high-speed ~ быстродействующая схема

high-threshold logic ~ логическая схема с высоким пороговым напряжением

holding ~ схема блокировки; цепь блокировки

hybrid ~ гибридная схема

idler ~ вспомогательный [холостой] контур

imbedded ~ внутренняя схема (*не имеющая выходов на разъём платы*)

IMOS ~ *см.* ion-implanted MOS circuit

impulse ~ импульсная схема

inhibit ~ схема запрета

input ~ входная схема; входная цепь; входной контур

integrated ~ интегральная схема, ИС

integrating ~ интегрирующая схема; интегрирующая цепь

integro-differential ~ стабилизирующая схема (*в операционных усилителях*)

interchange ~ цепь обмена

interface [interfacing] ~ схема сопряжения, схема интерфейса

interlock ~ схема блокировки; цепь блокировки

invert ~ инвертирующая схема, инвертор

ion-implanted MOS ~ МОП-схема, изготовленная методом ионной имплантации

irredundant ~ безызбыточная схема

Josephson integrated ~ ИС с переходами Джозефсона, *проф.* джозефсоновская ИС

junction transistor ~ схема на плоскостных транзисторах

ladder ~ цепная [многозвенная] схема; схема лестничного типа

lag-lead ~ стабилизирующая схема

laminar ~ ламинарная схема
large-scale integrated [large-scale integration] ~ большая интегральная схема, БИС
latch ~ схема-защёлка
lead-lag ~ стабилизирующая схема (*в операционных усилителях*)
leased ~ арендуемый канал
level ~ потенциальная схема
linear ~ линейная схема
linear integrated ~ линейная ИС
linearity ~ линеаризующая схема
liquid logic ~ жидкостная логическая схема
load ~ схема нагрузки; цепь нагрузки
locked pair ~ схема на спаренных элементах
locking ~ запирающая схема
logic ~ логическая схема
logical ~ 1. логическая схема 2. виртуальная цепь, виртуальный канал (*в сетях с пакетной коммутацией*)
low-threshold integrated ~ ИС с низким пороговым напряжением
LSI ~ *см.* **large-scale integrated circuit**
lumped ~ схема с сосредоточенными параметрами; контур с сосредоточенными параметрами
magnetic ~ 1. схема на магнитных элементах 2. магнитная цепь
magnetic-core ~ схема на магнитных сердечниках
majority ~ мажоритарная схема
match ~ схема совпадения
material equivalence ~ схема одноимённости
matrix ~ матричная схема
maximum-remembering ~ схема запоминания максимума
measuring ~ измерительная схема; измерительный контур
medium-scale integration ~ средняя ИС, СИС, ИС со средним уровнем интеграции

memory ~ запоминающая схема; запоминающая ячейка
memory-decoder ~ схема дешифратора запоминающего устройства
message ~ цепь передачи сообщения
metal-oxide-semiconductor ~ схема со структурой металл — оксид — полупроводник, МОП-схема
microamp ~ микроамперная схема, схема с микроамперными токами
microelectronic integrated ~ микроэлектронная ИС, интегральная микросхема
microminiature ~ микроминиатюрная схема
microwave ~ высокочастотная схема; СВЧ-схема
milliwatt ~ милливаттная схема
mil spec integrated ~ ИС с военной приёмкой
miniature ~ миниатюрная схема
minimum-remembering ~ схема запоминания минимума
mixed-level ~ схема с элементами разного уровня интеграции
mixing ~ смесительная схема
modularized ~ модельная схема
molecular integrated ~ молекулярная ИС
monitoring ~ контролирующая схема; контрольная цепь
monolithic integrated ~ монолитная ИС
monostable ~ схема с одним устойчивым состоянием
MOS ~ *см.* **metal-oxide-semiconductor circuit**
MOS integrated ~ интегральная МОП-схема, МОП-ИС
MOS LSI ~ БИС на МОП-структурах, МОП-БИС
MSI ~ *см.* **medium-scale integration circuit**
multichip integrated ~ многокристальная ИС

multifunction integrated ~ многофункциональная ИС

multilayer ~ многослойная схема

multilevel ~ многоуровневая схема

multiple output ~ схема с несколькими выходами

multiplying ~ схема умножения

multipoint ~ **1.** многополюсная схема, многополюсник **2.** аппаратура мультиплексного канала

multistable ~ схема со многими устойчивыми состояниями

multistage ~ многоступенчатая схема; многокаскадная схема

nanosecond ~ наносекундная схема, схема, работающая в наносекундном диапазоне

n-channel ~ *n*-канальная (МОП)-схема, (МОП)-структура [схема] с каналом *n*-типа

network ~ **1.** разветвлённая цепь; сложный контур **2.** сетевая схема

noise-balancing ~ схема подавления помех *или* шумов; противошумовая схема

noncoincidence ~ схема несовпадения

noncutoff ~ незапертая схема

non-self-checking ~ схема без самоконтроля

one-core-per-bit ~ (запоминающая) схема с одним сердечником на бит

one-generator equivalent ~ эквивалентная схема с одним генератором

one-out-of-four selecting ~ схема выборки «один из четырёх»

one-shot ~ одноходовая схема (*одноразового срабатывания*)

open ~ разомкнутая цепь; разомкнутый контур

optical commutation ~ оптическая переключающая [переключательная] схема, оптический переключатель

optically coupled ~ схема с оптической связью

optical memory ~ оптическая запоминающая схема

optoelectronic ~ оптоэлектронная схема

output ~ выходная схема; выходная цепь; выходной контур

pack(ag)ed ~ схема в корпусном исполнении, схема, заключённая в корпус

p-channel ~ *p*-канальная (МОП-) схема, (МОП-) структура [схема] с каналом *p*-типа

phantom ~ фантомная схема (*для создания дополнительных каналов передачи информации*)

phase-comparison ~ схема сравнения фаз, фазовый компаратор

phase-inverting ~ фазоинвертирующая схема; фазоинвертирующая цепочка; фазоинвертирующая цепь

picosecond ~ пикосекундная схема, схема, работающая в пикосекундном диапазоне

pilot ~ контрольная цепь

plastic-embedded ~ схема, запрессованная в пластмассу

point-to-point ~ двухточечный тракт (*в сети*)

power ~ силовая цепь

power-fail ~ схема защиты от исчезновения питания

power monitoring ~ схема управления источником питания

printed ~ печатная схема; печатный монтаж

priority ~ схема приоритетов

propagation ~ схема продвижения (*в устройствах на ЦМД*)

protection ~ схема защиты

pulse ~ импульсная схема

pulse-actuated ~ схема с импульсным возбуждением

pulse-broadening ~ схема расширения импульсов

pulse-regenerating ~ импульсно-регенеративная схема

pulse-shaping ~ схема формирования импульсов

pulse-stretching ~ схема расширения импульсов

pulse-switching ~ схема переключения импульсов; импульсная переключающая [переключательная] схема

pumped tunnel-diode transistor logic ~ логическая схема на транзисторе и туннельном диоде с накачкой

pumping ~ схема накачки; цепь накачки

quenching ~ схема гашения

race-free ~ схема без гонок (фронтов), схема, свободная от состязаний

radio-frequency ~ высокочастотная схема; СВЧ-схема

random-logic ~ схема с произвольной логической структурой

reading ~ схема считывания; цепь считывания

received-data ~ схема приёма данных

receiving ~ приёмная схема

reconfigurable integrated ~ ИС с изменяемой структурой

redundant ~ избыточная схема; дублирующая схема; дублирующая цепь

reference ~ контрольная схема; эталонная схема

refreshing ~ схема восстановления (*информации*)

relaxation ~ релаксационная схема

reset ~ схема возврата (*в исходное состояние*); цепь возврата (*в исходное состояние*)

retriggerable ~ схема с повторным запуском

rewriting ~ схема перезаписи

ring ~ кольцевая схема

rounding ~ схема округления; цепь округления

sample-hold ~ квантователь, схема квантования с запоминанием

saturated ~ насыщенная схема (*работающая с использованием режима насыщения*)

scale-of-N ~ схема с коэффициентом пересчёта N; схема деления на N

scale-of-two ~ схема деления на два

scaling ~ пересчётная схема

schematic ~ принципиальная схема

Schmitt (trigger) ~ триггер Шмитта

screen printed ~ схема, изготовленная методом трафаретной печати

select(ion) ~ схема выборки

self-checking [self-testing] ~ схема с самоконтролем

semiconductor ~ полупроводниковая схема, схема на полупроводниковых приборах

send-request ~ схема запроса на передачу

sequential ~ 1. последовательностная схема 2. схема последовательного действия

shift(ing) ~ схема сдвига; цепь сдвига

short ~ 1. короткое замыкание 2. цепь короткого замыкания

shunt-peaking ~ схема (простой) параллельной коррекции

sign-controlled ~ схема, управляемая знаком (числа)

silicon integrated ~ кремниевая ИС

silicon-on-sapphire integrated ~ кремниевая ИС на сапфировой подложке, кремний-сапфировая ИС

simplex ~ симплексная схема

single-chip ~ однокристальная ИС

single-ended ~ несимметричная схема, схема с несимметричным выходом

single-level ~ одноступенчатая схема

single-phase ~ однофазная схема

single-shot ~ одноходовая схема (*одноразового срабатывания*)

small-scale integration ~ малая ИС, МИС, ИС с малым уровнем интеграции

solid(-state) ~ полупроводниковая схема; твердотельная схема; монолитная ИС

SOS integrated ~ *см.* silicon-on-sapphire integrated circuit

squaring ~ схема формирования [формирователь] прямоугольных импульсов

SSI ~ *см.* small-scale integration circuit

stabilizing ~ стабилизирующая схема; стабилизирующий контур

stamped ~ плата со штампованной схемой соединений

start-stop ~ стартстопная схема

steering ~ управляющая схема

storage ~ запоминающая схема; запоминающая ячейка

storage-selection ~ схема выборки ячейки запоминающего устройства; схема выбора запоминающего устройства

strongly fault-secure ~ схема с высокой отказобезопасностью

subtraction ~ схема вычитания

summing ~ суммирующая схема; суммирующая цепь

sweep ~ схема развёртки

switching ~ переключающая [переключательная] схема

symbolic ~ 1. мнемосхема 2. функциональная схема

synchronizing ~ схема синхронизации

synthesis ~ синтезатор

thick-film ~ схема на толстых плёнках, толстоплёночная схема

thin-film ~ схема на тонких плёнках, тонкоплёночная схема

threshold ~ пороговая схема

time-anticoincidence ~ схема антисовпадения; схема несовпадения по времени

time-base ~ схема развёртки

time-coincidence ~ схема совпадения по времени

time-delay ~ схема задержки; цепь задержки

toll ~ 1. магистральная линия 2. междугородный канал

totally self-checking ~ схема с полным самоконтролем

transistor ~ транзисторная схема, схема на транзисторах

transistor-core ~ феррит-транзисторная схема

transistor-resistor ~ транзисторно-резисторная схема, схема на транзисторах и резисторах

transistor-transistor-logic ~ транзисторно - транзисторная логическая схема, ТТЛ-схема

translation ~ 1. *лингв.* схема перевода 2. схема преобразования (*из одного кода в другой*)

transmitted-data ~ схема передачи данных

transmitting ~ передающая схема

tree ~ дерево, древовидная схема

trigger (-action) ~ 1. триггер, триггерная схема 2. спусковая схема

trunk ~ 1. магистральная линия 2. междугородный канал

tunnel diode ~ схема на туннельных диодах

twin(-tunnel-diode) ~ схема со спаренными (туннельными) диодами, твин

two-cores-per-bit ~ (запоминающая) схема с двумя сердечниками на бит

two-input ~ схема с двумя входами

two-level ~ 1. двухуровневая схема 2. двухступенчатая схема

two-way ~ двухканальная схема

ultra-large-scale integration ~ ультрабольшая интегральная схема, УБИС (*содержащая миллионы логических элементов*)

unidirectional ~ однонаправленная схема

unpack(ag)ed ~ бескорпусная схема

very-high-speed integrated ~ сверхбыстродействующая [сверхскоростная] интегральная схема, ССИС

very-large-scale integration ~ сверхбольшая интегральная схема, СБИС

virtual ~ виртуальная цепь, виртуальный канал (*в сетях с пакетной коммутацией*)

VLSI ~ *см.* **very-large-scale integration circuit**

voice-grade ~ схема передачи в речевом диапазоне частот

voltage-control ~ схема, управляемая напряжением, потенциальная схема

voltage-doubling ~ схема удвоения напряжения

voltage-multiplying ~ схема умножения напряжения

voltage-summation ~ схема суммирования напряжения

voter ~ схема голосования

wave-shaping ~ схема формирования сигнала

whole-wafer ~ интегральная схема с интеграцией на уровне пластины

wired AND ~ схема монтажное И

wired OR ~ схема монтажное ИЛИ

writing ~ схема записи; цепь записи

zero ~ схема (фиксации) перехода через нуль

circuital находящийся в схеме, цепи *или* контуре; относящийся к схеме, цепи *или* контуру

circuitry 1. схемы; цепи **2.** компоновка схем; схематика

access ~ схемы выборки; схемы доступа

bit-line-selection ~ схемы дешифрации разрядных линий

character-generating ~ знакогенерирующие схемы

computer ~ схемы (элементов *или* узлов) вычислительной машины

equalization ~ схемы выравнивания напряжений (*в ЗУ*)

logical ~ логические схемы, логика

soft-start ~ схемы плавного включения (*преобразователя напряжения*)

test ~ испытательные схемы

voter control ~ цепь управления схемой голосования (*в системах с мажоритарной логикой*)

circulate повторяться (*о цифре в периодической дроби*)

circumvention обход (*процедура преодоления затруднений на время подготовки исправления программы*)

clamp фиксирующая схема, фиксатор ‖ фиксировать

capacitor-coupled ~ фиксатор с ёмкостной связью

direct-coupled ~ фиксатор с непосредственной связью

lower ~ фиксатор нижнего уровня

upper ~ фиксатор верхнего уровня

clamper фиксирующая схема, фиксатор

clamping ограничение, фиксирование

clamp-on задержка вызова (*занятой линии*)

clarification распознавание; снятие омонимии

clash конфликт

name ~ конфликт по именам, конфликт на уровне имён

class:

consistent ~ *лог.* непротиворечивый класс

data group ~ класс [категория] группы данных; класс [категория] группы информационных объектов

data structure ~ класс структур данных

distributional ~ *лог.* дистрибутивный класс

empty ~ *лог.* пустой класс

equivalence ~es *лог.* классы эквивалентности

form ~ *лингв.* формальный класс

hash ~ класс хэширования

(*определяющий вид функции хэширования*)

job ~ класс задания

linearly separable ~ линейно разделительный класс

memory ~ класс памяти (*ПЛ/1*)

output ~ класс выходных данных, выходной класс

priviledge ~ класс привилегий

syntactic ~ синтаксический класс, синтаксическая единица

classification классификация; сортировка

Brussels ~ Универсальная десятичная классификация, УДК

concept ~ смысловая сортировка

two-way ~ классификация по двум признакам

Universal Decimal ~ Универсальная десятичная классификация, УДК

classifier классификатор

minimum-distance ~ классификатор, построенный по критерию минимального расстояния

classify классифицировать; сортировать

clause 1. предложение **2.** оператор

balanced ~ сбалансированное предложение

case ~ выбирающее предложение

choice ~ дуальное предложение (*АЛГОЛ 68*)

closed ~ замкнутое предложение

conditional ~ условное предложение

conformity case ~ выбирающее предложение с согласованием (*АЛГОЛ 68*)

data ~ предложение описания данных

editing ~ оператор редактирования

generic ~ оператор (описания) настройки (*в языке Ада*)

Horn ~ хорновская формула, формула Хорна, хорновское выражение, хорновское предложение

if ~ **1.** условное предложение **2.** условный оператор

join ~ оператор соединения

justified ~ оператор выравнивания

left justified ~ оператор выравнивания по левым символам *или* знакам

parallel ~ параллельное предложение (*АЛГОЛ 68*)

picture ~ оператор задания шаблона

right justified ~ оператор выравнивания по правым символам *или* знакам

selective ~ оператор отбора (*в языке Ада*)

serial ~ последовательное предложение

cleaning очистка; сброс

cleanup:

interactive ~ доводка (*оттрассированной схемы соединений*) в интерактивном режиме

clear 1. очищать; гасить; устанавливать в исходное состояние **2.** пустой, свободный; сброшенный ◊ **to** ~ **down** разъединять (*цепь связи*)

clearance очистка; гашение; установка в исходное состояние

security ~ проверка (на отсутствие нарушения) секретности

clearing 1. очистка; гашение; установка в исходное состояние **2.** разъединение (*в сетях коммутации пакетов*)

clearness чёткость (*изображения*)

clerk:

code ~ кодировщик, шифровальщик

clinch клинч, тупиковая ситуация (*при которой два процесса ожидают предоставления взаимно заблокированных ресурсов*)

clip 1. зажим **2.** (логический) зажим, клипса **3.** ограничивать, срезать (*импульс*) **4.** усечение (*графического изображения*) **5.** отсекать (*графическое изображение*)

alligator ~ зажим типа «крокодил», *проф.* крокодил

guided ~ управляемый (логический) зажим, управляемая клипса

IC test ~ (логический) зажим [клипса] для проверки ИС

logic ~ логический зажим, клипса

clipboard ячейка (*стеллажа*) для информационного обмена (*в системе электронной почты*)

clipping 1. ограничение, срезание (*импульсов*) 2. усечение (*графического изображения*)

reverse ~ экранирование, внутреннее отсечение (*части изображения, расположенной внутри некоторой области*)

clique *т. граф.* клика

clock 1. часы 2. генератор тактовых *или* синхронизирующих импульсов; задающий генератор; синхронизатор 3. схема синхронизации 4. синхронизация; тактирование 5. тактовые импульсы; синхронизирующие импульсы 6. синхронизировать; подавать тактовые импульсы 7. включать в работу (*напр. какой-л. блок устройства*)

bit ~ 1. синхронизация битов 2. синхронизирующие импульсы разрядов, разрядные синхронизирующие импульсы (*в ЗУ на магнитных дисках*)

bridge ~ перекрывающий синхронизирующий сигнал, синхронизирующий сигнал перекрывающего типа

computer ~ 1. генератор (главных) тактовых *или* синхронизирующих импульсов вычислительной машины 2. синхронизация вычислительной машины; тактирование вычислительной машины 3. (главные) тактовые *или* синхронизирующие импульсы вычислительной машины

control ~ 1. задающий генератор устройства управления; синхронизатор устройства управления 2. схема синхронизации устройства управления 3. синхронизация управления; тактирование операций управления 4. тактовые *или* синхронизирующие импульсы устройства управления

crystal (-controlled) ~ кварцевый генератор тактовых *или* синхронизирующих импульсов

day ~ генератор импульсов истинного времени; датчик истинного времени; часы истинного времени

digital ~ цифровой датчик времени

elapsed time ~ часы использованного времени

external ~ 1. внешний генератор тактовых *или* синхронизирующих импульсов 2. внешняя синхронизация

free-running ~ 1. независимый генератор тактовых *или* синхронизирующих импульсов 2. часы со свободным ходом (*без управления, напр. от ЭВМ*)

internal ~ 1. внутренний генератор тактовых *или* синхронизирующих импульсов 2. внутренняя синхронизация

master ~ 1. генератор главных тактовых *или* синхронизирующих импульсов; задающий генератор 2. главная схема синхронизации 3. главные тактовые *или* синхронизирующие импульсы

multiphase ~ 1. генератор многофазных тактовых *или* синхронизирующих импульсов 2. многофазная синхронизация; многофазное тактирование 3. многофазные тактовые *или* синхронизирующие импульсы

N-phase ~ 1. генератор N-фазных тактовых *или* синхронизирующих импульсов 2. N-фазная синхронизация; N-фазное тактирование 3. N-фазные тактовые *или* синхронизирующие импульсы

on-chip ~ внутрикристальный

генератор тактовых *или* синхронизирующих импульсов

operating-time ~ часы для определения общего времени работы (*на ЭВМ*)

phase-locked ~ часы с фазовой синхронизацией

precharge ~ синхронизирующие импульсы предзаряда (*в устройствах на ПЗС*)

primary ~ первичный вход синхронизации

program addressable ~ часы с возможностью обращения из программы

pulse ~ импульсный синхронизирующий сигнал

random ~ (псевдо)случайные синхронизирующие импульсы

real-time ~ генератор импульсов истинного времени; датчик истинного времени; часы истинного времени

simulation ~ часы модельного времени (*в системе моделирования*)

single-phase ~ **1.** генератор однофазных тактовых *или* синхронизирующих импульсов **2.** однофазная синхронизация; однофазное тактирование **3.** однофазные тактовые *или* синхронизирующие импульсы

time-of-day ~ генератор импульсов истинного времени; датчик истинного времени; часы истинного времени

timer ~ датчик времени, таймер

two-phase ~ **1.** генератор двухфазных тактовых *или* синхронизирующих импульсов **2.** двухфазная синхронизация; двухфазное тактирование **3.** двухфазные тактовые *или* синхронизирующие импульсы

word ~ **1.** синхронизация слов **2.** синхронизирующие импульсы слов (*напр. в ЗУ на магнитных дисках*)

clock-calendar часы-календарь (*в вычислительной системе*)

clocking синхронизация; тактирование

edge-triggered ~ синхронизация по фронтам сигналов

external ~ внешняя синхронизация

internal ~ внутренняя синхронизация

nonuniform ~ неравномерная синхронизация

clone обеспечивать абсолютную совместимость, *проф.* клонировать

close 1. закрывать, запирать **2.** *sl* закрывающая (круглая) скобка (*название символа*)

closedown прекращение работы; останов

disorderly ~ неправильный останов (*с нарушением установленной процедуры*)

orderly ~ правильный останов (*обеспечивающий возможность продолжения работы без потери информации*)

closure *матем.* замыкание

cluster 1. кластер **2.** группа абонентов (*в сети*) **3.** пакет, пачка; блок

~ **of error** пакет [пачка] ошибок

computer ~ кластер [группа] вычислительных машин

data ~ кластер данных

record ~ кластер записей

tape ~ блок лентопротяжных устройств

clustering кластеризация, выделение кластеров; объединение в кластеры

~ **of database** кластеризация базы данных

fault ~ кластеризация неисправностей

coarse-grain на уровне крупных структурных единиц, крупномодульный

coaxial 1. коаксиальная линия ‖ коаксиальный **2.** соосный

cocomputer сокомпьютер; *редк.* сопроцессор

code 1. код ‖ кодировать **2.** система кодирования **3.** (машинная) программа ‖ программировать **4.** код, (машинное) слово (*напр. команда*)

absolute ~ абсолютный код, программа в абсолютных адресах

abstract ~ псевдокод, символический код

access ~ **1.** код вызова (*устройства*) **2.** код доступа

actual ~ абсолютный код, программа в абсолютных адресах

address ~ код адреса

alphabetic(al) ~ **1.** буквенный код **2.** код алфавита (*языка*)

alpha(nu)meric ~ буквенно-цифровой код

amplitude ~ амплитудный код

ASA ~ код ASA, код Американской ассоциации по стандартам

attribute-control ~ код управления признаком (*в устройствах видеографии*)

augmented operation ~ удлиняемый код операции (*в зависимости от содержимого некоторых разрядов кода команды*)

automatic ~ автокод

balanced ~ сбалансированный код (*в линии передачи*)

bar ~ штриховой код (*для кодирования символов*)

baseline ~ основное тело программы

basic ~ абсолютный код, программа в абсолютных адресах

basic order ~ код основной команды

Baudot ~ код Бодо

binary ~ двоичный код

binary(-coded) decimal ~ двоично-десятичный код

biquinary ~ двоично-пятеричный код

block ~ **1.** блочный код **2.** код блока

block structured ~ блочный код

Bose-Chaudhuri ~ код Боуза — Чоудхури

brevity ~ сокращённый код

bug-arresting ~ программа со стопорами ошибок

burst error correcting ~ код с исправлением пакетов ошибок

cable ~ телеграфный код

call directing [call direction] ~ код направления вызова, код переключения (телеграфного) канала *или* устройства (*для дальнейшей передачи сообщения*)

card ~ код (перфо)карты; перфокарт(оч)ный код

chain ~ цепной код

character ~ код знака; код символа

check ~ контрольный код

checkable ~ **1.** код с контролем ошибок; код с обнаружением ошибок **2.** контролепригодный код

Chinese binary ~ поколонный (перфокарт(оч)ный) двоичный код

color ~ цветовой код

column binary ~ поколонный (перфокарт(оч)ный) двоичный код

comma-free ~ код без запятой

command ~ код команды

compiler-produced ~ откомпилированная [скомпилированная] программа на выходе компилятора

completion ~ код завершения (*напр. шага задания*)

computer ~ **1.** машинный код **2.** система [набор, состав] команд

condition(al) ~ код условия

constant ratio ~ код с постоянным (со)отношением единиц и нулей

continuous progressive ~ (корректирующий) код с единичным расстоянием

control ~ управляющий код

conversion ~ код преобразования

convolution ~ свёрточный код

correcting ~ корректирующий(ся) код, код с исправлением (ошибок)

CP ~ (корректирующий) код с единичным расстоянием

cyclic ~ циклический [рефлексный] код

cyclic binary ~ двоичный циклический [рефлексный] код, код Грея

cyclic permuted ~ циклический [рефлексный] перестановочный код; циклически перемещаемый [циклически переставляемый] код

data ~ кодовый набор

data conversion ~ код преобразования данных

data link ~ код передачи данных (*в канале связи*)

decimal ~ десятичный код

dense binary ~ двоичный код с использованием всех кодовых комбинаций, плотный двоичный код

destination ~ код назначения, код абонента

device ~ код (адреса) устройства, адрес устройства

digital ~ цифровой код

direct ~ абсолютный код, программа в абсолютных адресах

directing character ~ код знака (места) назначения (*передаваемой информации*)

dot-and-dash ~ код точка — тире; код Морзе, азбука Морзе

double-error correcting ~ код с исправлением двойных ошибок

eight channel ~ код восьмидорожечной (перфо)ленты

entry ~ входной код (*воспринимаемый на входе ЭВМ*)

error ~ 1. код с ошибкой **2.** код ошибки

error-catching ~ 1. код с обнаружением ошибок **2.** программа, выявляющая ошибки

error-checking ~ код с контролем ошибок; код с обнаружением ошибок

error-control ~ код с обнаружением ошибок

error-correcting ~ код с исправлением ошибок

error-detecting [error-detection] ~ код с обнаружением ошибок

error-limited ~ код с ограниченным количеством ошибок

escape ~ код смены алфавита (*в терминальном оборудовании*)

excess-three ~ код с избытком три (*десятичная цифра N представляется двоичным эквивалентом N + 3*)

executable ~ рабочая программа

exponent ~ код порядка

extended mnemonic ~ расширенный мнемокод

external readable ~ программа, допускающая обращение извне

factorable ~ факторизуемый код (*получаемый в результате многоэтапного кодирования*)

false ~ запрещённый код, запрещённая кодовая комбинация

Fire ~ код Файра

five bit ~ пятиразрядный двоичный код

five channel ~ код пятидорожечной (перфо)ленты

forbidden(-character) ~ запрещённый код, запрещённая кодовая комбинация

format ~ код формата

four-address ~ 1. код четырёхадресной команды **2.** программа для четырёхадресной машины

fragile ~ недолговечная программа (*трудная для модификации*)

frequency ~ частотный код

function ~ код режима работы (*напр. код возврата каретки в печатающем устройстве*)

Gray ~ двоичный циклический [рефлексный] код, код Грея

group ~ групповой код

Hamming ~ код Хемминга

hash ~ хэш-код

Hollerith ~ код Холлерита

Huffman ~ код Хаффмена

identification [identifying] ~ идентифицирующий код, идентификатор

illegal [improper] ~ запрещённый код, запрещённая кодовая комбинация

in-line ~ линейная (машинная) программа (*не содержащая ветвей*)

instruction ~ 1. код команды 2. система [набор, состав] команд

internal ~ внутренний код

interpretive ~ интерпретируемый код

inverted ~ обратный код

letter ~ буквенный код

linear ~ линейный код

line-feed ~ код протяжки (*бумаги*) на одну строку

lock ~ код защиты (*памяти*), ключ

machine ~ 1. машинный код 2. система [набор, состав] команд

machine-instruction ~ система [набор, состав] команд

machine-language ~ 1. машинный код 2. система [набор, состав] команд

machine-operation ~ система [набор, состав] команд

machine-readable ~ машиночитаемый код

machine-treatable ~ машиночитаемый код; машинно-воспринимаемый код

magnetic bar ~ магнитный штриховой код

magnetic tape ~ код магнитной ленты

Manchester ~ манчестерский код

message-format ~ код формата сообщения

micro ~ 1. микрокоманда 2. система [набор, состав] микрокоманд 3. микропрограмма, микрокод

minimum-access ~ код с минимальным временем выборки

minimum-delay ~ код с минимальным временем задержки

minimum-distance ~ код с минимальным расстоянием

minimum-latency ~ код с минимальным временем ожидания

minimum-redundance ~ код с минимальной избыточностью

mnemonic ~ мнемонический код, мнемокод

modified binary ~ модифицированный двоичный код

modular ~ модульная программа

modulation ~ модулирующий код

m-out-of-n ~ код «m» из «n»

Müller ~ код Мюллера

multiple-address ~ 1. код многоадресной команды 2. программа для многоадресной машины

multiple-error correcting ~ код с исправлением многократных ошибок

N-adjacent ~ код с обнаружением N смежных ошибок

name ~ 1. именной код 2. код имени

N-ary ~ N-арный код

native ~ собственный [внутренний] код (*данной ЭВМ*)

natural binary ~ обычный двоичный код

N-bit ~ N-разрядный [N-значный, N-позиционный] двоичный код

N-error correcting ~ код с исправлением N-кратных ошибок

N-level ~ N-уровневый код

noise combating ~ помехоустойчивый код

nonconsistently based ~ (числовой) код с разными основаниями (*системы счисления*)

nonexistent ~ запрещённый код, запрещённая кодовая комбинация

nonprint ~ код запрета печати

nonreproducing ~ 1. невоспроизводимый код, непечатаемый код (*код входных данных, не появляющийся при выводе этих данных*) 2. невоспроизводимая программа

non-return-to-zero ~ код без возвращения к нулю

nonsystematic ~ несистематический код

nonweighted ~ невзвешенный код (*каждый разряд которого не имеет определённого веса*)

N-place ~ N-элементный код

number ~ код числа

number address ~ код адреса числа

numeric(al) ~ числовой [цифровой] код

N-unit ~ N-разрядный код

object ~ выходная [конечная] программа, программа на выходном языке транслятора, *проф.* объектный код, объектная программа

one-address ~ 1. код одноадресной команды 2. программа для одноадресной машины

one-dimensional ~ одномерный код

one-level ~ абсолютный код, программа в абсолютных адресах

one-out-of-ten ~ код «один из десяти»

op ~ 1. код операции 2. система [набор, состав] операций

operand ~ код операнда

operation ~ 1. код операции 2. система [набор, состав] операций

optimum ~ оптимальный код

order ~ 1. код команды 2. система [набор, состав] команд

own ~ собственная подпрограмма (*часть стандартной программы, созданная пользователем*)

paired-disparity ~ попарно-сбалансированный код

paper tape ~ код (бумажной) (перфо)ленты

parallel ~ параллельный код

parity-check(ing) ~ код с контролем по чётности

perforated tape ~ код перфоленты

permutation [permuted] ~ перестановочный код

personal-identification ~ идентификатор пользователя (*удостоверяющий его личность*)

phonetic ~ фонетический код (*для кодирования речевых сигналов в синтезаторах речи*)

physical-hardware-dependent ~ 1. аппаратно-зависимый код 2. машинозависимая программа

position(al) ~ позиционный код

position-independent ~ 1. непозиционный код 2. программа в относительных адресах

precedence ~ предваряющий код (*указывающий на изменение интерпретации знаков*)

print restore ~ код возобновления печати

pseudo ~ псевдокод, символический код

pseudocyclic ~ псевдоциклический код

pseudorandom ~ псевдослучайный код

pulse ~ импульсный код

punched card ~ код перфокарты; перфокарт(оч)ный код

punched tape ~ код перфоленты

pure ~ программа, не изменяемая в процессе выполнения, *проф.* чистый код

quibinary ~ пятерично-двоичный код

ready-to-run ~ программа, готовая к выполнению (*после трансляции*)

recurrent ~ циклический [рефлексный] код

redundant ~ избыточный код

Reed-Müller ~ код Рида — Мюллера

Reed-Solomon ~ код Рида — Соломона

reenterable [reentrant] ~ повторно входимая программа

reflected ~ циклический [рефлексный] код

reflected binary ~ двоичный циклический [рефлексный] код, код Грея

relative ~ **1.** код (команды) с относительной адресацией **2.** программа в относительных адресах

relocatable ~ перемещаемая программа

repertory ~ система [набор, состав] команд

reproducing ~ воспроизводимая программа

residual class [residue] ~ код в остатках

restricted-magnitude-error correcting ~ код с исправлением ограниченных (по величине) ошибок

retrieval ~ код (для) поиска

return ~ код возврата

return-to-zero ~ код с возвращением к нулю

routing ~ код маршрута

row-binary ~ построчный (перфокарт(оч)ный) двоичный код

12-row Hollerith ~ двенадцатистрочный код Холлерита

safety ~ безопасный код

select ~ код выборки

self-checking ~ код с обнаружением ошибок

self-complement(ar)ing ~ самодополняющийся код

self-correcting самокорректирующийся код

self-demarcating ~ код с обнаружением ошибок

separable ~ сепарабельный код

serial ~ последовательный код

seven bit ~ семиразрядный код

severity ~ код «серьёзности» ошибки

Shannon ~ код Шеннона

short (computer) ~ **1.** сокращённый код **2.** сокращённая система команд, сокращённый набор [состав] команд

sign ~ код знака

signal ~ сигнальный код

simple parity-check ~ код с простым контролем по чётности

single-address ~ **1.** код одноадресной команды **2.** программа для одноадресной машины

single-error correcting ~ код с исправлением одиночных ошибок

single-error correcting and double-error detecting ~ код с исправлением одиночных и обнаружением двойных ошибок

single-error detecting ~ код с обнаружением одиночных ошибок

single-parity ~ код с одним разрядом контроля по чётности

skeletal ~ скелетная программа

skip ~ код пропуска

source ~ **1.** исходный код **2.** исходная программа (*на входе транслятора*)

space ~ код интервала, код пробела

space-efficient ~ **1.** экономичный код **2.** экономичная программа

specific ~ абсолютный код, программа в абсолютных адресах

state [status] ~ код состояния

Stone's ~ код Стоуна

stop ~ **1.** код останова **2.** символ остановки (*напр. при автоматическом считывании текста*)

straight binary ~ обычный двоичный код

straight-line ~ программа без циклов; линейный участок программы

strip ~ полосковый [штриховой] код

syllable ~ слоговой код
symbol ~ 1. код символа 2. символьный код
symbolic ~ псевдокод, символический код; программа на символическом входном языке
systematic error checking ~ код с обнаружением систематических ошибок
tape ~ код ленты
task ~ 1. код задачи 2. программа задачи
telecommunication ~ код для связи
telegraph ~ телеграфный код
teleprinter [teletype] ~ код телетайпа
ternary ~ троичный код
threaded ~ «зашитый» код (*получаемый прошивкой запоминающих элементов*)
three-address ~ 1. код трёхадресной команды 2. программа для трёхадресной машины
throw-away ~ технологическая программа (*временно используемая при разработке программного обеспечения*)
time [timing] ~ временной код
trace back ~ код обратного пути (*в трассируемом соединении*)
transmission ~ код передачи
transmitter-start ~ стартовый код трансмиттера
triple-error correcting ~ код с исправлением тройных ошибок
two-address ~ 1. код двухадресной команды 2. программа для двухадресной машины
two-out-of-five ~ код «два из пяти»
two-rail ~ парафазный код
uniquely decipherable ~ однозначно декодируемый код
unitary ~ унитарный [агрегатный] код (*код, состоящий из одной цифры, повторяемой нужное число раз*)
unit-distance ~ (корректиру-

ющий) код с одиночным расстоянием
unused ~ неиспользуемый код, неиспользуемая кодовая комбинация
variable-length ~ код переменной длины
Wagner ~ код Вагнера
weighted ~ взвешенный [позиционный] код (*каждый разряд которого имеет определённый вес*)
weighted-checksum ~ 1. код на основе взвешенной контрольной суммы 2. код взвешенной контрольной суммы
XS-3 ~ код с избытком три (*десятичная цифра N представляется двоичным эквивалентом N + 3*)
zero-address ~ код безадресной команды
zone ~ код зоны (*на перфокарте*)
code-breaking дешифрация (зашифрованных) сообщений
codec кодек, кодер-декодер (*блок аппаратуры цифровой передачи речевых сигналов по телефонным каналам*)
coded 1. кодированный 2. запрограммированный (на машинном языке)
coder 1. кодирующее устройство, кодер; преобразователь в цифровую форму; шифратор 2. кодировщик, шифровальщик
binary ~ двоичное кодирующее устройство; двоичный шифратор
comparison ~ преобразователь в цифровую форму методом сравнения
incremental ~ дифференциальный шифратор; инкрементный шифратор
paper tape ~ устройство для кодирования на бумажной (перфо)ленте
phase-shift ~ преобразователь фазового сдвига в цифровую форму

position ~ шифратор положения

pulse ~ кодово-импульсное устройство; импульсный шифратор

voice ~ вокодер

voltage ~ преобразователь типа напряжение — число

codesign соразработка (*совместное проектирование, напр. программных и аппаратных средств системы*)

code-transparent кодонезависимый

codeword 1. ключевое слово; дескриптор 2. кодовое слово

coding 1. кодирование 2. программирование, кодирование (на машинном языке) (*см. тж* **programming**) 3. система кодирования; кодировка 4. *редк.* подпрограммная часть программы

absolute [actual] ~ программирование в абсолютных адресах

alphabetic ~ буквенное кодирование

alphageometric ~ буквенногеометрическое кодирование (*в системах телетекста*)

alpha(nu)meric ~ буквенноцифровое кодирование

antinoise ~ помехоустойчивое кодирование

antirace ~ противосостязательное [противогоночное] кодирование (*минимизирующее число конфликтных ситуаций*)

assembly language ~ программирование на языке ассемблера

automatic ~ 1. автоматическое кодирование 2. автоматическое программирование

basic ~ программирование в абсолютных адресах

binary ~ двоичное кодирование

bipolar ~ биполярное кодирование

bottom-up ~ восходящее программирование, программирование снизу вверх

character ~ кодирование знаков; кодирование символов

code ~ программирование с использованием макрокодов

direct ~ программирование в абсолютных адресах

fixed form ~ программирование с использованием стандартных бланков

forced ~ программирование с соблюдением (установленных) стандартов

grammatical ~ кодирование грамматической информации

high-density ~ высокоплотное кодирование

in-line ~ линейное [последовательное] кодирование (*программы*)

linear-predictive ~ кодирование (*напр. речевого сигнала*) методом линейного предсказания

loop ~ программирование с использованием циклов; программирование циклов

machine(-language) ~ программирование на машинном языке

minimum-access ~ программирование по критерию минимизации числа обращений

minimum-delay ~ программирование по критерию минимизации задержек

minimum-latency ~ программирование по критерию минимизации времени ожидания

minimum-redundancy ~ кодирование с минимальной избыточностью

mnemonic ~ символическое кодирование

nonnumeric ~ нечисловое [нецифровое] кодирование

number ~ кодирование чисел; числовое [цифровое] кодирование

numeric(al) ~ числовое [цифровое] кодирование

object ~ программирование в машинных кодах

optimum ~ **1.** оптимальное кодирование **2.** оптимальное программирование

out-of-line ~ часть программы, находящаяся (*в памяти*) вне основной программы

own ~ прикладная часть стандартной программы (*вводимая пользователем*)

position-independent ~ **1.** позиционно-независимое кодирование **2.** программирование в относительных адресах

predictive ~ кодирование с предсказанием (*в системах обработки речевых сигналов*)

pseudo ~ символическое кодирование, программирование с использованием псевдокодов

pulse ~ импульсное кодирование

questionable ~ непроверенный способ программирования

relative ~ программирование в относительных адресах

residue ~ кодирование в остаточных классах

single-column duodecimal [single-column pence] ~ одноколонное пенсовое [двенадцатеричное] кодирование

skeletal ~ кодирование «скелета» программы, скелетное программирование

specific ~ программирование в абсолютных адресах

straight-line ~ программирование без циклов; программирование линейных участков программы

structured ~ структурное программирование

symbolic ~ **1.** символическое кодирование **2.** программирование в символических адресах

top-down ~ нисходящее программирование, программирование сверху вниз

tricky ~ «хитроумное» кодирование

uniquely decipherable ~ кодирование с однозначным дешифрированием

coefficient коэффициент

~ **of skewness** *стат.* коэффициент асимметрии

~ **of variation** *стат.* коэффициент вариации, коэффициент изменчивости

cepstral ~ коэффициент косинусного преобразования Фурье

correlation ~ коэффициент корреляции

dimensionless ~ безразмерный коэффициент

floating-point ~ мантисса (числа) (*при представлении с плавающей запятой*)

Lagrangian interpolation ~ интерполяционный коэффициент Лагранжа

switching ~ **1.** постоянная переключения **2.** постоянная перемагничивания

weighting ~ весовой коэффициент

coerced приведённый (*АЛГОЛ 68*)

firmly ~ твёрдо приведённый

strongly ~ сильно приведённый

coercend приводимое (*АЛГОЛ 68*)

coercion приведение (*АЛГОЛ 68*)

cognition:

artificial ~ искусственное восприятие

machine-aided ~ изучение с помощью (вычислительной) машины

coherence 1. когерентность **2.** связность

scanline ~ связность растровых строк (*в дисплее*)

coherent когерентный

cohesion 1. звено (*АЛГОЛ 68*) **2.** связанность (*сети*) **3.** связность; сцепление (*элементов модуля*)

coincidence ~ конъюнктивное сцепление

module ~ связность модуля; модульное сцепление

117

spatial ~ пространственное сцепление

temporal ~ временное сцепление

coil 1. рулон (*напр. перфоленты*) **2.** катушка; обмотка **3.** катушка индуктивности

accelerating ~ ускоряющая катушка; пусковая обмотка

bias ~ обмотка смещения; обмотка подмагничивания

blank (paper-tape) ~ пустой рулон (перфо)ленты (*с синхродорожкой, но без кодовых пробивок*)

core ~ обмотка сердечника

energizing ~ обмотка возбуждения

field bias [magnetizing] ~ обмотка подмагничивания

paper-tape ~ рулон (перфо-)ленты

reading ~ обмотка считывания

tapped ~ катушка с отводами, секционированная катушка

virgin (paper-tape) ~ рулон чистой (перфо)ленты (*без кодовых пробивок и синхродорожки*)

word ~ числовая обмотка

coincidence совпадение

delayed ~ запаздывающее совпадение

double ~ двойное совпадение

triple ~ тройное совпадение

coincident совпадающий

cokebottle *sl* несуществующий символ (*на клавиатуре*)

collapsing свёртывание; сокращение

fault ~ свёртывание множественных неисправностей (*путём замены эквивалентной одиночной неисправностью*); сокращение списка неисправностей

collate сортировать; упорядочивать (*данные*); подбирать (*данные или перфокарты*); объединять (*перфокарты*)

collateral совместный (*АЛГОЛ 68*)

collating сортировка; упорядочение (*данных*); подборка (*данных или перфокарт*); объединение (*перфокарт*)

sequential ~ слияние путём упорядочения (*по ключу*)

collator сортировально-подборочная [раскладочная] машина

collect 1. собирать (*данные*) **2.** коллектировать (*внесённый заряд*)

collecting 1. связывание (*напр. программных модулей*) **2.** коллектирование (*внесённого заряда*)

collection 1. сбор **2.** гнездо **3.** совокупность

data ~ **1.** сбор данных **2.** совокупность данных

garbage ~ *проф.* сбор(ка) мусора

reference-counting garbage ~ сбор(ка) мусора методом подсчёта числа ссылок

stroke ~ вычерчивание линий (*на экране дисплея*)

collector коллектор

garbage ~ *проф.* сборщик мусора (*программа очистки памяти от ненужных данных*)

information ~ центр сбора информации

collision конфликт, конфликтная ситуация; коллизия, столкновение (*напр. противоречивых запросов*)

data ~ конфликт из-за данных

memory ~ конфликт [конфликтная ситуация] при обращении к памяти

color:

background ~ цвет фона (*на экране цветного дисплея*)

foreground ~ цвет изображения (*на экране цветного дисплея; в отличие от цвета фона*)

column колонка, столбец; графа; вертикальная линия, вертикальная шина (*ПЛМ*)

~ **of relation** столбец отношения (*в реляционных базах данных*)

balance ~ итоговая колонка, колонка (контрольной) суммы, столбец (контрольной) суммы

blank ~ пустой [незаполненный] столбец (*в таблице*)

card ~ колонка (перфо)карты

check ~ контрольная колонка, контрольный столбец

mark-sensing ~ колонка для (нанесения) меток (*на перфокартах*)

punch(ing) ~ колонка перфораций, колонка перфорированных отверстий

table ~ столбец таблицы

vacuum ~ вакуумный карман, вакуумная колонка (*в ЗУ на магнитных лентах*)

columnar колоночный

columnwise поколонный, постолбцовый

combination 1. комбинация; объединение **2.** *матем.* сочетание; соединение

bit ~ набор двоичных знаков; комбинация двоичных знаков, битовая комбинация

code ~ кодовая комбинация

control ~ управляющая комбинация

don't care input ~ безразличная входная комбинация

forbidden ~ запрещённая комбинация

invalid ~ **1.** запрещённая комбинация **2.** неверная комбинация

linear ~ линейная комбинация

switch ~ переключательная комбинация

combinational комбинационный

combinatorial 1. комбинаторный, с комбинаторным числом вариантов **2.** комбинационный

combine 1. комбинировать; объединять **2.** *матем.* сочетать; соединять

combiner объединитель, (функциональный) блок объединения

combining:

loop ~ объединение циклов

command 1. команда (*см. тж* **instruction, order**); директива **2.** управлять

attention ~ команда привлечения внимания оператора

automatic scale ~ команда автоматического изменения масштаба

cancel ~ команда отмены (*напр. задания*)

chain ~ (канальная) команда с признаком цепочки (команд)

channel ~ команда управления каналом

control ~ команда управления, управляющая команда

debug ~ команда отладки, отладочная команда

displayed ~ высвечиваемая команда (*в отличие от не выводимой на экран дисплея*)

enable-service-interrupt ~ команда разрешения обслуживания прерываний

expansion ~ команда увеличения масштаба (*изображения*)

export ~ команда экспорта (*напр. заданий в сети*)

font ~ команда смены шрифта (*в машинной графике*)

generic ~ групповая команда

halt ~ команда останова; команда приостановки

hard-to-type ~ команда, трудная для набора на клавиатуре (*закодированная так, чтобы избежать её случайного набора*)

help ~ команда помощи оператору (*в диалоговом режиме*)

high-level ~ команда высокого уровня

illegal ~ запрещённая [неразрешённая] команда

improper ~ неверная команда

log ~ команда регистрации

merge ~ команда объединения, команда слияния

multiple keystroke ~ многоклавишная команда (*наби-*

раемая *путём нажатия нескольких клавиш)*

named ~ команда, имеющая имя (*в отличие от односимвольной*)

nonindexed ~ немодифицируемая [неиндексируемая] команда

object ~ конечная команда, команда на выходном языке (транслятора), *проф.* команда объектной программы

operator ~ директива оператора

placement ~ команда размещения (*напр. изображения*)

program-chain ~ команда связывания программ (*в цепочку*)

program-load ~ команда загрузки программ

prompted ~ команда-подсказка; подсказанная команда (*в диалоге системы с пользователем*)

quit ~ команда на освобождение (*занятого ресурса*); команда прекращения (*сеанса*)

search ~ команда поиска

sift ~ команда отсева (*для поиска ячейки с бо́льшим или меньшим кодом по сравнению с заданным*)

single-character ~ односимвольная команда

single-keystroke ~ команда, вводимая одним нажатием клавиши

slave ~ подчинённая команда

software ~ команда, реализуемая программными средствами, программируемая команда

spoken ~ речевая команда

stereotyped ~ стандартная команда

structured ~ структурированная команда

system ~ системная команда

system-level ~ команда системного уровня; системная команда

unnumbered ~ нешифрованная команда

unused ~ неиспользуемая команда

user ~ директива пользователя

verbal [**voice**] ~ речевая команда

zooming ~ команда изменения масштаба изображения

comment комментарий, примечание ◇ **to** ~ **out** снабжать комментарием

conditional ~ условный комментарий

directory ~ 1. оглавление (*к программе*) 2. комментарий в виде указателя (*функций модулей*)

explanatory ~ пояснительный комментарий

program ~ комментарий к программе

prolog(ue) ~ вводный комментарий

pseudo ~ псевдокомментарий

commit фиксация (*транзакции*) ‖ фиксировать (*транзакцию*)

majority ~ фиксация по большинству (голосов)

commitment связывание, блокирование (*возможностей восстановления*); фиксация (*транзакции*)

atomic ~ атомарная фиксация

interaction ~ блокирование по взаимодействию (*напр. вследствие отказа механизма защиты*)

commodity:

information ~ продукция информационной технологии

common общий блок

blank ~ непомеченный [непоименованный] общий блок

labeled ~ помеченный [поименованный] общий блок

commonality:

communications ~ унифицированность процедур связи (*характеристика качества программного обеспечения*)

data ~ унифицированность

(используемых) данных (*характеристика качества программного обеспечения*)

communication 1. коммуникация; связь ‖ коммуникационный; связной **2.** сообщение; передача **3.** связь, общение

asynchronous ~ асинхронная передача

batch ~ пакетная передача

bisynchronous ~ бисинхронная передача

block-mode ~ связь в режиме блочной передачи

board-level ~ передача на уровне (схемных) плат

burst ~ режим пакетной передачи

card-to-card ~ передача с (перфо)карт на (перфо)карты

card-to-tape ~ передача с (перфо)карт на ленту

character-oriented ~ познаковая передача

common-talk party-line ~ циркулярная связь

computer ~ связь вычислительных машин; связь при помощи вычислительных машин

data ~ передача данных

digital (data) ~ цифровая связь

document ~ документальная связь

duplex ~ дуплексная связь

either-way ~ полудуплексная связь

electronic document ~ электронный обмен документами, электронная документальная связь

end-to-end ~ сквозная передача (*в сети*)

error-free ~ безошибочная передача

executive ~s управляющие сообщения (*операционной системы оператору*)

full duplex ~ дуплексная связь

graphical ~ передача графической информации

half-duplex ~ полудуплексная связь

high-level ~ связь (*в сетях*) в соответствии с протоколом высокого уровня

integrated ~ интегрированная система связи (*с возможностями обработки отдельных слов, наборов данных, речевых сигналов и т. п.*)

interactive ~ интерактивная связь

intercomputer ~ межмашинная связь

interprocessing ~ взаимодействие между процессами

interprocessor ~ межпроцессорная связь

interprogram ~ связь между программами

intersystem ~ связь между системами, межсистемная связь

intertask ~ взаимодействие между задачами; связь между задачами

interuser ~ взаимодействие между пользователями

intrasystem ~ внутрисистемная связь (*напр. в многопроцессорной системе*)

long-haul ~ передача по длинным линиям

man-machine ~ связь человека с машиной, человеко-машинное общение

message-passing ~ связь путём передачи сообщений

modem ~ связь с применением модемов

multicast ~ многопунктовая передача

multichannel ~ многоканальная связь

nearest-neighbor ~ связь по принципу соединения (только) с ближайшими соседями

one-way ~ односторонняя связь

operator ~ связь с оператором

peer-to-peer ~s передача между равноправными узлами (*в сети*)

real-time ~ передача в реальном (масштабе) времени

stream ~ потоковое взаимодействие (*процессов*)

tape-to-card ~ передача с ленты на (перфо)карты

tape-to-tape ~ передача с ленты на ленту

task-to-task ~ связь между задачами (*пользователей*)

textual ~ текстовая связь

two-way ~ двусторонняя связь

two-way alternate ~ полудуплексная связь

two-way simultaneous ~ дуплексная связь

visual ~ видеосвязь

voice ~ речевая связь

wire ~ проводная связь

wireless ~ беспроводная [беспроволочная] связь

communicativeness коммуникативность (*характеристика качества программного обеспечения*)

communicator 1. переключатель каналов **2.** коммуникатор (*программное средство сопряжения, напр. персональной и универсальной ЭВМ*)

community:

artificial intelligence ~ специалисты по системам искусственного интеллекта

EDP ~ специалисты в области автоматизированной обработки данных

information science ~ специалисты в области информатики

software design ~ специалисты по проектированию программных средств

user ~ коллектив пользователей

VLSI design ~ специалисты по проектированию СБИС

commutation 1. коммутация, коммутирование, переключение **2.** *матем.* перестановка

commutative коммутативный, перестановочный

commutator коммутатор, переключатель

analog ~ аналоговый ключ

matrix ~ матричный переключатель

operation ~ коммутатор операции

commute 1. коммутировать, переключать **2.** *матем.* переставлять

compaction уплотнение, сжатие (*информации*)

block ~ уплотнение блоков памяти (*при динамическом её распределении*)

curve fitting [curve-pattern] ~ уплотнение (*информации о кривой*) при помощи приближённого описания кривой (*напр. с использованием кусочно-линейной аппроксимации*)

data ~ уплотнение данных

fixed-tolerance-band ~ уплотнение с использованием допуска с постоянными границами

floating-point (coding) ~ уплотнение (*числовой информации*) с использованием плавающей запятой

frequency-analysis ~ уплотнение на основе частотного анализа

incremental ~ инкрементное уплотнение, уплотнение с использованием приращений

memory ~ уплотнение памяти (*при динамическом распределении*)

probability-analysis ~ уплотнение на основе вероятностного анализа

sample-change ~ уплотнение путём передачи *или* хранения средней величины и отклонения

slope-keypoint ~ уплотнение (*информации о кривой*) с использованием углов наклона в ключевых точках

storage ~ уплотнение информации в памяти

variable-tolerance-band ~ уплотнение с использованием допуска с переменными границами

compactor компактор, уплотнитель (*топологических схем*)

compander компандер, расширитель (*напр. линий связи*)

companding компандирование (*уплотнение или расширение*)

comparability сравнимость

comparand компаранд (*операнд в операции сравнения*)

comparator 1. компаратор, сравнивающее устройство; блок сравнения 2. компаратор, программа сравнения

  address ~ блок сравнения адреса

  amplitude ~ амплитудный компаратор

  analog ~ аналоговый компаратор

  charge-summing ~ компаратор с суммированием зарядов

  data ~ блок сравнения данных

  file ~ компаратор файлов

  logic ~ логический компаратор, компаратор логических состояний

  tape ~ ленточный компаратор, устройство для сверки (двух) лент

  voltage ~ компаратор напряжений

  zero-crossing ~ компаратор нулевого уровня

comparator-sorter компаратор-сортировщик

compare сравнивать, сличать

comparer 1. компаратор, сравнивающее устройство; блок сравнения 2. компаратор, программа сравнения

comparison сравнение, сличение

  alphabetic-and-numeric word ~ сравнение буквенно-цифровых слов

  amplitude ~ сравнение по амплитуде

  bit-by-bit ~ побитовое сравнение

  digital ~ цифровое сравнение (*в отличие от аналогового*)

  logical ~ логическое сравнение

  magnitude ~ сравнение по величине

compatibility 1. совместимость; соответствие 2. *матем.* совместимость

  backward [downward] ~ совместимость сверху вниз

  equipment ~ аппаратная совместимость, совместимость аппаратуры; совместимость технических средств

  firmware ~ программно-аппаратная совместимость

  forward ~ совместимость снизу вверх

  hardware ~ аппаратная совместимость, совместимость аппаратуры; совместимость технических средств

  logic ~ логическая совместимость

  network-level ~ совместимость на сетевом уровне

  pin(-for-pin) ~ совместимость по выводам

  plug-to-plug ~ полная совместимость, совместимость по разъёмам

  processor-level ~ совместимость на уровне процессоров

  program ~ программная совместимость, совместимость на уровне программ

  software ~ программная совместимость, совместимость по программному обеспечению

  source-code ~ совместимость на уровне входного языка

  system(s) ~ 1. совместимость на системном уровне 2. совместимость систем

  type ~ соответствие типов (*переменных*)

  unit-to-unit ~ совместимость устройств

  upward ~ совместимость снизу вверх

compatible совместимый

  code-for-code ~ совместимый на уровне кодов, кодосовместимый

  hardware ~ аппаратно-совместимый

object-code ~ совместимый на уровне объектных кодов

PC ~ совместимый с персональной ЭВМ фирмы IBM

software ~ программно-совместимый

compatibles совместимые устройства

compendium:

data ~ компендиум данных (*в системе автоматизированного проектирования*)

on-line-data ~ оперативный справочник данных

compensate компенсировать; корректировать; уравнивать; выравнивать

compensation 1. компенсация; коррекция; уравнивание; выравнивание **2.** компенсационная правка (*информации в базах данных*)

charge ~ компенсация заряда

lag ~ коррекция на отставание по фазе (*в операционных усилителях*)

lead ~ коррекция на опережение по фазе (*в операционных усилителях*)

compensator компенсатор, элемент компенсации

competence:

intellectual ~ интеллектуальная компетенция (*экспертной системы*)

compilable компилируемый

compilation компиляция, компилирование

clean ~ безошибочная компиляция

conditional ~ условная компиляция

incremental ~ инкрементная компиляция

knowledge ~ компиляция знаний (*процедура перевода внешнего представления знаний в эффективное внутреннее представление*)

layout ~ топологическая компиляция (*этап кремниевой компиляции*)

separate ~ раздельная компиляция

silicon ~ *проф.* кремниевая компиляция (*технология автоматического проектирования СБИС*)

compile компилировать

compiler компилятор, компилирующая программа

algebraic ~ компилятор для алгебраических задач, алгебраический компилятор

automatic ~ автоматический компилятор, автокомпилятор

behavioral ~ компилятор поведенческого уровня проектирования, поведенческий компилятор

cell ~ компилятор (на уровне) ячеек (*для проектирования СБИС*)

checkout ~ отладочный компилятор

commercial ~ **1.** компилятор для коммерческих *или* экономических задач **2.** компилятор, доступный для приобретения

conversational ~ диалоговый компилятор

cross ~ кросскомпилятор

debugging ~ отладочный компилятор

front-end ~ предварительный компилятор

full-range ~ полнофункциональный компилятор

function ~ функциональный компилятор (*для проектирования СБИС на функциональном уровне*)

high-level (language) ~ компилятор языка высокого уровня

incremental ~ (по)шаговый [инкрементный] компилятор

layout ~ компилятор топологических описаний, топологический компилятор

load-and-go ~ компилятор с немедленным исполнением (оттранслированной) программы

mathematical ~ компилятор для математических задач, математический компилятор

multipass ~ многопроходной компилятор

N-pass ~ N-проходной компилятор

one-pass ~ однопроходной компилятор

optimizing ~ оптимизирующий компилятор

pessimizing ~ *проф.* «пессимизирующий» компилятор (*оптимизирующий компилятор, генерирующий программу худшую, чем без оптимизации*)

recursive ~ рекурсивный компилятор

resident ~ резидентный компилятор

schema ~ компилятор схем (*базы данных*)

self-compiling ~ самокомпилируемый компилятор (*написанный на том же языке, с которого осуществляется трансляция*)

silicon ~ программа (автоматической) компоновки кремниевых ИС, компилятор кремниевых структур, *проф.* кремниевый компилятор

single-pass ~ однопроходной компилятор

smart ~ компилятор с развитой логикой

symbolic ~ компилятор символического языка

syntax-directed ~ синтаксический компилятор, компилятор, управляемый синтаксисом

two-pass ~ двухпроходной компилятор

vectorizing ~ векторизующий компилятор (*с преобразованием данных в векторную форму*)

compiler-compiler компилятор компиляторов

compiling компиляция, компилирование

batched ~ пакетная компиляция

complement дополнение; дополнительный код (числа); обратный код (числа) ‖ дополнять; служить дополнением; образовывать дополнение ◇ ~ **on N** точное дополнение; дополнительный код (числа); ~ **on N — 1** поразрядное дополнение (*до основания системы счисления без единицы*); ~**-on-nine** (поразрядное) дополнение до девяти; обратный код (числа) (*в десятичной системе*); ~**-on-one** (поразрядное) дополнение до единицы; обратный код (числа) (*в двоичной системе*); ~**-on-ten** (поразрядное) дополнение до десяти; дополнительный код (числа) (*в десятичной системе*); ~**-on-two** (поразрядное) дополнение до двух; дополнительный код (числа) (*в двоичной системе*); ~ **with respect to ten** дополнение до десяти

base minus one ~ поразрядное дополнение (*до основания системы счисления без единицы*); обратный код (числа)

Boolean ~ булево дополнение

diminished radix ~ поразрядное дополнение (*до основания системы счисления без единицы*); обратный код (числа)

eight's ~ (поразрядное) дополнение до восьми; дополнительный код (числа) (*в восьмеричной системе*)

naught's ~ точное дополнение; дополнительный код (числа)

nine's ~ (поразрядное) дополнение до девяти; обратный код (числа) (*в десятичной системе*)

N's ~ (поразрядное) дополнение до (цифры) N

one's ~ (поразрядное) дополнение до единицы; обратный код (числа) (*в двоичной системе*)

radix ~ точное дополнение; дополнительный код (числа)

radix-minus-one ~ поразрядное дополнение (*до основания системы счисления без еди-*

ницы); обратный код (*числа*)

signed ~ (поразрядное) дополнение со знаком

ten's ~ (поразрядное) дополнение до десяти; дополнительный код (*числа*) (*в десятичной системе*)

true ~ точное дополнение; дополнительный код (*числа*)

two's ~ (поразрядное) дополнение до двух; дополнительный код (*числа*) (*в двоичной системе*)

zero ~ точное дополнение; дополнительный код (*числа*)

complementary комплементарный, дополняющий

complementation 1. операция образования дополнения **2.** образование дополнения

Boolean ~ **1.** операция образования булева дополнения **2.** образование булева дополнения

complementer дополняющая схема, схема образования дополнения

complementing образование дополнения

complete завершать, заканчивать ‖ полный, завершённый

completeness полнота, завершённость

absolute ~ абсолютная полнота

functional ~ функциональная полнота

simple ~ простая полнота

completion 1. завершение, окончание **2.** пополнение; расширение

analytic ~ аналитическое расширение

query ~ расширение запроса (*при неполной информации*)

complex:

multiple computer ~ многомашинный комплекс

complexity сложность; коэффициент сложности

area ~ поверхностная сложность (алгоритма) (*площадь кристалла ИС как функция размерности задачи*)

area-time ~ поверхностно-временна́я сложность (алгоритма) (*произведение площади требуемого кристалла ИС на время как функция размерности задачи*)

area-time-squared ~ квадратичная поверхностно-временна́я сложность (алгоритма) (*произведение площади требуемого кристалла ИС на квадрат времени выполнения алгоритма как функция размерности задачи*)

computational ~ сложность вычислений; вычислительная сложность

connection ~ сложность связи (*программных модулей*)

cyclomatic ~ *т. граф.* цикломатическая сложность

distributed ~ распределённая сложность

functional ~ функциональная сложность

space ~ пространственная сложность (алгоритма) (*требуемый объём памяти как функция размерности задачи*)

time ~ временна́я сложность (алгоритма) (*время выполнения алгоритма как функция размерности задачи*)

component 1. компонент, составная часть; элемент (*см. тж* **device, element, unit**) **2.** составляющая, компонента **3.** гармоника **4.** деталь; комплектующее изделие

active ~ **1.** активный компонент; активный элемент **2.** активная составляющая

AND ~ элемент И

atomic ~ элементарный компонент

biconnected ~ *т. граф.* двусвязный компонент

bit-slice ~ компонент с разрядно-модульной структурой (*выполненный на одном кристалле*)

bumped ~ элемент с шариковыми выводами

cognitive ~ когнитивная [познавательная] компонента (*в СИИ*)

data ~ 1. компонента данных 2. информационная компонента

delay ~ 1. элемент задержки 2. запаздывающее звено, звено с запаздыванием

discrete ~ дискретный компонент; дискретный элемент

hardware ~ 1. аппаратный компонент, аппаратная часть (*системы*) 2. компонент аппаратных средств

harmonic ~ гармоническая составляющая

high-pin-count ~ компонент с большим количеством выводов

logical ~ логический элемент

marginal ~ элемент, работающий в предельном режиме

missing ~ неустановленный [пропущенный] компонент

NOT ~ элемент НЕ

OR ~ элемент ИЛИ

passive ~ пассивный компонент; пассивный элемент

perfect ~ идеальный элемент (*с безотказностью, равной единице*)

potted ~ герметизированный элемент (*1. заключённый в плотную оболочку 2. залитый пластмассой*)

primitive ~ примитив, базисный элемент

printed ~ печатный компонент; печатный элемент

program module ~ библиотека (стандартных) программных модулей (*как компонент вычислительной системы*)

resin-cast ~ элемент, герметизированный смолой

software ~ 1. программный компонент, программная часть (*системы*) 2. компонент программного обеспечения

solid(-state) ~ твердотельный элемент

stable ~ 1. стабильный элемент 2. устойчивое звено

thin-film ~ (тонко)плёночный элемент

unstable ~ 1. нестабильный элемент 2. неустойчивое звено

variable ~ переменная составляющая

component-dependent зависимый от компонентов

component-level на уровне элементов (*о диагностике ЭВМ*)

componentry 1. компоненты; элементы 2. комплектующие изделия 3. компоновка элементов

componentwise покомпонентно

compose формировать; компоновать

composer 1. (программа-)компоновщик 2. синтезатор, формирователь

query ~ формирователь запросов (*средство распределённой базы данных*)

composition 1. состав 2. составление, формирование; композиция

~ **of functions** композиция функций

file ~ формирование файла

program ~ составление программы

system ~ устройство системы; состав компонентов системы

compound 1. состав; соединение ‖ составной, сложный 2. сложное слово 3. составной оператор

unlabeled ~ непомеченный составной оператор

comprehensiveness полнота

compression 1. уплотнение, сжатие 2. *матем.* свёртка

code ~ сжатие кода; свёртывание кода

data ~ уплотнение [сжатие] данных

digit ~ уплотнение [сжатие] при упаковке цифр *или* разрядов

fault ~ сокращение списка возможных неисправностей

key ~ сжатие ключа (*в базах данных*)

message ~ уплотнение [сжатие] сообщения

time ~ *проф.* сжатие времени (*в имитационном моделировании*)

voice ~ сжатие речевого сигнала

zero ~ уплотнение [сжатие] за счёт нулей (*при упаковке данных*)

compressor компрессор, уплотнитель (*информации*)

signature ~ сигнатурное устройство сжатия (*данных*)

comptometer комптометр; арифмометр

compubiquity вездесущность ЭВМ (*выражающаяся в проникновении во все сферы жизни*)

computable вычислимый; исчислимый

computation вычисление; расчёт; счёт, подсчёт

address ~ формирование [вычисление] адреса

analog ~ моделирование, вычисление на аналоговых [моделирующих] устройствах; *pl* аналоговые вычисления

cellular ~s клеточные вычисления (*распределённые вычисления в узлах клеточной структуры*)

cognitive ~s когнитивные [познавательные] вычисления (*связанные с восприятием и «пониманием» внешнего мира в СИИ*)

compile time ~ вычисление в процессе компиляции

control ~ расчёт управляющих воздействий

digital ~ вычисление в цифровой форме

double-precision ~ вычисление с удвоенной точностью

fixed-point ~ вычисление с фиксированной запятой

floating-point ~ вычисление с плавающей запятой

generate-and-test ~s вычисления с порождением и проверкой вариантов *или* гипотез

hand ~ ручное вычисление, вычисление вручную; ручной счёт, счёт вручную

hybrid ~s аналого-цифровые вычисления

implicit ~ неявное вычисление

incremental ~ инкрементное вычисление, вычисление с помощью приращений

local ~s локальные вычисления (*в сети ЭВМ*)

machine ~ вычисление с помощью машины, машинное вычисление

manual ~ ручное вычисление, вычисление вручную; ручной счёт, счёт вручную

mixed ~s смешанные вычисления

multiple ~s множественные [групповые] вычисления; многократные вычисления

N-fold ~s N-кратные вычисления

nonnumeric ~ нечисленный расчёт; *мн.* нецифровые вычисления

numerical ~ численный расчёт

real-time ~ вычисление в реальном (масштабе) времени

recursive ~ рекурсивное вычисление

redundant ~ избыточное вычисление

sequential ~ последовательное вычисление

single-precision ~ вычисление с обычной точностью

step-by-step ~ пошаговое вычисление

symbolic ~ символьное вычисление

wavefront ~s вычисления по фронту волны (данных), волновые вычисления (*в потоковых машинах*)

computational вычислительный; численный

computation-intensive требующий большого объёма вычислений

compute вычислять; рассчитывать; считать, подсчитывать; делать выкладки

computer 1. вычислительная машина, ЭВМ, компьютер; вычислительное устройство, вычислитель; *редк.* процессор **2.** *редк.* счётная машина (*см. тж* **calculator, machine**)

absolute value ~ вычислительная машина, работающая с полными величинами (*не с приращениями*)

active ~ активная вычислительная машина

adaptive ~ адаптивное вычислительное устройство

airborne ~ бортовая вычислительная машина (*летательного аппарата*)

all-applications [all-purpose] ~ универсальная вычислительная машина

alternating-current analog ~ аналоговая вычислительная машина, работающая на переменном токе; аналоговое [моделирующее] вычислительное устройство, работающее на переменном токе

analog ~ аналоговая вычислительная машина, АВМ; аналоговое [моделирующее] вычислительное устройство

analog-digital ~ аналого-цифровая [гибридная] вычислительная машина

arbitrary sequence ~ вычислительная машина с произвольной последовательностью выполнения команд

associative ~ ассоциативная вычислительная машина

asynchronous ~ асинхронная вычислительная машина

automotive ~ передвижная вычислительная машина; мобильная вычислительная машина

back-end ~ вычислительная машина для работы с базами данных

batch-oriented ~ вычислительная машина для пакетной обработки (данных)

battery-operated ~ вычислительная машина с батарейным питанием

binary ~ двоичная вычислительная машина

binary-transfer ~ ЦДА с бинарной системой приращений

breadboard ~ макетная вычислительная машина

buffered ~ вычислительная машина с буферным запоминающим устройством

business(-oriented) ~ вычислительная машина для (решения) экономических *или* коммерческих задач

byte(-organized) [byte-oriented] ~ вычислительная машина с байтовой организацией

card-programmed ~ вычислительное устройство с перфокарт(оч)ным управлением

cassette-based ~ вычислительная машина с кассетным запоминающим устройством

census ~ вычислительная машина для обработки результатов переписи (*населения*)

central ~ центральная вычислительная машина (*в вычислительной системе*)

character-oriented ~ вычислительная машина с символьной организацией

chemical-based ~ вычислительная машина на химических элементах

chess ~ вычислительная машина для игры в шахматы

CISC ~ *см.* **complex-instruction set computer**

commercial ~ **1.** вычислительная машина для (решения) экономических *или* коммерческих задач **2.** серийная вычислительная машина; коммерческая вычислительная машина (*предназначенная для продажи*)

communication ~ связная вычислительная машина; связной процессор

communications oriented ~

связная вычислительная машина

compatible ~ совместимая вычислительная машина

complex-instruction-set ~ вычислительная машина с полным набором команд, *проф.* CISC-машина (*в отличие от RISC-машины — с сокращённым набором команд*)

concurrent ~ вычислительная машина с совмещением операций; вычислительная машина с распараллеливанием вычислительного процесса

consecutive ~ вычислительная машина без совмещения операций

consecutive sequence ~ вычислительная машина с жёсткой последовательностью операций

continuously acting ~ безостановочно работающая вычислительная машина

control ~ управляющая вычислительная машина, УВМ

control flow ~ вычислительная машина, управляемая последовательностью команд (*в отличие от управляемой потоком данных*)

correlation ~ вычислитель корреляционной функции

coupled ~s спаренные вычислительные машины

cryogenic ~ криогенная вычислительная машина, вычислительная машина на криогенных элементах

cryotron ~ криотронная вычислительная машина, вычислительная машина на криотронах

database ~ вычислительная машина для работы с базами данных, *проф.* машина баз данных

data-flow ~ потоковая вычислительная машина, вычислительная машина, управляемая потоком данных

decimal ~ десятичная вычислительная машина; десятич-

ное вычислительное устройство

dedicated ~ специализированная вычислительная машина

desk ~ 1. настольная вычислительная машина 2. малогабаритная вычислительная машина

desk-size ~ вычислительная машина размером со стол

desk-top ~ настольная вычислительная машина

dial(ing) set ~ счётная машина с наборными дисками

digital ~ цифровая вычислительная машина, ЦВМ

direct-analogy ~ модель-аналог (*для вычисления, напр. по методу сеток*)

direct-current ~ вычислительная машина потенциального типа

direct execution ~ вычислительная машина с непосредственным выполнением (*без трансляции*) операторов входного языка; вычислительная машина прямого действия

distributed logic ~ вычислительная машина с распределённой логикой

drum ~ вычислительная машина с (магнитным) барабаном

dual-processor ~ двухпроцессорная вычислительная машина

electromechanical analog ~ электромеханическая аналоговая вычислительная машина; электромеханическое аналоговое [моделирующее] вычислительное устройство

electronic ~ электронная вычислительная машина, ЭВМ; электронное вычислительное устройство

electron(ic) tube ~ ламповая вычислительная машина

end-user ~ вычислительная машина конечного пользователя

ever-faster ~ сверхбыстродействующая вычислительная машина

externally programmed ~ вычислительная машина с внешним программированием

fault-tolerant ~ отказоустойчивая вычислительная машина

fifth-generation ~ вычислительная машина пятого поколения

file ~ 1. вычислительная машина с файловой организацией 2. вычислительная машина для работы с файлами

first-generation ~ вычислительная машина первого поколения

fixed-point ~ вычислительная машина с фиксированной запятой

fixed-program ~ вычислительная машина с жёсткой [неизменяемой] программой

fixed word-length ~ вычислительная машина с фиксированной длиной слова

floating-point ~ вычислительная машина с плавающей запятой

fluid ~ вычислительная машина на струйных элементах

four-address ~ четырёхадресная вычислительная машина

fourth-generation ~ вычислительная машина четвёртого поколения

fractional ~ вычислительная машина, работающая с дробными величинами

front-end ~ вычислительная машина (для) предварительной обработки (данных), фронтальная вычислительная машина; связная вычислительная машина

gateway ~ шлюзовая вычислительная машина, шлюз (в вычислительных сетях)

general-purpose ~ универсальная вычислительная машина

giant ~ сверхбольшая вычислительная машина

giant-powered ~ сверхвысокопроизводительная вычислительная машина, супер-ЭВМ

giant-scale [giant-size] ~ сверхбольшая вычислительная машина

gigacycle [gigahertz] ~ вычислительная машина гигагерцевого диапазона

guidance ~ вычислительная машина системы наведения

handheld ~ карманный (микро)калькулятор

high-end ~ вычислительная машина старшей модели (наиболее производительная в семействе машин)

high-function ~ вычислительная машина с широким диапазоном функций

high-level (language) ~ вычислительная машина с программированием на языках высокого уровня

highly parallel ~ высокопараллельная вычислительная машина, вычислительная машина с высокой степенью параллелизма

high-performance ~ высокопроизводительная вычислительная машина

high-speed ~ быстродействующая вычислительная машина

hobby ~ вычислительная машина для любительского использования

home ~ вычислительная машина для домашнего использования, бытовая вычислительная машина, бытовая ЭВМ

host ~ главная вычислительная машина

hybrid ~ гибридная [аналого-цифровая] вычислительная машина

IBM-compatible ~ вычислительная машина, совместимая с машинами фирмы IBM

IC ~ см. **integrated circuit computer**

incompatible ~ несовместимая вычислительная машина

incremental ~ **1.** инкрементная вычислительная машина **2.** цифровой дифференциальный анализатор, ЦДА

industrial ~ вычислительная машина промышленного использования, промышленная ЭВМ

integrated circuit ~ вычислительная машина на ИС

interface ~ интерфейсная [сопрягающая] вычислительная машина

interim ~ промежуточная вычислительная машина (*серии вычислительных машин*)

intermediate ~ промежуточная (*по производительности*) вычислительная машина

internally programmed ~ вычислительная машина с внутренним программированием

keyboard ~ клавишная вычислительная машина

laptop ~ «дорожная» вычислительная машина (*предназначенная для работы в дорожных условиях и размещаемая на коленях*)

large ~ большая вычислительная машина

large-powered ~ высокопроизводительная вычислительная машина

large-scale ~ большая вычислительная машина; универсальная вычислительная машина

large-scale integration circuit ~ вычислительная машина на БИС

large-size ~ большая вычислительная машина

laser ~ лазерная вычислительная машина

linkage ~ вычислительное устройство шарнирного типа

local ~ местная [локальная] вычислительная машина

logic(al) ~ логическая вычислительная машина, вычислительная машина для решения логических задач

logic-controlled sequential ~ вычислительная машина с аппаратным управлением последовательностью (выполняемых) операций

logic-in-memory ~ ассоциативная вычислительная машина

low-end ~ вычислительная машина младшей модели (*наименее производительная в семействе машин*)

low-profile ~ вычислительная машина в виде плоского модуля

low-speed ~ вычислительная машина малого быстродействия

LSI ~ *см.* **large-scale integration circuit computer**

mainframe ~ (универсальная) вычислительная машина (*в отличие от мини-машин и малых коммерческих машин*)

massively parallel ~ вычислительная машина с массовым параллелизмом

master ~ главная вычислительная машина; ведущая вычислительная машина (*в многомашинном комплексе*)

mechanical ~ механическое вычислительное устройство

medium ~ средняя вычислительная машина

medium-powered ~ вычислительная машина средней производительности

medium-scale ~ вычислительная машина средних возможностей

medium-size ~ средняя вычислительная машина

medium-speed ~ вычислительная машина среднего быстродействия

medium-to-large scale ~ вычислительная машина с возможностями выше средних

megacycle [megahertz] ~ вычислительная машина мегагерцевого диапазона

microprogrammable ~ вычислительная машина с микропрограммным управлением

microwave ~ вычислительная машина на СВЧ-элементах

mid-range ~ средняя (по производительности) вычислительная машина (*напр. в семействе ЭВМ*)

molecular ~ вычислительная машина на молекулярных схемах; молекулярная вычислительная машина

monoprocessor ~ однопроцессорная вычислительная машина

multiaddress ~ многоадресная вычислительная машина

multi-MIPS ~ вычислительная машина производительностью много миллионов команд в секунду; сверхбыстродействующая вычислительная машина

multiple-access ~ вычислительная машина коллективного пользования, вычислительная машина с параллельным [множественным] доступом

multiple-user ~ многоабонентская [многопользовательская] вычислительная машина

multiprocessor ~ многопроцессорная вычислительная машина

multiprogrammed ~ вычислительная машина с мультипрограммированием

multipurpose ~ универсальная вычислительная машина

multiradix ~ мультирадиксная вычислительная машина (*работающая в системе счисления с несколькими основаниями*)

navigation ~ навигационное вычислительное устройство, навигационный вычислитель

net node ~ вычислительная машина узла сети, узловая вычислительная машина (сети)

networked ~ вычислительная машина сети

N-node ~ (параллельная) N-узловая вычислительная машина (*организованная в виде сети N процессоров*)

no-address ~ безадресная [нуль-адресная] вычислительная машина

node ~ вычислительная машина узла сети, узловая вычислительная машина (сети)

nonsequential ~ вычислительная машина с принудительным порядком выполнения операций (*адрес следующей команды задаётся в каждой команде*)

nonstop ~ безостановочно работающая вычислительная машина

non-von Neumann ~ не-фоннеймановская вычислительная машина

notebook ~ карманный (микро)калькулятор

object ~ целевая вычислительная машина (*для которой предназначается оттранслированная программа*), *проф.* объектная вычислительная машина; вычислительная машина для выполнения программ на выходном языке (транслятора)

office ~ конторская [учрежденческая] вычислительная машина

off-the-shelf ~ серийная вычислительная машина, имеющаяся в продаже вычислительная машина

one-address ~ одноадресная вычислительная машина

one-and-a-half-address ~ полутораадресная вычислительная машина

one-on-one ~ вычислительная машина личного пользования

one-purpose ~ (узко)специализированная вычислительная машина

optical ~ оптическая вычислительная машина

optical path ~ вычислительная машина на световодах
original ~ базовая вычислительная машина
parallel ~ вычислительная машина параллельного действия, параллельная вычислительная машина
parallel-processing ~ вычислительная машина (для) параллельной обработки
parallel-serial ~ вычислительная машина параллельно-последовательного действия, параллельно-последовательная вычислительная машина
parametric electronic ~ электронная вычислительная машина на параметрических элементах
parametron ~ параметронная вычислительная машина, вычислительная машина на параметронах
peripheral ~ **1.** вычислительная машина для управления периферийным оборудованием **2.** периферийная вычислительная машина
peripheral support ~ вычислительная машина для управления периферийным оборудованием
personal ~ персональная вычислительная машина, персональная ЭВМ, ПВМ, *проф.* персоналка
pictorial ~ панорамное вычислительное устройство
plugboard ~ вычислительная машина с коммутационной панелью (*для набора программ или данных*)
plug-compatible ~ полностью совместимая (универсальная) вычислительная машина
plugged program ~ вычислительная машина с наборной программой
pneumatic ~ пневматическая вычислительная машина
Polish-string ~ вычислительная машина, работающая по

программам в польской [бесскобочной] записи
polynomial ~ машина для вычисления многочленов
portable ~ портативная вычислительная машина
process control ~ вычислительная машина для управления технологическими процессами
production control ~ вычислительная машина для управления производством
professional ~ вычислительная машина для профессионального использования, профессиональная ЭВМ
professional personal ~ профессиональная персональная вычислительная машина, профессиональная ПВМ
program-compatible ~ программно-совместимая вычислительная машина
program-controlled ~ вычислительная машина с программным управлением
programmed ~ вычислительная машина с запоминаемой [хранимой] программой
punch-card ~ счётно-перфорационная машина, перфоратор; перфокарт(оч)ная вычислительная машина; счётно-аналитическая машина
rack-size ~ вычислительная машина размером со (стандартную) стойку
radix two ~ вычислительная машина, работающая в двоичной системе счисления, двоичная вычислительная машина
real-time ~ вычислительная машина, работающая в реальном (масштабе) времени
recovering ~ восстанавливаемая вычислительная машина, вычислительная машина с восстановлением работоспособности
reduced instruction set ~ вычислительная машина с сокращённым набором команд, *проф.* RISC-машина

reduction ~ редукционная вычислительная машина

remote ~ дистанционная [удалённая] вычислительная машина

repetitive ~ вычислительная машина с периодизацией решения

RISC ~ см. reduced instruction set computer

satellite ~ 1. вспомогательная вычислительная машина, (вычислительная) машина-сателлит; периферийная вычислительная машина 2. вычислительная машина (на борту) спутника

scientific ~ вычислительная машина для научных расчётов

second-generation ~ вычислительная машина второго поколения

secondhand ~ вычислительная машина, бывшая в употреблении

self-adapting ~ самоадаптирующаяся вычислительная машина

self-organizing ~ самоорганизующаяся вычислительная машина

self-programming ~ самопрограммирующаяся вычислительная машина

self-repair(ing) ~ самовосстанавливающаяся вычислительная машина, вычислительная машина с саморемонтом

sensor-based ~ вычислительная машина для обработки информации от датчиков (*напр. технологического процесса*)

sequence-controlled ~ вычислительная машина с программным управлением

sequenced [sequential] ~ вычислительная машина с жёсткой последовательностью операций

serial ~ 1. вычислительная машина последовательного действия, последовательная

вычислительная машина 2. серийная вычислительная машина

server ~ служебная вычислительная машина (*выполняющая вспомогательные функции*)

service ~ обслуживающая вычислительная машина

service-oriented ~ вычислительная машина для обслуживания (широкого круга) запросов

simultaneous(-operation) ~ вычислительная машина с совмещением операций

single-address ~ одноадресная вычислительная машина

single-board ~ одноплатная вычислительная машина

single-purpose ~ (узко)специализированная вычислительная машина

single-user ~ вычислительная машина, работающая в монопольном режиме

slave ~ подчинённая вычислительная машина

small ~ малая вычислительная машина

small-powered ~ вычислительная машина малой производительности

small-scale ~ вычислительная машина ограниченных возможностей

small-size ~ малогабаритная вычислительная машина

software-compatible ~ программно-совместимая вычислительная машина

solid-state ~ полупроводниковая вычислительная машина, вычислительная машина на твердотельных элементах

SOS ~ вычислительная машина на кремний-сапфировых ИС

source ~ вычислительная машина для трансляции (исходных) программ (*в многомашинных комплексах*)

space ~ вычислительная машина для применения в космических исследованиях

spaceborne ~ вычислительная машина (на борту) космического корабля

special(-purpose) ~ специализированная вычислительная машина

square-root ~ устройство для вычисления [вычислитель] квадратных корней

stack-oriented ~ вычислительная машина со стековой организацией

standby ~ резервная вычислительная машина

statistical ~ вычислительная машина для решения статистических задач

steering ~ рулевое вычислительное устройство

stored-program ~ вычислительная машина с запоминаемой [хранимой] программой

subscriber ~ абонентская вычислительная машина

super ~ сверхбольшая вычислительная машина, супер-ЭВМ

superconductive ~ вычислительная машина на сверхпроводниковых элементах

superhigh-speed ~ сверхбыстродействующая вычислительная машина

superpersonal ~ персональная вычислительная машина большой мощности, персональная вычислительная машина с расширенными возможностями

superspeed ~ сверхбыстродействующая вычислительная машина

supervisory ~ машина-диспетчер, координирующая машина (мини-ЭВМ, осуществляющая связь периферийных мини-ЭВМ с большой вычислительой машиной)

switch-control [**switching**] ~ коммутационная вычислительная машина (в сети)

symbolic ~ вычислительная

машина для символьной обработки

synchronous ~ синхронная вычислительная машина

synchronous tracking ~ синхронно-следящее вычислительное устройство, вычислительное устройство автоматического сопровождения

tagged ~ вычислительная машина с теговой организацией

talking ~ вычислительная машина с речевым выводом

target ~ целевая вычислительная машина (для которой предназначается оттранслированная программа)

technical ~ вычислительная машина, ориентированная на технические расчёты, вычислительная машина технического применения

technical personal ~ персональная вычислительная машина [ПВМ] технического применения

terminal ~ терминальная вычислительная машина

terminal control ~ 1. вычислительная машина для управления терминалами 2. терминальная управляющая вычислительная машина

ternary-transfer ~ ЦДА с тернарной системой приращений

tesselated ~ мозаичная вычислительная машина

thermal ~ вычислительное устройство для тепловых расчётов

thin-film memory ~ вычислительная машина с запоминающим устройством на тонких плёнках

third-generation ~ вычислительная машина третьего поколения

three-address ~ трёхадресная вычислительная машина

three-dimensional analog ~ аналоговое [моделирующее] вычислительное устройство с трёхмерной моделью

timeshared ~ вычислительная машина, работающая в режиме разделения времени

top level ~ вычислительная машина верхнего уровня (*иерархической системы управления*)

top-of-the-line ~ наиболее мощная вычислительная машина из семейства вычислительных машин

toy ~ вычислительная машина-игрушка

training ~ обучающая вычислительная машина, вычислительная машина для обучения

transformation ~ трансформационная вычислительная машина (*работающая с преобразованием программ на каждом шаге их выполнения*)

transistor(ized) ~ транзисторная вычислительная машина, вычислительная машина на транзисторах

tridimensional analog ~ аналоговое [моделирующее] вычислительное устройство с трёхмерной моделью

truth-table ~ вычислительная машина с табличной реализацией логических функций

Turing-type ~ вычислительная машина типа машины Тьюринга

two-address ~ двухадресная вычислительная машина

ultrafast ~ сверхбыстродействующая вычислительная машина

underlying ~ базовая вычислительная машина

user ~ вычислительная машина пользователя

vacuum tube ~ ламповая вычислительная машина; ламповое вычислительное устройство

variable word-length ~ вычислительная машина с переменной длиной слова

very-high-speed ~ сверхбыст-

родействующая вычислительная машина

video-and-cassette-based ~ видеокассетная вычислительная машина

virtual ~ виртуальная вычислительная машина

von Neumann ~ фон-неймановская вычислительная машина

weather ~ машина для решения метеорологических задач

wired-program ~ вычислительная машина с «запаянной» программой

word-oriented ~ вычислительная машина с пословной обработкой информации

workgroup ~ групповая вычислительная машина (*снабжённая несколькими терминалами для обслуживания небольшой группы специалистов*)

zero-address ~ безадресная [нуль-адресная] вычислительная машина

computer-aided автоматизированный; выполняемый с помощью вычислительной машины

computer-assisted автоматизированный; выполняемый с помощью вычислительной машины

computer-based основанный на применении вычислительной машины, с использованием вычислительной машины; машинный

computer-controlled управляемый вычислительной машиной

computer-generated машинно-генерируемый; сформированный с помощью вычислительной машины, машинный

computer-intensive требующий большого объёма вычислений

computerize 1. автоматизировать вычисления *или* обработку данных (*при помощи ЭВМ*), проводить компьютеризацию;

применять вычислительную технику; применять машинные методы вычислений **2.** ставить задачу на вычислительную машину

computerized оснащённый вычислительной техникой; с использованием вычислительной машины

computer-limited ограниченный возможностями вычислительной машины

computer-mediated при посредничестве вычислительной машины, через ЭВМ

computer-naïve неподготовленный к работе с вычислительной машиной

computer-oriented 1. рассчитанный на использование вычислительной машины, машинно-ориентированный **2.** вычислительный (*о математическом методе*)

computer-processable удобный для обработки на вычислительной машине, удобный для машинной обработки

computer-related связанный с применением вычислительной машины

computer-understandable понятный для вычислительной машины

computing вычисление; вычисления; расчёт; счёт; обработка данных ‖ вычислительный; счётный

average ~ вычисление средних (величин)

background ~ решение задач с низким приоритетом (*при отсутствии задач с высоким приоритетом*), фоновые вычисления

batch ~ пакетная обработка данных

data-flow ~ потоковые вычисления, потоковая вычислительная обработка

dependable ~ гарантоспособные вычисления (*позволяющие гарантировать получение верного результата в услови-*

ях наличия неисправностей)

distributed ~ распределённые вычисления; распределённая обработка данных

educational ~ обучение с помощью вычислительной машины; применение вычислительных машин для обучения

end-user ~ вычисления (для) конечного пользователя

fault-tolerant ~ отказоустойчивые вычисления

foreground ~ решение задач с высоким приоритетом (*при наличии задач с низким приоритетом*)

hobby ~ любительские вычисления, вычисления в порядке хобби

instructional ~ обучение с помощью вычислительной машины; применение вычислительных машин для обучения

multiaccess ~ вычисления в режиме мультидоступа

office ~ учрежденческая обработка данных

off-line ~ автономные вычисления

on-line ~ **1.** вычисления в режиме онлайн **2.** вычисления в темпе поступления данных

personal ~ вычисления на персональной ЭВМ

remote ~ дистанционные вычисления; дистанционная обработка данных

resilient ~ эластичные вычисления (*с альтернативными ветвями счёта*)

symbolic ~ символьные вычисления

three-dimensional ~ трёхмерные вычисления

computor *см.* **computer**

computron *sl проф.* компьютрон (*мифическая частица вычислений или информации*)

concatenate 1. связывать, соединять (*в цепочку или ряд*) **2.** каскадировать

concatenation 1. связь, соединение; сочленение **2.** каскадное включение **3.** конкатенация, сцепление

string ~ сцепление строк (*символов*)

concensus:
  signaling ~ соглашение на уровне (служебных) сигналов

concentration 1. концентрация **2.** кучность
  data ~ **1.** концентрация данных **2.** сбор данных

concentrator концентратор
  data ~ концентратор данных
  digital ~ цифровой концентратор (*каналов связи*)
  line ~ концентратор линий (*связи*)
  remote ~ концентратор дистанционных передач, телеконцентратор

concept 1. концепция; принцип **2.** понятие; концепт (*элемент представления знаний*)
  basic ~ основное понятие
  building block ~ блочный принцип; мелкоблочный принцип
  database ~ концепция базы данных
  general ~ обобщённое понятие; общий концепт
  information hiding ~ принцип скрытой информации, принцип утаивания информации
  numeric ~ числовое понятие (*выражаемое числительным*)
  primitive ~ элементарное понятие; *проф.* концепт-примитив
  primordial ~ изначальное понятие; изначальный концепт
  subordinate ~ подчинённое понятие; подчинённый концепт (*понятие более низкого уровня классификации*)
  superordinate ~ понятие более высокого уровня (*иерархии понятий*); видовое понятие; видовой концепт
  systems ~ системный подход; системные принципы

conceptual концептуальный; понятийный

conceptualization представление (*напр. знаний*) на концептуальном уровне, формирование концептуального представления, концептуализация

conciseness осмысленность (*характеристика качества программного обеспечения*)

conclusion вывод, (умо)заключение
  nonmonotonic ~ нестрогий вывод (*при неполной информации*); немонотонное заключение (*полученное на основе нестрогого вывода*)

concordance *лингв.* **1.** конкорданция **2.** конкорданс (*указатель, связывающий каждое словоупотребление со своим контекстом*)

concur совпадать (*во времени*)

concurrency совпадение (*во времени*); параллелизм
  ~ **of operations** параллелизм операций
  executive system ~ одновременность выполнения заданий операционной системой
  lock-step ~ жёсткий параллелизм (*операций*)

concurrent 1. одновременный, совпадающий (*во времени*); параллельный **2.** совместный

condensation уплотнение (*напр. программы*)

condition 1. условие **2.** состояние **3.** ситуация **4.** *pl* режим
  ag(e)ing ~s тренировочный режим
  alert ~ аварийная ситуация
  binary-valued ~ условие с двумя исходами
  boundary ~ граничное условие
  busy ~ состояние занятости
  class ~ условие класса, условие принадлежности к классу (*КОБОЛ*)
  clock ~s параметры синхронизации
  compound ~ объединённое условие (*КОБОЛ*)
  context ~ контекстное условие

continuity ~ условие непрерывности

continuous-low ~s режим непрерывной передачи нижнего уровня (*сигнала*)

cyclically magnetized ~ состояние после циклического перемагничивания

deadlock ~ тупиковая ситуация

debugging ~s режим наладки; режим отладки

degeneracy ~ условие вырождения, условие вырожденности

device status ~ состояние устройства

disabled ~ состояние бездействия

don't care ~ 1. безразличное условие 2. безразличное состояние

dynamic ~s динамический режим

entry ~s входные условия; условия на входе

error ~ сбойная ситуация; состояние ошибки

exception ~ 1. условие возникновения исключительной ситуации (*напр. при выполнении задачи*) 2. исключительная ситуация

exigent ~ аварийная ситуация

existence ~ *матем.* условие существования

feasibility ~ условие реализуемости, условие осуществимости

full-load ~s режим полной нагрузки

initial ~s начальные условия; режим исходного состояния

limiting ~ ограничивающее условие

load ~s нагруженный режим

logical ~ логическое условие

marginal ~s граничный режим

match(ed) ~ 1. условие соответствия 2. условие совпадения

maximum permissible operation ~s предельный рабочий режим

mild ~ мягкое условие

mismatch ~ 1. условие несоответствия 2. условие несовпадения

normal ~s 1. нормальные условия 2. нормальный режим

OFF ~ закрытое [запертое] состояние; состояние «выключено»

ON ~ открытое [отпертое] состояние; состояние «включено»

one ~ единичное состояние, состояние «1»

operation ~ 1. рабочее состояние 2. *pl* условия работы, рабочие условия 3. *pl* рабочий режим; эксплуатационный режим 4. *pl* условия эксплуатации, эксплуатационные условия

overflow test ~ условие проверки на переполнение

overload ~s режим перегрузки

pending ~ ситуация, ожидающая обработки

prefault ~ состояние, предшествующее появлению неисправности

prefix ~ префикс-ситуация (*ПЛ/1*)

pulse ~s импульсный режим

race ~s условия «гонки фронтов»

ready ~ состояние готовности

restart ~ условие рестарта

service ~s условия эксплуатации, эксплуатационные условия

stability ~ условие устойчивости

stable ~ устойчивое состояние

starting ~ 1. начальное условие 2. *pl* входные условия; условия на входе 3. *pl* пусковой режим

static ~s статический режим

steady-state ~s стационарный [установившийся] режим

sufficient ~ достаточное условие

symmetrical cyclically magnetized ~ состояние после симметричного циклического перемагничивания

tail ~s постусловия

tape-out ~ ситуация «конец ленты» (*напр. при считывании или записи*)

tenancy ~ условие членства (*напр. элемента в наборе данных*)

test ~s условия испытаний

training ~s тренировочный режим

truncation ~ условие выхода из цикла; условие прерывания цикла

typical operation ~s типовой рабочий режим

underflow test ~ условие проверки на антипереполнение [на потерю значащих разрядов]

utmost permissible operation ~s предельный рабочий режим

wait ~ состояние ожидания

working ~ **1.** рабочее состояние **2.** *pl* условия работы, рабочие условия **3.** *pl* рабочий режим; эксплуатационный режим **4.** *pl* условия эксплуатации, эксплуатационные условия

worst-case ~s наихудшие условия

zero ~ нулевое состояние, состояние «0»

zero-initial ~ нулевое начальное условие

conditional 1. условная зависимость, импликация **2.** условный оператор **3.** условный

branch-to-label ~ оператор условного перехода по метке

conditioner:

signal ~ формирователь сигналов

conditioning 1. приведение к требуемым (техническим) условиям **2.** согласование (*напр. линии передачи*)

signal ~ формирование сигнала; преобразование сигнала

conductance активная (электрическая) проводимость (*см. тж* **conduction**)

back(ward) ~ обратная проводимость

diffusion ~ диффузионная проводимость

junction ~ проводимость перехода

reverse ~ обратная проводимость

solid ~ объёмная проводимость

surface ~ поверхностная проводимость

volume ~ объёмная проводимость

conduction электрическая проводимость, электропроводность (*см. тж* **conductance**)

channel ~ канальная проводимость

extrinsic ~ примесная [несобственная] проводимость

forward ~ прямая проводимость

heat ~ теплопроводность

hole ~ дырочная проводимость

impurity ~ примесная [несобственная] проводимость

intrinsic ~ внутренняя [собственная] проводимость

ionic ~ ионная проводимость

mixed ~ смешанная проводимость

n(-type) ~ электронная проводимость, проводимость *n*-типа

p(-type) ~ дырочная проводимость, проводимость *p*-типа

residual ~ остаточная проводимость

thermal ~ теплопроводность

conductivity удельная электрическая проводимость, удельная электропроводность (*см. тж* **conductance, conduction**)

magnetic ~ магнитная проницаемость

conductor 1. проводник **2.** провод

  coordinate ~ координатный провод (*матрицы ЗУ*)

  energized ~ возбуждённый провод (*матрицы ЗУ*)

  flush ~ утопленный (печатный) проводник (*внешняя поверхность которого лежит в одной плоскости с материалом основания печатной платы*)

conference:

  video ~ видеоконференция

conferencing:

  computerized ~ телеконференц-связь

confidence:

  test ~ полнота теста; полнота тестирования

confidentiality конфиденциальность; секретность (*информации*)

configurability способность к изменению конфигурации

configurable с перестраиваемой конфигурацией, реконфигурируемый

  individually ~ с заказной конфигурацией

configuration 1. конфигурация, форма **2.** состав оборудования, конфигурация

  basic ~ базовая конфигурация

  benchtop ~ конфигурация (*оборудования*), предусматривающая установку (*напр. персональной ЭВМ*) на стеллаже

  bit ~ конфигурация бит, битовая конфигурация

  contact ~ **1.** расположение контактов **2.** форма контакта

  custom ~ заказная конфигурация

  2D ~ *см.* **2-dimensional configuration**

  2.5D ~ *см.* **2.5-dimensional configuration**

  3D ~ *см.* **3-dimensional configuration**

  desktop ~ настольная конфигурация

  2-dimensional ~ двумерная организация (*памяти*)

  2.5-dimensional ~ 2,5-мерная организация (*памяти*)

  3-dimensional ~ трёхмерная организация (*памяти*)

  dual ~ спаренная конфигурация

  dual-memory ~ конфигурация с двойной (оперативной) памятью

  dual-processor ~ двухпроцессорная конфигурация

  entry-level ~ базовая [минимальная, исходная] конфигурация (*модульной системы*)

  error ~ конфигурация ошибок

  hardware ~ состав аппаратного оборудования, конфигурация технических средств

  minimum ~ минимальная конфигурация (*напр. вычислительной системы*)

  multiprocessor ~ многопроцессорная конфигурация, конфигурация с несколькими процессорами

  multistable ~ схема с несколькими устойчивыми состояниями

  N-cluster ~ N-групповая конфигурация

  network ~ конфигурация сети

  pin(out) ~ конфигурация [расположение] выводов

  port ~ конфигурация портов

  problem-solving ~ конфигурация, обеспечивающая (автоматическое) решение проблем *или* задач

  ring ~ кольцевая конфигурация (*сети*)

  software ~ состав программного обеспечения, конфигурация программых средств

  star ~ звездообразная конфигурация (*сети*)

  system-in-a-room ~ «комнатная» конфигурация (распределённой) системы (*территориально сосредоточенная в одном помещении*)

  target ~ целевая конфигурация системы (*для решения конкретной задачи*)

terminal ~ конфигурация терминальной сети, схема расположения терминалов

uniprocessor ~ однопроцессорная конфигурация, конфигурация с одним процессором

configurator конфигуратор

configured сконфигурированный, скомпонованный

    full ~ в максимальной конфигурации, в максимальном комплекте

configuring выбор [планирование] конфигурации (*создаваемой системы*)

confinement ограждение (*данных от несанкционированного использования*)

confirmation подтверждение приёма (*сообщения*), квитирование

    delivery ~ подтверждение доставки сообщения

conflict конфликт, конфликтная ситуация

    bus ~ конфликтная ситуация при обращении к шине, *проф.* конфликт на шине

    concurrency ~ конфликт при совмещении операций, конфликт параллельной обработки

    hashing ~ конфликт при хэшировании

    name [naming] ~ конфликт по совпадению имён, конфликт по именам, конфликт по именованию

    read-write ~ конфликт по совпадению обращений при считывании и записи

    storage access ~ конфликт по обращению к памяти

    switch ~ конфликт коммутации

    write-write ~ конфликт по совпадению обращений для записи

conflict-free неконфликтующий, бесконфликтный

confluence 1. слияние **2.** *стат.* конфлюэнтность

conform согласовывать(ся); соответствовать; быть подобным

conformity согласованность; соответствие

    case ~ выбирающее предположение с согласованием (*АЛГОЛ 68*)

confrontation сопоставление двух листингов (*транслируемой программы*)

congestion перегруженность, перегрузка (*каналов связи*)

    reception ~ перегрузка при приёме

congrammatical конграмматический

congruence 1. конгруэнтность, сравнимость (*по модулю*) **2.** конгруэнция, сравнение **3.** конгруэнтность (*близких языков*)

    linear ~ сравнение первой степени, линейное сравнение

congruous конгруэнтный, сравнимый ◊ ~ **modulo N** сравнимый по модулю N

conjugation 1. *матем.* сопряжение **2.** *лингв.* спряжение

conjunct конъюнкт, член конъюнктивного выражения

conjunction конъюнкция, логическое умножение

    existencially quantified ~ конъюнкция с квантором существования

connect соединять; присоединять; включать; подключать

connection 1. соединение; связь; присоединение; включение; подключение **2.** схема **3.** соединительная деталь **4.** *матем.* связность ◊ ~ **by abutment** соединение встык

    bridge ~ **1.** мостиковое [мостовое] соединение **2.** мостиковая [мостовая] схема

    broadcast ~ широковещательная связь

    cascade ~ каскадное соединение; каскадное включение

    channel-to-channel ~ соединение канал — канал

conference ~ подключение по типу конференц-связи (*когда каждый абонент может передавать сообщения всем остальным*)

end-around ~ обходное соединение (*при трассировке*)

full ~ полное [протрассированное] соединение

fusible-link ~ 1. плавкая перемычка 2. соединение плавкими перемычками

hardwired ~ постоянное [жёсткое] соединение

in-cut ~ разъёмное соединение, разъём

intercircuit ~ межсхемное соединение, межсоединение

interface ~ сквозное соединение (*в плате*)

interplane ~ межплатное соединение

interpropositional ~ *лингв.* пропозициональная связка

intraplane ~ внутриплатное соединение

logic ~ логическая связь

long-lived ~ долговременное соединение (*в сети передачи данных*)

multipoint ~ многоточечное соединение (*напр. между тремя и более терминалами*)

overflow ~s непротрассированные соединения

plated-through interface ~ соединение методом сквозной металлизации

plug(-type) ~ разъёмное соединение, разъём

point-to-point ~ двухточечное соединение (*напр. между двумя терминалами*); непосредственное [прямое] соединение

routed ~ протрассированное соединение

session ~ сеансовое соединение, соединение на время сеанса (*работы пользователя с диалоговой системой*)

shared-memory ~ сопряжение с общей памятью

sibling ~ родственная связь

(*между дочерними элементами одного уровня*)

snake-like ~ соединение змейкой, серпантинное соединение (*при трассировке*)

tandem ~ парное соединение; тандемное соединение

transport ~ транспортное соединение

unrouted ~ невыполненное [непротрассированное] соединение

virtual ~ виртуальное соединение (*в сети с коммутацией пакетов*)

wire-wrapped ~ соединение накруткой

connective 1. соединяющий элемент ‖ соединительный 2. соединительное слово 3. *лог.* функция; выражение; связка; логический оператор с двумя операндами, логическая связка

AND ~ функция И; связка И

Boolean ~ булева функция; булево выражение; булева связка

logical ~ логическая функция; логическая связка

metalinguistic ~ металингвистическая связка

OR ~ функция ИЛИ; связка ИЛИ

connector 1. соединитель; соединительное звено 2. (логический) блок объединения (*в блок-схеме*) 3. соединительный знак 4. соединитель, (штепсельный) разъём

board-to-board ~ межплатный соединитель, межплатный разъём

cable ~ кабельный соединитель, кабельный разъём

card ~ разъём платы

card-edge ~ краевой соединитель, краевой разъём

coaxial ~ коаксиальный соединитель, коаксиальный разъём

DIN ~ разъём, соответствующий стандарту DIN

double-row [**double-sided**] ~

двухрядный соединитель, двухрядный разъём

edge(board) [edgecard] ~ краевой соединитель, краевой разъём

female ~ розетка [гнездо] соединителя, розетка [гнездо] разъёма

fiber-optic ~ волоконно-оптический соединитель, волоконно-оптический разъём

fixed ~ соединитель (*блоков в блок-схеме*) без ветвления

flowchart ~ соединитель на блок-схеме

gold-plated ~ разъём с позолоченными контактами

latch ~ защёлкивающийся соединитель, защёлкивающийся разъём

logic ~ логический соединитель (*фигурирующий при моделировании схем на логическом уровне*)

male ~ вилка [вкладыш] соединителя, вилка [вкладыш] разъёма

modular ~ модульный соединитель, соединитель модульной конструкции

multipin ~ многоконтактный [многоштырьковый] соединитель, многоконтактный [многоштырьковый] разъём

multiple ~ (логический) блок объединения (*в блок-схеме*)

multipoint ~ многоконтактный [многоштырьковый] соединитель, многоконтактный [многоштырьковый] разъём

N-pin [N-point] ~ N-контактный [N-штырьковый] соединитель, N-контактный [N-штырьковый] разъём

optical ~ оптический соединитель, оптический разъём

pin ~ штыревой разъём

printed-circuit ~ 1. разъём печатной платы 2. печатный разъём

socket ~ 1. розетка [гнездо] соединителя, розетка [гнездо] разъёма 2. штепсельный разъём

variable ~ переключаемый (логический) блок объединения

wire-wrap ~ соединитель [разъём] для монтажа накруткой

zero-insertion-force [ZIF] ~ разъём с нулевым усилием сочленения

connexion *см.* **connection**

cons *sl* синтезировать целое из частей (*подобно действию команды CONS в языке ЛИСП*)

consequence:
  logical ~ логическое следствие

consistency 1. последовательность **2.** постоянство **3.** согласованность **4.** непротиворечивость, совместимость **5.** *стат.* состоятельность
  ~ **of estimator** состоятельность оценки

consistent 1. последовательный **2.** постоянный **3.** согласующийся **4.** непротиворечивый, совместимый **5.** *стат.* состоятельный

console 1. пульт (управления); пульт оператора **2.** консоль

alternate ~ запасной [дополнительный] пульт

auxiliary ~ вспомогательный пульт; вспомогательный пульт оператора

computer ~ пульт (управления) вычислительной машины

control ~ пульт управления

CRT ~ экранный пульт

data station ~ пульт (оконечного) устройства обработки данных

desk control ~ пульт управления

display ~ **1.** дисплей, дисплейный пульт **2.** пульт управления индикационным табло

engineering ~ инженерный пульт

graphical ~ графический пульт

local ~ местный пульт

master control ~ главный пульт управления

message display ~ дисплейный пульт для вывода сообщений

operating ~ пульт управления

operator('s) ~ 1. пульт оператора 2. операторская консоль

primary ~ основной пульт

remote ~ дистанционный пульт

secondary ~ вспомогательный пульт

supervisory ~ диспетчерский пульт

test ~ испытательный пульт

typewriter ~ пульт в виде пишущей машинки

user ~ 1. пульт пользователя 2. пользовательская консоль

visual-display ~ 1. дисплей, дисплейный пульт 2. пульт управления индикационным табло

visual operator ~ пульт оператора с визуальным выводом (данных)

consolidation:

data ~ усиление целостности данных

consource дополнительный источник (*информации*)

conspiracy:

connector ~ разъёмная конспирация (*сговор о несовместимости по разъёмам с целью исключить аппаратную совместимость, напр. новых систем со старыми моделями*)

constant константа, постоянная (величина); (постоянный) коэффициент ‖ постоянный; неизменный

~ of integration постоянная интегрирования

~ of inversion константа инверсии

~ of proportionality коэффициент пропорциональности

absolute ~ абсолютная постоянная

address ~ адресная константа

arbitrary ~ произвольная постоянная

basic real ~ базисная вещественная константа (*ФОРТРАН*)

block ~ признак [постоянная] группы (*напр. цифр*)

character ~ символьная константа

complex (values) ~ комплексная константа

contiguous ~ зависимая константа

C-type ~ константа типа C, символьная константа

decay (time) ~ постоянная (времени) затухания

decimal ~ десятичная константа

deferred ~ задержанная постоянная (*в языке Ада*)

dielectric ~ диэлектрическая постоянная

diffusion ~ постоянная диффузии; коэффициент диффузии

distributed ~s распределённые параметры

figurative ~ именованная константа

floating-point ~ константа с плавающей запятой

grouped ~ сгруппированная константа, табличная константа

Hollerith ~ текстовая константа (*ФОРТРАН*)

instructional ~ управляющее слово, псевдокоманда

integer ~ целочисленная константа

Kerr ~ постоянная Керра

label ~ константа типа (операторной) метки

layout ~ макет расположения (*напр. разрядов в машинном слове*)

literal ~ литеральная константа, литерал

logical ~ логическая константа

long ~ константа увеличенной точности, *проф.* длинная константа

manifest [named] ~ именованная константа

noncontiguous ~ независимая константа

notation ~ нотационная константа (*ПЛ/1*)

numeric(al) ~ численная константа

P-type ~ константа типа P, упакованная десятичная константа

real ~ вещественная константа

statement label ~ константа типа (операторной) метки

structural ~ *лингв.* логическая связка

structured ~ структурная константа

system ~ системная константа

time ~ постоянная времени

transfer ~ постоянная передачи; коэффициент передачи

X-type ~ константа типа X, шестнадцатеричная константа

Y-type ~ константа типа Y, адресная константа

Z-type ~ константа типа Z, распакованная десятичная константа

constellation совокупность, группа (*одинаковых элементов, образующих макроэлемент*)

constituent 1. компонента, составляющая **2.** конституэнт, составная часть

~ **of unity** конституэнт единицы

~ **of zero** конституэнт нуля

primary ~ первичная компонента

constraint 1. ограничение; ограничивающее условие **2.** принуждение **3.** сдерживающий фактор **4.** уточнение (*в языке Ада*)

~ **of variety** *киберн.* ограничение разнообразия

compatibility ~s ограничения на совместимость

computational ~s вычислительные ограничения

consistency ~s условия согласованности; ограничения, обеспечивающие целостность (*базы данных*)

design ~s проектные ограничения

engineering ~s технические ограничения

external ~ внешнее принуждение (*в схеме прерывания*)

hardware ~s аппаратные ограничения

horizontal ~ горизонтальная ограничительная линия (*в графопостроителях*)

linear ~s линейные ограничения

row ~ ограничение по строкам

software ~s программные ограничения

tight ~ жёсткое ограничение

vertical ~ вертикальная ограничительная линия (*в графопостроителях*)

construct 1. конструкция, логическая структура **2.** конструктивный элемент, конструктив **3.** структурный компонент

branch-to-label ~ конструкция перехода по метке

control ~ управляющая структура

information-bearing ~ структура, ориентированная на представление информации (*в базах данных*)

knowledge-bearing ~ структура, ориентированная на представление знаний (*в СИИ*)

signal processing ~ языковая конструкция для задач обработки сигналов

standard language ~ стандартная языковая конструкция, стандартный язык (*программирования*)

structural coding ~ конструкция структурного кодирования, конструкция структурного программирования

construction 1. конструкция **2.**

матем. построение; составление **3.** структура

active ~ *лингв.* активная конструкция

cellular ~ **1.** ячеечная конструкция **2.** клеточная структура; регулярная структура

modular ~ **1.** модульная конструкция **2.** модульная структура

passive ~ *лингв.* пассивная конструкция

planar ~ планарная конструкция

program ~ **1.** составление программы **2.** структура программы

recursive ~ рекуррентное конструирование (*СБИС*)

sandwich(-type) ~ конструкция слоистого типа

unit ~ блочная конструкция

consultancy консультирование (*функция экспертной системы*)

consumer 1. потребитель **2.** абонент

consumption:

power ~ потребляемая мощность

contact 1. контакт ‖ соприкасаться **2.** *матем.* касание

area ~ **1.** плоский контакт **2.** контакт по площади

base ~ базовый электрод; базовый контакт

break ~ размыкающий контакт; нормально замкнутый контакт

break-(before-)make ~ перекидной контакт (*с разрывом цепи*)

brush ~ щёточный контакт

buried ~ скрытый контакт; «утопленный» контакт

collector ~ коллекторный электрод; коллекторный контакт

emitter ~ эмиттерный электрод; эмиттерный контакт

female ~ гнездовой контакт, контакт розетки (*штепсельного*) разъёма

finger ~ кнопочный контакт

low-resistance ~ контакт с малым переходным сопротивлением

make ~ замыкающий контакт

make-(before-)break ~ переходной контакт (*без разрыва цепи*)

male ~ штыревой контакт, контакт вилки (*штепсельного*) разъёма

nonrectifying ~ невыпрямляющий контакт

normally closed ~ нормально замкнутый контакт

normally open ~ нормально разомкнутый контакт

ohmic ~ омический контакт

point ~ точечный контакт

press-fit ~ контакт с прессовой посадкой (*на плате для установки кристаллов*)

printed ~ печатный контакт

readout ~ считывающий контакт (*напр. в перфолент(оч)ных устройствах*)

rectifying ~ выпрямляющий контакт

rubber-dome carbon ~ угольный контакт в резиновой оболочке

sliding ~ скользящий контакт

transfer [two-way] ~ переключающий контакт

contacting замыкание контактов

contain 1. содержать **2.** делиться без остатка

containment:

error ~ ограничение распространения (последствий) ошибки

fault ~ ограничение распространения (последствий) неисправности

contamination:

data ~ порча данных

content 1. содержание **2.** *pl* содержимое

~s of A содержимое блока памяти с адресом A

average transinformation ~ среднее количество сообщённой информации; средний объём переданной информации

conditional information ~ условное количество информации

data ~ содержание [смысл] данных

decision ~ разнообразие выбора (*логарифм числа возможных событий полной системы*)

frequency ~ частотный спектр

impurity ~ содержание примесей

information ~ количество информации; объём информации

mean transinformation ~ среднее количество сообщённой информации; средний объём переданной информации

storage ~s содержимое памяти

transinformation ~ количество сообщённой информации; объём переданной информации

content-addressable ассоциативный

contention 1. состязание (*напр. за обладание ресурсами*) 2. конфликтная ситуация, конфликт

bus ~ конфликтная ситуация при обращении к шине, *проф.* конфликт на шине

data ~ конфликтная ситуация на уровне данных, *проф.* конфликт по данным

intrasystem ~ внутрисистемная конфликтная ситуация, внутрисистемный конфликт

lock ~ конфликт при блокировках (*запрашиваемых информационных объектов*)

memory ~ конфликтная ситуация при (одновременном) обращении к памяти (нескольких устройств), *проф.* конфликт в памяти

network ~ конфликтная ситуация в сети, *проф.* конфликт в сети

resource ~ состязание за обладание ресурсами

content-richness содержательность

context контекст

association ~ контекст соединения (*абонентов сети*)

firm ~ твёрдый контекст (*АЛГОЛ 68*)

linear ~ линейный контекст

soft ~ мягкий контекст (*АЛГОЛ 68*)

strong ~ сильный контекст

weak ~ слабый контекст

context-dependent контекстно-зависимый

context-free контекстно-независимый, контекстно-свободный

context-sensitive контекстно-зависимый

contextual определяемый по контексту, контекстно-зависимый; контекстуальный, контекстный

contingency 1. контингенция, сопряжённость признаков 2. *матем.* ограничение

continuum *матем.* континуум

contract:

maintenance ~ контракт на обслуживание (*ЭВМ*)

control 1. управление; регулирование ‖ управлять; регулировать 2. контроль ‖ контролировать ‖ контрольный 3. устройство [орган] управления; *pl* средства управления 4. управление, управляющее воздействие 5. *pl* директивы

access ~ 1. управление выборкой (*из памяти*) 2. управление доступом 3. контроль за доступом

accuracy ~ контроль правильности

address boundary ~ управление границами адресов (*в кэше*)

advanced stacked job ~ управление оптимальной очерёдностью прохождения заданий

analog stop ~ управление остановкой аналоговых вычислений

anticipatory ~ упреждающее регулирование; управление с прогнозированием

bang-bang ~ релейное управление, управление «по упорам»

beam ~ управление лучом

bilateral ~ реверсивное управление

built-in ~ встроенный контроль

carriage ~ управление кареткой

casual ~ эпизодический контроль

channel ~ управление каналом *или* каналами

closed cycle [closed loop] ~ регулирование по замкнутому циклу

communications ~ управление передачей (*данных*)

compensator ~ компенсаторное управление

computed path ~ управление с вычислением траектории движения (*в соответствии с заданным критерием*)

concurrency ~ 1. контроль совпадений (*противоречивых запросов к распределённой базе данных*) 2. управление параллельным выполнением операций, *проф.* управление параллелизмом

concurrent-operations ~ управление параллельной работой

coordinated ~ 1. согласованное регулирование 2. *pl* согласованные управляющие воздействия

cursor ~ управление курсором [указателем] (*дисплея*)

dash ~ кнопочное управление

data-initiated ~ управление с внешним запуском (*при поступлении данных*)

deadbeat adaptive ~ апериодическое адаптивное управление

demand limit ~ регулирование в заданных пределах

derivative ~ регулирование по производной; регулирование по скорости

differential ~ дифференциальное управление

digital ~ цифровое управление; цифровое регулирование

direct ~ прямое управление; прямое регулирование

direct digital ~ прямое цифровое управление, ПЦУ

discontinuous ~ прерывистое регулирование

distributed ~ распределённое управление

distribution ~ управление распространением (*программных изделий*)

drive ~ управление накопителями

dual-mode ~ дуальное управление

dynamic ~ 1. динамическое регулирование 2. динамический контроль

encoded ~ кодовое управление

end-to-end-flow ~ сквозное управление потоком (*информации*)

exclusive ~ привилегированное управление; монопольное управление (*при развязывании тупиковых ситуаций*)

expert ~ управление с использованием экспертной системы

extracode ~ управление с использованием экстракодов

feed ~ управление подачей; регулирование подачи (*напр. бумаги в печатающем устройстве*)

feedback ~ управление с обратной связью; регулирование с обратной связью

feedforward ~ 1. управление с прогнозированием 2. регулирование по возмущению

fine ~ точная регулировка

finger-tip ~ сенсорное управление

floating ~ астатическое регулирование

flow ~ управление потоками (*информации*)

format ~ управление форматом

framing ~ управление разметкой (*обеспечивающее совместимость, напр. магнитных лент*)

frequency-shaped ~ управление с учётом (заданной) формы (амплитудно-)частотной характеристики

front panel ~ **1.** управление с пульта **2.** орган(ы) управления на лицевой панели

graphic attention ~ контроль с помощью привлекающей (внимание) сигнализации; контроль с помощью мнемосхемы

graphic numerical ~ графическое цифровое управление

hierarchical ~ иерархическое управление

implemental plotter ~ управление вычерчиванием изображения (*в графопостроителях*)

independent ~ автономное управление; независимое управление; автономное регулирование; несвязанное регулирование

indirect ~ непрямое управление; непрямое регулирование

industrial (process) ~ управление производственным процессом

inference ~ управление процессом (логического) вывода, управление выводом (*в СИИ*)

inferential ~ косвенное [дедуктивное] регулирование (*на основе приближённых математических зависимостей*)

input/output ~ **1.** управление вводом-выводом **2.** устройство управления вводом-выводом

integral ~ интегральное управление, управление по интегралу; интегральное регулирование, регулирование по интегралу; астатическое регулирование

integrated ~ интегрированное управление

intelligent ~ **1.** управление с применением микропроцессорных устройств **2.** интеллектуальное устройство управления

interacting ~ связанное регулирование

interactive ~ управление в интерактивном режиме

intermittent ~ прерывистое регулирование

interrupt ~ **1.** управление прерываниями **2.** контроль прерываний

I/O ~ *см.* **input/output control**

job flow ~ управление потоком [последовательностью прохождения] заданий

job-processing ~ управление обработкой заданий

keyboard ~ управление от клавиатуры, клавишное управление

light pen ~ управление световым пером; управление при помощи светового пера

link ~ управление каналом связи (*в сети*)

local ~ локальное управление

logical ~ логический контроль

loop ~ управление циклом

magnetic-tape ~ управление от магнитной ленты

main ~ основное управляющее воздействие

manual ~ ручное управление

master ~ **1.** эталонное управляющее воздействие **2.** задающее воздействие **3.** организующая программа (*управляющая вычислительным процессом в прикладной системе*)

memory ~ **1.** управление памятью **2.** устройство управления памятью; блок управления памятью

memory stored ~ управление при помощи программы, хранимой в памяти

microprogramming ~ микропрограммное управление

model-following ~ управление с использованием эталонной модели

model reference adaptive ~ адаптивное управление с эталонной моделью

modulo N ~ контроль по модулю N

multicircuit ~ многоконтурная система управления; многоконтурное регулирование

multilevel ~ многоуровневое управление

multipath ~ многоканальное управление

multiple-loop ~ многоконтурное управление

multiprogramming ~ управление мультипрограммным [многопрограммным] режимом

multivariable [multivariate] ~ многосвязное регулирование

noncorresponding ~ астатическое регулирование

numeric(al) ~ числовое программное управление, ЧПУ

off-line ~ автономное управление

on-line ~ 1. управление в режиме онлайн 2. управление в реальном (масштабе) времени; управление в темпе поступления информации

on-off ~ двухпозиционное регулирование

open-loop ~ регулирование по разомкнутому циклу; регулирование без обратной связи

operating ~ оперативное управление

optimizing ~ экстремальное регулирование

orthotronic error ~ ортогональный контроль ошибок (*с совмещением продольного и поперечного контроля*)

parameter adaptive ~ параметрическое адаптивное управление

pass ~ управление прохождением данных (*в сети*)

pen ~ управление световым пером; управление при помощи светового пера

peripheral ~ управление периферийным оборудованием

plugged ~ управление с помощью коммутационной панели

point-to-point ~ позиционное управление; позиционное регулирование

position ~ регулирование положения; регулирование по положению, позиционное регулирование

priority ~ приоритетное управление

process ~ 1. управление технологическим процессом 2. управление (вычислительным) процессом

production ~ 1. управление производством 2. производственный контроль

production yield ~ контроль (производственного) выхода

program ~ программное управление; программное регулирование

program execution ~ управление выполнением программы

programmed ~ программное управление; программное регулирование

programmed numerical ~ числовое программное управление, ЧПУ

proportional ~ линейное регулирование, регулирование по отклонению; пропорциональное регулирование

proportional-plus-floating ~ изодромное регулирование

pulse ~ импульсное управление; импульсное регулирование

push-button ~ кнопочное управление

ramp ~ управление разгоном (*напр. магнитной ленты*)

rate ~ регулирование скорости; регулирование по скорости

ratio ~ регулирование соотношения

reaction ~ регулирование величины обратной связи
real-time ~ управление в реальном (масштабе) времени
regulatory ~ автоматическое регулирование
remote ~ дистанционное управление, телеуправление; дистанционное регулирование, телерегулирование
replica ~ управление использованием копий (*в распределённых системах*)
resource-sharing ~ управление разделением ресурсов
retarded ~ регулирование с запаздыванием
ringing ~ управление посылкой вызова
robotics ~ управление с использованием роботов, роботизированное управление
rudimentary automatic ~ 1. рудиментарное автоматическое управление 2. ничтожная степень автоматизации управления
self-acting ~ саморегулирование
self-operated ~ автоматическое управление
sensitivity ~ регулирование чувствительности
sensor(-based) ~ сенсорное управление, управление с использованием датчиков
sequence ~ управление очерёдностью (*напр. выполнения команд*)
sequential ~ последовательное управление
sequential stacked job ~ управление естественной очерёдностью прохождения заданий
servo ~ сервоуправление; серворегулирование, автоматическое регулирование
servo-operated ~ регулирование с использованием следящего привода
shared ~ совместное управление (*напр. несколькими устройствами ввода-вывода*)

sight ~ визуальный контроль
sign ~ 1. регулирование по знаку 2. контроль по знаку
single-loop ~ одноконтурное регулирование
slide ~ плавное регулирование
split-cycle ~ быстрое регулирование (*в течение доли периода*)
stacked job ~ управление очерёдностью прохождения заданий
stacker select ~ управление выбором кармана (*напр. при сортировке перфокарт*)
statistic(al) ~ статистический контроль
step ~ ступенчатое регулирование
step-by-step ~ шаговое регулирование
stepless ~ 1. непрерывное управление; непрерывное регулирование 2. плавное регулирование
stock ~ контроль уровня запасов (*в автоматизированной системе управления запасами*)
supervisory ~ 1. диспетчерское управление; диспетчерский контроль 2. управление в супервизорном режиме
symbiont ~ *проф.* симбионтное управление (*одновременным выполнением симбионтов и основной программы*)
syntactic ~ синтаксический контроль
task ~ управление задачами
terminal ~ управление оконечными устройствами
termination ~ терминальное управление; контроль по достижению цели (*в СИИ*)
time-variable ~ регулирование по времени
timing ~ управление выдержкой времени; управление в соответствии с временно́й диаграммой; управление синхронизацией
traffic ~ управление трафи-

ком; управление транспортными потоками; управление рабочей нагрузкой (*сети связи*)

transaction ~ управление транзакциями

tree-structured ~ древовидная схема управления

tri-state ~ управление на основе использования элементов с тремя состояниями

uncoordinated ~ 1. несогласованное регулирование 2. *pl* несогласованные управляющие воздействия

upsetting ~ 1. задающее воздействие 2. управление по уставкам

voice ~ речевое управление

control-driven с (явно заданным) управлением от программы (*в отличие от управления потоком данных*)

controllability 1. управляемость; регулируемость 2. контролируемость 3. управляемость (*параметр контролепригодности схем*)

0-~ 0-управляемость, нуль-управляемость (*характеризующая сложность обеспечения значения 0 в узле схемы*)

sequential ~ последовательностная управляемость

controlled:

keyboard ~ управляемый с пульта; управляемый с клавиатуры

numerically ~ с числовым программным управлением

punched tape ~ с управлением от перфоленты, с перфолент(оч)ным управлением

controller 1. контроллер, устройство управления, управляющее устройство; микроконтроллер 2. регулятор (*см. тж* regulator) 3. управляющий электрод

access ~ контроллер выборки

activity ~ контроллер действий, блок управления активностью (*в потоковой машине*)

board-mounted ~ регулятор (установленный) на щите управления

caching disk ~ дисковый контроллер с кэшем

channel ~ контроллер каналов связи

cluster ~ групповой контроллер

communications ~ связной контроллер

concurrency ~ контроллер совмещения операций

display-memory ~ контроллер памяти изображения (*в дисплее*)

DMA ~ контроллер прямого доступа к памяти

dual-channel ~ контроллер сдвоенного канала (*магнитных лент*)

extended-memory ~ контроллер расширенной памяти

feedback ~ 1. автоматический регулятор 2. регулятор в цепи обратной связи

floating ~ астатический регулятор

format ~ контроллер формата

fuzzy ~ регулятор с нечётким алгоритмом

human ~ (человек-)оператор

input/output ~ контроллер ввода-вывода

intelligent ~ интеллектуальный контроллер, микропроцессорный контроллер, микроконтроллер

interface ~ контроллер интерфейса

interrupt ~ контроллер прерываний

local-area ~ контроллер локальной сети

locally mounted ~ локально установленный регулятор

master ~ ведущий регулятор; задающий регулятор

MRAC ~ адаптивный регулятор с эталонной моделью

network ~ сетевой контроллер

network access ~ контроллер доступа к сети

one-chip ~ однокристальный контроллер

optimizing peak-holding ~ экстремальный регулятор

parallel data ~ контроллер параллельной передачи данных

peripheral ~ периферийный контроллер, контроллер периферийного оборудования

priority-interrupt ~ контроллер прерывания по приоритету

programmable ~ программируемый микроконтроллер

sampled-data ~ регулятор прерывистого действия

self-tuning PID ~ самонастраивающийся ПИД-регулятор

singular value ~ одноканальный регулятор

slave [submaster] ~ подчинённый регулятор

stored program ~ контроллер с хранимой программой

time-pattern [time-schedule] ~ программный регулятор

variable feedback ~ регулятор с гибкой обратной связью

video ~ видеоконтроллер

controlling управление; регулирование ‖ управляющий; регулирующий

controversy:

declarative-procedural ~ спор между сторонниками процедурного и декларативного представления знаний (*в СИИ*)

convention 1. соглашение 2. *pl* условные обозначения

coding ~ соглашение по программированию

data ~ соглашение о представлении данных

linkage ~ соглашение о связях

notation ~s условные обозначения

program linkage ~ соглашение о межпрограммных связях

convergence конвергенция, сходимость ◊ ~ **in probability** сходимость по вероятности

~ **of design styles** слияние *или* сближение методологий проектирования (*напр. СБИС и программных изделий*)

~ **of series** сходимость ряда

absolute ~ абсолютная сходимость

algorithm ~ сходимость алгоритма

monotone ~ монотонная сходимость

nonuniform ~ неравномерная сходимость

process ~ сходимость процесса

stochastic ~ сходимость по вероятности

uniform ~ равномерная сходимость

weak ~ слабая [медленная, плохая] сходимость

conversation 1. диалог (*человека с машиной*) 2. разговор (*последовательность связанных информационных обменов в процессе выполнения процедуры пользователем*)

N-party ~ N-сторонний разговор (*в системах телеконференц-связи*)

conversational 1. диалоговый 2. разговорный (*о режиме работы системы реального времени*)

conversationally в процессе диалога; в диалоговом режиме

converse преобразовывать

conversion 1. преобразование; превращение; переход; перенесение (*данных с одного носителя на другой*) 2. перекодирование; перекодировка

AD [analog-digital] ~ аналого-цифровое преобразование

analog-to-analog ~ преобразование из одной аналоговой формы в другую

analog-to-digital ~ преобразование из аналоговой формы в цифровую

analog-to-digital time ~ преобразование временны́х интервалов в код; аналого-цифровое преобразование времени

ASCII-numeric ~ преобразование (данных) из кода ASCII в числовую и обратно

binary-to-analog ~ преобразование из двоичной формы в аналоговую

binary-to-decimal ~ преобразование из двоичной системы (счисления) в десятичную

binary-to-numeric ~ преобразование двоичного кода в цифру (*для индикации*)

binary-to-octal ~ преобразование из двоичной системы (счисления) в восьмеричную

card-to-card ~ перенесение данных с (перфо)карт на другие (перфо)карты

card-to-punch ~ преобразование кода (перфо)карт в код других (перфо)карт *или* (перфо)ленты; перенесение данных с (перфо)карт на другие (перфо)карты *или* (перфо-)ленту

card-to-tape ~ преобразование кода (перфо)карт в код ленты; перенесение данных с (перфо)карт на ленту

code ~ преобразование кода

computer system ~ освоение автоматизированной системы, переход на автоматизированную систему

concurrent ~ преобразование, выполняемое параллельно с другими операциями; параллельное преобразование

current summation digital-to-voltage ~ цифроаналоговое преобразование напряжения сложением токов

DA ~ *см.* digital-analog conversion

data ~ преобразование данных

decimal-to-binary ~ преобразование из десятичной системы (счисления) в двоичную

decimal-to-numeric ~ пре-

образование десятичного кода в цифру (*для индикации*)

digital ~ цифровое преобразование

digital-analog ~ цифроаналоговое преобразование

digital-to-analog ~ преобразование из цифровой формы в аналоговую

digital-to-image ~ преобразование цифрового кода в изображение (*на экране дисплея*)

direct ~ прямое [непосредственное] преобразование

display-data ~ преобразование изображения (*на экране*) в знаковую форму

fixed-to-float ~ преобразование чисел с фиксированной запятой в числа с плавающей запятой

float-to-fixed ~ преобразование чисел с плавающей запятой в числа с фиксированной запятой

forward ~ прямое преобразование

indirect ~ непрямое [сложное] преобразование

invert ~ инвертирование

lambda ~ лямбда-преобразование, λ-преобразование (*ЛИСП*)

media ~ перенесение (*данных*) с одного носителя на другой

octal-to-binary ~ преобразование из восьмеричной системы (счисления) в двоичную

parallel-serial ~ преобразование параллельного кода в последовательный

print-to-print ~ преобразование (*текста*) из одной печатной формы в другую

reverse ~ обратное преобразование

serial-parallel ~ преобразование последовательного кода в параллельный

tape-to-card ~ преобразование кода ленты в код (перфо)карт; перенесение данных с ленты на (перфо)карты

tape-to-tape ~ перенесение данных с ленты на ленту

time-to-digital ~ преобразование временных интервалов в код; аналого-цифровое преобразование времени

two-to-four-wire ~ переход от двухпроводной линии к четырёхпроводной

type ~ преобразование типов (*данных*)

voice-to-print ~ преобразование речевых данных в печатную форму

convert *см.* **converse**

converter 1. конвертер, преобразователь; устройство передачи данных с (необходимым) преобразованием; цифратор **2.** преобразователь частоты

A-B ~ *см.* **analog-to-binary converter**

AD [analog-digital] ~ аналого-цифровой преобразователь, АЦП

analog-to-binary ~ преобразователь из аналоговой формы в двоичную

analog-to-digital ~ преобразователь из аналоговой формы в цифровую, цифратор

angle-to-digit(al) ~ преобразователь углового положения (вала), преобразователь угол — код, аналого-цифровой преобразователь углового положения (вала), цифратор углового положения (вала)

B-A [binary-to-analog] ~ преобразователь из двоичной формы в аналоговую

card-to-card ~ устройство преобразования кодов (перфо)карт в коды других (перфо)карт, конвертер (перфо)карты — перфо(карты)

card-to-printer ~ устройство преобразования кодов (перфо)карт в коды печатающего устройства, конвертер (перфо)карты — печать

card-to-tape ~ устройство преобразования кодов (перфо)карт в коды ленты, конвертер (перфо)карты — лента

code ~ преобразователь кода, кодопреобразователь

counter-ramp A/D ~ АЦП с динамической компенсацией (*без специального генератора пилообразного напряжения*)

DA ~ *см.* **digital-analog converter**

data ~ преобразователь данных

digital-analog ~ цифроаналоговый преобразователь, ЦАП

digital-to-analog ~ преобразователь из цифровой формы в аналоговую

frequency-to-number ~ преобразователь частоты в код, преобразователь частота — код, аналого-цифровой преобразователь частоты

incremental ~ преобразователь приращений

language ~ преобразователь формы записи (данных)

magnetic tape-to-printer ~ устройство преобразования кодов магнитной ленты в коды печатающего устройства, конвертер магнитная лента — печать

magnetic tape-to-punched card ~ устройство преобразования кодов магнитной ленты в коды (перфо)карт, конвертер магнитная лента — (перфо)карты

number ~ преобразователь чисел

number-to-boxcar-to-voltage ~ преобразователь кода в напряжение с промежуточным преобразованием в серию [пачку] импульсов, преобразователь код — серия [пачка] импульсов — напряжение

number-to-frequency ~ преобразователь кода в частоту, преобразователь код — частота

number-to-position ~ преобразователь кода в положение,

преобразователь код — положение

number-to-position-to-voltage ~ преобразователь кода в напряжение с промежуточным преобразованием в положение, преобразователь код — положение — напряжение

number-to-time ~ преобразователь кода в интервал времени, преобразователь код — время

number-to-time-to-voltage ~ преобразователь кода в напряжение с промежуточным преобразованием в интервал времени, преобразователь код — время — напряжение

number-to-voltage ~ преобразователь кода в напряжение, преобразователь код — напряжение

number-to-voltage-to-position ~ преобразователь кода в положение с промежуточным преобразованием в напряжение, преобразователь код — напряжение — положение

paper tape-to-card ~ устройство преобразования кодов бумажной (перфо)ленты в коды (перфо)карт, конвертер (перфо)лента — (перфо)карты

paper tape-to-magnetic tape ~ устройство преобразования кодов бумажной (перфо)ленты в коды магнитной ленты, конвертер бумажная (перфо)лента — магнитная лента

parallel-to-serial ~ преобразователь параллельного кода в последовательный

parallel-to-voltage ~ преобразователь параллельного кода в напряжение, преобразователь параллельный код — напряжение

parametric ~ параметрический преобразователь

piezoelectric ~ пьезоэлектрический преобразователь

position-to-number ~ преобразователь положения в

код, преобразователь положение — код, аналого-цифровой преобразователь положения, цифратор положения

pulse ~ импульсный преобразователь

radix ~ преобразователь системы счисления, преобразователь с изменением основания системы (счисления)

ramp(-type) A/D ~ интегрирующий АЦП

serial-to-parallel ~ преобразователь последовательного кода в параллельный

serial-to-voltage ~ преобразователь последовательного кода в напряжение, преобразователь последовательный код — напряжение

shaft position-to-digit(al) ~ преобразователь углового положения (вала) в код, преобразователь вал — код, аналого-цифровой преобразователь углового положения (вала), цифратор углового положения (вала)

speech ~ преобразователь речи

step-switch ~ шаговый преобразователь

successive-approximation ~ преобразователь последовательного приближения (*в аналого-цифровых устройствах*)

tape-to-card ~ устройство преобразования кодов ленты в коды (перфо)карт, конвертер лента — (перфо)карты

tape-to-printer ~ устройство преобразования кодов ленты в коды печатающего устройства, конвертер лента — печать

tape-to-tape ~ устройство преобразования кодов лент, конвертер лента — лента

time-to-number ~ преобразователь интервалов времени в код, преобразователь время — код, аналого-цифровой преобразователь времени, цифратор времени

transmission interface преобразователь устройства сопряжения с каналом передачи (данных)

voltage-to-digital [voltage-to-number, volts-to-digit] ~ преобразователь напряжения в код, преобразователь напряжение — код, аналого-цифровой преобразователь напряжения, цифратор напряжения

convolution свёртывание; свёртка

    integral ~ интегральная свёртка

    multiple ~ многократная свёртка

convolver конвольвер (*вычислительное устройство для определения свёртки*)

cooccurrence совпадение событий (*во времени*); совместная встречаемость

cooler теплосъёмник

coordinate координата ‖ координировать, согласовывать ‖ координатный

    absolute ~ абсолютная координата

    angular ~ угловая координата

    Cartesian ~s декартовы [прямоугольные] координаты

    curvilinear ~s криволинейные координаты

    device ~ приборная координата (*в машинной графике*)

    digital ~ координата в цифровой форме

    false ~ условная координата

    incremental ~ координата (заданная) в приращениях, инкрементная координата (*в машинной графике*)

    normal ~s нормальные координаты

    oblique ~s косоугольные координаты

    original ~s начальные координаты

    orthogonal ~s декартовы [прямоугольные] координаты

    polar ~s полярные координаты

    rectangular ~s декартовы [прямоугольные] координаты

    relative ~ относительная координата (*в машинной графике*)

    spatial polar [spherical] ~s сферические координаты

    tangential ~ тангенциальная координата

    time ~ временна́я координата

    user ~ координата (в системе координат) пользователя (*в машинной графике*)

    world ~ внешняя координата (*в машинной графике*)

coordination координация, согласование

    concept ~ координатное индексирование

coordinatograph координатограф

coordinator координатор, согласующее устройство

    backup ~ координатор-дублёр (*в распределённых системах с сетевой архитектурой*)

copier 1. копировальное устройство; копировально-множительное устройство 2. программа копирования

    bit ~ программа побитового копирования

    display ~ устройство копирования с (экрана) дисплея (*на бумагу*)

    intelligent ~ интеллектуальное копировальное устройство

    remote ~ телекопир

coprimes взаимно-простые числа

coprocessing совместная обработка (данных)

coprocessor сопроцессор

    graphics ~ графический сопроцессор

    math ~ сопроцессор для выполнения математических операций

copy 1. экземпляр 2. копия; оттиск, отпечаток ‖ копировать, воспроизводить; печатать, размножать (*записи*)

    ~ **of data** экземпляр данных

backup ~ дублирующая копия; резервная копия (*файла или набора данных*)

hard ~ документальная копия; печатная копия; *проф.* твёрдая копия

image ~ копия-отображение (*базы данных*)

master ~ основной экземпляр; оригинал

past ~ последняя (*по времени*) копия

primary ~ основная копия

prior ~ предшествующая (*по времени*) копия

replicated ~ идентичная копия (*набора данных в распределённой базе данных*)

shadow ~ дубликат, точная копия

snapshot ~ моментальная копия

soft ~ недокументальная копия (*напр. изображение на экране дисплея*)

typewriter ~ **1.** машинописный экземпляр **2.** машинописная копия

unloaded ~ разгрузочная копия

copying копирование

electrostatic ~ электростатическое копирование

infrared ~ инфракрасное копирование

xerographic ~ ксерографическое копирование

core 1. сердечник **2.** магнитный сердечник; ферритовый сердечник **3.** *проф.* запоминающее устройство на магнитных сердечниках; ферритовая память

AND ~ (ферритовый) сердечник И (*для выполнения логической функции И чисто магнитными средствами*)

aperture ~ сердечник с отверстием (*помимо основного*)

bead-like ferrite ~ бусинковый ферритовый сердечник

biased ~ сердечник с подмагничиванием

bimag [bistable magnetic] ~ магнитный сердечник с двумя устойчивыми состояниями

bucking ~ компенсирующий сердечник

calibration ~ контрольный сердечник; эталонный сердечник

disturbed ~ сердечник с разрушенным состоянием (*намагниченности*)

dust ~ порошковый сердечник

ferrite ~ ферритовый сердечник

ferromagnetic ~ (ферро)магнитный сердечник

hard ~ минимальный состав, ядро (*без которого система неработоспособна*)

load ~ нагрузочный сердечник

logic ~ логический (магнитный) сердечник (*для логических схем*)

low ~s младшие ячейки (оперативной) памяти

memory ~ сердечник памяти [запоминающего устройства]

multiaperture [multihole, multipath, multiple aperture] ~ многодырочный сердечник, сердечник со многими отверстиями

NOT ~ (ферритовый) сердечник НЕ (*для выполнения логической функции НЕ чисто магнитными средствами*)

OR ~ (ферритовый) сердечник ИЛИ (*для выполнения логической функции ИЛИ чисто магнитными средствами*)

oxide ~ ферритовый сердечник

receiving ~ приёмный сердечник; нагрузочный сердечник

rectangular ~ сердечник с прямоугольной петлей гистерезиса

reference ~ контрольный сердечник; эталонный сердечник

saturable ~ сердечник с насыщением

selected ~ выбранный сердечник

selection ~ сердечник выборки (*в ЗУ с прямой выборкой*)

single-aperture ~ сердечник с одним отверстием

software ~ 1. ядро (системы) программного обеспечения 2. программное ядро

square(-loop) ~ сердечник с прямоугольной петлёй гистерезиса

storage ~ запоминающий сердечник; сердечник запоминающего устройства

strip ~ ленточный сердечник

switch ~ переключающий [переключательный] сердечник

tape (wound) ~ ленточный сердечник

three-hole ~ трёхдырочный сердечник

toroidal ~ тороидальный сердечник

transformer-drive magnetic ~ магнитный сердечник с трансформаторным возбуждением

undisturbed ~ сердечник с неразрушенным состоянием (*намагниченности*)

core-resident ОЗУ-резидентный (*об объекте, постоянно находящемся в оперативном ЗУ*)

co-reside совместно находиться в системе

corollary *матем.* вывод, заключение; следствие

coroutine сопрограмма

coroutining организация сопрограмм

corpus 1. объём, совокупность (*текстов*) 2. фонд (*информационный*)

correct 1. исправлять, вносить поправки, устранять ошибки, корректировать 2. правильный; исправный 3. *матем.* корректный

correction 1. исправление, корректирование 2. поправка, коррекция ◇ ~ **for continuity** поправка на непрерывность; ~ **for displacement** поправка на смещение; ~ **for lag** поправка на отставание; поправка на запаздывание

aperture ~ апертурная коррекция

coincidence ~ поправка на совпадение (*импульсов*)

deadlock ~ развязывание [устранение] тупиковой ситуации

double error ~ исправление двойных ошибок

end ~ поправка на крайнее значение

error ~ исправление ошибок

frequency ~ частотная коррекция

home ~ исправление (*ошибок*) на своём [собственном] конце канала (*связи*)

index ~ инструментальная поправка, поправка на ошибку прибора

load(ing) ~ поправка на нагрузку

multierror ~ исправление многократных ошибок

single-error ~ исправление одиночных ошибок

corrective корректирующий

corrector корректирующее устройство, корректор

correlation корреляция, соотношение; соотнесение

antithetic(al) ~ отрицательная корреляция

cross ~ взаимная корреляция

curvilinear ~ нелинейная корреляция

direct ~ положительная корреляция

fact ~ *лингв.* соотнесение фактов

grade ~ ранговая корреляция

intrasample ~ внутривыборочная корреляция

intrinsic ~ собственная корреляция

inverse ~ отрицательная корреляция

linear ~ линейная корреляция

negative ~ отрицательная корреляция

nonsense ~ мнимая корреляция

partial ~ частная корреляция

perfect ~ прямолинейная корреляция

positive ∼ положительная корреляция

rank ∼ ранговая корреляция

serial ∼ сериальная корреляция, автокорреляция

spurious ∼ ложная корреляция

time ∼ временна́я корреляция

true ∼ истинная корреляция

correlatograph коррелятограф

correlator коррелятор, коррелограф, коррелометр

analog ∼ аналоговый коррелятор

digital ∼ цифровой коррелятор

high-speed ∼ быстродействующий коррелятор

serial ∼ последовательный коррелятор, коррелятор последовательного действия

speech-waveform ∼ коррелятор для анализа речи

correlogram коррелограмма

correspondence соответствие

interlanguage ∼ межъязыковое соответствие

one-to-one ∼ взаимно-однозначное соответствие

univocal ∼ однозначное соответствие

corrupt разрушать (напр. информацию)

corruption:

data ∼ искажение данных, проф. порча данных

co-set кодасиловская структура (записей об отношениях)

cost ◊ ∼ **per attachment** стоимость в расчёте на (одно) подсоединение; ∼ **per bit** стоимость (в расчёте) на бит (ЗУ); ∼ **per gate** стоимость (в расчёте) на вентиль

contention ∼s затраты на разрешение конфликтов

operating ∼s эксплуатационные расходы

processing ∼s затраты на обработку данных

cost/performance 1. (соотношение) затраты — эффект **2.** (соотношение) стоимость — производительность

cotasking организация многозадачного режима (работы машины)

coterie комитет (совокупность групп узлов сети, имеющих право обновления данных)

nondominated ∼ недоминируемый комитет

count 1. счёт, подсчёт; отсчёт ‖ считать, подсчитывать; отсчитывать ‖ счётный **2.** единица счёта **3.** одиночный импульс счёта **4.** номер ◊ **to** ∼ **down** считать в обратном направлении; **to** ∼ **forward [up]** считать в прямом направлении

activity ∼ индекс активности (характеристика операции)

bit ∼ число единиц (контрольная сумма)

frequency ∼ подсчёт частот (событий в программе)

pin ∼ число выводов (микросхемы)

raster ∼ число элементов растра (в графическом дисплее)

record ∼ количество записей

reference ∼ контрольный счёт; контрольный отсчёт

remaining ∼ остаточное число импульсов (необходимое для завершения цикла счётчиком)

repeat ∼ повторный счёт

sequence ∼ **1.** элемент последовательности **2.** значение порядкового номера

transition ∼ **1.** число логических переходов **2.** счёт логических переходов

waiting ∼ индекс ожидания (характеристика операции)

countdown 1. обратный счёт, счёт в обратном направлении **2.** работа счётчика в режиме вычитания (импульсов)

counter 1. пересчётное устройство; пересчётная схема **2.** счётчик **3.** регистр **4.** канал СМО

address ∼ **1.** счётчик адреса **2.** регистр адреса

add-subtract [backward-forward] ∼ реверсивный счётчик

batch ~ счётчик пакетов

batching ~ счётчик дозирования, дозирующий счётчик

bidirectional ~ реверсивный счётчик

binary ~ двоичный счётчик

binary decade ~ двоично-десятичный счётчик

binary stage ~ счётчик по модулю два

block-length ~ счётчик длины блока (*данных*)

control ~ счётчик команд

cycle (index) ~ счётчик циклов

decade ~ декадный счётчик; десятичный счётчик

decimal ~ десятичный счётчик

decrement ~ вычитающий счётчик

delay ~ счётчик для формирования задержки

digit ~ одноразрядный счётчик

directional ~ направленный счётчик, счётчик с направленным [односторонним] действием

divide by N ~ схема пересчёта на N

dot ~ счётчик точек (*в дисплее*)

down ~ вычитающий счётчик, счётчик обратного действия

event ~ счётчик (числа) событий

exponent ~ счётчик порядков

footage ~ счётчик длины ленты

forward-backward ~ реверсивный счётчик

frequency ~ частотомер

functional ~ функциональный счётчик

impulse ~ счётчик импульсов

instruction ~ счётчик команд

iteration ~ счётчик итераций

keystroke ~ счётчик нажатий клавиш

location ~ 1. счётчик адресов (*ячеек*) 2. счётчик команд

loop ~ счётчик циклов

microprogram ~ счётчик микропрограммы; микропрограммный счётчик

modulo N ~ счётчик по модулю N

N-bit ~ N-разрядный двоичный счётчик

N-decade ~ N-декадный счётчик

origin ~ счётчик начала (*напр. команды ввода-вывода*)

pass ~ счётчик числа прогонов (*напр. теста*)

predetermined ~ счётчик с предварительной установкой

prescale ~ счётчик с предварительно задаваемым масштабом, масштабируемый счётчик

preset (table) ~ счётчик с предварительной установкой

program ~ счётчик команд

program-address ~ счётчик команд; регистр команд

proportional ~ пропорциональный счётчик

pulse ~ счётчик импульсов

radix two ~ двоичный счётчик

reciprocal ~ реверсивный счётчик

refresh ~ счётчик (задающий цикл) регенерации

regeneration ~ счётчик регенераций (*напр. содержимого памяти*)

repeat ~ счётчик повторений

repetition ~ счётчик циклов

reversible ~ реверсивный счётчик

ring ~ 1. кольцевой счётчик 2. счётное устройство с кольцевой схемой

ripple (connected) ~ счётчик со сквозным переносом

scale-of-N ~ счётчик с делением на N; счётчик по модулю N

scale-of-ten ~ десятичный счётчик

scale-of-two ~ двоичный счётчик

self-stopping ~ самоостанавливающийся счётчик, счётчик с самоостановом

sequence ~ счётчик команд

shift-code ~ счётчик со сдвигом кода, сдвигающий счётчик

shift-register ~ счётчик на сдвиговых регистрах

single-decade ~ одноразрядный десятичный счётчик

slave ~ управляемый счётчик

software ~ программно-реализованный [программный] счётчик

start-stop ~ стартстопный счётчик

state ~ **1.** счётчик (числа) состояний **2.** регистр состояния

step ~ **1.** счётчик тактов **2.** счётчик циклов

storage ~ накопительный счётчик

subsequence ~ счётчик микрокоманд (*входящих в состав машинной операции*)

subtract ~ вычитающий счётчик

summary ~ накапливающий [суммирующий] счётчик

switched-tail ring ~ кольцевой счётчик с размыкаемым кольцом

ternary ~ троичный счётчик

total ~ **1.** итоговый счётчик **2.** счётчик контрольной суммы

unidirectional ~ однонаправленный [нереверсивный] счётчик

up ~ суммирующий счётчик

up-down ~ реверсивный счётчик

counterpart эквивалент; аналог; прототип

counter-timer счётчик-таймер

counting 1. счёт, подсчёт; отсчёт ‖ счётный **2.** вычисление ◇ ~ **down 1.** обратный счёт, счёт в обратном направлении **2.** работа счётчика в режиме вычитания (*импульсов*); ~ **forward** прямой счёт, счёт в прямом направлении; ~ **in**

reverse 1. обратный счёт, счёт в обратном направлении **2.** счёт в противоположном направлении

couple:

address ~ адресная пара

coupled:

closely ~ сильносвязанный

coupler:

acoustic ~ акустический соединитель

bus ~ шинный соединитель

computer ~ коммутационное устройство вычислительной машины

coupling 1. связь **2.** соединение **3.** связывание, увязка **4.** связность (*модулей системы*)

additional ~ дополнительная связь

capacitive ~ ёмкостная связь

close ~ сильная связь

cross-talk ~ перекрёстная связь

direct ~ прямая [непосредственная] связь

electron ~ электронная связь

inductive ~ индуктивная связь

interplanar ~ межплатное соединение; межплатные соединения (*в криогенных ЗУ*)

intraplanar ~ (внутриплатное) межподложечное соединение

loose ~ слабая связь

magnetic ~ индуктивная связь

main ~ основная связь

module ~ сцепление модулей, модульное сцепление

noise ~ шумовая связь (*между ячейками*)

optical ~ оптическая связь

random ~ случайное соединение

spurious ~ паразитная связь

voltage-divider ~ потенциометрическая связь

weak ~ слабая связь

courseware программное обеспечение (для) программированного обучения

covariation *стат.* ковариация

cover:
    molded ~ формованная на-
кладка (*для защиты клавиатуры от механических по-
вреждений и засорения*)
    vertex ~ вершинное покрытие
(*в графе*)
coverage 1. *т. граф.* покрытие
2. охват (*по объёму информации*) **3.** степень компенсации
(*влияния неисправностей*)
    database ~ покрывающая
способность базы данных
(*в отношении определённой
сферы информационного по-
иска*)
    diagnostic ~ диагностическое
покрытие (*неисправностей*)
    fault ~ покрытие (возмож-
ных) неисправностей (*тестом*)
    stimulus-vector fault ~ по-
крытие неисправностей входным (тестовым) вектором
    test ~ тестовое покрытие
(*множества неисправностей*)
covering 1. покрытие; покры-
вающий слой **2.** изоляция,
изоляционный слой **3.** покрывающая способность (*теста*)
crash аварийный отказ, аварийная ситуация, авария ‖ приводить к аварии
    program ~ разрушение про-
граммы (*требующее её пере-
загрузки*)
creation:
    process ~ формирование [по-
рождение] процесса
creator 1. формирователь **2.** разработчик, создатель
    image ~ формирователь изоб-
ражений
credit разрешение на передачу
очередного пакета данных
creep *магн.* сползание
crime:
    computer ~ преступление, со-
вершаемое с помощью вычислительной машины, компью-
терное преступление
criterion 1. критерий, признак
2. ключ; ключевое слово
◊ ~ **for randomness** критерий
случайности

    associative ~ ассоциативный
признак; признаковая часть
слова (*в ассоциативном ЗУ*)
chi-square ~ *стат.* критерий
хи-квадрат
clustering ~ признак группи-
ровки; критерий объединения
в кластеры
control ~ критерий управления; критерий регулирования
convergence ~ критерий сходимости
cycle ~ (заданное) число
повторений цикла; критерий
выхода из цикла
error-squared ~ квадратичный критерий ошибок
fidelity ~ критерий точности
fitting ~ критерий соответствия (*кривой эксперимен-
тальным точкам*); критерий
согласия (*для статистической
проверки гипотез*)
insertion ~ критерий включения (*напр. записи в файл*)
integral performance ~ интегральный критерий качества
minimax ~ минимаксный критерий
nonunique associative ~ групповой ассоциативный приз-
нак; признаковая часть слова
(*в ассоциативном ЗУ*)
N-out-of-M ~ критерий «N»
из «M» (*напр. два из пяти*)
ordering ~ критерий упорядочения
performance ~ критерий качества; критерий эффективности функционирования
recognition ~ критерий распознавания
relevancy ~ критерий релевантности (*информации, вы-
данной по запросу*)
**root-mean-square (minimum
error)** ~ критерий минимума
среднеквадратической ошибки
selection ~ критерий отбора
sequencing ~ критерий упорядочения
specified ~ установленный
критерий

stability ~ критерий устойчивости

switching ~ критерий переключения

testing ~ критерий проверки

transformational ~ *лингв.* критерий трансформационного анализа

unconditional stability ~ критерий абсолютной устойчивости

unique associative ~ ассоциативный признак; признаковая часть слова (*в ассоциативном ЗУ*)

validation ~ критерий достоверности, критерий правильности

crlf *sl* возврат каретки с переводом строки ◇ **to output a** ~ **1.** заканчивать строку текста **2.** начинать новую строку текста

crock *sl* **1.** хрупкая [неустойчивая] программа (*«боящаяся» изменений*) **2.** громоздкая конструкция, громоздкая структура, *проф.* монстр

crockhood *sl* громоздкость; *проф.* гигантизм (*программы*)

crockish *sl* **1.** хрупкий, боящийся изменений **2.** громоздкий

crockitude, crockness *sl* громоздкость; *проф.* гигантизм (*программы*)

crocky *sl* хрупкий, боящийся изменений

cross 1. перекрестие (*форма курсора*) **2.** пересечение, узел (*ПЛМ*)

gun-sight [outside-in] tracking ~ «прицельное» перекрестие (*на экране графического дисплея*)

tracking ~ следящее перекрестие (*на экране графического дисплея*)

cross-assembler кроссассемблер

cross-check перекрёстный контроль

cross-compiler кросскомпилятор

cross-connection перекрёстная связь

crossfire перекрёстное влияние (*линий связи*)

crossfoot перекрёстное суммирование (*числовых*) данных (*в целях контроля*)

cross-indexed с перекрёстными ссылками

crossing:

zero ~ переход через нуль, пересечение нулевого уровня

crossover:

interconnecting ~ пересечение внутренних соединений

segment ~ переход межсегментной границы (*в памяти дисплея*)

cross-point 1. точка пересечения **2.** узел (*ПЛМ*)

personalized ~ индивидуализированное пересечение (*содержащее диод; в ПЛМ*)

cross-product перекрёстное произведение

cross-program кросспрограмма

cross-referencer программа-формирователь перекрёстных ссылок

cross-references перекрёстные ссылки

cross-simulator кроссэмулятор (*для мини- или микро-ЭВМ*)

cross-software кросс-система программного обеспечения (*для мини- или микро-ЭВМ*)

cross-strapped с перекрёстным соединением

crosstalk 1. перекрёстная помеха **2.** выдача ненужных данных; выдача нерелевантной информации

far-end ~ перекрёстная наводка на дальнем конце (*линии связи*)

near-end ~ перекрёстная наводка на ближнем конце (*линии связи*)

cross-validation перекрёстная проверка (*результата, напр. пересчётом на другой машине*)

crowd уплотнение, объединение; набегание ‖ уплотнять, объединять (*напр. данные в памяти с целью экономии места*)

crowding уплотнение, объединение; набегание
bit ~ уплотнение битов; набегание битов
character ~ уплотнение знаков; набегание знаков
cruft *sl* **1.** несобираемый мусор **2.** неприятное свойство программы **3.** *проф.* халтура (*результат недобросовестной программистской работы*) ◊ **to** ~ **together** *проф.* слятать, смастерить на скорую руку (*программу*)
cruftsmanship *sl проф.* халтура (*плохо выполненная программистская работа*)
crunch **1.** *проф.* перемалывать **2.** сильно сжимать, спрессовывать (*данные*) **3.** нехватка ресурсов, *проф.* кризис **4.** знак #, *проф.* диез
cycle ~ *sl* кризис цикла (*в результате слишком мелкого дробления на кванты в перегружаемых системах с разделением времени*)
cruncher:
number ~ сверхбыстродействующий вычислитель (*способный к переработке больших объёмов цифровых данных*), *проф.* цифродробилка
crunching:
file ~ уплотнение файла (*путём сложного многократного преобразования данных*)
number ~ решение числовых задач большого объёма, *проф.* перемалывание чисел
cryotron криотрон
biased ~ криотрон со смещением
control ~ управляющий криотрон
cross-strip ~ поперечный плёночный криотрон
enable ~ разрешающий криотрон
latched ~ самозапирающийся криотрон
multiple-control ~ криотрон с несколькими управляющими проводами

read-in ~ входной криотрон
readout ~ выходной криотрон
tunneling ~ туннельный криотрон
cryptanalysis крипт(о)анализ, техника расшифровки криптограмм
cryptographic криптографический, шифровальный
cryptography криптография
hardware ~ аппаратное шифрование
cryptomicroprocessor криптомикропроцессор (*работающий по зашифрованной программе*)
cryptooperation криптооперация, шифрование
off-line ~ автономное шифрование
on-line ~ шифрование информации в темпе её поступления
crystal **1.** кристалл ‖ кристаллический **2.** кристаллический диод **3.** кварц, кварцевая пластина
crystal-controlled кварцованный (*о генераторе*)
cube **1.** куб **2.** третья степень, куб ‖ возводить в куб
N-(dimensional) ~ N-(мерный) куб
primitive ~ простой куб (*в исчислении D-кубов*)
singular ~ сингулярный куб
cubic(al) кубический, третьей степени
cue команда вызова (*подпрограммы*); реплика (*команда, инициирующая вхождение в замкнутую подпрограмму*)
visual ~ признак, облегчающий визуальное восприятие
cumstat совокупность статистических данных, накопленная статистика
cumulation накопление, аккумуляция
cumulative **1.** накопленный, кумулятивный **2.** *матем.* интегральный
cupal кьюпал (*условная единица вычислительной мощно-*

сти, соответствующая вычислительной мощности ЭВМ IBM-360/20)

cupping поперечное коробление (магнитной) ленты

current 1. (электрический) ток **2.** текущая запись (*напр. в базе данных*) **3.** поток **4.** текущий

~ **of realm** текущая запись области

~ **of record** текущая запись типа записи

~ **of run-unit** текущая запись процессора

~ **of set** текущая запись типа набора

bias ~ ток смещения

carry ~ **1.** ток переноса **2.** ток носителей

circulating ~ **1.** циркулирующий [замороженный] ток (*в сверхпроводящем контуре*) **2.** *pl* блуждающие токи

coincident ~s совпадающие токи

control ~ управляющий ток; регулирующий ток

cutoff ~ ток отсечки

diffusion ~ ток диффузии

digit ~ разрядный ток (*в ЗУ с прямой выборкой*)

disturbing ~ разрушающий ток; ток разрушения (*состояния*)

drive ~ **1.** ток возбуждения **2.** ток выборки (*в ЗУ*)

excess ~ избыточный ток

excitation [exciting] ~ **1.** ток возбуждения **2.** ток намагничивания

forward(-bias) ~ **1.** прямой ток, ток в прямом направлении **2.** *пп* прямой ток, ток в проводящем направлении

full-select ~ ток полной выборки

half(-select) ~ ток полувыборки, полуток выборки

inflection-point ~ ток в точке максимальной крутизны (*вольтамперной характеристики туннельного диода*)

inhibit ~ ток запрета

input ~ входной ток

interrogate ~ опрашивающий ток; ток опроса

leakage ~ **1.** ток утечки **2.** начальный ток (*транзистора*)

load ~ ток нагрузки

loop ~ ток контура; контурный ток

matching ~ согласующий ток; ток согласования

offset ~ ток смещения (*в операционных усилителях*)

output ~ выходной ток

peak ~ максимальный ток; пиковый ток

peak-point ~ пиковый ток

persistent ~ незатухающий ток

pulse ~ импульсный ток; ток в импульсе

pump(ing) ~ ток накачки

quiescent ~ ток в рабочей точке (*вольтамперной характеристики*)

read ~ ток считывания

read-write ~ ток считывания-записи

residual stored ~ остаточный ток

reverse ~ обратный ток

select(ion) ~ ток выборки

shift ~ ток сдвига; ток сдвигающей цепи

standby ~ ток в режиме хранения

stored ~ хранимый [запомненный] ток

summed ~ суммарный ток

supply ~ ток питания, питающий ток

surge ~ ток перегрузки

tunneling ~ туннельный ток (*обусловленный туннельным эффектом*)

valley(-point) ~ ток минимума, ток долины (*вольтамперной характеристики туннельного диода*)

word ~ числовой ток, ток в числовой линейке (*в ЗУ с прямой выборкой*)

write ~ ток записи

curse of dimensionality «проклятие размерности» (*в задачах математического программирования*)

cursor 1. курсор, указатель **2.** стрелка **3.** движок

addressable ~ адресуемый курсор

blinking(-block) ~ курсор в виде мерцающего прямоугольника, мерцающий курсор

destructive ~ стирающий курсор

edit ~ редактирующий курсор

free ~ неуправляемый курсор

horizontal ~ горизонтальный курсор

nondestructive ~ нестирающий курсор

update ~ курсор обновления

vertical ~ вертикальный курсор

curtailment of sampling прекращение выборочного обследования (*в случае заведомо известного исхода*)

curtate:

  lower ~ расположенный в нижней части (перфо)карты

  upper ~ расположенный в верхней части (перфо)карты

curve 1. кривая **2.** характеристика, характеристическая кривая

accumulation ~ *стат.* кумулятивная кривая, кумулянта

B-H ~ кривая намагничивания; магнитная характеристика

current versus voltage [current-voltage] ~ вольтамперная характеристика

fitting ~ сглаживающая кривая; (гладкая) кривая, построенная по точкам

integral ~ интегральная [суммарная] кривая

learning ~ кривая обучения (*характеризующая процесс постепенного приобретения опыта, напр. работы с терминалом*); эффект обучения

magnetization ~ кривая намагничивания

normal magnetization ~ основная кривая намагничивания

recovery ~ кривая восстановления, кривая возвращения в исходное состояние

switching ~ кривая (скорости) перемагничивания

transient ~ кривая переходного процесса

custody забота о сохранности (*информации, напр. в базах данных*)

customarization изготовление заказных схем; изготовление изделий по техническим условиям заказчика

custom-built, custom-designed заказной, изготовленный по техническим условиям заказчика

customizability соответствие требованиям заказчика

customization *см.* **customarization**

customized заказной, изготовленный по техническим условиям заказчика

custom-programmed 1. программируемый заказчиком **2.** запрограммированный по техническим условиям заказчика

cut ◊ to ~ **out a fat** исключать случайности

corner ~ угловой срез (*перфокарты*)

normal ~ срез X (*пьезокристалла*)

cut-in включение, начало работы

cutoff 1. отсечка; запирание; закрывание; срез **2.** останов

tape breakage ~ останов (*лентопротяжного устройства*) при обрыве ленты

cutout 1. очертание, контур **2.** прерыватель

cutset разрез, сечение (*множество связей или элементов, входящих в некоторое сечение сети*)

cutting *матем.* отбрасывание (*членов ряда*)

cybernetic кибернетический

cybernetics кибернетика
  engineering ~ техническая кибернетика; инженерная кибернетика

cycle 1. цикл; период ‖ циклически повторять(ся); работать циклами **2.** *sl* квант вычислений ◇ **to** ~ **back** циклически возвращать; ~ **per second** период в секунду, герц, Гц
  ~ **of magnetization** цикл перемагничивания
  access ~ цикл выборки; цикл обращения
  accumulation ~ цикл накопления
  action ~ цикл операции
  break storage ~ прерывистый цикл (работы) запоминающего устройства
  card ~ цикл обращения к перфокарт(оч)ному оборудованию; цикл работы перфокарт(оч)ного оборудования
  clear-and-write ~ цикл записи с предварительным стиранием
  clock ~ период тактовых импульсов, такт; период синхронизирующих импульсов; цикл синхронизации
  computer ~ машинный цикл
  creation action ~ цикл создания (*файла*)
  device ~ цикл работы устройства
  display ~ цикл формирования изображения
  duty ~ **1.** рабочий цикл **2.** дежурный цикл
  execution [executive] ~ исполнительный цикл (*выполнения команды*)
  fetch ~ цикл вызова; цикл выборки
  fetch-execute ~ цикл выборка — исполнение (*команды*)
  fixed ~ постоянный цикл
  forward(-type) ~ цикл движения вперёд (*напр. при считывании данных с магнитной ленты*)
  inhibit ~ цикл запрета

  instruction ~ командный цикл
  life ~ жизненный цикл (*напр. программного изделия*)
  limit ~ предельный цикл
  machine ~ машинный цикл
  magnetic ~ магнитный цикл
  major ~ большой [главный] цикл (*работы машины*)
  memory ~ цикл (работы) памяти [запоминающего устройства]
  minor ~ подцикл; малый цикл (*работы машины*)
  null ~ холостой цикл
  operating [operation] ~ цикл (выполнения) операции; исполнительный цикл
  operational ~ рабочий цикл; машинный цикл
  print ~ цикл печати
  program ~ цикл [циклическая часть] программы
  programming ~ цикл программирования (*период составления программы, отладки и т. п.*)
  pulse repetition ~ период повторения импульсов
  read ~ цикл считывания
  read-and-regenerate [read-restore] ~ цикл считывания с восстановлением [регенерацией]
  read-write ~ цикл считывания и записи
  regeneration ~ **1.** цикл регенерации **2.** цикл обновления (*напр. магнитных лент*)
  retention ~ срок хранения
  search ~ цикл поиска
  spare ~ свободный цикл (*напр. обращения к какому-л. устройству*)
  split ~ расщеплённый цикл
  stolen ~ захваченный цикл
  storage ~ цикл (работы) запоминающего устройства
  storage refresh ~ цикл обновления памяти
  timing ~ период синхронизации
  two-beat ~ двухфазный цикл
  work ~ рабочий цикл; машинный цикл

write ~ цикл записи

cycle-index индекс цикла (*число выполненных циклов*)

cycler 1. устройство (для) организации циклов **2.** датчик циклов (*в аналоговых ЭВМ*)

cycling 1. циклическая работа; периодическая работа **2.** зацикливание **3.** циклирование **4.** периодическая подача импульсов

   temperature ~ температурное циклирование, термоциклирование

cyclogram циклограмма, цикловая диаграмма

cyclograph циклограф

cylinder цилиндр (*в ЗУ на дисках*)

   label (information) ~ цилиндр меток (*файла*)

D

daemon *см.* **demon**

daisy-chaining организация гирляндной цепи (*напр. для последовательного опроса*)

daisywheel ромашка (*сменный пластмассовый печатающий диск*), лепестковый литероноситель

data (*pl от* **datum**) данные; информация; сведения ◊ ~ **above voice** данные, передаваемые в полосе частот выше речевого диапазона; ~ **under voice** данные, передаваемые в полосе частот ниже речевого диапазона

   absolute ~ абсолютные данные (*напр. значения действительных координат на экране дисплея*)

   actual ~ реальные данные

   adjusted ~ скорректированные данные

   aggregated ~ агрегированные [укрупнённые] данные

   alphabetic ~ буквенные данные

   alpha(nu)meric ~ буквенно-цифровые данные

   analog ~ аналоговые данные

   anomalous ~ неверные данные

   applied ~ данные прикладного характера

   arrayed ~ упорядоченные данные

   asynchronous ~ асинхронные данные (*передаваемые асинхронно*)

   autocorrelated ~ автокоррелированные данные

   available ~ доступные данные; доступная информация

   background ~ основополагающая информация

   bad ~ неправильные данные

   biased ~ смещённые данные (*напр. статистические оценки*)

   binary ~ двоичные данные

   bipolar(-valued) ~ данные, содержащие положительные и отрицательные значения

   bit string ~ данные типа строки бит

   blocked ~ сблокированные данные, блок данных

   Boolean ~ булевы данные

   built-in ~ встроенные данные

   business ~ деловая информация

   byte-width ~ данные с форматом в один байт

   canned ~ искусственные данные (*для тестирования программы*)

   carry-over ~ переносимые данные

   chain ~ цепочка данных

   character string ~ данные типа строки символов

   classified ~ **1.** данные ограниченного доступа **2.** сгруппированные данные

   clean ~ достоверные данные (прошедшие контроль)

   clear ~ незашифрованные данные

   coded ~ (за)кодированные данные

   common ~ общие данные

compacted ~ уплотнённые данные

compatible ~ совместимые данные

comprehensive ~ исчерпывающие [полные] данные (*для тестирования программ*)

computer-generated ~ данные, генерируемые вычислительной машиной

computer usage ~ данные по использованию вычислительной машины; информация об использовании машинных ресурсов

confidential ~ секретные данные; данные ограниченного использования; конфиденциальная информация

constitutional ~ структурированные данные (*для принятия решений*)

constructed (test) ~ искусственные (тестовые) данные; данные контрольного примера

contiguous ~ сопутствующие данные (*не связанные контекстом*)

continuous ~ аналоговые данные; аналоговая информация

control ~ управляющие данные; управляющая информация

coordinate ~ координатные данные

correction ~ поправочные данные

critical ~ критические значения данных (*определяющие наиболее тяжёлый режим работы программы*)

cumulative ~ накопленные [суммарные] данные

current ~ текущие данные

database ~ информация, хранимая в базе данных

debugging ~ отладочная информация

decimal ~ десятичные данные; десятичная информация

derived ~ выводимые (из других) данные

descriptive ~ описательные данные

digital ~ цифровые данные; дискретные данные

digitized ~ оцифрованные данные

discrete ~ дискретные данные

disembodied ~ разрозненные данные; несистематизированные данные

dispersed ~ рассредоточенные [распределённые] данные

documentary ~ данные в виде документов; документальная информация

downloaded ~ загружаемые данные

encoded ~ (за)кодированные данные

encrypted ~ зашифрованные данные

engineering ~ технические данные

error ~ информация об ошибках

evaluation ~ оценочные данные; оценочная информация

event ~ 1. данные типа события 2. данные о событиях

expect ~ ожидаемые данные

expedited ~ срочные данные

false ~ ложные данные

field ~ эксплуатационные данные

field-performance ~ эксплуатационные характеристики

file ~ данные (из) файла

filed ~ 1. данные, хранимые в виде файла 2. картотечные данные

fixed-point ~ данные в форме с фиксированной запятой

flagged ~ данные, снабжённые признаками

floating-point ~ данные в форме с плавающей запятой

formatted ~ форматированные данные

go-no-go ~ данные типа «годен — не годен»

graphic ~ графические данные; графическая информация, информация в графической форме

hierarchical ~ иерархические данные, данные иерархической структуры

historical ~ статистические данные, предыстория (*напр. работы оборудования*)

Hollerith ~ холлеритовские данные (*ФОРТРАН 77*)

housekeeping ~ служебные данные

image ~ видеоданные; образы, изображения (*подлежащие обработке*); данные в наглядном представлении

immediate ~ непосредственно получаемые данные

imperfect ~ неполные данные; неточные данные

improper ~ неподходящие данные; данные, не соответствующие требованиям; «чужие» данные (*напр. для другой программы*)

incoming ~ поступающие данные

incomplete ~ неполные данные

incremental ~ данные в виде приращений

indexed ~ индексируемые данные

indicative ~ индикационные данные

information ~ *проф.* информационные данные

initial ~ начальные данные

input ~ входные данные

integer ~ целочисленные данные

integrated ~ сгруппированные данные; систематизированные данные

interactive ~ данные взаимодействия

intermediate ~ промежуточные данные

intermediate control ~ управляющие данные промежуточного уровня

intersection ~ данные пересечения (*в базах данных*)

invisible ~ невидимая информа-

мация (*требующая определения типа данных*)

job ~ характеристика работы (*в сетевом планировании*)

key-punched ~ данные, вводимые с клавиатуры перфоратора

label ~ данные типа метки

language ~ языковые данные

latched ~ данные (находящиеся) в (регистре-)защёлке

line ~ строковые данные

list-structured ~ данные в виде списка *или* списков, данные, имеющие списковую структуру

locational ~ данные о местоположении (*напр. курсора на экране дисплея*)

logged ~ регистрируемые данные

lost ~ потерянные данные; потерянная информация

low-activity ~ редко используемые данные

machine-readable ~ 1. машиночитаемые данные 2. данные в машинном представлении

major control ~ управляющие данные высшего уровня

management ~ управленческая информация

mask ~ данные для маскирования

mass ~ массовые данные, данные большого объёма

master ~ основные данные; эталонные данные

meaning(ful) ~ значащая информация

meaningless ~ незначащие данные

mechanized ~ данные в машинном представлении

minor control ~ управляющие данные низшего уровня

misleading ~ дезориентирующие данные

missing ~ недостающие данные; потерянные данные; потерянная информация

model-made ~ данные, полученные на модели

multiple ~ многокомпонентные данные

multiplexed ~ мультиплексированные данные

multiuser accessible ~ данные, доступные для многих пользователей (*разрешённые к использованию в режиме мультидоступа*)

N-bit ~ N-разрядные двоичные данные

nonformatted ~ неформатированные данные

non-numeric ~ нечисловые данные

normal ~ обычные данные (*в отличие от срочных*)

null ~ отсутствие данных (*в отличие от нулевых данных*)

numeric(al) (character) ~ цифровые данные; численные данные

observed ~ данные наблюдений

off-chip ~ внекристальные данные (*считываемые извне*)

on-line ~ 1. оперативные данные 2. данные, получаемые в режиме онлайн

operational ~ 1. рабочие данные 2. информация о функционировании системы

outgoing ~ исходящие данные

outlying ~ выбросы значений данных, резко отклоняющиеся значения

output ~ выходные данные

packed ~ упакованные данные, данные в упакованном формате

parallel ~ данные, передаваемые параллельно

pixel ~ данные элемента изображения (*характеризующие цвет, яркость и т. п.*)

pointer ~ данные типа указателя

pooled ~ совокупность данных, данные, объединённые в пул

poor ~ скудные данные

preformatted ~ данные в заданном формате

primary ~ первичные данные

private ~ данные частного характера

problem ~ данные задачи

public ~ общедоступные данные; открытая информация

punched ~ отперфорированные данные

random test ~ случайные тестовые данные

ranked ~ упорядоченные [ранжированные] данные

rating ~ 1. оценочные данные 2. характеристики производительности (*вычислительной системы*)

raw ~ необработанные данные

real-time ~ данные, поступающие в реальном (масштабе) времени

recovery ~ восстановительные данные

reduced ~ сжатые данные

reference ~ справочные данные; нормативно-справочная информация

refined ~ уточнённые данные

rejected ~ отвергаемые данные (*напр. в результате контроля на входе программы*)

relative ~ относительные данные (*напр. данные о смещении луча относительно текущей точки на экране дисплея*)

relevant ~ релевантные данные; релевантная информация (*относящаяся к делу*); существенная информация

reliability ~ данные о надёжности

reliable ~ надёжная информация

remote ~ данные, поступающие с удалённых пунктов

replicated ~ копия данных (*напр. в распределённой системе*); дублированные данные

representative ~ представительные данные

run ~ параметры прогона (*программы*)

sampled ~ 1. выборочные данные 2. дискретные данные

schematic ~ 1. данные о (проектируемой) схеме 2. данные в схематическом виде

scratch ~ черновые данные

secondary ~ вторичные данные; производные данные

sensitive ~ уязвимые данные (*напр. пароль пользователя*)

sensory ~ сенсорная информация; информация от датчиков

serial ~ данные, передаваемые последовательно

shared ~ совместно используемые данные, общие данные

simulation ~ 1. данные для моделирования 2. результаты моделирования

software problem ~ данные о проблемах программного обеспечения; информация о недоработках программных средств

source ~ 1. данные источника 2. исходные данные

specified ~ детализированные данные

speech ~ 1. речевые данные 2. данные о параметрах речевого сигнала

stale ~ устаревшие данные

stand-alone ~ автономные данные

starting ~ начальные данные

statement label ~ данные типа операторной метки

status ~ данные о состоянии

stored ~ запоминаемые [хранимые] данные

string ~ данные типа строки; строковые данные

structured ~ структурированные данные

suspect ~ подозрительные данные, данные, подвергаемые сомнению

symptom ~ симптомы (*в диагностике неисправностей*)

synthetic ~ искусственные данные (*в отличие от реальных*)

system control ~ данные для управления системой; системная управляющая информация

system output ~ данные системного вывода

tabular ~ табличные данные

tagged ~ тегированные [помеченные] данные

task ~ данные задачи

telecommunications ~ данные о нагрузке линий связи

test ~ 1. контрольные данные; тестовые данные 2. данные испытаний

time-referenced ~ данные с привязкой ко времени

timing ~ временны́е характеристики

token ~ 1. данные маркера 2. фишки (*в потоковой ЭВМ*) 3. данные речевого фрагмента

tooling ~ 1. технологические данные 2. данные об используемых программных средствах

transaction ~ 1. сообщаемые данные; данные сообщения 2. данные транзакции

transcriptive ~ преобразуемые данные

transient ~ переменная [динами́ческая] информация

transparent ~ «прозрачные» данные

trouble-shooting ~ данные для отыскания неисправностей

true ~ достоверные данные

tuple-structured ~ данные (представленные) в форме кортежей

uncompatible ~ несовместимые данные

unformatted ~ неформатированные данные

ungrouped ~ несгруппированные данные

unpacked ~ неупакованные данные; распакованные данные

untagged ~ нетегированные [непомеченные] данные

updatable ~ обновляемые данные

user ~ данные пользователя, пользовательские данные

valid ~ достоверные данные

variable ~ переменные данные

vectorized ~ векторизованные данные

virtual ~ виртуальные данные

visible ~ видимая информация (*не требующая определения типа данных*)

warranty ~ данные приёмочных испытаний

wavefront ~ данные (находящиеся) на фронте волны, волна данных (*в параллельных сетевых вычислительных структурах*)

zero ~ нулевые данные, нулевые значения данных

database база данных ‖ заносить информацию в базу данных
~ of code база данных для хранения (машинных) программ, программная база данных
~ of data база данных для хранения информации, информационная база данных

assertional ~ база данных для (хранения) утверждений (*в экспертных системах*)

benchmark(ing) ~ калибровочная база данных (*в системах распознавания речи*)

bibliographic ~ библиографическая база данных (*для библиографического поиска информации*)

chain ~ цепная база данных, база данных с цепной структурой

CODASYL ~ кодасиловская база данных (*основанная на использовании указателей и индексов*)

command ~ командная база данных

comprehensive ~ база данных широкого назначения, многоцелевая база данных

conceptual ~ концептуальный уровень базы данных

corporate ~ база данных фирмы

decision support ~ база данных (для) системы принятия решений

deductive ~ дедуктивная база данных

design ~ база данных проектирования

dial-up ~ коммутируемая база данных (*с доступом по коммутируемым линиям связи*)

direct list ~ база данных с простой списковой структурой

distributed ~ распределённая база данных, РБД

evaluation ~ оценочная база данных (*в системах распознавания речи*)

geometric ~ база геометрических данных (*напр. в системе автоматизированного проектирования*)

graphical-interface ~ база данных с графическим интерфейсом, база данных с графическим языком запросов

heterogeneous ~ неоднородная база данных

hierarchical ~ иерархическая база данных, база данных с иерархической структурой

hybrid ~ гибридная база данных, база данных со смешанной [гибридной] структурой

index ~ индексная база данных

inferential ~ дедуктивная база данных

infological ~ инфологический [информационно-логический] уровень базы данных

information ~ информационная база данных

integrated ~ интегрированная база данных

inverted ~ инвертированная база данных

inverted list ~ база данных с инвертированной списковой структурой

logical ~ логическая база данных, логический уровень базы данных

manufacturing ~ база данных о производственном процессе

multiple copy ~ многоэкземплярная база данных (*скопированная в нескольких узлах вычислительной сети*)

multiuser ~ многопользовательская база данных

natural-language ~ база данных с естественным языком запросов

network ~ сетевая база данных, база данных с сетевой структурой

nonhost ~ локальная база данных (*в противоположность центральной*)

nonlinked ~ несвязная база данных, база данных с несвязной структурой

nonrelational ~ база данных нереляционного типа, нереляционная база данных

nonreplicated ~ распределённая база данных без дублирования, недублированная РБД

normalized ~ нормализованная база данных

partially replicated distributed ~ распределённая база данных [РБД] с частичным дублированием

participating ~s составляющие [компонентные] базы данных (*распределённой СУБД*)

partitioned ~ секционированная база данных

physical ~ физическая база данных, физический уровень базы данных

populated ~ наполненная база данных

project-independent ~ проектно-независимая база данных

project-oriented ~ проектно-ориентированная база данных

random access ~ база данных с произвольным доступом

relational ~ реляционная база данных

replicated ~ база данных с дублированием

rich ~ мощная (*по содержанию*) база данных

ring ~ кольцевая база данных, база данных с кольцевой структурой

rule ~ база правил (*в экспертных системах*)

segmented ~ сегментированная база данных, база данных с сегментной структурой

separate ~s разобщённые базы данных (*в отличие от интегрированной*)

shareable ~ база данных коллективного пользования

speech wave ~ база данных для (хранения) речевых сигналов (*в СИИ*)

technology ~ технологическая база данных

test ~ тестовая база данных, база данных для тестирования

text ~ текстовая база данных

third party ~ сторонняя база данных (*доступная через шлюз сети*)

tree-structured ~ древовидная база данных, база данных с древовидной структурой

unified ~ интегрированная база данных; унифицированная база данных

voice-accessible ~ база данных с речевым доступом

word-oriented ~ текстовая база данных

data-driven управляемый данными

data-flow потоковый, управляемый потоком данных

datagram дейтаграмма (*независимый от других пакетов транспортируемый массив данных*)

data-in информационный вход (*обозначение клеммы*); данные на входе

data-independent не зависящий от данных, информационно-независимый

datalogger регистратор данных

datalogging регистрация данных

datalogical информационно-логический

datamation автоматическая обработка данных

data-oriented информационно-ориентированный

data-out информационный выход (*обозначение клеммы*); данные на выходе

datapath информационный канал

dataphone дейтафон (*устройство передачи данных по телефонным линиям*)

dataplex с мультиплексированием данных

dataplotter графопостроитель
   magnetic-tape ~ графопостроитель с управлением от магнитной ленты

data-sensitive чувствительный к данным

dataware информационное обеспечение

dataway магистраль данных; информационный канал; информационная шина

date 1. дата ‖ датировать **2.** срок
   actual activity completion ~ фактическая дата окончания работы *или* деятельности (*в сетевом планировании*)
   actual event completion ~ фактическая дата совершения события (*в сетевом планировании*)
   purge ~ дата «чистки», дата истечения срока хранения (*напр. файла в базе данных*)
   schedule(d) ~ запланированная дата (*в сетевом планировании*)

datum 1. данная величина **2.** данное (*КОБОЛ, ПЛ/1*) **3.** элемент данных, единица информации

daughterboard плата более низкого уровня, дочерняя плата

day:
   flag ~ *sl проф.* «день флага» (*срок внесения в систему изменений, исключающих возможность использования ранее эксплуатировавшихся программ*)
   real-time ~ период реального времени (*промежуток времени в течение календарного*

дня, когда система реального времени открыта для работы с терминалами)

DBMS СУБД, система управления базой данных
   generalized ~ универсальная СУБД
   host-based ~ централизованная СУБД
   run-time ~ рабочая СУБД
   self-contained ~ замкнутая СУБД
   specialized ~ специализированная СУБД

DDT *sl проф.* ДДТ (*динамическое средство для «выведения» ошибок в программах*)

deactivate дезактивизировать

deactivating отключение; вывод из работы (*устройства, системы*); дезактивизация (*процедуры, программной ветви*)

deactivation дезактивизация

dead пассивный; заблокированный

deadbanding обход мёртвой зоны (*с помощью подпрограммы*)

dead-end тупиковый

deadlock 1. тупик, тупиковая ситуация, взаимоблокировка (*напр. при мультипрограммной работе*) **2.** *проф.* зависание (*напр. программы*) **3.** блокировка ‖ блокировать
   store-and-forward ~ блокировка пути передачи сообщения (*в сети*)

deadstart срыв запуска, неудачный запуск

dealing ◊ ~ **with complexity** борьба со сложностью (*проектируемых систем*)

deallocate 1. освобождать (*ресурс*); откреплять (*ресурс*) **2.** перемещать (*напр. программу в памяти*)

deallocation 1. освобождение (*ресурса*); открепление (*ресурса*) **2.** перемещение (*напр. программы в памяти*)
   buffer ~ освобождение буфера

de-archive загружать из архива

deblock 1. разблокировать **2.** распаковывать блоки (*информации*); разделять блоки (*на записи*)

deblocking 1. разблокирование **2.** распаковка блоков (*информации*); разделение блоков (*на записи*)

debounce:
keyboard ~ устранение «дребезга» (контактов) клавиатуры

debug налаживать (*машину*); отлаживать (*программу или машину*); устранять неполадки, устранять неисправности

debugger отладчик, программа отладки, отладочная программа
interactive ~ интерактивный [диалоговый] отладчик
interpretive ~ интерпретирующий отладчик
run-time ~ отладчик, работающий в процессе выполнения программы
simulation ~ моделирующий отладчик (*для отладки программ некоторой машины на другой машине с использованием её модели*)
source-level ~ отладчик уровня входного языка
symbolic ~ символический отладчик (*работающий с входным языком высокого уровня*)
virtual ~ виртуальный отладчик

debugging наладка (*машины*); отладка (*программы или машины*); устранение неполадок, устранение неисправностей
console ~ отладка с пульта управления
dynamic ~ динамическая отладка
foreign ~ отладка программы другим лицом (*не её автором*)
interactive ~ интерактивная [диалоговая] отладка
on-line ~ отладка в режиме онлайн
remote ~ дистанционная от-

ладка, отладка с дистанционного пульта
run-time ~ отладка программы при прогоне
single-step ~ пошаговая отладка
snapshot ~ отладка с распечаткой промежуточных данных (*в указанных точках программы*)
symbolic ~ отладка в символических адресах
system ~ 1. отладка системы **2.** системная [комплексная] отладка

decade 1. декада ‖ декадный **2.** (десятичный) разряд ‖ десятичный
next ~ следующий (десятичный) разряд
previous ~ предыдущий (десятичный) разряд

decapsulation 1. разгерметизация **2.** расформирование (*пакета или кадра*), *проф.* разборка

decatenation декатенация, разъединение

decay 1. затухание ‖ затухать **2.** разрушение (*информации*)
bit ~ *sl проф.* распад битов, битовый распад (*являющийся «причиной» неработоспособности долго не используемых программ*)

decidability разрешимость

decider блок [узел] выбора решения, решающий блок, решающий узел

decimal десятичное число; десятичная дробь ‖ десятичный
binary coded ~ двоично-десятичное [двоично-кодированное десятичное] число
circulating ~ периодическая десятичная дробь
coded ~ кодированное десятичное число
packed ~ упакованное десятичное число
periodic [recurring] ~ периодическая десятичная дробь
signed ~ десятичное число со знаком

decimal-binary десятично-двоичный

decimation децимация, прореживание (*в цифровой обработке сигналов*)

decipher 1. декодировать; дешифрировать 2. расшифровывать, дешифровать

decipherer дешифратор, устройство (для) расшифровывания

deciphering 1. декодирование; дешифрирование 2. расшифровывание, дешифрование

decision 1. решение 2. выбор

　binary ~ выбор из двух альтернатив, двоичный выбор

　branching ~ выбор ветви (*в программе*)

　go-no-go ~ решение типа «годен — не годен»

　leading ~ опережающее решение (*напр. проверка условия выхода из цикла до начала выполнения его тела*)

　logic(al) ~ 1. логическое решение 2. логический выбор

　make-versus-buy ~ выбор между приобретением (*оборудования*) на стороне или изготовлением собственными силами; выбор типа «изготовить или купить»

　nonprogrammable ~ непрограммируемое решение

　operational ~ оперативное решение

　programmable ~ программируемое решение

　statistic(al) ~ статистическое решение

　terminal ~ окончательное решение

　threshold ~ пороговое решение (*в системах с пороговой логикой*)

　trade-off ~ компромиссное решение

　trailing ~ замыкающее решение (*напр. проверка условия выхода из цикла после выполнения его тела*)

　yes-no ~ выбор типа «да — нет»

decision-maker лицо, принимающее решения, ЛПР

decision-making принятие решений ◊ ~ **under uncertainty** принятие решений в условиях неопределённости

deck 1. колода, пачка (*перфокарт*) 2. плата (*лентопротяжного механизма*) 3. лентопротяжный механизм 4. *проф.* магнитофон 5. галета (*переключателя*)

　assembler ~ колода (с программой) на языке ассемблера

　binary ~ двоичная колода

　card ~ колода перфокарт

　condensed ~ «сжатая» колода (*с более полным использованием поля перфокарт*)

　data ~ колода с данными, информационная колода

　executive ~ колода с (программой-)диспетчером

　input ~ входная колода

　instruction ~ программная колода

　job ~ колода задания

　marked ~ меченая колода (*напр. по боковому обрезу*)

　object ~ колода с выходной программой, *проф.* объектная колода

　output ~ выходная колода

　program ~ программная колода

　source ~ колода с исходной программой, колода с программой на входном языке

　symbolic ~ колода с символьной информацией

　tape ~ 1. комплект [набор] лент 2. плата лентопротяжного механизма 3. лентопротяжный механизм 4. *проф.* магнитофон

　test ~ 1. испытательная [проверочная] колода 2. колода с тест-программой

declaration описание; объявление

　area ~ описание области (*размещения объектов в памяти*)

　array ~ объявление массива

constant ~ объявление константы

contextual ~ контекстуальное объявление

data ~ объявление данных

default ~ объявление с подразумеваемыми [присваиваемыми по умолчанию] значениями атрибутов

entry ~ описание входа (*в языке Ада*)

exception ~ описание исключительной ситуации

explicit ~ явное объявление

external ~ внешнее описание

implicit ~ неявное объявление

initialized ~ объявление с инициализацией

macro ~ макрообъявление, макродекларация

mode ~ описание вида (*АЛГОЛ 68*)

multiple ~ многократное объявление

operation ~ объявление операции

priority ~ объявление приоритета

procedure ~ объявление процедуры

renaming ~ объявление переименования

security ~ объявление прав доступа

switch ~ описание переключателя (*АЛГОЛ 68*)

unitary ~ однократное объявление

declarative 1. описатель (*в программе*) **2.** объявляющий, декларативный

declarator оператор объявления

array ~ оператор объявления массива

declarer оператор объявления

decode декодировать; дешифрировать

decoder декодер, декодирующее устройство; дешифратор

address ~ дешифратор адреса

binary ~ двоичный дешифратор, дешифратор двоичных кодов

bit ~ разрядный дешифратор

"Christmas Tree" type ~ дешифратор типа ёлочки, древовидный дешифратор

command ~ дешифратор команд

digital-analog ~ декодирующее устройство для преобразования цифрового кода в аналоговую величину

diode ~ диодный дешифратор

gated ~ стробированный дешифратор

instruction ~ дешифратор команд

message ~ дешифратор сообщений

on-chip ~ встроенный дешифратор (*расположенный на одном и том же кристалле с запоминающей матрицей*)

operation ~ дешифратор операций

paper tape ~ дешифратор сигналов от перфоленты; дешифратор на выходе телетайпа

row ~ дешифратор строк

storage ~ декодер *или* дешифратор с памятью, запоминающий декодер; запоминающий дешифратор

trigger ~ триггерный дешифратор

voltage ~ преобразователь число — напряжение

decoder/driver дешифратор-формирователь

decoding декодирование; дешифрирование

keyboard ~ декодирование информации, набранной на клавиатуре, *проф.* декодирование клавишного набора

on-chip ~ внутрисхемное дешифрирование (*в кристалле, содержащем запоминающую матрицу*)

sequential ~ последовательное декодирование

threshold ~ пороговое декодирование

decollate рассортировывать, разделять на части

decollation рассортировка, разделение на части

decollator сортировальное устройство, *проф.* сортировка

decompaction разуплотнение (*восстановление ранее уплотнённых данных*)

decompiler декомпилятор

decompiling декомпиляция

decomposable *матем.* разложимый

decompose разлагать [разбивать] на составные части, подвергать декомпозиции; разбирать (*предложение*)

decomposer программа разбиения

decomposition декомпозиция, разложение, разбиение ◇ ~ **by the levels of control** декомпозиция на основе выделения уровней управления; ~ **by the levels of influence** декомпозиция на основе выделения уровней влияния; ~ **in space** пространственная декомпозиция, декомпозиция в пространстве, пространственное разложение (*системы на подсистемы*); ~ **in time** временная декомпозиция, декомпозиция во времени, временное разложение (*задачи на подзадачи*); ~ **on the basis of structure** декомпозиция по уровням структуры

BBD ~ декомпозиция (*матрицы*) путём выделения гранично-блочно-диагональной структуры, гранично-блочно-диагональная [ГБД-]декомпозиция

BBT ~ декомпозиция (*матрицы*) путём выделения гранично-блочно-треугольной структуры, гранично-блочно-треугольная [ГБТ-]декомпозиция

BD ~ декомпозиция (*матрицы*) путём выделения блочно-диагональной структуры, блочно-диагональная [БД-]декомпозиция

block ~ блочная декомпозиция

BLT ~ декомпозиция (*матрицы*) путём выделения гранично-нижне-треугольной структуры, гранично-нижне-треугольная [ГНТ-]декомпозиция

BT ~ декомпозиция (*матрицы*) путём выделения блочно-треугольной структуры, блочно-треугольная [БТ-]декомпозиция

functional ~ функциональная декомпозиция

given ~ заданное разложение

large-scale ~ декомпозиция больших систем

LT ~ декомпозиция (*матрицы*) путём выделения нижне-треугольной структуры, нижне-треугольная [НТ-]декомпозиция

modular ~ разбиение на модули

partitioned ~ декомпозиция разбиением

relaxation ~ релаксационная декомпозиция

sequential ~ последовательная декомпозиция

structural ~ структурная декомпозиция

tearing ~ декомпозиция на основе разбиения (*матрицы*)

temporal ~ временная декомпозиция, временное разложение

topological ~ топологическое разбиение

volume ~ пространственная декомпозиция, декомпозиция объёма (*трёхмерных объектов в СИИ*)

deconvolve обращать свёртку, находить обратное преобразование свёртки

decoupler развязывающее устройство, развязка

decoupling 1. развязка, развязывание **2.** разделение, разрыв связей

decrement 1. декремент (*часть команды*) **2.** декремент, отрицательное приращение ‖ давать отрицательное приращение, уменьшать значение ◇ **~ by one** уменьшать на единицу

decryption 1. декодирование; дешифрирование **2.** расшифровывание, дешифрование

dedicated 1. выделенный, назначенный **2.** специализированный

dedication выделение, назначение

deduce 1. выводить **2.** прослеживать (*напр. логическую цепь*)

deducibility выводимость

deduct вычитать, отнимать

deduction 1. вычитание **2.** дедукция, вывод, (умо)заключение **3.** *матем.* вычитаемое
resulting ~ результирующий вывод
subsidiary ~ вспомогательный вывод

de-emphasis устранение высокочастотных составляющих (*принятого сигнала для восстановления его исходной формы*)

de-energization снятие возбуждения; выключение [отключение] питания

default 1. умолчание, оператор умолчания ‖ устанавливаемый по умолчанию; подразумеваемый; опущенный (*напр. о параметре*) **2.** значение, присваиваемое по умолчанию ◇ **by ~** неявно, по умолчанию

defect дефект; неисправность; повреждение; недоработка
birth ~ дефект изготовления, *проф.* врождённый дефект
critical ~ опасный дефект; критическая неисправность
crosspoint ~ дефект в узле (матрицы)
design ~ 1. конструктивный

недостаток; конструктивная недоработка **2.** ошибка, допущенная при проектировании; проектная недоработка
fault ~ дефект, приводящий к неисправности
killing ~ катастрофический дефект
man-made ~ внесённый дефект
noncoverable ~ необнаруживаемый (тестом) дефект
packaged ~ дефект внутри корпуса (*ИС*)
point ~ точечный дефект
repairable ~ устранимый дефект; устранимая недоработка
source ~ исходный дефект; первоисточник [первопричина] ошибок
visible ~ видимый дефект; явная недоработка

defective дефектный; неисправный; повреждённый

defer откладывать, задерживать

defer(r)able допускающий задержку

definability определимость
combinatorial [combinatory] ~ комбинаторная определимость

definable определимый

define определять ◇ **to ~ a problem** формулировать задачу

defined:
extensionally ~ экстенсионально определённый, определённый на понятийном уровне

definiendum *лат.* определяемое выражение

definiens *лат.* определяющее выражение

definition 1. определение, дефиниция; описание **2.** задание **3.** чёткость, отчётливость; разрешение (*изображения*)
area ~ определение (прямоугольной) области (*на экране дисплея путём обозначения*

двух противолежащих углов при помощи «мыши»)

conceptual ~ концептуальное описание

data ~ определение данных; описание данных

explicit ~ явное определение

external ~ внешнее определение, определение вне (данного блока) программы; внешнее описание

generic ~ видовое определение (*данных*)

implicit ~ неявное определение

input/output ~ задание входов-выходов (*напр. в тестируемом узле*)

interface ~ определение интерфейсов; описание сопряжений

internal ~ внутреннее описание

job ~ 1. формулировка задания; описание задания 2. паспортные данные задания

library macro ~ библиотечное описание макрокоманды

macro ~ макроопределение

macrocommand ~ описание макрокоманды

ostensive ~ описание (объекта) методом «показа» (*при обучении ЭВМ распознаванию образов*)

policy ~ выработка стратегии

problem ~ постановка задачи; формулировка задачи; описание задачи

recursive ~ 1. рекурсивное определение 2. рекурсивное задание

restart ~ определение условий (автоматического) рестарта

syntactic ~ синтаксическое определение

system ~ описание (вычислительной) системы; системное описание

deflate понижать порядок (*матрицы*)

degating блокирование (*логи-*

ческой схемы) с помощью вспомогательных вентилей

degauss 1. стирать магнитную запись **2.** размагничивать

deglitching защита от кратковременных помех

degradation 1. ухудшение (*параметров*) **2.** сокращение возможностей (*системы*) **3.** снижение эффективности (*функционирования системы*)

graceful ~ постепенное сокращение возможностей (*системы*); постепенный вывод из работы (*отдельных устройств*)

degree 1. степень **2.** порядок **3.** градус

~ **of belief** степень доверия (*напр. к рекомендациям экспертной системы*)

~ **of convergence** степень сходимости

~ **of curvature** порядок кривой

~ **of differential equation** порядок дифференциального уравнения

~ **of freedom** степень свободы

~ **of polynomial** степень многочлена

~ **of uncertainty** степень неопределённости

~ **of unsolvability** степень неразрешимости

~ **of vertex** степень вершины (*графа*)

dejitterizer устройство для устранения «дрожания» (*сигнала*)

delay 1. задержка, запаздывание; отсрочка ‖ задерживать; откладывать (*обработку данных*) **2.** выдержка времени **3.** время задержки ◊ ~ **in transit** транзитная задержка, задержка транзита (*в сетях*); ~ **per logic function** задержка на (одну) логическую функцию

absolute ~ абсолютная задержка

adjustable ~ регулируемая [настраиваемая] задержка

ambiguity ~ неоднозначная задержка (*изменяющаяся в определённых пределах*)

answering ~ задержка ответа; задержка реакции (*системы*)

buck ~ задержка на передачу маркера

cable ~ задержка в кабеле

carrier-storage ~ задержка за счёт накопления носителей (*заряда*)

clock-to-output ~ задержка (распространения) (*сигнала в микросхеме*) от синхровхода до выхода

communication ~ задержка в линии связи

compensating ~ компенсирующая задержка

condenser ~ задержка с помощью конденсатора (*в ферромагнитных сдвигающих регистрах*); ёмкостная задержка

corrective ~ корректирующая задержка

cross-network ~ задержка (*сигнала*) в сетях

cross-office ~ станционная задержка (*сигнала*)

dead-time ~ задержка из-за наличия зоны нечувствительности

digit ~ задержка на (один) разряд

envelope ~ групповая задержка

external ~ простой по внешним причинам

fall(ing) ~ задержка спада сигнала

gate ~ вентильная задержка

group ~ групповая задержка

input-to-output ~ задержка (распространения) (*сигнала*) между входом и выходом

inverse-time ~ задержка, обратно пропорциональная времени

network ~ сетевая задержка (*сигнала*), задержка (*сигнала*) в сети

operating ~ задержка в работе (*системы*), операционная задержка

packet ~ задержка при передаче пакета; задержка из-за передачи пакета; пакетная задержка

phase ~ задержка по фазе, фазовая задержка

post dialing [post sending] ~ постнаборная задержка

programmable ~ программируемая задержка

propagation ~ задержка на распространение (*сигнала*)

pulse time ~ задержка на длительность импульса

response ~ задержка ответа; задержка реакции (*системы*)

ripple ~ задержка в цепи сквозного переноса

rise [rising] ~ задержка нарастания сигнала

round-trip ~ задержка, связанная с подтверждением приёма (*сигнала*)

service ~ задержка, связанная с обслуживанием

stray ~ паразитная задержка

time ~ временна́я задержка, запаздывание

timed ~ фиксированная [заданная] (временна́я) задержка

transmission ~ задержка (в цепи) передачи (*сигнала*)

unit ~ единичная задержка

wiring ~ задержка в проводных соединениях

worst case ~ задержка в худшем случае, наибольшая задержка

zero ~ нулевая задержка

delayer 1. задерживающий элемент 2. задерживающая среда, задерживающее вещество

delay-line построенный на линиях задержки

deleave рассортировывать, разделять на части (*напр. колоду перфокарт*)

delete вычёркивать; стирать; удалять, ликвидировать, унич-

тожать ◇ **to ~ a page** освобождать страницу (*памяти*);
to ~ a record исключать за-
пись (*из базы данных, из файла*); **to ~ a segment** освобождать сегмент (*памяти*)

deleter:
blank ~ средство исключения пробелов (*устройство или
программа*)

deletion вычёркивание; стирание; удаление; исключение;
ликвидация, уничтожение
character ~ 1. вычёркивание
знаков; стирание знаков **2.**
исключение символов (*напр.
при сжатии информации*)
contextual ~ *лингв.* восста-
новимое удаление
frame ~ ликвидация кадра
indefinite ~ *лингв.* невосста-
новимое удаление
in-line character ~ исключение символов в процессе приёма сообщения

delettee удаляемый элемент

delimit устанавливать границы (*значений параметров*);
разделять, разграничивать

delimiter 1. ограничитель **2.**
разделитель, разграничитель
data ~ 1. ограничитель данных **2.** разделитель [разгра-
ничитель] данных
field ~ разделитель [разгра-
ничитель] полей (*данных*)
location ~ разделитель [раз-
граничитель] областей памяти
parameter ~ 1. ограничитель
параметра **2.** разделитель
[разграничитель] параметров
self-defining ~ самоопределяющийся ограничитель

delivery 1. подача, доставка
2. выдача (*напр. сигнала*)
data ~ доставка данных
delayed ~ задержанная доставка (*сообщений в сетях с
промежуточным их запоминанием*)
multicast [multidestination] ~
многопунктовая [многоадрес-
ная] передача

out-of-sequence ~ несвоевре-
менная доставка (*пакета данных в сети*)

delta 1. (допустимая) ошибка,
проф. дельта **2.** *sl* небольшое
изменение (*напр. в программе*)
3. *sl* небольшое количество,
проф. дельта, кусочек (*напр.
памяти*) ◇ **within ~ of** в
пределах дельты (*почти точно*)

demand 1. требование, запрос
‖ требовать, запрашивать **2.**
спрос; потребность ‖ спраши-
вать
computation ~ 1. запрос на
вычисления **2.** потребность в
вычислительной обработке
served ~ обслуженное требование
service ~ 1. запрос на обслуживание **2.** потребность в
обслуживании

demand-driven управляемый за-
просами

demand-multiplexed с мультиплексированием запросов

demand-paged с подкачкой страниц по требованию

demarcation установление границ (*напр. массива*)

demodifier демодификатор (*устройство для восстановления
исходного кода модифициро-
ванной команды*)

demon демон (*процедура, запускаемая автоматически при выполнении некоторых условий*)

demonstrable 1. доказуемый **2.**
очевидный, наглядный

demonstration 1. демонстрация;
наглядный показ **2.** доказательство **3.** проявление (*напр.
симптомов отказа*)
operational ~ демонстрация
работоспособности (*напр. системы*)

demounting демонтаж (*оборудования*); удаление, снятие
(*сменного пакета дисков*)

demultiplexer демультиплексор

demultiplexing 1. демультиплек-
сирование **2.** распределение

каналов многоканальной линии

digital ~ временно́е разделение (*цифровых каналов связи*)

denary десятичный

denial отрицание

alternative ~ дизъюнкция отрицаний

joint ~ конъюнкция отрицаний

denotation 1. обозначение; изображение 2. *лингв.* денотат, предметная отнесённость (*знаний*) 3. объём понятия 4. значение, точный смысл

long ~ длинное изображение (*АЛГОЛ 68*)

density 1. плотность; концентрация 2. интенсивность

~ **of distribution** плотность распределения

arrival ~ интенсивность входящего потока

bit ~ плотность (расположения) бит (*в ЗУ*); плотность записи в битах на единицу длины *или* площади

board ~ 1. плотность (расположения) элементов на плате 2. плотность компоновки плат

carrier ~ плотность носителей

character ~ плотность (расположения) знаков

circuit ~ плотность монтажа схемы; плотность (размещения) схем

component ~ плотность (размещения) компонентов

down-time ~ плотность (распределения) длительности простоев (*оборудования*)

element ~ плотность (расположения) элементов

failure ~ плотность (распределения) отказов

functional ~ функциональная плотность (*напр. ИС*)

information ~ интенсивность потока информации

joint ~ плотность совместного распределения

packaging ~ плотность упаковки; плотность монтажа; плотность (размещения) компонентов

packing ~ 1. плотность расположения, плотность размещения; плотность записи 2. плотность упаковки; плотность монтажа; плотность (размещения) компонентов

power ~ плотность рассеиваемой мощности

printing ~ плотность печати

probability ~ плотность вероятности

recording ~ плотность записи

storage ~ плотность (размещения) информации в запоминающем устройстве

track(s) ~ плотность (расположения) дорожек (*напр. на магнитном диске*)

writing ~ плотность записи

department:

data processing ~ отдел обработки данных; служба обработки информации

maintenance ~ 1. служба сопровождения (*создаваемых систем*) 2. отдел технического обслуживания

systems ~ отдел (разработки) систем

departure 1. отправка, отправление (*сообщения в сеть*) 2. уход (*требования из СМО*) 3. уход (*параметра от заданного значения*)

dependability функциональная надёжность, *проф.* гарантоспособность (*обеспечивающая получение достоверных результатов в условиях наличия неисправностей*)

dependence зависимость, отношение (*см. тж* **dependency**, **relation**)

causal ~ причинная зависимость

continuous ~ непрерывная зависимость

data ~ зависимость по данным (*напр. между модулями*

программы); зависимость от данных

empirical ~ эмпирическая зависимость

exponential ~ экспоненциальная зависимость

frequency ~ частотная зависимость, зависимость от частоты

many-to-many ~ зависимость [отношение] типа «множество — множество»

many-to-one ~ зависимость [отношение] типа «множество — один»

multivalued ~ многозначная зависимость

nonlinear ~ нелинейная зависимость

one-to-many ~ зависимость [отношение] типа «один — множество»

one-to-one ~ взаимно-однозначная зависимость, зависимость [отношение] типа «один к одному»

power ~ **1.** степенная зависимость **2.** зависимость от мощности

random ~ случайная зависимость

time ~ временна́я зависимость

transitive ~ транзитивное отношение

dependency зависимость, отношение (*см. тж* **dependence, relation**)

equivalence ~ зависимость по эквивалентности (*между базами данных, содержащими один и тот же объект под разными именами*)

existence ~ зависимость существования (*одних объектов реляционной базы данных от наличия других*)

interdatabase ~ межбазовая зависимость (*тип ограничения на использование данных в мультибазовых системах*)

deposit депонировать; копировать во внешнюю память

deproceduring распроцедуривание (*АЛГОЛ 68*)

depth:

logical ~ логическая глубина (*схемы, определяемая количеством комбинационных вентилей, включённых последовательно между триггерами*)

memory ~ глубина памяти (*логического анализатора*)

procedural ~ процедурная глубина (*количество последовательно вложенных друг в друга процедур в программе*)

rank-order ~ ранговая глубина (*численная характеристика сложности логической схемы*)

sequential ~ последовательностная глубина (*логической схемы, определяемая количеством триггерных схем, включённых последовательно*)

tree ~ глубина дерева (*поиска*)

vector ~ длина вектора (*при последовательном вводе векторов теста*)

depth-buffering буферизация глубины (*метод формирования на экране дисплея аксонометрических изображений предметов*)

dequeue **1.** выводить [исключать] из очереди **2.** очередь с двусторонним доступом

derail уходить в подпрограмму

derating **1.** выход из нормы, ухудшение параметров **2.** выход из диапазона **3.** ограничение допустимых значений

component ~ ухудшение параметров элемента

temperature ~ температурный уход параметров

dereferencing разыменование (*АЛГОЛ 68*)

derivation **1.** дифференцирование, операция взятия производной **2.** вывод (*формулы*) **3.** словообразование **4.** деривация, отклонение **5.** извлечение

canonical ~ канонический вывод (*предложения или сентенциальной формы*)

direct ~ непосредственный вывод

derivative производная ‖ производный ◇ ~ **on the left** производная слева; ~ **on the right** производная справа

directional ~ производная по направлению

higher partial ~ частная производная высших порядков

left-hand ~ производная слева

normal ~ производная по нормали

partial ~ частная производная

right-hand ~ производная справа

time ~ производная по времени

total ~ полная производная (*функции многих переменных*)

derivator дифференцирующее устройство, дифференциатор

derive 1. дифференцировать, брать производную **2.** выводить; получать; извлекать; порождать (*см. тж* **produce**)

derived производный, вторичный; выведенный

desampler преобразователь дискретных данных в аналоговую форму

desampling преобразование дискретных данных в аналоговую форму

descend 1. убывать, уменьшаться **2.** идти от общего к частному

descendant наследник (*АЛГОЛ 68*)

descending 1. убывающий **2.** нисходящий (*напр. по иерархии*)

descent 1. *матем.* спуск **2.** *лог.* переход от общего к частному

infinite ~ бесконечный спуск

descrambler дешифратор псев-

дослучайных последовательностей

description 1. описание; характеристика **2.** *лог.* дескрипция

algorithmic ~ алгоритмическое описание

alpha(nu)meric ~ описание в буквенно-цифровой *или* символьной форме (*напр. графической информации*)

behavior ~ поведенческое описание, описание на поведенческом уровне

database ~ описание базы данных

formal ~ формальное [формализованное] описание

instance ~ описание экземпляра *или* представителя (*некоторого класса объектов*)

problem ~ описание задачи; (содержательная) постановка задачи

quasiformal ~ квазиформальное описание

register transfer level [RTL] ~ описание на уровне регистровых передач

structural ~ структурное описание

syntactic ~ синтаксическое описание

system ~ описание системы; системное описание

descriptor 1. дескриптор; описатель; описание **2.** паспорт; идентификатор **3.** признак (*в ассоциативном ЗУ*)

data ~ описатель данных

page ~ дескриптор страницы

positional ~ позиционный дескриптор

resource ~ дескриптор ресурса

track ~ описатель дорожки

desectorizing десекционирование

deselection деселекция; отмена выбора; отмена выборки

desequencing:

packet ~ нарушение последовательности пакетов

deserialize преобразовать из последовательной формы в параллельную

deserializer блок преобразования последовательного кода в параллельный

design 1. проектирование; конструирование; разработка ‖ проектировать; конструировать; разрабатывать **2.** проект; замысел **3.** конструкция **4.** расчёт **5.** схема; чертёж; эскиз **6.** *эксп.* план ‖ составлять план ◊ ~ **for reliability** проектирование надёжных систем, надёжностное проектирование; ~ **for testability** проектирование контролепригодных систем *или* схем

architectural ~ проектирование (на уровне) архитектуры (*вычислительной системы*)

associate ~s сопряжённые планы

asynchronous ~ проектирование асинхронных логических схем

augmented ~ расширенный план

balanced ~ сбалансированный план

batch ~ массовое [серийное] проектирование

biologically based ~ **1.** бионическое проектирование **2.** бионическое устройство

bit-slice ~ **1.** проектирование разрядно-секционированных систем **2.** разрядно-секционированная конструкция (*напр. процессора*)

block ~ блочная конструкция

bottom-up ~ восходящее проектирование, проектирование снизу вверх

card ~ **1.** макет (перфо)карты **2.** разработка макета (перфо)карты

character ~ конфигурация [форма] знака (*подлежащего автоматическому распознаванию*)

composite ~ **1.** композиционное проектирование **2.** составной план

computer ~ проектирование вычислительной машины

computer-aided ~ автоматизированное проектирование

computer-aided control system ~ автоматизированное проектирование систем управления, АПСУ

conceptual ~ **1.** разработка концепций построения системы; концептуальное проектирование **2.** концептуальный проект, концепция

control ~ расчёт управляющего воздействия

crossover ~ «перевёрнутый» план (*с рассмотрением противоположных гипотез*)

data ~ проектирование структуры данных; проектирование размещения данных в памяти

detailed ~ рабочий проект

dialog ~ проектирование диалога; конструирование диалога

distribution ~ проектирование распределённой структуры (*напр. базы данных*)

draft ~ эскизный проект

elaborate ~ **1.** тщательно продуманный проект **2.** хорошо продуманная конструкция; сложная [замысловатая] конструкция

engineering ~ инженерное проектирование; конструкторские расчёты

external ~ внешний проект (*совокупность характеристик, видимых пользователю*)

external system ~ внешнее проектирование системы

factorial ~ факторный план

fail-safe ~ **1.** проектирование отказобезопасных систем *или* устройств **2.** отказобезопасная конструкция

flaw ~ **1.** недоработанный проект **2.** недоработанная конструкция

flip-chip ~ конструкция с перевёрнутыми кристаллами

flow graph ~ проектирование на основе использования потоковых графов

foolproof ~ **1.** проектирование с учётом возможности неправильного обращения **2.** конструкция, защищённая от неправильного обращения, *проф.* конструкция с защитой от дурака

functional ~ **1.** функциональное проектирование **2.** разработка функциональных схем **3.** функциональная схема

hand-packed ~ конструкция (*напр. ИС*), скомпонованная вручную

incomplete block ~ неполноблочный план

incremental ~ пошаговое проектирование

integrated circuit ~ проектирование на основе использования ИС

intellectual ~ **1.** интеллектуальное устройство **2.** всесторонне продуманное конструирование (*напр. для обеспечения отказоустойчивости*)

interactive ~ интерактивное проектирование, проектирование в интерактивном режиме

internal ~ внутренний проект (*совокупность характеристик, скрытых от пользователя*)

internal system ~ внутреннее проектирование системы

item ~ компоновка элементов (*напр. данных с целью дальнейшей эффективной обработки*)

layout ~ проектирование (схемы) размещения (*элементов или оборудования*); проектирование топологии *или* рисунка (*напр. печатной схемы*)

level-sensitive scan ~ метод сканирующего пути, метод сдвиговых регистров (*для проектирования контролепригодных схем*)

logic(al) ~ **1.** логическое проектирование, проектирование на логическом уровне; составление логической схемы; логический синтез **2.** разработка алгоритмов (*функционирования системы*) **3.** логическая схема; логическая структура

man-machine ~ автоматизированное проектирование

modular ~ блочная конструкция; модульная конструкция

MOS ~ МОП-структура; МОП-прибор

multifactor ~ многофакторный план

multistage ~ многостадийный план

nested ~ иерархический [гнездовой] план

NMOS ~ *n*-(канальная) МОП-структура; *n*-(канальный) МОП-прибор

one-chip ~ однокристальная конструкция

on-line ~ проектирование в режиме онлайн

operational ~ проектирование (*системы*) на уровне операций

optimal ~ **1.** оптимальное проектирование **2.** оптимальная конструкция

physical ~ проектирование на физическом уровне (*в отличие от логического*)

pilot ~ опытная конструкция

point ~ конструкция, отвечающая заданным требованиям

policy ~ разработка стратегии (*напр. реализации системы*)

poor ~ **1.** плохой проект **2.** некачественная конструкция **3.** неудовлетворительный план

preliminary ~ технический проект

program ~ составление программы; конструирование [разработка] программы

proprietary ~ оригинальная разработка

reduced ~ сокращённый план

requestor-server ~ структура типа «запросный узел — обслуживающий узел»

revised ~ **1.** пересмотренный проект; скорректированный проект **2.** переделанная конструкция

robust ~ робастное проектирование (*напр. отказоустойчивых ПЛМ*)

sample ~ выборочный план

scan ~ проектирование (*контролепригодных схем*) с использованием методов сканирования

scan/set ~ проектирование (*контролепригодных схем*) с использованием теневых регистров

schematic ~ схемотехническое проектирование

screening ~ план отсеивающего эксперимента

shrinking ~ проектирование (*кристалла*) методом линейного сжатия (*размеров топологических элементов*)

single-language ~ одноязыковое проектирование (*основанное на использовании единого языка для описания технических требований и для логического проектирования*)

silicon ~ проектирование кремниевых кристаллов, проектирование кремниевых ИС

structured ~ структурное проектирование

synchronous ~ проектирование синхронных логических схем

systematic ~ системное проектирование

systolic ~ систолическая схема (*цифрового устройства*)

testability ~ проектирование контролепригодных схем

top-down ~ нисходящее проектирование, проектирование сверху вниз

trial ~ пробная конструкция; опытный образец

uniprocessor ~ однопроцессорная конструкция

view ~ проектирование представлений (*при разработке баз данных*)

visual ~ визуальное конструирование (*с широким использованием средств машинной графики*)

vulnerable ~ **1.** уязвимый проект **2.** уязвимая конструкция

worst-case ~ расчёт по наихудшему варианту

designation обозначение, наименование, маркировка

machine ~ машинное обозначение, машинное наименование, обозначение [наименование] (*данного устройства*) на машинном языке

physical ~ физическое обозначение, физическое наименование (*данного устройства*)

symbolic ~ символическое обозначение, символическое наименование, обозначение [наименование] (*данного устройства*) на символическом языке

designator указатель; обозначение

function ~ указатель функции; именующее выражение для функции

index ~ указатель индекса

designer 1. проектировщик; конструктор; разработчик **2.** дизайнер

computer ~ проектировщик вычислительных машин; конструктор вычислительных машин; разработчик вычислительных машин

expert ~ высококвалифицированный [опытный] разработчик

hardware ~ разработчик (аппаратного) оборудования, разработчик аппаратных средств

heterosystems ~ *проф.* гетеросистемщик (*специалист по* *реализации программных средств в виде СБИС)*

software ~ разработчик программного обеспечения, разработчик программных средств

system ~ специалист по разработке систем, систем(отех)ник, *проф.* системщик

designing проектирование (*см. тж* design)

desinence *лингв.* окончание

desk пульт; стенд; щит

   control ~ пульт управления; щит управления

   test ~ **1.** испытательный пульт; испытательный стенд **2.** измерительный стол

deskewing:

   data ~ выравнивание [устранение временны́х сдвигов] данных (*при конвейерной обработке)*

   timing ~ временно́е выравнивание (*сигналов)*

desk-mounted настольный

desk-size 1. малогабаритный **2.** настольного типа

desktop:

   electronic ~ электронное хранилище писем *или* документов (*в системе электронной почты)*

despotic принудительный (*о режиме работы устройств в сети)*

destaging перенос (*данных)* из оперативной памяти в промежуточную

destination пункт назначения, адресат информации

   invalid ~ неверный пункт назначения

destroy 1. уничтожать; разрушать (*информацию)* **2.** разрыв (*транспортный примитив сети)*

destruction уничтожение; разрушение (*информации)*

detachable 1. съёмный (*о блоке)* **2.** отрезной, отрывной (*об ярлыке первичного документа)*

detachment разъединение (*час-*

тей аппаратуры); разделение (*носителей информации)*

detection обнаружение; детектирование; выявление

   collision ~ обнаружение столкновений (*в сети)*

   concurrent ~ оперативное обнаружение (*отказов)*

   differential ~ дифференциальное обнаружение (*сигнала по перепадам уровней)*

   error ~ обнаружение ошибок

   failure ~ обнаружение отказов *или* повреждений

   hit ~ распознавание указываемой точки (*напр. при использовании светового пера)*

   immediate ~ немедленное обнаружение (*ошибок)*

   light pen ~ определение (*координат точки на экране)* при помощи светового пера

   malfunction ~ выявление неправильного функционирования

   on-line ~ оперативное обнаружение (*отказов)*

   parity ~ идентификация нарушения чётности

   phonetic ~ фонетическое детектирование; обнаружение фонетических особенностей (*речевого сигнала)*

detectivity обнаруживающая способность (*метода контроля)*

detector детектор; средство обнаружения, *проф.* обнаружитель

   address-transition ~ детектор изменения адреса (*схемы ППЗУ)*

   card jam ~ детектор затора (*перфо)карт*

   carrier ~ детектор несущей (*в синтезаторах речи)*

   coincidence ~ детектор совпадения

   crossover ~ детектор перехода через нуль

   error ~ **1.** устройство *или* средство обнаружения ошибок **2.** детектор рассогласования

level ~ детектор уровня (*напр. сигнала*)

presence ~ детектор наличия информации

property ~ детектор свойства, детектор признака (*в распознавании образов*)

zero-crossing ~ детектор перехода через нуль

deterioration:

data ~ устаревание данных *или* информации

determinancy детерминированность

determinant 1. *матем.* детерминант, определитель 2. решающий [определяющий] фактор

determination 1. определение 2. вычисление

end-point ~ обнаружение конца фразы (*в системах распознавания речи*)

sentence structure ~ определение структуры предложения

signal ~ распознавание сигнала; обнаружение сигнала

determine 1. определять, устанавливать 2. вычислять

determinism *киберн.* детерминизм

local ~ локальный детерминизм

development 1. разработка; развитие; (у)совершенствование 2. *лог.* развёртывание 3. разложение (в ряд) 4. вывод формулы

~ **of failure** 1. развитие повреждения 2. проявление отказа (*напр. через симптомы*)

bottom-up ~ восходящая разработка, разработка снизу вверх

data ~ 1. разработка структур данных 2. разработка информационной структуры (*системы*)

do-it-yourself ~ кустарная разработка

engineering ~ технологическая разработка; техническая разработка; конструкторская разработка

heuristic ~ эвристическая разработка (*метод создания систем, основанный на разработке макета с целью уточнения требований*)

incremental program ~ пошаговая разработка программы

operational system ~ совершенствование действующей системы

powder ~ проявление (изображения) заряженным порошком (*напр. при ксерокопировании*)

series ~ разложение в ряд

top-down ~ нисходящая разработка, разработка сверху вниз

deviation отклонение, девиация

accumulated ~ накопленное отклонение

mean square ~ среднеквадратическое отклонение

standard ~ 1. среднеквадратическое отклонение 2. стандартное отклонение

device 1. устройство; прибор; приспособление; механизм; аппарат 2. элемент, компонент (*см. тж* **component, element, unit**) 3. схема; метод; способ

accounting ~ счётное устройство

adding ~ суммирующее устройство

add-on ~ навесной элемент; добавочный элемент

addressed ~ адресуемое устройство; адресуемый прибор

aiming ~ приспособление для указания точки (*на экране дисплея с автоматическим вводом её координат*)

alarm ~ устройство аварийной сигнализации

analog ~ 1. аналоговое [моделирующее] устройство 2. аналоговый элемент

arithmetic ~ арифмометр

attached ~ 1. навесной элемент 2. прикреплённое (*к данному заданию*) устройство

attention ~ сигнальное устройство; устройство, привлекающее внимание (*оператора*)

backup ~ резервное устройство

beam-lead(ed) ~ компонент [модуль] (*ИС*) с балочными [лучевыми] выводами

binary storage ~ двоичное запоминающее устройство

bipolar ~ биполярный элемент

bistable ~ 1. устройство с двумя устойчивыми состояниями 2. элемент с двумя устойчивыми состояниями

borrow generating ~ устройство образования заёма (*в вычитающих устройствах*)

buffered ~ буферизованное устройство

calling ~ вызывное устройство

card feed ~ механизм подачи (перфо)карт

card-take ~ механизм захвата (перфо)карт

carry storage ~ устройство запоминания (сигнала) переноса

cellular-logic ~ устройство на однородных логических элементах

character recognition ~ устройство (для) распознавания знаков

charge-coupled [charge-transfer] ~ прибор с зарядовой связью, ПЗС

choice ~ 1. устройство ввода (выбранной) альтернативы (*при работе с меню*) 2. устройство выбора (*входной величины*)

clamp ~ фиксирующий компонент

code [coding] ~ 1. кодирующее устройство 2. схема кодирования, способ кодирования

coincident-current ~ элемент, работающий по принципу совпадения токов

communication ~ устройство связи

comparison ~ сравнивающее устройство, устройство сравнения

complementary ~s комплементарные [дополняющие] элементы

computing ~ вычислительное устройство

control ~ 1. управляющее устройство; устройство управления 2. устройство контроля; контрольный прибор 3. средство контроля

conversion ~ устройство преобразования (*напр. данных*)

counting ~ счётное устройство

cross-magnetized ~ (магнитный) элемент со считыванием поперечным полем

CRT programming ~ экранный программатор

current-operated ~ 1. токовый прибор 2. токовый элемент (*управляемый током*)

current-output ~ элемент с токовым выходом

cursor-director ~ устройство управления курсором

cutoff ~ отключённое устройство (*в отказоустойчивых системах*)

data display ~ устройство отображения данных *или* информации

data-hold ~ экстраполятор

data input ~ устройство ввода данных

decision-making ~ схема выбора решения

delay ~ 1. устройство задержки 2. элемент задержки

detachable ~ 1. отделяемое устройство; съёмное устройство 2. приставка

digital ~ 1. цифровое устройство; цифровой прибор 2. цифровой элемент

digit delay ~ элемент задержки на один разряд

discrete ~ 1. дискретное устройство, устройство дискретного действия 2. дискретный элемент

display ~ 1. дисплей 2. устройство отображения; устройство индикации, индикатор

division ~ делительное устройство

dynamic analog ~ аналоговое [моделирующее] устройство динамического типа

dynamic MOS ~ 1. динамический элемент на МОП-структурах 2. модуль динамической памяти на (интегральных) МОП-схемах

encoding ~ кодирующее устройство, кодер; шифратор

error sensing ~ детектор ошибок

exchange ~ устройство обмена (*данными*)

exponential ~ устройство возведения в степень

external ~ внешнее устройство

figure reading ~ устройство для считывания цифр, букв *или* знаков

file protected ~ (запоминающее) устройство с защитой файлов

film optical sensing ~ устройство оптического считывания с плёнки

fixed program ~ устройство с жёсткой программой

fluidic ~ струйный элемент

full-wafer ~ цельнопластинная интегральная схема

fully functional ~ функционально самостоятельное устройство; устройство с самостоятельным функциональным назначением

graphic input ~ устройство (для) ввода графической информации, устройство графического ввода

hard-copy output ~ выходное устройство, выдающее документальные копии

hardware/software input ~ аппаратно-программное устройство ввода

higher-priority ~ приоритетное устройство, устройство с более высоким приоритетом

input ~ входное устройство; устройство ввода

input/output ~ устройство ввода-вывода

integrating ~ 1. интегрирующее устройство; интегрирующий прибор 2. интегрирующий элемент

interconnecting ~ коммутирующий блок

I/O ~ *см.* input/output device

known good ~ заведомо исправный прибор; эталонный прибор

laser [lasing] ~ 1. лазерное устройство; лазерный прибор 2. лазерный элемент

locator ~ координатный манипулятор; устройство для ввода координат (*точек графических объектов*)

log-normal ~ устройство с логарифмически нормальным распределением отказов

lower-priority ~ низкоприоритетное устройство, устройство с более низким приоритетом

LSI ~ 1. прибор *или* устройство на БИС 2. большая интегральная схема, БИС

magnetic-bubble ~ устройство на цилиндрических магнитных доменах, устройство на ЦМД

mapping ~ 1. устройство отображения 2. способ отображения

marginal ~ элемент, находящийся на границе диапазона работоспособности

mark scanning ~ устройство просмотра и считывания меток *или* маркеров

metal-oxide-semiconductor [MOS] ~ 1. прибор на МОП-структурах, МОП-прибор 2. элемент на МОП-структурах

mouse pointing ~ координатно-указательное устройство типа «мышь»

multiaperture ∼ многодырочный (магнитный) элемент

multilevel storage ∼ многопозиционный запоминающий элемент

multiport ∼ многопортовое устройство

nonburst ∼ устройство (*передачи данных*), работающее в немонопольном режиме

null ∼ **1.** устройство установки нуля; нуль-орган **2.** фиктивное устройство

operator's station ∼s устройства на рабочем месте оператора

optical input ∼ оптическое устройство ввода (*данных*)

output ∼ выходное устройство; устройство вывода

paging ∼ средство обеспечения перелистывания [листания] страниц (*памяти*)

paper-moving ∼ механизм протяжки бумаги

parameter ∼ устройство для ввода параметров

parametric ∼ параметрический элемент; параметрический усилитель; параметрон

peripheral ∼ периферийное устройство

plotting ∼ графопостроитель; графическое регистрирующее устройство

pointing ∼ указывающий прибор; координатно-указательное устройство

printer-sharing ∼ устройство управления коллективным использованием принтера

printing ∼ печатающее устройство, устройство печати

protective ∼ **1.** защитное [предохранительное] устройство; предохранитель **2.** способ защиты

pseudointerrupt ∼ устройство псевдопрерываний

raster-scan ∼ устройство с развёрткой растра, растровое устройство

readout ∼ **1.** считывающее устройство, устройство считывания (*данных*) **2.** способ считывания (*данных*)

ready/not ready ∼ устройство (для сигнализации о) готовности (*напр. аппаратуры ввода-вывода к работе*)

recirculating amplifier storage ∼ динамическое запоминающее устройство с усилителем

recording ∼ **1.** записывающее устройство **2.** способ записи

repeat printing ∼ устройство контрольной печати (*данных*); устройство распечатки (*данных*)

reproducing ∼ устройство воспроизведения

rewriting ∼ устройство перезаписи

rolling ∼ подвижная головка (*автоматизированного чертёжного планшета*)

safety ∼ **1.** защитное [предохранительное] устройство; предохранитель **2.** способ защиты

second source ∼ прибор *или* элемент, выпущенный по лицензии

self-timing ∼ прибор с внутренней синхронизацией

sensing ∼ датчик, чувствительный элемент

setting ∼ задающее устройство, *проф.* задатчик

short-time memory ∼ устройство (для) кратковременного запоминания [хранения] информации

silicon-gate ∼ МОП-прибор с кремниевым затвором; МОП-структура с кремниевым затвором

single-order ∼ **1.** одноразрядное устройство **2.** однофункциональное устройство **3.** схема формирования одиночной команды

single-pulse ∼ устройство формирования одиночных импульсов, генератор одиночных импульсов

slot ~ **1.** устройство (*передачи данных*), работающее в немонопольном режиме **2.** *проф.* щелевой автомат

solid-state ~ **1.** твердотельный прибор **2.** твердотельный элемент

sorting ~ сортирующее устройство, сортировка

spurious ~ ложный элемент (*вид неисправности ПЛМ*)

squaring ~ **1.** устройство для возведения в квадрат **2.** устройство формирования прямоугольных импульсов, квадратор

stand-alone ~ автономное устройство

static analog ~ аналоговое [моделирующее] устройство статического типа

storage [storing] ~ **1.** запоминающее устройство, ЗУ **2.** запоминающий элемент

string ~ устройство ввода символьной строки

stylus input ~ устройство ввода со световым пером, световое перо

surface mount ~ элемент [компонент] с поверхностным монтажом

swap ~ **1.** (внешнее запоминающее) устройство перекачки (*заданий в оперативную память и обратно*) **2.** средство обеспечения свопинга

switching ~ **1.** переключающее [переключательное] устройство; коммутирующее устройство **2.** переключающий [переключательный] элемент

system input ~ системное устройство ввода

system output ~ системное устройство вывода

tablet coordinates (input) ~ планшетное координатное устройство (*ввода графических данных*)

tape-moving ~ лентопротяжный механизм

temporary storage ~ запоминающее устройство (для) временного запоминания [хранения] информации

terminal ~ оконечное устройство, терминал

three-state ~ **1.** устройство с тремя состояниями **2.** элемент с тремя состояниями

time sharing ~ **1.** устройство, работающее в режиме разделения времени **2.** механизм разделения времени **3.** средство обеспечения режима разделения времени

touch-input ~ сенсорное устройство ввода

tristate ~ **1.** устройство с тремя состояниями **2.** элемент с тремя состояниями

tunnel effect [tunneling] ~ **1.** туннельный прибор **2.** туннельный элемент

two-state ~ **1.** устройство с двумя состояниями **2.** элемент с двумя состояниями

two-terminal ~ элемент с двумя выводами, двухполюсник; *редк.* четырёхполюсник

utility ~ вспомогательное устройство (*для временного запоминания промежуточных данных*)

virtual ~ виртуальное устройство

visible-warning ~ устройство визуальной сигнализации

voltage-operated ~ **1.** потенциальный прибор (*управляемый напряжением*) **2.** потенциальный элемент (*управляемый напряжением*)

voltage-output ~ элемент с потенциальным выходом

worst-case ~ **1.** устройство, сохраняющее работоспособность в наихудших условиях **2.** элемент для работы в наихудших условиях

device-independence машинонезависимость (*программного обеспечения*)

device-specific зависящий от (конкретного) устройства

diacritic *лингв.* диакритический знак ‖ диакритический

diacritical *лингв.* диакритический

diad *см.* **dyad**

diagnose диагностировать, обнаруживать [выявлять] ошибки *или* неисправности

diagnosis 1. диагноз **2.** диагностика; диагностирование; обнаружение [выявление] ошибок *или* неисправностей (*см. тж* **diagnostics**)

    automatic ~ автоматическое диагностирование

    error ~ диагностика ошибок; обнаружение [выявление] ошибок

    fault ~ диагностика неисправностей *или* дефектов

    intelligent trouble ~ интеллектуальная диагностика неисправностей, диагностика неисправностей с применением микропроцессорных устройств

    malfunction ~ диагностика сбоев; выявление неправильного функционирования

    multifault ~ диагностирование кратных неисправностей

    off-line ~ автономное диагностирование

    on-line ~ **1.** оперативная диагностика, диагностирование в рабочем режиме **2.** диагностирование в режиме онлайн

    post-test ~ апостериорное диагностирование

    remote ~ дистанционная диагностика

diagnostic диагностический

diagnostics 1. диагностика; обнаружение [выявление] ошибок *или* неисправностей (*см. тж* **diagnosis**) **2.** диагностические средства

    built-in ~ встроенная диагностика

    compile-time ~ диагностика в процессе компиляции

    emergency ~ диагностика аварийных ситуаций

    failure ~ диагностика отказов *или* повреждений

    maintenance ~ обнаружение [выявление] неисправностей в процессе технического обслуживания

    off-line ~ автономные диагностические средства

    preventive ~ профилактическая диагностика

    remote ~ дистанционная диагностика

    resident ~ резидентные диагностические средства

    stand-alone ~ автономные диагностические средства

    warning ~ предупредительная диагностика

diagnotor 1. диагностическая программа, программа обнаружения и устранения ошибок *или* неисправностей **2.** диагностическая схема

diagram диаграмма; схема; график, графическое представление ‖ вычерчивать диаграмму; составлять схему; изображать схематически

    algorithmic ~ алгоритмическая схема; схема алгоритма

    ANSI block ~ стандартная структурная схема, структурная схема ANSI (*для отображения последовательности передач управления в программе прямоугольниками, ромбами и направленными линиями*)

    baseline ~ базисная схема

    binary decision ~ бинарная (древовидная) схема принятия решений

    block ~ блок-схема; структурная схема; скелетная схема

    calculating ~ **1.** расчётный стол; счётная доска **2.** расчётная номограмма

    child ~ вложенная [порождённая] диаграмма, диаграмма второго уровня

    circuit ~ **1.** принципиальная схема **2.** схема соединений, схема коммутаций, коммутационная схема

    column ~ гистограмма; столбиковая диаграмма

    conceptual ~ схема концептуального представления (*напр. разрабатываемой системы программного обеспечения*)

connection ~ схема соединений, схема коммутаций, коммутационная схема

control ~ 1. контрольная диаграмма 2. пультовая мнемосхема

cording ~ схема (шнуровых) соединений, коммутационная схема

data flow ~ схема информационных потоков; схема потоков данных

data organization ~ схема организации данных

data structure ~ схема (представления) структуры данных

distribution ~ диаграмма распределения

elementary ~ принципиальная схема; схематическое представление

engineering logic ~ логическая схема с техническими пояснениями

entity-relation(ship) ~ схема представления отношений между объектами, диаграмма «объекты — отношения»

eye ~ индикаторная диаграмма

flow ~ 1. блок-схема; структурная схема 2. схема последовательности операций

flow-process ~ карта процесса; маршрутно-технологическая карта

frequency ~ гистограмма

functional ~ функциональная схема; принципиальная схема

Hamilton-Zeldin ~ диаграмма Гамильтон — Зельдин (*для алгоритмического представления всех процессов в проектируемой системе*)

hierarchical structure ~ диаграмма иерархической структуры, иерархическая диаграмма

HIPO [input-process-output] ~ диаграмма ХИПО, диаграмма «вход — процесс — выход» (*для документирования систем программного обеспечения*)

key ~ пояснительная диаграмма

ladder ~ многоступенчатая схема (*отображения логики, напр. микроконтроллера*)

Layton ~ диаграмма Лейтона, лейтоновская диаграмма (*для отображения архитектуры программного обеспечения*)

line ~ линейная [одномерная] диаграмма

logic(al) ~ логическая (блок-) схема

logical sequence ~ схема логического упорядочения

mnemonic ~ мнемоническая схема, мнемосхема

multiple-sheet ~ многостраничная диаграмма; схема на нескольких листах

Nassi-Shneiderman ~ диаграмма Нэсси — Шнейдермана (*для отображения процессов и подпроцессов обработки данных*)

network ~ сетевой график

pictorial ~ наглядная диаграмма, наглядное изображение

program flow ~ блок-схема программы

run ~ схема прогона (*программы*)

SADT ~ диаграмма структурного анализа и проектирования, диаграмма SADT (*сочетающая древовидную схему проекта с функциональной схемой без указания в явном виде алгоритмов*)

scanning ~ схема сканирования, схема просмотра (*напр. матрицы*)

schematic ~ принципиальная схема; схематическое представление

setup ~ схема настройки; таблица настройки; диаграмма соединений (*в аналоговой ЭВМ*)

skeleton ~ скелетная схема; блок-схема

stability ~ диаграмма устойчивости

state ~ диаграмма состояний

state transition ~ диаграмма переходов (*конечного автомата из одних состояний в другие*)

stick ~ штриховая диаграмма (*для отображения топологии межсоединений*)

syntactic [syntax] ~ *лингв.* синтаксическая диаграмма, синтаксическое дерево

timing ~ временна́я диаграмма

tree ~ 1. дерево, древовидная схема 2. *лингв.* синтаксическая диаграмма, синтаксическое дерево

truth ~ диаграмма [таблица] истинности

Veitch ~ *лог.* диаграмма Вейтча

Venn ~ *лог.* диаграмма Венна

Warnier ~ структурная схема Уорнера, уорнеровская диаграмма (*для графического отображения структур данных, подлежащих обработке, и обеспечения их совместимости*)

waveform ~ временна́я диаграмма сигналов

wiring ~ монтажная схема; схема соединений, коммутационная схема

diagraming изображение с помощью диаграмм, диаграммное изображение

dial 1. номеронабиратель, кодонабиратель; наборный диск **2.** круговая шкала; циферблат; лимб **3.** наносить деления на шкалу **4.** осуществлять набор кода, набирать код **5.** устанавливать автоматическую связь **6.** настраивать по шкале

control ~ диск управления

dividing ~ делительный круг; лимб

index ~ циферблат

panel ~ шкала на пульте

print timing ~ регулятор печати

dialect 1. диалект (*языка программирования*) **2.** профессиональный жаргон

dialer:

telephone ~ телефонное наборное устройство

dialing (дисковый) набор (кода), кодовый вызов, вызов по номеру (*для установления связи с ЭВМ с помощью кодонабирателя*)

abbreviated ~ сокращённый набор

auto ~ автонабор

direct inward ~ прямой входной набор

distance ~ дистанционный набор

partial ~ неполный набор

push-button ~ клавишный набор

tone ~ тональный вызов

voice-activated telephone ~ речевой набор телефонных номеров

dialing-in входной набор (*обеспечивающий вход в сеть информационного обмена*)

dialing-out выходной набор (*обеспечивающий пересылку данных абоненту сети*)

dialog(ue) диалог, общение ‖ вести диалог, общаться

clarification [explanatory] ~ разъясняющий диалог

intelligent ~ интеллектуальный диалог

man-made ~ человеко-машинный диалог, общение человека с машиной

menu ~ диалог типа выбора меню, диалог на основе выбора предлагаемых вариантов

mixed-initiative ~ диалог с перемежающейся инициативой (*системы и пользователя*)

nested ~ вложенный диалог

operator-computer ~ человеко-машинный диалог, общение человека с машиной

prompted ~ диалог с подсказками (*пользователю со стороны ЭВМ*)

question/answer ~ диалог (*человека с машиной*) в форме вопросов и ответов

dialog(u)ing ведение диалога

dial-up 1. (дисковый) набор (кода), кодовый вызов, вызов по номеру (*для установления связи с ЭВМ с помощью кодонабирателя*) **2.** коммутируемый (*напр. о терминале*)

diamond ромб (*символ логической блок-схемы*)

double ~ двойной ромб

diary:

bug ~ дневник ошибок (*вспомогательное средство выявления характерных ошибок программиста*)

session ~ журнал сеансов взаимодействия (*пользователя с системой*)

dibit дибит, двухбитовая конфигурация

dice 1. кристаллы ‖ нарезать кристаллы из (полупроводниковой) пластины **2.** наносить сетку (*на пластину*)

diode ~ кристалл с диодными элементами

master ~ базовый кристалл

dichotomic дихотомический

dichotomize делить на две части (*напр. массив записей при поиске*)

dichotomy дихотомия

dicing 1. скрайбирование, разделение (полупроводниковой) пластины на кристаллы **2.** нанесение сетки (*на пластину*)

dictionary:

automatic ~ автоматический словарь; словарь (для) автоматического перевода, машинный словарь

conceptual ~ словарь понятий

control ~ управляющий словарь

cross reference ~ словарь перекрёстных ссылок

data ~ словарь данных

electronic ~ автоматический словарь; словарь (для) автоматического перевода, машинный словарь

ending ~ словарь окончаний

external symbol ~ словарь внешних символов

fault ~ словарь неисправностей

location ~ диагностический словарь

mechanical ~ автоматический словарь; словарь (для) автоматического перевода, машинный словарь

paradigm ~ словарь парадигм

postings ~ реестр рассылки (*сообщений в системе электронной почты*)

relocation ~ словарь перемещений

reverse-code ~ обратный словарь кодовых обозначений

source ~ исходный словарь

stem ~ словарь основ

diddle *sl* смастерить наспех (*программу*)

diddling сдвиг (*элементов изображения*)

die 1. кристалл **2.** ◊ to ~ out затухать (*о сигнале*)

difference 1. различие **2.** разность ‖ вычислять разность **3.** приращение

artifactural ~ искусственное [искусственно введённое] различие (*распознаваемых объектов, снабжённых артефактами*)

correlation ~ корреляционная разность

domain ~s различия (*между информационными объектами*) на уровне доменов (*в реляционных базах данных*)

finite ~ конечная разность

first order ~ *матем.* первая разность, разность первого порядка

induction ~ разность значений индукции

logic(al) ~ логическая разность

major maximum flux ~ разность максимальных (магнитных) потоков по предельной петле гистерезиса

major remanent flux ~ разность остаточных (магнитных)потоков по предельной петле гистерезиса

remanent induction [retentivity] ~ разность значений остаточной индукции

second order ~ *матем.* вторая разность, разность второго порядка

symmetric ~ строгая дизъюнкция, разноимённость, исключающее ИЛИ

tabular ~ *матем.* табличная [табулированная] разность

differentiability дифференцируемость

differential 1. *матем.* дифференциал ‖ дифференциальный **2.** дифференциальная передача, дифференциал (*в счётно-решающих устройствах*) **3.** перепад; разность

computing ~ счётный дифференциал

level-gear ~ дифференциал с коническими шестернями

partial ~ *матем.* частный дифференциал

selsyn ~ сельсинный дифференциал

spur-gear ~ дифференциал с цилиндрическими шестернями

total ~ *матем.* полный дифференциал

differentiation 1. дифференцирование, отыскание производной **2.** установление различий, разграничение

electrical ~ электрическое дифференцирование

implicit ~ дифференцирование неявной функции, неявное дифференцирование

parameter ~ дифференцирование по параметру

differentiator 1. дифференцирующее устройство, дифференциатор **2.** блок дифференцирования **3.** дифференцирующее звено; дифференцирующий элемент

feedback ~ дифференциатор с обратной связью

difficulty:

routine ~ трудность программы (*показатель сложности разработки*)

diffusion 1. диффузия **2.** постепенное распространение (*напр. внедрённой автоматизированной системы*)

vapor ~ *пп* диффузия (*примесей*) из паровой *или* газовой фазы

digicom цифровая связь

digit 1. цифра; однозначное число; одноразрядное число, разряд **2.** символ; знак ◊ ~s **per word** разрядность слова (*ЭВМ*); ~s **with like place values** цифры одинаковых разрядов

addend ~ цифра второго слагаемого; цифра второго числа

augend ~ цифра первого слагаемого; цифра первого числа

binary ~ **1.** двоичная цифра; двоичный разряд **2.** двоичный знак

binary-coded ~ двоично-кодированная цифра

borrow ~ цифра заёма; разряд заёма

carry ~ цифра переноса

check ~ контрольная цифра; контрольный разряд

check-sum ~ цифра контрольной суммы; контрольная цифра (*получаемая контрольным суммированием*)

coded ~ кодированная цифра

decimal ~ **1.** десятичная цифра; десятичный разряд **2.** десятичный знак

decimal-coded ~ десятично-кодированный знак

destroyed ~ разрушенный знак (*при считывании с разрушением информации*)

dot-matrix ~ точечная цифра

(*напр. изображаемая с помощью точечной матрицы*)

equal order ~s цифры одинаковых разрядов

forbidden ~ запрещённый знак

fractional ~ цифра дробной части (*числа*)

function ~ разряд кода операции

gap ~s пустые разряды (*машинного слова, не использующиеся для представления информации*)

guard ~ вспомогательная цифра (*для сохранения точности вычислений*)

highest-order ~ цифра самого старшего разряда; самый старший разряд

high-order ~ цифра старшего разряда; старший разряд

illegal ~ 1. неразрешённая цифра 2. неразрешённый знак

input ~ вводимая цифра; вводимый разряд

leading ~ первая цифра

least significant ~ цифра самого младшего разряда; цифра самого младшего значащего разряда; самый младший разряд

leftmost ~ самая левая цифра; самая левая значащая цифра; самый левый разряд

less significant ~ цифра младшего разряда; младший разряд

lockout ~ разряд блокировки

lowest-order ~ цифра самого младшего разряда; самый младший разряд

low-order ~ цифра младшего разряда; младший разряд

l. s. ~ *см.* **less significant digit**

message ~ 1. место [разряд] в сообщении 2. символ сообщения

more significant ~ цифра старшего разряда; старший разряд

most significant ~ цифра самого старшего разряда; цифра самого старшего значаще-го разряда; самый старший разряд

m. s. ~ *см.* **more significant digit**

multiplier ~ цифра множителя

noise [noisy] ~ *проф.* шумовой разряд

nonzero ~ ненулевая цифра

N-segment ~ N-сегментная цифра

octal ~ восьмеричная цифра; восьмеричный разряд

overflow ~ 1. разряд переполнения, избыточный разряд 2. признак переполнения

parity ~ разряд чётности

quinary ~ пятеричная цифра; пятеричный разряд

relevant ~ подходящая цифра

rightmost ~ самая правая цифра; самая правая значащая цифра; самый правый разряд

sexadecimal ~ шестнадцатеричная цифра

sign ~ цифра знака (*определяющая знак*); знаковый разряд

significant ~ значащая цифра

sum ~ цифра суммы; разряд суммы

tens ~ цифра разряда десятков; разряд десятков

top ~ цифра самого старшего разряда; цифра самого старшего значащего разряда; самый старший разряд

unallowable ~ неразрешённая цифра; неразрешённый разряд

unit ~ цифра разряда единиц; разряд единиц

valid ~ (досто)верная цифра

digital цифровой; дискретный

digitization преобразование в цифровую форму, оцифровывание, оцифровка

voice ~ преобразование речевых данных в цифровую форму

digitize преобразовывать в цифровую форму, оцифровывать

digitizer 1. цифровой преобразователь; цифровой датчик; цифратор **2.** кодирующий преобразователь (*в кодирующем планшете*)

graphic ~ преобразователь из графической формы в цифровую

picture ~ преобразователь изображения в цифровой код, устройство оцифровки изображения

scanning ~ сканирующий цифровой преобразователь

touch-sensitive ~ тактильный [сенсорный] цифровой датчик

waveform ~ дискретизатор (аналоговых) сигналов

digram биграмма (*группа из двух последовательных символов*)

digraph ориентированный граф, орграф

digroup дигруппа (*базисная группа каналов, охватываемых временны́м уплотнением*)

dike *sl* удалять, *проф.* заглушать (*напр. дефектную часть программы*)

dilation растяжение временно́го интервала

dimension 1. размер; величина; объём **2.** измерение **3.** размерность **4.** *pl* габаритное поле (*в графопостроителях*)

~ **of array** размерность массива

dimensionality размерность

high ~ большая размерность (*решаемой задачи*)

dimensioning простановка размеров; задание размеров ◊ ~ **in the instance** задание габаритного поля по привязке (*в графопостроителях*); ~ **in the master** задание габаритного поля по основной копии (*в графопостроителях*)

diode 1. диод **2.** переход транзистора

bootstrap ~ фиксирующий [ограничительный] диод

chip ~ бескорпусный диод

clamp(ing) ~ фиксирующий [ограничительный] диод; антизвонный диод

integrated ~ интегральный диод

limiter ~ фиксирующий [ограничительный] диод

pick-off ~ отсекающий диод

shorted ~ зашунтированный диод (*тип неисправности ПЛМ*)

Shottky ~ диод Шотки

tunnel ~ туннельный диод

ultrafast recovery ~ диод со сверхмалым временем восстановления

voltage-reference ~ опорный диод

diphone дифон (*сегмент речи между серединами фонем*)

direct 1. направлять; ориентировать **2.** управлять **3.** предписывать **4.** прямой, непосредственный ◊ **to** ~ **the control** передавать управление

direction:

~ **of magnetization** направление намагниченности, ось намагниченности

data ~ направление передачи данных

drive ~ направление возбуждения (*магнитного сердечника*)

easy ~ лёгкое направление, ось лёгкого [предпочтительного] намагничивания, лёгкая ось

forward ~ прямое [пропускное] направление

grain ~ направление (протяжки) вдоль волокон бумаги (*в печатающем устройстве*)

hard ~ трудное направление, ось трудного намагничивания, трудная ось

inhibit ~ запрещающее направление (*магнитного поля*)

I/O ~ направление передачи при вводе-выводе

pulse ~ полярность импульса

reverse ~ обратное [запирающее] направление

directive 1. указатель; директива, указание **2.** управляющий, направляющий

directivity направленность, ориентированность (*графа*)

directory справочник; каталог, *проф.* директория

contents ~ оглавление; справочник содержимого (*напр. памяти*)

current ~ текущий каталог

data ~ справочник данных

database ~ справочник базы данных

device ~ таблица устройства; указатель устройства

distributed ~ распределённый справочник

external symbol ~ словарь внешних символов

file ~ **1.** справочник файлов **2.** оглавление файла

home ~ начальный справочник (*в иерархической системе справочников*)

interrupt ~ таблица прерываний

login ~ регистрационный каталог (*обеспечивающий вход пользователей в систему*)

ordered ~ упорядоченный справочник

page ~ таблица страниц

program ~ справочник [указатель] программ

root ~ корневой справочник; корневой каталог

source statement ~ словарь операторов входного языка

user ~ справочник пользователя; руководство для пользователя

working ~ текущий справочник, текущий каталог

direct-read-after-write непосредственное считывание после записи

disable 1. блокировать **2.** маскировать (*напр. разряды команды*) **3.** запирать (*напр. схему совпадения*) **4.** выводить из строя, выключать из работы **5.** запрет, запрещающий сигнал, блокировка

interrupt ~ запрет [блокировка] прерываний

disadjustment разрегулировка (*аппаратуры*)

disaggregate дезагрегировать, разукрупнять, детализировать (*агрегированные данные*)

disagreement расхождение (*между схемами голосования*)

disambiguation устранение противоречий; разрешение противоречий; устранение неоднозначности

disambigue устранять неоднозначность

disarm нейтрализовать (*напр. сигнал прерывания*)

disarray неупорядоченность (*системы*) ‖ вносить неупорядоченность, приводить в беспорядок

disassembler обратный ассемблер

disassembling 1. разборка, демонтаж **2.** обратное ассемблирование

character ~ разложение знака (*напр. при автоматическом распознавании*)

disc *см.* disk

discard отбрасывать, отвергать (*напр. данные*); не учитывать (*напр. весь принимаемый кадр информации или его часть*)

discharge 1. разгрузка, снятие нагрузки (*с системы*) ‖ разгружать, снимать нагрузку, освобождать (*систему*) **2.** разряд

discipline *ТМО* **1.** дисциплина (*очереди*) **2.** порядок [дисциплина] обслуживания (*требований*) ‖ устанавливать порядок [дисциплину] обслуживания

alternating priority ~ дисциплина с чередующимися приоритетами

batch service ~ дисциплина с групповым обслуживанием; групповое поступление на обслуживание

delay dependent ~ дисциплина, зависящая от времени пребывания требования в системе

endogenous priority ~ дисциплина с приоритетами, определяемыми состоянием системы

first-come-first-served [first-in-first-out] ~ порядок [дисциплина] обслуживания по принципу «первым пришёл — первым обслужен», обслуживание в порядке поступления (*требований*), дисциплина ФИФО

head-of-the line ~ дисциплина с приоритетами, не прерывающими обслуживания, обслуживание с относительным приоритетом

interruption ~ дисциплина с абсолютным приоритетом

last-come-first-served [last-in-first-out] ~ порядок [дисциплина] обслуживания по принципу «последним пришёл — первым обслужен», обслуживание в обратном порядке, дисциплина ЛИФО

line ~ дисциплина линии связи

noninterruption [nonpreemptive] ~ дисциплина без прерывания обслуживания (*при поступлении требований с более высокими приоритетами*)

ordered-service ~ обслуживание (*требований*) в порядке поступления

output ~ порядок [дисциплина] ухода (*обслуженных требований из системы*)

preemptive ~ дисциплина с абсолютным приоритетом

preemptive-repeat ~ дисциплина с продолжением прерванного обслуживания

preemptive-resume ~ дисциплина с возобновлением прерванного обслуживания

priority-service ~ приоритетное обслуживание

queue ~ дисциплина очереди, правило упорядочения (*объектов в очереди*); очерёдность обслуживания

random-service ~ дисциплина со случайным выбором (требований) на обслуживание; случайный выбор на обслуживание

repeat-different ~ дисциплина с изменением распределения времени обслуживания при его возобновлении, повторно-различное обслуживание

repeat-identical ~ дисциплина с неизменным распределением времени обслуживания при его возобновлении, повторно-идентичное обслуживание

restricted interruption ~ дисциплина с ограниченным числом прерываний начатого обслуживания, ограниченно-прерываемое обслуживание

reverse-order-of-service ~ порядок [дисциплина] обслуживания по принципу «последним пришёл — первым обслужен», обслуживание в обратном порядке, дисциплина ЛИФО

round-robin priority ~ циклическая дисциплина обслуживания (*для обслуживания каждого из требований выделяется квант времени*), циклическое обслуживание порциями

shortest remaining processing time ~ дисциплина, предусматривающая завершение обслуживания заявки, требующей наименьшего времени (*при поступлении требования с высшим приоритетом*), обслуживание по принципу наименьшей длительности завершения

strict queue ~ обслуживание (*требований*) в порядке поступления

two-priority ~ дисциплина с двумя приоритетными уровнями, двухприоритетное обслуживание

disconnect разъединять; размыкать; отключать

disconnection разъединение; размыкание, отключение

fail-safe ~ безопасное отключение

discontinuity 1. *матем.* разрывность 2. неоднородность (*в линии передачи*)

discontinuous 1. прерывистый, с перерывами 2. дискретный 3. разрывный (*о функции*)

discourse *лингв.* дискурс, языковое общение

discrepancy:
    uncleared ~ необъяснимое расхождение (*фактических результатов с ожидаемыми*)

discrete 1. дискретный 2. дискретный сигнал 3. дискретный компонент (*напр. на плате*) 4. элемент разбиения

discretization дискретизация

discriminant дискриминант
    speaker ~s отличительные особенности речи (*говорящего*)

discrimination 1. дискриминация 2. разрешающая способность 3. различительная способность 4. распознавание, установление различия
    one-to-zero ~ дискриминация [распознавание] (сигналов) нулей и единиц
    statistical ~ установление статистического различия, установление различия в статистическом смысле

discriminator 1. дискриминатор 2. дискриминантная [классифицирующая] функция
    peak ~ амплитудный дискриминатор, амплитудный селектор
    pulse-height ~ амплитудный дискриминатор [селектор] импульсов
    pulse-width ~ дискриминатор [селектор] импульсов по длительности *или* ширине
    strobed ~ строб-дискриминатор, стробированный дискриминатор

disjunction 1. дизъюнкция, логическое сложение; операция ИЛИ 2. разъединение, размыкание
    conditioned ~ условная дизъюнкция

    exclusive ~ разделительная дизъюнкция; операция исключающее ИЛИ
    inclusive ~ неразделительная дизъюнкция; операция включающее ИЛИ

disk 1. диск 2. дисковое запоминающее устройство, дисковое ЗУ, *проф.* диск
    amorphous-thin-film ~ диск с аморфным тонкоплёночным покрытием
    cartridge ~ кассета дискового запоминающего устройства
    coded ~ кодирующий диск (*в стробирующих индикаторах*)
    compact ~ компакт-диск
    digital ~ цифровой диск
    double-density ~ диск с удвоенной плотностью (*записи*)
    double-faced [double-sided] ~ двусторонний диск (*с записью на обеих сторонах*)
    dual-ported ~ двухпортовое дисковое запоминающее устройство, двухпортовый диск
    duplexed ~ сдвоенный дисковый накопитель
    erasable ~ 1. стираемый диск (*в отличие от нестираемого*) 2. запоминающее устройство на стираемых дисках
    fixed ~ несъёмный [стационарный] диск
    fixed-head ~ диск с неподвижными головками
    flexible [floppy] ~ гибкий диск
    font ~ дисковый шрифтоноситель
    format ~ форматный диск (*определяющий формат записи*)
    gamma-ferrous oxide ~ гамма-феррооксидный диск
    hard ~ жёсткий диск
    hard sector ~ диск с жёсткими [фиксированными] секторами
    head-per-track ~ диск (*ЗУ*) с (отдельной) головкой на (каждый) тракт [на (каждую) дорожку]; диск (*ЗУ*) с неподвижными головками
    library ~ библиотечный диск
    magnetic ~ магнитный диск

magneto-optic(al) ~ магнито-оптический диск

microfloppy ~ гибкий микродиск

mini-floppy ~ гибкий минидиск

moving-arm [moving-head] ~ диск (*ЗУ*) с перемещаемыми головками

multihead ~ диск (*ЗУ*) с (отдельной) головкой на (каждый) тракт [на (каждую) дорожку]

mylar ~ майларовый [миларовый] диск

N-megabyte ~ N-мегабайтный диск

removable ~ сменный диск; съёмный диск

rigid ~ жёсткий диск

shared ~ диск коллективного [совместного] пользования

silicon ~ интегральный диск (*аппаратный узел ЭВМ, заменяющий дисковую память*), *проф.* кремниевый диск

single-sided ~ односторонний диск (*с записью на одной стороне*)

slotted ~ щелевой диск

soft-sectored ~ программно-секционированный диск

storage ~ запоминающий диск

system residence ~ системный диск, диск с системными программами

thin-film ~ тонкоплёночный диск

video ~ видеодиск

virtual ~ виртуальный диск

Winchester ~ винчестерский диск, *проф.* винчестер

write-once ~ диск однократной записи

disk-based с памятью на дисках

diskette дискет

floppy ~ гибкий дискет

disk-resident диск-резидентный (*о программных средствах*)

dismounting *см.* demounting

disorder разладка, нарушение нормальной работы

functional ~ функциональное нарушение

dispatcher диспетчер, организующая программа

process ~ диспетчер процессов

task ~ диспетчер задач *или* заданий

working set ~ диспетчер рабочих комплектов

dispatching диспетчеризация; координация

disperse 1. рассредоточивать 2. распределять (*данные*) по блокам памяти

dispersion 1. дисперсия; рассеяние, разброс (*параметров или отсчётов*) 2. дизъюнкция отрицаний

displacement 1. смещение, сдвиг; перемещение 2. рассогласование; отклонение (*регулируемой величины*) 3. замена, замещение

display 1. дисплей 2. устройство отображения; устройство индикации, индикатор; электронное табло 3. отображение (данных); индикация ‖ отображать (данные); выводить (данные) на экран; индицировать 4. изображение

all-digital ~ цифровой дисплей

all-points-addressable ~ полноадресуемый дисплей

alpha(nu)meric ~ 1. буквенно-цифровой дисплей 2. буквенно-цифровой индикатор 3. отображение буквенно-цифровой информации; буквенно-цифровая индикация

binary ~ 1. устройство отображения двоичных данных; индикатор двоичных данных 2. двоичное отображение

bit-map(ped) ~ дисплей с поэлементным отображением (*изображения в памяти*)

black-and-white ~ 1. чёрно-белый дисплей 2. чёрно-белое изображение

calligraphic ~ 1. (графический) дисплей с программным управлением лучом, дисплей с программно-управляемым лучом **2.** каллиграфическое изображение (*в отличие от растрового*)

Cartesian ~ **1.** устройство отображения в декартовых координатах **2.** индикация (*изображения*) в декартовых координатах **3.** декартова координатная сетка (*на экране*)

cathode-ray tube ~ **1.** экранный дисплей **2.** экранное устройство отображения

character ~ **1.** буквенно-цифровой дисплей **2.** буквенно-цифровой индикатор **3.** отображение буквенно-цифровой информации; буквенно-цифровая индикация

character-generation ~ дисплей с формированием знаков (*в отличие от использования маски*)

character-mode ~ **1.** буквенно-цифровой дисплей **2.** буквенно-цифровой индикатор **3.** отображение буквенно-цифровой информации; буквенно-цифровая индикация

color ~ **1.** цветной дисплей, дисплей с цветным изображением **2.** цветное изображение

computer ~ дисплей вычислительной машины

computer-generated ~ машинное изображение (*на экране*)

control-message ~ отображение контрольных *или* управляющих сообщений

CRT ~ *см.* cathode-ray tube display

cycle-stealing ~ дисплей с захватом цикла

data ~ **1.** информационный дисплей **2.** индикатор данных **3.** отображение данных *или* информации; вывод данных на дисплей *или* на устройство отображения **4.** информационное табло

decimal ~ **1.** устройство индикации цифр в десятичной системе, десятичный индикатор **2.** десятичное отображение

dialed digit ~ отображение набранного знака

digital ~ **1.** цифровой дисплей **2.** цифровой индикатор **3.** цифровое отображение; цифровая индикация

direct ~ дисплей для непосредственного отображения данных (*напр. содержимого памяти*)

direct-access channel ~ дисплей с каналом прямого доступа (*к памяти*)

direct-beam ~ (графический) дисплей с программным управлением лучом, дисплей с программно-управляемым лучом

dot-matrix ~ точечный индикатор

drum ~ цифровой индикатор барабанного типа

edge-lighted ~ индикатор с торцевой подсветкой

electroluminescent ~ электролюминесцентное табло; электролюминесцентный экран; электролюминесцентный индикатор

electrooptic ~ электронно-оптическое устройство отображения; электронно-оптический индикатор

fill-in-blanks forms ~ документальный дисплей (*на экране которого высвечиваются формы документов для заполнения*)

flat (panel) ~ индикаторная панель, плоский индикатор

flat screen ~ **1.** дисплей с плоским экраном **2.** индикаторная панель с плоским экраном, плоская индикаторная панель

flicker-free ~ немерцающий дисплей

fluorescent ~ флюоресцентный индикатор, флюоресцентный экран

flying spot ~ индикатор с бегущим пятном

forced ~ системный вывод (данных) на экран (*без запро-*

са оператора); принудительное отображение

formatted ~ форматированное отображение

forms ~ 1. документальный дисплей (*на экране которого высвечиваются формы документов для заполнения*) 2. высвечивание (*на экране*) форматированных бланков

full-page ~ полностраничный дисплей

gas panel ~ газоразрядная панель, газоразрядный индикатор

graphic(al) ~ 1. графический дисплей 2. отображение графической информации; вывод графической информации 3. изображение графической информации

great ~ широкоформатный дисплей

green-phosphor ~ дисплей зелёного свечения

half-page ~ полустраничный дисплей

hexadecimal ~ шестнадцатеричный индикатор

holographic ~ 1. голографический дисплей 2. голографическое изображение

image ~ 1. устройство воспроизведения изображений на экране 2. воспроизведение изображений на экране, вывод изображений на экран 3. изображение на экране

incremental [increment-mode] ~ дисплей с перемещением луча по приращениям, инкрементный дисплей

inquiry and subscriber ~ справочный абонентский дисплей

inquiry-terminal ~ запросный дисплейный терминал

intelligent ~ интеллектуальный дисплей

intensified ~ 1. полутоновый дисплей 2. дисплей с интенсификацией свечения (*части изображения*)

interactive ~ интерактивный дисплей

isometric ~ изометрическое изображение (*трёхмерных объектов*)

keyboard ~ дисплей с клавиатурой

landscape ~ дисплей с изображением, вытянутым по горизонтали

laser ~ лазерный индикатор

LED [light-emitting diode] ~ светодиодный индикатор

line-drawing ~ графический дисплей

liquid-crystal ~ жидкокристаллический индикатор, ЖК-индикатор; жидкокристаллическое табло, ЖК-табло

magnitude ~ индикация величин

map ~ вывод (данных) на экран в виде карты

matrix ~ 1. матричный дисплей 2. вывод (данных) на экран в виде матрицы

matrix-addressed ~ дисплей с матричной адресацией, матричный дисплей

matrix-controlled ~ дисплей с матричным управлением

monitor ~ контрольный дисплей, монитор

monochrome graphics ~ монохромный [монохроматический] графический дисплей

multiple window ~ полиэкранный дисплей

N-char ~ N-символьный индикатор

N-digit ~ N-значный индикатор

noninterlaced ~ дисплей с прогрессивной [построчной] развёрткой

nonstorage ~ 1. дисплей без блока памяти 2. экран без послесвечения 3. изображение без послесвечения

N-segment ~ N-сегментный индикатор

numeric ~ 1. цифровой дисплей 2. цифровое табло

one-line ~ однострочная индикаторная панель

operator's ~ 1. операторский

дисплей **2.** табло оператора, операторское табло

optoelectronic ~ оптоэлектронный дисплей

plasma(-discharge) [plasmapanel] ~ **1.** плазменный дисплей **2.** плазменная панель, плазменный индикатор

point-mode ~ дисплей с координатной адресацией (*отображаемых точек*)

portrait ~ дисплей с изображением, вытянутым по вертикали

random-point ~ дисплей с координатной адресацией (*отображаемых точек*)

raster ~ растровый дисплей

refresh ~ дисплей с регенерацией (изображения)

remote ~ дистанционный дисплей

reverse video ~ дисплей с негативным изображением (*тёмные знаки на светлом фоне*)

scan cathode-ray tube ~ дисплей с растром телевизионного типа, телевизионный дисплей

screen ~ экранное устройство отображения; экранный индикатор

segmented ~ сегментированный индикатор

situation ~ ситуационный дисплей (*напр. с картой воздушной обстановки в районе аэродрома*)

solid-state-panel ~ твердотельная индикаторная панель

state [status] ~ индикатор состояния

storage ~ **1.** дисплей для отображения содержимого памяти **2.** индикация состояния памяти **3.** дисплей с блоком памяти; запоминающий дисплей **4.** экран с послесвечением **5.** изображение с послесвечением

symbol ~ **1.** буквенно-цифровой дисплей **2.** буквенно-цифровой индикатор **3.** отображение буквенно-цифровой информации; буквенно-цифровая индикация

table ~ табличное представление (данных) на экране; вывод (данных) на экран в табличной форме

table-driven ~ дисплей с формированием изображения при помощи таблиц (*стандартных рисунков*)

television ~ дисплей с растром телевизионного типа, телевизионный дисплей

thin window ~ **1.** узкоформатный дисплей **2.** узкоформатное изображение (*на экране дисплея*)

touch ~ сенсорный дисплей

tube ~ **1.** экранный дисплей **2.** экранное устройство отображения

two-dimensional ~ двухкоординатный [двумерный] дисплей

unformatted ~ неформатированное отображение

vector(-mode) векторный дисплей

visual ~ **1.** *см.* display **2.** визуальный индикатор

voice-entry ~ дисплей с речевым вводом

displayable воспроизводимый, допускающий воспроизведение (*на экране дисплея*)

display-oriented ориентированный на визуальный вывод данных (*о способе обработки информации*)

dissection 1. разделение, разбиение, разложение (*на множество элементов*) **2.** расчленение, разделение **3.** разбор, анализ, критическое рассмотрение (*напр. проектных решений*)

dissector дешифратор уровней яркости (*в читающих автоматах*)

image ~ развёртка изображения; разложение изображения

dissipation рассеяние

module ~ рассеяние (мощности) в модуле

power ~ рассеяние мощности
quiescent power ~ рассеяние мощности в статическом режиме
stand-by power ~ рассеяние мощности в режиме хранения
wattage ~ рассеяние мощности
distance 1. расстояние; промежуток **2.** *стат.* отклонение; мера различия
basic line ~ стандартное межстрочное расстояние (*в печатающем устройстве*)
carriage shuttle ~ ход каретки
code ~ кодовое расстояние
Hamming ~ расстояние Хемминга, хемминговское расстояние
intercluster ~ межкластерное расстояние
magnetic head-to-voucher ~ зазор между магнитной головкой и покрытием носителя
separation ~ зазор (*между записывающей головкой и средой записи*)
signal ~ расстояние Хемминга, хемминговское расстояние
distinguisher отличительный признак (*класса объектов*); *лингв.* семантически нерегулярный признак
distortion искажение
attenuation ~ амплитудное искажение
bias ~ искажение за счёт смещения
characteristic ~ характеристическое искажение (*за счёт переходных процессов в канале передачи*)
end ~ **1.** результирующее искажение **2.** концевое искажение (*от стартстопных сигналов передающего устройства*)
flatness ~ нарушение плоскостности
fortuitous ~ случайное искажение, искажение за счёт наводок
harmonic ~ нелинейное искажение (*с появлением высших гармоник*)

in-plane ~ нарушение плоскостности
jitter ~ **1.** случайное искажение, искажение за счёт наводок **2.** «дрожание» (*изображения на экране*)
linear ~ линейное искажение
marking-end ~ искажение маркерного импульса за счёт задержки заднего фронта
nonlinear(ity) ~ нелинейное искажение
quantization ~ искажение (за счёт) квантования
spacing-end ~ искажение расстояния (*между маркерными импульсами*) за счёт задержки переднего фронта второго импульса
waveform ~ искажение формы сигнала
distributed распределённый, рассредоточенный
geographically ~ территориально распределённый, территориально рассредоточенный
highly ~ сильно распределённый (*о структуре системы*)
locally ~ локально распределённый
distribution распределение; распространение
~ **of eigenvalues** распределение собственных значений
abrupt ~ (непрерывное) распределение с разрывом (*плотности или её производной*)
accumulated ~ (интегральная) функция распределения; распределение кумулятивных [накопленных] вероятностей
asymptotically normal ~ асимптотически нормальное распределение
bath-tub ~ U-образное распределение, U-образная кривая распределения
binomial ~ биномиальное распределение
bivariate ~ двумерное распределение
chi-square ~ распределение хи-квадрат
composed ~ распределение

суммы (*случайных величин*), композиция распределений

continuous ~ непрерывное распределение

cumulative ~ (интегральная) функция распределения; распределение кумулятивных [накопленных] вероятностей

delay-in-queue ~ распределение времени ожидания (*обслуживания*)

discontinuous ~ дискретное распределение, распределение дискретной величины

exponential(-type) ~ экспоненциальное распределение, распределение экспоненциального типа

failure governing stress ~ распределение воздействия, определяющего отказ; распределение отказоопасного усилия

Gaussian (probability) ~ гауссово распределение, нормальное распределение

initial ~ исходное [начальное] распределение

input ~ распределение входящего потока требований (*в СМО*)

lognormal ~ логарифмически нормальное распределение

multinomial ~ мультиномиальное распределение

multivariate ~ многомерное распределение

near-normal ~ распределение, близкое к нормальному

noncentral ~ нецентральное распределение

normal ~ нормальное распределение

null ~ распределение, соответствующее нулевой гипотезе

N-variate ~ N-мерное распределение

one-parameter ~ однопараметрическое распределение

parent ~ теоретическое распределение; распределение генеральной совокупности

Poisson ~ распределение Пуассона, пуассоновское распределение

posterior ~ апостериорное распределение

prior ~ априорное распределение

probability ~ распределение вероятностей

Raileigh ~ распределение Релея, релеевское распределение

random ~ распределение случайной величины

rectangular ~ прямоугольное распределение

sampling ~ выборочное распределение

single-source data ~ централизованное распределение данных

singular ~ сингулярное [вырожденное] распределение

skew(ed) ~ скошенное распределение; несимметричное распределение

sojourn ~ распределение времени пребывания (*в СМО*)

standard(ized) normal ~ стандартизованное [нормированное] нормальное распределение

Student's ~ распределение Стьюдента, t-распределение

time-to-failure ~ распределение времени безотказной работы

truncate ~ усечённое распределение

uniform ~ равномерное распределение

unimodal ~ одномодальное [одновершинное] распределение

unit ~ распределение нормированной случайной величины

univariate ~ одномерное распределение

U-shaped ~ U-образное распределение, U-образная кривая распределения

variance-ratio ~ распределение отношения дисперсий

wrong ~ неадекватное распределение (*не соответствующее физической сущности явления, но подходящее для ин-*

тересующей исследователя области значений)

distributional дистрибутивный, распределительный

distributor 1. распределитель **2.** регистр обмена (*в ЗУ*)

call ~ распределитель вызовов

data ~ распределитель данных

front-end ~ фронтальный распределительный узел

I/O ~ распределитель устройств ввода-вывода

pulse ~ распределитель импульсов

tape transmitter ~ устройство (для) считывания с ленты

time-impulse [**time-pulse, timing-pulse**] ~ распределитель тактовых *или* синхронизирующих импульсов

disturbance 1. возмущение; нарушение **2.** помеха **3.** разрушение (*магнитного состояния*) **4.** повреждение

external ~ внешнее возмущение, внешнее неблагоприятное воздействие

half-N ~ полувозбуждение в направлении N

moving average ~ резкое отклонение скользящего среднего

ramp ~ линейно-нарастающее возмущение

random ~ случайное возмущение

step ~ скачкообразное возмущение

stochastic ~ стохастическое [случайное] возмущение

disturbed ◊ ~**0 1.** сигнал разрушенного нуля **2.** разрушенный нуль; ~**1 1.** сигнал разрушенной единицы **2.** разрушенная единица

disturbing разрушение (*магнитного состояния*)

half select read ~ разрушение полутоком считывания

half select write ~ разрушение полутоком записи

preread ~ разрушение перед считыванием

dit дит (*десятичная единица информации*)

dither добавочный псевдослучайный сигнал (*для уменьшения нежелательных эффектов процесса квантования*)

divergence 1. дивергенция **2.** расходимость **3.** отклонение

~ **of series** расходимость ряда

absolute ~ **of parameter** абсолютное отклонение параметра

relative ~ **of parameter** относительное отклонение параметра

divergency 1. дивергенция **2.** расходимость **3.** отклонение

diversification введение разнообразия (*для обеспечения отказоустойчивости системы*), диверсификация

diversify вводить разнообразие (*для обеспечения отказоустойчивости системы*), диверсифицировать

diversity 1. разнесение; разновременность **2.** разнообразие (*для обеспечения отказоустойчивости системы*), диверсификация

design ~ проектное разнообразие, диверсификация проектных решений (*метод, основанный на введении аналогичных избыточных элементов, выполненных по иной схеме*)

functional ~ функциональное разнообразие (*обеспечивающее выполнение одной и той же функции несколькими способами*)

divide делить(ся) ◊ **to** ~ **out** сокращать

dividend делимое

divider 1. делительное устройство, делитель **2.** блок деления **3.** пересчётная схема **4.** делитель напряжения

analog ~ аналоговое делительное устройство, аналоговый делитель

frequency ~ делитель частоты, частотный делитель

modulo-N ~ схема пересчёта по модулю N

potential ~ делитель напряжения

power ~ делитель мощности

dividing деление

job ~ дробление задания, разделение задания на части

divisibility делимость

division 1. делитель **2.** раздел (*КОБОЛ*) ◊ ~ **by zero** деление на нуль

abridged ~ сокращённое деление

analog ~ деление аналоговых величин, аналоговое деление

binary ~ двоичное деление, деление в двоичной системе

combinatorial ~ комбинационное деление

computer ~ отделение вычислительной техники *или* вычислительных машин (*фирмы*)

data ~ раздел данных

environment ~ раздел оборудования

exact ~ **1.** точное деление **2.** деление нацело, деление без остатка

identification ~ раздел идентификации

integer ~ целочисленное деление

nonrestoring ~ деление без восстановления (*остатка*)

procedure ~ раздел процедур

program ~ раздел программы

restoring ~ деление с восстановлением (*остатка*)

short(-cut) ~ ускоренное деление, деление сокращённым способом

software ~ отделение программного обеспечения (*фирмы*)

space ~ пространственное разделение; пространственное уплотнение

time ~ временно́е разделение (*сигналов*)

traffic ~ разделение рабочей нагрузки (*каналов связи*)

divisor *матем.* делитель

common ~ общий делитель

greatest common ~ наибольший общий делитель

shifted ~ сдвинутый делитель

trial ~ начальный [пробный] делитель, начальное значение делителя (*при первой аппроксимации*)

document документ; документальный источник (*информации*) ‖ документировать

computer-based ~ машинный документ, документ, формируемый с помощью вычислительной машины

electronic ~ электронный документ

hand-marker ~ документ с рукописными пометками

hand-written ~ рукописный документ

hard-to-scan ~ трудночитаемый документ (*в читающих автоматах*)

machine-readable ~ машиночитаемый документ; машинно-считываемый документ

magnetic ~ документ с магнитными знаками

magnetically sensed ~ документ с магнитным считыванием

mark scanning ~ документ с метками *или* маркерами (*для поиска*)

multimedia ~ неоднородный документ (*на нескольких различных носителях*)

optically sensed ~ документ для оптического считывания, оптически-считываемый документ

original ~ исходный документ; подлинный документ

printed ~ печатный документ

source ~ исходный документ; первичный документ; первоисточник (*информации*)

turnaround ~ оборотный документ (*возвращаемый в машину для подтверждения завершения работы*)

typed ~ машинописный документ

documentalist документалист, сотрудник информационно-поисковой службы

documentation 1. документация **2.** документалистика; научно-техническая информация **3.** выпуск технической документации **4.** документирование; документальное подтверждение

as-built manufacturing ~ техническая документация изготовителя (*оборудования*)

graphic ~ графическая документация; графическая информация

hardcopy ~ вещественная документация (*в отличие от хранящейся в памяти вычислительной системы*); печатная документация

on-line ~ оперативная документация, документация, используемая в оперативном режиме (*хранящаяся в памяти вычислительной системы*)

operator ~ операторская документация (*системы*)

program ~ программная документация, документация на программу *или* пакет программ

documenting документирование; документальное подтверждение

documentor документатор, документирующая программа, программа формирования документов

docuterm ключевое слово документа (*для автоматического поиска*)

dog-leg излом (*соединительной линии при трассировке*)

domain 1. область; домен ‖ доменный **2.** интервал (*времени*) **3.** домен (*в реляционных базах данных*) **4.** область определения

~ **of dependence** область зависимости

~ **of function** область определения функции

~ **of integrity** область целостности

~ **of word** область слова

admissible deviation ~ допустимая область отклонения

application ~ область приложения, область применения

closure ~ замыкающий домен

convergence ~ область сходимости

covering ~ *матем.* покрывающая область

data ~ область определения данных, предметная область

definitional ~ область определения

fault ~ множество (рассматриваемых) неисправностей (*определяемое моделью схемы*)

frequency ~ частотная область

implicit ~ неявный домен (*в реляционных базах данных*)

magnetic bubble ~ цилиндрический магнитный домен, ЦМД

semantic ~ область [раздел] семантики (*естественного языка*)

simple ~ простой домен (*в реляционных базах данных*)

single ~ одиночный домен

time ~ 1. временна́я область **2.** временной интервал

title ~ область заголовков (*в архитектуре открытых систем*)

domain-specific зависящий от (конкретной) предметной области, отражающий специфику (конкретной) предметной области

dome:

silicon ~ кремниевая оболочка (*клавиш в клавиатуре с использованием эффекта Холла*)

dominance доминирование, преобладание

fault ~ доминирование неисправностей

don't care безразличное состояние (*элемента логической схемы*)

doodling эскизное представление (*проектируемой системы в наглядной форме*)

dormancy:

fault ~ заторможённость дефектов (*выражающаяся в их проявлении лишь в определённых условиях*)

dot 1. точка ‖ ставить точку **2.**

проводить [наносить] пунктирную линию; отмечать пунктиром

dot-and-dash точка — тире (*азбука Морзе*)

double двойное количество ‖ удваивать, увеличивать в два раза; умножать на два ‖ двойной, удвоенный; парный, сдвоенный ‖ дважды, вдвойне ◊ **to ~ back** делать бифилярный монтаж

double-bucky *sl* с двойной маркировкой, с одновременным нажатием двух управляющих клавиш

double-buffered с двойной буферизацией

double-byte двухбайтовый

double-circuit двухконтурный

double-density с двойной плотностью (*о записи информации*)

double-length 1. двойной длины 2. с удвоенным количеством (*напр. разрядов*)

double-oh-seven *sl* знак $^0/_0$, знак процентов (*название символа*)

double-pole двухполюсный

double-precise, double-precision с удвоенной точностью

doubler удвоитель, устройство умножения на два

doublet 1. *лингв.* дублет 2. двухразрядный байт 3. дубликат; копия

doubleword слово двойной длины, двойное слово

double-wound бифилярный; с двойной обмоткой

doubling 1. удвоение, увеличение вдвое 2. дублирование ‖ дублирующий 3. сдваивание ‖ удваивающий

  recursive ~ рекурсивное удвоение (*метод ускорения параллельных вычислений*)

down-counter вычитающий счётчик

download загружать (*в память*)

downtime непроизводительная потеря времени; время простоя, простой; время работы

вхолостую (*из-за неисправности*); потерянное время

dpb *sl* вставлять (*дополнительные биты в битовую конфигурацию*)

drafting:

  computer ~ изготовление чертежей с помощью вычислительной машины, машинное черчение, машинное изготовление чертежей

dragging медленное смещение, сдвиг (*изображения на экране*)

dragon *sl проф.* дракон (*системная программа, периодически выполняющая служебные функции незаметно для пользователя*)

drain 1. утечка; непроизводительный расход 2. сток (*в канальном транзисторе*)

draw 1. *лог.* выводить (заключение) 2. чертить, вычерчивать 3. медленно продвигаться (*о разработке проекта*) 4. извлекать ◊ **to ~ a sample** осуществлять выборку

drawer секция (*базы данных*)

  file ~ картотечный ящик, ящик с картотекой

drawing 1. чертёж; рисунок; изображение 2. протягивание (*напр. перфоленты*) 3. *стат.* извлечение, выборка 4. *pl* чертёжные данные ◊ **~ with replacement** выборка с возвращением

  assembly ~ сборочный чертёж

  hardcopy ~ документальный чертёж (*в отличие от существующего на экране дисплея*)

  layout ~ 1. компоновочный чертёж 2. макетный чертёж 3. генеральный план (*расположения оборудования*) 4. макет (*расположение информации на перфокарте*)

  master ~ 1. оригинал 2. эталонный чертёж

  outline ~ контурный чертёж, контурный рисунок (*в графопостроителях*)

drift 1. дрейф, уход, снос, смещение, сдвиг ‖ смещаться, «плыть» **2.** отклонение ‖ отклоняться **3.** медленное перемещение (*изображения на экране из-за отсутствия синхронизации*) ◊ ~ **with use** дрейф характеристик (*устройства*) в процессе эксплуатации

~ **of parameter** уход параметра

frequency ~ уход [дрейф] частоты

level ~ дрейф [сдвиг] уровня

loop ~ дрейф петли гистерезиса; дрейф [смещение] кривой намагничивания

output quantity ~ дрейф выходной величины

sensitivity ~ дрейф чувствительности

warm-up ~ температурный уход (*параметров*)

zero ~ дрейф [сдвиг] нуля

drill практическая отработка (*приёмов работы с системой*)

network ~s заключительные комплексные испытания (*в реальном масштабе времени*)

drive 1. привод; передача; движитель, движущий механизм ‖ двигать, приводить в действие **2.** запуск; возбуждение ‖ запускать; возбуждать **3.** накопитель (*на дисках или ленте*) **4.** управлять

back ~ обратный проход (*при моделировании логической схемы*)

backward ~ обратный проход (*в D-алгоритме генерирования тестовых сигналов*), *проф.* С-движение

bidirectional ~ реверсивный привод (*лентопротяжного устройства*)

cartridge disk ~ кассетный накопитель на дисках

cartridge tape ~ кассетный накопитель на (магнитной) ленте

cassette tape ~ кассетное лентопротяжное устройство

d-~ прямой проход (*при моделировании логической схемы*)

disk ~ **1.** дисковод **2.** накопитель на дисках

diskette ~ накопитель на дискетах

floppy ~ накопитель на гибких магнитных дисках, НГМД

forward ~ прямое продвижение (*сигнала неисправности в модели схемы*)

free-falling magnetic-tape ~ накопитель карманного типа на магнитной ленте

hard ~ накопитель на жёстких магнитных дисках, НМД

hypertape ~ (быстродействующее) кассетное лентопротяжное устройство

microfloppy-diskette ~ накопитель на гибких микродискетах

mini-floppy disk ~ накопитель на гибких мини-дисках

N-high disk ~ накопитель с N дисками

optical disk ~ накопитель на оптических дисках

quarter-inch cartridge ~ кассетный накопитель на 6,35-мм ленте

ribbon ~ привод красящей ленты (*в печатающем устройстве*)

servo ~ следящий привод, сервопривод, сервомеханизм

signal ~ энергия сигнала (*в технике обработки изображений*)

slim-line ~ малогабаритный накопитель

streaming-tape ~ накопитель на «бегущей» (магнитной) ленте

tape ~ **1.** накопитель на (магнитной) ленте, *проф.* магнитофон **2.** лентопротяжный механизм **3.** лентопротяжное устройство

tractor ~ тянущая передача (*для протяжки бумаги в печатающем устройстве*)

driven:

externally ~ с внешним возбуждением, управляемый внешними сигналами

keyboard ~ управляемый с пульта, управляемый с клавиатуры

magnetic-tape ~ управляемый от магнитной ленты

punched-tape ~ управляемый от перфоленты, с перфолент(оч)ным управлением

driver 1. задающее устройство; драйвер **2.** формирователь; усилитель записи **3.** двигатель **4.** движитель, движущий механизм

address ~ адресный формирователь, формирователь адресного тока

bidirectional bus ~ приёмопередатчик шины

bus ~ **1.** возбудитель шины; драйвер шины **2.** драйвер канала

clock ~ формирователь тактовых *или* синхронизирующих импульсов

current ~ формирователь тока

diagnostic ~ диагностический монитор

digit(-plane) ~ разрядный формирователь

gate ~ вентиль-формирователь

graphics ~ графический драйвер (*в интеллектуальном печатающем устройстве*)

inhibit ~ формирователь тока запрета (*в ферритовых ЗУ*)

interrogation ~ формирователь сигнала опроса (*в ассоциативных ЗУ*)

line ~ **1.** линейный драйвер **2.** линейный формирователь

memory ~ формирователь (*тока выборки ЗУ*)

off-chip ~ внешний формирователь (*по отношению к кристаллу*)

read ~ формирователь сигналов считывания

register ~ (выходной) формирователь (схемы) управления регистром

software ~ программный драйвер (*для осуществления форматных преобразований дан-*

ных *при обмене с внешними устройствами*)

switch-mode ~ формирователь, работающий в переключательном режиме

test ~ тестовый драйвер (*при генерации тестов*)

time sharing ~ драйвер режима разделения времени

write ~ формирователь сигналов записи; усилитель записи

driving 1. приведение в действие **2.** запуск; возбуждение **3.** управление ‖ управляющий **4.** приводной; ведущий; задающий

drop 1. проход, просмотр (*от начала к концу, напр. информационного массива*) **2.** удалять, выбрасывать (*программу из памяти*)

false ~ ложный поиск (*информации в ИПС*)

drop-in вклинивание сигнала; появление ложного сигнала; появление ложных знаков *или* разрядов

drop-out выпадение сигнала; пропадание знаков *или* разрядов

bit ~ выпадение бита

circuit ~ сбой схемы

droppable допускающий отбрасывание (*напр. незначащих нулей*); опускаемый; отбрасываемый

dropping игнорирование, отбрасывание (*напр. незначащих нулей*)

fault ~ исключение неисправностей (*из списка моделируемых*)

drought:

cycle ~ *sl проф.* подсадка производительности (*приводящая к уменьшению вычислительной мощности, напр. в результате выключения из работы некоторых блоков системы*)

drum барабан; магнитный барабан

answerback ~ автоответчик (*терминала*)

digital ~ цифровой барабан

display ~ барабанный буфер для записи изображения

file ~ **1.** барабан для хранения файлов **2.** поворотная картотека; барабанная картотека

log ~ магнитный барабан для регистрации (*данных*)

magnetic ~ магнитный барабан

paging ~ (магнитный) барабан со страничной организацией (*памяти*), *проф.* барабан для листания страниц (*памяти*)

recording ~ регистрирующий барабан

stacker ~ укладочный барабан

tape ~ ленточный барабан

type ~ барабан печатающего устройства; печатающий барабан

dual 1. дуальный, двойственный **2.** двойной, сдвоенный

dual-head(ed) с двойной головкой

duality двойственность

dual-link двухканальный

dual-mode 1. двухрежимный **2.** двухмодовый

dual-port(ed) двухпортовый

dual-sided с двусторонней записью, двусторонний

duct кабельный канал связи

due:

milestone ~ срок этапа (*напр. разработки программного изделия*)

duel *т. игр* дуэль

noise ~ дуэль с взаимно известными действиями партнёров, шумная дуэль

silent ~ дуэль с взаимно неизвестными действиями партнёров, бесшумная дуэль

dummy 1. макет (*установки*) **2.** фиктивный, ложный; холостой (*о команде*)

dump 1. разгрузка (*памяти*); вывод (*содержимого памяти*) на печать, распечатка (*содержимого памяти*); *проф.* дамп ‖ разгружать (*память*); распечатывать (*содержимое памя-*

ти); *проф.* делать [выполнять] дамп **2.** данные (получаемые в результате) разгрузки (*памяти*); выдача; *проф.* данные дампа **3.** *редк.* аварийное снятие, выключение, сброс

abend ~ разгрузка результатов аварийного завершения задачи; распечатка результатов аварийного завершения задачи

AC ~ аварийное снятие [выключение] переменного напряжения (*питания*)

binary ~ разгрузка двоичных данных; двоичный дамп

change ~ дамп изменений (*приём отладки*)

core memory ~ разгрузка оперативной памяти; распечатка содержимого оперативной памяти; дамп оперативной памяти

DC ~ аварийное снятие [выключение] постоянного напряжения (*питания*)

disaster ~ аварийная разгрузка; аварийная распечатка; аварийный дамп

dynamic ~ динамическая разгрузка; динамическая распечатка; динамический дамп

executive ~ диспетчерская разгрузка; рабочая выдача; рабочий дамп (*при отладке программ*)

incremental ~ распечатка приращений данных; инкрементный дамп

monitor control ~ контрольная распечатка; контрольный дамп

postmortem ~ постпечать (*вывод содержимого памяти на печать по окончании работы программы*)

power ~ аварийное снятие [выключение] электропитания

priority error ~ срочная разгрузка *или* приоритетный дамп при появлении ошибки

program ~ распечатка программы; сброс программы (*во внешнее ЗУ*)

programmed ~ запрограммированная разгрузка; программируемый дамп

rescue ~ защитный дамп

screen ~ распечатка содержимого экрана; дамп (содержимого) экрана (*напр. во внешнюю память*)

selective ~ выборочная распечатка; селективный дамп

snapshot ~ мгновенный дамп

static ~ распечатка статического состояния (*памяти*); статический дамп

tape ~ разгрузка ленты; дамп ленты

duodecimal двенадцатеричный

duotricenary тридцатидвухричный

duplex 1. дуплекс ‖ дуплексный; двусторонний **2.** дублированный

duplexing организация дуплексной передачи; дуплексная передача; установление двустороннего обмена

duplicate 1. дубликат; копия ‖ дублировать; снимать копию, копировать ‖ скопированный; идентичный **2.** удваивать, увеличивать вдвое ‖ двойной, удвоенный **3.** запасной, резервный

duplication 1. дублирование; копирование **2.** удвоение, увеличение вдвое **3.** дубликат; копия

off-line tape ~ автономное дублирование ленты; автономная перезапись [автономное копирование] ленты; снятие копии ленты в автономном режиме

duplicator копировальный [множительный] аппарат, копировальное [множительное] устройство; перфоратор-репродуктор

tape ~ устройство для перезаписи [копирования] лент

durability долговечность, живучесть; прочность; жизнестойкость

duration длительность, продолжительность

dialing ~ продолжительность набора (кода)

digit ~ цифровой интервал (*при последовательной передаче цифр*)

frame ~ продолжительность (цикла) формирования кадра

life ~ срок службы

pulse ~ длительность импульса

resource usage ~ продолжительность использования ресурса (*в операционной системе*)

response ~ время реакции (*системы*)

run ~ длительность работы; время прогона (*программы*)

test ~ **1.** продолжительность тестирования (*программы*) **2.** длительность испытаний (*системы*)

the clock round ~ круглосуточная работа

duty 1. работа **2.** режим (*работы*) (*см. тж* **mode**) **3.** нагрузка **4.** производительность; мощность **5.** круг обязанностей (*в системе*)

varying ~ **1.** переменный режим **2.** работа с переменной нагрузкой

dwell 1. расширение (*импульсов*) **2.** перерыв (*в работе оборудования*)

dwim *sl* ненужная добавка (*усложняющая программу*)

dyad диада, двойка (*напр. символов*)

dyadic двоичный; двухместный (*напр. о логическом операторе*)

dynamicize преобразовывать (*данные*) из статической формы в динамическую

dynamicizer 1. параллельно-последовательный преобразователь **2.** устройство преобразования (*данных*) из статической формы в динамическую; динамический регистр

dynamics:

control system ~ динамика системы управления *или* регулирования

group ~ групповая динамика

E

eager *проф.* энергичный (*о методе вычислений*)

earmark отмечать (*напр. выявленные ошибки для последующей обработки*)

ears:

rabbit ~ *sl* двойные кавычки (*в языке Интеркол*)

easy-to-test 1. легкопроверяемый 2. легкотестируемый, удоботестируемый

echo-check(ing) эхоконтроль

echoing 1. эхоконтроль 2. отображение (*на экране дисплея вводимых с клавиатуры символов*)

echoplex 1. эхоплекс, эхообразная передача (*метод работы терминала*) 2. эхоплексный (*о режиме связи*)

echo-printing эхопечать (*считанных данных*)

edge 1. край (*перфокарты, ленты*) 2. ребро (*графа*) 3. фронт (*импульса*)

character ~ контур символа (*распознаваемый при оптическом считывании печатных текстов*)

clock ~ фронт синхроимпульса

directed ~ ориентированное ребро

guide ~ направляющий край (*ленты*)

implied ~ неявное ребро (*вычерчиваемой графопостроителем геометрической фигуры*)

leading ~ 1. ведущий [передний] (*при подаче*) край (*перфокарты*) 2. передний фронт

multiple ~s кратные [параллельные] рёбра

nine ~ нижний край 80-колонной (перфо)карты

noise ~ шумовой контур (*в СТЗ*)

reference ~ опорный край (*оптически считываемого документа*)

separating ~ разделяющее ребро

stroke ~ граница [край] штриха (*при распознавании образов*)

trailing ~ 1. задний (*при подаче*) край (*перфокарты*) 2. задний фронт

undirected ~ неориентированное ребро

edge-sensitive фронтовой, чувствительный к фронту (*сигнала*)

edge-triggered запускаемый фронтом (*сигнала*)

edit 1. редактировать 2. редакционное изменение (*вносимое при работе с экранным редактором*)

edit-directed управляемый редактором, управляемый редактирующей программой

editing редактирование

area ~ редактирование отдельных зон (*схемы*) (*напр. при трассировке СБИС*)

clean-up ~ окончательное редактирование

computer ~ машинное редактирование

context ~ редактирование по контексту, контекстное редактирование

data ~ редактирование данных

input ~ редактирование входных данных; редактирование (*данных*) при вводе

keyboard ~ редактирование с (помощью) клавиатуры

line(-)number ~ редактирование по номеру строки

linkage ~ редактирование связей

off-line ~ автономное редактирование

on-line ~ редактирование в режиме онлайн

post ~ постредактирование

screen ~ редактирование (*изображаемых данных*) на экране
syntax-directed ~ синтаксически управляемое редактирование
editor редактор, программа редактирования, редактирующая программа
  card ~ редактор (перфо)карт
  character(-oriented) ~ (по-)символьный редактор
  context ~ контекстный редактор
  font ~ шрифтовой редактор (*выбирающий тип шрифта*)
  graph ~ редактор графовых представлений
  graphics ~ графический редактор, программа редактирования графической информации
  graphic waveform ~ редактор графических изображений сигналов
  interactive ~ диалоговый редактор, программа интерактивного редактирования
  layout ~ редактор топологии микросхем
  library file ~ редактор библиотечных файлов
  line-number-based ~ редактор с использованием нумерации (редактируемых) строк
  line(-oriented) ~ (по)строчный редактор
  linkage ~ редактор связей
  machine-state ~ редактор, организованный по принципу конечного автомата
  microprocessor language ~ редактор языка микропроцессора
  multirecord ~ редактор массивов записей
  multiwindow ~ полиэкранный редактор
  multiworkspace ~ редактор с несколькими рабочими зонами (*памяти*)
  punch-**print** ~ редактор перфорирования и печати
  resident ~ резидентный редактор

  screen(-oriented) ~ экранный редактор
  source ~ редактор входной [исходной] программы
  structured schematic ~ структурный редактор (электрических) схем
  symbolic ~ символьный редактор
  text ~ текстовый редактор, редактор текстов
editor-loader редактор-загрузчик
editor-programmer редактор-программатор
education ◇ ~ **for computers** обучение вычислительной технике; обучение программированию и работе на вычислительных машинах
  ~ **of computer** обучение вычислительной машины
  software engineering ~ образование в области техники программного обеспечения, образование в области программотехники
edulcorate очищать массив данных; устранять неверную информацию
effect 1. влияние; действие; воздействие 2. эффект; результат
  causal ~ причинно-следственное влияние
  degrading ~ эффект ухудшения рабочих характеристик
  edge ~ краевой эффект
  end ~ концевой эффект
  failure ~s последствия отказа
  field ~ *nn* полевой эффект
  funneling ~ эффект суммирования шумов (*в обратных цепях древовидных сетей связи*)
  Josephson ~ эффект Джозефсона
  Kerr rotation ~ ротационный эффект Керра
  leading ~ эффект опережения, эффект упреждения
  long-term ~ отдалённое последействие

magnetostrictive ~ магнито-стрикционный эффект

masking ~ эффект маскировки

ripple ~ волновой эффект

second-system ~ эффект второй системы (*засорение программной документации записями изменений на полях*)

side ~ побочный эффект (*напр. процедуры-функции*)

tunneling ~ туннельный эффект

ultimate ~ отдалённый эффект

wave ~ волновой эффект (*при разработке множества модулей программного изделия*)

effector 1. исполнительный элемент, исполнительный орган 2. эффектор (*датчик, воспринимающий воздействие окружающей среды*) 3. спецификатор

format ~ знак спецификации формата, спецификатор формата

efficacy эффективность

efficiency 1. эффективность 2. полезное действие 3. коэффициент полезного действия, кпд

access ~ эффективность доступа (*к тестируемому узлу БИС*)

computer ~ эффективность использования вычислительной машины

conceptual ~ концептуальная сила, концептуальная эффективность (*нотации в представлении знаний*)

execution ~ эффективность выполнения (*программы*)

net ~ результирующий коэффициент полезного действия

operative ~ коэффициент занятости (*канала СМО*)

effort объём работ; работа

programming ~ работа по программированию

eigenvalue собственное значение; характеристическое число (*матрицы*)

eigenvector собственный вектор

dominant ~ доминирующий [доминантный] собственный вектор

eject выдавать (*ленту*); выбрасывать (*перфокарты*)

ejection выдача (*ленты*); выброс (*перфокарт*)

single-item ~ выдача (одного) элемента данных

elaborate 1. сложный, замысловатый (*о программе*) 2. тщательно разработанный

elaboration 1. развитие; уточнение (*напр. базы данных*) 2. обработка (*описания объекта в языке программирования*) 3. тщательная разработка

elasticity адаптационная способность, способность быстро адаптироваться

elastomer:

conductive ~ проводящий эластомер (*в кнопочном переключателе*)

election голосование (*в мажоритарных системах*)

electives (выбираемые пользователем) факультативные программы

electron электрон ‖ электронный

electronic электронный

electronics 1. электроника 2. электроника, электронные схемы; электронное оборудование

control ~ управляющая электроника, электронные схемы управления

drive ~ 1. электронные схемы формирования (*сигналов*); электронные схемы возбуждения 2. электроника [электронные схемы] обрамления (*в ЗУ*)

integrated ~ интегральная электроника, электроника ИС; микроэлектроника

molecular ~ молекулярная электроника, молектроника

peripheral ~ электроника

[электронные схемы] обрамления (*в ЗУ*)

pin ~ электронные схемы, относящиеся к одному выводу

read/write ~ электроника [электронные схемы] считывания — записи

remote ~ дистанционное [удалённое] электронное оборудование

electrowriter кодирующий (электронный) планшет

element 1. элемент; компонент; деталь; звено; схема; устройство (*см. тж* **component, device, gate, unit**) 2. элемент (*составная часть*)

~ **of integration** подынтегральное выражение

~ **of list** элемент списка

adaptive ~ адаптивный элемент; адаптивное [самонастраивающееся] устройство

adding ~ суммирующий элемент

analog ~ аналоговый элемент

analog-digital ~ аналого-цифровой элемент

AND ~ элемент И

anticoincidence ~ элемент антисовпадения; схема антисовпадения

arithmetic ~ арифметический элемент

array ~ элемент массива

biax magnetic ~ (магнитный) элемент с двумя осями намагничивания; биакс

biconditional ~ элемент эквивалентности; элемент одноимённости

binary ~ двоичный элемент

bistable ~ элемент с двумя устойчивыми состояниями, бистабильный элемент

central processing ~ 1. центральный обрабатывающий элемент 2. процессорный элемент

character ~ знаковый элемент, символьный элемент (*группа бит или импульсов, представляющих знак*)

charge-coupled device storage ~ запоминающий элемент на приборах с зарядовой связью, запоминающий элемент на ПЗС

circuit ~ схемный элемент; элемент схемы

clocked ~ синхронный элемент; тактируемый элемент

code ~ элемент кода

coincidence ~ элемент эквивалентности; элемент одноимённости

column ~ элемент столбца (*матрицы*)

combinational logic ~ комбинационный логический элемент

comparison ~ сравнивающий элемент, элемент сравнения; сравнивающее устройство

compound logical ~ сложный логический элемент; составной логический элемент

computer ~ узел вычислительной машины

computing ~ вычислительный элемент

connection ~ соединительный элемент, перемычка (*между логическими элементами*)

coupling ~ элемент связи

critical ~ критический элемент (*в схеме для расчёта надёжности системы или устройства*)

data ~ элемент данных

dead time ~ звено запаздывания

decision ~ решающий элемент

delay ~ элемент задержки

destructive read(out) ~ элемент с разрушением информации при считывании

detector ~ чувствительный элемент; индикаторный элемент

diagonal ~ диагональный элемент (*матрицы*)

digitally controlled ~ элемент с цифровым управлением

display ~ примитив изображения, элемент изображения

(*основной графический элемент, который используется для создания изображения на экране дисплея*)

DRO ~ *см.* **destructive read (-out) element**

dynamic ~ динамический элемент; динамическое звено

equivalence [equivalent-to] ~ элемент эквивалентности; элемент одноимённости

essential ~s **of information** существенная [значащая] часть информации

exclusive OR ~ элемент исключающее ИЛИ

fanout ~ элемент с разветвлением на выходе

ferrite ~ ферритовый элемент

fiber optics ~ волоконно-оптический элемент

final control ~ исполнительный элемент; исполнительное звено

fluid-jet ~ струйный элемент

functional ~ функциональный элемент

generating ~ порождающий элемент

Goto-pair memory ~ запоминающий элемент Гото, твин, твиновский запоминающий элемент (*на туннельных диодах*)

human ~ человек как элемент системы

identity ~ элемент эквивалентности; элемент одноимённости

image ~ элемент изображения

inclusive OR ~ элемент включающее ИЛИ

input ~ входной элемент

inverting ~ инвертирующий элемент, инвертор

irreversible ~ нереверсивный [однонаправленный] элемент

lagging ~ звено запаздывания

level resetting ~ элемент восстановления уровня

lexical ~ лексический элемент, лексема

library ~ библиотечный элемент

lineal [linear] ~ линейный элемент

list ~ 1. элемент списка 2. элемент типа списка

logic(al) ~ логический элемент

magnetic multiaperture ~ многодырочный магнитный элемент

majority (decision) ~ мажоритарный элемент, элемент мажоритарной логики

march ~ элемент теста «марш»

material equivalence ~ элемент эквивалентности; элемент одноимённости

matrix ~ элемент матрицы, матричный элемент

memory ~ элемент памяти [запоминающего устройства]; запоминающий элемент

metastable memory ~ метастабильный запоминающий элемент

micrologic ~ логический микроэлемент

multiple aperture logic ~ многодырочный (магнитный) логический элемент

NAND ~ элемент НЕ — И

NDRO ~ *см.* **nondestructive read(out) element**

negation ~ элемент отрицания

network ~ 1. элемент схемы; элемент цепи 2. элемент сети

NIPO ~ *n-i-p-o*-элемент (*на транзисторе и туннельном диоде*)

nondestructive read(out) ~ элемент без разрушения информации при считывании

nonequivalence [nonequivalent-to] ~ элемент отрицания эквивалентности

nonlinear ~ нелинейный элемент

NOR ~ элемент НЕ — ИЛИ

NOT ~ элемент НЕ

NOT AND ~ элемент НЕ — И

NOT OR ~ элемент НЕ — ИЛИ

one [OR] ~ элемент ИЛИ

output ~ выходной элемент

parametric ~ параметрический элемент

partition queue ~ элемент очереди (свободных) разделов (*операционной системы*)

phantom ~ псевдоэлемент, фиктивный элемент

picture ~ элемент изображения

PINO ~ *p-i-n-o*-элемент (*на транзисторе и туннельном диоде*)

predecessor ~ предшествующий элемент (*напр. списка*)

primitive ~ первичный элемент; элементарная часть; примитив

processing ~ 1. обрабатывающий элемент; процессорный элемент, элементарный процессор 2. обрабатываемый элемент

processor ~ обрабатывающий элемент; процессорный элемент, элементарный процессор

queue ~ элемент очереди

reader ~ считывающий элемент; считывающее устройство

reference ~ 1. опорный элемент 2. эталонный элемент 3. элемент типа ссылки

row ~ элемент строки (*матрицы*)

sensing ~ 1. считывающий элемент 2. чувствительный элемент; датчик

sequential logic ~ элемент последовательности логики

servo ~ элемент следящей системы, сервоэлемент

shared circuit ~ элемент, части которого работают в разных схемах

single-crystal ~ монокристаллический элемент

smallest ~ минимальный элемент (*напр. матрицы*)

source ~ элемент, генерируемый событием (*в событийном моделировании*)

start ~ стартовый элемент (*при передаче символа*)

state ~ (запоминающий) элемент, хранящий состояние (*моделируемой системы*)

stop ~ стоповый элемент (*при передаче символа*)

storage ~ элемент запоминающего устройства; запоминающий элемент

supercompact ~ сверхкомпактный элемент

surface ~ *матем.* элемент поверхности

switching ~ переключающий [переключательный] элемент

threshold ~ пороговый элемент

time ~ 1. реле времени 2. *киберн.* элемент времени

time-delay [time-lag] ~ элемент задержки

top ~ вершина (*стека*)

transmitting ~ передающий элемент

tunnel effect ~ туннельный элемент

type ~ печатающий узел

unidirectional ~ однонаправленный [невзаимный] элемент

unit ~ единичный элемент

voltage-output ~ элемент с потенциальным выходом

voltage reference ~ схема (подачи) опорного напряжения

vote-taking [voting] ~ мажоритарный элемент, элемент мажоритарной логики

word selection ~ схема выборки слова *или* числа (*в ЗУ с прямой выборкой*)

elemental 1. основной 2. элементный

elementwise поэлементный ‖ поэлементно

elicitation:

knowledge ~ извлечение информации о знаниях (*напр. путём анализа результатов интервьюирования экспертов*)

eliminability устранимость, элиминируемость

eliminate 1. устранять, элиминировать 2. *матем.* исключать (*неизвестное*)

elimination 1. устранение, элиминация 2. *матем.* исключение (*неизвестного*) ◊ ~ **by substitution** исключение способом подстановки

  dead-code ~ исключение нерабочих участков кода

  redundancy ~ устранение избыточности

  zero ~ устранение [исключение] (незначащих) нулей

eliminator:

  redundant-gate ~ программа исключения избыточных вентилей

ellipse эллипс (*символ логической блок-схемы, отображающий условное событие*)

embedded вложенный; встроенный

embedding вложение, вставка

  invariant ~ инвариантное вложение, инвариантная вставка

embrace *sl* левая фигурная скобка (*в языке Интеркол*)

  deadly ~ тупиковая ситуация; *проф.* «смертельное объятие» (*в системе взаимодействующих процессов*); клинч

emergency непредвиденный случай; авария; выход из строя

emitter 1. эмиттер; источник 2. генератор

  character ~ генератор знаков

  digit ~ генератор цифр (*в перфокарт(оч)ных устройствах*)

  grounded ~ заземлённый эмиттер

  half-time ~ генератор синхроимпульсов, расположенных в середине пауз между импульсами строк (*в перфокарт(оч)ных устройствах*)

empty 1. незаполненный, незанятый 2. пустой (*о множестве*) 3. освобождать, очищать (*напр. ЗУ*)

emulate эмулировать

emulation эмуляция

  in-circuit ~ внутрисхемная эмуляция

  real-time ~ эмуляция в реальном (масштабе) времени

  snapshot ~ эмуляция в фиксированные моменты времени

emulator эмулятор

  board ~ эмулятор на плате

  console ~ пультовый эмулятор

  diagnostic ~ диагностический эмулятор

  hardware ~ 1. эмулятор аппаратуры 2. аппаратный эмулятор

  in-circuit ~ внутрисхемный эмулятор

  integrated ~ встроенный эмулятор

  stand-alone ~ автономный [внесистемный] эмулятор

enable 1. разблокировывать; разрешать; снимать запрет; отпирать 2. разрешающий сигнал, разрешение; разрешающий вход

  active-low ~ разрешающий сигнал низкого уровня

  interrupt ~ разрешение прерываний

  output ~ разрешение выдачи выходных сигналов

encapsulate герметизировать

encapsulating 1. герметизация 2. выделение в самостоятельный элемент (*электрической схемы или программы*)

encapsulation 1. герметизация 2. формирование пакетов данных

  epoxy ~ герметизация эпоксидной смолой

  plastic ~ герметизация пластмассой

encipher кодировать; шифровать

encipherer кодирующее устройство; шифратор

enciphering кодирование; шифрование

enclosing объемлющий, включающий в себя (*напр. о блоке*)

enclosure:
  N-slot ~ N-гнездовой корпус
  tilt-and-swivel ~ кожух, допускающий наклоны и повороты
encode кодировать; шифровать
encoder 1. кодирующее устройство, кодер; шифратор **2.** кодировщик; шифровальщик
  angular position ~ шифратор углового положения
  digital ~ цифровое кодирующее устройство; цифровой шифратор
  incremental ~ инкрементный шифратор, шифратор приращений
  message ~ шифратор сообщений
  m to n ~ шифратор типа «n из m» (*формирующий n выходных сигналов по m входным*)
  optical ~ оптическое кодирующее устройство
  priority ~ приоритетный шифратор, шифратор приоритетов
  pulse ~ импульсное кодирующее устройство
  shaft-position ~ шифратор углового положения; преобразователь вал — число
  ten-line-to-four-line priority ~ приоритетный шифратор «10 на 4»
  video ~ видеокодер
  voltage ~ шифратор напряжения
  X-Y ~ двухкоординатный шифратор
encoding кодирование; шифрование
  convolutional ~ свёрточное кодирование (*сообщений*)
  data ~ кодирование данных
  link ~ шифрование в канале связи
  nonuniform ~ нелинейное кодирование
  phase ~ фазовое кодирование
  uniform ~ линейное кодирование

encryption кодирование; шифрование
  block ~ блочное шифрование
  stream ~ поточное шифрование
encryptor блок шифрования; схема шифрования
end:
  abnormal ~ **of task** аварийное прекращение решения задачи
  analog front ~ аналоговый входной блок
  back ~ **1.** вычислительная машина базы данных **2.** выходной буфер
  dead ~ останов без возможности повторного пуска
  leading ~ ведущий конец (*ленты*)
  logical leading ~ смысловой ведущий конец (*ленты*)
  trailing ~ задний конец (*ленты*)
ending *лингв.* окончание, флексия
endorser блок введения подтверждающей записи (*в устройствах считывания записей, нанесённых магнитными чернилами*)
endpoint конечная точка
  presentation ~ оконечная точка представления
end-to-end сквозной (*о маршруте передачи данных*)
energize возбуждать
energizer активизатор (*тестовая система или программа для проверки устройства до его использования*)
energy:
  image ~ энергия (*излучения от*) изображения (*в СТЗ*)
enforcement:
  collision ~ форсирование столкновений (*создание «пробки» для контроля аппаратуры разрешения конфликтов*)
enforcer:
  standards ~ *проф.* «блюститель стандартов» (*программа, выявляющая нестандартные*

свойства *использованного* *языка)*

engine (*см. тж* **computer, machine, processor**)

   automatic-routing ~ машина автоматической трассировки

   computing ~ вычислительная машина

   difference ~ разностная машина

   encryption ~ блок [устройство] шифрования; шифровальная машина

   fast-Fourier-transform ~ процессор (для) быстрого преобразования Фурье

   geometry ~ геометрическая машина (*для построения геометрических фигур в машинной графике*)

   graphics ~ графическая машина (*для построения графических изображений*)

   hardware simulation ~ **1.** аппаратная модель **2.** машина моделирования логических схем

   inference [inferencing] ~ машина [механизм] логического вывода

   interface ~ интерфейсная машина (*часть системы управления вычислительной сетью*)

   layout-compilation ~ процессор топологической компиляции

   Lisp inferencing ~ машина [механизм] логического вывода на базе языка ЛИСП, *проф.* ЛИСП-машина

   lock ~ механизм блокировок; блок установки замков (*в базах данных*)

   simulation ~ аппаратная модель, спецпроцессор (для) моделирования; моделирующая машина

   transform ~ процессор трансформации, процессор преобразований (*изображений*)

engineer:

   customer ~ специалист по работе с покупателями

   data processing ~ специалист в области обработки данных

   design ~ инженер-разработчик; конструктор

   field ~ специалист по эксплуатации, *проф.* эксплуатационник

   hardware design ~ специалист по разработке аппаратуры

   knowledge ~ специалист по технике (машинного) представления знаний, специалист в области инженерии знаний, инженер по знаниям

   management ~ специалист по проблемам управления

   software ~ специалист по программному обеспечению; разработчик программного обеспечения

   system ~ системотехник, специалист по системам

   test ~ специалист по тестированию; специалист по испытаниям

engineering 1. проектирование; конструирование **2.** техника

   analog ~ аналоговая техника

   automatic control ~ техника автоматического управления; техника автоматического регулирования; автоматика

   communication ~ техника связи

   computer ~ **1.** конструирование вычислительных машин **2.** вычислительная техника (*как область знаний*)

   computer-aided ~ автоматическое конструирование; автоматизированная разработка, АР

   computer-aided control ~ автоматизированная разработка систем управления, АРСУ

   human ~ инженерная психология

   knowledge ~ техника (машинного) представления знаний, *проф.* инженерия знаний (*методы и средства представления, хранения и обработки знаний*)

   management ~ техника управления

reliability ~ техника обеспечения надёжности

silicon ~ техника проектирования кремниевых схем

software ~ техника программного обеспечения; программотехника

systems ~ **1.** проектирование (больших) систем; системотехника **2.** системное проектирование **3.** техника системного анализа

English:

ruly ~ однозначный английский язык (*для разработки безызбыточных кодовых наименований*)

english *sl* программа на языке высокого уровня

enhancement модернизация; совершенствование; расширение (*напр. возможностей программных средств*)

edge ~ подчёркивание [усиление] контуров (*при обработке изображений*)

query ~ расширение запроса

yield ~ увеличение выхода годных (приборов)

enqueue (по)ставить в очередь

enquiry 1. запросная система **2.** запрос

ensemble множество; *стат.* ансамбль

message ~ множество сообщений

entailment:

semantic ~ семантическое воплощение (*содержательное толкование выводов, полученных формально-логическим путём*)

enter 1. входить **2.** вводить **3.** записывать, вносить в список **4.** регистрировать, фиксировать ◇ **to** ~ **basic variable** вводить переменную в базис; **to** ~ **the system** входить в систему; подключаться к системе

enterprise предметная область (*базы данных*)

entire целостный, взятый в целом

entity *лог.* **1.** объект **2.** сущность; категория

application ~ прикладная компонента (*системы программного обеспечения*)

correspondent ~ объект-корреспондент

data ~ информационный объект

external ~ элемент внешней системы; элемент окружающей среды (*проектируемой системы*)

peer ~ равноправный объект

permanent ~ постоянный объект (*в машинном моделировании*)

session ~ участник сессии *или* сеанса

syntactic ~ синтаксическая единица, синтаксический класс

temporary ~ временный объект (*в машинном моделировании*)

entity-valued с объектами в качестве значений (*напр. аргументов отношения в реляционных базах данных*)

entrance вход (*в программу*)

entropy *т. инф.* энтропия ◇ ~ **per second** энтропия в секунду; ~ **per symbol** энтропия на символ

average ~ средняя энтропия

character mean ~ средняя энтропия на знак

conditional ~ условная энтропия

generalized ~ обобщённая энтропия

joint ~ общая энтропия

mean ~ средняя энтропия

negative ~ отрицательная энтропия, негэнтропия

population ~ энтропия совокупности

posterior ~ апостериорная энтропия

relative ~ относительная энтропия

Shannon ~ шенноновская энтропия

total ~ полная энтропия; суммарная энтропия

unconditional ~ безусловная [абсолютная] энтропия

entry 1. ввод; вход **2.** содержимое; введённые данные; входное сообщение **3.** *лог.* вхождение **4.** элемент; компонент; компонента, составляющая **5.** статья; пункт **6.** проникновение (*нарушение защиты данных*)

~ of signal поступление сигнала

batch ~ пакетный [групповой] ввод

blocked ~ *ТМО* прекращённый [заблокированный] доступ

checkpoint ~ элемент описания контрольной точки

data ~ информационный вход (*устройства*)

data description ~ элемент описания данных

deferred ~ 1. задержанный вход (*в подпрограмму*) **2.** отсроченный ввод (*данных*)

directory ~ элемент справочника

distribution ~ дистрибутивная запись

file description ~ элемент описания файла

form ~ ввод (*данных*) путём заполнения форм документов, форматированный ввод (*данных*)

group ~ статья-группа (*в базах данных*)

index ~ статья индекса; статья алфавитного указателя

job ~ ввод заданий

keyboard ~ ввод с клавиатуры; клавишный ввод

latest ~ последнее вхождение

layout ~ ввод топологической информации (*при проектировании БИС*)

lexical ~ *лингв.* лексическая статья

manual ~ 1. ручной ввод **2.** данные, введённые вручную

page ~ вход страницы (*блок-схемы*)

plex ~ статья-сплетение (*в базах данных*)

prompted ~ ввод с подсказкой (*со стороны ЭВМ*); предписанный ввод

push-button ~ кнопочный ввод

queue ~ поступление (*напр. сообщения*) в очередь

record ~ статья записи

record description ~ элемент описания записи

remote job ~ дистанционный ввод заданий

schema ~ статья схемы (*в базах данных*)

schematic ~ ввод описаний схем (*напр. как один из этапов составления текста*)

tree ~ 1. статья-дерево (*в базах данных*) **2.** элемент дерева, элемент древовидного представления

enumerable счётный; перечислимый

enumerate перечислять

enumeration 1. перечисление; подсчёт **2.** перечень

envelope 1. огибающая (*поверхность, кривая*) **2.** конверт (*при передаче пакетов данных*) **3.** баллон, колба (*лампы или ЭЛТ*) **4.** граница (*области*)

permanently locked ~ постоянно ограниченный конверт (*в сетях*)

pulse ~ огибающая импульса

start-stop ~ стартстопный конверт

environment 1. окружение; обстановка; среда; (внешние) условия **2.** режим (*работы*) **3.** условия эксплуатации **4.** конфигурация (*напр. сети или системы*) **5.** контекст **6.** оборудование (*КОБОЛ*) **7.** *матем.* окрестность

application ~ среда прикладной системы, прикладное окружение; предметная область (*в системе с базой знаний*)

computing ~ вычислительное окружение, вычислительная среда

computing / communications ~ коммуникационно-вычислительное оборудование; вычислительная техника и оборудование связи

data-managed ~ условия, определяемые данными

design ~ среда проектирования, проектная среда

distributed ~ 1. среда распределённой системы, распределённая среда 2. распределённая конфигурация

execution ~ условия выполнения программы

exotic ~ необычные условия эксплуатации (*напр. программы*)

external ~ условия эксплуатации

hardware ~ аппаратная среда; аппаратные средства

growth-oriented ~ структура (*вычислительной системы*), ориентированная на расширение

IBM ~ среда (из аппаратных и программных средств) фирмы IBM

interface ~ интерфейсное окружение

man-machine ~ среда человеко-машинного взаимодействия

mixed-vendor ~ неоднородная конфигурация (*состоящая из оборудования, поставляемого разными фирмами*)

multiple-net ~ многосетевая конфигурация

multiprocessing ~ 1. режим мультипроцессорной обработки 2. конфигурация, предусматривающая мультипроцессорную обработку

multisystem ~ мультисистемная среда

on-line ~ 1. среда для работы в реальном (масштабе) времени 2. режим реального времени

operational ~ операционная среда (*создаваемая средствами операционной системы*)

processing ~ условия обработки

programming ~ среда программирования

real-life ~ реальные условия (*в отличие от моделируемых*)

referencing ~ среда ссылок

run-time ~ оперативные средства (*управления работой программы*)

silicon engineering ~ комплекс средств конструирования в кремнии, комплекс средств проектирования кремниевых схем

simulated ~ имитируемые [моделируемые] условия

single-task ~ однозадачный режим

single-user ~ однопользовательская среда

single-vendor ~ однородная конфигурация (*состоящая из оборудования, поставляемого одной фирмой*)

software ~ программная среда; программные средства

software development ~ условия разработки программного обеспечения, средства и методы разработки программного обеспечения

time-sharing ~ конфигурация с разделением времени

use ~ условия использования

user ~ условия работы пользователя, пользовательское окружение

environmental 1. относящийся к окружению (*напр. о контекстных соотношениях*) 2. климатический (*об испытаниях*)

epistemology:

  applied ~ прикладная эпистемология

epitheory *лог.* эпитеория

epitome резюме (*документа с ИПС*)

epsilon *sl* ничтожно малое количество; *проф.* эпсилон ◊

  over меньше эпсилон; ~

  squared 1. эпсилон-квадрат пренебрежимо малое количество 2. пренебрежимо малый

  within ~ **of** в пределах эпсилон; **within** ~ **of working**

почти совсем работающий (*о программе*)

equal равняться; уравнивать ‖ равный ◇ **~ modulo N** сравнимый по модулю N

equality равенство

equalization 1. выравнивание; уравнивание **2.** стабилизация; коррекция; компенсация (*канала связи*)

adaptive ~ адаптивная компенсация

delay ~ выравнивание задержек

integral ~ полная стабилизация

phase ~ стабилизация фазы; коррекция фазы

spectral ~ усреднение энергетического спектра (*сигналов в обработке изображений*)

equalize выравнивать; уравнивать

equalizer 1. стабилизирующее звено; уравнитель; компенсатор; корректирующая цепь **2.** дифференциальная передача

adaptive ~ адаптивный компенсатор

delay ~ схема коррекции задержки (*для расширения частотного диапазона*)

fixed ~ фиксированный компенсатор

phase ~ выравниватель фазы

statistical ~ статистический компенсатор

equalizing 1. выравнивание; уравнивание **2.** стабилизация; коррекция; компенсация (*канала связи*) ‖ стабилизирующий; корректирующий; компенсационный **3.** поправочный (*о коэффициенте*)

equate 1. равнять; уравнивать, приравнивать **2.** *матем.* составлять уравнение; устанавливать равенство

equation 1. уравнение **2.** равенство

algebraic ~ алгебраическое уравнение

approximate ~ 1. аппрокси-

мирующее уравнение **2.** приближённое равенство

asymptotic ~ асимптотическое уравнение

biquadratic ~ биквадратное уравнение

Boolean ~ булево уравнение

characteristic ~ характеристическое уравнение

combined ~s система уравнений

continuity ~ уравнение непрерывности

design ~ расчётная формула

difference ~ разностное уравнение, уравнение в конечных разностях

differential ~ дифференциальное уравнение

differential-difference ~ дифференциально-разностное уравнение

diffusion ~ уравнение диффузии

elliptical ~ эллиптическое уравнение

error ~ уравнение ошибок; формула погрешности

first-order ~ уравнение первого порядка

fitted ~ эмпирическое уравнение (*подобранное по эмпирическим данным*)

functional ~ функциональное уравнение

generalized ~ обобщённое уравнение

heterogeneous ~ неоднородное уравнение

homogeneous ~ однородное уравнение

ill-conditioned ~ плохо обусловленное [некорректное] уравнение

independent ~s независимые уравнения, система независимых уравнений

inhomogeneous ~ неоднородное уравнение

integral ~ интегральное уравнение

integro-differential ~ интегро-дифференциальное уравнение

irrational ~ иррациональное уравнение

Laplace's ~ уравнение Лапласа

linear ~ линейное уравнение

literal ~ уравнение с буквенными коэффициентами

logarithmic ~ логарифмическое уравнение

logical ~ логическое уравнение

matrix ~ матричное уравнение

normal ~ нормальное уравнение

parametric ~ параметрическое уравнение

partial differential ~ дифференциальное уравнение в частных производных

Poisson's ~ уравнение Пуассона

quartic ~ уравнение четвёртой степени

radical ~ уравнение в радикалах

recursion ~ *лог.* рекурсивное равенство

reduced ~ приведённое уравнение

redundant ~ 1. уравнение, содержащее посторонние корни 2. избыточное уравнение

regression ~ уравнение регрессии

secular ~ вековое уравнение

semantic ~ семантическое уравнение

simultaneous ~s 1. система уравнений 2. совместные уравнения

steady-state ~ уравнение для установившегося режима

syntax ~ синтаксическое уравнение

transcendental ~ трансцендентное уравнение

transient ~ 1. уравнение переходного процесса 2. уравнение для переходного режима

utility ~ уравнение занятости (*канала обслуживания*)

variational ~ вариационное уравнение, уравнение в вариациях

working ~ рабочая формула

equidistant эквидистантный, равноотстоящий, равноудалённый, с равными промежутками

equifinality *киберн.* эквифинальность

equijoin объединение по эквивалентности (*отношений в реляционных базах данных*)

equilibrium равновесие

equimultiples числа с общими множителями

equipment оборудование; приборы; аппаратура

analog ~ аналоговое оборудование

ancillary ~ вспомогательное оборудование; вспомогательная аппаратура

automatic control ~ 1. аппаратура автоматического управления; аппаратура автоматического регулирования 2. аппаратура автоматического контроля

card-processing ~ перфокарт(оч)ное оборудование; счётно-перфорационное оборудование

communication ~ аппаратура связи

communications front-end ~ фронтальное оборудование линии связи

computer ~ вычислительное оборудование

computer-control ~ оборудование автоматизированного управления

control ~ аппаратура управления; аппаратура регулирования

conversion ~ оборудование для преобразования (*данных или величин*)

counting ~ счётное оборудование

data communications ~ аппаратура передачи данных

data processing ~ оборудование (для) обработки данных

data terminal ~ терминальное оборудование; оконечное оборудование; терминалы (*для сбора и подготовки данных*)

dictation ~ диктофонное оборудование

digital ~ цифровое оборудование; цифровая аппаратура

duplex ~ дуплексное оборудование; дуплексная аппаратура

facsimile ~ факсимильное [фототелеграфное] оборудование; факсимильная [фототелеграфная] аппаратура

gaging ~ **1.** измерительное оборудование; измерительная аппаратура **2.** поверочная аппаратура

high-performance ~ **1.** высокопроизводительное оборудование **2.** высококачественное оборудование; высококачественная аппаратура

in-house ~ собственное оборудование (*приобретённое для обработки данных у себя на фирме вместо обращения к услугам других фирм*)

in-line ~ оборудование, работающее в линии

input ~ входное оборудование; оборудование ввода; входные устройства; устройства ввода

input-output ~ оборудование ввода-вывода

key-driven ~ клавишное оборудование; клавишная аппаратура

manual ~ неавтоматизированное оборудование; неавтоматизированная аппаратура

mathematical ~ математическое оборудование; математические приборы

multiplex(ing) ~ мультиплексное оборудование; мультиплексная аппаратура

office ~ конторское оборудование

off-line ~ автономное оборудование

off-premise standby ~ дистан-ционное резервное оборудование (*расположенное в другом помещении*)

on-line ~ **1.** оборудование, работающее с центральным процессором; оборудование, управляемое центральным процессором **2.** оборудование, работающее в реальном (масштабе) времени **3.** оборудование, работающее в режиме онлайн

on-premise standby ~ местное резервное оборудование (*расположенное в том же помещении*)

optional ~ необязательное [факультативное] оборудование; дополнительное оборудование (*не входящее в основной комплект*)

output ~ выходное оборудование; оборудование вывода; выходные устройства; устройства вывода

overage ~ оборудование, выработавшее технический ресурс

paper-tape ~ оборудование для работы с бумажной лентой

pence conversion ~ оборудование для работы с одноколонным пенсовым [двенадцатеричным] кодированием

peripheral ~ периферийное оборудование

plug-compatible ~ полностью совместимое оборудование

primary ~ основное оборудование; основная аппаратура

processing ~ оборудование для обработки (*напр. данных*)

production run ~ серийное оборудование; серийная аппаратура

punched-card ~ перфокарт-(оч)ное оборудование; счётно-перфорационное оборудование

punching ~ перфорационные машины; перфорационное оборудование

readout ~ считывающее оборудование; аппаратура считывания

read-write ~ аппаратура считывания и записи

recording ~ **1.** оборудование записи; аппаратура записи **2.** регистрирующая аппаратура

remote control ~ аппаратура телеуправления, аппаратура дистанционного управления

self-test ~ аппаратура с самоконтролем, самотестирующаяся аппаратура

service ~ сервисное оборудование; сервисная аппаратура

signal-conversion ~ устройство преобразования сигналов

simulation ~ оборудование для (проведения) моделирования

slave ~ подчинённое оборудование; оборудование, работающее в подчинённом режиме

standby ~ резервное оборудование

supervisory ~ контрольная аппаратура

support ~ вспомогательное оборудование; вспомогательная аппаратура

tabulating ~ счётно-аналитические машины, счётно-перфорационное оборудование; табуляторное оборудование

tape ~ **1.** аппаратура для работы с лентой **2.** перфолент(оч)ное оборудование **3.** магнитофонное оборудование

terminal ~ терминальное оборудование

test(ing) ~ испытательное оборудование; испытательная аппаратура

transcription ~ оборудование (для) перезаписи (данных)

transmission ~ аппаратура (для) передачи (данных)

unattended ~ оборудование, не требующее внимания оператора; оборудование, ра-

ботающее в автоматическом режиме

versatile test ~ многоцелевое испытательное оборудование

word processing ~ оборудование для обработки текстов

working ~ рабочее [действующее] оборудование (*в отличие от резервного*)

equivalence эквивалентность

fault ~ эквивалентность [неразличимость] неисправностей

logical ~ логическая эквивалентность

statistical ~ статистическая эквивалентность

equivalent эквивалент ‖ эквивалентный

binary ~ двоичный эквивалент

integral ~ целочисленный эквивалент

leg ~ эквивалентная схема участка цепи

load ~ эквивалент нагрузки

equivocation неопределённость

erasable стираемый, допускающий стирание

erase стирать (*запись*); разрушать (*информацию*)

eraser стирающее устройство

bulk ~ устройство «тотального» стирания (*сразу всей ленты без использования стирающей головки*)

PROM ~ устройство стирания ППЗУ

erasing стирание (*записи*); разрушение (*информации*)

AC ~ стирание переменным током

area ~ стирание изображения участками (*в машинной графике*)

array ~ полное стирание (*в ППЗУ*)

byte ~ побайтовое стирание

continuous ~ непрерывное стирание

DC ~ стирание постоянным током

page ~ постраничное стирание

selective ~ селективное стирание

erasure стирание (*записи*); разрушение (*информации*)

ergodicity эргодичность

erratic 1. неуправляемый 2. ошибочный

erratum опечатка

erroneous ошибочный

error ошибка; погрешность (*см. тж* bug, mistake) ◇ ~ per digit ошибка на цифру

~ **of behavior** ошибочное поведение (*системы*)

~ **of calculations** ошибка в вычислениях

~ **of estimation** ошибка оценки

~ **of first kind** *стат.* ошибка первого рода

~ **of solution** погрешность решения

absolute ~ абсолютная ошибка

accidental ~ случайная [несистематическая] ошибка

accumulated ~ накопленная [суммарная] ошибка

accuracy ~ постоянная [систематическая] ошибка

actual ~ фактическая ошибка

addressing ~ ошибка адресации

admissible ~ допустимая ошибка; допустимая погрешность

alignment ~ погрешность юстировки; погрешность центровки

alpha ~ *стат.* ошибка первого рода

altering ~ ошибка передачи (*информации*) внутри вычислительной машины

ambiguity ~ ошибка неоднозначности; погрешность вследствие неоднозначности

amplitude ~ амплитудная погрешность

analytic truncation ~ ошибка аналитического усечения

approximation ~ ошибка аппроксимации

arithmetic ~ арифметическая ошибка

ascertainment ~ ошибка выборочного обследования; ошибка выборочного наблюдения

asymptotic ~ асимптотическая ошибка

bad tape ~ ошибка из-за дефекта ленты

balanced ~ сбалансированная ошибка

balancing ~ компенсирующая ошибка (*ошибка, компенсирующая другую ошибку*)

beta ~ *стат.* ошибка второго рода

bias ~ постоянная [систематическая] ошибка

black-to-white ~ ошибка при переходе от чёрного к белому (*в распознавании образов*)

burst ~ пакет ошибок

call ~ ошибка вызова

causative ~ причинно-обусловленная ошибка

chance ~ случайная [несистематическая] ошибка

characteristic ~ характеристическая ошибка (*порождаемая определёнными свойствами используемого языка программирования*)

checksum ~ ошибка в контрольной сумме, неверная контрольная сумма

code ~ ошибка в коде

coefficient setting ~ ошибка установки коэффициента

coincidence ~ ошибка совпадения; погрешность совпадения

common ~ распространённая [обычная] ошибка

compensating ~ компенсационная ошибка

completeness ~ ошибка завершения

composition ~ синтаксическая ошибка

computational ~ ошибка в вычислениях

configuration ~ ошибка компоновки

connection ~ 1. ошибка монтажа **2.** ошибка из-за подключения (*напр. прибора*)

consistency ~ ошибка из-за несовместимости (*напр. форматов*)

constant ~ постоянная [систематическая] ошибка

construction(al) ~ **1.** ошибка монтажа **2.** конструктивная недоработка

contributory ~ внесённая ошибка

control ~ ошибка регулирования

correctable ~ исправимая ошибка, ошибка, допускающая исправление

correlated ~s коррелированные ошибки

cratered ~ *проф.* воронка (*тип ошибки, не позволяющей продолжать выполнение программы*)

cumulative ~ накопленная [суммарная] ошибка

data ~ ошибка в данных

database interface ~ ошибка сопряжения программы с базой данных

data-bit ~ ошибка в битах данных

data handling ~ ошибка манипулирования данными

declare ~ ошибка при объявлении переменной

design ~ ошибка проектирования

detectable ~ обнаружимая ошибка

difficult-to-locate ~ трудно-обнаружимая ошибка

displacement ~ ошибка из-за смещения

distinct ~s индивидуальные [различимые] ошибки (*в отличие от подобных*)

documentation ~ ошибка в (программной) документации

double ~ двойная ошибка

double-bit ~ ошибка в двух разрядах (*кода*); двухбитовая ошибка

downward ~ ошибка в меньшую сторону

drift ~ ошибка из-за ухода параметров (*за границы допустимого диапазона*); ошибка из-за дрейфа (*нуля*)

dropout ~ ошибка из-за выпадения (*напр. разряда*)

dynamic ~ динамическая ошибка

estimated ~ оцениваемая ошибка; оценка ошибки; расчётная ошибка

estimation ~ ошибка оценки

ever-increasing ~ строго возрастающая ошибка

execution ~ ошибка в ходе выполнения (*напр. программы пользователя*)

experimental ~ ошибка эксперимента; погрешность эксперимента

external ~ внешняя ошибка (*пришедшая из внешнего устройства*); ошибка, обусловленная внешними факторами

fabrication ~ ошибка изготовления

fatal ~ неисправимая ошибка

fencepost ~ *sl* ошибка на единицу, *проф.* ошибка «поста охранения» (*при которой число циклов итеративного процесса оказывается на единицу меньше или больше необходимого*)

fixed ~ постоянная [систематическая] ошибка

following ~ ошибка слежения; ошибка рассогласования

framing ~ ошибка кадрирования (*передаваемых данных*)

frequency ~ погрешность частоты

general ~ ошибка общего характера (*не зависящая от свойств используемого языка программирования*)

generated **1.** накопленная [суммарная] ошибка **2.** генерируемая [порождаемая] ошибка

gross ~ грубая ошибка

handling ~ ошибка из-за неправильного [неумелого] обращения

hard ~ постоянная [систематическая] ошибка; устойчивая неисправность

human ~ субъективная ошибка; ошибка оператора

human-factor ~ ошибка игнорирования человеческого фактора (*связанная с игнорированием присутствия человека в системе*)

hysteresis ~ ошибка из-за гистерезисного вида характеристики, ошибка за счёт гистерезиса

illegal control-message ~ ошибка из-за запрещённого управляющего сообщения

implementation ~ ошибка конструирования; ошибка физической реализации (*проектного решения*)

indeterminate ~ ошибка из-за неопределённого логического уровня сигнала (*между уровнями логического 0 и логической 1*), проф. ошибка неопределённости

inherent [inherited] ~ унаследованная ошибка

initial ~ начальная ошибка

in-process ~ ошибка изготовления

input ~ **1.** ошибка на входе **2.** ошибка входной величины; входная ошибка **3.** ошибка ввода

input/output ~ ошибка ввода-вывода

insidious ~ труднообъяснимая ошибка (*не предусматриваемая моделью*), проф. хитрая ошибка

instrumental ~ инструментальная ошибка; инструментальная погрешность

intentional ~ умышленная [преднамеренная] ошибка

intermittent ~ перемежающаяся ошибка; случайная [несистематическая] ошибка

intrinsic ~ исходная ошибка (*присущая данному методу*)

introduced ~ внесённая ошибка

isolated ~ локализованная ошибка

limiting ~ **1.** ограничивающая ошибка **2.** предел точности

linearity ~ ошибка линеаризации, ошибка линейной аппроксимации

loading ~ ошибка из-за подключения нагрузки

logical ~ логическая ошибка

machine ~ машинная ошибка, ошибка из-за неправильной работы машины

marginal ~ ошибка из-за выхода за пределы рабочего режима

mark-track ~ ошибка из-за маркерной дорожки; ошибка при считывании с маркерной дорожки; ошибка из-за неправильного поступления маркерных сигналов

matching ~ ошибка из-за неточности согласования; ошибка из-за неправильного сочетания элементов

maximum ~ максимальная [предельная] ошибка

mean(-root)-square ~ среднеквадратическая ошибка

metering ~ ошибка измерения

missing ~ ошибка из-за отсутствия данных

misuse ~ ошибка из-за неправильного [неумелого] использования

module-parity (check) ~ ошибка, выявленная контролем по чётности модуля *или* блока данных

multiple ~ многократная ошибка

multiplier zero ~ ошибка из-за дрейфа нуля умножителя

no-job definition ~ ошибка из-за отсутствия паспортных данных задания

nonsampling ~ постоянная [систематическая] ошибка

numerical ~ численная ошибка

off-by-one ~ ошибка занижения *или* завышения на единицу (*числа подсчитываемых объектов*)

operating ~ ошибка из-за нарушения правил эксплуатации

operator ~ ошибка оператора

output ~ **1.** ошибка на выходе **2.** ошибка выходной величины; выходная ошибка **3.** ошибка вывода

overflow ~ ошибка переполнения

overrun ~ ошибка из-за увеличения темпа работы (*сверх допустимого*)

parity (check) ~ ошибка, выявленная контролем по чётности

patching ~ ошибка из-за (неправильной) корректировки программы, ошибка, внесённая при исправлении программы

pattern-sensitive ~ кодочувствительная [кодозависимая] ошибка

periodic ~ периодическая ошибка

permissible ~ допустимая ошибка; допустимая погрешность

phase ~ фазовая погрешность

physical ~ ошибка физического характера

potentiometer loading ~ ошибка из-за подключения нагрузки к потенциометру

precautionary ~ подозревамая ошибка

predictable ~ предсказуемая ошибка

preset database ~ ошибка инициализации базы данных

probable ~ вероятная ошибка

program ~ ошибка в программе; программная ошибка

program-dependent [program-sensitive] ~ программно-зависимая ошибка (*проявляющаяся при прогоне конкретной программы*)

propagated ~ распространяющаяся ошибка (*влияющая на последующие операции*)

propagation ~ накапливающаяся (*в последовательности операций*) ошибка

pulse-train-starting ~ ошибка начала серии импульсов

quantization ~ ошибка квантования; ошибка дискретизации

quiet ~ исправимая ошибка

random ~ случайная [несистематическая] ошибка

reasonable ~ допустимая ошибка; допустимая погрешность

recoverable ~ исправимая ошибка; ошибка, допускающая восстановление (*нормальной работы*)

recurrent ~ повторяющаяся ошибка

reduced ~ приведённая погрешность

relative ~ относительная ошибка

repetitive ~ повторяющаяся ошибка

requirement ~ ошибка в определении технических требований (*к программе*)

requirements compliance ~ ошибка из-за нарушения технических требований (*к программе*)

residual ~ остаточная ошибка; остаточная погрешность

resolution ~ ошибка из-за ограниченной разрешающей способности

response ~ ошибка ответной реакции

restoration ~ ошибка восстановления

resultant ~ итоговая ошибка; накопленная [суммарная] ошибка

root-mean-square ~ среднеквадратическая ошибка

rounding [roundoff] ~ ошибка округления

sampling ~ **1.** *стат.* ошибка выборочного обследования **2.** ошибка квантования

select ~ ошибка выборки

semantic ~ семантическая ошибка

sequence ~ ошибка из-за неправильной последовательности

setup ~ ошибка начальной установки; ошибка настройки

similar ~s подобные ошибки (*в отличие от индивидуальных*)

single ~ одиночная ошибка

single-bit ~ ошибка в одном разряде (*кода*)

single-step ~ погрешность одного шага вычислений

size ~ ошибка из-за переполнения разрядной сетки

soft ~ кратковременная ошибка; случайный сбой; безопасная ошибка

software ~ ошибка в системе программного обеспечения

solid ~ устойчивая ошибка; постоянная [систематическая] ошибка

solid burst ~ плотный пакет ошибок

specification ~ 1. ошибка в описании 2. ошибка в технических требованиях

spelling ~ орфографическая ошибка

"staleness" ~ 1. ошибка запаздывания сигнала выборки (*при дискретизации аналоговых сигналов*) 2. ошибка из-за устаревания данных

static ~ статическая ошибка

statistical ~ статистическая ошибка

steady-state ~ установившаяся ошибка; статическая ошибка

stored ~ 1. запомненная [хранимая] ошибка 2. накопленная [суммарная] ошибка

subtle ~ неявная [неочевидная] ошибка

symptomatic ~ симптоматическая ошибка

syntactic [syntax] ~ синтаксическая ошибка

system ~ ошибка системы, системная ошибка

systematic(al) ~ постоянная [систематическая] ошибка

time ~ сбой (счёта) времени

time-base [timing] ~ ошибка синхронизации

tolerated ~ допустимая ошибка; допустимая погрешность

total ~ 1. общая ошибка 2. накопленная [суммарная] ошибка

transient ~ перемежающаяся ошибка; ошибка из-за случайных обстоятельств; сбой

transmission ~ ошибка передачи

transmitted ~ внесённая ошибка

triple ~ тройная ошибка

truncation ~ ошибка усечения; ошибка отбрасывания (*членов ряда*)

type I ~ *стат.* ошибка первого рода

typing ~ 1. опечатка; ошибка ввода с клавиатуры 2. ошибка в определении типа (*данных*)

unbiased ~ случайная [несистематическая] ошибка

uncompensated ~ нескомпенсированная ошибка

uncorrectable ~ неисправимая ошибка

underflow ~ ошибка из-за потери значимости; *проф.* ошибка обнуления

underrun ~ ошибка, связанная с неполным завершением программы

undetectable ~ необнаружимая ошибка

unidentified ~ неидентифицируемая ошибка (*с невыясненной причиной*)

unidirectional ~ однонаправленная ошибка (*приводящая к появлению нулей вместо единиц и единиц вместо нулей в однотипных модулях*)

uniformly bounded ~ равномерно ограниченная ошибка

unrecoverable ~ неисправимая ошибка; ошибка, не допускающая восстановления (*нормальной работы*)

usage ~ ошибка из-за неправильного [неумелого] использования

white-to-black ~ ошибка при переходе от белого к чёрному (*в распознавании образов*)

wiring ~ ошибка монтажа

write ~ ошибка при записи

zero ~ ошибка в нулевой точке; сдвиг нуля, уход нуля

zero-drift ~ ошибка из-за дрейфа нуля

zero point ~ ошибка в нулевой точке; сдвиг нуля, уход нуля

error-day ошибко-день (*мера трудоёмкости тестирования программы*)

error-free свободный от ошибок; безошибочный

error-prone подверженный ошибкам

escape 1. потеря (*напр. связи*) 2. переход (*с одного кода или языка на другой или с регистра на регистр печатающего устройства*)

data link ~ смена (активного) канала данных

general ~ обычный переход (*с регистра на регистр*)

locking ~ переход с блокировкой

nonlocking ~ переход без блокировки

estimate оценка ‖ оценивать; приблизительно подсчитывать

admissible ~ допустимая оценка

asymptotical ~ асимптотическая оценка

consistent ~ *стат.* состоятельная оценка

efficient ~ *стат.* эффективная оценка

error ~ оценка погрешности

improved ~ улучшенная оценка

integral ~ интегральная оценка

interval ~ *стат.* интервальная оценка

lower(-bound) ~ оценка снизу, нижняя оценка

maximum likelihood ~ оценка максимального правдоподобия

preliminary ~ предварительная оценка

sample ~ *стат.* выборочная оценка

simplified ~ упрощённая оценка

time ~ оценка продолжительности; временная оценка

upper(-bound) ~ оценка сверху, верхняя оценка

estimation 1. оценка 2. вычисление оценки, оценивание

~ **of order** оценка порядка (*напр. ошибки*)

adaptive ~ адаптивное оценивание

chi-square ~ оценивание по критерию хи-квадрат

most likely ~ наиболее вероятная оценка

optimistic ~ оптимистическая оценка

pessimistic ~ пессимистическая оценка

sample ~ оценка по выборке; выборочное оценивание

simultaneous ~ совместная оценка

statistical ~ оценка статистическим методом; статистическая оценка; статистическое оценивание

estimator 1. формула оценки, оценочная функция 2. оценка; статистика, используемая в качестве оценки

absolutely unbiased ~ абсолютная несмещённая оценка

asymptotically efficient ~ асимптотически эффективная оценка

asymptotically normal ~ асимптотически нормальная оценка

asymptotically unbiased ~ асимптотически несмещённая оценка biased ~ смещённая оценка

combined ~ совместная оценка

efficient ~ эффективная оценка

ratio ~ оценка в виде отношения

unbiased ~ несмещённая оценка

etching травление

selective ~ селективное [избирательное] травление

etching-out вытравливание

evaluation 1. оценка 2. вычисление 3. формула оценки, оценочная функция

benchmark ~ оценка (производительности) с использованием контрольной задачи

cooperative ~s кооперативные вычисления

coroutining ~s сопрограммные вычисления (с использованием сопрограммы)

eager ~ проф. энергичное вычисление (по принципу «вычисляй, не откладывая, всё, что возможно»)

element ~ вычисление выходных реакций и состояний элементов (при моделировании)

engineering ~ инженерная оценка; инженерная прикидка

formula ~ вычисление по формуле

functional ~ определение выходных реакций функциональных элементов (при моделировании)

go/no-go ~ оценка по принципу «годен — не годен»

lazy ~ «ленивое» вычисление

lenient ~ опережающее вычисление (без ожидания полной информации)

numerical ~ 1. численная оценка 2. приближённое вычисление

partial ~ частичное вычисление; частичное присваивание (значений истинности предикатам)

simple ~ определение выход-

ных реакций и состояний простых элементов (при моделировании)

evaluator 1. вычислитель, блок вычислений 2. блок оценки

partial ~ частичный вычислитель (в схеме распределённых вычислений)

response ~ блок оценки откликов (схемы на тестовые сигналы)

test answer ~ блок оценки результата тестирования

evaporation:

film ~ напыление плёнок

even 1. чётный 2. равномерный; ровный

even-even чётно-чётный

evenness чётность

even-numbered с чётным номером

even-odd чётно-нечётный

event 1. событие 2. исход, результат

antecedent ~ предшествующее событие

antithetic(al) ~s несовместные [взаимоисключающие] события

automatic ~ автоматическое событие (происходящее в заданное время и контролируемое центральным процессором)

certain ~ достоверное событие

compatible ~s совместные события

complementary ~ противоположное событие; дополняющее событие

consecutive ~s последовательные события

data-driven ~ событие, управляемое данными

dependent ~ зависимое событие

disjoint ~s несовместные [взаимоисключающие] события

double diamond ~ неполное событие (в дереве неисправностей)

dummy ~ фиктивное событие

end(ing) ~ конечное событие

endogenous ~ внутреннее событие (*в имитационном моделировании*)

equally possible [equiprobable] ~s равновероятные [равновозможные] события

exclusive ~s несовместные [взаимоисключающие] события

exhaustive ~s полная система событий

exogenous ~ внешнее событие (*в имитационном моделировании*)

fault ~ проявление неисправности

favorable ~ благоприятствующее событие

file ~ единичная операция над файлом (*считывание или запись*)

flag ~ событие, приводящее к установке флага, *проф.* флаговое событие

hanging ~ «висящее» событие (*в сетевом планировании*)

impossible ~ недопустимое событие; невозможное событие

incompatible ~s несовместные [взаимоисключающие] события

incomplete ~ неполное событие (*напр. отказ с невыясненными причинами*)

independent ~ независимое событие

initial ~ исходное [начальное] событие

interrupt ~ прерывающее событие; ситуация прерывания

logic ~ логическое событие

null ~ событие с нулевой вероятностью; невозможное событие

objective ~ целевое событие

operator-triggered ~ событие, инициируемое оператором

opposite ~ противоположное событие

overlapping ~s перекрывающиеся события

pending ~ событие, ожидающее очереди на обработку

predecessor ~ предшествующее событие

primary ~ основное событие

program ~ программное событие; событие в программе

random ~ случайное событие

rare ~ редкое событие; маловероятное событие

repeated ~ повторяющееся событие

significant ~ значащее событие

simple ~ элементарное событие

specific phonetic ~ характерная фонетическая особенность (*речевого сигнала, используемая для распознавания голоса*)

starting ~ начальное [исходное] событие

state-dependent ~ событие, определяемое состоянием (*моделируемой системы*), *проф.* событие-состояние

sure ~ достоверное событие

top ~ конечное [завершающее] событие (*в анализе отказов*)

trap ~ срабатывание ловушки

triggering ~ запускающее событие; инициирующее событие

vector ~ векторное событие

evocation:

rule ~ вызов правила, запуск правила (*в экспертных системах*)

exact верный, безошибочный; точный

exception 1. исключение 2. исключительное состояние; исключительная ситуация

significance ~ исключительная ситуация при потере значимости

specification ~ исключительная ситуация при нарушении заданных условий

suppressed ~ заблокированная исключительная ситуация

system-defined ~ системная исключительная ситуация

user-defined ~ пользовательская исключительная ситуация

excess 1. избыток, излишек **2.** *матем.* остаток **3.** *стат.* эксцесс

exchange 1. обмен (*напр. кодами или информацией*); замена ǁ обмениваться (*напр. кодами или информацией*); заменять **2.** (автоматический) коммутатор каналов; аппаратура обмена **3.** автоматическая телефонная станция **4.** перестановка (модулей) (*при компоновке электронных схем*)

automatic ~ **1.** автоматический обмен **2.** автоматический коммутатор каналов **3.** автоматическая телефонная станция

bus ~ обмен (*данными*) по шине

complex ~ сложная перестановка

data ~ обмен данными, информационный обмен

dial ~ **1.** обмен (*информацией*) по телефонным каналам **2.** телефонная аппаратура с дисковым набором **3.** автоматическая телефонная станция

end-to-end ~ сквозной обмен (*в сети*)

input-output ~ коммутатор ввода-вывода

intergateway ~ междушлюзовой (информационный) обмен (*в сетях с коммутацией пакетов*)

link ~ коммутатор линий связи

manual ~ **1.** ручной коммутатор каналов **2.** ручная телефонная станция

memory ~ **1.** обмен (*данными*) между запоминающими регистрами **2.** коммутатор запоминающего устройства

message ~ аппаратура обмена сообщениями; аппаратура сопряжения (*линии связи и ЭВМ*)

pairwise ~ попарная перестановка

private automatic ~ частная автоматическая телефонная станция без выхода в общую сеть

private branch ~ частная телефонная станция с выходом в общую сеть

remote computing system ~ аппаратура обмена между (центральной) вычислительной машиной и дистанционными устройствами

storage ~ **1.** обмен (*данными*) между запоминающими регистрами **2.** коммутатор запоминающего устройства

teletype ~ коммутатор телеграфных каналов

trunk ~ магистральная станция

two-way ~ двусторонний обмен (*информацией*)

vertical ~ вертикальная перестановка

excitation 1. возбуждение **2.** намагничивание (током) **3.** намагничивающая сила **4.** накачка

fault ~ введение неисправностей (*для целей тестирования*)

half ~ полувозбуждение

impact ~ ударное возбуждение

parametric ~ параметрическое возбуждение

pulse ~ импульсное возбуждение

step-by-step ~ ступенчатое возбуждение

three-phase ~ трёхтактное возбуждение

exclusion исключение

mutual ~ взаимное исключение (*напр. доступа*)

exclusive исключающий

mutually ~ взаимоисключающий

exclusive-OR выполнять операцию исключающее ИЛИ; пропускать сигнал через схему исключающее ИЛИ

excursion отклонение; сдвиг

execute исполнять, выполнять (*программу, команду*)

execution исполнение, выполнение (*программ, команд*)

    concurrent ~ одновременное выполнение

    direct ~ прямое выполнение

    direct keyboard ~ выполнение команд, вводимых непосредственно с клавиатуры

    interpretive ~ интерпретационное выполнение, выполнение (*программы*) в режиме интерпретации

    interruptable ~ прерываемое выполнение

    looping ~ циклическое выполнение

    noninterruptable ~ непрерываемое выполнение

    process ~ выполнение процесса (*напр. в вычислительной сети*)

    remote job ~ дистанционное выполнение заданий

    single-step ~ пошаговое исполнение

executive диспетчер; организующая программа; управляющая программа

    real-time ~ программа-диспетчер, работающая в реальном (масштабе) времени

    resident ~ резидентная часть диспетчера

exerciser пульт ручного управления (*микро-ЭВМ*)

    microprocessor ~ микропроцессорный тестер, тестер для проверки микропроцессоров

exhaustion of spares истощение резерва (*в резервированных системах*)

exhaustive полный, исчерпывающий

    logically ~ на основе логически полного перебора

exhaustiveness полнота (*носящая исчерпывающий характер*)

existence существование

    unique ~ *матем.* существование и единственность

exit 1. выход; выходной канал 2. выходная стрелка (*на блок-схеме*)

    deferred ~ задержанный выход (*из подпрограммы*)

    loop ~ выход из цикла

    page ~ выход страницы (*блок-схемы*)

exjunction разноимённость, строгая дизъюнкция; операция исключающее ИЛИ

EXORing осуществление функции *или* операции исключающее ИЛИ

expand 1. расширять; наращивать 2. *матем.* раскрывать 3. распространять ◇ **to** ~ **a system** расширять комплект оборудования (вычислительной) системы, усложнять конфигурацию (вычислительной) системы

expandability расширяемость; наращиваемость

    modular ~ модульная расширяемость

expander 1. расширитель (*тип схемы*) 2. экспандер (*штепсель с коническим расширителем*)

    analog input ~ расширитель для ввода аналоговых данных

    input/output ~ расширитель ввода-вывода

expansion 1. расширение; растяжение; наращивание 2. *матем.* раскрытие (*напр. неопределённости*) 3. разложение (в ряд) 4. распространение (*волны при трассировке БИС*) ◇ ~ **in series** разложение в ряд

    ~ **of the area around terminals** расширение области вокруг соединительных выводов

    asymptotic ~ асимптотическое разложение

    character ~ увеличение размера знака (*при выводе на экран*)

    grid ~ распространение по сетке

harmonic ~ разложение в ряд Фурье

line ~ линейное распространение

macro ~ макрорасширение

memory ~ расширение памяти

next ~ очередной шаг распространения

power ~ разложение по степеням, разложение в степенной ряд

series ~ разложение в ряд

sweep ~ растяжение развёртки

system ~ расширение системы

expectation математическое ожидание

conditional ~ условное математическое ожидание

expedited срочный (*о приоритете блока*)

experience квалификация, опыт

programming ~ опыт работы в области программирования, программистский опыт

experiment эксперимент, опыт

complex ~ многофакторный эксперимент

factorial ~ факторный эксперимент

single-factor ~ однофакторный эксперимент

experimentation экспериментирование

numerical ~ числительное экспериментирование

testbed-based ~ экспериментирование на макете *или* испытательном стенде

expert:

computer science ~ специалист по вычислительной технике

domain ~ специалист [эксперт] в определённой области знаний (*в экспертных системах*)

expertise экспертные знания (*в экспертных системах*)

chip-embedded ~ микросхемная реализация экспертных знаний

computerized ~ компьютеризованные [заложенные в вычислительную машину] экспертные знания

human ~ человеческий опыт (*используемый в экспертных системах*)

explainer блок объяснения (*в экспертных системах*)

explosion:

combinatorial ~ комбинаторный взрыв (*стремительный рост числа вариантов при переборе*)

exponent 1. показатель (*степени*) **2.** порядок (*числа*)

biased ~ смещённый порядок (*в представлении чисел с плавающей запятой*)

binary ~ двоичный порядок, порядок в двоичной системе

decimal ~ десятичный порядок, порядок в десятичной системе

fractional ~ дробный показатель

negative ~ **1.** отрицательная степень **2.** отрицательный показатель **3.** отрицательный порядок

number ~ **1.** показатель степени числа **2.** порядок числа

exponential показательная функция; экспоненциальная функция, экспоненциал ‖ показательный; экспоненциальный

exponentiate 1. возводить в степень **2.** потенцировать

exponentiation 1. возведение в степень **2.** потенцирование

export экспорт (*исходящих сообщений*)

exposure 1. дефект (*напр. программы, обнаруженный при структурном контроле*) **2.** незащищённость (*данных*); подверженность (*данных*) (*постороннему*) воздействию **3.** (внешнее) воздействие

expression выражение

absolute ~ абсолютное выражение (*в языке ассемблера*)

approximate ~ приближённое выражение

array ~ выражение с массивами в качестве элементов
atomic ~ атом (*ЛИСП*)
average ~ усреднённое выражение
Boolean ~ булево выражение
call ~ вызывающее выражение (*реализующее обращение к подпрограмме*)
character ~ знаковое выражение; символьное выражение
compile time ~ выражение периода компиляции (*ПЛ/1*)
conditional ~ условное выражение
constant ~ константное выражение
defining ~ определяющее выражение
designational ~ именующее выражение
element ~ элементарное выражение
graphic ~ графическое представление
idiomatic ~ идиоматическое выражение
infix ~ инфиксное выражение
invariant ~ инвариантное выражение
logical ~ логическое выражение
manifest ~ статическое выражение; выражение, значение которого определяется во время трансляции
mathematical ~ математическое выражение
mixed mode ~ смешанное выражение (*ФОРТРАН*)
numerical ~ численное выражение
path ~ формула маршрута (*при межпроцессорных взаимодействиях*)
Polish notation ~ выражение в польской [бесскобочной] записи
postfix ~ постфиксное выражение
prefix ~ префиксное выражение
regular ~ регулярное выражение

relational ~ выражение отношения
relocatable ~ перемещаемое выражение
S-~ S-выражение, точечное выражение (*ЛИСП*)
scalar ~ скалярное выражение
selection ~ выбирающее выражение
structure ~ выражение со структурами (в качестве элементов)
subscript ~ выражение с индексами
expressiveness выразительные возможности (*языка программирования*)
extender:
  physical-address ~ расширитель физического адреса
extensibility:
  language ~ расширяемость языка
extension 1. расширение; добавление **2.** *лог.* экстенсия **3.** объект действительности (*отображаемый в базе знаний при её расширении*)
  ~ of a relation расширение отношения (*в реляционных базах данных*)
  code ~ расширение кода
  data set ~ расширение набора данных
  high-order exponent ~ **1.** добавление разрядов порядка со стороны старших разрядов **2.** добавленные разряды порядка со стороны старших разрядов
  language ~ расширение языка
  program ~ расширение программы
  zero ~ дополнение нулями (*для заполнения заданного формата*)
extent 1. экстент (*непрерывная область, напр. в памяти с прямым доступом, резервируемая для определённого набора данных*) **2.** степень, мера
  ~ of error величина ошибки

~ **of fault** степень распространения (влияния) неисправности

loop ~s параметры цикла

extinction гашение; угасание; прекращение (*процесса*); вырождение (*решения*)

extracode экстракод

extract извлекать; выделять
◊ **to** ~ **root** извлекать корень

extractée *фр.* слово, из которого необходимо выделить некоторую часть

extraction извлечение; выделение

bit ~ извлечение отдельных бит

data ~ извлечение данных

feature ~ выделение признаков

gate ~ выделение вентилей (*при проектировании БИС*)

signal ~ выделение сигнала (*на фоне помех*)

extractor экстрактор; маска; выделяющее слово

bidirectional square-root ~ блок извлечения квадратного корня со средней точкой

circuit ~ маска (интегральной) схемы

square-root ~ блок извлечения квадратного корня; устройство извлечения квадратного корня

extrapolate экстраполировать

extrapolation экстраполяция

arithmetic ~ линейная экстраполяция

polynomial ~ полиномиальная экстраполяция

extras дополнительное [отдельно поставляемое] оборудование

extreme 1. экстремальное значение ‖ экстремальный **2.** *стат.* край, предел ‖ крайний, предельный **3.** критический

sample ~ крайнее значение выборки

smallest ~ нижний предел (*значения*)

extremum экстремум (*максимум или минимум*)

global ~ глобальный экстремум

local ~ локальный экстремум

eyeballing визуальный контроль

F

fabrication:

batch ~ изготовление методом групповой технологии, групповое изготовление

face 1. лицо; лицевая сторона **2.** экран (*ЭЛТ*)

card ~ лицевая сторона (перфо)карты

inner ~ внутренняя сторона (*перфоленты или магнитной ленты*); оборотная сторона (*перфоленты*)

outer ~ внешняя сторона (*перфоленты или магнитной ленты*); лицевая сторона (*перфоленты*)

type ~ **1.** вид [характер начертания] шрифта **2.** очко литеры

faceplate лицевая панель

facet фацет, аспект (*составная часть слота в базе знаний СИИ*)

facilit/y 1. устройство; средство **2.** *pl* средства; оборудование; аппаратура **3.** *pl* возможности

browse ~ies средства обеспечения просмотра (*в базах данных*)

carry-handling ~ies средства для обработки переносов

cataloging ~ies средства каталогизации

change ~ средство модификации

communication ~ies средства связи

compare ~ устройство сравнения

comprehensive ~ies развитые возможности

computer conferencing ~ вычислительная техника для проведения телеконференций

computing ~ies вычислительные средства

database ~ies средства базы данных

debugging ~ies средства отладки

disaster ~ies средства аварийного резерва

documentation ~ies средства документирования

error checking [error detecting] ~ средство обнаружения ошибок

fault tracing ~ies средства поиска неисправностей

format ~ies средства форматирования

generalized ~ies универсальные средства

help ~ies средства «подсказки»

history ~ies средства регистрации предыстории

hold ~ies средства сохранения (текущих) данных (*при прерывании работы ЭВМ*)

input/output ~ies средства ввода-вывода; оборудование ввода-вывода

interactive ~ интерактивное устройство

intertask communication ~ средство взаимодействия между задачами

library ~ies библиотечные средства

load ~ средство загрузки (*напр. программ*)

lock/unlock ~ies средства обработки страничных прерываний

management ~ies средства управления

perceptual ~ies перцепционные возможности, способности (*системы*) к восприятию (*объектов реального мира*)

peripheral ~ies периферийное оборудование

priority ~ies средства установки приоритетов

query ~ies средства обеспечения запросов, средства организации запросного режима

recovery/restart ~ies средства восстановления и рестарта

reporting ~ies средства генерации отчётов; средства оповещения; средства формирования отчётов

security ~ies средства защиты

snapshot ~ies средства фиксации мгновенного состояния процесса

structuring ~ies средства структурирования

test ~ies испытательное оборудование

watch ~ средство наблюдения

facsimile 1. (точная) копия (*массива данных или программ*) **2.** факсимиле **3.** факсимильная [фототелеграфная] связь

fact:

derived ~ производный факт (*выведенный из других*)

factbase база (данных для хранения) фактов

factographic фактографический

factor 1. коэффициент; множитель; сомножитель ‖ разлагать на множители **2.** фактор **3.** показатель ◇ **to** ~ **out** выносить за скобки, факторизовать

accumulating ~ процентный множитель (*в формуле сложных процентов*)

activity ~ коэффициент использования

association ~ коэффициент ассоциации

blockage [blocking] ~ ёмкость блока, коэффициент блокирования, коэффициент объединения (*число логических записей, объединённых в одной физической записи или блоке*)

Boolean ~ булев множитель

branching ~ коэффициент ветвления

certainty ~ показатель [коэффициент] уверенности, показатель [коэффициент] достоверности (*приписываемый умозаключению, полученному интеллектуальной системой в процессе «нестрогих» рассуждений*)

coding load ~ показатель объёма программирования

complexity ~ показатель сложности

constant ~ постоянный множитель

conversion ~ коэффициент преобразования, переводной множитель; коэффициент пропорциональности

degradation ~ коэффициент снижения производительности (*вычислительной системы*)

demand ~ коэффициент нагрузки (*в сети энергоснабжения*)

dimensionless ~ безразмерный коэффициент

dissipation ~ 1. коэффициент рассеяния 2. тангенс угла потерь

duplication ~ коэффициент дублирования

duty ~ коэффициент заполнения периода импульса (*1. отношение длительности импульса к длительности промежутка между импульсами 2. величина, обратная скважности*)

efficiency ~ коэффициент эффективности; эффективность

elimination ~ коэффициент неполноты выборки (*в ИПС*)

engineering ~s технические условия

equivalent-binary-digit ~ двоичный эквивалент основания системы счисления

fault ~ коэффициент уменьшения числа неисправностей

feedback ~ коэффициент обратной связи

float(ing) ~ переменный коэффициент

form ~ коэффициент формы (*кривой*), форм-фактор

fudge ~ *sl* «настроечный» параметр (*произвольно изменяемый для получения нужного результата*)

gain ~ коэффициент усиления

human ~ человеческий фактор, фактор присутствия человека (*в системе*)

ignorance ~ *киберн.* фактор незнания

iteration ~ глубина итерации

loss ~ коэффициент потерь

mismatching ~ коэффициент рассогласования

multiplication ~ 1. коэффициент усиления 2. коэффициент умножения

multiplier ~ множитель

noise ~ коэффициент шума, шум-фактор

off-duty ~ скважность

operational ~s рабочие [эксплуатационные] характеристики; действующие параметры

packing ~ плотность упаковки (*напр. информации*)

peak ~ коэффициент амплитуды

pertinency ~ коэффициент релевантности (*в ИПС*)

proportional control ~ коэффициент пропорционального регулирования

pyramiding ~ коэффициент разветвления (*измеряемый числом схем, на которое может быть одновременно нагружена данная схема*)

regularity ~ коэффициент регулярности (*отношение общего числа элементов БИС к числу элементов, действительно вычерчиваемых конструктором*)

relative severity ~ коэффициент нагрузки

relocation ~ показатель перемещения (*напр. программы в памяти*)

repetition ~ коэффициент повторения; кратность

safety ~ 1. коэффициент на-

дёжности; запас прочности
2. коэффициент безопасности
scale [scaling] ~ **1.** масштабный коэффициент, масштабный множитель **2.** цена деления шкалы

shape ~ коэффициент формы (*кривой*), форм-фактор

smoothing ~ коэффициент сглаживания

sort blocking ~ коэффициент блокирования [объединения] при сортировке

stability ~ коэффициент устойчивости; запас устойчивости

stabilization ~ коэффициент стабилизации

storage-utilization ~ коэффициент использования памяти

testing compression ~ коэффициент сжатия тестов

time ~ **1.** временной коэффициент **2.** фактор времени

time-scale ~ масштабный временной коэффициент

transport ~ коэффициент переноса

unbalance ~ коэффициент неравномерности нагрузки (*распределённой системы*)

use [utilization] ~ коэффициент использования

weighting ~ весовой коэффициент

work ~ показатель [фактор] трудозатрат

work load ~ коэффициент рабочей загрузки (*напр. программиста*)

factorable разложимый на множители

factorial *матем.* факториал

factoring 1. разложение на множители **2.** разложение на элементарные операции **3.** расстановка **4.** вынесение за скобки

~ **of attributes** вынесение описателей за скобки (*ПЛ/1*)

polynomial ~ полиномиальное разложение

scale ~ подбор масштаба

factorization 1. разложение на

множители **2.** разложение на элементарные операции **3.** расстановка **4.** вынесение за скобки **5.** *эксп.* факторизация

factory:

data collection ~ пункт сбора данных

unmanned ~ безлюдное предприятие, завод-автомат

factory-configured с конфигурацией, определяемой при изготовлении

fade постепенно изменяться (*напр. об амплитуде сигнала*) ◊ **to** ~ **in** усиливаться; **to** ~ **out** затухать

fail 1. повреждение; неисправность; сбой; отказ в работе ‖ повреждаться, выходить из строя, отказывать в работе **2.** не достигать успеха (*напр. в поиске решения*) ◊ ~**s to exhaustion** отказы до истощения (*в отказоустойчивых системах*)

failproof безотказный; защищённый от отказов

fail-safe отказобезопасный

fail-soft с постепенным ухудшением параметров (*при неисправностях*); с амортизацией отказов

fail-stop прекращающий работу при появлении ошибки, застопоривающийся при ошибках

failure 1. повреждение; неисправность; отказ в работе; сбой **2.** неудача, неблагоприятный исход ◊ **on** ~ в случае неудачного исхода

ageing ~ отказ вследствие старения

aggregated ~ агрегированный отказ

basic ~ основной отказ

benign ~ неопасный отказ

chance ~ случайный сбой

chargeable ~ *проф.* ответственный отказ (*по вине изготовителя отказавшего оборудования*)

check sum ~ несовпадение контрольной суммы

common-cause ~ отказ мно-

жественного типа; *pl* множественные отказы; отказы, обусловленные общей причиной
common-mode ~ типичный отказ, отказ общего характера
complete ~ полный отказ
critical ~ критический [опасный] отказ
degradation ~ постепенный отказ (*вследствие ухода характеристик за допустимые пределы*)
dependent ~ зависимый отказ; вторичный отказ
design (error) ~ отказ из-за ошибки проектирования
detectable ~ обнаружимый отказ
deterioration ~ износовый отказ, отказ по износу
drift ~ постепенный отказ (*вследствие ухода характеристик за допустимые пределы*)
early ~ ранний [приработочный] отказ
equipment design ~ отказ из-за ошибки проектирования
equipment manufacturing ~ отказ из-за плохого качества изготовления
fatal ~ фатальный отказ (*не нейтрализуемый средствами реконфигурации*)
field ~ эксплуатационный отказ
functional ~ функциональный сбой
gradual ~ постепенный отказ (*вследствие ухода характеристик за допустимые пределы*)
hard ~ устойчивый отказ
human ~ отказ по вине человека; отказ по вине обслуживающего персонала
independent ~ независимый отказ
induced ~ наведённый отказ (*вызванный внешним воздействием*)
infancy ~ ранний [приработочный] отказ
infrequent ~s редко повторяющиеся отказы

intentional ~ умышленное повреждение
intermittent ~ перемежающийся отказ; перемежающаяся неисправность; *pl* перемежающиеся сбои
in-warranty ~ неисправность в течение гарантийного срока
latent ~ скрытый [неявный] отказ
longer-term ~ длительный отказ
major ~ серьёзная неисправность
malign ~ опасный отказ
man-made ~ внесённый отказ
mechanical ~ механическое повреждение; механическая неисправность
minor ~ несущественная неисправность
misuse ~ отказ из-за неправильного обращения
multiple ~ **1.** многократный отказ **2.** множественный отказ
nonchargeable ~ *проф.* неответственный отказ (*не по вине изготовителя отказавшего оборудования*)
obscure ~ скрытый [неявный] отказ
only-under-stress ~ неисправность, проявляющаяся в утяжелённом режиме
open-circuit [open-mode] ~ отказ типа обрыва цепи
operational ~ эксплуатационный отказ (*1. по вине неправильной эксплуатации 2. на этапе эксплуатации*)
parity ~ несовпадение [нарушение] чётности
part design ~ отказ из-за ошибок проектирования узла
partial ~ частичный отказ
pattern-sensitive ~ кодочувствительная [кодозависимая] неисправность
PD ~ *см.* **part design failure**
permanent ~ устойчивый отказ; устойчивая неисправность
physical ~ реальный отказ (*в отличие от моделируемого*)

primary ~ первичный отказ
random ~ случайный сбой
redundant ~ отказ резервированной системы
residual ~ остаточный отказ
safe ~ безопасный сбой
SE ~ *см.* **software errors failure**
secondary ~ вторичный отказ
short-circuit [short-mode] ~ отказ типа короткого замыкания
short-duration [short-term] ~ кратковременный отказ
simultaneous ~ одновременный отказ (*нескольких элементов*)
single ~ одиночный отказ; единичный отказ
single-point ~ отказ системы вследствие отказа одного элемента
skew ~ отказ из-за перекоса (*при распознавании знаков*)
soft ~ «смягчённый» отказ
software errors ~ отказ из-за ошибки в программе
solid [stable] ~ устойчивый отказ
static ~ статический отказ
transient ~ самоустраняющийся отказ; отказ из-за переходного процесса
undetectable ~ необнаружимый отказ
wear-out ~ износовый отказ, отказ по износу
failure-free безотказный
fairness справедливость (*распределения ресурсов в сети*); равнодоступность (*ресурсов в сети*)
fall 1. падение ‖ падать **2.** пропадание, выпадение (*напр. разряда*) ◊ **to** ~ **out of step** выпадать из синхронизма; **to** ~ **through to** передавать управление вниз (*по тексту программы*), *проф.* проваливаться
fallback нейтрализация неисправности (*напр. путём изменения конфигурации системы*)
software ~ нейтрализация программных ошибок

fallible подверженный отказам, без защиты от отказов
fallout пропадание, выпадение (*напр. разряда*)
false 1. ложный **2.** *лог.* ложь
falsehood *лог.* ложь; ложное заключение
family семейство; ряд; серия
~ **of characteristics** семейство характеристик
~ **of designs** семейство конструкций; семейство проектных решений
~ **of solutions** семейство решений
compatible ~ семейство [ряд] совместимых вычислительных машин
component ~ семейство (электронных) компонентов
computer ~ семейство [ряд] вычислительных машин
integrated circuit ~ серия ИС
logic ~ серия [семейство] логических схем *или* элементов; система логических элементов
task ~ семейство задач
fan ◊ **to** ~ **out** разветвляться по выходу
fanfold(ing) фальцевание [складывание] (*бумаги*) гармошкой
fan-in коэффициент объединения по входу; нагрузочный множитель по входу; нагрузочная способность по входу
fan-out коэффициент разветвления по выходу; нагрузочный множитель по выходу; нагрузочная способность по выходу
input ~ входное разветвление
reconvergent ~ сходящиеся разветвления
fashion:
complementing ~ работа (*триггера*) по схеме со счётным входом
multiprogrammed ~ мультипрограммный режим
fast(-acting) быстродействующий
fast-falling с большой крутизной заднего фронта; быстроспадающий

fast-response с малым временем реакции

father 1. порождающий элемент **2.** вышестоящая (по дереву) вершина, *проф.* отцовская вершина

fault 1. повреждение; неисправность, дефект **2.** ошибка

ac ~ динамическая неисправность (*в логических схемах*)

active ~ действующая неисправность (*в отличие от потенциальной*)

AND-bridge ~ неисправность типа «монтажное И»

appearance ~ неисправность типа «лишний элемент» (*в узле ПЛМ*)

assembly ~ **1.** неисправность, обусловленная сборкой **2.** ошибка компоновки

band ~ неисправность вследствие выхода параметра из зоны допустимых значений

branch-open ~ дефект типа «обрыв ветви»

bridging ~ дефект типа перемычки; неисправность типа замыкания

component ~ неисправность на уровне элементов, дефект элемента

contact ~ нарушение контакта, контактная неисправность

correlated ~s коррелированные неисправности

coupling ~ неисправность, обусловленная паразитной связью (*напр. между запоминающими элементами*)

cross-point ~ неисправность в узле (*ПЛМ*)

delay ~ неисправность типа «неверная величина задержки»

design ~ ошибка [дефект] проектирования, проектная недоработка

deviation ~ неисправность из-за ухода значений параметров

disappearance ~ неисправность типа «недостающий элемент» (*в узле ПЛМ*)

dominant ~ доминирующая неисправность

dormant ~ потенциальная неисправность (*в отличие от действующей*)

equivalent ~s эквивалентные ошибки (*приводящие к одинаковым выходным откликам*)

extra device ~ неисправность типа «лишний элемент» (*в узле ПЛМ*)

fed-in ~ искусственно вводимая неисправность

floating gate ~ дефект типа «плавающий затвор»

fortuitous ~ случайная ошибка

functional ~ функциональная неисправность

growth ~ дефект типа расширения (*булевой функции в неисправной ПЛМ*)

hard ~ устойчивая неисправность, отказ (*по причине дефекта*)

hidden ~ скрытая неисправность; скрытый дефект

image ~ искажение [дефект] изображения

induced ~ внесённая [искусственная] неисправность (*для целей проверки методов диагностики*)

interaction ~ ошибка взаимодействия (*с системой*)

interactive ~ неисправность, вызванная взаимовлиянием (*процессов*)

intermittent ~ неустойчивая [перемежающаяся] неисправность

latent ~ скрытая неисправность; скрытый дефект

logic ~ логическая неисправность

man-made ~ (случайно) внесённая неисправность

manufacturing ~ ошибка изготовления, производственный дефект

marginal ~ неисправность из-за выхода параметров за допуски, *проф.* граничная неисправность

missing device ~ неисправность типа «недостающий элемент» (*в узле ПЛМ*)

modeled ~ промоделированная неисправность

M-plex ~ многосторонняя [М-плексная] неисправность (*влияющая на работу других каналов многоканальной системы*)

multiple ~s множественные неисправности; кратные неисправности

multiple-access ~ дефект (*ЗУ*) типа «множественная выборка»

OR-bridge ~ неисправность типа «монтажное ИЛИ»

page ~ ошибка из-за отсутствия страницы (*в оперативной памяти*)

pattern-sensitive ~ кодочувствительная [кодозависимая] ошибка

permanent ~ регулярная ошибка; устойчивая неисправность

physical ~ физический дефект

predicted ~ предсказуемая неисправность

prestored ~ каталогизированная неисправность (*занесённая в справочник*)

program sensitive ~ неисправность, проявляющаяся при прогоне конкретной программы

pseudopage ~ ошибка обращения к неподкачанной странице

random ~ эпизодическая неисправность

representative ~ неисправность-представитель, репрезентативная неисправность (*представляющая класс эквивалентных неисправностей*)

RP-resistant ~ неисправность, труднообнаружимая с помощью псевдослучайных кодов

short diffusion ~ дефект типа перемычки между слоями полупроводника (*в ИС*)

shrinkage ~ дефект типа сжа-

тия (*булевой функции в неисправной ПЛМ*)

simplex ~ односторонняя [симплексная] неисправность (*не влияющая на работу других каналов избыточной схемы*)

single ~ одиночная неисправность; одиночная ошибка

soft ~ сбой (*из-за ухода значений параметров*)

solid ~ устойчивая неисправность

sporadic ~ спорадическая ошибка

stack ~ ошибка в стеке

stuck-at ~ константная неисправность, *проф.* неисправность типа залипания, залипание

stuck-at-0 ~ неисправность типа «константный нуль», *проф.* залипание нуля

stuck-at-1 ~ неисправность типа «константная единица», *проф.* залипание единицы

stuck-on ~ константная неисправность типа залипания в открытом состоянии

stuck-open ~ константная неисправность типа обрыва (*напр. на выходе микросхемы*); константная неисправность типа «постоянно отключённый затвор» (*в МОП-схемах*)

sustained ~ устойчивое повреждение

testable ~ проверяемая [обнаруживаемая] неисправность

timing ~ неисправность синхронизации

transient ~ неустойчивая [перемежающаяся] неисправность

transition ~ переходная неисправность (*возникающая при переключении, напр. запоминающего элемента*)

undetectable ~ необнаружимая неисправность

untestable ~ непроверяемый дефект

worst-case ~ неисправность,

проявляющаяся в самом тяжёлом режиме работы

fault-intolerant чувствительный к отказам, не обладающий устойчивостью против отказов

fault-testable тестируемый по неисправностям

fault-tolerance отказоустойчивость

  algorithm-based ~ алгоритмическая отказоустойчивость

  array-level ~ отказоустойчивость на матричном уровне (*ПЛМ*)

  cell-level ~ отказоустойчивость на ячеечном уровне (*ПЛМ*)

  function-level ~ функциональная отказоустойчивость (*реализуемая функционально-ориентированными средствами*)

  partial ~ частичная отказоустойчивость

  software implemented ~ программно-реализованная отказоустойчивость

fault-tolerant отказоустойчивый

faulty неисправный, дефектный

fax 1. (точная) копия (*массива данных или программ*) **2.** факсимиле **3.** факсимильная [фототелеграфная] связь

feature 1. особенность; признак; свойство **2.** топографический элемент, элемент топологии (*БИС*) **3.** *sl* ненужное свойство программы, излишество

  ancestral ~s унаследованные свойства (*от предшествующей модификации*)

  checking ~s возможности (само)контроля

  diagnostic ~s диагностические возможности

  distinctive ~ различительный элемент, дифференциальный [отличительный] признак

  escape ~ возможность внешнего обращения (*напр. к программам, написанным на других языках*)

  fail-safe ~ отказобезопасность

  floating-point ~s возможности реализации режима с плавающей запятой

  graph ~s **1.** свойства графа **2.** теоретико-графовые свойства

  mathematical ~ математический признак

  noiseproof ~ помехоустойчивость

  predicate ~s предикатные возможности, возможности описания свойств отношений

  procedural ~s процедурные возможности, возможности описания процедур

  relational ~s реляционные возможности, возможности описания отношений

  retry ~s возможности повторения (*напр. выполнения операции*)

  stop-on-character ~ способность к работе в стартстопном познаковом режиме

  structural ~ **1.** структурная особенность, особенность структуры **2.** *pl* возможности структурирования **3.** *pl* конструктивные детали

  tag and drag ~ средство выделения и перемещения (*участков изображения на экране*)

  type ahead ~ **1.** возможность заблаговременного задания типа (*данных или переменных*) **2.** возможность опережающего ввода данных с клавиатуры

  window-save ~ средство запоминания окон (*полиэкранного изображения*)

  zoom ~ способность (*дисплея*) к изменению масштаба изображения

featurism:

  creeping ~ *проф.* ползучий «улучшизм» (*стремление к постоянным ненужным усложнениям программы за счёт мелких улучшений*)

federating of subsystems интеграция подсистем

federation объединение; интеграция (*напр. локальных баз данных*)

feed 1. подача; питание ‖ подавать; питать **2.** установка числа (*в счётной машине*) **3.** подающий механизм; питающий механизм

bottom paper ~ подача бумаги снизу (*в печатающем устройстве*)

card ~ **1.** подача (перфо)карт; ввод (перфо)карт **2.** механизм подачи (перфо)карт

edgewise ~ подача (*перфокарт*) широкой стороной

endwise ~ подача (*перфокарт*) узкой стороной

facedown ~ подача (*перфокарт*) лицевой стороной вниз

faceup ~ подача (*перфокарт*) лицевой стороной вверх

file ~ ввод файла

horizontal ~ подача (*перфокарт*) в горизонтальном положении

ink ~ подача чернил (*напр. в пишущую головку графопостроителя*)

line ~ **1.** подача [протяжка] (*бумаги*) на одну строку **2.** перевод строки

magazine ~ магазинная подача

multicycle [multiread] ~ многократная подача (*перфокарт*) для считывания по частям

paper ~ подача [протяжка] бумаги

parallel ~ подача (*перфокарт*) широкой стороной

ribbon ~ протяжка красящей *или* копировальной ленты

serial ~ подача (*перфокарт*) узкой стороной

sheet-by-sheet ~ полистовая подача (*бумаги*), подача (*бумаги*) отдельными листами

sideways ~ подача (*перфокарт*) широкой стороной

single-sheet ~ полистовая подача (*бумаги*), подача (*бумаги*) отдельными листами

sprocket ~ протяжка (*ленты*) с помощью звездчатки

tape ~ **1.** протяжка ленты **2.** лентопротяжный механизм

tractor ~ механизм подачи [протяжки] бумаги

vertical ~ подача (*перфокарт*) в вертикальном положении

feedback обратная связь

bridge-type ~ обратная связь мостикового типа

data ~ информационная обратная связь

degenerative ~ отрицательная обратная связь

delayed ~ запаздывающая обратная связь

derivative ~ обратная связь по производной

elastic ~ гибкая [регулируемая] обратная связь

graphic ~ графическая обратная связь (*при перемещении изображения на экране*)

information ~ информационная обратная связь

lagging ~ запаздывающая обратная связь

local ~ местная обратная связь

monitoring ~ контролирующая обратная связь

position ~ обратная связь по положению

primary ~ главная обратная связь; внешняя обратная связь

proportional ~ жёсткая обратная связь; линейная обратная связь

rate ~ обратная связь по скорости; обратная связь по производной

reference ~ исходная [начальная] обратная связь

resistive ~ резистивная обратная связь

selective ~ избирательная [селективная] обратная связь

stabilizing ~ стабилизирующая обратная связь

state ~ обратная связь по состояниям

user ~ обратная связь с пользователем

feeder 1. подающий механизм; питающий механизм **2.** фидер **3.** линия передачи (*от коммутационного узла*)

cut sheet ~ устройство подачи форматных листов

feedforward упреждение; предварение

feeding подача; питание (*см. тж* **feed**) ‖ питающий

form ~ подача форматированных бланков (*в читающем устройстве*)

feedstock глубина обратной связи

feedthrough сквозное соединение, перемычка

signal ~ паразитное прохождение сигнала

feep *sl* ровное жужжание (*работающего терминала*) ‖ издавать ровное жужжание (*о работающем терминале*)

feeper *sl* источник звукового фона (*работающего терминала*)

fence заграждающая метка

ferrite феррит ‖ ферритовый

laminated ~ слоистый феррит

polycrystalline ~ поликристаллический феррит

ferroelectric сегнетоэлектрик ‖ сегнетоэлектрический

ferrography феррография (*запись с помощью ферромагнитного порошка*)

ferromagnetic ферромагнетик, ферромагнитный материал ‖ ферромагнитный

ferromagnetics ферромагнетизм

fetch выборка (*напр. команды или данных из памяти*) ‖ выбирать (*напр. команду или данные из памяти*)

fetching выборка (*напр. команды или данных из памяти*)

demand ~ выборка по запросу

instruction ~ вызов команды

operand ~ выборка операнда

fiber 1. (оптическое) стекловолокно **2.** световод, светопровод

glass ~ стекловолокно

graded-index glass ~ градиентное стекловолокно, стекловолокно с плавно изменяющимся коэффициентом преломления

laser ~ лазерное стекловолокно

monomode ~ одномодовое стекловолокно

multimode ~ многомодовое стекловолокно

optical ~ световод, светопровод

fibre *см.* **fiber**

fiche микрофиша

fidelity точность (*воспроизведения*); верность (*передачи информации*)

field 1. поле; пространство; область; зона **2.** поле; группа разрядов (*напр. числа*)

~ **of events** поле событий

A- ~ *см.* **alpha(nu)meric field**

address ~ поле адреса; разряды адреса

alpha(nu)meric ~ поле буквенно-цифровых данных (*ФОРТРАН*)

analog ~ аналоговая техника (*область знаний*)

argument ~ поле (адреса) аргумента; поле (адреса) операнда (*на программном бланке*)

axially symmetric magnetic ~ аксиально-симметричное магнитное поле

bias ~ поле подмагничивания

byte index ~ поле индекса байта

card ~ поле (перфо)карты; группа колонок (перфо)карты

command ~ **1.** поле кода операции (*на программном бланке*) **2.** поле команды

comments ~ поле комментариев (*на программном бланке*)

common ~ общее поле (*напр. памяти для нескольких программ*)

computer ~ вычислительная техника (*область знаний*)

control ~ **1.** контрольное поле (*перфокарты*); управляющее поле (*команды*) **2.** область управляющих устройств (*ЭВМ*); область управления

control-data ~ поле управляющих данных

count ~ поле счёта

crystal ~ поле внутри кристалла

data ~ поле данных

decrement ~ поле декремента (*часть команды*)

demagnetizing ~ размагничивающее поле

derived ~ производное поле

destination ~ поле назначения (*в заголовке сообщения*)

digital ~ цифровая техника (*область знаний*)

discrete ~ **1.** дискретные устройства **2.** цифровая техника (*область знаний*)

display ~ поле индикации

E-[exponent] ~ поле чисел с плавающей запятой (*ФОРТРАН*)

F- ~ *см.* **fixed-point field**

fill-in-the-blank ~ пустое поле (для заполнения)

finite ~ конечное поле, поле конечных размеров

fixed ~ **1.** поле фиксированных размеров; поле фиксированной длины **2.** поле в фиксированном месте (*памяти*)

fixed-length ~ поле фиксированной длины

fixed-point ~ поле чисел с фиксированной запятой (*ФОРТРАН*)

flag ~ **1.** поле признака; флаговые разряды **2.** поле метки (*на программном бланке*)

free ~ **1.** поле произвольных размеров **2.** поле в произвольном месте (*памяти*)

H-[Hollerith] ~ поле текстовых данных (*ФОРТРАН*)

I- ~ *см.* **integer field**

image ~ поле изображения

input ~ (незащищённая) область ввода (*изображений на экране графического дисплея*)

instruction ~ поле команды

integer ~ поле целых чисел (*ФОРТРАН*)

intrinsic ~ внутреннее поле

jack ~ панель коммутатора с гнёздами; наборное поле

joining ~ область действия операции соединения; поле, по которому осуществляется соединение, соединяющее поле

key ~ ключевое поле

label ~ поле метки (*на программном бланке*)

longitudinal ~ продольное поле

main control [major control] ~ старшее управляющее поле

minor control ~ младшее управляющее поле

multiply ~ регистр (для формирования) произведения (*при умножении*)

multiword ~ поле из нескольких слов

N-bit ~ N-разрядное [N-битовое] поле

near ~ поле в ближайшей зоне, ближнее поле

numeric ~ числовое поле (*на документе*)

operand ~ поле операнда

operation ~ поле кода операции; разряды кода операции

overlapping ~s перекрывающиеся поля

picture ~ поле изображения

printable ~ (рабочее) поле для печати

protected ~ защищённое поле

protect key ~ поле ключа защиты

pump(ing) ~ поле накачки

punched-card ~ **1.** поле перфокарты; группа колонок перфокарты **2.** счётно-перфорационная техника (*область знаний*)

restarting cause ~ поле причины рестарта

rights ~ поле прав доступа (*напр. к сегменту адресного пространства ЗУ*)

scalar ~ скалярное поле, поле скалярных величин

signed ~ поле чисел со знаком
sorting ~ поле сортировки
source ~ исходное поле
specialist ~ специальная область (знаний) (*отражаемая в экспертных системах*)
threshold ~ пороговое поле
track reference ~ контрольное поле дорожки
transverse ~ поперечное поле
uniform ~ однородное поле
uniform switching ~ однородное перемагничивающее поле
unprotected ~ незащищённое поле
variable(-length) ~ поле переменной длины
vector ~ векторное поле, поле векторных величин
writing ~ поле записи
X-~ поле игнорируемых данных; поле пробелов (*ФОРТРАН*)
field-programmable программируемый в условиях эксплуатации; с эксплуатационным программированием
field-replaceable допускающий замену в условиях эксплуатации
figure 1. цифра ‖ обозначать цифрами 2. число 3. фигура; рисунок; чертёж ◇ in round ~s округлённо; to ~ out вычислять; to ~ up вычислять; подсчитывать
~ of merit 1. доброкачественность, коэффициент качества 2. добротность
Lissajous ~ фигура Лиссажу
noise ~ коэффициент шума, шум-фактор
significant ~ значащая цифра
filament:
fiber-glass ~ (оптическое) стекловолокно
file 1. файл ‖ формировать [организовывать] файл; заносить в файл; хранить в файле 2. картотека; архив, комплект ‖ составлять картотеку; вести картотеку ◇ to close a ~ закрывать файл; to create a

~ создавать файл; to establish a ~ выделять файл; to open a ~ открывать файл; to reset a ~ возвращаться к началу файла; to scratch a ~ ликвидировать файл
accounting ~ учётный файл
active ~ активный файл
activity ~ файл активности (*напр. внешних устройств*)
archival quality ~ архивный файл
archived ~ архивизированный файл, файл, помещённый в архив
backup ~ дублирующий файл; резервный файл
batch transaction ~ файл с пакетом транзакций
blocked ~ сблокированный файл
block-type ~ блок-ориентированный файл (*для организации информационного обмена блоками*)
card ~ 1. файл на (перфо-)картах; карточный файл 2. картотека
cassette ~ кассетный файл
cataloged ~ каталогизированный файл
central ~ центральный файл
chained ~ цепной файл
change ~ файл изменений; файл корректуры
character-type ~ байт-ориентированный файл (*для организации обмена байтами*)
checkpoint ~ файл контрольной точки
circular ~ циркулярный файл (*с добавлением новых записей на место наиболее старых*)
combined ~ комбинированный файл
command ~ файл команд
computer ~ машинный файл
concatenation ~ файл связывающих данных, связующий файл
conceptual ~ концептуальный файл
cross-index ~ индексный файл с перекрёстными ссылками

data ~ 1. файл данных 2. картотека данных

data sensitive ~ информационно-зависимый файл

dead ~ неиспользуемый файл

design ~ проектный файл, файл проектных данных

destination ~ файл результатов

detail ~ файл оперативной информации, текущий файл

device independent ~ машинно-независимый файл (*независимый от ЗУ, в котором он хранится*)

differential ~ разностный файл, файл изменений (*для корректировки основного файла*)

direct access ~ файл прямого доступа

directory ~ справочный файл

disk ~ файл на дисках, дисковый файл

display ~ дисплейный файл (*для хранения информации, выдаваемой на экран*)

drawing ~ чертёжный файл (*для хранения информации, выдаваемой на графопостроитель*)

electronic reminder ~ электронная (справочная) картотека

flat ~ двумерный файл

follow-up ~ следящий файл (*упорядоченный по ключу, значения которого инициируют определённые события в системе*)

forms ~ 1. файл описания форм документов 2. картотека форм документов

fresh operand ~ оперативный рабочий массив операндов (*в памяти*)

hidden ~ скрытый файл (*имя которого не включается в каталог файлов*)

hierarchical ~ иерархический файл

immutable ~ постоянный файл, файл только для считывания (*информации*)

inactive ~ неактивный файл

indexed ~ индексированный файл

indexed sequential ~ индексно-последовательный файл

input ~ входной файл; файл (для) ввода

integrated data ~ единый файл данных

inverted ~ 1. инвертированный файл 2. предметный указатель

labeled ~ помеченный файл; файл с метками

link ~ файл связей; связующий файл

linked ~ связный файл

local ~ локальный файл

logical ~ логический файл (*файл в представлении программиста*)

magnetic card ~ файл на магнитных картах

magnetic disk ~ файл на магнитных дисках; дисковый файл

magnetic tape ~ файл на магнитной ленте; ленточный файл

main ~ 1. главный файл; файл нормативно-справочной информации 2. главная картотека; главный архив

manual ~ ручная картотека

many-reel ~ многоленточный файл

master (data) ~ 1. главный файл; файл нормативно-справочной информации 2. главная картотека; главный архив

master-program ~ файл с основными программами

measurement ~ статистический файл

mechanized ~ генерируемый файл

memo ~ эталонный файл (*для снятия копий*)

multiextent ~ многосекционный файл

multireel ~ многоленточный файл

multivolume ~ многотомный файл

negative ~ негативный файл

(содержащий данные, не разрешённые к обработке по каким-л. причинам), проф. чёрный список

netlist ~ файл списка соединений

nondedicated ~ файл общего назначения

object ~ выходной файл *(транслятора), проф.* объектный файл

on-line (central) ~ файл с непосредственным доступом от центрального процессора

output ~ выходной файл; файл (для) вывода

parallel search ~ файл с параллельным поиском *(информации)*

permanent data ~ файл с постоянными [редко меняющимися] данными

private ~ личный файл; частный файл

privileged ~ привилегированный файл, файл с высоким приоритетом

problem ~ файл задачи; проблемный файл

program ~ файл программ, программный файл

protected ~ защищённый файл

public ~ общедоступный файл

qualifying data ~ файл уточняющих данных

random ~ файл с произвольной организацией

random-access ~ файл с произвольной выборкой

read-only ~ постоянный файл, файл только для считывания *(информации)*

record address ~ файл адресов записей

recorder ~ регистрационный файл

register ~ регистровый файл

relational ~ реляционный файл

remote ~ дистанционный файл

scratch ~ вспомогательный файл

sequential ~ последовательный файл

shared ~ коллективный файл, файл коллективного доступа

sort ~ файл сортировки

source ~ исходный файл

standard ~ стандартный файл

structured data ~ структурированный файл данных

suspense ~ следящий файл *(упорядоченный по ключу, значения которого инициируют определённые события в системе)*

swapping ~ свопинговый файл

system recorder ~ системный регистрационный файл

tape ~ файл на ленте, ленточный файл

temporary ~ временный файл

test-vector ~ файл тестовых векторов

text ~ текстовой файл *(1. файл текстовой информации 2. файл программ для подготовки текстов)*

threaded ~ цепной файл

trace ~ файл трассировки, трассировочный файл

transaction ~ 1. файл транзакций 2. файл (деловых) сообщений

unireel ~ одноленточный файл

unlabeled ~ непомеченный файл; файл без меток

unlinked ~ несвязный файл

unnamed ~ файл без имени, безымянный файл

unstructured data ~ 1. неструктурированный файл данных 2. файл неструктурированных данных

update ~ обновляемый [дополняемый] файл

visible ~ 1. картотека с визуальными метками 2. визуализуемый файл

volatile ~ изменяемый [часто меняющийся] файл

wallpaper ~ *sl* регистрационный файл

work ~ рабочий файл

fileid идентификатор файла
filemark концевой маркер файла
file-oriented файловый; ориентированный на работу с файлами
filestore файловое запоминающее устройство
file-structured с файловой организацией
filetype идентификатор типа файла
filing 1. формирование [организация] файла; занесение в файл **2.** хранение в виде файла **3.** составление картотеки; ведение картотеки
fill заполнение ‖ заполнять ◇ **to ~ the buffer** заполнять буфер (*вводить данные в буфер извне*); **to ~ with zeros** заполнять нулями
area ~ закрашивание [заполнение] (отдельных) областей (*на экране дисплея*)
blank ~ заполнение бланка (*документа*)
character ~ занесение (*в ячейки памяти или ЗУ*) специального знака *или* символа
pattern ~ заполнение трафарета (*на экране дисплея*)
storage ~ 1. заполнение запоминающего устройства **2.** занесение в ячейки запоминающего устройства специального признака (*напр. для защиты памяти*)
zero ~ заполнение нулями
filler заполнитель (*КОБОЛ*)
film 1. плёнка; тонкий слой **2.** фотоплёнка **3.** микрофильм
conducting [conductive] ~ проводящая плёнка
dielectric ~ диэлектрическая плёнка
evaporated ~ напылённая плёнка
ferrite ~ ферритовая плёнка
ferroelectric ~ сегнетоэлектрическая плёнка
ferromagnetic ~ ферромагнитная плёнка
holographic ~ плёнка с голограммами

magnetic ~ магнитная плёнка
magnetic garnet ~ плёнка магнитного граната
magneto-optical ~ магнитооптическая плёнка, плёнка для магнитооптического запоминающего устройства
passivating ~ пассивирующая плёнка (*защищающая ИС от повреждений*)
planar magnetic (thin) ~ плоская магнитная (тонкая) плёнка
resistive ~ резистивная плёнка
semiconductor ~ полупроводниковая плёнка
sensitive ~ (свето)чувствительная плёнка
superconducting ~ сверхпроводящая плёнка
trimmed ~ плёнка с подрезанными краями
uniaxial ~ одноосная плёнка, плёнка с одноосной анизотропией
zero magnetostrictive ~ плёнка с нулевой магнитострикцией
filter 1. фильтр ‖ фильтровать **2.** программа фильтрации
Bessel ~ фильтр Бесселя
Butterworth ~ фильтр Баттеруорта
coding ~ кодирующий фильтр
compensating ~ выравнивающий фильтр; корректирующий фильтр
continuous ~ аналоговый фильтр
data ~ информационный фильтр (*программа текущего контроля за поведением наиболее важных данных*)
decimation ~ фильтр (для) децимации
digital ~ цифровой фильтр
direct form ~ прямая реализация фильтра
discontinuous ~ импульсный фильтр
feedback ~ фильтр (в цепи обратной связи)

finite impulse response [FIR] ~ фильтр с конечной импульсной характеристикой, КИХ-фильтр

IIR [infinite impulse response] ~ фильтр с бесконечной импульсной характеристикой, БИХ-фильтр

infinite memory ~ фильтр с бесконечной памятью

Kalman ~ фильтр Калмана

ladder-type ~ многозвенный фильтр

median ~ медианный фильтр

optimum detecting ~ оптимальный фильтр

pattern-matching ~ программа фильтрации с проверкой совпадения кодов

ripple ~ сглаживающий фильтр

security ~ фильтр защиты (*напр. данных*)

shaping ~ формирующий фильтр

smoothing ~ сглаживающий фильтр

suppression ~ заграждающий [режекторный] фильтр

filtering фильтрация

block-recursive ~ блочно-рекурсивная фильтрация

common-mode ~ фильтрация синфазных помех

digital ~ цифровая фильтрация

Kalman ~ калмановская фильтрация

spatial ~ пространственная фильтрация (*при обработке изображений*)

finder 1. искатель 2. определитель

line ~ искатель строки

finding 1. отыскание; обнаружение 2. *pl* полученные данные, сведения

fault ~ отыскание неисправностей

fine-grain мелкого уровня (разбиения), на уровне мелких структурных единиц

finish срок окончания работы (*в сетевом планировании*)

early ~ ранний срок окончания работы

late ~ поздний срок окончания работы

firing запуск (*схемы или триггера*); зажигание (*тиратрона*); активизация (*узла сети*)

false ~ ложный запуск

firm:

computer ~ фирма по разработке и производству вычислительных машин

software ~ фирма по разработке и продаже программного обеспечения

firmware программно-аппаратные средства; программы ПЗУ; встроенные программы

debugger ~ программно-аппаратные средства отладки

on-board ~ встроенные программы на одной плате с логическими схемами

first-come, first-served *ТМО* первым пришёл — первым обслужен

first-come, last-served *ТМО* первым пришёл — последним обслужен

first-in, first-out 1. обратного магазинного типа (*о стеке, в котором первым считывается первое записанное слово*) 2. *ТМО* первым пришёл — первым обслужен

first-in, last-out 1. магазинного типа (*о стеке, в котором первым считывается последнее записанное слово*) 2. *ТМО* первым пришёл — последним обслужен

fitting 1. сборка, монтаж; подгонка 2. сглаживание; подбор (кривой) по точкам

best ~ оптимальная подгонка (*метод выделения сегментированной памяти по запросу*)

least squares ~ подбор (кривой) методом наименьших квадратов

fix 1. фиксировать; закреплять 2. настраивать, налаживать 3. местоположение code ~es координаты местоположения (*напр. ошибки*) в программе

field ~es выявление и устранение ошибок в процессе эксплуатации

fixed-length фиксированной длины (*напр. о блоке данных*)

fixed-point с фиксированной запятой

fixing 1. фиксирование **2.** закрепление, фиксация

long-term ~ долгосрочное закрепление

page ~ фиксация страницы

thermal ~ термическое фиксирование (*изображения*)

flag 1. флаг, флажок; признак **2.** помечать

busy ~ флаг [флажок] занятости; признак занятости

carry ~ признак переполнения

complete ~ признак завершения

control ~ управляющий флаг, управляющий флажок

done ~ флаг [флажок] готовности

error ~ признак ошибки

error status ~ флаг [флажок] состояния ошибки

indirection ~ флаг [флажок] признака косвенности (*напр. адресации*)

opening ~ открывающий флаг, открывающий флажок

parity ~ признак чётности

ready ~ флаг [флажок] готовности

security ~ защитный флаг, защитный флажок

single-bit ~ одноразрядный флаг, одноразрядный флажок

skip ~ признак пропуска

status ~ флаг [флажок] состояния

update-in-progress ~ признак незавершённого обновления

zero ~ признак нулей (*напр. во всех разрядах регистра*)

flak(e)y *sl* часто отказывающий

flap *sl* сматывать ленту (*для*

освобождения магнитофона другому пользователю*), освобождать машину

flash:

form ~ накладывание [проецирование] бланка (*напр. на экран дисплея*)

flatpack плоский корпус (*ИС*)

N-lead ~ плоский корпус с N выводами

quad ~ плоский корпус, имеющий выводы с четырёх сторон

flattening:

query ~ выравнивание запросов (*путём упрощения структуры разбиением на подзапросы*)

flatworm *sl* подчёркивающая черта, подчёркивание (*название символа*)

flavor *sl* **1.** разновидность (*напр. типов команд*) **2.** красота (*как свойство системы или программы*), проф. «изюминка» ◇ to yield a ~ придавать красоту (*системе или программе*)

flavorful *sl* аккуратный, красивый, *проф.* с «изюминкой» (*о системе или программе*)

flexibility:

computing ~ гибкость вычислений

software ~ гибкость программного обеспечения

flexing зондирование (*пробными сигналами при поиске неисправных компонентов в отказоустойчивой системе*)

flexowriter флексорайтер (*тип печатающего устройства*)

flicker мерцание изображения

flicker-free немерцающий

flimsy разделительная [прокладочная] (перфо)карта

flip перебрасывать(ся) (*из одного состояния в другое*)

flip-flop 1. триггер, триггерная схема **2.** мультивибратор ◇ ~ changing back and forth between 1 and 0 переход триггера из (состояния) «1» в (состояние) «0» и обратно; ~ changing from 1 to 0 переход триггера из (состояния) «1» в (состояние) «0»

a-c coupled ~ импульсно-управляемый триггер

biased ~ 1. триггер со смещением 2. ждущий мультивибратор

binary ~ триггер счётного типа, Т-триггер, триггер Т-типа

carry ~ триггер переноса

clocked ~ тактируемый триггер, триггер с синхронизирующим входом; синхронный триггер

complementing ~ триггер со счётным входом

cross-coupled ~ триггер с перекрёстными обратными связями

D-~ D-триггер

d-c coupled ~ *см.* direct-current operated flip-flop

debounce ~ противодребезговый триггер

delay ~ 1. триггер с задержкой 2. ждущий мультивибратор

direct-coupled ~ триггер с непосредственными связями

direct-current operated ~ потенциально управляемый триггер, триггер, управляемый потенциалом

D-type ~ *см.* D-flip-flop

dynamic ~ динамический триггер

Eccles-Jordan ~ триггер Иклз — Джордана

fixed-bias ~ триггер с фиксированным смещением

gas-operated ~ пневматический триггер

hung ~ *проф.* «зависший» триггер (*при сбое синхронизации*)

inhibit ~ триггер запрета

intercommunication ~ триггер внутренней связи

interrupt ~ триггер прерывания

J-K ~ JK-триггер

microwave ~ СВЧ-триггер

monostable ~ одноходовой мультивибратор

MOS ~ триггер на МОП-структурах

M-S ~ MS-триггер

multiplexed data ~ триггер с мультиплексированием данных (*на D-входе*)

nonsaturating ~ ненасыщенный триггер

optical ~ оптический триггер

R-S ~ триггер с раздельными входами, RS-триггер

R-S-T ~ RST-триггер

saturating ~ насыщенный триггер

set-reset ~ RS-триггер

sign (control) ~ триггер знака

single-input ~ триггер со счётным входом

static ~ статический триггер

transistor ~ триггер на транзисторах

trigger ~ триггер счётного типа, Т-триггер, триггер Т-типа

two-port ~ двухпортовый триггер

flippy двусторонний гибкий диск

float 1. запас времени (*в сетевом планировании*) 2. плавать, свободно перемещаться 3. переводить выходы (*напр. шины*) в третье состояние (*с высоким импедансом*)

free ~ свободный запас времени

independence ~ независимый запас времени

total ~ общий запас времени

floating 1. плавающий 2. отключённый 3. *киберн.* астатический

floating-point с плавающей запятой, с плавающей точкой

flooding лавинная адресация (*сообщений в сети*)

floor ◇ ~ N наибольшее целое число, не превосходящее (число) N

floating ~ съёмный пол (*для обеспечения доступа к кабельной разводке в машинном зале*)

free access-type ~ полностью съёмный пол

raceway-type ~ частично съёмный пол

raised ~ фальшпол

flop 1. триггер, триггерная схема **2.** мультивибратор (*см. тж* flip-flop)

floppy 1. гибкий диск **2.** накопитель на гибких дисках

plastic-encased ~ гибкий диск в пластмассовом конверте

floppy-based с накопителем на гибких дисках

flow поток ◇ ~ **with limited aftereffect** *ТМО* поток с ограниченным последействием

bidirectional ~ двунаправленный поток (*данных*)

control ~ управляющая логика (*программы*)

convoluted control ~ запутанная управляющая логика

data ~ поток данных; информационный поток

expedited ~ (высоко)приоритетный поток

failure ~ поток отказов

incoming ~ *ТМО* входящий поток

information ~ поток информации, информационный поток

naturally structured control ~ естественно структурированная управляющая логика (*программы*)

normal-direction ~ поток в прямом направлении

outgoing ~ *ТМО* выходящий поток, поток обслуженных требований

program ~ **1.** ход [процесс выполнения] программы **2.** блок-схема программы, графическая схема программы

reverse-direction ~ поток в обратном направлении

strictly structured control ~ жёстко структурированная управляющая логика (*программы*)

transborder data ~ поток

данных через границу государства (*в международных сетях передачи данных*)

unidirectional ~ однонаправленный поток (*данных*)

flowchart блок-схема

data ~ блок-схема обработки данных

detail ~ детальная [подробная] блок-схема

instruction ~ блок-схема выполнения команды

logic(al) ~ логическая блок-схема

macro ~ макроблок-схема (*программы*)

operations ~ блок-схема; детальная [подробная] блок-схема

outline ~ укрупнённая блок-схема

program(ming) ~ блок-схема программы, графическая схема программы

structure ~ структурная схема; укрупнённая блок-схема

system ~ блок-схема (работы) системы

flowcharter программа составления блок-схем

flowcharting составление блок-схем

flowgraph блок-схема (*программы*); граф-схема (*алгоритма*)

flowline линия связи (*на блок-схеме*)

fluff:

card ~ бахрома в отверстиях (перфо)карты

fluid-format с гибким [настраиваемым] форматом

flush *sl* **1.** подавлять (*ненужную информацию в памяти*) **2.** выключать(ся) из работы

flutter дрожание изображения (*на экране дисплея*)

flux:

flyback ~ разность максимального и остаточного (магнитных) потоков

inhibited ~ запрещённый (магнитный) поток

linkage ~ связывающий (магнитный) поток

major switching ~ разность (магнитных) потоков при перемагничивании по предельной петле гистерезиса

switching ~ поток переключения; разность (магнитных) потоков при перемагничивании

trapped ~ *свпр* захваченный [замороженный] поток

fluxor флюксор

coincidence ~ флюксор с совпадением

inhibited ~ флюксор с запретом

flyback обратный ход (*луча*)

focusing фокусировка [сосредоточение] внимания

foil 1. фольга 2. *проф.* печать, межсоединения, связи (*на печатной плате*)

routed ~ оттрассированные соединения, оттрассированные связи

fold свёртывать (*напр. данные для компактного представления*)

folding 1. свёртка, свёртывание (*напр. данных для компактного представления*) 2. фальцевание, складывание 3. накрытие (*конъюнктивных запросов в базах данных*)

accordion ~ фальцевание [складывание] (*бумаги*) гармошкой

column ~ свёртывание вертикальных шин (*ПЛМ*)

concertino ~ фальцевание [складывание] (*бумаги*) гармошкой

fault ~ сокращение списка неисправностей (*при разработке тестов*)

line ~ свёртывание строк (текста) (*при выходе строки за границы формата вывода*)

row ~ свёртывание горизонтальных шин (*ПЛМ*)

zig-zag ~ фальцевание [складывание] (*бумаги*) гармошкой

follower 1. повторитель 2. следящее звено; следящий элемент

curve ~ повторитель кривых, графоповторитель

emitter ~ эмиттерный повторитель

graph ~ повторитель кривых, графоповторитель

follow-on последующая модель; модификация

font комплект шрифта; шрифт

magnetic ink ~ шрифт для магнитных чернил; магнитный шрифт

matrix ~ матричный шрифт

OCR-A ~ стандартный шрифт для оптического считывания, шрифт OCR-A

optical-type ~ специальный шрифт для (устройств) оптического распознавания знаков

resident ~ резидентный шрифтовой комплект (*в дисплеях*)

type ~ печатный шрифт

foolproof защищённый от неумелого обращения, *проф.* защищённый от дурака

fool-tolerance устойчивость к неумелому обращению, *проф.* защита от дурака

footing служебная постинформация (*напр. в конце массива данных или программы*)

control ~ служебная управляющая постинформация

page ~ служебная информация в конце страницы

report ~ суммарные данные в конце отчёта

footprint опорная поверхность; площадь основания (*устройства*)

error ~ след [симптом] ошибки (*в программе*)

force 1. сила; усилие 2. вмешиваться (*в работу машины*)

coercive ~ коэрцитивная сила

magnetizing ~ напряжённость магнитного поля

forcing:

node ~ принудительная установка уровня сигнала в узле (*тестируемой схемы*)

forecasting прогнозирование

exponentially smoothed ~ прогнозирование с использованием метода экспоненциального сглаживания

moving-average ~ прогнозирование с использованием скользящего среднего

foreground (высоко)приоритетный

foreground/background с приоритетной и фоновой обработкой

foregrounding 1. решение задач с высоким приоритетом (*при наличии низкоприоритетных задач*) **2.** приоритетное обслуживание

foreman диспетчер, организующая программа

forest *т. граф.* лес

forgetfullness *ТМО* отсутствие последействия

fork разветвление; ветвление (*напр. алгоритма*), *проф.* вилка

form 1. форма ‖ формировать, образовывать **2.** бланк, формуляр **3.** представление (*информации в памяти машины*) **4.** *матем.* выражение ◊ **to ~ the instruction** формировать команду

accounting ~ расчётная карточка; счёт

analog ~ аналоговая форма

analytic ~ **1.** аналитическая форма **2.** аналитическое выражение

Backus-Naur [Backus normal] ~ форма [запись] Бэкуса — Наура, БНФ

binary quadratic ~ бинарная квадратичная форма

canonical ~ каноническая форма

coding ~ бланк для кодирования

common machine-readable ~ стандартная машиночитаемая форма (*представления данных*)

conjunctive normal ~ *лог.* конъюнктивная нормальная форма, КНФ

data collection ~ форма (*документа*) для сбора данных

description ~ описательная форма

digital ~ цифровая форма, дискретная форма

disjunctive normal ~ *лог.* дизъюнктивная нормальная форма, ДНФ

E ~ *см.* **exponent form**

elemental ~ *лог.* элементная форма

entry ~ (стандартный) бланк ввода информации

excess ~ форма представления (числа) с избытком

exponent ~ форма представления (числа) с плавающей запятой

exponent-plus N ~ форма представления (числа) с увеличением порядка на (число) N

full conjunctive normal ~ *лог.* совершенная конъюнктивная нормальная форма

full disjunctive normal ~ *лог.* совершенная дизъюнктивная нормальная форма

graphic(al) ~ графическая форма (*представления данных*)

implicative normal ~ *лог.* импликативная нормальная форма

internal ~ внутреннее представление

irredundant ~ тупиковая форма

linear ~ *опт. упр.* линейная форма; линейная целевая функция

machine-processible ~ форма (*представления данных*), удобная для обработки на вычислительной машине

minterm ~ *лог.* дизъюнктивная нормальная форма, ДНФ

name ~ называющая форма

nested ~ вложенная форма

normal ~ нормальная форма

normalized ~ нормализованная форма, нормализованный вид (*числа*)

polyadic ~ полиадическая форма (*записи чисел*)

prenex ~ *лог.* предварённая форма

quadratic ~ квадратичная форма

sentencial ~ сентенциальная форма

standard ~ **1.** стандартная форма (*представления данных*) **2.** стандартный бланк (*документа*)

true ~ **1.** естественная форма **2.** прямой код (*числа*)

two-level ~ двухступенчатая форма

formalism формальная система, формализм

formalization формализация

AI ~ формализация в терминах искусственного интеллекта

formalize формализовать

formant форманта (*в распознавании речи*)

format **1.** формат ‖ задавать формат **2.** структура разрядной сетки **3.** форма

address ~ формат адреса

addressing ~ формат адресации

addressless instruction ~ безадресный формат команды

alphamosaic ~ алфавитно-мозаичный формат

binary ~ двоичный формат

compression ~ формат сжатия

data ~ формат данных

file ~ формат файла

fixed ~ **1.** фиксированный [жёсткий] формат **2.** формат фиксированной длины

fixed length ~ формат фиксированной длины

free ~ свободный [произвольный] формат

horizontal ~ формат (*документа*) по горизонтали

input ~ формат ввода, входной формат

instruction ~ формат команды; структура команды

loadable ~ загрузочный формат

matrix ~ табличная форма (*представления*)

menu ~ форма (*диалога*) типа выбора меню

nonpacked ~ неупакованный формат

one-over-one [**one-plus-one**] **address** ~ двухадресный формат (*команд*) типа «один плюс один»

output ~ формат вывода, выходной формат

packed ~ упакованный формат

packed decimal ~ упакованный десятичный формат

print(ing) ~ формат (*данных*) для печати

record ~ формат записи

reference ~ эталонный формат

report ~ формат печати результатов; формат отчёта

scatter ~ рассыпной формат (*загрузочного модуля*)

split-screen ~ **1.** полиэкранный формат изображения (*на экране дисплея*) **2.** полиэкранная структура изображения (*на экране дисплея*)

symbolic-coding ~ формат символьных данных; формат слов при символическом кодировании

tag ~ формат тега

track ~ формат дорожки (*магнитного диска*)

unpacked ~ распакованный формат

unsigned-integer ~ формат целых чисел без знака

variable ~ **1.** переменный формат **2.** формат переменной длины

variable length ~ формат переменной длины

vertical ~ формат (*документа*) по вертикали

word ~ формат слова

zero address instruction ~ безадресный формат команды

zoned ~ **1.** распакованный формат **2.** зонный формат

formation формирование, составление

word ~ словообразование

formatless бесформатный, неформатированный

formatted форматированный

formatter средства задания формата, средства форматирования, форматтер

text ~ программа форматирования текстов, форматтер текстов

formatting форматирование, задание формата

character ~ форматирование [задание формата] символов

data ~ форматирование данных

message ~ форматирование [задание формата] сообщения

off-screen ~ внеэкранное форматирование (*без выдачи формы документа на экран*)

on-screen ~ экранное форматирование (*с выдачей формы документа на экран*)

response ~ форматирование ответа (*в системе реального времени*)

screen ~ форматирование изображения на экране

wave ~ задание формы импульсных сигналов

former формирователь

pulse ~ формирователь импульсов

formula формула; аналитическое выражение

accessing ~ формула доступа

assumption ~ исходная формула

Bayes' ~ формула Бейеса

compound interest ~ формула сложных процентов

congruous ~s конгруэнтные формулы

design ~ расчётная формула

duplication ~ формула удвоения

end ~ конечная формула

forward interpolation ~ формула для интерполирования вперёд

fundamental ~ основная формула

interdeducible ~s дедуктивно равные формулы

interpolation ~ интерполяционная формула

inversion ~ формула обратного преобразования

irrefutable ~ неопровержимая (логическая) формула

matrix ~ формула матричного преобразования

null ~ пустая формула

prime ~ элементарная формула

recurrence ~ рекуррентная формула

refutable ~ опровержимая (логическая) формула

simple interest ~ формула простых процентов

starter ~ начальная формула (*при численном интегрировании*)

summation ~ формула суммирования

well-formed ~ правильно построенная формула

FORTRAN ФОРТРАН (*алгоритмический язык*)

basic ~ базовый ФОРТРАН

interactive ~ диалоговый ФОРТРАН

forward-compatible совместимый вперёд (*не исключающий использования новых версий или модификаций при сохранении старых*)

forwarder механизм продвижения данных (*к месту использования*)

forwarding продвижение данных (*к месту использования*)

hardware ~ аппаратные средства продвижения данных

voice ~ пересылка речевых сообщений

foundry *проф.* кремниевая «мастерская» (*технологический участок изготовления ИС*)

silicon ~ *проф.* 1. кремниевое литьё (*технология массового изготовления программируемых кристаллов сложных СБИС-устройств*) 2. кремниевая «мастерская»

foundry-originated изготовленный в кремниевой «мастерской»

fount *см.* font

four-address четырёхадресный

four-digit четырёхразрядный; четырёхзначный

fractile *стат.* квантиль

fraction 1. дробь **2.** дробная часть (*числа*) **3.** мантисса **4.** доля

binary ~ двоичная дробь

decimal ~ десятичная дробь

improper ~ неправильная дробь

periodical ~ периодическая дробь

sampling ~ *стат.* выборочная доля

vulgar ~ простая дробь

fractional дробный

fragment фрагмент (*напр. текста или программы*) ‖ фрагментировать

fragmentation фрагментация

storage ~ фрагментация памяти

frame 1. группа [блок] данных **2.** кадр на ленте, битовая строка поперёк ленты **3.** фрейм (*в искусственном интеллекте*) **4.** система отсчёта, система координат **5.** кадр **6.** стойка, каркас, корпус; рамка

case ~ *лингв.* падежная рамка, падежный фрейм (*комбинация падежей, допустимая при данном предикате*)

character ~ рамка знака *или* символа

digit ~ рамка цифры (*АЛГОЛ 68*)

distributed ~ кросс

exponent ~ рамка порядка (*АЛГОЛ 68*)

film ~ кадр на (фото)плёнке *или* микрофише

generic ~ родовой фрейм, фрейм-прототип

hierarchical ~s иерархическая система фреймов

knowledge ~ фрейм знаний

lead ~ рамка с внешними выводами

main ~ **1.** центральный блок

(*обработки данных*) **2.** основная стойка (*ЭВМ*) **3.** основной комплект (*ЭВМ, включающий оперативную память, центральный процессор и каналы ввода-вывода*)

page ~ страничный блок

plane ~ рамка (ферритовой) матрицы

power ~ стойка питания

problem ~ фреймовое представление задачи; фрейм задачи

protection ~ средство защиты (*в проектировании БИС*)

response ~ активный кадр (*требующий ответного действия пользователя*)

role ~ ролевой фрейм

sequenced ~s последовательные кадры (*информации*)

solution ~ фреймовое представление решения; фрейм решения

speaker's reference ~ контрольный фрагмент речи говорящего

stack ~ кадр стека

time ~ выделенный интервал [квант] времени

frame-based основанный на фреймовом представлении, фреймовый

framework:

conceptual ~ концептуальная [понятийная] структура; система понятий (*в базах знаний*)

logical ~ логическая основа

framing 1. формирование кадра; кадровая синхронизация **2.** кадрирование

fraud:

computer ~ злоумышленное использование вычислительной машины, мошенничество с применением вычислительной машины, компьютерное мошенничество

freelist список свободной памяти

free-running автономный; автономно работающий; несинхронизированный

free-standing автономный

freeze фиксировать, *проф.* замораживать (*состояние системы*)

freeze-frame стоп-кадр (*в СТЗ*)

frequency частота

    alpha-cutoff ~ граничная [предельная] частота усиления (*транзистора*) по току в схеме с общей базой

    bit ~ частота (передачи) бит

    clock ~ тактовая частота, частота тактирования; синхронизирующая частота, частота синхронизации

    conversion ~ частота преобразования

    current-amplification cutoff ~ граничная [предельная] частота усиления (*транзистора*) по току

    cutoff ~ частота отсечки; граничная [предельная] частота; частота среза

    formant ~ формантная частота, частота форманты (*при обработке речевых сигналов*)

    instruction ~ частота (следования) команд

    master ~ главная частота; задающая частота

    master clock ~ частота главных тактовых *или* синхронизирующих импульсов; частота задающего генератора

    N-gram ~ частота N-грамм (*последовательного появления N символов*)

    pulse (recurrence) [pulse repetition] ~ частота повторения [следования] импульсов

    reference ~ 1. частота обращений 2. основная частота, опорная частота, эталонная частота

    relative ~ 1. относительная частота 2. *стат.* частость (события)

    sampling ~ частота стробирования; частота замеров

    signal ~ частота сигнала

    sum ~ суммарная частота

    switching ~ частота переключения

    test ~ тестовая частота (*в технической диагностике аналоговых схем*)

    theoretical ~ *стат.* теоретическая частота, вероятность

    threshold ~ граничная [предельная] частота; пороговая частота

    voice ~ частота речевого диапазона

    voice pitch ~ частота основного тона голоса

    zero ~ нулевая частота

friendliness удобство обращения (*с системой*); *проф.* дружелюбие, дружественность (*системы по отношению к пользователю*)

    user ~ удобство для пользователя; дружественность по отношению к пользователю

friendly:

    user ~ удобный для пользователя (*о системе*); *проф.* дружелюбный к пользователю, дружественный (*о системе с удобными средствами общения с неподготовленным пользователем*)

frob 1. *sl проф.* программка **2.** *см.* **frobnicate**

frobnicate *sl* бесцельно манипулировать (*напр. клавишами на пульте*)

front-end 1. фронтальная вычислительная машина, вычислительная машина (для) предварительной обработки данных; связная вычислительная машина **2.** работать с использованием связной вычислительной машины **3.** адаптер сбора данных **4.** устройство *или* средства (для) предварительной обработки данных **5.** фронтальный, для предварительной обработки данных

front of processors фронт процессорных элементов (*в волновом процессоре*)

frontier:

    D-~ граница D-продвижения (*при разработке тестов*)

front-loading загружаемый с лицевой стороны (*напр. с клавиатуры*)

front-relampable с заменой (индикаторных) ламп с лицевой стороны

fry *sl* выйти из строя, *проф.* сгореть

fudge *sl* 1. *проф.* «состряпанная» (наспех) программа ‖ «состряпать» (наспех) программу 2. подогнать под ответ

fulcrum *лингв.* фулкрум, ядро

full-duplex дуплексный

full-function с полным набором функциональных возможностей, функционально полный

full-range полнофункциональный, с полным набором функций

full-scale полномасштабный; полнофункциональный

full-screen полноэкранный

full-size 1. полноразмерный 2. полноразрядный

fullword полное [целое] слово

function 1. функция, назначение ‖ функционировать, действовать 2. *матем.* функция

  abnormal ~ особая функция (*ФОРТРАН*)

  access ~ функция доступа (*формальная характеристика поведения программного модуля*)

  additive ~ аддитивная функция

  address ~ адресная функция

  adherence ~ функция соответствия (*формальная характеристика степени соответствия модуля его спецификации*)

  analog ~ непрерывная функция

  AND ~ функция И, конъюнкция

  AND-to-OR ~ функция И — ИЛИ

  antihyperbolic ~ обратная гиперболическая функция

  antitrigonometric ~ обратная тригонометрическая функция

  a posteriori density ~ апостериорная плотность распределения

  arbitrary Boolean ~ произвольная булева функция

  arc hyperbolic ~ обратная гиперболическая функция

  arc trigonometric ~ обратная тригонометрическая функция

  array element successor ~ функция следования элементов массива, функция порядка элементов в массиве

  assumed ~ исходная функция

  autocorrelation ~ автокорреляционная функция

  Boolean ~ булева функция

  buffer ~ согласующая функция

  built-in ~ встроенная функция; стандартная функция (*реализуемая стандартной библиотечной программой*)

  characteristic ~ характеристическая функция

  circuit ~ 1. схемная функция 2. функциональное назначение схемы

  closed ~ функция, вычисляемая по закрытой [замкнутой] (под)программе

  collate ~ функция логического умножения, функция выделения

  completely defined ~ полностью определённая функция

  composite ~ сложная функция

  computable ~ вычислимая функция

  computer ~ функция вычислительной машины

  concave ~ вогнутая функция

  continuous ~ непрерывная функция

  control ~ функция управления

  convex ~ выпуклая функция

  correlation ~ корреляционная функция

course-of-value ~ производящая функция

cross-correlation ~ взаимно-корреляционная функция

dagger ~ штрих [функция] Шеффера, функция НЕ — И, функция отрицания конъюнкции

damped ~ затухающая функция

decision ~ решающая функция, функция выбора решения

decreasing ~ убывающая функция

degate ~ блокирующая функция

delta ~ дельта-функция

demand ~ функция спроса (*в автоматизированной системе управления запасами*)

describing ~ характеристическая функция

distribution ~ (интегральная) функция распределения

driving ~ задающая функция

EITHER-OR ~ функция исключающее ИЛИ, функция строгой дизъюнкции

elliptic ~ эллиптическая функция

entire rational ~ целая рациональная функция

entity-to-entity ~ функция, задающая связи между объектами (*в реляционных базах данных*)

enumerative ~ перечисляющая функция

error ~ функция ошибок; интеграл (вероятности) ошибок

essential ~s жизненно важные функции (*напр. программного обеспечения*)

even ~ чётная функция

except ~ функция запрета по некоторым переменным

exclusive OR ~ функция исключающее ИЛИ, функция строгой дизъюнкции

executive ~ функция организации (*напр. вычисле-*

ний); организующая функция (*напр. супервизора*)

explicit ~ явная функция

exponent(ial) ~ показательная функция; экспоненциальная функция, экспоненциал

external ~ внешняя функция (*определённая и оформленная вне тела программы*)

failure density ~ функция плотности отказов; плотность распределения отказов

failure rate ~ функция интенсивности отказов

feedback ~ функция, реализуемая схемой обратной связи

fitted ~ эмпирическая функция; подобранная функция

frequency ~ плотность вероятности

hash(ing) ~ хэш-функция

ill-behaved ~ нерегулярная функция, *проф.* функция с плохим поведением

ill-defined ~ некорректно заданная функция

illegal ~ запрещённая функция

implicit ~ неявная функция

inclusive OR ~ функция включающее ИЛИ

inhibit ~ функция запрета

internal ~ внутренняя функция (*определённая и оформленная в теле программы*)

intrinsic ~ встроенная функция

inverse ~ обратная функция

joint distribution ~ совместная функция распределения; интегральная функция композиции распределений

jump ~ скачкообразная функция

key ~ ключевая функция

K-out-of-N ~ функция «k» из «n»

library ~ библиотечная функция (*реализуемая стандартной программой*)

list ~ функция формирования списков (*ЛИСП*)

logic(al) ~ логическая функция

logical addition ~ функция логического сложения

logical multiplication ~ функция логического умножения

majority ~ мажоритарная функция, функция большинства

membership ~ функция принадлежности (*в нечётких множествах*)

morphic (Boolean) ~ морфическая (булева) функция

noncomputable ~ невычислимая функция

NOT ~ функция НЕ

objective ~ целевая функция

odd ~ нечётная функция

open ~ функция, вычисляемая по открытой (под)программе

OR ~ функция ИЛИ, дизъюнкция

OR-ELSE ~ функция исключающее ИЛИ, функция строгой дизъюнкции

output ~ выходная логическая функция (*фактически реализуемая логической схемой, напр. под воздействием неисправностей*)

payoff ~ *т. игр* платёжная функция (*математическое ожидание выигрыша*)

Peirce ~ стрелка [функция] Пирса, функция НЕ — ИЛИ, функция отрицания дизъюнкции

piece linear ~ кусочно-линейная функция

piece regular ~ кусочно-регулярная функция

piecewise continuous ~ кусочно-непрерывная функция

power ~ степенная функция

predefined ~ стандартная функция (*ФОРТРАН*)

processing ~ вычислительная функция, функция обработки (*данных*)

propositional ~ *лог.* пропозициональная функция

ramp ~ линейно нарастающая функция; пилообразная функция

random ~ случайная функция

ranking ~ функция ранжирования

reckonable ~ *лог.* изобразимая функция

recursive ~ рекурсивная функция

remainder ~ функция остатков

response ~ 1. частотная характеристика 2. функция отклика

risk ~ *стат.* функция риска

scalar ~ скалярная функция

service ~ функция обслуживания; служебная функция

Sheffer (stroke) ~ штрих [функция] Шеффера, функция НЕ — И, функция отрицания конъюнкции

shifting ~ функция сдвига

shuffle ~ функция переключения (*напр. машин в сети*)

signal ~ сигнальная функция

signum ~ знаковая функция

single-valued ~ однозначная функция

smoothed ~ сглаженная функция

spectral ~ спектральная функция

staircase ~ ступенчатая функция

standard ~ стандартная функция

statement ~ операторная функция (*ФОРТРАН*)

step ~ ступенчатая функция

storage ~ функция запоминания, функция хранения

successor ~ функция упорядочения (*ФОРТРАН*)

support ~ функция поддержки (*в базах данных*)

switching ~ переключательная функция

syntactic ~ синтаксическая функция

table ~ табличная функция

testing ~ проверочная функция (*для построения тестов в технической диагностике*)

threshold ~ пороговая функция

transfer ~ **1.** передаточная функция **2.** функция преобразования

transition ~ переходная функция

unate ~ однородная [унатная] функция (*в которую каждый символ булевой логики входит либо только с отрицанием, либо только без отрицания*)

unit-impulse ~ дельта-функция

universal ~ универсальная функция

utility ~ **1.** служебная операция (*напр. поиск зоны на ленте*) **2.** функция полезности

vector ~ векторная функция

weight ~ весовая функция

weighted sum objective ~ целевая функция в виде взвешенной суммы

weighting ~ весовая функция

functionality функциональные возможности; функциональное назначение, выполняемые функции

high ~ широкие функциональные возможности

operational ~ эксплуатационные возможности

function-compatible функционально-совместимый, совместимый по функциям

function-oriented функционально-ориентированный

functor 1. функциональный (логический) элемент (*выполняющий определённую функцию*) **2.** *матем.* функтор

fuse 1. плавкая перемычка; плавкий предохранитель **2.** пережигать перемычку

alarm ~ плавкий предохранитель с сигнальным приспособлением

fuse-programmable программируемый пережиганием плавких перемычек

fusion:

loop ~ слияние циклов

fuzzy размытый, нечёткий

G

gain 1. усиление; коэффициент усиления **2.** прирост, увеличение **3.** *т. игр* выигрыш **4.** получать ◊ **to ~ an access** получать доступ; **to ~ a programming experience** приобретать опыт программирования

bit ~ включение (дополнительного) двоичного разряда

closed-loop ~ коэффициент усиления замкнутой цепи (*регулирования*)

current ~ усиление по току; коэффициент усиления по току

information ~ прирост информации

insertion ~ вносимое усиление

logic(al) ~ нагрузочная способность (*измеряемая числом схем, на которые может быть одновременно нагружена данная схема*)

loop ~ коэффициент усиления замкнутой цепи (*регулирования*)

net ~ чистый выигрыш

open-loop ~ коэффициент усиления разомкнутой цепи (*регулирования*)

overall ~ полное [общее] усиление; общий [результирующий] коэффициент усиления

power ~ усиление по мощности; коэффициент усиления по мощности

voltage ~ усиление по напряжению; коэффициент усиления по напряжению

gaining:

information ~ получение новой информации

game игра ‖ играть ◊ ~ **with complete information** игра с полной информацией; ~ **with inexact information** игра с неполной информацией; ~ **with perfect recall** игра с идеальной памятью

~ of nim игра в ним

~ of survival игра на выживание

attrition ~ игра на истощение (*ресурсов*)

bluffing ~ игра с блефом

business ~ деловая игра

completely mixed ~ вполне смешанная игра

completely reduced ~ полностью редуцированная игра

computer (-assisted) ~ машинная [автоматизированная] игра

constant sum ~ игра с постоянной суммой

constrained ~ игра с ограничениями

contest ~ конкурентная игра

convex ~ выпуклая игра

cooperative ~ кооперативная игра; коалиционная игра

decomposable ~ разложимая игра

development ~ развивающаяся игра

eluding ~ игра на ускользание

equivalent ~s (стратегически) эквивалентные игры

extensive ~ игра в обобщённой форме

extreme ~ экстремальная игра

fair ~ справедливая игра

finite ~ конечная игра

free-play ~ игра без ограничений

general sum ~ игра с накопленной суммой, ненулевая игра

infinite ~ бесконечная игра

lossless ~ беспроигрышная игра

m-~ игра с квотой, m-долевая игра

majority ~ мажоритарная игра

management ~ управленческая игра; деловая игра

manual ~ игра без обращения к вычислительной машине

market ~ рыночная игра

matrix ~ матричная [прямоугольная] игра

minorant ~ минорантная игра

mixed strategy ~ игра со смешанной стратегией

multimonic ~ многошаговая игра

multiperson ~ игра нескольких лиц

multistage ~ многошаговая игра

nonconstant ~ игра с непостоянной суммой

noncooperative ~ некооперативная игра; бескоалиционная игра

nonzero sum ~ игра с ненулевой суммой

N-person ~ игра N лиц

operational ~ операционная игра

perfect-information ~ игра с полной информацией

polynomial-like ~ полиномиальная [разделимая] игра

positional ~ позиционная игра

programmable ~ программируемая игра

recursive ~ рекурсивная игра

Robinson Crusoe ~ игра одного лица (*напр. задача управления*)

separable ~ вырожденная игра

sequential ~ игра с последовательной выборкой

tic-tac-toe ~ игра тик-тактоу, игра в крестики и нолики

training ~ учебная игра

two-person ~ игра двух лиц

video ~ видеоигра

zero-sum ~ игра с нулевой суммой

zero-sum two-person ~ антагонистическая игра, игра с прямо противоположными интересами

game-theoretical теоретико-игровой

gaming 1. теория деловых игр 2. деловая игра

gamist специалист по теории игр

gang-punch перфорировать группу карт (*с одинаковой информацией*)

gangpunching групповое перфорирование (*нанесение одинаковой информации на группу карт или на все карты колоды*)

    interspersed ~ перемежающееся групповое перфорирование (*разной информации на последовательные группы карт*)

gap 1. интервал, промежуток, пропуск; пробел; зазор **2.** отсутствие импульса; отсутствие сигнала

    back ~ задний зазор (*магнитной головки*)

    block ~ промежуток между блоками (*информации*)

    communication ~ коммуникационный разрыв (*в сетях*)

    file ~ промежуток между файлами (*для их разграничения*)

    front ~ передний зазор (*магнитной*) головки

    head ~ **1.** зазор (магнитной) головки **2.** зазор между (магнитной) головкой и носителем

    head-to-tape ~ зазор между головкой и (магнитной) лентой

    information ~ информационный разрыв (*в сетях*)

    interblock ~ промежуток между блоками (*информации*)

    interrecord ~ промежуток между записями

    interword ~ промежуток [интервал] между словами (*напр. в записи на ленте*)

    rear ~ задний зазор (*магнитной головки*)

    record ~ промежуток между записями

garbage ненужные данные; ненужная информация (*в памяти*); *проф.* мусор, «мякина»

garbage-collect *проф.* собирать мусор

garbling:

    data ~ (намеренное) искажение данных

garnet гранат (*кристаллическая структура*)

gate 1. вентиль, (вентильная) схема; логический элемент **2.** стробирующий импульс, строб-импульс ‖ стробировать; пропускать; управлять пропусканием; управлять отпиранием **3.** затвор (*в канальном транзисторе*) **4.** вентильный провод (*в плёночном криотроне*) ◊ ~ **between channels** межканальный проход (*интервал, общий для двух смежных прямоугольников трассировки*); **to through** пропускать

A AND-NOT B ~ вентиль [схема] А И-НЕ В

add ~ вентиль сложения

addend-in ~ вентиль ввода второго слагаемого

adder ~ вентиль сумматора

add without carry ~ вентиль [схема] сложения по модулю 2

A except B ~ вентиль [схема] А И-НЕ В

A ignore B ~ вентиль [схема] игнорирования (*сигнала по входу*)

A ignore B negative ~ инвертирующий вентиль [инвертирующая схема] игнорирования (*сигнала по входу*) В

A implies B ~ вентиль [схема] В ИЛИ-НЕ А

A implies B negative ~ вентиль [схема] А И-НЕ В

all or nothing ~ (логический) элемент типа «всё или ничего», (логический) элемент типа исключающее ИЛИ — НЕ

alternation ~ вентиль [схема] ИЛИ

alternative denial ~ схема функции отрицания дизъюнкции

amplitude ~ вентильная схема амплитудной селекции

AND ~ вентиль [схема] И

AND-NOT ~ вентиль [схема] И — НЕ

AND-to-AND ~ вентиль [схема] И — И

AND-to-OR ~ вентиль [схема] И — ИЛИ

anticoincidence ~ вентиль [схема] несовпадения

any but not all ~ (логический) элемент типа «что-нибудь, но не всё», (логический) элемент исключающее ИЛИ

any or all ~ (логический) элемент типа «что-нибудь или всё», (логический) элемент ИЛИ

AOR-NOT B ~ вентиль [схема] А ИЛИ-НЕ В

augend-in ~ вентиль ввода первого слагаемого

B AND-NOT A ~ вентиль [схема] В И-НЕ А

basic ~ элементарный вентиль

B except A ~ вентиль [схема] В И-НЕ А

biconditional ~ схема функции эквивалентности, схема функции равнозначности

B ignore A ~ вентиль [схема] игнорирования (сигнала по входу) А

B ignore A negative ~ инвертирующий вентиль [инвертирующая схема] игнорирования (сигнала по входу) А

B implies A ~ вентиль [схема] А ИЛИ-НЕ В

B implies A negative ~ вентиль [схема] В И-НЕ А

Boolean ~ булев вентиль (*реализующий булеву функцию*)

B OR-NOT A ~ вентиль [схема] В ИЛИ-НЕ А

bus isolation ~s вентили отключения шины

carry ~ вентиль переноса

cascaded ~s каскадно-включённые вентили

C- ~ управляемый вентиль (*с дополнительным управляющим входом*)

coincidence ~ вентиль [схема] И, вентиль [схема] совпадения

complement ~ вентиль обратного кода

conditional implication ~ вентиль [схема] условной импликации

conjunction ~ вентиль [схема] логического умножения, схема функции конъюнкции

controllable ~ управляемый вентиль (*с дополнительным управляющим входом*)

crowded ~ перегруженный участок (*межсоединений*)

decision ~ (логическая) схема выбора решения (*напр. блок контроля по чётности*)

difference ~ вентиль [схема] исключающее ИЛИ

differential ~ дифференциальный вентиль, вентиль с дифференциальным выходом

diode ~ диодный вентиль, диодная схема

disjunction ~ вентиль [схема] логического сложения, схема функции дизъюнкции

dispersion ~ схема функции Шеффера, вентиль [схема] НЕ — И

distance [diversity] ~ схема функции разноимённости

don't care ~ вентиль [схема] с (управляемым) безразличным состоянием

double-input ~ вентиль с двумя входами

dual ~ сдвоенный вентиль

EITHER-OR ~ вентиль [схема] исключающее ИЛИ

emitter-coupled ~ вентиль с объединёнными эмиттерами

equality [equivalence] ~ схема функции эквивалентности, схема функции равнозначности

equivalent ~ эквивалентный вентиль (*единица измерения степени интеграции логической схемы*)

eraser ~ вентиль стирающего устройства

except ~ вентиль [схема] запрета (*по некоторым входам*)

exclusive NOR ~ вентиль [схема] исключающее ИЛИ — НЕ

exclusive OR ~ вентиль [схема] исключающее ИЛИ

exjunction ~ вентиль [схема] несовпадения

fault tree ~ *т. над.* элемент дерева неисправностей

generator ~ вентильная схема генерирования (последовательности) единиц

identity ~ вентиль [схема] исключающее ИЛИ — НЕ

if A then B ~ вентиль [схема] В ИЛИ-НЕ А, вентиль [схема] функции «если А, то В»

if A then NOT B ~ вентиль [схема] И — НЕ, вентиль [схема] функции «если А, то НЕ В»

IF-THEN ~ вентиль [схема] функции — то»

ignore ~ вентиль [схема] игнорирования (*сигнала по одному из входов*)

implication [inclusion] ~ схема функции импликации

inclusive NOR ~ вентиль [схема] включающее ИЛИ — НЕ

inclusive OR ~ вентиль [схема] включающее ИЛИ

inequivalence ~ схема функции разноимённости

inhibitory ~ вентиль запрета

insulated ~ изолированный затвор

intersection ~ вентиль [схема] И

inverted AND ~ вентиль [схема] И — НЕ

inverting ~ инвертирующий вентиль, инвертирующая схема

isolated ~ изолированный затвор

join ~ вентиль [схема] ИЛИ; схема объединения

joint denial ~ вентиль [схема] ИЛИ — НЕ

locking ~ запирающий вентиль

logic(al) ~ логический вентиль

logic product ~ вентиль [схема] И, вентиль [схема] логического умножения

logic sum ~ вентиль [схема] логического сложения

low-power ~ вентиль с малым потреблением мощности, *проф.* микромощный вентиль

majority (decision) ~ мажоритарный вентиль

match ~ схема функции эквивалентности, схема функции равнозначности

matrix ~ дешифратор

mix ~ вентиль [схема] ИЛИ

modulo-two sum ~ вентиль [схема] сложения по модулю 2

multiplicand ~ вентиль множимого

NAND ~ вентиль [схема] И — НЕ

negation ~ вентиль [схема] НЕ, вентиль [схема] отрицания

negative AND ~ вентиль [схема] И — НЕ

negative OR [NEITHER-NOR] ~ вентиль [схема] ИЛИ — НЕ

N-input ~ вентиль с N входами, N-входовый вентиль

nonconjunction ~ вентиль [схема] отрицания конъюнкции

nondisjunction ~ вентиль [схема] отрицания дизъюнкции

nonequality [nonequivalence] ~ схема функции разноимённости

NOR ~ вентиль [схема] ИЛИ — НЕ

NOT ~ вентиль [схема] НЕ

NOT-AND [NOT-both] ~ вентиль [схема] И — НЕ

NOT-IF-THEN ~ вентиль [схема] отрицания импликации

null ~ вентильная схема генерирования (последовательности) нулей

one ~ вентиль [схема] ИЛИ

open-collector ~ вентиль с открытым [со свободным] коллектором

OR ~ вентиль [схема] ИЛИ

OR-ELSE ~ вентиль [схема] исключающее ИЛИ

OR-to-AND ~ вентиль [схема] ИЛИ — И

OR-to-OR ~ вентиль [схема] ИЛИ — ИЛИ

partial sum ~ вентиль [схема] сложения по модулю 2

positive AND ~ вентиль [схема] И

positive OR ~ вентиль [схема] ИЛИ

priority AND ~ вентиль [схема] И с приоритетами, приоритетная схема И

pulse ~ 1. импульсный вентиль 2. стробирующий импульс, строб-импульс

pulse-train ~ вентильная схема генерирования пачки импульсов

quad ~ счетверённый вентиль

readout ~ вентиль считывания; вентиль выдачи (*напр. суммы*); выходной вентиль

reconvergent ~ конечный вентиль сходящегося разветвления

rejection ~ схема функции Вебба, вентиль [схема] ИЛИ — НЕ

self-aligned ~ самосовмещённый затвор (*в МОП-структурах*)

Sheffer stroke ~ схема функции Шеффера

shift ~ вентиль сдвига

silicon ~ кремниевый затвор (*в МОП-структурах*)

spare ~ незадействованный (*при трассировке*) вентиль

special ~ специальный элемент блок-схемы (*отображающий нестандартную комбинацию входов и выхода*)

sum-out [sum readout] ~ вентиль выдачи суммы

swap ~ вентиль обмена информацией

symmetric difference ~ вентиль [схема] исключающее ИЛИ

threshold ~ пороговый вентиль

time ~ временной селектор

true ~ вентиль прямого кода

two-input ~ вентиль с двумя входами

union ~ вентиль [схема] ИЛИ; схема объединения

voltage sensitive ~ вентиль, управляемый напряжением

wired ~ монтажный вентиль (*образующийся при монтажном объединении выходов микросхем*)

zero ~ вентиль установки на нуль

zero-match ~ вентиль [схема] ИЛИ — НЕ

gated 1. вентильный **2.** стробированный; управляемый импульсами

gateway 1. (вычислительная) машина-шлюз (*в сети*) **2.** межсетевой переход, межсетевой интерфейс

communication ~ машина-шлюз для связи между сетями

gather ◇ **to** ~ **write** сливать данные (*из разных мест памяти в одно*)

gathering:

data ~ сбор данных

statistics ~ сбор статистики

gating 1. вентильное действие **2.** стробирование; селекция; пропускание; управление пропусканием; управление отпиранием

gear *sl* знак *, *проф.* звёздочка

gedanken *sl проф.* недоделанный (*об алгоритме или программе*)

generality общность; универсальность

parametric ~ параметрическая универсальность

generate 1. производить, создавать, образовывать, формировать **2.** генерировать; возбуждать (*колебания*); порождать

◇ **strongly** ~ *лингв.* порождать в узком смысле (*с сопут-*

ствующим анализом порождаемых выражений); **weakly ~** *лингв.* порождать в широком смысле (*без сопутствующего анализа порождаемых выражений*)

generation 1. создание, образование, формирование, генерация **2.** генерирование; порождение **3.** поколение (*напр. ЭВМ*) **4.** *матем.* (функциональное) преобразование

~ of computers поколение вычислительных машин

~ of information поколение информации

address ~ формирование адреса

algorithmic pattern ~ алгоритмическое формирование тестовых последовательностей *или* векторов

automatic character ~ автоматическая генерация знаков *или* символов (*в устройствах визуального вывода данных*)

code ~ генерация (машинной) программы

data ~ 1. формирование [генерация] данных **2.** поколение данных

design ~ генерирование проектных решений

entity ~ формирование элемента *или* объекта (*на экране графического дисплея*)

fault ~ генерация [порождение] неисправностей (*этап тестирования*)

function ~ генерация функций

noise ~ возникновение [образование] помех; генерация помех

parity ~ формирование сигнала чётности

picture ~ формирование изображения

random variate ~ генерирование случайных переменных (*в моделировании*)

report ~ генерирование отчётов *или* документов

specification-driven software

~ (прямая) генерация программного обеспечения на основе спецификаций

square-root ~ 1. преобразование типа извлечения квадратного корня **2.** образование квадратного корня

stimuli ~ генерирование входных векторов, генерирование входных сигналов (*при тестировании логических схем*)

symbol ~ формирование [генерация] символов

system ~ генерация системы (*напр. программного обеспечения*)

test ~ формирование [генерация] теста

verification condition ~ генерирование условий верификации (*при доказательстве правильности программ*)

generator 1. генератор **2.** генерирующая программа, генератор **3.** *матем.* первообразный корень **4.** *матем.* порождающая функция

alpha(nu)meric ~ генератор буквенно-цифровых знаков

analytical-function ~ генератор аналитической функции; аналитический функциональный преобразователь

application ~ генератор прикладных программ

arbitrary-function ~ генератор произвольной функции

auto stimulus ~ алгоритмический генератор тестовых наборов

baud(-rate) ~ (генератор-) контроллер скорости передачи

bit-rate ~ генератор частоты следования битов

bivariate function ~ генератор функций двух переменных

cathode-ray tube function ~ функциональный преобразователь на ЭЛТ

character ~ генератор знаков *или* символов

clock(-pulse) ~ генератор тактовых *или* синхронизирующих импульсов

code ~ 1. кодогенератор, генератор кода 2. блок генерации (машинной) программы (*в трансляторе*)

command ~ генератор команд

compiler ~ генератор компилирующей программы, генератор компилятора

conic ~ генератор конических фигур (*в дисплее*)

curve ~ генератор кривых (*в машинной графике*)

data ~ генератор данных

delay ~ генератор задержки

digit-symbol ~ генератор цифровых символов, генератор цифр

diode function ~ диодный функциональный преобразователь

display character ~ генератор знаков (графического) дисплея

document ~ генератор документов

dot ~ точечный генератор (*в графопостроителях*)

drive-pulse ~ генератор возбуждающих импульсов

drop ~ генератор капель (*в струйном печатающем устройстве*)

edge ~ генератор (установки) фронтов (*проверочных сигналов*)

empiric-function ~ генератор эмпирической функции

explanation ~ генератор объяснений (*функциональный узел экспертной системы*)

function ~ генератор функций; функциональный преобразователь

functional ~ функциональный преобразователь

gate ~ генератор стробирующих импульсов, строб-генератор

general-purpose function ~ генератор произвольной функции, универсальный генератор функций

graphics ~ генератор (элементов) графических изображений

heap ~ глобальный генератор (*АЛГОЛ 68*)

hypothesis ~ генератор гипотез (*в СИИ*)

information ~ источник информации

input-stimulus ~ генератор входных сигналов

legal-move ~ генератор разрешённых ходов (*в игровых программах*)

lexical analyzer ~ лексический генератор-анализатор

line ~ 1. генератор линий (*в устройстве визуального вывода данных*) 2. генератор строк (*текста*)

linear function ~ 1. генератор линейной функции; линейный функциональный преобразователь 2. блок линейной функции

linear staircase function ~ генератор линейной ступенчатой функции, линейно-ступенчатый функциональный преобразователь

line-segment function ~ генератор кусочно-линейной функции; кусочно-линейный функциональный преобразователь

Lissajous symbol ~ генератор символов с использованием фигур Лиссажу

list ~ генератор списков

loaded-potentiometer function ~ функциональный преобразователь потенциометрического типа

macroassembler ~ макроассемблер

macrocommand ~ генератор макрокоманд

manual word ~ устройство задания слов вручную

master clock(-pulse) ~ (главный) генератор тактовых *или* синхронизирующих импульсов, генератор главных импульсов

multilevel interconnection ~ генератор (*программа*) многослойных соединений (*для проектирования печатных плат*)
module ~ генератор аппаратных модулей, модульный генератор
narrow-pulse ~ генератор коротких [узких] импульсов
natural-language ~ генератор текстов на естественном языке
natural-(law-)function ~ генератор аналитической функции; аналитический функциональный преобразователь
noise ~ генератор шума
nonlinear function ~ 1. генератор нелинейной функции; нелинейный функциональный преобразователь 2. блок нелинейной функции
number ~ генератор чисел
output routine ~ генератор выходной программы
parser ~ генератор (*программа*) грамматического разбора
pattern ~ 1. генератор изображений, генератор образов 2. генератор тестовых последовательностей *или* тестовых векторов
piecewise linear function ~ генератор кусочно-линейной функции; кусочно-линейный функциональный преобразователь
program ~ 1. генерирующая программа, генератор 2. генератор программ
pseudorandom number ~ генератор псевдослучайных чисел
pseudorandom sequence ~ генератор псевдослучайных последовательностей (чисел)
pulse ~ генератор импульсов, импульсный генератор
pulse train ~ генератор серии [пачки] импульсов
ramp ~ генератор пилообразной функции
random-noise ~ генератор шума
random-number ~ генератор случайных чисел

report ~ генератор отчётов
report-program ~ генератор программ печати отчётов
sawtooth(-voltage) ~ генератор пилообразного напряжения
signal ~ сигнал-генератор; генератор сигналов
simulative ~ имитирующий генератор
sinusoid(al) ~ генератор синусоидальных колебаний
snap ~ генератор отображения памяти
sort [sorting routine] ~ генератор программы сортировки
speech ~ генератор речи; генератор речевых сигналов
square-law function ~ генератор квадратичной функции; квадратичный функциональный преобразователь
square-wave ~ генератор прямоугольных импульсов, квадратор
staircase ~ генератор ступенчатой функции
stroke ~ генератор штрихов, «штриховой» генератор
subharmonic ~ генератор субгармоник
sweep ~ генератор развёртки
symbol ~ генератор символов
synchronizing ~ синхронизирующий генератор; генератор тактовых *или* синхронизирующих импульсов
system ~ генератор системы
tapped-potentiometer function ~ функциональный преобразователь с секционированным потенциометром, секционированный функциональный преобразователь
test case ~ генератор контрольных примеров (*для системных испытаний программного обеспечения*)
test data ~ 1. генератор тестовых данных, ГТД, генератор тестов 2. генератор испытательных данных
timing ~ генератор временной диаграммы

timing(-pulse) [**timing-wave**] ~ синхронизирующий генератор; генератор тактовых *или* синхронизирующих импульсов

triangular function ~ генератор треугольной функции

trigger ~ генератор пусковых импульсов

vector ~ 1. векторный генератор (*для вычерчивания прямых линий на экране дисплея при выводе графических данных*) 2. генератор векторов (*при генерации теста*)

video ~ генератор видеосигналов

word ~ генератор (машинных) слов

generic 1. групповой; родовой 2. настраиваемый (*о параметре; в языке Ада*)

genericity степень универсальности (*напр. алгоритма*)

geometry 1. геометрия 2. конфигурация, геометрическая форма

computational ~ вычислительная геометрия (*численные методы и программы для преобразования геометрических объектов*)

constructive solid ~ конструктивная блочная геометрия (*графические построения на основе комбинирования геометрических тел*)

layout ~ топология (*напр. интегральной схемы*)

geoprocessing обработка данных, связанных с науками о земле

get получать; вычислять; извлекать

ghost ореол (*изображения*)

gibberish ненужные данные; ненужная информация (*в памяти*); *проф.* мусор, «мякина»

gigabyte гигабайт (10^9 байт)

gigacycle 1. гигацикл, миллиард периодов 2. гигагерц (10^9 Гц)

◊ ~ **per second** гигагерц

gigaflops гигафлопс, Гфлопс (*миллиард операций с пла-*

вающей запятой в секунду)

gigahertz гигагерц (10^9 Гц)

girl:

card-punch ~ перфораторщица карт

tape-punch ~ перфораторщица лент

glare блики (*на экране дисплея*)

glitch 1. глитч, кратковременная импульсная помеха 2. глитч (*хронический дефект, имеющий своей причиной неправильно сформулированные требования к программе*) 3. *sl* сбой ‖ давать сбои, *проф.* сбоить 4. *проф.* глитч, заскок (*у программиста*) 5. застопориваться, буксовать 6. проскакивать, продвигаться толчками (*по экрану дисплея*), *проф.* дёргаться

logic ~ паразитный импульс на выходе логической схемы

power ~ выброс на шине питания

glork *sl* сбиваться (*с нормального функционирования*)

glossary 1. классификатор 2. *лингв.* глоссарий

glottochronological 1. глоттохронологический 2. лексикостатистический

glottochronology 1. глоттохронология 2. лексикостатистика

glow 1. свечение ‖ светить(ся) 2. разряд (*в ионных приборах*)

goal цель, задача; целевая установка (*в СИИ*)

atomic ~ атомарная [элементарная] цель

base ~ базисная цель

composite ~ составная [сложная] цель (*состоящая из нескольких подцелей*)

derived ~ производная цель (*выведенная из базисных целей*)

goal-driven управляемый целями (*о стратегии автоматического решения задач*)

goal-seeking целенаправленный (*о поиске*)

gobble *sl проф.* хватать, выхва-

тывать; поглощать (*напр. данные из буферной памяти*) ◊
to ~ down отхватить (*напр. дефицитную программную документацию*)

gobbler *sl* элемент, устанавливающий все входные линии в пустое состояние

golf-ball сферическая головка (*печатающего устройства, разработанного фирмой IBM*)

good:
known ~ заведомо исправный

goodness of fit *стат.* степень согласия

govern управлять, регулировать

governing управление, регулирование

governor 1. регулятор **2.** управляющее слово

grabber контактирующее приспособление
bus ~ (логический) анализатор шины
frame ~ механизм захвата кадра (*обеспечивающий многократное его повторение*)

graceful постепенный

grade of membership степень принадлежности (*объекта нечёткому множеству*)

gradient:
density ~ градиент плотности, градиент концентрации

grading:
priority ~ классификация приоритетов; уровни приоритета

graininess степень дробности (*определяемая размером минимальной структурной единицы в распараллеленных вычислениях*)

grammar грамматика
ambiguous ~ неоднозначная грамматика
ATN ~ автоматная грамматика
attribute ~ атрибутная грамматика
augmented ~ пополненная грамматика
bounded context ~ грамматика ограниченного контекста

categorial ~ категориальная грамматика

context-free ~ бесконтекстная [контекстно-свободная, КС-] грамматика

context-sensitive ~ контекстная грамматика, грамматика непосредственно составляющих, НС-грамматика

correspondence ~ грамматика соответствия

cycle-free ~ грамматика без циклов

dominance ~ доминационная грамматика

extended precedence ~ грамматика расширенного предшествования

finite state ~ автоматная [конечно-автоматная] грамматика, грамматика с конечным числом состояний

formal ~ формальная грамматика

fuzzy ~ расплывчатая грамматика (*использующая концепцию нечётких множеств*)

generalized ~ обобщённая грамматика

generative ~ порождающая грамматика

left linear ~ леволинейная грамматика

left parsable ~ левоконтекстная [левоанализируемая] грамматика

left recursive ~ леворекурсивная грамматика

linear ~ линейная грамматика

list ~ списочная [списковая] грамматика (*содержащая перечисление всех предложений языка*)

matrix ~ матричная грамматика

mixed-strategy precedence ~ грамматика со смешанной стратегией предшествования

operational ~ операционная грамматика

operator ~ операторная грамматика

operator precedence ~ грамматика с операторным предшествованием

phrase structure ~ контекстная грамматика, грамматика непосредственно составляющих, НС-грамматика

precedence ~ грамматика с предшествованием

proper ~ приведённая грамматика

recognizing ~ распознающая грамматика

recursive ~ рекурсивная грамматика

right linear ~ праволинейная грамматика

right parsable ~ правоконтекстная [правоанализируемая] грамматика

right recursive ~ праворекурсивная грамматика

simple ~ простая грамматика

simple precedence ~ грамматика с простым предшествованием

skeletal ~ остовная грамматика

source ~ исходная грамматика, грамматика исходного языка (*в трансляторе*)

stochastic ~ стохастическая грамматика

tagged ~ грамматика с индикаторами

test ~ тестовая грамматика

transformational ~ трансформационная грамматика

unambiguous ~ однозначная грамматика

unrestricted ~ грамматика общего вида, грамматика без ограничений

weak precedence ~ грамматика со слабым предшествованием

grammar-driven управляемый грамматическими правилами, синтаксически управляемый

grammatical грамматический; грамматически правильный

grammatically грамматически, с грамматической точки зрения

grammatics грамматика

grant предоставление ‖ предоставлять (*напр. шину в распоряжение процессора*)

bus ~ разрешение передачи по шине; предоставление шины (*устройству*)

lock ~ разрешение на установку (блокировочных) замков (*в распределённых базах данных*)

nonprocessor ~ разрешение внепроцессорной передачи, разрешение прямого доступа (*при работе с шиной*)

granularity 1. глубина [степень] детализации **2.** крупность разбиения (*напр. программы на модули*)

lock ~ степень детализации блокировочных замков; степень дробления блокировок

time ~ временное разбиение; величина кванта времени

granule гранула, область блокирования (*блокируется в базах данных как единое целое*)

graph 1. график; диаграмма; кривая; номограмма **2.** граф **3.** *лингв.* вариант графемы ◇

~ **with loops** граф с петлями

activity ~ граф операций

acyclic ~ ациклический граф

alternating ~ чередующийся граф

AND-OR ~ граф И — ИЛИ, И — ИЛИ-граф (*напр. сведения задачи к подзадачам или цели к подцелям*)

bar ~ гистограмма; столбиковая диаграмма

bipartite ~ двудольный граф

bunch ~ сетчатая номограмма

circuit-free ~ граф без циклов

circular ~ круговая диаграмма

closed ~ замкнутая кривая

complementary ~ дополнительный граф

complete ~ полный граф

computation ~ вычислительный граф, граф вычислений

connected ~ связный граф

connectivity ~ граф связности

data-flow ~ 1. информационный потоковый граф (*отображающий конвейерные вычисления*) 2. граф потоков данных, граф информационных потоков (*в проектировании систем*)

data flow program ~ граф потоковой программы, изображение потоковой программы в виде графа

descriptive ~ дескриптивный граф

directed ~ ориентированный граф, орграф

E-~ Е-граф, граф для анализа потребностей в вычислительном оборудовании

extremal ~ экстремальный граф

finite ~ конечный граф

flat ~ плоский [планарный] граф

flow ~ потоковый граф, граф с потоками

hardware ~ граф аппаратной схемы

indirected ~ неориентированный граф

infinite ~ бесконечный граф

information ~ информационный граф

labeled ~ помеченный граф

line ~ *т. граф.* рёберный граф

linear ~ линейный граф

locally finite ~ локально-конечный граф

monochromatic ~ монохроматический граф

multidimensional ~ многомерный граф

N-chromatic ~ N-хроматический граф

net(work) ~ сетевой график

ordered ~ упорядоченный граф

oriented ~ ориентированный граф, орграф

pattern ~ граф образа

planar ~ планарный [плоский] граф

processing ~ граф (процесса) обработки

product ~ произведение графов; граф-произведение

regular ~ однородный [регулярный] граф

regular ~ **of degree N** однородный [регулярный] граф N-й степени

section ~ подграф

signal-flow ~ 1. сигнальный потоковый граф (*отображающий конвейерные вычисления*) 2. граф прохождения сигналов

singular ~ сингулярный [вырожденный] граф

software ~ 1. граф программы 2. граф структуры программного обеспечения

stacked ~ «этажерочный» график

state ~ граф состояний

strongly connected ~ сильно связанный граф

total ~ тотальный граф

transaction ~ граф транзакций

transition ~ граф переходов (*из одних состояний в другие*)

tree ~ древовидный граф, дерево

two-dimensional ~ двумерный граф

undirected ~ неориентированный граф

vertex-weighted ~ граф со взвешенными вершинами

weighted directed ~ взвешенный ориентированный граф

graphec(h)on графекон

grapheme *лингв.* графема

grapher самопишущий прибор

graphic графический знак, графический символ ‖ графический

graphics 1. графика, графические средства 2. графические устройства (ввода-вывода), устройства (ввода-вывода) графических данных 3. графические данные

alphageometric ~ буквенно-геометрическая графика

alphamosaic ~ буквенно-мозаичная графика

animation ~ графические средства для мультипликации [оживления изображений]

arts quality ~ (машинная) графика художественного качества

bit-mapped ~ графика с побитовым отображением

block ~ блочная графика

business ~ управленческая графика (*графические средства, ориентированные на управленческий персонал*)

color ~ 1. цветная графика 2. цветные графические устройства

computer ~ 1. машинная графика 2. графические устройства вычислительной машины, устройства машинной графики

contiguous ~ набор графических символов, располагаемых на экране без промежутков (*в системах видеотекса*)

coordinate ~ координатная графика

dot-addressable ~ графика с адресацией (отдельных) точек

fine-line ~ высококачественная графика

geometric ~ геометрическая графика, графика для построения геометрических фигур

high-resolution ~ графические устройства с высокой разрешающей способностью

intelligent ~ интеллектуальные графические устройства

interactive ~ интерактивные графические устройства

management ~ управленческая графика (*графические средства, ориентированные на управленческий персонал*)

man-computer ~ система графического взаимодействия человека с машиной

mouse-based ~ графические устройства с манипулятором типа «мышь», *проф.* графика с мышкой

on-screen ~ экранная графика

pixel ~ графика с поэлементным формированием изображения

presentation ~ средства (для) графического представления информации

printer ~ набор символов печатающего устройства

raster(-scan) ~ растровая графика

repair ~ графическая информация для (проведения) ремонта (*напр. плат*)

rubber-band ~ 1. эластичная графика, *проф.* графика «с резиновой нитью» 2. эластичное графическое изображение

scan ~ растровая графика

separated ~ набор графических символов, располагаемых на экране с промежутками (*в системах видеотекса*)

shaded (computer) ~ теневая (машинная) графика (*предусматривающая автоматическое построение теней на изображениях*)

soft-copy ~ 1. экранная графика 2. экранные графические устройства

solid ~ графика монолитных тел (*в отличие от каркасных конструкций*)

table-driven ~ графика с формированием изображения при помощи таблиц (*стандартных рисунков*)

thin ~ графическое изображение, выполненное тонкими линиями

three-dimensional ~ трёхмерная [объёмная] графика

vector ~ векторная графика

wide ~ графическое изображение, выполненное жирными линиями

graphing 1. вычерчивание графиков, диаграмм *или* кривых 2. отображение графической информации (*как функциональная возможность системы*)

grave тупое ударение (*название символа*)

gray-level (полу)тоновый, с множеством градаций (*о яркости чёрно-белого изображения*)

grid 1. сетка; решётка **2.** управляющий провод (*в криотроне*)

  cellular ~ сетка с регулярной структурой

  digital ~ цифровая сетка (*на перфокартах*)

  placement ~ сетка для трассировки

  raster ~ растровая сетка (*на экране дисплея*)

  relative ~ относительная сетка (*для трассировки БИС*)

  routing ~ координатная сетка (*для трассировки*)

grind *sl* **1.** придавать (*программе*) эстетический вид (*располагая надлежащим образом строки листинга*), *проф.* шлифовать (*программу*) **2.** *проф.* перемалывать, многократно прокручивать (*бесполезную задачу*) ◇ **to ~ for a bit** пощёлкивать (*при работе*)

gripper:

  card ~ механизм захвата (пер(фо)карт

grok *sl* глубоко понимать, разбираться, быть знатоком (*напр. операционной системы во всех её тонкостях*)

gronk *sl* отключать, *проф.* вырубать (*устройство*)

gronked *sl* **1.** истощённый работой (*о фанатичном программисте*) **2.** абсолютно неработоспособный (*об устройстве, программе*)

groove бороздка (*видеодиска*)

ground:

  controlled ~ управляемая «земля» (*название шины в дисковом ЗУ*)

  signal ~ *проф.* «подвешенная земля»

  virtual ~ виртуальная «земля»

group совокупность; группа ‖ группировать

  aborting ~ прерывающая группа (*совокупность узлов сети, которым разрешено прерывание транзакций*)

  active element ~ активное логическое звено (*вентиль или элемент памяти*)

  attribute ~ атрибутивная группа

  committing ~ фиксирующая группа (*совокупность узлов сети, которым разрешена фиксация транзакций*)

  compile time ~ группа (операторов) периода компиляции

  compound ~ составная группа (*в базах данных*)

  data ~ группа данных; группа информационных объектов

  entry-defining ~ группа, определяющая статью (*в базах данных*)

  generation data ~ группа данных одного поколения

  global data ~ глобальная группа данных

  incoming ~ входная группа

  link ~ группа линий связи (*относящихся к одному мультиплексору*)

  local data ~ локальная группа данных

  magnetic tape ~ блок лентопротяжных механизмов

  majority ~ мажоритарная группа (*голосующих объектов*)

  parent ~ родительская группа (*в базах данных*)

  principal ~ главная группа (*в базах данных*)

  pulse ~ группа [серия, пачка] импульсов

  record ~ блок записей

  repository data ~ группа архивных данных

  tape ~ блок лентопротяжных механизмов

  trunk ~ магистральная группа (*каналов связи*)

  user ~ группа пользователей

grouping 1. группирование, образование групп **2.** *лингв.* группировка

  ~ **of records** группирование записей

number ~ образование групп чисел

parenthetic ~ скобочная группировка

grovel *sl* **1.** рыскать (*без видимого результата, напр. при просмотре файлов*) **2.** штудировать (*напр. документацию на систему*) ◇ **to ~ obscenely** продираться (*напр. через дебри программной документации*)

growth:

crystal ~ **1.** рост кристалла **2.** выращивание кристалла

epitaxial ~ эпитаксиальное выращивание

implicant ~ расширение импликанты (*вид дефекта ПЛМ*)

linear ~ линейное расширение (*вычислительных возможностей*)

modular ~ модульное наращивание

guard защита; защитная блокировка; предохранитель (*программное средство языка Ада*)

memory ~ защита памяти

guardian:

bus ~ блок шинной защиты

gubbish *sl* непригодная (для использования) информация, *проф.* мусор

guess 1. предположение, догадка; приблизительная оценка ‖ (пред)полагать **2.** приблизительный подсчёт

crude ~ грубая оценка

guessing (нестрогие) рассуждения с использованием догадок (*в СИИ*)

guidance (дистанционное) наведение; (дистанционное) управление

conversational ~ наведение в диалоговом режиме; управление в диалоговом режиме

on-screen ~ экранное управление (*действиями оператора со стороны системы*)

guide:

card ~ направляющая для вставки плат

light ~ световод, светопровод

operator ~ указание оператору (*со стороны системы*); руководство оператора (*документация*)

paper ~ механизм, направляющий движение бумаги

style ~ руководство по стилю (*оформления системной и программной документации*)

guidelines руководящие принципы

gulp галп (*единица данных, состоящая обычно из нескольких байт*)

gun ◇ **to ~ down** *sl* насильственно прерывать (*программу, бесполезно занимающую машинные ресурсы*)

cathode-ray [electron] ~ электронная пушка

holding ~ поддерживающая пушка (*в запоминающей трубке*)

light ~ световое перо, световой карандаш

reading ~ считывающая пушка (*в запоминающей трубке*)

wire-wrap ~ моточный агрегат (*для намотки сердечников*)

writing ~ записывающая пушка (*в запоминающей трубке*)

H

habituation обучение, привитие навыков (*работы с ЭВМ*)

hack *sl* **1.** кусок работы (*выполняемый в спешке*) **2.** *проф.* поделка (*результат поспешного выполнения куска работы*) **3.** тонкая ювелирная работа (*требующая профессионального мастерства и иногда долгого времени*) **4.** верх совершенства, *проф.* «конфетка» **5.** курьёз, забава ‖ забавляться (*при работе на машине*) **6.** общаться (*с вычислительной машиной*) **7.** изучать, осваивать, влезать (*в тонкости сложной программы или системы*) **8.** слоняться без дела, убивать время в ожидании выхода на машину ◇ **for ~ value** ради забавы (*о работе над бесполезной, но необычной программой*); **to ~ together** компоновать наспех, сколачивать; **to ~ up(on) 1.** выполнять поделку **2.** (по)работать (*над чем-л. с целью получения желаемого результата*)

hacker *sl* **1.** программист-фанатик, *проф.* хэкер (*занимающийся доскональным изучением вычислительных систем с целью расширения их возможностей*) **2.** плодовитый программист (*быстро пишущий хорошие программы*) **3.** знаток (*конкретной программы*) **4.** эксперт (*в какой-л. области знаний*) **5.** *pl проф.* хэкеры, цвет сообщества (программистов)

hackerese *sl* язык хэкеров, программистский жаргон

hacking *sl* творческая работа хэкера

hackish *sl* искусный, *проф.* хэкерский

hackishness *sl* программистское искусство, *проф.* хэкерство

hair *sl* трудоёмкая сложная работа

　　cross ~s перекрестие (*тип курсора*)

　　infinite ~ адская работа (*по написанию очень сложных программ*)

hairy *sl* **1.** чрезмерно сложный; непостижимый **2.** знающий своё дело, опытный, авторитетный

hakmem *sl* памятка хэкера; справочник [перечень] курьёзов хэкерского искусства

half:

　　lower ~ of word младшее полуслово (*с младшими разрядами*)

upper ~ of word старшее полуслово (*со старшими разрядами*)

half-adder полусумматор, (одноразрядный) сумматор с двумя входами, сумматор по модулю 2

　　serial ~ полусумматор последовательного действия, последовательный полусумматор

half-additive полуаддитивный

half-adjust округлять до половины младшего разряда

half-bit-time время прохождения полубита

half-bridge полумост (*средство объединения сетей передачи данных*)

half-byte полубайт

half-current полуток; ток полувыборки

half-cycle полупериод

half-duplex полудуплексный

half-mesh равенство (*название символа*)

half-pulse:

　　read ~ импульс полусчитывания

　　write ~ импульс полузаписи

half-select полувыборка

half-splitting разбиение пополам

half-subtracter полувычитатель

　　serial ~ последовательный полувычитатель

half-word полуслово

halt(ing) останов

　　breakpoint ~ контрольный останов

　　conditional ~ условный останов

　　dead ~ останов без возможности повторного запуска

　　drop-dead ~ аварийный останов без возможности повторного запуска

　　machine-created ~ автоматический останов

　　nonprogrammed ~ незапрограммированный останов

　　optional ~ останов по выбору (*сделанному пользователем*)

　　program ~ останов (выполнения) программы, программный останов

programmed ~ программируемый останов

halve 1. делить на два, делить пополам **2.** уменьшать [сокращать] наполовину

halver делитель на два, делитель пополам

frequency ~ делитель частоты на два, делитель частоты пополам

hammer:

print(ing) [striking] ~ печатающий молоточек

hand 1. стрелка (*прибора*) **2.** механическая рука

hand-generated построенный вручную

handle 1. основа, (самая левая) простая фаза (*сентенциальной формы*) **2.** ручка, рукоятка **3.** обрабатывать **4.** оперировать, манипулировать

handler 1. устройство управления; манипулятор **2.** программа обработки, обработчик

channel check ~ устройство контроля работы [контрольник] канала

database ~ манипулятор базы данных (*в распределённых СУБД*)

file ~ программа обработки [обработчик] файлов

input/output device ~ блок управления каналами *или* устройствами ввода-вывода

interrupt ~ программа обработки [обработчик] прерываний

message ~ манипулятор [диспетчер] сообщений

protocol ~ **1.** блок управления протоколом **2.** схема реализации протокола

reaction ~ обработчик реакций (*в графопостроителях*)

screen ~ устройство *или* программа управления выводом (изображения) на экран (*дисплея*), контроллер экрана (*дисплея*)

tape ~ лентопротяжное устройство; лентопротяжный механизм

terminal ~ схема реализации оконечной станции (*в сети*)

handling 1. обработка (*см. тж* **processing**) **2.** оперирование, манипулирование

data ~ **1.** обработка данных **2.** манипулирование данными

deadlock ~ обработка тупиковых ситуаций

document ~ обработка документов

dynamic ~ динамическая обработка (*данных*)

error ~ обработка ошибок

exception ~ обработка исключительных ситуаций

information ~ обработка информации

interrupt(ion) ~ **1.** обработка прерываний **2.** управление прерываниями

optical data ~ оптическая обработка данных

static ~ статическая обработка (*напр. обработка, выполненная полностью компилятором*)

structure ~ манипулирование структурами данных

table ~ обработка таблиц; работа с таблицами

tape ~ оперирование с лентой; манипулирование лентой; протяжка ленты

terminal ~ управление терминалом (*в сети передачи данных с ведущей ЭВМ*)

handshake квитировать установление связи

handshaking квитирование установления связи

interlocked ~ квитирование с взаимоблокировкой

hang-up неожиданный останов; незапланированный останов; *проф.* зависание

hard жёсткий; аппаратный

hardcopy документальная копия; печатная копия ‖ выдавать документальную *или* печатную копию

hardcore аппаратное ядро (*содержащее информацию, потеря которой делает невозможным восстановление системы*)

hardware 1. аппаратура, (аппаратное) оборудование, аппаратные средства, *проф.* железо, железки **2.** технические средства; техническое обеспечение ◇ **by** ~ аппаратно, аппаратным способом (*в отличие от программного*), аппаратными средствами

after-the-fact added ~ аппаратные средства, добавленные в готовое изделие

bare ~ *проф.* «голое» оборудование, «голая» аппаратура (*без программного обеспечения*)

basic ~ основной комплект оборудования; базовый комплект оборудования

batch ~ оборудование для пакетной обработки (данных)

common ~ оборудование общего применения; детали общего применения

compatible ~ совместимая аппаратура, совместимое оборудование

cryptographic ~ шифровальная аппаратура, шифровальное оборудование

double-precision ~ аппаратура для вычислений с удвоенной точностью, аппаратура с удвоенным количеством разрядов

fastening ~ соединительная арматура

graphics ~ аппаратное обеспечение машинной графики

microprocessor-based ~ микропроцессорное оборудование, микропроцессорные аппаратные средства

modeling ~ аппаратные средства моделирования

modular ~ модульная аппаратура; аппаратура модульной конструкции

paging ~ аппаратные сред-

ства страничной организации

plug-compatible ~ полностью совместимое оборудование; оборудование, совместимое по разъёму

prototype ~ **1.** аппаратный макет, макетные аппаратные средства **2.** устройство-прототип

relocatable ~ оборудование с динамической переадресацией

soft ~ программно-аппаратные средства

terminal ~ терминальное оборудование

throwaway ~ временно используемые аппаратные средства

hardware-assisted обеспечиваемый аппаратурой, с аппаратной поддержкой, с использованием аппаратуры

hardware-intensive 1. с большой загрузкой аппаратуры (*напр. о задаче*) **2.** преимущественно аппаратный (*о способе реализации проекта*)

hardware-programmed с аппаратно-реализованной программой; *проф.* с «зашитой» программой

hardware-selectable с аппаратно-реализованной выборкой

hardwarily аппаратно

hardwired постоянно [жёстко] замонтированный; постоянно запаянный, *проф.* «зашитый»; с фиксированным монтажом

harmonic гармоника ‖ гармонический

even ~ чётная гармоника

fundamental ~ основная гармоника

high ~ высшая гармоника

odd ~ нечётная гармоника

harness:

test ~ *sl* тестовая программа

hartley хартли (*логарифмическая мера количества информации*)

hash случайные данные; ненужная информация (*в памяти*); *проф.* мусор

hash-coding хэш-кодирование,

кодирование путём рандомизации

hashing хэширование, рандомизация, перемешивание

hat образовывать случайную последовательность (*из фиксированного количества символов или группы символов*)

hatch:
   diagonal ~ диагональная штриховка (*в машинной графике*)

haul протяжённость линии связи
   long ~ дальная связь

hazard 1. риск, опасность **2.** (короткий) паразитный импульс (*на выходе логической схемы*) **3.** *проф.* риск сбоя
   step-down ~ динамический риск сбоя при переключении с высокого уровня на низкий
   step-up ~ динамический риск сбоя при переключении с низкого уровня на высокий
   timing ~ риск сбоя от гонки фронтов

hazard-free без рисков сбоя

head 1. головка; магнитная головка **2.** заголовок; рубрика; «шапка» **3.** дескриптор **4.** голова, головная часть (*таблицы*); голова [левая часть] хорновской формулы (*в языке ПРОЛОГ*) ◊ ~-**per-track** с головкой на тракт (*о дисковых устройствах*)

AC erasing ~ головка стирания переменным током

air-floating ~ плавающая головка

ballistic print ~ баллистическая печатающая головка

brush sensing ~ блок (контактных) щёток для считывания

combined ~ комбинированная головка; универсальная головка (*для считывания и записи*)

contact(ing) ~ контактная головка

cut-and-clinch ~ головка (*автомата*) для обрезки и запрессовки выводов

DC erasing ~ головка стирания постоянным током

document feed ~ механизм подачи документов

double ~ сдвоенная головка

dual-gap (re)write ~ головка записи с двумя зазорами

erase [erasing] ~ стирающая головка

fixed ~ фиксированная [неподвижная] головка

floating ~ плавающая головка

magnetic ~ магнитная головка

magnetic tape ~ головка для магнитной ленты

movable ~ подвижная головка

multiple ~ многосекционная головка

multitrack ~ многодорожечная головка

permanent-magnet erasing ~ стирающая головка с постоянным магнитом

playback ~ воспроизводящая головка; головка считывания, считывающая головка

plotting ~ пишущая головка графопостроителя

preread ~ головка предварительного считывания

print(ing) ~ печатающая головка

ramp-load ~ головка с переменным усилием прижима

read(ing) ~ головка считывания, считывающая головка

read/write [read-record] ~ головка считывания — записи, универсальная головка

record(ing) ~ головка записи, записывающая головка

reproducing ~ воспроизводящая головка

ring(-type) ~ кольцевая головка

rotating ~ вращающаяся головка

running ~ подвижная (печатающая) головка

sensing ~ воспроизводящая

головка; головка считывания, считывающая головка

servo-**positioned** ~ головка с установкой от сервопривода

seven-**dot** ~ семиточечная головка (*печатающего устройства*)

tandem ~s головки, установленные тандемом

two-**gap** [**two**-**split**] ~ головка с двумя зазорами

write [**writing**] ~ головка записи, записывающая головка

header 1. заголовок; рубрика; «шапка» **2.** головная метка

I/O ~ разъём ввода-вывода

heading заголовок; рубрика; «шапка» ◊ ~ **to heading** от заголовка до заголовка, между заголовками

block ~ начало блока; описание блока (*в его начале*); «шапка» блока

control ~ служебный [управляющий] заголовок

loop ~ заголовок [«шапка»] цикла

major ~ основной заголовок

program ~ заголовок [«шапка»] программы

health состояние, степень исправности (*программных или аппаратных средств*)

heap 1. неупорядоченный массив (*данных*), *проф.* куча **2.** динамически распределяемая область памяти

heapsort пирамидальная сортировка

hearing:
machine ~ машинный слух, машинное восприятие звуков

heart основа, основной компонент
intelligent ~ интеллектуальное ядро (*микропроцессорной системы*)

heartbeat *sl* тактовый импульс, такт

heat:
Joule ~ джоулево тепло
latent ~ скрытая теплота
ohmic [**resistance**] ~ омический нагрев

specific ~ удельная теплоёмкость

heater:
resistance-**type** ~ резистивный нагреватель

heating:
induction ~ индукционный нагрев
Joule ~ нагрев джоулевым теплом

heavy-**duty** (работающий) в тяжёлом режиме; предназначенный для работы в тяжёлом режиме

hedging уклонение (*пользователя экспертной системы*) от прямого ответа

height:
flying ~ плавающий зазор (*между магнитной головкой и поверхностью диска*)
printing ~ высота шрифта
writing ~ высота записываемых знаков

help *проф.* помощь (*пользователю со стороны системы*); консультативная информация

hesitation кратковременное прерывание, приостановка (*работы процессора*)

heterojunction гетеропереход

heterosystem гетеросистема

heuristic эвристический

heuristics эвристика
"**easy**-**likely first**" ~ эвристика типа «сначала — легкодостижимое и высоковероятное» (*в СИИ*)
force-**directed** ~ директивные эвристические правила (*упаковки элементов ИС*)
socratic (**tutoring**) ~ сократова эвристика (обучения) (*в обучающих программах*)
unipath ~ эвристическое правило выбора единственной ветви (*в цепочке рассуждений СИИ*)

hexadecimal шестнадцатеричный

hider закрывающий многоугольник (*в графопостроителях*)

hiding:
information ~ утаивание [уп-

рятывание, сокрытие] информации (*не существенной для пользователя*)

hierarchical иерархический

hierarchy:

~ **of categories** иерархия категорий

~ **of files** иерархия файлов

abstraction ~ иерархия абстрактных представлений *или* конструкций (*напр. в языке высокого уровня*)

constrained ~ обусловленная иерархия (*проектируемой БИС*)

control ~ 1. иерархия управления 2. иерархия контроля

data ~ иерархия данных

directory ~ иерархия [иерархическая система] справочников

functional ~ функциональная иерархия

generalization ~ иерархия (понятий) по степени общности, иерархия обобщённых представлений

logical ~ иерархия логических представлений (*БИС*)

memory ~ иерархия (устройств) памяти, иерархия запоминающих устройств

multilevel ~ многоуровневая иерархия

nesting ~ иерархия вложенности

partitioning ~ иерархия разбиений (*проектируемой БИС*)

physical ~ иерархия физических представлений (*БИС*)

propositional ~ пропозициональная иерархия, иерархия высказываний

storage ~ иерархия запоминающих устройств

taxonomic ~ классификационная [таксономическая] иерархия

high-density с высокой плотностью размещения, высокоплотный

high(er)-level высокоуровневый, высокого уровня

highlight 1. высвечивать, выделять информацию на экране

2. повышенная яркость (*изображения*) 3. *pl* (наиболее) яркие участки изображения

highlighting высвечивание, выделение информации на экране

text ~ выделение текста

high-pass пропускать (*сигнал*) через фильтр верхних частот

high-performance высокопроизводительный

high-pin 1. с большим количеством выводов 2. с удлинёнными выводами

high-speed быстродействующий; (высоко)скоростной

highway 1. канал информации 2. магистральная шина, магистраль

data ~ канал данных; магистраль данных

N-bus ~ N-шинная магистраль

hipping доопределение (*АЛГОЛ 68*)

hirsute *sl* 1. чрезмерно сложный; непостижимый 2. знающий своё дело, опытный, авторитетный

histogram гистограмма

area ~ гистограмма с площадью столбцов, пропорциональной значениям функции

frequency ~ частотная гистограмма

history 1. предыстория (*напр. состояний системы*) 2. архив (*данных*)

derivational ~ последовательность (выполненных) шагов логического вывода, *проф.* деривационная предыстория (*выведенного системой утверждения*)

hit 1. ответ, ответная справка (*при поиске*) 2. совпадение (*при поиске*) 3. *pl* всплески (*в каналах связи*) 4. ударять (*по клавише*)

cache ~ удачное [результативное] обращение в кэш

light-pen ~ выбор (*нужной точки на экране*) световым пером

hogging:
current ~ захват тока
hold 1. фиксация; захват ‖ фиксировать; захватывать **2.** хранить (*информацию*) **3.** держать, удерживать **4.** удовлетворяться, выполняться (*о некотором условии*) **5.** приостанавливать (*напр. работу процессора*)
track ~ захват дорожки
hold-down:
reel ~ установка [закрепление] бобины (*на лентопротяжном устройстве*)
holder:
mask ~ держатель трафарета, трафаретодержатель
place ~ символ-заполнитель (*незначащих разрядов числа*)
substrate ~ подложкодержатель
holding 1. хранение (*информации*) **2.** блокировка
hole 1. отверстие, пробивка, дырка; *pl* перфорация **2.** *nn* дырка **3.** ошибка; промах; просчёт (*напр. в системе*)
access ~ окно доступа (*прорезанное в защитном конверте дискета*)
center ~s ведущие отверстия, ведущая перфорация; синхродорожка
code ~s кодовые отверстия, кодовая перфорация
connector ~ гнездо разъёма
control [designation] ~s управляющие пробивки (*на перфокарте*)
excess ~ *nn* избыточная дырка
feed ~s ведущие отверстия, ведущая перфорация; синхродорожка
free ~ *nn* свободная дырка
function ~s управляющие пробивки (*на перфокарте*)
guide ~s ведущие отверстия, ведущая перфорация; синхродорожка
index ~ индексное отверстие (*в начале первого сектора на гибком диске*)

indexing ~ установочное отверстие
junction ~s управляющие пробивки (*на перфокарте*)
landed ~ отверстие с контактной площадкой (*в ИС*)
landless ~ отверстие без контактной площадки (*в ИС*)
lead ~ монтажное отверстие
location ~s ведущие отверстия, ведущая перфорация; синхродорожка
mounting ~ монтажное отверстие; крепёжное отверстие
pigeon ~ приёмное отделение, приёмный карман (*для перфокарт*)
plated ~ металлизированное отверстие
plated-through ~ сквозное металлизированное отверстие (*в печатной плате*)
punched ~ перфорационное отверстие, пробивка
reach-through ~ сквозное отверстие
sprocket ~s ведущие отверстия, ведущая перфорация; синхродорожка
system ~ (существенная) ошибка в системе
holistic целостный (*подчёркивающий связь между частями и целым*)
holocoder голографическое кодирующее устройство, голографический кодер
hologram голограмма
computer generated [computer synthesized] ~ машинная голограмма
home 1. исходная позиция (*напр. курсора*) **2.** собственный
homeosemy гомеосемия (*отношение семантической связи между двумя текстами на естественном языке*)
homing:
multiple ~ многолинейное подключение (*абонентов сети*)
homing-in принцип подгонки (*при анализе фактов в экспертных системах*)
homograph омограф

homographically омографически, в качестве омографов

honor принимать (*прерывание из очереди*) на обработку

hook 1. ловушка (*аппаратное средство отладки и диагностирования микропрограммы*) **2.** добавочный микропроцессор **3.** добавочный блок (*программы или устройства, облегчающий дальнейшее расширение функций и внесение изменений в систему*) **4.** привязывать (*напр. программные средства к набору устройств*)

hookup подключение, подсоединение (*напр. ЭВМ к сети передачи данных*)

hop 1. транзитный участок (*линии передачи*) **2.** повторный приём, *проф.* переприём (*сообщения в сети*) **3.** пересылка (*принятого сообщения в сеть*)

hopper карман; входной [подающий] карман

card ~ карман для (перфо-)карт

read(er) ~ карман считывающего *или* читающего устройства

stacker ~ **1.** выходной [приёмный] карман **2.** карман укладчика (*перфокарт*)

horizon:

planning ~ горизонт планирования

time ~ временной горизонт, период времени (*в моделировании*)

horns of dilemma *лог.* альтернативы дилеммы

horsepower *sl* вычислительные возможности, *проф.* мощь

host 1. главная вычислительная машина ‖ решать задачу на главной вычислительной машине **2.** возлагать функции ведущего узла на *какой-л.* элемент (*многомашинной системы*) **3.** выполнять роль ведущего узла (*напр. в распределённой системе*) **4.** главный, базовый, ведущий ◇ **to be**

~**ed** назначаться ведущим узлом

application ~ главная вычислительная машина прикладной системы

distant ~ дистанционная главная вычислительная машина

fake ~ псевдоведущая вычислительная машина (*осуществляющая сбор статистики работы сети*)

virtual ~ виртуальная главная вычислительная машина

hour:

actual ~s эффективное рабочее время

busy ~ период максимальной нагрузки (*работы системы*)

machine ~s **authorized** разрешённое для использования машинное время

offpeak ~ непиковый период (*работы системы*)

peak ~ пиковый период (*работы системы*)

house:

software ~ программотехническая фирма (*фирма по разработке программного обеспечения или по обеспечению программными средствами*)

system ~ системотехническая фирма (*фирма по проектированию систем с вычислительными машинами или вычислительных систем*)

housed смонтированный в корпусе (*о микросхеме*)

housekeeping 1. служебные действия; организующие [управляющие] действия; действия по обслуживанию ‖ служебный; организующий **2.** вспомогательный

hub 1. ядро (*сети*) **2.** концентратор (*в сети*)

logical ~ логическое ядро

program-exit [program-output] ~ гнездо выхода программы (*набираемой на коммутационной доске*)

hub-polling опрос (*терминалов*) по типу «готовый — передаёт первым»

hum 1. помеха от источника промышленной частоты **2.** фон переменного тока

human-aided с участием человека

humanlike человекоподобный (*о поведении СИИ*)

human-operator (человек-)оператор

hunt 1. поиск ‖ искать (*напр. зону на магнитной ленте*) **2.** перерегулирование, рыскание ‖ рыскать **3.** слежение ‖ следить ◊ ~ **and stick** поиск с остановом

hunting 1. поиск (*напр. зоны на магнитной ленте*) **2.** перерегулирование, рыскание **3.** слежение

hybrid гибридная схема ‖ гибридный

hydrointegrator гидроинтегратор

hypergraph гиперграф

hypernotion *лингв.* гиперпонятие

hypertext гипертекст, обобщённый текст (*включающий звуковые и зрительные образы*)

hypervisor гипервизор (*программа управления операционными системами*)

hyphen дефис

hyphenation 1. расстановка дефисов **2.** разбивка по слогам **3.** (автоматический) перенос (*части слова на следующую строку с расстановкой знаков переноса*)
    discretionary ~ произвольный перенос (*без соблюдения грамматических правил*)

hypothesis гипотеза, предположение; допущение
    admissible ~ допустимая гипотеза
    alternative ~ альтернативная гипотеза
    composite ~ сложная гипотеза
    goal ~ целевая гипотеза
    null ~ нулевая гипотеза, нуль-гипотеза
    single ~ простая гипотеза
    statistical ~ статистическая гипотеза
    word ~ гипотеза о распознанном слове (*в системах распознавания речи*)

hypothesis-driven управляемый гипотезами (*о стратегии автоматического решения задач*)

hypothesize строить гипотезу, формировать [формулировать] гипотезу

hypothesizer блок построения гипотез
    sentence ~ блок построения гипотез о распознаваемых фразах (*в системах распознавания речи*)

hypothetic(al) гипотетический

hysteresis гистерезис
    receiver ~ (входной) гистерезис приёмника
    rotational ~ вращательный гистерезис

I

IBM-compatible совместимый с машинами фирмы IBM

icand множимое

icon 1. образ, изображение; отображение (*в электронной почте*); (условный графический) символ **2.** пиктограмма
    document ~ образ документа
    folder ~ отображение папки для бумаг
    preferences ~ отображение системы предпочтений (*абонента электронной почты*)

identical идентичный, тождественный

identification 1. идентификация, отождествление **2.** определение, распознавание **3.** обозначение
    ~ **of words** идентификация слов; распознавание слов
    character ~ идентификация знаков; распознавание знаков
    closed-set ~ идентификация

(*голоса*) на замкнутом множестве (*эталонов*)

coded ~ закодированное обозначение

fault ~ идентификация неисправности

interrupt ~ идентификация прерывания

model ~ идентификация модели

open-set ~ идентификация (*голоса*) на открытом множестве (*эталонов*)

password ~ идентификация пароля (*в системе управления доступом*)

signal ~ идентификация сигнала; распознавание сигнала

speaker ~ идентификация говорящего (*по голосу*)

user ~ идентификация пользователя

voice ~ идентификация голоса; распознавание по голосу

volume ~ идентификация тома

identifier идентификатор

activity ~ идентификатор функционирования (*сети*)

array ~ идентификатор массива

label ~ идентификатор в виде метки, метка

leg ~ идентификатор ветви (*программы*)

mode ~ идентификатор вида (*АЛГОЛ 68*)

multideclared ~ многократно объявленный идентификатор

nonlocal ~ нелокализованный идентификатор

predefined ~ зарезервированный идентификатор; зарезервированное имя (*в языке программирования*)

reserved ~ зарезервированный идентификатор

statement ~ идентификатор оператора

symbol ~ **1.** идентификатор символов **2.** устройство распознавания символов

system ~ системный идентификатор

universal ~ универсальный идентификатор; универсальное имя

variable ~ идентификатор переменной

identify идентифицировать, стождествлять; распознавать

identity 1. идентичность, тождественность **2.** *матем.* тождество; единичная матрица

proffered ~ предполагаемая идентичность (*распознаваемого объекта и эталона*)

idioglossary тематический словарь

idiot:

professional ~ *проф.* «профессиональный идиот» (*специалист по испытаниям, в задачу которого входит доказательство неработоспособности испытываемых программ*)

idiotproof защищённый от незнающего *или* неразумно действующего оператора; *проф.* защищённый от дурака

idle 1. ожидание; простой **2.** свободный, незанятый

ier множитель

IF-THEN импликация (*функция*)

ignore 1. пропуск ‖ пропускать (*напр. единицу данных при считывании*) **2.** игнорировать

I-list область индексных дескрипторов (*на диске*)

ill-conditioned плохо обусловленный

ill-definedness плохая определённость (*задачи*)

illegal 1. недопустимый; непредусмотренный; несанкционированный **2.** недействительный

ill-structured плохо структурированный

image 1. образ, изображение ‖ изображать **2.** отображение ‖ отображать

after ~ преобразованный вид записи (*после обновления*)

animated ~ «оживлённое» [динамическое] изображение (*в машинной графике*)

application ~ образ прикладного объекта

background ~ фоновое изображение

before ~ исходный вид записи (*до обновления*)

binary ~ 1. двоичное отображение 2. бинарное изображение

blurred ~ неясное [расплывчатое] изображение

brilliant ~ яркое (и чёткое) изображение

card ~ 1. отображение (*в памяти*) содержимого (перфо-)карты 2. формат (перфо)карты, схема размещения данных на (перфо)карте 3. дубликат (перфо)карты, карта-копия

character ~ изображение знака

cine-oriented ~ правильно ориентированное изображение (*на микроплёнке*)

coded ~ закодированное изображение, графический объект (*напр. в памяти ЭВМ*)

comic-strip oriented ~ «повёрнутое» изображение (*на микроплёнке*)

componentwise ~ покомпонентный образ (*напр. запоминаемой в СТЗ сцены*)

contrast ~ контрастное изображение

core ~ дубликат содержимого оперативной памяти (*напр. во внешней памяти*)

3-D ~ трёхмерное изображение

digitized ~ оцифрованное изображение, закодированное (в цифровой форме) изображение, цифровое изображение

display ~ визуальное отображение

double ~ двойное [сдвоенное] изображение

dynamic ~ изменяемое изо-

бражение, изменяемая част[ь] изображения

erect ~ прямое [неперевёр[нутое] изображение

feedback ~ графическая об[ратная связь (*с оператором*[

foreground ~ основное изоб[ражение (*при наличии фоно[вого*)

ghost ~ фантомное изобра[жение

hard ~ контрастное изобра[жение

hologram ~ голограмма, го[лограммное изображение

inversed ~ перевёрнутое изо[бражение

latent ~ скрытое изображе[ние

low-luminosity ~ бледное изо[бражение

memory ~ 1. отображение памяти 2. копия содержимог[о памяти

nondistinct ~ нечёткое [не[резкое] изображение

out-of-focus ~ расфокусиро[ванное изображение; нечёт[кое [нерезкое] изображение

powder ~ порошковое изо[бражение

scanned ~ сканированное изо[бражение

search ~ поисковый образ

shaded ~ 1. изображени[е (*трёхмерных объектов*) с (ав[томатически формируемыми[тенями 2. затушёванное изо[бражение

sharp ~ чёткое [резкое] изо[бражение

sharply ~ хорошо сфокуси[рованное изображение; чёт[кое [резкое] изображение

shrunk ~ сжатое изображе[ние

soft ~ неконтрастное изо[бражение

source ~ исходное изобра[жение

terminal ~ виртуальный тер[минал

two-dimensional ~ двумерно[е изображение

unsharp ~ нечёткое [нерезкое] изображение

visible ~ видимое изображение

visual ~ 1. визуальное [наглядное] изображение 2. визуальное [наглядное] отображение

image-based основанный на анализе изображений

imager блок формирования изображения

imagery изображения; образы

color ~ цветные изображения

monochrome ~ одноцветные изображения; монохромные [монохроматические] изображения

time-varying ~ динамические изображения

imaging воспроизведение изображения; отображение; формирование изображения

binary ~ двухуровневое представление изображений (*без полутонов*)

computer ~ формирование изображения с помощью вычислительной машины

gray-level ~ формирование изображения с использованием яркостной шкалы, полутоновое представление изображения

immunity:

noise ~ помехоустойчивость; помехозащищённость

soft-error ~ устойчивость к случайным сбоям

impact:

cross ~ перекрёстное влияние

impedance полное сопротивление

avalanche [breakdown] ~ полное сопротивление пробоя

characteristic ~ характеристическое [волновое] сопротивление

common-mode input ~ входное полное сопротивление для синфазного сигнала (*в операционных усилителях*)

coupling ~ полное сопротивление связи

dynamic ~ динамическое полное сопротивление

forward ~ прямое полное сопротивление

input ~ входное полное сопротивление

internal ~ внутреннее полное сопротивление

inverse ~ обратное полное сопротивление

matched ~ согласованное сопротивление

OFF ~ обратное полное сопротивление перехода

ON ~ прямое полное сопротивление перехода

output ~ выходное полное сопротивление

reduced ~ нормализованное полное сопротивление

short-circuit transfer ~ передаточное полное сопротивление при коротком замыкании

terminal ~ оконечное полное сопротивление

transfer ~ передаточное полное сопротивление

imperfection 1. несовершенство; неполнота 2. недостаток, дефект

point ~ точечный дефект

implant имплантат, имплантирующая примесь ‖ имплантировать

implementation внедрение; ввод в работу (*напр. ЭВМ*); реализация

bottom-up ~ восходящая реализация, реализация снизу вверх

dual ~ двухвариантная реализация (*метод повышения отказоустойчивости за счёт создания пары одинаковых функциональных узлов СБИС на разных элементах*)

language ~ реализация языка

silicon ~ реализация в виде ИС

top-down ~ нисходящая реализация, реализация сверху вниз

implicant *лог.* импликанта

prime ~ простая импликанта

implication 1. вовлечение, включение **2.** *лог.* импликация

    biconditional ~ равнозначность, двусторонняя импликация

    conditional ~ условная импликация

    formal ~ формальная импликация

    material ~ импликация

    strict ~ строгая импликация

implicator импликатор, схема импликации

implicature импликативная форма

implicit неявный

imply 1. заключать в себе; влечь, иметь следствием **2.** значить, означать **3.** *лог.* имплицировать

import 1. подразумеваемый смысл; значение ‖ подразумевать; иметь значение **2.** *лог.* вносить; привносить **3.** импорт (*входящих сообщений в сетях*)

impression:

    weak ~ **of typing** слабая печать, *проф.* непропечатка (*знаков*)

impulse импульс (*см. тж* **pulse, signal**)

    unit ~ единичный импульс

inaccessible недоступный

inaccuracy неточность; погрешность

    systematic ~ систематическая неточность; систематическая погрешность

incidence инцидентность (*вершин в графе*)

in-circuit встроенный; внутрисхемный

inclusion 1. вовлечение, включение **2.** *лог.* импликация

incoherence некогерентность

incoherent некогерентный

incoming входящий, поступающий

incommensurability несоизмеримость

incommensurable несоизмеримый

incompatibility несовместимость

incompatible несовместимый

incompleteness неполнота; незавершённость

inconnector внутренний соединительный знак (*на блок-схеме в точке разрыва внутренней связи*)

inconsistency противоречивость несовместимость

    access ~ противоречивость доступа

    time ~ временна́я противоречивость (*процессов*)

    update ~ противоречивость при обновлении (*данных*)

inconsistent противоречивый несовместимый

increment 1. приращение, прирост ‖ давать приращение **2.** *матем.* инкремент, (бесконечно малое) приращение; шаг **3.** прирастить (*название команды*)

    ~ **of function** приращение функции

    allowed ~ допустимое приращение

    forbidden ~ недопустимое приращение

    initial ~ начальное приращение; начальный шаг

    interim ~ промежуточный шаг

    intermediate ~ вспомогательный шаг

incremental инкрементный

incrementation 1. приращение прирост **2.** прибавление единицы (*напр. к счётчику команд*)

incrementor инкрементор (*устройство для формирования приращений*)

indefinability неопределимость

indefinable неопределимый

indefinite неопределённый

in-degree *т. граф.* полустепень захода

indent:

    hanging [reverse] ~ обратный отступ (*во всех строках абзаца, кроме первой; в текстовом процессоре*)

inden(ta)tion структурированное расположение текста

independence независимость
  access path ~ независимость
от пути доступа
  data ~ **1.** независимость данных **2.** независимость от данных
  device ~ независимость от (конкретных) устройств
  hardware ~ аппаратная независимость, независимость от аппаратуры; независимость от (конкретных) технических средств
  logical data ~ логическая независимость данных; концептуальная независимость данных
  physical data ~ независимость от (физического) представления данных
  processing ~ независимость (*работы устройства*) от технологического разброса параметров
  residence ~ независимость от местоположения
  software system ~ независимость от других программных средств (*критерий оценки качества программного обеспечения*)
  speaker ~ независимость от диктора (*свойство метода распознавания речи*)
  statistic(al) ~ статистическая независимость, независимость в статистическом смысле
indeterminacy неопределённость
index 1. индекс, показатель **2.** *матем.* показатель степени; коэффициент **3.** предметный указатель; индекс (*в базах данных*) **4.** индексировать
  ~ **of dispersion** индекс рассеяния (*характеристика однородности выборки*)
  aggregative ~ составной индекс
  capacity ~ индекс пропускной способности
  catalog ~ индекс каталога
  citation ~ показатель цитируемости (*документа*)
  code line ~ кодовый индекс

кадра (*микрофиши или микроплёнки*)
  control ~ **1.** управляющий индекс **2.** контрольный индекс
  cycle ~ **1.** индекс цикла; параметр цикла **2.** число повторений цикла
  cylinder ~ индекс цилиндра (*ЗУ на дисках*)
  dense ~ плотный индекс
  descriptor word ~ дескрипторный словарь; указатель дескрипторов
  destination ~ индекс назначения
  fine ~ вторичный индекс; младший индекс
  fog ~ индекс непонятности (*показатель качества технического описания программы или системы*)
  gross ~ главный индекс; старший индекс
  inverted ~ инвертированный [обращённый] индекс; инвертированный [обращённый] указатель
  iteration ~ индекс итерации
  keyword-in-context ~ указатель ключевых слов (*программы*)
  line ~ (кодовый) индекс кадра (*микрофиши или микроплёнки*)
  main [master] ~ главный индекс; старший индекс
  nondense ~ неплотный индекс
  overall ~ обобщённый [общий] показатель
  permutation [permuted-title] ~ перестановочный индекс; пермутационный указатель
  range ~ интервальный указатель
  reliability ~ показатель надёжности
  secondary ~ вторичный индекс
  source ~ индекс источника
  track ~ индекс дорожки
  tree ~ древовидный индекс
  word ~ **1.** индекс слова **2.** содержимое индекс-регистра

indexable индексируемый, допускающий индексацию

indexed-sequential индексно-последовательный

indexer индексатор

indexing 1. индексирование; индексация **2.** индексная адресация

  accumulator offset ~ индексная адресация с использованием адресного сумматора (*для прибавления величины смещения*)

  association ~ составление частотного словаря совместной встречаемости (*напр. слов в тексте*)

  auto increment / decrement ~ индексная адресация с автоматическим увеличением *или* уменьшением индекса (на единицу), автоинкрементная *или* автодекрементная индексная адресация

  bucket resolved ~ индексирование с точностью до участка (*памяти*)

  coordinate [correlation] ~ координатное индексирование

  cumulative ~ кумулятивная индексация (*присваивание одному адресу нескольких индексов*)

  datacode ~ координатное индексирование

  keyed file ~ ключевое индексирование файлов

  manipulative ~ координатное индексирование

  multiple-aspect ~ многоаспектное индексирование

  record resolved ~ индексирование с точностью до записи

  secondary ~ вторичное индексирование

  text ~ текстовое индексирование

  unique ~ особое индексирование (*в базах данных*)

  uniterm ~ индексирование в унитермах; дескрипторное индексирование

  word ~ индексирование с помощью слов

indicant индикант

indicate 1. указывать; показывать **2.** означать

indication 1. указание **2.** обозначение; индикатор, указатель **3.** индикация; показание, отсчёт (*прибора*)

  digital ~ цифровая индикация; цифровой отсчёт

  error ~ индикация ошибок

  group ~ индикация групп, групповая индикация (*относящаяся к группе данных*)

  mode ~ индикатор вида (*АЛГОЛ 68*)

  remote ~ дистанционная индикация

  trouble ~ индикация неисправностей

indicator индикатор, указатель; индикаторный регистр

  alphabet ~ буквенный индикатор

  alpha(nu)meric ~ буквенно-цифровой индикатор

  availability ~ индикатор готовности (*устройства к работе*)

  branch-on ~ индикатор ветвления

  call ~ индикатор вызова

  check ~ **1.** контрольный индикатор; контрольная лампа **2.** индикатор контроля **3.** индикатор ошибки

  compare [comparison] ~ индикатор сравнения

  continuation ~ указатель продолжения (*текста*)

  currency ~ индикатор текущего состояния (*в базах данных*)

  dial ~ циферблатный индикатор; индикатор с лимбом

  digital ~ цифровой индикатор

  dot(-type) digital ~ цифровой индикатор точечного типа

  end-of-file ~ признак конца файла

  equal-zero ~ индикатор проверки на нуль, индикатор равенства нулю, указатель нуля

existence ~ индикатор наличия (*напр. слов с данным признаком в ассоциативном ЗУ*)

flag ~ 1. индикатор условия 2. флаговый указатель

high-position [high-positive] ~ индикатор положительного значения

in-lock status ~ индикатор занятости канала

instruction-check ~ индикатор ошибки в (выполняемой) команде

interrupt ~ индикатор прерывания

LED ~ светодиодный индикатор

level ~ индикатор уровня

machine check ~ индикатор контроля (работы) машины

match ~ индикатор совпадений

moving-dot ~ индикатор с движущейся (светящейся) точкой

N-bar ~ N-сегментный индикатор, индикатор с изображением символов при помощи N отрезков

neon ~ индикатор на неоновой лампе, неоновый индикатор

N-segment ~ N-сегментный индикатор, индикатор с изображением символов при помощи N отрезков

numerical ~ цифровой индикатор

operator ~ индикатор (на пульте) оператора

overflow (check) ~ индикатор переполнения

overload ~ индикатор перегрузки

patch ~ индикатор корректировки (*в базах данных*)

priority ~ индикатор [указатель] приоритета; приоритетный номер

read-write check ~ индикатор контроля при считывании — записи

realm currency ~ индикатор текущей записи области (*в базах данных*)

ring ~ кольцевой индикатор

role ~ указатель функции (*напр. ключевого слова в поисковых системах*)

rotating ~ вращающийся индикатор

routing ~ указатель маршрута (*служебный признак в заголовке сообщения*)

signal ~ сигнальный индикатор, сигнализатор

sign-check ~ индикатор контроля знака

significance ~ индикатор значимости

stack ~ указатель стека

status ~ индикатор состояния

strobed ~ стробированный индикатор

synchro ~ сельсин-индикатор, сельсинный индикатор

time interval ~ указатель интервалов времени

variation ~ индикатор изменения (*операнда или команды*)

individual 1. индивид(уум) ǁ индивидуальный, отдельный, единичный 2. отдельный процессор (*в многопроцессорной системе*) 3. индивидуализированный объект, индивидный концепт (*в СИИ*)

atomic ~ атомарный объект (*в базах знаний*)

induce 1. *матем.* порождать; выводить по индукции 2. индуцировать, наводить (*напр. ложный сигнал*)

inductance индуктивность

control ~ индуктивность управляющего провода (*в криотроне*)

distributed ~ распределённая индуктивность

lead ~ индуктивность выводов *или* вводов

leakage ~ индуктивность рассеяния

lumped ~ сосредоточенная индуктивность

pneumatic ~ пневматическая индуктивность

primary ~ индуктивность первичной обмотки

series ~ последовательная [последовательно включённая] индуктивность

stray ~ паразитная индуктивность

induction индукция

descending ~ *лог.* индукция спуска

flyback ~ разность значений индукции в состоянии насыщения и в остаточном состоянии того же знака

informal ~ содержательная индукция

intrinsic ~ собственная [внутренняя] индукция

mathematical ~ математическая индукция

package ~ индуктивность корпуса (*микросхемы*)

residual ~ остаточная индукция

rule ~ вывод правил методом индукции (*в экспертных системах*)

saturation ~ индукция насыщения

switching ~ разность значений индукции при перемагничивании

industry:

communication ~ промышленность средств связи

computer ~ промышленность средств вычислительной техники

information ~ информационная индустрия

information processing ~ **1.** сфера обработки данных **2.** промышленность средств обработки данных

plug(-to-plug) compatible ~ производство (полностью) совместимых вычислительных машин

software ~ промышленность (по производству) программного обеспечения; индустрия программных средств

inequality 1. неравенство **2.** не соответствие

absolute ~ абсолютное [безусловное] неравенство

recurrent ~ рекуррентное не равенство

slack ~ слабое неравенство

strict ~ строгое неравенств

unconditional ~ абсолютно [безусловное] неравенство

infer делать (логический) вывод (логически) выводить

inference (логический) вывод умозаключение; следствие

analogical ~ вывод по ана логии

chain ~ цепное заключение

deductive ~ дедуктивный вы вод

formal ~ формальный выво

grammatical ~ грамматичес кий вывод

inductive ~ индуктивный вы вод

immediate ~ непосредствен ный вывод

mediate ~ опосредствованно умозаключение

propositional ~ пропозицион ный вывод

simultaneous ~ совместны выводы

inferencing формирование [по лучение] (логического) выво да; процесс (логического) вы вода, (логический) вывод

inferential дедуктивный; выве денный логически

infinite 1. бесконечный **2.** бес численный

infinitesimal бесконечно мала величина ‖ бесконечно малы

infinity бесконечность

~ **of choice** бесконечное чис ло вариантов

actual ~ *лог.* актуальна бесконечность

completed ~ *лог.* завершён ная бесконечность

inflected флективный

inflection 1. перегиб; точка пе региба (*кривой*) **2.** построени флективной формы; словоиз менение **3.** *лингв.* флексия inflexion *см.* inflection

infological инфологический, информационно-логический

inform сообщать, информировать; передавать данные

informatics информатика

information информация; сведения

administrative ~ административная информация

alpha(nu)meric ~ буквенно-цифровая информация

ancillary ~ вспомогательная информация

audio ~ акустическая [звуковая] информация

auxiliary ~ вспомогательная информация

binary ~ двоичная информация

binary coded ~ двоично-кодированная информация

checking ~ контрольная информация

complete ~ полная информация

computerized ~ 1. информация в машинном представлении 2. автоматизированная система информационного обслуживания; автоматизированная служба информации

contradictory ~ противоречивая информация; противоречащая информация

debugging ~ отладочная информация

digital ~ цифровая информация; дискретная информация

digital-coded ~ информация, закодированная в цифровой форме

discrete ~ дискретная информация

distorted ~ искажённая информация

dummy ~ фиктивная информация

external ~ внешняя информация (*напр. в сети ЭВМ*)

extraneous ~ посторонняя информация

factual ~ фактографическая

информация, информация о фактах (*в базах знаний; в отличие от информации о законах предметной области*)

false ~ ложная информация

file ~ 1. информация файла 2. картотечная информация

fresh ~ новая [свежая] информация

graphical ~ графическая информация, информация в графической форме

help ~ консультативная информация (*запрашиваемая пользователем для правильного взаимодействия с системой*)

identifying ~ идентифицирующая информация

image ~ изобразительная информация; графическая информация, информация в графической форме

incomplete ~ неполная информация

internal ~ внутренняя информация (*напр. в сети ЭВМ*)

irrelevant ~ нерелевантная информация (*не относящаяся к делу*); несущественная информация

knowledge ~ информация типа знаний

machine-sensible ~ информация в машиночитаемой форме, машиночитаемая информация

management ~ управленческая информация

multiplexed ~ общая [одновременно используемая] информация

mutual ~ полное количество информации

nodal ~ информация об узлах (*напр. сети*)

nonnumerical ~ нецифровая информация; нечисловая информация

nonsemantic ~ несемантическая информация

null ~ отсутствие информации

numerical ~ цифровая ин

формация; числовая информация

office ~ учрежденческая информация

optional ~ необязательная [факультативная] информация

overhead ~ **1.** дополнительная служебная информация (*напр. адрес получателя сообщения*) **2.** сведения о непроизводительных затратах (*вычислительных ресурсов*), *проф.* информация о накладных расходах

pattern ~ образная информация, информация в виде образов

pictorial ~ **1.** наглядная информация **2.** графическая информация, информация в графической форме

qualitative ~ качественная информация

raw ~ сырая [непереработанная] информация

redundant ~ избыточная информация

relevant ~ релевантная информация (*относящаяся к делу*); существенная информация

remote ~ дистанционная информация

resulting ~ итоговая информация

sampled ~ выборочная информация

satellite ~ **1.** сопутствующая информация **2.** информация, передаваемая (искусственным) спутником

semantic ~ семантическая информация

side ~ **1.** *киберн.* дополнительная информация **2.** побочная информация

source ~ исходная информация

speaker-discriminating ~ информация об отличительных признаках голоса (*конкретного человека*)

startup ~ установочная информация

status ~ информация о состоянии

stored ~ хранимая информация

superfluous ~ избыточная информация

supplemental ~ дополнительная информация; справочная информация

symbolic ~ символьная информация; информация на символическом языке

taxon ~ таксономическая информация (*относящаяся к иерархии понятий, напр. в базах знаний*)

technical ~ техническая информация; технические данные

total ~ полная информация

transferred ~ **1.** количество сообщённой информации **2.** переданная информация

useful ~ полезная информация

valuable ~ ценная информация; полезная информация

vector ~ векторная информация

visual ~ информация в наглядной форме

zero ~ нулевая информация

information-theoretic(al) теоретико-информационный

informatization распространение информационной технологии, информатизация

in-gate входной вентиль

inheritance наследование свойств (*в иерархической системе представления знаний*)

inhibit запрещение, запрет

code ~ запрет исполнения части программы

external-interrupt ~ запрет внешних прерываний

inhibition 1. запрещение, запрет **2.** торможение, задерживание

inhibitor схема запрета

in-house внутренний; местный, собственный (*напр. о системе*)

initialization 1. инициализация; установка в исходное состояние; начальная загрузка

2. задание начальных условий

loop ~ инициализация цикла

pack ~ инициализация пакета

volume ~ инициализация тома

initialize 1. инициализировать; устанавливать в исходное состояние **2.** задавать начальные условия

initiate инициировать; начинать; запускать; включать; возбуждать (*шину*)

initiation 1. образование, создание **2.** инициирование, инициация; запуск; включение; возбуждение (*шины*)

foreground ~ инициирование (высоко)приоритетных программ

initiator инициатор

foreground ~ инициатор (высоко)приоритетных программ

initiator-terminator инициатортерминатор

injection инжекция

fault ~ внесение неисправностей (*в модель схемы*)

hole ~ *пп* инжекция дырок

optical ~ оптическая накачка

ink 1. чернила **2.** печатная краска

background ~ фоновые чернила (*не воспринимаемые при автоматическом считывании документов*)

coding ~ чернила для нанесения закодированных данных

conductive ~ проводящие чернила

dry ~ сухая краска

electrographic ~ порошок для электрографической печати

magnetic ~ **1.** магнитные чернила **2.** магнитная печатная краска

phosphorescent ~ фосфоресцентные чернила

inker красящий механизм (*в печатающем устройстве*)

inking рисование (*в графопостроителях*)

innermost самый внутренний (*напр. о цикле*)

innerproduct скалярное произведение

in-out ввод-вывод

inphase в фазе, совпадающий по фазе, находящийся в фазе, синфазный

in-plant размещённый [расположенный] в одном здании *или* помещении

input 1. вход; ввод ‖ входной, на входе; вводимый **2.** входное устройство; устройство ввода **3.** входной сигнал **4.** входные данные **5.** подавать на вход; вводить

address ~ адресный вход

analog ~ **1.** аналоговый вход **2.** аналоговые входные данные

binary ~ **1.** двоичный вход; ввод двоичной информации **2.** двоичные входные данные

bipolar ~ биполярный вход (*для подачи биполярных импульсов*)

card ~ **1.** ввод с (перфо) карт **2.** входные данные на (перфо-) картах

carry ~ **1.** вход (сигнала) переноса **2.** входной сигнал переноса

chip-select ~ вход выбора кристалла

clear ~ вход установки в исходное состояние, вход (сигнала) сброса

clock ~ синхронизирующий вход, вход синхронизации, вход синхронизирующих сигналов

complemented ~ инверсный вход

complementing ~ счётный вход (*триггера*)

countdown ~ **1.** вычитающий вход (*счётчика*) **2.** входной сигнал вычитания

data ~ **1.** информационный вход **2.** ввод данных **3.** входные данные

differential ~ дифференциальный вход
digital ~ **1.** вход цифровых
данных **2.** цифровые входные данные
digital tablet ~ ввод (*графических данных*) с помощью
цифрового планшета
erase ~ **1.** вход стирающего
сигнала **2.** входной сигнал
стирания
format-free [**formatless**] ~
бесформатный ввод
free-floating ~ *проф.* подве-
шенный вход (*никуда не подсоединённый*)
full-scale ~ полномасштабный входной сигнал
graphic(al) ~ **1.** графический
ввод, ввод графических данных **2.** устройство графического ввода данных **3.** графические входные данные
high ~ входной сигнал высокого уровня
incremental ~ входной сигнал в виде приращений, инкрементный входной сигнал
inhibiting ~ **1.** запрещающий
вход **2.** запрещающий входной
сигнал
inverting ~ инверсный [ин-
вертирующий] вход
keyboard ~ **1.** ввод с клавиатуры **2.** данные, вводимые с
клавиатуры
latched ~ вход с (регистром-)
защёлкой
light ~ световой входной сигнал
low ~ входной сигнал низкого уровня
manual ~ **1.** ручной ввод **2.**
данные, вводимые вручную
master ~ **1.** основной [глав-
ный] вход **2.** основные входные данные
multiple ~ **1.** многократный
ввод **2.** многоканальный вход
one ~ **1.** единичный вход,
вход «1» **2.** входной сигнал
единицы **3.** единичный сигнал
на входе
on-line ~ ввод (данных) под

управлением центрального
процессора
OR ~ вход в виде схемы ИЛИ
overriding ~ преимуществен-
ный вход (*в ферромагнитном
регистре*)
preset ~ вход установки в
исходное состояние, *проф.*
вход предустановки
primary ~ **1.** первичный вход
(*в логической схеме*); внешний вход **2.** первый входной
сигнал (*в интеграторе*)
program ~ входные данные
программы
pulse ~ вход импульсных
сигналов, импульсный вход
punched (**paper**) **tape** ~ **1.**
ввод с (бумажной) перфолен-
ты **2.** устройство ввода с (бумажной) перфоленты **3.** входные данные на (бумажной)
перфоленте
random ~ случайный входной сигнал
real-time ~ **1.** вход для данных, поступающих в реальном
(масштабе) времени **2.** ввод
(данных) в реальном (мас-
штабе) времени
reference ~ **1.** контрольный
ввод **2.** контрольный входной
сигнал **3.** контрольные входные данные
remote ~ дистанционный ввод
reset ~ **1.** вход сигнала установки в (состояние) «0»;
вход сброса (*в первоначальное состояние*) **2.** входной сигнал установки в (состояние)
«0»; входной сигнал сброса
(*в первоначальное состояние*)
secondary ~ второй входной
сигнал (*в интеграторе*)
sensitive (**gate**) ~ активизированный вход (вентиля)
set ~ **1.** вход сигнала установки в (состояние) «1» **2.**
входной сигнал установки в
(состояние) «1»
substantive ~ ввод большого
массива данных
switching ~ переключающий
вход

time base ~ вход синхронизации

touch ~ 1. сенсорный вход 2. сенсорный ввод

uncomplemented ~ неинверсный [прямой] вход

unit step ~ входной сигнал в виде единичного скачка

unlatched ~ вход без (регистра-)защёлки

unspecified ~ 1. непредусмотренный вход 2. непредусмотренная совокупность входных данных

unused ~ неиспользуемый вход

verbal ~ 1. речевой ввод; речевой вход 2. речевые входные данные

vocal [voice] ~ 1. речевой ввод, ввод (данных) голосом 2. устройство речевого ввода

zero ~ 1. нулевой вход, вход «0» 2. входной сигнал нуля, нулевой сигнал на входе

input/output 1. ввод-вывод 2. устройство ввода-вывода 3. данные ввода-вывода

accumulator ~ ввод-вывод через аккумулятор

asymmetric ~ асимметричный ввод-вывод

buffered ~ 1. ввод-вывод с использованием буферной памяти, буферизованный ввод-вывод 2. устройство ввода-вывода с буферной памятью, буферизованное устройство ввода-вывода

concurrent ~ 1. совмещённый ввод-вывод 2. устройство ввода-вывода, работающее в режиме совмещения

data-directed ~ ввод-вывод, управляемый данными

edit-directed ~ ввод-вывод, управляемый редактированием

hybrid ~ гибридное устройство ввода-вывода

list-directed ~ ввод-вывод, управляемый списком

logical ~ логический ввод-вывод

long-haul remote ~ дистанционный ввод-вывод с использованием глобальной сети *или* линии дальней связи

memory-mapped ~ ввод-вывод с (предварительным) распределением памяти (*между устройствами*)

physical ~ физический ввод-вывод

port-mapped ~ ввод-вывод с распределением (вводимой информации) по портам (*памяти*)

programmed ~ 1. программируемый ввод-вывод 2. программно-управляемое устройство ввода-вывода

random-access ~ ввод-вывод с произвольной выборкой

real-time ~ ввод-вывод в реальном (масштабе) времени

simultaneous ~ параллельный ввод-вывод (*выполняемый одновременно с другими операциями*)

stream ~ ввод-вывод потока данных

teletype ~ 1. телетайпный ввод-вывод 2. телетайп(ное устройство) ввода-вывода

verbal ~ речевой ввод-вывод

inputter блок ввода данных

inputting процесс ввода, ввод

inquire 1. запрашивать 2. опрашивать

inquiry 1. запрос (*см. тж* query) 2. опрос

database ~ запрос к базе данных

direct-access ~ запрос с прямым доступом

interrupt ~ запрос прерывания

keyboard ~ 1. запрос с клавиатуры 2. опрос клавиатуры

multifaceted ~ многоаспектный запрос

remote ~ 1. дистанционный запрос 2. дистанционный опрос

inscriber записывающее устройство, устройство записи

tape ~ устройство записи на ленту

inscribing подготовка исходного документа (*при оптическом распознавании знаков*)

inscription надпись

insertion 1. ввод 2. вставка

   fault ~ введение неисправностей (*в модель схемы*)

   in-line ~ **of character** вставка символа в строку

   register ~ вставка регистров (*метод управления работой сети*)

   switch ~ ввод (*данных*) с помощью переключателей

inside-plant размещённый [расположенный] в одном здании *или* помещении

insignificant незначащий

insolubility неразрешимость

   algorithmic ~ алгоритмическая неразрешимость

inspection проверка, инспектирование, контроль

   acceptance ~ приёмочный контроль

   automated visual ~ автоматический визуальный контроль (*с использованием СТЗ*)

   command-by-command ~ покомандная проверка

   incoming ~ входной контроль

   outgoing ~ выходной контроль

   test ~ контроль за испытаниями

   total ~ сплошная проверка

inspector инспектор (*программа контроля состояния сложных структур данных в ЛИСП-машине*)

instability неустойчивость

   dynamic ~ динамическая неустойчивость

   inherent ~ собственная неустойчивость

   numerical ~ неустойчивость численного решения

   static ~ статическая неустойчивость

install 1. устанавливать, монтировать, собирать 2. располагать, размещать 3. вводить в действие

installation 1. установка, устройство 2. установка, монтаж 3. расположение, размещение 4. ввод в действие

   computer ~ 1. вычислительная установка 2. установка вычислительной машины

   cooperative ~ установка коллективного пользования

   software ~ ввод в действие системы программного обеспечения

   terminal ~s терминальное оборудование

instance 1. экземпляр (*записи*) 2. привязка (*событий в системе управления дисплеем*)

   event ~ реализация события (*в системе моделирования*)

   group relation ~ экземпляр группового отношения (*в реляционных базах данных*)

   record ~ экземпляр записи

instant:

   sampling ~ момент замера; момент выборки

instantiate 1. приписывать значение (*напр. переменной*) 2. подвергать обработке (*напр. запросы к базе знаний*)

instantiation конкретизация понятий (*в базах знаний*)

instruction 1. команда (*см. тж* **command, order**) 2. инструкция; программа действий 3. обучение

   absolute ~ 1. команда на машинном языке 2. (графическая) команда в абсолютных координатах; команда установки абсолютных координат (*в машинной графике*)

   accumulator shift ~ команда сдвига (содержимого накапливающего) сумматора

   actual ~ действующая [рабочая] команда, *уст.* исполнительная команда (*для непосредственного исполнения без предварительной модификации*)

   addressless ~ безадресная команда

   address modification ~ команда переадресации

alpha(nu)meric ~ буквенно-цифровая команда

arithmetic(al) ~ арифметическая команда, команда арифметической операции

assignment ~ команда присваивания

autocode ~ команда автокода; команда на языке автокода

autoindexed ~ команда с автоиндексацией

basic ~ **1.** исходная команда (*до модификации*) **2.** стандартная команда **3.** команда языка Бэйсик

blank ~ пустая команда, команда пропуска

block-move ~ команда перемещения блока

branch(ing) ~ команда ветвления

branch-on-zero ~ команда ветвления «по нулю»

breakpoint ~ команда контрольного останова; команда контрольного перехода

byte ~ байтовая команда

call ~ команда вызова; команда обращения

card read ~ команда считывания с (перфо)карт(ы)

character-oriented ~ команда работы с символьной информацией

clear and add ~ команда очистки и сложения

clearing ~ команда очистки; команда установки на нуль

clear store ~ команда очистки запоминающего устройства

compare [comparison] ~ команда сравнения

complete ~ полная команда (*соответствующая выполнению законченной машинной операции*)

compound ~ составная команда

computer ~ машинная команда

computer-aided [computer-assisted] ~ программирован-ное обучение (с помощью вычислительной машины), машинное обучение

conditional ~ **1.** условная команда **2.** команда условного перехода

conditional assembly ~ команда условной компоновки

conditional branch ~ команда условного ветвления

conditional breakpoint ~ команда условного контрольного останова; команда условного контрольного перехода

conditional jump ~ команда условного перехода

conditional stop ~ команда условного останова

conditional transfer ~ команда условной передачи управления

conflicting ~s противоречивые команды

constant ~ команда-константа, константа в форме команды

consumer ~ команда-потребитель (*данных в потоковых машинах*)

control ~ команда управления, управляющая команда

control transfer ~ команда передачи управления

convert ~ команда инвертирования

current ~ текущая команда

data movement ~ команда пересылки данных; команда перемещения данных

data transfer ~ команда передачи данных; команда пересылки данных

decimal ~ десятичная команда

decision ~ команда выбора решения; команда ветвления

declarative ~ декларативная команда, команда объявления

diagnose ~ команда диагностирования

direct ~ команда с прямой адресацией

direct access ~ команда прямого доступа

discrimination ~ 1. команда условного перехода 2. команда выбора решения; команда ветвления

display ~ дисплейная команда; команда вывода (*данных*) на устройство отображения

do-nothing ~ холостая [фиктивная] команда

double-precision ~ команда для вычислений с удвоенной точностью

drum ~ 1. команда обращения к барабану 2. команда, записанная на барабане

dummy ~ холостая [фиктивная] команда

edit ~ команда редактирования

effective ~ действующая [рабочая] команда, *уст.* исполнительная команда (*для непосредственного исполнения без предварительной модификации*)

engineering ~ 1. инструкция по техническому обслуживанию 2. *pl* правила технической эксплуатации

entry ~ команда входа (*напр. в подпрограмму*)

exchange ~ команда обмена

executive ~ команда управления (*исполнением других команд или программ*); команда супервизора

external devices ~ 1. команда управления внешними устройствами 2. команда обращения к внешним устройствам

extracode ~ экстракод

extract ~ команда выделения (*напр. части слова*)

floating-point ~ команда (для работы) с плавающей запятой

format ~ команда форматирования, команда установки формата (*напр. для вывода данных*)

four-address ~ четырёхадресная команда

full-word ~ команда длиной в полное слово

general ~ основная команда

(*из стандартного набора команд*)

half-word ~ команда длиной в полуслово

halt ~ команда останова

housekeeping ~ служебная команда; организующая команда; вспомогательная команда

idle ~ холостая [фиктивная] команда

ignore ~ команда блокировки; команда игнорирования

illegal ~ запрещённая [неразрешённая] команда

immediate (address) ~ команда с непосредственным адресом *или* с непосредственными адресами

imperative ~ императивная команда

indirect ~ команда с косвенной адресацией

input/output ~ команда ввода-вывода

inquiry input/output ~ команда запроса на ввод-вывод

internal manipulation ~ (служебная) команда для внутреннего манипулирования данными

interpretive ~ интерпретируемая команда

interrupt ~ команда прерывания

interruptable ~ прерываемая команда

invitation [invite] ~ команда выдачи «приглашения» (*на терминал*)

iterative ~ команда организации цикла; команда в итеративном цикле; итеративная команда

jump ~ команда перехода

jump to subroutine ~ команда перехода к подпрограмме

keyboard ~ команда, вводимая с клавиатуры

link ~ 1. команда связи 2. команда возврата

linkage macro ~ макрокоманда связи

load index register ~ команда занесения в индексный регистр, команда загрузки индекс-регистра

load repeat counter ~ команда загрузки счётчика повторений

logic(al) ~ логическая команда

look-up ~ команда просмотра; команда поиска

machine ~ машинная команда

machine code ~ команда в кодах машины; команда на машинном языке

machine language ~ команда на машинном языке

macro ~ макрокоманда

macroexpansion ~ команда макрорасширения; макрокоманда

macroprocessing ~ команда макрообработки

maintenance ~ инструкция по техническому обслуживанию

math ~ команда выполнения математической операции, *проф.* математическая команда

memory protect privileged ~ привилегированная команда защиты памяти

memory-reference ~ команда (связанная) с обращением к памяти

micro ~ микрокоманда

microprogrammable ~ микропрограммируемая команда

mnemonic ~ символическая команда, команда в символической записи, команда на символическом языке

modified ~ модифицированная команда

monadic ~ команда с одним операндом

monitor call ~ команда вызова монитора

move ~ команда пересылки; команда перемещения

MQ (register) sign jump ~ команда перехода по знаку регистра множителя — частного

multiaddress   [multiple(-ad-dress)] ~ многоадресная команда

multiple-length ~ команда (много)кратной длины

multiplier-quotient (register) sign jump ~ команда перехода по знаку регистра множителя — частного

multiply-accumulate ~ команда умножения с накоплением (*промежуточных сумм*)

multiplying ~ команда умножения

N-address ~ N-адресная команда

native ~ собственная команда (*в отличие от интерпретируемых или эмулируемых команд ЭВМ*)

noaddress ~ безадресная команда

nonprint ~ команда отмены печати (*символа или строки*)

nonprivileged ~ непривилегированная команда

no-op [no-operation] ~ холостая [фиктивная] команда

normalize(d) ~ команда нормализации

N-plus-one address ~ N + 1-адресная команда (*дополнительный адрес указывает следующую команду*)

null ~ холостая [фиктивная] команда

object ~ команда на выходном языке (транслятора), *проф.* команда объектной программы

one-address ~ одноадресная команда

one-and-a-half-address ~ полутораадресная команда

one-over-one   [one-plus-one] address ~ двухадресная команда типа 1 + 1, 1+1-адресная команда (*один адрес указывает следующую команду*)

operation(al)-address ~ операционно-адресная команда

optional halt [optional pause, optional stop] ~ команда условного останова

organizational ~ организующая команда

overflow jump ~ команда перехода при переполнении

pause ~ команда останова

picture-description ~ команда описания изображений

preempted ~ прерванная команда (*с более низким приоритетом*)

presumptive ~ исходная команда (*до модификации*)

prewired ~ предварительно набранная команда (*на коммутационной доске*)

privileged ~ привилегированная команда

producer ~ команда-источник, команда-генератор (*данных в потоковых машинах*)

programmed ~ программно-реализованная команда; макрокоманда; экстракод

pseudo ~ псевдокоманда; символическая команда, команда в символической записи, команда на символическом языке

quadruple address ~ четырёхадресная команда

quasi ~ квазикоманда; команда-константа; псевдокоманда

read(ing) ~ команда считывания

red-tape ~ служебная команда; организующая команда; вспомогательная команда

reference ~ команда обращения

register-to-register ~ команда межрегистровой пересылки; команда межрегистровой передачи

relative ~ (графическая) команда в относительных координатах; команда установки относительных координат; команда установки режима работы в относительных координатах (*в машинной графике*)

repeat ~ команда повторения

repetition ~ команда организации цикла

restart ~ команда рестарта

return ~ команда возврата

right shift ~ команда сдвиг вправо

rotate ~ команда циклического сдвига

roundoff ~ команда округления

scalar ~ скалярная команд

search ~ команда поиска

seek ~ команда установки (*напр. считывающей головк: на нужную дорожку*)

shift ~ команда сдвига

shift-jump ~ команда перехода (*по значению кода*) с: сдвигом

short ~ короткая команда

single-address ~ одноадрес ная команда

single-cycle ~ команда, реа лизуемая за один цикл

single-operand ~ одноопе рандная команда, команда с одним операндом

skeleton ~ команда-заготов ка, скелетная команда (*уточ няемая на более позднем эта пе проектирования*)

skip ~ команда пропуска (*напр. одной или нескольки: команд*)

source-designation [**source destination**] ~ команда пере сылки информации (*от источ ника к месту назначения*)

stack ~ стековая команда команда работы со стеком

steering ~ команда управле ния, управляющая команда

stop ~ команда останова

string ~ команда работы со строковыми данными, строко вая команда

summarize ~ команда сумми рования

supervisor call ~ команда об ращения к супервизору

symbolic ~ символическая команда, команда в символи ческой записи, команда на символическом языке

table look-up ~ команда по иска в таблице

tape ~ **1.** команда обращения к ленте **2.** команда, записанная на ленте

text-entry ~ команда ввода текста

three-address ~ трёхадресная команда

three-plus-one-address ~ четырёхадресная команда типа $3 + 1$, $3 + 1$-адресная команда (*один адрес указывает следующую команду*)

transfer ~ команда пересылки; команда перехода

transfer of control ~ команда передачи управления

trap ~ команда системного прерывания (*вызывающая срабатывание ловушки непредвиденных ситуаций*)

two-address ~ двухадресная команда

two-plus-one-address ~ трёхадресная команда типа $2 + 1$, $2 + 1$-адресная команда (*один адрес указывает следующую команду*)

unconditional branch ~ команда безусловного ветвления

unconditional control transfer ~ команда безусловной передачи управления

unconditional jump ~ команда безусловного перехода

unconditional transfer ~ команда безусловной передачи управления

unmodified ~ немодифицированная команда, исходная команда (*до модификации*)

variable (length) ~ команда переменной длины

vector(-processing) ~ векторная команда, команда обработки векторов

waste ~ холостая [фиктивная] команда

write ~ команда записи

zero-address ~ безадресная команда

zeroing ~ команда засылки нулей, *проф.* команда обнуления

zero-suppress ~ команда уничтожения [подавления] (незначащих) нулей

instructor инструктор, оператор (*обучающей системы*)

instrument прибор; инструментальное средство; измерительное средство; измерительное устройство, (контрольно-)измерительный прибор

control ~ регулирующий прибор

direct-reading ~ прибор с непосредственным отсчётом

mathematical ~ математический прибор

N-digit ~ N-разрядный цифровой прибор

instrumentation 1. (контрольно-)измерительные приборы **2.** приборное оснащение, оснащение (контрольно-)измерительными приборами **3.** оснащённость средствами контроля (*характеристика качества программного обеспечения*)

real-time ~ измерительные устройства для работы в реальном (масштабе) времени

instrumentware приборное оснащение

insymbol вводить символ

integer целое число

based ~ целое число с основанием, целое число с указанием основания системы счисления

complex ~ комплексное целое число

even ~ чётное целое число

Gaussian ~ комплексное целое число

odd ~ нечётное целое число

positive ~ положительное целое число

short ~ короткое целое число

signed ~ целое число со знаком

single precision ~ целое число с обычной [одинарной] точностью

unsigned ~ целое число без знака

integer-valued целочисленный

integrability интегрируемость

integrable интегрируемый

integral 1. интеграл ‖ интегральный **2.** целый, целостный **3.** объединённый, интегральный **4.** неотъемлемый

circulation ~ интеграл по (замкнутому) контуру

definite ~ определённый интеграл

double ~ двойной интеграл

erf ~ интеграл ошибок, интеграл вероятности

erfc ~ дополнительный интеграл ошибок, интеграл Френеля

error (function) ~ интеграл ошибок, интеграл вероятности

Fourier ~ интеграл Фурье

improper ~ несобственный интеграл

indefinite ~ неопределённый интеграл

infinite ~ интеграл с бесконечным пределом

multiple ~ (много)кратный интеграл

N-fold multiple ~ N-кратный интеграл

surface ~ поверхностный интеграл

integrand подынтегральное выражение; подынтегральная функция; интегрируемая функция

exact ~ подынтегральное выражение, являющееся точным дифференциалом

integraph интеграф

integrate 1. интегрировать **2.** объединять в одно целое **3.** *стат.* определять среднее значение *или* общую сумму

integrated 1. проинтегрированный **2.** объединённый; сгруппированный **3.** интегральный **4.** комплексный (*об автоматизации*) **5.** интегрированный (*о системе*)

integration 1. интегрирование **2.** режим интегрирования **3.** объединение в одно целое, интеграция **4.** сборка (*модулей программы*) **5.** компоновка, комплектация ◇ ~ **by parts**

интегрирование по частям; ~ **by substitution** интегрирование подстановкой

bottom-up ~ восходящая компоновка

document ~ комплектование документации

high-density ~ высокоплотная компоновка (*элементов ИС*)

horizontal ~ горизонтальная интеграция

incremental ~ поэлементная компоновка (*программного обеспечения*)

large-scale ~ интеграция высокого уровня ‖ с высоким уровнем интеграции

medium-scale ~ интеграция среднего уровня ‖ со средним уровнем интеграции

numerical ~ численное интегрирование

optimum-scale ~ интеграция оптимального уровня ‖ с оптимальным уровнем интеграции

phased ~ поэтапная компоновка (*программного обеспечения*)

pulse ~ интеграция импульсов

rectangular ~ вычисление интеграла по формуле прямоугольников

service ~ совмещение обслуживания (*в сетях*)

small-scale ~ интеграция малого уровня ‖ с малым уровнем интеграции

software ~ компоновка системы программного обеспечения

standard-scale ~ интеграция стандартного уровня ‖ со стандартным уровнем интеграции

top-down ~ нисходящая компоновка

trapezoidal ~ вычисление интеграла по формуле трапеций

ultra-large-scale ~ интеграция ультравысокого уровня ‖ с ультравысоким уровнем интеграции

vertical ~ вертикальная интеграция

very large-scale ~ интеграция сверхвысокого уровня

wafer-scale ~ интеграция в масштабе (целой) пластины

integrator 1. интегрирующее устройство, интегратор 2. блок интегрирования 3. интегрирующее звено, интегрирующий элемент

analog ~ аналоговый интегратор

ball-and-disk ~ интегратор с диском и шариком; фрикционный интегратор

bootstrap ~ интегратор с параметрической компенсацией погрешностей

cone ~ конический интегратор

DC ~ интегратор постоянного тока

decision ~ решающий интегратор

digital ~ цифровой интегратор

feedback ~ интегратор с обратной связью

friction wheel ~ интегратор с фрикционным роликом; фрикционный интегратор

incremental ~ инкрементный интегратор

inverse ~ инверсный интегратор

mechanical ~ механический интегратор

net ~ сеточный интегратор

parallel-feedback ~ интегратор с параллельной обратной связью

perfect ~ идеальный интегратор

pip ~ импульсный интегратор

printing ~ печатающий интегратор

product ~ интегратор произведений

regenerative ~ интегратор с положительной обратной связью

servo ~ сервоинтегратор

split ~ «дробный» интегратор (*в ЦДА*)

storage ~ запоминающий интегратор, интегратор с памятью

summing ~ суммирующий интегратор

wheel-and-disk ~ интегратор с диском и роликом; фрикционный интегратор

integrimeter интегриметр

integrity целостность; сохранность

conceptual ~ концептуальная целостность

data ~ целостность данных; сохранность [неискажённость] данных

referential ~ целостность на уровне ссылок

timing ~ сохранность временных соотношений

intellect:

arithmetic ~ способность (*системы*) к выполнению арифметических операций

philosophic ~ философский интеллект, способность (*СИИ*) к философскому обобщению

spatial ~ способность (*системы*) к ориентированию в пространстве

verbal ~ способность (*системы*) к общению на естественном языке

intellectronics интеллектроника (*средства реализации СИИ*)

intelligence 1. сведения, сообщения, информация 2. интеллект 3. развитая логика, развитые логические функции; развитые логические возможности 4. уровень интеллекта (*интеллектуальной системы*) 5. встроенные вычислительные средства

artificial ~ искусственный интеллект

dispersed [distributed] ~ распределённые средства искусственного интеллекта; распределённые логические функции

domain-specific ~ интеллектуальные средства предметной области

natural ~ естественный интеллект (*интеллект человека — в отличие от искусственного интеллекта*)

intelligent интеллектуальный, «разумный»; с развитой логикой; оснащённый микропроцессором, микропроцессорный; программируемый

intelligibility разборчивость, понятность (*напр. графических знаков*)

intension 1. интенция, содержание (*понятия*) **2.** интенсивность

intensity 1. интенсивность **2.** напряжённость (*электрического или магнитного поля*)
  computational ~ вычислительная интенсивность (*задачи*)

intention интенсионал, мыслительная сущность; намерение (*агента СИИ*)

interact взаимодействовать

interaction взаимодействие; взаимосвязь
  fan-in ~ взаимодействие по цепям объединения на входе
  human-**computer**[**man**-**machine**] ~ человеко-машинное взаимодействие
  multiple-send ~s взаимодействие многих отправителей сообщений (*в сетях*)
  natural language ~ естественно-языковое взаимодействие; естественно-языковое общение; взаимодействие *или* общение (*с системой*) на естественном языке
  neglected ~ неучтённое взаимодействие; разорванная связь
  one-way ~ одностороннее взаимодействие
  user ~ взаимодействие (*системы*) с пользователем; взаимодействие пользователя (*с системой*)

interactive интерактивный, диалоговый

interarrival время между (двумя последовательными) входами (*пользователя в диалоговую систему*)

interblock 1. блокировка ‖ блокировать (*работу одной из частей вычислительной системы*) **2.** межблочный
  file ~ блокировка обращения к файлу

intercalate включать (новые) данные в картотеку *или* файл

intercept 1. отрезок, отсекаемый на координатной оси ‖ отсекать отрезок на координатной оси **2.** перехват ‖ перехватывать
  willful ~ умышленный перехват (*сообщений*)

interchange 1. обмен (*напр. данными*) **2.** аппаратура обмена (*напр. данными*) **3.** замена ‖ заменять
  format ~ преобразование формата *или* форматов (*данных*)
  terminal ~ аппаратура обмена с терминалами

interchangeable 1. (взаимо)заменяемый; сменный **2.** равнозначный

interchanging (взаимная) замена; перестановка

interconnect(ion) 1. внутреннее соединение, межсоединение; межкомпонентное соединение; pl разводка, схема соединений **2.** взаимосвязь; взаимозависимость
  chip ~ межкристальное соединение
  multilayer ~ многослойное межсоединение (*в печатных платах*)
  open-system ~ взаимодействие открытых систем, ВОС
  preexisting ~ заранее проведённое соединение
  programmable ~ программируемое межсоединение; pl программируемая схема соединений (*микропроцессоров*)
  programmed ~ программируемое межсоединение

random ~s случайные соединения (*в перцептроне*)

via ~ межслойное соединение (*в печатных платах*)

terconversion взаимное преобразование; взаимный перевод; взаимный пересчёт (*из одной системы счисления в другую*)

tercoupler устройство связи

tercoupling взаимосвязь

tercycle цикл печати контрольной суммы (*в карточном перфораторе*)

terdeducible взаимно выводимый, дедуктивно-равный

terdependent взаимозависимый; взаимосвязанный

terests:

conflicting ~ сталкивающиеся интересы

terface 1. интерфейс; устройство сопряжения, сопряжение; средства сопряжения **2.** сопряжение; согласование ‖ сопрягать; согласовывать **3.** граница между двумя системами *или* приборами; место стыковки **4.** пограничный слой (*между двумя материалами*)

abstract ~ абстрактный интерфейс; абстрактное описание [представление] интерфейса

analog ~ аналоговый интерфейс

buffered ~ буферизованный интерфейс, интерфейс с буфером

bus ~ интерфейс шины; устройство сопряжения с шиной

bussed ~ шинный интерфейс; шинное сопряжение, сопряжение посредством шины

cable ~ кабельное сопряжение

channel ~ **1.** канальный интерфейс, интерфейс канала связи **2.** канальное сопряжение

command-driven ~ интерфейс командного типа

command-rich ~ интерфейс с расширенным набором команд (*в командной базе данных*)

communications ~ связной интерфейс, интерфейс связи; устройство сопряжения (*процессора*) с системой связи

computer-process ~ устройство сопряжения вычислительной машины с технологическим процессом, устройство связи с объектом, УСО

contact ~ контактное сопряжение

cryptic ~ «замысловатый» [трудно осваиваемый] интерфейс

current loop ~ интерфейс с токовой петлей

data ~ интерфейс по данным; информационное сопряжение

diagnose ~ диагностический интерфейс

direct ~ прямое [непосредственное] сопряжение

DMA ~ интерфейс канала прямого доступа (*к памяти*)

external ~ **1.** интерфейс внешнего устройства **2.** внешнее сопряжение

gateway/network ~ интерфейс шлюз — сеть

general(-purpose) ~ стандартный интерфейс; универсальный интерфейс

general-system ~ общесистемный интерфейс

graphic ~ графический интерфейс

host ~ интерфейс главного процессора; интерфейс главной вычислительной машины (*в сети ЭВМ*)

human ~ интерфейс с пользователем

human-computer [**human-machine**] ~ человеко-машинный интерфейс

hybrid ~ **1.** интерфейс (для) связи цифровых и аналоговых вычислительных устройств; устройство сопряжения цифровой и аналоговой частей (*гибридной ЭВМ*) **2.** гибридное [аналого-цифровое] сопряжение

input-output ~ интерфейс ввода-вывода

intelligent ~ интеллектуальный интерфейс; интеллектуальные средства сопряжения

intergateway ~ междушлюзовой интерфейс (*в сетях*)

interlevel ~ межуровневый интерфейс

I/O ~ *см.* **input-output interface**

knowledgebase ~ интерфейс базы знаний

language ~ **1.** языковой интерфейс **2.** языковое сопряжение, сопряжение на языковом уровне

machine-machine ~ межмашинный интерфейс

man-machine ~ человеко-машинный интерфейс

master-slave ~ интерфейс типа «главный — подчинённый»

memory ~ интерфейс памяти [запоминающего устройства]

menu-based [menu-driven] ~ интерфейс на основе меню

multimedia ~ универсальный интерфейс (*предусматривающий множество средств взаимодействия с системой*)

natural ~ **1.** реальный интерфейс (*в отличие от виртуального*) **2.** естественный (*для пользователя*) интерфейс

natural language [NL] ~ естественно-языковой интерфейс

packet-switching ~ интерфейс пакетной коммутации

peripheral ~ интерфейс периферийных устройств

physical ~ **1.** физический интерфейс **2.** физическое сопряжение

pin-level ~ на уровне выводов

power ~ сопряжение с блоком питания

procedural language ~ сопряжение на уровне процедурного языка

processor ~ интерфейс про-

цессора; устройство сопряжения процессора (*напр. с внешними устройствами*)

programmable ~ программируемый интерфейс

programmer ~ средства взаимодействия программиста (*напр. с базой данных*)

serial ~ последовательный интерфейс

software-to-software ~ межпрограммные средства сопряжения (*двух разных систем программного обеспечения*)

standard(ized) ~ стандартный интерфейс; стандартное сопряжение

stream ~ потоковый интерфейс (*напр. операционной системы с дисковой памятью*)

sw/hw ~ программно-аппаратный интерфейс

text-oriented ~ интерфейс, ориентированный на работу с текстами, тексто-ориентированный интерфейс

transparent ~ прозрачный интерфейс

trigger ~ запускающий интерфейс

user ~ интерфейс пользователя

user-friendly ~ удобный для пользователя [дружественный] интерфейс

video ~ видеоинтерфейс

virtual ~ виртуальный интерфейс (*для связи с виртуальным устройством*)

vision ~ сопряжение с системой технического зрения

interfacing установление связи; сопряжение; согласование

man-machine ~ организация сопряжения человек — машина

operator ~ сопряжение (*системы*) с оператором

interference 1. вмешательство **2.** взаимное влияние; интерференция; взаимные помехи

adjacent-channel ~ помехи соседнего канала

interprocessor ~ **1.** межпр

цессорные помехи **2.** конфликтная ситуация (*в многопроцессорных системах*)

intersymbol ~ межсимвольная интерференция; межсимвольные помехи

transaction ~ совмещение транзакций

interferometer интерферометр (*элемент оптической вычислительной машины*)

interfix описывает отношения между ключевыми словами (*для уменьшения числа сложных выдач в ИПС*)

interlace чередовать

interlacing чередование

interleave чередовать(ся); перемежать(ся)

interleaving расслоение; чередование, *проф.* интерливинг

bit ~ чередование битов (*разных сообщений при уплотнении каналов передачи данных*)

functional ~ функциональное чередование (*чередование операций ввода-вывода и обработки*)

memory ~ расслоение памяти; чередование адресов памяти

multiprocessing [multiprocessor] ~ чередование модулей (*памяти*) в многопроцессорной системе

N-way ~ N-кратное чередование

packet ~ чередование пакетов (*данных*)

interlock 1. блокировка **2.** взаимоблокировка **3.** взаимно соединять

data ~ блокировка данных; защита данных

normalizing ~ блокировка нормализации

safety ~ защитная блокировка

interlude вставка

statement ~ вставка из операторов; вставка оператора

intermediate промежуточное звено ‖ промежуточный; средний

intermittent 1. перемежающий-

ся (*о неисправности*) **2.** нестационарный (*о сигнале*)

intermix:

tape ~ использование разнотипных запоминающих устройств на (магнитной) ленте (*при решении одной задачи*)

intermodulation взаимная модуляция

internetting взаимодействие сетей; объединение сетей

internetwork 1. объединённая сеть **2.** межсетевой обмен **3.** межсетевой

internetworking 1. объединение сетей **2.** обеспечение межсетевого обмена

interoperability 1. возможность взаимодействия (*сетей*) **2.** способность к взаимодействию (*характеристика качества программного обеспечения*)

interpolate интерполировать

interpolation интерполяция, интерполирование

bivariate ~ двумерная интерполяция

iterative ~ итеративная интерполяция

joint ~ кусочная интерполяция

linear ~ линейная интерполяция

osculatory ~ кратная интерполяция

regressive ~ обратная интерполяция

interpolator 1. интерполятор **2.** сортировально-подборочная [раскладочная] машина

cubic ~ кубический интерполятор

digital ~ цифровой интерполятор

linear ~ линейный интерполятор

square ~ квадратичный интерполятор

interpret интерпретировать; выполнять (*программу*) в режиме интерпретации

interpretation 1. интерпретация, интерпретирование **2.** *лингв.* анализ

antecedent ~ рассуждение от фактов

belief-invoked ~ рассуждение на основе принятых убеждений

goal-invoked ~ рассуждение от цели

instruction ~ интерпретация команд

pipelined instruction ~ конвейерная интерпретация команд, интерпретация команд в конвейерном режиме

semantic ~ семантический анализ

interpreter 1. интерпретатор, интерпретирующая программа **2.** интерпретатор (*устройство*) **3.** преобразователь (*данных*)

command ~ интерпретатор команд

command line ~ интерпретатор командных строк

electronic ~ электронный переводчик

language ~ (языковой) интерпретатор

posting [punched card] ~ перфокарт(оч)ный интерпретатор (*устройство считывания и распечатки содержимого перфокарты на той же или следующей перфокарте*)

pure ~ чистый интерпретатор

transfer ~ трансфертный интерпретатор (*устройство считывания и распечатки содержимого перфокарты на другой перфокарте*)

unraveling ~ развёртывающий интерпретатор

interpreting интерпретация, интерпретирование

interprocessor промежуточный процессор

interrelation(ship) взаимозависимость; взаимосвязь

logical ~ логическая взаимосвязь

interrogate 1. опрос ‖ опрашивать **2.** запрос ‖ запрашивать

interrogation 1. опрос **2.** запрос

interrogator:

video-data ~ устройство опрашивания визуальных данных с экрана

interrupt 1. прерывание ‖ прерывать(ся) **2.** сигнал прерывания

armed ~ принятое прерывание

attention ~ прерывание с целью привлечения внимания (*оператора*)

autovectored ~ прерывание с автоматическим формированием вектора условий обработки, *проф.* автовекторизуемое прерывание

channel ~ канальное прерывание

clock ~ прерывание от часов

command ~ командное прерывание (*определяемое приоритетной командой*)

contingency ~ прерывание в произвольный момент времени, случайное прерывание; нерегулярное прерывание

count zero ~ прерывание по нулю счётчика

data ~ прерывание по данным

deferred ~ отсроченное прерывание

dependent ~ зависимое прерывание

disabled ~ заблокированное прерывание

disarmed ~ игнорируемое прерывание

edge-triggered ~ прерывание, генерируемое фронтом сигнала (*запроса прерывания*)

enabled ~ разрешённое прерывание

error ~ прерывание по сигналу об ошибке

external ~ внешнее прерывание; прерывание от внешнего устройства

external-signal ~ прерывание внешним сигналом

hardware ~ аппаратное прерывание

honored ~ прерывание, принимаемое на обработку (*из очереди*)

immediate ~ срочное прерывание

input/output ~ прерывание по вводу-выводу

internal ~ внутреннее прерывание

interprocessor ~ межпроцессорное прерывание

involuntary ~ непроизвольное прерывание

I/O ~ *см.* input/output interrupt

I/O parity ~ прерывание по нарушению чётности при вводе-выводе

machine ~ машинное прерывание

machine-check ~ прерывание по сигналу аппаратного контроля, прерывание по машинному контролю

magnetic-tape ~ прерывание от запоминающего устройства на магнитной ленте

maskable ~ маскируемое прерывание

masked ~ (за)маскированное прерывание

master-control ~ прерывание от главной управляющей программы

memory parity ~ прерывание по нарушению чётности при контроле запоминающего устройства

missing page ~ страничное прерывание, прерывание из-за отсутствия страницы (*в памяти*)

multilevel priority ~ прерывание в многоуровневой системе приоритетов

multiple-level ~s многоуровневая система прерываний

multiprogramming ~ прерывание в мультипрограммном режиме

N-level ~s N-уровневая система прерываний

nonequivalence ~ прерывание по несовпадению (*с заданным условием*)

nonexistent memory ~ прерывание при обращении к несуществующей области памяти

nonmaskable ~ немаскируемое прерывание

nonpriority ~ неприоритетное прерывание; прерывание с низким приоритетом

not-busy ~ прерывание по освобождению (*напр. внешнего устройства*)

NXM ~ *см.* nonexistent memory interrupt

operator ~ операторское прерывание, прерывание с пульта оператора

optional ~ необязательное [факультативное] прерывание

override ~ прерывание с абсолютным приоритетом

parity ~ прерывание по нарушению чётности

pending ~ задержанное [отложенное] прерывание

peripheral ~ прерывание от периферийного устройства

polling ~ прерывание по вызову (*при обнаружении запроса от терминала*)

power-fail ~ прерывание по неисправности (в системе) (электро)питания

power warning ~ прерывание, предупреждающее о выключении (электро)питания

prioritized ~ прерывание с приоритетом

priority ~ (высоко)приоритетное прерывание; прерывание с приоритетом

priority-shifted ~ прерывание с изменяемым приоритетом

processor ~ прерывание процессора; прерывание от процессора

processor-dependent ~ процессорно-зависимое прерывание

processor-error ~ прерывание из-за ошибки процессора

processor-independent ~ процессорно-независимое прерывание

program ~ программное прерывание

program-check ~ прерывание из-за ошибки в программе

program-controlled ~ программно-управляемое прерывание

program-error ~ прерывание из-за ошибки в программе

query ~ прерывание по запросу

reverse ~ обратное прерывание (*от приёмника к передатчику*)

supervisor(-call) ~ прерывание с обращением к супервизору

system-call ~ системное прерывание

time ~ временно́е прерывание, прерывание по времени (*напр. от таймера*)

timer ~ прерывание по таймеру

unmasked ~ немаскируемое прерывание

vectored ~ векторное прерывание

interruptable прерываемый

interrupt-driven с управлением по прерываниям, управляемый прерываниями

interruption 1. прерывание (*см. тж* interrupt) **2.** сигнал прерывания **3.** перерыв, пауза **4.** разъединение

light-pen ~ прерывание от светового пера

interrupt-oriented с возможностью прерываний, с прерыванием; работающий в режиме прерываний

intersection 1. пересечение **2.** конъюнкция, логическое умножение **3.** точка пересечения; линия пересечения **4.** *sl* знак плюс (*название символа*)

~ **of events** пересечение событий

~ **of sets** пересечение множеств

interspace промежуток, интервал ‖ делать промежутки, отделять промежутками

interval промежуток, интервал

access ~ (временно́й) интервал доступа

activity ~ интервал активности

bit ~ интервал (передачи *или* обработки) двоичного разряда

character ~ интервал (передачи) знака, знаковый интервал

computing ~ время вычисления

confidence ~ *стат.* доверительный интервал

control ~ интервал регулирования

difference ~ *матем.* шаг разности

giveup ~ интервал попыток повторной передачи

polling ~ (временно́й) интервал опроса

report ~ (временно́й) интервал между двумя сообщениями (*при обработке данных*)

system ~ системный интервал (*в сети*)

time ~ временной интервал, промежуток времени

unit ~ единичный интервал

validity ~ период достоверности

intervention:

faulty operator ~ ошибочное вмешательство оператора

manual ~ ручное вмешательство (*в работу системы*)

interweave прошивать (*напр. матрицу магнитных сердечников*)

interworking обеспечение межсетевого обмена

intolerance:

fault ~ отсутствие отказоустойчивости; отказоопасность, чувствительность к отказам

intransitive нетранзитивный

intraprocess внутренний для процесса, внутрипроцессный

intrinsic 1. внутренний **2.** присущий, свойственный **3.** встроенный

intruder «злоумышленник» (*ли-*

цо или организация, заинтересованные в получении несанкционированного доступа к данным)

I-number индекс

invalid 1. неверный, неправильный 2. недействительный 3. неисправный 4. неработоспособный

invalidation 1. недостоверность; неправильность 2. недействительность (данных)

invariance инвариантность

invariant инвариант ‖ инвариантный; неизменяемый

inverse инверсия ‖ инверсный, обратный; противоположный
  ~ **of number** обратная величина числа
  ~ **of variables** инверсия переменных
  additive ~ аддитивная инверсия, инверсия относительно сложения
  multiplicative ~ мультипликативная инверсия, обратная величина, инверсия относительно умножения

inversely ◇ ~ **as the square of** обратно пропорционально квадрату

inversion 1. инверсия, обращение, обратное преобразование 2. инверсирование
  Fourier ~ обратное преобразование Фурье
  input ~ инверсия входных сигналов
  logic ~ логическая инверсия
  matrix ~ обращение матриц
  output polarity ~ смена [инверсия] полярности выходного сигнала

invert инвертировать, обращать

inverter инвертор, инвертирующий элемент
  gated ~ инвертор со схемой совпадения
  phase ~ фазоинвертор
  sign ~ знакоинвертор

invertor см. **inverter**

invigilator «надсмотрщик» (устройство, контролирующее выполнение некоторого условия

и вырабатывающее аварийный сигнал при его нарушении)

invitation приглашение (при взаимодействии диалоговой системы с пользователем)

invocation 1. вызов (процедуры) 2. инициирование работы (системы)

invoke вызывать, активизировать (процедуру)

involution возведение в степень

irrational иррациональный

irreducibility неприводимость; несводимость

irredundant безызбыточный, неизбыточный

irrelevant 1. нерелевантный, несоответствующий (не относящийся к делу) 2. несущественный

island изолированный участок (трассируемого кристалла ПЛМ)

isobits одинаковые разряды (напр. разных чисел), «изобиты»

isolation 1. изоляция; развязка 2. (точная) локализация (ошибок или неисправностей)
  complete ~ строгая изоляция (при защите данных)
  fault ~ локализация неисправностей
  golden ~ изоляция золотом
  input-output ~ изоляция входа от выхода
  intersection ~ перекрёстная локализация (неисправностей путём нахождения общей части зон локализации)
  p-n junction ~ изоляция $p—n$ переходом

isolator 1. изолятор; развязка 2. устройство локализации (ошибок или неисправностей)
  optical ~ оптическая развязка

isomorphism изоморфизм
  topological ~ топологический изоморфизм, гомеоморфизм

issue:
  instruction ~ выдача (пред-

варительно обработанных) команд (*в конвейерной ЭВМ*)

issuer запрашивающая сторона

item 1. отдельный предмет, элемент; единица; элементарная группа (*данных*), статья; позиция **2.** атом (*АЛГОЛ 68*) **3.** *т. над.* изделие

actual derived data ~ реальный производный элемент данных (*в базах данных*)

addition ~ добавляемый элемент (*данных, напр. запись, подлежащая внесению в файл*)

architecture ~ архитектурный конструктив (*блок, плата, кристалл*)

contiguous ~s соседние элементы (*данных*)

control ~ управляющий элемент

control format ~ элемент управления форматом (*данных*)

count ~ элемент-счётчик (*в базах данных*)

data ~ элемент данных

derived data ~ производный элемент данных (*в базах данных*)

double-length ~ элемент (*данных*) удвоенной длины

elementary ~ простейший элемент

format ~ элемент формата (*данных*)

group ~ групповой элемент, группа (*как элемент данных*)

information(al) ~ единица информации

key ~ элемент-ключ (*в базах данных*)

line ~ элемент строки

logical ~ логическая единица, логическая элементарная группа

multiple-valued ~ элемент с множественным значением (*в базах данных*)

noncontiguous ~ независимый элемент (*данных*)

numeric(al) ~ цифровой элемент (*данных*)

principal ~ главный элемент

realm data ~ элемент-идентификатор области (*в базах данных*)

remote format ~ элемент косвенного определения формата (*данных*)

string ~ строковый элемент

substitute ~ элемент замены

virtual ~ виртуальный элемент

iteration 1. итерация, повторение **2.** шаг (*в итеративном процессе*) **3.** цикл

matrix ~ итерация преобразования матрицы

nested ~ вложенный цикл, цикл в цикле

iterative итеративный, итерационный

iterator итератор (*устройство или программа организации циклов*)

J

jack 1. гнездо (*соединителя*) **2.** пружинный переключатель, *проф.* джек

branch ~ безразрывный переключатель

pin ~ (контактное) гнездо для штырькового вывода

spring ~ гнездо с контактной пружиной, *проф.* подпружиненное гнездо

tip ~ однополюсное гнездо

twin ~ **1.** *pl* сдвоенные гнёзда **2.** сдвоенный переключатель

jacket конверт (*для гибкого диска*)

jackplug контактный штырёк, штекер

jaggies неровности, ступеньки (*при изображении линий на экране дисплея*)

jam 1. заедание; заклинивание; затор **2.** преднамеренные помехи (*приёму сообщений*)

card ~ заедание (перфо)карты; замятие (перфо)карты; затор (при подаче) (перфо)карт

tape ~ запутывание ленты
jamming:
   loop ~ сжатие цикла; объединение циклов
jedgar *sl* (программа-)контрразведчик, *проф.* эдгар
jitter 1. дрожание **2.** неустойчивая синхронизация
   frequency ~ дрожание частоты
   pulse ~ дрожание импульса
   pulse-time ~ дрожание фронтов импульса
job 1. задание **2.** работа
   absentee-user ~ задание, выполняемое в отсутствие пользователя
   active ~ выполняемая работа; продолжающаяся работа
   background ~ **1.** фоновое задание; низкоприоритетное задание **2.** фоновая работа
   batch(ed) ~ пакетное задание
   critical ~ работа, принадлежащая критическому пути (*в сетевом графике*)
   divided ~ расчленённое задание
   dummy ~ фиктивная работа (*в сетевом графике*)
   foreground ~ (высоко)приоритетное задание
   graphic ~ графическое задание
   in-process ~ продолжающаяся работа; незавершённая работа
   multitranslation ~ **1.** задание с многократной *или* многоуровневой трансляцией **2.** работа с многократной *или* многоуровневой трансляцией
   newly starting ~ новая работа
   normal ~ реальная работа (*в сетевом графике*)
   one-shot ~ разовое задание
   remote ~ дистанционное задание; задание, вводимое с удалённого терминала
   stacked ~ пакетированное задание
jobname имя задания

jock *sl* программист, пишущий программы «в лоб», нетворчески, *проф.* «жокей»
joggle выравнивать встряхиванием (*напр. колоду перфокарт*)
joggling выравнивание встряхиванием (*напр. колоды перфокарт*)
join 1. объединение; операция включающее ИЛИ **2.** соединение (*операция над отношениями в реляционных базах данных*) ‖ выполнять операцию соединения, выполнять соединение (*над отношениями в реляционных базах данных*) **3.** объединять; соединять
   multisite ~ многоабонентская [многоузловая] операция соединения (*в распределённых базах данных*)
   natural ~ естественное соединение
joint соединение; узел; сочленение
   soldered ~ паяное соединение
   vacuum ~ вакуумное соединение
journal (системный) журнал
   after-look ~ журнал изменений (*содержащий новые значения записей*)
   before-look ~ журнал откатки (*содержащий старые значения записей*)
   database ~ журнал базы данных
   log ~ журнал регистрации работ
   run-time ~ регистрационный журнал работы (системы)
journalizing ведение журнала (*напр. изменений файлов*); регистрация в журнале
   before-look ~ ведение журнала с предварительной фиксацией изменений
joystick координатная ручка, рычажный указатель (*в графических системах с дисплеем*)
judder вибрация (*дрожание изо-*

бражения в факсимильных аппаратах)

jukebox *sl* дисковод с автоматической сменой дисков

multidrive ~ многошпиндельный дисковод с автоматической сменой дисков

jukebox-type с автоматической сменой дисков, магазинного типа (*о многодисковых устройствах внешней памяти*)

jumbogroup супергруппа (*каналов связи*)

jump 1. переход; операция перехода **2.** команда перехода **3.** скачок ◊ ~ **if above** переход по выполнению условия «больше» (*для чисел без знака*); ~ **if below** переход по выполнению условия «меньше» (*для чисел без знака*); ~ **if greater** переход по выполнению условия «больше» (*для чисел со знаком*); ~ **if not above** переход по выполнению условия «не больше» (*для чисел без знака*); ~ **if not below** переход по выполнению условия «не меньше» (*для чисел без знака*); ~ **if not equal** переход по неравенству; ~ **if not less** переход по выполнению условия «не меньше» (*для чисел со знаком*); ~ **if not overflow** переход при отсутствии переполнения; ~ **if not parity** переход по нарушению чётности; ~ **if not sign** переход по неотрицательному результату; ~ **if not zero** переход по неравенству нулю; ~ **if parity** переход при отсутствии нарушения чётности; ~ **if parity odd** переход по нечётности; ~ **if sign** переход по (отрицательному) знаку

conditional ~ **1.** условный переход; операция условного перехода **2.** команда условного перехода

far ~ дальний переход; внешний переход (*в другой сегмент памяти*)

intersegment ~ межсегментный [внешний] переход

intrasegment ~ внутрисегментный [внутренний] переход

multiway ~ переход при множественном ветвлении

near ~ ближний переход; внутренний переход (*в пределах одного сегмента памяти*)

negative ~ переход по знаку минус

positive ~ переход по знаку плюс

subroutine ~ переход к подпрограмме

unconditional ~ **1.** безусловный переход; операция безусловного перехода **2.** команда безусловного перехода

jumper навесной проводник, перемычка

flat-cable ~ перемычка в виде плоского кабеля

jumper-selectable выбираемый перемычкой

junction 1. соединение; сочленение **2.** *пп* переход **3.** *пп* плоскостной

job ~s пересечения (операций в системе) с рабочими операциями (*оператора терминала*)

p-n ~ $p — n$-переход

pressure-welded ~ сварной переход (*полученный сваркой под давлением*)

rate-grown ~ выращенный переход (*полученный при изменении скорости роста*)

segregation ~ сегрегационный переход

summing ~ суммирующее соединение (*напр. выходов схем*)

justification 1. выравнивание (*массивов знаков или текста*) **2.** обоснование (*принимаемого технического решения*)

left(-hand) ~ выравнивание по первому [левому] знаку *или* разряду

right(-hand) ~ выравнивание по правому знаку *или* разряду

right-margin ~ выравнивание по правому краю строки
text ~ выравнивание (краёв) текста

justification-based основанный на доказательстве

justify 1. выравнивать (*массивы знаков или текста*) **2.** обосновывать (*техническое решение*) **3.** выключать строку (*из редактируемого текста на экране*)
left ~ выравнивать влево
right ~ выравнивать вправо

justment ◇ **out of** ~ в неправильном положении

juxtapose 1. помещать [размещать] рядом **2.** *лог.* соединять; сопоставлять

juxtaposition 1. размещение рядом **2.** *лог.* соединение; сопоставление

K

K K (*единица ёмкости памяти, равная 1024 байтам, словам или битам*)

kernel:
  program ~ ядро программы
  programming environment ~ ядро системы программирования
  real-time ~ ядро (*операционной системы*), ориентированное на работу в реальном (масштабе) времени
  security ~ ядро безопасности

key 1. ключ; кнопка, клавиша; переключатель **2.** ключ, шифр, код; указание к решению **3.** переключать, работать ключом, коммутировать **4.** набирать на клавиатуре ◇ **to** ~ **in** вводить с клавиатуры; **to** ~ **off** выключать; **to** ~ **on** включать; **to** ~ **out** выключать

activate ~ пусковая кнопка, пусковая клавиша, кнопка [клавиша] «пуск»

actual ~ эффективный ключ (*КОБОЛ*)
alpha(nu)meric ~**s** буквенно-цифровые клавиши
ascending ~ возрастающий ключ (*в базах данных*)
attention ~ кнопка [клавиша] «внимание»
autorepeating ~ клавиша с автоматическим повторением ввода
backspace ~ кнопка [клавиша] обратного перемещения ленты на одну запись; клавиша возврата каретки на одну позицию
bucky bit ~ маркерный ключ, маркерная клавиша (*управляющая, мета-, супер- или гипер-*)
calculation ~ ключ для вычисления (*адреса в базах данных*)
cancel(ing) ~ кнопка [клавиша] сброса
candidate ~ потенциальный ключ (*поиска*)
carriage restore [carriage reverse] ~ клавиша возврата каретки
carriage space ~ клавиша пропуска *или* пробела (*в печатающем устройстве*)
chained ~ сцепленный ключ (*в базах данных*)
change mode ~ клавиша смены режима (*напр. на другую систему счисления; в микропроцессорах*)
character ~ клавиша знака
check reset ~ кнопка [клавиша] контрольного рестарта программы (*при возникновении ошибки*)
clear ~ кнопка [клавиша] гашения
clear/entry ~ кнопка [клавиша] сброса — занесения (*в память*)
clearing ~ кнопка [клавиша] гашения
concatenated ~ сцепленный ключ (*в базах данных*)
control ~ **1.** кнопка [кла-

виша] управления **2.** ключ управления

conversion ~ ключ кода, кодирующая [кодировочная] таблица

decimal ~ **1.** клавиша десятичных цифр **2.** десятичный ключ (*поиска*)

descending ~ убывающий ключ (*в базах данных*)

diode ~ диодный ключ

duplicate ~ кнопка [клавиша] дублирования (*перфокарт*)

encryption ~ ключ шифрования

entity ~ объектный ключ (*в реляционных базах данных*)

entry and summation ~ кнопка [клавиша] занесения (*в память*) с суммированием

erase ~ кнопка [клавиша] стирания

erase-all ~ кнопка [клавиша] общего стирания

escape ~ клавиша перехода (*напр. на другой регистр*)

execute console instruction ~ ключ одиночного выполнения команд

extra ~ дополнительный ключ (*поиска*)

foreign ~ внешний ключ (*в базах данных*)

front ~ клавиша фронтального регистра (*для переключения на символы, нанесённые на лицевой грани клавиш*)

function ~ **1.** функциональная клавиша **2.** функциональный ключ

generic ~ общий ключ, общая часть ключа

half-space ~ клавиша половинного пробела

halt ~ кнопка [клавиша] останова, кнопка [клавиша] «стоп»

home ~ кнопка [клавиша] возврата в исходное положение

infinite random ~ неопределённый рандомизированный ключ (*шифра*)

initiate ~ пусковая кнопка пусковая клавиша, кнопка [клавиша] «пуск»

interrupt ~ кнопка [клавиша] прерывания

lighted ~ кнопка [клавиша с подсветкой

load ~ кнопка [клавиша ввода; кнопка [клавиша] загрузки

major ~ главный [основной ключ (*в записи*)

membrane ~ мембранная клавиша

menu-driven ~ (функциональная) клавиша с заданием функции через меню

minor ~ младший ключ (*сортировки*)

nonpresent ~ отсутствующий ключ (*поиска*)

page-up ~ клавиша подлистывания страниц

pass ~ ключ (для) доступа

primary ~ первичный ключ (*в базах данных*)

privacy ~ ключ секретности

private ~ секретный ключ (*методе сквозной шифровки сообщений*)

programmable function ~ программируемая функциональная клавиша

protection ~ ключ защиты (*памяти*)

public ~ открытый ключ (*методе шифровки сообщений при котором засекречивается лишь ключ для их декодирования*)

qualified compound ~ уточнённый составной ключ (*в базах данных*)

release ~ кнопка [клавиша сброса, кнопка [клавиша] освобождения

request enter ~ кнопка [клавиша] ввода запроса

respond typeout ~ кнопка [клавиша] печати ответа

rubout ~ кнопка [клавиша стирания

running ~ динамический [бегущий] ключ (*шифра*)

search ~ поисковый ключ, поисковый код

secondary ~ вторичный ключ (*в базах данных*)

sequencing ~ ключ упорядочения

session ~ сеансовый (криптографический) ключ (*действующий только в одном сеансе передачи сообщений*)

shift ~ клавиша переключения регистров (*в устройствах с клавиатурой*)

signaling ~ сигнальная кнопка, сигнальная клавиша

single cycle ~ 1. кнопка [клавиша] работы по циклам 2. кнопка [клавиша] печати дополнительной строки (*по окончании печати документа*)

single step ~ кнопка [клавиша] тактового [пошагового] режима (*прогона программы*)

soft ~ 1. клавиша с изменяемой функцией (*устанавливаемой пользователем*), программируемая [функциональная] клавиша 2. экранная [сенсорная] клавиша (*изображённая на сенсорном экране*)

sort ~ ключ сортировки, сортировочный ключ

start ~ пусковая кнопка, пусковая клавиша, кнопка [клавиша] «пуск»

stop ~ кнопка [клавиша] останова, кнопка [клавиша] «стоп»

storage ~ 1. ключ хранения (*в базах данных*) 2. ключ защиты памяти

storage protection ~ ключ защиты памяти

switch ~ переключатель

system ~ системный ключ (*для защиты системных данных*)

top ~ клавиша верхнего регистра (*для переключения на символы, нанесённые в верхней части клавиш*)

transaction ~ клавиша управления коммутацией сообще-

ний, клавиша управления информационным обменом

unmatched ~ несогласованный ключ (*поиска*)

user-definable ~ клавиша с функциями, определяемыми пользователем

keyboard 1. коммутационная панель 2. клавишный пульт 3. клавиатура, клавишная панель

alpha(nu)meric ~ буквенно-цифровая клавиатура

binary ~ двоичная клавиатура

blind ~ слепая клавиатура

companion ~ вспомогательная клавиатура

comprehensive ~ полнонаборная клавиатура

decimal ~ десятичная клавиатура

detachable ~ отделяемая клавиатура

display console ~ 1. клавишный пульт дисплея 2. клавиатура пульта дисплея

encoded ~ клавиатура с кодированием (*функций клавиш*)

factory-hardened ~ клавиатура, монтируемая по месту (*требуемому производственными условиями*)

fold-down ~ откидная клавишная панель, откидная клавиатура

four-row ~ четырёхрядная клавиатура

full-travel ~ клавиатура с нормальным ходом клавиш (*без ограничений перемещения*)

function ~ функциональная клавиатура

inquiry ~ клавишный пульт (для) ввода запросов

intelligent ~ интеллектуальная клавиатура (*со встроенным микропроцессором*)

live ~ активная клавиатура (*незаблокированная*)

lockable ~ клавиатура с блокировкой

low-profile ~ плоская клавиатура

membrane ~ мембранная клавиатура

numeric ~ цифровая клавиатура

operation ~ рабочая клавиатура

operator's ~ клавишный пульт оператора, операторский клавишный пульт

printer ~ клавиатура печатающего устройства

programmed ~ программная клавиатура (*напр. с возможностью ввода некоторой последовательности знаков при нажатии одной клавиши*)

qwert(y) ~ стандартная клавиатура (*на которой буквы q, w, e, r, t, y размещены в верхнем ряду*)

sculptured ~ клавиатура с рельефными клавишами

side-mounted ~ выносная клавиатура

supervisory ~ центральный пульт управления, диспетчерский пульт

switchable ~ переключаемая клавиатура

tactile ~ тактильная клавиатура

ten-key numerical ~ десятиклавишная цифровая клавиатура

terminal ~ клавиатура терминала

three-row ~ трёхрядная клавиатура

touch(-control) ~ сенсорная клавиатура

tuckaway ~ выдвижная клавиатура

tuning ~ настроечная клавиатура

typewriter-type ~ клавиатура по типу пишущей машины

keyboard-select выбираемый с помощью клавиатуры

keycap таст, клавишный колпачок

key-driven кнопочный, клавишный; с клавишным управлением, приводимый в действие ключом *или* клавишей

key-in ввод с клавиатуры

keying 1. работа на клавиатуре 2. работа с (телеграфным) ключом; (телеграфная) манипуляция

frequency-shift ~ частотная манипуляция (*при передаче данных*)

keyline контур (*изображения на дисплее*)

keylock блокировка клавиатуры

keypad 1. (малая) клавиатура; (малая) клавишная панель (*см. тж* keyboard) 2. клавишное поле (*на основной клавиатуре*)

dual-mode ~ клавиатура двойного назначения, двухрежимная клавиатура

keypunch клавишный перфоратор

keypunching клавишное перфорирование

keysets клавиатура, ряды клавиш

keystroke нажатие клавиши *или* кнопки

combination ~ нажатие комбинации клавиш

stray ~ случайное нажатие клавиши

keystroke-driven управляемый нажатием клавиши

keyswitch кнопочный [клавишный] переключатель

keytape устройство записи с клавиатуры на (магнитную) ленту

key-verify контролировать [проверять] (*данные*) повторным набором на клавиатуре

keyword 1. ключевое слово 2. зарезервированное слово (*в языке программирования*)

kill аннулирование, уничтожение ‖ аннулировать, уничтожать

~ **of process** уничтожение процесса

zero ~ «забивание» [заполнение] нулями (*напр. старших*

KILLER KNOWLEDGE **K**

разрядов слов при сортировке
по младшим разрядам)
killer:
  color ~ подавитель цвета,
выключатель цветности (*в
цветных дисплеях*)
  noise ~ подавитель шумов
или помех
kilobaud килобод (*единица скорости передачи данных*)
kilobit килобит (*единица ёмкости памяти*)
kilobyte килобайт (*единица ёмкости памяти*)
kilocycle 1. килоцикл, тысяча
периодов **2.** килогерц (10^3 Гц)
  ◊ ~ **per second** килогерц
kilohertz килогерц (10^3 Гц)
kilomegacycle 1. гигацикл, миллиард периодов **2.** гигагерц
(10^9 Гц) ◊ ~ **per second** гигагерц
kilopacket килопакет (10^3 *пакетов*)
kiloword килослово (10^3 *слов*)
kinematics:
  graphical ~ графические
средства воспроизведения ки-
нематики (*механизмов*)
KISS-principle «кисс-принцип»
(*принцип упрощения конструкции или работы*)
kit комплект, набор; конструктор
  "bare bones" ~ скелетный
набор для макетирования
(*включающий тактовый генератор, буферные устройства,
сигналы данных, синхрони-
зации и управления*)
  interface ~ интерфейсный набор
  tool ~ набор инструментальных средств, инструментарий
kludge *sl* **1.** *проф.* клудж
(*устройство, программа или
часть программы, которые
теоретически не должны работать, но почему-то работают*) ‖ делать клудж (*в программе*), вставлять клудж (*в
программе*) **2.** *проф.* ляп (*в
программе*) ◊ **to** ~ **around**
обходить трудности с по-
мощью клуджа; **to** ~ **up**

вставлять клудж (*в программу*)
kludgy *sl* сделанный наспех,
содержащий ошибки (*о программе*)
kluge *см.* **kludge**
knife:
  card feed ~ подающий нож,
нож подачи (перфо)карты
  electronic ~ электронный
«нож» (*способ диагностики*)
  picker ~ подающий нож,
нож подачи (перфо)карты
  punch ~ пуансон
knob 1. кнопка (*см. тж* **button**)
2. ручка управления
  control ~ ручка управления
  operational ~ кнопка
  shift ~ ручка переключения,
переключатель
knowledge знания ◊ **to invoke**
~ активизировать использование знаний (*в СИИ*)
  borrowed ~ *киберн.* заимст-
вованные знания
  compiled ~ скомпилирован-
ные знания
  descriptive ~ знания в форме
описаний, дескриптивные знания
  domain-dependent ~ знания,
связанные с (конкретной)
предметной областью
  domain-specific ~ знания,
связанные с (конкретной)
предметной областью; знания,
отражающие специфику кон-
кретной области
  expert ~ знания эксперта;
экспертные знания
  explicit ~ явно заданные
знания (*в базах знаний*)
  factual ~ фактуальные знания, факты (*в базах знаний*)
  hardwired ~ «жёстко встроенные» знания (*в базах знаний*)
  human ~ человеческие знания (*используемые в экспертной системе*)
  image(-oriented) ~ знания об
изображениях, иконические
знания
  imperative ~ императивные

знания, знания о действиях (*подлежащих выполнению интеллектуальной системой*)
implicit ~ неявные знания, знания в неявной форме
preformed ~ заранее сформированные знания
prescriptive ~ знания в форме предписаний
problem-solving ~ знания о методах *или* стратегиях (автоматического) решения задач
procedure ~ знания (представленные) в процедурной форме, процедурные знания
temporal ~ знания с временнóй зависимостью, знания, зависящие от времени
uncertain ~ неопределённые знания; неполностью определённые знания
knowledgebase база знаний
  design ~ база знаний по проектированию, проектная база знаний
knowledge-based основанный на знаниях
kurtosis *стат.* эксцесс
  ~ **of frequency curve** эксцесс кривой плотности распределения

L

label метка; (маркировочный) знак; отметка; обозначение ‖ маркировать; размечать; помечать; обозначать ◊ **to provide with** ~ снабжать меткой
alpha(nu)meric ~ буквенно-цифровая метка
beginning file ~ метка начала файла
beginning tape ~ метка начала ленты
checkpoint ~ метка контрольной точки
data set ~ метка набора данных

end of file ~ метка конца файла
end of tape ~ метка конца ленты
exterior ~ наружная метка (*написанная или отпечатанная на бобине магнитной ленты*)
external ~ внешняя метка (*по отношению к данному блоку программы*)
file ~ метка файла
head(er) ~ заголовок; головная метка
interior ~ внутренняя метка (*записанная на самой магнитной ленте*)
lexicographical ~ лексикографическая метка
operational ~ маркировочная метка; маркировочный знак (*для идентификации файла на магнитной ленте*)
optional ~ необязательная [факультативная] метка
prefix ~ префиксная метка
program ~ программная метка
record ~ метка записи
reel ~ маркировочный знак бобины (*магнитной ленты*)
scale ~ метка шкалы
self-explanatory ~ информативная [осмысленная] метка
statement ~ метка оператора
symbolic ~ символьная метка
tape ~ метка (магнитной) ленты
target ~ целевая метка, метка передачи управления
track ~ метка дорожки; метка тракта
trailer ~ концевая [конечная] метка, метка конца
user ~ пользовательская метка
volume ~ метка тома
write-protect ~ наклейка, защищающая дискет от (несанкционированной) записи, наклейка для защиты от записи
labeling маркирование, нанесение маркировочных знаков; присваивание меток; запись

меток; присваивание обозначений

laboratory:
 computing ~ вычислительная лаборатория
 programming ~ лаборатория программирования

labware лабораторное оборудование

labyrinthine лабиринтообразный

lace пробивать отверстия во всех рядах *или* колонках (перфо)карты

ladder цепная [многозвенная] схема
 big ~ цепная [многозвенная] схема с большим количеством звеньев, длинная цепная [многозвенная] схема
 N-ring ~ цепная схема из N звеньев
 small ~ цепная [многозвенная] схема с малым количеством звеньев, короткая цепная [многозвенная] схема

laddic леддик (*магнитный элемент лестничного типа*)

lag 1. запаздывание, задержка, отставание ‖ запаздывать, отставать (*см. тж* **delay**) **2.** интервал (*времени*)
 control ~ запаздывание регулирующего воздействия
 correction ~ запаздывание корректирующего воздействия
 first-order ~ запаздывание первого порядка
 instrument ~ инструментальная задержка
 measuring ~ **1.** запаздывание измерения **2.** задержка (по причине) измерения
 permanent ~ постоянное запаздывание
 phase ~ отставание по фазе
 response ~ запаздывание реакции; задержка ответа
 signal ~ запаздывание [задержка] сигнала
 time ~ **1.** запаздывание [задержка] во времени, времен-

на́я задержка **2.** интервал времени
 transmission ~ задержка в линии передачи
 transportation ~ транспортное запаздывание
 zero ~ нулевое запаздывание, нулевая задержка

lambda-conversion лямбда-преобразование, λ-преобразование

laminated многослойный, слоистый (*о структуре*)

lamp 1. лампа (*см. тж* **tube**, **valve**) **2.** индикаторная [сигнальная] лампа, индикатор
 bar ~ сегментная (люминесцентная) лампа (*сегмент модуля визуального устройства вывода данных*)
 pilot ~ контрольная лампа
 switchboard ~ индикатор коммутационной панели
 trouble ~ лампа аварийной сигнализации

land контактная площадка, контактный участок
 superconducting ~ сверхпроводящий контактный участок

language язык ‖ языковой
 absolute ~ машинный язык
 actual machine ~ язык машинных кодов
 AI ~ язык системы искусственного интеллекта
 Algol-like ~ алголоподобный язык
 algorithmic(al) ~ алгоритмический язык
 application-oriented ~ язык, ориентированный на конкретное применение
 applicative ~ аппликативный язык
 artificial ~ искусственный язык
 assembler [assembly] ~ (входной) язык ассемблера
 assembly-output ~ язык ассемблера для вывода результатов трансляции (*с языка высокого уровня*)
 assignment-free ~ язык без

присваиваний (*значений переменным*)

behavioral ~ язык описания
поведения (*системы*)

block-structured ~ язык с
блочной структурой

Boolean-based ~ язык булевых операторов (*напр. для
программирования контрол-
леров*)

business definition ~ язык
описания деловых операций

business-oriented ~ язык для
(описания) экономических
или коммерческих задач

calculus-type ~ язык типа
исчисления

C-based ~ язык на основе
языка Си

code ~ кодовый язык

command ~ командный язык

common (network) command
~ общесетевой командный
язык

compiled ~ транслируемый
язык (*в отличие от интерпре-
тируемого*)

compiler ~ (входной) язык
транслятора

composite ~ комбинированный язык (*включающий в себя
средства нескольких язы-
ков*)

computer ~ язык вычислительной машины

computer-dependent ~ машинозависимый язык

computer-independent ~ машинонезависимый язык

computer-oriented ~ машинно-ориентированный язык

computer-programming ~
язык программирования (для)
вычислительной машины

computer-sensitive ~ машинно-ориентированный язык

constraint ~ язык ограничений (*свойственных конкретной проблемной области*),
декларативный язык

context-free ~ бесконтекстный [контекстно-свободный]
язык

control ~ язык управления

conversational ~ язык диалога, диалоговый язык

core ~ базовый язык

data ~ **1.** язык управления
данными **2.** язык описания
данных

database ~ язык, ориентированный на работу с базами
данных

data definition ~ язык определения данных

data description ~ язык описания данных

data-entry ~ язык ввода данных

data-flow ~ язык потоков
данных, потоковый язык

data manipulation ~ язык
манипулирования данными,
ЯМД

data-query ~ язык запросов

data storage description ~
язык описания (способа) хранения данных

declarative ~ декларативный
язык

defining ~ определяющий
язык

descriptive ~ дескриптивный
[описательный] язык

descriptor ~ дескрипторный
язык

design ~ язык проектирования

device media control ~ язык
управления размещением
данных на внешних носителях
(*в базах данных*)

direct execution ~ язык прямого исполнения (*интерпретируемый без промежуточной
трансляции*)

directly interpretable ~ пря-
моинтерпретируемый язык

end-user ~ язык конечного
пользователя

escape ~ язык, допускающий
внешние обращения (*к программам, написанным на других языках*)

evolutive ~ развивающийся
язык

executive(-control) ~ язык
управления вычислительным

процессом; язык супервизора

explicit ~ явно определённый язык

extensible ~ расширяемый язык

fabricated ~ искусственный язык

finite state ~ автоматный язык

flow ~ потоковый язык, язык потоков данных

formalized ~ формализованный язык

frame-based ~ язык фреймов, фреймовый язык

freestanding ~ автономный язык

functional ~ функциональный язык, язык функционального программирования

generated ~ порождаемый язык

graphics ~ язык графических символов; язык (для) задач обработки графической информации

graph-oriented ~ графоориентированный язык

hardware(-description) ~ язык описания аппаратных средств

higher-level ~ язык высокого уровня

higher-order ~ высокоорганизованный алгоритмический язык

host ~ базовый [базисный] язык

human ~ естественный язык

human-oriented ~ 1. язык, близкий к естественному 2. язык, ориентированный на (человека-)оператора

human-readable ~ язык (программирования), удобный для восприятия (человеком)

inflected ~ флективный язык

information(al) ~ информационный язык

information retrieval ~ информационно-поисковый язык, ИПЯ

inherently ambiguous ~ существенно неоднозначный язык

input ~ входной язык

input/output ~ язык ввода-вывода

instruction ~ язык для задач обучения

integrated ~ язык с разносторонними возможностями, язык широких возможностей

interactive ~ язык интерактивного взаимодействия, диалоговый язык

interim ~ язык-посредник, посредствующий язык

intermediate ~ промежуточный язык

internal ~ внутренний язык

interpreted ~ интерпретируемый язык (*в отличие от транслируемого*)

interpretive ~ интерпретативный язык

job control ~ язык управления заданиями

job-oriented ~ язык, ориентированный на обработку заданий

kernel ~ базовый язык, язык-ядро

keyword-oriented ~ язык, ориентированный на ключевые слова; язык ключевых слов

knowledge representation ~ язык представления знаний

linear ~ линейный язык

linear-programming ~ язык для (описания) задач линейного программирования

list-processing ~ язык обработки списков

logic-type ~ язык логического типа

low-level ~ язык низкого уровня

machine ~ машинный язык

machine-dependent ~ машинозависимый язык

machine-independent ~ машинонезависимый язык

machine-oriented ~ машинно-ориентированный язык

macro(assembly) ~ макроязык, (входной) язык макроассемблера

macroinstruction ~ язык макрокоманд

macroprogramming ~ язык макропрограммирования

man-to-computer ~ язык (для) общения человека с (вычислительной) машиной, язык человеко-машинного общения

many-for-one ~ язык, сжимаемый при транслировании

mechanical ~ искусственный язык

memory management ~ язык управления памятью (*в базах данных*)

mnemonic ~ 1. символический язык 2. язык мнемосхем

modeling ~ язык моделирования

multidimensional ~ многомерный язык

native ~ собственный язык машины

natural ~ естественный язык

NC programming ~ язык программирования для систем числового программного управления

nested ~ язык с гнездовой (синтаксической) структурой

network-oriented ~ 1. язык для (описания) сетевых задач 2. язык для (описания) задач анализа *или* моделирования схем

nonprocedural ~ непроцедурный язык

non-Roman-alphabetic ~ язык с нелатинским алфавитом

number ~ 1. числовой язык 2. система счисления

object ~ выходной язык (*транслятора*); *проф.* объектный язык

object-oriented ~ объектно-ориентированный язык

one-dimensional ~ одномерный язык

operator-oriented ~ язык, ориентированный на оператора

original ~ исходный язык; входной язык (*транслятора*)

page description ~ язык страничных описаний (*позволяющий сочетать текстовую и графическую информацию, выдаваемую на разные устройства печати*)

parallel ~ язык параллельного программирования

phrase structure ~ язык непосредственно составляющих, НС-язык

predicate ~ язык предикатов

predicate logic(-based) ~ язык (программирования), основанный на логике предикатов

privacy ~ язык защиты (*для задания правил и условий использования защищаемых данных*)

problem-oriented ~ проблемно-ориентированный язык

problem statement ~ язык постановки задач

procedural ~ процедурный язык

procedure-oriented ~ процедурно-ориентированный язык

process control ~ язык управления процессом *или* процессами

production ~ продукционный язык, язык продукций (*в экспертных системах*)

program ~ язык (конкретной) программы

programmer ~ язык, используемый программистом

programming ~ язык программирования; алгоритмический язык

projective ~ проективный язык

pseudo-~ псевдоязык

pseudomachine ~ псевдомашинный язык

query ~ язык запросов

readable specification ~ язык машиночитаемых спецификаций (*в автоматизации проектирования*)

reference ~ эталонный язык

regular ~ язык с регулярной структурой, регулярный язык

relational ~ реляционный язык, язык отношений

relational-type ~ язык реляционного типа

requirement statement ~ язык формулирования требований

restricted ~ упрощённая версия языка

ruly ~ «правильный» язык, язык без синонимии и омонимии

schema ~ язык описания схемы (*в базах данных*)

science-oriented ~ язык для (описания) научных *или* научно-технических задач

self-contained ~ замкнутый язык

semantic-formal ~ формально-семантический язык

semiformal ~ полуформальный язык

sentential ~ язык высказываний (*в отличие от процедурного языка*)

simulation ~ язык моделирования

single-assignment ~ язык с однократным присваиванием значений

source ~ исходный язык; входной язык (*транслятора*)

specialized ~ специализированный язык

specification ~ язык спецификаций

stream-based ~ язык обработки потоков, язык, основанный на концепции потоков

strict ~ строгий язык

structured programming ~ язык структурного программирования

structured query ~ язык структурированных запросов (*для работы с базой данных*)

super [super-high-level] ~ язык сверхвысокого уровня

symbolic ~ символический язык

symbolic programming ~ язык символического программирования

syntax ~ язык (описания) синтаксиса (*другого языка*)

synthetic ~ синтезированный [искусственный] язык

system ~ системный язык; язык системного программирования

system coordinate ~ системно-координатный язык (*в базах данных*)

system input ~ входной язык системы

system-oriented ~ системно-ориентированный язык

tabular ~ табличный язык

target ~ выходной язык (*транслятора*); *проф.* объектный язык

time sharing ~ язык для работы с системой разделения времени

typed ~ 1. широко используемый язык программирования (*напр. КОБОЛ, ФОРТРАН, ПЛ/1*) 2. язык, предусматривающий определение типов данных

unstratified ~ нестратифицированный язык

update ~ язык корректирующих запросов (*в распределённых базах данных*)

user ~ язык пользователя

user-oriented ~ язык, ориентированный на пользователя

very-high-level ~ язык сверхвысокого уровня

language-specific ориентированный на конкретный язык; отражающий специфику (данного) языка

laptop 1. дорожный (*предназначенный для работы в дорожных условиях*) 2. *sl* дорожная вычислительная машина, дорожная ЭВМ

large-grain крупномодульный

large-scale крупномасштабный; широких возможностей; большой, крупный

laser 1. лазер; оптический квантовый генератор, ОКГ; оптический квантовый усилитель, ОКУ 2. генерировать когерентные световые колебания; усиливать когерентные световые колебания

laser-formed выполненный с помощью лазера

laser-read с лазерным считыванием

last-come, first-served *ТМО* последним пришёл — первым обслужен (*тип дисциплины очереди*)

last-in, first-out 1. магазинного типа (*о стеке, в котором первым считывается последнее записанное слово*) 2. *ТМО* последним пришёл — первым обслужен (*тип дисциплины очереди*)

latch 1. (триггер-)защёлка; (регистр-)защёлка 2. фиксировать, защёлкивать (*данные*)

address ~ защёлка адреса

bistable ~ бистабильная защёлка

clocked ~ синхронная защёлка

D-~ защёлка с D-триггером, D-защёлка

error ~ защёлка для регистрации ошибок

level ~ защёлка уровня сигнала

polarity hold ~ защёлка, запоминающая полярность сигнала

scan ~ триггер-защёлка сканирующего пути

status flag ~ защёлка флага [флажка] состояния

steered ~ управляемая защёлка

system ~ рабочий триггер-защёлка (*логической схемы; в отличие от триггера-защёлки сканирующего пути*)

latched 1. фиксируемый в защёлке 2. снабжённый защёлкой

latching фиксирование, защёлкивание (*данных*)

latchup фиксация, защёлкивание (*данных*)

latency 1. время ожидания; за-

держка 2. латентность, скрытое состояние

error ~ задержка проявления ошибки

functional ~ функциональная задержка (*интервал времени от момента появления первого входного бита до момента появления последнего выходного бита*)

interrupt ~ задержка (обработки) прерывания

minimum ~ минимальное время ожидания

latent латентный, скрытый

lattice 1. структура 2. решётка; кристаллическая решётка

Boolean ~ булева решётка

information ~ структура информации

phoneme ~ фонемная решётка (*машинное представление характеристик фонемы, полученных при помощи решётчатого фильтра*)

law 1. закон; правило; принцип 2. формула 3. теорема

~ **of absorption** *лог.* закон поглощения

~ **of contraposition** закон контрапозиции

~ **of De Morgan** закон [правило] де Моргана (*об отрицании конъюнкции и дизъюнкции*)

~ **of development** *лог.* закон развёртывания

~ **of double negation** закон двойного отрицания

~ **of excluded middle** закон исключённого третьего

~ **of identity** закон тождества

~ **of large numbers** закон больших чисел

~ **of reductio ad absurdum** *лог.* закон приведения к абсурду

~ **of requisite variety** *киберн.* закон необходимого разнообразия

~ **of simple proportions** закон кратных отношений

~ **of sines** теорема синусов

~ **of small numbers** теорема Пуассона

~ **of triple negation** закон тройного отрицания

associative ~ сочетательный закон

commutative ~ переместительный закон

data privacy ~ закон о неприкосновенности данных

distributive ~ распределительный закон

distributive ~ **of conjunction over disjunction** закон дистрибутивности конъюнкции относительно дизъюнкции

distributive ~ **of disjunction over conjunction** закон дистрибутивности дизъюнкции относительно конъюнкции

exponential ~ экспоненциальный закон

Gaussian (distribution) ~ гауссовский закон (распределения вероятностей), закон нормального распределения

index ~s правила действий с показателями *или* индексами

Murphy's ~ закон Мэрфи

Parkinson's ~ закон Паркинсона

reciprocity ~ закон взаимности

reflexive ~ закон рефлексивности

self-distributive ~ закон самодистрибутивности

symmetry ~ закон симметричности; закон симметрии

transitive ~ закон транзитивности

layer 1. слой 2. уровень (*иерархии*)

application ~ 1. уровень (конкретного) применения 2. прикладной уровень (*в архитектуре открытых систем*)

applied ~ прикладной уровень

barrier ~ запирающий слой, барьер

base ~ слой базы

boundary ~ граничный слой

data link ~ канальный уровень (*сети*)

interconnecting ~ слой внутрисхемных соединений

link ~ канальный уровень (*в сети*)

metallization ~ слой металлизации

network ~ сетевой уровень (*в архитектуре открытых систем*)

physical ~ физический уровень

presentation ~ 1. уровень представления 2. представительный уровень (*в архитектуре открытых систем*)

protective ~ защитный слой

routing ~ слой трассировки

session ~ сеансовый уровень (*в архитектуре открытых систем*)

spacer ~ разделительный слой (*в печатных схемах*)

transport ~ транспортный уровень (*в архитектуре открытых систем*)

layered 1. разделённый на слои, многослойный 2. разделённый на уровни, многоуровневый

layering 1. иерархическое представление (*сети*) 2. разбиение на слои

protocol ~ многоуровневое представление протоколов

layout 1. размещение; расположение; компоновка 2. схема расположения; план; чертёж; рисунок 3. макет 4. топология (*ИС*) 5. формирование топологии 6. разбивка (*программы на модули*) 7. формат

cable ~ кабель-план, схема расположения кабелей

chip ~ 1. проектирование топологии кристалла 2. топология кристалла

code ~ размещение текста программы (*на листинге*)

connection ~ схема расположения проводов; рисунок трассировки соединений

data ~ 1. формат данных 2. макет данных

digit ~ расположение разрядов

file ~ размещение файла (*в памяти*); описание структуры файла

final ~ окончательная компоновка

fixed-grid symbolic ~ символическое представление топологии методом фиксированной сетки

geometrical ~ геометрическое расположение (*элементов БИС*)

loose ~ предварительная [свободная] компоновка (*БИС*)

mask-level ~ топология на уровне маски

memory ~ **1.** распределение памяти; размещение в памяти **2.** схема размещения [расположения] ячеек памяти

pc-board ~ проектирование топологии печатных плат

physical ~ физическое размещение

polycell ~ компоновка полиячеек; многоэлементная компоновка

printer ~ **1.** формат печати **2.** макет печати

program ~ разбивка программы (*на модули*)

record ~ структура записи

relative-grid symbolic ~ символическое представление топологии методом относительной сетки

row-organized ~ рядная компоновка (*БИС*)

simple-grid symbolic ~ символическое представление топологии методом простой сетки

symbolic ~ символическое представление топологии (*БИС*)

two-way ~ двухфакторная схема (*дисперсионного анализа*)

wiring ~ монтажная схема

lead 1. проводник; провод **2.** ввод; вывод ‖ вводить; выводить **3.** упреждение, опережение ‖ опережать

beam ~ балочный [лучевой] вывод (*в ИС*)

gold ~ вывод золотым проводом

gold-plated ~ позолоченный контакт, позолоченный вывод

ground ~ **1.** земляной провод **2.** земляной вывод

open ~ оборванный вывод, вывод с разрывом

phase ~ опережение по фазе

power ~ **1.** провод питания; шина питания; силовой провод **2.** вывод питания

spider-like ~s паучковые выводы

wire ~ проволочный вывод

leader 1. данные (*напр. паспортные*) в начале массива; заголовок **2.** начальный (*нерабочий*) участок ленты; заправочный конец ленты

lead-in вводной провод, ввод

leading:

    column 1 ~ подача (*перфокарты*) первой колонкой вперёд

    9-edge ~ подача (*перфокарты*) нижней стороной

    Y-edge ~ подача (*перфокарты*) верхней стороной

leading-in заправка (*напр. перфоленты*)

lead-out выводной провод, вывод

leakage:

    trace ~ ток утечки между соединениями (*печатной платы*)

learning обучение ◊ ~ **by association** обучение по ассоциации; ~ **by doing** обучение (ЭВМ) на собственном опыте; ~ **by example** обучение (ЭВМ) на примерах; ~ **by experience** обучение опытом; ~ **by generalization** обучение (ЭВМ) путём обобщения; ~ **by insight** обучение, основанное на понимании; ~ **from mistakes** обучение (ЭВМ) на

ошибках, обучение по принципу «на ошибках учатся»
adaptive ~ адаптивное обучение
computer-aided [computer-assisted, computerized] ~ обучение с использованием вычислительной машины
guided discovery ~ обучение (ЭВМ) методом «направляемых открытий»
machine ~ обучение машины
off-line ~ автономное обучение
on-line ~ обучение под непосредственным управлением вычислительной машины
programmed ~ программированное обучение
rote ~ обучение (ЭВМ) методом «заучивания наизусть»
least-recently-used дольше всех не использовавшийся, с наиболее давним использованием
leaves листья (*элементы самого нижнего уровня в древовидном представлении иерархии*)
left-justify выравнивать влево
leg 1. ветвь (*программы или цепной схемы*) **2.** участок (*цепи*) **3.** стержень (*магнитопровода*) **4.** перемычка (*в многодырочных магнитных сердечниках*)
active ~ активная ветвь
passive ~ пассивная ветвь
legend легенда (*на блок-схеме*)
legibility удобочитаемость (*характеристика качества программного обеспечения*)
lemma:
arc-coloring ~ *т. граф.* лемма об окрашивании дуг
length 1. длина, протяжённость **2.** продолжительность, длительность
block ~ длина [размер] блока
code ~ длина [разрядность] кода
count ~ интервал счёта
electrical ~ электрическая длина
entity ~ длина записи об объекте (*в базах данных*)

field ~ длина поля (*информации*)
fixed ~ фиксированная длина (*напр. блока, слова*)
half-performance ~ полухарактеристическая длина вектора (*параметр векторной ЭВМ, указывающий длину вектора, при обработке которого достигается скорость, равная половине характеристической*)
input ~ входная длина (*задачи*)
instruction ~ длина команды
key ~ длина ключа (*число битов для записи ключа*)
multiple ~ многократная длина
overall ~ полная длина
pulse ~ длительность [ширина] импульса
record ~ длина записи
register ~ длина [ёмкость, разрядность] регистра
solution ~ длительность решения (*задачи*)
string ~ длина строки
variable ~ переменная длина (*напр. блока, слова*)
word ~ длина слова
letter 1. буква; символ; знак ‖ помечать буквами **2.** литера **3.** письмо (*в электронной почте*)
capital ~ прописная [заглавная] буква
code ~ кодовый знак
form ~ стандартное письмо (*автоматически генерируемое машиной*); форматное письмо
function ~s функциональные символы; функциональные знаки; символы кодов операций
kana [kanji] ~s литеры японского алфавита
key ~ символ ключа (*кода*)
lowercase ~ строчная буква; знак нижнего регистра
repetitive ~ (*автоматически составляемое*) стандартное письмо (*рассылаемое нескольким лицам*)

uppercase ~ прописная [заглавная] буква; знак верхнего регистра

lettering 1. буквенное обозначение **2.** присвоение буквенных обозначений **3.** занесение букв (*в строку экрана*)

level 1. уровень **2.** степень ◇ **at chip** ~ на уровне кристалла

~ **of abstraction** уровень абстракции

~ **of aggregation** степень агрегирования (*переменных*)

~ **of confidence** уровень доверия, степень уверенности (*характеристика утверждения, выведенного интеллектуальной системой в процессе «нестрогих» рассуждений*)

~ **of mapping** уровень отображения (*базы данных*)

accept/reject ~ уровень разбраковки

activity ~ уровень активности

addressing ~ уровень адресации

alarm ~ **1.** граничный допустимый уровень (*напр. помех*) **2.** аварийный уровень (*значений параметров процесса*)

application ~ прикладной уровень (*в архитектуре открытых систем*)

conceptual ~ концептуальный уровень

confidence ~ **1.** *стат.* доверительный уровень, уровень доверительной вероятности **2.** уровень достоверности

data ~ **1.** уровень данных, информационный уровень **2.** логический уровень (*напряжения*)

device ~ уровень (*физических*) устройств

direct current ~ уровень постоянной составляющей

discrete ~ дискретный уровень

ECL ~ ЭСЛ-уровень, уровень (*напряжения*) ЭСЛ-схем

enterprise ~ предметный уровень (*данных*)

function ~ функциональный уровень (*в моделировании*)

graphetic ~ графический уровень, уровень графем (*представления информации*)

indeterminate ~ неопределённый уровень (*логического сигнала*)

input ~ входной уровень

integration ~ уровень интеграции; степень интеграции

interrupt ~ уровень прерывания

kernel execution ~ уровень ядра операционной системы

large scale integration ~ высокий уровень интеграции

linguistic ~ языковой [лингвистический] уровень

links redundancy ~ степень резервирования линий связи

logical ~ логический уровень

logic-0 ~ уровень (*логического*) нуля, уровень «0», нулевой уровень

logic-1 ~ уровень (*логической*) единицы, уровень «1», единичный уровень

LSI ~ *см.* **large scale integration level**

medium scale integration [MSI] ~ средний уровень интеграции

nesting ~ уровень вложенности

network ~ сетевой уровень (*в иерархической сети*)

noise ~ уровень шума; уровень помех

one ~ уровень (*логической*) единицы, уровень «1», единичный уровень

operating ~ рабочий уровень (*сигналов*)

overload ~ уровень перегрузки

presentation ~ представительный уровень, уровень представления (*в архитектуре открытых систем*)

priority ~ уровень приоритета

pump(ing) ~ уровень (*сигнала*) накачки

quantizing ~ уровень квантования

receiver ~ уровень сигнала на входе (*приёмника*)

reference ~ контрольный уровень; опорный уровень; отсчётный уровень

relative-transmission ~ относительный уровень передачи

session ~ сеансовый уровень (*в архитектуре открытых систем*)

significance ~ уровень значимости

staircase ~ уровень последней ступеньки (*ступенчатой функции*)

static ~ статический уровень

support ~ уровень поддержки (*поставляемого программного изделия*)

threshold ~ пороговый уровень

traffic ~ уровень трафика, величина потока сообщений

transmission ~ уровень передачи

transport ~ транспортный уровень (*в архитектуре открытых систем*)

trigger ~ уровень переключения

user ~ уровень пользователя (*в базах данных*)

very large-scale integration [VLSI] ~ сверхвысокий уровень интеграции

zero ~ уровень (логического) нуля, уровень «0», нулевой уровень

levelizing ранжирование (*логической схемы*) по уровням (*при моделировании*)

level-sensitive 1. чувствительный к уровню (*напр. сигнала*) **2.** уровневый (*о триггере*)

level-triggered 1. запускаемый уровнем (*напр. сигнала*) **2.** уровневый (*о триггере*)

lever:

joystick ~ координатный рычаг (*в графических системах с дисплеем*)

leverage трансляционное отношение (*соотношение числа команд входного и выходного языков при трансляции программы*)

lexeme *лингв.* лексема

lexicon словарь

liaison 1. транспортное соединение (*в архитектуре открытых систем*) **2.** связь взаимодействия

librarian библиотекарь (*1. управляющая программа для работы с библиотечными программами 2. должностное лицо, заведующее библиотеками программ*)

magnetic-tape ~ библиотекарь магнитных лент

program ~ библиотекарь программного обеспечения (*в структурном программировании*)

programming ~ администратор библиотеки поддержки программных разработок

library библиотека

call ~ библиотека вызовов

command ~ библиотека команд (*в диалоговой системе*)

core-image ~ загрузочная библиотека

data ~ библиотека данных

development support ~ библиотека поддержки разработки

direct access ~ библиотека с прямым доступом

disk ~ дисковая библиотека, дискотека

fault ~ библиотека неисправностей

film ~ фильмотека

input/output ~ библиотека программ ввода-вывода

job ~ библиотека заданий

link ~ библиотека связей

loadtime subroutine ~ библиотека загрузочных подпрограмм

magnetic-tape ~ библиотека магнитных лент, магнитотека; библиотека на магнитных лентах

numerical ~ библиотека (программ) численного анализа

open-ended ~ открытая библиотека

primitive ~ библиотека примитивов

private ~ личная библиотека (*пользователя*)

procedure ~ библиотека процедур

program ~ библиотека программ

public ~ общая [общедоступная] библиотека

relocatable ~ перемещаемая (*в памяти*) библиотека; библиотека перемещаемых модулей

routine ~ библиотека стандартных программ

run-time ~ библиотека рабочих программ

shape ~ библиотека стандартных фигур (*в машинной графике*)

source ~ библиотека исходных модулей

source statement ~ текстовая библиотека исходных программ

step ~ библиотека шага (*задания*)

subroutine ~ библиотека (стандартных) подпрограмм

support ~ вспомогательная библиотека

system ~ системная библиотека, библиотека системных программ

tape ~ библиотека лент; библиотека на лентах

user-defined ~ (личная) библиотека пользователя

user-extendible ~ библиотека, расширяемая пользователем

vision ~ библиотека программ для технического зрения; библиотека зрительных образов

life долговечность; ресурс

design ~ расчётная долговечность; расчётный ресурс

load ~ долговечность при (полной) нагрузке

mean ~ средняя долговечность; средний ресурс

operation [service] ~ эксплуатационная долговечность; эксплуатационный ресурс

shelf ~ долговечность при хранении

specified ~ назначенный ресурс

useful ~ срок полезного использования

warranty ~ гарантийная наработка

lifelength наработка

lifetime срок службы

carrier ~ срок службы носителей (*напр. магнитной ленты*)

effective ~ действительный срок службы

mean ~ средний срок службы

warranty ~ гарантийный срок службы

light 1. свет; освещение **2.** лампа **3.** индикаторная [сигнальная] лампа, индикатор **4.** *pl* световая сигнализация

card feed stop ~ индикатор прекращения подачи (перфо-) карт

check ~ (пультовый) контрольный индикатор

divide stop ~ индикатор останова при делении (*в случае выхода результата из разрядной сетки*)

error (sense) ~ индикатор ошибки

fail ~ индикатор «негоден»

idle ~ индикатор простоя (*оборудования*)

indicating ~ индикаторная [сигнальная] лампа, индикатор

logic ~ индикатор логической ошибки (*на панели оператора*)

Nixie ~ цифровая индикаторная [сигнальная] лампа

operator-indicator ~ индикаторная [сигнальная] лампа на панели оператора

overload ~ лампа сигнализации перегрузки, индикатор перегрузки

panel ~ панельная индика-

торная [сигнальная] лампа, панельный индикатор
pass ~ индикатор «годен»
program stop ~ индикатор останова программы
punch ~ индикаторная [сигнальная] лампа перфоратора, индикатор перфоратора
reader ~ индикатор считывающего устройства
ready ~ индикатор готовности
request ~ индикатор запроса
sense ~ сенсорный индикатор
storage ~ индикатор запоминающего устройства (*на панели оператора*)
tape stop ~ индикатор останова ленты
warning ~s световая (предупредительная) сигнализация
lightpen световое перо ‖ работать световым пером
likelihood правдоподобие
estimated ~ оценка (значения) функции правдоподобия (*в распознавании образов*)
maximum ~ максимальное правдоподобие (*статистический критерий*)
limit предел, граница ‖ ограничивать, служить границей
~ **of error** предел ошибки, предел погрешности
~ **of integration** предел интегрирования
age ~ предельный срок службы; ресурс
confidence ~s *стат.* доверительные границы
control ~ 1. контрольный предел 2. предел регулирования
detour ~ разрешённое отклонение (*от длины кратчайшего пути между двумя выводами при трассировке соединений*)
inferior ~ нижний предел
lower control ~ 1. нижний контрольный предел 2. нижний предел регулирования
page ~ граница страницы
permissible ~ допустимый предел

priority ~ (верхняя) граница приоритета
probability ~ вероятностный предел
stability ~ предел [граница] устойчивости
superior ~ верхний предел
time ~ 1. временной предел 2. выдержка времени
tolerable ~ допустимый предел; допуск
upper control ~ 1. верхний контрольный предел 2. верхний предел регулирования
limitation ограничение; предел
computer ~ ограничение по возможностям машины
memory [storage] ~ ограничение по памяти
limited ограниченный
input-output ~ ограниченный возможностями (устройств) ввода-вывода
peripheral ~ ограниченный возможностями периферийных устройств
limiter ограничитель
amplitude ~ амплитудный ограничитель
bidirectional ~ двусторонний ограничитель
data ~ ограничитель данных
series ~ последовательный ограничитель
shunt ~ параллельный ограничитель
limiting ограничение ‖ ограничивающий
low-level ~ ограничение по нижнему уровню
negative ~ ограничение отрицательного сигнала
positive ~ ограничение положительного сигнала
power ~ ограничение мощности
signal ~ ограничение сигнала
line 1. линия 2. шина; линия; провод 3. строка, строчка ◇ **across the** ~ параллельно линии (*о подключении к линии передачи*); **off the** ~ отключённый от сети, переведённый на холостой ход; в автоном-

ном режиме; **to ~ up** выравнивать; располагать по одной оси; центрировать

~ of reasoning цепочка [цепь] рассуждений (*приводящая к решению задачи*)

access ~ линия доступа; линия выборки

acoustic delay ~ акустическая линия задержки; ультразвуковая линия задержки

action ~ рабочая строка

active ~ 1. активная линия (*передачи*) **2.** действующая строка

address(ing) ~ линия адреса, адресная линия; адресная шина

approximation straight ~ аппроксимирующая прямая

arbitration ~s линии арбитра (*в схемах разрешения конфликтов*)

asynchronous ~ асинхронная линия

average-edge ~ линия усреднения краёв знаков (*при распознавании образов*)

B-~ индексный регистр, индекс-регистр, регистр переадресации, регистр индексации

backbone ~ магистральная линия (*в сети*)

balanced ~ симметричная линия; двухпроводная линия

bidirectional ~ двунаправленная линия

bit ~ разрядная шина; разрядная линия

buffered ~ буферизованная линия

bus ~ линия шины

card ~ строка (перфо)карты

carry ~ шина переноса

character ~ строка знаков

character selection ~ шина выборки знака

character spacing reference ~ опорная (*вертикальная*) линия (размещения) знака (*при распознавании образов*)

clock ~ шина синхронизирующих импульсов

coaxial ~ коаксиальная линия (*передачи*)

code [coding] ~ кодовая строка; строка программы

column ~ 1. линия столбца; линия графы **2.** вертикальная шина (*в ПЛМ*)

command ~ 1. линия команд (*напр. интерфейса*) **2.** командная строка

comment ~ строка комментариев (*в тексте программы*)

communication ~ линия связи

complemented bit ~ разрядная линия (шины) обратного *или* дополнительного кода

computer ~ серия вычислительных машин

conditioned ~ высококачественная линия (*связи*)

continuation ~ строка продолжения; строка-продолжение

control ~ шина управления; линия управления

data ~ 1. линия (передачи) данных; информационная линия **2.** строка данных

data-sync ~ линия синхронизации данных

datum ~ ось координат

dedicated ~ выделенная линия (*связи*); частная линия (*связи*)

delay ~ линия задержки

dial(-up) ~ коммутируемая линия (*связи*)

digit ~ разрядная шина; разрядная линия

displayed ~ 1. линия на экране дисплея **2.** строка на экране дисплея

distributed constant electromagnetic delay ~ электромагнитная линия задержки с распределёнными параметрами

double ~ двухпроводная линия

drive ~ 1. шина управления **2.** шина возбуждения

duplex ~ дуплексная линия

electroacoustic delay ~ электроакустическая линия задержки

electromagnetic delay ~ электромагнитная линия задержки

enable ~ разрешающая шина

end ~ концевая строка

exchange ~ линия обмена (*информацией*)

exciting ~ шина возбуждения

feedback ~ линия обратной связи

ferrite delay ~ ферритовая линия задержки

fine ~ узкая линия, узкое межсоединение (*на печатной плате*)

flag ~ флаговая линия (*в микропроцессоре*)

flow ~ линия связи (*на блок-схеме*)

foreign exchange ~ внешняя линия обмена (*информацией*)

geodesic ~ геодезическая линия (*кратчайший маршрут между узлами сети*)

half-duplex ~ полудуплексная линия

handshake ~ линия квитирования (*установления связи*)

heading ~ заглавная строка; строка заголовка

heavy ~ «жирная» линия (*в машинной графике*)

helical delay ~ спиральная линия задержки

hidden ~ невидимая [скрытая] линия (*объёмного предмета на экране дисплея*)

hot ~ «горячая» линия (*связи*), линия (*связи*) в состоянии готовности

in ~ входящая линия; входная шина

inhibit(ing) ~ шина запрета

initial ~ начальная строка

input ~ входная шина; входная линия

insecure data ~ незащищённая линия (передачи) данных

lead-in ~ ввод; вводная шина, шина ввода

leased ~ арендуемая линия (*связи*)

liberated ~ высвободившаяся линия (*связи*)

liquid medium delay ~ жидкостная линия задержки

load ~ линия нагрузки, нагрузочная линия

local ~ местная линия (*связывающая абонентский пункт, напр. с вычислительным центром*)

logic(al) ~ логическая строка

loss-free [lossless] ~ линия (*передачи*) без потерь

lossy ~ линия (*передачи*) с потерями

lumped constant delay ~ линия задержки с сосредоточенными параметрами

magnetic delay ~ магнитная линия задержки

magnetostrictive delay ~ магнитострикционная линия задержки

mercury delay ~ ртутная линия задержки

mouse documentation ~s служебные строки данных о перемещении «мыши» (*высвечиваемые в нижней части экрана*)

multidrop ~ многоточечная [многоотводная] линия

multiparity ~ линия коллективного пользования

multipoint ~ многоточечная линия (*связи*)

multitapped ~ многоотводная линия

N-character ~ строка (длиной) в N знаков

nickel delay ~ никелевая линия задержки

nonswitch(ed) ~ некоммутируемая линия (*связи*)

open-ended ~ разомкнутая (*на конце*) линия

open transmission ~ неэкранированная линия передачи

optical transmission ~ оптическая линия передачи

out ~ выходная шина; исходящая линия

outgoing ~ исходящая линия

output ~ выходная линия; выходная шина

pair ~ двухпроводная линия

parameter ~ строка параметров
parity ~ линия контроля по
чётности (*напр. узлов ПЛМ*)
point-to-point ~ двухточечная линия (*связи*)
power (supply) ~ шина питания; линия питания
print image ~ строка-шаблон
(*при печати*)
private ~ частная линия (*связи*); индивидуальная [отдель-
ная] линия (*связи*)
program ~ строка программы
public ~ общедоступная линия связи, линия связи общего
пользования
quartz delay ~ кварцевая линия задержки
read select ~ шина выборки
при считывании
ready ~ линия готовности (*в
микропроцессоре*)
recovery ~ путь восстановления (*работоспособности вычислительной системы*)
reference ~ опорная линия,
линия отсчёта; ось координат
request ~ запросная шина;
линия запроса
request/acknowledge ~ линия
запроса-подтверждения
reset ~ шина стирания (*информации*); шина сброса; шина установки нуля *или* на нуль
return ~ обратный провод
rubber band ~ отрезок типа
«резиновая нить» (*в машинной графике*)
scan ~ 1. строка развёртки
2. шина опроса
select(ion) ~ шина выборки
sense ~ шина считывания *или*
опроса
set ~ шина включения; шина
установки в активное состояние; шина установки в единицу
signal ~ сигнальная шина;
сигнальная линия; сигнальный провод
single-wire ~ однопроводная
линия; несимметричная линия
slab ~ полосковая линия

slave ~ подчинённая линия
software product ~ серия программных изделий
solid-medium delay ~ твёрдая
линия задержки
sonic delay ~ акустическая
линия задержки
specially conditioned ~ специально оборудованная линия
spiral delay ~ спиральная линия задержки
splitting ~s расходящееся
ветвление
status ~ строка состояния
strip ~ полосковая линия
subscriber ~ абонентская линия
supply ~ шина питания; линия питания
switched ~ коммутируемая
линия (*связи*)
synchronous ~ синхронная
линия
telecommunication ~ линия
дальней связи; линия телесвязи
terminated transmission ~ согласованная линия передачи
tie ~ линия прямой связи; канал прямой связи
time-delay ~ линия задержки
trace ~ соединительная линия (*на печатной плате*)
transmission ~ линия передачи
true bit ~s разрядные линии
прямого кода
trunk ~ магистральная линия, магистраль
ultrasonic delay ~ ультразвуковая линия задержки
uncomplemented bit ~ разрядная линия (шины) прямого кода
unconditioned ~ неприспособ-
ленная линия (*с неэффектив-
ным использованием ресур-
сов*)
**uniform impedance transmis-
sion** ~ однородная линия передачи
variable delay ~ регулируемая линия задержки

virtual-ground ~ линия виртуального заземления

widow ~ изолированная строка, *проф.* висячая строка (*напр. первая строка нового параграфа в конце страницы*)

wire-type acoustic delay ~ проволочная акустическая линия задержки; проволочная ультразвуковая линия задержки

witness ~ (вспомогательная) линия построения (*чертежа на экране дисплея*)

word ~ числовая шина (*напр. в ЗУ с прямой выборкой*)

write select ~ шина выборки при записи

Z ~ Z-дорожка (*в ЦДА*)

zig-zag sense ~ зигзагообразная шина считывания *или* опроса

linear линейный; прямолинейный

piecewise ~ кусочно-линейный

linearization линеаризация

lineout сбой в линии (*связи*)

linetype тип линии (*в графической системе*)

linewidth ширина линии

linguistics лингвистика

computational ~ вычислительная лингвистика

mathematical ~ математическая лингвистика

link 1. звено; связь **2.** канал связи; линия связи; канал передачи данных; соединение (*в сети*) **3.** дуга (*семантической сети*)

autooscillation ~ автоколебательное звено

backward ~ предыдущее звено (*цепного списка*)

broadband ~ **1.** широкополосная связь **2.** широкополосная линия связи

bussed ~ шинное соединение (*в сети*)

chain ~s связи (между звеньями) цепочки

communication(s) ~ канал связи; линия связи

contribution ~ технологическая линия (*в системах видеоконференций*)

data ~ канал передачи данных

facsimile ~ факсимильный канал связи; факсимильная линия связи

fiber-optic ~ волоконно-оптическая связь

forward ~ следующее звено (*цепного списка*)

fusible ~ пережигаемая связь, пережигаемая перемычка (*напр. в ППЗУ*); плавкое соединение

infrared ~ **1.** связь с помощью инфракрасного излучения, тепловая связь **2.** инфракрасный канал связи

ISA [isa] ~ связь типа «принадлежит к», связь типа «часть — целое»

multipoint data ~ многоточечная линия передачи данных

nisa ~ связь типа «не принадлежит к», отрицание связи «часть — целое»

nonlinear ~ нелинейное звено; нелинейная связь

physical ~ физический канал (*передачи данных*)

softwiring ~ программируемая связь

tie ~ канал прямой связи; линия прямой связи

transmission ~ канал связи; линия связи

transport ~ транспортный канал (*вычислительной сети*)

tree ~ связь в древовидной структуре

linkage 1. связь **2.** установление связи **3.** согласующее устройство; согласующие элементы

analog-digital computer ~ согласующее устройство между аналоговой и цифровой вычислительными машинами

basic ~ основная связь

dirigible ~ управляемая связь

entry ~ установление связи при входе (*в подпрограмму*)

exit ~ установление связи при выходе (*из подпрограммы*)

interrupt ~ переход с возвратом на процедуру обработки прерываний

linkedness связность

linker редактор связей (*программа*)

linker-locator динамический загрузчик перемещаемых программ (*с редактированием связей между ними*)

linking 1. связывание **2.** сцепление; зацепление **3.** редактирование связей

dynamic ~ динамическое связывание (*напр. модулей программы*)

intersegment ~ связывание сегментов (*в памяти*)

program ~ связывание программ

Lisp-like лисподобный (*о языке программирования*)

list 1. список ‖ вести [составлять] список **2.** перечень; перечисление **3.** таблица

~ **of modifications** список изменений, список модификаций

~ **of pairs** список (точечных) пар (*ЛИСП*)

A-~ *см.* **association list**

access (control) [accession] ~ **1.** список доступа; таблица доступа **2.** список пользователей

actual parameter ~ список фактических параметров

argument ~ список аргументов

array ~ список массивов

association ~ ассоциативный список, А-список (*пар переменная — значение*) (*ЛИСП*)

attribute ~ список свойств

attribute-value ~ список атрибутов (*объекта*) вместе с их значениями, список пар (вида) «атрибут — значение»

available ~ список имеющихся в наличии устройств

available storage ~ список доступных блоков памяти

backward-linked ~ обратный цепной список (*с адресацией предыдущего элемента в последующем*)

bidirectional [both way] ~ двунаправленный список

capability ~ перечень возможностей (*процедуры*)

chained ~ цепной список (*с адресацией последующего элемента в предыдущем*)

circular ~ кольцевой список

command ~ **1.** список команд **2.** состав команд

compressed intermediate ~ сжатый промежуточный список

connectivity ~ **1.** список межсоединений **2.** таблица связности (*графа*)

constant ~ список констант

control ~ управляющая таблица

cross reference ~ список или таблица перекрёстных ссылок

data ~ **1.** перечень данных **2.** таблица данных

dense ~ плотный список (*занимающий последовательные ячейки памяти без пропусков*)

description ~ **1.** список свойств **2.** описательная таблица

distribution ~ список (*абонентов*) (для) распределения (*групповых сообщений*)

double-linked ~ двунаправленный список

empty ~ пустой список

error (check) ~ список ошибок

fan-in ~ список входов (*данного элемента*)

fan-out ~ список нагрузочных элементов (*для данного элемента*)

first-in, first-out ~ обратный магазинный список

first item ~ список первых элементов (*при групповой индикации*)

free (space) [free-storage] ~ список свободной памяти

goal ~ список целей (*в СИИ*)

identifier ~ таблица иденти-

фикаторов, таблица имён (*в трансляторе*)
input-output ~ список ввода-вывода
intermediate ~ промежуточный список
inverted ~ инвертированный список (*организованный на основе вторичного ключа*)
LAMBDA ~ список переменных в выражении LAMBDA, список переменных в λ-выражении (*ЛИСП*)
last-in, first-out ~ магазинный список
linked ~ **1.** связный список, список со ссылками **2.** цепной список (*с адресацией последующего элемента в предыдущем*)
loose ~ слабозаполненный список
lower level ~ список более низкого уровня
memory-map ~ таблица распределения памяти
null ~ пустой список
one-way ~ однонаправленный список
ordered ~ упорядоченный список
parameter ~ список параметров
polling ~ опросная таблица
punch-down [push-down] ~ магазинный список
push-up ~ обратный магазинный список
queueing ~ таблица очереди
ranked ~ ранжированный список
ready ~ таблица готовности
singly linked ~ однонаправленный список
space ~ список свободных участков, список свободных ячеек (*в памяти*)
stack-history ~ список предыстории работы со стеком
subscript ~ список индексов
superdense ~ сверхплотный список (*плотный список, элементами которого могут быть указатели подсписков*)

switch ~ список переключателей; таблица переключателей
threaded ~ связный список, список со ссылками
truncate ~ список остатков
two-way ~ двунаправленный список
type ~ список типов (*напр. данных*)
uncommitted storage ~ список свободной памяти
unidirectional ~ однонаправленный список
value ~ **1.** список значений **2.** таблица значений
wait(ing) ~ список очерёдности, таблица очерёдности (*напр. выполнения заданий*)
wiring ~ таблица монтажных соединений
list-directed управляемый списком (*о вводе-выводе*)
listen 1. ожидание (*примитив транспортных протоколов*) **2.** прослушивать (*сеть в целях диагностики*)
listener 1. приёмник (*информации*) **2.** *проф.* слушатель (*процесс, обеспечивающий, напр. контроль правильности выражений, вводимых с клавиатуры*)
list-form 1. в форме списка **2.** в табличной форме
listing распечатка, листинг
assembly ~ распечатка [листинг] (результатов работы) ассемблера; протокол ассемблирования
assembly language ~ распечатка [листинг] (программы) на языке ассемблера
cross reference ~ таблица перекрёстных ссылок
output ~ выходная распечатка, выходной листинг, распечатка [листинг] результатов (*работы программы*)
postassembly ~ распечатка [листинг] (программы) после окончания процесса сборки
program ~ распечатка [листинг] программы

proof ~ контрольная распечатка, контрольный листинг (*входной и выходной программ*)

reference ~ распечатка [листинг] ссылок

selective ~ выборочная распечатка, выборочный листинг

source ~ распечатка [листинг] исходной программы

symbolic assembly language ~ распечатка [листинг] (программы) на языке ассемблера

list-oriented списковый

literacy:

computer ~ компьютерная грамотность

literal 1. буквенный 2. текст (*АЛГОЛ 68*) 3. (литеральная) константа, литерал ◊ **by** ~ буквально (*о способе передачи параметров в процедуру*)

character ~ символьная (литеральная) константа

enumeration ~ перечисляемая (литеральная) константа

nonnumeric ~ нечисловая (литеральная) константа

numeric ~ числовая (литеральная) константа

lithography:

optical ~ оптическая литография

X-ray ~ рентгеновская литография

liveness живучесть (*свойство системы*)

liveware персонал (необходимый для эксплуатации) вычислительной машины

load 1. нагрузка ‖ нагружать 2. загрузка (*памяти или в память*) ‖ загружать (*память или в память*) 3. заправка (*ленты*) ‖ заправлять (*ленту*) ◊ **to** ~ **the computer** загружать вычислительную машину; **to** ~ **the tape** заправлять ленту

capacitive ~ ёмкостная нагрузка

common ~ общая нагрузка

computational [computing] ~ вычислительная нагрузка

core ~ загрузка оперативной памяти

down-line ~ загрузка по линии связи (*между двумя ЭВМ в сети*)

dummy ~ искусственная нагрузка

initial program ~ начальная загрузка программы

input ~ входная нагрузка

matched ~ согласованная нагрузка

matching ~ согласующая нагрузка

N-unit ~ нагрузка в виде N устройств

output ~ выходная нагрузка

program ~ загрузка программы

resistive ~ активная [омическая] нагрузка

sequential ~ последовательная загрузка

terminating ~ оконечная нагрузка

traffic ~ нагрузка по потоку сообщений

ultimate ~ предельная нагрузка

loadable:

only ~ без самозагрузки (*о программном модуле, загружаемом по команде от другого модуля*)

load-and-go загрузка с последующим выполнением (*программы*)

loader загрузчик, программа загрузки

absolute ~ абсолютный загрузчик, загрузчик программы в абсолютных адресах

bootstrap ~ загрузчик программы раскрутки, *проф.* пускач

card ~ загрузчик (*информации*) с (перфо)карт

initial program ~ первоначальный загрузчик программы

linkage ~ загрузчик связей

linking ~ связывающий загрузчик, загрузчик с редактированием связей

program ~ загрузчик программ

relocating ~ перемещающий загрузчик, загрузчик перемещаемых программ

system ~ 1. загрузчик системы 2. системный загрузчик

oading 1. нагрузка 2. загрузка (*памяти или в память*); ввод (*в машину*) 3. заправка (*ленты*)

activity ~ загрузка (*информации*) по активности (*обеспечивающая более быстрый доступ к часто используемым данным*)

block ~ (по)блочная загрузка

dynamic ~ динамическая загрузка

factor ~s *эксп.* факторные нагрузки

scatter ~ загрузка вразброс, загрузка с разнесением (информации) по разным участкам памяти

worst-case ~ наихудший вариант нагрузки

ocality of reference локальность ссылок (*в программе*)

ocalization локализация

error ~ локализация ошибки *или* ошибок

cate 1. локализовать (*данные*) 2. располагаться 3. определять [обнаруживать] место *или* местоположение

cation 1. местоположение, размещение, расположение 2. ячейка (*ЗУ*) 3. адрес ячейки (*ЗУ*) 4. определение [обнаружение] места *или* местоположения

bit ~ местоположение бита; местоположение разряда

character ~ знакоместо, знакопозиция

decimal ~ местоположение разряда десятичного числа

empty ~ пустая [незаполненная] ячейка

erroneous ~ ячейка с ошибкой

interrupt ~ ячейка прерываний

isolated ~ 1. ячейка, закрытая для пользователей 2. изолированная ячейка (*по причине неисправности*)

long ~ многоразрядная ячейка

memory ~ 1. ячейка памяти [запоминающего устройства] 2. адрес ячейки памяти [запоминающего устройства]

program ~ местоположение программы (*в памяти*); размещение программы (*в памяти*)

protected ~ защищённая ячейка

signal ~ 1. позиция [положение] сигнала (*напр. на временнóй диаграмме*) 2. обнаружение сигнала

standard memory ~ 1. стандартная ячейка памяти 2. область памяти со стандартной информацией (*напр. с таблицами или константами*)

starting ~ начальная ячейка

storage ~ 1. ячейка запоминающего устройства 2. адрес ячейки запоминающего устройства

taxonomic ~ таксономическая позиция (*объекта в иерархии*)

terminal ~ терминальная установка

word ~ числовая линейка, линейка слова (*в ассоциативном ЗУ*)

locator 1. устройство ввода координат точки (*в дисплее*) 2. устройство обнаружения, локатор

fault ~ устройство *или* программа локализации неисправностей

lock блокировка, *проф.* замок ‖ запирать, блокировать ◇ **to** ~ **out** запирать, блокировать; **to release a** ~ снимать блокировку, снимать (блокировочный) замок

access ~ блокировка доступа

access control ~ блокировка управления доступом; блокировка контроля за доступом

block ~ замок на уровне блока данных

dataset busy ~ блокировка набора данных по занятости

exclusive ~ блокировка (для обеспечения) взаимоисключающего доступа (*напр. к набору данных*), блокировка с монополизацией

global ~ глобальная блокировка

keyboard ~ блокировка клавиатуры

memory write ~ блокировка записи в память

privacy ~ замок защиты; замок секретности (*в базах данных*); пароль; ключ защиты

protection ~ замок защиты (*в базах данных*)

read ~ 1. блокировка для (обеспечения) чтения 2. блокировка считывания

record ~ блокировка на уровне записей, замок на уровне записей

sharable [shared] ~ блокировка с обеспечением совместного доступа (*напр. к набору данных*), блокировка без монополизации

spin ~ взаимоблокировка

suspend ~ отсроченная блокировка

system-wide ~ блокировка на системном уровне

write ~ 1. блокировка для (обеспечения) записи 2. блокировка (операции) записи

lockable с возможностью блокировки, блокируемый; доступный для установки (блокировочных) замков

lock-in:
  software ~ программная замкнутость, программная обособленность (*в отличие от программной совместимости*)

locking запирание, блокирование, блокировка, установка (блокировочных) замков ‖ запирающий, блокирующий

  carriage ~ блокировка каретки

local ~ локальная блокировка

logical ~ логическое блокирование (*блокирование на логическом уровне в базах данных*)

page ~ закрепление страницы (*запрещение откачки страницы*)

physical ~ физическое блокирование (*блокирование на уровне физических устройств в базах данных*)

reserve upgrade ~ блокировка ужесточением защиты (*зарезервированного элемента данных*)

lockout блокировка

  keyboard ~ блокировка клавиатуры

  low-line ~ отключение (*устройства*) при (недопустимом) понижении питающего напряжения

  memory ~ блокировка памяти; защита памяти

  strong ~ полная блокировка (*ЗУ и по считыванию, и по записи*)

  weak ~ частичная блокировка (*ЗУ по записи*)

lockstep жёсткая конфигурация (*однокристальной многопроцессорной системы*)

lockup тупик; блокировка

  Christmas ~ рождественская блокировка

  piggyback ~ блокировка по совмещению (*запросов на передачу в сети*)

  priority ~ приоритетный тупик

  reassembly ~ блокировка компоновки (*сообщений в сети*)

locus 1. местоположение 2. геометрическое место точек 3. годограф

  root ~ корневой годограф

log 1. регистрация, запись (*информации*), протокол ‖ регистрировать, записывать (*информацию*), протоколировать 2. журнал регистрации 3. паспорт

(*машины*) ◇ **to apply the ~**
применять процедуру регистрации; **to ~ in** входить в систему; **to ~ on to a computer**
подсоединяться к (вычислительной) машине; **to ~ out 1.**
выходить из системы **2.** регистрировать событие
DBMS ~ протокол СУБД; регистрационный файл СУБД
error ~ журнал регистрации
ошибок (*в отказоустойчивых
системах*)
event ~ журнал регистрации
событий
hardcopy ~ журнал регистрации печатных копий
job account ~ журнал учёта
заданий
periodic ~ журнал периоди-
ческого контроля
program testing ~ журнал
программных испытаний
results ~ протокол выдачи результатов
running ~ синхронный протокол (*диалога с ЭВМ*)
session ~ журнал сеансов (*в
сетях*)
system ~ системный журнал
trend ~ журнал трендов (*управляемого процесса*)
trip ~ журнал поэтапной регистрации (*хода управляемого процесса*)
undo-redo ~ журнал регистрации отмен и восстановлений
logarithm логарифм
Briggs' [common, denary] ~
десятичный логарифм
**hyperbolic [Napierian, natu-
ral] ~** натуральный логарифм
logarithmic логарифмический
logger 1. регистратор, регистрирующее устройство; самопи-
сец **2.** регистрирующая программа
data ~ регистратор данных
logging регистрация, запись (*информации*)
error ~ регистрация ошибок
executive ~ регистрация хода выполнения (*напр. программы*)

failure ~ регистрация отказов *или* повреждений
historical ~ регистрация предыстории
machine time ~ регистрация
(израсходованного) машинного времени
logic 1. логика **2.** логическая
часть, логический узел (*ЭВМ*)
3. логическая схема; логические схемы, логика ◇ **~ under
test** проверяемые логические
схемы
adaptive ~ адаптивная логика
address-comparison ~ логические схемы сравнения адресов
address-recognition ~ логические схемы распознавания адресов
address-selection ~ дешифратор адреса
all-magnetic ~ чисто магнитные логические схемы
all-transistor ~ чисто транзисторные логические схемы,
чисто транзисторная логика
arbitration ~ арбитражная логика
arithmetic ~ 1. логика арифметических операций, арифметическая логика **2.** логика
схемы арифметического устройства
binary ~ 1. бинарная логика
2. двоичная логика
bipolar ~ биполярные логические схемы
Boolean ~ булева логика
carry determination ~ логические схемы формирования
переноса
cellular ~ логические схемы
с регулярной структурой, регулярная логика
circuit ~ схемная логика
clocked ~ синхронные логические схемы, синхронная
[тактируемая] логика
closed-cell ~ логические схемы на транзисторах с кольцевой структурой
combinational ~ 1. комбинаторная логика **2.** комбина-

ционные логические схемы
combinatorial [combinatory] ~ комбинаторная логика
command decode ~ логическая схема дешифрации команд, дешифратор команд
comparison ~ логические схемы сравнения
compatible ~ совместимые логические схемы
complementary transistor ~ логические схемы на комплементарных [дополняющих] транзисторах, комплементарные транзисторные логические схемы, комплементарная транзисторная логика
complementary transistor-resistor ~ логические схемы на комплементарных [дополняющих] транзисторах и резисторах, комплементарные резисторно-транзисторные логические схемы, комплементарная резисторно-транзисторная логика
computer ~ 1. логика [логическая часть] вычислительной машины 2. логические схемы вычислительной машины
constructive ~ конструктивная логика
control ~ 1. управляющая логика 2. логические схемы (устройства) управления
core ~ логические схемы на (магнитных) сердечниках
crisp ~ чёткая логика
current-hogging ~ инжекционные логические схемы с захватом [перехватом] тока
current injection ~ инжекционные логические схемы, инжекционная логика
current mode [current sinking, current steering] ~ логические схемы с переключателями тока
custom ~ заказные логические схемы
daisy-chain ~ гирляндные логические схемы; логические схемы последовательного опроса

data manipulation ~ логические схемы манипулирования данными
decryption ~ логические схемы расшифровки (*секретных кодов*)
degating ~ блокирующая логика (*облегчающая тестирование сложных схем*)
derivative ~ логические схемы с дифференцирующими цепочками
designer choice ~ логические схемы с межсоединениями по выбору проектировщика
design-for-test ~ удоботестируемые логические схемы, контролепригодные логические схемы
differential ~ дифференциальная логика
digit ~ разрядные логические схемы (*относящиеся к одному разряду*), разрядная логика
diode ~ диодные логические схемы, диодная логика
diode-emitter-coupled ~ логические схемы с диодно-эмиттерными связями
diode-transistor ~ диодно-транзисторные логические схемы, диодно-транзисторная логика
direct-coupled transistor ~ транзисторные логические схемы с непосредственными связями
distributed ~ распределённая логика
double-rail ~ логические схемы с двухпроводным представлением переменных, двухканальная логика
emitter-(emitter-)coupled (transistor) ~ логические схемы с эмиттерными связями
emitter-follower ~ логические схемы на эмиттерных повторителях
error-checking ~ логические схемы контроля ошибок
failure detection ~ логические схемы обнаружения отказов

fault-masking ~ логика с маскированием неисправностей

feature ~ логика признаков

field-programmable ~ логические схемы, программируемые потребителем; логические схемы с эксплуатационным программированием (*в вентильных матрицах*)

fluid ~ струйные логические схемы

formal ~ формальная логика

fuzzy ~ нечёткая [размытая] логика

glue ~ связующие логические схемы (*на плате*)

hardwired ~ логические схемы с жёсткими [постоянными] соединениями, *проф.* «зашитая» логика

high-noise-immunity ~ логические схемы с высокой помехоустойчивостью

high-threshold ~ логические схемы с высоким пороговым напряжением, высокопороговые логические схемы

h-noise-immunity ~ логические схемы с высокой помехоустойчивостью

hydraulic ~ гидравлические логические схемы, гидравлическая логика

incremental ~ инкрементная логика (*с прибавлением единицы при каждом обращении*)

inferential ~ логика (получения) выводов

injection-coupled ~ инжекционные логические схемы

instruction ~ командная логика

integrated injection ~ интегральные инжекционные логические схемы, И²Л-схемы, интегральные логические схемы с инжекцией

interface ~ логические схемы интерфейса

interrupt ~ 1. логика прерываний 2. логические схемы (реализации) прерываний

irregular ~ нерегулярная логика

Josephson junction ~ логические схемы с переходами Джозефсона

kindred ~ логика «сходства» (*один из видов «нечёткой» логики*)

ladder ~ 1. цепная [многозвенная] логическая схема 2. *проф.* многоступенчатая логика

level ~ уровневые логические схемы

locked-pair ~ логические схемы на спаренных элементах

low level ~ логические схемы с низкими (логическими) уровнями

machine ~ 1. логика [логическая часть] (вычислительной) машины 2. логические схемы (вычислительной) машины

magneto-optical ~ магнитооптические логические схемы, магнитооптическая логика

majority(-vote) ~ мажоритарная логика

many-valued ~ многозначная логика

mathematical ~ математическая логика

merged ~ логические схемы на совмещённых приборах

merged-transistor ~ логические схемы с совмещёнными транзисторами

microprogrammed ~ микропрограммируемые логические схемы

microwatt ~ микроваттные логические схемы, микроваттная логика; *проф.* микромощные логические схемы

microwave ~ логические схемы на СВЧ-элементах, СВЧ-логика

modified diode-transistor ~ модифицированные диодно-транзисторные логические схемы, модифицированная диодно-транзисторная логика

morphic ~ морфическая логика

multiaperture device ~ логи-

ческие схемы на многодырочных элементах

multiphase pulse ~ логические
схемы с многофазной син-
хронизацией

multi(ple-)valued ~ многозначная логика

nanosecond ~ логические схемы наносекундного диапазона, наносекундная логика

negative ~ отрицательная [не-
гативная] логика (*с представлением единицы низким уровнем сигнала*)

N-level ~ N-уровневые логические схемы, N-уровневая
логика

nonmonotonic ~ немонотон-
ная логика

N-out-of-M ~ логика N из M
(*напр. логика 2 из 5*)

N-valued ~ N-значная логика

on-board ~ логические схемы, размещённые на плате,
встроенная логика платы, внутриплатная логика

on-chip control ~ встроенная
управляющая логика крис-
талла

optoelectronic ~ оптоэлек-
тронные логические схемы, оптоэлектронная логика

paging ~ логические схемы
управления страничной организацией памяти, *проф.* логические схемы листания

parametron ~ логические схемы на параметронах, пара-
метронная логика

path programmable ~ логика
с программируемыми соеди-
нениями

per-bit ~ логическая схема
одного разряда

pneumatic ~ пневматические
логические схемы, пневматическая логика

positive ~ положительная [по-
зитивная] логика (*с представлением единицы высоким уровнем сигнала*)

probabilistic ~ вероятностная
логика

processing ~ логическая последовательность обработки
(*данных*)

programmable ~ программируемая логика

programmable array ~ программируемая матричная логика

programmed ~ программируемая логика

quadded ~ логические схемы
с четырёхкратным резервированием

random ~ произвольная логика

random sequential ~ произ-
вольно-последовательностная
логика

recovery ~ логические схемы
[логика] восстановления

reference ~ контрольная логическая схема; эталонная логическая схема

regular ~ регулярная логика

relay ~ релейно-контактная
логическая схема

relevance ~ механизм [логи-
ка] определения релевантности (*информации при поиске
в базе знаний*)

resistor-capacitor-transistor ~
транзисторные логические схемы с резистивно-ёмкостными
связями, резистивно-ёмкостные транзисторные логиче-
ские схемы, резистивно-ё-
костная транзисторная логика

resistor-coupled transistor ~
транзисторные логические схемы с резисторными связями,
транзисторная логика с резистивными связями

resistor-diode-transistor ~ ре-
зисторно-диодно-транзистор-
ные логические схемы, ре-
зисторно-диодно-транзистор-
ная логика

resistor-transistor ~ резисторно-транзисторные логические
схемы, резисторно-транзисторная логика

ripple-carry ~ логическая схема сквозного переноса

save-carry ~ логическая схема (сложения) с сохранением переносов

Schottky transistor-transistor ~ транзисторно-транзисторные логические схемы [транзисторно-транзисторная логика] с диодами Шотки

sector-buffering ~ логические схемы секторной буферизации

self-checking ~ логические схемы [логика] с самоконтролем

self-timed ~ логические схемы с внутренней синхронизацией

sequential ~ **1.** последовательностная логика **2.** последовательностные логические схемы

single-phase pulse ~ логические схемы с однофазной синхронизацией

single-sorted ~ односортная логика (*в СИИ*)

solid-state ~ твердотельные логические схемы, твердотельная логика; монолитные логические схемы

stored ~ хранимая логика; *проф.* «запаянная» логика

switching ~ логические схемы коммутации, коммутирующая логика

symbolic ~ символическая логика

temporal ~ временнáя логика

ternary ~ **1.** троичная [трёхзначная] логика **2.** троичные логические схемы

test ~ тестовая логика, логика, предназначенная для целей тестирования

three-level ~ трёхуровневая логика

three-state ~ логические схемы с тремя состояниями

three-value ~ **1.** троичная [трёхзначная] логика **2.** троичные логические схемы

threshold ~ **1.** пороговая логика, логика на пороговых элементах **2.** логические схемы на пороговых элементах

timed-access ~ логические схемы с синхронизированным доступом

timing ~ логические схемы синхронизации

transaction ~ логика формирования транзакций

transistor ~ транзисторные логические схемы, транзисторная логика

transistor-coupled ~ логические схемы с транзисторными связями

transistor-diode ~ диодно-транзисторные логические схемы, диодно-транзисторная логика

transistor-resistor ~ резисторно-транзисторные логические схемы, резисторно-транзисторная логика

transistor-transistor ~ транзисторно-транзисторные логические схемы, транзисторно-транзисторная логика

tri-state ~ логические схемы с тремя состояниями

tube-and-diode ~ логические схемы на лампах и диодах

tunnel-diode ~ логические схемы на туннельных диодах, туннельно-диодная логика

two-line ~ *свтр* двухпроводные логические схемы

two-valued ~ двузначная логика

variable ~ программируемая логика

variable threshold ~ логические схемы (на элементах) с переменным порогом

vertical injection ~ инжекционные логические схемы с вертикальной геометрией

wired ~ «монтажная» логика, логика монтажного объединения

wired-OR, wired-AND ~ логические схемы типа монтажное ИЛИ — монтажное И

word ~ числовая логика; логика, относящаяся к линейке слова (*ассоциативного ЗУ*)

logical 1. логический **2.** логичный, последовательный

logician логик, специалист по логике *или* логическому проектированию

logicor(e) логический (магнитный) сердечник (*для логических схем*)

log(-)in начало сеанса (*работы с терминалом*), вход в систему

logistics логистика (*символическая логика*)

logoff конец сеанса (*работы с терминалом*), выход из системы

logon начало сеанса (*работы с терминалом*), вход в систему

logotype логотип (*специальный знак*); эмблема

log(-)out 1. конец сеанса (*работы с терминалом*), выход из системы **2.** документ, фиксирующий событие

  diagnostic ~ диагностический разрез (*запись состояния аппаратных средств на момент возникновения неисправности в системе*)

longevity долговечность (*невосстанавливаемого элемента*)

long-life с длительным сроком эксплуатации *или* хранения

long-standing устойчивый (*напр. о неисправности*)

long-term долгосрочный; установившийся (*о статических характеристиках сигнала*)

look просмотр; поиск; шаг поиска ◇ **to ~ up** искать, отыскивать

look-ahead предварительный просмотр; просмотр вперёд (*напр. команд в программе аппаратными методами*)

  carry ~ предварительный просмотр в схеме ускоренного переноса

lookalike *sl* аналог (*напр. разрабатываемого устройства*)

looker блок просмотра (*в графопостроителях*)

look-up поиск

  dictionary ~ поиск по словарю

  fault ~ поиск неисправностей

  glossary ~ поиск по глоссарию

  table ~ **1.** табличный поиск, поиск по таблице **2.** обращение к таблице

loop 1. петля **2.** петля гистерезиса **3.** контур; (замкнутая) цепь **4.** цикл **5.** кольцевой регистр (*в ЗУ на ЦМД*) **6.** шлейф ◇ **cutting the** ~ разрыв цепи обратной связи; размыкание контура (регулирования); разрыв замкнутой логической цепи; **getting into a** ~ зацикливание; **to get caught in an endless** ~ зацикливаться

~ **of N** число циклов, равное N

~ **of negative value** отрицательное число циклов (*выполнения программы*)

basic ~ основной цикл

B-H ~ петля гистерезиса в координатах B — H

busy-wait ~ цикл активного ожидания, цикл ожидания освобождения (*устройства*)

buzzing ~ петля зависания (*программы*)

central scanning ~ центральный цикл сканирования (*очереди запросов на обработку*)

closed ~ **1.** замкнутая петля **2.** замкнутый контур **3.** замкнутый цикл

control ~ **1.** петля [кольцо] управляющей ленты **2.** контур регулирования

current ~ токовая петля (*тип аппаратного интерфейса*)

DC hysteresis ~ статическая петля гистерезиса

DO ~ цикл типа «DO»

dynamic ~ динамическая петля (*гистерезиса*)

endless ~ бесконечный цикл (*в программе*)

feedback ~ петля обратной связи; контур обратной связи; цепь обратной связи

full hysteresis ~ предельная петля гистерезиса

home ~ **1.** местный цикл **2.** вложенный цикл

hysteresis ~ петля гистерезиса

infinite computational ~ бесконечный цикл (части) программы (*напр. в результате ошибки*)

inner ~ внутренний цикл

iterative ~ итерационный цикл, цикл итерации

local ~ местная линия связи

magnetic-tape ~ петля [кольцо] магнитной ленты

main ~ основной цикл (*в программе*)

main control ~ основной контур регулирования

major ~ 1. кольцевой регистр связи 2. предельная петля гистерезиса

major hysteresis ~ предельная петля гистерезиса

minor ~ 1. кольцевой накопительный регистр 2. частная петля гистерезиса

minor hysteresis ~ частная петля гистерезиса

multiply nested ~s многократно вложенные циклы

nested [nesting] ~s вложенные циклы

open ~ 1. разомкнутая петля 2. разомкнутый контур 3. разомкнутый цикл

operation ~ рабочий цикл (*в программе*)

optically isolated current ~ оптически изолированная токовая петля

outer [outside] ~ внешний цикл

paper-tape ~ петля [кольцо] бумажной (перфо)ленты

persistent current ~ *свпр* контур с незатухающим током

pickup ~ петля съёма [вывода] сигнала

program ~ цикл программы, программный цикл

rapid-access ~ участок памяти (*напр. на барабане*) с быстрой выборкой

recirculating ~ 1. петля рециркуляции 2. цепь рециркуляции

rectangular hysteresis ~ прямоугольная петля гистерезиса

saturated hysteresis ~ предельная петля гистерезиса

self-checking ~ цикл самоконтроля (*операций ввода-вывода*)

self-resetting ~ цикл с самоустановкой (начальных значений)

single-diode (transfer) ~ цепь (передачи) с одним диодом; сдвигающая цепь с одним диодом (*в феррит-диодных схемах*)

split-winding (transfer) ~ цепь (передачи) с разделённой обмоткой

square hysteresis ~ прямоугольная петля гистерезиса

static hysteresis ~ статическая петля гистерезиса

stop ~ цикл останова (*для индикации оператору, напр. ошибки*)

storage ~ 1. петля хранения 2. *свпр* контур с незатухающим током

storage-core hysteresis ~ петля гистерезиса запоминающего сердечника

subscriber ~ абонентский шлейф

superconducting ~ сверхпроводящий контур

switch-core-hysteresis ~ петля гистерезиса переключающего сердечника

tape ~ петля [кольцо] ленты

timed ~ цикл заданной длительности

timing ~ временной цикл; цикл синхронизации

transfer ~ цепь передачи; сдвигающая цепь

transistor-core ~ феррит-транзисторная схема

unclocked feedback ~ несинхронизированная цепь обратной связи

waiting ~ цикл ожидания

loopback закольцовывание

loopchecking информационная обратная связь; контроль методом обратной передачи (*при-*

нимаемых данных в пункт передачи)

loopfree без циклов

looping 1. организация циклов; введение циклов (*в программу*) **2.** выделение контуров (*на карте Карно*)

infinite ~ зацикливание

nested ~ организация вложенных циклов, организация циклов в цикле

loop-within-loop цикл в цикле

lore:

computer ~ сведения о вычислительной машине (*способствующие более эффективному её использованию*)

loss 1. потеря; потери **2.** *т. игр* проигрыш

~ of significant figures потеря значащих цифр

bit ~ выпадение [потеря] (двоичного) разряда; потеря бита

conversion ~ потери преобразования, потери на преобразование

counting ~ потеря [пропуск] в счёте

data ~ потеря данных

eddy-current ~ потери на вихревые токи

entrance ~ потери на входе

excitation ~ потери на возбуждение

exit ~ потери на выходе

heat ~ тепловые потери

high-frequency ~ высокочастотные потери

hunting ~ потери на рыскание

information ~ потери информации

insertion ~ вносимые потери

I²R [ohmic] ~ активные [омические] потери

overall ~ суммарные [общие] потери

power ~ потери мощности

processing ~ потери (времени) при обработке данных

resistance ~ активные [омические] потери

signal ~ исчезновение [потеря] сигнала

total ~ суммарные [общие] потери

transmission ~ потери при передаче

low-active с активным низким уровнем (*сигналов*)

low-level низкоуровневый, низкого уровня

low-pass пропускать (*сигнал*) через фильтр нижних частот

low-profile плоский (*о клавиатуре*)

low-resistance с малым сопротивлением, низкоомный

low-speed медленный, малого быстродействия, медленнодействующий; низкоскоростной

low-wattage с малым потреблением мощности

LSI БИС, большая интегральная схема

discretionary ~ БИС с избирательными соединениями

luser *sl* пользователь, не умеющий работать с системой, неграмотный пользователь

L-value левая часть оператора присваивания (*в языке СИ*)

M

machine 1. машина; механизм; устройство ‖ машинный **2.** вычислительная машина; счётная машина (*см. тж* **calculator, computer**) **3.** *редк.* процессор

accounting ~ бухгалтерская машина; фактурная машина; табулятор; счётно-аналитическая машина; счётная машина

adding ~ арифмометр, комптометр; суммирующая машина

alpha(nu)meric ~ буквенно-цифровое устройство

artificial intelligence ~ машина с элементами искусственного интеллекта

backup ~ резервная (вычислительная) машина

bad ~ устройство *или* схема

с неисправностями; модель с неисправностями (*при моделировании логических схем*)

bare ~ *проф.* голая (вычислительная) машина (*без программного обеспечения*)

betting ~ автомат для заключения пари

Boltzmann ~ машина Больцмана (*ЭВМ, в которой связи огромного количества процессоров осуществляются по законам статистической механики*)

bookkeeping ~ бухгалтерская машина

bridge ~ (вычислительная) машина промежуточного звена (*в сети*)

business (calculating) ~ счётная машина для (решения) экономических *или* коммерческих задач

butterfly ~ (многопроцессорная вычислительная) машина с переключением процессорных элементов по схеме типа «бабочка»

calculating ~ счётная машина; калькулятор; вычислитель; вычислительное устройство; вычислительная машина

capability ~ машина с мандатной адресацией

card-punch(ing) ~ карточный перфоратор

card-to-tape ~ устройство перезаписи с (перфо)карт на ленту

character-oriented ~ (вычислительная) машина с посимвольной обработкой (данных)

cipher ~ криптографическая [шифровальная] машина

clerical ~ конторская машина; бухгалтерская машина

code ~ кодирующая машина

collating ~ сортировально-подборочное [раскладочное] устройство (*для перфокарт*)

computer assisted drafting ~ автоматизированное чертёжное устройство

computing ~ вычислительная

машина; вычислитель, вычислительное устройство

cryptographic ~ криптографическая [шифровальная] машина

database ~ (вычислительная) машина для работы с базами данных; спецпроцессор баз данных, *проф.* машина баз данных

data-driven ~ 1. (вычислительная) машина, управляемая данными 2. потоковая (вычислительная) машина

data flow ~ потоковая (вычислительная) машина

data processing ~ (вычислительная) машина (для) обработки данных

data structure ~ механизм преобразования структур данных

determinate ~ детерминированная машина

diagnostic ~ диагностическая машина

dictating ~ диктофон

dictionary ~ словарная (вычислительная) машина, (специализированная) вычислительная машина для составления словарей

document-originating ~ машина для составления документов

duplex calculating ~ сдвоенная счётная машина; сдвоенная вычислительная машина

electric calculating ~ электрическая счётная машина; электрическая вычислительная машина

electromechanical ~ электромеханическая счётная машина

electronic accounting ~ электронный табулятор; электронная счётно-аналитическая машина; электронная счётная машина

electronic punch-card ~ электронная перфокарт(оч)ная вычислительная машина; электронная счётно-перфорационная машина; электронный перфоратор

finite memory ~ машина с конечной памятью

finite state ~ конечный автомат

friendly ~ удобная (для пользователя) машина, дружественная (к пользователю) машина

fully redundant ~ полностью резервированная машина

game(-playing) ~ игровая (вычислительная) машина; игровой автомат

ganged ~ спаренная (вычислительная) машина

good ~ исправное устройство; исправная схема; исправная модель (*в моделировании логических схем*)

hardware-realized ~ аппаратно-реализованный (вычислительный) механизм

inference ~ машина логического вывода

information-logical ~ информационно-логическая (вычислительная) машина

information-lossless ~ (вычислительная) машина без потерь информации

information processing ~ (вычислительная) машина для обработки информации

key-disk ~ клавишная (вычислительная) машина с (магнитными) дисками

key-operated ~ клавишная (вычислительная) машина

key punch ~ клавишный перфоратор

knowledge ~ машина (обработки) знаний

knowledgebase ~ машина базы знаний, машина для работы с базой знаний

language-specific ~ (вычислительная) машина, ориентированная на конкретный язык

learning ~ (само)обучающаяся машина

Lisp(-based) ~ ЛИСП-машина

logger ~ устройство (для) регистрации данных; устройство (для) ввода данных

logic(al) ~ логическая машина

long wordlength ~ (вычислительная) машина с увеличенной длиной слова

Markovian ~ *киберн.* марковская машина

maze-solving ~ *киберн.* лабиринтная машина

mechanical translation ~ (вычислительная) машина для автоматического перевода

microprogrammable ~ (вычислительная) машина с микропрограммным управлением, микропрограммируемая (вычислительная) машина

milking ~ *sl* механизм [средство] откачки (*информации из периферийной ЭВМ в центральную вычислительную систему*)

MIMD [multiple-instruction, multiple-data (stream)] ~ (вычислительная) машина с множеством потоков команд и множеством потоков данных

natural processing ~ машина «естественной» обработки данных (*о человеческом мозге в отличие от ЭВМ*)

N-bit ~ N-разрядная (вычислительная) машина

NC [N/C] ~ *см.* **numerical control machine 2.**

non-numeric ~ (вычислительная) машина для обработки нечисловой информации

non-Von-Neumann ~ нефоннеймановская (вычислительная) машина

N-state ~ машина [автомат] с N состояниями

numerical control ~ 1. устройство с числовым программным управлением (*от перфоленты или магнитной ленты*) 2. станок с числовым программным управлением, станок с ЧПУ

object ~ (вычислительная)

машина для выполнения программ на выходном языке (транслятора); целевая (вычислительная) машина (*для которой предназначается оттранслированная программа*); *проф.* объектная (вычислительная) машина

OS implemented abstract ~ абстрактная машина, реализованная операционной системой

paged ~ (вычислительная) машина со страничной организацией памяти

parallel ~ (вычислительная) машина параллельного действия, параллельная (вычислительная) машина

physical ~ физическая [реальная] (вычислительная) машина (*в отличие от виртуальной*)

pinboard ~ (вычислительная) машина с управлением от коммутационной панели

playing ~ игровая (вычислительная) машина; игровой автомат

plotting ~ графопостроитель

POS ~ кассовый автомат

protocol ~ протокольная машина (*реализующая протоколы связи в сети*)

punch(ed) card ~ перфокарт(оч)ная (вычислительная) машина; счётно-перфорационная машина; перфоратор; счётно-аналитическая машина

punched-tape ~ устройство с управлением от перфоленты; перфолент(оч)ное устройство

reading ~ считывающее устройство; читающее устройство

reduction ~ редукционная машина

relational algebra ~ машина (выполняющая операции) реляционной алгебры (*для управления реляционной базой данных*)

reservation ~ (вычислительная) машина для регистрации предварительных заказов (*напр. на авиабилеты*)

scalar ~ скалярная (вычислительная) машина, (вычислительная) машина для обработки скалярных данных

scanning ~ (вычислительная) машина с автоматическим вводом печатного текста

self-organizing ~ самоорганизующаяся (вычислительная) машина

self-replicating ~ самовоспроизводящаяся машина

sequential ~ последовательностная машина; последовательностная логическая схема (*в моделировании*)

sequential-processor ~ (вычислительная) машина с последовательной обработкой данных, (вычислительная) машина с последовательным процессором

serial ~ 1. (вычислительная) машина последовательного действия, последовательная (вычислительная) машина 2. серийная (вычислительная) машина

series ~ (вычислительная) машина последовательного действия, последовательная (вычислительная) машина

SIMD [single-instruction, multiple data (stream)] ~ (вычислительная) машина с одним потоком команд и множеством потоков данных

single-user ~ (вычислительная) машина одного пользователя, однопользовательская (вычислительная) машина

sorting ~ сортировальная машина, сортировка

sound ~ исправная машина

source ~ (вычислительная) машина для трансляции (исходных) программ (*в многомашинных комплексах*)

speaker recognition ~ устройство *или* механизм распознавания говорящего (*по голосу*)

stack ~ (вычислительная) машина со стековой организацией

state ~ конечный автомат

statistical ~ (вычислительная) машина для решения статистических задач

super inference ~ (вычислительная) супермашина логического вывода, супер-ЭВМ логического вывода

symbol-manipulating ~ (вычислительная) машина символьной обработки данных

tabulating ~ табулятор; счётно-аналитическая машина

tag(ged)-token ~ потоковая машина с реализацией передачи маркера

tape-operated ~ (вычислительная) машина с управлением от перфоленты; (вычислительная) машина с управлением от магнитной ленты

target ~ целевая машина (*для которой предназначается разрабатываемая система программного обеспечения*)

teaching ~ обучающая машина

teller ~ банковский автомат

thinking ~ (вычислительная) машина с элементами искусственного интеллекта, *проф.* мыслящая машина

transformation ~ трансформационная (абстрактная) машина

translating ~ 1. (вычислительная) машина-транслятор 2. машина-переводчик

Turing ~ *киберн.* машина Тьюринга

user ~ 1. абонентская машина (*вычислительной сети*) 2. пользовательская (вычислительная) машина (*принадлежащая пользователю*)

vector ~ векторная (вычислительная) машина, (вычислительная) машина для обработки векторных данных

verification [verifier] ~ контрольник (*напр. для перфокарт*)

virtual ~ виртуальная (вычислительная) машина

von Neumann ~ фон-неймановская (вычислительная) машина

machine-associated, machine-dependent машинозависимый

machine-independent машинонезависимый

machine-oriented машинно-ориентированный

machine-readable машиночитаемый; машинно-считываемый

machine-recognizable машиночитаемый; машинно-распознаваемый

machine-searchable пригодный для организации машинного поиска

machine-treatable пригодный для восприятия машиной; машиночитаемый

machinery 1. машины; машинное оборудование; механизмы **2.** механизмы обработки данных, алгоритмы

computing ~ вычислительные машины; вычислительная техника; вычислительное оборудование

inference ~ схемы [механизмы] (логического) вывода

tape-editing ~ аппаратура редактирования данных на (магнитной) ленте

machine-sensible 1. машинозависимый **2.** машинно-считываемый

macro 1. макроопределение, *проф.* макрос **2.** макрокоманда **3.** макроэлемент; макроячейка (*БИС*)

logic cell ~ логическая макроячейка

macroassembler макроассемблер

macroblock макроблок

macrocall макровызов

macrocell макроячейка

macrocode 1. макрокоманда, макрокод **2.** система [набор, состав] макрокоманд

macrocoding макропрограммирование

macrocommand макрокоманда

 assembly defined ~ макрокоманда, определяемая в языке ассемблера

completion ~ макрокоманда завершения

debug ~ макрокоманда отладки

fixed ~ фиксированная макрокоманда (*с постоянной микропрограммой*)

inner ~ внутренняя макрокоманда

key ~ ключевая макрокоманда

library ~ библиотечная макрокоманда

mixed ~ смешанная макрокоманда

nested ~s вложенные макрокоманды

positional ~ позиционная макрокоманда

programmer defined ~ макрокоманда, определяемая программистом

time of day ~ макрокоманда «время дня»

variable ~ переменная макрокоманда (*с микропрограммой, зависящей от входных параметров*)

macrodeclaration макрообъявление

macrodefinition макроопределение

  keyword ~ ключевое макроопределение

  mixed-mode ~ смешанное макроопределение

macroexerciser отладчик макрокоманд

macroexpansion макрорасширение

  conditional ~ условное макрорасширение

macrofunction макрофункция

macrogeneration макрогенерация

macrogenerator макрогенератор

macroinstruction макрокоманда (*см. тж* **macrocommand**)

macrolanguage макроязык

macrolibrary библиотека макроопределений, *проф.* библиотека макросов

macromemory макропамять, память макрокоманд

macromodeling макромоделирование

macroname макроимя

macroorder макрокоманда

macroprocessor макропроцессор

macroprogram макропрограмма

macroprogramming макропрограммирование

macroprototype макроопределение

macros 1. макроопределение, *проф.* макрос **2.** макрокоманда **3.** макроэлементы; макроячейки (*БИС*)

  user-defined ~ макрооперация, определённая пользователем

macroskeleton макроопределение

macrostatistics макростатистика, статистика больших выборок

macrosynchronous макросинхронный (*синхронизируемый на уровне сегментов программы или задачи*)

macrosystem макросистема

macrotrace трассировка макрокоманд

macrotracer средство трассировки макрокоманд, макротрассировщик

magazine 1. карман; магазин; приёмник **2.** журнал (*группа из 100 страниц телетекста*)

  input ~ принимающий карман, приёмник (*для перфокарт*)

  output ~ выходной карман, укладчик (*для перфокарт*)

  receiving ~ принимающий карман, приёмник (*для перфокарт*)

magnetization 1. намагничивание; перемагничивание **2.** намагниченность

  axially oriented ~ осевая намагниченность

  cyclically ~ циклическое перемагничивание

  remanent ~ остаточная намагниченность

rotation ~ перемагничивание вращением (*вектора намагниченности*)

spontaneous ~ спонтанная [самопроизвольная] намагниченность

superposed ~ подмагничивание

magnetize намагничивать

magnetoresistor магниторезистор

magnetostriction магнитострикция

magnistor магнистор

magnitude 1. величина; значение **2.** *матем.* модуль ◊ **in absolute** ~ по абсолютному значению, по модулю

signed ~ величина со знаком

mail:

computer ~ электронная почта

voice ~ речевая почта; речевая корреспонденция (*в системе электронной почты*)

mailbox почтовый ящик (*средство обмена информацией в электронной почте*)

main питающий провод, фидер

mainframe 1. (универсальная) вычислительная машина (*в отличие от мини-машин и малых коммерческих машин*) **2.** основной, исходный, основополагающий

high-end ~ (универсальная) вычислительная машина старшей модели (*самая производительная ЭВМ семейства*)

low-end ~ (универсальная) вычислительная машина младшей модели (*наименее производительная ЭВМ семейства*)

plug-compatible ~ (полностью) совместимая (универсальная) вычислительная машина

mainframe-based построенный на базе (универсальных) вычислительных машин

mainframer *sl* фирма-изготовитель (универсальных) вычислительных машин

mainline стержневая ветвь (*программы*)

maintainability 1. удобство эксплуатации; ремонтопригод-

ность **2.** удобство сопровождения (*напр. системы программного обеспечения*)

maintenance (техническое) обслуживание; эксплуатация (*системы*); сопровождение (*напр. системы программного обеспечения*); ведение (*напр. файла*)

adaptive ~ адаптивное сопровождение (*с внесением незначительных изменений*)

corrective ~ обслуживание по обнаружению и устранению неисправностей, корректирующее сопровождение

database ~ ведение базы данных

deferred ~ задержанное [отложенное] обслуживание

emergency ~ аварийное обслуживание

file ~ сопровождение [ведение] файла

index ~ ведение индексов (*в базах данных*)

on-call ~ обслуживание по вызову

operating ~ текущее обслуживание и ремонт

preventive ~ профилактическое обслуживание, профилактика

program ~ сопровождение программ

remedial ~ ремонтное обслуживание, ремонтные работы

routine ~ регламентное обслуживание, обслуживание по заведённому порядку

scheduled ~ обслуживание по (календарному) графику, плановое обслуживание

software ~ сопровождение программного обеспечения

software product ~ сопровождение программного изделия

supplementary ~ обслуживание по модификации и усовершенствованию системы

unscheduled ~ внеплановое обслуживание

majority 1. большинство (*логи-*

*ческая функция или опера-
ция)* **2.** мажоритарный
makefile формирование файла
making:
   decision ~ принятие решений
   inference ~ получение (логических) выводов (*в СИИ*)
malfunction сбой, неправильное
   [ложное] срабатывание; неправильная работа, неправильное функционирование,
   нарушение работоспособности
   hardware ~ аппаратный сбой,
   неправильная работа оборудо-
   дования
   program-sensitive ~ програм-
   мно-зависимое нарушение правильного функционирования
   (*системы*)
   recoverable ~ сбой с возможностью восстановления (*работоспособности системы*)
   unambiguous ~ однозначный
   [однозначно идентифицируе-
   мый] сбой
manage 1. управлять **2.** вести,
   организовывать (*процесс*)
management управление; организация
   buffer ~ организация буферизации данных
   change ~ организация внесения изменений
   complexity ~ борьба со сложностью (*в проектировании,
   напр. СБИС*)
   computer-assisted ~ управление с использованием вычислительной машины, автоматизированное управление
   configuration ~ конфигурационное управление, управление конфигурацией (*системы
   программного обеспечения*)
   data ~ управление данными
   (*сбором, анализом, хранением, поиском, обработкой и
   распределением данных*)
   database ~ управление базой
   данных
   data resource ~ управление
   информационными ресурсами
   error ~ управление обработкой ошибок

   interface ~ управление интерфейсом
   memory ~ управление памятью
   multiple-task ~ управление
   мультизадачным режимом; организация прохождения многих задач
   operating system ~ управление разработкой и сопровождением операционных систем
   program ~ управление разработкой и сопровождением программ
   record ~ организация ведения
   записей
   resource ~ управление ресурсами
   software ~ управление разработкой и сопровождением (*системы*) программного обеспечения
   systems project ~ организация системного проектирования
   workload ~ управление (рабочей) нагрузкой
manager 1. администратор; управляющая программа; организующая программа **2.** управляющее устройство, устройство управления **3.** руководитель, администратор, распорядитель
   alert ~ аварийный администратор (*программа, организующая работу системы в ава-
   рийном режиме*)
   call ~ распорядитель вызовов
   (*программное средство*)
   central ~ центральный администратор
   computer ~ **1.** администратор
   машины **2.** распорядитель вычислительных ресурсов (*программа*)
   computer operations ~ администратор вычислительных работ
   configuration ~ (программа-)
   конфигуратор; блок реконфигурации (*в операционной системе*)
   control store ~ администратор

управляющей памяти (*микро-процессора*)

database ~ администратор базы данных

data processing ~ руководитель отдела обработки данных

document ~ блок управления документированием

execution ~ диспетчер (*программное средство*)

file ~ программа *или* устройство управления файлами, распорядитель файлов

information ~ администратор потоков информации (*программа или устройство*)

knowledge ~ распорядитель знаний (*в экспертных системах*)

knowledgebase ~ администратор базы знаний

memory ~ администратор памяти, блок управления памятью (*в операционной системе*)

menu ~ распорядитель меню (*программа*)

network resource ~ администратор сетевых ресурсов

print ~ администратор печати, блок управления печатью (*в операционной системе*)

resource ~ администратор [распорядитель] ресурсов

software product ~ администратор программного изделия

storage ~ программа *или* устройство управления памятью; блок управления памятью

stream ~ администратор потоков (*в сети*)

system ~ системный администратор, администратор системы

terminal ~ программа *или* устройство управления терминалами

transaction ~ администратор транзакций (*программное средство*)

window ~ администратор полиэкранного режима (*программа или устройство*)

man-hour 1. человеко-час **2.** *pl*

трудозатраты (*в человеко-часах*)

engineering ~s рабочее время технического персонала (*в человеко-часах*)

programming ~s трудозатраты на программирование

manifolding многоэкземплярная печать

manipulation 1. манипулирование, работа **2.** манипуляция, обработка **3.** управление (*механизмом*)

byte ~ работа с байтами, побайтовая обработка

data ~ манипулирование данными

display ~ манипулирование изображениями на экране дисплея

formula ~ работа с формулами; преобразование формул

graphics ~ манипулирование графическими объектами

neighborhood ~ преобразование окрестностей (*в технике объёмного моделирования*)

screen ~ манипулирование изображениями на экране (*дисплея*)

statistical data ~ статистическая обработка данных

string ~ работа со строками; построковая обработка (*символов*)

symbol ~ работа с символами; посимвольная обработка

text ~ обработка текстов; преобразование текстов

manipulator 1. блок манипулирования **2.** манипулятор

data ~ блок манипулирования данными

manual 1. руководство; справочник; инструкция; описание **2.** ручной, с ручным управлением

message ~ указатель системных сообщений

operator ~ руководство для оператора

program ~ **1.** руководство по работе с программой **2.** руководство по программированию

MANUAL MAPPING M

programmer ~ руководство для программиста
programming ~ руководство по программированию
reference ~ справочное руководство
system description ~ техническое описание системы
user ~ руководство для пользователя
manufacturer:
  computer ~ фирма-изготовитель вычислительных машин, фирма (по производству) вычислительных машин
  original equipment ~ (фирма-)изготовитель комплектного оборудования (*в отличие от изготовителей комплектующих изделий*)
  software ~ фирма по разработке программного обеспечения
manufacturing:
  computer-aided ~ автоматизированное [компьютеризованное] производство
  computer-integrated ~ комплексно - автоматизированное производство
  flexible (computerized) ~ гибкое автоматизированное производство, ГАП
map 1. карта; план; схема ‖ наносить на карту; составлять карту *или* схему **2.** карта (распределения) ‖ отображать в виде карты (распределения) **3.** отображение, соответствие ‖ отображать, устанавливать соответствие **4.** преобразовывать данные (*из одной формы в другую*) ◇ **to ~ over** отображать, устанавливать соответствие
  allocation ~ схема распределения; таблица распределения
  bit ~ поразрядная карта отображения информации; карта в виде совокупности бит, битовое [двоичное] отображение
  color ~ карта цветов
  computer generated ~ машинно-генерируемая карта

external ~ внешнее отображение (*базы данных*)
fuse ~ карта пережигания (плавких) перемычек (*программируемых логических матриц*)
intermediate conceptual ~ промежуточное концептуальное отображение (*базы данных*)
internal ~ внутреннее отображение (*базы данных*)
Karnaugh ~ карта Карно (*используемая при минимизации булевых функций*)
load ~ карта загрузки
memory ~ схема [список] распределения памяти; карта размещения информации в памяти
network topology ~ топологическая карта сети
role value ~ отображение (соответствия) «роль — значение», (ассоциативная) таблица соответствия «роль — значение» (*в СИИ*)
status ~ карта состояний (*напр. устройств ввода-вывода*)
yield ~ **1.** карта годности; карта (производственного) выхода **2.** отображение (полупроводниковой) пластины с указанием повреждённых схем
mapping 1. составление карты *или* схемы **2.** отображение в виде карты (распределения) **3.** составление схемы набора задачи (*в ЦДА*) **4.** преобразование данных (*из одной формы в другую*) **5.** отображение, соответствие
  bit ~ поэлементное отображение (*напр. изображения в памяти*)
  dynamic ~ динамическое распределение (*напр. памяти*)
  inverse ~ обратное отображение
  memory ~ **1.** распределение памяти; картографирование памяти **2.** отображение в памяти
  one-one ~ взаимно однозначное соответствие

381

wafer ~ 1. составление карты годности кристаллов на полупроводниковой пластине **2.** планировка полупроводниковой пластины

margin 1. запас регулирования; пределы рабочего режима **2.** край, граница **3.** поле (*печатной страницы*) **4.** метка (*КОБОЛ*)

fade ~ границы замирания (*сигнала*)

gain ~ запас по усилению; пределы усиления

guide ~ ведущий запас (*расстояние по ширине ленты от направляющего края до оси ближайшей дорожки*)

safety [security] ~ запас надёжности

mark 1. метка, маркер; отметка ‖ отмечать; размечать **2.** знак **3.** токовая посылка, маркерный импульс

admissible ~ допустимый знак (*воспринимаемый данным оборудованием*)

beginning-of-information ~ метка [маркер] начала (записи) информации

block ~ метка блока

conducting ~ проводящая метка

control ~ служебная метка (*для разделения записей на ленте*)

destination warning ~ предупреждающая метка конца (*напр. ленты*)

document ~ метка [маркер] документа (*при микрофильмировании*)

dot ~ точка, метка в виде точки (*отличительный знак*)

drum ~ метка [маркер] на (магнитном) барабане (*напр. метка конца записи*)

end ~ метка [маркер] конца (*напр. слова, блока данных и т. п.*)

field ~ метка [маркер] поля

file ~ метка [маркер] файла

group ~ метка [маркер] (конца) группы знаков (*в памяти*)

hash ~ знак #, *проф.* диез

hold ~ сигнал отсутствия передачи (*по линии связи*)

identification ~ идентифицирующая метка

load ~ метка [маркер] начала (заправочного конца) ленты

period ~ (от)метка периода (*в многоразрядных числах*)

photo-sensing ~ оптически считываемая метка

quotation ~ апостроф; *pl* кавычки

record ~ метка [маркер] записи; разделитель записей

record-storage ~ метка [маркер] (для разделения) записей в буфере устройства считывания с перфокарт

tape ~ метка [маркер] ленты; метка [маркер] (для разделения) записей на ленте

tic ~ временна́я метка, временной отсчёт, *проф.* «тик»

track-error ~ метка [маркер] ошибки при передаче (данных)

word ~ метка [маркер] слова

marker 1. метка, маркер; признак (*начала или окончания блока данных*) (*см. тж* **mark**) **2.** отметчик, маркёр **3.** инструмент для разметки **4.** *лингв.* регулярный признак

phrase ~ *лингв.* показатель непосредственно составляющих структуры, показатель НС-структуры

market:

OEM ~ рынок оборудования, функционирующий на условиях комплектных поставок

marking обозначение, маркировка; отметка; разметка

key-top ~ символ [надпись] на клавише

mask 1. трафарет; маска, шаблон; фотошаблон ‖ маскировать **2.** маска ‖ маски́ровать, накладывать маску **3.** рамка (*изображения*) **4.** диафрагма

coded ~ кодирующий трафарет (*в электролюминесцентных устройствах вывода данных*)

condition ~ маска условия

function ~ маска функции, функциональная маска (*в аналоговых фотоэлектронных функциональных преобразователях*)

holistic ~ эталонная маска (*в устройстве распознавания знаков*)

implantation ~ маска для ионного легирования

interrupt ~ маска прерываний

logical ~ логическая маска (*при логических операциях*)

master ~ оригинал фотошаблона

metallization ~ фотошаблон (соединительной) металлизации

M-register ~ маска M-регистра

negative ~ негативный трафарет; негативная маска

peephole ~ маска с отверстиями (*для распознавания знаков*)

program ~ программная маска (*для блокирования прерываний*)

range ~ маска (задания) диапазона (*чисел*)

routing ~ (трассировочный) фотошаблон (*для разводки соединений ИС*)

slit ~ щелевой трафарет

masking 1. маскирование; наложение [установка] маски ‖ маскирующий **2.** экранирование ‖ экранирующий **3.** диафрагмирование

beam ~ диафрагмирование луча *или* пучка

fault ~ маскирование неисправностей

oxide ~ маскирование [защита] оксидом

mask-programmable программируемый фотошаблонами (*о ПЗУ*)

masquerading нелегальное проникновение (*напр. в вычислительную сеть*)

master 1. ведущее [задающее] устройство **2.** оригинал, эталон **3.** фотооригинал **4.** главный; ведущий; основной

bus ~ **1.** «хозяин» шины **2.** устройство управления передачей данных по шине (*в магистральных системах*)

floating ~ плавающий центр (*принцип организации сети с главным узлом*)

glass ~ фотооригинал на стекле

offset-printing ~ офсет-шаблон

old ~ необновлённый исходный файл (*используемый для восстановления информации при утрате оперативных копий*)

mastership обладание статусом ведущего узла

bus ~ владение шиной

mat матрица; ковёр (*ферритовой матрицы*)

core ~ ферритовая матрица; ковёр (ферритовых) сердечников

match 1. согласовывать, приводить в соответствие; сопоставлять; подгонять, подбирать; сочетать; выравнивать **2.** совпадение (*признаков в ассоциативном ЗУ*) ◇ **to** ~ **exponents** выравнивать порядки

matcher обнаружитель совпадений (*в распознающих системах*)

matching 1. согласование, приведение в соответствие; выравнивание; подгонка, подбор; сочетание; сопоставление **2.** *т. граф.* паросочетание

conjugate ~ сопряжённое согласование

equality ~ сопоставление на равенство

exponents ~ выравнивание порядков

iterative ~ итерационное согласование, согласование методом последовательных приближений

mask ~ сопоставление с маской (*при распознавании образов*)

maximum (cardinality) ~ паросочетание максимальной мощности

maximum weight ~ паросочетание с максимальным весом

pattern ~ **1.** сопоставление образцов **2.** сопоставление [сравнение] с образцом; сопоставление [сравнение] с эталоном (*метод информационного поиска*)

template ~ сравнение с шаблонами (*при распознавании образов*)

time ~ согласование во времени (*работы устройств*)

match-merge сопоставление (*элементов файлов*) при слиянии (*во время сортировки*)

mate 1. спаривать, соединять (*напр. два элемента или блока*) **2.** ответная часть разъёма

material материал, вещество

bulk ~ массивный материал (*в противоположность тонким плёнкам*)

fast ~ (магнитный) материал с малым временем переключения

hard ~ «жёсткий» (магнитный) материал, высококоэрцитивный (магнитный) материал

highly remanent magnetic ~ магнитный материал с большой остаточной индукцией

slow ~ (магнитный) материал с большим временем переключения

soft ~ «мягкий» (магнитный) материал, низкокоэрцитивный (магнитный) материал

materialization материализация (*запросов в распределённой системе*)

mathematical математический

mathematics математика

~ **of logic** математическая логика

applied ~ прикладная математика

Boolean ~ булева алгебра

calculus ~ вычислительная математика

matrice *см.* **matrix**

matrix 1. матрица; дешифратор **2.** сетка (из) резисторов **3.** *матем.* матрица; таблица **4.** *редк.* шифратор

~ **of coupling** матрица соединений; матрица связей

~ **of strategies** *т. игр* матрица стратегий

~ **of wires** проволочная матрица (*из проволочных проводников*)

access list authorization ~ матрица распределения полномочий доступа (*в базах данных*)

address ~ дешифратор адреса

adjacency ~ *т. граф.* матрица смежности

augmented ~ расширенная матрица

autocorrelation ~ автокорреляционная матрица

banded ~ ленточная матрица

block ~ блочная матрица

Boolean ~ булева матрица

check ~ проверочная матрица (*кода с исправлением ошибок*)

circuit ~ матрица схем

coding ~ кодирующая [шифраторная] матрица

coefficient ~ матрица коэффициентов

coincident-current ~ матрица с совпадением токов, матрица, работающая по принципу совпадения токов

compose ~ составная матрица

computing ~ вычислительная матрица

constraint ~ матрица условий, матрица ограничений

core ~ матрица сердечников (*магнитных или ферритовых*)

core-diode ~ феррит-диодная матрица

correcting ~ корректирующая матрица, матрица поправочных коэффициентов

correlation ~ матрица (коэффициентов) корреляции, корреляционная матрица

decoder ~ декодирующая [дешифраторная] матрица; дешифратор

decomposable ~ разложимая матрица

dependency ~ матрица зависимостей

diagonal ~ диагональная матрица

diode ~ диодная матрица, диодная сетка

dot ~ матрица точек; точечная матрица

electroluminescent ~ электролюминесцентная матрица

encoder ~ кодирующая [шифраторная] матрица

error ~ матрица ошибок

ferrite core ~ матрица ферритовых сердечников, ферритовая матрица

full ~ полная матрица

game ~ *т. игр* платёжная матрица

graphical plotting ~ матрица для графического вывода данных (*при помощи растра*)

hardware ~ таблица устройств (*раздел конфигуратора*)

head selector ~ матрица выбора головок

Hermitian ~ эрмитова матрица

identity ~ единичная матрица

ill-conditioned ~ плохо обусловленная матрица

impact ~ матрица влияний (*изменений документации, напр. на выпуск новых вариантов программного изделия*)

incidence ~ *т. граф.* матрица инцидентности, матрица инциденций

integer ~ целочисленная матрица, матрица с целочисленными элементами

interconnect ~ коммутационная матрица

inverse ~ обратная матрица

layered ~ многослойная матрица

LED ~ *см.* **light-emitting diode matrix**

level of testing ~ таблица уровней испытаний (*программного изделия*)

light-emitting diode ~ светодиодная матрица

light-emitting element ~ матрица светоизлучающих элементов

logical conversion ~ матрица логического преобразования

loss ~ матрица потерь

magnetic memory ~ матрица магнитной памяти [магнитного запоминающего устройства]

memory ~ матрица памяти [запоминающего устройства]; запоминающая матрица

narrative ~ таблица описаний (*раздел конфигуратора*)

N-core ~ матрица из N сердечников

neon-photoconductive switching ~ переключающая [переключательная] матрица на неоновых лампах и фоторезисторах

node-to-datum path ~ матрица узловых путей, матрица путей от каждого узла к опорному узлу

nonsingular ~ невырожденная матрица

optical memory ~ матрица оптических элементов памяти

orthogonal ~ ортогональная матрица

parity ~ матрица чётности, матрица контроля по чётности

payoff ~ *т. игр* платёжная матрица

photocell ~ матрица фотоэлементов

precedence ~ матрица [таблица] предшествования

printing ~ матрица печатающего устройства

product ~ матрица произведений

product-function ~ матрица

«функция — программные изделия»

program-timing ~ программируемая матричная схема генерации (последовательности) синхронизирующих импульсов

punching ~ матрица пуансонов (*в перфораторе*)

quasidiagonal ~ квазидиагональная матрица

real ~ вещественная матрица, матрица с действительными [вещественными] элементами

recognition ~ распознающая матрица (*в системах распознавания образов*)

reduced ~ приведённая матрица

regret ~ *т. игр* матрица потерь

resistor ~ сетка (из) резисторов, резисторная матрица

scrambling ~ кодирующая [шифраторная] матрица

selection ~ матрица выборки; матричный дешифратор

selection core ~ матричный переключатель на сердечниках, матрица выборки на сердечниках

semantic ~ семантическая таблица

singular ~ сингулярная [особенная] матрица; вырожденная матрица

skew-symmetric ~ кососимметрическая матрица

software ~ таблица программ (*раздел конфигуратора*)

sparse ~ разрежённая матрица

square ~ квадратная матрица

stencil-cutout ~ матричный трафарет (*со знаками алфавита и цифрами в характроне*)

storage ~ матрица запоминающего устройства; запоминающая матрица

switch(ing) ~ переключающая [переключательная] матрица; матричный переключатель

symmetric(al) ~ симметрическая матрица

traffic ~ матрица потоков (*напр. информации*)

transformation ~ матрица преобразования

transformer-diode ~ диодно-трансформаторная матрица

transition ~ матрица переходов (*из состояния в состояние*)

transition probability ~ матрица вероятностей переходов (*из состояния в состояние*)

transposed ~ транспонированная матрица

triangular ~ треугольная матрица

triple-coincidence ~ матрица с тройным совпадением

two-dimensional ~ двумерная матрица

two-variable ~ таблица (значений) функции двух переменных

U-~ ортогональная матрица

unitary ~ **1.** унитарная матрица **2.** единичная матрица

vertex-edge incidence ~ *т. граф.* матрица инцидентности, матрица инциденций

vertex incidence ~ *т. граф.* матрица смежности, матрица соседства вершин

matrixer матричная схема

maxicomputer большая вычислительная машина, большая ЭВМ

maximin *т. игр* максимин

maximization максимизация; достижение максимума

maximize максимизировать; доводить до максимума; *матем.* доставлять максимум, обращать в максимум

maxims:

programming ~ принципы программирования *проф.* заповеди программиста

maximum максимум, максимальное значение; максимальное количество ‖ максимальный

local ~ локальный максимум

overall ~ глобальный максимум

maxterm элементарная дизъюнктивная форма, макситерм

maze *киберн.* лабиринт

mean 1. среднее (значение); средняя величина ‖ средний **2.** значить, иметь значение

arithmetic(al) ~ среднее арифметическое

asymptotic(al) ~ *стат.* асимптотическое среднее

conditional ~ *стат.* условное среднее

geometric(al) ~ среднее геометрическое

grand ~ общее среднее

harmonic ~ среднее гармоническое

population ~ математическое ожидание; среднее по совокупности

sample ~ выборочное среднее

universal ~ математическое ожидание; среднее по совокупности

unweighted ~ невзвешенное среднее

weighted ~ взвешенное среднее

meaning значение; смысл; содержание

individual ~ индивидуальное [отдельное] значение

multiple ~ многозначность

means способ; средство; средства

controlling ~ средства управления; средства регулирования

measure 1. мера; показатель; критерий **2.** масштаб **3.** *матем.* делитель

fuzzy ~ нечёткий критерий

information ~ мера (количества) информации

separability ~ мера отделимости (*множества в распознавании образов*)

similarity ~ степень сходства

testability ~ критерий тестируемости; критерий контролепригодности

measurement 1. измерение; замер **2.** *pl* размеры

direct ~ непосредственное [прямое] измерение

remote ~ дистанционное измерение, телеизмерение

room-temperature ~ **1.** измерение при комнатной температуре **2.** *свпр* измерение вне гелиевой ванны

time-domain ~ измерение временны́х характеристик

mechanical 1. механический; машинный **2.** автоматический

mechanism 1. механизм; устройство; прибор; аппарат **2.** механизм обработки информации; алгоритм

access ~ механизм выборки; механизм доступа

actuating ~ исполнительный механизм; приводной механизм

adaptive ~ адаптивный механизм

adding ~ суммирующий механизм; суммирующее устройство

block / wakeup ~ механизм блокировки — активизации (*напр. задач*)

card-handling ~ механизм транспортировки (перфо)карт

computing ~ вычислительный механизм; вычислительное устройство

contention ~ механизм разрешения конфликтов (*в мультипроцессорных системах*)

control ~ механизм управления; механизм регулирования

control tape ~ механизм управления (*напр. печатающим устройством*) при помощи перфо(ленты)

counter ~ счётный механизм, счётчик

decision ~ механизм принятия решений

degradation ~ механизм ухудшения характеристик

drive ~ **1.** приводной механизм, привод **2.** лентопротяжный механизм

feed ~ механизм подачи, подающий механизм, механизм питания

homeostatic ~ *киберн.* гомеостатический механизм

inferential ~ механизм логического вывода

input ~ механизм ввода; устройство ввода

interprocess ~ механизм связи между процессами

locking [lockout] ~ блокирующий механизм, механизм блокировки

magnetic tape ~ **1.** блок магнитной ленты, *проф.* магнитофон **2.** лентопротяжный механизм

magnetization ~ механизм перемагничивания

moving-coil-operated ~ (электромагнитный) лентопротяжный механизм

multiversion ~ механизм поддержания многих версий (*обновляемых информационных объектов*)

neural net ~ *киберн.* механизм работы нейронной сети

output ~ механизм вывода; устройство вывода

paper-advance ~ механизм протяжки бумаги

pen-driving ~ привод пера (*самописца или графопостроителя*)

port-contention ~ механизм разрешения конфликтов на уровне портов

printing ~ печатающий механизм; печатающее устройство

punching ~ механизм перфорации, механизм пробивки

reading ~ механизм считывания, считывающий механизм

relational ~ механизм работы с реляционной базой данных, реляционный механизм

selection ~ механизм выборки

semaphore ~ механизм семафоров, семафорный механизм

sine-cosine ~ синусно-косинусный механизм

speedup ~ механизм увеличения быстродействия

stacking ~ механизм складывания (*перфокарт в колоду*)

tape ~ **1.** блок магнитной ленты, *проф.* магнитофон **2.** лентопротяжный механизм

tape-drive ~ лентопротяжный механизм

tape-feed ~ механизм подачи ленты

tape transport ~ лентопротяжный механизм

teleological ~ *киберн.* механизм с целенаправленным поведением

timing ~ устройство синхронизации

total ~ механизм образования суммы; итоговый сумматор

two-access ~ механизм двойного доступа (*к магнитному диску*)

viewpoint ~ механизм формирования убеждений (*агента в СИИ*)

media:

card ~ перфокарт(оч)ные носители, перфокарты

median 1. медиана, срединное значение выборки **2.** средний, срединный

absolute ~ *т. граф.* абсолютная медиана

medium 1. среднее число ‖ средний **2.** среда; носитель **3.** средство, способ

automated data ~ машиночитаемый [машинно-считываемый] носитель

blank ~ пустой [незаполненный] носитель (*размеченный для записи*)

data ~ носитель данных; среда (для записи) данных

data input ~ способ ввода данных

distribution ~ распространяемый носитель (*напр. программы*), *проф.* дистрибутивный носитель

empty ~ пустой [незаполненный] носитель (*размеченный для записи*)

hardwire communication ~ проводная среда передачи данных

implementation ~ физическая среда (*материал для реализации спроектированной БИС*)

information-carrying ~ носитель информации

input ~ 1. среда для записи вводимых данных; носитель вводимых данных 2. способ ввода (*данных*)

interactive ~ интерактивный способ (*взаимодействия с системой*)

machine-processable [machine-readable] ~ машиночитаемый [машинно-считываемый] носитель

magnetic ~ 1. магнитная среда; магнитный носитель 2. магнитный материал

nonvolatile ~ энергонезависимая (запоминающая) среда, (запоминающая) среда с сохранением информации при выключении (электро)питания

output ~ 1. среда для записи выводимых данных; носитель выводимых данных 2. способ вывода (*данных*)

portable data ~ съёмный носитель данных

program ~ программоноситель

record(ing) ~ среда для записи; носитель записи

softwire communication ~ беспроводная [гибкая] среда передачи данных

storage ~ запоминающая среда, среда для хранения (*информации*)

transfer ~ передающая среда

transmission ~ 1. передающая среда 2. средство передачи

virgin ~ чистый [нетронутый] носитель (*неразмеченный для записи*)

volatile ~ энергозависимая (запоминающая) среда, (запо-

минающая) среда с разрушением информации при выключении (электро)питания

megabit мегабит (10^6 бит)

megabyte мегабайт (10^6 байт)

megacell мегаячейка

megacomputer мегамашина, большая вычислительная машина

megacycle 1. мегацикл, миллион периодов 2. мегагерц, МГц (10^6 Гц)

megaflop миллион операций с плавающей запятой, *проф.* мегафлоп

megahertz мегагерц, МГц (10^6 Гц)

megaword мегаслово, миллион слов (*единица ёмкости памяти*)

member 1. элемент (*устройства*) 2. член уравнения 3. элемент набора (*в базах данных*)
~ **of class** элемент класса

data ~ элемент (набора) данных

fixed ~ фиксированный элемент (набора)

mandatory ~ обязательный элемент (набора)

optional ~ необязательный элемент (набора)

permanent ~ постоянный элемент (набора)

print ~ печатающий элемент

set ~ элемент набора; элемент множества

transient ~ временный элемент (набора)

membership 1. членство, принадлежность 2. *лингв.* число членов (*класса*)

memo(randum) меморандум
cover ~ сопроводительный меморандум (*документ, устанавливающий сроки действия конфигуратора*)

memorize 1. запоминать, хранить 2. передавать в память [запоминающее устройство]

memory память; запоминающее устройство, ЗУ (*см. тж* **storage, store**)

acoustic ~ акустическая память, акустическое запоминающее устройство

active ~ активная память, память с вычислительными возможностями

activity ~ память действий (*узел потоковой машины, хранящий граф операций и циркулирующий на нём поток данных*)

add-in [add-on] ~ память для расширения системы

addressed ~ адресная память, адресное запоминающее устройство, память [запоминающее устройство] с обращением по адресу; адресуемая память

address-map ~ память таблицы адресов

analog ~ аналоговое запоминающее устройство, память [запоминающее устройство] для аналоговых данных

annex ~ буферная память, буферное запоминающее устройство

artificial ~ искусственная память

associative ~ ассоциативная память, ассоциативное запоминающее устройство

auxiliary ~ вспомогательная память, вспомогательное запоминающее устройство

backing ~ поддерживающая память, поддерживающее запоминающее устройство

beam-addressable ~ память [запоминающее устройство] с адресуемым лучом

bipolar ~ биполярная память, биполярное запоминающее устройство, память [запоминающее устройство] на биполярных ИС

bit-organized ~ память [запоминающее устройство] с битовой организацией [с поразрядной выборкой]

block-oriented ~ блочно-ориентированная память, блочно-ориентированное запоминающее устройство

bootstrap ~ память [запоминающее устройство] для хранения программы самозагрузки

braid(ed-wire) ~ плетёная память, плетёное запоминающее устройство

bubble ~ память [запоминающее устройство] на ЦМД, ЦМД-память, ЦМД-ЗУ

buffer ~ буферная память, буферное запоминающее устройство

bulk ~ память [запоминающее устройство] большого объёма

byte-wide ~ память [запоминающее устройство] с байтовой организацией (*напр. в микроЭВМ*)

cache ~ кэш (*быстродействующая буферная память большой ёмкости*)

capacitor ~ конденсаторная память, конденсаторное запоминающее устройство

card ~ память [запоминающее устройство] на картах

car(r)ousel ~ память [запоминающее устройство] карусельного типа

cassette ~ кассетная память, кассетное запоминающее устройство

catalog ~ каталожная память, каталожное запоминающее устройство

cathode-ray (tube) ~ память [запоминающее устройство] на ЭЛТ

central ~ центральная память, центральное запоминающее устройство

character format [character-organized] ~ память [запоминающее устройство] с символьной организацией [с познаковым обращением]

charge-coupled device ~ память [запоминающее устройство] на ПЗС, ПЗС-память, ПЗС-ЗУ

charge-storage ~ память [запоминающее устройство] на

элементах с хранением заряда

chemical ~ химическое запоминающее устройство

circulating ~ динамическая память, динамическое запоминающее устройство, запоминающее устройство динамического типа

C-MOS ~ КМОП-память, КМОП-ЗУ

color-coded ~ память [запоминающее устройство] с цветовым кодированием

common ~ общая память

computer ~ память вычислительной машины

content-addressable [content addressed] ~ ассоциативная память, ассоциативное запоминающее устройство

continuous sheet ~ память [запоминающее устройство] на бездырочных элементах (*с захваченным потоком*)

control ~ управляющая память, управляющее запоминающее устройство, память [запоминающее устройство] (устройства) управления

core ~ **1.** память [запоминающее устройство] на (магнитных) сердечниках **2.** оперативная память, оперативное запоминающее устройство

cryoelectric ~ криоэлектрическая память, криоэлектрическое запоминающее устройство

cryogenic ~ криогенная память, криогенное запоминающее устройство

cryogenic continuous film ~ криогенная память [криогенное запоминающее устройство] на сплошной плёнке

cryosar ~ память [запоминающее устройство] на криосарах

cryotron ~ память [запоминающее устройство] на криотронах

current-access ~ память [запоминающее устройство] с выборкой током

cyclic ~ динамическая память, динамическое запоминающее устройство, запоминающее устройство динамического типа

cylindrical domain ~ память [запоминающее устройство] на ЦМД, ЦМД-память, ЦМД-ЗУ

cylindrical (magnetic) film ~ память [запоминающее устройство] на цилиндрических (магнитных) плёнках

data ~ память (для хранения) данных

data addressed ~ ассоциативная память, ассоциативное запоминающее устройство

dedicated ~ специализированная память

delay(-line) ~ память [запоминающее устройство] на линиях задержки

demand-paged ~ память с подкачкой страниц по требованию

destructive (readout) ~ память [запоминающее устройство] с разрушением информации (при считывании)

dicap ~ диодно-конденсаторная память, диодно-конденсаторное запоминающее устройство

direct access ~ память [запоминающее устройство] с прямым доступом

direct addressable ~ прямо адресуемая память, прямо адресуемое запоминающее устройство, память [запоминающее устройство] с прямой адресацией

disk ~ память [запоминающее устройство] на дисках

display-list ~ память для хранения изображений в форме списков

distributed ~ распределённая память

distributed logic ~ память с распределённой логикой

domain ~ память [запоминающее устройство] на (магнитных) доменах, доменная память, доменное запоминающее устройство

domain-tip [DOT] ~ память [запоминающее устройство] на плоских магнитных доменах

DRO ~ *см.* **destructive (read-out) memory**

dual port ~ память [запоминающее устройство] с двумя портами, двухпортовая память, двухпортовое запоминающее устройство

duplex ~ двойная память, двойное запоминающее устройство

dynamic ~ динамическая память, динамическое запоминающее устройство, запоминающее устройство динамического типа

eddy-card ~ память [запоминающее устройство] на элементах с вихревыми токами

electrically alterable read-only ~ электрически перепрограммируемая постоянная память, электрически перепрограммируемое постоянное запоминающее устройство, ЭППЗУ

electrostatic ~ электростатическая память, электростатическое запоминающее устройство

embedded ~ встроенная память

empty ~ пустая память (*не содержащая информации*)

erasable ~ стираемая память, стираемое запоминающее устройство

erasable programmable read-only ~ стираемая программируемая постоянная память, стираемое программируемое постоянное запоминающее устройство, СППЗУ

error correcting ~ память [запоминающее устройство] с исправлением ошибок

extended ~ расширяемая память

external ~ внешняя память, внешнее запоминающее устройство

fast ~ быстродействующая память, быстродействующее запоминающее устройство

fast-access ~ память [запоминающее устройство] с быстрой выборкой [с малым временем выборки]

ferrite ~ ферритовая память, ферритовое запоминающее устройство; память [запоминающее устройство] на ферритовых сердечниках

ferrite core ~ память [запоминающее устройство] на ферритовых сердечниках

ferrite plate [ferrite sheet] ~ память [запоминающее устройство] на ферритовых платах

ferroelectric ~ память [запоминающее устройство] на сегнетоэлектриках, сегнетоэлектрическое запоминающее устройство

fiber-optic ~ волоконно-оптическая память, волоконно-оптическое запоминающее устройство

field-access ~ память [запоминающее устройство] с выборкой магнитным полем

FIFO ~ *см.* **first-in, first-out memory**

file ~ файловая память, файловое запоминающее устройство

film ~ плёночная память, плёночное запоминающее устройство, память [запоминающее устройство] на (тонких) плёнках

finite ~ *киберн.* конечная память

first-in, first-out ~ память обратного магазинного типа

fixed ~ постоянная память, постоянное запоминающее устройство

fixed-head disk ~ память [запоминающее устройство] на

(магнитных) дисках с фиксированными головками

fixed-tag associative ~ ассоциативная память [ассоциативное запоминающее устройство] с фиксированным полем признака

flip-flop ~ память [запоминающее устройство] на триггерах, триггерная память, триггерное запоминающее устройство

floating-head disk ~ память [запоминающее устройство] на (магнитных) дисках с плавающими головками

floppy disk ~ память [запоминающее устройство] на гибких дисках

frame ~ память кадров (*в машинной графике*)

frame-buffer ~ буферная память кадров

frequency ~ частотная память, частотное запоминающее устройство

fully associative ~ полностью ассоциативная память, полностью ассоциативное запоминающее устройство

fully interrogable associative ~ полностью опрашиваемая ассоциативная память, полностью опрашиваемое ассоциативное запоминающее устройство

general-purpose ~ универсальная память, универсальное запоминающее устройство

ghostable ~ фантомная память (*становящаяся «невидимой» для системы в определённом положении программного переключателя*)

glitch ~ память (*анализатора*) для регистрации ложных выбросов

global ~ память глобальных данных

graphics ~ память графических данных

head-per-track disk ~ память [запоминающее устройство]

на (магнитных) дисках с головкой на тракт

heap-allocated ~ память с неупорядоченным хранением данных, *проф.* память типа «куча»

hierarchical ~ иерархическая память

high-capacity ~ память [запоминающее устройство] большой ёмкости

high-density ~ память [запоминающее устройство] с большой плотностью записи

high-speed ~ быстродействующая память, быстродействующее запоминающее устройство

holographic ~ голографическая память, голографическое запоминающее устройство

honeycomb ~ сотовая память, сотовое запоминающее устройство

hybrid associative ~ гибридная ассоциативная память, гибридное ассоциативное запоминающее устройство

image ~ память (для хранения) изображений

immediate(-access) ~ память [запоминающее устройство] с непосредственной выборкой

instantaneous ~ память [запоминающее устройство] с немедленной выборкой

integrated circuit ~ память [запоминающее устройство] на ИС

intelligent ~ интеллектуальная память, интеллектуальное запоминающее устройство

interleaved ~ память с чередованием адресов, расслоённая память

intermediate ~ промежуточная память, промежуточное запоминающее устройство

intermediate storage ~ память (для) промежуточного хранения

internal ~ внутренняя память, внутреннее запоминающее устройство; оперативная память, оперативное запоминающее устройство, ОЗУ

keystroke ~ (буферная) память клавиатуры

large(-capacity) ~ память [запоминающее устройство] большой ёмкости

laser ~ лазерная память, лазерное запоминающее устройство

laser-addressed ~ память [запоминающее устройство] с адресацией лазерным лучом

least frequently used ~ память с замещением наименее часто используемой страницы

least recently used ~ память с замещением страницы с наиболее давним использованием

LFU ~ *см.* **least frequently used memory**

linear-selection ~ память [запоминающее устройство] с пословной организацией [с прямой выборкой], память [запоминающее устройство] типа Z

linkage ~ цепная память, цепное запоминающее устройство

local ~ локальная память, локальное запоминающее устройство

logic-in ~ память со встроенной логикой

long-access ~ память [запоминающее устройство] с медленной выборкой

long-term [long-time] ~ долговременная память, долговременное запоминающее устройство

low(-capacity) ~ память [запоминающее устройство] небольшой ёмкости

LRU ~ *см.* **least recently used memory**

magnetic ~ магнитная память, магнитное запоминающее устройство

magnetic bubble domain ~ память [запоминающее устрой-

ство] на ЦМД, ЦМД-память, ЦМД-ЗУ

magnetic card ~ память [запоминающее устройство] на магнитных картах

magnetic core ~ память [запоминающее устройство] на магнитных сердечниках

magnetic disk ~ память [запоминающее устройство] на магнитных дисках

magnetic drum ~ память [запоминающее устройство] на магнитном барабане

magnetic film ~ память [запоминающее устройство] на магнитных плёнках

magnetic plate ~ память [запоминающее устройство] на магнитных платах

magnetic rod ~ память [запоминающее устройство] на магнитных стержнях

magnetic strip ~ память [запоминающее устройство] на магнитных полосках (*на отрезках магнитных лент*)

magnetic tape ~ память [запоминающее устройство] на магнитных лентах

magnetooptic ~ магнитооптическая память, магнитооптическое запоминающее устройство

main(frame) ~ **1.** основная память, основное запоминающее устройство; оперативная память, оперативное запоминающее устройство **2.** память универсальной вычислительной машины

MAS ~ *см.* **metal-alumina-semiconductor memory**

mass(ive) ~ массовая память, массовое запоминающее устройство, память [запоминающее устройство] (сверх)большой ёмкости

matrix ~ матричная память, матричное запоминающее устройство

medium-capacity ~ память [запоминающее устройство] средней ёмкости

medium-speed access ~ память [запоминающее устройство] со средней скоростью выборки

megabit ~ мегабитовая память, мегабитовое запоминающее устройство, память [запоминающее устройство] ёмкостью в несколько мегабит

metal-alumina-semiconductor ~ память [запоминающее устройство] на структурах металл — оксид алюминия — полупроводник

metal-oxide-semiconductor ~ память [запоминающее устройство] на МОП-схемах, МОП-транзисторах *или* МОП-структурах

microassociative ~ микроассоциативная память, микроассоциативное запоминающее устройство

microinstruction ~ память микрокоманд

microprogram ~ память (для хранения) микропрограмм

MNOS ~ память [запоминающее устройство] на МНОП-структурах, МНОП-ЗУ

modular ~ модульная память, модульное запоминающее устройство

MOS ~ *см.* **metal-oxide-semiconductor memory**

MOS transistor ~ память [запоминающее устройство] на МОП-транзисторах

movable-head disk ~ память [запоминающее устройство] на дисках с подвижными головками

multibank ~ многоблочная память, многоблочное запоминающее устройство

multidrive disk ~ дисковое запоминающее устройство с несколькими приводами

multiple-coincidence magnetic ~ магнитная память [магнитное запоминающее устройство] с выборкой при совпадении нескольких токов

multiple-fixed tag associative

~ ассоциативная память [ассоциативное запоминающее устройство] с несколькими фиксированными полями признаков

multiport ~ многопортовая память, многопортовое запоминающее устройство

name ~ память (для хранения) имён

n-channel MOS ~ *n*-(канальная) МОП-память, *n*-(канальное) МОП-ЗУ

NDRO ~ *см.* **nondestructive (readout) memory**

nesting ~ магазинная память, память [запоминающее устройство] магазинного типа

nonaddressable ~ неадресуемая память, неадресуемое запоминающее устройство

nondestructive (readout) ~ память [запоминающее устройство] без разрушения информации (при считывании)

nonvolatile ~ энергонезависимая память, энергонезависимое запоминающее устройство, память [запоминающее устройство] с сохранением информации при выключении (электро)питания

no-wait(-state) ~ память с нулевым временем ожидания (*при обращении*)

N-wire ~ N-проводная память, N-проводное запоминающее устройство

off-chip ~ память вне кристалла (*на котором находится микропроцессор*)

off-screen ~ буферная память дисплея

on-board ~ 1. внутриплатная память 2. бортовое запоминающее устройство

on-chip ~ внутрикристальная память

one-level ~ одноуровневая память

optical ~ оптическая память, оптическое запоминающее устройство

optically accessed ~ память

[запоминающее устройство] с оптической выборкой

optically read ~ память [запоминающее устройство] с оптическим считыванием

optoelectronic ~ оптоэлектронная память, оптоэлектронное запоминающее устройство

overlay ~ *проф.* **1.** оверлейная память, память оверлейной структуры (*с перекрытием вызываемых в разное время программных модулей*) **2.** память оверлеев (*в дисплее*)

page(d) ~ память со страничной организацией, страничная память

parallel(-access) ~ параллельная память, параллельное запоминающее устройство, память [запоминающее устройство] параллельного действия

parallel-by-bit, parallel-by-word associative ~ ассоциативная память [ассоциативное запоминающее устройство] с параллельным опросом разрядов и слов

parallel-search ~ (ассоциативная) память [(ассоциативное) запоминающее устройство] с параллельным поиском

partial tag ~ частично признаковая память, частично признаковое запоминающее устройство

patch ~ корректирующая память (*для хранения адресов неисправных ячеек основной памяти*)

peripheral ~ периферийная память, периферийное запоминающее устройство

permanent ~ **1.** постоянная память, постоянное запоминающее устройство, ПЗУ **2.** энергонезависимая память, энергонезависимое запоминающее устройство, память [запоминающее устройство] с сохранением информации при выключении (электро)питания

persistent current ~ память [запоминающее устройство] на элементах с захваченным потоком

phantom ~ фантомная память (*становящаяся «невидимой» для системы в определённом положении программного переключателя*)

phased ~ фазированная память

photoelectric ~ фотоэлектрическая память, фотоэлектрическое запоминающее устройство

photo-optic ~ фотооптическая память, фотооптическое запоминающее устройство

piggyback ~ память (для одновременного хранения) прямых и обратных пакетов (*передаваемых сообщений*)

plated-wire ~ память [запоминающее устройство] на цилиндрических магнитных плёнках

primary ~ первичная память

private ~ собственная память (*напр. процессора, входящего в мультипроцессорную систему*)

program ~ память (для хранения) программ

programmable read-only ~ программируемая постоянная память, программируемое постоянное запоминающее устройство, ППЗУ

protected ~ память с защитой, защищённая память; защищённая область памяти

pseudostatic ~ псевдостатическая память, псевдостатическое запоминающее устройство

push-down ~ магазинная память, память [запоминающее устройство] магазинного типа

quick-access ~ память [запоминающее устройство] с быстрой выборкой [с малым временем выборки]

radio-frequency ~ частотная

память, частотное запоминающее устройство

random-access ~ память [запоминающее устройство] с произвольной выборкой, ЗУПВ

rapid(-access) ~ память [запоминающее устройство] с быстрой выборкой [с малым временем выборки]

rapid-random-access ~ быстродействующая память [быстродействующее запоминающее устройство] с произвольной выборкой, быстродействующее ЗУПВ

read-mostly ~ полупостоянная память, полупостоянное запоминающее устройство

read-only ~ постоянная память, постоянное запоминающее устройство, ПЗУ

read/write ~ память [запоминающее устройство] с оперативной записью и считыванием

real ~ реальная память (*в отличие от виртуальной*)

redial ~ память для (осуществления) повторного набора кода (*в коммутируемых сетях*)

refresh ~ память для обновления информации (*на экране дисплея*)

regenerative ~ регенеративная память, регенеративное запоминающее устройство

remote ~ удалённое [дистанционное] запоминающее устройство

reprogrammable ~ перепрограммируемая память

rotating ~ запоминающее устройство с вращательным движением

rule ~ память (для хранения) правил (*в экспертных системах*)

R/W ~ *см.* read/write memory

scratch-pad ~ сверхоперативная память, блокнотная память

screen ~ память (для хранения) содержимого экрана

search ~ ассоциативная память, ассоциативное запоминающее устройство

secondary ~ вторичная память; память второго уровня

segmented ~ сегментированная память

semantic ~ семантическая память

semiconductor ~ полупроводниковая память, полупроводниковое запоминающее устройство, память [запоминающее устройство] на полупроводниковых приборах

semipermanent ~ полупостоянная память, полупостоянное запоминающее устройство

semirandom-access ~ память [запоминающее устройство] с полупроизвольной выборкой

sequential access ~ память [запоминающее устройство] с последовательной выборкой

serial(-access) ~ последовательная память, последовательное запоминающее устройство; память [запоминающее устройство] с последовательной выборкой

shareable [shared] ~ совместно используемая память, совместно используемое запоминающее устройство (*напр. связанное одновременно с несколькими процессорами*)

sheet ~ память [запоминающее устройство] на листовом материале, листовое запоминающее устройство (*напр. на магнитных платах*)

short-access ~ память [запоминающее устройство] с быстрой выборкой [с малым временем выборки]

short-term [short-time] ~ кратковременная память, кратковременное запоминающее устройство

Schottky bipolar ~ биполярная память [биполярное запоминающее устройство] с диодами Шотки

slave ~ подчинённая память, подчинённое запоминающее устройство

slow ~ медленнодействующая память, медленнодействующее запоминающее устройство

small(-capacity) ~ память [запоминающее устройство] небольшой ёмкости

smart ~ интеллектуальная память

special-purpose ~ специализированная память, запоминающее устройство специального назначения

speech ~ память (для хранения) речевых сигналов

stable ~ стабильная память (*сохраняющая информацию при отказах*)

static ~ статическая память, статическое запоминающее устройство, запоминающее устройство статического типа

static n-channel MOS ~ статическая *n*-канальная МОП-память, статическое *n*-канальное МОП-ЗУ

structure ~ память структур данных (*узел потоковой машины, хранящий сведения о структурах данных и выполняющий операции над ними*)

superconducting ~ сверхпроводниковая память, сверхпроводниковое запоминающее устройство, память [запоминающее устройство] на сверхпроводниковых элементах

switch ~ коммутационная память, коммутационное запоминающее устройство

switch-driven ~ память [запоминающее устройство] с пословной организацией [с прямой выборкой], память [запоминающее устройство] типа Z

symbol ~ память символов (*в дисплее*)

system ~ системная память, память (для хранения) системных программ

system configuration ~ память (для хранения данных о) конфигурации системы

tab ~ память (для) хранения меток табуляции (*в текстовом процессоре*)

table ~ табличная память

tag ~ **1.** тегированная память, тегированное запоминающее устройство **2.** признаковая (ассоциативная) память, признаковое (ассоциативное) запоминающее устройство

teaching ~ память режима обучения (*напр. в адаптивной системе*)

tertiary ~ память третьего уровня (*в иерархической системе памяти*)

text ~ текстовая память, текстовое запоминающее устройство

thermomagnetic writing ~ память [запоминающее устройство] с термомагнитной записью

thermooptic ~ термооптическая память, термооптическое запоминающее устройство

thin-film ~ тонкоплёночная память, тонкоплёночное запоминающее устройство, память [запоминающее устройство] на тонких плёнках

three-dimension(al) ~ память [запоминающее устройство] с трёхмерной организацией, память [запоминающее устройство] системы 3D

time-varying ~ память [запоминающее устройство] с переменным временем обращения (*зависящим от адреса ячейки*)

timing ~ память временны́х диаграмм

token ~ **1.** память фишек (*в потоковых машинах*) **2.** память (для хранения) речевых фрагментов trace ~ память данных трассировки

tunnel-diode ~ память [запоминающее устройство] на туннельных диодах

twistor ~ твисторная память, твисторное запоминающее устройство, память [запоминающее устройство] на твисторах

two-dimension(al) ~ память [запоминающее устройство] с двумерной организацией, память [запоминающее устройство] системы 2D

two-dimensional word selection ~ память [запоминающее устройство] с выборкой слова по двум координатам

two-level ~ двухуровневая память, двухуровневое запоминающее устройство

ultrahigh-access ~ сверхбыстродействующая память, сверхбыстродействующее запоминающее устройство, память [запоминающее устройство] с очень быстрой выборкой

ultraviolet erasable read-only ~ постоянная память с ультрафиолетовым стиранием, постоянное запоминающее устройство с ультрафиолетовым стиранием

user ~ пользовательская память (отведённая для пользователя)

user-available ~ память, доступная пользователю

variable-tag associative ~ ассоциативная память [ассоциативное запоминающее устройство] с переменным признаком

vector ~ векторная память, память (для хранения) векторов

video ~ видеопамять, память (для хранения) видеоданных

virtual ~ виртуальная память

volatile ~ энергозависимая память, энергозависимое запоминающее устройство, память [запоминающее устройство] с разрушением информации при выключении (электро)питания

wagon ~ стековая [магазинная] память, память [запоминающее устройство] магазинного типа, стек

word ~ память [запоминающее устройство] с пословным обращением, память [запоминающее устройство] с пословной выборкой

word-organized ~ память [запоминающее устройство] с пословной организацией [с прямой выборкой], память [запоминающее устройство] типа Z

word-wide ~ память с выборкой целыми [полноразрядными] словами

working ~ 1. рабочая память, рабочее запоминающее устройство 2. оперативная память, оперативное запоминающее устройство, ОЗУ

woven (plated-)wire ~ плетёная память, плетёное запоминающее устройство

writable ~ перезаписываемая память, память с возможностью перезаписи

write-once ~ память с однократной записью (без возможности перезаписи)

write-protected ~ память [запоминающее устройство] с защитой записи

zero-access (time) ~ память [запоминающее устройство] с нулевым [пренебрежимо малым] временем выборки

memoryless без памяти, без запоминания

memory-limited ограниченный возможностями памяти или запоминающего устройства

memory-mapped с распределением памяти; отображаемый в памяти

memory-refreshed с регенерацией хранимой информации

memory-resident (ОЗУ-)резидентный, находящийся постоянно в (оперативной) памяти

menu меню (*предлагаемый системой набор возможных ответов оператора*)

full-screen ~ полноэкранное меню

help ~ консультационное меню

hierarchical ~ иерархическое меню (*команд*)

main ~ главное меню

on-screen ~ экранное меню

plastic ~ пластмассовая клавиатурная карта (*для дистанционного сенсорного управления клавиатурой в системе машинной графики*)

pop-up ~ меню, высвечиваемое на экране (*с началом работы в системе*); меню, высвечиваемое во временном окне

pull-down ~ меню с вытеснением нижней строки (*при его просмотре*)

root ~ главное [корневое] меню

tree-coded ~ древовидное меню

menu-and-prompt в режиме меню с подсказками

menu-based на основе меню

menu-driven управляемый в режиме меню

menu-prompted управляемый в режиме меню с подсказками

merge слияние, объединение ‖ сливать, объединять

mail ~ (автоматическое) составление стандартных писем (*с использованием фиксированных форм, подлежащих заполнению*)

merger программа слияния, программа объединения (*напр. массивов данных*)

merge-sort сортировка слиянием

balanced ~ сбалансированная сортировка слиянием

merging слияние, объединение

~ **of attributes** объединение атрибутов

cascade ~ каскадное слияние (*при сортировке*)

polyphase ~ многофазное слияние

merit:

signal-to-noise ~ шум-фактор

mesa мезаструктура

mesh 1. сетка **2.** ячейка (*сетки*) **3.** слияние, объединение ‖ сливать, объединять **4.** слить #, номер; *проф.* диез (*название символа*)

~ **of cells** сетка ячеек

discrete ~ дискретная сетка

fine-structure ~ мелкоструктурная сетка

meshing 1. слияние, объединение **2.** усложнение; запутывание (*схемы или блок-схемы*)

message сообщение; посылка, передаваемый блок информации (*группа чисел или слов, передаваемая как одно целое*)

◇ **to sign a** ~ помечать сообщение

accounting ~ учётное сообщение (*передаваемое по окончании сеанса связи и содержащее информацию об использованных ресурсах*)

action ~ сообщение, требующее реакции пользователя

basic linguistic ~ базовое лингвистическое сообщение (*предназначенное для распознавания говорящего*)

binary ~ двоичное сообщение

block ~ групповое сообщение

book ~ многоадресное сообщение, сообщение, передаваемое нескольким абонентам

coded ~ кодированное сообщение; шифрованное сообщение

compressed ~ сжатое сообщение

control ~ управляющее сообщение

diagnostic error ~ диагностическое сообщение об ошибке

directed ~ направленное сообщение

distorted ~ искажённое сообщение

enquiry ~ запросное сообщение, запрос

error ~ сообщение об ошибке

failure ~ сообщение о неисправности

first-level ~ сообщение первого уровня

fixed-format ~ сообщение с фиксированным форматом

fox ~ (тестовое) сообщение «о лисе» (*предназначенное для наладки телетайпов и содержащее комбинацию всех символов телетайпа*)

garbled ~ бессмысленное сообщение

guide ~ наводящее сообщение (*системы оператору*)

hello ~ приветственное сообщение (*в начале передачи данных*)

incoming ~ входящее сообщение

log ~ зарегистрированное сообщение

logical ~ логическое сообщение

multiple-address ~ многоадресное сообщение, сообщение, направляемое в несколько адресов

noisy ~ сообщение с шумами [с помехами]

numbered ~ нумерованное сообщение

«OK» ~ подтверждение работоспособности (*напр. узла распределённой базы данных*)

operator ~ сообщение оператору (*из операционной системы*)

outgoing ~ исходящее сообщение

out-of-band ~ экстренное сообщение (*в сетях передачи данных*)

out-of-sequence ~ несвоевременное сообщение

pending ~ «подвешенное» сообщение (*с задержкой передачи*)

permanent ~s остаточные сообщения (*адресованные неисправному узлу сети и запоминаемые до момента его восстановления*)

"please call" ~ запросное сообщение, инициирующее вызов; запрос на вызов (*напр. процедуры*), проф. приглашение к вызову

priority ~ приоритетное сообщение, сообщение с приоритетом

prompt(ing) ~ наводящее сообщение, «подсказка» (*в диалоговой системе*)

response ~ ответное сообщение, ответ

screen ~ сообщение (предназначенное) для вывода на экран, визуальное сообщение

single-address ~ одноадресное сообщение, сообщение, направляемое в один адрес

spoken ~ речевое сообщение

status ~ сообщение о состоянии, проф. статусное сообщение

stop-and-go ~ сообщение, передаваемое с остановками

uninterpreted ~ необработанное сообщение

variable-format ~ сообщение с переменным форматом

verbal ~ словесное сообщение

verification ~ проверочное сообщение

warning ~ предупредительное сообщение

message-driven управляемый сообщениями

messaging обмен сообщениями; передача сообщений

digital voice ~ цифровая передача речевых сигналов

electronic ~ электронный обмен сообщениями

graphics ~ передача изображений, передача графических сообщений

interpersonal ~ обмен сообщениями между абонентами
voice ~ передача речевых сообщений

messmotor интегрирующий мотор

metaassembler метаассемблер
metacharacter метасимвол
metacompiler метакомпилятор
metadata метаданные
metafile метафайл
metainference метавывод
metainformation метаинформация
metainstruction метакоманда
metaknowledge метазнания (*знания о знаниях*)
metalanguage метаязык
metallization:
  fixed pattern ~ жёсткая [фиксированная] разводка
metanotion метапонятие
metaproduction *лингв.* метапорождение; метапродукция
metaprogram метапрограмма
metarule метаправило (*правило применения правил*)
metastability метастабильность; долговременная стабильность
metasublanguage подмножество метаязыка
metasymbol метасимвол, символ метаязыка
metasystem метасистема
metatheory метатеория
meter измерительный прибор; счётчик
  check ~ контрольный прибор
  elapsed-time ~ счётчик времени (*работы ЭВМ*)
  recording ~ самопишущий [записывающий] прибор, самописец
  talking ~ измерительный прибор с речевым выходом
method метод; способ (*см. тж* **technique 1.**)
  ~ **of quickest descent** метод наискорейшего спуска
  ~ **of selected point** метод выборочных точек, метод построения кривой по выборочным точкам (*выбранным в качестве представителей групп*)

~ **of successive approximations** метод последовательных приближений
access ~ 1. метод выборки 2. метод доступа
alphageometric ~ буквенно-геометрический метод (*формирования изображения*)
Amble's ~ метод Эймбла (*метод использования регенеративной связи в интеграторе*)
assembly ~ метод компоновки (*программ*)
basic access ~ базисный метод доступа
bibliography ~ библиографический метод (*информационного поиска*)
branch and bounds ~ метод ветвей и границ
buffering ~ метод буферизации
building-block ~ метод стандартных блоков; метод унифицированных модулей
chaining ~ цепной метод
checksum ~ метод контрольных сумм
coded pattern ~ метод поля кодовых комбинаций (*напр. при преобразовании линейных или угловых перемещений в код*)
constraint satisfaction ~ метод поиска допустимого решения (*не обязательно оптимального*), *проф.* «удовлетворенческий» метод
critical path ~ метод критического пути
cut-and-try ~ 1. метод проб и ошибок 2. метод подбора
cutset ~ метод сечений (*в анализе цепей*)
dark-spot ~ метод тёмного пятна
data access ~ метод доступа к данным
deductive ~ дедуктивный метод
diagonal ~ *лог.* диагональный метод
diagram ~ графический метод

dichotomy ~ дихотомический метод, метод дихотомий

digital sorting ~ метод цифровой сортировки

direct access ~ метод прямого доступа

dual brush ~ метод двойных щёток (*для преобразования типа вал — число*)

exhaustive ~ метод полного перебора (*вариантов*)

finitary ~ *лог.* финитный метод

finite difference ~ метод конечных разностей

flip-chip ~ метод перевёрнутых кристаллов

flooding ~ волновой метод (*передачи пакетов данных*)

flowgraph ~ метод потоков, метод диаграмм прохождения сигналов (*в анализе схем*)

frequency analysis ~ метод гармонического анализа

gradient ~ градиентный метод

graphic access ~ графический метод доступа

heuristic ~ эвристический метод

hierarchical access ~ иерархический метод доступа

hit-and-miss ~ метод проб и ошибок

Horner's ~ *матем.* схема Горнера

hunt-and-stick ~ метод поиска и останова

indexed-sequential access ~ индексно-последовательный метод доступа

index register ~ метод модификации с помощью индекс-регистров

inline-code ~ метод программирования с использованием макрокоманд, макрокомандный метод программирования

inverse transformation ~ метод обратного преобразования

issue ~ метод выдачи (предварительно обработанных) команд (*в конвейерной ЭВМ*)

iteration ~ итерационный метод

least-squares ~ метод наименьших квадратов

left-edge ~ метод левого края (*для трассировки соединений*)

linkage ~ метод цепочек

longest route ~ метод наиболее длинного пути

machine ~ машинный метод

matrix control ~ метод управляющей матрицы (*в системе прерываний*)

maximum-likelihood ~ метод максимального правдоподобия

Monte-Carlo ~ метод Монте-Карло, метод статистических испытаний

net ~ метод сеток (*в моделировании*)

Newton's ~ метод Ньютона

nonrestoring ~ метод работы без возвращения в исходное состояние

N-pass ~ метод N просмотров, метод N проходов (*напр. при трансляции программы*)

numerical ~ численный метод

operational ~ *матем.* операторный метод

opposition ~ компенсационный метод

overlay ~ метод наложения (*различных данных на одно и то же место в памяти*), *проф.* оверлейный метод

partitioned access ~ библиотечный метод доступа

peek-a-boo ~ метод проверки «на просвет» (*напр. перфокарт*)

pencil-and-paper ~ метод карандаша и бумаги

perturbation ~ метод возмущений

piezoelectric sensing ~ пьезоэлектрический метод считывания

ping-pong ~ пинг-понговый метод (*работы двух лентопротяжных устройств*)

predictor-corrector ~ метод предсказаний и поправок

programming ~ метод программирования

queued access ~ метод доступа с очередями

queued indexed sequential access ~ индексно-последовательный метод доступа с очередями

radial exploration ~ метод радиального зондирования (*при трассировке БИС*)

random-walk ~ метод случайных блужданий

recursive descendant ~ метод рекурсивного спуска (*в трансляторах*)

resetting ~ метод повторных решений

resident access ~ резидентный метод доступа

review article ~ метод рефератов; библиографический метод (*информационного поиска*)

row-by-row ~ метод (умножения) «строка на строку»

rubber band ~ метод «резиновой нити» (*для формирования изображений в дисплее*)

Runge-Kutta ~ метод Рунге — Кутта

saddle point ~ метод седловых точек

sampling ~ выборочный метод

scale factor ~ метод масштабных коэффициентов, метод масштабных множителей

scan-set ~ метод сканирования с теневым регистром сдвига; метод сканирования — установки (*для повышения контролепригодности логических схем*)

scheduling ~ метод календарного планирования; метод планирования (*напр. прохождения задач*); метод составления графика (*напр. вычислительных работ*)

scissors and paste ~ метод ножниц и клея (*напр. при компиляции документации*)

sectioning ~ метод сечений

semantic ~ семантический метод

semigroup ~ метод полугрупп

sequential access ~ последовательный метод доступа

shortcut multiplication ~ метод сокращённого умножения

sieve ~ метод решета

simplex ~ симплексный метод, симплекс-метод

single-path instruction ~ бесцикловый метод следования команд

state-space ~ метод анализа (*систем*) в пространстве состояний

steepest descent ~ метод наискорейшего спуска

step-by-step ~ метод последовательных операций; метод последовательного выполнения операций; пошаговый метод; метод последовательных приближений

stroke ~ штриховой метод (*формирования символа*)

subject profile ~ метод предметных сечений; метод ключевых слов (*в ИПС*)

symbolic(al) ~ **1.** символический метод **2.** *матем.* операторный метод

syntactic ~ синтаксический метод

synthetic ~ дедуктивный метод

target ~ *матем.* метод проб метод пристрелки

telecommunication access ~ телекоммуникационный метод доступа

time-domain ~ метод анализа (*систем*) во временно́й области

touch ~ **with ten fingers** десятипальцевый метод (*работы на клавиатуре*)

trial-and-error ~ **1.** метод проб и ошибок **2.** метод подбора

truth table ~ метод истинностных таблиц

variable separation ~ метод разделения переменных

variation(al) ~ вариационный метод

V-brush ~ метод V-образных щёток (*для преобразования типа вал — число*)

vernier pulse-timing ~ метод измерения интервалов времени с помощью электронного нониуса

wire-wrap ~ метод монтажа накруткой

zero-deflection ~ метод нулевого отклонения

methodology:

"fill-in-the-blanks" ~ метод форматированных бланков (*способ взаимодействия с базой данных*)

programming ~ методология программирования

software ~ методология проектирования программных средств; принципы организации программного обеспечения

software development ~ методология разработки программного обеспечения

metric мера; показатель; *pl* система показателей, метрика

program uncomplexity ~ показатель простоты программы

software ~s метрика программного обеспечения

micro (вычислительная) микромашина, микро-ЭВМ, микрокомпьютер

microaddress микроадрес

microassembler микроассемблер

microbooster микробустер (*тип процессора ввода-вывода*)

microbranch ветвление в микропрограмме

microbreak микропрерывание

microchip микрокристалл, микроминиатюрный кристалл (*обычно со схемой с большим уровнем интеграции*)

microcircuit микросхема, микроминиатюрная схема

analog ~ аналоговая микросхема

custom ~ заказная микросхема

digital ~ цифровая микросхема

hybrid ~ гибридная микросхема

thick-film ~ толстоплёночная микросхема

thin-film ~ тонкоплёночная микросхема

microcode 1. микрокоманда **2.** система [набор, состав] микрокоманд **3.** микропрограмма, микрокод

diagnostic ~ диагностическая микропрограмма

microcoding микропрограммирование

microcommand микрокоманда

microcomputer (вычислительная) микромашина, микро-ЭВМ, микрокомпьютер

control-oriented ~ микромашина [микрокомпьютер] для целей управления

front-end ~ фронтальная микромашина, фронтальный микрокомпьютер

single-board ~ одноплатная микромашина, одноплатный микрокомпьютер

single-chip ~ однокристальная микромашина, однокристальный микрокомпьютер

training ~ учебная микромашина, учебный микрокомпьютер

microcomputer-based со встроенной микро-ЭВМ, микрокомпьютерный

microcomputing применение микро-ЭВМ; применение микропроцессоров

microcontroller микроконтроллер

microdiagnostics микродиагностика

microdiode микродиод

microelectronics микроэлектроника

microfiche микрофиша, диамикрокарта

microfield поле микрокоманды

microfilm микрофильм ‖ микрофильмировать

computer output ~ машинный микрофильм

microfilmer устройство микрофильмирования, микрофильмирующее устройство

computer output ~ выходное микрофильмирующее устройство вычислительной машины

microfilming микрофильмирование, изготовление микрофильмов, микрофотокопирование

microfloppy гибкий микродиск (*диаметром менее 4 дюймов*)

microfolio, microform микроформа (*используемая как носитель информации*)

micrographics 1. микрографика (*технические средства, методы и результаты ввода-вывода с использованием микрофотоносителей данных*) **2.** устройства (ввода-вывода) с использованием микрофотоносителей (данных); микрофильмирующие устройства, устройства воспроизведения с микроформ

microimage микроизображение

microinstruction микрокоманда

microjump микропереход, переход в микропрограмме

microlevel микроуровень, уровень микропрограмм

micrologic логическая микросхема

microm *проф.* микром (*ПЗУ, содержащее микрокоманды*)

micromatrix микроматрица

micromedia микроминиатюрный носитель, микроноситель (*информации*)

micromemory микропамять

microminiaturization микроминиатюризация

micromodule микромодуль

microoperation микрооперация

microorder 1. микрокоманда **2.** код операции микрокоманды

microperipherals микропериферийное оборудование (*малогабаритные периферийные устройства для микро-ЭВМ*)

micropositioning микропозицио-

нирование (*элементов изображения*)

microprocessor микропроцессор ‖ микропроцессорный, с микропроцессорным управлением

bipolar ~ биполярный микропроцессор

bit-slice ~ разрядно-секционированный микропроцессор

LSI ~ БИС-микропроцессор

N-pin ~ N-выводной микропроцессор

one-chip ~ однокристальный микропроцессор

restructurable ~ микропроцессор с перестраиваемой структурой

single-chip ~ однокристальный микропроцессор

support ~ вспомогательный [поддерживающий] микропроцессор (*напр. микропроцессор ввода-вывода*)

microprocessor-based микропроцессорный

microprocessor-controlled управляемый микропроцессором

microprogram микропрограмма

microprogrammable микропрограммируемый

microprogramming микропрограммирование

diagonal ~ диагональное микропрограммирование

high-coded ~ вертикальное микропрограммирование

horizontal(ly controlled) ~ горизонтальное микропрограммирование

threaded-core type ~ микропрограммирование с помощью прошивки магнитных сердечников

vertical(ly controlled) ~ вертикальное микропрограммирование

microrecording запись (информации) на микроноситель

microroutine микропрограмма

microsecond микросекунда $(10^{-6}$ с)

microsequence последовательность микрокоманд

microsequencer устройство управления последовательностью (выполнения) микрокоманд, коммутатор микрокоманд

microsequencing управление последовательностью (выполнения) микрокоманд

microstack микростек, микропроцессорный стек

microstatement микрооператор

microstatistics статистика малых выборок

microstep шаг (выполнения) микрокоманды

microstorage микропамять

microstrip полосковая линия передачи (*СВЧ-сигналов*)

microsynchronous микросинхронный (*синхронизируемый на уровне тактов синхронизирующего сигнала*)

microsystem микропроцессорная система

microtrap микропрерывание, прерывание в микропрограмме

microword микрослово

middleware микропрограммные средства

midicomputer вычислительная машина средних возможностей, средняя вычислительная машина, (вычислительная) миди-машина, миди-ЭВМ, миди-компьютер

midrange полусумма кратных значений (*в выборке*)

migration миграция, перемещение, перенос
  attribute ~ перемещение [пересылка] аттрибута (*в базах данных*)
  data ~ перемещение данных
  page ~ пересылка [перенос, перемещение] страниц (*между уровнями памяти*)

millimicrosecond миллимикросекунда, наносекунда, нс (10^{-9} с)

millisecond миллисекунда, мс (10^{-3} с)

mini (вычислительная) мини-машина, мини-ЭВМ, мини-компьютер

miniassembler мини-ассемблер,

компонующая мини-программа

miniaturization миниатюризация

minicomputer (вычислительная) мини-машина, мини-ЭВМ, мини-компьютер
  host ~ главная мини-машина

minification *sl* миниатюризация

minifloppy гибкий мини-диск

minimax *т. игр* минимакс

minimin *т. игр* минимин

minimization минимизация

minimize минимизировать, доводить до минимума; *матем.* доставлять минимум

minimizer 1. минимизирующая переменная 2. минимизатор (*устройство или программа*)
  logic ~ (программа-)минимизатор логических схем

miniprocessor мини-процессор

miniputer *см.* minicomputer

minisuper(computer) супермини-ЭВМ

minmax *см.* minimax

minmaxing *т. игр* использование минимаксной стратегии

minterm элементарная конъюнктивная форма, минитерм

minuend уменьшаемое

minus 1. минус 2. отрицательная величина ‖ отрицательный

mirroring 1. формирование зеркального отображения (*на экране дисплея*) 2. копирование
  disk ~ копирование на диск

misalignment рассогласование

misbehavior аномальное поведение, неправильное функционирование

miscalculation ошибка в вычислении; неверный расчёт, просчёт

miscount ошибка в счёте, просчёт, неверный счёт

misentry неверный ввод; ошибка ввода

mismatch 1. рассогласование ‖ рассогласовывать 2. несовпадение; несоответствие ‖ не совпадать; не соответствовать 3. неправильный подбор ‖ неверно подбирать representation ~ несоответствие по представлению (элементов знаний)

mismatching 1. рассогласование **2.** несовпадение; несоответствие **3.** неправильный подбор

misoperation 1. неправильная работа **2.** ложное срабатывание

misphasing расфазирование, расфазировка

misprint опечатка, ошибка при печати

mispunch ошибочная пробивка; ошибка при перфорации, ошибка при пробивке

misregistration смещение относительно базовой линии (*в распознавании знаков*)

miss 1. несовпадение; неудача (*при поиске*) **2.** пропадание, выпадение

~ **of signal** пропадание [выпадение] сигнала

cache ~ неудачное [безрезультатное] обращение в кэш

missequencing нарушение порядка, разупорядочение

missort неверная сортировка; ошибка при сортировке

misspell орфографическая ошибка ‖ делать орфографическую ошибку

misspelling орфографическая ошибка

mistake ошибка ◇ ~ **in programming** ошибка при программировании, ошибка программирования

accidental ~ случайная [несистематическая] ошибка

interrupt entry/exit ~ ошибка входа в программу прерывания *или* выхода из неё

keying ~ ошибка при работе с клавиатурой

systems ~ системная ошибка; ошибка в системе

mistake-proof защищённый от ошибок (*человека*)

mistiming расхождение во времени; рассинхронизация

mistuning нарушение настройки, расстройка

mix смесь (*команд или программ для оценки производительности ЭВМ*)

application ~ смесь прикладных программ

GAMM-~ смесь по ГАММ

Gibson-~ смесь по Гибсону

GPO II-~ смесь ГПО II

instruction ~ смесь команд

premise action ~ сочетание посылок [условий выполнения] и действий (*в управлении базами данных*)

program ~ смесь программ

mixer:

image ~ смеситель изображения

mixing 1. смешивание **2.** смешение (*сигналов*)

MMU:

paged ~ страничный диспетчер памяти

mnemocode мнемокод, мнемонический код

mnemonic 1. мнемосхема, мнемоническая схема ‖ мнемонический **2.** *pl* мнемоника

moby *sl* **1.** полное адресное пространство **2.** адресное пространство величиной 256К 36-разрядных слов, близкое к одному мегабайту

mockup макет; модель; имитация

test ~ макет для испытаний

modal *лингв.* модальный

modality *лингв.* модальность

perceptual ~ перцептивная модальность

mode 1. способ; метод; принцип (*работы*) **2.** режим (*работы*) **3.** состояние **4.** вид (*АЛГОЛ 68*); класс (*в языке Ада*) **5.** *стат.* мода, наиболее вероятное значение

~ **of behavior** *киберн.* линия поведения

~ **of operation 1.** способ работы; метод работы **2.** режим работы

~ **of priority** приоритетный режим (*напр. обработки заданий*)

absolute deferred ~ косвенноабсолютный режим (*адресации*)

access ~ 1. режим выборки 2. режим доступа

addressable ~ **of memory operation** адресный способ организации работы памяти [запоминающего устройства]

addressing ~ 1. способ адресации 2. режим адресации

alternate ~ режим попеременного доступа

append ~ режим дозаписи (*в последовательный файл*)

autodecrement ~ автодекрементный режим

autoecho ~ режим переспроса

autoincrement ~ автоинкрементный режим

background ~ фоновый режим (*обработки заданий*)

back-to-back ~ режим передачи с подтверждением приёма

basic control ~ основной режим управления

batch ~ пакетный режим, режим пакетной обработки

batch-job ~ режим пакетной обработки заданий

biased coincident-current ~ **of operation** метод работы по принципу совпадения токов с подмагничиванием

binary ~ режим двоичного счёта (*арифметического устройства*)

bistable ~ бистабильный режим

bit-image ~ режим вывода изображений, представленных в двоичном коде

block ~ блочный режим (*напр. передачи данных*)

block-multiplex ~ блок-мультиплексный режим

boxed ~ режим наложения (текстовых) прямоугольников (*на телевизионное изображение в системе телетекста*)

broadcast ~ широковещательный режим, режим рассылки

burst ~ пакетный режим (*ра-*

боты мультиплексора); монопольный режим (*работы канала связи*)

bypass ~ режим транзитной передачи

byte ~ 1. побайтовый способ (*передачи данных*) 2. байтовый режим (*работы канала связи*)

byte-interleave ~ режим чередования байтов

byte-multiplex ~ байт-мультиплексный режим

calculation location ~ вычислимый способ размещения (*в базах данных*)

capitals ~ режим прописных [заглавных] букв (*при работе с клавиатурой дисплея*)

card ~ режим работы (*ЭВМ*) с (перфо)картами

CAS-before-RAS ~ режим регенерации опережающей подачей строба адреса столбца по отношению к стробу адреса строки (*в ЗУ*)

character ~ знаковый режим

circle-dot ~ метод точка — кружок (*метод записи в запоминающей трубке*)

column binary ~ поколонно-двоичный режим

com(m) ~ режим общения, разговор (*системных программистов друг с другом через вычислительную систему посредством своих терминалов*)

command ~ командный режим, режим подачи команд

communication ~ режим связи

compute ~ режим (непосредственного) счёта (*аналоговой ЭВМ*)

conceal ~ режим утаивания, режим скрытых символов (*при котором некоторые символы, напр. служебные, отображаются в системе видеотекса как пробелы*)

concurrency [concurrent] ~ 1. параллельный режим (*работы*) 2. режим совмещения (*операций*)

connection ~ режим, ориентированный на установление соединений (*в сети*)

connectionless ~ режим, не ориентированный на установление соединений (*в сети*)

console ~ пультовый режим работы (*ЭВМ*)

contention ~ состязательный режим, режим множественных одновременных запросов

continuous-roll ~ режим работы с непрерывной подачей бумаги

control ~ режим управления

conversational ~ диалоговый режим

convergent ~ режим работы (*фотоэлектронного устройства*) со сходящимся пучком света

current(-steering) [**current-switching**] ~ токовый метод, метод работы по принципу переключения тока

cut-sheet ~ режим работы с отрывными листами

cycle-lock ~ режим с блокировкой цикла

cycle slip ~ режим «пробуксовки»

cycle-steal ~ режим захвата [занятия] цикла

dash-dot ~ метод точка — тире (*метод записи в запоминающей трубке*)

data-in ~ режим ввода данных

data-out ~ режим вывода данных

defocus-focus ~ метод фокус — дефокус (*метод записи в запоминающей трубке*)

destructive ~ **of operation** метод работы (*ЗУ*) с разрушением информации

dialog ~ диалоговый режим

diffuse ~ режим работы (*фотоэлектронного устройства*) с рассеянным лучом

direct location ~ прямой способ размещения (*в базах данных*)

disconnect ~ режим разъединения (*в сетях*)

displacement deferred (addressing) ~ режим косвенной адресации со смещением

display ~ **1.** режим визуального отображения (*данных*) **2.** режим работы с выводом на дисплей

dot-dash ~ метод точка — тире (*метод записи в запоминающей трубке*)

dual-processor ~ двухпроцессорный режим

dumb-terminal ~ режим непрограммируемого терминала

edit ~ режим редактирования (*напр. при диалоговой работе*)

exclusive usage ~ монопольный режим использования

executive guard ~ режим защиты управляющей *или* организующей программы

failure ~ **1.** состояние отказа (*системы*) **2.** вид отказа

fallback ~ режим нейтрализации неисправности (*напр. с изменением конфигурации системы*)

file access ~ режим доступа к файлу

fixed-space character ~ знаковый режим с фиксированным расстоянием между знаками

floating control ~ *киберн.* режим астатического регулирования

fly-by ~ сквозной режим (*обмена данными между внешними устройствами и ОЗУ*)

focus-defocus ~ метод фокус — дефокус (*метод записи в запоминающей трубке*)

foreground ~ приоритетный режим (*обработки заданий*)

forms ~ режим заполнения форм (*документов стандартных форматов при обработке текстов*)

free running ~ **1.** режим свободного [инициативного] доступа (*нескольких пользователей к общей базе данных*) **2.** автономный режим работы freeze ~ режим «замораживания»; режим приостановки

full-screen ~ полноэкранный режим (*работы дисплея в отличие от полиэкранного*)

go-ahead ~ режим опережения (*напр. в случае предварительной выборки команд в кэш*)

graphic ~ режим графического представления данных

graphics ~ режим отображения графической информации, графический режим

help ~ режим выдачи консультативной информации (*пользователю*), консультативный режим

hold ~ 1. режим фиксации (*состояния процесса решения задачи на аналоговой ЭВМ*) 2. режим приостановки

idle ~ нерабочий режим; холостой режим, режим холостого хода

increment ~ инкрементный режим, режим (*работы дисплея*) «по приращениям»

initial condition ~ режим задания начальных условий (*для аналоговой ЭВМ*)

input ~ режим ввода

insert ~ режим вставок (*в программе-редакторе*)

interactive ~ интерактивный режим

interactive query ~ запросно-ответный режим

interleaved ~ режим чередования

interpretive ~ режим интерпретации

interrupt ~ 1. режим прерываний 2. режим фиксации (*состояния процесса решения задачи на аналоговой ЭВМ*)

keyboard ~ 1. режим ввода с клавиатуры 2. режим работы клавиатуры

landscape ~ «ландшафтный» режим, режим работы с форматом, вытянутым по горизонтали

learn ~ режим обучения

left-entry ~ режим ввода слева (*в цифровых индикаторах*)

lettergram ~ почтовый режим (*информационного обмена*)

line ~ режим (*работы дисплея*) «по отрезкам прямой»

literal (addressing) ~ литеральный режим (адресации) (*при котором значение операнда указывается непосредственно в поле адреса команды*)

load ~ загрузочный режим передачи (*данных вместе с разграничителями*)

local ~ автономный режим; локальный режим

locate ~ режим указания, режим локализации (*способ обеспечения доступа к данным без их физического перемещения*)

location ~ способ размещения

lock ~ режим блокировки

long ~s длинные виды (*АЛГОЛ 68*)

man-machine ~ диалоговый режим, режим общения человека с машиной

manual ~ ручной режим

mapping ~ режим отображения (*виртуальных адресов в физические*)

master ~ привилегированный режим

master-slave ~ режим «ведущий — ведомый» (*напр. в многомашинной системе*); режим (работы) с основной и подчинёнными программами

memory-address(ing) ~ метод [способ] адресации памяти

monostable ~ of operation моностабильный режим работы

move ~ 1. рабочий режим передачи (*данных без разграничителей*) 2. режим пересылки (*способ обеспечения доступа к данным при помощи их физического перемещения*)

multijob ~ режим совместно-

411

го выполнения (нескольких) заданий

multiplex ~ 1. мультиплексный метод (*передачи данных*) 2. мультиплексный режим

multisystem ~ мультисистемный режим

multitask ~ многозадачный [мультизадачный] режим

native ~ 1. собственный режим (ЭВМ) (*в отличие от эмуляции*) 2. автономный режим

nibble ~ слоговой [полубайтовый] режим, режим слоговой выборки (*в полупроводниковых динамических ЗУ с произвольной выборкой*)

noisy ~ шумовой метод (*метод нормализации с заполнением освобождающихся разрядов произвольными знаками*)

nondestructive reading ~ метод неразрушающего считывания, метод считывания информации без разрушения

nonslotted ~ асинхронный режим (*пакетной связи*)

nontransparent ~ непрозрачный режим (*синхронной передачи*)

no-operation ~ холостой режим

off-line ~ автономный режим

on-line ~ режим (работы) под управлением центрального процессора, режим онлайн

on-link ~ режим соединений (*в сетях*)

open-loop ~ режим (регулирования) без обратной связи

operating ~ рабочий режим

operative ~ 1. рабочий режим 2. режим интегрирования (*в ЦДА*)

opposed ~ режим работы (*фотоэлектронного устройства*) со встречными лучами

output ~ режим вывода

overview ~ режим быстрого обзора (*при работе с дисплеем*)

page ~ страничный режим (*доступа к памяти*)

panel ~ пультовый режим (*работы процессора*)

parallel ~ параллельный метод (*выполнения операций*)

parallel-serial ~ параллельно-последовательный метод (*выполнения операций*)

parameter ~ параметрический способ (*контроля визуального устройства вывода*)

partitioned ~ режим разделения ресурсов

pass-through ~ режим ретранслирования (*передаваемых данных*)

pick-function ~ указательный режим (*работы светового пера*)

pipeline ~ режим конвейерной обработки, конвейерный режим

playback ~ режим модификации с распечаткой (*содержимого памяти программируемого терминала*)

point(-plotting) ~ точечный режим, режим (*работы дисплея*) «по точкам»

portrait ~ «портретный» режим, режим работы с форматом, вытянутым по вертикали

preaddressed ~ режим предварительной адресации

preset ~ режим (*работы ЭВМ*) с предварительной загрузкой программы с пульта оператора

privileged ~ привилегированный режим

problem ~ режим решения задач пользователя (*в отличие от привилегированного режима работы супервизора*)

protected usage ~ защищённый режим использования (*в базах данных*)

pulse ~ импульсный режим

query ~ справочный режим; запросный режим, режим запросов

question-answer ~ запросно-ответный режим

quick-tear ~ режим с быстрым отрывом бумаги (*в печатающем устройстве*)

read-in ~ режим считывания — ввода

read-mostly ~ режим преимущественно считывания

ready ~ режим готовности

real-time (operation) ~ режим работы в реальном (масштабе) времени

record ~ способ записи

reference-off ~ режим с отключением эталонных [опорных] напряжений (*в аналоговой технике*)

register ~ регистровый режим (*адресации*)

related ~s связанные виды (*АЛГОЛ 68*)

repetitive ~ режим повторения, циклический режим

reset ~ режим задания начальных условий (*для аналоговой ЭВМ*)

revise ~ режим ревизии (*в программе-редакторе*)

right-entry ~ режим ввода справа (*в цифровых индикаторах*)

ripple ~ режим сквозной [быстрой] страничной выборки

rotating fill-display ~ кольцевой режим заполнения изображения (*на экране дисплея*)

run ~ режим прогона (*программы*)

saturated-off ~ режим работы с насыщением и отсечкой

scan ~ режим сканирования

scanned sensor ~ режим сенсорного сканирования (*цепей клавиатуры с использованием датчиков*)

scheduled ~ запланированный [регламентный] режим

seek ~ режим поиска

selector ~ селекторный режим

self-scanning ~ режим самосканирования

serial ~ последовательный метод (*выполнения операций*)

short offset ~ режим (*адресации*) с малым смещением

short-vector ~ режим (*работы дисплея*) «по малым векторам»

simplex ~ симплексный режим

single-octet ~ однооктетный режим (*работы интерфейса*)

single-step ~ пошаговый режим

slave ~ подчинённый режим

slotted ~ режим с выделением квантов времени

split-screen ~ полиэкранный режим (*работы дисплея в отличие от полноэкранного*)

spontaneous ~ спонтанный режим

standby ~ 1. режим (работы) с резервированием 2. режим хранения (*запоминающей ячейки*)

start-stop ~ стартстопный режим

store-and-forward ~ режим передачи с запоминанием

stream ~ пакетный режим, режим пакетной обработки; монопольный режим (*работы канала связи*)

streaming ~ потоковый режим (*работы устройства на магнитной ленте с потоковой передачей данных*)

subscription ~ абонентский режим (*получения информации из системы*)

system production ~ продуктивный режим (операционной) системы (*с отключением средств отладки и тестирования программ*)

system test ~ отладочный режим (операционной) системы

test ~ режим проверки; тестовый режим

text ~ текстовой режим (*работы канала связи*)

timeout ~ режим перерыва (*в работе устройства*)

total-failure ~ состояние полного отказа

tracking-cross ~ режим отслеживания (*светового пера*)

training ~ режим обучения

transmit(tal) [transmitting] ~ режим пересылки, режим передачи

transparent ~ «прозрачный» режим (*передачи данных*)

trapping ~ режим диагностирования (*программ*) с ловушками

type-through ~ режим сквозной печати

united ~s объединённые виды (*АЛГОЛ 68*)

unoperable ~ режим простоя (*в работе устройства*)

usage ~ режим использования

user-operating ~ режим работы с пользователем, пользовательский режим

vector ~ векторный режим (*работы дисплея*)

vector-continue ~ режим (*работы дисплея*) с продолжением векторов (*до края экрана*)

verification ~ режим контроля (*на соответствие требованиям*)

virtual ~ виртуальный режим

waiting ~ ждущий режим; режим ожидания

wake-up ~ режим запуска

model модель; образец ‖ моделировать

~ **of calculation** схема вычисления

abstract ~ абстрактная модель

adaptive ~ адаптивная модель

aggregated ~ агрегированная модель

algoristic-type ~ формальная модель; алгоритмическая модель

allocation ~ 1. распределительная модель (*в исследовании операций*) 2. модель распределения (*заданий между процессорами мультипроцессорной системы*)

analytical ~ аналитическая модель

ANOVA ~ модель дисперсионного анализа

behavioral ~ поведенческая модель

birth-death ~ модель процесса рождения и гибели

block-diagram ~ блок-схемная модель

causal ~ причинно-следственная модель, *проф.* каузальная модель

computer ~ машинная модель

conceptual ~ концептуальная модель

cybernetic ~ кибернетическая модель

data ~ модель данных

decision-theoretic ~ модель (на основе) теории статистических решений

decision-tree ~ модель в виде дерева решений

descriptive ~ описательная модель

desk ~ настольная модель

deterministic ~ детерминированная модель

dynamic programming ~ модель динамического программирования

econometric ~ эконометрическая модель

elemental-equivalent ~ поэлементная эквивалентная схема

endogenous priority ~ *ТМО* модель с приоритетами, зависящими от состояния системы

entity-relationship ~ модель (типа) «объект — отношение», модель (типа) «сущность — связь» (*в реляционных базах данных*)

entity set ~ объектно-множественная модель (*данных*)

E/R ~ *см.* entity-relationship model

estimation ~ оценочная модель

exhaustive fault ~ полная модель неисправностей (*позволяющая построить исчерпывающую систему тестов*)

exogenous priority ~ *ТМО* модель с приоритетами, не зависящими от состояния системы

external ~ внешняя модель, модель внешнего уровня

fault ~ 1. модель неисправности 2. модель (схемы) с неисправностями

fault-effect ~ модель проявления неисправности

finite element ~ модель на основе метода конечных элементов (*в машинной графике*)

flow-oriented ~ потоковая модель (*вычислений*)

forecasting ~ модель долгосрочного прогнозирования

formal ~ формальная модель

frame-based ~ фреймовая модель

functional ~ функциональная модель, модель на функциональном уровне

gaming ~ игровая модель

gate-level ~ модель (*логической схемы*) на вентильном уровне

generalized ~ обобщённая модель

generic ~ групповая модель

geometrical ~ геометрическая модель

graph ~ графовая модель, модель в виде графа

hardware ~ аппаратная [аппаратно-реализованная] модель

hazard ~ модель (*логической схемы*) с учётом возможных рисков (сбоев)

hazard function ~ модель интенсивности отказов

heuristic ~ эвристическая модель

hierarchical ~ иерархическая модель

iconographic ~ иконографическая модель

internal ~ внутренняя модель, модель внутреннего уровня

layout ~ топологическая модель, модель топологии (*ИС*)

linear programming ~ модель линейного программирования

many-server ~ модель многоканальной СМО

mathematical ~ математическая модель

MILP ~ модель частично целочисленного линейного программирования

Monte-Carlo ~ модель Монте-Карло, статистическая модель

multivariate ~ многомерная модель

network ~ 1. сетевая модель 2. модель сети 3. модель электрической схемы

pandemonium ~ хаотическая модель, модель типа «хаос» (*недетерминированная модель вычислений*)

phenomenological ~ феноменологическая модель

pictorial ~ графическая модель

pilot ~ 1. головной образец; опытная модель 2. упрощённая модель

pin fault ~ модель дефектного вывода (*схемы*); модель схемы с дефектным выводом

predictive ~ прогнозирующая модель

preemptive ~ *ТМО* модель с приоритетами, прерывающими обслуживание

preliminary ~ предварительная модель

preproduction ~ опытная модель

priority ~ *ТМО* модель с приоритетами

probabilistic ~ вероятностная [стохастическая] модель

problem ~ модель задачи; модель проблемы

queueing ~ модель массового обслуживания; модель с очередью

real world ~ модель реально окружения (*прикладной задачи*)

relational ~ реляционная модель

relative ~ прогнозирующая модель

reliability ~ модель (для расчёта) надёжности

role-playing ~ имитационная игровая модель (*с разыгрыванием ролей реальных сторон*)

scaling ~ модель шкалирования, шкальная модель (*в методе экспертных оценок*)

seven-layer ~ семиуровневая модель (*в архитектуре открытых систем*)

simplified ~ упрощённая модель

simulation ~ 1. имитационная модель 2. модель (*схемы*) для проведения логического моделирования

single-stuck fault ~ модель одиночных константных неисправностей

software ~ 1. программная модель 2. модель программного обеспечения

solid ~ объёмная [монолитная] модель (*трёхмерного объекта; в машинной графике*)

sophisticated ~ усложнённая модель, модель высокой сложности

state-space ~ модель в пространстве состояний

statistical ~ статистическая модель

stochastic ~ стохастическая [вероятностная] модель

structural ~ структурная модель

stuck-at ~ модель (*схемы*) с константными неисправностями

suspect/monitor ~ модель подозрения — наблюдения (*в отказоустойчивых системах*)

symbolic ~ символическая модель

table ~ 1. настольная модель 2. табличная модель

timing ~ модель (*логической схемы*) с учётом задержек

transformational ~ *лингв.* трансформационная модель

vocal-tract ~ модель речевого тракта (*в синтезаторах речи*)

waiting line ~ модель массового обслуживания; модель очереди

wire-frame ~ каркасная модель (*трёхмерного объекта; в машинной графике*)

world ~ модель (внешнего) мира (*в СИИ*)

model-based основанный на (использовании) модели

modeler разработчик модели

system ~ разработчик модели (проектируемой) системы

modeling построение модели, моделирование

analytical ~ аналитическое моделирование

behavioral ~ поведенческое моделирование, моделирование на поведенческом уровне

cognitive ~ моделирование процесса познания

computational ~ численное моделирование

conceptual ~ концептуальное моделирование

delay ~ моделирование (*схем*) с учётом задержек

fault ~ 1. моделирование (*схем*) с неисправностями 2. моделирование неисправностей

qualitative ~ моделирование на качественном уровне

software ~ 1. программное моделирование (*схем с помощью программ*) 2. моделирование (работы) программного обеспечения

solids ~ моделирование трёхмерных объектов

structured ~ структурное моделирование

modem модем, модулятор-демодулятор

acoustic ~ акустический модем

acoustically coupled ~ модем с акустической связью

autoanswering ~ модем с автоответчиком

baseband ~ модем с прямой передачей данных (*без модуляции*)

dial-up ~ модем коммутируемой линии передачи

digital ~ цифровой модем

direct-connected ~ модем с непосредственной связью

gear-shift ~ модем с изменением скорости передачи

intelligent ~ интеллектуальный модем

internal ~ встроенный модем

sending ~ передающий модем

short-haul ~ модем ближней связи

split-stream ~ модем с совмещением потоков данных

ternary ~ троичный модем

variable speed ~ модем с изменением скорости передачи

wideband ~ широкополосный модем

modifiability модифицируемость

modification 1. модификация, модифицирование; (видо)изменение **2.** переадресация

address ~ модификация адреса

data ~ модификация данных

index register ~ модификация при помощи индекс-регистров

instruction [order] ~ модификация команд(ы)

program ~ модификация программы

modifier модификатор

address ~ модификатор адреса, константа переадресации

instruction ~ модификатор команд(ы)

keyword ~ ключевой модификатор (*в макрокомандах*)

length ~ модификатор длины (*напр. константы*)

modify 1. модифицировать; (видо)изменять **2.** переадресовывать

modular модульный

modularity модульность, модульный принцип (*организации*)

coincidental ~ случайная модульность (*при отсутствии связи между функциями системы*)

design ~ **1.** конструктивная модульность, модульность конструкции **2.** модульный принцип проектирования

event ~ событийная модульность

functional ~ функциональная модульность

implementation ~ конструктивная модульность (*позволяющая выполнять параллельное и независимое конструирование модулей*)

layered ~ многоуровневая модульность

program-independent ~ программно-независимая модульность

understandability ~ смысловая модульность (*обеспечивающая лёгкую обозримость системы*)

modularization расчленение [разбиение] на модули, модуляризация

modulation модуляция

binary ~ двоичная модуляция

digital ~ цифровая модуляция, модуляция цифровым кодом

dipole ~ неполяризованная запись с возвращением к нулю

echo ~ эхомодуляция

frequency ~ частотная модуляция

pulse ~ импульсная модуляция

pulse-amplitude ~ амплитудно-импульсная модуляция

pulse-code ~ кодово-импульсная модуляция

pulse-duration ~ широтно-импульсная модуляция

pulse-frequency ~ частотно-импульсная модуляция

pulse-length ~ широтно-импульсная модуляция

pulse-phase [pulse-position] ~ фазово-импульсная модуляция

pulse-time ~ время-импульсная модуляция

pulse-width ~ широтно-импульсная модуляция

time ~ временна́я модуляция, модуляция по времени

time-pulse ~ время-импульсная модуляция

width-pulse ~ широтно-импульсная модуляция

Z-intensity ~ модуляция яркости (*ЭЛТ*)

modulator модулятор

digital ~ цифровой модулятор

electro-optical ~ электрооптический модулятор

modulator-demodulator модулятор — демодулятор, модем

module модуль, блок ◇ ~ with many terminals модуль с большим количеством выводов

add-in [add-on] ~ модуль (для) расширения (*напр. функции системы*)

alternative ~ альтернативный модуль (*операционной системы*)

application ~ модуль прикладных программ

architectural ~ архитектурный модуль

box-like ~ прямоугольный модуль

card ~ ячейка, типовой элемент замены; модуль платы

communication terminal ~ оконечный модуль связи

control output ~ выходной управляющий модуль

debug ~ отладочный модуль

digital ~ цифровой модуль, цифровой (стандартный) блок

digital input ~ модуль цифрового ввода

digital output ~ модуль цифрового вывода

dummy ~ фиктивный модуль

executable ~ выполнимый модуль

expansion ~ модуль (для) расширения (*системы*), *проф.* расширительный модуль

explanation ~ модуль объяснения (*в экспертных системах*)

faulty ~ отказавший модуль; неисправный модуль

flat ~ плоский модуль

generic ~ унифицированный модуль

good ~ (заведомо) исправный модуль

hardware ~ аппаратный модуль

hex ~ модуль шестикратной ширины, модуль с шестисекционным краевым разъёмом

higher-level ~ модуль более высокого уровня

honeycomb ~ сотовый модуль

input/output control ~ модуль управления вводом-выводом

intelligent ~ интеллектуальный модуль

load ~ модуль загрузки, загрузочный модуль

logic ~ логический модуль

logic-in-memory ~ модуль встроенной (в память) логики, модуль (для) обеспечения логических операций в памяти

memory ~ модуль памяти, модуль запоминающего устройства

multichip ~ многокристальный модуль, микроячейка

multifunctional ~ многофункциональный модуль

nested ~s вложенные модули

network interface ~ сетевой интерфейсный модуль

not editable ~ нередактируемый модуль

N-segment numeric display ~ N-сегментный модуль для визуального вывода цифр

null ~ фиктивный модуль

object ~ конечный [выходной] модуль, *проф.* объектный модуль

overlapping ~s перекрывающиеся модули (*БИС*)

overlay ~ *проф.* оверлейный модуль

package ~ пакет-модуль

parent ~ родительский модуль

peer ~s равноправные модули

personal(ity) ~ персональный

модуль (*аппаратный модуль, напр. для контроля конкретной логической схемы*)

pin ~ модуль контактирующего устройства (*в тестере логических схем*)

power ~ блок питания

processor ~ процессорный модуль

program(ming) ~ программный модуль

quad-width ~ модуль учетверённой ширины, модуль с четырёхсекционным краевым разъёмом

reenterable [reentrant] ~ повторно входимый модуль

refreshable ~ регенерируемый модуль

relocatable ~ перемещаемый модуль

replacement ~ модуль замены, резервный модуль

resident ~ резидентный модуль (*программы*)

reusable ~ повторно используемый модуль

root ~ корневой модуль

self-contained ~ независимый модуль

silicon ~ интегральный модуль

software ~ модуль (системы) программного обеспечения, программный модуль

source ~ исходный модуль, модуль с программой на входном языке (*транслятора*)

standard ~ стандартный модуль

substitution ~ замещающий модуль

task ~ задача-модуль

terminal ~ терминальный модуль (*сети*)

thermal-conduction ~ теплопроводящий модуль

top ~ модуль (самого) высокого уровня

transport ~ транспортный модуль (*сети*)

VLSI ~ СБИС-модуль, интегральный модуль

welded ~ сварной модуль

wire-wrap ~ модуль для монтажа накруткой

modulo по модулю ◊ ~ **N** по модулю N

modulus 1. *матем.* модуль, основание системы счисления **2.** показатель степени **3.** коэффициент

modus operandi *лат.* образ действия (*автомата*)

mold шаблон (*АЛГОЛ 68*)

moment:

  absolute ~ *стат.* абсолютный момент

  central ~ *стат.* центральный момент

  sampling ~ *стат.* момент выборочной совокупности

monitor 1. управляющая программа; монитор; диспетчер **2.** монитор (*программное средство синхронизации*) **3.** монитор; контрольное [предупредительное] устройство; датчик **4.** (видео)монитор **5.** осуществлять текущий контроль, контролировать

basic ~ базисный монитор, резидентная часть операционной системы

batch ~ монитор пакетного режима

black and white ~ чёрно-белый монитор, монитор чёрно-белого изображения

color ~ цветной монитор, монитор цветного изображения

communications ~ связной монитор

composite ~ комбинированный монитор, монитор с комбинированным изображением (*в котором красный, зелёный и синий цвета кодируются совместно, в одном сигнале*)

CRT ~ экранный монитор, монитор на ЭЛТ, ЭЛТ-монитор

debug ~ отладочный монитор (*программа*)

job-to-job ~ монитор последовательного запуска заданий (*программа*)

logic ~ логический монитор;

прибор для контроля логических схем

monochrome ~ одноцветный [монохромный, монохроматический] монитор

multiprogramming ~ мультипрограммный монитор (*в сети*)

noninterlaced ~ монитор с прогрессивной развёрткой (*в отличие от чересстрочной*)

raster-scan ~ монитор с растровой развёрткой

real-time ~ монитор (режима) реального времени

refreshed ~ монитор с регенерацией (*изображения*)

resident ~ резидентный монитор (*программа*)

RGB ~ RGB-монитор, цветной монитор (*с раздельными входными сигналами красного, зелёного и синего цветов*)

sequence ~ монитор последовательности операций

system ~ системный монитор (*программа*)

telecommunication ~ телекоммуникационный монитор; монитор телекоммуникационного доступа

television ~ телевизионный монитор, ТВ-монитор

test ~ контрольный монитор

test case execution ~ монитор контрольных примеров

transitional ~ монитор передач управления (*программа*)

video ~ (видео)монитор

monitoring текущий контроль; диспетчерское управление

call ~ (текущий) контроль за соединением (*в сети*)

human ~ контроль с участием человека, ручной контроль (*текущего состояния системы*)

line quality ~ текущий контроль линии

point ~ обегающий контроль

resistance ~ резистивная регулировка (*путём изменения сопротивления*)

sample ~ выборочный текущий контроль

security threat ~ текущий контроль (за угрозами) нарушения безопасности (*напр. хранения данных*)

monoboard 1. одноплатный **2.** с одним типом плат

monobus единая шина, единая магистраль

monochannel моноканал (*для передачи информации от одной станции-отправителя по всем остальным станциям сети*)

monocode монокод

monolithics монолитные схемы

monomial одночлен

monoprocessor монопроцессор

monoscope моноскоп (*запоминающая трубка*)

monostable с одним устойчивым состоянием, моностабильный

morph *лингв.* морф

morpheme морфема

mortality выход из строя

infant ~ выход из строя во время приработки

mosaic:

storage ~ запоминающая мозаика

motherboard объединительная плата; базовая подложка (*в ИС*)

N-slot ~ N-гнездовая объединительная плата

motor двигатель, мотор

bidirectional step ~ реверсивный шаговый двигатель

diaphragm ~ мембранный мотор

energy-release ~ двигатель с освобождением накопленной энергии (*в цифроаналоговых преобразователях*)

integrating ~ интегрирующий мотор

pecking [quantized] ~ шаговый двигатель

reel ~ мотор бобины

solenoid-ratchet ~ двигатель с электромагнитным приводом и храповым механизмом

stepper [stepping] ~ шаговый двигатель

mount 1. крепление; держатель;

патрон **2.** монтировать, собирать; устанавливать

mounting 1. монтаж, сборка; установка **2.** шасси; оправа

panel ~ 1. монтаж на панели, панельный монтаж **2.** монтаж панелей

rack ~ 1. монтаж на стойке, стоечный монтаж **2.** монтаж стоек

surface ~ поверхностный монтаж

volume ~ установка тома

mouse (координатный) манипулятор типа «мышь», *проф.* мышь, мышка

multibutton ~ многоклавишная мышь

optical ~ оптический манипулятор типа «мышь», оптическая мышка

rolling ~ перемещающаяся мышь

single-button ~ одноклавишная мышь

tailless ~ «бесхвостая» мышь (*связываемая с терминалом без применения проводов*)

move 1. перемещение, движение; пересылка ‖ перемещать(ся); двигать(ся); пересылать **2.** передача с изменениями, модификация **3.** *т. игр* ход (*в игре*) **4.** управлять **5.** переслать (*название команды*)

area ~ перемещение (отдельных) областей (*на экране дисплея*)

numeric ~ модификация адреса внутри зоны (*на магнитной ленте*)

register ~ обмен (*данными*) между регистрами

zone ~ модификация номера зоны (*на магнитной ленте*)

movement перемещение, движение

~ of carriage движение [ход] каретки

data ~ перемещение данных; продвижение данных (*в системе*)

skew tape ~ движение ленты с перекосом

mover схема перемещения (*напр. блоков программ*)

muddle of cards затор карт; «куча» (перемешанных) карт (*в результате затора*)

multiaccess 1. мультидоступ, множественный доступ **2.** коллективного пользования (*о вычислительной системе*); с множественным доступом (*о памяти*)

multiaddress многоадресный, с несколькими адресами

multiaperture многодырочный

multiattribute многопризначный, со многими аттрибутами (*об отношении между объектами в реляционных базах данных*)

multibus многошинный

multibyte многобайтовый

multicabinet многостоечный

multicard многофункциональная (сменная) плата

multicenter *т. граф.* кратный центр

multichannel многоканальный

multichip многокристальная (интегральная) схема, микроячейка ‖ многокристальный

multicircuit многоконтурный

multicomputing обработка данных в многомашинной *или* многопроцессорной системе

multidatabase мультибаза данных (*состоящая из нескольких локальных баз данных, объединённых в сеть*)

multidetector многоканальный детектор

multidigit многозначный; многоразрядный (*о числе*)

multidigraph ориентированный мультиграф

multidomain многодоме́нный

multifeedback с большим числом обратных связей

multigate многовентильный

multigraph мультиграф

multihoming множественная адресация (*коммутируемых пакетов*)

multiimage полиэкранное изображение ‖ полиэкранный

multiindexing мультииндексация

multiinput многовходовый

multilayer 1. многослойный **2.** многоуровневый

multilength многократной длины

multilevel многоуровневый

multilingual многоязычный

multilist мультисписок

    cellular ~ секционный мультисписок

multilogic 1. многофункциональный **2.** с разветвлённой логикой

multiloop 1. многоконтурный **2.** со многими циклами

multimicrocomputer мультимикромашинный, с большим числом микро-ЭВМ; мультимикропроцессорный

multimini(computer) мультимини-машина, мультимини-компьютер

multiminiprocessor мультиминипроцессор, мультиминипроцессорная система

multimode 1. многорежимный **2.** многомодовый

multinomial многочлен, полином ‖ многочленный, полиномиальный

multipass многопроходной

multiple 1. кратное (число) ‖ кратный **2.** многократный, множественный; многочисленный

multiple-access коллективного пользования (*о вычислительной системе*); с множественным доступом (*о памяти*)

multiple-address многоадресный, с несколькими адресами

multiple-length многократной длины

multiple-meaning полисемантический

multiple-mode многорежимный

multiple-order многоразрядный

multiple-processor мультипроцессорный, многопроцессорный

multiple-turn многовитковый

multiple-unit многоэлементный

multiple-valued многозначный

multiple-windows полиэкранный (*напр. об изображении на экране дисплея*)

multiplex 1. мультиплексная передача; многократная передача ‖ мультиплексный; многократный **2.** мультиплексировать; уплотнять (*каналы*)

    code-division ~ мультиплексная передача с кодовым разделением [уплотнением]

    frequency-division ~ мультиплексная передача с частотным разделением [уплотнением]

    heterogeneous ~ гетерогенная [разнородная] мультиплексная передача

    homogeneous ~ гомогенная [однородная] мультиплексная передача

    multichannel ~ многоканальная мультиплексная передача

    time(-division) ~ мультиплексная передача с временным разделением [уплотнением]

multiplexer мультиплексор; коммутатор

    analog ~ мультиплексор аналоговых сигналов

    burst mode ~ мультиплексор для передачи данных в пакетном режиме

    communication ~ мультиплексор каналов связи

    data channel ~ мультиплексор информационных каналов

    DMA ~ мультиплексор прямого доступа к памяти

    I/O ~ мультиплексор ввода-вывода

    magnetic-core ~ мультиплексор на магнитных сердечниках

    N-channel ~ N-канальный мультиплексор

    status bus ~ мультиплексор шины состояний

    terminal ~ мультиплексор терминалов, терминальный мультиплексор

    time-division ~ мультиплексор с временны́м разделением [уплотнением]

multiplexing 1. мультиплексирование **2.** мультиплексная передача; многократная передача **3.** уплотнение (*каналов*)
bus ~ мультиплексирование (работы) шины
byte ~ байтовое уплотнение, уплотнение на уровне байтов
dynamic ~ динамическое уплотнение
frequency division ~ **1.** частотное мультиплексирование **2.** частотное уплотнение
space ~ пространственное мультиплексирование
time(-division) ~ временно́е мультиплексирование
time-interleaved ~ мультиплексирование с временны́м разделением [уплотнением]
upwards ~ мультиплексирование вверх
multiplexor *см.* **multiplexer**
multiplicand множимое
multiplication умножение; перемножение ◇ ~ **by constant** умножение на константу [на постоянную величину]; умножение на постоянный коэффициент
~ **of series** умножение рядов; перемножение рядов
abridged ~ сокращённое умножение
analog ~ аналоговое умножение; перемножение непрерывных величин
binary ~ двоичное умножение, умножение в двоичной системе (счисления)
decimal ~ десятичное умножение, умножение в десятичной системе (счисления)
floating-point ~ умножение (в системе) с плавающей запятой
frequency ~ умножение частоты
hexadecimal ~ шестнадцатеричное умножение, умножение в шестнадцатеричной системе (счисления)

high-speed ~ быстрое умножение
integer ~ целочисленное умножение
logical ~ логическое умножение
matrix ~ перемножение матриц
octal ~ восьмеричное умножение, умножение в восьмеричной системе (счисления)
rapid ~ быстрое умножение
scalar ~ скалярное умножение
serial binary ~ последовательное двоичное умножение
short ~ сокращённое умножение; ускоренное умножение
signed ~ умножение чисел со знаком
single-length ~ умножение с одинарной точностью
stored carry ~ умножение с хранением переноса
ternary ~ троичное умножение, умножение в троичной системе (счисления)
variable ~ перемножение (аналоговых) переменных
vector ~ векторное умножение
multiplicity множественность
multiplier 1. множитель; сомножитель **2.** множительное устройство, устройство умножения, умножитель **3.** блок перемножения **4.** множительный элемент, множительное звено
analog ~ аналоговое множительное устройство, аналоговый умножитель
binary ~ двоичное множительное устройство, двоичный умножитель
bit-serial ~ поразрядный последовательный умножитель
combinatorial ~ комбинационное множительное устройство, комбинационный умножитель
crossed fields ~ множительное устройство [умножитель] со скрещёнными полями
digital ~ цифровое множи-

тельное устройство, цифровой умножитель

digital-analog ~ цифроаналоговое множительное устройство, цифроаналоговый умножитель

electric (punch) ~ электрический множительный перфоратор

electron-beam ~ электроннолучевое множительное устройство, электронно-лучевой умножитель

electronic ~ электронное множительное устройство, электронный умножитель

fast ~ быстродействующее множительное устройство, быстродействующий умножитель

fixed-point ~ множительное устройство [умножитель] с фиксированной запятой

floating-point ~ множительное устройство [умножитель] с плавающей запятой

four-channel ~ четырёхканальное множительное устройство, четырёхканальный умножитель

four-quadrant ~ четырёхквадрантное множительное устройство, четырёхквадрантный умножитель

frequency ~ умножитель частоты

function(al) ~ функциональное множительное устройство, функциональный умножитель

Hall-effect ~ множительное устройство [умножитель] на эффекте Холла

heat-transfer ~ множительное устройство [умножитель] на терморезисторах

iterative array ~ итеративный матричный умножитель

Lagrange ~ множитель Лагранжа

logarithmic ~ логарифмическое множительное устройство, логарифмический умножитель

look-ahead ~ умножитель с опережающим анализом (*разрядов множителя*)

magnetoresistor ~ множительное устройство [умножитель] на магниторезисторах

mark-space ~ времяимпульсное множительное устройство, времяимпульсный умножитель

mechanical ~ механическое множительное устройство, механический умножитель

modulation-type ~ множительное устройство [умножитель] с модуляцией сигналов

one-quadrant ~ одноквадрантное множительное устройство, одноквадрантный умножитель

operational ~ операционное множительное устройство, операционный умножитель

paired ~ сдвоенное множительное устройство, сдвоенный умножитель

parallel ~ параллельное множительное устройство, параллельный умножитель

parametric ~ параметрическое множительное устройство, параметрический умножитель

pipeline ~ конвейерное множительное устройство, конвейерный умножитель

potentiometer ~ потенциометрическое множительное устройство, потенциометрический умножитель; множительное устройство [умножитель] на потенциометре

quarter-squares ~ четвертьквадрантное множительное устройство, четвертьквадрантный умножитель

sampling ~ множительное устройство [умножитель] со стробированием

scaling ~ масштабный множитель

servo ~ потенциометрическое множительное устройство, потенциометрический умножитель; множительное устройство [умножитель] на потенциометре

simultaneous ~ комбинационное множительное устройство (*выполняющее одну операцию умножения за один такт сложения*)

step ~ множительное устройство со ступенчатым изменением коэффициента передачи

stored carry ~ устройство умножения с хранением переноса

strain-gage ~ тензометрическое множительное устройство, тензометрический умножитель

time-division ~ времяимпульсное множительное устройство, времяимпульсный умножитель

tree ~ каскадное множительное устройство, каскадный умножитель, древовидное множительное устройство, древовидный умножитель

two-quadrant ~ двухквадрантное множительное устройство, двухквадрантный умножитель

variable ~ (функциональное) множительное устройство, (функциональный) умножитель (*в аналоговых устройствах*)

whiffletree ~ каскадный умножитель

multiply множить, умножать

multiply-accumulator умножитель-аккумулятор, устройство умножения с накоплением

multiply-adder умножитель-сумматор

multiplying умножение ‖ множительный

multipoint многоточечный, многопунктовый (*о линии связи*)

multiport многопортовый

multipriority 1. многоприоритетность **2.** многоприоритетная работа

multiprocessing 1. многопроцессорная [мультипроцессорная] обработка **2.** параллельная обработка, одновременное выполнение (*нескольких алгоритмов*), мультиобработка

distributed ~ распределённая мультиобработка

mass-data ~ **1.** многопроцессорная [мультипроцессорная] обработка (больших) массивов данных **2.** параллельная обработка (больших) массивов данных

sharing ~ многопроцессорная [мультипроцессорная] обработка (*данных*) с разделением времени

multiprocessor мультипроцессор; многопроцессорная [мультипроцессорная] система

channel-coupled ~ мультипроцессор с объединёнными каналами (*со связью между процессорами при помощи каналов ввода-вывода*)

common-bus ~ мультипроцессор с общей шиной

crossbar switch ~ мультипроцессор с координатной коммутацией

loosely coupled ~ слабосвязанная многопроцессорная [мультипроцессорная] система

multiport memory ~ мультипроцессор с многопортовой памятью

overlapping ~ мультипроцессор с перекрытием обращений к памяти

voted ~ многопроцессорная [мультипроцессорная] система с голосованием

multiprogramming мультипрограммирование

foreground/background ~ мультипрограммирование с фоновой и приоритетной работами

master/slave ~ мультипрограммирование с основными и подчинёнными процессами

priority ~ мультипрограммирование с системой приоритетов

multiprotocol многопротокольный

multi-PU многопроцессорная [мультипроцессорная] система; многопроцессорный комплекс; мультипроцессор

multipurpose многоцелевой, универсальный

multiring многокольцевая структура (*сети*) || многокольцевой

multiscalar универсальная пересчётная схема

multisequencing распараллеливание (*программы на несколько ветвей*)

multistable мультиустойчивый, с многими устойчивыми состояниями

multistage многокаскадный

multistation 1. многостанционная сеть || многостанционный **2.** с многими внешними устройствами, с многими абонентскими пунктами

multisystem мультисистема

multitapped многоотводный

multitasking многозадачная [мультизадачная] работа, работа с многими задачами; многозадачный [мультизадачный] режим работы || многозадачный, мультизадачный

multiterm мультитерм

multiterminal 1. многотерминальный, с множеством оконечных устройств **2.** *редк.* с многими выводами

multithreading 1. многопоточная обработка; многопоточный режим **2.** организация многопоточной обработки

multiuser многоабонентский; со многими пользователями, многопользовательский

multivalence *киберн.* многопараметрическая представимость

multivalued многозначный

multiversion многовариантный; многоэкземплярный; имеющий несколько версий

multivibrator мультивибратор
  astable ~ свободноидущий

[несинхронизированный] мультивибратор
  biased ~ ждущий [одноходовой] мультивибратор
  bistable ~ мультивибратор с двумя устойчивыми состояниями
  continuously running ~ свободноидущий [несинхронизированный] мультивибратор
  delay ~ мультивибратор задержки
  free-running ~ свободноидущий [несинхронизированный] мультивибратор
  monostable [one-shot, single shot, start-stop] ~ ждущий [одноходовой] мультивибратор

multiway многоканальный; многопозиционный

multiwindowing 1. организация полиэкранной работы (*дисплея*) **2.** полиэкранный режим (*работы дисплея*)

munch *sl* **1.** *проф.* перемалывать (*информацию в процессе длительных вычислений*) **2.** прослеживать структуру данных (*сверху вниз*)

mung(e) *sl* **1.** вносить изменения в файл (*обычно необратимые*); случайно изменять файл **2.** портить (*что-л. случайно или умышленно*)

mutation мутация (*предполагаемое резкое изменение поведения программы при наличии мелких ошибок*)

mylar *фирм.* майлар (*искусственная плёнка, напр. для магнитных лент или дисков*)

N

N:
  ceiling ~ наименьшее целое число, превосходящее (*число*) N
  floor ~ наибольшее целое число, не превосходящее (*число*) N

nail (подпружиненный) контакт (*для проверки плат*)

name имя; наименование, название ◇ **by** ~ по имени (*напр. о передаче параметров в процедуру*)

active ~ активное имя

array ~ имя массива

command ~ имя команды

compound ~ составное имя

condition ~ наименование [название] условия

context ~ контекстное имя

data ~ имя (*элемента или набора*) данных; наименование данных

device ~ имя [номер] устройства

device group ~ имя типа устройства, тип устройства

division ~ имя раздела

entry ~ имя входа (*напр. в программу*)

event ~ имя события

external ~ внешнее имя

file ~ имя файла

generic ~ родовое имя

group ~ 1. групповое имя 2. имя типа (*устройства*), тип (*устройства*)

hardware ~ имя [номер] аппаратного устройства

internal ~ внутреннее имя

label ~ имя типа метки, метка

language ~ 1. имя в языке 2. название [наименование] языка

login ~ зарегистрированное (пользовательское) имя

mnemonic ~ мнемоническое имя

multidatabase ~ мультибазовое имя (*коллективное имя нескольких баз данных в распределённой системе*)

procedure ~ имя процедуры

program ~ имя программы; наименование [название] программы

proper ~ собственное имя

qualified ~ уточнённое [классифицированное] имя

relative ~ относительное имя

role ~ функциональное имя (*в реляционных базах данных*)

simple ~ простое имя

soft ~ гибкое имя

specific ~ собственное имя (*в отличие от родового*)

subscripted ~ индексированное имя

switch status ~ наименование [название] состояния переключателя

symbolic ~ символическое имя; символическое наименование, символическое название

system ~ 1. системное имя 2. имя системы; наименование [название] системы

task ~ имя задачи

unique ~ уникальное имя

unit ~ имя [номер] устройства

variable ~ имя переменной

naming присваивание имён

logical ~ присваивание логических имён

NAND НЕ — И (*логическая функция или операция*)

nanoaddress наноадрес

nanocircuit наносхема

nanoinstruction нанокоманда

nanolevel наноуровень, уровень нанопрограмм

nanooperation нанооперация

nanoprogram нанопрограмма

nanosecond наносекунда, нс $(10^{-9}$ с$)$

nanosequence наноцепочка, цепочка нанокоманд

narrative комментарий, примечание (*к программе*)

narrowcasting узкая рассылка (*идентичной информации узкому кругу абонентов*)

N-ary N-арный (*об отношении*)

nature:

statistical ~ статистический характер

stochastic ~ вероятностный характер

naught нуль

navigation передвижение (*между объектами в базах данных*), *проф.* навигация ◇ ~

through relations передвижение по отношениям

N-channel N-канальный

N-digit N-разрядный; N-значный

N-dimensional N-мерный

near-supercomputer «почти супер-ЭВМ», минисупер-ЭВМ

needle 1. штырёк **2.** игла (*для отбора карт с краевой перфорацией*) **3.** проверять на общее отверстие (*колоду перфокарт*) **selection [sorting]** ~ игла для сортировки (*перфокарт по общим отверстиям*)

needs:
  informational ~ информационные потребности
  user ~ потребности [нужды] пользователя

negate инвертировать; выполнять (логическую) операцию НЕ, выполнять операцию отрицания

negater *см.* **negator**

negation отрицание (*логическая функция или операция*)
  logical ~ логическое отрицание

negative 1. отрицательная величина **2.** знак минус **3.** отрицание ‖ отрицательный **4.** негатив ‖ негативный
  master photographic ~ эталонный (фотографический) негатив
  two's complement ~ отрицательное число (представленное) в дополнительном коде, дополнительный код отрицательного числа (*в двоичной системе счисления*)

negative-going 1. спадающий (*о фронте сигнала*) **2.** отрицательный (*о сигнале*)

negator инвертор, инвертирующий элемент; элемент отрицания, элемент [схема] НЕ

negentropy негэнтропия

negligible пренебрежимо малый, незначительный

negotiation согласование (*взаимодействия двух абонентов сети*)

neighbor:
  name ~ элемент, соседний по имени; элемент с близким именем, *проф.* сосед по имени
  nearest ~ ближайшая соседняя запись (*в базе данных*), *проф.* ближайший сосед

neighborhood *матем.* окрестность

NEITHER NOR НЕ — ИЛИ (*логическая функция или операция*)

nest гнездо; вложенное множество; вложение ‖ формировать гнездо; вкладывать; представлять в форме вложений
  completely nested ~ полное гнездо (*ФОРТРАН*)
  test ~ испытательное гнездо

nested гнездовой, вложенный

nesting 1. формирование гнезда; осуществление вложений, вложение **2.** вложенность **3.** рекурсивное построение сложных схем (*на базе разработанных*)
  ~ **of statements 1.** вложение операторов **2.** вложенность операторов
  block ~ вложенность блоков

net 1. (вычислительная) сеть (*см. тж* **network**) **2.** схема (*см. тж* **network**) **3.** сетка ◊ ~**s with reciprocity bias** *киберн.* сети со взаимным влиянием
  correlation ~ корреляционная сетка
  logical ~ логическая сеть
  optical ~ сеть (волоконно-) оптической связи
  Petri ~ сеть Петри
  state-machine Petri ~ автоматная сеть Петри
  unfinished ~ незавершённая цепь (*монтажных соединений печатной схемы*)

netlist список соединений

network 1. (вычислительная) сеть **2.** сеть; сетка **3.** схема; цепь; контур (*см. тж* **circuit**) **4.** многополюсник; четырёхполюсник **5.** сеть, сетевой график ◊ ~ **with gains** *т. граф.* сеть с усилениями
  active ~ **1.** активная схема;

активная цепь **2.** активный многополюсник; активный четырёхполюсник

adder ~ схема сумматора

adding ~ суммирующая схема, схема суммирования; суммирующая цепь

adjustment ~ цепь настройки

analog ~ моделирующая (электрическая) сетка

aperiodic ~ апериодическая схема; апериодический контур

arbitration ~ арбитражная схема

backbone ~ основная [базовая] сеть

balancing ~ суммирующая схема; балансная схема

baseband ~ сеть с передачей немодулированных сигналов (*без высокочастотной несущей*)

baseline ~ основной сетевой график

bilateral ~ **1.** симметричная цепь **2.** симметричный четырёхполюсник

bridged-T ~ мостовая Т-образная схема

broadcasting ~ сеть с широковещательной рассылкой сообщений, широковещательная сеть

bus ~ **1.** схема разводки шин, схема коммуникаций **2.** магистральная сеть **3.** система шин

business-communications ~ сеть деловой связи

centralized ~ централизованная сеть

circuit(-switched) ~ сеть с коммутацией каналов

code slotted ~ сеть с сегментированными кодами

coding ~ схема кодирования

combinational ~ комбинационная схема

combinatorial ~ **1.** комбинационная схема **2.** сеть с комбинаторным числом состояний

communication computers ~

сеть связны́х вычислительных машин

computer ~ сеть вычислительных машин, сеть ЭВМ, вычислительная сеть

concentrator ~ сеть с концентраторами

connection-oriented ~ сеть с маршрутизацией информации

consistent ~ согласованная сеть событий (*в имитационном моделировании*)

corrective ~ корректирующая схема

coupling ~ цепь [цепочка] связи

cube(-connected) ~ (вычислительная) сеть со структурой куба, кубическая сеть

cube-connected-cycles ~ кубическая (вычислительная) сеть с циклами

daisy chain ~ схема последовательного опроса; гирляндная схема [цепь] опроса

data bank ~ сеть банков данных

datacom [data communications, data-transmission, data transportation] ~ сеть передачи данных

decentralized ~ децентрализованная сеть

decoding ~ декодирующая схема; дешифрирующая схема; дешифратор

delay ~ схема задержки; цепь задержки

despotic ~ сеть с принудительной синхронизацией (*всех передач от центрального генератора*)

dial-up ~ **1.** коммутационная сеть **2.** схема коммутации

digital ~ цифровая сеть

distributed ~ **1.** распределённая (вычислительная) сеть **2.** схема с распределёнными параметрами

distributed function ~ сеть с распределёнными (*по узлам*) функциями

distributed processing ~ сеть

распределённой обработки (*данных*)

dual ~ дублированная сеть

elemental ~ *лог.* элементарная цепь

expert ~ (семантическая) сеть на основе знаний эксперта

facsimile ~ факсимильная сеть

four-terminal ~ четырёхполюсник

fully connected ~ полносвязанная сеть

generalized ~ обобщённый сетевой график

heterogeneous computer ~ неоднородная вычислительная сеть

hierarchical (computer) ~ иерархическая (вычислительная) сеть

high-bandwidth ~ сеть с высокой пропускной способностью

high-flux ~ сеть с большой плотностью потока (*информации*)

highway ~ магистральная цепь (*цифровой системы*)

homogeneous computer ~ однородная вычислительная сеть

host-based ~ сеть с ведущей вычислительной машиной

inconsistent ~ несогласованная сеть (событий) (*в имитационном моделировании*)

information ~ информационная сеть

integrated service(s) ~ сеть с комплексными услугами, сеть интегрального обслуживания (*для передачи различного рода информации — речевой, текстовой и т. п.*)

intelligent ~ интеллектуальная сеть

interruption ~ схема прерываний

irredundant ~ схема без избыточных элементов, безызбыточная схема

iterated ~ цепная [многозвенная] схема

knowledge information ~ сеть (информационного) обмена знаниями

ladder ~ цепная [многозвенная] схема

leased line ~ арендованная сеть (*связи*)

local (area) ~ локальная сеть

long-distance ~ протяжённая сеть (*связи*)

long-haul ~ сеть с протяжёнными линиями (*связи*); глобальная сеть

lumped ~ схема с сосредоточенными параметрами

matching ~ согласующая схема

mesh(ed) ~ 1. узловая сеть 2. сетчатая схема

mixed ~ смешанная сеть

monochannel (computer) ~ моноканальная (вычислительная) сеть

multiple-token ~ сеть с множественным маркерным доступом

multiple-work-station ~ многостанционная сеть

multipoint ~ многоточечная сеть, сеть с большим количеством узлов

multistaged ~ многоуровневая [многоступенчатая] (коммутационная) сеть

multistation ~ многостанционная сеть

multiterminal ~ 1. многотерминальная сеть 2. многополюсник

neural ~ *киберн.* нейронная сеть

n-node-fault testable ~ схема с возможностью контроля (множественных) неисправностей в n узлах; схема, контролируемая по n узловым неисправностям

nonpartitionable ~ нераспадающаяся [нерасчленяемая] сеть (*сохраняющая целостность при отказах узлов*)

nonuniform ~ неоднородная сеть

N-port ~ 2N-полюсник

office ~ учрежденческая (вычислительная) сеть

one-port ~ двухполюсник

packet switched ~ сеть с пакетной коммутацией, сеть с коммутацией пакетов (данных)

partitionable ~ распадающаяся [расчленяемая] сеть (*не сохраняющая целостности при отказах узлов*)

passive ~ 1. пассивная схема; пассивная цепь 2. пассивный многополюсник; пассивный четырёхполюсник

peer-to-peer ~ сеть с равноправными узлами (*ЭВМ*)

personal-computer ~ сеть персональных вычислительных машин, сеть ПВМ

phase-shift(ing) ~ фазосдвигающая схема; фазосдвигающая цепь

planar ~ 1. планарная сеть 2. планарная схема

point-to-point ~ сеть с двухточечным соединением (*абонентов*)

power distribution ~ схема разводки питания

priority ~ 1. сеть с приоритетным обслуживанием 2. схема приоритетов

private line ~ частная сеть связи (*закреплённая за конкретными пользователями*)

process ~ сетевая схема процесса (*напр. процедур логического вывода*)

public data ~ сеть передачи данных общественного пользования, общедоступная сеть передачи данных

public-switched ~ общедоступная коммутируемая сеть

pulse-forming ~ схема формирования импульсов, формирователь импульсов

queueing ~ сеть массового обслуживания

reciprocal ~ эквивалентная схема

recognition ~ 1. распознаю-

щая сеть (*нейронов*) 2. схема распознавания

regional (computer) ~ региональная (вычислительная) сеть

resistance ~ 1. ослабитель, аттенюатор 2. схема на сопротивлениях; цепочка сопротивлений

resistance-capacitance ~ резистивно-ёмкостная цепь, RC-цепочка

resource-sharing ~ сеть с коллективным использованием ресурсов

ring(-topology) ~ сеть с кольцевой топологией, кольцевая сеть

semantic ~ семантическая сеть

shaping ~ формирующая схема, формирователь

shuffle-exchange ~ (коммутационная) сеть с «тасовкой»

single-site ~ местная сеть

star(-type) [**star-wired**] ~ звездообразная [радиальная] сеть

Steiner ~ цепь Стейнера (*цепь с дополнительными точками ветвления*)

stereotype ~ типовой сетевой график

switched ~ коммутируемая сеть

switched message ~ сеть связи с коммутацией каналов

switching ~ переключательная [переключающая] схема

systolic ~ систолическая сеть

teleprocessing ~ сеть телеобработки

teletype ~ телетайпная сеть

terrestrial ~ глобальная сеть

tightly coupled ~ сеть с высокой степенью связности

token-bus-based [**token-passing**] ~ сеть с маркерным доступом, сеть с эстафетной передачей маркера

transit ~ транзитная сеть

transition ~ сеть переходов (*из одних состояний в другие*)

transport ~ сеть транспортировки сообщений, транспортная сеть

two-port ~ четырёхполюсник

two-terminal ~ двухполюсник

undirected ~ ненаправленная [неориентированная] сеть

unilateral ~ невзаимная схема; схема с односторонней проводимостью

value-added ~ сеть с дополнительными услугами, сеть с дополнительными возможностями *или* средствами; сеть повышенного качества

virtual call ~ сеть виртуального вызова

virtual-datagram ~ виртуально-датаграммная сеть

virtual-transport ~ виртуальная сеть транспортировки сообщений

weighted-resistor ~ схема со взвешенными (*соответственно разрядам*) величинами сопротивлений

well-behaved ~ работоспособная схема

wide-area ~ широкомасштабная сеть; глобальная сеть

wireless ~ сеть с беспроволочной связью

X. 25 ~ сеть с протоколом X.25

networked объединённый в сеть; с сетевой структурой, сетевой структуры

networking 1. организация [создание] сети; объединение в сеть **2.** передача данных по сети **3.** построение сетевого графика

baseband ~ прямая (цифровая) передача данных по сети (*без модуляции несущей*)

broadband ~ (цифровая) передача данных по сети с модуляцией несущей; широкополосная (цифровая) передача данных по сети

computer ~ организация сети вычислительных машин

networkwide в масштабе сети; во всей сети

neuristor нейристор

neurocomputer вычислительная машина с архитектурой нейронных сетей, *проф.* нейрокомпьютер

neurocybernetics нейрокибернетика

neuron *киберн.* нейрон

adaptive linear ~ адалин, самоприспосабливающийся линейный нейрон

artificial ~ искусственный нейрон

formal ~ формальный нейрон

neutralization нейтрализация, компенсация

nexus связь; связующее звено; соединение

N-fold N-кратный

N-gram N-грамма (*группа из N последовательных символов*)

nibble полубайт (*четыре бита*)

nickname мнемоническое имя

nicol николь, призма Николя

crossed ~s скрещённые николи

nil нуль

no-carry отсутствие переноса

node 1. узел **2.** *т. граф.* узел (*сети*) **3.** *матем.* точка пересечения

adjacent ~s смежные узлы

ancestor ~ узел-предок

backbone ~ базовый узел, узел базовой сети

backend ~ узел базы данных (*в сети распределённой обработки*)

backward ~ узел расходящихся действий (*в сетевом планировании*)

central ~ центральный узел (*распределённой базы данных*)

child ~ узел-потомок; подчинённый узел

circuit ~ узел схемы

collector ~ узел слияния (*в блок-схеме структурированной программы*)

NODE / NOISE

computational ~ вычислительный узел (сети)
concept ~ понятийный узел (в системе представления знаний)
datum ~ основной [опорный] узел
daughter ~ дочерний узел, подчинённый узел
descendant ~ узел-потомок
destination ~ узел назначения, узел-адресат
end ~ конечный узел
fail-insane ~ узел с потерей управляемости при отказах (ведущий себя непредсказуемо в процедурах сетевого взаимодействия)
fail-stop ~ узел, застопоривающийся при отказах (выключающийся при этом из процедур сетевого взаимодействия)
father ~ узел-родитель, родительский узел
faulty ~ неисправный узел (сети)
firable ~ инициируемый узел (потокового графа)
forward ~ узел сходящихся действий (в сетевом планировании)
functional ~ функциональный узел (в блок-схеме структурированной программы)
grain ~ укрупнённый узел графа
intermediated ~ промежуточный узел
internal ~ внутренний узел (напр. схемы)
leaf ~ 1. краевой узел (сети) 2. концевая вершина, лист (дерева)
master ~ главный узел
network ~ узел сети
nonleaf ~ узел, не являющийся листом (дерева)
parent ~ узел-родитель, родительский узел
parent-sibling ~ узел (связанный отношением) типа «родитель — дети»
predicate ~ предикатный узел

(в блок-схеме структурированной программы)
process ~ функциональный узел (в блок-схеме структурированной программы)
processor ~ процессорный узел
production ~ рабочий узел (вычислительной сети)
recovery ~ восстанавливающий узел (распределённой базы данных)
reference ~ опорный узел
root ~ корневой узел
rule ~ узел-правило (в сети правил экспертных систем)
session ~ узел сетевого соединения
sibling ~ узел-брат (по отношению к узлу того же уровня)
slave ~ подчинённый узел
starting ~ начальный [исходный] узел
strong ~ узел с большой логической силой (в МОП-схемах)
subsuming ~ видовой узел (сетевой схемы представления знаний)
switch ~ коммутационный узел
switching ~ 1. узел коммутации 2. активный узел (схемы), узел, в котором происходит переключение
weak ~ узел с малой логической силой (в МОП-схемах)
no-hole отсутствие отверстия или пробивки
noise помеха; помехи; шум(ы)
additive ~ аддитивный шум
clipped ~ ограниченный шум
conductive ~ шум проводимости
contact ~ контактные помехи, помехи из-за дребезга контактов
coupling ~ переходная помеха
delta ~ дельта-шум, суммарная помеха (в ЗУ на магнитных сердечниках)
equivalent input ~ эквивалентный входной шум
external ~ внешние помехи
gaussian ~ гауссовы помехи,

433

гауссов [нормальный] шум

ground ~ помехи из-за плохого заземления; помехи на «земляной» шине

impulse ~ импульсные помехи

line ~ помехи в линии передачи

low ~ малые помехи; малый шум

man-made ~ искусственные помехи

Markovian ~ марковский шум

nongaussian ~ негауссовы помехи, негауссов шум

overwrite ~ шумы из-за неполного стирания прежней записи (*в ЗУ на магнитных лентах или дисках*)

power distribution [power-supply] ~ помехи (приходящие) по цепям [шинам] питания

pseudorandom ~ псевдослучайные помехи; псевдослучайный шум

quantization ~ шум квантования

random ~ случайные помехи; случайный шум

1/2 select ~ помехи полувыборки

self-induced ~ помехи из-за самоиндукции

shot ~ дробовой шум

spontaneous ~ спонтанные помехи; спонтанный шум

switching ~ помехи переключения

thermal ~ тепловые помехи; тепловой шум

white ~ белый шум

noise-immunity помехоустойчивость, помехозащищённость

noiseless свободный от помех; бесшумный; с пониженным уровнем шума

noisiness шумовые свойства

noisy с помехами; с шумами; *проф.* зашумлённый (*о сигнале*)

nomenclature система (условных) обозначений; спецификация

nominal 1. номинальный **2.** именной

nomogram номограмма

side rule ~ номограмма типа логарифмической линейки

nomograph номограмма

nonagenary с основанием 90 (*о системе счисления*)

nonary девятеричный

nonasecond *см.* nanosecond

nonatomic не типа атома (*ЛИСП*)

noncaching без кэша, не имеющий кэша (*о процессоре*)

noncodeword неверное кодовое слово, некодовое слово (*невозможное в принятой системе кодирования*)

nonconcurrency 1. непараллельность (*работы*) **2.** несовпадение по времени

nonconjunction отрицание конъюнкции

noncontact бесконтактный

noncyclic непериодический

nondestructive без разрушения (*информации*)

nondisjunction отрицание дизъюнкции

non-easily-testable не обладающий свойством контролепригодности, неудобнотестируемый

nonempty непустой (*о множестве*)

nonequivalence неэквивалентность; отрицание эквивалентности

nonfaulty исправный, свободный от неисправностей

nonformatted неформатированный

nongrammatical неграмматический; грамматически неверный

nonimplication отрицание импликации

noninterlaced 1. без чередования **2.** с прогрессивной развёрткой (*о дисплее*)

nonlinear нелинейный

nonlocalized нелокализованный

nonlocking без запирания, без блокировки, незапирающий, неблокирующий

nonmultiplexed без мультиплексирования

nonnumeric(al) нецифровой; нечисловой

nonoccurrence of event отсутствие события

nonoverlayable неперекрываемый

nonoverlayed неоверлейный

nonprogrammable непрограммируемый

nonrecursive нерекурсивный

nonredundancy безызбыточность, отсутствие избыточности

nonredundant 1. безызбыточный **2.** нерезервированный

nonreflexive *лог.* нерефлексивный

nonresident нерезидентный

non-return-to-zero без возвращения к нулю

nonreusable однократно используемый

nonrobustness неустойчивость (*алгоритма по отношению к небольшим изменениям условий*), *проф.* отсутствие робастности

nonselected невыбранный

nonshared неразделяемый, не используемый совместно (*о ресурсе*)

nonsingularity *матем.* несингулярность, невырожденность

nonstuck неконстантный (*о характере неисправности*)

nonsusceptibility невосприимчивость; неподверженность, неуязвимость

nonterminal нетерминальный символ (*в формальной грамматике*) ‖ нетерминальный

nonvolatile энергонезависимый (*о ЗУ, сохраняющем информацию при выключении электропитания*)

nonzero отличный от нуля; не равный нулю, ненулевой

no-op(eration) холостая команда

   memory protect(ed) ~ холостая команда защиты памяти

NOR НЕ — ИЛИ (*логическая функция или операция*)

norator норатор (*идеальный элемент с бесконечно большим сопротивлением*)

normalization нормализация; стандартизация; нормирование

   number ~ нормализация числа

   result ~ нормализация результата

   signal ~ формирование сигнала

   spectrum shape ~ нормализация формы огибающей спектра (*речевого сигнала при распознавании*)

normalize нормализовать; нормировать

normalizer нормализатор

no-signal отсутствие сигнала

NOT НЕ (*логическая функция или операция*)

NOT AND НЕ — И (*логическая функция или операция*)

notation 1. система счисления **2.** запись; представление; система обозначений; нотация

   base ~ позиционная система счисления

   binary ~ **1.** двоичная система счисления **2.** двоичное представление, представление (чисел) в двоичной системе счисления

   binary-coded decimal ~ **1.** двоично-кодированная десятичная система счисления, двоично-десятичная система счисления **2.** двоично-кодированное представление десятичных чисел, представление десятичных чисел в двоичном коде

   biquinary ~ **1.** двоично-пятеричная система счисления **2.** двоично-пятеричное представление, представление (чисел) в двоично-пятеричной системе счисления

   coded-decimal ~ **1.** кодированная десятичная система счисления **2.** кодированное десятичное представление, представление (чисел) в кодированной десятичной системе счисления

   contracted ~ сокращённое обозначение

decimal ~ 1. десятичная система счисления 2. десятичное представление, представление (чисел) в десятичной системе счисления

dot ~ точечное обозначение (*ЛИСП*)

duodecimal ~ 1. двенадцатеричная система счисления 2. двенадцатеричное представление, представление (чисел) в двенадцатеричной системе счисления

duotricenary ~ 1. система счисления с основанием 32, тридцатидвухричная система счисления 2. представление (чисел) в системе счисления с основанием 32

exponential ~ экспоненциальное представление

fixed-point ~ представление (чисел) с фиксированной запятой

fixed-radix ~ позиционная система счисления с постоянным основанием (*по всем разрядам числа*)

floating-point ~ представление (чисел) с плавающей запятой

hexadecimal ~ 1. шестнадцатеричная система счисления 2. шестнадцатеричное представление, представление (чисел) в шестнадцатеричной системе счисления

infix ~ инфиксная запись, инфиксная нотация

jack ~ представление (чисел) с помощью наборного поля

lambda ~ *лог.* обозначение с выражением лямбда, λ-обозначение

left-handed Polish ~ левая польская [бесскобочная] запись, левая польская [бесскобочная] нотация

list ~ списочное обозначение, списочная запись

logarithmic ~ логарифмическое представление

Lukasiewicz's ~ польская [бесскобочная] запись, польская [бесскобочная] нотация

mathematical ~ 1. математическое обозначение 2. система математических обозначений

mixed-base [mixed-radix] ~ смешанная позиционная система счисления (*с различными основаниями в разных разрядах числа*)

number (system) ~ 1. система счисления 2. численное представление

numerical ~ 1. система счисления 2. цифровая запись цифровая нотация

octal ~ 1. восьмеричная система счисления 2. восьмеричное представление, представление (чисел) в восьмеричной системе счисления

operator ~ операторная [польская, бесскобочная] запись операторная [польская, бесскобочная] нотация

parenthesis-free [Polish] ~ польская [бесскобочная] запись, польская [бесскобочная] нотация

polivalent ~ многопараметрическое обозначение; многопараметрическое представление

positional ~ 1. позиционная система счисления 2. позиционное представление

postfix ~ постфиксная запись, постфиксная нотация

prefix ~ префиксная запись, префиксная нотация

quaternary ~ 1. четверичная система счисления 2. четверичное представление, представление (чисел) в четверичной системе счисления

quinary ~ 1. пятеричная система счисления 2. пятеричное представление, представление (чисел) в пятеричной системе счисления

radix ~ позиционная система счисления

reverse Polish ~ обратная польская [бесскобочная] запись, обратная польская [бесскобочная] нотация

right-handed Polish ~ правая польская [бесскобочная] запись, правая польская [бесскобочная] нотация

scientific ~ экспоненциальное представление чисел (*в виде мантиссы и порядка*)

sexadecimal ~ **1.** шестнадцатеричная система счисления **2.** шестнадцатеричное представление, представление (чисел) в шестнадцатеричной системе счисления

signal ~ представление сигнала

suffix ~ суффиксная запись, суффиксная нотация

symbolic ~ символическое [условное] обозначение; символическая запись

syntax ~ система обозначений для описания синтаксиса

ternary ~ **1.** троичная система счисления **2.** троичное представление, представление (чисел) в троичной системе счисления

tetrade ~ тетрадное представление (чисел) (*четвёрками цифр или символов*)

Warsaw ~ польская [бесскобочная] запись, польская [бесскобочная] нотация

OT-BOTH НЕ — И (*логическая функция или операция*)

ot-carry отрицание переноса, *проф.* непернос (*название сигнала*)

otch 1. паз; выемка; вырез **2.** селекторная отметка

deep ~ глубокий вырез (*на картах с краевой перфорацией*)

indexing ~ установочная выемка (*в печатных платах*)

shallow ~ мелкий вырез (*на картах с краевой перфорацией*)

write-enable ~ прорезь разрешения записи (*на дискете*)

write-protect ~ прорезь блокировки записи (*на дискете*)

notching:
   edge ~ краевое перфорирование, пробивка краевых вырезов (*на перфокартах*)

notification:
   error ~ уведомление [оповещение] об ошибке

notion понятие; представление
   defined ~ определяемое понятие
   undefined ~ неопределяемое понятие

NOT OR НЕ — ИЛИ (*логическая функция или операция*)

not-signal инверсия сигнала, *проф.* несигнал (*название инверсного сигнала*)

not-sum инверсия суммы, отрицание суммы, *проф.* несумма (*название сигнала*)

nought *см.* **naught**

novenary девятеричный

novendenary девятнадцатеричный

NP-complete НП-полный (*о классе комбинаторных задач с нелинейной полиномиальной оценкой числа вариантов*)

NP-hard НП-трудный (*о классе комбинаторных задач с нелинейной полиномиальной оценкой числа итераций*)

N-tap с N ответвлениями; N-отводный

n-tuple 1. кортеж из n элементов, *проф.* энка **2.** N-кратный

nucleation 1. *магн.* образование ядер, образование зародышей, доменообразование **2.** *nn* образование центров кристаллизации

nucleus ядро (*системы*)
   pageable ~ листаемое ядро (*часть ядра операционной системы с редко используемыми программами*)
   real-time ~ ядро (*операционной системы*) реального времени

null 1. нуль ‖ нулевой **2.** отсутствие информации; неопределённое значение **3.** пустой, несуществующий

nullator нуллатор (*идеальный элемент с нулевым сопротивлением*)

nullification аннулирование; сведение к нулю; нуллификация

instruction ~ нуллификация команды

nullor нуллор (*идеальный активный элемент с нулевым входным и бесконечно большим выходным сопротивлениями*)

number 1. число ‖ считать **2.** номер ‖ нумеровать **3.** цифра **4.** шифр **5.** насчитывать

abundant ~ избыточное число

account ~ учётный номер

acknowledged sequence ~ подтверждающий порядковый номер

actual device ~ физический номер устройства

assembly ~ шифр комплекта (*программного обеспечения*)

average sample ~ *стат.* средний объём выборки

base ~ основание системы счисления

binary ~ двоичное число

binary-coded ~ двоично-кодированное число

binary-coded decimal ~ двоично-кодированное десятичное число

binary-decimal ~ двоично-десятичное число

biquinary ~ двоично-пятеричное число

biquinary-coded decimal ~ десятичное число, закодированное двоично-пятеричным кодом

Boolean ~ булево число

broken ~ дробное число, дробь

call ~ вызывающий параметр (*содержащий информацию для обращения к подпрограмме*)

cardinal ~ кардинальное число

check ~ контрольное число;

число в контрольных разрядах (*слова*)

chromatic ~ *т. граф.* хроматическое число

coded decimal ~ кодированное десятичное число

complex ~ комплексное число

composite ~ составное число

concrete ~ именованное число

congruous ~s сравнимые числа

conjugate complex ~ комплексно-сопряжённое число

control ~ контрольное число

coprime ~s взаимно простые числа

cyclomatic ~ *т. граф.* цикломатическое число

decimal ~ десятичное число

denominate ~ именованное число

double-length ~ число двойной длины

double-precision ~ число с двойным количеством разрядов; *проф.* число с удвоенной точностью

duodecimal ~ двенадцатеричное число

even ~ чётное число

Fibonacci ~ число Фибоначчи

fixed-point ~ число с фиксированной запятой

floating-point ~ число с плавающей запятой

fractional ~ дробное число, дробь

generation ~ номер поколения (*напр. данных*)

Gödel ~ гёделевский номер

hexadecimal ~ шестнадцатеричное число

identification [identifying] ~ идентифицирующий [идентификационный] номер

imaginary ~ мнимое число

incarnation ~ кодовое число (*используемое в качестве идентификатора*)

installation-tape ~ *проф.* номер лентопротяжки

integer [integral] ~ целое число

irrational ~ иррациональное число

item ~ номер позиции; номер элемента

job ~ номер задания

level ~ номер уровня

line ~ номер строки

local serial ~ локальный порядковый номер (*транзакции*)

logical ~ код, шифр

logical tape ~ код [шифр] ленты

long ~ длинное число (*напр. с двойным количеством разрядов*)

magic ~ системный код (*первое слово файла, определяющее его назначение*), *проф.* магическое число

main ~ основной шифр

many-digit ~ многоразрядное число

mixed ~ смешанное число (*с целой и дробной частями*)

mixed-base [mixed-radix] ~ число в смешанной позиционной системе (*счисления*)

multilength [multiple-length] ~ число многократной длины

natural ~ натуральное число; *pl* числа натурального ряда

N-bit ~ N-разрядное (двоичное) число

negative ~ отрицательное число

nine's complement ~ число (представленное) в обратном десятичном коде

nonnegative ~ неотрицательное число

normalized ~ нормализованное число

octal ~ восьмеричное число

odd ~ нечётное число

one-digit ~ одноразрядное число

one's-complement ~ число (представленное) в обратном двоичном коде

ordinal ~ порядковое число

packed decimal ~ упакованное десятичное число

pairwise relatively prime ~s попарно взаимно простые числа

part ~ шифр компонента (*программного изделия*)

perfect ~ совершенное число

polyvalent ~ число в многопараметрическом представлении

positional ~ число в позиционной системе (*счисления*)

positive ~ положительное число

prime ~ простое число

priority ~ приоритетный номер, указатель приоритета

pseudodecimal ~ псевдодесятичное число

pseudorandom ~ псевдослучайное число

radix ~ основание системы счисления

random ~ случайное число

rational ~ рациональное число

read-around ~ допустимое число обращений между регенерациями (*электростатического ЗУ*)

real ~ вещественное число

round-off ~ округлённое число

self-checking ~ число с разрядами самоконтроля

septenary ~ семеричное число

sequence ~ порядковый номер

serial ~ **1.** порядковый номер **2.** регистрационный [серийный] номер

sexadecimal ~ шестнадцатеричное число

short ~ короткое число

signed ~ число со знаком

statement ~ номер оператора

symbolic ~ числовой символический адрес

tape serial ~ номер (магнитной) ленты

ten's complement ~ число (представленное) в дополнительном десятичном коде

ternary ~ троичное число

two's complement ~ число (представленное) в дополнительном двоичном коде

unnormalized ~ ненормализованное число

unsigned ~ число без знака

user identification ~ шифр пользователя, идентификатор пользователя

number-crunching *проф.* перемалывание чисел (*о процессе быстрой переработки больших объёмов цифровых данных*)

numbered занумерованный; пронумерованный

numbering нумерация

open ~ открытая нумерация

variable ~ нумерация с переменной длиной (*абонентского номера*)

numeral 1. цифра ‖ цифровой; числовой 2. нумерал (*представление числа*) 3. числительное

binary ~ двоичная цифра

decimal ~ десятичная цифра

numeralization оцифровка (*представление данных в цифровом виде*)

numeration 1. представление чисел 2. система счисления

numerator 1. числитель (*дроби*) 2. нумератор, счётчик

numeric(al) цифровой; числовой

numeric-alphabetic буквенно-цифровой

numeroscope нумероскоп (*прибор с регистрацией цифр на экране трубки*)

O

obey подчиняться команде; отрабатывать команду

object 1. объект 2. предмет 3. конечный, выходной, *проф.* объектный

conceptual ~ концептуальный объект, концепт

data ~ информационный объект

external ~ внешний объект

internal ~ внутренний объект

open ~ открытый объект (*в архитектуре открытых систем*)

parametrized ~ параметризованный объект

protected ~ защищённый объект

objective 1. цель, задание 2. (техническое) требование 3. целевая функция

compatibility ~ требование по (обеспечению) совместимости

conflicting ~s противоречивые требования

design ~s 1. цели проектирования 2. проектные параметры

function ~ функциональное требование

performance ~s требуемые рабочие характеристики

object-oriented объектно-ориентированный

obliterate уничтожать, стирать

observability наблюдаемость (*характеристика системы*)

sequential ~ последовательностная наблюдаемость

observations:

ranking ~ *стат.* ранговые наблюдения

observer:

adaptive ~ адаптивный алгоритм наблюдения, *проф.* адаптивный наблюдатель

observer-identifier:

adaptive ~ адаптивный алгоритм наблюдения — идентификации

occurrence 1. наличие, присутствие (*напр. сигнала*) 2. вхождение; случай употребления; экземпляр (*в базах данных*) 3. наступление [появление] события; событие

applied ~ вхождение с использованием

bound ~ связанное вхождение

defining ~ определяющее вхождение

explicit ~ явное вхождение

free ~ свободное вхождение

nonvacuous ~ невырожденное вхождение

vacuous ~ вырожденное вхождение

octad 1. октада, восьмёрка (*напр. символов*) **2.** восьмибитовый слог, (восьмибитовый) байт

octal восьмеричный

octet *см.* octad

octodenary восемнадцатеричный

octonary восьмеричный

odd 1. нечётный **2.** добавочный

odd-even нечётно-чётный

oddness нечётность

odd-numbered с нечётным номером

odd-odd нечётно-нечётный

odds неравенство; расхождение; разница

off выключенный, отключённый ‖ (состояние) «выключено»

off-chip вне кристалла

off-duty невключённый; резервный

office:

paperless ~ безбумажное учреждение (*с высокой степенью автоматизации учрежденческих работ*)

off-line автономный, независимый, (работающий) независимо от основного оборудования ‖ автономно, независимо

offload освобождать от излишней загрузки, разгружать

off-peak внепиковый, непиковый (*о нагрузке*)

off-punch смещённое отверстие, неверная пробивка (*при перфорации*)

offset 1. смещение, сдвиг ‖ смещать, сдвигать **2.** отклонение регулирования; остаточная неравномерность **3.** начальный номер

current ~ смещение тока (*в операционных усилителях*)

voltage ~ смещение напряжения (*в операционных усилителях*)

off-the-shelf имеющийся в готовом виде [в наличии]

ogive *стат.* огива, интегральная кривая (*распределения*)

omega-consistency омега-непротиворечивость

omission опускание; вычёркивание

on включённый ‖ (состояние) «включено»

on-board 1. расположенный на плате; встроенный **2.** бортовой, расположенный на борту

on-chip расположенный на (том же) кристалле, встроенный в кристалл

one единица, (число) один

binary ~ двоичная единица

disturbed ~ разрушенная единица

read-disturbed ~ единица, разрушенная током считывания

write-disturbed ~ единица, разрушенная током записи

one-address одноадресный

one-chip однокристальный

one-dimensional одномерный

one-fail-safe отказоустойчивый по единице

one-for-one 1. взаимно однозначный **2.** однозначный, «один к одному» (*о методе трансляции или отображения*)

one-one взаимно однозначный

one-place одноместный (*об отношении*)

one-plus-one-address 1+1-адресный

one-port 1. однопортовый, с одним портом **2.** двухполюсный

one-time-programmable однократно программируемый

one-to-one 1. однозначный, «один к одному» (*о методе трансляции или отображения*) **2.** с отношением 1:1

one-valued однозначный (*о функции*)

one-way односторонний; однонаправленный

on-line 1. неавтономный (*о режиме функционирования обо-*

рудования вычислительной системы) **2.** (работающий) под управлением основного оборудования, (работающий) в режиме онлайн **3.** (работающий) в темпе поступления информации; (работающий) в реальном (масштабе) времени

on-off (работающий) по принципу «включено — выключено», релейный

onomasiology ономасиология (*наука, изучающая принципы построения системы обозначений в языках*)

onomasticon словарь имён, ономастический словарь

on-parameter параметр включения

on-position рабочее положение

on-site 1. на месте эксплуатации; в пункте использования **2.** местный, собственный

on-the-fly оперативно; «на лету»

opacity *лингв.* мутность (*правила*)

opaque *лингв.* мутный (*о правиле*)

opcode код операции

open 1. открывать ‖ открытый **2.** разрыв (*напр. шины*); обрыв (*напр. в ИС*) **3.** *sl* открывающая (круглая) скобка (*название символа*)

open-collector с открытым [со свободным] коллектором

open-drain с открытым [со свободным] стоком

open-emitter с открытым [со свободным] эмиттером

open-ended 1. незамкнутый, разомкнутый **2.** расширяемый, с возможностью расширения (*о системе*)

open-frame бескорпусный

openness открытость (*свойство системы*)

operability 1. работоспособность (*устройства*) **2.** удобство и простота использования (*в работе*)

operable рабочий; действующий, работоспособный

operand операнд, компонента операции

  address ~ адресный операнд

  buffer ~ операнд буферизации, операнд буферирования

  byte-oriented ~ байтовый операнд (*адресуемый с точностью до одного байта*)

  data ~ операнд (хранимый) в памяти (*в отличие от указываемого в команде*)

  destination ~ операнд назначения

  double ~ двойной операнд

  external-device ~ операнд команды обращения к внешним устройствам

  flag ~ флаговый операнд

  immediate ~ непосредственный операнд

  implicit ~ неявный операнд

  keyword ~ ключевой операнд

  macroinstruction ~ операнд макрокоманды

  memory ~ операнд (хранимый) в памяти (*в отличие от указываемого в команде*)

  multiword ~ операнд из нескольких слов

  numeric ~ числовой операнд

  positional ~ позиционный операнд (*макрокоманды*)

  reg(ister) ~ регистровый операнд

  r/m ~ операнд (хранимый) в регистре *или* памяти

  source ~ **1.** исходный операнд **2.** операнд-источник (*в команде пересылки*)

operated управляемый; приводимый в действие

  remotely ~ с дистанционным управлением, управляемый на расстоянии, телеуправляемый

operating 1. операционный; операторный **2.** рабочий, эксплуатационный, действующий

operation 1. операция; действие **2.** работа; функционирование **3.** режим (*работы*) **4.** срабатывание (*прибора*) **5.** *редк* управление

AND ~ операция И, операция логического умножения

arithmetic ~ арифметическая операция; арифметическое действие

array ~ матричная операция; операция над массивом

asynchronous ~ асинхронная работа; асинхронное выполнение (*операций*)

atomic ~ атомарная операция (*не разделяемая на более мелкие*)

attended ~ работа под наблюдением (*оператора*)

authorized ~ санкционированная операция; санкционированное действие

auxiliary ~ вспомогательная операция

average calculating [average calculation] ~ средняя [усреднённая] вычислительная операция (*по длительности*)

background ~ фоновая работа

battery ~ работа с батарейным питанием

biconditional ~ операция эквивалентности

bidirectional ~ двунаправленная операция

binary ~ 1. двоичная операция, операция над двоичными числами 2. бинарная операция, операция с двумя операндами

bit(wise) ~ (по)битовая операция

bookkeeping ~ 1. (счётно-)бухгалтерская операция 2. служебная операция; организующая [управляющая] операция; вспомогательная операция

Boolean ~ булева операция, логическая операция

Boolean add ~ операция логического сложения

both-way ~ работа в (полностью) дуплексном режиме, (полностью) дуплексная работа

branch ~ операция ветвления

byte ~ (по)байтовая операция, операция с байтами (*в качестве операндов*)

byte-write ~ операция побайтовой записи

carry clearing ~ операция гашения переносов

checkpointing ~ операция проверки в контрольных точках; проверка в контрольных точках

clerical ~ конторская операция, операция по делопроизводству

collation ~ операция И, операция логического умножения

combination [combined] ~ комбинированная операция

comparison ~ операция сравнения

complementary ~ комплементарная операция (*по отношению к данной операции*)

complete ~ полная операция

computer ~ 1. машинная операция 2. функционирование машины

concurrent ~ 1. совмещённая работа; параллельная работа 2. *pl* совмещённые (*одновременно выполняемые*) операции

conditional ~ условная операция

conditional implication ~ операция условной импликации

conjunction ~ операция конъюнкции, операция логического умножения

consecutive ~ последовательная работа

consistency ~ операция доопределения (*при моделировании логических схем*)

control ~ операция управления

control transfer ~ операция передачи управления

conversational (mode) ~ работа в диалоговом режиме

corner-turning ~ операция преобразования (*кодов*) из последовательной формы в параллельную *или* из параллельной в последовательную

dagger ~ операция отрицания конъюнкции

database ~ операция над базой данных; работа с базой данных

data processing ~ операция обработки данных

declarative ~ декларативная операция

decoded ~ дешифрированная операция

device-dependent ~ операция, зависящая от типа устройства

digit-to-digit [**digitwise**] ~ поразрядная операция

disjunction ~ операция дизъюнкции, операция логического сложения

do-nothing ~ фиктивная операция

don't care ~ операция установления «безразличных» разрядов, операция наложения маски (*в ассоциативном ЗУ*)

double-address ~ двухадресная операция

double-length ~ операция над числами двойной длины

double-precision ~ операция с удвоенной точностью

dual ~ двойственная операция (*по отношению к заданной*)

duplex ~ работа в дуплексном режиме, дуплексная работа

dyadic ~ бинарная операция, операция с двумя операндами

EITHER-OR ~ операция исключающее ИЛИ, строгая дизъюнкция

either way ~ полудуплексная работа

equality ~ операция проверки на равенство

equivalence ~ операция эквивалентности

error-free ~ безошибочная работа

except ~ операция исключения, операция отрицания импликации

exchange ~ операция обмена

exclusive OR ~ операция исключающее ИЛИ, строгая дизъюнкция

fail-safe ~ **1.** отказоустойчивая работа **2.** безопасный режим

fail-soft ~ работа с амортизацией отказов

fast rewind ~ операция быстрой перемотки (*ленты*)

fixed(-)cycle ~ **1.** операция с постоянным циклом **2.** работа с постоянным циклом

fixed-point ~ операция с фиксированной запятой

floating-point ~ операция с плавающей запятой

foreground ~ (высоко)приоритетная работа

full-duplex ~ работа в (полностью) дуплексном режиме, (полностью) дуплексная работа

graft ~ операция подсоединения ветви (*обеспечивающая расширение дерева*), *проф.* операция сращивания

grouped ~ групповая операция

half-duplex ~ полудуплексная работа

handshaked ~ режим с квитированием (*установления связи*)

hands-on ~ локальное выполнение (*в отличие от дистанционного*)

high-gain ~ работа в режиме большого усиления

high-speed ~ **1.** быстрая операция **2.** работа с большой скоростью; работа с большим быстродействием

housekeeping ~ служебная операция; организующая [управляющая] операция; вспомогательная операция

identity [**IF-AND-ONLY-IF**] ~ операция эквивалентности

IF-THEN ~ операция импликации

illegal ~ запрещённая операция

immediate ~ 1. операция с немедленным ответом 2. операция с непосредственной адресацией

implication ~ операция импликации

inclusive OR ~ операция включающее ИЛИ, операция логического сложения

inference ~ операция логического вывода

INHIBIT ~ операция ЗАПРЕТ

input ~ операция ввода

input/output ~s операции ввода-вывода

insertion ~ операция логического умножения

integer ~ целочисленная операция

interframe ~ операция над элементами разных кадров (*изображений*)

interlaced [interleaving] ~s работа с чередованием адресов

I/O ~s *см.* input/output operations

irreversible ~ необратимая операция

iterative ~ итеративная операция

jump ~ операция перехода

keystroke ~ операция, вводимая [инициируемая] нажатием клавиши

large-signal ~ работа с большими сигналами

loading ~ операция загрузки; операция ввода

logical ~ логическое действие; логическая операция

look-up ~ операция поиска просмотром

loop ~ операция организации цикла

low-level signal ~ работа с малыми сигналами

machine ~ машинная операция

main ~ 1. основная операция 2. основная работа

majority ~ мажоритарная операция

make-break ~ работа (*схемы*) с прерыванием тока (*при передаче сигнала*)

manual ~ 1. ручная операция 2. работа вручную

marginal ~ работа в граничном режиме

marking ~ операция маркировки, операция приписывания признака, метки *или* маркера

match ~ операция согласования; операция установления соответствия *или* совпадения (*признаков*)

match-merge ~ операция выборочного слияния

matrix ~ матричная операция, операция над матрицей *или* матрицами

meet ~ операция И, операция логического умножения

mismatch ~ операция рассогласования; операция установления несоответствия *или* несовпадения (*признаков*)

monadic ~ унарная операция, операция с одним операндом

monitor-controlled ~ работа под управлением монитора

move ~ 1. операция пересылки 2. работа в режиме пересылки

multibyte ~ многобайтовая операция

multidimensional ~ операция над многомерными данными, многомерная операция

multijob ~ мультиобработка заданий, совместное выполнение заданий, работа с несколькими заданиями

multiple ~s совмещённые (*во времени*) операции

multiple-computer ~ многомашинная работа

multiple-processor ~ многопроцессорная работа

multiple-shift ~ операция многократного сдвига

multiple-word ~ операция над несколькими словами

multiplex ~ 1. операция мультиплексирования 2. мультиплексная работа

multiplexed ~s совмещённые (*во времени*) операции

multiply-accumulate ~ операция умножения с накоплением (*сумм произведений*)

multitask ~ многозадачный режим работы, совместное выполнение задач, работа с несколькими задачами

multitrack ~ многодорожечная работа

N-adic ~ N-арная операция

naming ~ операция именования, именование

NAND ~ операция НЕ — И

N-ary ~ N-арная операция

nearest-value ~ операция поиска ближайшей величины

neighborhood ~ операция над соседними элементами (*при анализе изображений*)

NEITHER-NOR ~ операция НЕ — ИЛИ

next higher retrieval ~ операция поиска следующего большего (*числа*)

next lower retrieval ~ операция поиска следующего меньшего (*числа*)

no ~ холостая операция

no-failure ~ безотказная работа

nonarithmetical ~ неарифметическое действие; неарифметическая операция

nonconjunction ~ операция отрицания конъюнкции

nondata ~ операция, не связанная с обработкой данных

nondisjunction ~ операция отрицания дизъюнкции

nonequivalence ~ операция отрицания эквивалентности, операция исключающее ИЛИ

nonidentity ~ операция отрицания эквивалентности; операция разноимённости

nonprimitive ~ неэлементарная операция

NOR ~ операция НЕ — ИЛИ

NOT ~ операция НЕ

NOT AND [NOT BOTH] ~ операция НЕ — И

NOT-IF-THEN ~ операция отрицания импликации, операция исключения

NOT-OR ~ операция НЕ — ИЛИ

off-line ~ 1. автономная работа 2. автономный [независимый] режим

one-pass ~ 1. операция за один проход 2. работа за один проход

one-shot [one-step] ~ работа в одиночном режиме; пошаговая работа

one-way ~ симплексная работа

on-going ~s 1. текущие операции 2. продолжающиеся работы (*в сетевом планировании*)

on-line ~ 1. работа в режиме онлайн 2. работа в темпе поступления информации; работа в реальном (масштабе) времени

OR ~ операция ИЛИ, операция логического сложения

output ~ операция вывода

overhead ~ служебная операция; организующая [управляющая] операция; вспомогательная операция

packet-mode ~ работа с коммутацией пакетов (*в сетях*)

parallel ~ параллельная работа

parallel-parallel ~ параллельно-параллельная работа (*по разрядам и по словам*)

parallel-serial ~ 1. операция преобразования (*кодов*) из параллельной формы в последовательную 2. параллельно-последовательная работа

part-word ~ операция над частями слов

paste ~ (логическая) операция склеивания

peripheral ~ периферийная операция (*без участия центрального процессора*)

pipeline ~ работа в конвейерном режиме

pointer ~ операция для работы с указателями

polar ~ работа со сменой полярности тока (*при передаче сигнала*)

primitive ~ простейшая операция; базовая операция, примитив

privileged ~ привилегированная операция

prune ~ операция отсечения (*при распределённой обработке запросов*)

pseudo off-line ~ псевдоавтономная работа (*обмен данными между внешними устройствами с участием центрального процессора*)

pulsed ~ работа в импульсном режиме

quarternary ~ кватернарная операция, операция с четырьмя операндами

queue ~ 1. работа с очередями 2. операция постановки в очередь

read ~ операция считывания

real-time ~ работа в реальном (масштабе) времени

record-at-a-time ~ работа в режиме последовательной обработки записей

red-tape ~ служебная операция; организующая [управляющая] операция; вспомогательная операция

reductive ~ операция сжатия, операция редуцирования

register ~ регистровая операция

relational algebraic ~ реляционная алгебраическая операция, операция реляционной алгебры

relational join ~ операция соединения отношений

remote ~ дистанционное выполнение (*в отличие от локального*)

repetitive ~ работа в циклическом режиме

retrieval ~ операция поиска

rewind ~ операция перемотки (*ленты*)

RMW ~ неделимая операция «чтение — запись»

scalar ~ скалярная операция, операция над скалярными величинами

scale ~ операция масштабирования

scanning ~ операция сканирования

scatter-write ~ операция записи с разнесением данных (*по разным участкам памяти*)

scheduled ~ 1. операция, включаемая в расписание; планируемая операция 2. работа по расписанию, регламентная работа

screening ~ 1. операция экранирования (*в машинной графике*) 2. операция маскирования 3. процедура отбраковки (*в утяжелённом режиме*)

search ~ операция поиска

sensory ~ работа с сенсорной информацией

sequential [serial] ~ последовательная работа

serial digit ~ последовательная поразрядная обработка

serial-parallel ~ 1. операция преобразования (*кодов*) из последовательной формы в параллельную 2. последовательно-параллельная работа

serial-serial ~ последовательно-последовательная работа (*по разрядам и по словам*)

serial word ~ последовательная пословная обработка

set ~ теоретико-множественная операция, операция над множествами

set-at-a-time ~ работа в режиме последовательной обработки наборов записей

Sheffer-stroke ~ операция штрих Шеффера, операция НЕ — И

shift ~ операция сдвига

simplex ~ симплексная работа

simultaneous ~ **1.** работа с совмещением операций **2.** одновременная работа

single ~ **1.** единичная операция **2.** полудуплексная работа

single-program ~ однопрограммная работа

single-shot [single-step] ~ работа в одиночном режиме; пошаговая работа

single-task ~ однозадачный режим работы, работа с одной задачей

small-signal ~ работа с малыми сигналами

split-word ~ операция над расщеплёнными словами (*без взаимодействия между частями слов*)

stable ~ устойчивый режим

stack ~ стековая операция, операция с применением стека

stacked job ~ пакетная обработка заданий, работа в режиме пакетной обработки заданий

standard ~ стандартная операция

start-stop ~ стартстопный режим

step-and-repeat ~s операции многократного экспонирования с шаговым перемещением пластины (*при изготовлении ИС*)

step-by-step ~ работа в одиночном режиме; пошаговая работа

storage ~ операция обращения к запоминающему устройству

streaming ~ непрерывный режим (*передачи данных*)

string ~ операция над строками, строковая операция

synchronous ~ синхронная работа; синхронное выполнение

takedown ~ операция подго-

товки (*устройства*) к следующей работе

team ~s групповая разработка (*напр. программного обеспечения*)

threshold ~ пороговая операция

time-consuming ~ операция, требующая больших затрат времени, *проф.* длинная операция

time-sharing ~ работа с разделением времени

transfer ~ **1.** операция перехода; операция передачи (*управления*) **2.** операция пересылки

transmit ~ операция передачи (*данных*)

triggerable ~ операция, допускающая запуск извне

Turing elementary ~ элементарная операция Тьюринга

two-way alternative ~ полудуплексный режим

two-way-simultaneous ~ дуплексный режим

unary ~ унарная операция, операция с одним операндом

unattended ~ работа без надзора (*оператора*), полностью автоматическая работа

unauthorized ~ несанкционированная операция; несанкционированное действие

union ~ операция ИЛИ, операция логического сложения

unloading ~ операция разгрузки; операция вывода

variable-cycle ~ **1.** операция с переменным циклом **2.** работа с переменным циклом

variable-length ~ работа со словами переменной длины

vector ~ векторная операция, операция над векторами

word ~ пословная операция, операция со словами (*в качестве операндов*)

write ~ операция записи

write-on match ~ (групповая) операция ассоциативной записи

write-while read ~ работа

(*ассоциативного ЗУ*) с записью во время цикла считывания

yes-no ~ работа по двузначной логике, работа по принципу «да — нет»

operational 1. операционный; операторный **2.** рабочий, эксплуатационный, действующий

operative (человек-)оператор

mechanical ~ механический оператор, автооператор

operator 1. оператор (*см. тж* **statement**); знак операции **2.** (человек-)оператор

algebraic ~ алгебраический оператор

AND ~ оператор И

assembler ~ оператор ассемблера [компонующей программы]

averaging ~ усредняющий оператор, оператор усреднения

binary ~ бинарный [двуместный] оператор

Boolean ~ булев оператор

complementary ~ оператор отрицания; оператор (образования) дополнения; оператор НЕ; комплементарный оператор (*по отношению к данному оператору*)

composite ~ составной оператор

computer ~ оператор вычислительной машины

console ~ **1.** оператор пульта управления **2.** оператор вычислительной машины

decremental ~ оператор уменьшения (*обычно на единицу содержимого, напр. индексного регистра*)

differentiation ~ дифференциальный оператор, дифференциал

dyadic ~ бинарный [двуместный] оператор

except ~ оператор НЕ — И

exponentiating ~ оператор возведения в степень

human ~ (человек-)оператор

implied ~ подразумеваемый оператор

incremental ~ оператор увеличения (*обычно на единицу содержимого, напр. индексного регистра*)

infix ~ инфиксный оператор

logical ~ логический оператор

long ~ длинный оператор (*АЛГОЛ 68*)

machine ~ оператор (вычислительной) машины

mathematical ~ математический оператор

membership ~ оператор принадлежности

monadic ~ унарный [одноместный] оператор

OR ~ оператор ИЛИ

postfix ~ постфиксный оператор

prefix ~ префиксный оператор

primitive ~ примитивный [элементарный] оператор

relation(al) ~ оператор отношения; реляционный оператор (*в базах данных*)

retarded ~ безграмотно действующий оператор

sequential ~ оператор следования

stream-merge ~ оператор слияния потоков (*в потоковых машинах*)

string ~ оператор строковой операции

suffix ~ постфиксный оператор

terminal ~ оператор терминала

times ~ оператор умножения

transition ~ оператор перехода

un(it)ary ~ унарный [одноместный] оператор

operator-entered вводимый оператором

opportunity:

respond ~ возможность ответа (*состояние канала передачи*)

optimization оптимизация

code ~ оптимизация программы (*при трансляции*)

compiler ~ оптимизация (*программы*) в процессе компилирования

constrained ~ условная оптимизация, оптимизация при наличии ограничений

hand ~ ручная оптимизация, оптимизация вручную (*до трансляции программы*)

linear ~ линейная оптимизация

local ~ локальная оптимизация

loop ~ оптимизация циклов

machine-dependent ~ машинозависимая оптимизация

machine-independent ~ машинонезависимая оптимизация

multiobjective ~ многокритериальная [векторная] оптимизация

nondifferential ~ недифференцируемая оптимизация

nonlinear ~ нелинейная оптимизация

on-line process ~ оптимизация процесса в темпе его протекания; оптимизация процесса в режиме немедленного воздействия

overall ~ глобальная оптимизация

parameter ~ 1. параметрическая оптимизация 2. оптимизация параметров

peephole ~ *sl* локальная оптимизация

postroute ~ оптимизация после (завершения) трассировки (*логической схемы*)

sequential ~ последовательная оптимизация

unconstrained ~ безусловная оптимизация

optimizer оптимизатор, блок оптимизации

source program ~ оптимизатор исходной программы

optimizing поиск [отыскание] оптимального решения

optimum оптимум ‖ оптимальный

alternate ~ альтернативное оптимальное решение

deterministic ~ детерминированный оптимум

option 1. выбор 2. вариант, версия; элемент выбора, (факультативная) возможность; вариант дополнения, *проф.* опция 3. *pl* факультативное оборудование; факультативные программные средства (*поставляемые или используемые по выбору*)

command ~ факультативная [дополнительная] команда, опция

default ~ выбор по умолчанию, стандартный выбор (*выполняемый операционной системой при отсутствии указаний пользователя*)

drum ~ 1. вариант [версия] (*напр. операционной системы*) на барабане 2. *pl* факультативное запоминающее устройство на (магнитном) барабане

editing ~s факультативные средства редактирования

off-grid ~ возможность выхода за пределы сетки

off-screen ~ возможность выхода за пределы (размеров) экрана

prewired ~s предварительно замонтированное факультативное оборудование

tilt-swivel-elevate-glide ~ вариант (*дисплея*) с шарнирно-выдвижной конструкцией (экрана)

time sharing ~ 1. возможность работы с разделением времени 2. *pl* средства обеспечения режима разделения времени

user ~s возможности (*системы*), доступные для пользователя; варианты пользовательских возможностей

optional необязательный, факультативный; произвольный

optoisolation оптоизоляция, оптическая изоляция

optotransistor оптотранзистор, оптический транзистор

OR 1. ИЛИ (*логическая функция или операция*) **2.** выполнять операцию ИЛИ; пропускать (*сигнал*) через схему ИЛИ

EXCLUSIVE ~ исключающее ИЛИ

INCLUSIVE ~ включающее ИЛИ

negative ~ НЕ — ИЛИ (*функция*); ИЛИ — НЕ (*схема или вентиль*)

wired ~ монтажное ИЛИ

oracle:

maintenance ~ «оракул» эксплуатации (*специалист, критически оценивающий удобство эксплуатации создаваемого программного изделия*)

order 1. команда (*см. тж* **command, instruction**) **2.** порядок, упорядоченность, последовательность, очерёдность ‖ упорядочивать **3.** *матем.* порядок; степень **4.** *лог.* порядок (*действия*) **5.** *лингв.* порядок слов **6.** разряд (*числа*) ◇ **to** ~ **by merging** упорядочивать путём слияния

~ **of accuracy** степень точности

~ **of convergence** *матем.* порядок сходимости

~ **of merge** порядок слияния (*количество сливаемых массивов*)

~ **of stationary** порядок стационарности (*процесса*)

ascending ~ возрастающий порядок, упорядоченность по возрастанию

blocking ~ блокирующая команда

calling ~ вызывающая команда

coded ~ кодированная команда

cycle [cyclic(al)] ~ циклический порядок, циклическая последовательность

descending ~ убывающий порядок, упорядоченность по убыванию

dictionary ~ лексикографический порядок

dummy ~ холостая [фиктивная] команда

execution ~ порядок выполнения

expanded ~ расширенная команда

extra ~ **1.** экстракод; **2.** дополнительный разряд; разряд переполнения

graphic ~ графическая команда

hierarchical development ~ иерархический порядок разработки

high ~ старший разряд

highest ~ самый старший разряд

initial ~ начальная команда

input ~ команда ввода

lexicographical ~ лексикографический порядок

loading ~ команда загрузки

low ~ младший разряд

lowest ~ самый младший разряд

merge ~ **1.** команда слияния **2.** порядок слияния

output ~ команда вывода

preassigned ~ заранее установленный порядок, заранее установленная последовательность

print ~ команда печати

print suppression ~ команда блокировки печати

random ~ произвольный порядок

switch ~ переключающая команда, команда переключения

tally ~ команда подведения итога

tens ~ разряд десятков

textual ~ текстуальный порядок

units ~ разряд единиц

word ~ порядок слов

zeroth ~ нулевой порядок

ordered упорядоченный

ordering упорядочение; (упорядоченное) расположение, порядок, расстановка ◊ ~
　by merging упорядочение путём слияния
　array ~ упорядочение массива
　ascending ~ упорядочение по возрастанию
　descending ~ упорядочение по убыванию
　feature ~ упорядочение признаков
　permanent ~ постоянное упорядочение
　preference ~ упорядочение предпочтений
　priority ~ приоритетное упорядочение, упорядочение по приоритетам
　temporary ~ временное упорядочение

or-fork ИЛИ-разветвление (*в дереве перебора*)

organ орган; элемент; блок
　active ~ активный элемент
　arithmetic ~ арифметическое устройство; арифметический блок
　logical control ~ логический управляющий блок

organization организация, структура, устройство
　1-bit ~ битовая организация
　byte-wide ~ байтовая организация
　2D ~ *см.* **2-dimensional organization**
　2.5D ~ *см.* **2.5-dimensional organization**
　3D ~ *см.* **3-dimensional organization**
　data ~ организация данных
　digit-read ~ организация поразрядного считывания
　2-dimensional ~ двумерная организация (*памяти*)
　2.5-dimensional ~ 2,5-мерная организация (*памяти*)
　3-dimensional ~ трёхмерная организация (*памяти*)
　file ~ структура [организация] файла
　hierarchical ~ иерархическая организация, иерархическая структура
　indexed-sequential ~ индексно-последовательная организация (*файла*)
　logical ~ логическая структура, логическая схема
　loop ~ организация цикла
　multilist ~ мультисписковая организация (*файла*)
　pipeline ~ конвейерная организация, конвейерная структура
　processor ~ структура процессора
　storage ~ структура запоминающего устройства
　subscriber ~ абонентская организация (*базы данных*)
　word-read ~ организация пословного считывания

origin 1. начало; источник **2.** (абсолютный) адрес начала программы *или* блока **3.** начало отсчёта **4.** зарождение, происхождение (*напр. ошибки в программе*)
　~ of coordinates начало координат
　arbitrary ~ произвольное начало отсчёта
　favorable ~ благоприятный источник
　highly probable ~ весьма правдоподобный источник
　likely ~ правдоподобный источник
　loaded ~ начальный адрес загрузки (*программы*)
　low-probability ~ малоправдоподобный источник
　probable ~ правдоподобный источник
　program ~ (абсолютный) адрес начала программы
　time ~ начало отсчёта времени
　unfavorable ~ неблагоприятный источник
　unlikely ~ неправдоподобный источник
　very likely ~ весьма правдоподобный источник

origination:
data ~ подготовка данных (*в форме, удобной для ввода в машину*)

originator:
problem ~ постановщик задачи

ORing осуществление функции *или* операции ИЛИ
~ of minterms логическое сложение элементарных произведений, логическое сложение минитермов

or-join ИЛИ-слияние (*в графе параллельного алгоритма*)

orthocode *фирм.* ортокод (*штриховой код в системе автоматического чтения текста*)

orthogon прямоугольник

orthoscanner *фирм.* ортосканер (*устройство автоматического чтения текста*)

oscillation 1. колебание 2. генерация; генерирование
hunting [parasitic] ~ паразитная генерация; *pl* паразитные колебания
relaxation ~s релаксационные колебания; затухающие колебания

oscillator генератор; осциллятор
blocking ~ блокинг-генератор
crystal-controlled ~ генератор с кварцевой стабилизацией (частоты), кварцованный генератор
delayed-pulse ~ генератор задержанных импульсов
driving ~ задающий генератор
gated ~ стробированный генератор
parametric (subharmonic) ~ параметрический генератор (субгармоник)
phase-locked ~ параметрон; параметрический генератор (субгармоник)
relaxation ~ релаксационный генератор, релаксатор
ring ~ кольцевой генератор
oscilloscope осциллограф
double-beam ~ двухлучевой осциллограф

sampling ~ стробоскопический осциллограф

osculation *матем.* соприкосновение, касание

outage выход из строя

outcome результат, исход, итог
favorable ~ благоприятный исход
highly probable ~ весьма вероятный исход
likely ~ вероятный исход
low-probability ~ маловероятный исход
probable ~ вероятный исход
successful ~ удачный исход
unfavorable ~ неблагоприятный исход
unlikely ~ маловероятный исход
unsuccessful ~ неудачный исход
very likely ~ весьма вероятный исход

outconnector внешний соединительный знак (*на блок-схеме в точке разрыва внешней связи*)

out-degree *т. граф.* полустепень исхода

outerjoin внешнее соединение (*операция в реляционных распределённых базах данных*)

outlet выход; вывод

outline 1. контур; очертание 2. схема; план 3. элемент блок-схемы
character ~ контур знака; очертание знака

out-of-operation бездействующий

out-of-order 1. повреждённый; неисправный 2. нестандартный

output 1. выход; вывод ‖ выходной 2. выходное устройство; устройство вывода 3. выходной сигнал 4. выходные данные; результат вычислений 5. выходная мощность ◊ **to ~ a switch** снимать сигнал с выхода переключателя
active high ~ активный высокий уровень выходного сигнала

active low ~ активный низкий уровень выходного сигнала

add ~ 1. выход суммы 2. выходной сигнал суммы

analog ~ 1. аналоговый выход 2. аналоговые выходные данные

asynchronous ~ асинхронный вывод (данных)

binary ~ 1. двоичный выход; вывод двоичной информации 2. двоичные выходные данные

binary-coded ~ двоично-кодированный выход

bulk ~ сплошной вывод (данных)

card ~ вывод (данных) на (перфо)карты

carry ~ 1. выход переноса 2. выходной сигнал переноса

code ~ кодовый выходной сигнал (*соответствующий используемому коду*)

complementary ~ 1. инверсный выход (*в отличие от прямого*) 2. *pl* комплементарные [дополняющие] выходы

core ~ выходной сигнал сердечника

data ~ 1. вывод данных 2. выходные данные

debugging ~ отладочные выходные данные

delayed ~ задержанный выходной сигнал

digital ~ 1. цифровых данных 2. цифровые выходные данные

direct ~ прямой вывод (данных) (*без промежуточной записи на магнитную ленту*)

displayed ~ данные, выводимые на устройство отображения

disturbed-one ~ (выходной) сигнал разрушенной единицы

disturbed-zero ~ (выходной) сигнал разрушенного нуля

double-ended ~ симметричный выход

electroluminescent light ~ световая отдача электролюминесцентной ячейки

formatless ~ бесформатны вывод (данных)

functional ~ функциональный [логический] выход

graphic(al) (data) ~ 1. графический вывод (данных), вывод графических данных 2. устройство графического вывода (данных) 3. графически выходные данные

high ~ высокий уровень выходного сигнала

incremental ~ выходной сигнал в виде приращений, инкрементный выходной сигнал

information ~ выдаваемая информация; информационный выход, информация на выходе

inverted ~ инвертированный выход

inverting ~ инверсный [инвертирующий] выход

labeling ~ маркированный выход

latched ~ выход с (регистром-)защёлкой

low ~ низкий уровень выходного сигнала

manual ~ ручной [неавтоматизированный] вывод (данных)

multiple ~ 1. многоканальный выход 2. многократный вывод

multiplexed ~ мультиплексный выход

naught ~ нулевой выходной сигнал

N-bit ~ N-разрядный выход

noncode ~ некодовый выходной сигнал (*не соответствующий используемому коду*)

observation ~ выход (*схемы*) обеспечивающий наблюдаемость

off-line ~ автономный вывод (данных)

one ~ 1. выход «1» выходной сигнал единицы 3. единичный сигнал на выходе

open-collector ~ выход с открытым [со свободным] коллектором

open-emitter ~ выход с открытым [со свободным] эмиттером

parallel ~ параллельный вывод (данных)

partial-select ~ выходной сигнал частичной выборки

plotted ~ 1. графический вывод (данных), вывод графических данных 2. устройство графического вывода (данных) 3. графические выходные данные 4. выходные данные, воспроизведённые графопостроителем

plotter ~ выходные данные, воспроизведённые графопостроителем

post-run ~ вывод результатов по окончании прогона программы

power ~ мощный выходной сигнал

primary ~ 1. вывод первичной информации 2. первый выходной сигнал (*в интеграторе*) 3. первичный выход (*в логической схеме*)

printed ~ отпечатанные выходные данные

push-pull ~ двухтактный выход

read ~ (выходной) сигнал считывания

real-time ~ вывод (данных) в реальном (масштабе) времени

remote job ~ дистанционный вывод (результатов выполнения) заданий

run-time ~ вывод информации по ходу прогона программы

selective ~ выборочный вывод (данных)

serial ~ последовательный вывод (данных)

Shottky diode ~ выход с диодами Шотки

single-ended ~ несимметричный выход

speaker ~ выход на громкоговоритель

speech ~ речевой вывод (данных)

sum ~ 1. выход суммы 2. выходной сигнал суммы

three-state ~ выход с тремя состояниями

totem-pole ~ каскадный выход

true ~ прямой выход (*в отличие от инверсного*)

undisturbed-one ~ (выходной) сигнал неразрушенной единицы

undisturbed-zero ~ (выходной) сигнал неразрушенного нуля

unlatched ~ выход без (регистра-)защёлки

visual ~ визуальный выход; визуальный вывод (данных)

voice ~ 1. речевой выход; речевой вывод (данных) 2. устройство речевого вывода (данных)

zero ~ 1. выход «0» 2. выходной сигнал нуля 3. нулевой сигнал на выходе

output-enabled со схемой разрешения на выходе

outscriber выходной записывающий механизм

outstanding невыполненный, ожидающий выполнения (*о команде или процессе*)

outsymbol выводить символ

outtype выводить на печать

overcomment перенасыщать программу комментариями

overcompensation перекомпенсация

overcorrection перерегулирование

overdamping избыточное [чрезмерное] демпфирование, передемпфирование

overdesign 1. перепроектирование заново; пересмотр конструкции 2. избыточность конструкции (*кристалла БИС*) 3. перестройка (*архитектуры кристалла*)

overdrive перевозбуждать

overfilling переполнение (*напр. ЗУ*)

overflow 1. переполнение (*напр. разрядной сетки или счёт-*

чика) **2.** признак переполнения **3.** избыток

add ~ переполнение при сложении

address ~ адресное переполнение (*выход за пределы диапазона адресов*)

characteristic ~ переполнение разрядов порядка

divide [division] ~ переполнение при делении

exponent ~ переполнение разрядов порядка

link ~ переполнение канала связи

progressive ~ прогрессирующее переполнение

track ~ переполнение дорожки

overgraph надграф

overhead(s) непроизводительные издержки, *проф.* накладные расходы

delay ~ потери из-за задержек (*сигналов в электронных цепях*)

hardware ~ аппаратные издержки

queueing ~ затраты (вычислительных) ресурсов на организацию очередей

synchronization ~ издержки синхронизации, затраты ресурсов на синхронизацию (*вычислительных процессов*)

system ~ издержки за счёт системных операций

overidentification *стат.* (стохастическая) неопределённость

overlap перекрытие, совмещение ‖ перекрывать, совмещать (*напр. операции во времени*)

fetch ~ совмещённая выборка (*нескольких команд при конвейерной обработке*)

instruction ~ перекрытие команд, перекрытие выполнения команд во времени

processing ~ (временное) перекрытие при обработке (данных)

overlapping работа с перекрытием, работа с совмещением

overlay 1. наложение (*в памяти*);

перекрытие; *проф.* оверлей ‖ оверлейный **2.** *pl проф.* оверлейная программа **3.** *проф.* организовывать оверлейную программу **4.** накладной лист (*для планшета графопостроителя*) **5.** надпечатка; штамп, накладываемый на текст документации (*напр. для отметки рабочего экземпляра*)

form ~ наложение бланка (*в микрографике*)

graphic ~ графический оверлей

plastic ~ пластмассовая накладка (*на клавиатуру, не содержащую обозначений символов*)

program ~ оверлейный сегмент программы

video ~ наложение видеоизображений (*на экране дисплея*)

white ~ наложение (участков) белого фона (*на экране графического дисплея*)

overlearning избыточное обучение

overload(ing) 1. перегрузка **2.** совмещение (*в языке Ада*)

information ~ информационная перегрузка

overprinting 1. надпечатка **2.** *проф.* забивка (*одних символов другими*)

overpunch 1. пробивка в зоне перфокарты ‖ пробивать в зоне перфокарты **2.** пробивать (новые) данные на отперфорированной карте

overrelaxation *матем.* верхняя релаксация

override 1. обход ‖ обходить, игнорировать (*предварительно оговорённые условия*) **2.** переопределение ‖ переопределять (*сегмент при относительной адресации*)

overrun(ning) выход за границы (*напр. области памяти*); перегрузка; переполнение

DMA ~ выход за границы памяти в режиме прямого доступа

track ~ переполнение дорожки

overshoot 1. перерегулирование; отклонение от установленного значения **2.** выброс на заднем фронте импульса **3.** завышение (*возможностей системы в запросе пользователя*)

oversized завышенный по размерам, с завышенными размерами

overstated завышенный

overstrike 1. набирать лишние символы (*на клавиатуре*) **2.** наложение (*двух или более*) знаков (*для получения нестандартного знака при обработке текстов*)

overtesting излишнее тестирование

overtravel *киберн.* перерегулирование

overvoltage перенапряжение, бросок напряжения

overwrite 1. перезаписывать **2.** наложение записей

overwriting 1. перезапись **2.** несанкционированная запись

selective ~ выборочная перезапись

ovonics область применения приборов Овшинского

owner:

set ~ владелец набора (*данных*)

owner-record запись-владелец (*в иерархических структурах данных*)

ownership 1. монопольное использование **2.** право собственности (*напр. на программное изделие*) **3.** принадлежность (*напр. ресурсов кому-л. владельцу*)

record ~ принадлежность записи

P

pack 1. узел; блок; пакет **2.** корпус **3.** колода (*перфокарт*) **4.**

уплотнение (*данных в памяти*); плотное размещение; объединение (*нескольких элементов данных в памяти*) ‖ уплотнять (*данные в памяти*); объединять (*несколько элементов данных в памяти*) **5.** упаковывать; компоновать

disk ~ пакет дисков

multifunction ~ многофункциональный блок

operational ~ рабочий пакет

parameters ~ блок параметров

removable disk ~ съёмный пакет дисков

test ~ тестовая колода; проверочная колода (*для отладки*)

package 1. блок; модуль **2.** корпус **3.** пакет программ **4.** комплект **5.** совокупность (*напр. ограничений*)

accounting ~ **1.** пакет учёта использования ресурсов **2.** пакет программ бухгалтерского учёта

application ~ пакет прикладных программ, ППП

cavity ~ полый корпус

command-driven ~ пакет, инициируемый командой пользователя

debug ~ отладочный пакет

DIP ~ *см.* dual in-line package

documentation ~ **1.** программный пакет документирования **2.** комплект документации

dual in-line ~ двухрядный корпус, корпус с двухрядным расположением выводов, корпус (типа) DIP

electronics ~ электронный модуль

entertainment ~ пакет развлекательных программ

ergonomic ~ корпус, отвечающий требованиям эргономики

flat ~ плоский корпус

floating point ~ пакет программ для операций с плавающей запятой

graphical ~ графический пакет, пакет программ машинной графики

IC ~ *см.* integrated circuit package

integrated ~ интегрированный пакет (*прикладных программ, ориентированных на решение комплекса взаимосвязанных задач*)

integrated-application ~ интегрированный прикладной пакет (*для нескольких приложений*)

integrated circuit ~ корпус ИС

leadless ~ безвыводной корпус

logic-analysis ~ пакет программ анализа логических схем

master ~ головной пакет

menu-building ~ пакет формирования меню

multichip ~ многокристальный модуль

multilayer(ed) ~ многослойный модуль

N-pin ~ корпус с N выводами

optimization ~ пакет программ оптимизации

parametrized application ~ параметризованный [настраиваемый] пакет прикладных программ

pool ~ пакет задачного пула

product-maintenance ~ пакет программ технического обслуживания

program ~ пакет программ

protocol ~ пакет протокольных программ

quad-in-line ~ четырёхрядный корпус, корпус с четырёхрядным расположением выводов

schematic(-capture) ~ пакет программ ввода описаний схем

side-braze ~ корпус с напай-

кой выводов на боковой поверхности (*ИС*)

single-in-line ~ однорядный корпус, корпус с однорядным расположением выводов, корпус (типа) SIP

software ~ система программного обеспечения; пакет программ

stand-alone ~ автономный пакет

stripline ~ корпус с полосковыми выводами

subroutine ~ пакет (стандартных) подпрограмм

surface-mountable ~ корпус для поверхностного монтажа

system ~ пакет системных программ

test ~ блок тестовых программ

trace ~ трассировочный пакет, пакет программ трассировки

TTL ~ ТТЛ-модуль

turnkey ~ пакет программ, пригодный для непосредственного использования (*без дополнительной настройки пользователем*)

packaged 1. заключённый в корпус **2.** объединённый в пакет **3.** упакованный

packaging 1. упаковка; уплотнение; компоновка **2.** герметизация **3.** конструктивное оформление **4.** организация пакетов, пакетирование

cordwood ~ упаковка (*деталей в блоке*) по типу расположения волокон в древесине

first-level ~ компоновка первого уровня

high-density ~ высокоплотная упаковка

second-level ~ компоновка второго уровня

packet 1. пакет **2.** *проф.* укладчик (*перфокарт*)

control ~ управляющий пакет

outstanding ~ сбойный [неквитированный] пакет (*про-*

вильность передачи которого не подтверждена)

route setup ~ пакет для установления маршрута (*передачи сообщения*)

self-sufficient ~ автономный пакет (*содержащий всю необходимую информацию о маршруте передачи*)

packetization пакетирование

packetize объединять в пакеты, пакетировать

packing 1. уплотнение (*данных в памяти*); плотное размещение; объединение (*нескольких элементов данных в памяти*) **2.** упаковка; компоновка

character ~ упаковка знаков

density ~ плотная упаковка (*напр. сигналов*)

order ~ уплотнение команд; объединение команд

pad 1. контактная площадка (*ИС*) **2.** клавиатура, клавишная панель **3.** планшет **4.** набивать, заполнять (*свободные места в блоке памяти незначащей информацией*)

bonding [contact] ~ контактная площадка

digitizing ~ планшет для оцифровки (рисунков), планшетный цифратор

editing ~ клавиатура для редактирования

measurement ~ измерительная контактная площадка

menu ~ меню-клавиатура, панель с клавишами; меню

N-key ~ N-клавишная панель

numeric ~ цифровая клавиатура

octal ~ октальная [восьмеричная] клавиатура

test ~ контактная площадка для тестирования

padding набивка, заполнение (*свободных мест в блоке памяти незначащей информацией*); дополнение пробелами

bit ~ заполнение [дополнение] (двоичного кода) незначащей информацией

zero ~ дополнение нулями

paddle пульт ручного управления (*электронной игрой*)

page страница, лист || разбивать (*память*) на страницы

active ~ активная страница

base ~ базовая страница

communication ~ страница связи

continuation ~ страница-продолжение (*к которой можно обратиться только через «главную» страницу; в системах видеотекса*)

current ~ текущая страница

empty ~ пустая страница

external ~ внешняя страница

fault ~ недействительная страница (*отсутствующая в оперативной памяти*)

fixed ~ фиксированная [неоткачиваемая] страница

index ~ классификационная страница (*различных тем; в системах видеотекса*)

invalid ~ недействительная страница (*отсутствующая в оперативной памяти*)

link ~ страница связей

locked ~ фиксированная [неоткачиваемая] страница

memory ~ страница памяти

missing ~ отсутствующая (*в памяти*) страница

parent ~ порождающая [исходная] страница (*в системах видеотекса*)

routing ~ маршрутная (классификационная) страница (*содержащая классификацию различных тем вместе с их номерами; в системах видеотекса*)

shadow ~ теневая страница

top ~ верхняя [первая] страница (*адресного пространства*)

user-allocated ~ страница (*памяти*), отведённая пользователю

virtual (memory) ~ страница виртуальной памяти, виртуальная страница

visible ~ визуализируемая

страница (*для вывода на экран дисплея*)

write-protected ~ страница, защищённая от записи

pageable со страничной организацией; *проф.* листаемый

page-in загрузка страницы; подкачка страниц в оперативную память

page-level страничный, на уровне страниц

page-out удаление страницы; откачка страниц из оперативной памяти

pagination разбиение (*текста*) на страницы (*в текстовом процессоре*)

paging 1. разбиение (*памяти*) на страницы; страничная организация (*памяти*) **2.** замещение страниц, *проф.* листание

demand ~ замещение страниц по требованию [по запросу], листание по требованию [по запросу]; вызов страниц по требованию [по запросу]

memory ~ **1.** разбиение памяти на страницы; страничная организация памяти **2.** листание страниц памяти

predictive ~ подкачка страниц с упреждением

printer ~ разбиение на страницы при печати

paging-in загрузка страницы; подкачка страниц в оперативную память

paging-out удаление страницы; откачка страниц из оперативной памяти

paint раскраска, расцветка ‖ раскрашивать, расцвечивать (*изображение на экране*)

painter:
screen ~ блок раскраски, блок расцветки (*изображения на экране*)

pair пара ‖ соединять попарно ‖ парный; двойной

binary ~ (симметричный) элемент с двумя устойчивыми состояниями

bound ~ граничная пара

(*в описании, напр. массива*)

coaxial ~ коаксиальная пара

complementary ~ комплементарная [дополняющая] пара

confusion ~ трудноразличимая пара (*слов близких по значению и требующих специальной обработки в системах распознавания речи*)

dotted ~ точечная пара, простейшее точечное выражение (*ЛИСП*)

driver ~ пара формирователей (*в магнитных дешифраторах*)

memory ~ запоминающая пара

trigger ~ триггер

paleholder *проф.* пустышка (*символ для расширения строки*)

palette палитра (*набор цветов на экране дисплея*)

palindrome палиндром

pan 1. панорамирование ‖ панорамировать **2.** прокрутка (*текстовой информации на экране дисплея*) **3.** выбор сцены (*с помощью панорамирования*)

panel 1. панель; щит управления; распределительный щит **2.** плата; панель **3.** табло

action entry ~ панель функциональных переключателей (*в дисплее*)

antiglare ~ бликоподавляющая панель (*вставляемая перед экраном дисплея*)

back ~ соединительная плата

back-wired ~ панель с расположением монтажа на обратной стороне

bus-connector ~ плата для подключения устройств к шине, панель шинных соединителей

circuit ~ плата со схемой

constant ~ панель (для набора) констант

control ~ панель управления; пульт управления

display ~ индикаторная панель; индикаторное табло; панель визуального вывода (данных)

electroluminescent ~ электролюминесцентное табло

front ~ передняя [лицевая] панель

fuze ~ панель с плавкими предохранителями

gas ~ плазменная панель; плазменное табло

graphic ~ панель управления с графической мнемосхемой

help ~ панель справочной информации

jack ~ наборная панель (*с гнёздами для соединений*)

maintenance ~ инженерный пульт, пульт технического обслуживания (*ЭВМ*)

overview ~ панель общего обзора (*состояния управляемого объекта*)

patch(ing) ~ наборная панель; коммутационная панель; наборное поле

plasma display ~ плазменная индикаторная панель; плазменное табло

program ~ панель (для набора) программ

removable ~ сменная панель

sloping ~ наклонная панель

switchboard ~ коммутационная панель

system control ~ пульт управления (вычислительной) системой

touch ~ сенсорная панель

trend overview ~ панель (для) наблюдения трендов

tuning ~ настроечная панель; настроечный пульт

visual control ~ табло визуального контроля

panning панорамирование

(single-)pixel ~ поэлементное панорамирование

pantograph пантограф

paper бумага

accordion folded ~ бумага, сфальцованная гармошкой

action ~ бескопирочная бумага (*не требующая применения копировальной ленты*)

carbon ~ копировальная бумага

carbonless ~ бескопирочная бумага (*не требующая применения копировальной ленты*)

chart ~ диаграммная бумага

coding ~ программные бланки

conducting ~ проводящая бумага

continuous ~ бумага в форме непрерывной ленты (*сложенной гармошкой*)

coordinate ~ диаграммная бумага

cross-section ~ клетчатая бумага; миллиметровая бумага, миллиметровка

electrosensitive ~ электрочувствительная бумага

fan-fold ~ фальцованная бумага

graph ~ диаграммная бумага; клетчатая бумага; миллиметровая бумага, миллиметровка

heat-sensitive ~ термочувствительная бумага

high-resistance ~ электростатическая бумага

logarithmic ~ логарифмическая бумага

no-carbon-required ~ бескопирочная бумага (*не требующая применения копировальной ленты*)

nonscale ~ неразмеченная бумага

photocopying ~ фотокопировальная бумага

pin-feed ~ бумага с ведущими отверстиями

resistance ~ резистивная бумага

scaled ~ бумага с делениями; миллиметровая бумага, миллиметровка

sensitive ~ (свето)чувствительная бумага

sensitized ~ сенсибилизированная бумага

squared ~ клетчатая бумага

thermal ~ термографическая бумага

tracing ~ копировальная бумага; калька; восковка

transfer ~ копировальная бумага

virgin ~ чистая бумага

wax ~ вощёная бумага

paper-and-pencil ~ «бумажный» (*ещё не реализованный аппаратно*)

paradigm *лингв.* парадигма

paradox:

logical ~ логический парадокс

semantic ~ семантический парадокс

paragraph параграф

canned[standard] ~ стандартный фрагмент (текста) (*обычно содержащий часто используемую информацию*)

paragraphing введение параграфов; структурированное расположение текста программы (*при печати*)

parallel параллельный ◇ ~ **by bit** параллельный по битам, параллельный по разрядам; ~ **by character** параллельный по знакам

highly ~ высокопараллельный

massively ~ с массовым параллелизмом

paralleling 1. запараллеливание, параллельное включение (*элементов*) 2. распараллеливание

parallel-in serial-out с параллельным вводом и последовательным выводом

parallelism параллелизм; параллельный принцип (*организации*)

AND ~ И-параллелизм (*при параллельном переборе на И — ИЛИ-дереве*)

coarse-grain ~ параллелизм на уровне крупных структурных единиц

fill-in ~ плотный параллелизм

fine-grain ~ параллелизм на уровне мелких структурных единиц

functional ~ функциональный параллелизм

implicit ~ «неявно выраженный» параллелизм

large-scale ~ массовый параллелизм

low-level ~ слабый параллелизм

massive ~ массовый параллелизм

OR ~ ИЛИ-параллелизм (*при параллельном переборе на И — ИЛИ-дереве*)

stream ~ параллелизм с использованием потоков

unification ~ параллелизм при выполнении (операции) унификации

parallel-pipeline параллельно-конвейерный

parallel-serial параллельно-последовательный

parameter параметр

adjustable ~ регулируемый параметр

default ~ подразумеваемое значение параметра, *проф.* значение параметра «по умолчанию»

generic ~ видовой параметр; параметр настройки (*в языке Ада*)

in ~ входной параметр

incrementation ~ параметр приращения

initial ~ начальный параметр

keyword ~ ключевой параметр

lumped ~s сосредоточенные параметры

named ~ поименованный параметр

nuisance ~s *стат.* мешающие параметры

open-circuit ~s параметры схемы при разомкнутой выходной цепи, *проф.* параметры холостого хода

operating ~ рабочий параметр

out ~ выходной параметр

positional ~ позиционный параметр

preset ~ предварительно установленный [заданный] параметр

program-generated ~ программно-генерируемый параметр; динамический параметр

scale ~ масштабный коэффициент, параметр масштаба

short-circuit ~s параметры схемы при коротком замыкании на выходе, *проф.* параметры короткого замыкания

sorting ~ параметр сортировки

statistic(al) ~ статистический параметр

stray ~ паразитный параметр

symbolic ~ символический параметр

time-varying ~ параметр, изменяющийся во времени

value ~ 1. значащий параметр 2. параметр-значение; параметр, передаваемый (*в процедуру*) по значению

parameter-dependent зависящий от параметра

parametric параметрический

parametrize параметризовать

parametron параметрон

film ~ плёночный параметрон

magnetic-film ~ параметрон на (ферро)магнитной плёнке

variable-capacitance ~ параметрон с нелинейной ёмкостью

variable-inductance ~ параметрон с нелинейной индуктивностью

wire ~ проволочный параметрон

paramp параметрический усилитель

paranotion парапонятие

parcel упакованный пакет, посылка (*из передаваемых сообщений*)

parent родитель, предок; родительский [порождающий] элемент; родительская [порождающая] запись, запись-предок ‖ родительский, порождающий

parentheses круглые скобки

parentheses-free бесскобочный

parenthesize заключать в круглые скобки

parity 1. равенство 2. чётность; сравнимость по модулю 2 3. контроль по чётности

address ~ чётность адреса

bad ~ 1. несовпадение [нарушение] чётности 2. сбой при контроле по чётности

byte ~ чётность байта

cumulative ~ накопленное значение признака чётности, кумулятивная чётность

data ~ чётность данных

even ~ проверка на чётность

inversion ~ чётность числа инверсий

magnetic-tape ~ контроль по чётности при обращении к магнитной ленте

memory ~ контроль по чётности при обращении к памяти

odd ~ проверка на нечётность

parity-protected с защитой по чётности

parse синтаксический анализ, синтаксический разбор; грамматический разбор ‖ анализировать, разбирать

parser программа синтаксического анализа, синтаксический анализатор; программа грамматического разбора

deterministic ~ детерминированный синтаксический анализатор

predictive ~ предсказывающий синтаксический анализатор

shift-reduce ~ (восходящий) синтаксический анализатор, работающий в режиме «сдвиг—свёртка»

two-stack ~ двухстековый синтаксический анализатор

parsing синтаксический анализ,

синтаксический разбор; грамматический разбор

bottom-up ~ восходящий синтаксический анализ, синтаксический анализ снизу вверх

left-to-right ~ синтаксический анализ слева направо

recursive descent ~ рекурсивный нисходящий синтаксический анализ, синтаксический анализ методом рекурсивного спуска

top-down ~ нисходящий синтаксический анализ, синтаксический анализ сверху вниз

part 1. часть, доля **2.** запасная часть; деталь **3.** раздел

address ~ адресная часть (*команды*)

aliquot ~ (кратный) делитель

data description ~ секция описания данных (*напр. в моделирующей программе*)

execute ~ исполнительная часть

exponent ~ порядок (*числа*); разряды порядка (*числа*)

fixed point ~ мантисса (*в представлении числа с плавающей запятой*)

formal ~ совокупность параметров (*часть описания процедуры в языке Ада*)

fractional ~ дробная часть (*числа*), мантисса

imaginary ~ мнимая часть (*комплексного числа*)

index ~ индексная часть (*напр. переменной*)

indexing ~ индексируемая часть (*команды*)

initializing ~ **of loop** «шапка» [вводная часть] цикла

instruction ~ командная часть

integer ~ целая часть (*числа*)

integral ~ неотъемлемая часть

linear program ~ линейная часть [линейный участок] программы (*без циклов и ветвлений*)

lower ~ младшая часть (*регистра*)

nonindexing ~ неиндексируемая часть (*команды*)

nonresident ~ нерезидентная часть

operation [operator] ~ поле кода операции (*в команде*)

process description ~ секция описания процесса (*в моделирующей программе*)

real ~ действительная часть (*комплексного числа*)

replacement ~ заменяемая [исправляемая] часть (*напр. слова*)

resident ~ резидентная часть

stagnant ~ **of number** мантисса числа

upper ~ старшая часть (*регистра*)

partition 1. раздел; сегмент; сектор **2.** расчленение; разделение; разбиение ‖ расчленять; разделять; разбивать

background ~ фоновый раздел (*вычислительного процесса*)

blind ~ слепой раздел (*программы*)

foreground ~ высокоприоритетный раздел (*вычислительного процесса*)

nonpageable ~ **1.** бесстраничный раздел, раздел без страничной организации **2.** разбиение без страничной организации

pageable ~ **1.** страничный раздел, раздел со страничной организацией **2.** разбиение со страничной организацией

restricted ~ разбиение на ограниченные части

task ~ декомпозиция задачи

partitioned 1. расчленённый; разделённый **2.** библиотечный (*напр. о методе доступа*)

partitioning расчленение, разделение; разбиение

functional ~ функциональное разбиение

logical ~ разделение на логические блоки, логическое разбиение (*сложной логической схемы*)

memory ~ разбиение памяти; секционирование памяти

network ~ разделение [распадение] сети (*вид неисправности распределённой системы*)

system ~ разбиение системы (*напр. на модули*)

partner:

debugging ~ партнёр по отладке

party:

called ~ вызываемая сторона, адресат

calling ~ вызывающая сторона, корреспондент

Pascal Паскаль (*язык программирования*)

concurrent ~ параллельный Паскаль

pass 1. проход; прогон; просмотр **2.** передача ‖ передавать **3.** пропускать ◊ **to** ~ **ahead** опережать

assembly ~ (один) проход ассемблера

card ~ проход [прогон] карты

intermediate ~ промежуточный проход (*напр. при сортировке слиянием*)

machine ~ (машинный) прогон (*одной или нескольких программ*)

simulation ~ цикл моделирования, имитационный прогон (*напр. логической схемы*)

sort(ing) ~ проход сортировки

passage:

program ~ проход программы; прогон программы

pass-by-reference передача по ссылке

passing:

baton ~ передача маркера (*в сети*)

token ~ эстафетная передача; передача маркера (*в сети*)

passthrough транзитная пересылка

terminal ~ транзитная пересылка (*сообщений*) с терминалов

password пароль

master ~ главный пароль

patch 1. «заплата», вставка в программу (*с целью исправле-*

ния или изменения) ‖ делать «заплату» **2.** склейка, заплата ‖ склеивать (*ленту или плёнку*) **3.** перемычка, (временное) соединение

patchbay 1. панель для разъёмных соединений; шасси для разъёмных соединений **2.** наборное поле

patchboard коммутационная панель; коммутационная доска; наборное поле

plug-in ~ сменное наборное поле

patchcord соединительный [коммутационный] шнур

patchhole коммутационное гнездо

patching 1. внесение (в программу) «заплат» (*с целью её исправления или изменения*) **2.** склеивание (*ленты или плёнки*)

block ~ поблочное исправление (*содержимого ПЗУ*)

patchplug, patchtip штекер

patchword слово-связка

path 1. путь; дорожка; тракт; канал **2.** маршрут (*в сети*) **3.** цепь; ветвь (*программы*) **4.** траектория ◊ **to run into a cyclic** ~ зацикливаться

access ~ путь доступа

activated ~ активизированный путь, *проф.* очувствленный путь (*при тестировании*)

actuating ~ цепь воздействия

address ~ адресный тракт

afferent ~ центростремительная ветвь

alternative ~ альтернативный путь

circuit ~ путь в схеме

combinatorial data ~ комбинационный тракт передачи данных

common return ~ общая обратная цепь

communication ~ канал связи

conductor ~ путь [трасса] проводника; *проф.* связь

control ~ цепь (приложения) управляющего воздействия

critical ~ критический путь (*в сетевом планировании*)
cyclic ~ циклический путь, цикл
D-~ активизируемый путь (*в D-алгоритме*)
data ~ путь (прохождения) данных; информационный канал
data transfer [data transmission] ~ путь передачи данных; канал передачи данных
efferent ~ центробежная ветвь
execution ~ выполняемая ветвь
failure ~ **1.** путь распространения влияния неисправности **2.** дефектная ветвь (*схемы или программы*)
feedback ~ цепь обратной связи
graph ~ путь в графе
idle ~ свободный маршрут (*напр. в сети передачи сообщений*)
lattice ~ путь в решётке
linkage ~ цепь связи (*объектов базы данных*)
logic ~ логический путь (*цепочка логических схем*)
main ~ стержневая ветвь
multiple-choice ~ многоальтернативный маршрут
N-bit (wide) ~ N-разрядный (информационный) канал
optical ~ световод, светопровод
phase ~ фазовая траектория
reconverging ~s сходящиеся пути
scan ~ (сдвиговый) регистр сканирования состояний, сканирующий путь (*для повышения контролепригодности схем*)
sensitized ~ активизированный путь, *проф.* очувствленный путь (*при тестировании*)
shared ~ тракт совместного использования
signal ~ путь (прохождения) сигнала
signatured access ~ путь доступа с контрольной сигнатурой (*средство защиты от на-*

рушения целостности данных)
slack ~ ненапряжённый путь, путь с резервом времени (*в сетевом планировании*)
solution ~ цепочка (*напр. рассуждений*), ведущая к решению
speech ~ разговорный тракт
text ~ текстовая дорожка (*на графическом изображении*)
transmission ~ канал передачи
wiring ~ проводное соединение, *проф.* проводная связь (*на печатной плате*)
pathname 1. полное [путевое] имя (*файла*) **2.** путевое имя (*сообщения в сети*)
absolute ~ полное [путевое] составное имя
pathway магистраль
pattern 1. образец; шаблон; трафарет; модель ‖ моделировать **2.** (конкретный) набор; конфигурация, (конкретная) комбинация (*напр. символов*) **3.** схема; структура **4.** образ, изображение ‖ формировать изображение **5.** рисунок; картина; узор ‖ наносить рисунок **6.** рельеф **7.** (потенциальный) рельеф **8.** кодограмма **9.** стереотип **10.** копия ‖ копировать
array ~ матричная структура
arrival ~ *ТМО* структура входящего потока
background display ~ фоновое изображение (на экране)
bit ~ набор (двоичных) разрядов; битовая комбинация, конфигурация битов
checkerboard ~ шахматная конфигурация
chip ~ (кодовая) комбинация элементарных посылок
circuit ~ рисунок схемы
conductive ~ проводящий рисунок
conductor ~ картина расположения проводников
dot ~ **1.** точечное изображение **2.** точечный растр

editing ~ шаблон редактирования

electrostatic charge ~ потенциальный рельеф

error ~ карта ошибок (*напр. на экране дисплея*)

etch ~ вытравленный рисунок (*печатной платы*)

exhaustive ~ 1. тестовый набор со всеми возможными входными векторами, исчерпывающий (тестовый) набор 2. полный набор комбинаций (*входных сигналов*)

failure ~ модель отказов

fixed interconnection ~ жёсткая [фиксированная] разводка (*ИС*)

hole ~ конфигурация пробивок (*напр. на перфокарте*)

input(-stimulus) ~ входной вектор, входной набор (*при тестировании*)

interconnection ~ рисунок (меж)соединений

interrogation ~ комбинация (*кода*) в опрашивающем регистре (*в ассоциативном ЗУ*)

keyboard layout ~ схема расположения клавиш в клавиатуре

line ~ конфигурация линий связи

loading ~ схема загрузки

mask ~ шаблон маски

metallization ~ рисунок металлизации, рисунок разводки

name ~ шаблон имени (*определяющий условия его формирования*)

nonconductive ~ непроводящий рисунок

optimum merging ~ схема оптимального слияния (*напр. по числу проходов*)

output (response) ~ выходной вектор, выходной код (*при тестировании*); набор выходных откликов

photoetched ~ рисунок после фототравления

pixel ~ 1. конфигурация элементов изображения 2. точечное изображение

pseudorandom ~ псевдослучайный код

pulse ~ временная́ диаграмма (следования) импульсов

random ~ случайный код (*при тестировании*)

reference ~ эталонный образ (*при распознавании образов*)

search ~ схема поиска

select ~ кодовая комбинация выборки (*в ассоциативном ЗУ*)

sound ~ звуковой образ (*в распознавании речи*)

spatial ~ 1. пространственная структура 2. пространственное изображение 3. пространственная картина

stored (charge) ~ накопленный (потенциальный) рельеф

temporal ~ 1. временна́я структура 2. временна́я картина

test ~ 1. тестовый шаблон 2. тестовый вектор, тестовый набор; испытательная комбинация

thick-film ~ рисунок толстоплёночной схемы

thin-film ~ рисунок тонкоплёночной схемы

tiling ~ ячеистая форма (*в технике изготовления БИС*)

traffic ~ модель трафика (*в сети передачи данных*)

training ~ обучающий образ

patterning формирование (скрытого) изображения рисунка (*в фоторезисте*); нанесение рисунка

electron-beam ~ формирование (скрытого) изображения рисунка электронным лучом

optical ~ формирование (скрытого) изображения рисунка фотоспособом

submicrometer ~ нанесение рисунка с субмикронными проектными нормами

peak пик, высшая точка; максимум; вершина (*кривой*) ‖ пиковый; максимальный

peak-to-peak 1. полный размах

(колебания) **2.** двойная амплитуда

pecker считывающий штифт (*в перфокарточном или перфоленточном оборудовании*)

peek наблюдатель (*программа, анализирующая состояние активных процессов в ЛИСП-машине*)

peek-a-boo «на просвет» (*о методе проверки, напр. перфокарт*)

peg стержень (*в ЗУ на магнитных стержнях*)

pen:
  ball-point ~ шариковое перо, шариковый пишущий элемент (*в графопостроителе*)
  beam ~ электронное перо
  capillary-flow ~ перо с капиллярной подачей (*чернил*)
  control light ~ управляющее световое перо
  fiber-tip ~ перо типа фломастера (*в графопостроителе*)
  ink ~ чернильное перо
  light ~ световое перо
  marking ~ карандаш для нанесения (*напр. магнитных*) меток
  photomultiplier light ~ световое перо с фотоумножителем
  pencil 1. пишущий элемент, карандаш **2.** *матем.* семейство
  ball-point ~ шариковый карандаш, шариковый пишущий элемент (*в графопостроителе*)

pending:
  interruption ~ задержка прерывания

penetration проникновение; преодоление защиты

penumbral частично отвечающий запросу (*о документе в ИПС*)

people:
  EDP ~ специалисты в области электронной обработки данных; персонал, связанный с электронной обработкой данных
  non-EDP ~ персонал, не свя-

занный с электронной обработкой данных

percentile *стат.* процентиль

percept объект восприятия (*в СИИ*)

perception:
  artificial ~ искусственное восприятие (*напр. при распознавании знаков*)
  speech ~ восприятие речи; распознавание речи
  visual ~ зрительное восприятие

perceptron *киберн.* перцептрон

perforate перфорировать, пробивать отверстия

perforation 1. перфорирование, перфорация, пробивание [пробивка] отверстий **2.** перфорация, отверстие, пробивка
  marginal ~ краевая перфорация
  tape ~ пробивание [пробивка] отверстий в (бумажной) ленте

perforator перфоратор (*см. тж* **punch, puncher**)

perform выполнять (*операцию*); производить (*действие*)

performance 1. (рабочая) характеристика **2.** производительность; эффективность **3.** выполнение (*операции*); исполнение **4.** качество функционирования
  automatic ~ *киберн.* автоматизм
  estimated ~ расчётная характеристика
  micropower ~ характеристика в микроваттном диапазоне мощностей
  network ~ производительность сети
  overall ~ **1.** общая рабочая характеристика **2.** общая производительность
  recall ~ эффективность восстановления знаний (*по формальному представлению*)
  statistical ~ статистическая характеристика
  sustained mode ~ средняя производительность; произво

дительность в нормальном режиме

system ~ характеристика системы

timing ~s временны́е характеристики

transient ~ переходная характеристика

period 1. период, промежуток (*времени*) **2.** точка (*в конце предложения*)

action ~ активный период (*работы ЗУ*)

delay ~ время задержки

digit ~ период (одного) разряда

error-free running ~ время безошибочной работы

latency ~ время ожидания

natural ~ период собственных колебаний

off ~ **1.** период размыкания **2.** междуимпульсный интервал

on ~ период замыкания

performance ~ рабочий период

reference ~ **1.** базовый период **2.** отрезок времени, соответствующий собранным данным

refractory ~ *киберн.* рефракторный период

retention ~ период сохранности (*напр. записей на магнитной ленте*)

return ~ *стат.* период временно́го ряда

shakedown ~ **1.** период освоения (*системы*); период приработки (*системы*); начальный период использования **2.** этап опытной эксплуатации

storage cycle ~ время цикла запоминающего устройства

stress ~ пиковый период, период пиковой рабочей нагрузки

transient [transitory] ~ длительность переходного процесса; время установления

useful life ~ период нормальной эксплуатации

word ~ период (передачи) слова

periodogram периодограмма,

график спектральной функции

peripheral периферийное устройство ‖ периферийный; внешний; *pl* периферийное оборудование, периферийные устройства, *проф.* периферия; внешнее оборудование, внешние устройства

input ~s периферийные устройства ввода

intelligent ~s интеллектуальные периферийные устройства

machine-room ~s внешние устройства, расположенные в машинном зале

output ~s периферийные устройства вывода

peripheral-limited ограниченный периферийным *или* внешним оборудованием

permanent постоянный, неизменный, долговременный

permutation 1. перестановка **2.** размещение

cyclic ~ циклическая перестановка

persistence послесвечение (*экрана*)

personal персональный

personality индивидуальная особенность; специализация

personalization 1. индивидуализация (*схемы на базовом кристалле*) **2.** персонализация (*вычислений на основе применения персональных ЭВМ*)

personnel:

computer ~ обслуживающий персонал вычислительной машины

perspective 1. перспектива **2.** построение перспективы (*в машинной графике*)

pertinency релевантность (*информации*)

phase фаза, этап ‖ фазировать

acceptance ~ этап приёмки (*готовой системы*)

analysis ~ фаза исследований

assembling [assembly] ~ фаза компоновки [сборки] (*про-*

граммы); этап компоновки [сборки] (*программы*)

compile [compiling] ~ фаза компиляции; этап компиляций

execute [executing] ~ исполнительная фаза (*команды или программы*)

fetch ~ фаза выборки (*команд из памяти*)

implementation ~ этап реализации (*системы*)

locking ~ фаза захвата; фаза блокировки

object ~ фаза (первого) прогона программы (*после составления или трансляции*)

requirements ~ этап определения требований (*к проектируемой системе*)

run [target] ~ фаза (первого) прогона программы (*после составления или трансляции*)

technical shakedown ~ этап освоения технических средств

translate [translating] ~ фаза трансляции

phasemeter фазометр

synchro ~ сельсин-фазометр

phasing фазирование, фазировка

phenomenon:

hole-storage ~ *пп* явление накопления дырок

transport ~ явление переноса

Zener ~ эффект Зенера

philosophy:

design ~ 1. принципы проектирования 2. конструктивные особенности

test ~ основные принципы проведения испытаний

phobia:

computer ~ машинобоязнь

phosphor фосфо́р, люминофор

electroluminescent ~ электролюминесцентный фосфо́р, электролюминофор

fast ~ фосфо́р с кратковременным послесвечением

long-persistence ~ фосфо́р с длительным послесвечением

photoluminescent ~ фотолюминесцентный фосфо́р

slow [storage] ~ фосфо́р с длительным послесвечением

photocell фотоэлемент

barrage [barrier-film, barrier-layer] ~ фотоэлемент с запирающим слоем

blackbody ~ фотоэлемент с полным поглощением света

secondary emission ~ фотоэлемент с вторичной эмиссией; фотоумножитель; фотоэлектронный умножитель, ФЭУ

photoconductor фоторезистор, фотопроводник

thin-film ~ тонкоплёночный фоторезистор

photocopier фотокопировальное устройство

photocurrent фототок

photodiode фотодиод

avalanche ~ лавинный фотодиод

backward ~ обращённый фотодиод

thin-film ~ тонкоплёночный фотодиод

photodisk фотодиск

photoeffect фотоэффект

extrinsic ~ внешний фотоэффект

inner [intrinsic] ~ внутренний фотоэффект

photoetching фототравление, формирование рисунка фотохимическим способом

photoimpact воздействие световым импульсом

photointerpreter фотоинтерпретатор, интерпретатор фотографических изображений

photoisolation фотоизоляция

photomask фотомаска, фотошаблон

photomasking работа с фотомасками; фотолитография

photomicrography микрофотография, фотографирование микрообъектов

photomultiplier фотоумножитель, фотоэлектронный умножитель, ФЭУ

photooscillogram фотоосциллограмма

photoplate:
   hologram ~ фотопластинка с голограммой
photoplotter фотопостроитель, графопостроитель с фотовыводом
photoprinter фотопечатающее устройство
photoprocessing 1. фотообработка **2.** фотолитография
photoreader фотоэлектрическое считывающее устройство
photoreduction уменьшение (изображения) фотографическим способом
photoresist фоторезист
   double ~ двойной фоторезист, двойной слой фоторезиста
   negative ~ негативный фоторезист
   positive ~ позитивный фоторезист
photoresistor фоторезистор
photosensitive светочувствительный
photosensor фотодатчик
photostore фотопамять
photoswitch фотореле
phototransistor фототранзистор
phototube фотоэлемент
   (electron-)multiplier ~ фотоумножитель, фотоэлектронный умножитель, ФЭУ
photovaristor фотоваристор
photran фотран (*управляемый светом p—n—p—n-переключатель*)
phrase фраза, выражение, оборот; (синтаксическая) конструкция
   Boolean ~ булево выражение
   noun ~ именная конструкция
   participal ~ причастный оборот
   prepositional ~ предложный оборот
   simple ~ простая фраза
   verb ~ глагольная конструкция
physics of failure(s) механизм [физика] отказов

picking:
   menu ~ выбор из меню
pickup 1. приспособление для съёма, съёмник (*сигнала*); датчик; чувствительный элемент **2.** наводка **3.** считывание, съём (*сигнала*)
   capacitive ~ **1.** ёмкостный датчик **2.** ёмкостная наводка **3.** ёмкостное считывание
   electrostatic ~ электростатическая наводка
   inductive ~ **1.** индуктивный датчик **2.** индуктивная наводка **3.** индуктивное считывание
   magnetic ~ электромагнитная наводка
   noise ~ наводка
   photoelectric ~ **1.** фотоэлектрический датчик **2.** фотоэлектрическое считывание
picoprogramming пикопрограммирование
picosecond пикосекунда, пс (10^{-12} с)
picture 1. изображение **2.** шаблон; образец (*напр. при редактировании данных*)
   gray-scale ~ полутоновое изображение
   video ~ изображение на экране (*ЭЛТ*)
piece of information порция информации
piggyback 1. ярусное расположение (*корпусов ИС*) ‖ располагать (*корпуса ИС*) ярусами; располагать (*корпус ИС*) на крышке нижележащего корпуса **2.** совмещать передачу прямых и обратных пакетов
pig-pen *sl* знак #, номер (*название символа*)
piling-up набегание знаков (*при печатании*)
pin 1. (контактный) штырёк; штифт; штекер **2.** вывод; контакт **3.** пуансон
   bent-under ~ подогнутый вывод (*микросхемы*)
   chip ~ вывод кристалла
   control ~ управляющий вывод

data ~s информационные выводы (*в отличие от сигнальных*)

drive ~ направляющий штырёк (*в разъёме платы*)

feeler ~ считывающий штифт (*в перфокарточном или перфоленточном оборудовании*)

input ~ 1. входной вывод 2. входной штырёк

input/output ~s выводы входов-выходов

low-active ~ вывод с активным низким уровнем сигналов

output ~ 1. выходной вывод 2. выходной штырёк

primary ~s первичные выводы

punch ~ (пробивной) пуансон, пробойник (*в перфораторе*)

sensing ~ считывающий штифт (*в перфокарточном или перфоленточном оборудовании*)

spring-loaded ~ подпружиненный контакт

strapping ~ связывающий вывод, связывающий контакт (*переопределяющий назначение других выводов при подаче на него сигнала*)

test ~ контрольный вывод

wire-wrap ~ штырёк для монтажа накруткой

pinboard коммутационная панель; коммутационная доска; штекерная панель; наборное поле

pin-compatible совместимый по разъёму *или* выводам

pin-feed (лентопротяжная) звездчатка

ping-pong пинг-понговый (*о методе считывания и записи многобобинных файлов*)

pinhole прокол, микроканал, пóра

pinout 1. вывод (*микросхемы*) 2. схема расположения выводов, цоколёвка (*ИС*)

high ~ удлинённый вывод (*в БИС для печатных плат*)

pip 1. выброс (*кривой*) 2. (острый) импульс (*на экране*)

pipe канал

light ~ световод, светопровод

pipelinability возможность организации конвейерной обработки (*данных*), конвейеризуемость обработки (*данных*)

pipeline конвейер ‖ конвейерный

arithmetic ~ конвейер (для выполнения) арифметических операций, арифметический конвейер

N-stage ~ N-каскадный конвейер, N-ступенчатый конвейер

processor ~ процессорный конвейер

virtual ~ виртуальный конвейер

pipelined конвейеризованный, с конвейерной организацией

pipelining 1. конвейерный режим 2. конвейерная обработка

address ~ конвейерная обработка адресов

instruction ~ конвейерная обработка команд

piping of data конвейерная пересылка данных (*с выхода одной программы на вход следующей*)

piracy:

program ~ незаконное копирование программ

software ~ нарушение авторских прав на программное обеспечение

pitch основной тон (*речевого сигнала*)

array ~ шаг матрицы; шаг сетки

character ~ шаг расположения знаков (*в строке*)

feed ~ 1. шаг подачи 2. шаг перфорации

line ~ шаг строки

row ~1. шаг строки (*пробивок на перфокарте или перфоленте*) 2. наклон [тангаж] строки

track ~1. шаг дорожки 2. наклон [тангаж] дорожки

pixel (минимальный) элемент изображения

edge ~ краевой элемент изображения (*находящийся на контуре объекта*)

starting ~ стартовый элемент изображения

pixel-by-pixel поэлементный

pixel-cruncher (быстродействующее) устройство обработки изображений

pixelization разложение изображения на (минимальные) элементы

PLA программируемая логическая матрица, ПЛМ

cross-point irredundant ~ ПЛМ без избыточных узлов

folded ~ «свёрнутая» ПЛМ (*с уменьшенным числом шин*)

full ~ полная ПЛМ (*с полным набором вертикальных и горизонтальных шин*)

functional ~ многофункциональная ПЛМ

place 1. разряд 2. место (*знака*); позиция (*разряда*)

binary ~ двоичный разряд

decimal ~ десятичный разряд

placeholder структурный нуль (*прочерк по причине бессмысленности присваивания некоторого значения, предусмотренного жёстким форматом*)

placement:

constructive [initial] ~ конструктивное [начальное] размещение (*элементов*)

loose ~ предварительное [свободное] размещение (*элементов*)

min-cut ~ размещение (*элементов*) с минимальным числом пересечений

seeded ~ размещение «посевом» (*способ компоновки с заданием начального варианта размещения элементов*)

plaintext открытый [незашифрованный] текст

plan:

chip floor ~ базовый план кристалла

decision ~ схема принятия решений (*при управлении процессами или объектами*)

floor ~ архитектурный план (*кристалла микропроцессора*); компоновочный план (*размещения кристаллов на плате*)

loose layout ~ предварительный [свободный] топологический план (*БИС*)

test ~ план проведения испытаний

planar планарный, плоский

planarization планаризация

plane 1. матрица, плата (*ЗУ*) 2. плоскость 3. плата; панель

AND ~ И-матрица (*в ПЛМ*)

back ~ соединительная плата; соединительная панель

bare printed ~ несмонтированная печатная плата, *проф.* «голая» печатная плата

bit ~ разрядная матрица

buried-layer ~ подслой, внутренний слой (*печатной платы*)

calibration ~ 1. контрольная матрица; эталонная матрица 2. контрольная плата; эталонная плата

core ~ ферритовая матрица, матрица [плата] ферритовых сердечников

digit ~ разрядная матрица

ground ~ «земляной» слой (*печатной платы*)

half ~ *матем.* полуплоскость

heat-spreading ~ теплоотводящая плата

loaded printed ~ смонтированная печатная плата (*с установленными компонентами*)

magnetic core ~ ферритовая матрица; матрица [плата] магнитных сердечников

memory ~ матрица [плата] памяти

OR ~ ИЛИ-матрица (*в ПЛМ*)

potential ~ потенциальная плоскость (*для моделирования*)

reference ~ 1. контрольная матрица; эталонная матрица 2. контрольная плата; эталонная плата

storage ~ матрица [плата] запоминающего устройства

voltage ~ слой питания (*печатной платы*)

planner блок планирования, планировщик (*программа*)

task ~ планировщик (запуска и прохождения) задач

planning:

multiagent ~ множественное планирование (*действий нескольких активных объектов, напр. роботов, при совместном решении ими одной задачи*)

system ~ планирование разработки системы

plant 1. «прятать» (*команду в памяти*) **2.** предприятие **3.** производственное оборудование, агрегат **4.** объект (*управления*)

plate 1. пластина **2.** плата **3.** диск (*в ЗУ*) **4.** *амер.* анод

aperture ferrite ~ многодырочная ферритовая плата

base ~ подложка

magnetic ~ **1.** плата магнитного запоминающего устройства **2.** магнитный диск

matrix ~ матричная пластина (*конструктивный элемент пневматических вычислительных схем*)

multiaperture ferrite ~ многодырочная ферритовая плата

pickup ~ сигнальная [воспринимающая] пластина (*в запоминающих ЭЛТ*)

reading ~ анод считывания (*в селектроне*)

replacement ~ плата замены, резервная плата

writing ~ анод записи (*в селектроне*)

platen валик (*в печатающем устройстве*)

pinfeed ~ игольчатый валик подачи (*бумажной ленты*)

plating 1. покрытие **2.** металлизация

jet ~ нанесение покрытия струйным методом

vapor ~ покрытие методом испарения

platter жёсткий диск

play *т. игр* игра, партия ‖ играть; принимать в игру; делать ход, ходить

~ **of chance** игра случая, случайность

~ **of pure chance** чистая случайность

playback 1. воспроизведение **2.** считывание

hologram ~ воспроизведение голограммы

magnetic-drum ~ считывание с магнитного барабана

magnetic-tape ~ считывание с магнитной ленты

player *т. игр* игрок

maximizing ~ максимизирующий (*обычно первый*) игрок

minimizing ~ минимизирующий (*обычно второй*) игрок

playing пропускание, прогон (*магнитной ленты*)

plex сеть; сплетение (*в базах данных*)

plot 1. график; кривая; диаграмма ‖ вычерчивать график, кривую *или* диаграмму **2.** *т. игр* план игры

chip ~ чертёж кристалла

hard-copy ~ графическая документальная копия

plotter 1. графопостроитель; графическое регистрирующее устройство; самописец **2.** программа графического вывода

analog ~ аналоговый графопостроитель

belt-bed ~ графопостроитель с ленточной подачей (бумаги), ленточный графопостроитель

calligraphic ~ каллиграфический графопостроитель (*в отличие от растрового*)

color ~ цветной графопостроитель

coordinate ~ (двух)координатный графопостроитель, построитель кривых в декартовых координатах

curve ~ построитель кривых

data ~ графопостроитель

digital ~ **1.** (цифровой) графопостроитель **2.** дискретный

графопостроитель (*с дискрет-
ным перемещением пера*)
digital point ∼ (цифровой)
координатный графопостроитель
display console ∼ графический дисплей
drum ∼ графопостроитель барабанного типа, барабанный
графопостроитель
electrostatic ∼ электростатический графопостроитель
flatbed ∼ графопостроитель
планшетного типа, планшетный графопостроитель
graph ∼ графопостроитель
incremental ∼ инкрементный
графопостроитель
laser ∼ лазерный графопостроитель
layout ∼ программа графического вывода топологии
(*ИС*)
multicolor ∼ многоцветный
графопостроитель
multiple-pen ∼ многоперьевой
графопостроитель
on-line ∼ графопостроитель
с управлением от ЭВМ
optical-display ∼ графический дисплей
page ∼ страничный графопостроитель, графопостроитель
с постраничным выводом
pen-type ∼ перьевой графопостроитель
point ∼ точечный графопостроитель
raster ∼ растровый графопостроитель
sheet-fed ∼ графопостроитель
с полистовой подачей (бу-
маги)
tape-driven ∼ графопостроитель с управлением от ленты
X-Y (coordinate) ∼ (двух-)
координатный графопостроитель, построитель кривых в
декартовых координатах
plotting черчение; рисование;
работа графопостроителя
automatic ∼ автоматическое
черчение; автоматическое ри-

сование (*с помощью графопостроителя*)
continuous ∼ непрерывное
вычерчивание (*напр. кривых*)
discrete ∼ дискретное вычерчивание (*простановкой отдельных точек*)
point ∼ построение графиков
по точкам
probability ∼ вычерчивание
вероятностных кривых
vector ∼ векторное вычерчивание (*графиков*)
plug 1. (штепсельный) разъём;
штепсель **2.** (контактный)
штырёк; штекер **3.** вставлять
в (контактное) гнездо
DIP ∼ (штепсельный) разъём
для корпусов (типа) DIP
multiconductor ∼ многоконтактный [многоштырьковый]
(штепсельный) разъём
N-pin ∼ N-контактный (штепсельный) разъём
two-pin ∼ двухконтактный
[двухштырьковый] (штепсельный) разъём, двухконтактная
вилка
plug-and-play ориентированный
на простое включение в
(электро)сеть
plug-and-socket разъём ‖ разъём-
ный соединитель
plugboard коммутационная панель; коммутационная доска;
штекерная панель; штепсельная панель; наборное поле
detachable ∼ съёмная коммутационная панель
**patch-program [program patch-
ing]** ∼ панель для набора программ
removable ∼ съёмная коммутационная панель
plug-compatible 1. совместимый
по разъёму **2.** (полностью)
совместимый
pluggable, plug-in съёмный,
сменный
plug-wire коммутационный шнур
plus 1. плюс (*знак*) **2.** положительная величина
ply пропускать (*ленту*)
pocket карман

card ~ карман для (перфо-) карт

reception ~ приёмный карман

reject ~ карман (для) отбракованных (перфо)карт, *проф.* карман брака

pod переходная приставка; переходное устройство

personality ~ модуль специализации, индивидуальный модуль (*в логических анализаторах*)

point 1. точка, пункт 2. точка (*знак*) 3. запятая (*в дробях*)

~ **of detection** точка [место] обнаружения (*ошибки*)

~ **of discontinuity** точка разрыва

~ **of intersection** точка пересечения

~ **of origin** точка [место] происхождения (*ошибки*)

~ **of sample space** выборочная точка

~ **of self-intersection** точка самопересечения

access ~ точка доступа (*в схему*); точка входа

actual ~ реальная запятая (*для обозначения которой имеются специальные разряды*)

addressable ~ адресуемая точка (*на экране дисплея*)

adjustable ~ регулируемая (фиксированная) запятая

arithmetic ~ запятая в позиционном представлении числа

assumed ~ предполагаемая запятая (*положение которой в разрядном формате числа заранее оговорено*)

base ~ запятая в позиционном представлении числа

binary ~ двоичная запятая, запятая в двоичном числе

branch(ing) ~ точка ветвления

break ~ 1. место останова, точка (возможного) прерывания (*программы*) 2. *матем.* точка разрыва

check ~ 1. контрольная точка

2. точка контрольной разгрузки (*в программе*); точка контрольного перезапуска (*программы*)

choice ~ точка выбора (альтернативы) (*в дереве перебора*)

commit ~ точка фиксации (*транзакции*)

connection ~s соединяемые точки, точки, подлежащие соединению (*при трассировке схем*)

control ~ контрольная точка

create ~ точка [место] формирования (*данных*)

critical ~ 1. критическая точка 2. *матем.* особая точка

cuspidal ~ точка возврата

dead ~ мёртвая точка

decimal ~ десятичная запятая, запятая в десятичном числе

driving ~ задающий вход; управляющий вход

dump ~ точка контрольной разгрузки (*в программе*)

end ~ конечная точка; точка конца (*напр. загрузки*)

entry ~ точка входа, вход

exit ~ точка выхода, выход

fan-out ~ точка разветвления (*в схеме*)

feasible ~ допустимая точка

fixed ~ 1. неподвижная точка 2. фиксированная запятая

floating ~ плавающая запятая

focal ~ центральный узел (*сети*)

freeze ~ **in specification** момент «замораживания» спецификаций (*в процессе разработки системы*)

hot ~ последняя точка (*напр. рисуемого на экране изображения*)

index 1. индексная позиция 2. индексная точка (*синхронизирующая аппаратная метка, напр. на диске*)

insertion ~ точка [место] вставки

interruptable ~ точка прерывания

invocation ~ точка вызова

kill ~ этап критического анализа

lattice ~ узел решётки

load ~ точка загрузки (*начало области записи или считывания на магнитной ленте*)

matrix ~ ячейка матрицы

merge ~ точка слияния; узел слияния (*на блок-схеме*)

movable ~ *редк.* плавающая запятая

node ~ узловая точка, узел

operating ~ рабочая точка

parameter ~ значение параметра

primary entry ~ основная точка входа

R ~ точка перезапуска (*программы после сбоя*)

radix ~ запятая в позиционном представлении числа

reentry ~ точка повторного входа

reference ~ опорная точка; контрольная точка

rerun [rescue, restart] ~ точка перезапуска (*программы после сбоя*)

return ~ точка возврата (*напр. из подпрограммы*)

rollback ~ точка перезапуска (*программы после сбоя*)

saddle ~ *т. игр* седловая точка

sample ~ *стат.* выборочная точка, элемент выборки

secondary entry ~ дополнительная точка входа

sense ~ точка (для) считывания

set ~ заданное значение, уставка; контрольная точка

singular ~ *матем.* особая точка

source ~ источник (*начальная точка трассируемого соединения*)

stable ~ устойчивая точка

strategic check ~ существенная контрольная точка

substitution ~ точка подстановки

summing ~ точка суммирования; точка объединения

switching ~ элемент коммутации; точка переключения

test ~ контрольная точка (*для улучшения контролепригодности схемы*)

transition ~ точка перехода (*в другое состояние*)

unstable ~ неустойчивая точка

use ~ точка [место] использования (*данных*)

valley ~ точка минимума тока (*на вольтамперной характеристике туннельного диода*)

vanishing ~ точка схода (*в дисплее*)

variable ~ перемещаемая (фиксированная) запятая

via ~ промежуточная точка

well-distributed ~s хорошо размещённые точки

point-contact с точечным контактом, точечно-контактный, точечный

pointer указатель

address ~ указатель адреса

back-link [backward] ~ обратный указатель

base ~ указатель базы (*напр. адреса*)

bidirectional ~ двунаправленный указатель

buffer ~ указатель буфера

child ~ указатель на подчинённый элемент (*в иерархической структуре*)

command ~ указатель команд (*в микропрограммной памяти*)

current line ~ указатель текущей строки

current record ~ указатель текущей записи

dangling ~ необеспеченный указатель, *проф.* висячий [зависший] указатель

embedded ~ встроенный указатель

explicit ~ явный указатель

forward ~ прямой указатель

hierarchical ~ иерархический указатель

horizontal ~ горизонтальный указатель

hybrid ~ смешанный указатель (*имеющий логическую и физическую части*)

interrupt ~ (регистр-)указатель прерывания

list ~ указатель списка

next ~ прямой указатель, указатель следующего элемента

offset ~ указатель смещения (*адреса*)

parent ~ указатель на родительский элемент (*в иерархической структуре*)

prior ~ обратный указатель, указатель предыдущего элемента

queue ~ указатель очереди

service ~ 1. указатель служебной программы 2. служебный указатель

stack ~ указатель стека

urgent ~ указатель срочности (*сообщения*)

vertical ~ вертикальный указатель

point-of-sale кассовый терминал

point-to-point двухточечный, двухпунктовый (*о линии передачи*)

polarity:

I/O ~ полярность сигналов на входах и выходах (*в ПЛМ*)

logic ~ полярность логических сигналов

policy:

data ~ политика в области систем обработки данных, политика в области информационной технологии

database selection ~ стратегия отбора информации для ввода в базу данных

poll (упорядоченный) опрос (*абонентов*) ‖ опрашивать (*абонентов*) в определённом порядке

general ~ общий опрос

parallel ~ параллельный опрос

serial ~ последовательный опрос

status ~ опрос состояния

polling (упорядоченный) опрос (*абонентов*)

message ~ опрос для передачи сообщений (*в сетях*)

polycode многоаспектный код, многоаспектный шифр (*в системах классификации и кодирования*)

polygon полигон, многоугольник

strategy ~ *т. игр* полигон стратегий

polyline 1. ломаная (линия) (*графический примитив*) 2. полилиния (*графический примитив в виде отрезков линий и дуг*)

polymarker полимаркер (*в машинной графике*)

polymorphic полиморфный, с возможностью реконфигурации

polynomial многочлен, полином ‖ полиномиальный

nested ~ вложенный многочлен

polysemanticism *лингв.* полисемия, многозначность

polyvalence многопараметрическая представимость, многопараметрическое представление

polyvalent многопараметрический

pool пул; накопитель

buffer ~ буферный пул

constant ~ набор констант

foresight ~ *лингв.* накопитель предсказаний

hindsight ~ *лингв.* накопитель конфликтов

literal ~ пул литералов (*в памяти*)

page ~ пул страниц

prediction ~ *лингв.* накопитель предсказаний

task ~ задачный пул

version ~ пул версий (*обновляемых страниц памяти*)

pop выталкивание (*данных*) из стека ‖ выталкивать (*данные*)

из стека ◊ **to** ~ **up** высвечивать(ся) на экране
populate заполнять, наполнять
population 1. совокупность **2.** *стат.* генеральная совокупность **3.** заполнение
fault ~ множество неисправностей (*рассматриваемое при верификации теста*)
mixed ~ смешанная совокупность
parent ~ генеральная совокупность
sampled ~ генеральная совокупность выборки
yes-or-no ~ совокупность элементов типа «да — нет»
port 1. порт (*многоразрядный вход или выход в устройстве*) **2.** переносить (*напр. программу с одной машины на другую*) **3.** двухполюсник
bidirectional ~ двунаправленный порт
buffered ~ порт с буфером
built-in ~ встроенный порт
command ~ порт команд
data ~ порт данных
general-purpose ~ порт общего назначения
input ~ порт ввода
input-output ~ порт ввода-вывода
latched ~ порт с (регистром-) защёлкой
multifunctional ~ многофункциональный порт
N-bit ~ N-разрядный порт
network ~ сетевой порт
nonshared ~ порт индивидуального использования
optical ~ оптический порт
output ~ порт вывода
parallel ~ параллельный порт
ring ~ порт кольцевой сети
serial ~ последовательный порт
terminal ~ порт терминала
unlatched ~ порт без (регистра-)защёлки
portability 1. транспортабельность **2.** мобильность, переносимость

software ~ мобильность программного обеспечения
port-a-punch (ручной) пробойник, компостер
porting 1. перенесение (*напр. программы с одной машины на другую*) **2.** подсоединение, подключение (*напр. нового абонентского пункта к сети*)
portion 1. узел; блок (*см. тж* **unit**) **2.** часть (*см. тж* **part**)
address ~ адресная часть (*команды*)
arithmetic ~ арифметический узел, арифметический блок
control ~ узел [блок] управления
position 1. позиция; (место-) положение ‖ позиционировать **2.** место (*цифры*); разряд (*числа*)
beginning ~ исходное положение
bit ~ позиция двоичного разряда; двоичный разряд
character ~ расположение знака
check ~ **1.** контрольная позиция **2.** контрольный разряд
code ~ кодовая позиция (*напр. на перфоленте*)
decimal ~ десятичный разряд
digit ~ цифровая позиция; цифровой разряд, разряд числа
eleven ~ 11-я позиция пробивки в колонке (*на 80-колонной перфокарте*)
firm ~ твёрдая позиция (*АЛГОЛ 68*)
high-order ~ старший разряд
home ~ исходное положение
horizontal ~ позиция по горизонтали
key ~ **1.** знакопозиция (*на клавиатуре*) **2.** положение ключа
leftmost ~ крайний левый разряд
losing ~ проигрышная позиция (*в дереве игры*)
low-order ~ младший разряд
number ~ разряд числа
off ~ положение «выключе-

но», выключенное положение
on ~ положение «включено»,
включённое положение
overflow (digit) ~ разряд
переполнения
point ~ положение запятой
(в числе)
print(ing) ~ позиция печатаемого знака, печатаемая позиция
pulled ~ отжатое положение
(кнопки)
punch(ing) ~ перфорационная позиция, положение пробивки
rightmost ~ крайний правый
разряд
sign ~ знаковый разряд, разряд знака
significant ~ значащий разряд
soft ~ мягкая позиция
(АЛГОЛ 68)
storage ~ ячейка запоминающего устройства
strong ~ сильная позиция
(АЛГОЛ 68)
syntactic ~ контекстная позиция (АЛГОЛ 68)
ten ~ 10-я (иногда называемая 12-й) позиция пробивки
в колонке (на 80-колонной
перфокарте)
terminal ~ конечная позиция
(в дереве игры)
twelve ~ 12-я (иногда называемая 10-й) позиция пробивки в колонке (на 80-колонной
перфокарте)
units ~ младший разряд, разряд единиц (целого числа)
vertical ~ позиция по вертикали
weak ~ слабая позиция
(АЛГОЛ 68)
winning ~ выигрышная позиция (в дереве игры)
X-~ 1. X-позиция, 11-я позиция пробивки в колонке (на
80-колонной перфокарте) **2.**
X-позиция, 10-я (иногда называемая 12-й) позиция пробивки в колонке (на 80-колонной перфокарте)

Y-~ 1. Y-позиция, 10-я (иногда называемая 12-й) позиция пробивки в колонке (на
80-колонной перфокарте) **2.**
Y-позиция, 11-я позиция пробивки в колонке (на 80-колонной перфокарте)
positioner:
band ~ позиционер группы
дорожек
positioning 1. расположение,
размещение **2.** установка в
определённое положение; установка на место; позиционирование **3.** юстировка
card cornering ~ укладка колоды (перфо)карт срезом в
одну сторону
cursor ~ позиционирование
курсора
head ~ позиционирование головки
positive ~ принудительная
фиксация положения (напр.
вакуумным подсосом)
track-to-track ~ позиционирование при переходе с дорожки на дорожку
positive положительная величина ‖ положительный; позитивный
positive-edge-triggered со срабатыванием по положительному фронту
positive-going 1. нарастающий
(о фронте сигнала) **2.** положительный (о сигнале)
post 1. регистрировать **2.** записывать единицу информации
(напр. в файл)
postamble заключительная часть
(сообщения); заключение (отмечающее конец записи) ‖ заключительный
postbyte постбайт
postcalculation поствычисление
postcondition постусловие, выходное условие
postediting постредактирование
postindexing постиндексация;
постиндексирование
posting 1. регистрация **2.** запись
единицы информации (напр.
в файл)

event ~ регистрация события

facsimile ~ факсимильная [фототелеграфная] связь

postlude заключение, заключительная часть (*программы*)

library ~ библиотечная заключительная часть

postmortem 1. постпрограмма (*программа контроля выполненных вычислений*) 2. *проф.* «посмертный» (*о выдаче данных, на которые повлияли неблагоприятные условия в системе*)

postmultiplication умножение в обычном порядке (*начиная с младшего разряда*)

postmultiply умножать в обычном порядке (*начиная с младшего разряда*)

postnormalization постнормализация, нормализация результата

postnormalize нормализовать результат

postprocessing постобработка, заключительная обработка

postprocessor постпроцессор

postulate постулат

independent ~ независимый постулат

postulational аксиоматический, основанный на постулатах

pot 1. зарезервированная область памяти 2. потенциометр

potential потенциал; напряжение ‖ потенциальный

data processing ~ возможности обработки данных

discrimination ~ разделяющий потенциал (*в распознавании образов*)

ground ~ потенциал земли; нулевой потенциал

potentiometer потенциометр

cam ~ кулачковый потенциометр

coefficient-setting ~ потенциометр (для) установки коэффициента

digital ~ цифровой потенциометр

hand(-set) coefficient ~ потен-

циометр (для) установки коэффициента вручную

helical ~ спиральный потенциометр

resolving ~ решающий потенциометр

servo(-set) coefficient ~ потенциометр (для) установки коэффициента с помощью сервопривода

zero-based-linearity ~ потенциометр с линейностью относительно нуля

potting герметизация, заливка (*пластмассой, компаундом*)

power 1. мощность; энергия 2. способность 3. производительность 4. степень, показатель степени ◊ **to raise to a** ~ возводить в степень

~ **of apprehension** мыслительные способности

~ **of number** степень числа, показатель степени числа; порядок числа (*с плавающей запятой*)

apparent ~ кажущаяся мощность

arithmetic ~ арифметические возможности; вычислительные возможности

available ~ мощность на согласованной нагрузке; номинальная мощность

computational ~ вычислительные возможности

computer ~ вычислительная мощность, вычислительный ресурс

computing ~ вычислительные возможности

expressive ~ выразительная [экспрессивная] сила (*языка*)

input ~ входная мощность

integral ~ *матем.* целая степень

mathematical ~ показатель степени

memory ~ эффективность запоминающего устройства

modeling ~ моделирующая способность (*языковых средств*)

output ~ выходная мощность

peak ~ пиковая мощность

processing ~ производительность (*ЭВМ*); возможности по обработке данных; вычислительная мощность

rated ~ номинальная мощность

resolving ~ разрешающая способность; разрешающая сила

standby ~ **1.** резервная мощность **2.** (потребляемая) мощность в режиме хранения

threshold ~ пороговая мощность

transmitting ~ **1.** передаточная способность **2.** мощность передачи

power-hungry энергоёмкий

power-mode степенного типа, степенного характера, степенной

power-up включение питания

pragma указание (*в языке Ада*)

pragmatics прагматика (*прагматическая часть семиотики*)

preact упреждение

preamble 1. заголовок **2.** начальная часть, преамбула

preamplifier предусилитель

preanalysis преданализ, предварительный анализ

precedence 1. предшествование **2.** старшинство

high-order ~ предшествование высокого порядка

operator ~ **1.** приоритет оператора (*в программе*) **2.** предшествование операторов, операторное предшествование

simple ~ простое предшествование

preceding предшествующий

precharge предзаряд ‖ предварительно заряжать

precheck предварительный контроль; профилактическая проверка

precision прецизионность, точность

double ~ удвоенная [двойная] точность

extended ~ повышенная точность

floating-point ~ точность (*задания чисел*) при работе с плавающей запятой

long ~ повышенная точность

mixed ~ смешанная точность

multiple ~ многократно увеличенная точность

relative ~ относительная точность

retrieval ~ точность выдачи (*при автоматическом поиске*)

short ~ ограниченная точность

single ~ одинарная точность

triple ~ утроенная [тройная] точность

precompensation предкомпенсация

write ~ предкомпенсация [упреждающая компенсация] смещения битовых элементов при записи

precompiler предварительный компилятор; компилятор предварительного прохода

precompute предварительно вычислять

precomputer докомпьютерный, домашинный

precondition входное условие, предусловие

precontact ложный контакт, ложное соединение

predecessor предшественник, предшествующий элемент

predecode предварительно дешифрировать

predefined предопределённый (*напр. об атрибуте*)

predicate предикат

primitive one-place ~ примитивный [простой] одноместный предикат

sameness ~ предикат тождественности

predictability предсказуемость

prediction предсказание; прогнозирование

branch ~ прогнозирование ветвления (*метод увеличения скорости вычислений*)

end-of-sentence ~ предсказание конца предложения (*в*

предсказуемостном синтак-сическом анализе)

failure ~ прогнозирование отказов

linear ~ линейное предсказание

performance ~s прогнозируемые рабочие характеристики

predictor 1. предсказывающее [упреждающее] устройство, *проф.* прогнозатор **2.** прогнозирующий параметр, *проф.* предсказатель **3.** независимая переменная

failure ~ средство прогнозирования отказов

self-tuning ~ самонастраивающийся прогнозатор

preediting, preedition предварительное редактирование, предредактирование

preemption приоритетное прерывание обслуживания

preference предпочтение, преимущественное право, привилегия

run-time ~s текущие предпочтения (*действующие в данном сеансе работы с экспертной системой*)

prefetch упреждающая выборка (*из памяти*) ‖ предварительно выбирать, выбирать (*из памяти*) с упреждением

prefix префикс, приставка

block ~ префикс блока

buffer ~ префикс [управляющая область] буфера

condition ~ префикс условия

monetary ~ префикс в виде знака денежных единиц (*напр.* $)

network ~ сетевой префикс (*часть транспортного адреса*)

segment override ~ префикс переопределения сегмента, префикс нестандартного задания сегмента (*в команде относительной адресации*)

prefixing:

address ~ приписывание старших разрядов при формировании адреса

preformatted предварительно форматированный, в заданном формате

preformatting предварительное форматирование

pregrooved с предварительно размеченными дорожками (*о дисках*)

preindexing предындексирование

preindication предындикация, предварительная индикация

prelaboration предысполнение

prelogical дологический

prelude вступление, вводная часть (*программы*)

declaration ~ декларативная [описательная] вводная часть

library ~ библиотечное вступление, библиотечная вводная часть

premise (пред)посылка

major ~ бо́льшая посылка

minor ~ меньшая посылка

premiss (пред)посылка

premode предвид (*АЛГОЛ 68*)

premultiplication умножение в обратном порядке (*начиная со старшего разряда*)

premultiply умножать в обратном порядке (*начиная со старшего разряда*)

prenex предварённый

prenormalization преднормализация, предварительная нормализация

prenormalize предварительно нормализовать

prepaging опережающая подкачка страниц

preparation 1. приготовление, подготовка **2.** составление (*напр. программы*)

code ~ составление (машинной) программы

data ~ подготовка данных

program ~ составление программы

report ~ составление отчётов; формирование сообщений

prepare 1. приготавливать, подготавливать **2.** составлять (*напр. программу*)

preprocessing предварительная [первичная] обработка

preprocessor препроцессор, процессор предварительной обработки

  voice ~ речевой препроцессор

preprogrammed предварительно запрограммированный

preradix предварительное преобразование из одной системы (счисления) в другую

prerelease предварительный выпуск (*незаконченного программного изделия с целью испытаний у строго определённых пользователей*)

prescaler предварительный делитель частоты

prescope предобласть (*для просмотра*)

prescript предписание (*для доступа к объекту*)

preselection предварительная выборка

presentation 1. представление 2. воспроизведение

  ~ **of number** представление числа; код числа

  data ~ представление данных

  tabular ~ табличное представление (*данных*)

preset 1. предварительно [заранее] устанавливать 2. заданный

preshaping предварительное формирование

presort предсортировка, предварительная сортировка ‖ выполнять предварительную сортировку

pressure давление

  contact ~ контактное давление

  starting ~ начальное давление

  static ~ статическое давление

  working ~ рабочее давление

prestaging предварительная подкачка (*напр. страниц*)

prestore предварительно запоминать

prestored предварительно записанный в память

presubscript преднижний индекс

presuperscript предверхний индекс

pretest предтест, предварительный тест; предварительная тестовая программа

pretrigger предварительно запускать

prevalue предзначение

prevarication нерелевантность

prevention предотвращение, предупреждение

  before-the-fact ~ своевременное предупреждение (*отказов*)

  failure ~ предотвращение отказов

preventive профилактический

previewing предварительное обследование (*при распознавании образов*)

price:

  computer rental ~ арендная плата за пользование вычислительной машиной

price / performance (соотношение) цена — производительность

  hardware ~ (соотношение) цена — производительность аппаратных средств

primary первичное выражение ‖ первичный, исходный

primitive 1. примитив, базисный элемент 2. примитив, элементарное действие

  computational ~ элементарная вычислительная операция, вычислительный примитив, примитив вычислений

  drawing ~ графический примитив

  editing ~ примитив редактирования

  fill area ~ примитив типа заполненной [закрашенной] области (*в машинной графике*)

  functional level ~ функциональный примитив

  geometric ~ геометрический примитив

  graphic ~ графический примитив (*используемый для создания изображений на экране дисплея*)

input ~ исходный [входной] (графический) примитив (*поступающий на вход графической системы*)

modeling ~ примитив моделирования

output ~ результирующий [выходной] (графический) примитив (*основной графический элемент, построенный из исходных графических примитивов*)

search ~ примитив поиска

semantic ~ семантический примитив, единица семантического представления

principal администратор доступа (*к системе*)

principle правило; принцип; закон; аксиома

~ **of duality** принцип двойственности

~ **of operation** принцип работы, принцип действия

AC ~ **for writing and reading** метод записи и считывания переменным током

building block ~ блочный принцип

compiling ~ принцип компилирования

domain ~s специальные принципы (*определённой области знаний; в экспертных системах*)

majority ~ принцип большинства, мажоритарный принцип

unit construction ~ блочный принцип конструирования

print 1. печать; распечатка ‖ печатать; распечатывать **2.** оттиск; отпечаток **3.** отображать (*информацию на экране дисплея*) ◊ **to** ~ **out** распечатывать; выводить (данные) на печатающее устройство

file ~ распечатка (содержимого) файла

memory ~ распечатка (содержимого) памяти

spooled ~ автономная отсроченная печать

printer 1. печатающее устройство, устройство печати; *проф.*

принтер **2.** программа печати

alphabetic ~ буквопечатающее устройство

alpha(nu)merical ~ буквенно-цифровое печатающее устройство

attended ~ печатающее устройство с ручной заправкой (*каждой страницы*)

band ~ ленточное печатающее устройство

bar ~ штанговое печатающее устройство

barrel ~ печатающее устройство барабанного типа

belt ~ цепное печатающее устройство

bidirectional ~ двунаправленное печатающее устройство (*напр. с печатью в прямом и обратном направлениях*)

black-and-white ~ чёрно-белое печатающее устройство

chain ~ цепное печатающее устройство

character ~ **1.** буквенно-цифровое печатающее устройство **2.** позначно-печатающее устройство, посимвольно-печатающее устройство (*с печатью одновременно только одного знака*)

character-at-a-time ~ позначно-печатающее устройство, посимвольно-печатающее устройство (*с печатью одновременно только одного знака*)

charactron ~ печатающее устройство на характроне

color ~ цветное [многоцветное] печатающее устройство

console ~ консольное печатающее устройство; пультовое печатающее устройство

counter-wheel ~ печатающее устройство со счётными колёсами

daisy-wheel ~ печатающее устройство типа «ромашка», печатающее устройство с лепестковым шрифтоносителем, лепестковое печатающее устройство

485

digital ~ цифровое печатающее устройство

document ~ устройство для печатания документов

dot-matrix ~ (точечно-)матричное печатающее устройство

draft-quality ~ печатающее устройство среднего качества

drum(-type) ~ печатающее устройство барабанного типа

electromechanical ~ электромеханическое печатающее устройство

electronic ~ электронное печатающее устройство

electrosensitive ~ электрографическое печатающее устройство

electrostatic ~ электростатическое печатающее устройство

embossed plate ~ печатающее устройство с рельефными матрицами

facsimile ~ факсимильное [фототелеграфное] печатающее устройство

full-featured ~ полнофункциональное печатающее устройство

gang ~ дублирующее печатающее устройство

golfball ~ печатающее устройство с шаровой головкой

hardcory ~ печатающее устройство для выдачи машинных документов

high-speed ~ быстродействующее печатающее устройство

hit-on-the-fly ~ печатающее устройство с вращающимися печатающими колёсами

image ~ устройство печати изображений

impact ~ печатающее устройство ударного действия

ink-jet [ink-spray] ~ струйное печатающее устройство (*с разбрызгиванием красителя*)

keyboard ~ печатающее устройство с клавиатурой, кла-

вишное печатающее устройство

laser ~ лазерное печатающее устройство

letter-quality ~ печатающее устройство с типографским качеством печати

line(-at-a-time) ~ построчно-печатающее устройство

logging ~ регистрационное печатающее устройство

magnetic character ~ магнитопечатающее устройство, устройство печати магнитных знаков

magnetographic ~ магнитографическое печатающее устройство

matrix ~ матричное печатающее устройство

microfilm ~ устройство для записи на микроплёнку *или* микрофиши

monitor ~ контрольное печатающее устройство

multibar ~ многоштанговое печатающее устройство

multifunction ~ многофункциональное печатающее устройство

needle ~ игольчатое (матричное) печатающее устройство

nonimpact ~ печатающее устройство безударного действия

numeric(al) ~ цифровое печатающее устройство

off-line ~ автономное печатающее устройство

on-line ~ неавтономное печатающее устройство, печатающее устройство с управлением от вычислительной машины; печатающее устройство, работающее в режиме онлайн

on-the-fly ~ печатающее устройство с вращающимися печатающими колёсами

output ~ выходное печатающее устройство

page(-at-a-time) [page-width] ~ постранично-печатающее устройство

panel ~ панельное печатающее устройство (*для монтажа в стойке*)

paper-strip ~ ленточное печатающее устройство, устройство печати на бумажной ленте

petal ~ печатающее устройство с лепестковым шрифтоносителем, лепестковое печатающее устройство

pretty ~ программа «красивой» печати, программа печати (информации) в наглядной форме

punch card ~ устройство распечатки (содержимого) перфокарт, расшифровочная машина

rapid ~ быстродействующее печатающее устройство

receive-only ~ печатающее устройство только для вывода данных

serial ~ печатающее устройство последовательного действия

single-copy ~ одноэкземплярное печатающее устройство (*с выдачей одного экземпляра печатаемого документа*)

solid-font ~ печатающее устройство с литым шрифтом (*в отличие от матричного*)

skip ~ печатающее устройство с проскоком позиций

strip ~ ленточное печатающее устройство, устройство печати на бумажной ленте

stylus ~ матричное печатающее устройство

surface(-at-a-time) ~ построчно-печатающее устройство

tape ~ ленточное печатающее устройство

tape-operated ~ печатающее устройство с управлением от ленты

telegraph ~ телеграфный аппарат, телетайп

thermal ~ термографическое печатающее устройство

trail ~ трейлерное печатаю-

щее устройство (*общее для нескольких терминалов*)

type ~ шрифтовое печатающее устройство

wheel ~ колёсное печатающее устройство

xerographic ~ ксерографическое печатающее устройство

printer-limited ограниченный возможностями печатающего устройства

printer-plotter печатающий графопостроитель, печатающее устройство-графопостроитель

printhead печатающая головка; печатающий узел

printing печать, печатание; распечатка

bidirectional ~ двунаправленная печать

contact ~ контактная печать

control ~ контрольная печать

correspondence(-quality) ~ печать с качеством служебной корреспонденции

data-protection ~ печать с защитой данных

decimal ~ печать (чисел) в десятичной форме

detail ~ подробная [детальная] печать, печать всех записей

diagnostic ~ диагностическая печать

dot ~ точечная печать

echo ~ эхопечать

electrosensitive ~ электрографическая печать

end ~ краевая печать (*на перфокарте*)

group ~ групповая печать, печать группы записей *или* массивов

ink-jet ~ струйная печать (*с разбрызгиванием красителя*)

letter-quality ~ печать машинописного качества

line(-at-a-time) ~ построчная печать

matrix ~ матричная печать

memory ~ распечатка (содержимого) памяти

nonimpact ~ безударная печать

page(-at-a-time) ~ постраничная печать

photo-offset ~ фотоофсетная печать; литографская печать

resume ~ итоговая печать

screen ~ трафаретная печать

selective ~ выборочная печать

shadow ~ печатание знаков с тенью

spooled ~ печать с промежуточным накоплением (*данных в буфере*)

suspended ~ отсроченная печать (*результатов*)

total ~ **1.** печать (контрольной) суммы **2.** итоговая печать, печать итогов

unidirectional ~ однонаправленная печать

printout 1. распечатка; вывод (данных) на печатающее устройство **2.** отпечаток **3.** табуляграмма выходных данных, табуляграмма результатов

data count ~ распечатка (содержимого) регистров данных

dump ~ распечатка (содержимого) памяти

dynamic ~ динамическая [промежуточная] распечатка (*в процессе решения задачи*)

memory ~ распечатка (содержимого) памяти; вывод (содержимого) памяти на печать

nonselective ~ полная [сплошная] распечатка

selective ~ выборочная распечатка

static ~ статическая распечатка (*после решения задачи*)

summary ~ итоговая распечатка

prioritization назначение [установление, присваивание] приоритетов

prioritize располагать в соответствии с приоритетом

prioritizer блок *или* схема (присваивания) приоритетов

priorit/**y** приоритет ◊ **to assign** ~**ies** назначать [устанавливать, присваивать] приоритеты

break-in ~ приоритет, прерывающий обслуживание

dispatching ~ текущий [диспетчерский] приоритет

dynamic ~ динамический приоритет

exogenous ~ приоритет, не зависящий от состояния системы

interrupt ~ приоритет прерывания

job ~ приоритет задания

limit ~ граничный [предельный] приоритет

preemptive ~ приоритет, прерывающий обслуживание

round ~ круговой приоритет (*прерываний*)

state ~ приоритет, зависящий от состояния системы

statement ~ приоритет оператора *или* операторов

static ~ статический приоритет

total ~ полный приоритет

priority-driven с приоритетным управлением

priority-oriented приоритетный

privacy секретность, конфиденциальность (*информации*); личная тайна (*характер информации*); сохранение тайны (*при хранении информации*)

private приватный (*о типе данных*)

private-key с индивидуальным ключом (*о шифровании сообщений*)

privilege привилегия (*пользователя или программы*)

privileged привилегированный (*напр. о режиме работы*)

probability вероятность

~ **of error per digit** вероятность ошибки на разряд *или* знак, вероятность ошибки отнесённая к одному разряду *или* знаку

a posteriori ~ апостериорная вероятность

a priori ~ априорная вероятность

composite ~ полная вероятность

conditional ~ условная вероятность

confidence ~ доверительная вероятность

cumulative ~ интегральная вероятность

detection ~ вероятность обнаружения

digram ~ вероятность (появления) биграмм, вероятность последовательного появления двух символов

event ~ вероятность наступления события

N-gram ~ вероятность (появления) N-грамм, вероятность последовательного появления N символов

per-word error ~ вероятность ошибки на слово, вероятность ошибки, отнесённая к одному слову

Poisson ~ пуассоновская вероятность

posterior ~ апостериорная вероятность

prior ~ априорная вероятность

tail ~ вероятность больших отклонений

total ~ полная вероятность

transition ~ вероятность перехода (*системы в какое-л. состояние*)

trigram ~ вероятность (появления) триграмм, вероятность последовательного появления трёх символов

true ~ истинное значение вероятности

unconditional ~ безусловная вероятность

probability-theoretic(al) теоретико-вероятностный

probe щуп; зонд; пробник

current (sensing) ~ щуп для замера величины тока

guided ~ управляемый пробник, управляемый щуп

logic ~ логический пробник, логический щуп

pulser ~ щуп, подающий импульсы в схему

software ~ программный щуп, программный зонд (*средство определения частоты выполнения программных операторов*)

wafer ~ устройство (для) испытаний схем на (полупроводниковой) пластине

problem задача; проблема

accounting ~ бухгалтерская задача, задача учёта и отчётности

allocation ~ задача распределения, распределительная задача

assignment ~ **1.** задача присваивания **2.** задача о назначениях

ballot ~ задача об оценке результатов баллотировки (*по выборочным данным*)

benchmark ~ проблема оценки характеристик (*с помощью контрольной задачи*)

blending ~ задача на составление смесей

bottle neck ~ задача на узкие места; проблема узких мест

boundary(-value) ~ краевая задача

business ~ коммерческая задача; экономическая задача

Byzantine Generals ~ задача византийских генералов (*в технике синхронизации отказоустойчивых систем*)

center ~ *т. граф.* задача поиска центра

check ~ проблема контроля

chess ~ шахматная задача

computational ~ вычислительная задача; вычислительная проблема

continuum ~ *матем.* проблема континуума

covering ~ *матем.* задача о покрытии

data ~ задача обработки данных; проблема обработки данных

decision ~ задача принятия решений; проблема разрешимости

deducibility ~ проблема выводимости

dual ~ двойственная задача; сопряжённая задача

estimation ~ задача оценивания

fault-location ~ задача определения места неисправности *или* повреждения

filtering ~ *киберн.* задача фильтрации; проблема фильтрации

findpath ~ задача построения [нахождения] траектории движения

finger-pointing ~ проблема выявления виновных (*напр. в ошибках проектирования*)

flow ~ потоковая задача, задача о потоках

game(-theory) ~ игровая задача, задача в игровой постановке

graphics ~ графическая задача

graph theoretic ~ задача теории графов

ill-conditioned ~ плохо обусловленная задача

ill-defined ~ плохо структурированная задача; плохо структурированная проблема

ill-posed ~ некорректно поставленная [некорректная] задача

inference ~ проблема (логического) вывода

information retrieval ~ задача информационного поиска; проблема поиска информации

interest ~ задача исчисления процентов

intractable ~ трудноразрешимая задача

job-shop ~ задача календарного планирования

knapsack ~ задача о ранце

Königsberg bridge ~ *т. граф.* задача о кенигсбергских мостах

labyrinth ~ задача о лабиринте, задача поиска пути в лабиринте

location ~ задача размещения

logical ~ логическая задача

management ~ задача управления, управленческая задача

market analysis ~ задача анализа рыночной конъюнктуры

marriage ~ задача о выборе

maximum flow ~ задача о максимальном потоке

maximum network flow ~ задача нахождения максимального потока в сети

minimal connector ~ задача нахождения кратчайшего соединения

model ~ модельная задача

multivariate ~ многомерная задача

newspaper-boy ~ задача разносчика газет

ninety percent [90^0/$_0$] complete ~ проблема 90 ^{0}/$_0$-й готовности (*о несвоевременном перераспределении ресурсов программирования в крупных проектах*)

nominal design ~ задача расчёта номинальных значений параметров

off-by-one ~ проблема счёта элементов ряда (*с учётом начального и конечного элементов*)

one-sample ~ задача оценки по выборке

postman ~ *т. граф.* задача почтальона

programming ~ проблема программирования; трудность программирования; затруднение при программировании

quadratic assignment ~ квадратичная задача о назначениях

queueing ~ задача массового обслуживания

race ~ проблема состязаний (*за обладание общими ресурсами*)

real-time ~ задача, решаемая в реальном (масштабе) времени

real-world ~ реальная задача; практическая проблема

reducibility ~ проблема сводимости

PROBLEM

resource allocation ~ задача распределения ресурсов

routing ~ **1.** задача трассировки (*ИС*) **2.** задача выбора маршрута

ruin ~ *т. игр* задача о разорении

scheduling ~ задача календарного планирования; задача составления расписания

search ~ задача поиска; проблема поиска

shortest route ~ задача выбора кратчайшего маршрута

simulated ~ моделируемая задача

software ~ **1.** проблема программного обеспечения (*при разработке или эксплуатации программных средств*) **2.** задача с программной реализацией

stale data ~ проблема выбрасывания устаревших данных

stochastic ~ стохастическая [вероятностная] задача

switchbox (routing) ~ задача трассировки пересечений каналов (*в ИС*)

target assignment ~ задача целераспределения; проблема целераспределения

test ~ тестовая задача; контрольная задача

three-dimensional ~ трёхмерная задача

time transportation ~ транспортная задача с временным критерием

trade-off ~ задача выбора компромиссных решений

traffic [transport(ation)] ~ транспортная задача

traveling salesman ~ задача коммивояжёра

trouble-location [troubleshooting] ~ задача определения места неисправности *или* повреждения

undecidable [unsolvable] ~ неразрешимая задача

unstructured ~ неструктурированная проблема

PROCEDURE P

variational ~ вариационная задача

vessel loading ~ задача о загрузке судна

waiting line ~ **1.** задача обслуживания очередей **2.** задача массового обслуживания

well-behaved ~ корректная задача

well-defined ~ хорошо структурированная задача; хорошо структурированная проблема

problem-board коммутационная доска (*для набора программы*); коммутационная панель (*для набора программы*); наборное поле (*для ввода программы*)

problem-oriented проблемно-ориентированный

problem-solving:

generalized ~ обобщённое (автоматическое) решение задач (*с использованием методов, не зависящих от конкретной предметной области*)

procedurality процедурность

procedure 1. образ действия, методика **2.** процедура; процесс **3.** алгоритм

accounting ~ процедура учёта

analytical ~ аналитический метод

antithetic(al) ~ антитетическая процедура (*при последовательном отборе*)

auditing ~ процедура ревизии (*базы данных*)

bivariate ~ двумерный процесс

built-in ~ встроенная процедура

bypass ~ процедура обхода (*при неисправности линии в сети*)

cataloged ~ каталогизированная процедура

certification ~ **1.** аттестация (*напр. программного изделия*) **2.** процедура выдачи разрешения (*на доступ к базе данных*)

491

checking ~ 1. процедура проверки, контрольная процедура 2. методика проверки, методика контроля

command ~ процедура выполнения команд, командная процедура

compile time ~ процедура периода компиляции

computational ~ 1. методика вычислений 2. вычислительная процедура 3. алгоритм вычислений

control ~ 1. управляющая процедура 2. процесс управления

decision ~ 1. процедура принятия решений 2. *лог.* разрешающая процедура, алгоритм

design ~ методика расчёта, методика проектирования

diagnostic ~ диагностическая процедура

error(-handling) ~ процедура обработки ошибок

error recovery ~ процедура восстановления после (появления) ошибки

external ~ внешняя процедура

fact-invoked ~ процедура, активизируемая фактами *или* событиями

fallback ~ процедура нейтрализации неисправности

function ~ процедура-функция

goal-invoked ~ процедура, активизируемая целями

in-line ~ внутренняя процедура

in-stream ~ процедура во входном потоке

internal ~ внутренняя процедура

interrupt(ion) ~ процедура (обработки) прерывания

invoked ~ вызываемая процедура

invoking ~ вызывающая процедура

loading ~ процедура загрузки (*напр. программы*)

log-off ~ 1. процедура выхода (*пользователя*) из системы 2. процедура исключения (*из журнала регистрации*)

log-on ~ 1. процедура входа (*пользователя*) в систему 2. процедура регистрации

mixed numerical ~ действия с комбинированными величинами (*представленными в аналого-цифровой форме*)

model solution ~ процедура получения решения на модели

nested ~ вложенная процедура

office ~ конторская операция

packet transfer ~ процедура передачи пакетов

pencil-and-paper multiplication ~ метод ручного умножения (*с помощью карандаша и бумаги*)

pure ~ чистая процедура (*процедура, текст которой в памяти не изменяется при её выполнении*)

randomized ~ рандомизированная процедура

recovery ~ процедура восстановления (*напр. после сбоя*)

recursive ~ рекурсивная процедура

reducible ~ приводимая процедура (*ПЛ/1*)

reenterable ~ повторно входимая [повторно используемая] процедура

resolution ~ процедура резолюции

self-contained computing ~ замкнутый алгоритм вычислений

service ~ порядок обслуживания; дисциплина обслуживания (*очереди*)

spot-check ~ методика выборочной проверки

standardized ~ стандартная методика

system integrity ~ процедура проверки целостности системы (*напр. в базах данных*)

test ~ методика испытаний

updating ~ 1. процедура уточнения (*данных*) **2.** процесс обновления (*данных*)

validation ~ процедура проверки достоверности

value returning ~ процедура, вычисляющая значение

procedure-oriented процедурно-ориентированный

proceduring оформление в виде процедуры, запроцедуривание (*АЛГОЛ 68*)

process 1. процесс **2.** технологический приём; способ обработки **3.** технологический процесс **4.** обрабатывать

adaptive ~ адаптивный процесс; процесс адаптации

additive ~ аддитивный процесс

algorithmic ~ алгоритмический процесс

application ~ прикладной процесс

arrival ~ **1.** процесс поступления требований (*в СМО*) **2.** процесс прибытия (*элементов потока в сеть*)

asleep ~ ждущий процесс

awake ~ выполняемый [активный] процесс

batch(-type) ~ **1.** процесс группового изготовления, групповой процесс изготовления **2.** процесс пакетной обработки

birth-and-death ~ процесс рождения и гибели

branching ~ ветвящийся процесс

client ~ обслуживаемый процесс (*в вычислительных сетях*)

collection ~ процесс сбора (*напр. данных*)

computation(al) ~ процесс вычисления; вычислительный процесс

concurrent ~ параллельный [одновременный] процесс

consumer ~ процесс-потребитель (*сообщений в сети*)

controlled ~ регулируемый процесс; управляемый процесс

correspondent ~ процесс-корреспондент (*в сети*)

cryptodeterministic ~ криптодетерминированный процесс

"demon" ~ «сторожевой» процесс, *проф.* демон

departure ~ **1.** процесс ухода требований (*из СМО*) **2.** процесс отправки (*элементов потока в сеть*)

deterministic ~ детерминированный процесс

diagnostic walkback ~ процесс диагностического поиска (неисправностей) обратным ходом

discrete ~ дискретный процесс

dynamic remagnetization ~ **1.** процесс динамического перемагничивания, динамическое перемагничивание **2.** *магн.* процесс переключения, переключение

ergodic ~ эргодический процесс

exhaustive ~ сходящийся [конечный, затухающий] процесс

failure ~ процесс возникновения отказов

father ~ порождающий процесс

fetch ~ процесс выборки (*из памяти*)

half-additive ~ полуаддитивный процесс

hereditary ~ процесс с последействием

highest priority ~ процесс с наивысшим приоритетом

input ~ **1.** входной процесс **2.** процесс ввода

interface ~ процесс установления сопряжения

irreversible ~ необратимый процесс

iterative ~ итеративный [итерационный] процесс

list ~ процесс обработки списков

loosely coupled ~es слабосвязанные (вычислительные) процессы

many-server ~ ТМО процесс обслуживания в многоканальной системе

Markoff [Markovian] ~ марковский процесс

memoryless ~ процесс без последействия

multiplicative ~ ветвящийся процесс

multiserver ~ многоканальный обслуживающий процесс, процесс с несколькими каналами обслуживания

N-micrometer ~ N-микронная технология (*изготовления ИС*)

nonhereditary ~ процесс без последействия

output ~ процесс вывода

Poisson ~ пуассоновский процесс

predefined ~ заранее определённый процесс (*задаваемый именем и определённый в другом месте*)

probability ~ вероятностный [стохастический] процесс

producer ~ процесс-источник (*сообщений в сети*)

production ~ процесс производства

queueing ~ 1. процесс массового обслуживания 2. процесс организации очередей

random ~ вероятностный [стохастический] процесс

reading(-in) ~ процесс считывания, считывание

receiving ~ принимающий процесс, процесс-адресат

recursive ~ рекурсивный процесс

repetitive ~ итеративный [итерационный] процесс

requesting ~ запрашивающий процесс

reversal ~ процесс перемагничивания, перемагничивание

reversible ~ обратимый процесс

rotation ~ процесс вращения (*вектора намагниченности*); процесс чередования (*по кругу*)

sampling ~ процесс квантования

sending ~ передающий процесс, процесс-отправитель

separable ~ сепарабельный процесс

server ~ обслуживающий процесс (*в вычислительных сетях*)

s'ave ~ подчинённый процесс

sleeping ~ ждущий процесс

son ~ порождённый процесс

spawner ~ порождающий процесс

stochastic ~ стохастический [вероятностный] процесс

surrogate ~ псевдопроцесс (*отображающий некоторые реальные процессы в распределённой системе*)

switching ~ 1. процесс переключения, переключение 2. процесс перемагничивания, перемагничивание

temporally homogeneous ~ однородный во времени процесс

tightly coupled ~es сильносвязанные (вычислительные) процессы

transcription ~ процесс переписи (*перенесение данных из одной запоминающей среды в другую*)

user ~ пользовательский процесс

weaving ~ процесс прошивки, прошивка (*матриц ЗУ*)

writing ~ процесс записи, запись

processing обработка; обработка данных

administrative ~ обработка административных данных, обработка данных для административного управления

array ~ 1. обработка массивов 2. векторная обработка, обработка векторных данных

associative ~ ассоциативная обработка (данных)

attached ~ многомашинная обработка данных (*с распределением задач между ЭВМ* *многомашинного комплекса)*

attention-directed ~ обработка с фокусированием внимания (*на определённых элементах изображения)*

audio ~ обработка сигналов в полосе звуковых частот

background ~ выполнение работ с низким приоритетом (*при отсутствии работ с высоким приоритетом)*

batch ~ пакетная обработка данных

batch job ~ пакетная обработка заданий

business ~ обработка коммерческих данных

centralized ~ централизованная обработка данных

communication word ~ передача и приём текстов

communications ~ обработка данных, поступающих по линиям связи

concurrent ~ параллельная [совместная] обработка (данных)

connection ~ обработка соединений (*напр. в сетях)*

conversational ~ обработка данных в диалоговом режиме

co-operative ~ совместная обработка данных (*в системе взаимодействующих процессов)*

data ~ обработка данных

data-intensive signal ~ поточная обработка сигналов

decentralized ~ децентрализованная обработка данных

deferred ~ отсроченная обработка

demand ~ обработка данных по требованию

digital image ~ цифровая обработка изображений

digital signal ~ цифровая обработка сигналов, ЦОС

direct ~ 1. непосредственная обработка данных (*при работе с устройством с прямым доступом)* 2. прямая обработка данных; обработка данных с использованием устройств прямого доступа

direct-address ~ работа с прямыми адресами

distributed ~ распределённая обработка данных

divided job ~ распределённая обработка заданий (*на одном или нескольких процессорах)*

dual stack ~ обработка данных с двумя стеками

electronic data ~ электронная обработка данных

file ~ обработка файлов, работа с файлами

foreground ~ выполнение работ с высоким приоритетом (*при наличии работ с низким приоритетом)*

front-end ~ предварительная обработка данных

history sensitive ~ обработка, определяемая предысторией [зависящая от предыстории] процесса

image ~ иконика, обработка изображений

image-flow ~ обработка потока образов (*в СТЗ)*

immediate ~ немедленная обработка

industrial (data) ~ обработка производственных данных

information ~ обработка информации

in-line ~ оперативная обработка данных; обработка данных в реальном (масштабе) времени; обработка данных в темпе их поступления; обработка данных без накопления, предварительной сортировки *или* редактирования

inquiry ~ обработка запросов

integrated ~ интегрированная обработка данных

intelligent signal ~ обработка сигналов с использованием микропроцессорной техники

interactive ~ обработка данных в интерактивном режиме

interrupt ~ обработка прерываний

job ~ обработка заданий

job-to-job ~ последовательная обработка заданий

knowledge-based ~ обработка информации с использованием знаний

knowledge information ~ работа со знаниями (*в экспертных системах*)

language (data) [linguistic (information)] ~ обработка лингвистической информации

list ~ обработка списков

multiple job ~ мультиобработка заданий

multithread ~ многопоточная обработка (*сообщений*)

multiuser ~ многопользовательский режим обработки данных

natural language ~ 1. обработка текстов (написанных) на естественных языках 2. обработка с использованием естественного языка

non-numerical data ~ обработка нечисловых данных

off-line ~ автономная обработка (данных)

on-line ~ 1. неавтономная обработка данных, обработка данных под управлением процессора, обработка данных в режиме онлайн 2. обработка данных в реальном (масштабе) времени; обработка данных в темпе их поступления

optical data ~ оптическая обработка данных

overlap ~ обработка данных с перекрытием операций

peripheral ~ обработка данных с помощью периферийного оборудования

picture ~ иконика, обработка изображений

priority ~ приоритетная обработка, обработка данных в соответствии с приоритетом

program termination ~ обработка условий останова программы

random(-access) ~ обработка данных с произвольной выборкой

real-time ~ обработка данных в реальном (масштабе) времени; обработка данных в темпе их поступления

recovery ~ выполнение восстановления (*функций системы после устранения неисправности*)

remote ~ дистанционная обработка данных, телеобработка данных

scalar ~ скалярная обработка, обработка скалярных данных

semantic ~ семантическая обработка (данных)

sequential [serial] ~ последовательная обработка данных

short-card ~ обработка данных, записанных на коротких (перфо)картах

signal ~ обработка сигналов

simultaneous ~ параллельная обработка данных

single-thread ~ однопоточная обработка (*сообщений*)

speech ~ обработка речевой информации; обработка речевых сигналов

stacked job ~ обработка пакетированных заданий

stand-alone ~ автономная обработка данных

symbolic ~ обработка символьной информации, символьная обработка

terminal job ~ обработка заданий в режиме терминального доступа, обработка заданий, вводимых с терминалов

text ~ обработка текстов

time-sharing ~ обработка данных в режиме разделения времени

transaction(al) ~ 1. обработка транзакций 2. транзактная организация обработки

translational ~ обработка в режиме трансляции (*в отличие от режима интерпретации*)

vector ~ векторная обработка данных, обработка векторных данных

video-display ~ обработка [формирование] видеоизображений (*для вывода на экран дисплея*)

voice ~ обработка речевой информации; обработка речевых сигналов

wavefront ~ волновая обработка данных (*по принципу распространяющейся волны в матричных процессорах*)

word ~ **1.** пословная обработка **2.** обработка текстов

processor процессор (*устройство или обрабатывающая программа*)

accumulator-based ~ процессор с аккумуляторами; процессор с накапливающими сумматорами

airborne (data) ~ бортовой процессор

algorithm ~ алгоритмический процессор

alterable ~ процессор с изменяемой структурой

arithmetic ~ арифметический процессор

array ~ матричный процессор

assembly language ~ процессор языка ассемблера

associative ~ ассоциативный процессор

attached ~ **1.** присоединённый процессор **2.** подключённый (*к шине*) процессор

auxiliary ~ вспомогательный процессор; внешний процессор

back-end ~ **1.** постпроцессор **2.** процессор(-контроллер) внешних устройств **3.** процессор файлов; процессор базы данных **4.** генератор объектного кода (*блок транслятора*)

background ~ фоновый процессор

background job ~ процессор фоновых заданий

basic ~ основной процессор

batch-mode ~ процессор, работающий в пакетном режиме

bit-slice ~ разрядно-модульный процессор, процессор с разрядно-модульной организацией

bit-stream ~ процессор потоков двоичных данных

byte-slice ~ байт-модульный процессор

central (data) ~ центральный процессор

command ~ командный процессор (*система программ, исполняющих команды*)

communications ~ связной процессор, процессор передачи данных

console command ~ пультовый процессор (для обработки) команд (*оператора*), процессор пультовых команд

content-addressable ~ ассоциативный процессор

control ~ управляющий процессор

data ~ процессор (для) обработки данных

database ~ процессор базы данных

data communication ~ процессор передачи данных

data-driven ~ процессор, управляемый данными

data flow ~ потоковый процессор

data interchange ~ процессор обмена данными

data link ~ канальный процессор передачи данных

dead ~ бездействующий процессор

demand-paged ~ процессор (работающий) с подкачкой страниц по запросам

diagnostic ~ диагностический процессор

digital signal ~ процессор (для) цифровой обработки сигналов, процессор цифровых сигналов

digital speech ~ процессор (для) цифровой обработки речевой информации

display ~ процессор дисплея, дисплейный процессор

distributed database ~ процессор распределённой базы данных

dual ~ сдвоенный процессор

ease ~ вспомогательный процессор

fast-Fourier-transform ~ процессор для вычисления быстрого преобразования Фурье

FFT ~ *см.* **fast-Fourier-transform processor**

file ~ процессор файлов, файловый процессор

file control ~ процессор управления файлами

file revision ~ процессор пересмотра файлов (*в базах данных*)

flexible ~ гибко программируемый процессор

floating-point (arithmetic) ~ процессор (для выполнения арифметических операций над числами) с плавающей запятой

front-end ~ препроцессор; фронтальный [связной] процессор

gateway ~ процессор межсетевого сопряжения, процессор-шлюз, шлюзовой процессор

general-purpose ~ универсальный процессор

general-register ~ процессор с универсальными регистрами, процессор с регистрами общего назначения

geometry ~ геометрический процессор, процессор для построения геометрических фигур (*в машинной графике*)

global ~ глобальный [организующий] процессор

graphic job ~ процессор (для выполнения) графических заданий

graphics ~ графический процессор, процессор графического устройства вывода

heterogeneous-element ~ неоднородная многопроцессорная система, мультипро-

цессор с (функционально) различными процессорами

highly concurrent ~ процессор с высокой степенью параллелизма (выполнения операций)

host ~ главный процессор

host-language ~ процессор базового языка

idle ~ бездействующий процессор

image ~ процессор (для обработки) изображений

input/output ~ процессор ввода-вывода, ПВВ

instruction ~ процессор команд

integrated array ~ интегральный матричный процессор

interface ~ сопрягающий процессор, процессор сопряжения; интерфейсный процессор

interruptable ~ процессор с возможностью прерывания

I/O ~ *см.* **input/output processor**

language ~ языковой процессор

language-specific ~ процессор, ориентированный на конкретный язык

large-scale ~ процессор широких возможностей

linguistic ~ лингвистический [языковой] процессор

link list ~ спецпроцессор (для обработки) связных списков

local ~ локальный процессор

look-ahead ~ процессор с опережающим просмотром (*выполняемых команд*)

loosely coupled ~s слабосвязанные процессоры

maintenance ~ процессор (для осуществления) технического обслуживания

master ~ главный процессор; ведущий процессор

math(ematical) ~ процессор для решения математических задач, математический спецпроцессор

matrix-vector ~ матрично-векторный процессор

message ~ процессор (для) обработки сообщений

microprogrammable ~ микропрограммируемый процессор

mid-range ~ процессор средней производительности

multipipeline ~ многоконвейерный процессор

multiunit ~ многопроцессорная система, мультипроцессор

native-mode ~ процессор базового языка

node ~ процессор узла (*сети*)

nonsegmented ~ процессор с несегментированной памятью

N-pipe ~ N-конвейерный процессор

off-line ~ **1.** автономный процессор **2.** незадействованный [резервный] процессор (*в отказоустойчивых многопроцессорных системах*)

one-bit ~ одноразрядный процессор

on-line ~ **1.** неавтономный процессор, процессор, работающий в режиме онлайн **2.** процессор (для) обработки данных в реальном (масштабе) времени; процессор (для) обработки данных в темпе их поступления **3.** рабочий процессор (*в отказоустойчивых многопроцессорных системах*)

optical matrix ~ оптический матричный процессор

orthogonal ~ ортогональный процессор (*с двумя подсистемами, использующими общую матрицу памяти*)

output test ~ процессор контроля выходных данных

painting ~ процессор (для) формирования цветности (изображения)

peripheral ~ периферийный процессор; процессор ввода-вывода, ПВВ

pipeline(d) ~ конвейерный процессор, процессор с конвейерной обработкой данных

pixel ~ процессор элемента изображения (*в многопроцессорных системах обработки изображений*)

programmed data ~ программируемый [программно-управляемый] процессор (для) обработки данных

queue ~ процессор очередей

quiescent ~ «спокойный» процессор (*обрабатывающий только сигналы прерывания от устройств ввода-вывода*)

real-time ~ процессор (для) обработки данных в реальном (масштабе) времени; процессор (для) обработки данных в темпе их поступления

reference ~ процессор (анализа) ссылок

resource allocation ~ процессор распределения ресурсов

RISC-based ~ RISC-процессор, процессор с сокращённым набором команд

satellite ~ процессор-сателлит, сателлитный процессор

scientific ~ процессор для решения научных задач

segmented ~ процессор с сегментированной памятью

self-dispatching ~ самодиспетчеризирующийся процессор

sending ~ процессор-источник, процессор-отправитель (*сигналов*)

service ~ служебный процессор; обслуживающий процессор

simulation ~ процессор (системы) моделирования

single-cycle ~ процессор, реализующий операции за один цикл

slave ~ подчинённый процессор

soft architecture ~ процессор с программируемой архитектурой

software ~ программный процессор (*логическая абстракция физического процессора*)

speech ~ речевой процессор, процессор речевых сигналов

speech-synthesis ~ процессор синтеза речи

stand-alone ~ автономный процессор

stochastic ~ стохастический процессор

support ~ вспомогательный процессор

suspect ~ подозреваемый процессор

system ~ системный процессор

systolic ~ систолический процессор

terminal ~ процессор терминала; терминальный процессор

test-and-repair ~ процессор контроля и восстановления

test result ~ процессор (для) обработки результатов тестирования

text ~ процессор (для) обработки текстов, текстовой процессор

tightly coupled ~s сильносвязанные процессоры

transform ~ процессор преобразований

uncooperative ~ неиспользуемый [нейтральный] процессор

vector ~ векторный процессор, процессор (для) векторной обработки

video-display ~ процессор видеоизображений, видеодисплейный процессор

viewing ~ процессор (для) формирования изображения, визуализирующий процессор

virtual ~ виртуальный процессор

VLSI array ~ матричный СБИС-процессор

voice ~ речевой процессор, процессор речевых сигналов

wavefront array ~ волновой матричный процессор

word ~ процессор (для) обработки текстов, текстовой процессор

word-oriented ~ процессор с пословной обработкой

processor-controller процессор-контроллер

processor-intensive требующий

интенсивной работы процессора

processor-limited ограниченный возможностями процессора

processor-transparent прозрачный для процессора

procurement:
dependability ~ обеспечение гарантоспособности

produce производить, порождать, синтезировать (*текст*); выводить

producer 1. автор (*программного изделия*) **2.** инициатор (*в группе сквозного структурного контроля*) **3.** производитель, изготовитель

producibility технологичность (*изделия*)

product 1. произведение **2.** изделие

~ **of sums** конъюнкция дизъюнкций; произведение сумм

algorithmic ~ алгоритмическое изделие

Cartesian ~ *матем.* декартово произведение

companion software ~ программное изделие-компаньон (*равноценный вариант какого-л. программного изделия*)

competitive software ~ конкурирующее программное изделие

DBMS ~ (коммерческий) пакет СУБД

dictionary ~ (коммерческий) пакет (программ) словаря данных

essential ~ *лог.* существенное произведение

final ~ полное произведение

inner ~ скалярное произведение

installed user ~ одобренное (*фирмой-изготовителем ЭВМ*) программное изделие пользователя

intermediate ~ частичное произведение

logical ~ логическое произведение

major ~ старшая часть [старшие разряды] произведения

minor ~ младшая часть [младшие разряды] произведения

modulo ~ произведение по модулю

network ~ коммерческие сетевые средства (*как самостоятельное изделие, доступное для приобретения*)

partial ~ частичное произведение

power-delay ~ произведение мощности на задержку (*показатель качества ИС*)

predecessor software ~ программное изделие-предшественник (*подлежащее замене новым*)

program ~ программное изделие

replacement software ~ программное изделие-заменитель (*напр. новая версия операционной системы*)

scalar ~ скалярное произведение

sharp ~ рёберное произведение (*кубов в булевой алгебре*)

similar software ~ подобное программное изделие (*напр. программа ленточной сортировки по отношению к программе сортировки с использованием диска*)

software ~ программное изделие

speech-transaction ~ (коммерческое) изделие для речевого общения (*человека с ЭВМ*)

speed-power ~ произведение задержки сигнала (*в наносекундах*) на мощность рассеяния (*в милливаттах*)

unbundled ~ изделие, поставляемое отдельными компонентами

vector ~ векторное произведение

production 1. производство; изготовление **2.** продукция **3.** *матем.* порождение **4.** порождающее правило, правило вывода, правило подстановки; продукция (*в формальных грамматиках*)

direct ~ прямое порождение

left recursive ~ леворекурсивная продукция, леворекурсивное правило вывода, леворекурсивная подстановка

right recursive ~ праворекурсивная продукция, праворекурсивное правило вывода, праворекурсивная подстановка

sentence ~ *лингв.* порождение предложений

speech ~ речеобразование (*в системах распознавания речи*)

terminal ~ терминальное порождение

productivity 1. производительность (*вычислительной машины или системы*) **2.** продуктивность (*использования ресурсов*)

profile профиль || профилировать

cognitive ~ когнитивный разрез (*экспертных знаний*)

document ~ аннотация документа (*в ИПС*)

execution(-time) ~ профиль процесса выполнения (*программы*)

mission ~ циклограмма (*выполняемого задания*)

operational ~ функциональный разрез (*набор тестовых данных, отражающих реальные условия функционирования программы*)

query ~ профиль запроса

system ~ системный профиль (*описание характеристик системы в табличной или графической форме*)

profiler профилировщик (*программа*)

program программа (*см. тж* **routine**) || программировать ◊ ~ **that programs** программирующая программа; **to** ~ **in** закладывать (*в систему*) в виде программы

A-~ программа класса А, А-программа, прикладная программа (*принадлежащая объединению классов P- и E-программ*)

absolute ~ программа в абсолютных адресах, абсолютная программа

accessory ~ вспомогательная программа

active ~ активная [действующая] программа

administration ~ администратор, распорядитель; организующая программа

application ~ прикладная программа

assembler [assembly] ~ ассемблер, компонующая программа, программа сборки

assembly-language ~ программа на языке ассемблера

audit ~ программа ревизии, ревизор

authorized ~ авторизованная программа (*защищённая от несанкционированного обращения*)

automatic recovery ~ программа автоматического восстановления (*напр. после сбоя*)

background ~ фоновая программа, программа с низким приоритетом

binary ~ программа в двоичном представлении

blue-ribbon ~ программа, работающая с первого запуска

bootstrap ~ программа самозагрузки; *проф.* программа раскрутки

branch(ing) ~ 1. разветвлённая [ветвящаяся] программа 2. программа ветвления

broken ~ *sl* испорченная программа (*не способная к работе*), *проф.* тупая программа

brute-force ~ *sl* программа, решающая задачу «в лоб»

called ~ вызываемая программа

calling ~ вызывающая программа

card ~ программа на перфокартах

cataloged ~ каталогизированная программа

chain additions ~ программа добавления (новых записей) в связанный файл

chain maintenance ~ программа сохранения цепочки (*напр. записей при удалении одной из них*)

channel ~ канальная программа; программа канала

check(ing) ~ программа контроля, контролирующая программа

clever ~ *проф.* разумная программа

coded ~ закодированная программа

common ~ программа общего применения

compaction ~ программа уплотнения [сжатия] данных

compiled object ~ (объектная) программа на выходе компилятора

compiler [compiling] ~ компилирующая программа, компилятор

complete ~ готовая [завершённая] программа (*не требующая модификации в условиях конкретного применения*)

compressor ~ программа уплотнения [сжатия] данных

computer ~ программа (для) вычислительной машины, машинная программа

concordance ~ программа составления алфавитного указателя (*напр. символов в программе*)

concurrent ~ 1. параллельная программа 2. программа, выполняемая одновременно (*с некоторой другой программой*)

concurrently running ~s одновременно выполняемые программы

concurrent-scheduling supervisor ~ супервизор (для) управления многопрограммной работой

condensing ~ программа уплотнения [сжатия] данных

configuration ~ программа реконфигурации (*отказоустойчивой системы*)

control ~ управляющая программа, программа управления

conversion ~ **1.** программа преобразования (*данных*) **2.** эмулятор; транслятор

convex ~ выпуклый план (*в линейном программировании*)

copyrighted ~ программа, защищённая авторским правом

core-resident ~ ОЗУ-резидентная программа (*постоянно находящаяся в оперативной памяти*)

correct ~ правильная программа (*удовлетворяющая спецификации*)

crash-proof ~ живучая программа (*защищённая от разрушения*)

cross-reference ~ программа выявления перекрёстных ссылок

crufty ~ *sl* неработоспособная программа

curve-fitting ~ программа аппроксимации кривой по точкам

cuspy ~ *sl* аккуратная [надёжная] программа (*хорошо работающая у любых пользователей*)

data abstraction ~ программа, работающая с абстрактными типами данных

data access ~ программа доступа к данным

data flow ~ программа, управляемая данными; потоковая программа

data set utility ~ программа обслуживания наборов данных

data-vet ~ *sl* программа контроля достоверности данных

dead ~ неиспользуемая программа, *проф.* мёртвая программа

debugging ~ отладчик, отладочная программа, программа отладки

decision ~ решающая программа, программа выработки решения (*в СИИ*)

development ~ инструментальная программа, программа поддержки разработок (*в системах автоматизированного проектирования*)

diagnosis [diagnostic] ~ диагностическая программа, программа обнаружения ошибок *или* неисправностей

digital simulation ~ программа цифрового моделирования

disk-resident ~ диск-резидентная программа (*постоянно находящаяся на диске*)

dynamic ~ динамическая программа

E- ~ программа класса Е, Е-программа, встроенная программа (*являющаяся частью модели реальной действительности*)

editor ~ редактор, программа редактирования, редактирующая программа

embedded ~ встроенная программа

emulator ~ эмулятор, программа эмуляции

executable ~ исполняемая программа

executive ~ диспетчер; организующая программа; управляющая программа

exerciser ~ испытательная программа (*формирующая наборы тестовых данных*)

externally stored ~ программа, хранимая во внешней памяти

fail-recognition ~ программа идентификации ошибок

fault-diagnosis [fault-location] ~ диагностическая программа, программа обнаружения неисправностей

fixed ~ фиксированная [жёсткая] программа

foreground ~ (высоко)приоритетная программа, программа с высоким приоритетом

fragmented ~s разрозненные [разобщённые] программы

free-standing ~ автономная программа (*содержащая только внутренние обращения к подпрограммам и данным*)

froggy ~ *sl* замысловатая программа, *проф.* хитрая программа

function ~ программа вычисления целевой функции

gap filling ~ фоновая программа, запускаемая при отсутствии программ с более высоким приоритетом, *проф.* дежурная программа

general(-purpose) ~ универсальная программа

generating [generator] ~ генерирующая программа, генератор

graphic display ~ программа графического отображения

grungy ~ *sl* 1. неряшливо написанная программа, *проф.* неряшливая программа 2. нетехнологичная программа (*нежизнеспособная изначально*)

hardware ~ аппаратно-реализованная программа

hardware-maintenance ~ программа технического обслуживания

help ~ 1. консультационная программа 2. программа (для) выдачи консультативной информации

heuristic ~ эвристическая программа, программа эвристического алгоритма

high frequency ~ часто выполняемая программа

high volume ~ программа большого объёма

host ~ 1. главная программа 2. программа главного процессора

ill-formed ~ нерациональная программа

illustrative ~ иллюстративная программа

imperative ~ императивная

программа (*без использования логических выводов*)

improper ~ нерациональная программа

inactive ~ неактивная [бездействующая] программа

independent ~ независимая программа

initial input ~ начальная программа ввода

initial loading ~ программа начальной загрузки, начальный загрузчик

in-line ~ линейная программа (*без циклов и ветвлений*)

input ~ программа ввода

installed user ~ апробированная (*фирмой-изготовителем*) пользовательская программа

integer ~ программа целочисленных вычислений

interactive ~ интерактивная программа

interconsole message ~ программа организации межпультовой связи

internally stored ~ программа, хранимая во внутренней памяти

interpreter [interpretive] ~ интерпретатор, интерпретирующая программа

introspective ~ самоуправляемая программа

job ~ программа задания

job control ~ программа управления заданиями

language-understanding ~ программа восприятия (*естественного*) языка

learning ~ обучающаяся программа

librarian ~ библиотекарь (*управляющая программа для работы с библиотечными программами*)

library ~ библиотечная программа

licence ~ лицензионная программа (*приобретённая по лицензии*)

linear ~ линейная программа (*без циклов и ветвлений*)

load-and-go ~ программа, запускаемая сразу после загрузки, программа, исполняемая по загрузке

load(ing) ~ загрузчик, программа загрузки

logical ~ логическая программа

logical relational ~ логическая программа установления отношений (*между объектами реляционной базы данных*)

machine ~ программа (для) вычислительной машины, машинная программа

machine language ~ программа на машинном языке

macroassembly ~ макроассемблер

macrogenerating ~ макрогенератор

mail ~ программа (для реализации) электронной почты

main ~ ведущая [основная] программа

manager ~ управляющая программа; диспетчер; монитор

manual ~ «ручная» [задаваемая вручную] программа (*в программируемых калькуляторах*)

manufacturer ~s программное обеспечение, поставляемое изготовителем (*ЭВМ*)

map ~ программа отображения

mask-level digitization ~ программа цифрового представления на уровне маски

master ~ главная программа

mathematical ~ программа для решения математической задачи, *проф.* математическая программа

menu-driven ~ программа, вызываемая с помощью меню

message control ~ программа управления сообщениями

message processing ~ программа обработки сообщений

micromodular ~ микромодульная программа

minimal [minimum] access ~ программа с минимальным временем выборки (данных)

minimum latency ~ программа с минимальным суммарным временем ожидания

modular-sized ~ **1.** модульная программа (*имеющая модульную структуру*) **2.** программный модуль

monitor(ing) ~ монитор; управляющая программа; диспетчер

monolithic ~ монолитная программа (*не разделённая на модули*)

mutated ~ видоизменённая программа

network control ~ программа управления сетью

networking ~ сетевая программа, программа сетевого обмена

N-level ~ N-уровневая программа; программа N-го уровня

nonexpansible ~ нерасширяемая программа

nonmathematical ~ программа для решения нематематической задачи, *проф.* нематематическая программа

nucleus initialization ~ программа инициализации ядра (*напр. операционной системы*)

object ~ выходная [конечная] программа, *проф.* объектная программа

object language ~ программа (написанная) на выходном языке (транслятора)

off-the-peg ~ готовая программа (*которую можно арендовать или купить*)

omnipresent ~ программа, сохраняющаяся в памяти в течение всего процесса

operating ~ **1.** рабочая программа **2.** работающая программа **3.** программа оперативного обслуживания

optimally coded ~ оптимально составленная программа (*напр. программа с минимальным временем выполнения*)

output ~ программа вывода

overlay(s) ~ *проф.* оверлейная программа

P-~ программа класса P, P-программа, проблемная программа (*относящаяся к реальной проблемной ситуации*)

packaged ~s пакет программ

panel ~ пультовая программа

patched ~ программа с «заплатами»

peripheral interchange ~ программа периферийного обмена

placement ~ программа размещения (*элементов*)

plugged ~ наборная программа (*набираемая на коммутационной доске*)

polling ~ программа опроса

portable ~ мобильная программа (*допускающая перенесение на другую машину*)

position-independent ~ позиционно-независимая программа

postedit ~ программа постредактирования

postmortem ~ программа постоперационного контроля, постпрограмма

precanned ~ поставляемая (*фирмой-изготовителем*) программа, фирменная программа

precompiler ~ программа первого [предварительного] прохода компиляции

pre-edit ~ программа предварительного редактирования

prewired ~ предварительно набранная программа; *проф.* «запаянная» программа

prime program ~ элементарная программа (*элемент программной системы*)

printed ~ программа, помещённая в печатном издании

print-intensive ~ программа с большим объёмом печати [печатаемой информации]

problem(-state) ~ проблемная (непривилегированная) программа (*в отличие от системной привилегированной программы*)

processing ~ программа обработки (данных), обрабатывающая программа

production ~ программное изделие; «товарная» программа

proper ~ рациональная программа (*без тупиков и бесконечных циклов*)

prototype ~ макетная программа

pseudoapplication ~ псевдоприкладная программа (*для отладки операционной системы*)

punched tape ~ программа на перфоленте

"rat's nest" ~ бессистемная программа (*составленная без соблюдения каких-л. стандартов программирования*), *проф.* воронье гнездо

read-in ~ программа, вводимая по требованию (*в отличие от резидентной*)

real-world ~ программа реальной задачи

reduction ~ редукционная программа (*в функциональном программировании*)

reenterable [reentrant] ~ повторно входимая программа

regular ~ регулярная программа (*с невозможностью использования числа как команды и наоборот*)

reliable ~ надёжная программа

relocatable ~ перемещаемая (*в памяти*) программа

report ~ программа печати отчётов

resident ~ резидент, резидентная программа

residual ~ остаточная программа (*полученная после выполнения частичных вычислений при неполностью заданных исходных данных*)

restructuring ~ программа перестройки структуры

reusable ~ многократно используемая программа

robot ~ программа управления роботом

robust ~ «живучая» программа, *проф.* робастная программа

routine ~ стандартная программа

routing ~ трассировщик, программа трассировки; программа прокладки маршрута (*в сети*), программа маршрутизации

running ~ работающая программа

S-~ программа класса S, S-программа, специфицированная программа (*целиком определяемая спецификацией*)

salvation ~ спасательная программа (*запускаемая после неудачных попыток восстановления базы данных другими средствами*)

sample ~ типовая программа

scrutinous ~ программа контроля, контролирующая программа

segmented ~ сегментированная программа

self-adapting ~ самоадаптирующаяся программа

self-contained ~ независимая программа (*не содержащая внешних обращений к подпрограммам и данным*)

self-diagnostic ~ программа самодиагностики

self-initializing ~ самоинициализирующаяся программа, программа, восстанавливающаяся после каждого прогона

self-loading ~ самозагружающаяся программа

self-modification [**self-modifying**] ~ самоизменяющаяся [самомодифицируемая] программа

self-monitoring ~ самоуправляющаяся программа

self-organizing ~ самоорганизующаяся программа

self-relocatable [**self-reloca-**

ting] ~ самоперемещающаяся программа

self-resetting ~ самовосстанавливающаяся программа

self-test ~ самоконтролирующаяся программа, программа с самоконтролем

self-triggering ~ самозапускающаяся программа

sequence-scheduling supervisor ~ супервизор (для) управления последовательностью решения задач

service ~ обслуживающая программа

shareable ~ совместно используемая программа

simple ~ простая программа

simulation ~ моделирующая программа, программа моделирования

single-path ~ **1.** однопроходная [однопросмотровая] программа **2.** линейная программа (*без циклов и ветвлений*)

slave ~ подчинённая программа

smart ~ «разумная» программа

snapshot (dump) [**snapshot trace**] ~ программа выборочной динамической разгрузки

software ~ программа системы программного обеспечения (*в отличие от реализованной аппаратно*)

sort(ing) ~ программа сортировки

sort/merge ~ программа (внешней) сортировки методом «разбиение — слияние»

source (language) ~ программа на входном языке (транслятора), входная [исходная] программа

spaghetti(-bowl) ~ *проф.* «макаронная» программа (*содержащая большое количество ненужных передач управления, запутывающих её структуру*)

specific ~ специальная программа

spreadsheet ~ программа обработы крупноформатных таблиц, программа табличных вычислений

stand-alone ~ автономная программа

standard ~ стандартная программа

standby ~ дублирующая программа (*выполняемая на резервной машине при отказе основной*)

star ~ программа без ошибок, работающая с первого запуска

steering ~ управляющая программа; диспетчер; монитор

stored ~ программа, хранящаяся в памяти, хранимая программа

structured ~ структурированная программа

subject ~ предметная программа (*регулярно выполняющая строго определённую функцию*)

superconsistent ~ *киберн.* сильно совместная программа

supervisor(y) ~ супервизор; организующая программа

support ~ обслуживающая программа; вспомогательная программа

suspended ~ приостановленная программа

symbolic ~ программа на символическом языке, программа в символических обозначениях

system(s) ~ системная программа

tape-to-card ~ программа перезаписи (информации) с ленты на (перфо)карты

tape-to-printer ~ программа распечатки информации с (магнитной) ленты

target ~ программа на выходном языке (транслятора)

teaching ~ обучающая программа

test ~ тест, тестовая программа; программа испытаний

trace ~ трассировщик, программа трассировки

trace-interpretive ~ (отладочная) программа «прокрутки»

tracing ~ трассировщик, программа трассировки

tracking ~ программа слежения (*в графопостроителях*)

transaction ~ **1.** программа транзакции **2.** программа внесения изменений (*в файл*)

translating [translation, translator] ~ транслятор, транслирующая программа

transportable ~ (физически) переносимая программа (*напр. с одной ЭВМ на другую*)

troubleshooting ~ программа поиска [отыскания] неисправностей

unmaintainable ~ программа, неудобная в эксплуатации

unreadable ~ нечитаемая программа

updated ~ скорректированная [модифицированная] программа

user('s) ~ программа пользователя

utility ~ обслуживающая программа, *проф.* утилита

windowing ~ программа организации полиэкранного режима

wired-in ~ жёсткая [жёстко закоммутированная] программа, *проф.* «зашитая» программа

program-accessible программно-доступный

programmability программируемость, возможность программирования

programmable 1. программируемый **2.** с программным управлением

electrically ~ электрически программируемый (*о ПЗУ*)

programme *см.* **program**

programmed программируемый; запрограммированный

card ~ с программным управлением от (перфо)карт, с перфокарт(оч)ным управлением

programmer 1. программист **2.** программирующее устройство, устройство программирования, программатор

~ of ability способный [одарённый] программист

application ~ прикладной программист, программист прикладных задач

average ~ программист средней квалификации, *проф.* средний программист

backup ~ 1. помощник главного программиста **2.** программист-дублёр

chief ~ главный программист

gang ~ групповой программатор

human ~ программист

junior ~ младший программист

on-site ~ местный [собственный] программист (*данного вычислительного центра*)

original ~ автор программы

PROM ~ программатор ППЗУ

software ~ разработчик системного программного обеспечения

system~ системный программист, программист-системник

tradition-bound ~ консервативный программист

programmer-analyst программист-аналитик

programming 1. программирование **2.** *матем.* программирование, планирование

absolute ~ абсолютное программирование, программирование в абсолютных адресах

application(s) ~ прикладное программирование

applicative ~ аппликативное программирование

chance-constrained nonlinear ~ нелинейное программирование с вероятностными ограничениями

computer ~ 1. программирование для вычислительной машины **2.** автоматическое программирование

computer-aided ~ автоматическое программирование

control-oriented ~ программирование задач управления

conversational ~ программирование в диалоговом режиме

convex ~ *матем.* выпуклое программирование

defensive ~ защитное программирование (*облегчающее поиск ошибок*)

direct ~ программирование на машинном языке

discrete ~ дискретное программирование

double ~ двойное программирование

dynamic ~ динамическое программирование

external ~ внешнее программирование

faultless~ безошибочное программирование

fault-tolerant ~ отказоустойчивое программирование, программирование с обеспечением отказоустойчивости

file-oriented ~ программирование с использованием файла (*без обращения к конкретным устройствам ввода-вывода*)

fill-in-the-blank ~ программирование путём заполнения бланков-шаблонов

flow-of-control ~ программирование алгоритмов, программирование потока команд (управления)

functional ~ функциональное программирование

fuse ~ программирование пережиганием плавких перемычек

geometric ~ геометрическое программирование

goal ~ целевое программирование, целевое планирование

GOTO-less ~ *проф.* программирование без (применения операторов) GOTO

heuristic ~ эвристическое программирование

hybrid ~ гибридное программирование (*включающее циф-*

ровые и аналоговые вычисления)

imperative ~ императивное программирование (*задающее жёсткую последовательность действий*)

in-house ~ «домашнее» программирование, программирование собственными силами (*организации-пользователя*)

integer ~ *матем.* целочисленное программирование

interpretive ~ программирование на псевдомашинном языке

least wait ~ программирование по критерию минимизации времени доступа; оптимальное программирование

linear ~ линейное программирование

logic(al) ~ логическое программирование

machine ~ автоматическое программирование

maintenance ~ программирование для (технического) обслуживания (*напр. составление тестовых программ*); планирование технического обслуживания

mathematical ~ математическое программирование

minimal-access [minimum access, minimum delay, minimum latency] ~ программирование по критерию минимизации времени доступа; оптимальное программирование

mixed-integer ~ частично-целочисленное программирование

mixed-language ~ многоязыковое программирование

mnemonic automatic ~ автоматическое программирование в мнемонических кодах

modular ~ модульное программирование

multilevel ~ иерархическое программирование

multiobjective ~ (математическое) программирование при многих критериях; многоцелевое планирование

multiple ~ параллельное программирование

nondeterministic ~ недетерминированное программирование

nonlinear ~ нелинейное программирование

N-version ~ N-вариантное программирование (*метод обеспечения отказоустойчивости программных средств*)

object-oriented ~ целевое программирование

parallel ~ параллельное программирование

parametric ~ параметрическое программирование

patchboard ~ программирование с помощью коммутационной панели

pattern recognition ~ программирование распознавания образов

piecework ~ программирование с аккордной оплатой

pinboard ~ программирование с помощью наборного поля

quadratic ~ квадратичное программирование

random-access ~ программирование без учёта времени выборки

relative ~ программирование в относительных адресах

semi-infinite nonlinear ~ *матем.* полубесконечное нелинейное программирование

sequential [serial] ~ последовательное программирование (*без распараллеливания операций*)

spatial ~ пространственное программирование; пространственная программация (*матричной логики*)

stochastic ~ стохастическое программирование

storage-efficient ~ программирование по критерию экономии памяти

stream-parallel ~ потоковое

параллельное программирование

structured ~ структур(иров)ан)ное программирование

switchboard ~ программирование с помощью коммутационной панели

symbolic ~ символическое программирование, программирование на символическом языке

system ~ системное программирование

systolic ~ систолическое программирование

throw-away ~ программирование с целью временного использования

top-down ~ программирование сверху вниз; нисходящее программирование

underwater ~ *sl* изощрённое программирование, программирование «с хитростями»

wavefront ~ волновое программирование, программирование волновой обработки

projection:

~ **of relation** проекция отношения (*в реляционных базах данных*)

rear ~ рирпроекция, проекция на просвет

prologue вводная часть (*программы*), вступление (*к программе*)

prompt 1. подсказка ‖ подсказывать **2.** *проф.* приглашение (*напр. пользователю со стороны диалоговой системы на ввод данных*)

command ~ приглашение (*пользователя*) ко вводу команды

hyphen ~ приглашение в форме чёрточки (*на экране дисплея*)

synthesized-speech ~ машинная подсказка синтезированным голосом

prompter подсказчик (*программа*)

prompting указание, помощь, подсказка (*пользователю со*

стороны диалоговой системы)

operator ~ **1.** операторское указание (*системе*) **2.** подсказка оператору

proof 1. доказательство **2.** проверка

formal ~ формальное доказательство

formal program ~ формальное доказательство правильности программы

indirect ~ косвенное доказательство

irreducible ~ несводимое доказательство

page ~ страничная корректура (*массив изменений к редактируемой странице*)

tree form ~ доказательство в форме дерева, ветвящееся доказательство

variant ~ вариантное доказательство

zero ~ контроль по нулевой сумме

proofreading проверочное считывание

propagate распространяться, проходить

propagation 1. распространение, прохождение, продвижение **2.** передача (*напр. полномочий в сети*)

carry ~ распространение (*сигнала*) переноса

error ~ распространение ошибки

exception ~ распространение действия исключительной ситуации

fault ~ продвижение (*сигнала*) неисправности (*к выходу системы*)

password ~ передача пароля (*напр. другому пользователю*)

synchronous ~ синхронное распространение (*сигнала при помощи тактирования*)

terminal ~ терминальное продвижение (*при трассировке ИС с учётом закрепления внешних выводов*)

proposition 1. *лог.* предложение;

суждение; высказывание **2.** теорема **3.** задача; проблема

compound ~ сложное высказывание

contradictory ~s противоречащие [контрадикторные] предложения

contrary ~s противные [контрарные] предложения

false ~ ложное высказывание

logical ~ логическое высказывание

particular ~ частное суждение

simple ~ простое высказывание

singular ~ единичное предложение; единичное суждение

tautologically true ~ тавтологически истинное высказывание

true ~ истинное высказывание

universal ~ общее предложение; общее суждение

protection 1. защита **2.** средства защиты

built-in ~ встроенные средства защиты

capability-based ~ защита с учётом характеристик, параметрическая защита

computer ~ защита (вычислительной) машины

data ~ защита данных

data dependent ~ информационно-зависимая защита

data printing ~ защита информации при выдаче на печать

disaster ~ аварийная защита (*системы*)

error ~ защита от ошибок

excess voltage ~ защита от повышенного напряжения

fetch ~ защита от несанкционированного доступа

jump-storage ~ защита памяти по командам перехода [передачи управления]

lock-and-key ~ защита типа замка

memory ~ защита памяти

nonstop operation ~ защита от зацикливания (*программ*)

overload ~ защита от перегрузки

password ~ защита с помощью (системы) паролей

power ~ защита по питанию

privacy ~ обеспечение секретности

read/write-storage ~ защита памяти при считывании — записи

ring ~ **1.** кольцевая защита **2.** защита с помощью охранного кольца

short circuit ~ защита от короткого замыкания

static discharge ~ защита от статического электричества

storage [store] ~ защита памяти

write ~ защита (данных) по записи

protocol протокол (*регламентированная процедура регистрации и коммутации сообщений*)

agreement ~ протокол реализации соглашения (*предотвращающего конфликты*)

application-oriented ~ протокол, ориентированный на прикладную систему

binary [BISYNC] ~ протокол двоичной синхронной передачи данных

bisynchronous ~ бисинхронный протокол (*с синхронизацией передачи сообщений в обе стороны*)

bit-oriented ~ бит-ориентированный протокол

bridging ~ протокол преобразования данных (*в сетях*)

broadcast ~ протокол широковещательной передачи (*сообщений*)

bus (polling) ~ протокол (общей) шины

carrier sense multiple access ~ протокол множественного доступа с контролем несущей

character-asynchronous ~ протокол с асинхронной передачей знаков

character-oriented ~ знак-ориентированный протокол

code-independent ~ кодонезависимый протокол

commit ~ протокол фиксации (*транзакций*)

communications ~ протокол обмена; протокол связи, протокол линии передачи данных

data collection ~ протокол сбора данных

data communications ~ протокол обмена; протокол связи, протокол линии передачи данных

echo-handling ~ протокол эхо-управления (*в сетях с коммутацией пакетов*)

end-to-end ~ протокол сквозной передачи (*сообщений*)

fixed path ~ протокол с фиксированным маршрутом

format ~ протокол (преобразования) форматов (*сообщений*)

function management ~ протокол управления функциями (*сети*)

handshaking ~ протокол (передачи) с квитированием установления связи

high-level ~ протокол высокого уровня

host-host ~ протокол обмена (*сообщениями*) между двумя главными (вычислительными) машинами

interactive ~ интерактивный протокол

interface ~ интерфейсный протокол

interfacing ~ протокол взаимодействия, протокол обмена сообщениями

internet ~ межсетевой протокол, протокол межсетевого взаимодействия

internetwork transport ~ межсетевой протокол транспортного уровня

interrupt ~ протокол прерываний

intralayer management ~ внутриуровневый протокол (организационного) управления (*в сети*)

intranet ~ внутренний сетевой протокол

line ~ протокол линии передачи данных

link(-level) ~ протокол канального уровня

log-tape-write-ahead ~ протокол предварительной регистрации (*транзакций*) на ленте

long-haul ~ глобальный протокол (*передачи сообщений*)

low-level-access ~ протокол низкоуровневого доступа (*в открытых системах*)

message-level ~ протокол уровня обмена сообщениями

network control ~ протокол управления сетью

network graphics ~ сетевой протокол передачи графической информации

network voice ~ сетевой протокол передачи речевых сигналов

network-wide access ~ протокол доступа в сеть

packet ~ протокол для передачи пакетов (данных), пакетный протокол, протокол обмена пакетами

pass-the-buck ~ протокол с передачей маркера, маркерный протокол

path control ~ протокол управления маршрутом (данных)

path independent ~ протокол с независимыми маршрутами

peer(-to-peer) ~ протокол взаимодействия равноправных систем

port-to-port ~ протокол межпортового обмена информацией

SDLC ~ протокол синхронного управления передачей данных

service ~ протокол обслуживания (*в сети*)

session ~ протокол сеанса связи

session control ~ протокол управления соединением (*в сети*) signaling ~ протокол обмена сигналами

split-transaction ~ протокол разделения транзакций

stream ~ протокол управления потоком (*сообщений*)

~~thinking-out-loud~~ ~ протокол размышлений вслух (*используемый при разработке экспертных систем*)

timed-token ~ интервально-маркерный протокол

token-access ~ протокол эстафетного доступа

token-ring ~ протокол кольцевой сети с эстафетным доступом

transport ~ транспортный протокол, протокол транспортного уровня

virtual (circuit) ~ протокол виртуального канала (*в сетях с коммутацией пакетов*)

prototype прототип; аналог; прообраз; (опытный) образец; макет; модель

prototyping макетирование

prover:

automatic theorem ~ программа (для) автоматического доказательства теорем

provider:

data ~ источник данных

information ~ источник [поставщик] информации

service ~ поставщик услуг (*напр. сервисный терминал*)

proving *см.* **proof**

provisions:

built-in automatic ~ встроенные автоматические средства

pruning отсечение (*ветвей в дереве поиска или перебора*)

pseudoaddress псевдоадрес

pseudo-Boolean псевдобулев

pseudoclock псевдочасы

24-hour ~ суточные псевдочасы

pseudocode псевдокод, символический код

pseudocolor псевдоцветной

pseudocommand псевдокоманда, символическая команда, коман-

да в символических обозначениях

pseudoconvention соглашение по псевдокодам

pseudographics псевдографика

pseudohost псевдоведущий процессор (*обеспечивающий доступ терминалов к сети*)

pseudoinput псевдовход (*в логическом моделировании*)

pseudoinstruction псевдокоманда, символическая команда, команда в символических обозначениях

pseudolanguage псевдоязык

pseudo-op(eration) псевдооперация

pseudoorder псевдокоманда, символическая команда, команда в символических обозначениях

pseudooutput псевдовыход (*в логическом моделировании*)

pseudopaging условное разбиение (*памяти*) на страницы

pseudoprogram(me) псевдопрограмма

pseudorandom псевдослучайный

pseudoregister псевдорегистр

pseudoternary псевдотроичный

pseudotetrad псевдотетрада

pseudovariable псевдопеременная

psychology:

cognitive ~ когнитивная психология

publication-quality типографского качества (*о печатающем устройстве*)

public-key с открытым ключом (*о системе шифрования сообщений*)

publishing:

desktop ~ подготовка публикаций с использованием настольных редакционно-издательских средств

electronic ~ **1.** электронная публикация, электронное редактирование и оформление документов **2.** *проф.* терминальная публикация (*запись текста в общедоступную базу данных*)

pull выталкивать (*из стека*)

pulling 1. затягивание (*частоты*) **2.** выталкивание (*из стека*)

pulse 1. импульс (*см. тж* **signal**) ‖ посылать импульсы **2.** пульсация

acknowledge ~ импульс подтверждения (*напр. запроса*)

add ~ импульс сложения

advance ~ продвигающий импульс (*напр. в устройствах на ЦМД*)

base-band ~ видеоимпульс

bidirectional [bipolar] ~ двуполярный [биполярный] импульс

break ~ импульс сброса (*цепи в исходное состояние*)

carry ~ импульс переноса

clock ~ тактовый импульс; синхронизирующий импульс, синхроимпульс

code ~ кодовый импульс; импульс кода

coded ~ кодированный импульс

coincidence ~ импульс совпадения

control ~ управляющий импульс; импульс управления

count ~ счётный импульс; импульс счёта

countdown ~ вычитающий импульс (*в счётчике*), импульс, запускающий счётчик на вычитание

delay ~ импульс задержки

dialing ~s импульсы набора номера

digit ~ разрядный импульс, импульс в разрядной шине (*ЗУ*)

digital ~ цифровой импульс

disabling ~ запирающий [блокирующий] импульс

displacement ~ импульс смещения

disturb(ing) ~ разрушающий импульс

drive [driving] ~ возбуждающий импульс, импульс возбуждения; пусковой [запускающий] импульс

emitter ~ позиционный импульс (*определяющий положение отдельного разряда в перфокарточном оборудовании*)

enable [enabling] ~ импульс подготовки (*схемы к переключению*); разрешающий импульс; отпирающий импульс

end-of-word ~ импульс окончания слова

equalizing ~ выравнивающий импульс

erase ~ импульс стирания, стирающий импульс

firing ~ пусковой [запускающий] импульс

full drive ~ импульс полной выборки

full read(ing) ~ импульс считывания при полной выборке

full writing ~ импульс записи при полной выборке

gate [gating] ~ импульс, управляющий пропусканием (*напр. другого импульса*)

half(-drive) ~ импульс полувыборки

half read(ing) ~ импульс считывания при полувыборке

half write [half writing] ~ импульс записи при полувыборке

information ~ информационный импульс

inhibit(ory) ~ импульс запрета

initiating ~ пусковой [запускающий] импульс

input [insert] ~ входной импульс

interrogation ~ опрашивающий импульс, импульс опроса

marginal ~ импульс с предельными параметрами

marking ~ маркерный импульс

master ~ задающий импульс

output ~ выходной импульс

overflow ~ переполняющий импульс; импульс переполнения

p- ~ *см.* **position pulse**

partial drive ~ импульс частичной выборки

partial read(ing) ~ импульс считывания при частичной выборке

partial-select input ~ импульс записи при частичной выборке

partial-select output ~ импульс считывания при частичной выборке

partial write [partial writing] ~ импульс записи при частичной выборке

position ~ позиционный импульс (*определяющий положение отдельного разряда в периоде слова*)

postwrite disturb ~ импульс разрушения после (такта) записи

preread disturb ~ импульс разрушения перед тактом считывания, импульс разрушения перед считыванием

priming ~ подготавливающий импульс

programming ~ программирующий импульс (*для перезаписи в ППЗУ*)

punch ~ импульс пробивки, импульс перфорации

quenching ~ импульс гашения

read(ing) ~ импульс считывания; импульс опроса

recording ~ импульс записи

reset ~ импульс возвращения в исходное состояние; импульс сброса; импульс установки в состояние нуля

rewrite ~ импульс перезаписи

sample ~ стробирующий импульс, строб-импульс

sense ~ импульс считывания; импульс опроса при считывании

set ~ импульс установки; импульс установки в возбуждённое состояние; импульс установки в состояние единицы

single(-shot) ~ одиночный импульс

spacing ~ импульс пробела

sprocket ~ импульс с синхронизирующей дорожки

spurious ~ паразитный [ложный] импульс

start(ing) ~ пусковой [запускающий] импульс

strobe ~ стробирующий импульс, строб-импульс

subtract ~ импульс вычитания

sync [synchronizing] ~ синхронизирующий импульс, синхроимпульс

test ~ проверочный импульс

timed ~ синхронизированный импульс

timing ~ тактовый импульс синхронизирующий импульс, синхроимпульс

trigger(ing) ~ пусковой [запускающий] импульс

unidirectional ~ однополярный импульс

video ~ видеоимпульс

word ~ числовой импульс, импульс в числовой шине (*ЗУ*)

write [writing] ~ импульс записи

pulsed импульсный; работающий в импульсном режиме

pulser импульсный генератор, генератор импульсов; датчик импульсной временной диаграммы

logic ~ логический импульсный генератор

neon ~ импульсный генератор на неоновой лампе

pulsing 1. генерирование [генерация] импульсов **2.** пульсация

pump:

charge ~ генератор подкачки заряда (*в ПЗС*)

on-chip ~ внутрикристальный генератор подкачки (*в ПЗС*)

pumping подкачка

punch 1. пробивка, перфорированное отверстие, перфорация ‖ перфорировать, пробивать (отверстия) **2.** перфоратор (*см. тж* **puncher**) **3.** пуансон, пробойник

binary ~ двоичный перфоратор

calculating ~ счётно-перфорационная машина

card ~ карточный перфоратор

continuation ~ пробивка продолжения

control [designation] ~ управляющая пробивка (*на перфокарте*)

digit ~ цифровая пробивка

double ~ двойная пробивка

duplicate [duplicating] card ~ дублирующий перфоратор; карточный реперфоратор, *проф.* дубликатор

eleven ~ 1. пробивка в 11-й позиции колонки (*на 80-колонной перфокарте*) 2. пуансон 11-й позиции колонки

gang ~ дублирующий перфоратор; карточный реперфоратор, *проф.* дубликатор

low ~ 1. позиция пробивки нуля 2. пуансон пробивки нуля

middle ~ 1. пробивка в 11-й позиции колонки (*на 80-колонной перфокарте*) 2. пуансон 11-й позиции колонки

numeric ~ 1. пробивка в цифровых позициях колонок 2. цифровой перфоратор

numeric key ~ цифровой клавишный перфоратор

off ~ неверная пробивка

paper tape ~ ленточный перфоратор

positional ~ позиционная пробивка

printing ~ печатающий перфоратор, перфоратор с распечаткой

spot ~ ручной пробойник

summary ~ итоговый перфоратор

tape ~ ленточный перфоратор

tape-to-card ~ реперфоратор ленты (с выводом данных) на (перфо)карты

ten ~ 1. пробивка в 10-й позиции колонки (*на 80-колонной перфокарте*) 2. пуансон 10-й позиции колонки

totalizing ~ итоговый перфоратор

twelve ~ 1. пробивка в 12-й позиции колонки (*на 80-колонной перфокарте*) 2. пуансон 12-й позиции колонки

zero ~ нулевая пробивка (*в третьей строке сверху*)

zone ~ зонная пробивка, пробивка в зоне (*перфокарты*)

11-~ *см.* **eleven punch**

12-~ *см.* **twelve punch**

punched перфорированный

puncher 1. перфоратор (*см. тж* **punch**) **2.** перфораторщик (*оператор перфоратора*)

alphabetical ~ буквенный [алфавитный] перфоратор

automatic ~ автоматический перфоратор (*управляемый процессором*); перфоратор с автоматической подачей (*перфокарт или перфоленты*)

automatic-feed ~ перфоратор с автоматической подачей (*перфокарт или перфоленты*)

card ~ карточный перфоратор

cardproof ~ контрольный карточный перфоратор, контрольник (перфо)карт

card reproducing ~ дублирующий перфоратор, (перфоратор-)репродуктор; карточный реперфоратор

eighty column ~ 80-колонный перфоратор

feed ~ перфоратор с автоматической подачей (*перфокарт или перфоленты*)

hand(-feed) ~ ручной перфоратор

key(board) [key-driven] ~ клавишный перфоратор

multiplier [multiplying] ~ множительный перфоратор, перфоратор-мультипликатор

output ~ выходной перфоратор

receiving ~ входной [приёмный] перфоратор

reproducing ~ дублирующий перфоратор, (перфоратор-)репродуктор; карточный реперфоратор

tape-reading ~ перфоратор с ленточным вводом

teletype ~ телетайпный перфоратор

punch-girl перфораторщица

punching 1. перфорирование, перфорация, пробивание [пробивка] отверстий **2.** пробивка, перфорированное отверстие, перфорация (*см. тж* **punch**)

accumulated total ~ перфорирование итоговой суммы

card ~ перфорирование карт

Chinese binary ~ запись [перфорирование] двоичных данных вдоль узкой стороны перфокарты

clean hole ~ чистое перфорирование (*с полным отсечением конфетти*)

column binary ~ запись [перфорирование] двоичных данных вдоль узкой стороны перфокарты

interstage ~ **1.** перфорирование нечётных строк (*перфокарты*) **2.** чересколоночное перфорирование (*чётных или нечётных столбцов*)

magnetic tape-feed card ~ перфорирование на картах данных с магнитной ленты

multiple ~ многократная пробивка

normal stage ~ перфорирование чётных строк (*перфокарты*)

numeric ~ пробивка в цифровой позиции; перфорирование чисел, цифровая перфорация

overcapacity ~ избыточное перфорирование

paper tape ~ перфорирование бумажной ленты

repetitive ~ повторное перфорирование; реперфорация

row binary ~ запись [перфорирование] двоичных данных вдоль широкой стороны перфокарты

spot ~ перфорирование одиночных отверстий

summary ~ итоговое перфорирование

tape ~ перфорирование ленты

total ~ итоговое перфорирование

punch-through пробой

purification 1. очистка **2.** исправление ошибок

data ~ устранение ошибок в данных, выверка данных (*пе-*

ред занесением в базу данных)

push проталкивать (*в стек*)

pushbutton:

programmable display ~ программируемая кнопка на экране дисплея

push-down магазинного типа

pushing проталкивание (*в стек*)

push-up обратного магазинного типа

put ◇ **to** ~ **in (good) order** упорядочивать; **to** ~ **the problem on machine** ставить [решать] задачу на (вычислительной) машине

pyramid пирамида, пирамидальная схема

fast carry ~ пирамидальная схема быстрого переноса

three-input ~ (логическая) пирамидальная схема с тремя входами

viewing ~ пирамида видимости (*в графопостроителях*)

Q

quadrant квадрант ‖ квадрантны

quadratic 1. квадратный **2.** квадратичный; квадратический

quadrature 1. квадратура **2.** сдвиг на 90 градусов

quad-redundant с четырёхкратным резервированием, четырёхкратно резервированны

quadripole четырёхполюсник

quadruple 1. тетрада; четвёрка (*структура из четырёх элементов*) **2.** учетверять, увеличивать в четыре раза; умножать на четыре ‖ учетверённый

quadrupling учетверение, увеличение вчетверо; умножение на четыре

quadrupole четырёхполюсник

qualification уточнение, *проф* квалификация

data ~ классификация данны

qualified ограниченного использования (*о данных*)

qualifier классификатор, описатель

pointer ~ описатель указателя

trigger ~ уточнитель импульса записи (*в логическом анализаторе*)

qualify ◊ **to ~ the name** уточнять [*проф.* квалифицировать] имя

quality:

art ~ художественное качество (*изображения*)

photographic ~ фотографическое качество (*изображения*)

quantification *лог.* квантификация, навешивание кванторов

quantified *матем.* стоящий под квантором

existentially ~ связанный квантором существования; стоящий под квантором существования

quantifier 1. *лог.* квантор 2. квантификатор (*слово для обозначения количественных отношений*)

bounded ~ ограниченный квантор

existential ~ квантор существования

generality [universal] ~ квантор общности

quantify 1. определять количество 2. *лог.* квантифицировать, навешивать кванторы

quantisation *см.* **quantization**

quantity 1. количество; величина; размер 2. параметр

~ **of variety** *киберн.* количество разнообразия

alternating ~ переменная величина

analog ~ аналоговая величина

digital ~ цифровая величина

dimensionless ~ безразмерная величина

discrete ~ дискретная величина

double-precision ~ величина с удвоенной точностью

fixed-point ~ величина с фиксированной запятой

floating-point ~ величина с плавающей запятой

input ~ входная величина

integer ~ целая величина

local ~ локализованная величина

output ~ выходная величина

random ~ случайная величина

real ~ вещественная величина

reference ~ эталонная величина; контрольная величина

scalar ~ скалярная величина

subscript ~ индексная величина

threshold ~ пороговая величина

variable ~ переменная величина

vector ~ векторная величина

quantization 1. квантизация, квантование (*преобразование данных из непрерывной формы в дискретную*) 2. разбиение (*данных*) на подгруппы

dithered ~ квантование с регулируемым порогом

parameter ~ квантование параметров

uniform ~ квантование с постоянным шагом

quantize 1. квантовать 2. разбивать (*данные*) на подгруппы

quantizer квантизатор, квантователь

digital ~ цифровой квантизатор, цифровой квантователь

quantum шаг квантования

quartet(te) квартет, четырёхразрядный байт

zoned decimal ~ зонный десятичный квартет

quartile *стат.* квартиль

quartz:

acoustic ~ акустический кварц (*кварцевый преобразователь для ультразвуковых линий задержки*)

quasi(-command) квазикоманда

quasi-instruction квазикоманда; команда-константа; псевдокоманда

quasi-random псевдослучайный

quaterdenary четырнадцатеричный

quaternary кватернарный, четверичный

quench 1. гасить 2. обрывать (*импульс*)

query 1. запрос 2. вопросительный знак, *проф.* вопрос (*название символа*) ◊ **~ by example** запрос на примерах (*способ взаимодействия с реляционной базой данных*); **to solve a ~** удовлетворять запрос; исполнять запрос

ad hoc ~ непрограммируемый запрос (*непредвидимый заранее*)

associative ~ ассоциативный запрос (*по сочетанию нескольких признаков*)

batch ~ пакетный запрос

broadcast ~ широковещательный запрос

complete ~ полный запрос (*содержащий всю необходимую для его исполнения информацию о намерениях пользователя*)

conjunctive ~ запрос в форме конъюнкции, конъюнктивный запрос

cue-response ~ запрос с инициирующим ответом (*ведущим к следующему запросу*)

diffusion ~ диффузионный [широковещательный] запрос

disjunctive ~ запрос в дизъюнктивной форме, дизъюнктивный запрос

distributed ~ распределённый запрос

fixed-logic ~ запрос с фиксированным порядком обработки

incomplete ~ запрос с неполной информацией, неполный запрос

interactive ~ интерактивный запрос

interdatabase ~ межбазовый запрос (*в распределённых базах данных*)

join ~ запрос, требующий выполнения операции соединения (*нескольких отношений реляционной базы данных*)

monodatabase ~ монобазовый запрос (*охватывающий единственную базу данных распределённой системы*)

multidatabase ~ мультибазовый запрос (*в распределённых базах данных*)

multisite ~ многоабонентский запрос (*обрабатываемый с участием многих узлов сети*)

multistep ~ многошаговый [многоэтапный] запрос

multivariable ~ многоаспектный запрос (*в распределённых базах данных*)

navigational ~ навигационный [направляемый] запрос

one-variable ~ одноаспектный запрос (*в распределённых базах данных*)

partial match ~ частично покрываемый запрос (*в ИПС*)

pertinent ~ релевантный запрос

prestored ~ (типовой) запрос хранимый в памяти

prompting ~ запрос с подсказкой

region ~ запрос в диапазоне значений (*переменной*)

retrieval ~ информационно-поисковый запрос, запрос типа информационного поиска

set-type ~ теоретико-множественный запрос

single-attribute ~ однопараметрический запрос

skeletal ~ скелетный [макетный] запрос (*с заполнением хранимого в памяти шаблона*)

spontaneous ~ случайный [произвольный] запрос

ques *sl проф.* вопрос (*название символа*)

question вопрос; запрос

encoded ~ зашифрованный [закодированный] вопрос

yes-no ~ вопрос, требующий ответа «да — нет»

queue 1. очередь 2. очерёдность (*напр. запросов*) 3. список очерёдности

available page ~ очередь доступных страниц

available unit ~ очередь доступных устройств

channel waiting ~ очередь к каналу

communications ~ очередь передаваемых сообщений

crossed ~ пересекающаяся очередь

dead letter ~ очередь отвергаемых сообщений; очередь «зависших» сообщений

destination ~ очередь (пункта) назначения, очередь сообщений к адресату

device ~ очередь запросов к устройству

direct-access message ~ очередь сообщений к устройствам прямого доступа

dispatcher ~ регулируемая очередь (*заданий или программ, готовых к выполнению*)

double-ended ~ очередь с двусторонним доступом

event ~ 1. событийная очередь, очередь, управляемая событиями 2. очередь событий (*в моделировании*)

hold page ~ очередь закреплённых страниц

input ~ очередь на входе, входная очередь

input job ~ входная очередь заданий

input work ~ входная очередь работ

job ~ очередь заданий

logical channel ~ логическая очередь канала (*очередь операций с использованием канала*)

mutual-exclusion ~ очередь с взаимным исключением

output work ~ выходная очередь работ

priority ~ очередь по приоритету

process ~ очередь на обработку

push-down ~ очередь магазинного типа

read-ahead ~ очередь с опережающим считыванием

retransmit ~ очередь (сообщений) для повторной передачи

scheduling ~ очередь планируемых заданий

sequential ~ очередь с естественным порядком обслуживания

task ~ очередь задач

triggering ~ очередь инициирования (вызова)

work-in-process ~ очередь частично обработанных сообщений

queue(e)ing организация [образование, формирование] очереди *или* очередей

~ **of instructions** организация очереди команд

~ **of interrupts** организация очереди прерываний

memory ~ организация очередей в памяти

message ~ организация очереди сообщений

ordered seek ~ организация очереди при упорядоченном поиске (*в памяти на дисках*)

task ~ организация очереди задач

transaction ~ организация очереди транзакций

quibinary пятерично-двоичный

quick-operating быстродействующий

quiescent статический, находящийся в покое

quiescing «замораживание» (*останов мультипрограммной системы подавлением ввода новых заданий*)

quinary пятеричный

quindenary пятнадцатеричный

quintet квинтет, пятиразрядный байт

quintuple 1. пятёрка (*структура из пяти элементов*) 2. упятерять, увеличивать в пять раз; умножать на пять

quintupler устройство для умножения на пять

quintuple-redundant с пятикратным резервированием, пятикратно резервированный

521

quintupling увеличение в пять раз; умножение на пять

quit выходить из системы, завершать сеанс

quorum:

  abort ~ кворум (для) прерывания (*транзакции в распределённой системе*)

  commit ~ кворум (для) фиксации (*транзакции в распределённой системе*)

quote кавычка; *pl* кавычки

  forward ~ открывающая кавычка (*название символа*)

  single ~ одинарная кавычка

quotient частное; отношение

R

race состязание, гонка (*напр. фронтов сигналов*)

  logic ~ логическая гонка (*фронтов сигналов*)

racetrack кольцевой (быстродействующий) конвейер

rack:

  aging ~ тренировочная стойка, тренировочный стенд

rack-mount(able) стоечный, для монтажа в стойке, устанавливаемый в стойку

radical *матем.* радикал, знак корня

radicand *матем.* подкоренное выражение, подкоренное число

radio:

  packet ~ пакетная радиосвязь (*в сетях с коммутацией пакетов*)

radix 1. основание системы счисления (*см. тж* **base**) 2. *матем.* корень 3. основание логарифмов 4. *стат.* основной объём выборки (*при выборочном обследовании*)

  fixed-point ~ основание системы счисления при представлении (чисел) с фиксированной запятой

  floating-point ~ основание системы счисления при представлении (чисел) с плавающей запятой

  mixed ~ смешанное основание системы счисления

  nonclassical ~ специальное [нетрадиционное] основание системы счисления

  variable ~ переменное основание системы счисления

rail 1. канал 2. шина

  supply ~ шина питания (*в ИС*)

ramp 1. пилообразный сигнал 2. (быстрое) изменение по линейному закону

random случайный; произвольный; нерегулярный

randomization рандомизация; перемешивание

randomize рандомизировать; вносить элемент случайности; располагать в случайном порядке; перемешивать

randomizer рандомизатор (*программа формирования адреса записи в хэш-таблицу*)

randomness случайность; произвольность

range 1. область; диапазон; интервал 2. амплитуда; размах 3. *стат.* размах выборки, широта распределения 4. блок (*АЛГОЛ 68*)

  ~ **of definition** область определения

  ~ **of options** диапазон (дополнительных) возможностей

  balanced error ~ симметричный диапазон ошибок

  dynamic ~ динамический диапазон (*напр. системы передачи*)

  effective ~ 1. действительный размах выборки (*без учёта резко отклоняющихся записей*) 2. рабочая область (*значений*)

  error ~ диапазон ошибок

  number ~ диапазон чисел

  operating ~ рабочий диапазон

  order ~ диапазон порядков (*чисел*)

subscript ~ диапазон индекса; область значений индексов
threshold ~ разброс пороговых величин
tolerance ~ область допустимых значений
variable ~ **1.** область значений переменной **2.** переменный диапазон
rank ранг ‖ ранжировать, располагать в определённом порядке, устанавливать очерёдность ‖ ранговый
matrix ~ ранг матрицы
priority ~ ранг приоритета
symbol ~ место символа (*в позиционном представлении*)
ranking ранжирование; упорядочение
rank-order упорядоченный (*о совокупности данных*)
rape *sl* уничтожать безвозвратно (*файл или программу*)
raster растр
binary ~ бинарный растр
rasterizer 1. генератор развёртки **2.** преобразователь развёртки
rate 1. коэффициент; степень **2.** скорость (*см. тж* speed); интенсивность; частота **3.** оценка ‖ оценивать
~ **of exchange** скорость обмена
access ~ частота обращений (*напр. к устройству*)
arrival ~ интенсивность входного потока
baud ~ скорость передачи в бодах
bit ~ скорость передачи битов; скорость передачи (*данных*) в битах
bit error ~ частота (появления) ошибок по битам (*отношение числа ошибочно принятых битов к общему числу переданных*)
bit-transfer ~ скорость передачи битов; скорость передачи (*данных*) в битах
block error ~ частота (появления) блоков с ошибками (*отношение числа блоков с*

ошибками к общему числу переданных блоков слов)
character error ~ частота (появления) ошибочных знаков (*отношение числа ошибочно принятых знаков к общему числу переданных*)
chart-feed ~ скорость движения диаграммной бумаги
chip ~ частота следования элементарных посылок (*сигнала*)
clock ~ тактовая частота; синхронизирующая частота; частота тактовых *или* синхронизирующих импульсов
conversion ~ скорость преобразования
data ~ скорость передачи данных
data receive ~ скорость приёма данных
data signaling ~ (суммарная) скорость передачи данных (*по параллельным каналам*)
data-transfer [**data-transmission**] ~ скорость передачи данных
element error ~ частота (появления) ошибочных элементов
error ~ коэффициент ошибок; частота (появления) ошибок
failure ~ интенсивность отказов; частота отказов
generation ~ скорость образования, скорость формирования; частота генерации (*напр. символов*)
hazard ~ интенсивность отказов
impulse recurrence ~ частота повторения [следования] импульсов
in-commission ~ *т. над.* коэффициент готовности
information ~ скорость передачи информации
information display ~ скорость воспроизведения [отображения] информации
malfunction ~ частота сбоев
maximum performance ~ максимальная характеристиче-

523

ская скорость (*параметр векторной машины, показывающий её быстродействие при обработке вектора бесконечной длины*)

message transmission ~ скорость передачи сообщений

occupance ~ степень занятости (*напр. канала*)

operating ~ рабочая скорость

paging ~ интенсивность страничного обмена

per-digit information (transmission) ~ скорость передачи информации, отнесённая к одной цифре

perforation ~ скорость перфорирования

printout ~ скорость вывода на печать

pulse (repetition) ~ частота повторения [следования] импульсов

punching ~ скорость перфорирования

reading ~ скорость считывания

recording ~ скорость записи

recurrence ~ частота повторения, частота следования

reduction ~ передаточное число (*редуктора*)

redundancy ~ кратность резервирования

refresh ~ частота регенерации (*информации*); частота обновления (*информации*)

repetition ~ частота повторения, частота следования

reset ~ 1. частота коррекций 2. скорость восстановления (*сигналов при отклонениях от нормы*)

residual-error ~ коэффициент необнаруженных ошибок

retrieval ~ скорость поиска

sample ~ выборочная доля (*доля выборки в генеральной совокупности*); норма отбора (*изделий для контроля или испытаний*)

sampling ~ 1. частота (взятия) отсчётов, частота дискретизации (*непрерывного сиг-*

нала) 2. частота амплитудно-импульсной модуляции

scan(ning) ~ 1. скорость развёртки 2. частота сканирования

send ~ скорость передачи (*данных*)

service ~ скорость обслуживания (*выражаемая средним числом заданий, обработанных за единицу времени работы системы*)

signal(ing) ~ скорость передачи сигналов

slew ~ скорость нарастания напряжения

stuffing ~ частота вставки бит (*для согласования скорости передачи*)

toggle ~ частота переключения триггера

transfer [transmission] ~ скорость передачи (*данных*)

undetected error ~ коэффициент необнаруженных ошибок

writing ~ скорость записи

rated расчётный; номинальный

rating 1. оценка; номинальное значение 2. расчётная величина; параметр 3. номинальная мощность; номинальная производительность 4. ранжирование, *проф.* рейтинг

accuracy ~ степень точности

noise ~ номинальное значение шума

programmer ~ показатель квалификации программиста

ratio 1. отношение; соотношение; пропорция 2. коэффициент; степень; множитель 3. передаточное число 4. устанавливать соотношение параметров

activity ~ коэффициент активности (*процентное отношение числа считываемых или изменяемых записей к общему их числу в массиве*)

aspect ~ характеристическое отношение (*соотношение ширины и высоты изображения*)

availability ~ коэффициент готовности

busy-hour to day ~ относительная рабочая загрузка (*системы реального времени*)

common mode rejection ~ коэффициент ослабления синфазного сигнала (*в операционных усилителях*)

compaction ~ коэффициент сжатия (*данных*)

contrast ~ коэффициент контрастности, контрастность (*изображения*)

cost / performance ~ соотношение стоимость — технические характеристики; соотношение стоимость — производительность

cost/productivity ~ соотношение стоимость — производительность

crossing ~ отношение ширины плёнок (*в плёночных криотронах*)

disturbed signal ~ отношение разрушенных сигналов (*напр. единицы и нуля в ЗУ на магнитных сердечниках*)

downtime ~ коэффициент простоя

elimination ~ коэффициент элиминации, коэффициент исключения (*отношение числа не извлекаемых по запросу документов или записей к общему их числу в массиве*)

entity ~s количественные соотношения между объектами (*напр. базы данных*)

error ~ коэффициент ошибок (*отношение числа неверных единиц информации к общему числу единиц*)

hardware overhead ~ коэффициент аппаратных издержек

height-to-width ~ отношение высоты знака к (его) ширине

hit ~ процент удач, результативность (*поиска*)

likelihood ~ отношение правдоподобия

mark-to-space ~ коэффициент заполнения; отношение длительностей положительного и отрицательного импульсов (*в прямоугольной волне*)

miss ~ процент неудач

noise ~ коэффициент шума (*отношение количества неправильных смысловых связей к общему числу связей, установленных при автоматическом информационном поиске*)

offset ~ коэффициент смещения

omission ~ коэффициент неполноты установления смысловых связей (*в ИПС*)

one-output-to-partial-output [one-to-partial-select] ~ отношение (выходного) сигнала единицы к сигналу помехи при частичной выборке

one-to-zero ~ отношение сигнала единицы к сигналу нуля

on-off ~ отношение уровней (*напр. тока или напряжения*) в состояниях включено — выключено

on-off time ~ скважность

operating [operation] ~ коэффициент использования

pin-to-gate ~ число выводов (*ИС*) на (один) вентиль

print contrast ~ коэффициент контрастности печати

processing ~ коэффициент использования (*отношение эффективно используемого времени к полному машинному времени*)

read-around ~ допустимое число обращений между регенерациями (*в электростатическом ЗУ*)

recall ~ **1.** полнота выборки (*в ИПС*) **2.** коэффициент полноты установления смысловых связей (*в ИПС*)

reflectance ~ коэффициент контрастности (*в распознавании образов*)

relevance ~ коэффициент релевантности

residual error ~ коэффициент

необнаруженных [остаточных] ошибок

resolution ~ разрешающая способность (*алгоритма поиска*)

response ~ коэффициент реактивности (*отношение времени ответа ко времени обслуживания задания*)

restorability ~ коэффициент восстанавливаемости

retrieval (efficiency) ~ коэффициент эффективности поиска

selection ~ **1.** допустимое число обращений (*в электростатических запоминающих трубках*) **2.** отношение выборки (*отношение тока полной выборки к току частичной выборки*)

signal-to-noise ~ отношение сигнал — помеха; отношение сигнал — шум

source/object code ~ коэффициент преобразования программы (*при трансляции*)

squareness ~ коэффициент прямоугольности

turn ~ коэффициент трансформации

utilization ~ коэффициент использования (*отношение эффективно используемого времени к полному машинному времени*)

vectorizing ~ отношение (объёмов) векторной и скалярной обработки

1/0 ~ *см.* **one-to-zero ratio**

ratiometer логометр

digital ~ цифровой логометр

rationale логическое обоснование (*напр. действий СИИ*)

reach зона (*АЛГОЛ 68*)

reactron реактрон (*логическая схема на двух диодах и двух ферритовых сердечниках с прямоугольной петлей гистерезиса*)

read считывание (*см. тж* **reading**) ‖ считывать; читать ◇ **to ~ backward** считывать в обратном направлении; **to ~**

in(to) передавать (*напр. в ЗУ*); **to ~ off [out]** считывать; **to ~ while writing** считывать одновременно с записью

card ~ считывание с (перфо-)карт

manual ~ считывание данных, набранных вручную

nonblocking ~ считывание без блокировки, неблокирующее чтение

refresh ~ регенерирующее считывание (*в целях восстановления содержимого динамического ЗУ*)

tape ~ считывание с ленты

readability удобочитаемость

read-back считывание только что записанной информации, эхосчитывание

read-compatible совместимый по формату считываемых данных, *проф.* совместимый по считыванию

readdress переадресовывать

readdressing переадресация

reader 1. считывающее устройство, устройство (для) считывания; считыватель; читающее устройство **2.** программа считывания

alpha(nu)meric ~ буквенно-цифровое считывающее устройство

background ~ системная программа *или* задача ввода фоновых заданий

badge ~ устройство (для) считывания жетонов

brush contact [brush-type] ~ считывающее устройство щёточного типа

card ~ устройство (для) считывания с (перфо)карт, устройство ввода с (перфо)карт

card-mag-stripe ~ устройство (для) считывания карт с магнитными полосками

character ~ устройство (для) считывания знаков; устройство распознавания знаков

continuous stationary ~ устройство (для) считывания с рулонной бумаги

credit-card ~ устройство (для) считывания с кредитных карточек

data ~ устройство (для) считывания данных

document ~ устройство (для) считывания с документов; устройство (для) чтения документов; читающий автомат

film ~ устройство (для) считывания с фотоплёнки; устройство (для) чтения микрофильмов

high-speed ~ быстродействующее считывающее устройство

incremental ~ стартстопное считывающее устройство

input ~ **1.** входное считывающее устройство **2.** входной загрузчик (*программа*)

magnetic-ink character ~ устройство (для) считывания магнитных знаков, устройство (для) считывания знаков, написанных магнитными чернилами

magnetic-ink document ~ устройство (для) считывания с документов, заполненных магнитными чернилами

magnetic tape ~ устройство (для) считывания с магнитной ленты

mark (sense) ~ устройство (для) считывания меток

multifont optical ~ оптическое устройство для чтения текстов, написанных различными шрифтами

optical ~ оптическое считывающее устройство; оптическое читающее устройство

optical bar-code ~ оптическое устройство (для) считывания данных, записанных штриховым кодом

optical character(-recognition) ~ оптическое устройство (для) считывания знаков, устройство (для) оптического считывания знаков; читающий автомат

optical journal ~ оптическое устройство (для) считывания данных с финансовых *или* бухгалтерских документов

optical mark-page ~ оптическое устройство (для) считывания меток *или* маркеров на документах

page ~ **1.** устройство (для) постраничного считывания **2.** программа постраничного считывания

paper tape ~ устройство (для) считывания с бумажной перфоленты, устройство ввода с бумажной перфоленты

photoelectric(-type) ~ фотоэлектрическое считывающее устройство

print [printed text] ~ устройство для чтения печатного текста

punch(ed) card ~ устройство (для) считывания с перфокарт, устройство ввода с перфокарт

slot ~ щелевое считывающее устройство; щелевой читающий автомат

tally ~ устройство (для) считывания с документов суммирующей машины

tape ~ устройство (для) считывания с ленты, устройство ввода с ленты

reader / interpreter программа считывания — интерпретации

reader-printer считывающе-печатающее устройство; читающе-печатающее устройство, *проф.* считыватель-принтер

reader-punch считывающе-перфорирующее устройство; считывающий перфоратор

reader-sorter сортировально-считывающее устройство

reader-typer считывающе-печатающее устройство; читающе-печатающее устройство

read-in считывание (*информации*) во внутреннюю память

reading 1. считывание (*см. тж* **read, readout**) **2.** отсчёт; показание (*прибора*) **3.** *pl* данные (*в таблице*) ◊ **to take**

the ~s производить отсчёт; снимать показания

average ~s 1. усреднённые показания **2.** усреднённые данные

backward ~ считывание при обратном движении (*ленты*)

capacitive ~ ёмкостное считывание (*с запоминающей трубки*)

character ~ считывание знаков

consecutive ~ последовательное считывание

demand ~ считывание по требованию (*напр. центрального процессора*)

destructive ~ считывание с разрушением, разрушающее считывание; считывание со стиранием (*информации*)

direct ~ 1. непосредственное считывание **2.** непосредственный [прямой] отсчёт

distant ~ дистанционное считывание

early card ~ предварительное считывание с (перфо)карт; предыдущее считывание с (перфо)карт

error-free ~ безошибочное считывание

hologram ~ чтение голограмм

logical ~ логическое считывание

mark ~ считывание меток, считывание маркеров

nondestructive ~ считывание без разрушения, неразрушающее считывание; считывание без стирания (*информации*)

optical ~ оптическое считывание

parallel ~ параллельное считывание (*при вводе перфокарт широкой стороной*)

photoelectric ~ фотоэлектрическое считывание

physical ~ физическое считывание

regenerative ~ регенеративное считывание, считывание с регенерацией

scatter ~ считывание вразброс

tape ~ считывание с ленты

test ~ контрольное считывание

zero ~ нулевой отсчёт

zero-latency ~ считывание с нулевым временем ожидания

readout 1. считывание (*см. тж* **read, reading**) **2.** вывод считываемой информации **3.** отсчёт; показание (*прибора*)

address ~ считывание адресов

alpha(nu)meric ~ 1. считывание буквенно-цифровых данных **2.** вывод в буквенно-цифровой форме

clock-actuated [clock-controlled] ~ синхронное считывание, считывание с фиксированным тактом

digital ~ цифровой отсчёт

numeric ~ цифровой вывод

photocell ~ считывание при помощи фотоэлемента

photographic ~ фотографический вывод, фотовывод

serial-by-bit ~ считывание последовательно по битам

visual ~ 1. визуальное считывание **2.** визуальный вывод

readset считываемый набор (*элементов данных в распределённых базах данных*)

real 1. вещественный, действительный **2.** реальный, истинный **3.** вещественное число

realignment ресинхронизация (*путём добавления последовательности нулевых бит*)

reallocation 1. перераспределение (*ресурсов*) **2.** перемещение (*в памяти*)

realm (поименованная) область (*в базах данных*)

temporary ~ временная область

real-time 1. в реальном (масштабе) времени **2.** в истинном (масштабе) времени

rear-mounting монтируемый с задней стороны (*панели*)

rearrangement 1. перестройка,

реконструкция **2.** перестановка; комбинирование; перегруппировка; перераспределение (*ресурсов*)
cyclic ~ циклическая перестановка
data ~ перегруппировка данных
input ~ перестройка входов; перестановка входов
rearranging изменение конфигурации, реконфигурация
reasoner механизм рассуждений; блок рассуждений (*в СИИ*)
reasoning 1. рассуждение; рассуждения **2.** мышление **3.** обоснование ◇ ~ **by analogy** рассуждения по аналогии
approximate ~ приблизительные рассуждения
commonsense ~ рассуждения на основе «здравого смысла»
deductive ~ дедуктивные рассуждения
default ~ рассуждение по умолчанию
enumerative ~ доказательство методом перебора вариантов
evidential ~ рассуждения по «очевидности» (*в СИИ*)
exact ~ строгие рассуждения
formal ~ формальные рассуждения, рассуждения на формальном уровне
hypothetical ~ рассуждения на основе (выдвижения и проверки) гипотез
inexact ~ нестрогие рассуждения
integrating ~ обобщающие рассуждения
meta-level ~ рассуждения на мета-уровне
model-based ~ рассуждения на основе модели (*предметной области*)
plausible ~ правдоподобные рассуждения
procedural ~ рассуждения с использованием процедур
taxonomic ~ классификаци-

онные [таксономические] рассуждения
reassert 1. переформулировать утверждение **2.** подтверждать
reauthenticating повторное установление полномочий (*при управлении доступом*)
reboot повторная начальная загрузка ‖ повторять начальную загрузку
recall 1. вызывать повторно, повторять вызов **2.** восстанавливать в памяти, вспоминать **3.** напоминать (*о необходимых действиях, напр. оператору*)
receipt получение, приём
receive получать, принимать
receiver приёмник
card ~ приёмник (перфо)карт
channelized ~ приёмник с разделением каналов
data ~ устройство (для) приёма данных
data conversion ~ приёмник с преобразованием данных
line ~ приёмник линии
selective ~ избирательный [селективный] приёмник
synchro ~ сельсин-приёмник
recept(ion):
signal ~ приём сигнала
receptor *киберн.* рецептор, приёмник
external ~ внешний рецептор
internal ~ внутренний рецептор
stimulation ~ приёмник возбуждения
recipient реципиент, получатель (*информации*)
reciprocal 1. обратная величина; обратная дробь ‖ обратный **2.** взаимный **3.** эквивалентный
recirculation 1. перезапись **2.** зацикливание **3.** рециркуляция
reckon считать, подсчитывать; исчислять
reckoning:
dead ~ точный расчёт (*траектории движения управляемого объекта*)

reclaiming, reclamation восстановление

  page ~ восстановление (адресации) страницы

recognition распознавание, опознавание; различение

  ~ **of sentence structure** распознавание (синтаксической) структуры предложения

  character ~ распознавание знаков

  entry ~ распознавание ввода (*идентификация целевого назначения и структуры входного сообщения для выбора способов его распаковки*)

  feature ~ распознавание по характерным признакам; распознавание характерных признаков

  free-text speaker ~ текстонезависимое распознавание говорящего (*безотносительно к произносимому тексту*)

  handwriting ~ распознавание рукописного текста *или* рукописных знаков

  magnetic-ink character ~ распознавание магнитных знаков *или* знаков, написанных магнитными чернилами

  optical character ~ оптическое распознавание знаков

  pattern ~ распознавание образов

  speaker ~ распознавание говорящего (субъекта)

  speech ~ распознавание речи

  structural pattern ~ структурное распознавание образов

  syntactic pattern ~ синтаксическое распознавание образов

  syntax-directed pattern ~ синтаксически-ориентированное распознавание образов

  text-dependent speaker ~ текстозависимое распознавание говорящего (*с учётом произносимого текста*)

  text-independent speaker ~ текстонезависимое распознавание говорящего (*безотносительно к произносимому тексту*)

  visual ~ распознавание зрительных образов

  voice ~ распознавание голоса *или* речи

  volume ~ опознавание тома

recognize распознавать, опознавать; различать

recognizer 1. устройство распознавания, устройство опознавания **2.** распознаватель (*программа*)

  character ~ устройство распознавания знаков

  language ~ распознаватель языковых конструкций

  syntax ~ синтаксический распознаватель

recombination рекомбинация

recompilation повторная компиляция

recomplementation повторное образование дополнения; образование дополнения от результата

reconditioner:

  card ~ кардиционер, реставратор (перфо)карт; реперфоратор

reconfigurability:

  in-system ~ реконфигурируемость системы

reconfigurable перестраиваемый; с перестраиваемой [переменной] конфигурацией

reconfiguration реконфигурация

  dynamic ~ динамическая реконфигурация

  manual ~ неавтоматическая реконфигурация

  network ~ реконфигурация сети

  operating system ~ реконфигурация операционной системы; смена версии операционной системы (*в целях расширения её возможностей*)

  storage ~ реконфигурация памяти

reconnection перестройка соединений

reconvergent сходящийся (*о ветвях в логической схеме*)

reconversion обратное преобразование

record 1. запись, регистрация ‖ записывать, регистрировать **2.** запись (*структурная единица информации*) **3.** фактографические данные **4.** диаграмма (*самописца*) **5.** зона (*на магнитной ленте*) **6.** характеристика (*диалога*)

activation ~ запись активации, активационная запись

addition ~ добавляемая запись

address ~ адресная запись

amendment ~ корректурная запись (*входящая в файл изменений или исправлений*)

anchor ~ опорная запись

blank ~ пустая запись

blocked ~ сблокированная запись

chained ~ цепная запись (*с указанием в каждом элементе адреса следующего элемента*)

change ~ корректирующая запись

checkpoint ~ запись (*с информацией*) о контрольной точке

commit ~ запись о фиксации (*транзакции*)

common (type) ~ запись общего типа

continuous ~ непрерывная запись

control ~ управляющая запись

conversation control ~ контрольная характеристика диалога (*в системах реального времени*)

current ~ текущая запись

data ~ запись данных

dead ~ неиспользуемая запись

deletion ~ стирающая запись, (новая) запись, стирающая предыдущую

detail ~ детализирующая запись

dummy ~ фиктивная запись

duplicate ~ **1.** запись-двойник (*имеющая одинаковый ключ с другой записью в том же файле*) **2.** дублирующая запись, запись-копия

duplicated ~ дублирующая запись, запись-копия

end-file ~ запись с признаком конца файла

end-of-data set ~ запись с признаком конца набора данных

entity ~ запись об объекте (*в базах данных*)

environment ~ запись о функциональных средствах (*в системах передачи данных с телекоммуникационным методом доступа*)

exchange control ~ контрольная характеристика обмена (*в системах реального времени*)

file ~ запись (*входящая в состав*) файла

fixed length ~ запись фиксированной длины

formatted ~ форматированная запись

grouped ~ сгруппированная запись

head(er) [heading] ~ паспортная запись (*в начале массива или программы*); запись-заголовок

history ~ ретроспективная запись (*о предыстории процесса*)

home ~ начальная запись (*в цепочке или списке записей*)

individual ~ индивидуальная [отдельная] запись

input ~ **1.** входная запись **2.** вводимая запись

label ~ маркировочная запись (*для идентификации бобины магнитной ленты*)

leader ~ ведущая запись; запись-заголовок

logical ~ логическая запись

master ~ основная [главная] запись (*с которой делаются копии*)

member ~ запись-член, запись подчинённого уровня

multiblock ~ многоблочная запись, запись из нескольких блоков; запись в нескольких блоках output ~ 1. выходная запись 2. выводимая запись

overflow ~ переполняющая запись

owner ~ запись-владелец, запись старшего уровня

packed-format ~ запись в упакованном формате

parent ~ родительская запись (*в древовидных структурах данных*)

personnel ~ запись данных о персонале

physical ~ физическая запись

reference ~ справочная [стандартная] характеристика (*оттранслированной программы в листинге компилятора*)

relationship ~ запись об отношении (*в базах данных*)

root ~ корневая запись (*в древовидных структурах данных*)

semifixed length ~ запись полуфиксированной длины

S-mode ~ запись вида S (*КОБОЛ*)

software modification ~ сообщение о модификации (*о проведённых изменениях*) программного обеспечения

spanned ~ сцепленная запись (*содержащаяся в нескольких физических записях*)

text ~ текстовая запись

total ~ итоговая запись

track descriptor ~ запись, описывающая дорожку

trailer ~ заключительная запись (*в группе записей*)

transaction ~ 1. корректурная запись (*входящая в файл изменений или исправлений*) 2. запись транзакции

U-mode ~ запись вида U, запись неопределённой длины (*КОБОЛ*)

unblocked ~ несблокированная запись

undefined ~ запись вида U, запись неопределённой длины (*КОБОЛ*)

unformatted ~ неформатированная запись

uniblock ~ одноблочная запись (*целиком размещённая в одном блоке*)

unit ~ единичная запись; элементарная запись

variable-length ~ запись переменной длины

variant ~ вариантная запись (*альтернативных значений переменных*)

visual ~ визуальная запись (*выводимая на дисплей*)

recorded 1. записанный 2. *редк.* закодированный

recorder 1. записывающее устройство, устройство (для) записи; регистрирующее устройство, регистратор; самопишущий прибор, самописец 2. регистратор (*программа*)

analog (data) ~ устройство для записи аналоговых данных; аналоговый регистратор; самопишущий прибор, самописец

analog-to-digit ~ регистрирующее устройство с аналого-цифровым преобразователем

card ~ устройство (для) записи на (перфо)карты

cartridge [cassette] ~ кассетное записывающее устройство; кассетный магнитофон (*компонент домашней персональной ЭВМ*)

cathode-ray ~ электронно-лучевой записывающий прибор

chart ~ диаграммный самописец

computing ~ самописец со встроенным вычислительным устройством

continuous ~ записывающее устройство непрерывного действия

data ~ регистратор данных

delay ~ регистратор времени задержки

digital ~ цифровой регистратор; цифропечатающее устройство

direct-writing ~ самописец с непосредственной записью

drum ~ **1.** самописец барабанного типа **2.** устройство для записи на (магнитный) барабан

elapsed time ~ регистратор использованного времени

film ~ устройство (для) записи на (фото)плёнку

flat-bed ~ планшетный самописец

holographic ~ голографическое записывающее устройство

hysteresis curve ~ устройство для вычерчивания гистерезисных кривых

magnetic drum ~ устройство (для) записи на магнитный барабан

magnetic incremental ~ старт-стопное устройство (для) записи на магнитную ленту

magnetic wire ~ устройство (для) записи на магнитную проволоку

pen ~ перьевой самописец

punched card ~ устройство (для) записи на перфокарты

relay-type ~ релейный самопишущий прибор

servo ~ регистрирующее устройство со следящей системой, серв*о*регистратор

statistical data ~ регистратор статистических данных

strip-chart ~ ленточный самописец

tape ~ устройство (для) записи на (магнитную) ленту; магнитофон

xerographic ~ устройство (для) ксерографической записи, ксерограф

X-Y ~ устройство (для) вычерчивания (кривых) в координатах X-Y, координатный самописец

recorder-controller регистратор-регулятор

recording запись, регистрация (*см. тж* **writing**) ‖ самопишущий; регистрирующий

analog magnetic ~ аналоговая магнитная запись

card ~ запись на (перфо-)карты; запись на (перфо)карте

contact ~ контактная запись

data ~ запись [регистрация] данных

digital magnetic ~ цифровая магнитная запись

direct ~ прямая [непосредственная] запись (*без промежуточного хранения или преобразования*)

double-density ~ запись с двойной плотностью

double-pulse ~ запись двойными импульсами (*с чередованием полярности для обозначения 0 и 1*)

drum ~ запись на барабан; запись на барабане

dual ~ двойная запись

dual-track ~ двухдорожечная запись

electrochemical ~ электрохимическая запись

electrographic ~ электрографическая запись

electron beam ~ запись электронным лучом

film ~ запись на плёнку; запись на плёнке

group-code ~ запись с использованием группового кодирования

high-density ~ запись с высокой плотностью

holographic ~ голографическая запись

horizontal [longitudinal] ~ продольная [горизонтальная] запись (*с направлением магнитного поля вдоль движения носителя*)

magnetic ~ магнитная запись

multitrack ~ многодорожечная запись

noncontact ~ бесконтактная запись

nonreturn-to-reference ~ запись без возвращения к начальному состоянию (*магнитного сердечника*)

nonreturn-to-zero ~ запись без возвращения к нулю

perpendicular ~ перпендикулярная [вертикальная] запись (*с направлением магнитного поля перпендикулярно поверхности носителя*)

phase-modulation ~ запись с фазовой модуляцией

~~photographic~~ ~ ~~фотозапись~~, фотографическая регистрация

program event ~ регистрация программных событий

pulse ~ импульсная запись, запись с помощью импульсов

push-pull ~ запись (*напр. на магнитную ленту*) выходными сигналами двухтактной схемы

redundant ~ избыточная запись

reference ~ контрольная запись

return-to-bias ~ запись с возвращением к начальному состоянию (*магнитного сердечника*), определяемому смещением

return-to-reference ~ запись с возвращением к начальному состоянию (*магнитного сердечника*)

return-to-zero ~ запись с возвращением к нулю

saturation ~ запись с насыщением

selective ~ селективная [выборочная] запись

serial-by-bit ~ запись, последовательная по битам

single-density ~ запись с одинарной плотностью

source ~ исходная запись

tape ~ запись на ленту; запись на ленте

three-level ~ запись по трём уровням

transverse ~ поперечная запись (*с направлением магнитного поля поперёк движения носителя*)

two-track ~ двухдорожечная запись

variable-density ~ запись с переменной плотностью

vertical ~ перпендикулярная [вертикальная] запись (*с на-*

правлением магнитного поля перпендикулярно поверхности носителя)

wire ~ запись на (магнитную) проволоку; запись на (магнитной) проволоке

record-keeping ведение записей, регистрация

recoverability восстанавливаемость

recovery восстановление; возврат (*к заданному значению*)

backward (error) ~ ретроспективное устранение ошибок (*с восстановлением исходного состояния процесса*)

clock ~ восстановление синхронизации (*напр. после сбоя*)

crash ~ восстановление (системы) после аварии

data ~ восстановление данных

degraded ~ неполное восстановление функций; неполноценное восстановление (*в отказоустойчивых системах*)

delayed ~ восстановление с задержкой

error ~ 1. устранение ошибок 2. нейтрализация ошибок (*напр. в исходной программе при работе транслятора*) 3. восстановление (*работоспособности системы*) после ошибки

fallback ~ аварийное восстановление

forward ~ восстановление без возврата (к предшествующему состоянию)

forward error ~ прямое устранение ошибок (*при отсутствии дублирующих носителей*)

hardware-controlled ~ аппаратно-управляемое восстановление

information ~ восстановление информации

inhibit ~ восстановление состояния в обмотке запрета (*после прохождения импульса запрета*)

software-controlled ~ программно-управляемое восстановление

rectangle:

   character ~ знаковый прямоугольник (*на экране дисплея для помещения в нём одного знака*)

   clipping ~ отсекающий прямоугольник (*в машинной графике*)

   equilibrium pull ~ равновесный прямоугольник (*пространственный элемент трассируемой ИС*)

   routing ~ прямоугольник трассировки

   zero-force ~ равновесный прямоугольник (*пространственный элемент трассируемой ИС*)

rectifier выпрямитель

recurrence рекуррентное соотношение

recursion рекурсия

   double ~ двойная рекурсия

   potential ~ потенциальная рекурсия

   primitive ~ примитивная рекурсия

   relative ~ относительная рекурсия

   uniform primitive ~ равномерная примитивная рекурсия

recursive рекурсивный

recursiveness рекурсивность

recycle повторный цикл

redact компоновать входные данные (*включая редактирование и пересмотр*)

redaction 1. компоновка входных данных (*включающая редактирование и пересмотр*) **2.** редакция входных данных (*новая или пересмотренная*)

redeclaration повторное описание; повторное объявление

redefine переопределять; повторно определять

redefining, redefinition переопределение; повторное определение

redirection переадресация

redraw:

   screen ~ обновление изображения на экране

reduce 1. уменьшать, сокращать **2.** предварительно обрабатывать, предварительно преобразовывать (*данные*) ◊ **to ~ directly** непосредственно сводить, непосредственно редуцировать

reducer 1. редуктор **2.** преобразователь (*данных*)

reduction 1. редукция, уменьшение, сокращение **2.** предварительная обработка, предварительное преобразование, сжатие (*данных*) **3.** *матем.* превращение; приведение; сведение; упрощение

   data ~ предварительная обработка [предварительное преобразование] данных

   graphic data ~ предварительная обработка [предварительное преобразование] графических данных; предварительная обработка [предварительное преобразование] графической информации

   innermost ~ редукция «изнутри»

   network ~ преобразование схемы

   off-line data ~ автономное предварительное преобразование данных

   on-line data ~ **1.** неавтономное предварительное преобразование данных **2.** предварительное преобразование данных в темпе их поступления, немедленное предварительное преобразование поступающих данных

   outermost ~ редукция «снаружи»

   real-time data ~ предварительное преобразование данных в реальном (масштабе) времени

   search ~ сокращение поиска

redundancy 1. избыточность **2.** резервирование **3.** избыточное оборудование, резерв

active ~ резервирование замещением; состояние ненагруженного резерва

built-in ~ **1.** встроенное резервирование **2.** внутренняя избыточность

bulk ~ оптовая избыточность

circuit ~ **1.** резервирование (на уровне) схем; резервирование в схеме **2.** избыточность в схеме

command switchable ~ резервирование (с переключением) по команде

communication ~ резервирование системы связи

controlled ~ управляемая избыточность

device ~ резервирование (на уровне) устройств *или* элементов

element ~ резервирование (на уровне) элементов

execution ~ избыточность по выполнению (*достигаемая повторным выполнением операций*)

functional ~ функциональная избыточность

hardware ~ **1.** аппаратное резервирование **2.** аппаратная избыточность

intentional ~ преднамеренная [преднамеренно введённая] избыточность

logic-gate ~ резерв с логической схемой включения

massive ~ общее резервирование (*в отличие от модульного*)

modular ~ **1.** модульное резервирование, резервирование (на уровне) модулей **2.** модульная избыточность

n-modular ~ n-кратное модульное резервирование

on-chip ~ избыточность схемы кристалла

passive ~ постоянное резервирование; состояние нагруженного резерва

random ~ резервирование с включением по случайной схеме

reiterative ~ многократное резервирование

relative ~ относительная избыточность

replacement ~ резервирование замещением

single ~ однократное резервирование

software ~ программная избыточность

standby ~ резервирование замещением

standby command switchable ~ резервирование замещением с переключением по команде

subassembly ~ резервирование субблоками; групповое резервирование

system ~ общее резервирование системы; резервирование на уровне системы

time ~ временная избыточность

tripple-modular ~ тройное модульное резервирование

unintentional ~ непреднамеренная избыточность

voted ~ резервирование с голосованием, резервирование по схеме голосования

redundant избыточный; резервный; резервированный

reel бобина; рулон ‖ наматывать; сматывать; разматывать

~ **of data** бобина с данными

faulty ~ бобина с ошибочными данными

feed ~ подающая бобина

file ~ бобина с файлом; бобина файла

machine ~ приёмная бобина

multifile ~ многофайловая бобина, бобина с несколькими файлами

supply [takeoff] ~ подающая бобина

take-up ~ приёмная бобина

tape ~ бобина с лентой

unifile ~ однофайловая бобина, бобина с одним файлом

reel-type бобинный, бобинного типа

reenterable повторно входимый

reentrance повторная входимость (*программы*)

reentrant повторно входимый

reexecution повторное выполнение

refer 1. посылать, отсылать, направлять 2. обращаться; справляться 3. относиться, иметь отношение 4. ссылаться ◇ **to ~ to information** обращаться к информации, обращаться за информацией

reference 1. ссылка; сноска 2. *т. инф.* сообщение 3. обращение 4. начало отсчёта 5. опорный 6. эталонный; контрольный 7. справочный ◇ **~ by meaning** обращение по смыслу, обращение по значению (*к объекту базы знаний*); **~ by name** обращение по имени; **to make ~ to storage** обращаться к запоминающему устройству

address ~ адресная ссылка

ambiguous ~ неоднозначная ссылка

authorized ~ санкционированное обращение

backward ~ 1. обратная ссылка, ссылка назад 2. обращение к элементу программы, находящемуся сзади (*по ходу её выполнения*)

compile time procedure ~ обращение к процедуре периода компиляции (*ПЛ/1*)

cross ~ перекрёстная ссылка

dangling ~ *проф.* висячая ссылка

downward ~ ссылка (сверху) вниз

exclusive ~ исключающая ссылка

external ~ 1. внешняя ссылка 2. внешнее обращение

forward ~ 1. прямая ссылка, ссылка вперёд 2. обращение к элементу программы, находящемуся впереди (*по ходу её выполнения*)

function ~ обращение к функции

global ~ глобальная ссылка

indirect ~ косвенная ссылка

inter-entity ~ межобъектная ссылка

internal ~ 1. внутренняя ссылка 2. внутреннее обращение

intersegmental ~ межсегментная ссылка

local ~ локальная ссылка

memory ~ ссылка на ячейку памяти

multiple (repeated) ~ 1. многократное обращение 2. *pl* многократные ссылки

on-line ~ оперативный справочник (*для получения информации в режиме непосредственного взаимодействия с системой*)

procedure ~ обращение к процедуре

remote ~ дистанционное обращение (*напр. к памяти*)

time ~ временна́я ссылка, привязка ко времени

unauthorized ~ несанкционированное обращение

unresolved ~ неразрешимая ссылка

upward ~ ссылка (снизу) вверх

windowed memory ~ обращение к памяти путём организации окон

X-~ перекрёстная ссылка

referencing обращение

input/output ~ обращение к вводу-выводу

referent объект ссылки

refinement, refining детализация, уточнение

~ of subdivision улучшение разбиения

knowledge ~ 1. фильтрация [отбор] знаний (*в базе знаний*) 2. детализация знаний 3. *проф.* рафинирование знаний (*освобождение от посторонней информации*)

mesh ~ измельчение сетки (*на которой ведётся поиск решения*)

stepwise ~ пошаговая детализация; поэтапное усовершенствование (*программы*)

successive ~ последовательное уточнение (*метод разработки программы*)

top-down ~ нисходящая конкретизация (*при проектировании*)

reflectance отражательная способность

background ~ (диффузионная) отражательная способность подложки

reflection отражение сигнала

reflexive *лог.* рефлексивный

reformatting изменение формата

refresh регенерировать; обновлять; восстанавливать

refreshing регенерация; обновление; восстановление

display ~ регенерация [восстановление] изображения; обновление изображения

onboard ~ внутриплатная регенерация (*напр. в регистрах на ЦМД*)

page-mode ~ постраничная регенерация, регенерация в постраничном режиме

transparent ~ «прозрачное» обновление (*приём новых данных на дисплей без разрушения старых*)

refreshment регенерация; обновление; восстановление

refutable *лог.* опровержимый

refutation *лог.* опровержение

regeneration 1. регенерация; восстановление **2.** перезапись

memory ~ регенерация [восстановление] (*данных*) в памяти

regenerator регенератор

regime 1. режим (*работы*) **2.** *лингв.* управление

aperiodic ~ апериодический режим

forced ~ вынужденный режим

interactive ~ интерактивный режим

self-oscillation ~ автоколебательный режим, режим автоколебаний

steady-state ~ установившийся [стационарный] режим

transient ~ неустановившийся [переходный] режим

region область; зона; диапазон

acceptance ~ *стат.* область приёмки

associative ~ ассоциативная область (*в ассоциативном ЗУ*)

background ~ фоновая область (*памяти*), область фоновых программ, область (*памяти*) для задач с низким приоритетом

communication ~ область связи; зона связи

contact ~ контактное поле; область контакта

fault containment ~ область блокирования неисправности (*в отказоустойчивых системах*)

foreground ~ область (*памяти*) для задач с высоким приоритетом

main storage ~ область оперативной памяти

n-~ область электронной проводимости, *n*-область, область *n*-типа

nonpageable ~ область (*памяти*) без страничной организации; нелистаемая область (*памяти*)

overlay ~ *проф.* оверлейная область (*памяти*)

p-~ область дырочной проводимости, *p*-область, область *p*-типа

pageable ~ область (*памяти*) со страничной организацией; листаемая область (*памяти*)

unproductive ~ бесперспективная область (*для поиска решения*)

regionalization разбиение на области

register 1. регистр ‖ регистрировать **2.** линейка слов (*в ассоциативном ЗУ*) **3.** точное совпадение; совмещение ‖ точно совпадать; совмещать

A-~ 1. накапливающий регистр, аккумулятор **2.** регистр арифметического устройства

accumulator ~ накапливаю-

щий регистр, аккумулятор
addend-partial product ~ регистр второго слагаемого и частичного произведения
adding-storage ~ счётчик для суммирования и хранения [запоминания] данных
address ~ регистр адреса
addressable ~ адресуемый регистр
address-formation ~ регистр формирования адреса
arithmetic ~ регистр арифметического устройства
associative ~ ассоциативный регистр
B- ~ индексный регистр, индекс-регистр
balanced-pair storage ~ запоминающий регистр на балансных парах диодов
base (address) ~ индексный регистр, индекс-регистр
base-bound [base-limit] ~ лимитирующий регистр, регистр «база — граница» (*задающий местоположение сегмента в ограниченной физической области памяти*)
base-of-stack ~ регистр базы стека
bidirectional shift ~ двунаправленный сдвиговый регистр, регистр со сдвигами в двух направлениях
bound(ary) ~ регистр границы (*напр. области памяти*)
branch ~ регистр (раз)ветвления (*программы*)
breakpoint ~ регистр прерываний
buffer ~ буферный регистр
cash ~ кассовый аппарат
check ~ контрольный регистр
circulating (code) ~ регистр с циркуляцией кода; динамический регистр
clock ~ датчик времени, таймер
clock-select ~ регистр выбора синхронизации
code ~ кодовый регистр
coincidence ~ регистр совпадения

command ~ регистр команд
comparand ~ регистр компаранда
console display ~ регистр индикации на (инженерном) пульте
control ~ **1.** управляющий регистр, регистр управления; регистр команд **2.** счётчик команд
coordinate ~ координатный регистр (*в дисплее*)
counter ~ регистр счётчика; счётчик
current instruction ~ **1.** регистр текущей команды **2.** счётчик текущих команд
data ~ регистр данных
data access ~ регистр выборки данных
data direction ~ регистр направления передачи данных
data transfer ~ регистр передачи [пересылки] данных
datum-limit ~ лимитирующий регистр данных (*средство защиты памяти от несанкционированного доступа*)
decimation ~ регистр децимации, регистр прореживания (*в процессорах сигналов*)
dedicated ~ выделенный регистр (*напр. для данного устройства*)
delay-line ~ регистр на линиях задержки; регистр в виде линии задержки
destination ~ регистр результата, регистр назначения (*при пересылке данных*)
directly addressable ~ прямоадресуемый регистр
display ~ регистр дисплея
double(-length) ~ регистр двойной длины (*с возможностью доступа к обеим половинам*)
double-ranked ~ регистр с удвоенным количеством разрядов
double-shift ~ двухрядный сдвиговый регистр, двухрядный регистр со сдвигами
double-word ~ регистр двойного слова

REGISTER

doubling ~ удваивающий регистр

dual shift ~ двухрядный сдвиговый регистр, двухрядный регистр со сдвигами

dynamic ~ динамический регистр

E- ~ расширяющий регистр, регистр расширения

edge-triggered ~ регистр с запуском по фронту (сигнала)

equal-word ~ выбранная линейка слова

error ~ регистр ошибок

exchange ~ регистр обмена, регистр пересылок

extension ~ расширяющий регистр, регистр расширения

external ~ внешний регистр

extracode control ~ регистр управления по экстракодам

fast ~ быстрый регистр

ferromagnetic shift ~ ферромагнитный сдвиговый регистр

flag (status) ~ флаговый регистр, регистр признака

flip-flop ~ триггерный регистр, регистр на триггерах

floating-point ~ регистр (для работы с числами) с плавающей запятой

functional ~ функциональный регистр

general(-purpose) ~ регистр общего назначения

holding ~ регистр (временного) хранения

icand ~ регистр множимого

ier ~ регистр множителя

increment ~ регистр приращений

incrementing address ~ адресный регистр с автоматическим приращением, адресный инкрементный регистр

index ~ индексный регистр, индекс-регистр

indexed addressing ~ регистр индексации

information ~ информационный регистр

input ~ входной регистр

input buffer ~ входной буферный регистр; регистр входного буфера

input-output ~ регистр ввода-вывода

instruction ~ регистр команд

instruction address ~ 1. регистр адреса команды 2. счётчик команд

instruction counting ~ счётчик команд

internal ~ внутренний регистр

interrogate [interrogation] ~ опрашивающий регистр

interrupt ~ регистр прерываний

interrupt control ~ регистр управления прерываниями

item activity ~ регистр активного элемента (*в распределённых базах данных*)

latch ~ регистр-защёлка

left-to-right shift ~ регистр со сдвигами вправо

level status ~ регистр (состояния) уровня (*приоритета*)

limit-of-stack ~ регистр границы стека

link(age) ~ регистр связи

machine ~ регистр машины, аппаратный регистр

magnetic-core ~ регистр на магнитных сердечниках

magnetic shift ~ магнитный сдвиговый регистр

main control ~ регистр главного устройства управления

maintenance state ~ регистр режима обслуживания (*в отказоустойчивых системах*)

mask ~ регистр маски

master-slave shift ~ сдвиговый регистр с главными и подчинёнными триггерами

matched word ~ выбранная линейка слова (*в ассоциативном ЗУ*)

match/mismatch ~ регистр совпадения — несовпадения

memory ~ регистр памяти [запоминающего устройства]

memory address ~ регистр адреса ячейки памяти

memory-lockout ~ регистр

(хранения) кода защиты памяти

memory pointer ~ регистр указателя (адреса ячейки) памяти

memory selection ~ регистр выборки блока [модуля] памяти

modifier ~ регистр модификации

motion ~ регистр управления приводом (*магнитной ленты*)

MQ ~ *см.* multiplier-quotient register

multiple ~ регистр многократной длины

multiplicand ~ регистр множимого

multiplier ~ регистр множителя

multiplier-quotient ~ регистр множителя — частного

N-tuple (length) ~ регистр N-кратной длины

number ~ регистр числа

numerator ~ регистр делимого

on-chip address ~ внутрикристальный адресный регистр (*микросхемы памяти*)

op ~ регистр кода операции

operand ~ регистр операнда

operation ~ регистр операции; регистр команд

operation address ~ 1. регистр адреса команды 2. счётчик команд

order ~ регистр команд

output ~ выходной регистр

output buffer ~ выходной буферный регистр; регистр выходного буфера

page ~ регистр страниц

parallel ~ параллельный регистр, регистр параллельного действия

partial product ~ регистр частичного произведения

partial sum ~ регистр частичной суммы

ping-pong ~ регистр (*на магнитных сердечниках*) с регенерацией

pipeline ~ конвейерный регистр

prefix ~ регистр префикса

product ~ 1. регистр произведения 2. счётчик результатов

program ~ регистр команд

queue ~ регистр очереди

quotient ~ регистр частного

R-~ R-регистр, регистр остатка (*интеграла или суммы в ЦДА*)

readout ~ 1. регистр считывания 2. регистр отсчёта

receiving ~ приёмный регистр

recirculating shift ~ кольцевой регистр сдвига

remainder ~ регистр остатка

return ~ регистр возврата

scalar ~ скалярный регистр, регистр (для хранения) скалярных величин

scan-in/scan-out ~ сканирующий регистр (*для повышения контролепригодности схем*)

scratchpad ~ оперативный (запоминающий) регистр, быстрый регистр; регистр сверхоперативной памяти

search ~ регистр признака (в *ассоциативном ЗУ*)

sequence (control) ~ счётчик команд

serial ~ последовательный регистр, регистр последовательного действия

serial/parallel ~ последовательно-параллельный регистр

settable ~ регистр с (аппаратной) установкой в начальное (*обычно ненулевое*) состояние

setup ~ установочный регистр, регистр для задания управляющей информации

shadow ~ теневой регистр

shift(ing) ~ сдвиговый регистр

shiftless ~ бессдвиговый регистр

sign ~ регистр знака

signature ~ сигнатурный регистр, сигнатуратор

single shift ~ однорядный сдвиговый регистр

sort ~ регистр сортировки

special-function ~ регистр (для выполнения) специальных функций

special-purpose ~ специальный регистр

stack ~ стековый регистр, регистр стека

standard linkage ~ регистр стандартной связи

standby ~ резервный [запасной] регистр

static ~ статический регистр

static flip-flop ~ регистр на статических триггерах

status ~ регистр состояния

stepping ~ сдвиговый регистр

storage ~ 1. регистр запоминающего устройства; запоминающий регистр, регистр хранения 2. регистр обмена (*в ЗУ*)

storage limits ~ регистр границ области памяти

sum-product ~ регистр суммы произведения

switch ~ тумблерный регистр

temporary (storage) ~ регистр временного запоминания (данных); регистр (для хранения) промежуточных данных

time ~ датчик времени

timed-access ~ регистр синхронизации доступа (*к памяти*)

top-of-stack ~ регистр вершины стека

trigger ~ триггерный регистр, регистр на триггерах

user ~ регистр пользователя

user-visible ~ регистр, (программно-)доступный пользователю

vacant ~ регистр занятости (*в ассоциативном ЗУ*)

vector ~ векторный регистр, регистр (для хранения) векторов

word ~ 1. регистр слова 2. линейка слова

working ~ рабочий регистр

X- ~ X-регистр (*для хране-*

ния значения координаты X графопостроителя)

Y- ~ 1. Y-регистр (*для хранения значения координаты Y графопостроителя*) 2. Y-регистр, регистр подынтегральной функции (*в ЦДА*)

regression 1. *стат.* регрессия 2. регрессивное построение предложения

biserial ~ бисериальная регрессия

multiple ~ множественная регрессия

regressor параметр [фактор] уравнения регрессии, *проф.* регрессор

regularizing регуляризация; стандартизация (*языка*)

regulation 1. регулирование 2. стабилизация 3. правило; *pl* инструкция

inherent ~ саморегулирование; самовыравнивание

regulator 1. регулятор 2. стабилизатор

floating ~ астатический регулятор

perfect ~ *киберн.* совершенный регулятор

rigid feedback ~ регулятор с жёсткой обратной связью

stiff ~ жёсткий регулятор

undamped ~ незадемпфированный регулятор

reject:

command ~ отказ от выполнения команды

selective ~ селективный отказ

rejection 1. отклонение (*запроса*) 2. режекция, подавление 3. выброс (*перфокарт*)

common mode ~ подавление синфазного сигнала (*в операционных усилителях*)

user ~ непризнание пользователя (*вид ошибки в системе распознавания речи*)

rekeying повторный ввод с клавиатуры

relabeling переименование меток; смена меток

relate устанавливать отношение

relatedness связанность (*понятий в базе знаний*)

relation отношение; соотношение; связь; зависимость

antireflexive ~ антирефлексивное отношение

arithmetical ~ арифметическое отношение

associative ~ ассоциативная связь

associativity ~ соотношение ассоциативности

binary ~ бинарное отношение

causal ~ каузальное [причинно-следственное] отношение

cause-(and-)effect ~ причинно-следственная связь; *pl* причинно-следственные отношения

character ~ знаковое отношение

conformity ~ отношение согласуемости, отношение согласованности

derivative ~ производное отношение

direct ~ прямая зависимость

dyadic ~ двухместное отношение

entity/relationship ~ отношение «сущность — связь» (*в реляционных базах данных*)

equivalence ~ отношение эквивалентности

fragmented ~ фрагментированное отношение (*фрагменты которого хранятся в различных узлах сети*)

group ~ групповое отношение

immediate predecessor ~ отношение непосредственного предшествования

immediate successor ~ отношение непосредственного следования

inclusion ~ отношение включения

inverse ~ обратная зависимость

irreflexive ~ антирефлексивное отношение

largest ~ наибольшее отношение (*по объёму пересыла-*

емых данных при распределённой обработке запросов)

logical ~ логическое отношение

magnitude ~ количественное отношение

man-machine ~ связь человек — машина

multivalued ~ многозначное отношение

order(ing) ~ отношение порядка

parent-child ~ отношение типа «родитель — потомок» (*в структурах данных*)

partial order ~ отношение частичного порядка

precedence ~ отношение предшествования

preference ~ отношение предпочтения

query ~ запросное отношение; отношение, участвующее в запросе (*в реляционной базе данных*)

recurrence ~ рекуррентное соотношение

relationship ~ отношение над отношениями (*в реляционной алгебре*)

smallest ~ наименьшее отношение (*по объёму пересылаемых данных при распределённой обработке запроса*)

strict inclusion ~ отношение строгого включения

subsumption ~ родовидовое отношение (*между объектами базы знаний*)

syntactic(al) ~ синтаксическое отношение

temporal ~ временное отношение (*формируемое в ходе распределённой обработки запроса*)

ternary ~ тернарное [тройное] отношение

union-compatible ~s отношения, совместные по объединению

universal ~ универсальное [обобщённое] отношение, универсальное представление отношения (*в базах данных*)

relational 1. реляционный **2.** родственный (*о данных*) **3.** относительный

relationship (взаимо)отношение; соотношение; связь (*см. тж* **relation**)

analytic ~ аналитическое соотношение

control ~ отношение управления (*взаимосвязь управляемого и управляющего объектов*)

owner-member ~ отношение [связь] типа «старший — подчинённый», отношение подчинённости (*в базах данных*)

phase ~ соотношение по фазе, фазовое соотношение

synthetic ~ эмпирическое соотношение

relativisor префикс

relativization преобразование абсолютных адресов в относительные

relator знак отношения

conformity ~ знак (отношения) согласования

identity ~ знак (отношения) тождества

relay 1. реле **2.** передавать

coding ~ кодирующее реле

counting ~ счётное реле

decoding ~ декодирующее реле

differential ~ дифференциальное реле

initiating ~ пусковое реле

latching ~ реле с блокировкой

LED ~ светодиодное реле

locking ~ реле блокировки

meter ~ реле-счётчик

pilot ~ контрольное реле

reset ~ реле исходного режима; реле возврата в исходное положение

stepping ~ шаговый искатель; шаговое реле

storage ~ запоминающее реле

supervisory ~ контрольное реле

time(-delay) ~ реле времени

relayout изменение топологии (*схемы*)

release 1. разъединение; отпускание; разблокировка; освобождение || разъединять; отпускать; разблокировать; освобождать **2.** версия, редакция (*напр. операционной системы*) **3.** выпуск (*вариант программного изделия*) || выпускать (*вариант программного изделия*) **4.** отключение (*напр. устройства от шины*)

carriage ~ освобождение каретки

documentation ~ выпуск документации

lock ~ снятие блокировки

margin ~ выключение установки поля (*в печатающих устройствах*)

relevant релевантный (*об информации*); соответствующий, имеющий отношение (*к данному вопросу*)

reliability надёжность

end-to-end ~ надёжность сквозной передачи данных (*в сети*)

inherent ~ собственная надёжность (*при соответствии изделия техническим требованиям*)

operational ~ надёжность функционирования

redundancy ~ надёжность, обеспечиваемая введением избыточности; надёжность за счёт резервирования

solid-state ~ долговременная надёжность

reliagram дейтаграмма надёжности

reload перезагрузка, повторная загрузка

catastrophic ~ аварийная перезагрузка

relocate перераспределять (*память*); перемещать (*в памяти*)

relocation перераспределение (*памяти*); перемещение (*в памяти*)

dynamic memory ~ динамическое перераспределение памяти

pad ~ перенумерация [переназначение] контактных площадок (*в ИС*)

program ~ перемещение программы

storage ~ перераспределение памяти

relocator 1. средство перемещения **2.** перемещающая программа

remainder 1. остаток; разность **2.** остаточный член (*ряда*)

partial ~ частичный остаток

remanence остаточная намагниченность, остаточная магнитная индукция

remark комментарий

remote дистанционный, удалённый

hands-on ~ находящийся в пределах непосредственной досягаемости (*о копии данных, расположенной в конкретном узле сети*)

removable 1. съёмный, сменный **2.** монтируемый (*о файловой системе*)

removal:

hidden-surface ~ устранение невидимых поверхностей (*при двумерном изображении трёхмерных объектов в машинной графике*)

mean ~ удаление среднего значения (*операция цифровой фильтрации*)

trend ~ удаление тренда (*операция цифровой фильтрации*)

removing ◇ ~ **invariant expressions** исключение инвариантных выражений (*из программы*), чистка циклов

rename переименовывать (*напр. файл*)

rendering визуализация (предметов) (*в машинной графике*)

depth-buffered ~ визуализация методом буферизации глубины

ray-trace ~ визуализация методом бегущего луча

wireframe ~ визуализация

методом каркасного представления

rendezvous рандеву (*взаимодействие между параллельными процессами в языке Ада*)

rendezvousing организация рандеву

renewal 1. восстановление; возобновление **2.** замена изношенного оборудования новым, восстановительный ремонт

rental:

computer ~ арендная плата за вычислительную машину; арендная плата за машинное время

reorder переупорядочивать

reordering переупорядочение

repair исправление (*программы*) ǁ исправлять (*программу*)

repeatability 1. повторяемость; воспроизводимость **2.** однотипность

reperforator реперфоратор

printing ~ печатающий (ре-) перфоратор

receive-only typing ~ приёмный печатающий (ре)перфоратор

typing ~ печатающий (ре-) перфоратор

repertoire, repertory набор, состав

instruction ~ набор [состав] команд

repetition:

iterative ~ итеративное повторение

replace заменять; подставлять

replacement замена, замещение; подстановка; перестановка

careful ~ постепенное замещение (*принцип обновления файлов или базы данных*)

character ~ замена знака *или* символа

local ~ локальная замена

page ~ страничный обмен; замещение страниц

ribbon ~ смена [замена] (красящей *или* копировальной) ленты

replica точная копия (*файла или программы*)
  redundant ~ дубликат
replicate 1. дублировать **2.** тиражировать (*напр. экземпляры записей распределённой базы данных*)
replication 1. повторение; дублирование **2.** тиражирование
  ~ **of code** тиражирование программы
report отчёт; сообщение, уведомление
  belief ~ представление убеждений (*в СИИ*)
  column (formatted) ~ табличный отчёт, отчёт в табличной форме
  difference ~ сообщение об изменениях (*в программе*)
  discrepancy ~ донесение о несоответствии (*программных средств техническим требованиям*)
  error ~ сообщение об ошибке
  exception ~ уведомление об исключительных ситуациях
  formatted ~ форматированный отчёт
  interim ~ промежуточный отчёт; промежуточное сообщение; внутренний отчёт; внутреннее сообщение
  postmortem ~ **1.** заключительный отчёт (*содержащий критический анализ проектных решений*) **2.** *проф.* «посмертный» отчёт (*не содержащий анализа причин плохих результатов*)
  progress ~ текущие сведения, текущее сообщение (*о результатах работы программы*)
  quick-access ~ быстровыдаваемые сведения
  software problem ~ уведомление о проблеме *или* ошибках программного обеспечения
reporter генератор отчётов (*программа*)
repository хранилище данных; архив данных, информационный архив

representation 1. представление **2.** способ задания (*функций*)
  analog ~ представление (*величин*) в аналоговой форме, аналоговое представление
  binary ~ двоичное представление
  binary-coded decimal ~ двоично-кодированное представление десятичных чисел
  bit-array ~ представление в виде двоичного массива, двоично-матричное представление
  boundary ~ контурное представление (*вид машинной графики*)
  centralized ~ концентрированное отображение (*проектируемой ИС*)
  character ~ символьное представление; знаковое представление
  circuit ~ эквивалентная схема
  coded ~ кодированное представление
  cognitive ~ когнитивное представление
  column binary ~ поколонное двоичное представление (*информации на перфокартах*)
  complement ~ представление в виде дополнения
  continuous variable ~ непрерывное представление переменных (величин)
  data ~ представление данных
  decimal ~ десятичное представление
  declarative ~ декларативное представление (*знаний*)
  deleted data ~ представление отсутствия информации, представление «пустой» информации
  diagrammatic ~ схематическое представление, схематическое изображение
  digital ~ цифровое представление
  discrete ~ дискретное представление
  discrete variable ~ дискрет-

ное представление переменных (величин)

equivalent binary ~ эквивалентное двоичное представление

excess three ~ представление в коде с избытком три

fill area ~ представление (*изображения*) в виде закрашенных областей

fixed-point ~ представление с фиксированной запятой

floating-point ~ представление с плавающей запятой

frame-based ~ фреймовое представление (*знаний*)

hardware ~ аппаратная реализация

hierarchical ~s иерархия представлений

iconic ~ графическое представление

incremental ~ инкрементное представление, представление разностями, представление в виде приращений

knowledge ~ представление знаний (*в искусственном интеллекте*)

linear ~ линейное представление (*в машинной графике*)

mixed number ~ представление в смешанной системе счисления

negative number ~ представление отрицательных чисел

nine's complement ~ 1. представление дополнением до десяти; представление (*десятичных чисел*) в обратном коде **2.** обратный код (*в десятичной системе счисления*)

novice ~ представление неопытного специалиста (*о предметной области*)

null ~ представление отсутствия информации, представление «пустой» информации

number ~ 1. представление чисел **2.** система счисления

numeric(al) ~ представление (*информации*) в числовой форме

octal ~ восьмеричное представление

parallel ~ параллельное представление

parse tree ~ представление в виде дерева грамматического разбора

picture ~ графическое представление

positional ~ позиционное представление

procedure ~ процедурное представление (*знаний*)

radix complement ~ представление в дополнительном коде

row binary ~ построчное двоичное представление (*информации на перфокартах*)

serial ~ последовательное представление

signed-magnitude ~ представление (*чисел*) в прямом коде со знаком

symbolic ~ символическое представление

ternary incremental ~ троичное инкрементное представление ($+ 1, - 1$ и 0)

time ~ временно́е представление

tree ~ древовидное представление

true ~ представление (*чисел*) в прямом коде

variable-point ~ представление с переменным положением запятой (*задаваемым специальным символом*)

wireframe ~ каркасное (визуальное) представление (*трёхмерного объекта в машинной графике*)

representative репрезентативный, представительный

reproduce воспроизводить

reproducer реперфоратор, перфоратор-репродуктор; дубликатор, устройство дублирования

card ~ карточный реперфоратор; карточный дубликатор

paper [punched] tape ~ ленточный реперфоратор; ленточный дубликатор

punched card ~ карточный реперфоратор; карточный дубликатор

tape ~ ленточный реперфоратор; ленточный дубликатор

reproducing репродуцирование, воспроизведение

~~reproduction~~ репродукция, воспроизведение

data ~ воспроизведение данных

facsimile [replica] ~ факсимильная репродукция, факсимильное воспроизведение (*графической или символьной информации*)

signal ~ воспроизведение сигнала

reproductor реперфоратор, перфоратор-репродуктор; дубликатор, устройство дублирования

reprogram перепрограммировать

reprogrammable перепрограммируемый (*о ПЗУ*)

reprogramming перепрограммирование, переделка программы

reprompt повторять подсказку

request 1. запрос **2.** требование ◊ ~ **for a branch** запрос на ветвление; ~ **for information** информационный запрос

bus ~ запрос шины

bus interrupt ~ запрос на прерывание (работы) шины

call ~ запрос соединения

cancel(lation) ~ запрос отмены (*задания*)

connection ~ запрос соединения

control panel ~ запрос с пульта управления

correction ~ заявка на исправление ошибок (*в системе программного обеспечения*)

enhancement ~ заявка на расширение (*функциональных возможностей программного обеспечения*)

fill-in-the-blank ~ запрос посредством заполнения форматированного бланка (*высвечиваемого на экране*)

help ~ запрос консультативной информации (*пользователем у системы*)

input ~ **1.** входной запрос **2.** запрос на ввод

input/output ~ запрос вводавывода; запрос на ввод-вывод

interrupt(ion) ~ запрос прерывания

intersite ~s перекрёстные абонентские запросы (*между узлами сети*)

lock ~ запрос на блокировку (*в базах данных при внесении изменений*)

nonprocessor ~ внепроцессорный запрос

retrieval ~ поисковый запрос

revision ~ заявка на проведение проверки (*соответствия программных средств условиям эксплуатации системы*)

service ~ запрос на обслуживание

spontaneous ~ случайный [неорганизованный] запрос (*информации*)

truth ~ истинностный запрос (*требующий ответа типа «да-нет»*)

verbal ~ устный запрос (*в системе автоматического распознавания речи*)

requester запрашивающая сторона; инициатор запроса

requirement 1. требование, необходимое условие **2.** *pl* технические требования

circuit ~s схемные требования, требования, предъявляемые к схемам

distribution ~s требования к распределённой архитектуре, требования к характеру распределённости

functional ~ функциональное требование

information ~s информационные потребности

mil-spec ~s требования военных стандартов

operating ~s требования к функционированию

performance ~s требования к рабочим характеристикам;

требования к функционированию

storage ~s потребности к памяти

system ~s 1. (технические) требования к системе 2. потребности системы 3. выработка (технических) требований к системе (*этап проектирования*)

technical ~ техническое задание; *pl* технические условия

user target ~s конечные потребности пользователя, целевые пользовательские требования

rereading повторное считывание

rerouting 1. повторный выбор маршрута 2. повторная трассировка (*соединений*)

rerun 1. повторный проход, повторный прогон (*программы*) ‖ выполнять вторично, повторно прогонять (*программу*) 2. серия повторных испытаний ‖ подвергать повторным испытаниям

resample восстанавливать форму квантованного сигнала

rescanning повторный поиск; повторный просмотр

research:
　operations ~ исследование операций
　protocol ~ протокольное исследование (*описание фактов, не содержащее обобщений и выявленных понятий предметной области*)

resending повторная отправка (*сообщения*)

resequencing повторное упорядочение

reserve резерв
　cold ~ холодный резерв
　hot ~ горячий резерв
　loaded ~ нагруженный резерв
　reduced ~ облегчённый резерв
　unloaded ~ ненагруженный резерв

reservoir:
　tape ~ карман для (магнитной) ленты; карман лентопротяжного механизма

reset 1. восстановление, возврат [возвращение] в исходное положение *или* состояние; сброс; установка в (состояние) «0» ‖ восстанавливать, возвращать в исходное положение *или* состояние; сбрасывать; устанавливать в (состояние) «0» 2. смещение ‖ смещать ◇ **to** ~ **a loop** восстанавливать цикл; **to** ~ **a file** восстанавливать файл

　loop ~ восстановление цикла; возвращение *или* установка параметров цикла в исходное состояние

　memory ~ восстановление (исходного состояния) памяти

　power-on ~ сброс по включению питания

　system ~ установка [сброс] системы в исходное состояние

resettability восстанавливаемость, способность к восстановлению

reshape формировать; восстанавливать форму (*сигнала*)

reshaper формирователь

reside постоянно находиться, постоянно храниться (*в памяти*)

residence резиденция, место (постоянного) хранения
　external ~ внешняя резиденция
　program ~ резиденция программы
　system ~ резиденция операционной системы; резиденция системных программ

resident резидент, резидентная часть (*данных или системы программного обеспечения*)
　core ~ ОЗУ-резидентная программа
　program ~ резидент [резидентная часть] программы

residue остаток, вычет
　least positive ~ наименьший положительный остаток, наименьший положительный вычет

modulo N ~ остаток [вычет] по модулю N

resilience эластичность, устойчивость (*системы*) к внешним возмущениям; способность (*системы*) к восстановлению функций

resistance сопротивление

back ~ обратное сопротивление

back-biased ~ сопротивление обратносмещённого перехода

contact ~ переходное сопротивление, сопротивление контакта

crash ~ сопротивляемость аварийным ситуациям

differential [incremental] ~ дифференциальное сопротивление

input ~ входное сопротивление

load ~ сопротивление нагрузки, нагрузочное сопротивление

lumped ~ сосредоточенное сопротивление

matched ~ согласованное сопротивление

off ~ сопротивление (*элемента*) в закрытом *или* выключенном состоянии

on ~ сопротивление (*элемента*) в открытом *или* включённом состоянии

output ~ выходное сопротивление

queue ~ ТМО неприсоединение к очереди (*в случае превышения её допустимой длины*)

reverse ~ обратное сопротивление

saturation ~ сопротивление (в состоянии) насыщения

series ~ последовательное сопротивление; сопротивление потерь (*в туннельных диодах*)

via ~ сопротивление межслойных (металлизированных) отверстий (*в печатной плате*)

resistivity удельное сопротивление

sheet ~ сопротивление квадрата плёнки

resistor резистор

absorbing ~ поглотительный резистор

base ~ резистор в цепи базы

base-to-base ~ междубазовый резистор (*в схеме с однопереходным транзистором*)

coupling ~ резистор связи

damping ~ демпфирующий [гасящий] резистор

discrete ~ дискретный резистор

emitter ~ резистор в цепи эмиттера

fixed ~ постоянный резистор, резистор с постоянным сопротивлением

integrated ~ интегральный резистор (*компонент ИС*)

laser-trimmed ~ резистор с лазерной подгонкой номинала

light ~ фоторезистор

linear ~ линейный резистор

load ~ нагрузочный резистор

nonlinear ~ нелинейный резистор

precision ~ прецизионный резистор

pull-down ~ «утягивающий (вниз)» резистор (*напр. к потенциалу земли*)

pull-up ~ «утягивающий (вверх)» резистор (*напр. к источнику питания с более высоким потенциалом*)

terminating [termination] ~ согласующий резистор

trimming ~ подстроечный резистор

variable ~ переменный резистор; варистор

resolution 1. разрешающая способность, разрешение **2.** разрешение (*проблемы*) **3.** *лог.* резолюция

~ **of references** разрешение ссылок; определение местоположения объектов по (косвенным) ссылкам

conflict ~ **1.** разрешение конфликтов (*в операционных системах*) **2.** принятие решений при наличии конфликтующих целей

diagnostic ~ разрешающая способность диагностических средств, (достижимая) глубина поиска неисправностей

digital ~ вес младшего разряда (*числа*)

fault isolation ~ разрешающая способность при (точной) локализации неисправностей

frequency ~ разрешающая способность по частоте, частотное разрешение

mask ~ разрешающая способность трафарета

priority ~ определение приоритета

recording ~ разрешающая способность системы записи и считывания

scanning ~ разрешающая способность при сканировании (*в лазерных графопостроителях*)

unit ~ одиночная резолюция (*применяемая для отладки ПРОЛОГ-программы*)

resolve разрешать; решать

resolver (счётно-)решающий прибор; (счётно-)решающее устройство, *проф.* резольвер

ball ~ сферическое решающее устройство

conflict ~ арбитр (*механизм разрешения конфликтов в системе*)

induction ~ индукционный синус-косинусный преобразователь

multiple match ~ решающий блок [резольвер] со схемой множественных совпадений

priority ~ устройство разрешения конфликтов на основе приоритетов, резольвер приоритетов

servo ~ решающее устройство со следящей системой

spherical ~ сферическое решающее устройство

storage ~ быстродействующая часть медленного запоминающего устройства

synchro ~ синхронный решающий прибор

vector ~ устройство для разложения векторов

resolving разрешение ‖ разрешающий

resource ресурс

bandwidth-time ~s частотно-временны́е ресурсы (*ширина полосы частот и длительность интервала времени, выделенные для передачи информации*)

computational ~ вычислительный ресурс

consumable ~ расходуемый ресурс

information ~s информационные ресурсы

local ~ локальный [местный] ресурс

locked ~ блокированный ресурс; защищённый ресурс

public ~ общий ресурс

reusable ~ многократно используемый ресурс

system ~ ресурс системы, системный ресурс

respect ◇ **with** ~ **to base N** по модулю N

responder реагирующий элемент (*тестируемого устройства*)

response 1. характеристика, зависимость **2.** чувствительность **3.** реакция, ответ, ответное действие; срабатывание ‖ реагировать; отвечать; срабатывать **4.** ответный сигнал; отклик

audio ~ речевой ответ

circuit ~ отклик схемы

control ~ реакция на управляющее воздействие

cooperative ~ ответ на совокупность запросов, кооперативный ответ

counting ~ счётная характеристика

failing ~ **1.** неверная [ошибочная] реакция **2.** (выходной) отклик схемы с неисправностью

fault-free ~ отклик исправной схемы

feedback control ~ 1. реакция замкнутой системы регулирования (*на управляющее воздействие*) **2.** реакция цепи обратной связи

frequency ~ частотная характеристика (*на управляющее воздействие*)

optimum priority ~ оптимальная характеристика приоритета

predicted ~ ожидаемый отклик (*проверяемой схемы на тестовый сигнал*)

multiple ~ множественный ответ (*напр. при поиске в ассоциативной памяти*)

ramp ~ линейно нарастающая реакция

real-time ~ реакция в реальном (масштабе) времени

return ~ характеристика обратного хода (*каретки*)

short-connect ~ ответный сигнал скорого освобождения (*занятого устройства*)

steady-state ~ 1. характеристика для установившегося режима **2.** установившаяся реакция, установившийся отклик (*системы*)

step ~ 1. переходная характеристика **2.** реакция на скачок

time ~ временна́я характеристика

transient ~ переходная характеристика

trivial ~ ответ (*системы разделения времени*) за выделенный квант времени

unsolicited ~ незапрашиваемый ответ (*выдаваемый на терминал*)

restart повторный запуск, перезапуск, *проф.* рестарт ‖ повторно запускать, перезапускать

checkpoint ~ перезапуск с контрольной точки

deferred ~ задержанный перезапуск

power-fail ~ рестарт после восстановления питания

power-on ~ повторный запуск при включении питания (*после его аварийного отключения*)

system ~ рестарт системы

restorability восстанавливаемость

restoration восстановление

image ~ восстановление изображений

restore восстановление ‖ восстанавливать

carriage ~ возврат каретки

database ~ восстановление базы данных

tape-skip ~ возобновление работы (*по записи или считыванию*) после холостого прогона (магнитной) ленты

restorer восстановитель, восстанавливающее устройство

direct-current ~ восстановитель постоянной составляющей

restriction 1. ограничение **2.** препятствие, помеха

hardware ~ аппаратное ограничение; техническое ограничение

lexical ~ лексическое ограничение

software ~ программное ограничение, ограничение по программному обеспечению

restructuring реструктурирование, реструктуризация, перестройка структуры

result результат, исход ‖ иметь результатом; проистекать, следовать

decision ~ результат принятия решения; окончательный результат (*в схеме голосования*)

numerical ~ численный результат

postponed ~ отсроченный результат

similar ~s подобные результаты (вычислений) (*лежащие в пределах допусков*)

simulated ~ смоделированный результат, результат моделирования resynchronization повторная синхронизация, ресинхронизация (*после восстановления соединения в сети вслед за ошибкой*)

retentivity остаточная намагниченность

retest повторное испытание ‖ производить повторное испытание

reticle:
font ~ сетка шрифта (*в распознавании знаков*)

retiming восстановление синхронизации

retrace повторно трассировать
sweep ~ обратный ход развёртки

retracing повторная трассировка

retraining подстройка (*линий связи*)

retransmission повторная передача

retrieval поиск
data ~ поиск данных; извлечение данных
deductive ~ получение информации (*из базы знаний*) с использованием дедукции, *проф.* дедуктивный поиск
false ~ ложный поиск
fast-access ~ быстрый поиск
information ~ поиск информации, информационный поиск
manual ~ ручной поиск
multiple-key ~ поиск по нескольким ключам
ordered ~ упорядоченный поиск
partial-match ~ поиск по частичному совпадению (*с образцом*)
range ~ диапазонный поиск; поиск в диапазоне
record ~ поиск записи; поиск информации, информационный поиск

retrieve отыскивать

retrofit подгонять, настраивать

retrofitting подгонка, настройка

retry повторение, повторное выполнение; повторная передача; повторный запуск; повторная попытка
alternate-data ~ повторная обработка с изменёнными данными
alternate path ~ повторный проход по альтернативному пути (*напр. при передаче сообщений в сети*)
error correct ~ повторение для исправления ошибки
instruction ~ повторная попытка выполнения команды

return 1. возврат; возвращение ‖ возвращать; отдавать 2. обратный путь, обратный ход 3. обратный провод ‖ подключать обратным проводом
carriage ~ обратный ход каретки; возврат каретки
carrier ~ возврат носителя
error ~ возврат по ошибке
hard carriage ~ возврат каретки при жёстко заданном формате
interrupt ~ возврат после прерывания (*к основной программе*), *проф.* возврат из прерывания
soft carriage ~ возврат каретки при нежёстко заданном формате (*с плавающим концом строки*)

return-to-zero с возвращением к нулю

retyping повторный набор (*вводимой информации*)

reusability 1. возможность многократного использования 2. возможность использования в других условиях (*характеристика качества программного обеспечения*)

reusable допускающий многократное использование; многократно используемый

reuse многократное использование ‖ многократно использовать

reversal реверсирование; изменение направления на обратное
coherent flux ~ перемагничивание однородным [когерент-

ным] вращением (*вектора намагниченности*)

flux ~ перемагничивание; изменение знака потока

magnetic [magnetization] ~ перемагничивание

noncoherent flux [nonuniform rotational] ~ перемагничивание неоднородным [некогерентным] вращением (*вектора намагниченности*)

phase ~ опрокидывание [переворот] фазы (*на 180°*)

quasi-static ~ квазистатическое перемагничивание

sign ~ изменение знака (*числа на обратный*)

transmission ~ реверсирование передачи

uniform rotational ~ перемагничивание однородным [когерентным] вращением (*вектора намагниченности*)

reverse 1. обратный **2.** негативный

ribbon ~ обратная перемотка (красящей *или* копировальной) ленты

reverser:

sign ~ знакоинвертор

review:

low-key ~ первичный анализ (*разрабатываемой программы*)

peer code ~ экспертная оценка программы

phase ~ фазовый обзор (*документ, содержащий критический анализ результатов конкретной фазы разработки программного изделия*)

post-implementation [post-installation] ~ анализ функционирования внедрённой системы

revision:

data definition ~ пересмотр определения данных

revoke отменять полномочия (*напр. по доступу к файлу*)

revolver динамический регистр

rewind (обратная) перемотка (*ленты*) ‖ перематывать (*ленту*)

rewiring перемонтаж

rework доработка; переделка; исправление

rewrite перезапись; перерегистрация ‖ перезаписывать; перерегистрировать

code ~ перезапись кода

rythm:

clocking ~ ритм тактирующего сигнала, тактирующий ритм (*в систолических структурах*)

ribbon лента (*обычно красящая или копировальная*)

ink ~ красящая лента; копировальная лента

transfer ~ копировальная лента

two-color ~ двухцветная красящая лента; двухцветная копировальная лента

rich:

semantically ~ с широкими семантическими возможностями, с развитой семантикой

right:

access ~ право доступа

ring 1. кольцо ‖ кольцевой **2.** кольцевая схема **3.** кольцевой регистр; счётное кольцо, кольцевой счётчик **4.** кольцевая сеть, кольцо

address ~ адресное кольцо

binary ~ двоичное счётное кольцо, двоичный кольцевой счётчик

Cambridge ~ кембриджское кольцо (*тип высокоскоростной локальной сети*)

collar ~ охранное кольцо (*в ИС*)

core ~ кольцевой сердечник

counting ~ **1.** кольцевая счётная схема **2.** счётное кольцо, кольцевой счётчик

decade ~ десятичное счётное кольцо, десятичный кольцевой счётчик

file protect ~ кольцо защиты файла

flip-flop ~ триггерное счётное кольцо, триггерный кольцевой счётчик

guard ~ предохранительное

[защитное] кольцо (*на бобине с магнитной лентой*); охранное кольцо (*для ограничения поверхностного темнового тока в полупроводнике*)

program ~ программное кольцо

protection ~ кольцо защиты (*в базах данных*)

superconducting thin-film ~ сверхпроводящее тонкоплёночное кольцо

token ~ кольцевая сеть с эстафетным доступом

write inhibit ~ кольцо запрета записи (*на бобине с магнитной лентой*)

write permit ~ кольцо разрешения записи (*на бобине с магнитной лентой*)

ringdown вызов по звонку (*метод сигнализации абонентам вычислительной системы*)

ringing 1. затухающие колебания (*при ударном возбуждении*), *проф.* звон **2.** зацикливание

magnetostrictive ~ магнитострикционный звон

trailing ~ звон [затухающие колебания] на заднем фронте (*импульса*)

ripple (небольшая) пульсация ‖ пульсировать

base-line ~ пульсация относительно нулевой линии отсчёта

output ~ пульсация выходного сигнала

rippling ◇ ~ **down the chain** распространение по цепочке (*напр. сигнала переноса*); ~ **through** сквозная передача, распространение насквозь (*напр. сигнала переноса*)

RISC-oriented ориентированный на использование машины с сокращённым набором команд, *проф.* ориентированный на RISC-процессор

risk:

conditional average ~ условный средний риск

RMW-read операция «недели-

мое чтение — запись» [НЧЗ] с ожиданием записи

RMW-write операция «неделимое чтение — запись» [НЧЗ] с ожиданием чтения

robot робот

adaptive ~ адаптивный робот

cartesian ~ робот, работающий в декартовой системе координат

integral ~ интегральный робот

intelligent ~ интеллектуальный робот

limited sequence ~ робот с ограниченной последовательностью операций

N-DOF ~ робот с N степенями подвижности

reprogrammable ~ перепрограммируемый робот

senseless ~ неочувствлённый робот

sensor-based ~ очувствлённый робот

softwired ~ гибко перестраиваемый робот

task ~ специализированный робот

robotics робототехника

robotized роботизированный

robustness живучесть, «выносливость», устойчивость (к нарушениям исходных предпосылок), *проф.* робастность

specification ~ живучесть спецификации (*характеристика устойчивости описания проектируемого устройства к внешним изменениям*)

rod:

paper tearing-off ~ планка для отрыва бумаги

thin-film (magnetic) ~ тонкоплёночный (магнитный) стержень

role роль (*объекта в отношении*)

roll 1. ролик; вал(ик) (*см. тж* **roller**); барабан ‖ вращаться; вертеться **2.** рулон ◇ **to** ~ **back 1.** перематывать обратно **2.** возвращаться (*к пройденной точке программы для повторного пуска*); **to** ~ **in 1.**

подкачивать, загружать (*в оперативную память*); подкачать (*название команды*) **2.** свёртывать (*информацию в базах данных*) **3.** принимать импульсы; **to ~ out 1.** откачивать (*из оперативной памяти*) **2.** развёртывать (*информацию в базах данных*) **3.** выдавать импульсы

paper ~ рулон бумаги; рулон бумажной ленты

paper ball ~ прижимной ролик для бумажной ленты

tally ~ рулон ленты с итоговыми данными (*в суммирующих машинах*)

tape-feed ~ лентопротяжный ролик; лентопротяжный валик

rollback 1. обратная перемотка **2.** возвращение (*к пройденной точке программы для повторного пуска*), *проф.* откат

transaction ~ возврат к началу транзакции, откат транзакции

rollback-and-retry откат с повторением обработки (*метод восстановления работоспособности*)

roller ролик; вал(ик) (*см. тж* **roll**)

clamping ~ прижимной ролик (*в лентопротяжном механизме*)

feed ~ ведущий ролик

paper ~ ролик *или* валик для протяжки бумаги

pinch ~ прижимной ролик *или* прижимной валик для протяжки (*бумаги*)

pressure ~ прижимной ролик (*в лентопротяжном механизме*)

rollin подкачка, загрузка (*в оперативную память*)

rolling прокрутка, *проф.* ролинг

display ~ прокрутка информации на экране дисплея

rollout откачка (*из оперативной памяти*)

rollover *sl* одновременное нажатие (*нескольких*) клавиш

rollup сдвиг строк (*на экране дисплея*)

ROM ПЗУ, постоянная память, постоянное запоминающее устройство

bit selective ~ ПЗУ с побитовой выборкой

masked ~ ПЗУ с масочным программированием

word selective ~ ПЗУ с пословной выборкой

ROM-based хранимый в ПЗУ; с хранением (*программ*) в ПЗУ

romware программы, хранимые в ПЗУ

room участок памяти (*для хранения блока данных*)

computer ~ машинный зал

switch ~ коммутационный зал

room-temperature 1. работающий при комнатной температуре **2.** внешний (*по отношению к криостату*)

root *матем.* корень

conjugate ~s сопряжённые корни (*уравнения*)

N-th ~ **1.** корень N-й степени **2.** N-й корень (*уравнения*)

primitive ~ первообразный корень

real ~ действительный корень

square ~ квадратный корень

rooting извлечение корня

root-mean-square среднеквадратический

rot:

software ~ *sl* порча программ (*в результате длительного перерыва в их использовании*)

rotate 1. циклический сдвиг; циклически сдвигать **2.** чередоваться

rotation 1. вращение, вращательное движение **2.** чередование, периодическое повторение **3.** циклический сдвиг **4.** поворот (*элементов изображения в машинной графике*)

anisotropy ~ поворот лёгкой оси намагничивания (*в тонких магнитных плёнках*)

coherent ~ однородное [когерентное] вращение (*вектора намагниченности*)

incoherent [noncoherent, nonuniform] ~ неоднородное [некогерентное] вращение (*вектора намагниченности*)

register ~ циклический сдвиг (*кода*) в регистре

uniform ~ однородное [когерентное] вращение (*вектора намагниченности*)

rotoring циклический поиск (*напр. свободного порта*)

round 1. цикл (*работы устройства*) **2.** округлять ‖ округлённый (*о числе*) ◇ **to ~ down** округлять в меньшую сторону; **to ~ off** округлять; **to ~ up** округлять в большую сторону

rounding округление

round-robin циклический, карусельный, круговой (*напр. об опросе абонентов*)

routability трассируемость (*логической схемы*)

route 1. трасса, путь; маршрут; тракт (*передачи информации*) ‖ трассировать, проводить соединение (*между точками схемы*) **2.** прокладывать маршрут; назначать тракт (*передачи информации*)

alternat(iv)e ~ **1.** альтернативный путь; дополнительный тракт **2.** обходной путь, обход

broadcast ~ широковещательный маршрут (*передачи сообщений*)

penetration ~ путь [маршрут] проникновения (*в защищённую вычислительную систему*)

point-to-point ~ двухточечный маршрут (*передачи сообщений*)

retrieval ~ путь [маршрут] поиска

router программа прокладки маршрута (*в сети*), программа маршрутизации; программа трассировки; алгоритм трассировки, трассировщик ◇ ~

with a preference приоритетный трассировщик

arrow ~ стрелочный алгоритм трассировки, стрелочный трассировщик

automatic ~ алгоритм автоматической трассировки, автоматический трассировщик

channel ~ алгоритм трассировки каналов, канальный трассировщик

channelless ~ бесканальный трассировщик, трассировщик бесканальных (вентильных) матриц

communications ~ трассировщик связей (*в сети*)

dogleg ~ алгоритм трассировки [трассировщик] ломаными линиями (*с произвольными углами между отрезками*)

global ~ алгоритм приближённой [глобальной] трассировки, глобальный трассировщик

grid expansion ~ алгоритм трассировки [трассировщик] с распространением по сетке

gridless ~ алгоритм трассировки без использования сетки, бессеточный трассировщик

loose ~ алгоритм приближённой [глобальной] трассировки, глобальный трассировщик

maze ~ алгоритм трассировки [трассировщик] лабиринтов

ripout ~ алгоритм трассировки способом отсечения, отсекающий трассировщик

routine 1. (стандартная) программа (*см. тж* **program**) **2.** *редк.* алгоритм **3.** (рутинная) операция

accounting ~ программа учёта

alternate ~ параллельная ветвь программы

automatic ~ программа с автоматическим запуском

automonitor ~ автомонитор

auxiliary ~ вспомогательная программа

benchmark ~ программа для

оценки параметров (*процесса или оборудования*)

block address interrupt ~ программа прерывания по адресу блока

bootstrap ~ программа самозагрузки, *проф.* программа раскрутки

breakpoint ~s программы организации контрольных остановов

channel error ~ программа контроля ошибок канала

channel status ~ программа определения состояния канала

checkout ~ отладочная программа (*обычно выдающая распечатку*)

checkpoint ~ (тестовая) программа с выдачей данных в контрольных точках

closed ~ закрытая [замкнутая] программа

contoured path ~ программа контурного управления

coordinator ~ координатор, организующая программа

damage assessment ~ программа анализа неисправностей

dating ~ программа датировки; программа обработки дат

decision ~ программа задачи принятия решений

direct-insert(ed) ~ открытая (под)программа

dump ~ (служебная) программа разгрузки (*памяти*)

end-of-file ~ программа окончания считывания *или* обработки файла

end-of-run ~ программа завершения прогона

end-of-tape ~ программа окончания работы с лентой, программа окончания считывания *или* обработки массива данных на ленте

error-control ~ программа контроля ошибок

error-correction ~ программа исправления ошибок

error-detection ~ программа обнаружения ошибок

error-handling ~ программа обработки ошибок

error-recovery ~ программа восстановления (*нормальной работы*) после ошибки

~~extracode~~ ~ программа (реализации) экстракода

extremity ~ программа перехода с ленты на ленту (*при обработке многобобинного файла*)

file-management ~ программа управления файлами

file-organization ~ программа организации файлов (*в памяти*)

floating(-point) ~ программа для работы в режиме с плавающей запятой

function-evaluation ~ программа вычисления функции

general(ized) ~ типовая [универсальная] программа

graphics ~ программа обработки графических данных

housekeeping ~ обслуживающая программа

incomplete ~ неполная программа, программа без указания некоторых параметров

initialization ~ программа инициализации

initial test ~ программа контроля перед началом работы (*устройства*)

input ~ 1. программа ввода 2. входная программа

input/output ~ программа ввода-вывода

interrogation ~ программа опроса

interrupt (handling) ~ программа (обработки) прерываний

interrupt service ~ программа обслуживания прерываний

iterative ~ программа реализации итеративного алгоритма

library maintenance ~ программа организации и обслуживания библиотеки программ

linked ~ закрытая [замкнутая] программа

maintenance ~ расписание *или* порядок технического обслуживания

malfunction ~ программа поиска неисправностей

master control ~ главная управляющая программа; организующая программа

match ~ согласующая программа; программа стыковки

microcode ~ микропрограмма

nonresident ~ нерезидентная программа

nonreusable ~ программа однократного использования

open ~ открытая (под)программа

operator ~ (служебная) программа, запускаемая оператором

output ~ 1. программа вывода 2. выходная программа

patch ~ «заплата» (*программа*)

primarily computational ~ программа с преобладанием вычислительных операций

print ~ программа печати

priority ~ 1. программа назначения [присваивания] приоритетов 2. (высоко)приоритетная программа

program loading ~ загрузчик, программа загрузки

quick-and-dirty ~ черновая программа

readdressing ~ программа переадресации

recursive ~ рекурсивная программа

repetitive ~ циклическая программа

rerun ~ программа повторения

restart ~ программа перезапуска, *проф.* программа рестарта

retrieval ~ программа поиска (*информации*)

rollback ~ программа возврата (*к пройденному состоянию программы*)

run location ~ 1. программа обнаружения записи на программной ленте 2. программа размещения записи на программной ленте

search ~ программа поиска

secure ~ программа, нуждающаяся в защите (*от несанкционированного использования*)

selective tracing ~ программа (формирования) выборочного следа, программа фиксации выборочных данных о ходе выполнения программы, программа селективной трассировки

self-relative ~ программа с относительной адресацией

semantic ~ семантическая подпрограмма

sequence checking ~ программа контроля последовательности (*команд*)

simulation [simulator] ~ моделирующая программа, программа моделирования, подпрограммная модель

software ~ программа системы программного обеспечения, системная программа

status-saving ~ программа сохранения состояния

supervisor call ~ программа вызова супервизора

suspect ~ подозрительная программа (*могущая выполнять функции похищения информации*)

tape bootstrap ~ программа самозагрузки с (магнитной) ленты

task assignment ~ программа назначения задач *или* работ

test(ing) ~ тест, тестовая программа; программа испытаний

transient ~ транзитная программа

trap ~ программа обработки системных прерываний

untrustworthy ~ незащищённая программа (*уязвимая для*

злоумышленного использования)

user-supplied ~ программа, введённая пользователем (*в состав действующей системы*)

watchdog ~ сторожевая программа

routing трассировка, проведение соединений (*между точками схемы*); выбор маршрута, маршрутизация (*в сети*); назначение тракта (*передачи информации*)

adaptive ~ адаптивный выбор маршрута, адаптивная маршрутизация

alternate ~ проведение альтернативного соединения; альтернативная маршрутизация; назначение дополнительного тракта

area-specific ~ трассировка в заданных областях

data ~ маршрутизация данных

dense ~ плотная трассировка

directory ~ направленный выбор маршрута, направленная маршрутизация; табличная маршрутизация

dogleg ~ трассировка ломаными линиями (*с произвольными углами между отрезками*)

final ~ окончательная трассировка

free ~ свободный выбор маршрута, свободная маршрутизация

heuristic ~ эвристический выбор маршрута, эвристическая маршрутизация

hierarchical ~ иерархическая трассировка

hot potato ~ маршрутизация без задержек

loose ~ приближённая [глобальная] трассировка

message ~ назначение пути прохождения сообщений; назначение тракта передачи сообщений, маршрутизация сообщений

minimum weight ~ выбор

маршрута [маршрутизация] с минимальным весом

multilayer ~ многослойная трассировка

over-cell ~ трассировка поверх ячеек

river ~ ламинарная [потоковая] трассировка (*с гибкой перестройкой соединений*)

skew ~ маршрутизация сдвигаемых данных (*в систолических матрицах*)

source-based ~ выбор маршрута [маршрутизация] от источника (*сообщений*)

switchbox ~ трассировка пересечений каналов

wire ~ **1.** трассировка проводных соединений **2.** (печатная) схема соединений (*на обратной стороне печатной платы*)

row 1. ряд; строка **2.** *матем.* точки, расположенные на одной прямой **3.** мультивид (*АЛГОЛ 68*) **4.** горизонтальная линия, горизонтальная шина (*ПЛМ*)

binary ~ двоичная строка, строка двоичных знаков

card ~ строка перфокарты

character ~ строка знаков

check ~ контрольная строка

mark-sensing ~ маркированная строка, строка с (магнитными *или* проводящими) метками (*на перфокарте*)

punch(ing) ~ строка перфораций, строка перфорированных отверстий

table ~ строка таблицы

rowing укрупнение (*АЛГОЛ 68*)

rowwise построчный

rubber-band эластичная связь, *проф.* «резиновая нить» (*в машинной графике*)

rubber-banding эластичное соединение (*двух точек изображения*), *проф.* соединение «резиновой нитью» (*в машинной графике*)

rule 1. правило **2.** масштабная линейка; масштаб

~ **of inference** *лог.* правило вывода

~ **of thumb** практическое правило; эмпирическое правило; эмпирический приём (*для приближённых расчётов*)

allophonic ~ аллофоническое правило, правило соединения [сочленения] аллофонов (*при синтезе речи*)

chain ~ *матем.* цепное правило

code ~ правило кодирования

complement ~ дополняющее правило

composition ~ правило композиции

condition-action ~ правило вида «условие — действие», *проф.* правило продукции

content ~ ассоциативное правило

context-dependent ~ правило непосредственно составляющих, НС-правило

context-free ~ бесконтекстное правило

context-sensitive ~ правило непосредственно составляющих, НС-правило

decision ~s правила принятия решения

default ~ правило (действующее) по умолчанию

design ~ проектная норма

dialog format ~s правила форматирования диалога

empty ~ пустое правило

formation ~ правило построения; правило образования

inconsistent ~ несовместимое [противоречивое] правило

inhibition ~ правило разрешения конфликтных ситуаций

lambda design ~ правило проектирования с учётом лямбда-норм (*при кремниевой компиляции*)

last association ~ правило последней ассоциации

left recursive ~ леворекурсивное правило (*подстановки*)

letter-into-sound ~ правило соответствия «буква — звук»

(*при фонемном синтезе речи*)

linking ~ *лингв.* сочленяющее правило

majority ~ мажоритарный принцип; принцип [правило] большинства

minimax ~ минимаксный критерий

operational ~s операционные правила (*моделирования*)

precedence ~ правило предшествования; правило старшинства; порядок действий

priority ~ правило назначения приоритетов

product ~ правило умножения

production ~ порождающее правило, продукция

queueing ~s правила организации очередей

random ~ правило случайного выбора (*требований на обслуживание*)

recursive ~ рекурсивное правило

rewrite [rewriting] ~ правило подстановки

right recursive ~ праворекурсивное правило (*подстановки*)

rough-and-ready ~ правило быстрых приближённых расчётов, правило прикидки

scoping ~ правило обзора данных (*программой*)

Simpson's ~ формула Симпсона

statement ~ 1. правило-утверждение 2. правило-оператор

stopping ~s правила остановки

substitution ~ правило подстановки

sum ~ правило сложения

traffic ~ *лингв.* регулирующее правило

transformation ~ 1. правило преобразования 2. трансформационное правило, правило трансформации (*при трансформационных вычислениях*)

underlying ~ скрытое правило

(*лежащее в основе поведения СИИ*)

variable binding ~ правило связывания переменных

rulebase база правил (*в экспертных системах*)

rule-based основанный на правилах, основанный на системе правил

ruler 1. граничная линия (*на экране дисплея при работе текстового процессора*) **2.** направляющая

run 1. (однократный) проход, прогон (*программы*) ‖ (однократно) выполнять, прогонять (*программу*) **2.** работа, ход (*машины*) **3.** *стат.* серия **4.** *матем.* пробегать (*диапазон значений*) ◇ **on the** ~ на ходу, в движении; **to** ~ **away** выходить из-под контроля; **to** ~ **continuously** работать непрерывно; **to** ~ **the program** выполнять [прогонять] программу

benchmark ~ контрольный прогон (*для определения рабочих характеристик машины или программы*)

computer ~ **1.** прогон вычислительной машины; счёт **2.** (машинный) прогон

dry ~ пробный (формальный) прогон

history ~ прогон с распечаткой данных о ходе процесса *или* программы

housekeeping ~ прогон обслуживающих программ

machine ~ **1.** прогон (вычислительной) машины; счёт **2.** (машинный) прогон

nonprint ~ прогон без выдачи распечатки (*результатов*)

nonprocess ~ холостой прогон (*без обработки данных*)

print ~ **1.** прогон с распечаткой (*результатов*) **2.** пакет распечаток (*полученных в результате прогона*)

production ~ рабочий прогон (*отлаженной программы или модели*)

simulation ~ имитационный прогон; прогон моделирующей программы

test ~ прогон теста; тестовый прогон

trial ~ опытный [пробный] прогон

runaway выход из-под контроля; уход; отключение

rung ступень, звено (*многозвенной логической схемы*)

runnable работоспособный (*напр. о программе*)

running 1. (однократный) проход; прогон (*программы*) **2.** работа, ход (*машины*)

tape ~ прогон ленты

runtime время прогона (*программы*)

run-unit:

concurrent ~ параллельно выполняемый процесс

S

sacred зарезервированный, предназначенный для (строго) определённой цели

safe безопасный; надёжный

safety безопасность; надёжность

operational ~ надёжность функционирования

sample 1. *стат.* выборочная совокупность, выборка ‖ производить выборку **2.** замер; проба; образец **3.** эталон ‖ эталонный

aligned ~ выровненная выборка

balanced ~ уравновешенная [сбалансированная] выборка

external ~ внешняя выборка

random ~ случайная выборка

representative ~ представительная выборка

simple ~ простая выборка

stratified ~ расслоённая [стратифицированная] выборка

systematic ~ систематическая выборка

two-stage ~ двухступенчатая выборка

unrestricted random ~ случайная выборка без ограничений

sampler 1. устройство для получения дискретных значений непрерывной величины (*в определённые моменты времени*); устройство стробирования, устройство взятия замеров **2.** квантизатор **3.** пробоотборник

holding ~ устройство стробирования с хранением (*мгновенного значения амплитуды стробируемого сигнала*)

sampling 1. выбор дискретных данных; дискретное представление непрерывной величины (*при помощи измерения её в определённые моменты времени*); дискретизация, стробирование, взятие замеров **2.** квантование **3.** выбор(ка); отбор проб; взятие образцов **4.** выборочный метод **5.** выборочный ◇ ~ **with replacement** выборка с возвращением

acceptance ~ выборочный приёмочный контроль

analog ~ преобразование аналоговых данных в дискретную форму

anticipated data ~ предваряющая выборка данных

biased ~ *стат.* смещённая выборка

bulk ~ *стат. проф.* выбор из кучи

cluster ~ *стат.* групповая выборка

continuous ~ непрерывная выборка (*дискретных данных*)

controlled ~ управляемая выборка

crude ~ необработанная выборка

importance ~ *стат.* выборка по значимости

indirect ~ косвенный выбор

multistage ~ многоступенчатый выбор

random ~ случайная выборка

sequential ~ последовательная выборка

single ~ однократная выборка

time ~ квантование во времени

unbiased ~ *стат.* несмещённая выборка

unitary ~ однократная выборка

sanitizing очистка (*памяти*)

sanity исправность, готовность к работе

satisfiability *лог.* выполнимость

joint ~ совместная выполнимость

saturation:

magnetic ~ магнитное насыщение

save сохранять (*состояние системы в памяти*); *проф.* упрятывать (*содержимое регистров в память*)

savepoint точка сохранения (*информации о текущем состоянии системы*)

scalable 1. с изменением масштаба, масштабируемый **2.** расширяемый (*о модульной системе*)

scalar 1. скалярная величина, скаляр ‖ скалярный **2.** блок умножения на константу **3.** блок (задания) коэффициентов, блок установки коэффициентов

scale 1. шкала ‖ шкалировать **2.** масштаб ‖ определять масштаб, приводить к масштабу; масштабировать; изменять масштаб **3.** масштабная линейка **4.** система счисления ◇ **to** ~ **down** уменьшать масштаб, **to** ~ **up** увеличивать масштаб

~ **of notation** система обозначений

binary ~ **1.** двоичная шкала **2.** двоичная система счисления

coordinate ~ координатная сетка; масштабная сетка

digital ~ весы с цифровым отсчётом, цифровые весы

direct-reading ~ шкала прямого [непосредственного] отсчёта

evenly divided ~ линейная [равномерная] шкала

extended time ~ масштаб замедления (*напр. в аналоговых машинах*)

fast time ~ масштаб ускорения (*напр. в аналоговых машинах*)

fixed-radix ~ позиционная система счисления с постоянным основанием (*по всем разрядам числа*)

graph's time ~ масштаб графика по оси времени

gray ~ шкала яркости; шкала полутонов (*в машинной графике*)

image ~ масштаб изображения

linear ~ 1. линейная [равномерная] шкала 2. линейный масштаб

logarithmic ~ 1. логарифмическая шкала 2. логарифмический масштаб

log-log ~ двойной логарифмический масштаб

plotting ~ 1. масштаб чертежа 2. масштабная линейка

radix ~ позиционная система счисления

ratio ~ *стат.* шкала отношений

representative ~ условный масштаб

slow time ~ масштаб замедления (*напр. в аналоговых машинах*)

time ~ 1. шкала времени 2. масштаб времени

translucent ~ полупрозрачная шкала

two ~ 1. двоичная шкала 2. двоичная система счисления

variable time ~ переменный масштаб времени

scale-of-two двоичный

scaler 1. счётчик; пересчётная схема 2. делитель частоты

binary ~ двоичный счётчик; двоичная пересчётная схема

decade ~ декадный [десятичный] счётчик; декадная [десятичная] пересчётная схема

decatron ~ счётчик на декатронах; пересчётная схема на декатронах

pulse ~ счётчик импульсов; импульсная пересчётная схема

transistor ~ транзисторный счётчик; транзисторная пересчётная схема

variable ~ счётчик с переменным коэффициентом пересчёта

scaling 1. выбор масштаба, масштабирование 2. пересчёт; счёт (*импульсов*) 3. деление частоты; понижение частоты 4. шкалирование (*в методах экспертных оценок*)

magnitude ~ масштабирование величин

multidimensional ~ многомерное шкалирование

time ~ масштабирование времени

scaling-down линейное уменьшение; деление на константу

scaling-up линейное увеличение; умножение на константу

scan 1. сканирование; просмотр; поиск ‖ сканировать; просматривать 2. развёртывание; развёртка ‖ развёртывать 3. прогон (*при моделировании*)

access ~ перебор (*напр. элементов файла*) с целью доступа (*к данным*)

automatic ~ автоматический поиск

boundary ~ периферийное сканирование (*метод улучшения контролепригодности логических схем*)

command ~ просмотр [сканирование] команд

lexical ~ лексический анализ

line ~ строчная развёртка

noninterlaced ~ построчная [прогрессивная] развёртка (*в отличие от чересстрочной*)

priority ~ приоритетный поиск

raster ~ растровое сканирование

reverse ~ просмотр с заменой символа «0» на символ пробела (*при редактировании печатаемого текста*)

serial-by-word ~ просмотр (*содержимого памяти*) слово за словом

status ~ просмотр состояний (*напр. линий связи*)

storage ~ сканирование памяти; просмотр ячеек памяти

scan-in загрузка сдвигового регистра; ввод данных в сканирующий регистр; ввод данных в регистр сканирующего пути

scanistor сканистор (*оптический сканирующий прибор для чтения документов*)

scanner 1. сканирующее устройство; блок сканирования; опрашивающее устройство, устройство опрашивания 2. развёртывающее устройство 3. лексический блок, блок лексического анализа; сканер (*в трансляторах*)

bar-code ~ сканирующее устройство (для) считывания штрихового кода

card ~ сканирующее устройство считывания с карт

film ~ сканирующее устройство считывания с (микро-) плёнки

flying-spot ~ (оптическое) сканирующее устройство с бегущим лучом

interrupt ~ устройство сканирования запросов прерывания

laser ~ лазерное сканирующее устройство

magnetic ink ~ сканирующее устройство (для) считывания магнитных знаков (*написанных магнитными чернилами*)

optical ~ оптическое сканирующее устройство

output ~ выходное развёртывающее устройство

photoelectric ~ фотоэлектрическое сканирующее устройство

slot-divided ~ устройство со щелевым сканированием

visual ~ оптическое сканирующее устройство

scanning 1. сканирование; просмотр; поиск; обследование 2. развёртывание 3. ввод данных в регистр сканирующего пути

mark ~ просмотр со считыванием меток *или* маркеров

optical ~ 1. оптическое считывание (*документов*) 2. оптическое сканирование

scan-out развёртка; разгрузка сдвигового регистра; вывод данных из сканирующего регистра; вывод данных из регистра сканирующего пути

scat поверхностно-управляемый лавинный транзистор

scatter разброс

data ~ распределение данных (*по месту назначения*)

gap ~ разброс зазоров (*в устройствах на магнитной ленте*)

scavenger *проф.* мусорщик (*программное средство, реализующее сборку мусора*)

scavenging 1. *проф.* сборка мусора 2. просмотр остатка данных (*в памяти*)

scenario сценарий (*напр. человеко-машинного диалога*)

scene сцена (*в СТЗ*)

sceptron септрон (*устройство для распознавания речевых сигналов методом спектрального анализа*)

schedule расписание, график; таблица; (календарный) план; регламент ‖ составлять расписание, график *или* (календарный) план; заносить в график; вводить в план; планировать; распределять (*напр. машинное время*) ◊ **to** ~ **users** распределять (*машинное время*) между пользователями

blocked ~ блочное расписание

computer ~ график работы вычислительной машины

design ~ 1. расчётная таблица

2. (календарный) план работ по проекту

run ~ график запуска (конкретных) программ (*на ЭВМ*); график удовлетворения запросов на работы (*в вычислительной системе с разделением времени*)

scheduler планировщик (*программа*)

channel ~ планировщик (работы) каналов

foreground ~ планировщик (высоко)приоритетных заданий

job ~ планировщик (обработки) заданий

master ~ главный планировщик

priority ~ приоритетный планировщик, планировщик заданий по приоритетам

sequential ~ последовательный планировщик

scheduling составление расписания, графика *или* (календарного) плана; планирование; распределение (*напр. машинного времени*)

channel ~ планирование (работы) канала

concurrent ~ планирование параллельной работы

critical path ~ составление плана (*работ*) с использованием метода критического пути

deadline ~ планирование (*заданий*) по сроку завершения

dynamic ~ динамическое планирование

intermodule ~ планирование межмодульных взаимодействий (*при моделировании*)

job ~ планирование (выполнения) заданий

nonpreemptive ~ неприоритетное планирование

preemptive ~ приоритетное планирование

round-robin ~ циклическое планирование, планирование по круговому алгоритму [по

принципу кругового обслуживания]

sequence ~ планирование последовательности работ

schema схема (*логическая структура в базах данных*) (*см. тж* **scheme**)

canonical ~ каноническая схема

conceptual ~ концептуальная схема

external ~ внешняя схема (*задающая представление пользователя о данных*)

federated ~ интегрированная (*объединённая*) схема (*локальных баз данных распределённой системы*)

internal ~ внутренняя схема

knowledge ~ схема [логическая структура] знаний

multilevel ~ многоуровневая схема

relation ~ схема отношения

representational ~ представляющая схема (*базы знаний*)

storage ~ схема хранения (*данных*)

unified ~ объединённая схема (*нескольких локальных баз данных*)

schemata (*pl от* **schema**) схемы

operation ~ операционные схемы (*распределённой базы данных*)

scheme схема

allocation ~ схема распределения (*памяти*)

anticoincidence selection ~ схема выборки, работающая по принципу антисовпадения (токов)

axiom ~ система аксиом

binary intercommunication [binary output, binary transfer] ~ бинарная схема работы (*ЦДА*)

binomial sampling ~ схема биномиального выбора

coding ~ схема кодирования

coincidence selection ~ схема выборки, работающая по принципу совпадения (токов)

computational ~ вычисли-

4444444444

44444

44444444444

тельная схема, схема вычислений

constraint dropping ~ схема отбрасывания ограничений

database ~ схема базы данных

decoding ~ схема декодирования

fan-in ~ схема объединения по входу

fan-out ~ схема разветвления по выходу

formatting ~ схема форматирования (*данных*)

frequency-sharing ~ схема частотного разделения (*сигналов*)

functional ~ функциональная схема

garbage-collection ~ схема устранения засорённых записей, *проф.* схема сборки мусора

half-shifted dot ~ схема полусдвига точек (*в дисплее*)

induction ~ *лог.* схема индукции

information transfer ~ схема передачи информации

interleaving ~ схема чередования

labeling ~ схема маркировки, схема расстановки меток

partial recursive ~ *лог.* частично-рекурсивная схема

pinout ~ схема разводки (*сигнальных цепей на плате*)

primitive recursive ~ *лог.* примитивно-рекурсивная схема

priority ~ схема приоритетов

proof ~ схема доказательства

SPE ~ схема классификации по S-, P- и E-типам, SPE-классификация (*программ*)

time-sharing ~ схема разделения времени

science:

computer ~ 1. вычислительная техника (*область знаний*) 2. теория вычислительных машин и систем

computer communication ~ теория систем передачи данных

management ~ наука об управлении, наука о методах управления; теория управления

software ~ теория программного обеспечения

theoretical computer ~ теория вычислительных машин и систем; теоретические основы вычислительной техники

scissoring 1. «разрезание» (*дисплейных команд на два набора команд*) 2. отсечение (*части графического изображения*)

scope 1. индикатор; устройство для наблюдения 2. (электронно-лучевой) осциллограф 3. область действия; сфера рассмотрения 4. контекст 5. область видимости

~ **of bindings** область действия связей

console ~ 1. индикатор пульта управления 2. экран пульта управления 3. осциллограф пульта управления

disjoint ~s несовместные области действия

score 1. метка ‖ делать отметку, отмечать положение (*на шкале*) 2. два десятка 3. оценка 4. *pl* множество

scrambler скремблер, перемешиватель (*кодирующее устройство в цифровом канале*)

data security ~ устройство защитного кодирования данных

scrap:

card ~ конфетти (перфо)карт

scratch рабочий, временный

scratchpad 1. электронный блокнот (*простейшая персональная микро-ЭВМ*) 2. сверхоперативная память, блокнотная память

screen 1. экран ‖ экранировать 2. изображение (на экране) ‖ отображать на экране

afterglow ~ экран с послесвечением

data-entry ~ (форматированное) изображение для ввода данных (*напр. бланк или таблица на экране дисплея*)

directive ~ экран управления; директивный экран

electroluminescent ~ электролюминесцентный экран

electromagnetic ~ электромагнитный экран

electrostatic ~ электростатический экран

flat ~ плоский экран

help ~ 1. справочный экран, экран для справочной информации 2. кадр справочной информации

nonglare ~ безбликовый экран

nonpersistent ~ экран без послесвечения

opaque ~ матовый экран

persistent ~ экран с послесвечением

split ~ разделённый (*на активную и пассивную области*) экран (*дисплея*)

storage ~ экран с запоминанием

tiltable ~ дисплей с наклоняемым экраном

tilt-and-swivel ~ дисплей с шарнирным механизмом наклона и поворота (*экрана*)

touch-sensitive ~ сенсорный экран

user-defined ~ изображение, задаваемое пользователем

view ~ экран для визуального наблюдения (*данных*)

screenful информация [содержимое] (полного) кадра (*изображения на экране дисплея*); содержимое страницы, отображаемой на экране (*в системах видеотекса*)

screening 1. экранирование 2. трафаретная печать 3. вывод изображения (на экран) 4. отбраковка 5. отбраковочные испытания

reliability ~ отбраковочные испытания для оценки надёжности

screen-oriented экранный; рассчитанный на работу с экраном (*напр. о средствах редактирования*)

screen-printed изготовленный методом трафаретной печати

script 1. документ, подлинник, оригинал 2. тестовый драйвер (*при генерации тестов*) 3. сценарий (*напр. человеко-машинного диалога*)

machine ~ машинный документ; машинный текст (*подготовленный и выданный машиной*)

scrollable перемещаемый (*о линиях на экране дисплея*)

scrolling перемещение, *проф.* прокрутка (*информации на экране дисплея, напр. при записи новой строки*)

line ~ прокрутка строк

single-line ~ построчная прокрутка

smooth [soft] ~ плавная прокрутка

seal 1. изолирующий слой, изоляция 2. уплотнение ‖ уплотнять 3. заделка; запайка; герметизация, заливка ‖ заделывать; запаивать; герметизировать, заливать ◊ **to** ~ **off** запаивать наглухо; герметически заделывать

glass ~ стеклянное уплотнение; стеклянный спай

glass-to-metal ~ металлостеклянное уплотнение; спай металла со стеклом

O-ring ~ кольцевое уплотнение

sealant уплотнитель

sealing-in герметизация, заливка

sealing-off заделка (*концов кабеля*)

search поиск; перебор (*вариантов*) ‖ искать; перебирать (*варианты*)

area ~ групповой поиск

associative ~ ассоциативный поиск

best-match ~ поиск по наилучшему совпадению

between limits ~ поиск в заданных пределах

binary ~ двоичный [дихотомический] поиск

bit-parallel ~ поиск, параллельный по (двоичным) разрядам, поиск с параллельным просмотром (двоичных) разрядов

bit-sequential ~ поиск, последовательный по (двоичным) разрядам, поиск с последовательным просмотром (двоичных) разрядов

block ~ поиск блока (*данных*); блочный поиск (*данных*)

breadth-first ~ поиск (преимущественно) в ширину, поиск типа «сначала вширь»

case-insensitive ~ поиск без учёта регистра (*без различения строчных и заглавных букв*)

case-sensitive ~ поиск с учётом регистра (*с различением строчных и заглавных букв*)

chaining ~ цепной [связный] поиск

composite ~ составной поиск

conjunctive ~ конъюнктивный поиск

database ~ поиск в базе данных

depth-first ~ поиск (преимущественно) в глубину, поиск типа «сначала вглубь»

dichotomizing ~ дихотомический [двоичный] поиск

dictionary ~ поиск в словаре

direct ~ прямой поиск

disjunctive ~ дизъюнктивный поиск

exact-match ~ поиск по точному совпадению

exhaustive ~ исчерпывающий поиск, поиск методом полного перебора; полный перебор

Fibonacci ~ поиск (по методу) Фибоначчи (*вид дихотомического поиска*)

global ~ глобальный поиск

golden section ~ поиск по методу золотого сечения

graph ~ поиск на графе

greater than ~ поиск по соотношению «больше»

greater than or equal to ~ поиск по соотношению «больше *или* равно», поиск по соотношению «не меньше»

hash ~ поиск с хэшированием

high-low-equal ~ поиск в заданном интервале, поиск в интервале значений

information ~ информационный поиск, поиск информации

interfile ~ межфайловый поиск

less than ~ поиск по соотношению «меньше»

less than or equal to ~ поиск по соотношению «меньше *или* равно», поиск по соотношению «не больше»

limit-type ~ граничный поиск (*напр. по соотношению «больше»*)

linear ~ линейный поиск

literature ~ информационный поиск

machine ~ машинный поиск

maximum ~ поиск максимума; поиск максимального числа

mechanized ~ механизированный [автоматизированный] поиск

minimum ~ поиск минимума; поиск минимального числа

min-max ~ минимаксный поиск

multiaspect ~ многоаспектный поиск (*информации*)

multifile ~ многофайловый поиск

nearest neighbor ~ поиск ближайшего соседнего элемента, слова *или* числа, *проф.* поиск ближайшего соседа

one-at-a-time ~ последовательный поиск

optimum ~ **1.** оптимальный поиск **2.** поиск оптимума

order-value ~ поиск по упорядоченным значениям

parallel-by-bit, parallel-by-word ~ поиск, параллельный по словам и (двоичным) разрядам, поиск с параллельным просмотром слов и (двоичных) разрядов

pattern ~ поиск по шаблону; поиск по эталону

random ~ случайный поиск

reduced ~ сокращённый поиск

routing ~ поиск соединительного маршрута

serial ~ последовательный поиск

serial-by-bit, parallel-by-word ~ поиск, параллельный по словам и последовательный по (двоичным) разрядам, поиск с параллельным просмотром слов и последовательным просмотром (двоичных) разрядов

skip ~ поиск с пропусками

state-space ~ поиск в пространстве состояний

subject ~ предметный поиск (*информации*)

width-first ~ поиск (преимущественно) в ширину, поиск типа «сначала вширь»

word-parallel ~ поиск, параллельный по словам, поиск с параллельным просмотром слов

searcher искатель (*устройство управления потоковой машиной*)

searching поиск; перебор (*вариантов*) (*см. тж* **search**)

table ~ табличный поиск

seat 1. посадочное место (*для ИС на плате*) **2.** устанавливать (*ИС на плату*)

secondary 1. вторичный **2.** второстепенный **3.** вторичное выражение **4.** вторичная обмотка

Boolean ~ вторичное булево выражение

secretary:

electronic ~ электронный секретарь

section 1. секция; раздел; часть; отрезок; участок **2.** сечение

arithmetic ~ секция арифметического устройства; арифметическое устройство

configuration ~ секция конфигурации (*КОБОЛ*)

constant ~ секция констант (*КОБОЛ*)

control ~ **1.** контрольное звено **2.** устройство управления

critical ~ критическая секция (*программы*)

dummy (control) ~ фиктивная секция (*программы*)

exception ~ секция исключительных состояний (*базы данных*)

input ~ **1.** вводная часть программы (*управляющая вводом данных*) **2.** входная область памяти

linkage ~ секция связей; секция связи

logical ~ логический узел (*ЭВМ*)

operator control ~ аппаратура, используемая оператором для управления работой оборудования

operator intervention ~ средства, используемые оператором для вмешательства в ход вычислений

output ~ выходная область памяти

post-run ~ апостериорный раздел (*моделирующей программы*)

post-study ~ секция анализа результатов (*моделирующей программы*)

program ~ часть программы; сегмент программы

prototype ~ секция прототипов (*макрокоманд*)

report ~ секция отчёта (*КОБОЛ*)

working-storage ~ секция рабочей памяти (*КОБОЛ*)

sectionalization, sectioning секционирование, разбиение на секции

logic ~ секционирование логических схем (*для облегчения тестирования*)

sector сектор (*1. часть магнитного диска 2. информация, хранящаяся в этой части магнитного диска*)

control ~ управляющий сектор (*на магнитном диске*)
data ~ сектор данных, информационный сектор (*на магнитном диске*)
sectoring разбиение на секторы
diskette ~ разбиение дискета на секторы
hard ~ жёсткое разбиение на секторы
soft ~ гибкое разбиение на секторы
secure:
computationally ~ защищённый по вычислениям (*о шифре, раскрытие которого требует неоправданно высоких затрат вычислительных ресурсов*)
security:
computer ~ защита данных вычислительной машины
data ~ защита данных; сохранность данных, безопасность [надёжность] хранения данных; секретность данных
end-to-end ~ защита тракта (*передачи сообщений*) между конечными пунктами
memory ~ защита памяти
password ~ 1. защита с помощью паролей (*от несанкционированного доступа*) 2. защита паролей; сохранность паролей
seed 1. (кристалл-)затравка 2. начальное число (*при генерации псевдослучайных чисел*)
code ~ порождающий полином кода
seeding:
error ~ *проф.* подсев ошибок (*введение в программу искусственных ошибок*)
seek(ing) поиск
track-to-track ~ поиск дорожки
seepage случайная утечка (*информации*)
segment сегмент ‖ сегментировать, делить на сегменты
array ~ сегмент массива

child ~ дочерний [подчинённый] сегмент (*напр. в базах данных*)
common ~ общий сегмент
continuous ~ непрерывный сегмент
curved line ~ криволинейный сегмент (*напр. на экране дисплея*)
data ~ сегмент данных
database ~ сегмент базы данных
delimiter ~ сегмент-ограничитель
dummy ~ фиктивный сегмент
exclusive ~s несовместимые сегменты (*не могущие одновременно находиться в оперативной памяти*)
header ~ сегмент заголовка (*сообщения*)
inclusive ~s совместимые сегменты (*могущие одновременно находиться в оперативной памяти*)
lead ~ сегмент печатного проводника
line ~ линейный сегмент
masked ~ маскируемый сегмент (*часть разрядов ассоциативного ЗУ, на которую наложена маска*)
message ~ сегмент сообщения
overlay ~ перекрываемый сегмент, *проф.* оверлейный сегмент
paired ~ парный сегмент
program ~ 1. сегмент программы; часть программы; отрезок программы 2. программный сегмент
root ~ корневой сегмент (*оверлейного модуля*)
straight-line ~ прямолинейный сегмент (*напр. на экране дисплея*)
unmasked ~ немаскируемый сегмент (*часть разрядов ассоциативного ЗУ, свободная от маски*)
segmentation сегментация, деление на сегменты

memory ~ сегментация памяти

program ~ сегментация программы

select выбирать

selected:

partial(ly) ~ частично выбранный; полувыбранный (*в системе с двумя координатами выборки*)

selection 1. селекция; выбор (-ка) **2.** *стат.* выборочная совокупность, выборка **3.** вызов (*абонента*)

character ~ выборка знаков

coincidence ~ выборка по принципу совпадения

coincident-current ~ выборка по принципу совпадения токов

digit ~ выделение цифр (*в тексте*)

entity ~ выбор объекта

frequency ~ частотная селекция

function ~ выбор функции (*напр. переключателем на пульте управления*)

jumper ~ выбор с помощью перемычек

linear ~ линейная выборка

menu ~ выбор типа меню (*на основе заранее заданного множества альтернатив*)

partial ~ частичная выборка

priority ~ выборка с приоритетом, выборка по приоритету

program ~ выбор программы

random ~ случайный выбор; случайная селекция

record ~ выбор записи

replacement ~ выбор с замещением (*метод сортировки*)

time ~ временна́я селекция

word ~ выборка слова

selectivity селективность, избирательность

predicate ~ применяемость предиката (*характеризующая частоту его использования*)

selector 1. селектор; искатель;

переключатель **2.** дешифратор

access-path ~ средства выбора путей доступа (*в распределённой СУБД*)

amplitude ~ амплитудный селектор

channel ~ селектор каналов; коммутатор каналов

crossbar ~ координатный искатель

data ~ селектор данных

digit ~ цифровой селектор (*в перфораторах*)

N-way ~ переключатель на N направлений

pulse ~ импульсный селектор, селектор импульсов

relay ~ релейный искатель

scanner ~ опрашивающий селектор

selectron селектрон

self-acting автоматический

self-action автоматическое действие

self-adapting самоприспосабливающийся

self-adjustment самонастройка

self-awareness самоанализ (*метод приобретения знаний для использования в СИИ*)

self-checking самоконтроль; самопроверка ‖ самоконтролирующийся

self-clocking автосинхронизация, самосинхронизация ‖ самосинхронизирующийся

self-configuring с автоматическим (ре)конфигурированием

self-contained 1. замкнутый **2.** автономный, самостоятельный, независимый

self-correcting самокорректирующийся

self-correction автокоррекция

self-defining самоопределяемый

self-descriptiveness информативность (*характеристика качества программного обеспечения*); самодокументируемость (*программы*)

self-diagnosable самодиагностируемый

self-diagnosis самодиагностика

self-documentation самодокументирование

self-dual самодвойственный

self-excitation самовозбуждение

self-explanatory способный к объяснению собственных действий (*о СИИ*)

self-feeding автоматическая подача ‖ с автоматической подачей

self-initializing самоустановка в начальное состояние, самоинициализация

self-interrupt(ing) самопрерывание

self-knowledge знания системы о себе самой (*в СИИ*)

self-learning самообучение ‖ самообучающийся

self-loading самозагрузка ‖ самозагружающийся

self-locking автоблокировка ‖ с автоблокировкой

selfloop петля (*в графе*)

self-masking самомаскирование (*неисправностей в логической схеме*)

self-monitoring с самоконтролем

self-optimizing самооптимизирующийся

self-organizing самоорганизующийся

self-orien(ta)ting самоориентирующийся

self-parking с автоматическим возвратом в исходное положение

self-programming автоматическое программирование, автопрограммирование ‖ самопрограммирующийся

self-recording самопишущий

self-recovery самовосстановление; самовозврат

self-reflectiveness саморефлексивность (*свойство знаний в СИИ*)

self-regulation саморегулирование; самовыравнивание

self-repair самовосстановление ‖ самовосстанавливающийся

self-reproduction самовоспроизведение

self-restorability самовосстанавливаемость

self-running несинхронизированный; свободноидущий

self-scaling автомасштабирование

self-switching самопереключение ‖ самопереключающийся

self-synchronization автосинхронизация

self-synchronizing самосинхронизирующийся

self-testing 1. самоконтроль; самопроверка ‖ самоконтролирующийся 2. самотестирование ‖ самотестирующийся

  local ~ локальный самоконтроль

  remote ~ 1. дистанционный самоконтроль 2. дистанционное самотестирование

self-timed самосинхронизирующийся

self-timing 1. автосинхронизация 2. самосинхронизирующийся

self-training самообучение ‖ самообучающийся

self-triggering самозапуск; самовозбуждение ‖ самозапускающийся, с самозапуском; самовозбуждающийся

self-tuning самонастройка; автоподстройка ‖ самонастраивающийся

self-verification самоконтроль; самопроверка

selsyn сельсин, синхронный повторитель

  differential ~ дифференциальный сельсин

  exciter ~ ведущий сельсин

  receiving ~ сельсин-приёмник

  transmitting ~ сельсин-датчик

semantics семантика

  axiomatic ~ аксиоматическая семантика

  denotational ~ денотационная семантика

formal ~ формальная семантика

inheritance ~ семантика наследования (*в базах данных*)

operational ~ операционная семантика

preference ~ семантика предпочтительного выбора

situational ~ ситуационная семантика

transformational ~ трансформационная семантика

semaphore семафор (*средство синхронизации параллельных вычислений*)

semeiology семиология, семиотика

sememe семема (*семантическая единица*)

semi *sl* точка с запятой (*название символа*)

semicompiled неполностью скомпилированный

semicompiling полукомпиляция (*стадия компиляции, на которой ещё не обработаны обращения к подпрограммам*)

semiconductor 1. полупроводник **2.** полупроводниковый прибор

semicustom полузаказной (*об ИС*)

semigroup полугруппа

semijoin полусоединение (*операция над отношениями в распределённых базах данных*) || выполнять полусоединение

intersite ~ межабонентское полусоединение

semiotics семиотика

semiperforated частично (от-) перфорированный

semiprune полусращивание (*операция распределённой обработки запросов*)

semistor семистор

semistructured слабоструктурированный

senary шестеричный

sender отправитель (*сообщений*)

sending посылка (*сообщений*)

sense 1. считывание || считывать **2.** опознавание; восприятие || опознавать; воспринимать

sensing 1. считывание **2.** опознавание; восприятие **3.** очувствление (*роботов*) **4.** чувствительный (*об элементе*)

analog ~ считывание аналоговых данных, аналоговое считывание

brush ~ считывание при помощи щёток

character ~ **1.** считывание знаков (*с документов*) **2.** опознавание знаков

electrical ~ электрическое считывание

mark ~ **1.** считывание меток *или* маркеров (*с документов*) **2.** опознавание меток *или* маркеров

noncontact ~ бесконтактное считывание

optical ~ оптическое считывание

photoelectric ~ фотоэлектрическое считывание

radio-frequency ~ высокочастотное считывание

sensitivity чувствительность

current ~ чувствительность по току

data ~ разрешающая способность (*алгоритма*) по данным

deflection ~ чувствительность отклоняющей системы

disturb ~ чувствительность к возмущению; чувствительность к разрушению

dynamic ~ динамическая чувствительность

forward ~ чувствительность к входному воздействию

light [luminous] ~ световая чувствительность, светочувствительность

pattern ~ чувствительность к (определённым) кодовым комбинациям

phase ~ чувствительность по фазе

spectral ~ спектральная чувствительность

supply-change ~ чувствительность к изменению напряжения питания

threshold ~ пороговая чувствительность

total ~ интегральная чувствительность

voltage ~ чувствительность по напряжению

sensitization, sensitizing активизация, возбуждение; очувствление

path ~ активизация пути (*при разработке тестов*)

sensor чувствительный [воспринимающий] элемент; датчик

position ~ датчик положения

sensor-based 1. основанный на использовании датчиков **2.** очувствлённый (*о роботе*)

sensory сенсорный

sentence предложение

action ~ предложение, выражающее действие (*в СИИ*)

declarative ~ **1.** предложение типа описания (*напр. процедуры*) **2.** повествовательное предложение

empty ~ пустое предложение

false ~ *лог.* ложное предложение

terminal ~ терминальное предложение

true ~ *лог.* истинное предложение

unambiguous ~ однозначное предложение (*с единственным деревом вывода*)

sentence-by-sentence пофразовый, последовательно предложение за предложением (*о переводе или трансляции*)

sentencehood возможность функционирования в качестве предложения

sentential 1. пропозициональный **2.** сентенциальный

sentinel сигнальная метка (*напр. конца блока информации*)

separate отделять; разделять ‖ отдельный; разъединённый

separation разделение

~ **of variables** *матем.* разделение переменных

amplitude ~ амплитудное разделение, разделение по амплитуде

data ~ разделение данных

frequency ~ частотное разделение

waveform ~ разделение (*сигналов*) по форме

separator разделитель, разделительный знак

field ~ разделитель полей

file ~ разделитель файлов

group ~ разделитель групп (*данных*)

information ~ разделительный знак (при передаче) информации

record ~ разделитель записей

unit ~ разделитель элементов (*данных*)

word ~ разделитель слов

septenary семеричный

septendecimal семнадцатеричный

septet септет, семиразрядный байт

sequence 1. последовательность; порядок (следования) ‖ устанавливать последовательность; упорядочивать **2.** (натуральный) ряд чисел ◇ **to ~ by merging** упорядочивать (разбиением и) слиянием; **to ~ in time** распределять по времени

arbitrary ~ случайная последовательность

ascending ~ возрастающая последовательность

binary ~ двоичная последовательность

call(ing) ~ **1.** вызывающая последовательность **2.** последовательность опроса (*терминалов*)

checking ~ проверочная последовательность

coded ~ закодированная последовательность

collating [collation] ~ сортирующая последовательность, схема сортировки; схема упорядочения

continuous ~ непрерывная последовательность

control ~ управляющая последовательность; последовательность управления

counting ~ последовательность состояний в процессе счёта, счётная последовательность

data ~ последовательность данных

decreasing [descending] ~ убывающая последовательность

digital pulse ~ последовательность цифровых импульсов

escape ~ **1.** последовательность переключения кода (*из одной системы кодирования в другую*) **2.** последовательность выхода (*во внешнюю сеть*)

exit ~ последовательность операций (необходимых для) выхода (*из программы*)

Fibonacci ~ последовательность Фибоначчи

fixed arithmetic ~ фиксированная последовательность арифметических операций

function-specific test ~ функционально-ориентированная тестовая последовательность

handshake ~ последовательность квитирующих сигналов

homing ~ установочная последовательность

illegal ~ недопустимая [запрещённая] последовательность

instruction ~ последовательность команд; порядок следования команд

inverted ~ обратная последовательность

linear ~ **of instructions** линейная последовательность команд; линейный участок программы

linking instruction ~ последовательность команд обращения к замкнутой [закрытой] подпрограмме (*с возвратом*)

macro ~ последовательность макрокоманд

number ~ числовая последовательность, последовательность чисел

one-way infinite ~ односторонне-бесконечная последовательность

prefix test ~ установочная тестовая последовательность

probing ~ последовательность (точек) установки щупа *или* зонда

pseudorandom ~ **1.** псевдослучайная последовательность **2.** последовательность псевдослучайных чисел

pseudorandom-number ~ последовательность псевдослучайных чисел

random ~ **1.** случайная последовательность **2.** последовательность случайных чисел

random-number ~ последовательность случайных чисел

recursively defined ~ рекурсивно определяемая последовательность

shutdown ~ последовательность операций останова (*в отказоустойчивых системах*)

synchronization ~ синхронизирующая последовательность

taught ~ обучающая последовательность

test ~ тестовая последовательность

three-word ~ последовательность из трёх слов

time ~ временна́я последовательность

training ~ **1.** настроечная последовательность (*сигналов*) **2.** обучающая последовательность

trigger ~ запускающая последовательность (*сигналов*)

truncated ~ усечённая последовательность

two-way infinite ~ двусторонне-бесконечная последовательность

sequencer 1. устройство, задающее последовательность (*напр.*

при сортировке перфокарт)
2. указатель следования (*в базах данных*) **3.** программа упорядочения

queue ~ программа ранжирования [планировщик] очередей

sequencing установление последовательности; упорядочение; планирование (*вычислительного процесса*)

asynchronous ~ установление асинхронного следования (*команд*)

chained ~ установление цеп(оч)ной последовательности (*выполнения команд*)

connection ~ последовательность выполнения соединений (*при трассировке*)

instruction-counter ~ установление последовательности (выполнения) команд с использованием счётчика команд

program ~ установление последовательности (выполнения) программ

self-timed ~ самосинхронизация

time ~ упорядочение во времени

sequent 1. элемент последовательности **2.** *лингв.* секвенция **3.** (по)следующий, идущий по порядку **4.** являющийся результатом

cognate ~s сходные секвенции

sequential 1. последовательный **2.** последовательностный (*напр. о логической схеме*)

sequentialization of design *эксп.* композиционность плана, последовательная достройка плана

serial 1. порядковый; последовательный **2.** серийный ◊ ~ **by bit** последовательный по битам; ~ **by character** последовательный по знакам; ~ **by word** последовательный по словам

serial-in parallel-out с последовательным вводом и параллельным выводом

serializability 1. возможность преобразования в последовательную форму **2.** упорядочиваемость

serializable упорядочиваемый

serialization преобразование в последовательную форму

serialize преобразовывать в последовательную форму

serializer параллельно-последовательный преобразователь

serializer/deserializer схема параллельно-последовательного — последовательно-параллельного преобразования

serial-parallel последовательно-параллельный

series 1. серия **2.** *матем.* ряд **3.** последовательность

alternate ~ знакопеременный ряд

arithmetic ~ арифметический ряд

Fibonacci ~ ряд Фибоначчи

finite ~ конечный ряд, ряд с конечным числом членов

Fourier ~ ряд Фурье

geometric ~ геометрический ряд

power ~ степенной ряд

time ~ временной ряд

series-parallel последовательно-параллельный

serigraphy шелкография

serve 1. обслуживать; производить осмотр и текущий ремонт **2.** использовать

server 1. служебное устройство; обслуживающее устройство **2.** узел обслуживания; обслуживающий процессор

communication ~ (процессор-)шлюз (*в сети передачи данных*)

file ~ служебный файловый процессор (*в сети*)

name ~ блок преобразования имён (*в конкретные адреса данных*)

service 1. служба; услуги, сервис **2.** обслуживание ‖ производить осмотр и текущий ремонт **3.** эксплуатация **4.** служебный; абонентский

abstracting ~ служба (автоматического) реферирования (*в ИПС*)

computer ~ вычислительные услуги; машинный сервис; обслуживание вычислительными работами

computing ~ вычислительная служба; вычислительные услуги; обслуживание вычислительными работами

confirmed ~ услуги с подтверждением (*выполнения*)

connection-based ~ услуги с установлением соединения (*в коммуникационной сети*)

dataphone digital ~ обслуживание цифровыми телефонными каналами связи

debug(ging) ~ сервисные средства отладки

dedicated ~ специализированные услуги *или* средства обслуживания (*выделенные конкретному пользователю*)

end-to-end ~ сквозной режим обслуживания

exchange ~ обслуживание с использованием (автоматического) коммутатора (*каналов связи*)

information ~ информационная служба; информационные услуги

leased circuit data transmission ~ служба передачи данных по арендуемым линиям

mail ~ служба электронной почты

mailbox ~ служба почтовых ящиков (*в электронной почте*)

outside ~ сторонние (вычислительные) услуги

private-line ~ обслуживание с использованием частных линий связи

receive-only ~ работа (*канала связи*) только в режиме приёма данных

remote ~ дистанционное обслуживание

send-only ~ работа (*канала связи*) только в режиме передачи данных

setup ~ подготовительное обслуживание

teletypewriter-exchange ~ служба телетайпной связи

time-sharing ~ услуги в режиме разделения времени

value-added ~ дополнительные услуги

serviceability обслуживаемость; удобство эксплуатации; удобство обслуживания

servicers обслуживающий персонал

servicing обслуживание

real-time ~ обслуживание в реальном (масштабе) времени

round-robin ~ циклическое [круговое] обслуживание (*напр. заданий*)

servo 1. сервомеханизм; (автоматическая) следящая система, сервосистема (*см. тж* servomechanism, servosystem) **2.** сервоинтегратор **3.** сервомотор, серводвигатель **4.** управлять на расстоянии ‖ управляемый дистанционно, управляемый на расстоянии

on-off ~ релейная следящая система

proportional ~ пропорциональный следящий интегратор

time-delay ~ сервосистема с задержкой

vacuum ~ следящая система обеспечения пониженного давления (*в карманах лентопротяжного механизма*)

velocity ~ **1.** следящая система с регулированием по скорости **2.** сервоинтегратор

servoamplifier сервоусилитель

servocontrol сервоуправление

servodrive сервопривод

servodriven с сервоприводом

servointegrator сервоинтегратор

servomechanism сервомеханизм; (автоматическая) следящая система, сервосистема (*см. тж* servosystem)

digital ~ цифровой следящий механизм

relay ~ релейный сервомеханизм; релейная следящая система

servomotor сервомотор, серводвигатель

servomultiplier следящее множительное устройство, сервоумножитель

servorecorder регистрирующее устройство со следящей системой, серворегистратор

servosupply сервопривод

servosystem 1. (автоматическая) следящая система, сервосистема; сервомеханизм 2. *киберн.* система автоматического регулирования

computer ~ 1. следящая система вычислительного устройства 2. следящая система с вычислительным устройством

differential ~ дифференциальная следящая система

digital ~ цифровая следящая система

feedback ~ 1. следящая система с обратной связью 2. система автоматического регулирования с обратной связью

multiloop ~ многоконтурная следящая система

pulse ~ импульсная следящая система

rate ~ следящая система с регулированием по скорости

sampling ~ следящая система прерывистого действия; импульсная следящая система

two-input ~ следящая система с двумя входами

two-stage ~ двухступенчатая следящая система

session 1. сеанс (*работы пользователя с системой*) 2. сеанс, сетевое соединение

host ~ сеанс взаимодействия с главной вычислительной машиной

outstanding ~ незавершённый сеанс

terminal ~ сеанс работы с терминалом

test ~ сеанс тестирования

user ~ сеанс пользователя

set 1. набор; комплект 2. установка 3. множество; совокупность; семейство; ряд; последовательность 4. устанавливать в определённое положение *или* состояние; устанавливать в (состояние) «1» 5. монтировать; налаживать ◇

to ~ **constant** присваивать константе значение (*ЛИСП*);

to ~ **origin** устанавливать начало (*рабочей программы*);

to ~ **the problem** ставить задачу

~ **of curves** семейство характеристик; семейство кривых

add ~ массив дополнений

affected ~ используемый набор (*данных*)

alpha(nu)meric character ~ набор буквенно-цифровых символов *или* знаков

ambiguity ~ множество неоднозначно идентифицируемых неисправностей

board ~ набор [комплект] плат

bounded ~ ограниченное множество

cataloged data ~ каталогизированный набор данных

change ~ массив изменений

character ~ набор знаков; алфавит

chip ~ набор микросхем

closed ~ замкнутое множество

code ~ кодовый набор

coded character ~ набор кодированных знаков, набор знаков с их кодовым представлением, код

complete ~ полная система (*событий*)

concatenated data ~ сочленённый набор данных

confidence ~ доверительное множество

connected ~ связное множество

contact ~ контактная группа

countable ~ счётное множество

creative ~ *лог.* креативное множество

cut ~ разрез, сечение (*множество связей, входящих в некоторое сечение сети*)

data ~ 1. набор данных 2. устройство сопряжения (*с телефонным или телеграфным оборудованием*)

data-structure ~ структурный набор данных

delete ~ массив исключений

denumerable ~ счётное множество

derived ~ производное множество

dividing ~ разделяющее множество

dynamic data ~ динамический набор данных

empty ~ 1. пустой набор (*данных*) 2. пустое множество

enumerable ~ перечислимое множество; счётное множество

equations ~ система уравнений

failure ~ 1. множество отказов 2. множество неудачных исходов

fault ~ набор неисправностей

file ~ набор файлов

fundamental probability ~ множество вероятностей элементарных событий

fuzzy ~ размытое [нечёткое] множество

general recursive ~ *лог.* общерекурсивное множество

generation data ~ поколение данных, набор данных одного поколения

graphics ~ набор графических символов; набор стандартных графических элементов

indexed ~ индексированный набор (*данных*)

indexed sequential data ~ индексно-последовательный набор данных

infinite ~ бесконечное множество

instruction ~ система команд; набор команд

integrated tool ~ комплекс инструментальных средств, инструментальный комплекс

interleaved carbon ~ комплект копировальных прокладок (*в печатающих устройствах*)

keyboard send/receive ~ клавишное приёмопередающее устройство

line data ~ набор строковых данных (*напр. для печати*)

microprocessor ~ микропроцессорный комплект, комплект модулей [комплект БИС] микропроцессора

model ~ модель; модельная установка; макет

N-char(acter) ~ набор из N знаков

nontemporary data ~ набор данных, сохраняемых после выполнения программы

null ~ 1. пустой набор (*данных*) 2. пустое множество

numeric character ~ цифровой набор, набор цифр; множество цифровых знаков

open ~ открытое множество

order ~ набор команд

ordered ~ упорядоченное множество

overflow data ~ набор данных переполнения

page data ~ страничный набор данных (*IBM-370*)

partitioned data ~ секционированный [библиотечный] набор данных

photomask ~ комплект (фото)шаблонов

receive/send keyboard ~ клавишное приёмопередающее устройство

recursive ~ *лог.* рекурсивное множество

recursively enumerable ~ *лог.* рекурсивно-перечислимое множество

reduced instruction ~ сокращённый набор команд

reducible ~ приводимое множество

shared data ~ коллективный [совместно используемый] набор данных

simply ordered ~ простое упорядоченное множество

singular ~ сингулярный набор (*в базах данных*)

soft instruction ~ гибкий набор команд

software product ~ семейство программных изделий

sorted ~ отсортированный набор (*данных*)

standard file definition ~ совокупность определений стандартных файлов

success ~ множество успешных исходов

telephone data ~ устройство сопряжения с телефонным оборудованием

temporary data ~ набор временных [рабочих] данных (*не нужных после выполнения данной программы*)

test ~ набор тестов, тестовая последовательность

training ~ обучающая последовательность

universal ~ универсальное множество, универсум

user's ~ абонентская установка

working ~ рабочий набор, рабочий комплект

zero ~ установка на нуль

set-associative модульно-ассоциативный

setter 1. механизм установки 2. механизм включения; клавиша

margin ~ механизм установки поля (*при печати*)

space typing ~ механизм включения печати вразрядку

setting 1. установка; регулирование, регулировка; настройка 2. установка в определённое положение *или* состояние; установка в (состояние) «1» 3. *pl* установочные параметры

control point ~ установка

контрольной точки; установка заданного значения (параметра) в контрольной точке

mode ~ установка режима

trap ~ установка «ловушек» (*в программе*)

setup 1. установка; устройство; схема; макет 2. уставка, набор заданных значений 3. набор схемы (*путём коммутации нужных блоков*) 4. сборка; монтаж; наладка; настройка

job ~ формирование задания

set-valued характеризуемый набором значений; имеющий своим значением множество (*о переменной*)

several-for-one «несколько к одному» (*о методе трансляции или отображения*)

sexadecimal шестнадцатеричный

sexagesimal шестидесятеричный

sextet секстет, шестиразрядный байт

sextupler умножитель [устройство для умножения] на шесть

shade 1. экран ‖ экранировать 2. затенять 3. уровень яркости цвета (*на экране дисплея*)

shader программа построения теней (*на синтезируемых машинной изображениях*)

shad(ow)ing 1. экранирование 2. затенение, построение теней 3. обработка полутонов

Gouraud ~ затушёвывание по методу Гуро (*поверхностей с плавными цветовыми переходами*)

smooth ~ затушёвывание (*поверхностей*) с плавными цветовыми переходами

shaft:

button ~ распределительный вал (с кнопочными контактами)

drive ~ несущий вал (*в ЗУ на дисках*)

shannon шеннон (*единица измерения количества информации*)

shape:

pulse ~ форма импульса

symbol ~ форма символа
shaper:
  pulse ~ формирователь импульсов
shaping:
  pulse ~ формирование импульсов
~~share~~ ~~разделять,~~ ~~совместно~~ [коллективно] использовать
shared разделённый, совместно используемый, совместный, коллективно используемый, коллективный, общий
sharing 1. деление, разделение **2.** разделение, совместное [коллективное] использование
  call ~ разделение по вызовам
  conversational time ~ диалоговое разделение времени
  data ~ совместное использование данных
  equitable ~ равноправное разделение
  interactive time ~ интерактивное разделение времени, разделение времени в интерактивном режиме
  load ~ разделение нагрузки
  memory ~ разделение [совместное использование] памяти
  resource ~ разделение [совместное использование] ресурсов
  structure ~ использование общих подструктур в разных структурах, использование «пересекающихся» структур (*напр. в языке ЛИСП*)
  time ~ **1.** разделение времени **2.** работа с разделением времени; режим разделения времени
shark *sl* знак вставки, *проф.* «крышка» (*название символа*)
sharp *sl* знак #, *проф.* диез (*название символа*)
sharpening увеличение резкости (*изображения*)
sharpness резкость (*изображения*)
shear сдвиг (*фрагмента изображения*)

sheet 1. лист; бланк **2.** карта; схема; диаграмма **3.** плата
  code [coding] ~ программный бланк
  ferrite ~ ферритовая плата
  flow ~ технологическая карта
  job-order ~ карта очерёдности (выполнения) заданий
  magnetic ~ магнитная плата
  module status ~ карта состояния модуля (*вид документации*)
  program ~ программный бланк; лист программы
  setup ~ карта набора; карта коммутации блоков
  specification(s) ~ лист спецификаций
  technical data ~ листок технических данных; листок технической информации
  timing ~ временна́я диаграмма
shell 1. оболочка **2.** командный процессор (*в операционной системе ЮНИКС*)
  expert system ~ экспертная система-оболочка, незаполненная [«пустая»] экспертная система
shellscript сценарий заполнения «пустой» экспертной системы
shellsort сортировка методом Шелла
shield экран
  bulk ~ сплошной экран; массивный экран
  electrostatic ~ электростатический экран
  laminated ~ слоистый экран
  magnetic ~ магнитный экран
shielding экранирование
  eddy-current ~ экранирование вихревыми токами
  noise ~ экранирование от помех
shift 1. сдвиг; смещение ‖ сдвигать; смещать **2.** смена регистра **3.** (рабочая) смена ◇ **to** ~ **down** сдвигать в сторону младших разрядов; **to** ~ **out** сдвигать без сохранения выдвигаемых разрядов; **to** ~ **up**

сдвигать в сторону старших разрядов

~ of one position сдвиг на один разряд

alphabetic ~ установка регистра букв (*название клавиши*)

arithmetic(al) ~ арифметический сдвиг

barrel ~ *sl* циклический сдвиг

byte alignment ~ выравнивающий сдвиг байтов

case ~ переключение регистра, переключение [переход] с регистра на регистр

circular ~ циклический сдвиг

concept ~ смещение понятия

cycle [cyclic] ~ циклический сдвиг

destructive ~ сдвиг с разрушением (*части сдвигаемого числа*)

end-around (carry) ~ циклический сдвиг

figures ~ переключение на регистр цифр; переключение [переход] на печатание цифр

frequency ~ уход частоты

image ~ смещение изображения

left ~ сдвиг влево

letters ~ переключение на регистр букв

level ~ сдвиг [смещение] уровня

logic(al) ~ логический сдвиг

long ~ сдвиг с сохранением выдвигаемых разрядов

multidigit [multiple-position] ~ многоразрядный сдвиг, сдвиг на несколько разрядов

nonarithmetic(al) ~ циклический сдвиг

number ~ сдвиг числа

phase ~ сдвиг фазы, фазовый сдвиг, сдвиг по фазе

prime ~ основная смена (*работа ЭВМ в рабочие часы данного учреждения*)

right ~ сдвиг вправо

ring ~ циклический сдвиг

single-place [single-position] ~ сдвиг на один разряд

zero ~ смещение [уход] нуля

shifter 1. сдвигающее устройство, сдвиговый регистр **2.** схема сдвига **3.** устройство переключения регистров (*в печатающем устройстве*)

barrel ~ многорегистровое циклическое сдвиговое устройство

byte ~ регистр побайтового сдвига

frequency ~ преобразователь частоты

level ~ схема сдвига уровня

phase ~ фазосдвигающая схема, фазовращатель

quotient ~ сдвиговый регистр частного

shipping:

request ~ пересылка запроса (*в распределённой системе*)

shoe башмак (*в ЗУ на магнитных дисках*)

gliding ~ скользящий башмак

shop:

closed ~ вычислительный центр с операторским счётом, вычислительный центр без доступа пользователей к машинам

model ~ опытное производство

open ~ вычислительный центр с самообслуживанием, вычислительный центр с доступом пользователей к машинам

programming ~ центр программирования

short 1. короткое замыкание; перемычка ‖ закорачивать, замыкать накоротко **2.** шунтировать

solder ~ перемычка, образованная припоем

track-to-track ~ короткое замыкание [перемычка] между проводниками (*печатной платы*)

shortcut сокращённый

short-form краткий

shot:

single ~ однотактный режим (*работы процессора при ручной локализации неисправностей*)

test ~ пробный пуск

shriek *sl* восклицательный знак (*название символа*)

shrink(age):
  implicant ~ сжатие импликанты (*вид дефекта ПЛМ*)
  linear ~ линейное сжатие (*уменьшение линейных размеров элементов ИС*)

shuffling:
  memory ~ перемещение содержимого памяти

shutdown 1. остановка; останов; выключение, отключение (*машины*) **2.** закрытие системы (*реального времени*)
  emergency ~ аварийное выключение, аварийное отключение
  safe ~ безопасный останов, безопасное отключение (*в отказоустойчивых системах*)

shuttle:
  tape ~ колебание (скорости) ленты

siblings элементы одного уровня; записи-сёстры; узлы-братья (*в древовидной структуре*)

side 1. сторона, край **2.** плечо (*триггера*) **3.** полюс (*источника питания*)
  line ~ разъёмы шин со стороны линий связи
  local ~ местные разъёмы шин (*со стороны вычислительной системы*)
  noncomponent ~ монтажная сторона (*платы*)

sieve:
  number ~ числовое решето

sifting отсеивание (*элементов массива*)

sign 1. знак **2.** признак **3.** обозначение; символ ◊ **to** ~ **off** выходить из работы (*о пользователе терминала*); **to** ~ **on** предъявлять пароль (*при входе в диалоговую систему*)
  ~ **of aggregation** группирующий знак
  algebraic ~ алгебраический знак
  code ~ кодовый знак
  conventional ~ условный знак
  differential ~ **1.** знак дифференциала **2.** дифференциальный признак; отличительный знак
  dollar ~ знак доллара
  equals ~ знак равенства
  exponent ~ знак порядка (*числа*)
  negative ~ отрицательный знак (*числа*)
  number ~ знак числа
  positive ~ положительный знак (*числа*)
  radical ~ знак корня, радикал
  summation ~ знак суммирования

signal сигнал ‖ сигнализировать, подавать сигнал
  actuating ~ возбуждающий сигнал
  amplitude ~ сигнал с амплитудным кодированием
  analog ~ аналоговый сигнал
  anisochronous digital ~ неизохронный цифровой сигнал
  asynchronous ~ асинхронный сигнал
  backward error ~ сигнал ошибки, проходящий по цепи обратной связи
  baseband ~ видеосигнал
  basic ~ базовый сигнал
  bidirectional ~ двуполярный сигнал
  binary ~ двоичный сигнал
  blocking ~ сигнал блокировки
  burst isochronous ~ кусочно-изохронный сигнал
  bus available ~ сигнал готовности шины
  bus-reply ~ сигнал ответа шины
  carry ~ сигнал переноса
  carry clear ~ сигнал разрешения переноса
  carry complete ~ сигнал окончания переноса
  carry initiating ~ сигнал начала переноса
  clipped ~ сигнал с ограничением уровня
  clock ~ синхронизирующий сигнал, сигнал синхронизации
  coded ~ кодированный сигнал
  common-**mode** ~ синфазный

сигнал (*в дифференциальных усилителях*)
communication ~ сигнал в канале связи
control ~ управляющий сигнал, сигнал управления
correcting ~ корректирующий сигнал
cutoff ~ сигнал выключения
data-ready ~ сигнал готовности данных (*для передачи*)
delayed ~ задержанный сигнал
derivative ~ дифференцированный сигнал
detectable ~ различимый сигнал
digital ~ дискретный сигнал; цифровой сигнал, сигнал в цифровой форме
disconnect ~ сигнал разъединения
discrete ~ дискретный сигнал
disturbed naught ~ сигнал разрушенного нуля
disturbed one ~ сигнал разрушенной единицы
disturbed zero ~ сигнал разрушенного нуля
disturbing ~ 1. возмущающий сигнал; мешающий сигнал 2. сигнал, вызывающий разрушение (*состояния*)
echo(ed) ~ отражённый сигнал, эхосигнал
emergency ~ аварийный сигнал
enabling ~ разрешающий сигнал; отпирающий сигнал
end-of-data ~ сигнал конца массива данных
erasure ~ сигнал стирания
error ~ сигнал ошибки; сигнал рассогласования
error location ~ сигнал локализации ошибки
external ~ сигнал от внешних устройств
false ~ ложный сигнал
fault ~ сигнал неисправности
feedback (control) [feedback loop] ~ сигнал обратной связи

finite-length ~ сигнал конечной длительности
forward error ~ сигнал ошибки, проходящий в прямом направлении
frequency ~ сигнал с частотным кодированием
gate [gating] ~ стробирующий сигнал
go-ahead ~ сигнал запуска перед началом сообщения
good/bad ~ сигнал разбраковки
guard ~ защитный сигнал
high-level ~ сигнал с высоким уровнем напряжения
impulse(-type) ~ импульсный сигнал, сигнал импульсного типа
inhibit(ing) ~ сигнал запрета, запрещающий сигнал
in-phase ~s синфазные сигналы
input ~ входной сигнал
intensity ~ сигнал подсветки, сигнал яркости (*в ЭЛТ*)
interrupt ~ сигнал прерывания
isochronous digital ~ изохронный цифровой сигнал
jump ~ ступенчатый сигнал
level ~ уровневый сигнал, потенциальный сигнал
locking ~ сигнал блокировки
longitudinal output ~ *магн.* продольный выходной сигнал
loop input ~ входной сигнал контура управления
monitor(ing) ~ контрольный сигнал; управляющий сигнал
naught ~ сигнал нуля
negative-going ~ отрицательный сигнал, сигнал отрицательной полярности
noisy ~ 1. помеха 2. сигнал с шумами
nonprint ~ сигнал запрещения печати
off-hook ~ сигнал ответа абонента
one ~ сигнал единицы
on-off-type ~ сигнал типа «включено — выключено»
optical ~ оптический сигнал

585

output ~ выходной сигнал
output-enable ~ сигнал разрешения выхода
partial naught ~ сигнал нуля при частичной выборке
partial one ~ сигнал единицы при частичной выборке
partial select ~ сигнал при частичной выборке
partial zero ~ сигнал нуля при частичной выборке
phasing ~ фазирующий сигнал
pickup ~ выходной сигнал; сигнал воспроизведения
picture ~ сигнал изображения
pilot ~ контрольный сигнал
playback ~ сигнал воспроизведения
positive-going ~ положительный сигнал, сигнал положительной полярности
program-interrupt ~ сигнал прерывания программы
pulse(-type) ~ импульсный сигнал, сигнал импульсного типа
quantized ~ квантованный сигнал
random ~ случайный сигнал
rank-ordered ~s упорядоченные по рангам [ранжированные] сигналы
read-back ~ сигнал (контрольного) воспроизведения; сигнал считывания сразу после записи
reading ~ сигнал считывания
reference input ~ опорный входной сигнал
refresh ~ сигнал обновления, сигнал регенерации
remaining ~ остаточный сигнал (*на выходе фильтра*)
request ~ сигнал запроса
residual ~ разностный сигнал
return ~ 1. сигнал обратной связи 2. отражённый сигнал
ring ~ сигнал вызова абонента
seizing ~ сигнал запуска перед началом сообщения
sense ~ сигнал считывания

shift-left ~ сигнал сдвига влево
shift-right ~ сигнал сдвига вправо
shutdown ~ сигнал останова, сигнал выключения
speech ~ речевой сигнал
spurious ~ ложный [паразитный] сигнал, помеха
square (wave) ~ прямоугольный сигнал, сигнал прямоугольной формы
start ~ стартовый сигнал
start-dialing ~ сигнал начала набора (*кода*)
start-of-block ~ сигнал начала блока
startup ~ пусковой сигнал, сигнал пуска
stepwise ~ ступенчатый сигнал
stop(ping) ~ сигнал останова, стоповый сигнал
supervisory ~ контрольный сигнал
synchronizing ~ синхронизирующий сигнал, сигнал синхронизации
threshold ~ пороговый сигнал
timing ~ синхронизирующий сигнал, сигнал синхронизации
transverse output ~ *магн.* поперечный выходной сигнал
trigger ~ запускающий сигнал
trouble ~ сигнал неисправности
undisturbed naught ~ сигнал неразрушенного нуля
undisturbed one ~ сигнал неразрушенной единицы
undisturbed zero ~ сигнал неразрушенного нуля
valid-data ~ сигнал о достоверности данных
video ~ видеосигнал
visible ~ визуально наблюдаемый сигнал, видимый сигнал
voice ~ речевой сигнал
voted ~ сигнал (на выходе схемы голосования, *проф.* мажорированный сигнал
weighted ~ взвешенный сигнал

write ~ сигнал записи

zero ~ сигнал нуля

ignaling сигнализация, передача сигналов, сигнализирование

binary ~ двоичная сигнализация, сигнализация в двоичном коде

closed-circuit ~ сигнализация с помощью нормально замкнутой цепи

doubinary ~ передача двоичных сигналов с дублированием

octonary ~ восьмеричная сигнализация, сигнализация в восьмеричном коде

open-circuit ~ сигнализация с помощью нормально разомкнутой цепи

remote ~ дистанционная сигнализация, телесигнализация

ignalizing сигнализация, передача сигналов, сигнализирование

ignature сигнатура

actual ~ измеренная сигнатура (*реальная сигнатура в контролируемой точке схемы*)

digital ~ цифровая сигнатура

expected ~ контрольная [эталонная] сигнатура

fault ~ сигнатура при наличии неисправности

reference ~ контрольная [эталонная] сигнатура

igned со знаком (*о числе*)

ignificance of digit position значимость [вес] разряда

ignificand значащая часть числа, мантисса

ignificant значащий, значимый

ign-off выход из работы (*пользователя терминала*)

ign-on предъявление пароля (*при входе в диалоговую систему*)

ilk:

carbon ~ копировальная ткань

imilarit/y подобие ◇ **recognizing** ~**ies** установление сходства (*напр. двух объектов базы данных*)

pattern ~ сходство с эталоном

simplex симплекс ‖ симплексный

simplex-method симплекс-метод

simulant 1. имитант (*имитируемая система*) 2. специалист, проводящий моделирование

simular средство моделирования

simulate моделировать; имитировать

simulation моделирование, проведение модельных экспериментов; имитационное моделирование, проведение имитационных экспериментов

~ **of human behavior** моделирование человеческого поведения

activity-directed ~ событийное моделирование

analog ~ аналоговое моделирование

analog-digital ~ аналого-цифровое моделирование

architectural ~ архитектурное моделирование

behavioral ~ моделирование на поведенческом уровне, поведенческое моделирование

circuit ~ 1. моделирование схем(ы) 2. схемное моделирование

compiled(-code) [**compiler-driven**] ~ компилятивное моделирование

computer ~ 1. моделирование на вычислительных машинах 2. моделирование вычислительной машины

concurrent ~ параллельное моделирование

concurrent fault ~ моделирование схемы с многими неисправностями

continuous ~ аналоговое моделирование

design verification ~ моделирование для проверки [верификации] проектных решений

deterministic ~ детерминированное моделирование

digital ~ цифровое моделирование

discrete ~ дискретное моделирование

environment ~ моделирование внешней среды; моделирование условий работы (*программы*)

event-driven ~ событийное моделирование

fault ~ 1. моделирование неисправностей 2. моделирование схемы с неисправностью

fault-free ~ моделирование исправной схемы

functional(-level) ~ функциональное моделирование, моделирование на функциональном уровне

gate-level ~ моделирование на уровне вентилей

hand ~ ручное моделирование

hardware(-based) ~ аппаратное моделирование

hybrid ~ гибридное моделирование

in-circuit ~ внутрисхемное моделирование

logic ~ логическое моделирование; моделирование логической схемы

low-level ~ моделирование на нижнем уровне

machine ~ машинное моделирование, машинная имитация

man-machine ~ моделирование в режиме взаимодействия человека с машиной

mathematical ~ математическое моделирование

maximum-delay ~ моделирование (*схемы*) при максимальных задержках

mixed-level [mixed-mode] ~ смешанное моделирование, моделирование на нескольких уровнях

multirate ~ моделирование (*логических схем*) при различных скоростях передачи сигналов

next event ~ событийное моделирование

no-fault ~ моделирование исправной схемы

nominal-delay ~ моделирование (*схемы*) при номинальны задержках

parallel event ~ событийно моделирование параллельны процессов

physical ~ физическое моде лирование

potential-plane ~ моделиро вание на потенциальной пло скости

rank-order ~ (логическое) м делирование с ранжирова нием

real-time ~ моделировани в реальном (масштабе) вре мени

sampling ~ моделировани с дискретными отсчётами; мо делирование дискретных си стем; моделирование импульс ных схем

single-rate ~ моделировани (*логических схем*) при посто янной скорости передачи си налов

software ~ 1. программно моделирование 2. моделиро вание программного обеспе чения

stochastic ~ стохастическо [вероятностное] моделирова ние

switch-level ~ моделировани на уровне переключателей

system ~ моделирование с стемы

three-state ~ моделировани с учётом элементов с трем состояниями

time ~ моделирование с учё том временны́х задержек, л гико-временно́е моделирова ние

transistor-level ~ моделиро вание на уровне транзистор

true-value ~ моделировани исправной схемы

unit-delay ~ моделирова ние при единичных задержка (*без учёта разброса задерже элементов в реальной логич ской схеме*)

zero-delay ~ моделировани

(*логических схем*) без учёта задержек, моделирование (*логических схем*) при нулевых задержках

simulationist специалист по моделированию

simulator 1. модель; моделирующее устройство; имитирующее устройство, имитатор; тренажёр **2.** моделирующая программа, программа моделирования

analog ~ аналоговое моделирующее устройство

animated performance ~ динамический имитатор функционирования (*проектируемой системы*)

behavioral ~ программа поведенческого моделирования

computer ~ **1.** (программная *или* аппаратная) модель вычислительной машины **2.** машинная модель

digital ~ цифровое моделирующее устройство; цифровой имитатор

electronic ~ электронное моделирующее устройство

environment ~ имитатор внешних условий

event(-driven) ~ программа событийного моделирования

fault ~ **1.** имитатор неисправностей **2.** программа *или* устройство (для) моделирования схем с неисправностями

functional ~ программа функционального моделирования

logic ~ программа *или* устройство логического моделирования

logic-design ~ моделирующая программа (для) логического проектирования (схем)

multipass ~ программа многопроходного моделирования

N-state ~ программа моделирования схем с N-состояниями

overload ~ имитатор перегрузки

register-transfer-level ~ программа моделирования на уровне регистровых передач

software ~ **1.** программная модель; программный имитатор **2.** модель *или* имитатор программного обеспечения

system ~ системный имитатор

system-level ~ программа моделирования на системном уровне

table ~ **1.** табличная модель; табличный имитатор **2.** стенд (для) моделирования

test ~ программа моделирования тестов (*для проверки их полноты*)

training ~ тренажёр

true-value ~ программа моделирования исправной схемы

simultaneity одновременная работа

tape-processing ~ совмещение работы с лентами (*с другими операциями процессора*)

single-address одноадресный

single-board одноплатный

single-chip однокристальный

single-circuit одноконтурный; с одной схемой

single-digit одноразрядный

single-ended с несимметричным выходом

single-letter односимвольный, однобуквенный

single-mode 1. одномодовый **2.** одномодальный (*о распределении вероятностей*)

single-order 1. одноразрядный **2.** на один порядок (*об отношении величин*)

single-phase однофазный

single-precise, **single-precision** с одинарной точностью

single-purpose специализированный, узкого назначения; одноцелевой

single-sided с односторонней записью (*о диске*)

single-stage одноступенчатый; однокаскадный

single-step 1. одноступенчатый **2.** пошаговый (*о режиме ра-*

боты) **3.** проверять в пошаговом режиме

single-stepper средство организации пошагового режима

singleton одноэлементное [одноточечное] множество

single-user однопользовательский

single-valued однозначный, имеющий одно значение

singular 1. единственное число ‖ единственный **2.** *матем.* особый, особенный, сингулярный, вырожденный **3.** *лог.* единичный

singularity *матем.* особенность, сингулярность

sink сток

data ~ приёмник данных

message ~ приёмник сообщений

network ~ сток *(данных)* в сети

site 1. местоположение **2.** вычислительная установка; вычислительный центр **3.** абонентский пункт, узел *(связи)* **4.** посадочное место *(для ИС на плате)*

bit ~ местоположение (хранения) бита *(напр. на магнитном носителе)*

central operation ~ центральный операционный (абонентский) пункт *(распределённой системы)*

database ~ узел (распределённой) базы данных

hole ~ (возможное) местоположение отверстия *(при перфорации)*

result ~ пункт выдачи результата, пункт выдачи ответа на (распределённый) запрос

situation 1. расположение; (место)положение **2.** ситуация, обстановка

conflict ~ конфликтная ситуация

error ~ ситуация, связанная с появлением ошибки

marginal timing ~ критическая ситуация при синхронизации

size 1. размер **2.** объём *(выборки)* **3.** ёмкость *(ЗУ)*

address ~ длина адреса

block ~ размер [длина] блока *(напр. данных)*

character ~ длина знака *(количество необходимых двоичных цифр для хранения знака в памяти)*

field ~ длина поля *(напр. в команде)*

grain ~ степень детализации

line ~ размер [длина] стро(ч)ки

memory ~ ёмкость памяти [запоминающего устройства]

page ~ **1.** размер страницы *(бланка)* **2.** размер [ёмкость] страницы

program ~ размер [длина] программы

sample ~ объём выборки

storage ~ ёмкость запоминающего устройства

word ~ длина слова

sizing задание размеров; оценка размеров *(в обработке изображений)*

skeleton «скелет» *(программы)* ‖ скелетный, структурный

sketch упрощённая структура, схема, эскиз *(изображения)*

skew 1. перекос ‖ косой; перекошенный **2.** сдвиг (по фазе); расфазировка **3.** асимметричный

character ~ перекос знака

clock ~ расфазировка синхронизирующих импульсов

data ~ расфазировка данных *(напр. в конвейерных структурах)*

line ~ перекос строки

pin-to-pin ~ расфазировка *(сигналов)* на выводах *(напр. микросхемы)*

skills:

computer ~ навыки [опыт] работы с ЭВМ

skip 1. пропуск; проскок; прогон ‖ пропускать *(напр. часть программы)* **2.** команда подготовки следующей команды, предварительная команда

carriage ~ прогон каретки (*на несколько позиций сразу*)
carry ~ проскок переноса (*для ускорения*)
paper ~ (холостой) прогон бумаги (*сразу на несколько строк без печати*)
tape ~ прогон участка ленты (*без считывания или записи*)
skip-field поле игнорируемых данных (*при вводе-выводе*)
skipping:
defect ~ нейтрализация [обход] дефектов (*магнитной поверхности*)
skyplane надслой; верхний экран (*в криотронных схемах*)
slab слог, часть слова (*напр. байт*)
slack резерв времени ‖ с резервом, ненапряжённый (*о пути в сетевом графике*)
activity ~ резерв времени действия
event ~ резерв времени события
slackness:
capacity ~ недогрузка; недоиспользование
slash косая черта (*символ или математический знак*)
back ~ *sl* обратная косая черта, *проф.* обратная косая (*название символа*)
forward ~ *sl* косая черта, *проф.* косая (*название символа*)
slave 1. подчинённый 2. подчинённый компонент системы (*устройство, вычислительный процесс и т. п.*)
bus ~ исполнитель шины
sleep ◇ **to go to** ~ *sl* переходить в режим ожидания
slew:
paper ~ (холостой) прогон бумаги (*сразу на несколько строк без печати*)
slice 1. пластина; кристалл 2. *проф.* квант (*часть ресурса*) 3. вырезка (*АЛГОЛ 68*) 4. секционированный (*напр. о микропроцессоре*)

bipolar ~ биполярный кристалл
master ~ базовая пластина (*с несоединёнными активными и пассивными компонентами*)
microprocessor ~ кристалл микропроцессора, микропроцессорный кристалл
N-bit ~ N-разрядный кристалл
time ~ временной интервал, интервал времени; квант времени, временной квант
slicing:
time ~ квантование времени
slide-like сравнимый (*по качеству*) со слайдом (*о машинном цветном изображении*)
slider 1. движок (*потенциометра*) 2. башмак-ползун (*головки ЗУ на магнитных дисках*)
slip 1. описка, ошибка 2. бланк
request ~ бланк запроса
slop *sl* коэффициент ухудшения, коэффициент удлинения (*программы, получаемой с помощью компилятора, в сравнении с ручным программированием*)
slope:
negative-going ~ спадающий фронт (*сигнала*)
positive-going ~ нарастающий фронт (*сигнала*)
sloppy нестабильный (*об источнике питания*)
slot 1. (щелевое) отверстие, (щелевая) пробивка (*в перфокарте*) 2. область (*памяти*), занимаемая страницей 3. гнездо 4. интервал времени 5. сегмент ‖ сегментировать (*сообщения*) 6. слот (*неопределённый элемент фрейма, подлежащий конкретизации при представлении знаний*) 7. ряд клавиш
backplane ~ гнездо в объединительной плате
board ~ гнездо в панели
bus ~ гнездо для подключения к шине
card ~ гнездо для платы (*в панели*)

dual-height ~ двухсекционное гнездо, гнездо с двумя разъёмами, гнездо удвоенной высоты

expansion ~ гнездо для расширительных модулей, расширительное гнездо

message ~ сегмент сообщения (*в сетях с коммутацией пакетов*)

peripheral ~ гнездо для (подключения) контроллера периферийных устройств; гнездо для (подключения) внешних соединений

record ~ участок (*памяти*) для одной записи

slotting пробивка (щелевых) отверстий (*в перфокарте*)

smart 1. «разумный», интеллектуальный, с развитой логикой **2.** изящный (*напр. о программе*)

smoothing сглаживание

exponential ~ экспоненциальное сглаживание

linear ~ линейное сглаживание

quadratic ~ квадратичное сглаживание

smudge:

ink ~ подтёк чернил (*помеха при распознавании знаков*)

snap(shot) кадр, моментальный снимок (*напр. состояния памяти*) ‖ делать моментальный снимок, фиксировать мгновенное состояние

society:

information-oriented ~ общество с развитой информационной технологией, информационное общество

sociocybernetics социокибернетика

socket гнездо; панель(ка)

chip ~ гнездо для ИС, *проф.* микросхемная панелька

chip-carrier ~ гнездо для кристаллодержателей

DIP ~ гнездо типа DIP (*для микросхем в корпусе с двухрядным расположением выводов*)

dual-in-line ~ гнездо с двухрядным расположением выводов

IC ~ гнездо для ИС

LSI ~ гнездо для БИС

N-pin ~ N-контактное гнездо

program ~ программное гнездо (*тип межпрограммного интерфейса*)

quad-in-line ~ гнездо с четырёхрядным расположением контактов

tube ~ ламповая панель

wire-wrap ~ гнездо (*разъёма*) для монтажа накруткой

zero insertion force [ZIF] ~ гнездо с нулевым усилием сочленения

soft программируемый, гибкий; программный

softkey 1. функциональная клавиша **2.** сенсорная клавиша (*изображаемая на сенсорном экране*)

soft-sectored с программной секторной разметкой, программно-секционируемый (*о диске*)

software программное обеспечение, программные средства

◇ ~ **in silicon** кремниевые программные средства (*реализованные в кристалле*)

application ~ прикладное программное обеспечение

business ~ коммерческое программное обеспечение

communication ~ программное обеспечение работы каналов связи

compatible ~ совместимое программное обеспечение

computer manufacturer's ~ программные средства, поставляемые изготовителем вычислительной машины

copyrighted ~ программные изделия, охраняемые авторским правом

cross ~ кросспрограммное обеспечение

crufty ~ *sl* **1.** заумное программное обеспечение (*излишне переусложнённое*) **2.** неработоспособные программы

cuspy ~ *sl* ходовые программы (*хорошо работающие и часто используемые*)

custom-made ~ заказное программное обеспечение

database ~ программные средства базы данных

development ~ инструментальные программные средства

diagnostic ~ диагностическое программное обеспечение

dialog-oriented ~ диалоговое программное обеспечение

disk ~ дисковое программное обеспечение (*1. размещаемое на дисках 2. использующее диски*)

distinct ~ многовариантные программные средства (*реализующие обработку разными способами*)

distributed ~ распределённые программные средства, распределённая система программного обеспечения

educational ~ программное обеспечение процесса обучения

engineering ~ программное обеспечение (для решения) технических задач

error-detection ~ программные средства обнаружения ошибок

error-free ~ безошибочное [полностью отлаженное] программное обеспечение

floppy-disk ~ программное обеспечение на гибких дисках

generated ~ генерируемое программное обеспечение

graphics ~ программное обеспечение машинной графики

heavy duty ~ универсальное программное обеспечение (*способное работать в заранее неизвестных условиях*)

higher-order ~ высокоорганизованное программное обеспечение

industry-standard ~ программные средства, удовлетворяющие промышленным стандартам (*напр. операционные системы OS, DOS, CP/M*)

interactive ~ программное обеспечение (для) интерактивного режима работы

interface ~ программные средства интерфейса

library ~ библиотечное программное обеспечение

maintenance ~ программные средства технического обслуживания; программные средства сопровождения

mathematical ~ программное обеспечение (для решения) математических задач

media-resident ~ программное обеспечение на машинном носителе (*в отличие от текстовой формы*)

microcode ~ микропрограммное обеспечение

microprocessor-based ~ микропроцессорные программные средства

multi(ple-)version ~ многовариантные программные средства (*реализующие обработку разными способами*)

N-bit ~ программное обеспечение для работы с N-разрядными словами

open-ware ~ открытые программные средства (*с полной документацией, без ограничений на использование и воспроизведение*)

operational ~ системное программное обеспечение

OS level ~ программное обеспечение класса операционных систем; программные средства операционной системы

paper tape ~ программное обеспечение на перфоленте

performance measurement ~ программное обеспечение для измерения (рабочих) характеристик

placement-and-routing ~ программные средства размещения и трассировки (*элементов и соединений в кристалле*)

portable ~ мобильное программное обеспечение

prewritten ~ программные средства в текстовой форме (*напр. в книге*)

problem-oriented ~ проблемно-ориентированное программное обеспечение

prototype ~ экспериментальные программные средства; опытный экземпляр программных средств

resident ~ резидентные программные средства

reusable ~ программные средства многократного использования

ROM-based ~ программные средства, хранящиеся в ПЗУ

rule-capture ~ программные средства выбора (подходящих) правил (*в экспертных системах*)

schematic-capture ~ программные средства ввода описаний схем

self-checking ~ программные средства самопроверки

setup ~ программные средства настройки

silicon ~ *проф.* кремниевые программные средства (*1. хранящиеся в кристалле 2. для автоматизации проектирования ИС*)

simulation ~ программное обеспечение моделирования

single-version ~ одновариантные программные средства (*не предусматривающие нескольких способов обработки*)

standard ~ стандартное программное обеспечение

supervisory ~ комплект программ супервизора

support(ing) ~ обеспечивающие программные средства, программная поддержка

system ~ системное программное обеспечение

system management ~ программное обеспечение управления системой

testbed ~ испытательные программные средства

transportable ~ (физически) переносимое (*с одной ЭВМ на другую*) программное обеспечение

user ~ программные средства пользователя

vendor-manufactured ~ программные средства, поставляемые изготовителем вычислительной машины

word-processing ~ программные средства обработки текстов

software-compatible программно-совместимый, совместимый по программному обеспечению

software-intensive преимущественно программный (*о способе реализации проекта*)

software-programmable реализуемый программно, программно-реализуемый

software-selectable выбираемый по программе

solenoid:
  forward ~ соленоид включения прямого хода (*магнитной ленты*)
  head pressure ~ соленоид прижима (магнитной) ленты к головке
  reverse ~ соленоид включения реверса (*магнитной ленты*)

soluble разрешимый; имеющий решение (*о задаче*)

solution решение ◊ ~ **by inspection** решение методом подбора; **to do with the** ~ закончить решение
  ambiguous ~ неоднозначное решение
  approximate ~ приближённое решение
  candidate ~ гипотеза, вариант решения (задачи)
  check ~ контрольное решение (*задачи для проверки машинного результата*)

closed form ~ решение в аналитическом виде

cut-and-dried ~ шаблонное решение

engineering ~ техническое решение; конструкторское решение

expert-like ~ решение, близкое к экспертному (*в СИИ*)

feasible ~ допустимое решение; возможное решение

general ~ общее решение

good-enough ~ приемлемое решение

machine-independent ~ машинонезависимый алгоритм решения (*задачи*)

partial [particular] ~ частное решение

singular ~ особое решение

transient ~ переходная составляющая решения (*дифференциального уравнения*)

unambiguous ~ однозначное решение

zero ~ нулевое решение

solve решать

solver 1. решающее устройство **2.** решатель, решающая программа

analog equation ~ аналоговое [моделирующее] устройство для решения уравнений

equation ~ устройство *или* программа для решения уравнений

problem ~ решатель задач (*в искусственном интеллекте*)

solving решение, процесс решения ◊ ~ **for the optimum** нахождение [отыскание] оптимального решения

cooperative problem ~ (автоматическое) решение задач в режиме сотрудничества (*человека с ЭВМ*), *проф.* кооперативное решение задач

interactive problem ~ решение задач в интерактивном режиме

on-line problem ~ **1.** решение задач в централизованном режиме (*напр. при дистанционной обработке*), решение

задач в режиме онлайн **2.** решение задач в реальном (масштабе) времени

problem ~ решение задач *или* проблем

son 1. порождённый элемент **2.** нижележащая вершина (*дерева*), *проф.* «дочерняя» вершина

sort 1. сортировка; упорядочение ‖ сортировать; упорядочивать **2.** программа сортировки ◊ ~ **by counting** сортировка подсчётом

address calculation ~ сортировка с вычислением адреса

ascending ~ сортировка по возрастанию

balanced merge ~ сортировка сбалансированным слиянием

binary insertion ~ сортировка с бинарными вставками

block ~ (по)блочная сортировка, сортировка блоками (*данных*)

bubble ~ сортировка пузырьковым методом, пузырьковая сортировка

card ~ сортировка (перфо-) карт

cascade merge ~ сортировка каскадным слиянием

checkpoint ~ сортировка с перезапусками

collate ~ сортировка слиянием

comparison-of-pairs ~ сортировка попарным сравнением

depth ~ сортировка (*элементов изображения*) по глубине (*сцены*)

descending ~ сортировка по убыванию

digital ~ цифровая сортировка

diminishing increment ~ сортировка с убывающим шагом

disk ~ дисковая сортировка

drum ~ сортировка с использованием (магнитного) барабана

electromechanical ~ электромеханическая сортировка, сортировка с помощью элек-

тромеханических устройств
electronic ~ электронная сортировка, сортировка с помощью электронной аппаратуры
enumeration ~ сортировка подсчётом
exchange ~ обменная сортировка
external ~ внешняя сортировка (*с применением внешних ЗУ*)
four-tape ~ четырёхленточная сортировка
generalized ~ универсальная программа сортировки (*с введением параметров во время прогона*)
heap ~ пирамидальная сортировка
index ~ индексная сортировка
insertion ~ сортировка методом вставок
internal ~ внутренняя сортировка (*в оперативной памяти*)
machine ~ машинная сортировка
manual ~ ручная сортировка
merge ~ сортировка слиянием
multipass ~ 1. многопроходная сортировка 2. программа многопроходной сортировки
multiple ~ сортировка нескольких массивов
multireel ~ сортировка с использованием нескольких (магнитных) лент, многобобинная сортировка
multiway merge ~ сортировка многоканальным слиянием
needle ~ (ручная) сортировка с помощью иглы (*карт с краевой перфорацией*)
one-tape ~ одноленточная сортировка
own coding ~ сортировка с использованием программ пользователя (*включённых в стандартную программу сортировки*)
partition-exchange ~ обменная сортировка с разделением

pigeonhole ~ цифровая сортировка
polyphase ~ многофазная сортировка
process-limited ~ сортировка, ограниченная возможностями вычислительного процесса
property ~ сортировка по признаку
radix ~ поразрядная сортировка
random-access ~ сортировка с произвольной выборкой
repeated selection ~ сортировка повторной выборкой
replacement selection ~ сортировка методом выбора с замещением
restart [return point] ~ сортировка с перезапусками
selection ~ сортировка методом выбора (*наименьшего или наибольшего элемента*)
serial ~ последовательная сортировка
Shell's ~ сортировка методом Шелла
sifting ~ сортировка методом решета
single-pass ~ 1. однопроходная сортировка 2. программа однопроходной сортировки
straight insertion ~ сортировка с простыми вставками
straight selection ~ сортировка методом простого выбора
tag ~ сортировка признаков (*записей без перемещения самих записей*)
tape ~ сортировка с использованием (магнитных) лент, ленточная сортировка
tournament ~ сортировка повторной выборкой
tree-selection [tree-structure] ~ древовидная сортировка
twin drum ~ сортировка с использованием двух (магнитных) барабанов, двухбарабанная сортировка
two-way insertion ~ сортировка с двухканальными вставками
unbalanced merge ~ сортиров-

ка несбалансированным слиянием

Xmas-tree ~ древовидная сортировка

sorter 1. сортировщик, устройство (для) сортировки **2.** программа сортировки

card ~ устройство (для) сортировки (перфо)карт, сортировка

leaf ~ устройство (для) сортировки листовых документов

magnetic-character ~ устройство (для) сортировки документов с магнитными знаками

punched-card ~ устройство (для) сортировки перфокарт, сортировка

sorter-comparator сортировщик-компаратор, устройство *или* программа (для) сортировки и сверки

sorter-reader устройство (для) сортировки и считывания

sorting сортировка; упорядочение (*см. тж* sort)

sortkey ключ сортировки

sos *sl* вычитать единицу, уменьшать на единицу

sound:

feep ~ звук фона, фон (*работающего терминала*)

token ~ характерный [эталонный] звук (*элемент фонетической библиотеки системы синтеза речи*)

soundness of data правдоподобность данных

source 1. источник **2.** исток (*в канальном транзисторе*) **3.** поставщик (*напр. оборудования системы*)

~ **of error** источник ошибки

clock ~ источник тактовых *или* синхронизирующих импульсов

continuous wave ~ источник незатухающих колебаний

data ~ источник данных

ergodic ~ эргодический источник (*информации*)

fanout ~ источник сигнала в узле разветвления

interference ~ источник помех

message ~ источник сообщений

noise ~ источник шума; источник помех

power ~ источник питания; блок питания

triggering ~ источник пусковых сигналов

vapor ~ источник напыляемого материала, испаритель

virtual ~ виртуальная копия (*в базах данных*)

voltage ~ источник напряжения

sowing засев (*вторичными электронами в запоминающих ЭЛТ*)

space 1. пространство; область **2.** расстояние; интервал, промежуток; пропуск, пробел (*см. тж* **spacing**) ‖ располагать [размещать] (*напр. знаки*) с интервалами *или* вразрядку; оставлять пробел ◇ **to** ~ **before printing** оставлять интервал перед печатью

address ~ **1.** адресное пространство **2.** диапазон адресов

attribute ~ пространство признаков

background ~ опорное пространство

code ~ кодовое пространство

control ~ пространство управления; пространство регулирования

dead ~ зона нечувствительности, мёртвая зона

decision ~ пространство решений

design ~ пространство проектных параметров

display ~ (рабочее) поле (на экране) дисплея

double ~ двойной интервал; двойной пробел

free-storage ~ область свободной памяти

full-word ~ область полных слов

function ~ функциональное

пространство; пространство функций

hard ~ «твёрдый» пробел (*не изменяемый при форматировании текста*)

input ~ пространство входов

interaction ~ пространство взаимодействия

interblock ~ интервал [промежуток] между блоками (*напр. на магнитной ленте*)

interconnect address ~ единое адресное пространство (*процессора и внешних устройств*)

interword ~ пробел между словами

joint coordinate ~ пространство обобщённых координат

linear address ~ линейное адресное пространство

memory ~ область (в) памяти

multiple-address ~ множественное адресное пространство

N- ~ N-мерное пространство

name ~ пространство имён

N-unit ~ пробел в N интервалов

parameter ~ пространство параметров; область параметров

private ~ личная область (*памяти, выделенная, напр. пользователю*)

private address ~ собственное адресное пространство (*напр. пользователя*)

product ~ область пересечения

rule ~ пространство правил (*в экспертных системах*)

sample ~ выборочное пространство, пространство выборок

sensor observation ~ рабочая зона датчика

shared ~ совместно используемая [общая] область (*памяти*)

single ~ одиночный интервал; одиночный пробел

software design ~ пространство проектных параметров программного обеспечения

swap ~ пространство (для) своппинга

switching ~ промежуток между записями (*на магнитной ленте*) для переключения (*напр. передачи*)

user's work(ing) ~ рабочая область пользователя

vector ~ векторное пространство

virtual ~ **1.** виртуальное пространство **2.** виртуальное присутствие (*в многосторонних видеоконференциях*)

waveform ~ пространство сигналов

word ~ пробел между словами

work(ing) ~ рабочая область (*памяти*)

space-hold состояние покоя (*линии связи*)

space-independent пространственно-независимый

spacer разделитель (*знаков при печати*)

spacing 1. расстояние; интервал, промежуток (*см. тж* **space**) **2.** расположение [размещение] (*напр. знаков*) с интервалами *или* вразрядку; разрядка

character ~ **1.** интервал между знаками **2.** расположение [размещение] знаков с интервалами *или* вразрядку

column ~ **1.** расстояние между столбцами **2.** расстановка столбцов с интервалами

frequency ~ частотный интервал

interword ~ (автоматическое) задание промежутков между словами

line (-to-line) ~ интервал между строками

proportional ~ пропорциональное разбиение на промежутки

pulse ~ промежуток между импульсами

vertical ~ интервал между строками

spaghetti изоляционная трубка

span диапазон; интервал
  error ~ диапазон влияния ошибки
spare запас, резерв ‖ запасной, резервный
sparing:
  standby ~ восстановление (работоспособности) с помощью резерва
spark *sl* прямая открывающая кавычка (*название символа*)
spawner источник, генератор (*процессов, напр. в системах с параллельной обработкой*)
speaker говорящий (субъект), диктор (*в системах распознавания речи*)
  reference ~ эталонный диктор (*голос которого подлежит сравнению с распознаваемым*)
speaker-dependent зависимый от диктора (*о системе распознавания речи*)
speaker-independent независимый от диктора (*о системе распознавания речи*)
specialization 1. специализация **2.** конкретизация (*понятия, напр. в базе знаний*)
specification спецификация; определение; *pl* технические условия; технические требования
  action ~ спецификация действий
  application ~s технические требования к прикладной системе
  control ~ спецификация функций управления
  data ~ спецификация данных; определение данных
  definitive ~ *лог.* определяющее требование (*соответствующее истинностной таблице*)
  executable ~ выполняемая спецификация (*составленная по типу программы с использованием языка спецификаций*)
  external ~ внешняя спецификация (*описание назначения программного изделия*)

  format ~ спецификация формата
  functional ~ спецификация функций; *pl* функциональные требования
  internal ~ внутренняя спецификация (*описание структуры программного изделия*)
  performance ~ спецификация (рабочих) характеристик (*проектируемой системы*); *pl* требования к функционированию (*проектируемой системы*)
  picture ~ спецификация шаблоном (*ПЛ/1*)
  problem ~ условия задачи
  program ~ программная спецификация (*техническое описание программы*)
  requirements ~ спецификация требований; техническое задание; *pl* технические условия
  software ~s технические условия на средства программного обеспечения
  software-style ~ спецификация, организованная по типу программы
  system ~ системная спецификация (*техническое описание системы*)
  tentative ~s временные (технические) условия
  transport ~ спецификация транспортного уровня (*сети*)
  type ~ спецификация типа (*данных*)
specificator, specifier спецификатор, описатель
specimen:
  test ~ образец для испытаний
  type ~ образец шрифта
speech:
  allophonic ~ аллофоническая речь (*синтезированная с использованием аллофонов*)
  commentary-quality ~ речь дикторского качества
  connected [continuous] ~ слитная [связная] речь

natural-**sounding** ~ речь с естественным звучанием

synthetic ~ синтезированная речь

speed скорость (*см. тж* **rate**); быстродействие ‖ скоростной; быстродействующий

~ **of operation** рабочая скорость; быстродействие

~ **of response** скорость реакции

access ~ скорость выборки (*информации*)

advance ~ скорость подачи (*напр. бумаги*)

arithmetic ~ быстродействие арифметического устройства

clock ~ тактовая частота; частота (следования) тактовых *или* синхронизирующих импульсов

computation ~ скорость вычислений

computer ~ быстродействие вычислительной машины

effective-transmission ~ средняя скорость передачи (*данных*)

erasing ~ 1. скорость стирания 2. скорость перемещения пятна при стирании (*информации в запоминающей ЭЛТ*)

functional ~ функциональное быстродействие

input ~ скорость ввода (*данных*)

keep-alive ~ минимально допустимое быстродействие

line ~ скорость передачи (данных) по линии

line-drawing ~ скорость вычерчивания линий

memory ~ быстродействие памяти [запоминающего устройства]

operating ~ рабочая скорость; быстродействие

output ~ скорость вывода (*данных*)

paper ~ скорость перемещения бумаги

pen ~ скорость вычерчивания, скорость движения пера

(*характеристика графопостроителя*)

playback ~ скорость воспроизведения (*записи с магнитной ленты*)

plotting ~ скорость вычерчивания; скорость рисования; быстродействие графопостроителя

processing ~ скорость обработки (*данных*); быстродействие

processor ~ быстродействие процессора

rated ~ номинальная скорость; номинальное быстродействие

read(ing) ~ скорость считывания

recording ~ скорость записи

running ~ рабочая скорость; быстродействие

storage ~ быстродействие запоминающего устройства

surface ~ скорость перемещения поверхности (*носителя информации*)

takeoff ~ скорость сматывания (*с подающей бобины*)

take-up ~ скорость наматывания (*на приёмную бобину*)

tape ~ скорость протяжки ленты

transmission ~ скорость передачи (*данных*)

write [writing] ~ скорость записи

speedup 1. ускорение (*вычислений*), увеличение быстродействия 2. коэффициент ускорения (*вычислений*)

spike 1. пик 2. выброс, острый импульс 3. *sl* вертикальная черта (*название символа*)

noise ~ импульсная помеха

spindle шпиндель (*дисковода*); *sl* дисковод

disk ~ дисковод

splat *sl* звёздочка (*название символа*)

splicer:

tape ~ устройство для склеивания лент

splicing:
   tape ~ 1. склеивание ленты **2.** слипание ленты

split дробление, разбиение, разделение ‖ дробить, разбивать, разделять (*текст для переноса на другую строку или страницу*)
   column ~ дробление колонки (*для считывания колонки перфокарты двумя частями*)
   digital ~ поразрядное расщепление

split-cycle с расщеплённым циклом

split-screen полиэкранный (*о режиме работы дисплея*)

splitting дробление, разбиение, разделение (*текста*)
   ~ of words разбиение [разделение] слов (*на морфы*)

spool 1. катушка; бобина; кассета ‖ наматывать на катушку, бобину *или* кассету **2.** подкачивать (*данные*); откачивать (*данные*)
   feed ~ подающая бобина; подающая кассета
   take-up ~ приёмная бобина; приёмная кассета

spooler 1. устройство перемотки **2.** программа подкачки *или* откачки (*данных*)
   print ~ блок (предварительной) подкачки (данных для) печати
   tape ~ устройство (для) перемотки ленты

spooling подкачка (*данных*); откачка (*данных*) (*одновременно с решением задачи*)
   input ~ подкачка входных данных
   output ~ откачка выходных данных
   print ~ вывод на печать с (предварительной) подкачкой
   remote ~ дистанционная подкачка; дистанционная откачка

spot 1. место, ячейка (*в ЗУ*) **2.** пятно ‖ покрывать пятнами **3.** узнавать, опознавать **4.** *sl* точка (*название символа*)

a-~ точка (проводящего) контакта (*между двумя металлическими поверхностями*)
action ~ рабочее пятно (*в запоминающей ЭЛТ*)
bad ~ дефект(ный участок) (*напр. на магнитной ленте*)
end-of-file ~ (магнитная) метка конца файла (*на ленте*)
flying ~ бегущее пятно; бегущий луч
magnetized ~ пятно намагничивания, намагниченный участок
reflective ~ (магнитная) метка физического конца (*ленты*)
scanning ~ развёртывающее [сканирующее] пятно

spottiness 1. неоднородность, наличие посторонних включений **2.** пятнистость (*изображения*)

spread разброс
   ~ of distribution размах распределения
   ~ of network протяжённость сети
   ~ of points разброс точек; разброс отсчётов
   parameter ~ разброс значений параметра
   permissible parameter ~ допустимый разброс значений параметра

spread-out расширение (*базы данных*)

spreadsheet крупноформатная таблица
   electronic ~ крупноформатная электронная таблица

spur of matrix след матрицы

spy:
   output ~ программа слежения за выводом (*позволяющая «подсматривать» за информацией, печатаемой на чьём-л. терминале*)

square 1. квадрат; прямоугольник ‖ квадратный; прямоугольный **2.** квадрат числа ‖ возводить в квадрат
   Latin ~ *стат.* латинский квадрат
   perfect ~ полный квадрат

square-law квадратичный

squareness прямоугольность (*импульсов*)

squarer 1. схема формирования прямоугольных импульсов 2. устройство (для) возведения в квадрат, квадратор

square-wave прямоугольный (*о форме импульса*)

squeezeout:

    ink ∼ смещение напечатанного знака (*помеха при распознавании образов*)

squiggle *sl* знак ∼, тильда

stability устойчивость; стабильность

    computational ∼ устойчивость (результатов) вычислений

    drift ∼ стабильность в отношении дрейфа

    frequency ∼ частотная устойчивость; стабильность частоты

stabilization:

    drift ∼ стабилизация в отношении дрейфа

stabistor стабистор

stack 1. стек, магазин; стековая [магазинная] память, память [запоминающее устройство] магазинного типа, стековое запоминающее устройство 2. колода, пачка, стопка (*перфокарт*) 3. этажерка (*тип конструкции микросхем*) 4. пакет; набор; комплект

    ∼ **of disks** пакет дисков

    cactus ∼ древовидный стек, стековая структура в форме кактуса, *проф.* кактус стеков

    first-in, first-out ∼ стек обратного магазинного типа

    hardware ∼ аппаратный [аппаратно-реализованный] стек

    head ∼ пакет (магнитных) головок

    hidden ∼ скрытый стек, скрытый магазин

    instruction ∼ стек [магазин] команд

    internal ∼ внутренний стек, внутренний магазин

    last-in, first-out ∼ стек магазинного типа

    multiple-head ∼ пакет (магнитных) головок

    N-deep ∼ N-уровневый стек, стек глубиной в N слов

    operand ∼ стек операндов

    protocol ∼ пакет протоколов, протокольный пакет

    push-down ∼ стек магазинного типа

    run-time ∼ стек (для переменных) исполняемой программы

stacker 1. приёмник; накопитель; выходной [приёмный] карман (*для перфокарт*) 3. укладчик (*перфокарт*)

    card ∼ приёмник (перфо-) карт, выходной [приёмный] карман (для) (перфо)карт

    input ∼ приёмник (*перфокарт*) считывающего устройства

    interrupt ∼ накопитель прерываний

    job ∼ накопитель заданий

    offset ∼ приёмник (*перфокарт*) со смещённой выдачей

    output ∼ приёмник (*перфокарт*) выходного перфоратора

stack-oriented со стековой организацией

staff:

    development ∼ коллектив разработчиков

    maintenance ∼ обслуживающий (технический) персонал

    operations ∼ операторы; оперативный персонал

stage 1. каскад 2. разряд; ступень; стадия

    ∼ **of regulation** ступень регулирования

    compilation ∼ стадия компиляции

    concentration ∼ ступень концентрации (*коммутатора, в котором число входов больше числа выходов*)

    counting ∼ счётная ячейка, счётная схема

    driver ∼ задающий каскад

    final ∼ оконечный каскад

flip-flop ~ триггерная ячейка
input ~ входной каскад
inverter ~ инверторный каскад
output ~ выходной каскад
pulse-shaping ~ каскад формирования импульсов, формирующий каскад
transformer-**coupled** ~ каскад с трансформаторной связью
staging перемещение, перенос (*блоков данных между ЗУ разных уровней*)
anticipatory ~ упреждающее перемещение
demand ~ перемещение по требованию
stagnant мантисса
stall:
processor ~ останов процессора
stamp:
punch ~ пробойник, пуансон (*в перфораторе*)
symbol ~ **1.** штамп знака; штамп символа **2.** оттиск знака; оттиск символа
time ~ временной ярлык, отметка времени (*напр. последнего обновления файла*)
stamping тиснение (*в печатных схемах*)
stand-alone автономный
standardization 1. стандартизация, приведение к стандартной форме **2.** нормирование
standard-profile со стандартными габаритами (*об устройстве*)
standby резервное [запасное] оборудование, резерв ‖ резервный, запасной
cold ~ холодный [ненагруженный] резерв
hot ~ горячий [нагруженный] резерв
warm ~ тёплый резерв (*подключаемый с небольшой задержкой*)
star звездообразная сеть, *проф.* звезда
start 1. (за)пуск ‖ (за)пускать **2.** начало ‖ начинать **3.** стартовый

~ **of significance** начало значащих цифр
cold ~ холодный пуск (*полностью выключенной системы*)
program ~ **1.** (за)пуск программы **2.** начало программы
tape ~ пуск ленты
warm ~ горячий пуск (*системы с неразрушенной информацией во вспомогательной памяти*)
starter 1. пускатель **2.** стартёр (*программа*)
startover (за)пуск
start-stop стартстопный
start-up запуск (*см. тж* **start**)
link ~ установление связи
unattended ~ автоматический запуск
starvation 1. *проф.* информационный голод **2.** зависание процесса (*по вине операционной системы*)
starve:
line ~ *sl* возврат строки, переход на предшествующую строку (*в противоположность переводу строки*)
state 1. состояние **2.** режим **3.** формулировать; выражать знаками
accepting ~ поглощающее состояние (*конечного автомата*)
anisochronic system ~ неповторяющееся состояние системы
authorized ~ полномочное состояние (*программы, имеющей доступ к ресурсам*)
conducting ~ проводящее состояние, состояние проводимости
consistent ~ согласованное состояние (*базы данных*)
correct ~ корректное состояние (*базы данных*)
dead ~ тупиковое состояние, тупик
deviated process ~ возмущённое состояние процесса
direct-current ~ статическое состояние (*схемы*)
disabled ~ нерабочее состоя-

ние; блокированное состояние

distinguishable ~s различимые состояния

don't care ~ безразличное состояние

dormant ~ неактивное состояние

emergency ~ аварийный режим

empty ~ 1. *ТМО* состояние незанятости 2. пустое состояние (*в трёхзначной логике*)

essential ~ существенное состояние

excited ~ возбуждённое состояние

execution ~ состояние выполнения (*программы*); рабочее состояние

failed ~ состояние отказа

finite ~ конечное состояние ‖ с конечным числом состояний

floating ~ высокоимпедансное состояние, *проф.* Z-состояние

forced ~ 1. вынужденное состояние 2. вынужденный режим

halted ~ состояние останова; состояние ожидания

high-impedance ~ высокоимпедансное состояние, *проф.* Z-состояние

high(-voltage) ~ состояние с высоким уровнем (напряжения)

idle ~ состояние незанятости

inaccessible ~ недоступное состояние; недостижимое состояние

inconsistent ~ несогласованное [противоречивое] состояние (*базы данных*)

indeterminate ~ неопределённое состояние

initial ~ начальное состояние

input ~ состояние ввода (*в канале*)

insane ~ неуправляемое состояние (*неисправной системы*), состояние потери управляемости

in-sync ~ синхронный режим

intermediate ~ промежуточное состояние

interrogation ~ состояние опроса

inverted ~ инверсное состояние

irreversible ~ необратимое состояние

isochronic system ~ повторяющееся состояние системы

low(-voltage) ~ состояние с низким уровнем (напряжения)

magnetic ~ магнитное состояние, состояние намагниченности

match ~ состояние совпадения (*в ассоциативном ЗУ*)

metastable ~ метастабильное состояние

mismatch ~ состояние несовпадения (*в ассоциативном ЗУ*)

naught ~ состояние «0», нулевое состояние

off ~ выключенное состояние, состояние «выключено»

on ~ включённое состояние, состояние «включено»

one ~ состояние «1», единичное состояние

out-of-sync ~ асинхронный режим

output ~ состояние вывода (*в канале*)

perfect ~ исправное состояние

privileged ~ 1. привилегированное состояние 2. привилегированный режим

problem ~ задачный режим (*работы вычислительной системы*)

pseudofailed ~ псевдоисправное состояние (элемента) (*не приводящее к искажению выходов отказоустойчивой системы*)

quiescent ~ состояние покоя

recognizable ~s распознаваемые состояния

relatively negative ~ нижний уровень (*потенциала*)

relatively positive ~ верхний уровень (*потенциала*)

remanent ~ 1. остаточное состояние 2. состояние остаточной намагниченности

reset ~ исходное состояние; восстановленное состояние; состояние «0», нулевое состояние

residual ~ состояние остаточной намагниченности

running ~ состояние прогона (*программы*)

saturated ~ насыщенное состояние

set ~ возбуждённое состояние; состояние «1», единичное состояние

silent ~ состояние «молчания»; отключённое состояние

slave ~ подчинённое состояние

stable ~ устойчивое состояние

stationary ~ стационарное состояние

steady ~ 1. установившееся состояние 2. устойчивое состояние 3. установившийся режим

supervisor ~ супервизорный режим

suspended (program) ~ состояние приостановки (*программы*)

transient ~ переходное (*во времени*) состояние

transition ~ переходное состояние

undefined ~ неопределённое состояние

unessential ~ несущественное состояние

uninterruptable ~ непрерываемое состояние

unknown ~ неизвестное состояние (*в моделировании логических схем*)

unstable ~ неустойчивое состояние

up ~ работоспособное состояние

user ~ режим пользователя (*в процессоре*)

valid ~ достоверное состояние (*базы данных*)

wait ~ режим ожидания

X- ~ неопределённое состояние, X-состояние (*в моделировании логических схем*)

Z-~ высокоимпедансное состояние, Z-состояние

zero ~ состояние «0», нулевое состояние

state-event событие-состояние (*в имитационном моделировании*)

statement 1. утверждение; высказывание; формулировка 2. оператор; предложение 3. предписание (*КОБОЛ*) 4. постановка (*задачи*)

abnormal ~ особый оператор; необычный оператор

abort ~ оператор преждевременного прекращения, оператор выбрасывания (*задачи*)

accept ~ оператор приёма (*в языке Ада*)

access ~ оператор обращения

arbitrary ~ 1. произвольное утверждение 2. произвольный оператор

arithmetic(al) ~ арифметический оператор

assembly-control ~ управляющий оператор ассемблера, оператор управления ассемблированием

assert ~ оператор контроля (*в языке Ада*)

assigned ~ назначенный оператор (*ФОРТРАН*)

assignment ~ оператор присваивания

atomic ~ атомарный оператор

basic ~ 1. основное утверждение 2. основной оператор

biconditional ~ оператор эквивалентности

blank ~ пустой оператор

branch ~ оператор ветвления; оператор перехода

bug-arresting ~ оператор стопора ошибок

case ~ оператор выбора

code ~ 1. кодированный оператор **2.** оператор (машинной) программы

command ~ командный оператор; командное предложение

comment ~ оператор (включения) комментария; (предложение-)комментарий

communication ~ оператор связи

compile time ~ оператор периода компиляции

composite [**compound**] ~ **1.** составное утверждение **2.** составной оператор

computed ~ вычисляемый оператор (*ФОРТРАН*)

conditional ~ **1.** условное утверждение **2.** условный оператор

conditional GO TO ~ оператор условного перехода

consistent ~s совместные утверждения

control ~ оператор управления, управляющий оператор

counter ~ оператор-счётчик (*вспомогательное средство проверки программы*)

data ~ оператор (задания или ввода) данных

data definition ~ оператор описания данных; предложение описания данных

data-formatting ~ оператор форматирования данных, оператор задания формата данных

data initialization ~ оператор инициализации данных

data manipulation ~ оператор манипулирования данными

DD-~ *см.* **data definition statement**

debugging ~ оператор отладки, отладочный оператор

declarative ~ оператор описания, описатель

define constant ~ оператор определения константы

define file ~ оператор определения файла

define storage ~ оператор вы-

деления [резервирования] памяти

delay ~ оператор задержки

delimiter ~ оператор-разделитель; (предложение-)ограничитель

destination ~ оператор задания адресата (*передаваемого сообщения*)

dimension ~ оператор (задания) размерности (*массива*)

display ~ оператор отображения

DO ~ оператор цикла (*ФОРТРАН*)

dummy ~ **1.** пустое утверждение **2.** пустой оператор

edit(ing) ~ оператор редактирования

end-of-file ~ оператор конца файла; оператор проверки на конец файла

examine ~ проверочный оператор

exceptional control ~ управляющий оператор для обработки исключительного состояния

executable ~ выполняемый оператор

execute ~ оператор выполнения (*шага задания*)

exit ~ оператор выхода (*напр. из подпрограммы*)

expression ~ (оператор-)выражение

external ~ внешний оператор

false ~ ложное утверждение

format ~ оператор форматирования, оператор задания формата

formatted ~ форматированный оператор

function ~ оператор функции

GO TO ~ оператор (безусловного) перехода, оператор GO TO

high level ~ оператор высокого уровня

if ~ условный оператор

imperative ~ **1.** предписывающий оператор **2.** повелительное предписание (*КОБОЛ*)

inconsistent ~s несовместные утверждения

initiate ~ оператор запуска

input / output ~ оператор ввода-вывода

instruction ~ (оператор-) команда (*в языке ассемблера*)

iterative ~ оператор (организации) цикла

job ~ оператор (-задание) (*в языке управления заданиями*)

job control ~ оператор управления заданиями

labeled ~ помеченный оператор

loop ~ оператор цикла

loop exit ~ оператор выхода из цикла

macro prototype ~ модельный оператор макрокоманды (*в языке ассемблера*)

model ~ модельный оператор (*макроязыка*)

· **molecular** ~ 1. сложное утверждение 2. сложный оператор

move ~ оператор пересылки (данных)

nonarithmetic ~ неарифметический оператор

nonexecutable ~ невыполняемый оператор

note ~ оператор (включения) комментария; (предложение-) комментарий

null ~ 1. пустое утверждение 2. пустой оператор

ON ~ 1. (условный) оператор действия по ситуации (*ПЛ / 1*) 2. оператор включения (*какой-л. функциональной возможности*)

perform ~ оператор (многократного) выполнения (*КОБОЛ*)

postrun ~ отчёт о результатах прогона (*модели или программы*)

print ~ оператор печати

problem ~ постановка задачи

program ~ оператор программы

protocol ~ *лог.* протокольное предложение

prototype ~ модельный оператор макрокоманды (*в языке ассемблера*)

read ~ оператор считывания; оператор ввода

repeat [repetitive] ~ оператор цикла

return ~ оператор возврата

rewind ~ оператор перемотки (*магнитной ленты*)

select ~ оператор выбора; оператор отбора (*в языке Ада*)

select wait ~ оператор выборочного ожидания

sensor ~ оператор-датчик (*вспомогательное средство проверки программ*)

simple ~ 1. простое утверждение 2. простой оператор

source ~ исходный оператор, оператор исходной программы (*при трансляции*); оператор на входном языке (*транслятора*)

specification ~ оператор спецификации

substitution ~ оператор подстановки

switch control ~ оператор передачи управления

telecommunications ~ оператор работы со средствами связи

terminal ~ конечный оператор (*ФОРТРАН*)

test ~ оператор проверки условия

total source ~ обобщённый исходный оператор (*не относящийся к комментариям*)

trace ~ оператор формирования следа (*программы*), трассировочный оператор

transfer-of-control ~ оператор передачи управления

true ~ истинное утверждение

unconditional ~ 1. безусловное утверждение 2. безусловный оператор

unlabeled ~ непомеченный оператор

write ~ оператор записи; оператор вывода

state-of-the-art современное состояние ‖ современный

staticize преобразовывать из последовательной формы в параллельную

staticizer устройство преобразования из последовательной формы в параллельную

station 1. место, местоположение, позиция **2.** станция, (абонентский) пункт; терминал **3.** устройство; блок

accepting ~ принимающая станция

active ~ активная станция (*готовая к приёму или передаче данных*)

brush ~ позиция считывания (*с перфокарты*) с помощью (контактных) щёток

calculator test ~ станция (для) испытания калькуляторов

called ~ вызываемая станция

calling ~ вызывающая станция

card cornering ~ устройство (для) выравнивания колоды (перфо)карт

check ~ положение [позиция] контроля

control ~ диспетчерский пункт (*в сети*); управляющая станция (*в сети*)

data ~ станция [пункт] сбора и (предварительной) обработки данных

data collection ~ станция [пункт] сбора данных

debugging ~ отладочная станция

development ~ 1. станция проектирования **2.** инструментальная (рабочая) станция

graphic input ~ станция графического ввода (данных)

inactive ~ неактивная станция (*не готовая к приёму или передаче данных*)

input ~ 1. станция [пункт] ввода (данных); терминал ввода (данных) **2.** входной блок

inquiry ~ (терминальное) устройство (для ввода) запросов

intelligent ~ интеллектуальная станция

intercepted ~ заблокированная (*по приёму сообщений*) станция

key(-entry) ~ терминал с клавиатурным вводом

local ~ местный [локальный] абонентский пункт

master ~ главная [ведущая] станция

microfilm ~ микрофильмирующее оконечное устройство

multipoint ~ станция многопунктовой сети

net-control ~ станция управления сетью

operator ~ станция оператора, операторская станция

output ~ выходной блок

point-to-point ~ станция (*сети*) с двухточечным соединением

primary ~ главная [ведущая] станция

printing ~ пункт вывода на печать, *проф.* станция печати

programming ~ программирующая станция

punch(ing) ~ 1. позиция пробивки (*положение карты в перфораторе в момент пробивки*) **2.** пункт перфорации (*карт или лент*)

read(ing) ~ позиция считывания (*положение карты в перфораторе в момент считывания*)

receiving ~ принимающая станция

remote ~ дистанционный терминал

repeater ~ промежуточное усилительное устройство, ретранслятор

secondary ~ подчинённая [ведомая] станция

sensing ~ позиция считывания (*положение карты в пер-*

фораторе в момент считывания)

slave ∼ подчинённая [ведомая] станция

software ∼ станция разработки программных средств (*в системах автоматизированного проектирования*), АРМ программиста

subscriber ∼ абонентский пункт; терминал абонента

tape ∼ запоминающее устройство на (магнитной) ленте

terminal ∼ терминальная станция, оконечный [терминальный] пункт; терминальное устройство, терминал; абонентский пункт

transport ∼ транспортная станция (*в сети*)

tributary ∼ станция в многопунктовой сети

visual display ∼ 1. пульт с дисплеем 2. станция [пункт] визуального отображения (*информации*)

way ∼ путевая станция (*в многопунктовой сети*)

work ∼ 1. рабочая станция 2. автоматизированное рабочее место, АРМ

writing ∼ позиция записи (*положение карты в перфораторе в момент записи*)

stationery бумага для печатающих устройств

continuous ∼ рулонная бумага

multipart ∼ многослойная бумага

roll ∼ рулонная бумага

single-part ∼ однослойная бумага

single-sheet ∼ стопка листов бумаги

statistics статистика; статистические данные

business ∼ коммерческая статистика

channel ∼ статистические характеристики канала

computational ∼ вычислительная статистика

current ∼ данные текущего учёта

status 1. состояние (*см. тж* state) 2. статус (*ФОРТРАН 77*)

busy ∼ состояние занятости

constant-ready ∼ состояние постоянной готовности

current ∼ текущее состояние

hard error ∼ состояние полного отказа, состояние полной недоступности

internal ∼ внутреннее состояние (*устройства*)

interrupt-request ∼ состояние запроса прерывания

priority ∼ приоритетное состояние

released ∼ состояние освобождения (*занятого ресурса*)

wait-to-empty ∼ состояние ожидания освобождения (*выходного буфера*)

wait-to-fill ∼ состояние ожидания заполнения (*входного буфера*)

wait-to-put ∼ состояние ожидания записи (*в выходной буфер*)

wait-to-take ∼ состояние ожидания считывания (*из входного буфера*)

status-tagging присваивание меток состояния (*выполняемой транзакции*)

steady-state 1. статический 2. установившийся, находящийся в устойчивом состоянии 3. потенциальный (*о сигнале*)

steal 1. упрятывать (*напр. содержимое регистров при прерывании*) 2. захватывать, занимать

stealing:

cycle ∼ занятие [захват] цикла

fault ∼ захват резервного элемента при отказе (*в отказоустойчивых СБИС*)

page ∼ изъятие страницы (*из памяти*)

steering:

bit ∼ битовое управление (*при кодировании микрокоманд*)

cursor ~ управление перемещением курсора, управление курсором

stem *лингв.* основа

~ **of tree** ствол дерева (*в графе*)

word ~ основа слова

stencil шаблон; трафарет

step 1. шаг ‖ выполнять шаг **2.** ступень; стадия; этап (*вычислений*) **3.** ступенька (*ступенчатой функции*) ◇ **in** ~ в синхронизме; **to** ~ **down** понижать скачком (*напряжение*); **to** ~ **up** повышать скачком (*напряжение*)

control ~ шаг регулирования

initial investigation ~ этап предпроектных исследований, этап предпроектного обследования

job ~ шаг задания

procedure ~ процедурный шаг (*задания*)

program ~ **1.** шаг программы **2.** (одна) команда программы

quantization ~ шаг квантования

refinement and tuning ~ этап доводки и наладки (*системы*)

test ~ тестовый шаг, шаг теста

time ~ такт

unit ~ **1.** единичный перепад; единичный скачок **2.** единичная ступенька

step-by-step 1. постепенный **2.** ступенчатый **3.** (по)шаговый; однотактный (*о режиме работы*)

stepping:

program ~ (по)шаговое выполнение программы

step-type 1. (по)шаговый; однотактный (*о режиме работы*) **2.** ступенчатый

stepwise 1. ступенчатый **2.** пошаговый

stereopsis стереоданные (*в СТЗ*)

stimulate 1. *киберн.* стимулировать; возбуждать **2.** подавать входные сигналы (*на проверяемый узел*)

stimulus 1. входной сигнал, *проф.* стимул (*при тестировании*) **2.** *киберн.* стимул; возбудитель

stochastic стохастический, вероятностный, случайный

stocker:

pen ~ перьевой держатель

stop 1. останов(ка) ‖ останавливать(ся) **2.** останов, ограничитель **3.** сигнал «стоп»; команда останова **4.** стоповый

address ~ останов по адресу

coded ~ запрограммированный останов

conditional ~ условный останов

dead ~ полный останов

division ~ останов при операции деления, останов при делении (*на нуль*)

form ~ **1.** останов(ка) печати при прекращении подачи бумаги **2.** устройство останова печати при прекращении подачи бумаги

hard ~ *проф.* тяжёлый останов (*с прекращением работы центрального процессора*)

hoot ~ останов со звуковой сигнализацией

loop ~ останов с ожиданием

program ~ программный останов

programmed ~ программируемый останов

request ~ останов по требованию

tape-break ~ останов (*машины*) при обрыве ленты

stopper ячейка памяти с наибольшим адресом

stopping:

tape ~ останов(ка) ленты

storage 1. запоминающее устройство, ЗУ, накопитель; *редк.* память (*см. тж* **memory, store**) **2.** запоминание, хранение ‖ запоминать, хранить

acoustic delay-line ~ акустическое запоминающее устройство, запоминающее устройство на ультразвуковых [акустических] линиях задержки

addressable [addressed] ~ адресное запоминающее устройство, запоминающее устройство с обращением по адресу

analog ~ аналоговое запоминающее устройство, запоминающее устройство для аналоговых данных

annex ~ буферное запоминающее устройство

archival ~ архивное запоминающее устройство

assigned ~ абонированное запоминающее устройство (*напр. закреплённое за пользователем*)

associative ~ ассоциативное запоминающее устройство

auxiliary ~ вспомогательное запоминающее устройство

backing ~ поддерживающее запоминающее устройство

beam ~ электронно-лучевое запоминающее устройство

buffer ~ буферное запоминающее устройство

built-in ~ встроенное запоминающее устройство

bulk ~ запоминающее устройство большого объёма

byte ~ байтовое запоминающее устройство, запоминающее устройство с байтовой организацией

capacitor ~ конденсаторное запоминающее устройство

capacitor-diode ~ диодно-конденсаторное запоминающее устройство

card ~ запоминающее устройство на картах

car(r)ousel ~ запоминающее устройство карусельного типа

carry ~ 1. ячейка для запоминания переноса 2. запоминание [хранение] переноса

changeable ~ запоминающее устройство со съёмным носителем

character-organized ~ запоминающее устройство с символьной организацией [с познаковым обращением]

circulating ~ динамическое запоминающее устройство, запоминающее устройство динамического типа

coincident-current magnetic core ~ запоминающее устройство на магнитных сердечниках с совпадением токов

coincident-flux magnetic ~ магнитное запоминающее устройство, работающее по принципу совпадения потоков

computer ~ запоминающее устройство вычислительной машины

condenser-diode ~ диодно-конденсаторное запоминающее устройство

constant ~ память констант

content-addressable [content-addressed] ~ ассоциативное запоминающее устройство

coordinate ~ матричное запоминающее устройство; запоминающее устройство с координатной выборкой

core ~ 1. запоминающее устройство на (магнитных) сердечниках 2. оперативное запоминающее устройство

core-rope ~ постоянное запоминающее устройство [ПЗУ] с линейной выборкой многократно прошитых сердечников, *проф.* «вязаная» память

cyclic ~ динамическое запоминающее устройство, запоминающее устройство динамического типа

data ~ 1. запоминающее устройство для данных 2. память (для хранения) данных, хранилище данных 3. запоминание [хранение] данных

dedicated ~ специализированное запоминающее устройство

deflection cathode-ray tube ~ запоминающее устройство на ЭЛТ с отклонением луча

delay(-line) ~ запоминающее устройство на линиях задержки

destructive ~ запоминающее устройство с разрушением

информации (*при считыва-
нии*)

dicap ~ диодно-конденсаторное запоминающее устройство

digital ~ цифровое запоминающее устройство

**diode-capacitor [diode-conden-
ser]** ~ диодно-конденсаторное запоминающее устрой-
ство

direct-access ~ запоминающее устройство с прямым доступом

disk ~ запоминающее устройство [накопитель] на дисках

drum ~ запоминающее устройство [накопитель] на (магнитном) барабане

dynamic ~ **1.** динамическое
запоминающее устройство,
запоминающее устройство
динамического типа **2.** динамическое запоминание, динамическое хранение

elastic ~ гибкая память (*хра-
нящая переменный объём
данных*)

electromagnetic delay line ~
запоминающее устройство на
электромагнитных линиях задержки

electrostatic ~ электростатическое запоминающее устройство

erasable ~ стираемое запоминающее устройство

exchangeable disk ~ запоминающее устройство [накопи-
тель] со сменными диска-
ми

external ~ внешнее запоминающее устройство

fast ~ быстродействующее
запоминающее устройство

fast-access ~ запоминающее
устройство с быстрой выборкой [с малым временем вы-
борки]

ferrite-core ~ **1.** запоминающее устройство на феррито-
вых сердечниках **2.** запоминание [хранение] в памяти на
ферритовых сердечниках

ferrite peg [ferrite rod] ~
запоминающее устройство на
ферритовых стержнях

file ~ файловое запоминающее устройство

fixed ~ стационарное запоминающее устройство

fixed-head disk ~ запоминающее устройство [накопитель]
на дисках с фиксированными
головками

flip-flop ~ триггерное запоминающее устройство, запоминающее устройство на триггерах

floppy disk ~ запоминающее
устройство [накопитель] на
гибких дисках

flying spot ~ запоминающее
устройство (на трубках) с бегущим пятном

high-density ~ запоминающее
устройство с большой плотностью записи

high-speed ~ быстродействующее запоминающее уст-
ройство

hydraulic ~ жидкостное
(*напр. водяное*) запоминающее устройство (*исполь-
зующее эффект спин-эха*)

iconic ~ иконическая память,
память (для хранения) изображений

image ~ **1.** устройство запоминания изображений **2.** запоминание [хранение] изображений

immediate-access ~ запоминающее устройство с непо-
средственной выборкой

information ~ **1.** память (для
хранения) информации, хранилище информации **2.** запоминание [хранение] инфор-
мации

inherent ~ внутреннее запоминающее устройство

input ~ входное (буферное)
запоминающее устройство

instantaneous ~ сверхбыстродействующее запоминающее
устройство

interlaced [interleaved] ~ запоминающее устройство с чередованием адресов

intermediate ~ промежуточное запоминающее устройство

internal ~ внутреннее запоминающее устройство; оперативное запоминающее устройство

laser ~ лазерное запоминающее устройство

liquid ~ жидкостное (*напр. водяное*) запоминающее устройство (*использующее эффект спин-эха*)

local ~ локальное запоминающее устройство

long-term ~ долговременное запоминающее устройство, ДЗУ

loop ~ запоминающее устройство на петлях магнитной ленты

low-speed ~ медленнодействующее запоминающее устройство

magnetic ~ магнитное запоминающее устройство

magnetic card ~ запоминающее устройство на магнитных картах

magnetic core ~ запоминающее устройство на магнитных сердечниках

magnetic core matrix ~ матричное запоминающее устройство на магнитных сердечниках

magnetic peg ~ запоминающее устройство на магнитных стержнях

magnetic plate ~ запоминающее устройство на магнитных платах

magnetic rod ~ запоминающее устройство на магнитных стержнях

magnetic-slug ~ постоянное запоминающее устройство [ПЗУ] с прошивкой магнитных сердечников; постоянное запоминающее устройство [ПЗУ] на магнитных сердечниках

magnetic strip ~ запоминающее устройство на магнитных полосках

magnetic tape ~ запоминающее устройство [накопитель] на магнитных лентах

magnetic wire ~ запоминающее устройство на магнитной проволоке

magnetostrictive (delay-line) ~ магнитострикционное запоминающее устройство, запоминающее устройство на магнитострикционных линиях задержки

main ~ основное запоминающее устройство; оперативное запоминающее устройство

manual-switch ~ запоминающее устройство на переключателях; тумблерное запоминающее устройство

mass ~ массовое запоминающее устройство, запоминающее устройство (сверх)большой ёмкости

mass data ~ **1.** массовое запоминающее устройство, запоминающее устройство большой ёмкости **2.** запоминание [хранение] больших массивов данных

matrix ~ матричное запоминающее устройство

mechanical ~ механическое запоминающее устройство

mercury ~ ртутное запоминающее устройство, запоминающее устройство на ртутных линиях задержки

metal card ~ запоминающее устройство на магнитных картах

microinstruction ~ запоминающее устройство микрокоманд

micromedia ~ запоминающее устройство на микроносителях

microwave ~ СВЧ-запоминающее устройство

minidisk ~ запоминающее устройство [накопитель] на мини-дисках

monolithic ~ запоминающее устройство на монолитных ИС

moving-head disk ~ запоминающее устройство [накопитель] на дисках с подвижными головками

multiple virtual ~ многосегментная виртуальная память

multiport ~ многопортовое запоминающее устройство

nest(ing) ~ запоминающее устройство магазинного типа

nondestructive ~ запоминающее устройство без разрушения информации (*при считывании*)

nonerasable ~ запоминающее устройство с нестираемой информацией

nonoverlayable ~ *проф.* неоверлейная память (*без перекрытия вызываемых в разное время программных модулей*)

nonvolatile ~ энергонезависимое запоминающее устройство, запоминающее устройство с сохранением информации при выключении (электро)питания

off-line ~ автономное запоминающее устройство

one-core-per-bit ~ (магнитное) запоминающее устройство с одним сердечником на бит

on-line ~ запоминающее устройство, работающее с центральным процессором; оперативно-доступная память

optical ~ оптическое запоминающее устройство

optoelectronic (data) ~ оптоэлектронное запоминающее устройство

overlayable ~ *проф.* оверлейная память, память оверлейной структуры (*с перекрытием вызываемых в разное время программных модулей*)

parallel(-access) ~ параллельное запоминающее устройство, запоминающее устройство параллельного действия

parallel-search ~ (ассоциативное) запоминающее устройство с параллельным поиском

permanent ~ **1.** постоянное запоминающее устройство, ПЗУ **2.** энергонезависимое запоминающее устройство, запоминающее устройство с сохранением информации при выключении (электро)питания

permanent-magnet twistor ~ твисторное запоминающее устройство с постоянными магнитами

picture ~ **1.** устройство запоминания изображений **2.** запоминание [хранение] изображений

primary ~ первичное запоминающее устройство

public ~ общедоступное запоминающее устройство

punch-tape ~ запоминающее устройство [накопитель] на перфоленте

push-down ~ запоминающее устройство магазинного типа

push-up ~ запоминающее устройство обратного магазинного типа

quick-access ~ запоминающее устройство с быстрой выборкой [с малым временем выборки]

random-access ~ запоминающее устройство с произвольной выборкой, ЗУПВ

rapid-access ~ запоминающее устройство с быстрой выборкой [с малым временем выборки]

read-only ~ постоянное запоминающее устройство, ПЗУ

read/write ~ запоминающее устройство с записью и считыванием; оперативное запоминающее устройство

recirculating ~ динамическое запоминающее устройство, запоминающее устройство динамического типа

regenerative ~ регенеративное запоминающее устройство

reloadable control ~ перезагружаемое управляющее запоминающее устройство

removable disk ~ запоминающее устройство [накопитель] на съёмных дисках

rope ~ постоянное запоминающее устройство [ПЗУ] с линейной выборкой многократно прошитых сердечников, *проф.* «вязаная» память

runtime ~ память для переменных готовой [оттранслированной] программы

scatter ~ фрагментированная (свободная) память

search(ing) ~ ассоциативное запоминающее устройство

secondary ~ вспомогательное запоминающее устройство

sequential-access ~ запоминающее устройство с последовательной выборкой

serial(-access) ~ последовательное запоминающее устройство; запоминающее устройство с последовательной выборкой

shared ~ совместно используемое запоминающее устройство (*напр. связанное одновременно с несколькими процессорами*)

short-term ~ кратковременное запоминающее устройство (*для кратковременного хранения*)

slow ~ медленнодействующее запоминающее устройство

slug-matrix ~ матричное постоянное запоминающее устройство [матричное ПЗУ] на магнитных сердечниках

solid-state ~ твердотельное [полупроводниковое] запоминающее устройство

sonic ~ акустическое запоминающее устройство

spin-echo ~ спиновое запоминающее устройство (*использующее эффект спин-эха*)

static ~ **1.** статическое запоминающее устройство, запоминающее устройство статического типа **2.** статическое запоминание, статическое хранение

subsidiary ~ вспомогательное запоминающее устройство

sum ~ **1.** запоминающее устройство сумм **2.** запоминание [хранение] сумм

superconductive ~ сверхпроводниковое запоминающее устройство, запоминающее устройство на сверхпроводящих элементах

supplementary ~ вспомогательное запоминающее устройство

switch ~ **1.** коммутационное запоминающее устройство **2.** запоминающее устройство на переключателях, тумблерное запоминающее устройство

symbol shape ~ устройство запоминания [хранения] формы символа

tape ~ запоминающее устройство [накопитель] на ленте, ленточный накопитель

tape-cartridge ~ кассетное запоминающее устройство [кассетный накопитель] на (магнитной) ленте, кассетный НМЛ

tape-loop ~ запоминающее устройство на петлях (магнитной) ленты

temporary ~ временное запоминающее устройство, запоминающее устройство (для) временного запоминания [хранения] информации

terabit ~ терабитовое запоминающее устройство (ёмкостью свыше 10^{12} бит)

test pattern ~ память (для хранения) тестовых наборов [векторов]

toggle-switch ~ тумблерное запоминающее устройство

transformer-type ~ запоминающее устройство трансформаторного типа

twistor ~ твисторное запоминающее устройство, запоминающее устройство на твисторах

two-cores-per-bit ~ (магнитное) запоминающее устройство с двумя сердечниками на бит

uniformly accessible ~ запоминающее устройство с единообразной выборкой (*из всех ячеек*)

variable field ~ запоминающее устройство с переменной длиной поля (*в словах*)

vector ~ векторное запоминающее устройство, устройство (для) хранения векторов

voice ~ 1. хранение речевых сигналов 2. память (для хранения) речевых сигналов

volatile ~ энергозависимое запоминающее устройство, запоминающее устройство с разрушением информации при выключении (электро)питания

Williams tube ~ запоминающее устройство на (обычных) ЭЛТ

wire ~ запоминающее устройство на магнитной проволоке

wired-core ~ запоминающее устройство на (магнитных) сердечниках со сложной прошивкой, запоминающее устройство на (магнитных) сердечниках «с запаянными» данными

word-organized ~ запоминающее устройство с пословной организацией, запоминающее устройство типа Z

working ~ 1. рабочее запоминающее устройство 2. оперативное запоминающее устройство

zero-access ~ запоминающее устройство с нулевым [пренебрежимо малым] временем выборки

storage-limited ограниченный

возможностями запоминающего устройства

store 1. запоминающее устройство, ЗУ; *редк.* память (*см. тж* **memory, storage**) 2. запоминать, хранить 3. хранилище

data carrier ~ хранилище перемещаемых носителей (*напр. магнитных лент*)

micro ~ микроячейка памяти, запоминающая микроячейка

microcontrol ~ запоминающее устройство управляющих микропрограмм

nanocontrol ~ запоминающее устройство управляющих нанопрограмм

nesting ~ запоминающее устройство магазинного типа; (аппаратный) стек

store-and-forward с промежуточным хранением (*о способе передачи данных*)

stored-program с хранимой программой

stored-response с хранимым ответом; с хранимыми откликами

storing запоминание, хранение

straightening выстраивание (*АЛГОЛ 68*)

strap 1. полос(к)а 2. шина

strapping коммутация связей (*в сетях*)

strategy 1. стратегия, поведение, линия поведения 2. методология; методика

control ~ стратегия управления

edges-in ~ стратегия (разработки систем) «от границ — внутрь»

fault-tolerance ~ стратегия обеспечения отказоустойчивости

first-look ~ стратегия беглого просмотра

interaction ~ стратегия взаимодействия

layout ~ стратегия разработки топологии (*схемы*)

middle-out ~ стратегия (разработки систем) «изнутри — к границам»

mixed ~ смешанная стратегия

programming ~ методика программирования; принципы программирования

pure ~ чистая стратегия

safe ~ беспроигрышная стратегия

winning ~ выигрывающая стратегия

stratification стратификация (*системы по уровням иерархии*) ◊ ~ **after selection** *стат.* расслоение (*выборки*) после отбора

stratum страта, уровень декомпозиции

stray паразитный; блуждающий

stream поток

bit ~ поток бит

data ~ поток данных, информационный поток

input (job) ~ входной поток (заданий)

job ~ поток заданий

output (job) ~ выходной поток (заданий)

streamer запоминающее устройство [накопитель] на бегущей магнитной ленте

street проход (*свободное пространство между скомпонованными элементами кристалла ИС*)

strength 1. сила; прочность **2.** напряжённость (*поля*) **3.** мощность

~ **of test** мощность критерия

~ **of value** логическая сила (уровня) сигнала (*соответствующая его приоритету*)

communicational ~ коммуникационная прочность (*функционального модуля*)

functional ~ функциональная прочность (*модуля коллективного использования*)

logic ~ логическая сила (уровня) сигнала (*соответствующая его приоритету*)

logical ~ логическая проч-

ность (*модуля с единственной точкой входа*)

module ~ модульная прочность (*сила внутренних связей программного модуля*)

order ~ степень упорядоченности

procedural ~ процедурная прочность (*модуля, в котором последовательность выполнения функций определяется внешними событиями*)

stress 1. усилие; нагрузка; напряжение; напряжённое состояние ‖ подвергать напряжению, приводить в напряжённое состояние **2.** ударение ‖ делать ударение **3.** (внешнее) воздействие

stretcher:

pulse ~ расширитель импульсов

string 1. строка **2.** цепочка; последовательность

alphabetic ~ буквенная строка, строка букв

alpha(nu)meric ~ буквенно-цифровая строка

binary element ~ цепочка двоичных элементов

bit ~ строка бит, битовая строка

character ~ **1.** символьная строка **2.** символьная цепочка, цепочка символов

derivable ~ выводимая цепочка (*символов*)

empty ~ пустая строка

identification ~ строка идентификаторов

latch ~ регистр на триггерах-защёлках

look-ahead ~ аванцепочка

null ~ пустая строка; нуль-строка

open ~ открытая строка

pulse ~ серия [пачка] импульсов; последовательность импульсов

quoted ~ строка в кавычках

symbol ~ **1.** символьная строка **2.** символьная цепочка, цепочка символов

terminal ~ терминальная цепочка (*символов*), цепочка, состоящая из терминальных символов

unit ~ единичная строка

strip 1. полос(к)а **2.** шина **3.** полоса операций (*в многопроцессорной системе*)

  bias ~ шина смещения

  demarcation ~ разделительная полоса

  encoding ~ кодовая полоска (*для нанесения магнитных знаков*)

  magnetic ~ магнитная полоса (*для кодирования документов*)

  magnetic-tape ~ полоска магнитной ленты

stripping 1. демонтаж, разборка **2.** удаление, исключение **3.** зачистка (*конца провода*)

  bit ~ расщепление кодовой последовательности

strobe строб(-импульс), стробирующий импульс ‖ стробировать

  address data ~ строб кода адреса

  data ~ строб данных

  gated ~ управляемый строб

strobing стробирование

  time ~ стробирование

stroke 1. штрих; черта **2.** ход (*подающего механизма*) **3.** такт **4.** нажатие (*клавиши*)

  character ~ штрих знака (*в системе распознавания знаков*)

  dual ~ стрелка [функция] Пирса, функция НЕ — ИЛИ

  Sheffer ~ штрих [функция] Шеффера, функция НЕ —И

strop ставить в кавычки, *проф.* закавычивать

structural структурный

structure 1. структура ‖ структурировать **2.** устройство; схема; конструкция

  basic control ~ базовая управляющая структура (*в структурном программировании*)

  bipolar ~ биполярная структура

block(ed) ~ блочная структура; блочная конструкция

bus organized ~ шинная структура

byte ~ байтовая структура

case ~ выбирающая структура, развилка

chain ~ цепная структура

choice ~ выбирающая структура, развилка

CMOS ~ комплементарная [дополняющая] МОП-структура, КМОП-структура

coexistence ~ смешанная структура (*базы данных*)

cognitive ~ когнитивная структура (*базы знаний*)

collapsed tree ~ прореженная древовидная структура

collecting ~ коллектирующая структура (*в СБИС*)

complementary transistor ~ структура на комплементарных [дополняющих] транзисторах

computational ~ вычислительная структура

continuous emitter ~ структура с непрерывным эмиттером

control ~ структура управляющей логики (*программы*); управляющая структура (*программы*)

cycle ~ структура типа цикла; циклическая структура

data ~ структура данных

demon control ~ *проф.* управляющая структура с демонами (*содержащая программы с запуском по условию*)

diagnostic ~ диагностическая структура

DMOS ~ МОП-структура с двойной диффузией

domain ~ доменная структура

dot ~ точечная структура (*напр. растра*)

escape ~ структура обусловленного выхода (*в структурном программировании*)

event-driven ~ событийная структура (*управляющей логики программы*)

fault-stealing ~ структура с захватом резервных элементов (*вентильной матрицы при отказе*)

file ~ файловая структура; архитектура [структура] файла

functional ~ функциональная структура

honeycomb ~ «сотовая» структура

iconic ~ иконическая структура (*изображения в памяти машины*)

if-else ~ структура выбора; конструкция условного перехода

IMOS ~ МОП-структура с ионным внедрением

information ~ структура информации

inheritance ~ (иерархическая) структура с наследованием (*свойств*)

inherited ~ унаследованная структура (*в иерархической системе*)

instruction ~ структура команды; формат команды

inverted TFT ~ обращённая структура тонкоплёночного транзистора

iterative ~ итеративная структура, структура повторения

language ~ **1.** структура языка **2.** языковая конструкция

lateral ~ продольная структура

lattice ~ решётчатая структура

linked-list ~ структура связанных списков

list ~ списковая структура

logical ~ **1.** логическая структура **2.** логическая схема

machine ~ структура машины

major ~ старшая структура

minor ~ младшая структура

MIS ~ МДП-структура

MNOS ~ МНОП-структура

MNS ~ МНП-структура

MOS ~ МОП-структура

multilevel ~ **1.** многоуровне-

вая структура **2.** ярусно-параллельная форма (*представления графа*)

multipath ferrite ~ ферритовый элемент сложной формы

multiple bus ~ многошинная структура

n-channel MOS ~ *n*-МОП-структура, *n*-канальная МОП-структура

nested ~ структура вложенности, гнездовая [вложенная] структура

network ~ **1.** структура сети **2.** сетевая структура

nonstrict ~ неполностью определённая структура

"onion-layer" ~ многослойная гнездовая [вложенная] структура

order ~ структура команды

parent-child ~ структура с родительским и дочерними элементами, структура с порождающим и порождёнными элементами

p-channel MOS ~ *p*-МОП-структура, *p*-канальная МОП-структура

phrase ~ **1.** фразовая структура **2.** структура фразы

planar ~ планарная структура; планарная конструкция

plex ~ сетевая структура

posit ~ структура постулирования (*в структурном программировании*)

prepositional ~ *лингв.* структура предложных конструкций

priority ~ структура с приоритетами

probability ~ вероятностная структура

process-rich ~ структура, содержащая много процессов, *проф.* многопроцессная структура

recursive ~ рекурсивная структура

refinement ~ механизм [средства] уточнения и обновления (*базы знаний*)

relational ~ реляционная структура

ring ~ кольцевая структура

robust data ~ робастная структура данных

sandwich-like ~ многослойная структура

segmental ~ *лингв.* сегментальная структура

selective ~ структура выбора (*в структурном программировании*)

self-aligned gate MOS ~ МОП-структура с самосовмещёнными затворами

self-awareness ~ структура самосознания (*в СИИ*)

sentence ~ структура предложения

sequential ~ структура следования (*в структурном программировании*)

single-bus ~ одношинная структура

test ~ контрольная структура (*средство контроля качества ИС в процессе изготовления кристаллов*)

time ~ временна́я структура

tree(-type) ~ древовидная структура

vertical groove MOS ~ вертикальная МОП-структура, МОП-структура с вертикальной канавкой

where-used tree ~ древовидная структура применимости (*модулей программного изделия*)

while ~ структура повторения (*в структурном программировании*)

word ~ структура слова; формат слова

structured структурный; структурированный

structuredness структурированность (*характеристика качества программного обеспечения*)

structuring структурирование

data ~ структурирование данных

level ~ многоуровневое структурирование

stub 1. *проф.* заглушка (*фиктивный модуль программы*) **2.** остаток тела (*подпрограммы или модуля*)

tape ~ кусок ленты

stuck-at константный (*о типе неисправности*)

stuck-at-X константный X, постоянное неизвестное значение (*сигнала*)

stuck-at-Z константное Z, постоянное высокоимпедансное состояние

stuck-at-0 константный «0» (*тип неисправности*)

stuck-at-1 константная «1» (*тип неисправности*)

stuck-high константный высокий уровень (*сигнала*)

stuck-low константный низкий уровень (*сигнала*)

study анализ, исследование

application ~ прикладное исследование

feasibility ~ анализ осуществимости (*проектных решений*)

time ~ анализ временны́х затрат (*при решении задачи выбранным методом*)

stuffing заполнение; вставка, вставление (*битов или знаков для согласования скорости передачи информации в линии*)

bit ~ заполнение битами, вставка [вставление] битов

byte ~ заполнение байтами, вставка [вставление] байтов

negative ~ выбрасывание битов *или* знаков

positive ~ вставка [вставление] битов *или* знаков

pulse ~ заполнение (холостыми) импульсами

style:

character ~ тип шрифта

"cottage industry" ~ кустарный подход (*к проектированию*)

programming ~ стиль программирования

stylus пишущий узел; перо (*прибора*)

  light(pen) ~ световое перо

  wire ~ проволочная игла, проволочное перо (*электростатического графопостроителя*)

subaddress подадрес

subalphabet подалфавит

subarray подмассив; часть массива

subassembly 1. подсистема **2.** сборочный [компоновочный] узел; субблок

subautomaton подавтомат

subblock субблок

subcell подэлемент; субъячейка

subchain 1. подцепь; подцепочка **2.** подпоследовательность

subchannel подканал

  nonshared ~ неразделённый подканал, подканал индивидуального использования (*одним устройством ввода-вывода*)

  shared ~ разделённый подканал, подканал совместного использования (*несколькими устройствами ввода-вывода*)

subchip подкристалл; часть кристалла

subcircuit подсхема; часть схемы

subcollection совокупность, подмножество (*данных определённого типа*)

subcommand подкоманда

subcomponent подкомпонент, субкомпонент

subconcept подпонятие

subcontrol управляющий узел (*многопроцессорной системы*)

subcycle подцикл

subdialogue вспомогательный диалог

subdirectory подсправочник, подкаталог

subdivision 1. последовательное деление, подразделение; разбиение на более мелкие части **2.** подраздел

subduplicate выражение под знаком квадратного корня, подкоренное выражение квадратного корня

subentry подстатья

subexpression подвыражение

subfield подполе

subfile субфайл

subgoal подцель

subgraph подграф

subheading подзаголовок

subhighway субмагистраль

subimage (составная) часть изображения

subindex субиндекс, нижний индекс, подстрочный индекс

subitem подэлемент

subject 1. подлежащее **2.** подчинённый

  implied ~ подразумеваемое подлежащее (*КОБОЛ*)

subjob подзадание

subkey подключ (*криптографической системы*)

sublanguage подмножество языка; *лингв.* подъязык

  data ~ подъязык манипулирования данными

sublayer подуровень

sublist подсписок

  operand ~ подсписок операнда

submachine функциональный узел (*многопроцессорной системы*)

submatrix подматрица

submenu субменю

submission:

  procedure ~ приписывание процедур (*в информационных системах*)

submodel подмодель

submodule субмодуль

subname дополнительное [уточняющее] имя

subnanosecond субнаносекундный

subnet(work) фрагмент сети, подсеть

subnetworking организация подсетей

subnormal поднормаль

subnumber дополнительный номер; дополнительный шифр (*в системе классификации и кодирования*)

suboptimization субоптимизация

subpanel субпанель

subparameter подпараметр

subpicture (стандартная) деталь изображения

subpixel субэлемент изображения

subpool подпул

subproblem подзадача

subprocedure подпроцедура

subprocessor подпроцессор

subproduct промежуточный результат

subprogram подпрограмма

  check(ing) ~ подпрограмма контроля, контролирующая подпрограмма

  closed ~ закрытая [замкнутая] подпрограмма

  direct-insert ~ открытая подпрограмма

  editing ~ подпрограмма редактирования, редактирующая подпрограмма

  external ~ внешняя подпрограмма

  first-order [**first remove**] ~ подпрограмма первого уровня (*обращение к которой производится непосредственно из основной программы*)

  floating-point ~ подпрограмма для работы с плавающей запятой

  function ~ подпрограмма-функция, функция-подпрограмма

  generalized ~ типовая [универсальная] подпрограмма

  hardware ~ аппаратно-реализованная подпрограмма

  hardwired ~ (постоянно) замонтированная [«зашитая»] подпрограмма

  initialization ~ подпрограмма инициализации, подпрограмма начального запуска

  in-line ~ линейная подпрограмма (*без циклов и ветвлений*)

  input ~ 1. подпрограмма ввода 2. входная подпрограмма

  input/output ~ подпрограмма ввода-вывода

  interpre(ta)tive ~ интерпретирующая подпрограмма, подпрограмма-интерпретатор

  interrupt ~ подпрограмма (обработки) прерываний

  interrupt service ~ подпрограмма обслуживания прерываний

  library ~ библиотечная подпрограмма

  linked ~ закрытая [замкнутая] подпрограмма

  nesting ~s вложенные подпрограммы

  one-level ~ одноуровневая подпрограмма

  open ~ открытая подпрограмма

  optimized ~ оптимизированная подпрограмма

  out-of-line ~ закрытая [замкнутая] подпрограмма

  output ~ подпрограмма вывода, подпрограмма подготовки выходных данных

  print ~ подпрограмма печати

  procedure ~ подпрограмма-процедура

  recursive ~ рекурсивная подпрограмма

  reenterable [**reentrant**] ~ повторно входимая подпрограмма

  relocatable ~ (свободно) перемещаемая (*в памяти*) подпрограмма

  second-order [**second remove**] ~ подпрограмма второго уровня (*обращение к которой производится из подпрограммы первого уровня*)

  test ~ тестовая подпрограмма, подпрограмма тестирования

  two-level ~ двухуровневая подпрограмма

  user-callable ~ подпрограмма, допускающая вызов пользователем

  user-supplied ~ подпрограмма пользователя

subprogramming программирование на основе использования стандартных подпрограмм

subquery подзапрос

subregion подобласть

subroutine (стандартная) подпрограмма (*см. тж* **subprogram**)

subrun подпроцесс

subschema подсхема (*в базах данных*)

subscriber пользователь, абонент

subscript 1. субиндекс, нижний индекс, подстрочный индекс **2.** список индексов

subscripting индексация

subsequence подпоследовательность

subset подмножество

   character ~ подмножество знаков; подалфавит

   language ~ подмножество языка, сокращённая версия языка

   numeric character ~ подмножество цифровых знаков, цифровое подмножество

   proper ~ строгое подмножество

subsettability разложимость

subspace подпространство

substantialization *лог.* реализация

substep подэтап

substituend *лог.* субституэнд, подставляемое выражение

substitute замена ‖ заменять, замещать; подставлять

substitution замена, замещение; подстановка

   address ~ переадресация, изменение адреса; подстановка адреса

   free ~ *лог.* свободная подстановка

substrate 1. подложка **2.** основание (*печатной платы*)

   active ~ активная подложка

   beam-lead ~ подложка с балочными [лучевыми] выводами

   ceramic ~ керамическая подложка

   glass ~ стеклянная подложка

   insulating ~ изолирующая подложка

   multilayer [multiplanar] ~ многослойная подложка

   n-~ подложка n-типа

   nitrogen-cooled ~ подложка, охлаждаемая жидким азотом

   p-~ подложка p-типа

   passive ~ пассивная подложка

   polycrystalline ~ поликристаллическая подложка

   sapphire ~ сапфировая подложка

   silicon ~ кремниевая подложка

substring 1. подстрока **2.** подцепочка ‖ разбивать на подцепочки

sub-subroutine подпрограмма подпрограммы

subsumee конкретизируемая категория (*в структуре родовидовых отношений*), видовой объект (*входящий в родовое описание*)

subsumer родовой объект (*включающий в себя видовые*)

subsumption категоризация, отнесение (*напр. объекта*) к определённой категории (*в экспертных системах*) ◊ **to determine** ~ устанавливать родовидовые отношения

subsystem подсистема; часть системы; компонент системы

   communication ~ подсистема связи

   integrated ~ интегральный узел (*построенный на ИС*)

   peripheral ~ периферийная подсистема; подсистема ввода-вывода

   reliability ~ подсистема обеспечения надёжности, надёжностная подсистема (*узел отказоустойчивой многопроцессорной системы*)

subtask подзадача

subtotal промежуточная сумма

subtract вычитать

subtracter вычитающее устройство, вычитатель

   digital ~ цифровое вычитающее устройство, цифровой вычитатель

   full ~ (одноразрядная) схема вычитания с тремя входами, (полный) вычитатель

half ~ (одноразрядная) схема вычитания с двумя входами, полувычитатель

parallel ~ вычитатель параллельного действия, параллельный вычитатель

serial ~ вычитатель последовательного действия, последовательный вычитатель

single-order ~ одноразрядное вычитающее устройство, одноразрядный вычитатель

three-input ~ (одноразрядная) схема вычитания с тремя входами, (полный) вычитатель

two-input ~ (одноразрядная) схема вычитания с двумя входами, полувычитатель

subtracter-adder вычитающе-суммирующее устройство, сумматор-вычитатель

subtraction вычитание ◊ ~ **by addition** вычитание сложением, вычитание путём сложения

below zero ~ вычитание с отрицательной разностью

binary ~ двоичное вычитание, вычитание в двоичной системе

direct ~ прямое вычитание

image ~ вычитание изображений

subtractor *см.* **subtracter**

subtrahend вычитаемое

subtransaction субтранзакция, часть транзакции

subtree поддерево

subtriplicate выражение под знаком кубического корня, подкоренное выражение кубического корня

subtype подтип

subunit 1. субблок 2. элемент блока, элемент узла

subvalue подзначение

succedent *лог.* сукцедент, последующий член (*отношения*)

successor последующий элемент (*рассматриваемой последовательности*), *проф.* преемник

sufficiency *матем.* достаточность

suffix 1. суффикс 2. индекс (*в языках программирования*)

suffixing суффиксация, расширение строки справа

suite 1. набор, комплект 2. набор программ

sum 1. сумма; итог ‖ суммировать, складывать; подводить итог 2. арифметическая задача 3. *pl* арифметика ◊ **to do** ~**s** решать (арифметические) задачи; ~ **to infinity** сумма с бесконечными пределами; **to** ~ **to infinity** суммировать до бесконечности

~ **of N-th powers** сумма N-х степеней

~ **of products** 1. сумма произведений 2. дизъюнкция конъюнкций (*в булевой алгебре*)

accumulated ~ накопленная сумма

check ~ контрольная сумма

final ~ окончательная сумма

initial ~ начальная сумма

intermediate ~ промежуточная сумма

logical ~ логическая сумма

modulo N ~ сумма по модулю N

not ~ «не сумма» (*инверсный выход суммы*)

partial ~ частичная сумма

partial-product ~ сумма частичных произведений

running ~ текущая сумма, текущее значение суммы

sideways ~ продольная (контрольная) сумма (*подсчитываемая в процессе ввода с перфоленты*)

vector ~ векторная сумма

summand слагаемое

summarize ~ суммировать, складывать; подводить итог

summarized суммарный, итоговый

summary:

alarm ~ аварийная сводка

summation 1. суммирование, сложение; подведение итога 2. совокупность, итог

~ of series суммирование рядов

current ~ сложение токов

voltage ~ сложение напряжений

summator, summer 1. сумматор, суммирующее устройство **2.** блок суммирования

weighted ~ устройство взвешенного суммирования, вычислитель взвешенных сумм

sumption *лог.* большая посылка (*силлогизма*)

super супер-ЭВМ, суперкомпьютер

near ~ мини-суперкомпьютер

superblock системный блок (*хранящий информацию о параметрах файловой системы*)

superchip кристалл сверхбольшой ИС, кристалл СБИС

supercomputer супер-ЭВМ, суперкомпьютер

full-scale ~ *проф.* полная супер-ЭВМ (*максимальной конфигурации*)

supercomputing организация вычислений на супер-ЭВМ

superconcept обобщающее понятие (*в базах знаний*), *проф.* суперпонятие, суперконцепт

superconductivity сверхпроводимость

superconductor сверхпроводник

supercurrent ток сверхпроводимости

supergraph надграф

supergroup супергруппа (*набор групп, напр. каналов связи*)

superkey суперключ

supermachine супер-ЭВМ

supermicrocomputer супермикро-ЭВМ, супермикрокомпьютер

supermini(computer) супермини-ЭВМ, супеминикомпьютер

supernet суперсеть

superposable накладывающийся

superposition суперпозиция, наложение, совмещение

superprocessor суперпроцессор

superprogrammer *проф.* суперпрограммист

super-reliable сверхвысоконадёжный

superscript 1. верхний индекс, надстрочный индекс **2.** показатель степени

superset 1. расширенный набор (*напр. команд*) **2.** супермножество (*множество множеств*)

supersoftware суперкомпьютерное программное обеспечение, суперкомпьютерные программные средства

superstation рабочая станция на основе супер-ЭВМ, суперкомпьютерная рабочая станция

scientific ~ суперкомпьютерная станция для научных исследований

supertype супертип (*данных*)

superuser привилегированный пользователь

superview суперпредставление (*распределённой базы данных*)

supervision контроль; диспетчерское управление; наблюдение

supervisor супервизор; управляющая программа; диспетчер

executive ~ диспетчер-супервизор

input-output ~ супервизор ввода-вывода

monitor ~ монитор, супервизор текущего контроля

overlay ~ супервизор перекрытий, *проф.* оверлейный супервизор

paging ~ супервизор страничного обмена

system ~ супервизор системы

task ~ супервизор задач

supplement:

coprocessor ~ сопроцессорная поддержка

supplier:

third-party ~ независимый поставщик; сторонний поставщик; поставщик-посредник

supply 1. подача, подвод; снабжение, питание ‖ подавать, подводить; снабжать; питать **2.**

источник питания **3.** устройство питания

power ~ **1.** (электро)питание **2.** источник (электро)питания

reference (power) ~ опорный источник (электро)питания

three-phase ~ **1.** трёхфазное (электро)питание **2.** источник трёхфазного (электро)питания

two-phase ~ **1.** двухфазное (электро)питание **2.** источник двухфазного (электро)питания

support поддержка, обеспечение; средства обеспечения

communication ~ поддержка обмена данными

compiler library ~ библиотечные средства обеспечения компиляции (*программы*)

database ~ ведение базы данных

decision ~ (программные и аппаратные) средства поддержки принятия решений

executive routine ~ обеспечивающие (программные) средства супервизора

external ~ внешнее обеспечение (*напр. языка*)

first-line ~ оперативная поддержка (*пользователя программных средств*)

hardware ~ аппаратная поддержка

information ~ информационная поддержка, информационное обеспечение

programming ~ средства обеспечения (разработки) программ

run-time ~ средства динамической поддержки (*напр. языков высокого уровня*)

software ~ **1.** программная поддержка **2.** поддержка программного изделия

suppress подавлять; гасить ◊ **to** ~ **zero(e)s** подавлять [устранять] (незначащие) нули (*при печати*)

suppression подавление; гашение; блокировка

carry ~ блокировка переноса

display ~ гашение изображения

instruction ~ подавление команды

null ~ подавление незначащей информации

optional ~ факультативная возможность уничтожения (*напр. записи*)

silence ~ подавление пауз (*при обработке речевых сигналов*)

space ~ **1.** блокировка подачи бумаги (*для печатания строки*) **2.** блокировка интервалов

zero ~ отбрасывание незначащих нулей, *проф.* подавление незначащих нулей

suppressor подавитель

echo ~ подавитель отражённых сигналов

surd иррациональное выражение; иррациональное число ‖ иррациональный

surface 1. поверхность ‖ поверхностный **2.** плоскость

emitting ~ поверхность эмиссии, эмитирующая поверхность

etched ~ травленая поверхность

image ~ поверхность изображения

optimal tradeoffs ~ поверхность оптимальных компромиссов (*в проектировании БИС*)

passivated ~ пассивированная поверхность

photosensitive ~ светочувствительная поверхность

recording ~ рабочая поверхность, поверхность (*носителя*) для записи

response ~ поверхность отклика

storage ~ запоминающая поверхность

target ~ поверхность мишени

writing ~ рабочая поверхность, поверхность (*носителя*) для записи

surge выброс (*на осциллограмме*) тока *или* напряжения

surrounder охватывающий многоугольник (*в графопостроителях*)

survey обследование; наблюдение; обозрение, обзор ‖ обследовать; делать обзор

pilot ~ предварительное обследование, предварительный сбор информации, предварительная выборка

repeated ~ повторное обследование, повторный сбор информации, повторная выборка

survivability живучесть

survival 1. живучесть; *т. игр* выживание **2.** *лингв.* проявленность (*некоторого свойства структуры данных*)

survive сохранять работоспособность, выживать, оставаться в исправном состоянии

surviver компонент, сохранивший работоспособность

suspending:

program ~ приостановка программы

suspicion:

mutual ~ общее недоверие (*принцип защитного программирования*)

swap 1. переставлять (*напр. биты*) **2.** перекачка, обмен **3.** *проф.* осуществлять свопинг

servo [tape-servo] ~ следящая система многоленточного файла (*совмещающая замену и прогон одних лент с перемоткой других*)

swap-in загрузка, подкачка

swap-out разгрузка, откачка

swapper *проф.* планировщик свопинга

swapping перекачка, обмен, *проф.* свопинг

board ~ замена плат

page ~ перекачка [свопинг] страниц

pairwise ~ попарная замена (*соединяемых модулей в процессе трассировки*)

tape ~ попеременное обращение к разным (магнитным) лентам

sweep развёртка ‖ развёртывать

circular ~ круговая развёртка

frequency ~ развёртка по частоте

saw-tooth ~ пилообразная развёртка

swing 1. качание; колебание ‖ качать(ся); колебать(ся) **2.** перепад; размах; максимальное отклонение

back ~ обратный ход (*напр. луча*)

logic ~ перепад логических уровней

output potential ~ перепад выходного напряжения

signal ~ размах сигнала; амплитуда сигнала

voltage ~ перепад напряжения

switch 1. переключатель; коммутатор; ключ; выключатель ‖ переключать; коммутировать; переводить в другое состояние **2.** *магн.* перемагничивать ◊ **to** ~ **in** включать; **to** ~ **off** выключать; **to** ~ **on** включать

address selection ~ переключатель выборки адреса

alteration ~ программно-опрашиваемый переключатель

AND ~ вентиль И

anticoincidence ~ вентиль антисовпадения, переключатель, работающий по принципу антисовпадения

automatic-manual ~ переключатель с автоматического режима на ручной, переключатель с ручного режима на автоматический

backbone ~ магистральный коммутатор (*сети*)

barrel ~ циклический [круговой] сдвигатель

bidirectional [bilateral] ~ двунаправленный переключатель

binary ~ двоичный переключатель

bit ~ разрядный [битовый] переключатель

breakpoint ~ переключатель (контрольного) останова; переключатель прерывания

byte ~ байтовый переключатель

context ~ контекстный переключатель (*программы*)

crossbar ~ шаговый искатель; координатный искатель; координатный коммутатор; матричный переключатель

crosspoint ~ матричный переключатель, матричный коммутатор

current-selected ~ переключатель с выборкой по току

debounced ~ переключатель с противодребезговой защитой

decade ~ декадный переключатель

decoder ~ дешифратор; декодирующее устройство; декодер

diamond ~ коммутатор с линейной выборкой сигналов

diode ~ диодный переключатель

DIP ~ переключатель в корпусе типа DIP

distributed ~ распределённый коммутатор (*в многопроцессорных системах*)

double-coincidence ~ переключатель с двойным совпадением

double-pole ~ двухполюсный переключатель; двухпозиционный переключатель

dual-in-line ~ переключатель в корпусе с двухрядным расположением выводов

electroluminescent-photoconductive ~ электролюминесцентно-фотопроводящий переключатель

electron-beam ~ электронно-лучевой переключатель

electronic ~ электронный переключатель; электронный ключ

EL-PC ~ *см.* **electroluminescent-photoconductive switch**

emergency (off) [emergency-pull] ~ общий [аварийный] выключатель [рубильник] (электро)питания

ferroelectric ~ сегнетоэлектрический переключатель

function ~ **1.** функциональный переключатель **2.** переключатель функций

gang ~ блок переключателей; галетный [многоплатный] переключатель

Hall-effect ~ переключатель на основе эффекта Холла

hook ~ рычажный переключатель

input ~ входной переключатель

insertion ~ переключатель для ввода (*данных с пульта оператора*)

intelligent ~ интеллектуальный переключатель, переключатель со встроенной логикой

interprocessor ~ коммутатор межпроцессорных соединений, межпроцессорный коммутатор

intervention ~ общий [аварийный] выключатель [рубильник] (электро)питания

jack ~ пружинный переключатель

LED-illuminated ~ переключатель с подсветкой от светодиода

lighted ~ переключатель с подсветкой

linear selection ~ коммутатор с линейной выборкой сигналов

load-sharing ~ переключатель распределения нагрузки

logical ~ логический ключ, логическая переключательная схема

lumped ~ сосредоточенный коммутатор

magnetic ~ (электро)магнитный переключатель

magnetooptical ~ магнитооптический переключатель

manual ~ ручной переключатель; ручной ключ

matrix ~ матричный переключатель; матричный коммутатор

microwave ~ СВЧ-переключатель

mode ~ переключатель режима

multicontact ~ многоконтактный переключатель

multiple-input ~ переключатель со многими входами

multiple-position ~ многопозиционный переключатель

multiplex(er) ~ коммутатор каналов, мультиплексор

multiposition ~ многопозиционный переключатель

multiway ~ многопозиционный переключатель; многоканальный переключатель

N-gang ~ N-галетный [N-платный] переключатель

N-pole ~ N-полюсный переключатель

N-position ~ N-позиционный переключатель

N-way ~ N-канальный переключатель, переключатель на N направлений

on-board ~ переключатель, расположенный на плате, внутриплатный переключатель

one-shot ~ кнопка (подачи) одиночных импульсов

on-off ~ 1. выключатель, переключатель «включено-выключено» 2. селекторный ключ

operation-control ~ (матричный) переключатель управления выполнением операций

optical ~ оптический переключатель

optoelectronic ~ оптоэлектронный переключатель

OR ~ переключатель [вентиль] ИЛИ

origination ~ коммутатор источника (сообщений)

output ~ выходной переключатель

packet ~ узел коммутации [коммутатор] пакетов (в сети)

parallel inverter ~ параллельный инверторный переключатель

program(med) ~ программный переключатель

pulse ~ импульсный переключатель

push-button ~ кнопочный переключатель

rearrangeable ~ перестраиваемый коммутатор

rectangular ~ «прямоугольный» переключатель (вариант криогенного дешифратора)

reed ~ язычковый переключатель

relay ~ релейный переключатель

result ~ коммутатор выходных данных

rocker ~ кулисный переключатель

rotary ~ поворотный переключатель; галетный переключатель

selector ~ селекторный переключатель; селекторный ключ

sense ~ программно-опрашиваемый переключатель

sequence ~ программный переключатель

single-throw ~ галетный переключатель на одно направление

slide ~ ползунковый переключатель, движковый переключатель

snap action ~ переключатель мгновенного действия

software-controlled ~ переключатель с программным управлением, программно-управляемый переключатель

stepping ~ шаговый искатель

store-and-forward ~ коммутатор с промежуточным хранением

tandem ~ спаренный переключатель

tape-feed ~ переключатель лентопротяжного устройства

tape select ~ переключатель выбора ленты

thin-film ~ тонкоплёночный переключатель

three-input ~ трёхвходовый переключатель

thumbwheel ~ барабанный переключатель (*с цифрами по образующей цилиндра*); дисковый переключатель

time ~ реле времени

toggle ~ тумблер, (перекидной) переключатель

transistor ~ транзисторный переключатель

tree ~ древовидный переключатель, древовидная переключательная схема

triple-coincidence ~ переключатель с тройным совпадением

tumbler ~ тумблер, (перекидной) переключатель

two-channel ~ двухканальный переключатель

two-input ~ двухвходовый переключатель

two-level ~ двухуровневый переключатель

unidirectional ~ переключатель на одно направление

voltage-selected ~ переключатель с выборкой по напряжению

whiffletree ~ каскадный переключатель

switchable переключаемый, допускающий переключения

switchboard 1. коммутационная панель; коммутационная доска; коммутационный щит **2.** коммутатор

feeder ~ распределительный щит; щит питания

switchgear коммутационная аппаратура; распределительная аппаратура

switching 1. переключение; коммутация ‖ переключательный, переключающий **2.** *магн.* перемагничивание

bank ~ коммутация блоков памяти

battery ~ переключение (*напр. памяти*) на батарейное питание

bumpless ~ безударное переключение (*системы с одного*

режима на другой), *проф.* безударный подхват

channel ~ переключение [коммутация] каналов

circuit ~ **1.** коммутация цепей **2.** коммутация каналов (*в сети*)

coherent ~ перемагничивание когерентным вращением

constant-current ~ перемагничивание импульсами тока постоянной амплитуды

constant-voltage ~ перемагничивание импульсами напряжения постоянной амплитуды

context ~ контекстное переключение, переключение контекста

domain wall ~ перемагничивание движением [смещением] стенок [границ] доменов

false ~ ложное переключение

input/output ~ переключение [коммутация] каналов ввода-вывода

irreversible ~ необратимое перемагничивание

line ~ переключение [коммутация] каналов; коммутация линий (*связи*)

message ~ коммутация сообщений

multiple level ~ многоступенчатое [многоуровневое] переключение

noncoherent ~ перемагничивание некогерентным вращением

packet ~ пакетная коммутация, коммутация пакетов (*в сети*)

process ~ переключение процессов; переключение с одного процесса на другой

program ~ переключение программ; программное переключение

push-button ~ кнопочное переключение

relay ~ релейная коммутация

remote ~ дистанционное переключение, дистанционная коммутация

reversible ~ обратимое перемагничивание

space ~ переключение интервала (*при печати*)

space-division ~ пространственная коммутация

steady-state ~ статическое перемагничивание

store-and-forward ~ коммутация с промежуточным хранением

time-division ~ временна́я коммутация

virtual ~ виртуальная коммутация

switchover:

hot ~ включение горячего резерва

switchpoint 1. точка ветвления **2.** элемент коммутации; точка переключения (*в сетях*)

syllabicate разделять на слоги

syllabi(fi)cation слогоделение

syllable слог

syllogism *лог.* силлогизм

syllogize выражать в форме силлогизма

sylvatron сильватрон (*электролюминесцентный прибор для визуального вывода данных*)

symbiont *проф.* симбионт (*небольшая программа, выполняемая одновременно с основной программой*)

symbiosis:

data model ~ совокупность (различных) моделей данных

man-machine ~ симбиоз «человек — машина»; человеко-машинная система

symbol символ; знак; обозначение (*см. тж* **character**)

abstract ~ абстрактный символ

additional ~ **1.** дополнительный знак **2.** специальный (графический) знак (*кроме буквенного или цифрового*)

aiming ~ направляющий символ (*напр. смещения позиции печати*)

annotation ~ (условный) знак для пояснения (*на блок-схеме*)

ASA ~ знак [символ] (кода) Американской ассоциации стандартов

assignment ~ символ присваивания

atomic ~ атом (*ЛИСП*)

basic ~ основной символ

block-diagram ~ символ на блок-схеме

block-identification ~ знак идентификации блока (*на магнитной ленте*)

breakpoint ~ знак (контрольного) останова; знак прерывания

chart(ing) ~ символ на блок-схеме

check ~ контрольный символ; контрольный знак

colon equal ~ символ присваивания

connector ~ знак соединения, соединитель (*напр. на блок-схеме*)

currency ~ валютный символ, валютный знак

current operation ~ текущий обрабатываемый символ

decision ~ символ проверки (условия) (*ромб на блок-схеме*)

displaying ~ индицируемый символ (*на экране дисплея*)

distinguished ~ начальный символ; помеченный символ; аксиома (*в формальной системе или грамматике*)

edge-lit ~ знак, подсвечиваемый с кромки

editing ~ знак редактирования

end of data ~ знак окончания данных

entry ~ символ входа, имя (точки) входа

external ~ внешний символ (*представляющий внешнюю ссылку в программе*)

flexible ~ переменный символ

flowchart(ing) ~ символ на блок-схеме

functional ~ функциональный символ

global variable ~ символ глобальной переменной

graphic ~ графический символ; графический знак

grouping ~ группирующий символ (*напр. скобка*)

heap ~ «глобальный» символ (*АЛГОЛ 68*)

item separation ~ разделитель, ограничитель

mnemonic ~ мнемонический знак

model ~s (графические) символы для изображения (структуры) модели

multiply defined ~ многократно [повторно] определённый символ (*тип программных ошибок*)

negated ~ символ с отрицанием (*в логическом выражении*)

negation ~ символ отрицания

non-numeric ~ нецифровой знак

nonterminal ~ нетерминальный символ

operational ~ операционный символ

primitive ~ исходный символ, *проф.* символ-примитив

program modification ~ символ *или* знак модификации программы

pseudoatomic ~ псевдоатом (*ЛИСП*)

punctuation ~ знак пунктуации

root ~ корневой символ

separator ~ символ разделения, разделительный символ

sequence ~ символ следования

special [specific] ~ специальный знак

standard language ~ стандартный языковой символ

start ~ начальный символ

terminal ~ терминальный символ

terminating ~ знак окончания (*напр. блока данных на магнитной ленте*)

tracking ~ курсор

unnegated ~ символ без отрицания (*в логическом выражении*)

variable ~ символ переменной

symbolic символический

symbolically символически, в символической форме

symbolism 1. символика **2.** система символов

symbolize изображать символически, отображать в символической форме

symbology символика

symmetric(al) симметрический; симметричный

symmetry симметрия; симметричность; соразмерность

    complementary ~ дополнительная симметрия

symptom симптом (*в диагностике неисправностей*)

    error ~ симптом ошибки

synch сигнал начала блока (*передаваемой информации*)

synchpoint точка синхронизации (*в которой может быть произведён рестарт программы*)

synchro 1. сельсин, синхронный повторитель **2.** синхронизатор ‖ синхронный

synchro-duplexing с синхронным дублированием (*напр. магнитных лент*)

synchronism синхронизм, синхронность

    tight ~ жёсткий синхронизм

synchronization синхронизация

    external ~ внешняя синхронизация

    horizontal ~ строчная синхронизация

    image ~ синхронизация изображений

    intertask ~ синхронизация задач

    pulse ~ импульсная синхронизация; синхронизация импульсов

    vertical ~ кадровая синхронизация

synchronize синхронизировать, приводить к синхронизму, согласовывать во времени; совпадать во времени

synchronizer синхронизатор, синхронизирующее устройство
  channel ~ синхронизатор канала
  data ~ синхронизатор данных
  master ~ главный синхронизатор, генератор главных импульсов; задающий генератор
  read ~ схема синхронизации считывания
  tape ~ синхронизатор ленты
  write ~ схема синхронизации записи

syndetic синдетический (*снабжённый перекрёстными ссылками*)

syndrome синдром (*1. остаток при делении кода принятого сообщения на производящий многочлен 2. признак неисправности в логической схеме*)

syndrome-testable синдромотестируемый

synerg(et)ic синергический (*об эффекте согласованного взаимодействия частей системы*)

synergism синергизм

synonymy синонимия

syntactics *лингв.* синтактика

syntax 1. синтаксис 2. синтаксическая структура
  command ~ синтаксис командного языка
  comparative ~ сравнительный синтаксис
  descriptive ~ описательный синтаксис
  inner ~ внутренний синтаксис (*языка программирования*)
  logical ~ логический синтаксис
  mobile ~ мобильный синтаксис
  outer ~ внешний синтаксис (*языка программирования*)
  rich ~ богатые синтаксические возможности (*языка*)

syntax-directed управляемый синтаксисом, синтаксически управляемый

synthesis:
  analysis speech ~ синтез речи методом анализа (*вводимых образцов речевых сигналов*)
  automata ~ синтез автоматов
  constructive (speech) ~ конструктивный синтез речи (*с использованием заранее заданных фонем или аллофонов*)
  image ~ синтез изображения *или* изображений
  logic ~ синтез логических схем; логический синтез
  logical ~ логический синтез
  picture ~ синтез изображения *или* изображений
  schematic ~ синтез схем
  speech ~ синтез речи
  structure ~ структурный синтез; синтез структуры

synthesizer синтезатор, синтезирующее устройство
  Fourier ~ гармонический синтезатор, *проф.* Фурье-синтезатор
  partial autocorrelation ~ синтезатор, работающий по способу частичной автокорреляции
  speech ~ синтезатор речи
  talking-computer ~ синтезатор речи в вычислительной машине с речевым выводом
  voice ~ синтезатор речи

syscall системный вызов

System:
  Unified ~ Единая система [ЕС] ЭВМ (*стран СЭВ*)

system 1. система 2. система; установка; устройство; комплекс ◊ ~ **with delay [with time lag]** система с запаздыванием
  ~ **of logic** логическая система
  ~ **of notation** 1. система счисления 2. система представления; система обозначений
  accounting ~ система учёта и отчётности; (автоматизированная) система бухгалтерского учёта
  adaptive control ~ адаптивная система управления; си-

стема регулирования с адаптацией

addressing ~ **1.** система адресации **2.** система адресов, адресная система

address selection ~ система выборки адреса

AI ~ система искусственного интеллекта, СИИ

AI planning ~ система искусственного интеллекта с планируемым поведением

analog computing ~ аналоговая вычислительная система

analog-digital computing ~ аналого-цифровая вычислительная система

analysis information ~ аналитическая информационная система

arabic number ~ арабская числовая система

arithmetic ~ система арифметики

assembly ~ **1.** система компоновки **2.** ассемблер

asymmetrical ~ асимметричная (мультипроцессорная) система

atomic ~ атомарная [неделимая] система (*в которой нельзя выделить подсистемы или компоненты нижестоящего уровня*)

attached processor ~ система с присоединённым процессором

audio ~ звуковая система; речевая система (*ввода-вывода*)

automated office ~ учрежденческая автоматизированная система, система автоматизации учрежденческой деятельности

automatically programmed ~ система с автоматическим программированием

automatically taught ~ самообучающаяся система

automatic block ~ система автоблокировки

automatic checkout ~ система автоматического контроля

automatic control ~ система автоматического управления; система автоматического регулирования

automatic search ~ автоматическая система поиска, система автоматического поиска

automatic test ~ автоматическая испытательная система, автоматический тестер

autoprogrammable ~ самопрограммирующаяся система

axiomatic ~ *лог.* аксиоматическая система

backup ~ **1.** дублирующая [резервная] система; вспомогательная система **2.** поддерживающая система (*для обнаружения и исправления ошибок*)

bad ~ система с ошибками (*в диагностике логических схем*)

bang-bang ~ система релейного регулирования

base-2 ~ двоичная система счисления

basic ~ базовая система

batch-processing ~ система пакетной обработки (*данных*)

Batten ~ (поисковая) система со сличением (карт) на просвет

binary ~ **1.** двоичная система (счисления) **2.** бинарная система

binary-coded decimal ~ двоично-кодированная десятичная система; двоично-десятичная система

binary number ~ двоичная система (счисления)

biquinary ~ двоично-пятеричная система

bit-mapped ~ система с поэлементным отображением

bit-slice ~ разрядно-модульная система

block parity ~ система с поблочным контролем по чётности

business ~ система для решения коммерческих задач

bus-oriented ~ система с шинной организацией

bussed ~ система с общей шиной; система с шинной организацией

CAD ~ система автоматизированного проектирования, САПР

call-reply ~ запросно-ответная система

carrier ~ система с несущей частотой

cause-controlled ~ система регулирования по возмущению

character-reading ~ устройство считывания знаков

character recognition ~ система распознавания знаков

check sum error-detecting ~ система обнаружения ошибок по контрольной сумме

chip-layout ~ система топологического проектирования кристаллов

clock ~ система синхронизации; система тактирования

closed ~ закрытая система (*без связей с внешней средой*)

closed loop ~ 1. система с замкнутым контуром; система с обратной связью; замкнутая система 2. (вычислительная) система, работающая без вмешательства человека

code ~ кодовая система

coded-decimal ~ кодированная десятичная система (счисления)

code-dependent ~ кодозависимая система

code recognition ~ система опознавания [селекции] кода

coding ~ 1. система кодирования 2. система программирования

coincident selection ~ система выборки, работающая по принципу совпадения (токов)

cold ~ система в холодном состоянии (*до прогрева*)

color-coded ~ система с цветовым кодированием

command ~ система команд

common-bus ~ система с общей шиной

communication data ~ система передачи данных

communications-oriented ~ система для работы с линиями связи

compiler run-time ~ административная система компилятора

computer ~ 1. система вычислительных машин 2. вычислительная система, вычислительный комплекс

computer-aided ~ система с вычислительной машиной; автоматизированная система

computer-aided design ~ система автоматизированного проектирования, САПР

computer-based [computerized] ~ система с вычислительной машиной; автоматизированная система

computing ~ вычислительная система, вычислительный комплекс

concealment ~ система сокрытия (*секретной информации*)

conservative ~ *киберн.* консервативная система

contention ~ система с конкуренцией (*напр. между терминалами за использование линии передачи данных*)

continuous presence ~ система постоянного присутствия (*класс систем видеоконференций*)

control ~ 1. система управления; система регулирования 2. система контроля

controlled ~ регулируемая система

controlling ~ регулирующая система

coordinate ~ система координат

cordonnier ~ (поисковая) система со сличением (карт) на просвет

crossbar switch ~ 1. (мультипроцессорная) система с перекрёстной коммутацией (процессоров) 2. система с координатными переключателями

data ~ информационная система

data acquisition ~ система сбора данных

database management ~ система управления базами данных, СУБД

database support ~ система ведения базы данных

data collection ~ система сбора данных

data exchange ~ система обмена данными

data flow ~ система, управляемая потоком данных

data gathering ~ система сбора данных

data handling ~ система обработки данных

data-managed ~ система, управляемая данными

data management ~ система управления данными

data preparation ~ система подготовки данных

data processing ~ система обработки данных

data reduction ~ система (предварительного) преобразования данных

data retrieval ~ информационно-поисковая система, ИПС

data storage ~ система хранения данных

data transmission ~ система передачи данных

decimal (number) [decimal numeration] ~ десятичная система (счисления)

decision-making ~ система принятия решений

decision-support ~ система поддержки принятия решений

decision-taking ~ система принятия решений

decoding selection ~ система выборки чисел

decomposable ~ разложимая система

dedicated ~ специализированная система

degenerate ~ *киберн.* вырожденная система

design-automation ~ автоматизированная система проектирования

design library support ~ библиотечная система поддержки [обеспечения] проектирования

design-verification ~ система верификации проектных решений

development ~ макетная система

development support ~ система поддержки [обеспечения] разработок, *проф.* инструментальная система

digital communication ~ система дискретной связи; система цифровой связи

digital computing ~ цифровая вычислительная система

direct-current ~ потенциальная система (*в отличие от импульсной*)

directly coupled ~ (мультипроцессорная) система с прямой связью (между процессорами) (*осуществляемой через общую оперативную память*)

discrete ~ дискретная система

discrete-continuous ~ непрерывно-дискретная система

disk operating ~ дисковая операционная система

display ~ система отображения (данных), система индикации

distributed ~ распределённая система

distributed database management ~ система управления распределёнными базами данных, распределённая СУБД

distributed function ~ система с распределёнными функциями

distributed intelligence ~ распределённая система искусственного интеллекта; система с распределённой логикой

distributed parameter ~ система с распределёнными параметрами

distribution ~ распределительная система; система распространения (*напр. программных изделий*)

double intermediate tape ~ система с промежуточной записью на две (магнитные) ленты (*при трансляции программ*)

down ~ неисправная система; неработающая система

drafting ~ система автоматического изготовления чертежей

dual ~ система из двух (вычислительных) машин *или* устройств, сдвоенная система

dual-computer ~ двухмашинный (вычислительный) комплекс

dual-processor ~ двухпроцессорная система, двухпроцессорный комплекс

ducol punched card ~ двухколоночная система пробивок перфокарт

duodecimal (number) ~ двенадцатеричная система (счисления)

duotricenary (number) ~ тридцатидвухричная система (счисления)

duplex(ed) computer ~ дуплексная [сдвоенная] вычислительная система; вычислительная система с дублированием (оборудования)

dyadic (number) ~ двоичная система (счисления)

dynamic mapping ~ система динамического отображения; система динамического распределения (*напр. памяти*)

dynamic scene ~ система (визуального) восприятия динамических сцен

dynamic support ~ система динамического обеспечения, система динамической поддержки

electronic data processing ~ электронная система обработки данных

electronic sorting ~ электронная система сортировки

encoding ~ система кодирования

equipment adapted data ~ система обработки данных с адаптацией к составу оборудования

erasing ~ стирающая система (*напр. для ПЗУ*)

error-controlled ~ система регулирования по отклонению

error-correcting ~ система с исправлением ошибок; система исправления ошибок

error-detecting ~ система с обнаружением ошибок; система обнаружения ошибок

excess-2^{m-1} coding ~ система кодирования с избытком 2^{m-1}

executive ~ система управления (*исполнением программ*); супервизор

executive file-control ~ система (*программ*) управления файлами

expert ~ экспертная система

expert control ~ управляющая экспертная система

expert-planning ~ экспертная система планирования

externally pulsed ~ система с внешней синхронизацией

fail-safe ~ отказобезопасная система (*с нейтрализацией нежелательных последствий отказов*)

fail-soft ~ система с постепенным ухудшением параметров (*при отказах отдельных модулей*), *проф.* система с амортизацией отказов

fan-out ~ система с веерным подключением абонентов (*без общей магистрали*)

fault-tolerant ~ отказоустойчивая система

feasible ~ физически осуществимая система

federated ~ интегрированная система

feed ~ система подачи; система питания

feedback ~ **1.** система с обратной связью **2.** система обратной связи

feedforward control ~ система регулирования по возмущению; разомкнутая система управления; система управления с прогнозированием

fiche retrieval ~ система автоматического поиска (и отображения) микрофиш

file ~ файловая система; система файлов

file control ~ система управления файлами

fixed-length record ~ система с записями фиксированной длины

fixed-point ~ система с фиксированной запятой

fixed-radix numeration ~ (позиционная) система счисления с постоянным основанием (*по всем разрядам числа*)

floating-point ~ система с плавающей запятой

fluid transport ~ струйная система транспортировки (*напр. карт*)

follow-up ~ следящая система

forgiving ~ система, терпимая к ошибкам пользователя, система с нейтрализацией *или* исправлением ошибок пользователя

front-end ~ фронтальная система, система предварительной обработки (*данных*)

goal-seeking ~ система с целенаправленным поведением

good ~ система без ошибок; заведомо исправная система

graceful degradation ~ система с постепенным ухудшением параметров (*при отказах отдельных модулей*), *проф.* система с амортизацией отказов

graphic data ~ система обработки графических данных

graphics ~ графическая система

graphics display ~ графический дисплей; система графи-

ческого отображения (данных)

heterogeneous ~ гетерогенная [неоднородная] система

hexadecimal (number) ~ шестнадцатеричная система (счисления)

homogeneous ~ гомогенная [однородная] система

host ~ **1.** базисная система **2.** централизованная система

hostless ~ децентрализованная система

host-satellite ~ система с главным [ведущим] и подчинёнными элементами

hunting ~ «рыскающая» система (*отслеживающая заданное значение в колебательном режиме*)

imaging ~ система формирования *или* обработки изображений

incremental ~ инкрементная система

independent ~ независимая [автономная] система

indirectly coupled ~ (мультипроцессорная) система с косвенной [слабой] связью (между процессорами) (*осуществляемой через общую внешнюю память*)

information ~ информационная система

information-feedback ~ система с информационной обратной связью

information handling ~ система обработки информации

information management ~ информационно-управляющая система

information processing ~ система обработки информации

information (storage and) retrieval ~ информационно-поисковая система, ИПС

in-plant ~ сосредоточенная (в одном месте) система (*обработки данных*)

input/output control ~ система управления вводом-выводом instruction ~ обучающая система

integrated ~ интегрированная система

intelligence ~ 1. интеллектуальная система 2. система искусственного интеллекта, СИИ

interactive ~ интерактивная система; диалоговая система

interactive control ~ 1. система взаимосвязанного регулирования; диалоговая управляющая система 2. система управления, работающая в диалоговом режиме

intercommunicating ~ система внутренней связи, система коммуникаций

interlock ~ система блокировки, система блокировок

internal (number) ~ внутренняя система (счисления)

interrupt ~ система прерываний

isolated ~ обособленная [изолированная] система; независимая [автономная] система

isolated-word ~ система распознавания изолированных слов

kernel ~ базовая система

key-to-disk/tape ~ система ввода с клавиатуры на диски или ленту

knowledge ~ система (накопления, хранения и обработки) знаний

knowledge-based ~ система, основанная на использовании знаний; система с базой знаний

knowledge base management ~ система управления базой знаний

large-scale computing ~ вычислительная система широких возможностей; большая вычислительная система

laser communication ~ лазерная система связи

layered control ~ многоуровневая система управления

level-signal ~ потенциальная система (*в отличие от импульсной*)

library reference ~ система библиотечных ссылок

local-network ~ система с локальной сетью

long-haul ~ система дальней связи

lumped-parameter ~ система с сосредоточенными параметрами

machine-limited ~ система, ограниченная возможностями машины

machine-oriented programming ~ машинно-ориентированная система программирования

machine tool control ~ система (программного) управления станками; управляющая система станка

macro(instruction) ~ система макрокоманд

magnetic core selection ~ 1. система выборки на магнитных сердечниках 2. система выборки магнитных сердечников

magnetic memory ~ магнитная система памяти, магнитная запоминающая система

magnetic recording ~ 1. система магнитной записи 2. магнитное записывающее устройство; магнитное регистрирующее устройство

magnetic tape plotting ~ графопостроитель с управлением от магнитной ленты

mail ~ система электронной почты, электронная почта

mailbox ~ система почтовых ящиков (*в электронной почте*)

mail message ~ система обмена сообщениями с использованием почтовых ящиков (*в электронной почте*)

management information ~ управленческая информационная система

man-machine ~ человеко-машинная система

map-reading ~ система (для)

чтения карт (*напр. по данным аэрофотосъёмки*)

mass memory ~ массовая память, массовое запоминающее устройство

mass storage ~ массовое запоминающее устройство, запоминающее устройство большой ёмкости

master/slave ~ система с главным и подчинёнными элементами, система с ведущим и ведомыми элементами

matrix memory ~ матричная система памяти, матричная запоминающая система

memory ~ система памяти, запоминающая система

memory driver ~ система формирователей (*тока выборки ЗУ*)

message ~ система (организации) обмена сообщениями

microfilm printing ~ система воспроизведения выходных данных на микрофильме, микрофильмирующая выходная система (*ЭВМ*)

minicomputer ~ мини-машинная система, система с мини-ЭВМ

mixed-base number(ing) [mixed-radix numeration] ~ (позиционная) система счисления со смешанным основанием

model-based expert ~ экспертная система с модельным представлением знаний

modular ~ модульная система

monitor(ing) ~ 1. система текущего контроля 2. система диспетчерского управления

mosaic ~ мозаичная система (*генерирования изображений на экране*)

multichannel ~ многоканальная система

multicomputer ~ многомашинная (вычислительная) система

multidatabase management ~ система управления мультибазами данных, СУМБД

multidimensional ~ многомерная система

multifrequency ~ многочастотная система

multilevel storage ~ иерархическая [многоуровневая] система запоминающих устройств

multiloop ~ многоконтурная система

multimicroprocessor ~ мультимикропроцессорная система

multiple-bus ~ многошинная система

multiple-coincident magnetic storage ~ магнитное запоминающее устройство, работающее по принципу совпадения (нескольких) токов

multiple computation ~ система с многократными вычислениями (*для обеспечения отказоустойчивости*)

multiple-output control ~ многоканальная система регулирования

multiplex ~ мультиплексная система

multiport ~ многопортовая система

multiprocessing [multiprocessor] ~ мультипроцессорная [многопроцессорная] система

multiprogramming (computer) ~ (вычислительная) система, работающая в мультипрограммном режиме

multisite ~ рассредоточенная система; многоабонентская система

multispeaker ~ система (*распознавания речи*), рассчитанная на многих дикторов

multistable ~ мультистабильная система, система со многими устойчивыми состояниями

multitasking operating ~ многозадачная операционная система

multiterminal ~ мультитерминальная [многотерминальная] система

multiuser (computer) ~ (вычислительная) система коллективного пользования

multiuser operating ~ 1. система, работающая в режиме обслуживания многих пользователей 2. операционная система (для обеспечения) режима мультидоступа

multivariable ~ система со многими переменными; многосвязная система

multivariate ~ многомерная система

native operating ~ собственная операционная система (*напр. ЭВМ, работающей в сети*)

negative-base number(-)representation ~ система счисления с отрицательным основанием; система представления чисел с отрицательным основанием

network operating ~ сетевая операционная система; операционная система сети

network stand-alone ~ независимая [автономная] сеть

node-replicated ~ система с дублирующими узлами

noncomputerized ~ неавтоматизированная система; неавтоматизированная часть автоматизированной системы

nonconsistently based number ~ система счисления со взаимно простыми основаниями

nondegenerate ~ *киберн.* невырожденная система

number(ing) ~ система счисления

number representation ~ система представления чисел

numeral ~ 1. цифровая система 2. система счисления

numeration ~ 1. система представления чисел 2. система счисления

numerical ~ система счисления

octal (number) ~ восьмеричная система (счисления)

office automation ~ система автоматизации учрежденческой деятельности, учрежденческая автоматизированная система

off-line ~ автономная система

on-demand ~ система обслуживания по требованию

one-level storage ~ одноуровневая запоминающая система

one-loop ~ одноконтурная система

one-over-one address ~ двухадресная система (команд) типа «один плюс один»

on-line ~ 1. неавтономная система; система, работающая в режиме онлайн 2. система, работающая в реальном (масштабе) времени, система реального времени, СРВ

open(-ended) ~ открытая система (*имеющая связи с внешней средой*)

open-loop ~ система с разомкнутым контуром; система без обратной связи; разомкнутая система

operating [operational] ~ 1. операционная система 2. действующая система (*находящаяся в рабочем состоянии*)

operator-guide ~ система управления действиями оператора (*в исключительных ситуациях*)

optical memory ~ система оптической памяти

out-plant ~ система (управления) с дистанционными устройствами

overload-hold ~ схема перевода усилителей (*аналоговой ЭВМ*) в режим фиксации решения при перегрузках

page-on-demand ~ система со страничным обменом по запросу

paper-tape ~ система с бумажной перфолентой, перфолент(оч)ная система

parameter-driven expert ~ параметрически управляемая экспертная система

pattern recognition ~ система распознавания образов

peek-a-boo ~ (поисковая) система со сличением (карт) на просвет

peripheral ~ периферийная система

phonetic ~ речевая система (*ввода-вывода*)

pipeline ~ конвейерная система

point-to-point ~ система с прямыми связями

polled ~ система с (периодическим) опросом

polymorphic ~ полиморфная система

polyphase ~ многофазная система

portable ~ мобильная (программная) система (*переносимая с одной ЭВМ на другую*)

positional representation ~ позиционная система представления

priority ~ система приоритетов

priority scheduling ~ приоритетная система планирования, система приоритетного планирования

procedural expert ~ процедурная экспертная система (*основанная на процедурном представлении знаний*)

process control ~ автоматизированная система управления технологическими процессами, АСУТП

processor-sharing ~ система с разделением процессорного времени (*между задачами*)

production ~ **1.** система продукции; продукционная система (*основанная на представлении знаний в виде продукционных правил*) **2.** производственная система

production control ~ автоматизированная система управления производством

program ~ комплекс программ

program buddy ~ система разработки программ с «подстраховкой», система парного программирования (*с участием двух программистов, один из которых кодирует программу, а другой анализирует*)

programming ~ система программирования

protection ~ система защиты

pulse ~ импульсная система

pulse-or-no-pulse ~ система представления единицы и нуля (соответственно) наличием *или* отсутствием импульса

pulse-signal ~ импульсная система

punch card computer ~ счётно-перфорационная вычислительная система

pure-binary numeration ~ чисто двоичная система представления чисел

purposeful ~ целеустремлённая система

quadruplex ~ система с четырёхкратным резервированием

question-answering ~ справочная система; запросно-ответная система

queue(ing) ~ система массового обслуживания, СМО

radix number(ing) ~ позиционная система счисления

reactive ~ реагирующая система (*изменяющая своё поведение в ответ на конкретные ситуации*)

reading ~ система считывания

real-time ~ система, работающая в реальном (масштабе) времени, система реального времени, СРВ

real-time expert ~ экспертная система реального времени

real-time operating ~ операционная система, управляющая обработкой данных в реальном (масштабе) времени, операционная система реального времени, ОСРВ

reasoning ~ **1.** разумная система, система, способная к рассуждениям **2.** система, реализующая механизм рассуждений

recognition ~ система распознавания

recording ~ 1. система записи 2. записывающее устройство; регистрирующее устройство

recovery ~ система восстановления (*напр. после сбоя*)

redundant ~ избыточная система, система с избыточностью; система с резервированием

reflected binary (number) ~ рефлексная двоичная система (счисления)

refreshment ~ система регенерации (*напр. изображения*)

remote-access ~ (вычислительная) система с дистанционным доступом

replicating ~ воспроизводящая система

representation ~ система представления

request-repeat ~ система с автоматическим переспросом

rerecording ~ 1. система перезаписи 2. устройство перезаписи

residue (number) ~ система (счисления) остаточных классов, система (счисления) в остатках

resource-sharing ~ система с разделением ресурсов

restorable ~ восстанавливаемая система

retrieval ~ система поиска (*информации*)

retrieval-only ~ система, предназначенная только для поиска (информации)

robot(ic) ~ робототехническая система, робототехнический комплекс

rule-based (expert) ~ (экспертная) система на основе продукционных правил

scalable ~ расширяемая система

selection ~ система выборки

self-adapting ~ самоприспосабливающаяся система

self-adjusting ~ самонастраивающаяся система

self-aligning ~ система с самовыравниванием

self-balancing ~ самобалансирующаяся система

self-check ~ система самоконтроля; система с самоконтролем

self-contained ~ замкнутая система

self-correcting ~ самокорректирующаяся система, система с автоматической коррекцией

self-descriptive ~ система с самоописанием

self-learning ~ самообучающаяся система

self-organizing ~ самоорганизующаяся система

self-sustained oscillation ~ автоколебательная система

self-test ~ система с самотестированием; система с самоконтролем

sensor-based ~ сенсорная система; система, основанная на использовании датчиков

sequential scheduling ~ система последовательного планирования (*выполнения задания*)

sexadecimal (number) ~ шестнадцатеричная система (счисления)

shared-files ~ система с коллективными файлами

shell expert ~ экспертная система-оболочка, *проф.* «пустая» экспертная система

silicon-development ~ система кремниевой компиляции

simplex ~ нерезервированная система, система без избыточности

single-inheritance ~ (иерархическая) система с прямым наследованием (свойств)

single-phase clock ~ система с однофазной синхронизацией

single-site ~ сосредоточенная система

single-user computer ~ вычислительная система (рассчитанная на работу) одного пользователя, вычислительная система индивидуального (ис-)пользования

skeletal expert ~ скелетная экспертная система, *проф.* «пустая» экспертная система

slave ~ подчинённая система

soft-sectored disk ~ дисковая система с переменным форматом (*определяемым пользователем*)

software ~ система программного обеспечения

source code control ~ система контроля исходных программ

source-destination ~ система с непосредственной передачей данных

space-division ~ (коммутационная) система с пространственным разделением (*путей прохождения информации*)

speed-coding ~ система ускоренного кодирования

stabilizing ~ система стабилизации

stable ~ устойчивая система

stand-alone ~ независимая [автономная] система

start-stop ~ стартстопная система

state-determined ~ детерминированная система

stepped start-stop ~ синхронизированная стартстопная система

stochastically disturbed ~ система со случайными возмущениями; стохастическая система

storage ~ запоминающая система, система запоминающих устройств

stripped-down expert ~ незаполненная экспертная система, *проф.* «пустая» экспертная система

switching ~ система коммутации

symbolic assembly ~ **1.** система компоновки **2.** ассемблер

syntactical ~ синтаксическая система

system explanation ~ (под)система объяснения (*пользовате-*

лю действий экспертной системы)

tabulating ~ счётно-перфорационная (вычислительная) система

tape data processing ~ система обработки данных, записанных на ленте; ленточная система обработки данных

tape drive ~ лентопротяжное устройство, *проф.* лентопротяжка

tape handling ~ система управления лентой

tape operating ~ ленточная операционная система (*ориентированная на работу с лентами*)

tape-oriented ~ система с внешним запоминающим устройством на (магнитной) ленте

tape plotting ~ графопостроитель с управлением от (магнитной) ленты

tape resident ~ (операционная) система, постоянно хранимая на (магнитной) ленте

taught ~ обучаемая система

telecommunications ~ система телесвязи, система дистанционной связи

telecontrol ~ система телеуправления

terminal ~ **1.** терминальная система **2.** система терминалов

ternary (number) ~ троичная система (счисления)

test ~ испытательная система, испытательный комплекс

testbed ~ макетная система; экспериментальная система

text-to-speech ~ система преобразования текстовой информации в речевые сигналы, система речевого воспроизведения текстов

ticket-oriented ~ мандатная система защиты

time-division ~ система с временны́м разделением

time-pattern control ~ система программного регулирования

time-shared ~ система с разделением времени

time-shared-bus ~ система на основе шины с временны́м разделением доступа

time-sharing ~ система с разделением времени

timing ~ синхронизирующая система

total ~ **1.** полная система (*напр. уравнений*) **2.** тотальная (автоматизированная) система (*с охватом большого числа функций управления*)

translating ~ **1.** система трансляции, транслирующая система **2.** система автоматического перевода

translation ~ система трансляции, транслирующая система

translator writing ~ система построения трансляторов

transmitting ~ передающая система, система передачи

tree-structured ~ система с древовидной структурой

turnkey ~ высоконадёжная система (*работающая сразу после включения*); система, сдаваемая «под ключ»

two-dimensional ~ система (*памяти*) с двумерной организацией, система 2D

two-failure mode ~ система с двумя видами отказов

two-level (return) ~ система (магнитной) записи по двум уровням

two-phase clock ~ система с двухфазной синхронизацией

ultrastable ~ сверхустойчивая система

uninterruptible power ~ система бесперебойного (силового) питания

uniprocessor ~ однопроцессорная система

united data ~ интегрированная система обработки данных, ИСОД

uniterm ~ (поисковая) система с индексированием в унитермах

unrestorable ~ невосстанавливаемая система

unstable ~ неустойчивая система

up ~ исправная система; работающая система

variable-length record ~ система с записями переменной длины

videotex ~ видеотекс, интерактивная видеографическая система

virtual ~ виртуальная система

virtual-memory operating ~ операционная система, реализующая виртуальную память

vision ~ система технического зрения, СТЗ

voice-response ~ система с речевым ответом

weighted (number) ~ позиционная система (счисления)

windowing ~ система управления окнами, система управления полиэкранным отображением

writing ~ система записи

xerox copy ~ ксерографическая копировальная система

zero-one ~ двоичная система

systematization систематизация

systematize систематизировать

system-defined системный; определяемый системой

system-provided поставляемый в составе системы

systolic систолический

systolization преобразование в систолическую структуру, *проф.* систолизация

systolize преобразовывать в систолическую структуру, *проф.* систолизировать

T

tab 1. метка табуляции **2.** печатный контакт

table 1. таблица **2.** планшетный стол

access-priority ∼ таблица приоритетов доступа

accuracy ∼ таблица поправок

add(ition) ∼ таблица сложения

address ∼ таблица адресов, адресная таблица

area ∼ таблица распределения областей (*памяти*)

autotest ∼ таблица автотеста

available device ∼ таблица доступных (*внешних*) устройств (*в операционной системе*)

base ∼ базисная таблица (*в реляционных базах данных*)

Boolean operation ∼ таблица (истинности для) булевой операции

bundle ∼ связующая таблица (*для примитивов машинной графики*)

checking ∼ проверочная таблица

color-translation ∼ таблица преобразований цветов (*в дисплее*)

configuration ∼ (таблица-) конфигуратор

conversion ∼ таблица пересчёта; таблица преобразования

correction ∼ таблица поправок

cross-reference ∼ таблица перекрёстных ссылок

decision ∼ таблица решений

difference ∼ таблица разностей

equivalent ∼ таблица пересчёта; таблица перевода (*одних величин в другие*)

first entry ∼ таблица начальных вводов (*перечень допустимых входных сообщений в диалоговой системе*)

form ∼ таблица описания формы документа (*при форматированном вводе-выводе*)

four-digit ∼ четырёхзначная таблица

frame ∼ таблица страничных блоков (*в операционной системе IBM-370*)

function ∼ таблица функции; таблица функций; функциональная таблица

hash(ed) ∼ рандомизированная [хэшированная] таблица, хэш-таблица

header ∼ таблица паспортных данных (*в начале программы или массива*)

job accounting ∼ таблица учёта заданий

job control ∼ таблица управления заданиями

jump ∼ таблица переходов

light ∼ световой стол (*для полуавтоматического изготовления масок ИС*)

look-at ∼ таблица с (прямым) вычислением адреса элемента (*в отличие от просмотровой таблицы*)

look-up ∼ просмотровая таблица (*с поиском элемента при помощи просмотра*)

mapping ∼ таблица отображения

matrix ∼ таблица в виде матрицы; матрица данных

multiplication ∼ таблица умножения

name ∼ таблица имён, таблица идентификаторов

next entry ∼ таблица очередных вводов (*перечень входных сообщений, разрешённых конкретному пользователю диалоговой системы*)

offset ∼ таблица смещений (*ПЛ/1*)

operation ∼ таблица операций

operational ∼ операционная таблица

output ∼ 1. таблица выходных данных 2. выходной графопостроитель

page ∼ таблица страниц

page frame ∼ таблица страничных блоков (*в операционной системе IBM-370*)

plotting ∼ планшетный графопостроитель; планшетный стол графопостроителя

polarization ∼ поляризационная таблица (*для организации*

обработки распределённых за-
просов)
polling ~ опросная таблица
(для управления последова-
тельностью опроса)
precedence ~ таблица предшествования
priority interrupt ~ таблица
приоритетов прерываний
program reference ~ программная справочная таблица,
программный справочник
public volume ~ таблица общих томов *(в операционных*
системах)
relative track address ~ таблица относительных адресов дорожки *(на диске)*
relocation ~ таблица переадресации, таблица перемещений *(в памяти)*
relocation dictionary ~ таблица словарей перемещаемых
объектов
relocation factor ~ таблица
величин перемещения
routing ~ таблица маршру-
тов; таблица маршрутизации
(сообщений в сетях)
security ~ таблица защиты
(данных)
segment ~ таблица сегментов
servo plotting ~ планшетный
графопостроитель со следящей системой
shadow page ~ таблица теневых страниц
state ~ таблица состояний
structure ~ логическая схема
в табличной форме
symbol ~ **1.** таблица (пере)ко-
дировки символов; таблица (соответствия) символов **2.** таблица имён, таблица идентификаторов
terminal ~ таблица терминалов
trace ~ трассировочная таблица
transfer ~ таблица передачи
управления; таблица переходов
transition ~ таблица переходов

translation ~ таблица перевода *(напр. виртуальных адре-*
сов в физические)
truth ~ *лог.* истинностная
таблица, таблица истинно-
сти
two-input ~ таблица с двумя
входами
usability ~ таблица исполь-
зуемости *(напр. программных*
модулей)
user profile ~ таблица характеристик пользователя
visual ~ **of contents** наглядное
оглавление *(в ХИПО-техно-*
логии документирования)
volume ~ **of contents** оглавление тома
X-Y ~ координатный графопостроитель
tableau 1. таблица **2.** табло
simplex ~ симплексная таблица
table-driven табличный, управляемый таблицами
tablet планшет
data ~ планшет для ввода
данных
digital ~ цифровой планшет
(графического ввода)
digitizer ~ кодирующий планшет *(напр. для управления*
курсором дисплея)
digitizing ~ цифровой планшет *(графического ввода)*
graphic ~ графический планшет
voltage-gradient stylus ~ градиентный планшет *(в графо-*
построителях)
table-top настольный, настольного типа
tabulate табулировать, составлять таблицы, сводить в таблицы
tabulation 1. табулирование, составление таблиц, сведение в
таблицы **2.** таблица; *pl* табличные данные
accounting ~ табулирование
счетов
function table ~ составление
функциональной таблицы *(мик-*
росхемы)

horizontal ~ горизонтальное табулирование
vertical ~ вертикальное табулирование
tabulator табулятор
balancing ~ контрольный табулятор
punched card ~ перфокарт(оч)ный табулятор
tactile тактильный
tag 1. тег, признак (*хранящийся вместе со словом в ЗУ*) 2. (кабельный) наконечник 3. ярлык, этикетка (*сопровождающие передаваемые блоки сообщений в сети*)
contact ~ контактный штифт
dog ~ закреплённый признак (*обязательный элемент поля или записи данных*)
punched ~ перфорированный ярлык (*средство идентификации объекта, подлежащего распознаванию*)
reference ~ метка для ссылок, ссылочная метка
tagging тегирование (*сопровождение данных тегами*)
tail 1. хвост, остаток ‖ удалять хвост (*напр. распределения*) 2. *sl* запятая (*название символа*)
~ **of a clause** хвост [правая часть] (хорновской) формулы (*в языке ПРОЛОГ*)
compound statement ~ конец составного оператора
tailor-made нестандартный, разработанный по индивидуальному заказу
take ◊ **to** ~ **an instruction** выбирать команду; **to** ~ **as a datum** принимать за нуль; принимать за начало; **to** ~ **away** отнимать, вычитать; **to** ~ **down** 1. демонтировать, разбирать; освобождать (*устройство*) для следующего использования (*с восстановлением исходного состояния*) 2. записывать; фиксировать; **to** ~ **from** [**off**] отнимать, вычитать; **to** ~ **out** отпадать (*о контактах реле*); **to** ~ **the square root** извлекать

квадратный корень; **to** ~ **up** 1. притягиваться (*о контактах реле*) 2. наматывать (*магнитную ленту*)
takedown демонтаж, разборка; освобождение (*устройства*) для следующего использования (*с восстановлением исходного состояния*)
talk:
cross ~ 1. (перекрёстная) наводка 2. выдача ненужных данных; выдача нерелевантной информации
talker источник сообщений
active ~ источник сообщений в активном состоянии, активный источник сообщений
tally 1. единица счёта 2. счёт ‖ подсчитывать 3. итог ‖ подводить итог 4. дубль, копия (*программы*) ◊ **to** ~ **up** подсчитывать; подводить итог
tampering:
computer ~ преступное использование ЭВМ
tank 1. корпус (*линии задержки*) 2. (колебательный) контур
delay ~ 1. корпус линии задержки 2. контур задержки
electrolytic ~ электролитическая ванна (*для аналоговых вычислений*)
information ~ накопитель информации
tap отвод, ответвление; отпайка; тройник ‖ ответвлять; делать отпайку ◊ **to** ~ **a wire** делать ответвление, ответвлять
midpoint ~ отвод от средней точки
tape 1. лента 2. заклеивать липкой лентой
advance-feed ~ (перфо)лента с синхронизацией по переднему краю (*отверстий*)
amendment ~ лента корректур
blank ~ пустая [незаполненная] лента (*размеченная для записи*)
call ~ лента вызова
carriage (control) ~ лента управления кареткой (*печатающего устройства*)

center-feed ~ (перфо)лента с синхронизацией по центру (*отверстий*)

chadded (paper) ~ (перфо-)лента с (полностью) удалённым конфетти

chadless (paper) ~ недоперфорированная лента (*с надсечённым, но не удалённым конфетти*)

change ~ лента изменений, лента с изменениями

coated ~ лента с (нанесённым) покрытием

control ~ 1. управляющая лента 2. контрольная лента

data ~ лента данных; лента с записанными данными

distributive ~ дистрибутивная лента

double-play [dual-track] ~ двухдорожечная лента

dump ~ буферная лента

edit ~ лента редактирования

empty ~ пустая [незаполненная] лента (*размеченная для записи*)

endless ~ бесконечная лента, лента в виде бесконечной петли

erased ~ стёртая (магнитная) лента

error ~ лента для регистрации ошибок

fast-stop-go ~ лента с быстрым остановом и разгоном

father ~ лента второго поколения (*с необновлённым файлом в состоянии, предшествующем его состоянию на ленте третьего поколения*)

faulty ~ лента с повреждённой записью

ferromagnetic ~ (ферро)магнитная лента, лента с (ферро-)магнитным покрытием

file ~ лента с файлами

final ~ выходная лента; лента выходных данных; лента с программой на выходном языке

five-channel [five-hole] ~ пятидорожечная лента

grandfather ~ лента первого поколения (*с необновлённым файлом в состоянии, предшествующем его состоянию на ленте второго поколения*)

input ~ входная лента; лента входных данных

instruction ~ лента команд; программная лента, лента с программой

interchangeable program ~ сменная программная лента, сменная лента с программой

leader ~ начальный заправочный конец ленты, пусковой ракорд

library ~ библиотечная лента, лента с библиотечными программами

low ~ «(перфо)лента кончается» (*название сигнала*)

magnetic (recording) ~ магнитная лента, лента для магнитной записи

mask-tooling ~ (магнитная) лента для изготовления фотошаблона

master ~ главная лента; эталонная лента

master system ~ главная системная лента

multichannel [multitrack] ~ многодорожечная лента

number ~ числовая лента

numerical ~ лента (для) числового программного управления, лента ЧПУ

one-track ~ однодорожечная лента

order ~ лента команд; программная лента, лента с программой

output ~ выходная лента; лента выходных данных

paper ~ бумажная лента

perforated ~ перфорированная лента, перфолента

photographic ~ (рулонная) фотоплёнка

plastic ~ пластмассовая лента

plastic-backed [plastic-base] ~ лента с пластмассовой основой

plotter-control ~ лента (для)

управления графопостроителем

preaddressed ~ (предварительно) размеченная лента

printed paper ~ бумажная лента с отпечатанными данными

problem input ~ входная лента задачи

program ~ программная лента, лента с программой

program test ~ лента с программными тестами

punch(ed) ~ перфорированная лента, перфолента

punched paper ~ перфорированная бумажная лента, бумажная перфолента

raw ~ пустая [незаполненная] лента (*размеченная для записи*)

sandwich ~ многослойная лента

scratch ~ оперативная (магнитная) лента (*с данными, которые могут стираться сразу после использования*)

seven-channel [seven-track] ~ семидорожечная лента

son ~ лента третьего поколения (*с файлом в его последнем зафиксированном после обновления состоянии*)

steering ~ управляющая лента, лента с управляющей программой

streaming ~ 1. бегущая (магнитная) лента 2. разгрузочная (магнитная) лента (*для дублирования дисковых файлов*)

subroutine ~ лента (стандартных) подпрограмм

test ~ лента с тестовой программой

thermoplastic ~ термопластическая лента

transaction ~ 1. лента изменений; лента сообщений 2. лента транзакций

virgin ~ чистая [неразмеченная] лента

work ~ рабочая лента

tape-controlled с управлением

от ленты, с ленточным управлением

tapefile ленточный файл

tape-limited ограниченный быстродействием ленточного устройства

tapper клавиша (*буквопечатающего аппарата*)

tapping:

panel ~ простукивание платы (*для обнаружения плохих контактов*)

target 1. мишень (*ЭЛТ*) 2. указатель действия, флажок (*в реле*) 3. цель

conductive ~ проводящая мишень

stencil ~ мишень-трафарет, мишень в виде трафарета

storage ~ запоминающий [накопительный] электрод

time ~ заданное (модельное) время (*наступления события*)

transfer ~ 1. точка, в которую передаётся управление 2. место назначения (*при передаче данных*)

task 1. задача (*см. тж* **problem**) ставить задачу 2. задача (*программный модуль*)

accepting ~ вызываемая задача

agent ~ 1. задача-посредник (*в языке Ада*) 2. *проф.* агент (*программный модуль в СИИ*)

attached ~ присоединённая задача

back-office ~ конторская задача

calling ~ вызывающая задача

communication ~ (системная) задача связи (*напр. с пультом оператора*)

consumer ~ задача-потребитель (*в языке Ада*)

current ~ решаемая задача; текущая задача

dormant ~ задача в пассивном состоянии, пассивная задача

in-between ~ промежуточная задача

initiating ~ инициирующая задача

job step ~ задача шага задания

job support ~ (системная) задача обслуживания заданий

main ~ главная [основная] задача

master ~ управляющая задача

originating ~ порождающая задача

partner ~ задача-партнёр (*в языке Ада*)

producer ~ задача-производитель (*в языке Ада*)

reading ~ (системная) задача считывания (*из внешнего устройства*)

region control ~ (системная) задача управления зоной (*памяти*)

sender ~ задача-отправитель (*сообщений*)

slave ~ подчинённая задача

sleeping ~ отложенная задача

speech ~ задача распознавания (устной) речи

system ~ системная задача

target ~ задача-адресат

terminal ~ терминальная задача

third-party ~ задача-посредник (*в языке Ада*)

transporter ~ задача-курьер (*в языке Ада*)

writing ~ (системная) задача записи (*на внешнее устройство*)

tasking организация прохождения задач (*в вычислительной системе*)

task-oriented 1. проблемно-ориентированный 2. целенаправленный

task-specific ориентированный на конкретную задачу, предназначенный для выполнения конкретной задачи

taxonomic *лингв.* таксономический, классификационный

taxonomy *лингв.* таксономия

team:

chief programmer ~ бригада главного программиста

tearing:

node ~ разделение узлов (*в технике декомпозиции*)

technique 1. метод; способ (*см. тж* method) 2. техника, технические приёмы 3. техническое оснащение; аппаратура; оборудование 4. методика, технология (*см. тж* technology)

~ of least squares метод наименьших квадратов

~ of substitution метод подстановки

abstraction ~ метод абстрагирования; *pl* методология абстрактных представлений

algorithm-specific ~ метод, учитывающий особенности конкретного алгоритма

all-zero ~ метод, основанный на использовании полиномов, не содержащих полюсов

bootstrap ~ метод самонастройки; метод самозагрузки; *проф.* метод раскрутки

checking ~ методика контроля

circuit ~ схемотехника

computing ~ 1. техника вычислений 2. *pl* методы вычислений

design ~ s методология проектирования

diagnostic ~ метод диагностики

diagrammatic ~ графический [схематический] метод (*напр. представления отношений между объектами базы данных*)

dictionary ~ словарный метод (*организации поиска*)

digital ~ 1. цифровой метод 2. цифровая техника

display ~ метод воспроизведения (*изображения*)

fault-masking ~s методы маскирования неисправностей

fault-tolerance ~s методы обеспечения отказоустойчивости

flip-chip ~ метод изготовления (*ИС*) по способу перевёрнутых кристаллов

gaming ~ игровой метод

graft-prune ~ метод сращивания — отсечения (*в распределённой обработке запросов*)

information (science and) ~ информатика

intelligent ~ метод, основанный на использовании развитой логики

interrupt ~ 1. метод прерывания 2. техника (организации) прерываний

jet solder ~ метод пайки волной припоя

layout ~ метод получения рисунка соединений

masking ~ 1. метод масок, метод трафаретов 2. техника масок, техника трафаретов, трафаретная техника; технология (*изготовления ИС*) с использованием масок [трафаретов]

mask stencil ~ метод напыления (*плёнок*) через маски [трафареты]

master-slice ~ метод базовой пластины

matrix ~ матричный метод

microstrip ~ техника полосковых схем

modeling ~ техника моделирования

multimedia processing ~ техника работы с разнородными носителями (*информации*)

multiplexer scan ~ метод мультиплексорного сканирования

network ~ техника создания (вычислительных) сетей

octal debugging ~ метод отладки (*программы*) в восьмеричном коде, восьмеричный метод отладки (*программы*)

party-line ~ метод многоотводных соединений (*абонентов с ЭВМ*)

point-and-select ~ метод указания и выбора (*в машинной графике*)

Polish accumulator ~ метод

(*организации вычислений*) с использованием польской [бесскобочной] записи

prescanning ~ метод предварительной развёртки (*в устройствах распознавания образов*)

printed-circuit ~ техника печатных схем

programming ~s методы программирования; методология программирования

queueing ~ 1. техника организации очередей 2. *pl* методы теории массового обслуживания

raster-scan ~ метод растрового сканирования

reasoning ~ метод (автоматических) рассуждений

repertory grid ~ метод устойчивых решёток (*в представлении знаний*)

round-robin ~ круговой [циклический, карусельный] метод (*обслуживания*)

scaling ~ метод шкалирования

scan ~ метод сканирования

scan-path ~ метод сдвиговых регистров, метод сканирования пути (*для повышения контролепригодности*)

scan-set ~ метод сканирования пути с теневым регистром сдвига (*для тестирования или диагностики неисправностей*)

selection-replacement ~ метод выборки с замещением

semantic ~ семантический метод

short-pulse drive ~ метод возбуждения короткими импульсами (*для считывания без разрушения информации*)

simulation ~ 1. метод моделирования 2. техника моделирования

surface mounting ~ метод поверхностного монтажа

transformation ~ трансформационный метод (*вычислений*)

word-patching ~ метод пословного исправления (*напр. содержимого ПЗУ*)

technology технология; техника (*см. тж* **technique**)

  bipolar ~ биполярная технология, технология изготовления биполярных схем

  computer ~ машинная технология; автоматизированная технология

  computer-aided ~ автоматизированная технология

  information (processing) ~ информационная технология

  large-scale integration [LSI] ~ технология изготовления БИС

  management ~ методы управления; технология решения управленческих задач

  medium-scale integration ~ технология изготовления ИС среднего уровня интеграции, технология изготовления СИС

  MOS ~ МОП-технология, технология изготовления МОП-схем

  MSI ~ *см.* **medium-scale integration technology**

  N-μm ~ N-мкм технология, N-микронная технология

  planar ~ планарная технология

  relational ~ реляционная технология (*разработки баз данных*)

  "silicon-on-board" ~ технология «кремний на пластине»

  thick-film ~ толстоплёночная технология

  thin-film ~ тонкоплёночная технология

technology-independent технологически независимый, не зависящий от технологии

telecommunication 1. дистанционная связь, телесвязь; дистанционная передача данных **2.** *pl* сеть связи

telecommute осуществлять дистанционный доступ (*к деловой информации с домашних ЭВМ*)

teleconference телеконференция

teleconferencing 1. организация телеконференций **2.** телеконференцсвязь

telecontrol телеуправление

telecopier телекопир

telegram телеграмма (*блок данных, предназначенный для срочной передачи*)

telegraph:

  facsimile ~ фототелеграф

teleinformatics телеинформатика

telemeter 1. устройство для телеизмерений; телеметрический датчик **2.** передавать (*данные*) телеметрическим путём

telemetry телеметрия, телеизмерение

teleological *киберн.* телеологический, целенаправленный

telephony:

  cellular ~ телефония с сотовой структурой (*для подключения персональных ЭВМ к главной машине*)

teleprinter телепринтер, стартстопный телеграфный аппарат

teleprocessing дистанционная обработка, телеобработка (*данных*)

teleshopping дистанционный заказ товаров

telesoftware программные средства, пересылаемые по телесвязи, *проф.* дистанционное программное обеспечение

teletext телетекст, вещательная видеография

teletraffic телетрафик

teletype, teletypewriter телетайп

  five-hole ~ телетайп с пятидорожечной лентой

  page ~ рулонный телетайп

teller:

  automated ~ банковский автомат

temperature 1. температура **2.** степень нагрева

  ~ **of operation** рабочая температура

ambient ∼ температура окружающей среды

operating ∼ рабочая температура

storage ∼ температура хранения

template шаблон; трафарет; маска; эталон (*в системах распознавания*)

computational ∼ вычислительный разрез

overlay ∼ накладной шаблон (*для изменения функционального назначения клавиш терминала*)

test program ∼ (стандартный) блок испытательной программы

temporal временной

temporary 1. временный **2.** промежуточный (*о данных*)

tenancy членство, принадлежность

tenant член, участник (*напр. набора данных*)

tension:

tape ∼ натяжение ленты

tensor тензор

teracycle 1. терацикл, 10^{12} периодов **2.** терагерц (10^{12} Гц) ◇ ∼ **per second** терагерц (10^{12} Гц)

terahertz терагерц (10^{12} Гц)

term 1. термин **2.** терм; член; элемент ◇ ∼ **by term** почленный ‖ почленно
∼ **of fraction** числитель дроби; знаменатель дроби
∼ **of series** член ряда

absolute ∼ абсолютный терм (*в ассемблере*)

absolute ∼ **in expression** свободный член выражения

alpha(nu)meric ∼ буквенно-цифровой терм; буквенно-цифровой член

arithmetic ∼ арифметический член

basic ∼ основной член

basic switching ∼ *лог.* основной переключательный терм

Boolean ∼ булев [логический] терм, булев [логический] член

bound ∼ *лог.* связанный терм

bracketed ∼ член (*напр. арифметического выражения*) в скобках

correction ∼ поправочный член

don't care ∼ *лог.* безразличный терм

exchange ∼ обменный член

feedback ∼ член (*выражения*), характеризующий обратную связь

feedforward ∼ прогнозирующий член (*выражения*)

free ∼ *лог.* свободный терм, *матем.* свободный член

general ∼ **of expression** общий член выражения

ground ∼ базовый [элементарный] терм

hold ∼ сохраняемый терм (*булева уравнения*)

like ∼s подобные члены

logical ∼ булев [логический] терм, булев [логический] член

maximum ∼ максимальный член

product ∼ **1.** конъюнктивный член, произведение **2.** терм произведения (*символ, входящий в конъюнкцию*)

relocatable ∼ перемещаемый терм (*в ассемблере*)

remainder ∼ остаточный член (*ряда*)

self-defined [self-defining] ∼ самоопределяющийся терм

signed ∼ терм со знаком; член со знаком

similar ∼s подобные члены

transition ∼ переходный терм (*булева уравнения*)

undefined ∼ неопределённый член

terminal 1. терминал, оконечное устройство ‖ терминальный, оконечный **2.** конечный слог; конечное слово **3.** терминальный символ, терминал (*в формальной грамматике*) **4.** зажим, клемма; вывод ‖ выводной

addressable-pollable ∼ терминал, опрашиваемый по адресу, *проф.* опросный терминал

alpha(nu)meric-display ~ терминал с буквенно-цифровым дисплеем

ASCII ~ терминал, работающий в коде ASCII

asynchronous ~ асинхронный терминал

audio ~ акустический терминал

automatic dictation ~ автоматический диктофонный терминал (*для распознавания речи*)

base ~ вывод базы (*в транзисторе*)

batch ~ терминал пакетной обработки (*данных*)

bit-plane-memory ~ терминал с битовой организацией памяти

block-feed ~ терминал с блочным формированием изображения

buffered ~ буферизованный терминал

cathode-ray tube ~ экранный терминал

character ~ символьный терминал

cluster ~ групповой терминал

collector ~ вывод коллектора

communication line ~ терминал линии связи

communications ~ связной терминал

console ~ консольный терминал

control ~ управляющий терминал

CRT(-based) ~ *см.* **cathode-ray tube terminal**

data ~ оконечное устройство (для) сбора данных; терминал (для) ввода данных

data-communication ~ терминал передачи данных (*по каналу связи*)

data-entry ~ терминал ввода данных

data-transmission ~ терминал передачи данных

dedicated memory ~ терминал с собственной памятью

desk-top ~ настольный терминал

dial-up ~ коммутируемый терминал, терминал, подключённый к коммутируемой линии связи

directed-beam refresh ~ терминал с регенерацией (изображения) программно-управляемым лучом

display ~ дисплейный терминал; дисплей

dumb ~ «немой» [неинтеллектуальный] терминал, *проф.* «глупый» терминал

edge-assigned ~ краевой вывод (*на плате*)

editing ~ 1. терминал для редактирования, редакторский терминал 2. терминал для (постраничного) формирования изображения (*в системах видеотекса*)

fixed ~ фиксированный вывод (*трассируемой схемы*)

floating ~ плавающий вывод (*перемещаемый при трассировке ИС*)

graphic ~ графический терминал

graphic display ~ терминал с графическим дисплеем

hardcopy ~ документирующий терминал (*с выдачей документальных копий*)

idle ~ бездействующий терминал

input-output data ~ терминал ввода-вывода данных

inquiry ~ запросный терминал

intelligent ~ интеллектуальный терминал, терминал с развитой логикой

interactive ~ интерактивный терминал

job-entry ~ терминал для ввода заданий

job-oriented ~ проблемно-ориентированный терминал

(*для определённого типа заданий*)

lightwave ~ оптический терминал

local ~ локальный терминал

logical ~ логический терминал

master ~ главный [ведущий] терминал (*в терминальной сети*)

multiplex data ~ мультиплексный терминал

network ~ сетевой терминал

office ~ учрежденческий терминал

orphan ~ одиночный терминал

packet(-mode) ~ пакетный терминал, терминал пакетного режима (*в сети*)

paging ~ терминал с запоминанием и повторным вызовом страниц (*убранного с экрана текста*), проф. «листающий» терминал

patchbay ~ гнездо наборного поля

point-of-sale ~ торговый терминал, кассовый автомат

printer ~ печатающий терминал

processing ~ обрабатывающий терминал

programmable ~ программируемый терминал

propagating ~ распространяемый вывод (*при нехватке соединительных точек*)

receive-only ~ терминал, работающий только на приём

receiving ~ приёмный терминал

remote ~ дистанционный [удалённый] терминал

remote-batch ~ терминал дистанционной пакетной обработки (*данных*)

screw ~ наконечник (*кабеля*) для крепления под винт; клемма с винтовым креплением

scroll-mode (virtual) ~ рулонный (виртуальный) терминал

security ~ защищённый терминал, терминал с защитой (*от несанкционированного доступа*)

send-receive ~ приёмно-передающий терминал

smart ~ интеллектуальный терминал, терминал с развитой логикой, проф. «умный» терминал

soft-copy ~ недокументирующий терминал (*без возможности изготовления документальных копий*)

softkey ~ терминал с возможностью изменения функций клавиш (*по желанию пользователя*)

starting ~ начальный вывод (*исходная точка трассируемого соединения*)

synchronous ~ синхронный терминал

talking ~ терминал с речевым выводом

target ~ искомый [целевой] вывод (*конечная точка трассируемого соединения*)

telecommunication ~ терминал телесвязи, телекоммуникационный терминал

television(-type) ~ телевизионный терминал (*на основе домашнего телевизора; в персональных ЭВМ*)

teller ~ 1. банковский терминал 2. банковский автомат

touch-sensitive ~ сенсорный терминал

typing ~ печатающий терминал

unattended ~ необслуживаемый терминал

user ~ терминал пользователя, пользовательский терминал

video (display) ~ видеотерминал

video keyboard ~ терминал с дисплеем и клавиатурой, видеотерминал с клавиатурой

videotex ~ терминал интер-

активной видеографии, терминал видеотекса
virtual ~ виртуальный терминал
voice ~ речевой терминал (*для ввода или вывода речевых сигналов*)
voice entry ~ терминал с речевым вводом
terminate ◊ **to** ~ **a loop** завершать цикл; выходить из цикла
termination 1. окончание, завершение; прекращение **2.** оконечная нагрузка **3.** оконечная схема; оконечное устройство
abnormal ~ аварийное окончание (*напр. задания*)
characteristic-impedance ~ оконечная нагрузка, равная характеристическому [волновому] сопротивлению
instruction ~ завершение выполнения команды
loop ~ завершение цикла; выход из цикла
matched(-load) ~ согласованная оконечная нагрузка
normal ~ нормальное окончание (*напр. задания*)
terminator 1. оконечная нагрузка **2.** признак [указатель] конца **3.** (служебный) терминатор (*в операционных системах*)
bus ~ оконечная нагрузка шины
field ~ признак [указатель] конца поля
terminator-string стоп-строка
termwise почленный, поэлементный ‖ почленно, поэлементно
ternary 1. тернарный, троичный **2.** трёхчленный
tertiary третичный (*АЛГОЛ 68*)
test 1. испытание; испытания; проверка; контроль (*см. тж* **testing**) ‖ испытывать; проверять; контролировать **2.** тест ‖ тестировать **3.** *стат.* критерий
~ **of grammaticality** проверка грамматической правильности
~ **of normality** критерий нормальности

A-~ испытания класса A (*для программных изделий*)
acceptance ~ приёмосдаточные испытания
actual value ~ контроль действительных значений (*полей данных*)
ageing ~ испытание на старение
augmented B-~ расширенные испытания класса B
B-~ испытания класса B (*для программных изделий*)
bench ~ лабораторное испытание
benchmark ~ **1.** проверка в контрольных точках **2.** оценочные испытания **3.** аттестационные испытания (*программного изделия*)
best unbiased ~ наилучший несмещённый критерий
beta ~ эксплуатационные испытания
bias ~ испытание со смещением параметров (*от номинальных значений*)
bit-stuck ~ тест «константный бит» (*для выявления константных неисправностей логических схем*)
boundary ~ граничные испытания
busy ~ тест занятости
checkerboard ~ тест «шахматный код» (*для проверки памяти*), шахматный тест
chi-square ~ критерий хиквадрат
class ~ проверка на принадлежность к классу
compatibility ~ проверка на совместимость
conditional ~ проверка условия
conditional-branching ~ проверка условия перехода (*в программе*)
content ~ смысловой контроль
count ~ контроль подсчётом (*числа переданных сообщений в сравнении с указанным*)
crippled leapfrog ~ модифи-

цированный тест «чехарда» (*с двойным просчётом при использовании тех же ячеек памяти*)

data measuring ~ испытание методом измерения (всех) параметров

delay ~ тест с учётом задержек

design acceptance ~ приёмо-сдаточные испытания

destructive ~ разрушающее испытание

deterministic ~ детерминированный тест

diagnostic ~ диагностический тест

dynamic ~ **1.** динамическая проверка, динамический контроль **2.** динамический тест **3.** *pl* динамические испытания, испытания в динамическом режиме

echo ~ эхотест

engineering ~ технические испытания

environmental ~ климатические испытания

evaluation ~ оценочные испытания

exchange ~ испытание средств обмена

exhaustive ~ исчерпывающий тест, тест со всеми возможными входными векторами

fault detection ~ проверяющий тест

format ~ контроль формата, форматный контроль

functional ~ функциональная проверка

gallop ~ тест «галоп» (*для проверки памяти*)

galloping column ~ тест «пробежка по столбцам» (*для проверки памяти*)

galloping 1's and 0's ~ тест «пробежка единиц и нулей» (*для проверки памяти*)

galwrec ~ тест «попарная запись — считывание» (*для проверки памяти*)

high-low bias ~ двусторонние граничные испытания

impulse ~ импульсное испытание

in-house ~ внутрифирменные испытания

in-process ~ технологические испытания

inspection ~ входной контроль

integration ~ комплексные испытания; компоновочные испытания; совместные испытания (*напр. нескольких модулей, входящих в систему*)

large-scale integration ~ испытание БИС; проверка БИС

leapfrog ~ тест «чехарда» (*с двойным пересчётом при использовании разных ячеек памяти*)

leg ~ тестирование ветвей

life ~ испытания на долговечность; ресурсные испытания

limit ~ контроль по диапазону значений

link ~ испытание связей (*проверка правильности работы интерфейсов*)

logical relationship ~ контроль логического соответствия (*одних данных другим*)

longevity ~ испытания на долговечность; ресурсные испытания

long-term life ~ длительное испытание на долговечность

loop ~ проверка конца цикла

loopback ~ петлевой контроль

LSI ~ *см.* **large-scale integration test**

march ~ тест «марш» (*для проверки памяти*)

marching ones and zero(e)s ~ тест «бегущие нули и единицы» (*для проверки памяти*)

marginal ~ **1.** испытание со смещением параметров (*от номинальных значений*) **2.** испытание при предельных условиях

masest ~ тест «обращение по прямому и дополнительному

адресам» (*для проверки памяти*)

maximum ~ критерий максимизации

model ~ 1. испытание модели 2. испытание на модели 3. типовое испытание

multiple station ~ комплексные испытания абонентских пунктов

multithread ~ многопоточное испытание

nondestructive ~ неразрушающее испытание

off-line ~ автономное испытание; автономный контроль

off-nominal ~s испытания в режимах, отличных от номинального

one-shot ~s пооперационные испытания

one-sided ~ односторонний критерий

on-line ~ 1. комплексное испытание, испытание (*аппаратуры*) в составе целого комплекса 2. прямое [непосредственное] испытание 3. испытание в режиме онлайн

open ~ проверка на отсутствие разрывов

parameterized ~ параметризованный тест

path ~ тестирование ветвей

pattern-sensitivity ~ тест на выявление кодочувствительности

penetration ~ испытание на проникновение (*с целью проверки системы защиты*)

perceptual ~ перцепционное испытание, испытание на правильность восприятия окружающей среды

perimeter disturb ~ тест «возбуждение матрицы обращением по квадрату» (*для проверки памяти*)

ping-pong ~ тест «попарное считывание» (*для проверки памяти*)

preoperational ~ предпусковые испытания

primary purpose ~ критерий

основной цели (*в сетях передачи данных*)

product-proof ~ гарантийные испытания изделий

program ~ программный тест

read-margin ~ тест на определение поля считываемости (*ЗУ на магнитных дисках*)

reasonableness ~ проверка на разумность (*результата вычислений*)

related transaction ~ контроль по смежным сообщениям (*связанным с контролируемым*)

reliability ~ испытания на надёжность

remote ~ 1. дистанционная проверка 2. проверка (*программы*) в отсутствие пользователя; проверка (*программы*) в режиме операторского счёта

row disturb ~ тест «возбуждение матрицы считыванием строк» (*для проверки памяти*)

sampling ~ 1. выборочный контроль 2. *pl* периодические испытания

screening ~ отбраковочные испытания

shifted diagonal ~ тест «сдвигаемая диагональ» (*для проверки памяти*)

sign ~ проверка знака

significance ~ критерий значимости

simulation ~ проверка методом моделирования; имитационная проверка

sliding-ONE ~ тест «бегущая 1» (*для проверки памяти*)

smoke ~ проверка «на дым» (*грубая проверка работоспособности простым включением или запуском*), проф. дымовой тест

static ~ 1. статическая проверка; статический контроль 2. статический тест 3. *pl* статические испытания, испытания в статическом режиме

statistical ~ 1. статистичес-

кие испытания **2.** статистический критерий
status ~ проверка состояния
stress ~ нагрузочные испытания, испытания в утяжелённом режиме (*напр. при повышенной температуре*)
suppression ~ проверка блокировок
system ~ **1.** испытание системы; проверка системы; системные испытания **2.** системный тест
temperature ~ температурное испытание; температурный контроль
total ~ контроль сравнением итогов
trouble-shooting ~ диагностический тест
truth-table ~ испытания с помощью истинностной таблицы, проверка по таблице истинности
two-sample ~ критерий на основе двойной выборки
volume ~ нагрузочные испытания
wafer ~ **1.** контроль пластины **2.** тест для проверки логической схемы (непосредственно) на пластине
walking 1 ~ тест «бегущая 1» (*для проверки памяти*)
walking column ~ тест «бегущий столбец» (*для проверки памяти*)
testability 1. тестируемость; контролируемость; проверяемость **2.** контролепригодность; оцениваемость (*характеристика качества программного обеспечения*)
scan-path ~ контролепригодность, обеспечиваемая методом сканирования пути
testable контролепригодный
easily ~ удоботестируемый
test-bed испытательная модель; испытательный стенд
tester тестер, испытательное устройство; проверочное устройство; испытательный прибор

acceptance ~ специалист, проводящий приёмочный контроль (*программы*)
bare (pc-)board ~ тестер несмонтированных печатных плат
bed-of-nails ~ тестер типа «ложе гвоздей», *проф.* контактрон
bench-top ~ настольный тестер
briefcase size ~ тестер размером с чемоданчик; портативное испытательное устройство
code ~ программный монитор (*функциональный узел отказоустойчивой многопроцессорной системы*)
continuity ~ тестер для проверки на обрыв (*цепи*)
core ~ устройство для проверки (ферритовых) сердечников
dedicated ~ специализированный тестер
diagnostic ~ диагностический тестер
field(-service) ~ полевой тестер, тестер для проверки в условиях эксплуатации, тестер для эксплуатационного обслуживания
functional ~ функциональный тестер, тестер для функционального контроля
functional board ~ тестер для функционального контроля плат
go/no-go ~ отбраковочный тестер
IC ~ *см.* integrated circuit tester
in-circuit ~ внутрисхемный тестер
integrated circuit ~ тестер для интегральных схем
loaded (pc-)board ~ тестер смонтированных печатных плат
malfunction ~ прибор для обнаружения нарушений правильного функционирования
memory ~ тестер для запоминающих устройств

noninvasive ~ тестер для бесконтактной проверки (*ИС*)
program ~ **1.** программный тестер **2.** специалист по программным испытаниям; лицо, проводящее испытания программы
tape ~ устройство для проверки (магнитных) лент
visual ~ визуальный тестер, тестер для визуального контроля (*напр. плат*)

testing испытание; испытания; проверка; контроль (*см. тж* **test**); тестирование ◇ ~ **normal cases** испытание в нормальных условиях; ~ **the exceptions** испытание в исключительных условиях; ~ **the extremes** испытание в экстремальных условиях
AC ~ тестирование в динамическом режиме, динамическое тестирование
accelerated ~ ускоренные испытания
assembly ~ комплексные испытания
at-speed ~ проверка на рабочей частоте
autoranging ~ испытания с автоматической установкой диапазона измерений
bit ~ контроль бит; проверка (двоичных) разрядов
bottom-up ~ восходящее тестирование, тестирование снизу вверх
built-in ~ встроенный контроль; встроенное тестирование
bulk ~ проверка (*программы*) в условиях насыщения (*сообщениями*)
burn-in ~ отбраковочные испытания, испытания на принудительный отказ
chip-in-place ~ (индивидуальная) проверка кристалла, установленного в модуль (*до его герметизации*)
clock-rate ~ проверка с рабочей частотой (следования синхроимпульсов)

coincident current ~ испытание (*ферритовых матриц*) методом совпадающих токов
compact ~ компактное тестирование; проверка с помощью сигнатур
comparison ~ сравнительная проверка; контроль методом сравнения
complete ~ полное тестирование
computer-aided [computerized] ~ испытания с применением вычислительной машины; автоматизированный контроль
continuity ~ проверка на обрыв (*цепи*); контроль целостности (*связей*)
core ~ проверка (ферритовых) сердечников
demonstration ~ демонстрационные испытания
design ~ **1.** проверка (правильности) проектных решений **2.** контроль на этапе разработки
development ~ стендовые испытания; стендовая проверка
disruptive ~ разрушающее испытание
edge-connector [edge-pin] ~ проверка (*плат*) со вводом и выводом сигналов через краевые разъёмы
execution ~ контрольный прогон программы
exhaustive ~ исчерпывающее тестирование
exhaustive pattern ~ тестирование с помощью полного набора входных векторов *или* входных комбинаций
ex-situ ~ контроль внешними средствами
factory ~ заводские испытания; производственные испытания
fault isolation ~ проверка с локализацией неисправностей
field ~ полевые испытания, испытания в условиях эксплуатации

file ~ выверка файла

final [finished] ~ заключительные [итоговые] испытания

free-race ~ безгоночное тестирование

go / no-go ~ испытания по принципу «годен — не годен»

hard ~ аппарат(ур)ное тестирование

hazardous ~ тестирование с целью обнаружения сбоев

in-circuit ~ внутрисхемный контроль

in-situ ~ контроль встроенными средствами

laissez-faire ~ интуитивное тестирование (*без определённого плана*)

manufacturing ~ производственные испытания

module ~ (автономное) тестирование модулей

multipin ~ испытание многовыводных плат

mutation ~ мутационное тестирование (*основанное на гипотезе, согласно которой ошибка в программе резко изменяет её поведение*)

nails ~ тестирование (*плат*) с помощью подпружиненных контактов

near exhaustive ~ квазиполное тестирование (*с почти полным перебором вариантов*)

noncoincident current ~ испытание (*ферритовых матриц*) методом несовпадающих токов

nondisruptive ~ неразрушающее испытание

normative ~ нормативные испытания

on-chip ~ тестирование на кристалле; встроенный контроль кристалла

operation ~ испытания в рабочих условиях; эксплуатационные испытания; опытная эксплуатация

parallel ~ сравнительные испытания (*параллельные испытания с последующим сравнением результатов*)

parametric ~ параметрическое тестирование; параметрический контроль

plane ~ проверка матриц

prescreen(ing) ~ технологические испытания

presence ~ контроль наличия (*необходимых полей данных*)

probe ~ проверка с использованием зонда *или* щупа

product ~ приёмочный контроль изделий

production ~ контроль в процессе изготовления

program ~ программный контроль; тестирование программы

random ~ проверка с применением случайных кодов

real-time ~ испытания в реальном (масштабе) времени; испытания в реальных условиях эксплуатации

redundancy ~ избыточное тестирование (*повторное тестирование с использованием более сложных тестов*)

regression ~ регрессивное тестирование (*с возвратом от более сложных тестов к простым*)

release ~ промышленные испытания

retrofit ~ проверка на сохранение работоспособности системы; проверка на сохранение значений параметров системы (*после замены части оборудования или корректировки программ*)

saturation ~ тестирование (*программы*) в режиме насыщения

signature ~ проверка с помощью контрольных сумм; проверка с помощью сигнатур, сигнатурный контроль

soft ~ программное тестирование

start-small ~ тестирование методом расширяющегося ядра

662

stimulus / response ~ проверка методом «стимул — реакция» (*путём подачи входного сигнала и наблюдения отклика*)

stored-response ~ проверка с помощью хранимых откликов (*на заданные входные сигналы*)

stuck-fault ~ тестирование (*схем*) на основе моделирования константных неисправностей

syndrome ~ синдромный контроль, контроль с помощью синдромов (*в технической диагностике*)

thread ~ тестирование функциональных возможностей

through-the-pins ~ проверка с подачей тестовых сигналов через выводы (*модуля*)

top-down ~ нисходящее тестирование, тестирование сверху вниз

transition count ~ контроль методом подсчёта числа переходов

trial-and-error ~ проверка методом проб и ошибок

unit ~ блочное тестирование; тестирование элементов (*программы*)

tetrad тетрада

text 1. текст **2.** текст в угловых скобках

angled ~ текст, располагаемый под углом (*на экране графического дисплея*)

bit-mapped ~ текстовая информация с побитовым отображением (*на экране дисплея*)

clear ~ открытый текст

electronically stored ~ текстовая информация, хранящаяся в электронных устройствах

flowchart ~ (пояснительный) текст на блок-схеме

incoming ~ исходный [входной] текст

message ~ текст сообщения

near-letter quality ~ (отпечатанный) текст почти типографского качества

program ~ текст программы

straight ~ обычный текст (*в отличие от табличного*)

tabular ~ табличный текст

target ~ результирующий текст

text-dependent текстозависимый (*о методе распознавания диктора по голосу*)

text-independent текстонезависимый (*о методе распознавания диктора по голосу*)

textsetter:

photo ~ фотопечатающее устройство

texture текстура (*изображения*)

theorem теорема

equivalence ~ теорема эквивалентности

mean value ~ теорема о среднем

sampling ~ теорема о дискретном представлении, теорема Котельникова

second limit ~ вторая предельная теорема, теорема Маркова

Shannon's expansion ~ теорема разложения Шеннона (*для булевых функций в совершенной дизъюнктивной нормальной форме*)

sinusoidal limit ~ *т. инф.* закон предельной синусоиды

theory 1. теория **2.** метод

~ **of algorithm** теория алгоритмов

~ **of binary decisions** теория (принятия) альтернативных решений

~ **of computing** теория вычислений

~ **of messages** *редк.* теория информации

automata ~ теория автоматов

automatic control ~ теория автоматического регулирования *или* управления

axiomatic set ~ аксиоматическая теория множеств

circuit ~ теория схем; теория цепей

coding ~ теория кодирования

communication ~ теория связи

data ~ теоретические вопросы обработки данных; теория данных

decision ~ теория (принятия) решений

function ~ теория функций

game ~ теория игр

graph ~ теория графов

group ~ теория групп

informal ~ *лог.* содержательная [неформальная] теория

information ~ теория информации

lattice ~ *матем.* теория решёток, теория структур

logic ~ математическая логика

number ~ теория чисел

probability ~ теория вероятностей

proof ~ теория доказательств

queueing ~ теория массового обслуживания

reliability ~ теория надёжности

renewal ~ *стат.* теория восстановления

sampling ~ теория выборок; теория дискретного представления, теория дискретизации

scheduling ~ теория расписаний

set ~ теория множеств

similarity ~ теория подобия

stability ~ теория устойчивости

statistical ~ статистическая теория

switching ~ теория переключательных схем

thermistor терморезистор

thermocouple термопара

thermoelement термопреобразователь

thermojunction спай термопары

thermoswitch термовыключатель; термореле

thimble сменный печатающий наконечник, *проф.* напёрсток (*тип печатающего узла*)

thinker блок решения (*в графопостроителях*)

thoroughness:

test ~ глубина тестирования

thrashing переполнение памяти, *проф.* пробуксовка (*снижение эффективности работы системы с виртуальной памятью вследствие чрезмерного количества запросов на подкачку страниц*)

thread 1. нить **2.** жила провода **3.** прошивать (*матрицу сердечников*)

threading:

single ~ последовательная обработка сообщений

tape ~ заправка ленты

three-address трёхадресный

three-dimensional трёхмерный

three-plus-one-address 3 + 1-адресный

three-stable с тремя устойчивыми состояниями

three-state с тремя состояниями

three-tuple тройка (*кортеж из трёх элементов*)

threshold 1. пороговая величина, порог **2.** граница; предел

difference ~ порог различимости

Gunn ~ порог Ганна

information ~ информационный порог, информационный барьер

input ~ входной порог, порог по входному сигналу

intelligibility ~ порог разборчивости

logic ~ логический порог, логический пороговый уровень

operation ~ порог срабатывания

photoelectric ~ порог фотоэффекта

recognition ~ порог распознавания

resolution ~ порог разрешения

signal ~ порог различимости сигнала

switching ~ порог переключения

throughput производительность (*машины*); пропускная способность (*канала*)

   aggregate ~ суммарная пропускная способность

   normalized ~ нормализованная пропускная способность

throw:

   paper ~ прогон бумаги (*без печати сразу на несколько строк*)

thumbscan(ner) дактилоскопическое считывающее устройство

thumbwheel координатный манипулятор (*для управления курсором*)

thyristor тиристор

ticket 1. мандат (*для доступа к объекту системы*) **2.** паспорт (*напр. массива данных*)

tickmark временна́я отметка, отметка времени

tie связь, соединение; привязка ‖ привязывать (*напр. пакет прикладных программ к конкретной машине*)

tie-in привязка

   footnote ~ (автоматическая) привязка сносок (*в текстовом процессоре*)

tiling мозаичное размещение (*окон на экране при полиэкранном режиме*)

time время; период времени; момент времени ‖ отмечать время; хронометрировать; рассчитывать по времени; синхронизировать; хронировать; согласовывать во времени ◊ ~ **between failures** наработка между отказами; ~ **for motion to start** время трогания (*механизма*); ~ **now** начальный момент времени, начало отсчёта

acceleration ~ время разгона

access ~ время выборки (*из ЗУ*); время доступа (*к ЗУ*)

accumulated operating ~ суммарное рабочее время, суммарная наработка

action ~ рабочее время

activity slack ~ резерв времени до начала работы (*в сетевом планировании*)

actual ~ фактическое время

actual activity completion ~ фактическое время завершения работы (*в сетевом планировании*)

actuation ~ время срабатывания

add(ition) ~ время (выполнения операции) сложения

add-subtract ~ время (выполнения операции) сложения — вычитания

arrival ~ время [момент времени] входа (*пользователя в диалоговую систему*)

assembling [assembly] ~ время ассемблирования (*программы*)

attended ~ время обслуживания

available machine ~ **1.** доступное (*для работы*) машинное время (*для работы*) конкретного пользователя

average operation ~ среднее время (выполнения) операции

awaiting-repair ~ время ожидания ремонта (*от момента обнаружения неисправности до начала её устранения*)

bit ~ время (прохождения) бита

build-up ~ время нарастания (*напр. фронта сигнала*)

calculating ~ время счёта; время вычисления

carry(-over) ~ время (распространения) переноса

chip-access delay ~ время выборки кристалла

circuit ~ время работы схемы

clear-write ~ время очистки — записи

compilation [compile, compiling] ~ время компиляции, время работы компилятора; период компиляции

computation ~ время вычисления

computer ~ машинное время

computer dead ~ время простоя [простой] вычислительной машины

computer useful ~ полезное машинное время

computing ~ время вычисления

connect ~ продолжительность (сеанса) связи

control ~ время регулирования

cycle ~ 1. время цикла 2. цикл памяти (*регенеративного ЗУ*)

data ~ время обмена данными

data-retention ~ время сохранения информации

dead ~ 1. время работы вхолостую, нерабочее время; время простоя, простой 2. время запаздывания

debatable ~ (машинное) время, потерянное по невыясненным причинам; спорное (машинное) время

debug(ging) ~ время отладки; период отладки

deceleration ~ время останова (*напр. магнитной ленты*)

delay ~ время задержки

destination ~ время доступа (*к памяти*) по косвенному адресу

development ~ 1. продолжительность разработки; период разработки 2. время на усовершенствование, стендовое время (*машинное время, отводимое для ввода в систему новых программных или аппаратных средств*)

digit ~ цифровой период; цифровой интервал (*при последовательной передаче цифр*)

discrete ~ дискретное время

divide [division] ~ время (выполнения операции) деления

down ~ время, потерянное из-за неисправностей, период неисправного состояния; время простоя, простой

earliest expected ~ наименьшее ожидаемое время

effective ~ эффективно используемое [эффективное] (машинное) время

engineering ~ время технического обслуживания, *проф.* инженерное время

entry ~ 1. время входа (*напр. в программу*) 2. момент ввода (*входного сообщения*)

error-free running ~ время безошибочной работы

estimated ~ расчётное время

event ~ время (наступления) события

event scheduled completion ~ запланированное время (наступления) события (*в сетевом планировании*)

event slack ~ резерв времени (наступления) события (*в сетевом планировании*)

execution ~ (полное) время выполнения (*напр. команды*)

execution cycle ~ время цикла выполнения (*команды*)

expected activity ~ ожидаемая продолжительность выполнения работы

fall ~ время спада (*напр. импульса*)

fault ~ время, потерянное из-за неисправностей, период неисправного состояния

fault correction ~ время устранения неисправностей

fault location ~ время обнаружения [поиска] неисправностей

fetch ~ время вызова; время выборки (*из ЗУ*)

float ~ резерв времени

form movement ~ время движения [перемещения] бланка или (перфо)карты

forward-current rise ~ время нарастания прямого тока

good ~ полезное время

guard ~ защитный интервал

handshaking ~ время квитирования (*при установлении связи*)

hold(ing) ~ 1. время занятости (*устройства*) 2. время

промежуточного хранения, *проф.* время удержания (*передаваемого сообщения*)

idle ~ **1.** неиспользуемое рабочее время **2.** время ожидания

improvement ~ время на усовершенствование, стендовое время (*машинное время, отводимое для ввода в систему новых программных или аппаратных средств*)

incidental ~ (*машинное*) время (отводимое) для вспомогательных работ (*напр. для обучения или демонстрации*)

ineffective ~ неэффективно используемое [неэффективное] (машинное) время

inoperable ~ время пребывания (*устройства*) в неподготовленном к работе состоянии

installation ~ **1.** продолжительность установки *или* сборки **2.** дата установки *или* сборки

instruction ~ время выполнения команды

integrator ~ период (работы) интегратора

interaction ~ время взаимодействия (*время, в течение которого терминал занимает линию связи*)

interarrival ~ время [промежуток времени] между (двумя последовательными) входами (*пользователя в диалоговую систему*)

interrogation ~ время опроса

inverse reversal [inverse switching] ~ *магн.* величина, обратная времени перемагничивания

latency ~ время ожидания

latest allowable event ~ наибольшее допустимое время события (*в сетевом планировании*)

load ~ время загрузки

lock-grant ~ время получения разрешения на установку блокировки

machine ~ машинное время

machine available ~ **1.** доступное (*для работы*) машинное время **2.** машинное время (*для работы*) конкретного пользователя

machine spoiled (work) ~ время работы на неисправной машине

maintenance ~ время профилактического обслуживания

makeup ~ суммарное время (использованное для) повторных прогонов (*программ после сбоев*)

manual ~ время работы в режиме ручного управления

mean ~ **between errors** средняя наработка на ошибку, среднее время безошибочной работы

mean ~ **between failures** средняя наработка на отказ, среднее время безотказной работы

mean ~ **to repair** средняя наработка до ремонта

mean error-free ~ средняя наработка на ошибку, среднее время безошибочной работы

mean repair ~ среднее время ремонта

memory cycle ~ время цикла памяти

miscellaneous ~ (*машинное*) время (отводимое) для вспомогательных работ (*напр. для обучения или демонстрации*)

mission ~ заданная наработка, заданная продолжительность работы; время выполнения (целевого) задания

most likely ~ наиболее вероятная оценка времени (*в сетевом планировании*)

multiplication [multiply] ~ время (выполнения операции) умножения

no-charge ~ **1.** непроизводительное (машинное) время **2.** неоплачиваемое (*пользователем*) (машинное) время

no-charge machine fault ~ **1.** (машинное) время, потерянное по вине машины **2.** (ма-

шинное) время, не оплачиваемое (*пользователем*) по причине неисправности машины
no-charge non-machine-fault ~ **1.** (машинное) время, потерянное не по вине машины **2.** (машинное) время, не оплачиваемое (*пользователем*) по причине ошибок не по вине машины
nonfailure operating ~ наработка; время безотказной работы
nonreal ~ модельное время
nonscheduled down ~ время внеплановых простоев
nonscheduled maintenance ~ время внепланового профилактического обслуживания
object ~ время выполнения объектной программы
occurrence ~ время (наступления) события
off ~ **1.** время пребывания в выключенном состоянии **2.** время выключения
on ~ **1.** время пребывания во включённом состоянии **2.** время включения
one-pulse ~ время действия импульса, импульсный период
operating ~ **1.** рабочее время **2.** время срабатывания
operation ~ время (выполнения) операции
operation-use ~ рабочее время
optimistic ~ оптимистическая оценка времени (*в сетевом планировании*)
out-of-service ~ (машинное) время, не предназначенное для (обслуживания) пользователей
peak(ing) ~ время пика (*импульса*)
pessimistic ~ пессимистическая оценка времени (*в сетевом планировании*)
polinomial ~ полиномиальное время, полиномиальная оценка временны́х затрат (*при работе алгоритма*)

poll ~ время [продолжительность] опроса
positioning ~ время установки в (нужное) положение, время позиционирования (*напр. магнитной головки*)
pre-assembly ~ время предварительной фазы ассемблирования
precedence waiting ~ время ожидания вследствие соблюдения отношений предшествования
preset ~ заданное время
preventive maintenance ~ время профилактического обслуживания
print interlock ~ период блокировки (*основного оборудования*) на время печати
problem ~ время решения задачи
process(ing) ~ время обработки (*данных*)
processor cycle ~ время цикла процессора
production [productive] ~ производительное время, время полезной работы
program execution ~ время выполнения программы
program fetch ~ время вызова программы (*с внешнего устройства*); время загрузки программы
program testing ~ время тестирования программы
propagation ~ время распространения (*сигнала*)
propagation delay ~ время задержки на распространение, задержка распространения (*напр. сигнала в схеме*)
proving ~ время проверки (*обычно после устранения неисправности*)
pulse ~ длительность импульса; период повторения импульсов
punch start ~ время пуска перфоратора (*от нажатия пусковой кнопки до момента первой пробивки*)

read ~ время считывания

reading access ~ время выборки при считывании

readout ~ время считывания

read-restore ~ время считывания и восстановления, время считывания и регенерации

real ~ **1.** реальное время; реальный масштаб времени ǁ работающий в реальном (масштабе) времени **2.** истинное время; истинный масштаб времени ǁ протекающий в истинном (масштабе) времени

record check ~ время контроля записи (*на ленте*)

recovery ~ время восстановления

reference ~ начало отсчёта времени, начальный момент времени; опорная точка отсчёта времени

refresh ~ время обновления (*напр. содержимого памяти*)

reimbursed ~ переарендованное (машинное) время, (машинное) время, переданное другому пользователю

repair ~ время ремонта

repair delay ~ время задержки на устранение неисправности

representative computing ~ эталонное время вычисления (*время решения эталонной задачи для оценки быстродействия ЭВМ*)

request-response ~ время между запросом и ответом

resetting ~ время возврата (*в исходное состояние или положение*)

resolution [resolving] ~ разрешающее время

response ~ время отклика; время ответа; время реакции (*системы*)

restoration [restoring] ~ время восстановления

retrieval ~ время поиска

reversal ~ **1.** время реверсирования **2.** *магн.* время перемагничивания

reverse-current fall ~ время спада обратного тока

rewind ~ время перемотки (*ленты*)

rise ~ время нарастания (*сигнала*)

round-trip ~ время на передачу и подтверждение приёма, период кругового обращения (*сообщения*)

routine maintenance ~ запланированное время профилактического обслуживания

run(ning) ~ время прогона (*программы*); время счёта (*по программе*)

sampling ~ **1.** время стробирования, время взятия замера **2.** время взятия выборки

scaled real ~ ускоренное реальное время; замедленное реальное время (*в моделях*)

schedule(d) ~ время по расписанию, время по графику, планируемое время

scheduled down ~ время плановых простоев

scheduled operating ~ плановое время работы

scramble ~ конкурентное время (*доступное для однократного прогона коротких программ программистами*)

screen storage ~ время послесвечения экрана

search ~ время поиска

seek ~ время поиска (*нужной дорожки*), время установки (*головки на нужную дорожку*)

sensitive ~ время активного состояния (*в котором схема способна воспринимать сигналы*)

service ~ время обслуживания

serviceable ~ (машинное) время, предназначенное для (обслуживания) пользователей

setting ~ время установки (*в определённое состояние или положение*)

settling ~ время установления сигнала, *проф.* время успокоения

setup ~ **1.** время подготовки к работе; время вхождения в режим **2.** время установки (*в определённое состояние или положение*)

simulated ~ модельное время

s-n transition ~ *см.* **superconducting-normal transition time**

standby ~ **1.** время нахождения в резерве **2.** время ожидания ответа на запрос

start(ing) ~ время (за)пуска; пусковой период; время разгона (*напр. магнитной ленты*)

start-up ~ время запуска

stop ~ время останова

storage ~ время хранения

storage cycle ~ время цикла запоминающего устройства

subtract(ion) ~ время (выполнения операции) вычитания

superconducting-normal transition ~ время перехода из сверхпроводящего состояния в нормальное

supplementary maintenance ~ дополнительное время профилактического обслуживания (*на усовершенствование и модификацию*)

swap ~ время перекачки (*напр. данных из внешней памяти в оперативную*), *проф.* время свопинга

switch (delay) ~ время переключения

switching ~ **1.** время переключения **2.** время перемагничивания

system ~ системное время

takedown ~ время освобождения (*устройства*) для следующего использования (*с восстановлением исходного состояния*)

task ~ время выполнения задачи

testing ~ (машинное) время проверки (*обычно после устранения неисправностей*)

total ~ **1.** суммарное время

2. полное время **3.** период итоговой обработки

track-to-track move ~ время перехода (головки) с дорожки на дорожку

transfer ~ время передачи, время пересылки (*данных*)

transit ~ **1.** время перехода **2.** время прохождения (*ленты с записью*) **3.** время транзита, транзитное время (*продолжительность пребывания требования в системе имитационного моделирования*)

transition ~ **1.** время перехода; время переходного процесса **2.** время нарастания (*сигнала*) **3.** время установления (*колебаний*)

translating ~ время трансляции

true ~ **1.** реальное время; реальный масштаб времени ‖ работающий в реальном (масштабе) времени **2.** истинное время; истинный масштаб времени ‖ протекающий в истинном (масштабе) времени

turnaround ~ **1.** оборотное время (*затрачиваемое на ожидание обслуживания и обработку задания в системе*) **2.** время реверсирования направления (*передачи данных*)

turnoff ~ время выключения; время переключения (*прибора*) в закрытое состояние

turnon ~ время включения; время переключения (*прибора*) в открытое состояние

turnover ~ **1.** время переключения **2.** время перемагничивания

unacked ~ задержка выдачи подтверждения

unattended (standby) ~ время пребывания в необслуживаемом состоянии

unit ~ единичное время, *проф.* квант времени

unused ~ неиспользуемое время, время пребывания (*оборудования*) в выключенном состоянии

up ~ доступное (*для работы*) машинное время

useful ~ полезное время

user ~ время пользователя

variable dead ~ зона нечувствительности переменной

waiting ~ время ожидания

word ~ 1. время выборки, передачи *или* обработки слова; длительность слова 2. малый цикл (*в устройствах последовательного действия*)

word-addressing ~ время установки адреса слова

write ~ время записи

time-based 1. контролируемый по времени; с временны́м критерием 2. синхронизируемый

time-continuous непрерывный во времени

time-correlated коррелированный во времени, с временно́й корреляцией

timed синхронизированный

time-dependent неустановившийся (*о режиме работы*); зависящий от времени, с временно́й зависимостью

time-division с временны́м разделением

time-event событие-время (*в имитационном моделировании*)

timekeeping хронометрирование

time-lagged с задержкой

time-multiplexed с временны́м мультиплексированием

time-out 1. простой, время простоя 2. блокировка по времени; блокировка по превышению (лимита) времени, *проф.* тайм-аут

end-to-end ~ сквозная блокировка по времени

keyboard ~ блокировка клавиатуры по времени

time-phased распределённый по времени

timeplex способ записи информации с временны́м уплотнением

timer 1. синхронизирующее устройство; хронирующее устройство 2. таймер; датчик времени 3. реле времени

control ~ управляющий таймер; датчик управляющих импульсов

counter ~ счётчик-хронометр

deadman ~ таймер безопасности

electronic ~ 1. электронный таймер 2. электронное реле времени

emergency action ~ таймер аварийных ситуаций

impulse ~ импульсное реле времени

interval ~ 1. интервальный таймер, датчик временны́х интервалов 2. реле (выдержки) времени

master ~ главное синхронизирующее устройство; главное хронирующее устройство

programmable ~ программируемый датчик времени

sequence ~ датчик последовательности (управляющих *или* синхронизирующих) импульсов

watchdog ~ 1. сторожевой таймер 2. контрольное реле времени

timer-supervisor управляющий таймер

time-sharing разделение времени; режим разделения времени ‖ работающий в режиме разделения времени, с разделением времени

computational ~ разделение времени при вычислениях

time-slotted с выделением квантов времени

time-slotting квантование времени

timetable 1. временна́я диаграмма 2. расписание

timing 1. синхронизация; хронирование; тактирование; согласование по времени 2. распределение интервалов времени; временны́е соотношения; временна́я диаграмма 3. настройка выдержки (*таймера*)

~ **of the changes** планирование изменений

handshake ~ временна́я диаграмма квитирования

job-step ~ хронирование шага задания

machine ~ синхронизация машины; тактирование машины

multiphase ~ многофазное тактирование; многофазная синхронизация

pulse ~ синхронизация импульсов; хронирование импульсов

read ~ синхронизация при считывании

unit delay ~ временна́я диаграмма с единичными задержками (*в моделировании логических схем*)

write ~ синхронизация при записи

zero delay ~ временна́я диаграмма с нулевыми задержками (*в моделировании логических схем*)

tip:

    patchcord ~ штекер коммутационного шнура

tissue:

    computational ~ вычислительная среда клеточной структуры, *проф.* вычислительная ткань

title заголовок

toggle прибор с двумя устойчивыми состояниями; тумблер

token 1. обозначение; (опознавательный) знак 2. признак, метка, ярлык 3. фишка (*напр. в потоковых машинах*) 4. жезл, эстафета, маркер (*в многопроцессорных системах*) 5. речевой оборот; лексема

    action ~ обозначение (для) действия (*АЛГОЛ 68*)

    control ~ управляющий маркер (*сообщения*)

    data ~ маркер, передаваемый с данными (*напр. в сети*)

    extra ~ обозначение (для) расширения (*АЛГОЛ 68*)

    hip ~ обозначение (для) псевдообъектов (*АЛГОЛ 68*)

    intelligent ~ интеллектуальный жетон (*миниатюрное устройство, содержащее микропроцессор и ЗУ и используемое в качестве удостоверения личности при работе на терминале*)

    pointer ~ признак-указатель

    speech ~ (характерный) речевой оборот

    voice ~ образец голоса

token-passing с эстафетным доступом, с передачей маркера (*о сети ЭВМ*)

tolerance допуск

    collective ~ коллективный допуск (*допустимый разброс параметров группы элементов*)

    failure ~ устойчивость к отказам *или* сбоям

    frequency ~ допуск по частоте

    individual ~ индивидуальный допуск (*допустимый разброс параметров элемента*)

    manufacturing ~ производственный допуск

    phase ~ допуск на отклонение фазы

    power supply ~ допустимое отклонение напряжения питания

    software implemented fault ~ программное обеспечение отказоустойчивости

    user-set ~ допуск, установленный пользователем

tone тональная посылка (*в системах передачи речевых сигналов*)

toner электрографический проявитель, красящий порошок

toolbox, toolkit комплект инструментальных средств, инструментарий

tools инструментальные средства, инструментарий

    CAD ~ инструментальные средства автоматизированного проектирования

    graphical ~ графические средства

    in-house ~ собственные инструментальные средства

intelligent design ~ «интеллектуальные» средства проектирования

place-and-route ~ средства для размещения элементов и трассировки соединений (*ИС*)

software ~ программные средства

software metric ~ средства для измерения характеристик программного обеспечения

support ~ инструментальные средства поддержки

toolsmith *sl* системный программист

top:

~ **of stack** вершина [верхушка] стека

flat ~ плоская вершина (*импульса*)

top-down нисходящий; сверху вниз

topography of mask конфигурация маски

topology топология

constrained ~ топология (*сети*) с упорядоченным расположением узлов

network ~ топологическая схема [топология] сети

random ~ произвольная топология (*сети*)

system ~ топологическая схема [топология] системы

unconstrained ~ топология (*сети*) с произвольным расположением узлов

toroid тороидальный сердечник

tot складывать, суммировать

total (итоговая) сумма; контрольная сумма; итог ‖ суммарный

batch ~ контрольная сумма пакета

check [control] ~ контрольная сумма

cross ~s перекрёстные итоги (*групповые итоговые суммы, которые должны балансироваться*)

final ~ итоговая [конечная] сумма

gibberish ~ контрольная сумма (*всего массива данных*)

grand ~ итоговая [конечная] сумма

hash ~ контрольная сумма (*всего массива данных*)

intermediate ~ промежуточная сумма; промежуточный итог

major ~ главная сумма; главный итог; полная сумма; итоговая [конечная] сумма

minor ~ частичная сумма; частичный итог

proof ~ контрольная сумма «второго уровня» (*для проверки контрольных сумм*)

set ~ заданный (*для сравнения*) итог

sum ~ полная сумма; итоговая [конечная] сумма

totalize суммировать; подводить итог

totalizer суммирующее (счётное) устройство

touchpad сенсорная панель

touch-sensitive сенсорный

trace 1. след ‖ следить; прослеживать; отслеживать **2.** запись, кривая (*самописца*) ‖ записывать **3.** трассировка (*программы*) ‖ трассировать (*программу*) **4.** чертить, вычерчивать **5.** калькировать, копировать **6.** отыскивать (*повреждение*)

electrical ~ электрическое соединение, электрическая связь (*на печатной плате*)

forward ~ прямой ход (*прослеживания ошибки*)

program ~ след [трасса] программы

return ~ обратный ход (*луча*)

reverse ~ обратный ход (*прослеживания ошибки*)

selective ~ выборочный след (*в виде выборочных данных хода выполнения рабочей программы*)

signal ~ трасса прохождения сигналов

sweep ~ линия развёртки

traceability трассируемость

traceable 1. доступный для анализа; прослеживаемый **2.** трассируемый

tracer 1. следящее устройство **2.** программа формирования следа (*выполнения программы*) **3.** прибор для отыскания повреждений
cathode-ray curve ~ характериограф
current ~ токовый детектор (*для поиска коротких замыканий в платах*)
curve ~ характериограф
requirements ~ программа слежения за выполнением технических требований
tracing 1. слежение; прослеживание; отслеживание **2.** формирование следа **3.** трассировка (*программы*) **4.** вычерчивание **5.** калькирование, копирование **6.** поиск (*повреждений*)
call ~ выявление вызывающего абонента
curve ~ **1.** вычерчивание кривых **2.** исследование кривых
fault ~ поиск неисправностей
forward ~ прямое продвижение, прямой проход (*сигнала неисправности в модели схемы*)
logical ~ трассировка переходов (*при отладке программы*)
path ~ прокладка пути (*прохождения сигнала при моделировании логической схемы*)
ray ~ прослеживание (прохождения) лучей (*при формировании изображений в машинной графике*)
reverse ~ обратное продвижение, обратный проход, доопределение (*сигнала неисправности в модели схемы*)
variable ~ отслеживание обращений к переменным
track 1. дорожка; канал; тракт **2.** дорожка перфорации (*на ленте*) **3.** проводник; связь (*на печатной плате*) ◊ **to keep** ~ отслеживать
address ~ адресная дорожка
alternate ~ запасная дорожка
bad ~ дефектная дорожка (*на диске*)

block marker ~ дорожка маркеров блоков
card ~ канал [тракт] транспортировки (перфо)карт
clock ~ синхронизирующая дорожка, синхродорожка; дорожка синхронизирующих импульсов
code ~ кодовая дорожка
concentric ~s концентрические дорожки (*на магнитных дисках*)
data ~ дорожка данных
dead ~ заблокированная дорожка (*из-за неисправностей*)
digit ~ цифровая дорожка
disk ~ дорожка (магнитного) диска, дорожка на (магнитном) диске
drum ~ дорожка (магнитного) барабана; тракт (магнитного) барабана
feed(-hole) ~ дорожка ведущей перфорации; дорожка (синхро)импульсов (*перфоленты*)
information ~ информационная дорожка
library ~ дорожка (*напр. на диске*) (для хранения) справочных данных
primary ~ основная дорожка
printed circuit ~ печатный проводник; печатная связь
punching ~ канал [тракт] транспортировки (перфо)карт для перфорирования
reading ~ канал [тракт] транспортировки (перфо)карт для считывания
recording ~ дорожка записи
reference ~ контрольная дорожка; синхронизирующая дорожка, синхродорожка
regenerative ~ регенеративная дорожка; динамический регистр; дорожка динамического регистра
register [revolver] ~ динамический регистр; дорожка динамического регистра
sector marking ~ дорожка маркеров (для разметки) сек-

торов, дорожка секторных маркеров *или* меток

shorted ~ закороченная связь

signal ~ сигнальный проводник (*на печатной плате*)

storage ~ информационная дорожка

timing ~ синхронизирующая дорожка, синхродорожка

vocal ~ речевой канал

wiring ~ канал [тракт] для разводки проводов

trackball 1. шаровой указатель (*в графопостроителях*) 2. шаровой манипулятор (*в дисплее*)

tract:

vocal ~ речевой тракт (*человека, моделируемый в синтезаторе речи*)

tractability удобство манипулирования (*требуемое свойство модели*)

tractor:

paper ~ устройство протяжки бумаги

trade-off компромисс

area-time ~ компромисс пространство — время, компромисс память — время

traffic трафик; поток (информационного) обмена, рабочая нагрузка (*линии связи*)

bursty ~ пульсирующий трафик

cross-bridge ~ межсетевой трафик (*поток сообщений через мост между сетями*)

data ~ поток данных; информационная нагрузка

idle ~ трафик при отсутствии основной рабочей нагрузки, *проф.* холостой трафик

input/output ~ трафик вводавывода

interactive ~ интерактивный трафик

international data ~ трафик межнационального информационного обмена

live ~ реальный трафик

message ~ трафик сообщений

passthrough ~ трафик транзитных пересылок

stream ~ потоковый трафик

third party ~ трафик посторонних сообщений

voice ~ речевой трафик

trail:

audit ~ след ревизии; контрольный след (*выполняемого процесса*)

trailer, trailor 1. (перфо)карта-продолжение 2. трейлер (*запись с контрольной суммой в конце массива данных*) 3. концевик (*замыкающая часть кадра*)

message ~ заключительная часть сообщения

train 1. ряд; серия; цепочка; последовательность 2. устройство из последовательных элементов

pulse ~ 1. серия [пачка] импульсов; последовательность импульсов 2. временна́я диаграмма

transacter (внешнее) устройство сбора данных (*при работе ЭВМ с реальными объектами*)

transaction 1. входное сообщение (*приводящее к изменению файла*) 2. транзакция (*групповая операция*)

bogus ~ ложная [фиктивная] транзакция

canned ~ запрограммированная [предусмотренная] транзакция (*в отличие от случайного запроса*)

memory ~ групповая операция обращения к памяти

multipage ~ многостраничное сообщение

multiphase ~ многоэтапная транзакция

multiserver ~ транзакция с множеством обслуживающих процессов

pending ~ приостановленная транзакция (*подлежащая дальнейшему выполнению*)

relational ~ транзакция в реляционном представлении

sensitive ~ конфиденциальное (деловое) сообщение

speech ~ речевое сообщение

status ~ транзакция, изменяющая состояние (*системы*), *проф.* статусная транзакция

test ~ групповая операция контроля

transceiver приёмопередатчик

bidirectional ~ двунаправленный приёмопередатчик

bus ~ приёмопередатчик шины

data ~ приёмопередатчик данных

facsimile ~ факсимильный [фототелеграфный] приёмопередатчик

interface ~ интерфейсный приёмопередатчик

transceiving приём и передача (*данных*)

transcendental трансцендентный

transcribe 1. преобразовывать; воспроизводить; переписывать (*данные с преобразованием или без преобразования*) **2.** транскрибировать

transcriber преобразователь; устройство воспроизведения

card ~ устройство воспроизведения (данных) с (перфо-) карт

paper tape ~ устройство воспроизведения (данных) с бумажной ленты

transcription 1. перепись (*данных с преобразованием или без преобразования*) **2.** транскрипция; транскрибирование

transducer преобразователь; датчик

capacitive ~ ёмкостный датчик

data ~ преобразователь данных

incremental ~ дискретный датчик

position ~ позиционный датчик, датчик положения

variable-reluctance ~ индуктивный датчик

transductor магнитный усилитель

transfer 1. передача; пересылка; перенос ‖ передавать; пересылать; переносить **2.** пере-

ход **3.** команда перехода ‖ выполнять команду перехода ◊ ~ **in** вход в блок (*логической схемы*); ~ **in channel** переход в канале, (безусловный) переход в канальной программе; ~ **out** выход из блока (*логической схемы*); **to** ~ **control 1.** передавать управление **2.** выполнять команду передачи управления

~ **of control 1.** передача управления **2.** команда передачи управления

bit-by-bit ~ побитовая передача

block-by-block ~ поблочная передача; передача блоками; поблочный обмен

bulk ~ групповая пересылка (*данных*)

bumpless ~ мягкая передача управления (*без существенного изменения настройки параметров процесса*), *проф.* безударная передача управления

burst ~ пакетная передача (*данных или сигналов*)

bus ~ передача по шине

byte-by-byte ~ побайтовая передача

character-by-character ~ познаковая передача

conditional ~ (**of control**) **1.** условная передача управления; условный переход **2.** команда условного перехода; команда условной передачи управления

connectionless data ~ бессвязная передача данных (*с нарушением упорядоченности сообщений*)

cyclic ~ циклическая передача

data ~ **1.** передача [пересылка] данных **2.** сдвиг [перенос] данных

document ~ передача [пересылка] документов

drum ~ обмен (*информацией*) с барабаном

image ~ передача изображения; перенос изображения

information ~ передача информации

internal ~ внутренняя передача, внутренняя пересылка

interregister ~ межрегистровая передача

interrupt-driven ~ переход по прерыванию

magnetic tape ~ обмен (*информацией*) с магнитной лентой

parallel ~ параллельная передача

peripheral ~ внешний обмен, обмен (*данными*) между внешними устройствами

radial ~ радиальная передача, радиальная пересылка

register-to-register ~ межрегистровая передача

serial ~ последовательная передача

total ~ передача контрольных сумм

unconditional ~ **(of control)** 1. безусловная передача управления; безусловный переход 2. команда безусловного перехода; команда безусловной передачи управления

word-by-word ~ пословная передача

transferability переносимость (*напр. программы с одной ЭВМ на другую*)

transfluxor трансфлюксор

transform 1. преобразовывать, трансформировать, превращать 2. результат преобразования; преобразование

transformation преобразование, трансформация; превращение (*см. тж* conversion)

angular ~ тригонометрическое преобразование

behavioral-to-structural ~ преобразование поведенческого описания в структурную схему

code ~ преобразование кода

cryptographic ~ криптографическое преобразование

data ~ преобразование данных

determinate ~ *лог.* детерминированное преобразование

fast Fourier ~ быстрое преобразование Фурье

Fourier ~ преобразование Фурье, разложение в ряд Фурье

identical ~ тождественное преобразование

inverse ~ обратное преобразование

key ~ преобразование ключей (*при записи или поиске данных*)

Laplace ~ преобразование Лапласа

linear ~ линейное преобразование

medial axis ~ преобразование срединной оси (*в технике сжатия изображений*)

nondeterminate ~ *лог.* недетерминированное преобразование

optional ~ факультативная [возможная] трансформация

signal ~ преобразование сигнала

similarity ~ преобразование подобия

viewing ~ трансформация изображения (*на экране*) путём изменения точки обзора

transformer 1. трансформатор 2. преобразователь

balancing [balun] ~ симметрирующий трансформатор

center-tapped ~ трансформатор с выводом от средней точки

isolation ~ развязывающий трансформатор

peak(ing) ~ пик-трансформатор

pulse ~ импульсный трансформатор

transformer-coupled с трансформаторной связью

transient 1. переходный, неустановившийся; изменяемый; переменный 2. переходный процесс 3. транзитная программа 4. импульсная помеха

power ~ переходная помеха по цепи питания (*ЭВМ*)

turn-off ~ переходный процесс при выключении

turn-on ~ переходный процесс при включении

transistor транзистор

avalanche ~ лавинный транзистор

bipolar ~ биполярный транзистор

blocking ~ блокировочный транзистор (*в запоминающей ячейке*)

cell ~ транзистор запоминающего элемента

chip ~ бескорпусный транзистор; транзистор на кристалле

complementary ~s комплементарные [дополняющие] транзисторы

discrete ~ дискретный транзистор

electrooptical ~ оптотранзистор

field(-effect) ~ канальный [полевой, униполярный] транзистор

film ~ плёночный транзистор

load ~ нагрузочный транзистор

monolithic ~ монолитный транзистор

off ~ запертый транзистор

on ~ открытый транзистор

optical ~ оптотранзистор

overlay ~ биполярный многоэмиттерный транзистор

saturated ~ транзистор в режиме насыщения

stuck-closed ~ 1. постоянно закрытый транзистор (*вид неисправности*) 2. постоянно зашунтированный транзистор (*вид неисправности*)

stuck-on ~ постоянно открытый транзистор

stuck-open ~ транзистор с устойчивым обрывом (*цепи*) (*вид неисправности*)

switching(-type) ~ транзистор для переключающих схем, переключательный транзистор

thin-film ~ (тонко)плёночный транзистор

unijunction ~ однопереходный транзистор, транзистор с одним переходом; двухбазовый диод

unipolar ~ канальный [полевой, униполярный] транзистор

wafer ~ таблеточный транзистор

transistorization переход на транзисторы, замена (электронных) ламп транзисторами

transistorize 1. переводить на транзисторы 2. выполнять [собирать] (*схему*) на транзисторах

transition переход

down ~ изменение уровня (сигнала) от 1 к 0 (*в ТТЛ-схемах*); изменение уровня (сигнала) от высокого к низкому

flux ~ изменение потока намагниченности

high-to-low ~ изменение уровня (сигнала) от высокого к низкому

logic ~ логический переход

low-to-high ~ изменение уровня (сигнала) от низкого к высокому

negative-going ~ изменение уровня (сигнала) от высокого к низкому

phoneme ~ переход между фонемами, фонемный переход

positive-going ~ изменение уровня (сигнала) от низкого к высокому

software product ~ передача программного изделия (*пользователю*)

start ~ стартовый переход (*при передаче символа в старт-стопной системе*)

state ~ переход из (одного) состояния в (другое) состояние

up ~ изменение уровня (сигнала) от 0 к 1 (*в ТТЛ-схемах*); изменение уровня (сигнала) от низкого к высокому

transitivity транзитивность (*свойство отношения*)

translate 1. переводить 2. транслировать (*программу*) 3. преобразовывать 4. пересчитывать (*из одних единиц в другие*)

translater *см.* **translator**

translation 1. перевод 2. трансляция (*программы*) 3. преобразование 4. пересчёт (*из одних единиц в другие*) 5. перемещение, сдвиг (*изображения в машинной графике*) ◊ ~s **among multiple languages** многоязычный (автоматический) перевод

address ~ трансляция [перевод] адреса (*напр. перевод виртуального адреса в физический*)

algorithm(ic) ~ алгоритмический перевод

code ~ преобразование кода, перекодировка

data ~ преобразование данных; перевод данных из одного представления в другое

dynamic address ~ динамическая трансляция [динамический перевод] адреса

electronic ~ (автоматический) перевод с помощью электронной аппаратуры

formula ~ 1. преобразование формулы 2. трансляция формулы

human ~ перевод, выполненный человеком

interlinear ~ подстрочный перевод

interpretive ~ интерпретация (*команд входного языка*)

language ~ перевод с (одного) языка на (другой) язык

literal ~ дословный перевод

machine [mechanical] ~ автоматический перевод; машинный перевод

one-for-one [one-to-one] ~ трансляция «один к одному» (*когда каждому элементу входного языка соответствует один элемент выходного языка*)

sentence-for-sentence ~ пофразовый перевод

several-for-one ~ трансляция «несколько к одному» (*когда каждому элементу входного языка может соответствовать несколько элементов выходного языка*)

simultaneous ~ синхронный перевод

word-by-word ~ пословный перевод

word-for-word ~ дословный перевод

translationally с точки зрения перевода *или* трансляции

translator 1. транслирующая программа, транслятор 2. преобразователь 3. транслятор; повторитель

algebraic ~ алгебраический транслятор

code ~ преобразователь кода, кодопреобразователь

decimal-to-numeric ~ преобразователь десятичного кода в цифры

image ~ преобразователь изображения

input ~ входной транслятор

interlanguage ~ межъязыковой транслятор

internal ~ внутренний транслятор

language ~ языковой транслятор

one-to-one ~ транслятор (работающий по методу) «один к одному»

output ~ выходной транслятор

test ~ тестовый транслятор, тест-транслятор

text-to-speech ~ преобразователь текста в речевые сигналы

translator-compiler (транслятор-)компилятор

transliterate транслитерировать

transliteration транслитерация

translocation привязка программ по адресам

translucent подсвечиваемый снизу (*об объекте в СТЗ*)

transmission 1. передача **2.** пропускание, прохождение (*напр. сигнала*)

alarm-repeated ~ передача со звуковой сигнализацией при многократной ошибке

analog ~ аналоговая передача, передача аналоговых сигналов

asynchronous data ~ асинхронная передача данных

batch ~ пакетная передача

bidirectional ~ двунаправленная передача

bipolar ~ биполярная передача

buffered ~ буферизованная передача

code-transparent ~ кодонезависимая передача

data ~ передача данных

digital ~ цифровая передача, передача цифровых сигналов

duplex ~ дуплексная передача

edit-directed ~ передача с редактированием, передача, управляемая редактированием

facsimile ~ факсимильная [фототелеграфная] передача

fiber optics ~ передача по стекловолоконным кабелям

half-duplex ~ полудуплексная передача

image ~ передача изображений

incessant ~ непрерывная передача

information ~ передача информации

keyboard ~ передача (*данных*) с (помощью) клавиатуры

list-directed ~ передача, управляемая списком

loop ~ передача по кольцу, передача (*данных*) по кольцевой сети

multibuffered ~ передача (*данных*) с использованием нескольких буферов

multiplex ~ мультиплексная передача

neutral ~ униполярная передача

nonsimultaneous ~ неодновременная передача (*в двух направлениях*)

one-way ~ односторонняя передача

optical ~ оптическая передача

packet ~ пакетная передача

parallel ~ параллельная передача

parameter ~ передача параметров

point-to-point ~ двухточечная передача

polar ~ полярная [биполярная] передача

pulse ~ импульсная передача

pulse code ~ передача с кодово-импульсной модуляцией

pure ~ чистая передача (*без предоставления дополнительных услуг сети*)

relation ~ *проф.* пересылка отношения (*в распределённых реляционных базах данных*)

serial ~ последовательная передача

simultaneous ~ одновременная передача (*в двух направлениях*)

start-stop ~ стартстопная передача

stream ~ передача потока (*данных*)

synchronous data ~ синхронная передача данных

trickle ~ медленная передача (*сообщений*)

two-way ~ двусторонняя передача

unipolar ~ униполярная передача

transmit передавать

transmitter 1. трансмиттер, передатчик **2.** преобразователь, датчик **3.** выходной элемент

differential ~ дифференциальный датчик

program ~ программный датчик

synchro ~ сельсин-датчик

tape ~ ленточный трансмиттер

transmitter-distributor транс-миттер-распределитель

transparency прозрачность (*1. инвариантность по отношению к различным схемам кодирования 2. незаметность, напр. внутренней структуры модуля для пользователя*)

concurrency ~ прозрачность параллелизма (*делающая его неощутимым для пользователя*)

device ~ аппаратная независимость (*программы*)

distribution ~ прозрачность распределённой архитектуры (*делающая её незаметной для пользователя*)

memory ~ прозрачность памяти

referential ~ прозрачность ссылок

software ~ прозрачность программного обеспечения

transplantability переносимость (*напр. программы с одной ЭВМ на другую*)

transponder транспондер, преобразователь непрерывных данных в цифровые

transport 1. перенос, перемещение, транспортировка ‖ переносить, перемещать, транспортировать 2. протяжка 3. механизм протяжки; лентопротяжный механизм

chart ~ механизм протяжки диаграммной бумаги

coplanar tape ~ лентопротяжный механизм с копланарным расположением бобин

end-to-end ~ сквозная транспортировка (*данных в сетях*)

tape ~ 1. протяжка ленты 2. лентопротяжный механизм

twin tape ~ сдвоенный лентопротяжный механизм

transportability 1. мобильность, переносимость (*напр. программы с одной ЭВМ на другую*) 2. транспортируемость (*напр. данных по сети*)

transporter транспортная станция (*в сети*)

transpose 1. перемещать, переставлять; перегруппировывать 2. *матем.* транспонировать; переносить члены (*из одной части равенства в другую*) ◊ **to** ~ **a matrix** транспонировать матрицу

transposition 1. перемещение, перестановка; перегруппировка 2. *матем.* транспонирование; транспозиция; перенос членов (*из одной части равенства в другую*)

privacy ~ преобразование [шифрование] секретных данных

transput обмен (*между устройствами ЭВМ*)

binary ~ двоичный обмен

character ~ литерный обмен

formatless ~ бесформатный обмен

transputer транспьютер (*микропроцессор сети со встроенной аппаратурой связи между соседними узлами*)

transverter трансвертер (*трансформаторный преобразователь напряжения*)

trap 1. прерывание при возникновении непредусмотренной ситуации, системное прерывание, ловушка 2. схема прерывания при возникновении непредусмотренной ситуации 3. захватывать; перехватывать

asynchronous system ~ асинхронная системная ловушка

error ~ системное прерывание вследствие обнаружения ошибок

illegal transaction ~ (системное) прерывание по неразрешённой операции

interrupt ~ ловушка прерываний

power-fail ~ прерывание из-за сбоя в цепи питания, *проф.* прерывание по исчезновению питания

refresh ~ прерывание для регенерации (*содержимого памяти*)

storage dump ~ (программная) ловушка для распечатки (содержимого) памяти (*при отладке программы*)

system ~ системное прерывание

trap-door *проф.* лазейка (*слабое место, напр. в системе защиты*)

trapping организация (*в системе*) ловушек (*для обнаружения непредусмотренных ситуаций*)

travel 1. перемещение ‖ перемещаться; проходить **2.** длина перемещения

traversal прослеживание (*напр. связей*); прохождение (*напр. по дереву поиска*); обход (*напр. вершин графа*)

tray (съёмный) объединительный блок

chip ~ сборник конфетти (*в перфораторе*)

tree 1. древовидная схема, дерево; древовидный дешифратор **2.** *т. граф.* дерево

and-or ~ дерево (*перебора*) типа И — ИЛИ, *проф.* И — ИЛИ-дерево

balanced ~ сбалансированное дерево

binary ~ двоичное дерево

Boolean ~ булево дерево

cluster ~ кластерное дерево

collapsed ~ прореженный древовидный дешифратор

decision ~ дерево решений

depth-balanced ~ сбалансированное по глубине дерево

derivation ~ дерево вывода

directed ~ ориентированное дерево

directory ~ древовидная система [дерево] справочников

exclusive ~ дерево исключений (*в конфигураторе*)

expanded ~ «растущее» дерево (*в структурах данных*)

fan-out ~ дерево разветвлений на выходе (*элемента схемы*)

fault ~ дерево неисправностей

folded ~ свёрнутый древовидный дешифратор

game ~ *т. игр* дерево игры

height-balanced ~ сбалансированное по высоте дерево

inclusive ~ дерево включений (*в конфигураторе*)

incremented ~ «растущее» дерево (*в структурах данных*)

inverted ~ перевёрнутое дерево; обращённое дерево

Lupanov's ~ древовидный дешифратор Лупанова

minimum length ~ дерево минимальной длины

N-bit parity ~ N-разрядная древовидная схема контроля по чётности

overlay ~ дерево совмещений, *проф.* оверлейное дерево

parity ~ древовидная схема контроля по чётности

production ~ дерево порождений

radix ~ базисное дерево

rooted ~ корневое дерево, дерево с корнем

scope ~ контекстное дерево

search(ing) ~ дерево поиска; дерево перебора

selection ~ древовидная схема выборки

shallow ~ неглубокое [низкое] дерево (*с небольшим числом уровней*)

sink ~ входное дерево (*путей, ведущих в некоторый узел сети*)

spanning ~ **1.** связующее дерево (*сети*) **2.** *т. граф.* остовное дерево

specification ~ дерево технических требований

syntactic [syntax] ~ синтаксическое дерево; дерево грамматического разбора

undirected ~ неориентированное дерево

upside down ~ инвертированное дерево

"where-used" ~ дерево применимости (*компонентов программных средств*)

XOR ~ дерево элементов исключающее ИЛИ

tree-like древовидный

tree-structured с древовидной структурой

tree-type древовидный

tree-walk обход дерева

trespasser:

computer ~ компьютерный «взломщик» (*злоумышленник, пытающийся «взломать» защиту и получить доступ к информации в памяти ЭВМ*)

triad триада, тройка (*структура из трёх элементов*)

trial испытание; проба; опыт ‖ испытательный; пробный; опытный

uniformity ~ испытание на однородность (*при котором каждый объект подвергается одному и тому же воздействию*)

tribit трибит, трёхбитовая комбинация

trickology замысловатое программирование, программирование с «хитростями», *проф.* трюкачество

tricks:

coding ~ «хитрые» приёмы кодирования (*программ*)

trigger 1. триггер, триггерная схема (*см. тж* **flip-flop**); пусковая схема; пусковое устройство **2.** пусковой сигнал ‖ запускать; отпирать

Eccles-Jordan ~ триггер, триггерная схема

latched ~ триггер с защёлкой

monostable ~ триггер с одним устойчивым состоянием

Schmitt ~ триггер Шмидта

sequential ~ последовательная схема запуска

triggering (за)пуск ‖ пусковой, запускающий

data ~ запуск по данным

fail ~ ложный запуск

pattern ~ запуск, осуществляемый комбинацией сигналов

pulse ~ запуск импульсом, импульсный запуск

status ~ запуск по состоянию

trigram триграмма (*группа из трёх последовательных символов*)

trim накладка (*на лицевую панель с обозначениями органов управления и индикации*)

trimming:

laser ~ лазерная подгонка (*напр. плёночных резисторов*)

trimscript индексная позиция (*АЛГОЛ 68*)

triode триод

crystal ~ *уст.* полупроводниковый триод, транзистор

tunnel ~ туннельный триод

trip:

round ~ полный обход (*дерева поиска*)

triple 1. утраивать, увеличивать втрое; умножать на три ‖ тройной; утроенный **2.** трёхрядный **3.** трёхполюсный

triple-address трёхадресный

triple-ported трёхпортовый

triple-precision с утроенной точностью

tripler утроитель; устройство (для) умножения на три

triplet триплет, тройка (*структура из трёх элементов*)

triplicate утраивать ‖ тройной

tripling утроение, увеличение втрое; умножение на три

tristable с тремя устойчивыми состояниями

tristate с тремя состояниями

trouble неисправность; повреждение

operating ~s эксплуатационные неполадки

troubleshooter щуп для поиска неисправностей

troubleshooting поиск [локализация] неисправностей *или* повреждений

troublesome ненадёжный

true 1. истина ‖ истинный **2.** «истина» (*значение булева выражения*) ‖ истинностный ◇ **to** ~ **up** настраивать, регулировать, проверять

truncate 1. усекать, отбрасывать (*напр. члены ряда*) **2.** (досрочно) завершать процесс вычислений

truncation 1. усечение, отбрасывание (*напр. членов ряда*) **2.** (досрочное) завершение процесса вычислений

trunk канал связи; магистраль

central office ~ центральная магистраль учрежденческой связи

check ~ контрольная шина

digit transfer ~ магистраль данных

high-usage ~ загруженный канал связи

input/output ~ канал ввода-вывода

interoffice ~ межстанционная линия связи

one-way ~ односторонняя магистраль

peripheral ~ периферийный канал (*для ввода-вывода*)

tie ~ канал прямой связи

truth:

contingent ~ условная истина

tub шасси (*монтируемое в стойке*)

tube 1. *амер.* (электронная) лампа **2.** (электронно-лучевая) трубка, ЭЛТ

antireflection ~ трубка с антиотражательным покрытием

barrier-grid storage ~ запоминающая трубка с барьерной сеткой; потенциалоскоп

beam-deflection ~ трубка с отклонением луча

beam [cathode-ray] storage ~ запоминающая трубка

charge storage ~ запоминающая трубка с хранением заряда

counter [counting] ~ счётная лампа

decade [decimal] counting ~ десятичная счётная лампа, декатрон

deflection(-type) storage ~ запоминающая трубка с отклонением луча

direct display storage ~ запоминающая трубка с непо-

средственным воспроизведением информации

display ~ **1.** индикаторная трубка **2.** трубка дисплея

double-beam [double-stream] ~ двухлучевая трубка

electron-beam ~ **1.** электронно-лучевой прибор **2.** электронно-лучевая трубка, ЭЛТ

electron-image (transfer) ~ трубка с переносом изображения

electron-recording ~ записывающая ЭЛТ

electrooptical ~ электрооптическая трубка

electrostatic memory [electrostatic storage] ~ электростатическая запоминающая трубка

fiber-optic-faced ~ трубка со стекловолоконным экраном

graphechon storage ~ запоминающая трубка типа графекон

holding-gun ~ трубка с поддерживающим лучом

image-converter ~ электронный преобразователь изображения

image storing ~ трубка с запоминанием изображения

image transfer ~ трубка с переносом изображения

indicator ~ **1.** электронно-лучевой индикатор **2.** индикаторная лампа

information storage ~ запоминающая трубка

microspot ~ трубка с микрофокусировкой

multiplier ~ электронный умножитель

photoelectric ~ электронный фотоэлемент

photomultiplier ~ фотоэлектронный умножитель, фотоумножитель, ФЭУ

picture ~ трубка для вывода графических данных

refreshing (cathode-ray) [regenerative] ~ трубка с регенерацией изображения shaped-beam ~ трубка с фигурным сечением луча

storage ~ запоминающая трубка

stroke-writing ~ ЭЛТ со штриховой записью, ЭЛТ с записью (изображения) направленным перемещением луча (*в отличие от растровой*)

Williams ~ трубка Вильямса, запоминающая ЭЛТ

tubing:
cambric ~ изоляционная трубка, кембрик

tumblings повороты (*элементов изображения; в машинной графике*)

tunability приспособляемость; возможность настройки

tuning настройка
adaptive ~ адаптивная настройка

tunneling 1. туннельный эффект; туннельный переход 2. туннелирование
quantum-mechanical ~ квантово-механический туннельный эффект; квантово-механический туннельный переход
Zener ~ туннельный эффект Зенера

tunneltron туннельтрон (*элемент с использованием туннельного эффекта между двумя сверхпроводящими плёнками*)

tuple *матем.* кортеж

turn 1. оборот 2. виток 3. поворот, вращение ‖ вращать 4. положение (*игрока в игре*) 5. преобразовывать; превращать(ся) ◇ to ~ off выключать; to ~ on включать

turnaround реверсирование передачи (*по линии*)

turner блок преобразований типа поворота (*напр. осей координат*)

turning:
page ~ перелистывание страниц (*памяти*)

turnkey готовый к непосредственному использованию, со сдачей «под ключ»

turret головка (*графопостроителя*)

tutorial средство обучения (*пользователя в системе*)

twain двойка, пара

twiddle *sl* знак ~ , тильда (*название символа*)

twin 1. двойной; сдвоенный, спаренный; двойниковый 2. твин (*схема на паре туннельных диодов*)

twinbooster сдвоенный мощный транзистор

twinning сдваивание ‖ двойниковый

twinster сдвоенный транзистор (*в ИС*)

twistor твистор

two-address двухадресный

two-dimensional двумерный

two-input с двумя входами, двухвходовый

two-phase двухфазный

two-plus-one-address $2+1$-адресный

two-port 1. четырёхполюсный 2. двухпортовый

two-position двухпозиционный

two-spot *sl* двоеточие (*название символа*)

two-value с двумя значениями, двузначный

type 1. тип; род; класс; вид 2. литера; шрифт 3. печатать на машинке 4. набирать на клавиатуре
abstract data ~ абстрактный тип данных
access ~ ссылочный тип (*в языке Ада*)
array ~ регулярный тип (*в языке Ада*)
built-in data ~ встроенный тип (данных)
character ~ 1. символьный тип 2. тип символа
data ~ тип данных
derived ~ производный тип
enumeration ~ перечислимый тип
fixed point ~ фиксированный тип, тип (*чисел*) с фиксированной запятой
floating point ~ плавающий

тип, тип (*чисел*) с плавающей запятой

fundamental data ~ основной тип (данных)

generic ~ родовой тип

generic data ~ родовой тип (данных); данные родового типа

Hollerith data ~ текстовой тип (данных) (*ФОРТРАН*)

integer ~ целый тип (*числа*)

local ~ локализованный тип

numeric data ~ числовой тип (данных)

own ~ собственный тип (*АЛГОЛ 68*)

pointer ~ данные типа указателя

record ~ комбинированный тип (*в языке Ада*)

restricted data ~ строгий тип (данных)

structured data ~ структурный тип (данных)

subrange ~ подтип

typewriter ~ машинописный шрифт

type-ahead опережающий ввод с клавиатуры ‖ осуществлять опережающий ввод с клавиатуры (*при высокой скорости работы оператора*)

type-check проверять соответствие типов

type-checking контроль типов

type-in ввод [набор] с помощью клавиатуры

typeless не предусматривающий определения типов данных (*о языке*)

type-out вывод на печать, *проф.* выпечатывание

typeprinter буквопечатающий аппарат

typer печатающее устройство

typesetter:
 keyboardless ~ бесклавиатурное наборное устройство (*в системе автоматического набора текста с перфолент(оч-)ным управлением*)

typewriter печатающее устройство; пишущая машинка

console ~ пультовое печатающее устройство

dictation ~ пишущая машинка, приводимая в действие голосом, пишущая машинка с речевым вводом

electric ~ электрическая пишущая машинка

inquiry [interrogating] ~ печатающее устройство ввода запросов в машину

load ~ вводное печатающее устройство

long-carriage ~ пишущая машинка с широкой [большой] кареткой

on-line ~ неавтономное печатающее устройство; печатающее устройство, управляемое центральным процессором

phonetic ~ фонетическое печатающее устройство

solenoid-actuated electric ~ пишущая машинка соленоидного типа

voice-activated [voice-input, voice-recognition] ~ пишущая машинка, приводимая в действие голосом, пишущая машинка с речевым вводом

typing набор на клавиатуре
 space ~ печать вразрядку

typist оператор печатающего устройства

U

ultrafiche ультрамикрофиша

ultrareliable сверхнадёжный

ultraspeed сверхбыстродействующий

ultrastability сверхустойчивость

ultraviolet-erasable со стиранием ультрафиолетовым излучением, *проф.* с ультрафиолетовым стиранием (*о ППЗУ*)

U-matrix ортогональная матрица

umbral релевантный, относящийся к (данному) запросу

(*о документе при поиске информации*)

unallocate освобождать (*ресурс*)

unary унарный

unattended необслуживаемый; автоматический

unauthorized несанкционированный

unavailability неготовность; недоступность

unbalance разбаланс, рассогласование

unblanking отпирание

unblocking 1. деблокирование; разблокировка 2. разбиение блока (*данных*) на несколько подблоков; распаковка блока (*данных*)

unbuffer освобождать буфер

unbuffered небуферизованный, без буфера

unbundling развязывание цен (*раздельное назначение цен на аппаратуру, программное обеспечение и услуги*)

uncertainty неопределённость; недостоверность; неточность
prior ~ априорная неопределённость
statistical ~ статистическая неопределённость

unconditional безусловный; не ограниченный условиями

uncountable несчётный

uncouple разъединять, расцеплять; выключать

uncoupling развязка, развязывание

undecidability *лог.* неразрешимость
essential ~ существенная неразрешимость

undecipherable 1. не поддающийся расшифровке 2. неразборчивый

undent выступ, смещение (*начала строки*) влево

undercompensation недокомпенсация

undercutting подтравливание

underdamping 1. недостаточное демпфирование 2. слабое затухание; затухание ниже критического

underdetermined недоопределённый

underexcitation недовозбуждение

underflow исчезновение (*значащих*) разрядов, потеря значимости
characteristic [exponent] ~ исчезновение разрядов порядка

underlining подчёркивание (*напр. на экране дисплея*)

underpunch цифровые позиции (*не включающие область зоны на 80-колонной перфокарте*)

underscore 1. символ подчёркивания, черта снизу ‖ подчёркивать 2. давать заниженную оценку (*характеристик, напр. устройства*)

undershoot 1. отрицательный выброс 2. недоиспользование (*возможностей системы*)

understandability понятность (*характеристика качества программного обеспечения*)

understander распознающее устройство, распознающий узел

understanding:
image ~ понимание изображений

undirected неориентированный; ненаправленный

undo 1. отмена (*выполненных действий*) ‖ отменять (*выполненные действия*) 2. развязка (*последствий неверных операций*)

unfailing безотказный; бездефектный

unformatted бесформатный, неформатированный

unhooking отключение, отсоединение

unibus общая шина

unicity единственность (*напр. решения*)

unicode уникод, уникальное имя

unidirectional однонаправленный

unification унификация; операция унификации (*в языке ПРОЛОГ*)
ink ~ однородность отража-

тельной способности печатных знаков (*при распознавании*)

unify унифицировать; выполнять операцию унификации (*в языке ПРОЛОГ*)

union 1. объединение **2.** операция включающее ИЛИ

   discriminated ~ размеченное объединение (*типов данных*)

uniprocessing однопроцессорная обработка (*данных*)

uniprocessor монопроцессор

unipunch (ручной) перфоратор с возможностью пробивки одиночных отверстий

uniselector шаговый переключатель; шаговый искатель

uniserial *матем.* однорядный

uniset оборудование универсального дистанционного пульта (*оператора*)

unit 1. единица; единое целое **2.** единица измерения **3.** устройство; узел; блок; прибор; звено; элемент (*см. тж* **component, device, element**) **4.** компонента программы, модуль

   ~ **of allocation** элемент размещения; размещаемый блок; размещаемая единица (*в распределённых системах*)

   ~ **of language** языковая единица

   ~ **of operation** единица действия (*в машинном языке*)

   actuating ~ исполнительный блок

   address ~ минимальная адресуемая единица

   add-subtract control ~ блок управления сложением — вычитанием

   alpha(nu)meric ~ буквенно-цифровое устройство

   analog operational ~ аналоговый операционный блок

   analog switching ~ блок коммутации аналоговых сигналов; коммутатор аналоговых сигналов

   arithmetic ~ арифметическое устройство; арифметический блок

   arithmetic and logic ~ арифметико-логическое устройство, АЛУ

   arithmetic control ~ блок управления арифметическим устройством

   arithmetic/logic ~ арифметико-логическое устройство, АЛУ

   assembly ~ компоновочный блок

   assigned ~ назначенное [закреплённое] устройство (*при распределении ресурсов*)

   attached ~ **1.** подсоединённый блок **2.** назначенное [закреплённое] устройство (*при распределении ресурсов*)

   audio response ~ акустическое ответное устройство, устройство речевого ответа

   automatic calling ~ автоматическое вызывное устройство

   availability control ~ устройство управления доступностью

   available ~ доступное устройство

   bistable ~ элемент с двумя устойчивыми состояниями

   buffer ~ буферный блок

   bus guardian ~ блок защиты шин, блок шинной защиты

   card punching ~ блок пробивки перфокарт; карточный перфоратор, устройство пробивки перфокарт

   card-reader ~ устройство считывания с (перфо)карт

   cassette-loaded magnetic tape ~ кассетное (запоминающее) устройство на магнитной ленте, *проф.* кассетный магнитофон

   central processing [central processor] ~ центральный процессор

   central terminal ~ центральное устройство управления терминалами

   channel control ~ блок управления каналом (*передачи данных*)

clock ~ блок синхронизации, синхронизатор

cluster tape ~ (запоминающее) устройство с несколькими магнитофонами в одной стойке

coefficient ~ блок (задания) коэффициентов, блок установки коэффициентов

collating [collator] ~ сортировально-подборочное [раскладочное] устройство; блок сравнения

column-shift ~ блок сдвига столбца

comparator [comparing] ~ компаратор, сравнивающее устройство; блок сравнения

computing ~ вычислительный блок

configuration control ~ блок управления конфигурацией, блок реконфигурации

consistent ~ блок с представлением всех входных и выходных величин в одинаковой форме (*напр. в форме напряжений*)

constant multiplier coefficient ~ блок умножения на постоянный коэффициент

control ~ устройство управления; блок управления

coordinate conversion ~ блок преобразования координат

core storage ~ блок запоминающего устройства на (магнитных) сердечниках

data ~ единица [элемент] данных

data acquisition ~ устройство сбора данных

data adapter ~ адаптер каналов связи

data collection ~ устройство сбора данных

data display ~ устройство отображения данных; индикатор данных

data handling ~ устройство обработки данных

delay ~ устройство задержки; блок задержки; элемент задержки

detached ~ 1. отсоединённый

блок **2.** открреплённое (*при распределении ресурсов*) устройство

differentiating ~ дифференцирующий блок

digital counting ~ цифровое счётное устройство

digital time ~ цифровой датчик времени, цифровые часы

direct-access ~ устройство с прямым доступом

disbursting ~ устройство псевдопрерываний (*в отказоустойчивых системах*)

disk ~ (запоминающее) устройство [накопитель] на дисках

display ~ устройство отображения; дисплей

division ~ устройство деления, делительное устройство

elementary ~ элементарное звено

engineering ~ инженерный пульт

equality ~ блок проверки на равенство

essential ~ *лог.* существенная единица

executive ~ исполнительный блок

fast ~ быстродействующее устройство

feedback ~ элемент обратной связи

file ~ файловое запоминающее устройство

forming ~ формирующее звено; формирующий элемент

fractional arithmetic ~ арифметическое устройство (для) дробных чисел *или* частей (чисел)

free-standing tape ~ автономное (запоминающее) устройство на (магнитной) ленте

functional ~ функциональное устройство; функциональный блок, блок (реализации) функции; функциональный элемент

fundamental ~ *лог.* основная единица

gate ~ вентильный элемент

generic (program) ~ настраиваемая компонента (*в языке Ада*)

gold ~ эталонное устройство

graphic(al) display ~ графический дисплей

hard-disk ~ (запоминающее) устройство [накопитель] на жёстких дисках

identity ~ вентиль [схема] исключающее ИЛИ — НЕ

impossible ~ неразрешённое [несуществующее] устройство (*при ошибочных обращениях*)

incremental tape ~ (запоминающее) устройство старт-стопного типа на (магнитной) ленте

indentation ~ отступ

index arithmetic ~ арифметическое устройство для работы с индексами

indexing ~ блок индексации

information ~ единица [элемент] информации

information content binary ~ двоичная единица количества информации

information content decimal ~ десятичная единица количества информации

information content natural ~ натуральная единица количества информации (*определяемая через натуральный логарифм*)

input ~ входное устройство; устройство ввода; входной блок; воспринимающий блок; блок ввода

input-output ~ устройство ввода-вывода; блок ввода-вывода

inquiry ~ опрашивающее устройство; блок (формирования) запросов

instruction ~ устройство *или* блок обработки команд

instruction control ~ устройство *или* блок формирования команд

integrating ~ интегрирующий блок

interface ~ интерфейс; интерфейсный блок; устройство сопряжения

interrogation ~ опрашивающее устройство; блок (формирования) запросов

key punch ~ клавишное перфорационное устройство

key-to-disk ~ клавишное устройство подготовки данных на диске

key-to-tape ~ клавишное устройство подготовки данных на ленте

known good ~ заведомо исправное устройство; эталонное устройство

lag ~ блок [звено] запаздывания

lexical ~ лексическая единица, лексема

library ~ библиотечный модуль

linear ~ линейный блок; линейный элемент

line interface ~ устройство *или* блок сопряжения с каналами; устройство *или* блок сопряжения каналов

linguistic ~ лингвистическая единица

locking ~ область блокирования (*блокируемая в базах данных как единое целое*)

logic(al) ~ логическое устройство; логический блок; логическое звено; логический элемент

magnetic tape ~ блок магнитной ленты

magnetic-tape file ~ файловое (запоминающее) устройство на магнитной ленте

main control ~ главное устройство управления

manageable ~ управляемый элемент

manual input ~ устройство ручного ввода

manual word ~ устройство пословного ручного ввода

memory ~ запоминающее устройство, ЗУ; блок памяти

memory control ~ устройство управления памятью, блок

управления запоминающим устройством

memory management ~ диспетчер памяти

micrologic ~ логическая микросхема

microprocessor ~ блок микропроцессора; микросхема микропроцессора; микропроцессорный блок

microprocessor based ~ устройство с микропроцессором, микропроцессорное устройство

microprocessor-controlled ~ устройство с микропроцессорным управлением

microprogram ~ микропрограммный блок, блок микропрограммного управления

microprogrammed ~ устройство с микропрограммным управлением

modem sharing ~ устройство разделения модема

modular ~ модульное устройство, устройство в модульном исполнении

monitor ~ блок диспетчерского управления, блок текущего контроля; монитор

multiplication-division ~ устройство умножения — деления

multiplier ~ множительное устройство, устройство умножения

multiply-divide ~ устройство умножения — деления

multiplying ~ множительное устройство, устройство умножения

network control ~ устройство управления сетью

network terminating ~ оконечный комплект сети, ОКС

off ~ выключенное устройство, устройство в состоянии «выключено»

off-line ~ автономное устройство; автономный блок

on ~ включённое устройство, устройство в состоянии «включено»

on-line ~ **1.** неавтономное устройство; устройство, работающее с центральным процессором; неавтономный блок; блок, управляемый центральным процессором **2.** устройство, работающее в реальном (масштабе) времени **3.** устройство, работающее в режиме онлайн

operational ~ операционный блок; функциональный блок

operator interface ~ модуль операторского интерфейса, модуль связи оператора с (управляемым) объектом

output ~ выходное устройство; устройство вывода; выходной блок; блок вывода

packet-switching ~ коммутатор пакетов

parallel arithmetic ~ арифметическое устройство параллельного типа

peripheral ~ периферийное устройство

peripheral control ~ блок управления периферийными устройствами

photographic printing ~ фотопечатающее устройство

physical ~ физическое устройство

pluggable [plug-in] ~ съёмный [сменный] блок

plug-to-plug compatible ~ (полностью) совместимое устройство, устройство, совместимое по разъёму

poligon-filling ~ блок (сплошного) закрашивания многоугольников (*на экране дисплея*)

port sharing ~ устройство разделения порта

power ~ блок питания

power distribution ~ распределительный щит питания

power supply ~ блок питания

printing ~ печатающее устройство

processing ~ устройство обработки (данных); процессор; блок обработки (данных)

program ~ программная единица; блок программы

program control ~ блок программного управления

programmer logical ~ логическое устройство программиста (*виртуальное устройство, введённое программистом*)

programming ~ программирующее устройство, устройство программирования

protocol ~ протокольный блок, блок реализации протокола

punch(ed) card ~ перфокарт(оч)ное устройство

punching ~ перфорационное устройство; перфоратор

query ~ элемент запроса; элементарный запрос (*в распределённой системе*)

reader ~ считывающее устройство, устройство считывания

read-punch ~ перфокарт(оч-)ное устройство ввода-вывода; перфолент(оч)ное устройство ввода-вывода

read-write ~ блок записи — считывания

recovery ~ элементарный восстанавливаемый объект, элемент [единица] восстановления

referable ~ разрешённое устройство (*к которому разрешено обращаться*)

remote display ~ дистанционный дисплей

remote entry ~ дистанционное устройство ввода

reproducing ~ блок воспроизведения (*напр. содержимого перфокарт*)

ripple through carry ~ блок (цепочки) сквозного переноса

sample [sampling] ~ элемент выборки

scaling ~ пересчётное устройство; счётчик; блок масштабирования

segregating ~ устройство выделения (*напр. отдельных перфокарт из группы*)

selection channel control ~ блок управления селекторными каналами

self-contained ~ автономное устройство

semantic ~ семантическая единица

sensing ~ считывающий элемент; датчик

sensory ~ сенсорное устройство

serial arithmetic ~ арифметическое устройство последовательного типа

set(up) ~ задающее устройство; задающий блок, задатчик

shaping ~ формирующий блок; формирователь

shared ~ совместно используемое устройство

smallest recoverable ~ наименьший восстанавливаемый блок (*в базах данных*)

stand-alone ~ автономное устройство; автономный блок

static ~ статическое звено; статический элемент

storage ~ запоминающее устройство, ЗУ; блок памяти

storage control ~ блок управления запоминающим устройством

stream ~ устройство управления потоком (данных); блок управления потоком (данных)

subtracting ~ вычитающее устройство, устройство вычитания

summary punching ~ итоговый перфоратор

summing ~ суммирующий блок

supply ~ блок питания

switching ~ устройство переключения, переключающее устройство; коммутатор

symbolic ~ символический элемент, символ (*блок-схемы*)

syntactic(al) ~ синтаксическая единица

system control ~ блок системного управления

system input ~ системное

входное устройство; системное устройство ввода

system output ~ системное выходное устройство; системное устройство вывода

tape ~ (запоминающее) устройство [накопитель] на ленте

tape cartridge ~ кассетное (запоминающее) устройство [кассетный накопитель] на (магнитной) ленте

tape control ~ блок управления лентой

tape selection ~ блок выбора ленты

telecommunications control ~ устройство управления телекоммуникациями

telephone communication ~ блок связи по телефонным каналам

terminal ~ оконечное устройство, терминал; абонентский пункт

time ~ такт; единица времени

timing ~ 1. реле времени 2. программное устройство 3. блок синхронизации, синхронизатор

transmission control ~ устройство управления передачей данных

transport ~ 1. механизм транспортировки (*напр. перфокарт*) 2. блок (ленто)протяжки

variable speed tape ~ (запоминающее) устройство [накопитель] на (магнитной) ленте с переключением скорости (*движения ленты*)

visual display ~ устройство визуального отображения; дисплей

voice recognition ~ устройство распознавания речи

unit-delayed с единичной задержкой

uniterm унитерм (*вид ключевого слова в ИПС*)

uniterming индексирование в унитермах (*в ИПС*)

uniting объединение

unitized 1. блочный; составной;

комплексный **2.** унифицированный

unitor *лог.* объединитель

unity единица

univariate одномерный

universe область; совокупность; универсальное множество; *стат.* генеральная совокупность

~ **of discourse** предметная область (*напр. в базах данных*)

univocacy однозначность

univocal однозначный

unlabeled непомеченный

unload 1. разгрузка ‖ разгружать; выводить массив информации; выводить содержимое памяти **2.** извлекать, вынимать (*ленту*); снимать (*бобину с лентой*)

unlock отпирать; деблокировать, разблокировать

unlocking разблокирование, снятие блокировок

unmake разбирать; аннулировать

unmanned работающий без обслуживающего персонала; необслуживаемый; автоматический

unmatched несогласованный

unmount демонтирование ‖ демонтировать

unnaming разыменование, отмена имён

unpack распаковка ‖ распаковывать (*информацию*)

instruction ~ распаковка команды

unpackaged бескорпусный; негерметизированный

unparser блок грамматического синтеза (*выводимых предложений*)

unplug вынимать (*из гнезда*)

unquantifiable не выражаемый в количественной форме

unreducible несократимый

unreliable ненадёжный

unremovable немонтируемый (*о файловой системе на системном диске*)

unrolling развёртка (*цикла*)

693

unset возвращение в исходное положение *или* состояние; сброс, установка в (состояние) «0» ‖ возвращать в исходное положение *или* состояние; сбрасывать, устанавливать в (состояние) «0»

unsigned без знака

unskew устранять сдвиги; выравнивать; устранять расфазировку

unsoldering выпаивание (*из схемы*)

unsolvability неразрешимость

recursive ~ *лог.* рекурсивная неразрешимость

unsolvable неразрешимый

unspanned расположенный в одном блоке (*о записи в файле*)

unstabilizability нестабилизируемость (*свойство автоматической системы, связанное с невозможностью обеспечения её устойчивого поведения*)

unstable неустойчивый

unstack восстанавливать запись из стека

unstructured неструктурированный

unswitching размыкание (*цикла*)

untappable защищённый от перехвата сообщений

untestable непроверяемый; неудобный для контроля; нетестируемый, непригодный для тестирования

unwatched работающий без обслуживающего персонала; необслуживаемый; автоматический

unwind 1. разворачивать, расписывать (*цикл в программе*) 2. программировать с целью минимизации перемоток (магнитной) ленты

unwinding of loop разворачивание [расписывание] цикла (*в программе*)

up-counter счётчик прямого счёта, суммирующий счётчик

update 1. корректировка; обновление ‖ корректировать; обновлять 2. обновлённая редакция (*документации*)

impermanent ~ кратковременное изменение

missed ~s пропущенные операции обновления данных (*напр. в результате отказа узла вычислительной сети*)

updating корректировка; обновление, изменение в соответствии с новыми данными, *проф.* актуализация

append-only ~ обновление (*файла*) только путём присоединения новых записей

batch ~ групповое обновление (*данных*)

file ~ корректировка (содержимого) файла; обновление файла

memo ~ директивное обновление (*файлов ключевых признаков*)

screen ~ обновление изображений (*на экране*)

upgradable расширяемый (*по функциональным возможностям*)

upgrade 1. наращивать вычислительные возможности 2. средства обеспечения наращивания вычислительных возможностей

uploading загрузка; подкачка (*в оперативную память*)

uptime доступное время (*машины*); период работоспособного состояния (*машины*)

percent ~ относительный период работоспособного состояния; коэффициент использования (*машинного времени*)

upward-compatible совместимый снизу вверх

usability 1. удобство и простота использования 2. практичность (*характеристика качества программного обеспечения*)

data ~ используемость данных

usage 1. коэффициент загрузки (*используемого ресурса*) 2. частота использования, используемость

use использование

authorized ~ санкционированное использование
unauthorized ~ несанкционированное использование
user пользователь; абонент
ad hoc ~ эпизодический пользователь
authorized ~ зарегистрированный пользователь; полно-
мочный пользователь
casual ~ случайный пользователь
end ~ конечный пользователь
expert ~ квалифицированный
пользователь
first-time ~ новый пользователь (*не зарегистрированный
в системе*)
high-priority ~ пользователь
с высоким приоритетом
interactive ~ интерактивный
пользователь, пользователь,
работающий в диалоговом режиме
lay ~ пользователь-непро-
фессионал
local ~ местный пользователь
low-priority ~ пользователь
с низким приоритетом
naive ~ неподготовленный
пользователь, пользователь,
не знакомый с ЭВМ
nonauthorized ~ незареги-
стрированный пользователь
nonprogrammer [**nonprogram-
ming**] ~ пользователь-непро-
граммист
nonscheduled ~ **1.** незареги-
стрированный пользователь
2. пользователь, работающий
не по графику
novice ~ начинающий пользователь, пользователь-новичок
over-the-counter ~ пользователь с непосредственным доступом к машине
privileged ~ привилегированный пользователь
real ~ **1.** коммерческий пользователь (*оплачивающий машинное время*) **2.** обычный
пользователь (*в отличие от
хэкера*)
remote ~ удалённый пользо-

ватель, пользователь, работающий с дистанционного терминала
scheduled ~ **1.** зарегистрированный пользователь **2.** пользователь, работающий по графику
terminal ~ пользователь терминала
trained ~ обученный пользователь
ultimate ~ конечный пользователь
voice ~ пользователь, приме-
няющий речевой ввод
usercode автокод
usercoder транслятор с автокода
user-defined определяемый пользователем
user-directed управляемый пользователем
userid идентификатор пользователя
userkit пользовательский набор
(*средств интерфейса между
микропроцессором и терминалом*)
user-oriented ориентированный
на пользователя
user-programmable программируемый пользователем
user-written написанный пользователем (*о программе*)
utility **1.** обслуживающая программа, *проф.* утилита **2.** полезность
as-is ~ исходная полезность
(*характеристика качества программного обеспечения*)
computer business ~ применение ЭВМ в деловых опера-
циях, коммерческое применение ЭВМ
debugging ~ отладочная (обслуживающая) программа
revision ~ (обслуживающая)
программа обновления
stand-alone ~ автономная
(обслуживающая) программа
(*не управляемая операционной системой*)
utilization:
chip ~ коэффициент использования кристалла (*процент*

UTTERANCE

используемых вентилей в вентильной матрице)

utterance фрагмент (активной) речи (*в обработке речевых сигналов*)

  verification ∼ контрольный фрагмент речи, контрольная фраза (*подлежащие обработке в целях распознавания говорящего лица*)

U-turn *sl* левая прямая скобка (*название символа*)

U-turn back *sl* правая прямая скобка (*название символа*)

V

vacancy 1. пустое место, пробел, пропуск **2.** *пп* вакансия

vacant незанятый, свободный, пустой

vacuous *лог.* вырожденный

vacuum вакуум, разрежение ‖ вакуумный, разрежённый

vacuum-deposited напылённый в вакууме

vacuum-tight вакуумплотный

validate проверять достоверность; подтверждать правильность

validation проверка достоверности; подтверждение правильности, аттестация

  cross ∼ перекрёстная проверка (*результата*) на достоверность (*напр. просчётом на другой машине*)

  formal program ∼ формальное доказательство правильности программы

  model ∼ обоснование модели

  program ∼ (окончательное) утверждение программы; аттестация программы

  test ∼ проверка эффективности теста

validity 1. истинность; справедливость **2.** достоверность **3.** точность (*итеративного процесса*) **4.** обоснованность, доказанность

VALUE

  hypothesis ∼ справедливость гипотезы

  model ∼ пригодность модели (*для использования*); адекватность модели (*объекту*)

valley точка минимума, долина (*на вольтамперной характеристике туннельного диода*)

valuator 1. блок вычисления или ввода значений (*в программу*); блок присваивания значений **2.** блок оценки

value 1. значение, величина **2.** оценка ‖ оценивать **3.** значимость; стоимость; ценность ◇ **by** ∼ по значению (*о передаче параметров в процедуру*); **to possess the** ∼ *матем.* принимать значение

  ∼ **of atomic** значение атома (*ЛИСП*)

  ∼ **of game** цена игры

  ∼ **of turn** *т. игр* оценка положения

  absolute ∼ абсолютное значение, абсолютная величина, модуль (*числа*)

  access ∼ ссылочное значение

  actual ∼ фактическое [истинное, действительное] значение

  anticipated ∼ ожидаемое значение, ожидаемая величина

  arbitrary ∼ произвольное значение

  asymptotic ∼ асимптотическое значение

  atomic ∼ элементарная величина

  attribute ∼ значение атрибута

  code ∼ кодовое значение; кодированное обозначение

  complement ∼ дополняющее значение

  component ∼s значения параметров элементов [деталей] схемы

  computed ∼ вычисленное значение

  conjugate ∼ сопряжённая величина

  conservative ∼ установившееся значение

control ~ контрольное значение

critical ~ критическое значение

current ~ текущее значение

decoded ~ декодированное значение

default ~ значение (присваиваемое) по умолчанию

defined ~ определённое значение

design ~ **1.** расчётное значение; расчётная величина **2.** *pl* расчётные данные

desired ~ ожидаемое значение; требуемое значение; заданная величина

domain ~ значение домена (*в реляционных базах данных*)

don't care ~ безразличное значение (*сигнала*)

effective ~ эффективное [действующее] значение

empty ~ фиктивное значение

excess-three ~ значение (*числа*) в системе с избытком три

expectation ~ **1.** математическое ожидание **2.** ожидаемое значение

extreme ~ экстремальное значение

forced ~ вынужденное значение (*сигнала*)

fractional ~ дробная величина

hack ~ *sl* программистский трюк (*бесполезный, но поражающий воображение*)

high ~ верхнее значение; значение на верхней границе

information ~ ценность [значимость] информации

initial ~ начальное значение

instantaneous ~ мгновенное значение

inverse ~ обратная величина

legitimate ~ допустимое значение

limiting ~ предельное значение

logical ~ логическое значение

low ~ нижнее значение; значение на нижней границе

lower ~ **of game** нижняя цена игры

mean ~ среднее значение

mean square ~ среднеквадратическое значение

merit ~ значение функции полезности, величина выигрыша

most probable ~ наиболее вероятное значение

numerical ~ численное значение

opposite logic ~ инверсное логическое значение

particular ~ частное значение

peak ~ амплитуда; максимальное [пиковое] значение

peak-to-peak ~ размах; двойная амплитуда

permitted ~ разрешённое значение

place ~ вес разряда (*в позиционной системе счисления*)

plain ~ простое значение

polarization ~ оценка поляризации (*характеризующая вероятность обращения узла сети к конкретному фрагменту распределённой базы данных*)

predicted ~ предсказанное значение, прогнозируемая величина

prevailing ~ преобладающее значение

principal ~ главное значение

proper ~ собственное значение

rating ~ номинальное значение, номинал

reciprocal ~ обратная величина

reference ~ опорное значение; эталонное значение; контрольное значение

root-mean-square ~ **1.** среднеквадратическое значение **2.** эффективное [действующее] значение

scale ~ значение масштабного коэффициента

segment ~ значение (базового адреса) сегмента (*при сегментной адресации*)

set ~ заданное значение, заданная величина; установлен-

697

ное значение, установленная величина, *проф.* уставка

significant ~ значимая величина

specified ~ фиксированное [заданное] значение

standard ~ стандартное значение, стандартная величина

state ~ 1. значение переменной состояния 2. оценка состояния

steady-state ~ установившееся значение

structured ~ 1. структурное значение 2. структурированная оценка

successive ~s последовательные значения

threshold ~ пороговое значение, пороговая величина

trial ~ пробное значение

true ~ 1. истинное значение (*напр. функции или сигнала*) 2. значение «истина»

truth ~ истинностное значение; значение истинности

update ~s значения параметров операции обновления данных

upper ~ of game верхняя цена игры

virtual ~ 1. эффективное [действующее] значение 2. мнимая величина

virtual decision ~ виртуальный порог квантования (*сигнала*)

weighted ~ взвешенное значение, взвешенная величина

weighted average ~ средневзвешенное значение

value-based характеризуемый значением

valve *англ.* (электронная) лампа (*см. тж* tube)

variability:
  intraspeaker ~ внутриречевая изменчивость (*спектрограмм одного и того же голоса*)

variable 1. переменная (величина) 2. изменяемый; переменный; регулируемый

  access ~ переменная доступа, ссылочная переменная

additional ~ вспомогательная переменная; добавочная переменная

allocated ~ переменная, для которой выделена память

alpha(nu)meric string ~ переменная типа буквенно-цифровой строки

apparent ~ *лог.* связанная переменная

artificial ~ искусственная переменная

attached ~ *лог.* приданная переменная

automatic ~ переменная с автоматическим выделением памяти (*при входе в блок, где она локализована*)

auxiliary ~ вспомогательная переменная

based ~ базированная переменная (*ПЛ/1*)

basic ~ базисная переменная (*в математическом программировании*)

Boolean ~ булева [логическая] переменная

bound ~ связанная переменная

chance ~ случайная переменная

character ~ знаковая [символьная] переменная

compile time ~ переменная периода компиляции (*ПЛ/1*)

conditional ~ переменная типа условия (*КОБОЛ*)

control ~ управляющая переменная

controlled ~ управляемая переменная; регулируемая переменная

decision ~ 1. искомая переменная 2. переменная, входящая в решение, переменная решения

dependent ~ зависимая переменная

design ~ проектный параметр

digital ~ переменная в цифровой форме; дискретная переменная

dummy ~ фиктивная переменная

element ~ **1.** параметр элемента **2.** переменная типа «элемент» (*в моделировании сложных систем*)

endogenous ~ эндогенная [внутренняя] переменная

event ~ переменная типа «событие», событийная переменная

exogenous ~ экзогенная [внешняя] переменная

file(-name) ~ переменная типа «файл»

fixed ~ заданная [фиксированная] переменная

free ~ свободная [несвязанная] переменная

fuzzy ~ нечёткая [размытая] переменная

global ~ глобальная переменная

independent ~ независимая переменная

induction ~ *лог.* индукционная переменная

input ~ входная переменная

integer ~ целая [целочисленная] переменная

key ~ ключевая переменная

label ~ переменная типа «метка»

local ~ локальная переменная

logic(al) ~ логическая переменная

loop(-control) ~ переменная [параметр] управления циклом; переменная [параметр] цикла

main ~ главная переменная; основная переменная

manipulated ~ регулируемая переменная

master ~ главная переменная

metalinguistic ~ металингвистическая переменная

missing ~ недостающая переменная; опущенная переменная

morphic ~ морфическая (булева) переменная

multicharacter ~ многознаковая [многосимвольная] переменная

mutually independent ~s взаимно независимые переменные

noncontrollable ~ неуправляемая переменная; нерегулируемая переменная

normalized ~ нормированная переменная

notation ~ нотационная переменная

operator ~ операторная переменная

output ~ выходная переменная

pointer ~ переменная-указатель, переменная типа «указатель»

predicate ~ предикатная переменная

private ~ индивидуальная переменная (*принадлежащая только одной программе*)

process ~ (регулируемый) параметр процесса

quantified ~ переменная под знаком квантора, квантифицируемая переменная

random ~ случайная переменная

real ~ вещественная переменная

regulated ~ регулируемая переменная

scalar ~ скалярная переменная

selected ~ выбранная переменная

shared ~ общая [совместно используемая] переменная

simple ~ простая переменная

slack ~ фиктивная переменная

slave ~ зависимая переменная

state ~ переменная состояния; фазовая переменная

statement label ~ переменная типа «операторная метка»

status ~ параметр состояния; переменная состояния

stochastic ~ случайная переменная

structure ~ переменная типа «структура»

subscripted ~ переменная с индексом *или* индексами, индексированная переменная

switch(ing) ~ **1.** переменная типа «переключатель» **2.** переменная, принимающая конечное число значений

syntactic ~ синтаксическая переменная

system ~ системная переменная

task ~ **1.** переменная типа «ветвь» **2.** переменная задачи

temporary ~ временнáя переменная

two-state [two-valued] ~ бинарная переменная

unassigned ~ неинициализированная переменная

unbound ~ свободная [несвязанная] переменная

uncontrollable ~ неуправляемая переменная; нерегулируемая переменная

undeclared ~ необъявленная переменная

undefined ~ неопределённая переменная

uninitialized ~ неинициализированная переменная

unregulated ~ нерегулируемая переменная

unrestricted ~ неограниченная переменная

variable-length переменной длины

variable-word-length с переменной длиной слова

variance дисперсия; изменчивость

activity ~ дисперсия продолжительности работы (*в сетевом планировании*)

error ~ дисперсия ошибок

expected event ~ дисперсия ожидаемого времени (наступления) события (*в сетевом планировании*)

latest allowable event ~ дисперсия наибольшего допустимого времени (наступления) события (*в сетевом планировании*)

variate 1. случайная величина **2.** варьировать, изменять

normal ~ случайная величина, распределённая по нормальному закону

variation 1. изменение, перемена; колебание, отклонение от номинальной величины **2.** вариант; разновидность **3.** разброс (*напр. параметров*) **4.** *матем.* вариация

stepped ~ ступенчатое изменение

variational изменчивый; вариационный

variety 1. разнообразие **2.** ряд, множество

requisite ~ *киберн.* необходимое разнообразие

variplotter графопостроитель

varistor варистор; регулируемый резистор

vary менять(ся); изменяться ◊ **to** ~ **directly as** изменяться прямо пропорционально; **to** ~ **inversely as** изменяться обратно пропорционально

vector вектор ‖ векторный

absolute ~ абсолютный вектор (*задающий абсолютное положение точки на экране дисплея*)

access ~ вектор доступа

attribute ~ вектор признаков

character up ~ вектор ориентации знака (*на экране графического дисплея*)

check ~ проверочный вектор (*порождающей матрицы кода*)

code ~ кодовый вектор

column ~ вектор-столбец

column bit ~ вектор (разрядов) столбца

correction ~ вектор поправки, поправочный вектор

data ~ вектор данных; векторные данные

delay ~ вектор задержек (*при передаче пакетов данных*)

differential state ~ вектор изменения состояния

dope ~ вектор предварительной информации (*обеспечивающий организацию доступа к элементам многомерного массива*)

error ~ вектор ошибки

feature ~ вектор признаков, характеристический вектор (*напр. речевого сигнала*)

functional test ~ тестовый вектор для функционального контроля

identifying ~ вектор идентификации, идентифицирующий вектор

incremental ~ вектор приращений, инкрементный вектор, вектор (заданный) в приращениях (*в машинной графике*)

input(-test) ~ входной (тестовый) вектор, входной (тестовый) набор

interrupt ~ вектор прерываний

link ~ вектор параметров тестирования (*в технической диагностике*)

magnetic-field ~ вектор магнитного поля

magnetization ~ вектор намагниченности

match ~ вектор эталонных откликов

operand ~ вектор-операнд

output(-test) ~ вектор выходных откликов (*при тестировании*)

phase ~ фазовый вектор

relative ~ относительный вектор, вектор относительного положения

residual ~ вектор невязок (*в задачах оптимизации*)

result ~ вектор-результат, результирующий вектор

row ~ вектор-строка

row bit ~ вектор (разрядов) строки

state ~ вектор состояния

sum ~ суммарный вектор

test ~ тестовый вектор, тестовый набор

unit ~ единичный вектор

weight ~ весовой вектор, вектор весовых коэффициентов

vectoring, vectorization векторизация

vectorizer 1. блок компилятора, генерирующий векторные операции **2.** устройство преобразования в векторную форму (*в машинной графике*), *проф.* векторизатор

velocity:

  surface ~ скорость перемещения (элемента) поверхности (*носителя информации*)

veracity достоверность

verb:

  imperative ~ глагол действий (*ФОРТРАН*)

verification контроль; проверка; верификация; проверка полномочий (*напр. доступа к данным*)

  data ~ верификация данных

  design ~ проверка правильности проектных решений

  diagnostic ~ **1.** диагностическая проверка **2.** верификация диагностических процедур

  functional ~ функциональная верификация (*с целью подтверждения выполнения исходного функционального назначения*)

  gate-level ~ верификация на уровне вентилей

  machine ~ машинная проверка; машинная верификация

  mechanical ~ автоматическая проверка; автоматическая верификация

  model ~ проверка адекватности модели

  program ~ проверка правильности [верификация] программы

  timing ~ **1.** верификация синхронизации **2.** верификация временны́х диаграмм; верификация временны́х параметров; верификация временны́х соотношений (*в логической схеме*)

  visual ~ визуальный контроль

verifier контрольник; устройство верификации, верификатор

artwork ~ верификатор топологических схем
key ~ клавишный контрольник
patchboard ~ верификатор с наборным полем
punched card ~ контрольник (для) перфокарт
signature ~ сигнатурный верификатор
tape ~ ленточный контрольник, контрольник (для) (перфо)лент
verify контролировать; проверять; сличать
verifying контроль; проверка; сличение
card ~ контроль (перфо-)карт; проверка [сличение] (перфо)карт
verity истина; истинность
versatility 1. разносторонность (*пригодность элемента к выполнению различных логических функций*) **2.** эксплуатационная гибкость **3.** универсальность
version (новый) вариант; версия
backup ~ дублирующий вариант, дубликат (*файла или базы данных в контрольной точке процесса*)
disk-based ~ дисковая версия (*операционной системы*)
down-sized ~ *проф.* усечённый вариант (*системы*)
single-processor ~ однопроцессорный вариант, однопроцессорная конфигурация
vertex 1. *т. граф.* вершина **2.** общая точка пучка *или* семейства кривых
accessible ~ достижимая вершина
dangling ~ висячая вершина
exterior ~ внешняя вершина
incident ~ инцидентная вершина
initial ~ начальная вершина
inner ~ внутренняя вершина
isolated ~ изолированная вершина
open ~ открытая вершина
terminal ~ конечная вершина

vessel:
evacuated ~ вакуумная камера (*для напыления плёнок*)
vetting:
data ~ проверка информации
viability жизнеспособность, устойчивость к условиям использования
via-hole переходное отверстие; межслойное отверстие (*в многослойных печатных платах*)
fixed ~ фиксированное сквозное отверстие, сквозное отверстие в фиксированном месте
free ~ свободно расположенное сквозное отверстие, сквозное отверстие в произвольном месте
vicinity *матем.* окрестность
video:
full motion ~ машинный фильм (*в СТЗ*)
reverse ~ негативное видеоизображение
videograph видеограф (*быстродействующее устройство электронно-лучевой печати изображений на электростатической бумаге*)
videomatics видеоинформатика
videopulse видеоимпульс
videosignal видеосигнал
videoswitch видеокоммутатор, коммутатор видеосигналов
videotex видеотекс, интерактивная видеография
view вид; представление
~ of data 1. представление данных **2.** разрез данных
conceptual ~ **1.** концептуальное представление **2.** концептуальный разрез
relational ~ реляционное представление
viewbox параллелепипед видимости (*в графопостроителях*)
viewdata данные изображений; видеоданные
viewer абонент (*видеографического терминала*)
viewing 1. визуализация **2.** визуальное отображение **3.** вы-

бор кадра (*для вывода на экран*)

viewpoint точка зрения, взгляд (*в СИИ*); разрез (*базы знаний*)

  descendant ~ разрез-потомок, подчинённый разрез

viewport 1. поле индикации (*в электронном табло*) 2. демонстрационное [контрольное] окно (*на экране дисплея*)

violation 1. нарушение 2. *матем.* противоречие

  bipolar ~ нарушение биполярности (*сигнала*)

virtual виртуальный

virtualization виртуализация, создание виртуальной среды

vision 1. зрение; зрительное восприятие 2. система технического зрения, СТЗ

  artificial ~ искусственное [техническое] зрение

  computer [machine] ~ машинное зрение

visualization визуализация

vocabulary 1. словарь 2. словарный состав (*языка*); лексика 3. терминология 4. список [перечень] команд (*ЭВМ*)

  dialog ~ словарь [лексикон] диалога (*в диалоговых системах*)

  recognition ~ словарь распознавания (*речи*)

  response ~ словарь речевого вывода

  sophisticated ~ список [перечень] сложных операций

vocoder вокодер (*речевое выходное устройство ЭВМ*)

  pitch-excited ~ вокодер, управляемый частотой основного тона

vocoding кодирование речевых сигналов

voder синтезатор речи

voice 1. голос 2. речевой

  digit-coded ~ речевые данные в цифровой форме

  packet ~ речевой пакет, пакет речевых сигналов

  robotic ~ «механический» голос

voice-activated, voice-aided управляемый голосом, с речевым управлением; с речевым вводом

voice-excited возбуждаемый голосом

voiceprint «отпечаток голоса» (*средство защиты данных при передаче речевых сообщений*)

voice-switched с коммутацией голосом, с речевой коммутацией

voicewriter пишущая машинка с речевым управлением

void 1. пустая операция 2. непропечатка (*недостаточно окрашенный участок изображения знака*)

voiding низведение (*АЛГОЛ 68*)

volatile энергозависимый, не сохраняющий информацию при выключении (электро-) питания (*о ЗУ*)

volatility 1. изменяемость; изменчивость 2. энергозависимость (*ЗУ*)

voltage (электрическое) напряжение

  common-mode ~ синфазное напряжение, напряжение синфазного сигнала (*в дифференциальных усилителях*)

  data-clamp ~ фиксирующее информационное напряжение (*в ПЗУ*)

  disturb(ing) ~ напряжение помехи; *магн.* напряжение помехи от токов частичной выборки

  error ~ напряжение сигнала ошибки; напряжение рассогласования

  flyback ~ напряжение, возникающее при изменении (магнитного) потока от состояния насыщения до остаточного состояния того же знака

  offset ~ напряжение разбаланса, напряжение сдвига уровня; напряжение смещения (*в операционных усилителях*)

VOLTAGE

output HIGH ~ выходное напряжение высокого уровня

output LOW ~ выходное напряжение низкого уровня

pickup ~ считываемое напряжение

pinch-off ~ напряжение отсечки; напряжение смыкания (*канального транзистора*)

problem ~ выходное напряжение (*в аналоговых ЭВМ*)

programming ~ программирующее напряжение (*для перезаписи в ППЗУ*)

rated ~ номинальное напряжение

staircase [step] ~ напряжение ступенчатой формы, ступенчатое напряжение

summing-point ~ напряжение в точке суммирования

switching ~ **1.** переключающее напряжение **2.** наведённое напряжение (*при перемагничивании*)

target ~ потенциал мишени

threshold ~ пороговое напряжение

trial ~ пробный уровень напряжения (*для квантования аналоговых сигналов*)

trigger ~ пусковое напряжение; отпирающее напряжение

turn-on ~ напряжение включения

working ~ рабочее напряжение

voltmeter вольтметр

crest ~ пиковый [амплитудный] вольтметр

digital ~ цифровой вольтметр

electronic ~ электронный вольтметр

recording ~ самопишущий [регистрирующий] вольтметр

strobing ~ стробоскопический вольтметр

thermionic [tube, vacuum-tube, valve] ~ ламповый вольтметр

volume 1. том **2.** объём **3.** громкость; уровень громкости

VULNERABILITY

backup ~ дублирующий том

control ~ управляющий том

current ~ текущий том

direct-access ~ том с прямым доступом, том прямого доступа

logical ~ логический том

migration ~ миграционный том

multifile ~ многофайловый том

physical ~ физический том

private ~ личный том, том личного пользования

public ~ том коллективного пользования, совместно используемый том

removable ~ съёмный [сменный] том

resident ~ резидентный том

root ~ корневой том

system residence ~ резидентный том системы

tape ~ том на (магнитной) ленте

test ~ тестовый том

work ~ рабочий том

vote мажоритарная выборка, голосование ‖ голосовать

voter схема голосования

bidirectional ~ двунаправленная схема голосования

majority ~ мажоритарная схема голосования

triplicated ~ схема тройного резервирования с голосованием

voting голосование ◇ ~ **on incoming data** голосование по поступающим данным

bit-by-bit ~ поразрядное голосование

bus-level ~ голосование на уровне шин

voxel пространственный элемент (*сцены*); элемент объёмного изображения

vulnerability чувствительность; уязвимость

single-fault ~ чувствительность к одиночным неисправностям

W

wafer подложка; пластина

crystal ~ пластина кристалла

epitaxial ~ пластина с эпитаксиальным слоем

silicon backing ~ кремниевая пластина-носитель

unpackaged ~ бескорпусная пластина

wafer-scale 1. размещённый на (целой) пластине **2.** в масштабе (целой) пластины (*об уровне интеграции*)

wait ожидание ‖ ожидать

busy ~ активное ожидание (*состояние процесса*)

circular ~ ожидание «по кругу», круговое ожидание (*тупиковая ситуация*)

multiple ~ ожидание нескольких событий

n-bounded ~ ожидание не более, чем в течение n шагов

page ~ ожидание страницы (*напр. при подкачке*)

waiver формуляр предварительного выпуска программного изделия (*вид документации*)

walk:

postorder ~ обратный обход (*графа*)

preorder ~ прямой обход (*графа*)

random ~ случайное блуждание

walk-down уход параметров (*при последовательных обращениях к магнитному запоминающему элементу*)

walkover:

structured ~ структурный анализ

walkthrough сквозной контроль, критический анализ

analysis ~ сквозной контроль на стадии анализа осуществимости (*проектных решений*)

code ~ разбор программы

design ~ сквозной контроль проектных решений

quick-and-dirty ~ поверхностный разбор, поверхностный критический анализ

structured ~ сквозной структурный контроль, структурированный технический разбор

wall граница; стенка

~ of routed connections граница оттрассированных соединений (*при трассировке ИС*)

Bloch ~ граница [стенка] Блоха

cross-tie ~ граница [стенка] (*домена*) с поперечными связями

domain ~ граница [стенка] домена; граница области

fire ~ брандмауэр (*защита от распространения влияния ошибки*)

Neel ~ граница [стенка] Нееля

spiral ~ спиральная стенка (*в магнитных плёнках*)

wallpaper *sl* длинная распечатка, *проф.* простыня

wand щуп; пробник, зонд (*жезлового типа*)

optical ~ световой карандаш

sapphire-tip digital ~ цифровой зонд с сапфировым наконечником (*напр. для оптического считывания штрихового кода*)

wane *sl* закрывающая (круглая) скобка (*название символа*)

warning:

end-of-tape ~ предупредительная метка конца (магнитной) ленты

warping:

time ~ изменение масштаба времени; трансформация [деформация] (шкалы) времени (*при автоматическом восприятии речи*)

wastebasket электронная корзина для (ненужных) бумаг (*в системе электронной почты*)

watchdog сторожевая схема, схема (обеспечения) безопасности, *проф.* сторож

wave 1. волна ‖ волновой **2.** сигнал **3.** колебание

diamond-shaped front ~ волна с ромбовидным фронтом, ромбовидная волна (*фронта трассировки*)

waveform 1. форма волны **2.** форма сигнала **3.** форма колебания **4.** сигнал **5.** временна́я диаграмма (*прохождения сигналов*)

binary ~ сигнал в двоичной форме, двоичный сигнал

read-back ~ сигнал обратного считывания (*сразу же после записи*)

sawtooth ~ **1.** пилообразная форма сигнала **2.** сигнал пилообразной формы, *проф.* пила

speech ~ речевой сигнал

timing ~ временна́я диаграмма

wavefront 1. граница выполняемых соединений (*при трассировке ИС*) **2.** волна (*данных*) **3.** фронт (*волновой обработки данных*)

computational ~ фронт волны вычислений (*напр. в матричных вычислительных структурах*)

wavefront-oriented рассчитанный [ориентированный] на волновую обработку (*данных*)

waveguide:

fiber [optical] ~ световод, светопровод

wax *sl* открывающая (круглая) скобка (*название символа*)

way:

~ **of behavior** *киберн.* способ поведения, поведение

~ **of merge** порядок объединения, порядок слияния

wear износ, изнашивание; срабатывание ‖ изнашиваться; срабатываться

wear-and-tear, wear-out износ, изнашивание

weaving прошивка (*матрицы ЗУ на сердечниках*)

wedgitude *sl* затор, заклинивание (*в результате невозможности выполнения системой некоторых функций*)

weed *проф.* прополка ‖ пропалывать (*напр. файл с целью удаления ненужных данных*)

weld:

electron-beam ~ электронно-лучевое сварное соединение

laser ~ лазерное сварное соединение

welding:

electron-beam ~ электронно-лучевая сварка

laser(-beam) ~ сварка лазерным лучом, лазерная сварка

spot ~ точечная сварка

ultrasonic ~ ультразвуковая сварка

well-formedness *лингв.* формальная правильность; отмеченность

what *sl* знак вопроса, *проф.* вопрос (*название символа*)

wheel:

code ~ кодирующий диск

counter ~ колесо счётчика, цифровое колесо

counting ~ счётное [цифровое] колесо

digital code ~ цифровой кодирующий диск

feed ~ лентопротяжное колесо

inking ~ красящее колесо

locking ~ стопорное колесо

number ~ **1.** цифровое колесо **2.** цифровой диск

print ~ печатающее колесо; печатающий механизм

time ~ колесо времени, временно́е колесо (*в логико-временно́м моделировании*)

type ~ шрифтовое колесо

whirlpool *sl проф.* «a» в кружочке (*название символа @*)

whisker 1. контактный волосок, контактный усик **2.** точечный контакт

wholeness *киберн.* целостность; цельность

widow изолированная строка, *проф.* висячая строка (*напр. первая строка нового параграфа в конце страницы*)

width:

base ~ ширина базы

field ~ **1.** ширина [размер] поля **2.** длина зоны

pulse ~ длительность импульса

stroke ~ ширина штриха (*в технике распознавания образов*)

winchester винчестерский дисковый накопитель, *проф.* винчестерский диск, винчестер

wind:

back(ward) ~ обратная перемотка (*ленты*)

forward ~ прямая перемотка (*ленты*)

winding 1. обмотка **2.** виток **3.** намотка **4.** провод прошивки (*ферритовой матрицы*)

bias ~ **1.** обмотка смещения **2.** обмотка подмагничивания

bifilar ~ **1.** бифилярная обмотка **2.** бифилярная намотка

bit(-plane) ~ **1.** разрядная обмотка **2.** разрядная обмотка запрета (*в ферритовом ЗУ с прямой выборкой*)

bit-sense ~ разрядная обмотка считывания

bit-write ~ разрядная обмотка записи

bucking ~ размагничивающая обмотка

compensation ~ компенсационная обмотка

control ~ управляющая обмотка

core plane ~ провод прошивки ферритовой матрицы

DC ~ обмотка подмагничивания

digit(-plane) ~ **1.** разрядная обмотка **2.** разрядная обмотка запрета (*в ферритовом ЗУ с прямой выборкой*)

double ~ **1.** двухпроводная обмотка; бифилярная обмотка **2.** намотка двойным проводом; бифилярная намотка

drive ~ обмотка возбуждения; обмотка управления; обмотка выборки (*в ЗУ*)

inhibit ~ обмотка запрета

input ~ входная обмотка

interrogate ~ обмотка опроса

output ~ выходная обмотка

primary ~ первичная обмотка

print ~ печатная обмотка

read(-out) ~ обмотка считывания; обмотка опроса

selection ~ обмотка выборки

sense ~ обмотка считывания

sense-digit ~ разрядная обмотка считывания

shift ~ сдвигающая обмотка, обмотка сдвига

viewing ~ контрольная обмотка, обмотка для наблюдения

word ~ числовая обмотка (*в ферритовом ЗУ с прямой выборкой*)

write (drive) ~ обмотка записи

window окно ‖ организовывать окно ◊ **to bring up a** ~ организовывать окно

~ **of vulnerability** «окно беззащитности» (*в двухфазовом протоколе блокировок узлов сети*)

acceptance ~ приёмочные границы

contact ~ контактное окно

display ~ окно на экране дисплея

exponential ~ экспоненциальное окно (*в цифровой обработке сигналов*)

graphics ~ графическое окно (*на экране дисплея*)

help ~ окно для справочной информации (*выдаваемой по запросу пользователя*)

human ~ операторское окно (*средство объяснения решений экспертной системы пользователю*)

mapping ~ окно отображения

pop-up ~ временное рабочее окно (*наложенное на воспроизведённое изображение*)

receive ~ окно на приём (*в протоколе управления передачей данных*)

register ~ регистровое окно

send ~ окно на передачу (*в*

протоколе управления передачей данных)

windowed 1. реализуемый посредством организации окна **2.** обрабатываемый методом окна

exponentially ~ обрабатываемый методом экспоненциального (сглаживающего) окна

windowing 1. кадрирование **2.** организация окон **3.** управление окнами *(на экране дисплея)*, организация полиэкранного режима *(работы дисплея)* **4.** обработка методом окна

window-oriented ориентированный на работу с окнами, полиэкранный *(о режиме работы дисплея)*

wipe-out 1. запирание *(электронной лампы)* **2.** стирание *(магнитной ленты)*

wire 1. проволока **2.** провод; проводник; шина; перемычка **3.** телеграф ‖ телеграфировать, передавать по проводам

address ~ адресный провод; адресная шина

address-read ~ провод считывания адреса; шина считывания адреса

address-write ~ провод записи адреса; шина записи адреса

attached ~s инцидентные соединения *(в технике трассировки)*

bias ~ провод смещения; шина смещения

bit [digital] ~ разрядный провод *(в ферритовом ЗУ с прямой выборкой)*

drive ~ **1.** провод возбуждения; шина возбуждения **2.** провод выборки; шина выборки; обмотка выборки

etched ~ вытравленный проводник

hookup ~ подсоединяющий провод

inhibit ~ провод запрета; шина запрета; обмотка запрета

jumper ~ навесной провод-

ник; (проволочная) перемычка

lead-in ~ вводной провод, ввод

matrix ~ провод матрицы

plug ~ (проволочная) перемычка

selection ~ провод выборки; шина выборки; обмотка выборки

sense ~ провод считывания; сигнальный провод

sensing ~ **1.** провод считывания; сигнальный провод **2.** *проф.* съёмный провод

twisted-pair ~ скрутка, скрученная пара проводов, *проф.* витая пара

word ~ числовой провод *(в ферритовом ЗУ с прямой выборкой)*

wiretap 1. подключение к линии ‖ подключаться к линии *(с целью перехвата передаваемых сообщений)* **2.** перехват *(передаваемых сообщений)*

wiring 1. монтаж; проводка; межсоединения **2.** (монтажная) схема **3.** выбор схемы (монтажных) соединений

back-panel [backplane] ~ монтаж на объединительной плате

concealed ~ скрытый монтаж

customized ~ специальная [заказная] разводка

discretionary ~ избирательная разводка

double-layer ~ двухслойный монтаж

fixed (pattern) ~ жёсткая [фиксированная] разводка

global ~ выбор глобальных монтажных соединений *(при трассировке ИС)*

lattice ~ выбор соединительных путей на сетке *(при трассировке ИС)*

loose ~ приближённое распределение соединительных путей *(при трассировке ИС)*

motherboard ~ монтаж на объединительной плате; монтаж на плате второго уровня

multilayer ~ многослойный монтаж

open ~ открытый монтаж

piano ~ монтаж голым проводом, *проф.* струнный монтаж

plated ~ монтаж, выполненный гальваническим наращиванием

point-to-point ~ навесной монтаж

power ~ разводка (напряжения) питания

printed(-circuit) ~ печатный монтаж

single-sided printed ~ односторонний печатный монтаж

solderless ~ беспаечный монтаж

wizard:

computer ~ *проф.* компьютерный ас, компьютерный виртуоз

wobbling качание (*диска*)

word слово

access control ~ управляющее слово выборки; команда выборки

address ~ адресное слово

alphabetic ~ буквенное слово

associatively located ~ слово, найденное ассоциативным поиском

banner ~ начальное слово; заголовок; «шапка»

binary ~ двоичное слово

block descriptor ~ дескриптор блока

call ~ вызывающее слово (*содержащее информацию для вызова или обращения к подпрограмме*)

channel status ~ слово состояния канала

check ~ контрольное слово

coded ~ кодированное слово

command ~ командное слово, команда

comparand ~ (слово-)признак (*в ассоциативном ЗУ*)

computer ~ машинное слово

connected ~s слитные [слитно произносимые] слова (*в системах распознавания речи*)

constant ~ константное слово, слово-константа

control ~ управляющее слово; командное слово, команда

current program status ~ текущее слово состояния программы

data ~ слово данных, информационное слово

descriptor ~ дескрипторное слово, дескриптор

device status ~ слово состояния устройства

digital ~ цифровое слово

double(-length) ~ слово двойной длины, двойное слово

duoprimed ~ перфокарт(оч)ное полуслово (*машинное слово, отображающее информацию 6, 7, 8 и 9 строк 80-колонной перфокарты*)

edit ~ редактирующее слово

empty ~ пустое слово

error status ~ слово неисправного состояния (*в отказоустойчивых системах*)

extended-precision ~ слово увеличенной точности

fixed(-length) ~ слово фиксированной длины

format-control ~ слово управления форматом

full ~ полное [целое] слово

function ~ командное слово, команда

half-~ полуслово

identifier ~ (слово-)идентификатор

index ~ модификатор

indirect reference ~ слово косвенного обращения, косвенное слово

information ~ информационное слово

instruction ~ командное слово, команда

interrogation ~ опрашивающее слово

interrupt log ~ слово регистрации прерывания

interrupt status ~ слово состояния прерывания
isolated ~ выбранное слово (*в ассоциативном ЗУ*)
key ~ **1.** ключевое слово **2.** зарезервированное слово (*в языке программирования*)
lock ~ блокировочное слово
long ~ длинное слово
machine (length) ~ машинное слово
marked ~ маркированное [помеченное] слово, слово с маркером *или* меткой
mask ~ (слово-)маска
matching ~ слово с совпавшим признаком (*в ассоциативном ЗУ*)
meaning-bearing ~ осмысленное слово
multifield ~ (машинное) слово с несколькими (информационными) полями
multilength ~ слово многократной длины
multiple-matched ~s группа слов с совпавшим признаком (*в ассоциативном ЗУ*)
N-bit(-wide) ~ N-разрядное слово, N-битовое слово
N-byte ~ N-байтовое слово
N-digit ~ **1.** N-разрядное слово; N-разрядное число **2.** N-разрядная кодовая группа
nonreserved ~ незарезервированное слово
numeric(al) ~ цифровое слово
operational ~ рабочее слово (*вводимое для обеспечения удобочитаемости программ*)
optional ~ дополнительное слово (*вводимое для обеспечения удобочитаемости программ*)
packed ~ упакованное слово
parameter ~ (слово-)параметр
partial ~ часть слова
processor status ~ слово состояния процессора
process state ~ слово состояния процесса
program status ~ слово состояния программы

ready status ~ слово состояния готовности
record descriptor ~ дескриптор записи
request ~ слово запроса
reserved ~ зарезервированное слово
search ~ (слово-)признак (*в ассоциативном ЗУ*)
selected ~ выбранное слово
short ~ короткое слово
shortest ~ слово минимальной длины
source program ~ слово исходной [входной] программы
spoken ~ произносимое слово, произнесённое слово (*в отличие, напр. от вводимого с клавиатуры*)
status ~ слово состояния
test ~ тестовое слово; контрольное слово
trigger ~ слово запуска (*напр. логического анализатора*)
unifield ~ (машинное) слово с одним (информационным) полем
unmarked ~ немаркированное [непомеченное] слово, слово без маркера *или* метки
variable(-length) ~ слово переменной длины
wide ~ длинное слово
written-in ~ записанное слово
word-building словообразование
word-by-word пословный ‖ пословно
word-erasable с пословным стиранием (*об информации*)
word-for-word дословный ‖ дословно
wording редакция текста, стиль формулировок (*технической документации*)
word-oriented с пословной обработкой; текстовой (*о процессоре*)
word-wide шириной в (машинное) слово
work 1. работа; действие ‖ работать **2.** вычислять, решать **3.** механизм **4.** рабо-

тающая часть ◇ **to ~ out** вычислять, решать

batch ~ пакетная работа, работа в пакетном режиме

development ~ опытно-конструкторская работа, ОКР; разработка

maintenance ~ 1. работа по техническому обслуживанию 2. работа по сопровождению (*программных изделий*)

workbench:

programmer's ~ рабочее место программиста

workflow последовательность выполняемых действий

workload рабочая нагрузка

synthetic ~ имитируемая (рабочая) нагрузка

worksheet:

electronic ~ электронный блокнот (*в системе электронной почты*); электронная таблица

workspace рабочая область (*памяти*)

workstation 1. рабочая станция 2. автоматизированное рабочее место, АРМ

design [engineering] ~ АРМ проектировщика

robot ~ роботизированное рабочее место

worm *sl* тире (*название символа*)

wow *sl* восклицательный знак (*название символа*)

wraparound циклический возврат (*от конца к началу*); заворачивание (*строки, достигшей границы экрана*)

wreck 1. поломка 2. заедание; заклинивание; затор (*в механизме*); замятие (*перфокарт при вводе*)

wring ◇ **to ~ out** *проф.* вылавливать (*напр. ошибки*)

writable перезаписываемый, с перезаписью

write 1. запись (*см. тж* **writing, recording**) ‖ записывать 2. вводить информацию ◇ **to ~ down** записывать; **to ~ out** выполнять контрольное счи-

тывание; **to ~ the program** составлять программу

gather ~ сборная запись (*операция занесения в память блока данных из разных участков ЗУ или регистров*)

physical ~ физическая процедура записи (*на носитель*)

scatter ~ запись «вразброс»

write-in запись

write-once/read-many с однократной записью и многократным считыванием (*о типе постоянной памяти*)

write-protecting с защитой от (несанкционированной) записи

writer 1. записывающее устройство 2. редактор (*в группе документирования разработок*) 3. редактор (*программа*) 4. составитель, разработчик (*программ*)

magnetic page ~ магнитное постраничное записывающее устройство

output ~ программа *или* устройство записи выходных данных

program ~ составитель программ (*функциональный узел экспертной системы*)

report ~ генератор отчётов (*программа*)

software ~ редактор документации по программному обеспечению

spin ~ вращающийся пишущий узел

writeset записываемый набор (*элементов данных в распределённых базах данных*)

write-through сквозная запись (*одновременное занесение данных в кэш и ОЗУ*)

writing 1. запись (*см. тж* **recording, write**) ‖ записывающий 2. документ; документация

automatic letter ~ автоматическое составление (стандартных деловых) писем (*в учрежденческих системах*)

bistable ~ запись по двум уровням (*в запоминающей трубке*) "black on white" ~ запись «чёрное по белому» (*в запоминающей трубке с поддерживающим лучом*)

consecutive ~ последовательная запись

Curie point ~ запись методом нагрева выше точки Кюри

demand ~ запись по требованию (*напр. центрального процессора*)

electron-beam ~ запись электронным лучом

equilibrium ~ равновесная запись (*в запоминающей трубке*)

gather ~ запись со слиянием

hardware ~ документация на технические средства, документация технического обеспечения

physical ~ физическая запись

redistribution ~ запись перераспределением (*в запоминающей трубке*)

selective ~ селективная [выборочная] запись

software ~ документация на программные средства, документация программного обеспечения

stroke ~ штриховая запись (*в отличие от растровой*)

"white on black" ~ запись «белое по чёрному» (*в запоминающей трубке с поддерживающим лучом*)

written 1. записанный 2. письменный

X

xerocopy ксерокопия

xerograph ксерограф, ксерографический аппарат

xerography ксерографирование

xerox ксерокс ‖ ксерокопировать

Y

yield 1. (*производственный*) выход; выход (годных) изделий; выпуск; объём выпуска (*продукции*) 2. вырабатывать (*значение*) 3. давать, выдавать (*импульс*)

counting ~ эффективность счёта

light ~ световой выход

yoke обойма (*группа скреплённых головок чтения — записи*)

yu-shiang whole fish *sl* символ «γ», строчная «гамма»

Z

zero 1. нуль ‖ нулевой ‖ устанавливать нуль; устанавливать на нуль; *проф.* обнулять 2. нулевая точка; начало координат ◇ to set to ~ устанавливать на нуль

binary ~ двоичный нуль

computer ~ машинный нуль

disturbed ~ разрушенный нуль

leading ~s нулевые головные цифры; нулевые старшие разряды (*числа*)

negative computer ~ отрицательный машинный нуль

nonsignificant ~ незначащий нуль

positive computer ~ положительный машинный нуль

read-disturbed ~ нуль, разрушенный током считывания

record ~ нулевая запись

time ~ начало отсчёта [нуль оси] времени

trailing ~s нулевые младшие цифры; нулевые младшие разряды (*числа*)

undisturbed ~ неразрушенный нуль

write-disturbed ~ нуль, разрушенный током записи

zero-address безадресный

zero-decrement без затухания
zerofilling заполнение нулями (*напр. области памяти*)
zeroing установка нуля; установка на нуль; *проф.* обнуление
zeroize устанавливать на нуль; *проф.* обнулять
zero-suppression отбрасывание незначащих нулей, *проф.* подавление незначащих нулей
zero-wait-state с нулевым временем ожидания
zip мгновенно перемещать, *проф.* перебрасывать (*напр. курсор из одной точки экрана в другую*)
zone 1. зона; область **2.** зона перфокарты (*12, 11-я и иногда 0-я позиция 80-колонной перфокарты*) **3.** зона кода буквенно-цифрового знака (*на перфокарте*)
base ~ область базы
collector ~ область коллектора
communication ~ зона связи
dead ~ *киберн.* мёртвая зона, зона нечувствительности

emitter ~ область эмиттера
hot ~ *проф.* «горячая» зона, зона переноса (*части строк, непосредственно примыкающие к правому краю страницы текста*)
minus ~ позиция знака минус
neutral ~ **1.** нейтральная зона; зона безразличного равновесия **2.** диапазон нейтральных значений данных
plus ~ позиция знака плюс
storage ~ зона запоминающего устройства
tape ~ зона на (магнитной) ленте
zoom 1. изменять масштаб изображения **2.** детализировать изображение
zooming изменение масштаба изображения
integer ~ изменение масштаба изображения в целое число раз
zorch *sl* работать с огромной скоростью; мгновенно продвигать, *проф.* прокачивать (*информацию, напр. через сеть*)

СОКРАЩЕНИЯ И УСЛОВНЫЕ ОБОЗНАЧЕНИЯ

A; a 1. [accumulator] аккумулятор; сумматор накапливающего типа, накапливающий сумматор **2.** [amplitude] амплитуда

AAAI [American Association for Artificial Intelligence] Американская ассоциация по искусственному интеллекту

ABEND [abnormal end] аварийное прекращение решения задачи, авост

abs 1. [absolute] абсолютный **2.** [absolute value] абсолютное значение, абсолютная величина, модуль **3.** [abstract] реферат; резюме; конспект; аннотация

absc [abscissa] абсцисса

AC 1. [alternating current] переменный ток **2.** [alternating-current] **1.** работающий на переменном токе **2.** импульсного типа

ac 1. [account] счёт; расчёт **2.** [alternating current] переменный ток **3.** [alternating-current] **1.** работающий на переменном токе **2.** импульсного типа

ACC [automation classification code] код для автоматической классификации

acc 1. [acceptance] принятие **2.** [account] счёт; расчёт **3.** [accumulator] аккумулятор; сумматор накапливающего типа, накапливающий сумматор

ACCES [automated catalog of computer equipment and software] автоматизированный каталог средств вычислительной техники и программных систем

acct [account] счёт; расчёт

ACE [asynchronous communications element] адаптер асинхронной связи

ACK [acknowledge (character)] знак подтверждения приёма; квитанция

ACM [Association for Computing Machinery] Ассоциация по вычислительной технике

ACPA [Association of Computer Programmers and Analysts] Ассоциация программистов и системных аналитиков (*США*)

act [actual] **1.** фактический, действительный **2.** абсолютный

AD; A/D [analog-to-digital] аналого-цифровой

ad [adapter] адаптер, переходное устройство; сопрягающее устройство

ADA [automatic data acquisition] автоматический сбор данных

ADAC [analog-digital-analog converter] аналого-цифро-аналоговый преобразователь, АЦАП

ADAPSO [Association of Data Processing Service Organizations] Ассоциация организаций по обслуживанию в области обработки данных (*США*)

ADC 1. [analog-digital conversion] преобразование из аналоговой формы в цифровую **2.** [analog-digital converter]

714

аналого-цифровой преобразователь, АЦП

add 1. [addition] сложение, суммирование; прибавление **2.** [address] адрес

addr [address] адрес

ADE [automatic design engineering] техника автоматического [машинного] проектирования

adj 1. [adjacent] смежный; соседний **2.** [adjust] 1. регулировать; устанавливать 2. настраивать; юстировать 3. выравнивать **3.** [adjustment] 1. регулировка; регулирование; установка 2. настройка; юстировка 3. выравнивание

ADP 1. [airborne data processor] бортовой процессор **2.** [automatic data processing] автоматическая обработка данных **3.** [Association of Database Producers] Ассоциация производителей средств баз данных (*Великобритания*)

ADPC [automatic data processing center] центр автоматической обработки данных

ADPE 1. [automatic data processing equipment] оборудование (для) автоматической обработки данных **2.** [auxiliary data processing equipment] вспомогательное оборудование (для) обработки данных

adr 1. [adder] сумматор, суммирующее устройство **2.** [address] адрес

ADSC [automatic data service center] центр услуг по автоматической обработке данных

ADT [architecture definition technique] метод определения архитектуры (*программного обеспечения*)

ADX [automatic data exchange] автоматическая станция обмена данными

AE 1. [absolute error] абсолютная ошибка **2.** [arithmetic element] арифметический элемент **3.** [arithmetic expression] арифметическое выражение

AEG [active element group] активное логическое звено, АЛЗ

AF; af [audio frequency] звуковая частота

AFG [analog function generator] генератор аналоговой функции, аналоговый функциональный преобразователь

AI [artificial intelligence] искусственный интеллект

AIC [automatic information center] автоматический информационный центр

AID 1. [associative interactive dictionary] ассоциативный словарь с интерактивным доступом **2.** [automatic information distribution] автоматическое распределение информации

AIM [Association of Information Management] Ассоциация по управлению информацией (*Великобритания*)

alg 1. [algebra] алгебра **2.** [algebraic(al)] алгебраический

algo [algorithm] алгоритм

ALGOL [ALGOrithmic Language] АЛГОЛ

alloc [allocate] 1. размещать, определять место 2. назначать, распределять

alpha [alphabetic(al)] 1. буквенный 2. алфавитный

alt 1. [alteration] изменение; перестройка; преобразование **2.** [alternate] чередующийся; переменный **3.** [alternative] 1. альтернатива ‖ альтернативный 2. вариант

ALU [arithmetic and logic unit] арифметико-логическое устройство, АЛУ

am [amplitude] амплитуда

amdt [amendment] поправка

amp(l) [amplifier] усилитель

amt [amount] 1. количество 2. сумма

anal 1. [analogous] аналоговый, моделирующий **2.** [analogy] аналогия **3.** [analysis] анализ **4.** [analyze] анализировать

ANOVA [analysis of variance] дисперсионный анализ

ans [answer(ing)] ответ; реакция

ANSCII [American National Standard Code for Information Interchange] Американский национальный стандартный код для обмена информацией

AOS [add-or-subtract] складывать *или* вычитать

AP [attached processor] присоединённый процессор

APP [associative parallel processor] ассоциативный параллельный процессор

app 1. [apparatus] аппарат; прибор; установка; устройство; приспособление **2.** [approximation] аппроксимация, приближение

appl [application] 1. применение, использование 2. прикладная задача

approx 1. [approximate] аппроксимативный, приблизительный; приближённый; аппроксимирующий, приближающий **2.** [approximation] аппроксимация, приближение

approxn [approximation] аппроксимация, приближение

APS [attached processor system] система с присоединённым процессором

APT 1. [automatically programmed tool] станок с автоматическим программным управлением **2.** [automatic picture transmission] автоматическая передача изображений

AQ; aq [any quantity] произвольное количество; произвольная величина

AQL [acceptable quality level] допустимый уровень качества

AR [address register] адресный регистр

ARDA [analog recording dynamic analyzer] аналоговый регистрирующий динамический анализатор

arg [argument] 1. аргумент, доказательство, суждение 2. аргумент, независимая переменная; параметр

arith 1. [arithmetic] 1. арифметика, арифметические операции, арифметические действия ‖ арифметический 2. арифметическое устройство **2.** [arithmetical] арифметический

ARM [asynchronous response mode] режим асинхронного ответа

arr [arrange] 1. размещать, располагать; классифицировать 2. приспосабливать 3. монтировать 4. компоновать

arrgt [arrangement] 1. размещение, расположение; классификация 2. приспособление; средство; средства 3. монтаж 4. схема; устройство; установка 5. компоновка

ARU [audio response unit] акустическое ответное устройство, устройство речевого ответа

AS [add-subtract] складывать — вычитать

ASC [American Society for Cybernetics] Американское общество по кибернетике

ASCII [American Standard Code for Information Interchange] Американский стандартный код для обмена информацией

ASCOCR [American Standard Characterset for Optical Character Recognition] Американский стандартный набор символов для оптического распознавания

asg [assign] назначать, присваивать

asgmt [assignment] назначение, присваивание, распределение

asgn [assign] назначать, присваивать

ASIS [American Society for Information Science] Американское общество по информатике

asm 1. [assembly] 1. компоновочный узел; скомпонованный блок 2. сборка, монтаж 3. компоновка **2.** [assembler] ассемблер

asmbler [assembler] ассемблер, компонующая программа

ASP [attached support processor] присоединённый процессор

ASR [automatic speech recognition] автоматическое распознавание речи

assur [assurance] обеспечение, гарантия

assy [assembly] 1. компоновочный узел; скомпонованный блок 2. сборка, монтаж 3. компоновка

ASU [adder/subtractor unit] блок сложения — вычитания

ASV 1. [arithmetic simple variable] простая арифметическая переменная **2.** [automatic self-verification] автоматический самоконтроль

AT [automatic translation] автоматический перевод

A/T [action time] рабочее время

ATDM [asynchronous time division multiplexing] асинхронное временно́е уплотнение

ATE [automatic test equipment] автоматическое испытательное оборудование

ATM [automatic teller machine] банковский автомат

ATS [automatic test system] автоматическая испытательная система, автоматический тестер

ATSU [Association of Time-Sharing Users] Ассоциация пользователей систем с разделением времени (*США*)

AU [arithmetic unit] арифметическое устройство, АУ; арифметический блок

aug [augment] прибавлять; пополнять; дополнять; увеличиваться

avail [availability] 1. готовность; работоспособность 2. коэффициент готовности 3. доступность 4. наличие

avg [average] среднее (значение) ‖ средний

B 1. [binary] 1. двоичный 2. бинарный, двойной, двучленный, с двумя переменными **2.** [bit] 1. бит, (двоичный) разряд 2. бит

BA [binary add] двоичное сложение

BAC 1. [binary-analog conversion] преобразование из двоичной формы в аналоговую **2.** [binary asymmetric channel] двоичный несимметричный канал

BC [binary code] двоичный код

BCD [binary coded decimal] 1. двоично-десятичное число 2. двоично-кодированный десятичный

BCD/B [binary-coded decimal/binary] (преобразование) из двоично-кодированной десятичной формы в двоичную

BCI [binary coded information] двоично-кодированная информация

BCW [buffer control word] слово управления буфером

bd [board] 1. (коммутационная) доска; (коммутационная) панель; наборная панель 2. пульт; стол; щит 3. плата

BDAM [basic direct access method] базисный метод прямого доступа

BDC [binary-decimal counter] двоично-десятичный счётчик

BDP [business data processing] обработка коммерческих данных; обработка деловой информации

BDU [basic display unit] базовый дисплей; основной дисплей

BE [Boolean expression] булево выражение

BEAMOS [beam addressed MOS] (запоминающая) МОП-структура с лучевой адресацией

BFLOPS [billion of floating-point operations per second] гигафлопс, миллиард операций с плавающей запятой в секунду

bfr [buffer] 1. буфер; буферная схема; буферное устройство 2. буфер, буферное запоминающее устройство 3. буферный регистр

BIDEC [binary-to-decimal conversion] преобразование из двоичной системы (счисления) в десятичную

BIFO [biased FIFO] обратного магазинного типа с предпочтением

BIGFET [bipolar insulated gate field effect transistor] комбинация полевого транзистора с изолированным затвором на входе и биполярного транзистора на выходе

BILBO [built-in logic block observer] встроенный контроллер логического блока

bimag [bistable magnetic (element)] магнитный элемент с двумя устойчивыми состояниями

bin. [binary] 1. двоичный 2. бинарный, двойной, двучленный, с двумя переменными

BIPS [billion instructions per second] миллиард операций в секунду, млрд. опер./с (*единица быстродействия сверхвысокопроизводительных ЭВМ*)

BISAM [basic indexed sequential access method] базисный индексно-последовательный метод доступа

BIST [built-in self-test] встроенный самоконтроль

BIT [built-in test] встроенный тест

bit [binary digit] 1. двоичная цифра; двоичный разряд, бит 2. двоичный знак

BIX [binary information exchange] станция обмена двоичными данными

bkt [bracket] скобка; прямая [квадратная] скобка

bl 1. [blanking] запирание; затемнение; бланкирование **2.** [block] 1. блок, узел 2. группа, блок

blk 1. [blank] пробел, пропуск; пустое место **2.** [block] 1. блок, узел 2. группа, блок

blnk [blank] пробел, пропуск; пустое место

BMAG [bistable magnetic element] магнитный элемент с двумя устойчивыми состояниями

BMC [block-multiplexed channel] блок-мультиплексный канал, мультиплексный канал с поблочной передачей данных

BN [binary number] двоичное число

BNF [Backus-Normal Form, Backus-Naur Form] нормальная форма Бэкуса, форма Бэкуса — Наура, БНФ

BORAM [block-oriented random-access memory] блочно-ориентированное запоминающее устройство с произвольной выборкой, запоминающее устройство с произвольной выборкой и блочным обменом данных

BOT [beginning of tape] начало ленты

BPAM [basic partitioned access method] базисный библиотечный метод доступа

bpi [bit per inch] (число) бит на дюйм

bps [bit per second] (число) бит в секунду, бит/с

br [branch] 1. ответвление, (условный) переход 2. ветвь

B-rep [boundary representation] контурное представление (*вид машинной графики*)

BS 1. [backspace (character)] знак возврата на одну позицию *или* один формат **2.** [binary subtract] двоичное вычитание

b/s [bit per second] (число) бит в секунду, бит/с

BSC 1. [basic (message) switching center] главный центр коммутации сообщений **2.** [binary synchronous communication] двоичная синхронная передача данных

BSS [bulk storage system] запоминающее устройство большой ёмкости, массовое ЗУ

BTAM [basic telecommunication access method] базисный телекоммуникационный метод доступа

BYMAX [byte-multiplexer (channel)] байт-мультиплексный канал, мультиплексный канал с побайтовой передачей данных

C; c 1. [capacitance] 1. ёмкость 2. ёмкостное сопротивление **2.** [capacity] 1. ёмкость 2. производительность 3. пропускная способность **3.** [case] 1. корпус 2. регистр **4.** [circuit] схема; цепь; контур **5.** [coefficient] коэффициент **6.** [computer] вычислительная машина, компьютер, ЭВМ; вычислительное устройство, вычислитель **7.** [contact] контакт **8.** [control] 1. управление; регулирование 2. контроль 3. устройство [орган] управления 4. управление, управляющее воздействие **9.** [current] 1. (электрический) ток 2. поток **10.** [cycle] цикл; период

CA 1. [communication adapter] адаптер (каналов) связи, связной адаптер **2.** [current awareness] текущее оповещение

CACE [computer-aided control engineering] автоматизированная разработка систем управления, АРСУ

CACSD [computer-aided control system design] автоматизированное проектирование систем управления, АПСУ

CAD [computer-aided design] автоматизированное проектирование

CAD/CAM [computer-aided design, computer-aided manufacturing] автоматизированное проектирование и изготовление

CADD [computer-aided design and drafting] автоматизированное проектирование и изготовление чертежей

CAE [computer-aided engineering] автоматическое конструирование; автоматизированная разработка, АР

CAFS [content addressable file store] ассоциативная файловая память

CAI [computer-aided instruction] автоматизированное обучение

CAL 1. [computer-aided learning] обучение с использованием вычислительной машины **2.** [conversational algebraic language] диалоговый алгебраический язык

cal 1. [calculate] вычислять; рассчитывать; подсчитывать **2.** [calibrate] 1. калибровать; градуировать; тарировать; 2. проверять, проводить проверку

calc 1. [calculate] вычислять; рассчитывать; подсчитывать **2.** [calculator] счётная машина; калькулятор; вычислительная машина; вычислительное [счётно-решающее] устройство; вычислительный [счётно-решающий] прибор; вычислитель **3.** [calculus] 1. исчисление 2. вычисление; вычисления

calcn [calculation] вычисление; расчёт; подсчёт

CAM 1. [cascade access method] каскадный метод доступа **2.** [communication access method] коммуникационный метод доступа **3.** [computer-aided manufacturing] автоматизированное изготовление; автоматизированное производство **4.** [content addressable memory] ассоциативная память, ассоциативное запоминающее устройство **5.** [cybernetic antropomorphous machine] антропоморфный робот

CAMAC [computer-aided measurement and control] автоматизированные средства измерения и управления, система КАМАК

CAN [cancel character] 1. знак игнорирования 2. знак аннулирования

can. [cancellation] 1. отмена 2. стирание 3. потеря значащих разрядов 4. гашение 5. сокращение

CAP [computer-aided planning] автоматизированное планирование

cap. 1. [capacitor] конденсатор **2.** [capacity] 1. ёмкость 2. производительность 3. пропускная способность

CAPM [computer-aided production management] автоматизированное управление производством

caps [capital letters] прописные [заглавные] буквы

CARAM [content addressable random-access memory] ассоциативная память [ассоциативное запоминающее устройство] с произвольной выборкой, ассоциативное ЗУПВ

carr [carriage] каретка

CAS [column address strobe] строб адреса столбца (*в ЗУ*)

CAT [computer-aided testing] испытания с применением вычислительной машины; автоматизированный контроль

CAW [channel address word] адресное слово канала

CB 1. [control board] пульт управления **2.** [control button] кнопка управления **3.** [current bit] текущий (двоичный) разряд, текущий бит

CC 1. [card column] колонка (перфо)карты **2.** [carriage control] управление кареткой **3.** [central computer] центральная вычислительная машина **4.** [central control] центральный пульт управления **5.** [color code] цветовой код **6.** [connecting circuit] схема соединений **7.** [cross correlation] взаимная корреляция

cc 1. [calculator] счётная машина; калькулятор; вычислительная машина; вычислительное [счётно-решающее] устройство; вычислительный [счётно-решающий] прибор; вычислитель **2.** [carbon copy] машинописная копия

CCCL [complementary constant current logic] комплементарные логические схемы с переключением сигналов постоянного тока

CCD 1. [charge coupled device] прибор с зарядовой связью, ПЗС **2.** [computer controlled display] дисплей с управлением от вычислительной машины **3.** [core current driver] токовый формирователь запоминающего устройства на (магнитных) сердечниках

CCH [channel check handler] устройство контроля (работы) канала

CCP 1. [certificate in computer programming] диплом программиста **2.** [channel control processor] процессор управления каналом **3.** [communications control package] пакет для управления передачей сообщений **4.** [console command processor] пультовый процессор (для обработки) команд, процессор пультовых команд

CCSL [compatible current sinking logic] совместимые логические схемы с переключателями тока

CCW [channel command word] управляющее слово канала, УСК

CD [clock driver] формирователь тактовых *или* синхронизирующих импульсов

cd 1. [card] 1. карта; перфорационная карта, (перфо)карта 2. плата **2.** [code] 1. код 2. система кодирования 3. код, (машинная) программа 4. (машинное) слово

CDB [common data bus] общая шина данных, общая информационная шина

CDC [code directing character] знак маршрута сообщения

cdg [coding] 1. кодирование 2. программирование, кодирование

CDIP [ceramic DIP] керамический корпус с двухрядным

расположением выводов, керамический корпус (типа) DIP

CDM [code-division multiplex] мультиплексная передача с кодовым разделением [уплотнением] каналов

CDU [central display unit] центральный дисплей

CF 1. [central file] центральный файл **2.** [control footing] служебная [управляющая] постинформация **3.** [count forward] счёт в прямом направлении, счёт на сложение

CFL [context-free language] бесконтекстный [контекстно-свободный] язык

CG 1. [categorial grammar] категориальная грамматика **2.** [character generator] генератор знаков *или* символов

cge [carriage] каретка

CH [control heading] служебный [управляющий] заголовок

ch 1. [chain] 1. цепь; цепочка 2. последовательность **2.** [channel] 1. канал 2. канал связи, информационный канал 3. дорожка **3.** [check] проверка, контроль; сличение ‖ проверять, контролировать; сличать

chan [channel] 1. канал 2. канал связи, информационный канал 3. дорожка

char [character] 1. знак; символ; цифра; буква 2. литера 3. признак

chg [change] изменение, перемена; смена; замена ‖ изменять; заменять

CHIL [current-hogging injection logic] инжекционные логические схемы с захватом тока

chk [check] проверка, контроль; сличение ‖ проверять, контролировать; сличать

chkpt [checkpoint] контрольная точка

chks [checksum] контрольная сумма

CHL [current-hogging logic] (инжекционные) логические схемы с захватом тока

chnl [channel] 1. канал 2. канал связи, информационный канал 3. дорожка

CI [card input] ввод с (перфо-)карт

CID [charge injection device] прибор с инжекцией заряда

CIL [current injection logic] инжекционные логические схемы, инжекционная логика

CIM [computer-integrated manufacturing] комплексно автоматизированное производство

cir; ckt [circuit] схема; цепь; контур

CL [compiler language] (входной) язык компилятора

cl 1. [clause] 1. предложение 2. оператор **2.** [clearance] очистка; гашение; установка в исходное состояние **3.** [closed] замкнутый

C²L [closed-cell logic] логические схемы на транзисторах с кольцевой структурой

C³L [complementary constant current logic] комплементарные логические схемы с переключением сигналов постоянного тока

clar [clarification] распознавание; снятие омонимии

cld [called (line)] запрашиваемая линия

clg [calling (line)] запрашивающая линия

clp [clamp] фиксирующая схема, фиксатор

clr [clear] очищать; гасить; устанавливать в исходное состояние

CLT 1. [communication line terminal] терминал линии связи; связной терминал **2.** [computer language translator] транслятор на машинный язык

CLU [central logic unit] центральное устройство управления

CM 1. [communication multiplexer] мультиплексор каналов связи **2.** [computer module]

модуль вычислительной машины **3.** [configuration management] конфигурационное управление, управление конфигурацией **4.** [control mark] служебная метка **5.** [core memory] 1. память [запоминающее устройство] на (магнитных) сердечниках 2. оперативная память, оперативное запоминающее устройство

cmct [communicate] посылать сообщения; организовывать связь

CMD [core memory driver] драйвер оперативной памяти [оперативного запоминающего устройства]

CML [current mode logic] логические схемы с переключателями тока

CMOS [complementary MOS] комплементарная МОП-структура, КМОП-структура

cmp 1. [compare] сравнивать, сличать **2.** [computational] вычислительный

cmpl [complement] дополнение; дополнительный код (числа); обратный код (числа)

cmplx [complex] комплекс

cmpt(r) [computer] вычислительная машина, ЭВМ, компьютер; вычислительное устройство; вычислитель

CN [control number] контрольное число

cnct [connect] соединять; присоединять; включать; подключать

cnd [condition] 1. условие 2. состояние 3. ситуация

CNS [computerized numerical system] автоматизированная система числового программного управления, АСЧПУ

cnsl [console] 1. пульт (управления); пульт оператора 2. консоль

cnt 1. [count] 1. счёт; подсчёт; отсчёт ‖ считать, подсчитывать; отсчитывать 2. единица счёта **2.** [counter] 1. пересчётное устройство; пересчёт-

ная схема 2. счётчик 3. регистр

co [changeover] переключение

coax [coaxial] 1. коаксиальная линия, коаксиал ‖ коаксиальный 2. соосный

COCR [cylinder overflow control record] управляющая запись переполнения цилиндра

CODASYL [Conference on Data Systems Language] (постоянно действующая) конференция по языкам обработки данных, КОДАСИЛ

codec [coder/decoder] кодер-декодер, кодек

coef(f) [coefficient] коэффициент

COL [computer-oriented language] машинно-ориентированный язык

col [column] колонка, столбец; графа

coll 1. [collateral] совместный **2.** [collect] собирать **3.** [collection] 1. сбор 2. гнездо 3. совокупность **4.** [collector] 1. коллектор 2. сборщик

coln [column] колонка, столбец; графа

COM 1. [computer output microfilm] машинный микрофильм **2.** [computer output microfilmer] выходное микрофильмирующее устройство вычислительной машины

com 1. [comma] запятая **2.** [commercial] 1. для коммерческих *или* экономических задач 2. серийный 3. доступный для приобретения **3.** [communication] 1. коммуникация; связь 2. сообщение; передача **4.** [commutator] коммутатор, переключатель

comb. [combination] 1. комбинация; объединение 2. сочетание; соединение

comm 1. [communication] 1. коммуникация; связь 2. сообщение; передача **2.** [commutator] коммутатор, переключатель

comp 1. [comparison] сравнение, сличение 2. [compilation] компиляция, компилирование 3. [component] 1. компонент, составная часть; элемент 2. компонента, составляющая 3. гармоника 4. деталь; комплектующее изделие 4. [composition] 1. состав 2. составление, формирование; композиция 5. [compound] 1. состав; соединение ‖ составной, сложный 2. сложное слово 3. составной оператор 6. [computation] вычисление; расчёт; счёт; подсчёт; выкладка

compar [comparison] сравнение, сличение

compil [compilation] компиляция, компилирование

comptr [comptometer] комптометр; арифмометр

con 1. [concentration] концентрация 2. [connection] 1. соединение; связь; присоединение; включение; подключение 2. схема 3. соединительная деталь 3. [console] 1. пульт (управления); пульт оператора 2. консоль 4. [constant] константа, постоянная (величина); (постоянный) коэффициент ‖ постоянный; неизменный

concl [conclusion] (умо)заключение, вывод

cond [condition] 1. условие 2. состояние 3. ситуация

config [configuration] 1. конфигурация, форма 2. состав оборудования, конфигурация

conj 1. [conjugation] 1. сопряжение 2. спряжение 2. [conjunction] конъюнкция, логическое умножение

conn 1. [connection] 1. соединение; связь; присоединение; включение, подключение 2. схема 3. соединительная деталь 2. [connector] 1. соединитель; соединительное звено 2. (логический) блок объединения 3. соединительный знак 4. соединитель, (штепсельный) разъём

cons. 1. [consecutive] последовательный 2. [consequence] следствие 3. [construction] 1. конструкция 2. структура

const [constant] константа, постоянная (величина); (постоянный) коэффициент ‖ постоянный; неизменный

cont 1. [contact] контакт 2. [contents] содержимое 3. [continuous] 1. непрерывный; сплошной 2. длительный 4. [control] 1. управлять; регулировать 2. контроль 3. устройство [орган] управления 4. управление, управляющее воздействие 5. [controller] 1. контроллер; устройство управления, управляющее устройство 2. регулятор 3. управляющий электрод

conv [convergence] конвергенция, сходимость

corr [correction] 1. исправление, корректирование 2. поправка, коррекция

correl [correlation] корреляция, соотношение; соотнесение

COSMOS [complementary symmetry MOS] комплементарная симметричная МОП-структура

CP 1. [clock pulse] тактовый импульс; синхронизирующий импульс 2. [communications processor] связной процессор, процессор передачи данных 3. [control panel] панель управления 4. [control point] контрольная точка

cp [computer] вычислительная машина, ЭВМ, компьютер; вычислительное устройство; вычислитель

CPC 1. [card-programmed calculator] вычислительная машина с программой на (перфо)картах; перфокарт(оч)ное вычислительное устройство 2. [card-programmed computer] вычислительное устройство с перфокарт(оч)ным управлением 3. [ceramic-wafer printed circuit] печатная плата на керамике **4.** [computer process control] автоматизированное управление технологическим процессом **5.** [cyclic permuted code] циклический [рефлексный] перестановочный код

CPE [central processing element] центральный обрабатывающий элемент

cpi [characters per inch] (число) знаков на дюйм (*единица плотности расположения знаков*)

CPL [combined programming language] комбинированный язык программирования

cpld [coupled] связанный; спаренный

cplg [coupling] 1. связь 2. соединение 3. связывание, увязка

cplr [coupler] соединительное устройство, соединитель

CPM 1. [command processor module] модуль обработки команд **2.** [critical path method] метод критического пути

cpm [cards per minute] (число) карт в минуту (*единица скорости считывания, записи или передачи информации*)

cps 1. [characters per second] (число) знаков в секунду, зн./с (*единица скорости работы печатающего устройства или скорости передачи данных*) **2.** [cycle per second] период в секунду, герц, Гц

CPT 1. [Chief Programmer Team] бригада главного программиста **2.** [customer provided terminal] терминал пользователя

CPU 1. [card punching unit] блок пробивки перфокарт; карточный перфоратор, устройство пробивки перфокарт **2.** [central processing unit, central processor unit] центральный процессор, ЦП

cpy [copy] 1. экземпляр 2. копия; оттиск, отпечаток; печатный документ

CR 1. [call request] вызов, запрос **2.** [card reader] устройство (для) считывания с (перфо)карт, устройство ввода с (перфо)карт **3.** [carriage return] обратный ход каретки, возврат каретки **4.** [command register] регистр команд **5.** [control relay] реле управления, командное реле **6.** [count reverse] 1. счёт в обратном направлении, счёт на вычитание 2. счёт в противоположном направлении

CRAM [card random access memory] память [запоминающее устройство] с произвольной выборкой карт

CRC [cyclic redundancy check] контроль при помощи циклического избыточного кода

CRD [capacitor-resistor-diode (network)] конденсаторно-резисторно-диодная схема

CRDTL [complementary resistor-diode-transistor logic] комплементарные резисторно-диодно-транзисторные логические схемы

CRJE [conversational remote job entry] диалоговый дистанционный ввод заданий

CROM [control read-only memory] управляющая постоянная память, управляющее постоянное запоминающее устройство, управляющее ПЗУ

CRT [cathode-ray tube] электронно-лучевая трубка, ЭЛТ

crt [circuit] схема; цепь; контур

crypto 1. [cryptograph] шифратор **2.** [cryptography] криптография

CS 1. [card station] перфокарт(оч)ное устройство **2.** [channel status] состояние канала **3.** [communication system] система связи; сеть связи **4.** [controlled switch] управляемый переключатель **5.** [control signal] управляющий сигнал, сигнал управления **6.** [cumulative sum] накопленная сумма

CSE [core storage element] элемент запоминающего устройства на (магнитных) сердечниках

CSG [constructive solid geometry] конструктивная блочная геометрия

CSI [channel status indicator] указатель состояния канала

CSL 1. [computer-sensitive language] машинозависимый язык **2.** [control and simulation language] язык управления и моделирования **3.** [current-sinking logic] логические схемы с переключателями тока

CSW [channel status word] слово состояния канала

ct 1. [circuit] схема; цепь; контур **2.** [count] 1. счёт; подсчёт; отсчёт ‖ считать; подсчитывать; отсчитывать 2. единица счёта **3.** [counter] 1. пересчётное устройство; пересчётная схема 2. счётчик 3. регистр

CTC [conditional transfer of control] 1. условная передача управления; условный переход 2. команда условной передачи управления; команда условного перехода

ctc [contact] контакт

CTL 1. [complementary transistor logic] логические схемы на комплементарных транзисторах, комплементарные транзисторные логические схемы, комплементарная транзисторная логика **2.** [core-transistor logic] феррит-транзисторные логические схемы

CTM [communication(s) terminal module] оконечный модуль связи

CTμL [complementary transistor micrologic] комплементарные транзисторные логические микросхемы, логические микросхемы на комплементарных транзисторах

ctN [counter with N-stages] N-каскадный счётчик

CTR [core-transistor register] феррит-транзисторный регистр, регистр на феррит-транзисторных ячейках

ctr [counter] 1. пересчётное устройство; пересчётная схема 2. счётчик 3. регистр

CTRL [complementary transistor-resistor logic] логические схемы на комплементарных транзисторах и резисторах, комплементарные резисторно-транзисторные логические схемы, комплементарная резисторно-транзисторная логика

ctrl [control] 1. управление; регулирование ‖ управлять регулировать 2. контроль 3. устройство [орган] управления 4. управление, управляющее воздействие

CTU [central terminal unit] центральное устройство управления терминалами

CTY [console teletype] консольный [пультовый] телетайп

CU [control unit] устройство управления; блок управления

cum [cumulative] 1. кумулятивный, накопленный 2. интегральный

cur(r) [current] 1. (электрический) ток 2. поток

CV 1. [common version] распространённая версия **2.** [continuous variable] непрерывная переменная

cv [converter] конвертер, преобразователь

CVU [constant-voltage unit] блок постоянного напряжения

CW [continuous waves] непрерывные колебания; незатухающие колебания

cw [clockwise] по часовой стрелке

CX [central exchange] центральный узел коммутации

CY [case copy] копия, выполненная (сразу) по получении запроса

cy [cycle] цикл; период

cyl [cylinder] цилиндр

D 1. [degree] 1. степень 2. порядок 3. градус 2. [delete] вычёркивать; стирать, удалять, ликвидировать, уничтожать 3. [density] 1. плотность; концентрация 2. интенсивность 4. [development] 1. разработка; развитие; (у)совершенствование 2. развёртывание 3. разложение (в ряд) 4. вывод формулы 5. [differential] 1. дифференциал ‖ дифференциальный 2. перепад; разность 6. [digit] цифра; разряд 7. [digital] цифровой; дискретный 8. [dimension] 1. размер; величина; объём 2. измерение 3. размерность 9. [diode] диод 10. [display] дисплей 11. [drum] барабан; магнитный барабан

DA 1. [data available] 1. доступные данные 2. имеющиеся данные 2. [decimal addition] десятичное сложение, сложение в десятичной системе (счисления) 3. [define area] область определения

da [digital-(to-)analog] цифро-аналоговый

DAC 1. [data acquisition and control] сбор данных и управление 2. [design augmented by computer] автоматизированное проектирование 3. [digital-analog-conversion] цифро-аналоговое преобразование 4. [digital arithmetic center] вычислительный центр 5. [digital-to-analog converter] цифроаналоговый преобразователь, ЦАП

DAM 1. [data addressed memory] ассоциативная память, ассоциативное запоминающее устройство 2. [direct access method] метод прямого доступа, доступ по методу DAM

DAR [damage assessment routine] программа анализа неисправностей

DAS [data acquisition system] система сбора данных

DASD [direct access storage device] запоминающее устройство с прямым доступом

DAU [data acquisition unit] устройство сбора данных

DB 1. [database] база данных, БД 2. [digital block] цифровой блок

DBA [database administrator] администратор базы данных, АБД

DBCL [database control language] язык управления базой данных

dbl [double] двойное количество ‖ удваивать(ся); увеличивать(ся) вдвое; умножать на два ‖ двойной, удвоенный, сдвоенный, парный

DBMS [database management system] система управления базой данных, СУБД

DBS [debug service] сервисные средства отладки

DBTG [database task group] рабочая группа по базам данных, РГБД

DC 1. [data channel] канал связи, информационный канал; канал (передачи) данных 2. [data collection] сбор данных 3. [decimal classification] десятичная классификация 4. [deposited carbon] осаждённая угольная плёнка 5. [digital comparator] цифровой компаратор 6. [digital computer] цифровая вычислительная машина 7. [direct current] постоянный ток 8. [direct-current] 1. работающий на постоянном токе 2. потенциального типа 9. [display console] дисплейный пульт; пульт управления индикационным табло

DCA [data communications adapter] адаптер передачи данных

DCB [data control block] блок управления данными

DCC [data communication(s) channel] канал (передачи) данных

DCE [data communications

equipment] аппаратура передачи данных

DCFL [direct-coupled field-effect transistor logic] логические схемы на канальных [униполярных, полевых] транзисторах с непосредственными связями

DCL 1. [designer choice logic] логические схемы (с межсоединениями) по выбору проектировщика, заказные логические схемы **2.** [direct-coupled logic] логические схемы с непосредственными связями

dcmt [document] документ, документальный источник

DCN [distributed computer network] распределённая сеть вычислительных машин

DCP 1. [data communications processor] процессор передачи данных **2.** [differential computing potentiometer] дифференциальный решающий потенциометр **3.** [display control panel] панель управления дисплеем **4.** [distributed communications processor] процессор распределённой системы передачи данных

DCR [data conversion receiver] приёмник с преобразованием данных

DCS 1. [distributed computer system] распределённая вычислительная система **2.** [distributed control system] распределённая система управления

DCTL [direct-coupled transistor logic] транзисторные логические схемы с непосредственными связями, ТЛНС-схемы

DCU 1. [decade counting unit, decimal counting unit] блок десятичного счётчика **2.** [digital counting unit] цифровое счётное устройство

DCUTL [direct-coupled unipolar transistor logic] логические схемы на канальных [униполярных, полевых] транзисторах с непосредственными связями

DD 1. [data demand] 1. информационные потребности 2. запрос данных **2.** [decimal divide] десятичное деление **3.** [digital data] цифровые данные **4.** [digital display] 1. цифровой дисплей 2. цифровой индикатор

DDA [digital differential analyzer] цифровой дифференциальный анализатор, ЦДА

DDB [distributed database] распределённая база данных, РБД

DDBMS [distributed database management system] система управления распределёнными базами данных

DDC 1. [data distribution center] центр распределения данных **2.** [digital data converter] преобразователь цифровых данных **3.** [direct digital control] прямое цифровое управление, ПЦУ

DDL 1. [data definition language] язык определения данных, ЯОД **2.** [data description language] язык описания данных, ЯОД

DDP [distributed data processing] распределённая обработка данных

DDT [dynamic debugging tool] динамическое средство отладки, ДСО

dec 1. [decimal] десятичное число; десятичная дробь ‖ десятичный **2.** [decision] 1. решение 2. принятие решения 3. выбор

decit [decimal digit] 1. десятичная цифра; десятичный разряд 2. десятичный знак

decn [decision] 1. решение 2. принятие решения 3. выбор

decr [decrement] 1. декремент 2. декремент, отрицательное приращение

DED [double-error detection] с обнаружением двойных ошибок

ded [deduction] 1. вычитание 2. дедукция, вывод, (умо)заключение 3. вычитаемое

deg [degree] 1. степень 2. порядок 3. градус

del [delay] 1. задержка, запаздывание; отсрочка 2. выдержка времени

dem [demodulator] демодулятор

deque [double-ended queue] очередь с двусторонним доступом

deriv 1. [derivation] 1. дифференцирование, операция взятия производной 2. вывод 3. деривация, отклонение **2.** [derivative] производная ‖ производный

descr [description] 1. описание; характеристика 2. дескрипция

det [determinant] детерминант, определитель

dev 1. [development] 1. разработка; развитие; (у)совершенствование 2. развёртывание 3. разложение (в ряд) 4. вывод формулы **2.** [deviation] отклонение, девиация **3.** [device] 1. устройство; прибор; приспособление; механизм; аппарат

DF 1. [describing function] характеристическая функция **2.** [direct flow] поток в прямом направлении

DFA [deterministic finite-state automaton] детерминированный конечный автомат, ДКА

DFG [diode function generator] диодный функциональный преобразователь

DFT [discrete Fourier transform] дискретное преобразование Фурье, ДПФ

DI [digital input] 1. вход цифровых данных 2. цифровые входные данные

DIC [digital integrated circuit] цифровая ИС

diff [difference] 1. разность 2. приращение

dig comp [digital computer] цифровая вычислительная машина, ЦВМ

DIIC [dielectrically isolated integrated circuit] ИС с диэлектрической изоляцией

DIL [dual-in-line] с двухрядным расположением выводов

dim [dimension] 1. размер; величина; объём 2. измерение 3. размерность

dio [diode] диод

DIP [dual-in-line package] двухрядный корпус, корпус с двухрядным расположением выводов, корпус (типа) DIP

disc. [disconnect] разъединять; размыкать; отключать

disj [disjunction] 1. дизъюнкция; логическое сложение 2. разъединение, размыкание

distr [distribution] распределение; распространение

div 1. [dividend] делимое **2.** [divisor] делитель

DIVOT [digital-to-voice translator] преобразователь цифрового кода в речь

DL 1. [data link] канал передачи данных **2.** [delay line] линия задержки **3.** [diode logic] 1. диодная логика 2. диодные логические схемы **4.** [dynamic load] 1. динамическая нагрузка 2. динамическая загрузка

DLP [data link processor] процессор передачи данных, ППД

dl(y) [delay] 1. задержка, запаздывание; отсрочка 2. выдержка времени

DM [decimal multiply] десятичное умножение

DMA 1. [direct memory access] прямой доступ к памяти **2.** [direct memory address] прямой адрес памяти

DMC [digital microcircuit] цифровая микросхема

DML [data manipulation language] язык манипулирования данными, ЯМД

D(-)MNOS [double-diffused MNOS] МНОП-структура с двойной диффузией

D(-)MOST [double-diffusion metal oxide semiconductor technology] технология изготовления МОП-структур с двойной диффузией, ДМОП-технология

DMS 1. [data management system] система управления данными 2. [dynamic mapping system] система динамического отображения; система динамического распределения

dmux [demultiplexer] демультиплексор

DNC [direct numerical control] прямое цифровое управление, ПЦУ

DNF [disjunctive normal form] дизъюнктивная нормальная форма

DO [digital output] 1. выход цифровых данных 2. цифровые выходные данные

DOC 1. [date of change] дата изменения 2. [decimal-to-octal conversion] преобразование из десятичной формы в восьмеричную

doc 1. [document] документ, документальный источник 2. [documentation] 1. документация 2. документалистика 3. выпуск технической документации 4. документирование

DO/IT [digital output/input translator] преобразователь выходных цифровых данных для (нового) ввода

DOS [disk operating system] дисковая операционная система, ДОС

DOS/VS [disk operating system/virtual storage] дисковая операционная система, реализующая виртуальную память

DOT [domain-tip] на плоских магнитных доменах

DP 1. [data processing] обработка данных 2. [driving power] мощность возбуждения, мощность задающего сигнала 3. [dynamic programming] динамическое программирование

DPC [data processing center] центр обработки данных

DPE [data processing equipment] оборудование (для) обработки данных

dper [data processing equipment manufacturer] фирма-изготовитель оборудования для обработки данных

DPM [documents per minute] (число) документов в минуту (*характеристика скорости работы читающих устройств*)

DPR [data processing rate] скорость обработки данных

DPS [distributed processing system] распределённая система обработки

DR 1. [differential relay] дифференциальное реле 2. [distant reading] дистанционное считывание

dr 1. [drive] 1. привод; передача; движитель, движущий механизм 2. запуск, возбуждение 2. [drum] барабан, цилиндр; магнитный барабан

DRAW [direct-read-after-write] считывание непосредственно после записи

DRO [destructive readout] считывание с разрушением (информации)

DS 1. [define symbol] определяющий символ 2. [device selector] селектор устройства 3. [dial system] система с наборным устройством

D/S [data set] набор данных

DSB [digital storage buffer] буферная память, буферное запоминающее устройство, БЗУ

DSDL [data storage description language] язык описания (способа) хранения данных, ЯОХД

DSU [digital storage unit] цифровое запоминающее устройство

DT 1. [data transmission] передача данных 2. [difference threshold] порог различимости 3. [digital technique] 1. цифровой метод 2. цифровая техника

DTE [data terminal equipment] терминал, терминальное оборудование; оконечное оборудование

DTL [diode-transistor logic] диодно-транзисторные логические схемы, ДТЛ-схемы, диодно-транзисторная логика, ДТЛ

DTP [data tape punch] ленточный перфоратор

DTPL [domain tip propagation logic] логические элементы, работа которых основана на распространении верхушек доменов

dum [dummy] 1. макет 2. фиктивный, ложный; холостой

dup [duplicate] 1. дубликат; копия ‖ дублировать; снимать копию, копировать 2. удваивать, увеличивать вдвое

DUT [device under test] проверяемое устройство

DVM [digital voltmeter] цифровой вольтметр

DVOM [digital volt-ohmmeter] цифровой вольтметр

DVST [direct-viewing storage tube] запоминающая трубка с возможностью непосредственного наблюдения

dwg [drawing] 1. чертёж, рисунок 2. извлечение, выборка

DWI [descriptor word index] дескрипторный словарь; указатель дескрипторов

dx [duplex] дуплекс ‖ дуплексный, двусторонний

DYCMOS [dynamic complementary MOS] динамическая комплементарная МОП-структура, динамическая КМОП-структура

DZTL [diode Zener transistor logic] диодно-транзисторные логические схемы [ДТЛ-схемы] с диодами Зенера, диодно-транзисторная логика с диодами Зенера

E 1. [earth] заземление, «земля» **2.** [efficiency] 1. эффективность 2. коэффициент полезного действия **3.** [estimate] оценка

e 1. [emitter] 1. эмиттер; источник 2. генератор **2.** [error] ошибка, погрешность

EA [effective address] исполнительный адрес

EAM 1. [electrical accounting machine] электрическая бухгалтерская машина; электрическая фактурная машина; электрический табулятор **2.** [electronic accounting machine] электронный табулятор; электронная счётно-аналитическая машина; электронная счётная машина

EAROM [electrically alterable read-only memory] электрически перепрограммируемая постоянная память, электрически перепрограммируемое постоянное запоминающее устройство, ЭППЗУ

EAX [electronic automatic exchange] автоматический электронный коммутатор

EBAM [electronic beam addressable memory] память [запоминающее устройство] с адресацией электронным лучом

EBCDIC [extended binary-coded decimal interchange code] расширенный двоично-десятичный код (для) обмена (информацией)

EBR [electron beam recording] запись электронным лучом

EC [error correction] исправление ошибки

ECC [error-correcting code] код с исправлением ошибок

ECCSL [emitter-coupled current steered logic] токовые логические схемы с эмиттерными связями, токовые ЭСЛ-схемы

ECL [emitter-coupled logic] логические схемы с эмиттерными связями, ЭСЛ-схемы, эмиттерно-связанная логика, ЭСЛ

E²CL [emitter-emitter coupled logic] логические схемы с

эмиттерно-эмиттерными связями

ECTL [emitter-coupled transistor logic] транзисторные логические схемы с эмиттерными связями

ED 1. [error detection] обнаружение ошибок **2.** [external device] внешнее устройство

ed [editor] редактор, программа редактирования, редактирующая программа

EDC 1. [electronic digital computer] электронная цифровая вычислительная машина, ЭЦВМ, ЦВМ **2.** [error detection and correction] обнаружение и исправление ошибок

EDCW [external device control word] управляющее слово внешнего устройства

EDP [electronic data processing] электронная обработка данных

EDPC [electronic data processing center] центр электронной обработки данных

EDS [exchangeable disk storage] запоминающее устройство [накопитель] со сменными дисками

EDU [electronic display unit] электронный дисплей; электронное устройство отображения данных

EE [external environment] **1.** внешняя среда, внешнее окружение **2.** условия эксплуатации **3.** внешнее оборудование

EECL [emitter-emitter coupled logic] логические схемы с эмиттерно-эмиттерными связями

EEPROM [electrically erasable programmable read-only memory] электрически-стираемая программируемая постоянная память, электрически-стираемое программируемое постоянное запоминающее устройство, электрически-стираемое ППЗУ, ЭСППЗУ

EES [explainable expert system]

объясняющая экспертная система, экспертная система с объяснительной способностью

EF [emitter follower] эмиттерный повторитель

EFL 1. [emitter-follower logic] логические схемы на эмиттерных повторителях, ЭПЛ-схемы **2.** [emitter function logic] эмиттерная функциональная логика

EGA [enhanced graphic adapter] усовершенствованный графический адаптер

el 1. [electroluminescence] электролюминесценция **2.** [element] элемент

ELD [edge-lighted display] экран с торцевой подсветкой

elem [element] элемент

elim [eliminate] исключать

EM 1. [electromagnetic] электромагнитный **2.** [electromechanical] электромеханический **3.** [end of medium] конец носителя

EMT [electron multiplier tube] электронный умножитель

ENQ [enquiry] **1.** запросная система **2.** запрос

ent [entry] **1.** ввод; вход **2.** вхождение **3.** статья; пункт

enum [enumeration] **1.** перечисление; подсчёт **2.** перечень

env [envelope] **1.** огибающая **2.** конверт

EOA [end of address] конец адреса

EOB [end of block] конец блока

EOC [end of conversion] конец преобразования

EOD [end of data] конец данных

EOF [end of file] конец файла

EOJ [end of job] конец задания

EOL [end of life] конец срока службы

EOM [end of message] конец сообщения

EOP [end of program] конец программы

EOR 1. [end of reel] конец бобины **2.** [end of run] конец прогона **2.** [exclusive OR] исключающее ИЛИ

EOS [electrooptical system] электрооптическая система

EOT 1. [end of tape] конец ленты **2.** [end of transmission] конец передачи

EOV [end of volume] конец тома

EP [entry point] точка входа

EPBX [electronic private branch exchange] электронный коммутатор частной сети связи

EPIC [epitaxial passivated integrated circuit] эпитаксиальная пассивированная ИС

EPROM [erasable programmable read-only memory] стираемая программируемая постоянная память, стираемое программируемое постоянное запоминающее устройство, СППЗУ

EPU [electrical power unit] блок электропитания

EQ 1. [equal] равный **2.** [equalizer] стабилизирующее звено; уравнитель; компенсатор; корректирующая цепь **3.** [equation] 1. уравнение 2. равенство **4.** [equipment] оборудование; приборы; аппаратура; арматура **5.** [equivalent] эквивалент

eqp(mt) [equipment] оборудование; приборы; аппаратура; арматура

erf [error function] функция ошибок; интеграл (вероятности) ошибок

erfc [error function complement] дополнение функции ошибок, дополнительная функция ошибок

EROM [erasable read-only memory] стираемая постоянная память, стираемое постоянное запоминающее устройство, стираемое ПЗУ

err [error] ошибка, погрешность

ES 1. [electromagnetic storage] электромагнитное запоминающее устройство **2.** [electronic switch] электронный

переключатель; электронный ключ **3.** [expert system] экспертная система

ESC [escape] 1. потеря 2. переход

ESFI [epitax silicon film on isolant] структура, образованная эпитаксией кремния на изолирующей подложке

ESS [electronic switching system] электронная система коммутации

EST [electrostatic storage tube] электростатическая запоминающая трубка

est [estimate] оценка

ETB [end of transmission block] конец передаваемого блока (данных)

ETL [emitter transistor logic] транзисторные логические схемы с эмиттерными связями, транзисторная логика с эмиттерными связями, ТЛЭС

ETT [end-of-tape test] проверка признака конца ленты

ETX [end of text] конец текста

eval [evaluation] 1. оценка 2. вычисление

EX [exclusive OR] исключающее ИЛИ

EXCH, exch [exchange] 1. обмен; замена ‖ обмениваться 2. (автоматический) коммутатор каналов 3. (автоматическая) телефонная станция

excl 1. [exclusion] исключение **2.** [exclusive] исключающий

excl(am) [exclamation] восклицательный знак

EXD [external device] внешнее устройство

exec [execution] исполнение, выполнение

exp 1. [expansion] 1. расширение 2. разложение (в ряд) 3. распространение **2.** [exponent] 1. показатель 2. порядок **3.** [expression] выражение

expr [expression] выражение

ext 1. [extension] расширение; добавление **2.** [extent] 1. экстент 2. степень, мера

EXTRN [external reference] внешняя ссылка

E/Z [equal zero] равно нулю

F 1. [failure] отказ; повреждение; неисправность; сбой 2. [false] ложь 3. [feedback] обратная связь 4. [field] 1. поле; пространство; область; зона 2. поле, группа разрядов 5. [filter] фильтр 6. [fixed] 1. фиксированный, закреплённый, неподвижный 2. постоянный 7. [flip-flop] триггер, триггерная схема 8. [force] сила; усилие 9. [frequency] частота 10. [function] функция

FA 1. [final address (register)] регистр конечного адреса 2. [full adder] (полный) сумматор, (одноразрядный) сумматор с тремя входами

FAMOS [floating-gate avalanche-injection MOS] МОП-структура с лавинной инжекцией и плавающим затвором

fax [facsimile] 1. факсимиле 2. факсимильная [фототелеграфная] связь

FC [face change, font change] смена типа шрифта

FDM [frequency division multiplex] мультиплексная передача с частотным разделением [уплотнением] каналов

FDMA [frequency division multiple access] множественный доступ с частотным уплотнением, МДЧУ

FDOS [floppy disk operating system] операционная система, работающая с гибкими магнитными дисками, ОСГМД

FDX 1. [full duplex] дуплексный режим 2. [full-duplex] дуплексный

FED [field-effect diode] полевой диод

FEFO [first ended, first out] первым готов — первым обслужен

FEM LC [field-effect mode liquid crystal] жидкий кристалл с полевым эффектом

FEMT [field-effect modified transistor] комбинация полевого транзистора и биполярного фототранзистора

FEP [front-end processor] препроцессор; фронтальный [связной] процессор

FET [field-effect transistor] канальный [униполярный, полевой] транзистор

FF 1. [flip-flop] триггер, триггерная схема 2. [form feed] подача бланка

FFT [fast Fourier transform] быстрое преобразование Фурье, БПФ

FHSF [fixed-head storage facility] запоминающее устройство с фиксированными головками

FI 1. [fan-in] коэффициент объединения по входу; нагрузочный множитель по входу; нагрузочная способность по входу 2. [field intensity] напряжённость поля 3. [fixed interval] фиксированный интервал

FIFO 1. [first-in, first-out] 1. обратного магазинного типа 2. первым пришёл — первым обслужен 2. [floating input, floating output] со входом и выходом в форме с плавающей запятой

FIP [fluorescent indicator panel] флуоресцентная индикаторная панель

FIR [finite impulse response] конечная импульсная характеристика, КИХ

FLBIN [floating(-point) binary] двоичный с плавающей запятой

fld [field] 1. поле; пространство; область; зона 2. поле, группа разрядов

FLDEC [floating(-point) decimal] десятичный с плавающей запятой

fldl [field length] длина поля

FLF [flip-flop] триггер, триггерная схема

flg [flag] флаг, флажок; признак

FLIP [floating-point interpretive program] интерпретирующая программа для работы (в режиме) с плавающей запятой

FLOP 1. [floating octal point] плавающая восьмеричная запятая, плавающая запятая в восьмеричной системе (счисления) **2.** [floating-point operation] операция с плавающей запятой

FLOPS [floating-point operations per second] (количество) операций с плавающей запятой в секунду

flp [floating-point] с плавающей запятой

FM 1. [feedback mechanism] механизм обратной связи **2.** [frequency modulation] частотная модуляция

FMS [flexible manufacturing system] гибкая производственная система, ГПС

fmt [format] формат

FO [fan-out] коэффициент разветвления по выходу; нагрузочный множитель по выходу; нагрузочная способность по выходу

FOS [file organization system] система с файловой организацией

FP [flat package] плоский корпус

FPGA [field programmable gate array] программируемая пользователем вентильная матрица, вентильная матрица с эксплуатационным программированием

FPLA [field programmable logic array] логическая матрица с эксплуатационным программированием, программируемая пользователем логическая матрица

FPM [file-protect memory] память с защитой файлов

FPMH [failures per million hours] число отказов на миллион часов (работы)

FPROM 1. [field programmable read-only memory] программируемое пользователем ПЗУ, ПЗУ с эксплуатационным программированием **2.** [factory programmable read-only memory] программируемое изготовителем ПЗУ

frac 1. [fraction] 1. дробь 2. дробная часть 3. мантисса 4. доля **2.** [fractional] дробный

freq [frequency] частота

FS [file separator] разделитель файлов

FSA [finite-state automaton] конечный автомат

FTCS [fault-tolerant computing system] отказоустойчивая вычислительная система

ftg [fitting] сборка, монтаж; подгонка; подбор

FTMP [fault-tolerant multiprocessor] отказоустойчивый мультипроцессор

FTP 1. [file transfer protocol] протокол передачи файлов **2.** [file transfer program] программа передачи файлов

fun(c) [function] функция

FXBIN [fixed(-point) binary] двоичный с фиксированной запятой

fxd [fixed] 1. фиксированный, закреплённый, неподвижный 2. постоянный

fxp [fixed-point] с фиксированной запятой

G [gate] 1. вентиль, вентильная схема; логический элемент 2. стробирующий импульс, строб-импульс 3. затвор 4. вентильный провод

GAM [graphic access method] графический метод доступа, доступ по методу ГАМ

GB 1. [gain-bandwidth] добротность, произведение коэффициента усиления на ширину полосы пропускания **2.** [gigabit] гигабит (10^9 бит) **3.** [gigabyte] гигабайт (10^9 байт)

GC; gc 1. [garbage-collect] собирать мусор **2.** [garbage collector] сборщик мусора

gcd [greatest common divisor] наибольший общий делитель

gcf [greatest common factor] наибольший множитель

Gc/s [gigacycle per second] гигагерц, ГГц

GD [gate driver] вентиль-формирователь

gen 1. [generation] 1. создание, образование; формирование; генерация 2. генерирование; порождение 3. поколение **2.** [generator] 1. генератор 2. порождающая функция

GERT [graphical evaluation and review technique] метод ГЕРТ, метод графической оценки и анализа систем

GHz [gigahertz] гигагерц, ГГц

GIGO [garbage in, garbage out] принцип «мякину заложишь — мякину получишь», принцип МЗМП

GIMIC [guard-ring isolated monolithic integrated circuit] ИС с изоляцией «охранным» кольцом

GKS [Graphical Kernel System] базовая графическая система, ГКС (*стандарт двумерной машинной графики*)

gl [glossary] глоссарий

gm [group mark] метка [маркер] (конца) группы знаков

gnd [ground] заземление, «земля»

GP 1. [gang punch] дублирующий перфоратор; карточный перфоратор **2.** [generalized programming] обобщённое программирование **3.** [general-purpose] универсальный, общего назначения

GPC [general-purpose computer] универсальная вычислительная машина

GPDC [general-purpose digital computer] универсальная цифровая вычислительная машина, универсальная ЦВМ

GPIB [general-purpose interface bus] универсальная шина интерфейса

GPS [general problem solver] универсальный решатель задач

GR 1. [general-purpose register] универсальный регистр, регистр общего назначения **2.** [generic relation] родовое отношение

grp [group] совокупность; группа

GS [group separator] разделитель групп (данных)

GSAM [generalized sequential access method] обобщённый последовательный метод доступа

GSI [giant scale integration] 1. сверхбольшой уровень интеграции 2. сверхбольшая интегральная схема, СБИС

GT [game theory] теория игр

GTL [gold transistor logic] транзисторные логические схемы с подложкой, легированной золотом

GWP 1. [gateway processor] процессор межсетевого сопряжения, процессор-шлюз, шлюзовой процессор **2.** [Graphics Working Party] Рабочая группа по машинной графике (*США*)

H 1. [half-adder] полусумматор, (одноразрядный) сумматор с двумя входами, сумматор по модулю 2 **2.** [halt(ing)] останов **3.** [hardware] 1. аппаратура, (аппаратное) оборудование, аппаратные средства 2. технические средства; техническое обеспечение

HA [half-adder] полусумматор, (одноразрядный) сумматор с двумя входами, сумматор по модулю 2

HAM [hierarchical access method] иерархический метод доступа

HC [hard copy] документальная копия; печатная копия

HCMOS [high-density complementary MOS] комплементарная МОП-структура с высокой плотностью компоновки

HDAM [hierarchical direct access method] иерархический прямой метод доступа

hdr [header] 1. заголовок; рубрика; «шапка» 2. головная метка

hds [half-duplex] полудуплекс ‖ полудуплексный

HDTL [hybrid diode-coupled transistor logic] гибридные транзисторные логические схемы с диодными связями

HDU [hard disk unit] запоминающее устройство [накопитель] на жёстких дисках

hdw [hardware] 1. аппаратура, (аппаратное) оборудование, аппаратные средства 2. технические средства; техническое обеспечение

NDX [half-duplex] полудуплексный

HEP [heterogeneous element processor] мультипроцессор с (функционально) различными процессорами, неоднородная мультипроцессорная система

HF 1. [high-frequency] высокочастотный **2.** [high-flexible] с высокой степенью гибкости

HIC [hybrid integrated circuit] гибридная ИС

HIDAM [hierarchical indexed direct access method] иерархический индексно-прямой метод доступа

HiNIL [high noise-immunity logic] логические схемы с высокой помехоустойчивостью

hi-rel [high-reliable] высоконадёжный

HISAM [hierarchical indexed sequential access method] иерархический индексно-последовательный метод доступа

HLL 1. [high-level language] язык высокого уровня **2.** [high-level logic] высокоуровневые логические схемы, логические схемы с высокими уровнями сигналов

HLP [high-level protocol] протокол высокого уровня

hlt [halt(ing)] останов

HLTTL; HLT²L [high-level tran-

sistor-transistor logic] высокоуровневые транзисторно-транзисторные логические схемы, высокоуровневые ТТЛ-схемы

HNIL [high noise-immunity logic] логические схемы с высокой помехоустойчивостью

hol [hologram] голограмма

hp [high-positive] высокий положительный

HPF [highest possible frequency] верхняя граница частоты, наивысшая допустимая частота

HPT [head-per-track] с головкой на тракт

HS [half-subtracter] полувычитатель

hsk [housekeeping] 1. служебные действия; организующие [управляющие] действия; действия по обслуживанию ‖ служебный; организующий 2. вспомогательный

HSM [high-speed memory] быстродействующая память, быстродействующее запоминающее устройство

HSP [high-speed printer] быстродействующее печатающее устройство

HSR [high-speed reader] быстродействующее считывающее устройство

HT [horizontal tabulation] горизонтальное табулирование

HTL [high-threshold logic] логические схемы с высоким порогом напряжения, высокопороговые логические схемы, ВПЛ-схемы

HW, hw [hardware] 1. аппаратура, (аппаратное) оборудование, аппаратные средства 2. технические средства, техническое обеспечение

I; i 1. [incomplete] неполный, незавершённый **2.** [indicator] индикатор, указатель; индикаторный регистр **3.** [initial] начальный, исходный **4.** [instruction] команда **5.** [intransitive] нетранзитивный **6.** [intrinsic] 1. внутренний 2. встроенный

IA 1. [indirect addressing] косвенная адресация **2.** [initial appearance] 1. первое появление **2.** (перво)начальное вхождение

IAS [immediate address storage] память с прямой адресацией

IB [input buffer] входной буфер

IC 1. [immediate constituent] непосредственно составляющая, НС **2.** [input circuit] входная схема; входная цепь; входной контур **3.** [instruction card] программная карта **4.** [instruction counter] счётчик команд **5.** [integrated circuit] интегральная схема, ИС **6.** [internal connection] внутреннее соединение

ICCP [Institute for Certification of Computer Professionals] Институт аттестации специалистов (по) ЭВМ

ICE [in-circuit emulator] внутрисхемный эмулятор

ICL [incoming line] 1. входящая линия 2. входная шина

ICP [integrated circuit package] корпус ИС

ID 1. [identification] 1. идентификация, отождествление 2. определение, распознавание 3. обозначение **2.** [indicating device] устройство индикации **3.** [information distributor] распределитель данных **4.** [item description] описание элемента

id [identifier] идентификатор, имя

IDB [integrated data base] интегрированная база данных

IDP [integrated data processing] интегрированная обработка данных

IFAC [International Federation of Automatic Control] Международная федерация по автоматическому управлению, ИФАК

IFIP [International Federation of Information Processing] Международная федерация по обработке информации

IFIPS [International Federation of Information Processing Societies] Международная федерация обществ по обработке информации

ifn [information] информация; сведения

IG [insulated gate] изолированный затвор

IGFET [isolated(-gate) field-effect transistor] канальный [полевой, униполярный] транзистор с изолированным затвором

IGT [intelligent graphics terminal] интеллектуальный графический терминал

IIASA [International Institute for Applied Systems Analysis] Международный институт прикладного системного анализа

IIR [infinite impulse response] бесконечная импульсная характеристика, БИХ

IKBS [intelligent knowledge-based system] интеллектуальная система на основе базы знаний

I^{2}L [integrated injection logic] интегральные инжекционные логические схемы, И^{2}Л-схемы, логические схемы с инжекционным питанием

I^{3}L [isoplanar injection integrated logic] изопланарные инжекционные интегральные логические схемы, И^{3}Л-схемы

ill mem ref [ill memory reference] неправильное обращение к памяти

ILSW [interrupt level status word] слово с информацией об уровне прерывания

im [instrumentation] 1. (контрольно-)измерительные приборы 2. приборное оснащение

IMIS [integrated management information system] интегрированная управленческая информационная система, интегрированная УИС

IMOS [ion-implanted MOS] МОП-структура с ионной имплантацией

imp. [impulse] импульс

IMPATT [impact avalanche transit time (diode)] лавинно-пролётный диод

IMS [information management system] информационно-управляющая система

in [input] 1. вход; ввод 2. входное устройство 3. входной сигнал 4. входные данные

incr 1. [increase] увеличивать 2. [increment] 1. приращение, прирост 2. инкремент, (бесконечно) малое приращение; шаг

ind 1. [indicate] 1. указывать; показывать 2. означать 2. [indicator] индикатор, указатель; индикаторный регистр

indn [indication] 1. указание 2. обозначение; индикатор; указатель 3. индикация; показание, отсчёт

indr [indicator] индикатор; указатель; индикаторный регистр

ineq [inequality] 1. неравенство 2. несоответствие

inf 1. [infinite] 1. бесконечный 2. бесчисленный 2. [infinity] бесконечность 3. [information] информация; сведения

infer [inference] (логический) вывод, умозаключение; следствие

infl [inflection] 1. перегиб, точка перегиба 2. флексия

info [information] информация; сведения

inh [inhibiting input] 1. запрещающий вход 2. запрещающий входной сигнал

inq 1. [inquire] запрашивать 2. опрашивать 3. [inquiry] 1. запрос 2. опрос

inst [instrument] прибор; инструментальное средство; измерительное средство; измерительное устройство, (контрольно-)измерительный прибор

instln [installation] установка, устройство

instr [instruction] 1. команда 2. инструкция; программа (действий)

int 1. [initial] начальный 2. [integer] целое число 3. [integral] 1. интеграл 2. целое число 4. [integrate] интегрировать 5. [interrogate] 1. запрос 2. опрос 6. [interrupt] 1. прерывание 2. сигнал прерывания 7. [intersection] 1. пересечение 2. точка пересечения; линия пересечения 8. [interval] промежуток, интервал

intel [intelligence] интеллект

interp [interpolation] интерполяция, интерполирование

intrpt [interrupt] 1. прерывание 2. сигнал прерывания

inv [inverter] инвертор, инвертирующий элемент

inval [invalid] 1. неверный, неправильный 2. недействительный 3. неисправный 4. неработоспособный

invar [invariant] инвариант

inx [index] 1. индекс, показатель 2. показатель степени; коэффициент 3. предметный указатель

IO [interpretive operation] работа в режиме интерпретации

I/O [input/output] 1. ввод-вывод 2. устройство ввода-вывода 3. данные ввода-вывода

IOB [input-output buffer] 1. буфер ввода-вывода 2. буферное запоминающее устройство ввода-вывода

IOC 1. [input/output channel] канал ввода-вывода 2. [input/output controller] контроллер ввода-вывода

IOCC 1. [input/output control center] узел управления вводом-выводом 2. [input/output control command] команда управления вводом-выводом

IOCS [input/output control system] система управления вводом-выводом

IOP [input/output processor] процессор ввода-вывода, ПВВ

IP 1. [identification of position] идентификация положения **2.** [identification point] место идентификации **3.** [image processor] процессор изображений **4.** [index of performance] показатель производительности **5.** [information pool] информационный пул **6.** [initial point] начальная [исходная] точка **7.** [instruction pulse] командный импульс **8.** [interface processor] интерфейсный процессор **9.** [internet protocol] межсетевой протокол **10.** [interrupt pointer] (регистр-)указатель прерываний **11.** [interrupt priority] приоритет прерывания **12.** [interrupt processor] процессор прерываний **13.** [item processing] поэлементная обработка данных

IPC 1. [industrial process control] управление производственным процессом **2.** [information processing center] центр обработки информации **3.** [interprocessor communication] межпроцессорная связь

IPE [information processing equipment] оборудование (для) обработки информации

IPL 1. [information processing language] язык обработки информации, ИПЛ **2.** [initial program loader] начальный загрузчик программы

IPM [independent peripheral manufacturer] независимый (*от ведущих фирм по производству ЭВМ*) изготовитель периферийных устройств

ipm [interruption per minute] (число) прерываний в минуту

IPS [information processing system] система обработки информации

ips [inches per second] (число) дюймов в секунду

IR 1. [information retrieval] поиск информации, информационный поиск **2.** [instruction register] регистр команд **3.** [internal resistance] внутреннее сопротивление **4.** [interrogator-responder] запросчик-ответчик

IRL [information retrieval language] информационно-поисковый язык, ИПЯ

IRS [information retrieval system] информационно-поисковая система, ИПС

IS 1. [information science] информатика **2.** [information separator] разделительный знак (при передаче) информации **3.** [interval signal] сигнал интервала

ISDN [integrated services digital network] цифровая сеть с комплексными услугами

ISFET [ion sensitive field-effect transistor] канальный [полевой, униполярный] транзистор с изменением концентрации ионов

ISR [information storage and retrieval] хранение и поиск информации

IT 1. [information theory] теория информации **2.** [input translator] входной транслятор **3.** [internal translator] внутренний транслятор **4.** [item transfer] поэлементная передача

IV [independent variable] независимая переменная

iv [inverter] инвертор, инвертирующий элемент

IVS [interactive virtual system] интерактивная виртуальная система

IW [index word] модификатор

IWB [instruction word buffer] буфер командных слов

JA [jump address] адрес перехода

JAWS [Josephson-atto-Weber switch] аттовеберный переключатель Джозефсона, переключатель Джозефсона, работающий в области аттоверов

JCL [job control language] язык управления заданиями

jctn [junction] 1. соединение; сочленение 2. переход

JDC [job description card] карта описания задания

J(G)FET [junction (gate) field-effect · transistor] канальный [полевой, униполярный] транзистор с $p — n$-переходом

JJL [Josephson junction logic] логические схемы с переходами Джозефсона

JUGFET [junction gate field-effect transistor] канальный [полевой, униполярный] транзистор с $p — n$-переходом

K [kilo] кило, К (*единица ёмкости памяти, равная* $2^{10} = 1024$)

KASC [Knowledge Availability System Center] Центр обеспечения доступа к базам знаний (*США*)

KB 1. [kilobit] килобит 2. [kilobyte] килобайт

kb; KBD; kbd [keyboard] 1. коммутационная панель 2. клавишный пульт 3. клавиатура, клавишная панель

KBMS [knowledge base management system] система управления базой знаний

KBPS [kilobytes per second] килобайт в секунду (*единица скорости передачи данных*)

Kc [kilocycle] килогерц, КГц

KCS 1. [kilocycle per second] килогерц, КГц 2. [thousand characters per second] тысяча знаков в секунду (*единица скорости передачи данных*)

Kc/s [kilocycle per second] килогерц, КГц

KGU [known-good unit] заведомо исправный блок

KIPS [knowledge information processing system] система обработки знаний

KLIPS [kilo logical inferences per second] килолипс, тысяча логических выводов в секунду

kMc/s [kilomegacycle per second] гигагерц, ГГц

KPRAM [keyboard programmable random-access memory] память с произвольной выборкой, программируемая с помощью клавиатуры, запоминающее устройство с произвольной выборкой [ЗУПВ], программируемое с помощью клавиатуры

kybd [keyboard] клавиатура, клавишная панель

L; l 1. [label] метка; (маркировочный) знак; отметка; обозначение 2. [law] закон; правило; принцип 3. [letter] 1. буква; символ; знак 2. литера 4. [level] 1. уровень 2. степень 5. [light] 1. свет; освещение 2. лампа 3. индикаторная [сигнальная] лампа, индикатор 6. [line] 1. линия 2. линия; провод; шина 3. строка, строчка 7. [load] 1. нагрузка 2. загрузка 3. заправка 8. [longitudinal] продольный

LAN [local area network] локальная сеть

lang [language] язык

LARAM [line addressable random-access memory] память с произвольной выборкой, адресуемая по словам, построчно [линейно] адресуемое запоминающее устройство с произвольной выборкой, построчно [линейно] адресуемое ЗУПВ

LB [line buffer] буфер (в) линии связи

lbl [label] метка; (маркировочный) знак; отметка; обозначение

LC 1. [last card] последняя карта 2. [level control] регулирование уровня 3. [line connector] линейный соединитель 4. [link circuit] схема связи, схема соединения 5.

[liquid crystal] жидкий кристалл, ЖК **6.** [load cell] ячейка загрузки **7.** [location counter] 1. счётчик адресов ячеек 2. счётчик команд **8.** [logical channel] логический канал **9.** [lower case] нижний регистр

LCD [liquid-crystal display] жидкокристаллический индикатор, ЖКИ; жидкокристаллическое табло, ЖК-табло

lcd [lowest common denominator] наименьший общий знаменатель

LCDTL [load-compensated diode-transistor logic] диодно-транзисторные логические схемы с фиксирующим диодом

lcf [least common factor] наименьшее общее кратное

LCFS [least completed, first served] наименее завершённый обслуживается первым

lcm [least common multiple, lowest common multiple] наименьшее общее кратное

LCN 1. [local computer network] локальная вычислительная сеть **2.** [logical channel number] номер логического канала

LCS [large capacity storage] запоминающее устройство большой ёмкости

ld 1. [lead] 1. проводник; провод 2. ввод; вывод **2.** [load] 1. нагрузка 2. загрузка 3. заправка

LDP [language data processing] обработка лингвистической информации

LE [leading edge] 1. передний фронт 2. ведущий [передний] край

LED [light-emitting diode] светодиод, светоизлучающий диод, СИД

LET [logical equipment table] таблица логических устройств

lev [level] 1. уровень 2. степень

LF [line feed] подача [протяжка] (*бумаги*) на одну строку

LFU [least frequently used] с наименьшей частотой использования

LG [line generator] 1. генератор линий 2. генератор строк

LHW [left half-word] левое полуслово

libr 1. [librarian] библиотекарь **2.** [library] библиотека

LIC [linear integrated circuit] 1. линейная ИС 2. аналоговая ИС

LIFO [last-in, first-out] 1. магазинного типа 2. последним пришёл — первым обслужен

lim [limit] предел, граница

LIPS [logical inferences per second] (число) логических выводов в секунду, липс (*единица производительности машины логического вывода 5-го поколения*)

lit [literal] (литеральная) константа, литерал

lk [link] 1. звено; связь 2. канал связи; линия связи; соединение

LL 1. [loudness level] уровень громкости **2.** [lower level] более низкий уровень **3.** [low level] низкий уровень

LLL [low level logic] низкоуровневые логические схемы, логические схемы с низкими уровнями сигналов

ln [natural logarithm] натуральный логарифм

lng [length] длина, протяжённость

l/o [layout] 1. размещение; расположение; компоновка 2. схема расположения; план; чертёж; рисунок 3. макет 4. топология 5. разбивка 6. формат

LOC [line of communication] линия связи

loc [location] 1. местоположение; расположение; размещение 2. ячейка 3. адрес ячейки

LOCI [logarithmic computing instrument] логарифмический вычислительный прибор

LOCMOS [local oxidation

MOS] МОП-структура с использованием локального окисления

log 1. [common logarithm] десятичный логарифм **2.** [logarithm] логарифм **3.** [logic] 1. логика 2. логическая часть, логический узел 3. логическая схема; логические схемы, логика

logicor [logic core] логический магнитный сердечник

LOS [loss of signal] исчезновение [потеря] сигнала

LP 1. [lightpen] световое перо **2.** [linear programming] линейное программирование

LPC [linear-predictive coding] кодирование методом линейного предсказания

LPDTL [low power diode-transistor logic] маломощные диодно-транзисторные логические схемы, маломощные ДТЛ-схемы

LPM; lpm [line per minute] (число) строк в минуту (*единица скорости работы, напр. печатающего устройства*)

LPS; lps [line per second] (число) строк в секунду (*единица скорости работы, напр. печатающего устройства*)

LPSTTL [low power Schottky transistor-transistor logic] маломощные транзисторно-транзисторные логические схемы с диодами Шотки, маломощные ТТЛШ-схемы

LPTTL [low power transistor-transistor logic] маломощные транзисторно-транзисторные логические схемы, маломощные ТТЛ-схемы

LRC [longitudinal redundancy check] продольный контроль по избыточности

LRU [least-recently-used] с наиболее давним использованием

LS 1. [least significant] наименее значащий, самый младший **2.** [less significant] менее значащий, младший **3.** [level

switch] переключатель уровня

LSB [least significant bit] самый младший (двоичный) разряд

LSC [least significant character] знак самого младшего разряда

LSD [least significant digit] цифра самого младшего разряда; цифра самого младшего значащего разряда; самый младший разряд

LSI [large-scale integration] 1. интеграция высокого уровня ‖ с высоким уровнем интеграции 2. БИС, большая ИС

LSL [low speed logic] медленнодействующие логические схемы

LSSD [level sensitive scan design] метод сдвиговых регистров

LSTTL [low power Schottky transistor-transistor logic] маломощные транзисторно-транзисторные логические схемы с диодами Шотки, маломощные ТТЛШ-схемы

LT 1. [language translation] перевод с (одного) языка на (другой) язык **2.** [logic theory] математическая логика

L to R [left to right] слева направо

ltr [letter] 1. буква; символ; знак 2. литера

lyr [layer] слой

M 1. *усл.* М (*единица ёмкости памяти, равная* 1024 К) **2.** [magnetic] магнитный **3.** [measure] 1. мера; показатель; критерий 2. масштаб 3. делитель **4.** [mechanical] 1. механический; машинный 2. автоматический **5.** [medium] 1. среднее число 2. среда; носитель 3. средство, способ **6.** [mega-] мега-, 10^6 **7.** [model] модель; образец **8.** [modulus] 1. модуль, основание системы счисления 2. показатель степени 3. коэффициент

m 1. [magnetic] магнитный **2.** [measure] 1. мера; показатель; критерий 2. масштаб 3. делитель **3.** [mechanical] 1. механический; машинный 2. автоматический **4.** [medium] 1. среднее число 2. среда; носитель 3. средство; способ **5.** [milli-] милли-, 10^{-3} **6.** [model] модель, образец **7.** [modulus] 1. модуль, основание системы счисления 2. показатель степени 3. коэффициент

m* [modular multimicroprocessor] модульный мультимикропроцессор

MAC 1. [machine-aided cognition] обучение с помощью (вычислительной) машины **2.** [microprocessor-array computer] вычислительная машина на основе матрицы микропроцессоров

mach [machine] машина; механизм; устройство

MAD [multiaperture device, multiple aperture device] многодырочный (магнитный) элемент

MADT [microalloy diffused (-base) transistor] микросплавной диффузионный транзистор

mag 1. [magazine] карман; магазин; приёмник **2.** [magnetic] магнитный

maint [maintenance] техническое обслуживание; эксплуатация; сопровождение; ведение

man [manual] 1. руководство; инструкция; описание 2. ручной, с ручным управлением

MANOP [manual operation] 1. ручная операция 2. работа вручную

MAOS [metal-alumina-oxide-semiconductor] МОП-структура с изоляцией из окиси кремния и окиси алюминия

marg [margin] 1. запас (регулирования); пределы рабочего режима 2. край; грань 3. поле

MAS [metal-alumina-semiconductor] структура металл — окись алюминия — полупроводник, МАП-структура

MAT 1. [machine-aided translation] машинный перевод **2.** [microalloy transistor] микросплавной транзистор

mat [matrix] 1. матрица; дешифратор 2. сетка (из) резисторов 3. матрица

math 1. [mathematical] математический **2.** [mathematics] математика

max [maximum] максимум; максимальное значение; максимальное количество

MB [megabyte] мегабайт

M-B [make-break] с замыканием и размыканием

MBM [magnetic bubble memory] память [запоминающее устройство] на ЦМД, ЦМД-память, ЦМД-ЗУ

Mbps [megabits per second] (число) мегабит в секунду, миллион бит в секунду (*единица скорости передачи данных*)

mbr [member] 1. элемент 2. член уравнения

MBS [multidatabase (management) system] система управления мультибазами данных, СУМБД

MC 1. [magnetic core] магнитный сердечник **2.** [magnetic-core] на магнитных сердечниках

Mc [megacycle] 1. мегацикл, миллион периодов 2. мегагерц, МГц

mc [microcircuit] микросхема

MCC [man-computer communication] человеко-машинное взаимодействие, связь человека с машиной

Mc/s [megacycle per second] мегагерц, МГц

M-D 1. [modulation-demodulation] модуляция — демодуляция **2.** [modulator-demodulator] модулятор — демодулятор, модем

MDTL 1. [modified diode-transistor logic] модифицированные диодно-транзисторные логические схемы, модифицированные ДТЛ-схемы **2.** [Motorola diode-transistor logic] диодно-транзисторные логические схемы [ДТЛ-схемы] фирмы «Моторола»

mech 1. [mechanical] 1. механический; машинный 2. автоматический **2.** [mechanism] механизм; устройство; прибор; аппарат

MECL [Motorola emitter-coupled logic] логические схемы с эмиттерными связями фирмы «Моторола»

MECTL [multiemitter-coupled transistor logic] транзисторные логические схемы с многоэмиттерным входным транзистором

med 1. [median] 1. медиана, среднее значение выборки 2. средний, срединный **2.** [medium] 1. среднее число ‖ средний 2. среда; носитель 3. средство; способ

MEGC [megacycle] 1. мегацикл, миллион периодов 2. мегагерц, МГц

mem [memory] память, запоминающее устройство, ЗУ

MESFET [metalized semiconductor field-effect transistor] канальный [полевой, униполярный] транзистор с затвором, образованным контактом Шотки

METL [multiemitter transistor logic] логические схемы с многоэмиттерными транзисторами

MF [microfiche] микрофиша, диамикрокарта

mf [microfilm] микрофильм

MFLOPS [million floating point operations per second] миллион операций с плавающей запятой в секунду, мегафлоп/с

mg [marginal] предельный

MGT [metal-gate transistor] транзистор с металлическим затвором

MHz [megahertz] мегагерц, МГц

MI [microinstruction] микрокоманда

MIC 1. [microelectronic integrated circuit] микроэлектронная ИС, интегральная микросхема **2.** [monolithic integrated circuit] монолитная ИС

MICR [magnetic ink character recognition] распознавание магнитных знаков *или* знаков, написанных магнитными чернилами

micromin 1. [microminiature] микроминиатюрный **2.** [microminiaturization] микроминиатюризация

MILP [mixed integer linear programming] частично-целочисленное (линейное) программирование, ЧЦЛП

MIMD [multiple-instruction, multiple-data] с множеством потоков данных и множеством потоков команд (*об архитектуре ЭВМ*)

MIPS; mips [million instructions per second] миллион команд в секунду

MIS 1. [management information system] управленческая информационная система, УИС **2.** [metal-insulator-semiconductor] структура металл — диэлектрик — полупроводник, МДП-структура

misc [miscellaneous] смешанный, неоднородный

MISD [multiple-instruction, single-data] с одним потоком данных и множеством потоков команд (*об архитектуре ЭВМ*)

MISFET [metal insulator semiconductor field-effect transistor] канальный [полевой, униполярный] МДП-транзистор

MIT [master instruction tape] главная программная лента

mk [mark] 1. метка, маркер; отметка 2. знак

mkg [marking] обозначение, маркировка; отметка; разметка

ML [machine language] машинный язык

MLB [multilayer board] многослойная печатная плата, МПП

MLC [micrologic circuit] логическая микросхема

MLE [maximum likelihood estimate] оценка максимального правдоподобия

MLPCB [multilayer printed circuit board] многослойная печатная плата, МПП; плата с многослойным печатным монтажом

MLR 1. [memory lockout register] регистр (хранения) кода защиты памяти **2.** [multiply and round] умножить с округлением (*название команды*)

MM [megamega-] тера-, 10^{12}

mmc [megamegacycle] 1. терацикл 2. терагерц, ТГц

MMI [man-machine interface] человекомашинный интерфейс

MML [multidatabase manipulation language] язык манипулирования мультибазами данных

mmp [multiminiprocessor] мультиминипроцессорный

MMU [memory management unit] диспетчер памяти

MNOS [metal-nitride-oxide-semiconductor] структура металл — нитрид — оксид — полупроводник, МНОП-структура

MNS [metal-nitride-semiconductor] структура металл — нитрид — полупроводник

mntr [monitor] монитор

mod 1. [model] модель; образец **2.** [modification] 1. модификация; (видо)изменение; модифицирование 2. переадресация **3.** [modular] модульный **4.** [module] модуль, блок **5.** [modulus] 1. модуль, основание системы счисления 2. показатель степени 3. коэффициент

mod/demod 1. [modulation/demodulation] модуляция — демодуляция **2.** [modulator/demodulator] модулятор — демодулятор, модем

modem [modulator-demodulator] модулятор — демодулятор, модем

MOE [measure of effectiveness] критерий эффективности

mon [monitor] монитор

MONOS [metal-oxide-nitride-oxide-semiconductor] структура металл — оксид — нитрид — оксид — полупроводник, МОНОП-структура

MOS [metal-oxide-semiconductor] структура металл — оксид — полупроводник, МОП-структура

MOSAIC [metal-oxide-semiconductor array integrated circuit] матричная БИС на МОП-транзисторах

MOSFET [metal-oxide-semiconductor field-effect transistor] канальный [полевой, униполярный] МОП-транзистор, канальный [полевой, униполярный] транзистор с МОП-структурой

MOS LSI [metal-oxide-semiconductor large-scale integrated (circuit)] БИС на МОП-транзисторах

MOST [metal-oxide-semiconductor transistor] МОП-транзистор, транзистор с МОП-структурой

MP 1. [maintenance point] (контрольная) точка регулировки при профилактике **2.** [mathematical programming] математическое программирование **3.** [microprocessor] микропроцессор

MPLA [mask programmable logic array] логическая матрица с масочным программированием, масочно-программируемая логическая матрица, МПЛМ

MPS [microprocessor system] микропроцессорная система

MPU [microprocessor unit] блок микропроцессора; микросхема микропроцессора

mpx [multiplex] мультиплексная передача ‖ мультиплексный

mpxr [multiplexer] мультиплексор

mpy [multiply] умножать

MQR [multiplier-quotient register] регистр множителя — частного

MR [memory register] регистр памяти [запоминающего устройства]

MRAC [model reference adaptive control] адаптивное управление с эталонной моделью

mrkd [marked] отмеченный; маркированный; размеченный

MRO [maintenance, repair, operating] профилактика, ремонт, эксплуатация

MRTL [Motorola resistor-transistor logic] резисторно-транзисторные логические схемы [РТЛ-схемы] фирмы «Моторола»

MS 1. [magnetic storage] магнитное запоминающее устройство **2.** [mean-square] среднеквадратический

ms 1. [mesa-] меза- **2.** [more significant] более значащий, старший **3.** [most significant] наиболее значащий, самый старший

MSB [most significant bit] самый старший (двоичный) разряд

MSC [most significant character] знак самого старшего разряда

MSD [most significant digit] цифра самого старшего разряда; цифра самого старшего значащего разряда; самый старший разряд

MSE [mean-square error] среднеквадратическая ошибка

msec [millisecond] миллисекунда, мс

msg [message] сообщение; посылка; передаваемый блок информации

msg/wtg [message waiting] ожидание сообщения

MSI [medium-scale integration] **1.** интеграция среднего уровня ‖ со средним уровнем интеграции **2.** СИС, средняя ИС

MSS [mass storage system] массовое запоминающее устройство

MST [monolithic systems technology] технология (изготовления) монолитных ИС

MT 1. [machine translation, mechanical translation] автоматический перевод **2.** [magnetic tape] магнитная лента **3.** [magnetic-tape] на магнитной ленте

mt [mount] крепление; держатель; патрон

MTBE [mean time between errors] средняя наработка на ошибку, среднее время безошибочной работы

MTBF [mean time between failures] средняя наработка на отказ, среднее время безотказной работы

mthd [method] метод; способ

MTL [merged transistor logic] логические схемы с совмещёнными транзисторами

MTNS [metal-thick nitride-silicon] кремниевая МОП-структура с изоляцией нитридом кремния

MTOS [metal-thick oxide-silicon] кремниевая МОП-структура с толстым изолирующим слоем

MTS [magnetic tape station] (запоминающее) устройство на магнитной ленте

MTTC [mean time to crash] среднее время до выхода из строя

MTTF [mean time to failure] среднее время до отказа

MTTR [mean time to repair] средняя наработка до ремонта

MTU [magnetic tape unit] блок магнитной ленты

mu *усл.* миллимикро-, нано-, 10^{-9}

mul [multiply] умножить (*название команды*)

mult 1. [multiple] 1. кратное (число) ‖ кратный 2. многократный; множественный, многочисленный 2. [multiplication] умножение, перемножение 3. [multiplier] 1. множитель; сомножитель 2. множительное устройство, устройство умножения, умножитель 3. блок перемножения 4. множительный элемент, множительное звено

mux 1. [multiplex] мультиплексная передача ‖ мультиплексный 2. [multiplexer] мультиплексор

MV 1. [mean value] среднее значение 2. [measured value] измеренная величина

MVS [multiple virtual storage] многосегментная виртуальная память

mxd [mixed] смешанный

my [myria-] мириа-, 10^4

m [millimicro] миллимикро-, нано-, 10^{-9}

n [nano-] нано-, 10^{-9}

NA [numerical aperture] окно цифровой индикации

NAK [negative acknowledge] отсутствие подтверждения приёма

NAM [network access method] сетевой метод доступа

NC 1. [network control] управление сетью 2. [no connection] отсутствие соединения 3. [normally closed] нормально замкнутый 4. [numerical control] числовое программное управление, ЧПУ

N/C [numerical control] числовое программное управление, ЧПУ

NCGA [National Computer Graphics Association] Национальная ассоциация по машинной графике (*США*)

NCP [network control protocol] протокол управления сетью

ND 1. [no date] без даты 2. [no detect] необнаруженный

NDE [nonlinear differential equation] нелинейное дифференциальное уравнение

NDFA [nondeterministic finite-state automaton] недетерминированный конечный автомат, НДКА

NDPS [National Data Processing Service] Национальная служба по обработке данных (*Великобритания*)

NDRO [nondestructive readout] считывание без разрушения (информации)

NDT [nondestructive testing] неразрушающее испытание

neg [negative] 1. отрицательная величина 2. отрицание ‖ отрицательный 3. негатив ‖ негативный

NES [not elsewhere specified] без определения в другом месте (*о переменных в программе*)

NIM [network interface module] сетевой интерфейсный модуль

NIPO [negative input — positive output] с отрицательным входным и положительным выходным сигналами

NL [new line] новая строка

NLS [nonlinear smoothing] нелинейное сглаживание

NM [not measured] неизмеряемый

NMOS [n-channel metal-oxide semiconductor] *n*-канальный МОП-прибор

NO [normally open] нормально разомкнутый

no. [number] 1. число 2. номер 3. цифра 4. шифр

NOIBN [not otherwise indexed by name] без иных указаний имени

nom 1. [nomenclature] система (условных) обозначений 2. [nominal] 1. номинальный 2. именной

no-op [no-operation] холостая команда

NPC [nonprintable character] непечатаемый знак

NPN [negative-positive-negative] *n-p-n* (*о типе транзистора или структуры*)

NPRZ [non-polarized return-to-zero] неполяризованный, с возвращением к нулю

nr [number] 1. число 2. номер 3. цифра 4. шифр

NRE [negative resistance element] элемент с отрицательным сопротивлением

nrm [normalize] нормализовать

NRZ [nonreturn-to-zero] без возвращения к нулю

NRZI [nonreturn-to-zero, invert] без возвращения к нулю с инверсией

NS [not specified] не определённый техническими условиями; без спецификации

nsec [nanosecond] наносекунда, нс

NSV [nonautomatic self-verification] неавтоматический самоконтроль

NT [no transmission] отсутствие передачи

NTU [network terminating unit] оконечный комплект сети, ОКС

NUL [null] 1. нуль ‖ нулевой 2. отсутствие информации; неопределённое значение 3. пустой, несуществующий

num 1. [numeral] 1. цифра ‖ цифровой; числовой 2. нумерал 3. числительное 2. [numerator] 1. числитель (дроби) 2. нумератор, счётчик 3. [numeric] цифровой; числовой

NVT [network virtual terminal] виртуальный терминал сети

NXM [nonexistent memory] несуществующая область памяти

OA [office automation] автоматизация учрежденческой деятельности

OB [output buffer] 1. выходной буфер 2. буферное запоминающее устройство на выходе

objv [objective] 1. цель; задание 2. (техническое) требование

obv [obverse] лицевая сторона

OC [operating characteristic] 1. рабочая характеристика 2. эксплуатационная характеристика

O/C 1. [open circuit] разомкнутая цепь; разомкнутый контур 2. [open-circuit] в режиме холостого хода

OCR 1. [optical character reader] оптическое устройство (для) считывания знаков, устройство (для) оптического считывания знаков; читающий автомат 2. [optical character recognition] оптическое распознавание знаков

oct [octal] восьмеричный

ODL [optical delay line] оптическая линия задержки

OEM [original equipment manufacturer] (фирма-)изготовитель комплектного оборудования (*в отличие от производителей комплектующих изделий*)

OG [OR gate] вентиль [схема] ИЛИ

ol [overlap] перекрытие, совмещение

OMS [optoelectronic multiplex switch] оптоэлектронный мультиплексный переключатель, оптоэлектронный мультиплексор

OOPS [off line operating simulator] автономный имитатор

op [operation] 1. операция; действие 2. работа; функционирование 3. режим работы 4. срабатывание

op/amp [operational amplifier] операционный [решающий] усилитель

oper [operator] оператор; операция

operg [operating] 1. операционный; операторный 2. рабочий, эксплуатационный

OPM [operator programming method] операторный метод программирования

opm [operations per minute] (число) операций в минуту

opn [open] открытый

opnd [operand] операнд, компонента операции

opt 1. [optimum] оптимум **2.** [optional] необязательный, факультативный; произвольный

OR 1. [operating range] рабочий диапазон **2.** [operationally ready] готовый к работе **3.** [operations research] исследование операций

O/R [on request] по требованию

ord 1. [order] 1. команда 2. порядок, упорядоченность, последовательность, очерёдность 3. порядок, степень 4. разряд числа **2.** [ordinary] обычный, простой

org 1. [organization] организация, структура, устройство **2.** [origin] 1. начало; источник 2. (абсолютный) адрес начала программы *или* блока 3. начало отсчёта

orig [origin] 1. начало; источник 2. (абсолютный) адрес начала программы *или* блока 3. начало отсчёта

OROS [optical read-only storage] оптическое постоянное запоминающее устройство, оптическое ПЗУ, ОПЗУ

OS [operating system, operational system] операционная система, ОС

osc [oscillator] генератор колебаний

OSI 1. [open systems interconnection] взаимодействие открытых систем, ВОС **2.** [optimum-scale integration] интеграция оптимального уровня ‖ с оптимальным уровнем интеграции

OT 1. [operate time] время работы **2.** [overtime] сверхурочное время, время сверхурочной работы

out [output] 1. выход; вывод 2. выходное устройство; устройство вывода 3. выходной сигнал 4. выходные данные

OVD [optical videodisk] оптический видеодиск

OVF; ovflo [overflow] переполнение

ovl [overlap] перекрытие, совмещение

ovld [overload] перегрузка

ovly [overlay] наложение; перекрытие; оверлей

P; p 1. [page] страница, лист **2.** [perforation] 1. перфорирование, перфорация, пробивание [пробивка] отверстий 2. перфорация, перфорированное отверстие, пробивка **3.** [plug] 1. (штепсельный) разъём; штепсель 3. штекер; контактный штырёк **4.** [point] 1. точка, пункт 2. точка **5.** [power] 1. мощность; энергия 2. способность 3. производительность 4. степень, показатель степени **6.** [primary] первичное выражение ‖ первичный, исходный **7.** [punch] 1. пробивка, перфорированное отверстие, перфорация 2. перфоратор 3. пуансон, пробойник

PA 1. [program address] 1. адрес в программе 2. адрес программы **2.** [pulse amplifier] импульсный усилитель

PAL [programmable array logic] программируемая матричная логика

PAM 1. [partitioned access method] библиотечный метод доступа **2.** [pulse-amplitude modulation] амплитудно-импульсная модуляция

par 1. [paragraph] параграф **2.** [parallel] параллельный **3.** [parameter] параметр

parens [parentheses] круглые скобки

patn [pattern] 1. образец; модель; шаблон, трафарет 2. (конкретный) набор; (конкретная) комбинация 3. схема; структура 4. образ, изображение 5. рисунок; картина; узор 6. растр 7. (потенциальный) рельеф 8. кодограмма

PAX [private automatic exchange] частная автоматическая телефонная станция без выхода в общую сеть

PB 1. [peripheral buffer] 1. буфер периферийного устройства 2. буферное запоминающее устройство периферийных устройств **2.** [plug-board] коммутационная панель; коммутационная доска; штекерная панель; штепсельная панель; наборное поле **3.** [push button] нажимная кнопка

PBP [push-button panel] кнопочная панель *или* станция

PBS [push-button switch] кнопочный переключатель

PBX [private branch exchange] частная телефонная станция с выходом в общую сеть

PC 1. [parameter checkout] контроль параметра **2.** [personal computer] персональная вычислительная машина, ПВМ **3.** [photocell] фотоэлемент **4.** [photoconductive] фотопроводящий **5.** [printed circuit] печатная схема; печатный монтаж **6.** [program counter] счётчик команд **7.** [pulse code] импульсный код **8.** [pulse controller] импульсный контроллер **9.** [punched card] перфорированная карта, **10.** [programmable controller] программируемый контроллер

P-C 1. [processor controller] процессорный контроллер **2.** [pulse counter] счётчик импульсов

PCAM [punch card accounting machine] перфокарт(оч)ная (вычислительная) машина; счётно-перфорационная машина; перфоратор; счётно-аналитическая машина

PCBb [printed-circuit board] печатная плата, ПП; плата с печатным монтажом; плата с печатной схемой

PCC [program-controlled computer] вычислительная машина с программным управлением

PCE [punched card equipment] перфокарт(оч)ное оборудование; счётно-перфорационное оборудование

pch [punch] 1. пробивка, перфорированное отверстие, перфорация 2. перфоратор 3. пуансон, пробойник

pchg [punching] 1. перфорирование, перфорация, пробивание [пробивка] отверстий 2. пробивка, перфорированное отверстие, перфорация

PCM, pcm 1. [plug-compatible machine] (полностью) совместимая (вычислительная) машина **2.** [program-compatible machine] программно-совместимая машина **3.** [program-compatible manufacturer] (фирма-)изготовитель прграммно-совместимых машин (*с ЭВМ фирмы IBM*) **3.** [pulse-code modulation] кодово-импульсная модуляция **4.** [punch-card machine] перфокарт(оч)ная (вычислительная) машина; счётно-перфорационная машина; перфоратор; счётно-аналитическая машина, САМ

PCMer, pcmer [program-compatible manufacturer] (фирма)-изготовитель программно-совместимых машин (*с ЭВМ фирмы IBM*)

PCU [programmable calculating unit] программируемое вычислительное устройство

PD 1. [projected display] проекционный дисплей **2.** [pulse driver] формирователь импульсов **3.** [pulse duration] длительность импульса

pd [period] 1. период, промежуток 2. точка

PDF [probability distribution function] функция распределения вероятностей

PDIP [plastic dual-in-line package] пластмассовый корпус с двухрядным расположением выводов, пластмассовый корпус (типа) DIP

PDP 1. [plasma display panel]

плазменная индикаторная панель; плазменное табло **2.** [programmed data processor] программируемый [программно-управляемый] процессор (для) обработки данных

PE 1. [photoelectric] фотоэлектрический **2.** [probable error] вероятная ошибка **3.** [processing element] обрабатывающий элемент; элементарный процессор; процессорный элемент, ПЭ **4.** [program element] элемент программы

PEC 1. [packaged electronic circuit] герметизированная электронная схема **2.** [photoelectric cell] фотоэлемент

perf 1. [perforated] перфорированный **2.** [performance] 1. (рабочая) характеристика 2. производительность; эффективность

perfr [perforator] перфоратор

periquip [peripheral equipment] периферийное оборудование

PERT [Program Evaluation and Review Technique] (система) ПЕРТ (*система планирования и руководства разработками*)

PERT-cost [Program Evaluation and Review Technique-cost] (система) ПЕРТ-стоимость (*со стоимостным критерием*)

PERT-time [Program Evaluation and Review Technique-time] (система) ПЕРТ-время (*с временны́м критерием*)

PF 1. [page formatter] средства задания формата [форматирования] страниц **2.** [power factor] коэффициент мощности

PFT [paper flat tape] бумажная плоская лента

pg [page] страница, лист

PGA [programmable gate array] программируемая вентильная матрица

pglin [page and line] страница и строка

PH [page heading] заголовок страницы

ph [phase] фаза, этап

PI 1. [program interrupt] программное прерывание **2.** [programmed instruction] программно-реализованная команда; макрокоманда; экстракод

PIC [programmable interface controller] программируемый контроллер интерфейса

PIE [plug-in electronics] электронные схемы блочной конструкции

PINO [positive input — negative output] с положительным входным и отрицательным выходным сигналами

PIO [programmed input/output] программируемый ввод-вывод

PISO [parallel-in, serial-out] с параллельным входом и последовательным выходом

PISW [process interrupt status word] слово с информацией о состоянии процесса при прерывании

PIU [programmable interface unit] программируемый интерфейс; программируемое устройство сопряжения

pkd [packed] заключённый в корпус

pkg [package] 1. блок; модуль 2. корпус программы 3. пакет

PLA [programmable logic array] программируемая логическая матрица, ПЛМ

PLAN [personal local-area network] локальная сеть персональных ЭВМ

PM 1. [phase modulation] фазовая модуляция **2.** [preventive maintenance] профилактическое обслуживание, профилактика **3.** [procedure manual] процедурное руководство

PMD [postmortem dump] постпечать

PML [power minimized logic] логические схемы с минимальной рассеиваемой мощностью

PMOS [p-channel metal-oxide-semiconductor] р-канальный МОП-прибор

PMUX [programmable multiplexer] программируемый мультиплексор

PNC [programmed numerical control] числовое программное управление, ЧПУ

pnl [panel] 1. панель; щит управления; распределительный щит 2. плата; панель 3. табло

PNP [positive-negative-positive] *р-п-р (о типе транзистора или структуры)*

PO [printout] 1. распечатка, вывод (данных) на печатающее устройство 2. отпечаток

Poach [PC on a chip] машина IBM PC на одном кристалле, однокристальная IBM PC

poc [pocket] карман

POL 1. [problem-oriented language] проблемно-ориентированный язык 2. [procedure-oriented language] процедурно-ориентированный язык

POS [point of sale] кассовый терминал

pos 1. [position] 1. позиция; (место)положение 2. место, разряд 2. [positive] положительная величина ‖ положительный; позитивный

pot [potentiometer] потенциометр

PP 1. [peripheral processor] периферийный процессор 2. [pilot punch] ведущая перфорация

P-P [peak-to-peak] двойной амплитуды

pp [pages] страницы

PPI [programmable peripheral interface] программируемый интерфейс периферийных устройств

PPL [path programmable logic] логика с программируемыми соединениями

PPS; pps [pulse per second] (число) импульсов в секунду

PR 1. [pay roll] расчётная [платёжная] ведомость 2. [print register] регистр печати 3.

[print restore] возобновление печати 4. [program register] регистр команд

pr [print] 1. печать; распечатка 2. оттиск; отпечаток

prec [precision] прецизионность, точность

prepn [preparation] 1. приготовление, подготовка 2. составление

PRF [pulse repetition frequency] частота повторения [следования] импульсов

prf [proof] доказательство

pri 1. [primary] первичное выражение ‖ первичный, исходный 2. [priority] приоритет

pro [procedure] 1. образ действия, методика 2. процедура; процесс

prob 1. [probability] вероятность 2. [probable] вероятный 3. [problem] задача, проблема

Proc [processor] процессор

proc [process] 1. процесс 2. технологический приём; способ обработки 3. технологический процесс

procr [processor] процессор

prod 1. [product] произведение 2. [production] 1. производство; изготовление 2. продукция 3. порождение

prog [program(me)] программа

PROM [programmable read-only memory] программируемая постоянная память, программируемое постоянное запоминающее устройство, ППЗУ

PRR [pulse-repetition rate] частота повторения [следования] импульсов

PRS [pattern recognition system] система распознавания образов

PRT [program reference table] программная справочная таблица, программный справочник

prt [printer] 1. печатающее устройство, устройство печати; принтер 2. программа печати

PRV [peak reverse voltage] максимальное обратное напряжение

PRZ [polarized return-to-zero] поляризованный с возвращением к нулю

PS 1. [packet switching] коммутация пакетов, пакетная коммутация **2.** [personal system] персональная (вычислительная) система **3.** [planning and scheduling] планирование и составление графика **4.** [power supply] 1. (электро-) питание 2. источник (электро-) питания **5.** [privileged state] привилегированный режим **6.** [pulse shaper] формирователь импульсов

psec [picosecond] пикосекунда, пс

PSL [problem statement language] язык постановки задач

PSN [packet switching network] сеть с коммутацией пакетов

PSU [power supply unit] блок питания

PSW [program status word] слово состояния программы

PT 1. [paper tape] бумажная лента **2.** [pencil tube] пишущий стержень **3.** [punch(ed) tape] перфорированная лента, перфолента

pt [point] 1. точка; пункт 2. точка

PTDTL [pumped tunnel-diode transistor logic] логические схемы на транзисторах и туннельных диодах с накачкой

PTH [plated-through holes] сквозные металлизированные отверстия

PTR 1. [paper tape reader] устройство (для) считывания с бумажной перфоленты, устройство ввода с бумажной перфоленты **2.** [photoelectric tape reader] фотоэлектрическое устройство считывания с ленты

ptr [printer] 1. печатающее устройство, устройство печати; принтер 2. программа печати

PUP [peripheral unit processor] периферийный процессор

PVC [permanent virtual circuit] постоянный виртуальный канал

PW 1. [printed wiring] печатный монтаж **2.** [program word] слово программы **3.** [pulse width] длительность импульса

PWB [programmer's workbench] рабочее место программиста

PWD [pulse-width discriminator] дискриминатор [селектор] импульсов по длительности

pwr [power] 1. мощность; энергия 2. способность 3. производительность 4. степень, показатель степени

q [quantity] количество; величина

Q&A [question and answer] запросно-ответный

QAM [queued access method] метод доступа с очередями

QBE [query by example] запрос на примерах

QC [quality control] контроль качества

QMQB [quick-make, quick-break] с быстрым замыканием и быстрым размыканием

qnt [quantizer] квантизатор, квантователь

QRA [quality-reliability assurance] гарантия на качество и надёжность

QSAM [queued sequential access method] последовательный метод доступа с очередями

QT [queueing theory] теория массового обслуживания, ТМО

QTAM [queued telecommunication access method] телекоммуникационный метод доступа с очередями

qty [quantity] количество; величина

qtzn [quantization] 1. квантизация, квантование 2. разбиение на подгруппы данных

qtzr [quantizer] квантизатор, квантователь

quad 1. [quadrant] квадрант **2.**

[quadratic] 1. квадратный 2. квадратичный, квадратический 3. [quadruple] учетверять, увеличивать в четыре раза; умножать на четыре

QUILP [quad-in-line package] корпус (*ИС*) с четырёхрядным расположением выводов, четырёхрядный корпус

quint [quintuple] упятерять, увеличивать в пять раз; умножать на пять

quot [quotient] 1. частное 2. коэффициент

R **1.** [reset] восстановление, возврат [возвращение] в исходное положение *или* состояние; установка в (состояние) «0» **2.** [resistance] сопротивление **3.** [resistor] резистор **4.** [reverse] 1. реверс 2. обратный **5.** [right] правый

RA [read amplifier] усилитель считывания

RALU [register and arithmetic/logic unit] регистровое и арифметико-логическое устройство, РАЛУ

RAM **1.** [random-access memory] память [запоминающее устройство] с произвольной выборкой, ЗУПВ **2.** [resident access method] резидентный метод доступа

RAS [row address strobe] строб адреса строки

RB **1.** [read backward] читать назад (*название команды*) **2.** [read buffer] буфер считывания

RBE [remote-batch entry] дистанционный пакетный ввод

RBT [remote-batch terminal] терминал дистанционной пакетной обработки

RC **1.** [remote control] дистанционное управление, телеуправление; дистанционное регулирование, телерегулирование **2.** [resistance-capacitance] резистивно-ёмкостный

rcd [record] 1. запись, регистрация 2. записать (*название команды*)

RCO [representative calculating operation] типичная вычислительная операция

RCS [reloadable control storage] перезагружаемое управляющее запоминающее устройство

RCTL **1.** [resistor-capacitor transistor logic] резистивно-ёмкостные транзисторные логические схемы, транзисторные логические схемы с резистивно-ёмкостными связями, РЕТЛ-схемы, резистивно-ёмкостная транзисторная логика, РЕТЛ **2.** [resistor-coupled transistor logic] транзисторные логические схемы с резистивными связями, ТЛРС-схемы, транзисторная логика с резистивными связями, ТЛРС

rcv [receive] принять (*название команды*)

R&D [research and development] **1.** научно-исследовательский и опытно-конструкторский **2.** исследования и разработки

rdbl [readable] (удобо)читаемый; чёткий

RDC [remote data collection] дистанционный сбор данных

rd chk [read check] контроль считывания

RDS [removable disk storage] запоминающее устройство [накопитель] на съёмных дисках

RDT [remote data transmitter] дистанционное устройство передачи данных

RDTL [resistor-diode-transistor logic] резисторно-диодно-транзисторные логические схемы, резисторно-диодно-транзисторная логика

rdy [ready] состояние готовности

RE **1.** [real (number)] вещественное число **2.** [reset] восстановление, возврат [возвращение] в исходное положение *или* состояние; установка в (состояние) «0»

rec [record] запись, регистрация

recomp 1. [recomplement] двойное дополнение **2.** [recomputation] повторный счёт, повторное вычисление

red [reducing] уменьшение, сокращение

ref [reference] ссылка; сноска

reg 1. [register] регистр **2.** [regular] регулярный; с регулярной структурой

rel [release] **1.** разъединять; отпускать; разблокировать; освобождать **2.** версия **3.** выпуск

reperf [reperforator] реперфоратор

rep-op [repetitive operation] работа в циклическом режиме

req 1. [request] запрос **2.** [requirement] требование, необходимое условие

res [resistor] резистор

ret [return] **1.** возврат; отдача **2.** возвращение **3.** обратный путь; обратный ход **4.** обратный провод

rev 1. [reverse] **1.** реверс **2.** обратный **2.** [revolution] оборот

rew [rewind] (обратная) перемотка

RFI [request for information] информационный запрос

RFQ [request for quote] запрос на (долевое) использование ресурсов

RG 1. [range] область; диапазон; интервал **2.** [register] регистр **3.** [reset gate] вентиль возврата в исходное состояние; вентиль установки (в состояние) «0»

rg 1. [range] область; диапазон; интервал **2.** [register] регистр

rge [range] область; диапазон; интервал

RG (N) [register, N-stages] N-разрядный регистр

RHW [right half-word] правое полуслово

RI [reliability index] показатель надёжности

RIC [reconfigurable integrated circuit] ИС с изменяемой структурой

RIF [reliability improvement factor] коэффициент увеличения надёжности

RIM [read-in mode] режим ввода (*напр. в ОЗУ*)

RISC [reduced instruction set computer] вычислительная машина с сокращённым набором команд

RJE [remote job entry] дистанционный ввод заданий

rls [reels] бобины

RM 1. [record mark] метка [маркер] записи **2.** [reference manual] справочное руководство

RMM 1. [read-mostly memory] полупостоянная память, полупостоянное запоминающее устройство **2.** [read-mostly mode] режим преимущественного считывания

RMOS [refractory (gate) MOS] МОП-структура с высокой термостойкостью

rms [root-mean-square] среднеквадратический

RMSE [root-mean-square error] среднеквадратическая ошибка

RNS [residue number system] система (счисления) остаточных классов, система (счисления) в остатках

RO 1. [read only] только для считывания **2.** [receive only] только для приёма (данных)

ROM [read-only memory] постоянная память, постоянное запоминающее устройство, ПЗУ

ROT [rate of turn] скорость вращения

rout [routine] (стандартная) программа

RP [reliability program] программа обеспечения надёжности

rp [repeater] повторитель, ретранслятор

RPG [report program generator] генератор программы печати результатов анализа данных

RPM [revolutions per minute] (число) оборотов в минуту

RPMI [revolutions-per-minute indicator] указатель числа оборотов в минуту

rprt [report] отчёт; сообщение, уведомление

RPS; rps [revolutions per second] (число) оборотов в секунду

rpt 1. [repeat] повторить (*название команды*) **2.** [report] отчёт, сообщение, уведомление

rptr [repeater] повторитель, ретранслятор

RR [repetition rate] частота повторения, частота следования

RS 1. [record separator] разделитель записей **2.** [remote station] дистанционный терминал **3.** [reset key] кнопка сброса; кнопка возврата **4.** [resolver] динамический регистр

RSL [requirement statement language] язык формулирования требований

rslt [result] результат, исход

RSN [release sequence number] порядковый номер версии

rst [reset] восстановление, возврат [возвращение] в исходное положение *или* состояние; установка (в состояние) «0»

rstrt [restart] повторный запуск; перезапуск, рестарт

RT 1. [real time] **1.** реальное время; реальный масштаб времени **2.** истинное время; истинный масштаб времени **2.** [real-time] **1.** работающий в реальном (масштабе) времени **2.** протекающий в истинном (масштабе) времени

R/T [receive/transmit] приёмо-передающий

RTAM [remote terminal access method] метод доступа с использованием удалённых терминалов, дистанционный терминальный метод доступа

RTC [real-time clock] часы истинного времени

rte [route] трасса, путь; маршрут; тракт

rtg [rating] **1.** оценка; номинальное значение **2.** расчётная величина; параметр **3.** номинальная мощность; номинальная производительность

RTL [resistor-transistor logic] резисторно-транзисторные логические схемы, РТЛ-схемы, резисторно-транзисторная логика

rtn [routine] (стандартная) программа

R to L [right to left] справа налево

RTP 1. [real-time processing] обработка (данных) в реальном (масштабе) времени; обработка (данных) в темпе их поступления **2.** [remote transfer point] дистанционный пункт передачи (данных)

RTU [remote terminal unit] дистанционный терминал

RTZ [return-to-zero] с возвращением к нулю

R/W [read/write] чтение — запись

RWC [read, write and compute] чтение — запись — счёт

rwd [rewind] (обратная) перемотка

RWM [read-write memory] память [запоминающее устройство] с оперативной записью и считыванием

RY [relay] реле

RZ [return-to-zero] с возвращением к нулю

RZ (NP) [non-polarized return-to-zero recording] неполяризованная запись с возвращением к нулю

RZ (P) [polarized return-to-zero recording] поляризованная запись с возвращением к нулю

S 1. [search] поиск **2.** [series] **1.** серия **2.** ряд **3.** [side] сторона, край **4.** [sign] **1.** знак **2.** обозначение; символ **3.** признак **5.** [singular] единственное число ‖ единственный **6.** [solid] твердотельный **7.** [speed] скорость; быстродействие **8.** [switch] переключатель; коммутатор; ключ; выключатель

SA [sense amplifier] усилитель считывания

s-a [stuck-at] константный (*о типе неисправности*)

SADT [structured analysis and design technique] метод структурного анализа и проектирования

SAGMOS [self-aligned-gate MOS] МОП-структура с самосовмещённым затвором

SAMNOS [self-aligned MNOS] МНОП-структура с самосовмещённым затвором

SAP 1. [symbolic address program] программа (составленная) в символических адресах **2.** [symbolic assembly program] компонующая программа символического языка

sby [standby] резервное [запасное] оборудование, резерв ‖ резервный, запасной

SC [supervisory control] диспетчерское управление; диспетчерский контроль

S/C [short circuit] **1.** короткое замыкание **2.** цепь короткого замыкания

sc [scale] **1.** шкала **2.** масштаб **3.** масштабная линейка

scat [surface-controlled avalanche transistor] поверхностно-управляемый лавинный транзистор

SCCD [surface-channel charge-coupled device] прибор с зарядовой связью [ПЗС] с «поверхностным каналом»

sceptron [spectral comparative pattern recognizer] септрон (*устройство для распознавания речевых сигналов методом спектрального анализа*)

sch(ed) [schedule] расписание, график; таблица; календарный план

SCOUT [surface-controlled oxide unipolar transistor] оксидный поверхностно-управляемый канальный [полевой, униполярный] транзистор

SCP [session control protocol] протокол управления соединением

SCR; scr [silicon controlled rectifier] кремниевый управляемый диод

SCT 1. [subroutine call table] таблица вызова подпрограмм **2.** [streaming cartridge tape] кассетное ЗУ с «бегущей» лентой

sctr [sector] сектор

SD [standard deviation] **1.** среднеквадратическое отклонение **2.** стандартное отклонение

SDA [synchronous data adapter] адаптер синхронной передачи данных

SDFL [Schottky-diode field-effect transistor logic] логические схемы на канальных [полевых, униполярных] транзисторах с диодами Шотки

SDL [structure description language] язык описания структур

SDLC [synchronous data link control] синхронное управление передачей данных

SDMA [space division multiple access] множественный доступ с пространственным разделением, МДПР

SEC [single-error correction] исправление одиночных ошибок

sec 1. [second] секунда, с **2.** [secondary] вторичный

SECL [symmetrically emitter-coupled logic] логические схемы с симметричными эмиттерными связями, симметричные ЭСЛ-схемы

sect [section] **1.** сечение **2.** секция; раздел; часть; отрезок; участок

seg [segment] сегмент

sel [selector] селектор

sepn [separation] сепарация, разделение

seq [sequence] **1.** последовательность; порядок (следования) **2.** (натуральный) ряд чисел

ser [serial] **1.** порядковый; последовательный **2.** серийный

SF 1. [safety factor] 1. коэффициент надёжности, запас прочности 2. коэффициент безопасности **2.** [subframe] часть кадра

SFL 1. [signal flow language] язык для описания потоков сигналов **2.** [substrate feed logic] логические схемы с питанием из подложки

SG 1. [set gate] вентиль установки в (состояние) «1» **2.** [symbol generator] генератор символов

sgl [signal] сигнал

SHISAM [simple hierarchical indexed sequential access method] простой иерархический индексно-последовательный метод доступа

SHSAM [simple hierarchical sequential access method] простой иерархический последовательный метод доступа

SI 1. [sample interval] интервал выборки **2.** [shift-in] 1. возврат к прежней последовательности 2. переход на нижний регистр

SIC 1. [semiconductor integrated circuit] полупроводниковая ИС **2.** [silicon integrated circuit] кремниевая ИС

sig [signal] сигнал

SIGARCH [Special Interest Group on Architecture (of Computer Systems)] Специальная группа по архитектуре вычислительных систем (*Ассоциации по вычислительной технике США*)

SIGART [Special Interest Group on Artificial (Intelligence)] Специальная группа по проблемам искусственного интеллекта (*Ассоциации по вычислительной технике США*)

SIGCOMM [Special Interest Group on (Data) Communications] Специальная группа по проблемам передачи данных (*Ассоциации по вычислительной технике США*)

SIGCSE [Special Interest Group on Computer Science Education] Специальная группа по образованию в области вычислительной техники (*Ассоциации по вычислительной технике США*)

SIGCUE [Special Interest Group on Computer Uses in Education] Специальная группа по использованию вычислительных машин в обучении (*Ассоциации по вычислительной технике США*)

SIGDA [Special Interest Group on Design Automation] Специальная группа по автоматизации проектирования (*Ассоциации по вычислительной технике США*)

SIGFET [silicon insulated-gate field-effect transistor] канальный [полевой, униполярный] транзистор с изолированным кремниевым затвором, МОП-транзистор с кремниевым затвором

SIGMAP [Special Interest Group on Mathematical Programming] Специальная группа по математическому программированию (*Ассоциации по вычислительной технике США*)

SIGMICRO [Special Interest Group on Microprogramming] Специальная группа по микропрограммированию (*Ассоциации по вычислительной технике США*)

SIGMINI [Special Interest Group on Minicomputers] Специальная группа по мини-ЭВМ (*Ассоциации по вычислительной технике США*)

SIGOPS [Special Interest Group on Operating Systems] Специальная группа по операционным системам (*Ассоциации по вычислительной технике США*)

SIGSIM [Special Interest Group on Simulation] Специальная группа по моделированию (*Ассоциации по вычислительной технике США*)

SIL [single-in-line] с однорядным расположением выводов

S²IL [self-aligned super integration logic] логические схемы с самосовмещённым инжектором с двойной диффузией

SIM 1. [simulation] моделирование; имитация **2.** [simulator] 1. модель; моделирующее устройство; имитирующее устройство, имитатор; тренажёр 2. моделирующая программа, программа моделирования

SIMD [single-instruction, multiple-data] с одним потоком команд и многими потоками данных (*об архитектуре ЭВМ*)

simul eqs [simultaneous equations] 1. система уравнений 2. совместные уравнения

SIP [single-in-line package] корпус с однорядным расположением выводов, корпус (типа) SIP

SIPO [serial-in, parallel-out] с последовательным входом и параллельным выходом

SIR 1. [selective information retrieval] избирательный поиск информации **2.** [simplified information retrieval] упрощённый информационный поиск **3.** [statistical information retrieval] статистический информационный поиск

SISD [single-instruction, single-data] с одним потоком данных и одним потоком команд (*об архитектуре ЭВМ*)

SLA [storage/logic array] матрица логических и запоминающих элементов

SLC [shift left and count] сдвинуть влево и начать счёт (*название команды*)

SM [storage mark] знак разметки в памяти

SML [symbolic machine language] символический машинный язык

smp [sampler] 1. устройство (для) получения дискретных

значений непрерывной величины; устройство стробирования 2. квантизатор

S/N [signal-to-noise] отношение сигнал — шум

sn [sign] 1. знак 2. обозначение; символ 3. признак

sngl [single] единственный; одиночный

SNR [signal-noise ratio] отношение сигнал — помеха; отношение сигнал — шум

SO [shift-out] 1. переход к новой последовательности 2. переход на верхний регистр

SOH [start of heading] начало заголовка

SOL 1. [simulation-oriented language] язык для (целей) моделирования **2.** [system-oriented language] системно-ориентированный язык

soln [solution] решение

SOM [start of message] начало сообщения

SOS-CMOS [silicon-on-sapphire complementry MOS] комплементарная МОП-структура на сапфировой подложке, кремний-сапфировая МОП-структура

SOSIC [silicon-on-sapphire integrated circuit] кремниевая ИС на сапфировой подложке, кремний-сапфировая ИС

SP 1. [shift pulse] импульс сдвига **2.** [square punch] квадратная пробивка

S/P [serial/parallel] последовательно-параллельный

sp [space] 1. пространство; область 2. расстояние; интервал; промежуток; пропуск; пробел

SPDT [single-pole, double-throw] однополюсный на два направления

spec 1. [specification] спецификация, определение **2.** [specimen] образец, образчик; пробный экземпляр

specs [specifications] технические условия; технические требования

SPST [single-pole, single-throw] однополюсный на одно направление

sq [square] квадрат; прямоугольник ‖ квадратный; прямоугольный

SQC [statistical quality control] статистический контроль качества

SQL [structured query language] язык структурированных запросов

sqrt [square root] квадратный корень

SR 1. [shift register] сдвиговый регистр, регистр со сдвигами **2.** [shift reverse] перемена направления сдвига **3.** [speed regulator] регулятор скорости **4.** [status register] регистр состояния **5.** [storage register] регистр запоминающего устройства; запоминающий регистр, регистр хранения

SRAM [static random access memory] статическое запоминающее устройство с произвольной выборкой, статическое ЗУПВ, СЗУПВ

srch [search] поиск

SS [sum of squares] сумма квадратов

SSI [small-scale integration] интеграция малого уровня ‖ с малым уровнем интеграции

SSS [solid state software] твердотельные программные средства

ST [Schmitt trigger] триггер Шмидта

st 1. [start] 1. (за)пуск 2. начало **2.** [store] запоминающее устройство, ЗУ, *редк.* память

sta 1. [station] 1. место, местоположение, позиция 2. устройство; блок 3. (абонентский) пункт, станция; терминал **2.** [stationery] бумага для печатающих устройств

stat 1. [statistical] статистический **2.** [statistics] статистика

stby [standby] резервное [запасное] оборудование, резерв ‖ резервный, запасной

STD [superconductive tunneling device] туннельный сверхпроводящий элемент

std [standard] стандарт

stdby [standby] резервное [запасное] оборудование, резерв ‖ резервный, запасной

stg 1. [stage] 1. каскад 2. стадия; разряд; ступень **2.** [storage] запоминающее устройство, ЗУ, накопитель, *редк.* память

STL [Schottky transistor logic] транзисторные логические схемы с диодами Шотки

stmt [statement] 1. утверждение; предложение; высказывание; формулировка 2. оператор

stn [station] 1. место, местоположение, позиция 2. устройство; блок 3. (абонентский) пункт, станция; терминал

st(o)r [store] запоминающее устройство, ЗУ, *редк.* память

STTL [Schottky transistor-transistor logic] транзисторно-транзисторные логические схемы с диодами Шотки, ТТЛШ-схемы, транзисторно-транзисторная логика с диодами Шотки

STX [start of text] начало (передачи) текста

sub 1. [substitution] замена, замещение; подстановка **2.** [subtract] вычесть (*название команды*)

subtr [subtraction] вычитание

sum. [summary] краткое содержание; резюме; аннотация

summ [summarize] суммировать, подводить итог

supvr [supervisor] супервизор; управляющая программа, диспетчер

SV [self-verification] самоконтроль

SVC 1. [switched virtual circuit] коммутируемый виртуальный канал **2.** [supervisor call] вызов супервизора

svc [service] 1. служба; услуги,

сервис 2. обслуживание 3. работа 4. эксплуатация

sw 1. [software] программное обеспечение, программные средства **2.** [switch] переключатель; коммутатор; ключ; выключатель

swbd [switchboard] 1. коммутационная панель; коммутационная доска; коммутационный щит 2. коммутатор

SX [simplex] симплекс ‖ симплексный

SY [synchronized] синхронизированный; синхронный

sym 1. [symmetrical] симметрический; симметричный **2.** [system] 1. система 2. система; установка; устройство; комплекс

SYN [synchronous (character)] знак синхронизации

syn [synchronous] синхронный

SYNC; sync 1. [synchronizer] синхронизирующее устройство, синхронизатор **2.** [synchronizing] синхронизация ‖ синхронизирующий **3.** [synchronizing signal] синхронизирующий сигнал, сигнал синхронизации **4.** [synchronous] синхронный

syst [system] 1. система 2. система; установка; устройство; комплекс

sz [size] 1. размер; длина 2. объём выборки 3. ёмкость запоминающего устройства

T 1. [teletype] телетайп **2.** [temperature] температура **3.** [tera-] тера-, 10^{12} **4.** [transformer] 1. трансформатор 2. преобразователь **5.** [trigger] триггер, триггерная схема **6.** [true] истина

t [time] время; период времени; момент времени

tab 1. [tabulation] табулирование **2.** [tabulator] табулятор

TAC 1. [transistorized automatic control] автоматическое устройство управления на транзисторах **2.** [token access

controller] контроллер эстафетного доступа

TARP [test-and-repair processor] процессор контроля и восстановления, ПКВ

TB 1. [terabit] терабит (10^{12} бит) **2.** [terabyte] терабайт (10^{12} байт)

tbl [table] таблица

TBSC [Test Bus Standardization Committee] Комитет по стандартизации шин для обеспечения тестируемости (*США*)

TC 1. [teracycle] 1. терацикл 2. терагерц, ТГц **2.** [time of computation] время вычисления **3.** [transmission controller] контроллер передачи (данных)

tc [tracking cross] следящее перекрестие

TCAM [telecommunications access method] телекоммуникационный метод доступа

TCL [transistor-coupled logic] логические схемы с транзисторными связями

TCM 1. [terminal-to-computer multiplexer] мультиплексор канала связи терминал — вычислительная машина **2.** [thermal conduction module] теплоотводящий модуль

TCP [transmission control protocol] протокол управления передачей

TCSL [transistor current-steering logic] логические схемы на транзисторах с переключателями тока

TCTL [transistor-coupled transistor logic] транзисторные логические схемы со связью на транзисторах

TCU [tape control unit] блок управления лентой

TD 1. [time delay] временнáя задержка, запаздывание **2.** [tunnel diode] туннельный диод

TDCL [tunnel diode-coupled logic] логические схемы со связью на туннельных диодах

TDCM [transistor-driven core memory] память [запоминающее устройство] на (магнитных) сердечниках с транзисторным управлением

TDG [test data generator] генератор тестовых данных, ГТД, генератор тестов; генератор испытательных данных

TDL 1. [transistor-diode logic] логические схемы на транзисторах и диодах, диодно-транзисторные логические схемы, ДТЛ-схемы, диодно-транзисторная логика, ДТЛ **2.** [tunnel-diode logic] логические схемы на туннельных диодах, туннельно-диодная логика

TDM [time-division multiplex] мультиплексная передача с временны́м разделением [уплотнением] (каналов)

TDMA [time-division multiple access] множественный доступ с временны́м разделением [уплотнением], МДВУ

TDP [teledata processing] обработка телеметрических данных

TDS [time-division switching] временна́я коммутация

TDTL [tunnel diode transistor logic] логические схемы на транзисторах и туннельных диодах

telex [teletypewriter exchange] телекс

term [terminal] 1. терминал, оконечное устройство 2. зажим, клемма; ввод; вывод

TF [thin film] тонкая плёнка

TFC [thin-film circuit] схема на тонких плёнках, тонкоплёночная схема

TFFET [thin-film field-effect transistor] тонкоплёночный канальный [полевой, униполярный] транзистор

TFLOPS [teraflops] терафлопс, миллиард операций с плавающей запятой в секунду

TFT 1. [thin-film technology] тонкоплёночная технология **2.** [thin-film transistor] (тонко-)плёночный транзистор

therm [thermistor] терморезистор

TI [time index] указатель времени

TIP [terminal interface processor] интерфейсный процессор терминала

TIPS [trillion instructions per second] биллион [10^{12}] (одноадресных) команд в секунду (*единица быстродействия сверхвысокопроизводительных ЭВМ*)

TL 1. [time limit] 1. временной предел 2. выдержка времени **2.** [transmission level] уровень передачи **3.** [transmission line] линия передачи

T²L [transistor-transistor logic] транзисторно - транзисторные логические схемы, ТТЛ-схемы

tltr [translator] 1. транслятор, транслирующая программа 2. преобразователь 3. транслятор; повторитель

TLU [table look-up] 1. табличный поиск, поиск по таблице 2. обращение к таблице

tly [tally] 1. итог, сумма 2. дубль, копия

TM 1. [tape mark] метка [маркер] (конца) ленты; метка [маркер] (для разделения) записей на ленте **2.** [tape module] модуль запоминающего устройства на (магнитной) ленте **3.** [technical manual] техническое описание; техническая инструкция **4.** [transverse magnetized] намагниченный в поперечном направлении

tm [telemetering] телеметрирование, телеизмерение ‖ телеметрический

tmn [transmission] передача

tmp [temperature] температура

TMR [tripple modular redundancy] тройное модульное резервирование

TMS [time-multiplexed switching] коммутация с временным разделением [уплотнением]

TN 1. [technical note] техническое примечание **2.** [track number] номер дорожки, номер тракта

TNF [transfer on no overflow] переход при отсутствии переполнения

TNZ [transfer on nonzero] переход по неравенству нулю

TOS [tape operating system] ленточная операционная система

tot [total] (итоговая) сумма; контрольная сумма; итог

TP [terminal processor] терминальный процессор; процессор терминала

tp [tape] лента

TPI [track per inch] (число) дорожек на дюйм

TPS [terminals per station] (число) терминалов на абонентский пункт

TPU [tape preparation unit] устройство подготовки ленты

TPWR [typewriter] печатающее устройство; пишущая машинка

TR 1. [technical report] технический отчёт **2.** [transaction routing] маршрутизация транзакций; маршрутизация сообщений

tr 1. [transfer] 1. передача; пересылка; перенос 2. переход **2.** [transistor] транзистор **3.** [transmitter] 1. трансмиттер, передатчик 2. преобразователь; датчик

trans 1. [transformer] 1. трансформатор 2. преобразователь **2.** [transducer] датчик

trip [triplicate] утраивать ‖ тройной

trk [track] дорожка; канал; тракт

TRL [transistor-resistor logic] резисторно - транзисторные логические схемы, РТЛ-схемы, резисторно-транзисторная логика, РТЛ

trml [terminal] 1. терминал, оконечное устройство 2. зажим, клемма, ввод; вывод

trn [transfer] 1. передача; пересылка; перенос 2. переход

trs [transistor] транзистор

TS [time sharing] 1. разделение времени 2. режим разделения времени; работа с разделением времени

TSC [transmitter start code] стартовый код трансмиттера

TSL [three state logic] логические схемы с тремя состояниями

TSM [terminal security matrix] таблица защиты терминалов

TSO [time-sharing option] 1. возможность работы с разделением времени 2. средства обеспечения режима разделения времени

TSP [traveling salesman problem] задача коммивояжёра

TSS [time-sharing system] система с разделением времени

tst [test] 1. испытание; испытания; проверка; контроль 2. тест

TT 1. [teletype] телетайп **2.** [testing time] время проверки

TTC [tape-to-card] с ленты на карты

TTL [transistor-transistor logic] транзисторно - транзисторные логические схемы, ТТЛ-схемы, транзисторно-транзисторная логика, ТТЛ

TTLSh [transistor-transistor logic (with) Schottky (diodes)] транзисторно - транзисторные логические схемы с диодами Шотки, ТТЛШ-схемы, транзисторно-транзисторная логика с диодами Шотки

TTP [tape-to-print] с ленты на печать

TTY [teletypewriter] телетайп

TU 1. [tape unit] (запоминающее) устройство [накопитель] на ленте **2.** [timing unit] 1. реле времени 2. программное устройство 3. блок синхронизации, синхронизатор **3.** [transmission unit] передающее устройство

763

tw [typewriter] печатающее устройство; пишущая машинка

TWX [teletypewriter-exchange (service)] служба телетайпной связи

Tx [transaction] транзакция

U; u 1. *усл.* микро-, 10^{-6} **2.** [unit] 1. единица измерения 2. устройство; узел; блок; прибор 3. звено; элемент

UA [user area] область пользователя

UC [upper case] верхний регистр

UFLO [underflow] исчезновение (значащих) разрядов, потеря значимости

uid [universal identifier] универсальный идентификатор; универсальное имя

ULA [universal logic array] универсальная логическая матрица

ULSI [ultra large-scale integration] 1. интеграция ультравысокого уровня ‖ с ультравысоким уровнем интеграции 2. УБИС, ультрабольшая ИС

unc [unconditional] безусловный

unld [unload] разгрузить (*название команды*)

unpkd [unpacked] неупакованный

UR [unit record] единичная запись; элементарная запись

US [unit separator] разделитель элементов (данных)

usec *усл.* микросекунда, мкс

USM [user security matrix] таблица защиты пользователей

UU; uu *усл.* микромикро-, пико-, 10^{-12}

UUT [unit under test] проверяемый прибор; испытываемое устройство; объект испытаний

va [value] 1. значение; величина 2. оценка

VAD [voltmeter with analog-to-digital converter] цифровой вольтметр

var [variable] 1. переменная (величина) 2. изменяемый; переменный; регулируемый

VC 1. [virtual circuit] виртуальная цепь, виртуальный канал

2. [voltage comparator] компаратор напряжений

VCD [variable-capacitance diode] параметрический диод, варикап

VCM [virtual call mode] режим виртуального вызова

VDI [virtual device interface] интерфейс виртуального устройства

VDU [visual display unit] устройство визуального отображения; дисплей

ver [version] (новый) вариант; версия

verif [verification] контроль; проверка; верификация

V-FET [vertical field-effect transistor] канальный [полевой, униполярный] транзистор с вертикальной геометрией

VFT [voice-frequency (carrier telegraph) terminal] телеграфный терминал со звуковой несущей (частотой)

VGA [variable-gain amplifier] усилитель с нелинейной характеристикой (по усилению)

VHLL [very high-level language] язык сверхвысокого уровня

VHPIC [very-high-performance integrated circuit] сверхвысокопроизводительная ИС, СПИС (*Великобритания*)

VHSIC [very high-speed integrated circuit] сверхбыстродействующая ИС, ССИС

VIL [vertical injection logic] инжекционные логические схемы с вертикальной геометрией

VLED [visible light emitting diode] светодиод с видимым спектром излучения

VLSI [very large-scale integration] 1. интеграция сверхвысокого уровня ‖ со сверхвысоким уровнем интеграции 2. сверхбольшая интегральная схема, СБИС

VME [virtual machine environment] среда виртуальной машины; режим виртуальной машины

VMOS 1. [virtual memory operating system] операционная система с виртуальной памятью **2.** [V-metal-oxide-semiconductor] МОП-структура с V-образными канавками

vmp [voted multiprocessor] мультипроцессорная система с голосованием

VNC [voice numerical control] система числового управления с речевым вводом команд

VOSIM [voice simulator] моделирующее устройство для имитации речи, имитатор речи

VR [voltage regulator] 1. регулятор напряжения 2. (регулируемый) стабилизатор напряжения

VRAM [video random-access memory] запоминающее устройство с произвольной выборкой для сопряжения микропроцессора с телевизионным монитором

VRC 1. [vertical redundancy check] поперечный контроль по избыточности **2.** [visible record computer] вычислительная машина с визуальным отображением записей

VSLED [voltage sensitive light emitting diode] светодиод, чувствительный к напряжению

VSM [virtual storage management] управление виртуальной памятью

VT 1. [vacuum tube] 1. электровакуумный прибор 2. электронная лампа **2.** [vertical tabulation] вертикальное табулирование

VTAM [virtual telecommunications access method] виртуальный телекоммуникационный метод доступа

VTL [variable threshold logic] логические схемы (на элементах) с переменным порогом

VTR [video tape recorder] устройство записи изображений на ленту

wd [word] слово

W²L [wired-OR, wired-AND logic] логические схемы типа монтажное ИЛИ — монтажное И

WORM [write-once/read many] с однократной записью и многократным считыванием

WPM; wpm [words per minute] (число) слов в минуту (*единица скорости считывания, записи или передачи информации*)

WR [workspace register] рабочий регистр

wrk [work] работа; действие

WRU [who-are-you] «кто там», КТ (*символ автоответчика*)

WSI [wafer-scale integration] интеграция в масштабе (целой) пластины

X-d [X-dimension] в направлении оси X; по абсциссе

XIO [execute input/output] выполнить ввод-вывод (*название команды*)

XMC [external microcontroller] внешний микроконтроллер

XNOR [exclusive NOR] исключающее НЕ — ИЛИ

XOR [exclusive OR] исключающее ИЛИ

Y-d [Y-dimension] в направлении оси Y; по ординате

z [zero] нуль

Z-d [Z-dimension] в направлении оси Z; по аппликате

ZIF [zero insertion force] с нулевым усилием сочленения

zn [zone] зона; область

μ [micro-] микро-, 10^{-6}

μ**C** [microcomputer] (вычислительная) микромашина, микро-ЭВМ, микрокомпьютер

μ**P** [microprocessor] микропроцессор

μ**PC** [microprogrammable computer] вычислительная машина с микропрограммным управлением

μ**sec** [microsecond] микросекунда, мкс, 10^{-6} с

μμ [micromicro-] микромикро-, пико-, 10^{-12}

УКАЗАТЕЛЬ РУССКИХ ТЕРМИНОВ

(Цифры перед буквой указывают страницу;
п — правая колонка, л — левая колонка.)

выражение, подынтегральное 324л
вырез, глубокий 437л
вырез, мелкий 437л
высказывание 512л, 605п
выход 248п, 453п — 455п, 712п
выход из нормы 188п
выход из-под контроля 562п
выход из работы 587л
выход из системы 370л
вычёркивание 186л
вычисление 74л — 75п, 128л, п, 138л, п, 164л
вычислитель 245п
вычитаемое 183л, 624л
вычитание 183л, 624л
вычитатель 623п — 624л

гашение 61п, 77л, 107л, 626л, п
генератор 229л, 286л — 289л, 453л
генератор, задающий 108л — 109л
генератор, импульсный 516п
генератор импульсов 516п
генератор отчётов 546л
генератор тактовых *или* синхронизирующих импульсов 108л — 109л
генерация 286л, п, 453л
генерирование 286л, п
генерирование импульсов 516п
гетеросистема 300п
гибкость вычислений 268п
гибкость программного обеспечения 268п
гибкость, эксплуатационная 702л
гипервизор 304л
гипотеза 304л, п
глитч 289п
глубина тестирования 664п
гнездо 334п, 428п, 591п — 592п
гнездо выхода программы 303п
гнездо, коммутационное 465п
годограф 364п
головка 299л — 300л
головка, магнитная 299л—300л
головка, печатающая шарообразная 55п, 299л — 300л
голосование 225п, 704п
готовность 52л
грамматика 290л — 291л

граница 66л, 415л, п, 705п
граница знака 66л
граница, отказоопасная 65п
гранула 291п
граф 291п — 292п
график 93л, 199п — 200п, 291п, 675л, п
график работы вычислительной машины 565п
графика 292п — 293п
графопостроитель 178л, 474п — 475л, 700п
графопостроитель, печатающий 487п
группа 294л, п
группа абонентов 109п
группа данных 275л
группа дорожек 54п
группа разрядов 261п
группирование 294п

дамп 221л — 222п
данные 171л — 176л, 527п
данные, введённые 233л
данные ввода-вывода 317л, п
данные в начале массива 350п
данные, входные 315п — 317л
данные в цифровой форме, речевые 703п
данные, выходные 453п — 455л
данные, графические 292п
данные, ненужные 282л, 289л
данные, полученные 267л
данные, случайные 298п
данные, табличные 647п
данные, фактографические 531л
датчик 286п, 471п, 575л, 680л
датчик времени 671п
датчик, телеметрический 653п
датчик циклов, автоматический 50п
датчик, цифровой 205л
двухпортовый 221л
действие 15п — 16л
действие, вентильное 285п
действие, ответное 551п
действия, арифметические 43л — 44п
действия, организующие 303п
действия, служебные 303п
декодер 181л
декодирование 180л, 181п
декомпилятор 182л

мост, длинный 68л
мощность 453п, 481п — 482л
мультивибратор 268п — 269л, 270л, 426л
мультидоступ 421п
мультиминипроцессор 422л
мультиобработка 425п
мультиплексирование 423л
мультиплексор 422п
мультипликация, машинная 35п
мультипрограммирование 425п
мультипроцессор 425п
мультисистема 426л
мультисписок 422л
мутация 426п

набивка 459л
наблюдатель 468л
набор 341л, 579п — 581л, 602л
набор, входной 201п
набор, выходной 201п
набор, дисковый 201п
набор заданных значений 581п
набор, записываемый 711л
набор команд 545п
набор, конкретный 466п
набор на клавиатуре 686п
набор, пользовательский 695п
набор, расширенный 625п
набор схемы 581п
набор, считываемый 528п
навигация 427п
наводка 648п
нагрузка 78л, 362л — 363л
нагрузка, оконечная 657л
надпечатка 456п
надпись 318л
название 427л, п
назначение 48л
назначение тракта 560л
назначение приоритетов 488л
наименование 192п, 427л, п
накопитель 219 л, п, 602п, 610л — 616л
накопитель, дисковой винчестерский 707л
наладка 96п, 179л
наложение 456л, п, 457л
наложение маски 383л
наноадрес 427л
нанокоманда 427п
нанооперация 427п
нанопрограмма 427п
наносхема 427п

направление передачи данных 205п
напряжение 703п — 704л
наработка 354п
наращивание, модульное 19л
нарушение порядка 408л
наследование свойств 314п
настройка 23п — 24л
настройка нуля 54л
наступление события 440п
натяжение ленты 654л
начало 452п
начало координат 712л
начало отсчёта 57п, 452п
начало программы 603п
начало сеанса 370л
недоиспользование 687п
недостоверность 333л, 687л
незавершённость 308п
независимость 309л
незащищённость 249п
неисправность 183л, 254п — 255п, 257л — 258л
нейтрализация программных ошибок 256л
немерцающий 268п
неопределённость 687л
неполнота 308п
непропечатка 703п
неравенство 312п
неразрешимость 694л
несовместимость 308п
несовпадение 408л
неупорядоченность 11п, 206п
неуязвимость 435л
неэквивалентность 434п
нож подачи перфокарты 351п
нож, подающий 351п
номер 438л — 439л
номеронабиратель 201л
номограмма 93л, 291п, 434п
нормализатор 435п
нормализация 435п
носители, перфокартные 388п
носитель 82л, 388п — 389л
нотация 435п — 437л
нуллификация 437л
нуллификация команды 438л
нуль 437л, 712п
нумератор 440л
нумерация 440л
нумероскоп 440л

обеспечение 626л

программа загрузки 362п—363л
программа, интерпретирующая 330л
программа, компилирующая 124п—125л
программа, компонующая 47л, п
программа, контролирующая 96п
программа контроля 96п
программа локализации неисправностей 363п
программа маршрутизации 557л
программа моделирования 589л, п
программа обработки 297л
программа обслуживающая 695п
программа объединения 400л
программа, оверлейная 456л
программа, организующая 24л, 209п, 248л, 272л, 379п—380л
программа отладки 179л
программа, отладочная 179л
программа, перемещающая 545л
программа печати 485п—487л
программа подкачки *или* откачки 601л
программа построения теней 581п
программа прокладки маршрута 557л
программа разбиения 182л
программа раскрутки 65л
программа распределения 29п
программа, регистрирующая 365л
программа редактирования 224л, п
программа, решающая 595л
программа самозагрузки 65л
программа сборки 47л, п
программа синтаксического анализа 463л
программа слежения за выводом 601п
программа слияния 400л
программа сортировки 595п—596п, 597л
программа составления блок-схем 270п
программа сравнения 123л

программа, тестовая предварительная 484п
программа, транслирующая 679п
программа трассировки 557л
программа упорядочения 577л
программа, управляющая 248л, 379п—380л, 419п, 625п
программа фильтрации 266п
программа форматирования текстов 274л
программа формирования следа 674л
программатор 509л
программирование 116л—117л, 509л—511л
программирование, автоматическое 573л
программирование, замысловатое 683л
программирование, защитное 36л
программирование на основе использования стандартных подпрограмм 622п
программируемость 508п
программно-совместимый 124л
программоноситель 389л
программотехника 232л
программы, встроенные 267п
программы ПЗУ 267п
продвижение данных 274п
проект 190л—192л
проектирование 190л—192п
прозрачность 681л
прозрачность памяти 681л
прозрачность программного обеспечения 681л
проигрыш 372л
произведение 500п—501л
производительность 77л, 78л, п, 468п, 481п—482л
производная 189л
прокладка пути 674л
прокрутка 460п, 568п
промежуток 282л, 332п
промышленность вычислительных средств 312л
проникновение, нелегальное 383л
пропуск 61п, 305п
пропускание 285п
прорезь блокировки записи 437п

Виктор Карлович
ЗЕЙДЕНБЕРГ,
Алексей Николаевич
ЗИМАРЕВ,
Андрей Михайлович
СТЕПАНОВ,
Евгений Константинович
МАСЛОВСКИЙ

АНГЛО-РУССКИЙ СЛОВАРЬ ПО ВЫЧИСЛИТЕЛЬНОЙ ТЕХНИКЕ

Зав. редакцией
Т. А. ХАРИСАНОВА

Ведущий редактор
М. К. ЕФРЕМОВА

Редакторы:
Н. Р. МОКИНА,
Л. Ю. МОСКОВСКАЯ

Художественный редактор
Е. М. ВИКСНЕ

Технический редактор
Н. И. ГЕРАСИМОВА

Корректор

Н. Н. СИДОРКИНА

ИБ № 6062

Подписано в печать 08.10.90. Формат 84×108/32. Бумага офсетная № 1. Гарнитура кудряшовская. Печать офсетная (с готовых диапозитивов). Усл. печ. л. 42,0. Усл. кр.-отт. 42,0. Уч.-изд. л. 58,7. Доп. тираж 55 000 экз. Заказ № 1737. Цена 8 руб.

Издательство «Русский язык» В/О «Совэкспорткнига» Государственного комитета СССР по печати. 103012 Москва, Старопанский пер., 1/5.

Отпечатано на ордена Трудового Красного Знамени Тверском полиграфическом комбинате Государственного комитета СССР по печати. 170024 Тверь, пр. Ленина, 5.

ДЛЯ ЗАМЕТОК

ДЛЯ ЗАМЕТОК